中国刑事诉讼法学研究会

年会文集 2016 年卷

推进以审判为中心的诉讼制度改革

主　编　卞建林　杨　松

副主编　汪海燕　徐　阳

中国人民公安大学出版社
群众出版社
·北京·

图书在版编目（CIP）数据

推进以审判为中心的诉讼制度改革/卞建林，杨松主编．—北京：中国人民公安大学出版社，2017.6

ISBN 978-7-5653-3012-4

Ⅰ.①推…　Ⅱ.①卞…②杨…　Ⅲ.①诉讼—司法制度—体制改革—中国—文集

Ⅳ.①D925.04-53

中国版本图书馆 CIP 数据核字（2017）第 187882 号

推进以审判为中心的诉讼制度改革

主　编　卞建林　杨　松
副主编　汪海燕　徐　阳

出版发行：	中国人民公安大学出版社
地　　址：	北京市西城区木樨地南里
邮政编码：	100038
经　　销：	新华书店
印　　刷：	北京市泰锐印刷有限责任公司

版　　次：	2017 年 7 月第 1 版
印　　次：	2017 年 7 月第 1 次
印　　张：	41.75
开　　本：	787 毫米×1092 毫米　1/16
字　　数：	1017 千字

书　　号：	ISBN 978-7-5653-3012-4
定　　价：	130.00 元

网　　址：	www.cppsup.com.cn　www.porclub.com.cn
电子邮箱：	zbs@cppsup.com　zbs@cppsu.edu.cn

营销中心电话：010-83903254
读者服务部电话（门市）：010-83903257
警官读者俱乐部电话（网购、邮购）：010-83903253
法律图书分社电话：010-83905745

编辑委员会

前　言

2016 年 8 月 13 日至 14 日上午，中国刑事诉讼法学研究会 2016 年年会暨第二次会员代表大会在辽宁省沈阳市召开。本次会议由本研究会与辽宁大学法学院共同主办。年会的总议题是"推进以审判为中心的诉讼制度改革"。来自全国各地 200 余位从事刑事诉讼法理论研究和司法实务工作的专家、学者及媒体代表参加了会议。

在年会期间，参会代表提交的论文已印刷成册供与会代表交流研讨。会后，按照本研究会出版年会论文集的要求，由作者本人及研究会秘书处对已提交的论文进行了修改、编辑。论文集还收录了中国法学会会长王乐泉的讲话，研究会会长卞建林在开幕式上的致辞，辽宁省、辽宁大学有关领导的讲话，最高人民法院、最高人民检察院领导所做的专题报告。会后由多位年轻学者撰写的本届年会综述也收录其中。

由于时间、字数及人力的原因，编辑工作难免存在疏漏之处，恳请各位作者、读者批评指正。

本论文集的出版得到"中国法学会研究会支持计划"的资助以及中国人民公安大学出版社的大力支持，在此深表谢意。

中国刑事诉讼法学研究会
2016 年年会论文编辑委员会
2016 年 10 月

目　录

第一部分　以审判为中心的诉讼制度的要义与要求

第二部分　庭审实质化与庭审方式改革

第三部分　认罪认罚从宽制度的程序与实体设计

第四部分　刑事速裁程序的立法问题

第五部分　其他热点问题研究

在中国刑事诉讼法学研究会第二次会员代表大会暨2016年年会上的讲话

各位专家学者、同志：

今天，中国刑事诉讼法学研究会第二次会员代表大会暨2016年年会在沈阳隆重召开，这是中国刑事诉讼法学研究会的盛事，也是法学法律界的一大盛事。我谨代表中国法学会对大会的召开表示热烈的祝贺！向辛勤工作在刑事诉讼法学理论界与实务界的同志们致以诚挚的问候！向本次年会的承办单位，以及长期关心和支持刑事诉讼法学研究会发展的有关部门和同志表示衷心的感谢！

中国刑事诉讼法学研究会是中国法学会主管的50多个研究会中地位重要、作用突出、人才荟萃、成绩显著的一个研究会。2011年11月，中国刑事诉讼法学研究会在四川成都召开了第一次会员代表大会。五年来，在卞建林会长和理事会的带领下，在广大刑事诉讼法学法律工作者的积极参与和共同努力下，研究会坚持以中国特色社会主义法治理论为指导，坚持理论联系实际，勇于担当、团结进取，在繁荣刑事诉讼法学研究、服务刑事诉讼法治实践、完善刑事诉讼法律制度、培养优秀法学法律人才、促进学术交流等方面，开展了大量卓有成效的工作，取得了令人瞩目的成就。例如，研究会围绕中央关于全面推进司法改革的战略部署，积极开展调研和对策性研究，提出了很多富有价值的咨询建议。其中将未成年人保护与少年司法体制纳入国家治理和司法体制改革中全盘考虑，建立独立的未成年人检察业务类别及符合未成年人司法规律的独立评价体系等建议，获得了中央政法委孟建柱书记、最高人民检察院曹建明检察长的专门批示，对我国少年司法体制的健全完善发挥了积极的推动作用。尤其是研究会在刑事诉讼法修订和实施中表现突出，在近十个省市开展新刑事诉讼法贯彻落实情况的深入调研，形成了数十万字的系列调研报告，为全面掌握立法实施情况提供了第一手数据。积极参与中央政法部门组织的刑事诉讼法修改座谈和论证活动，向有关部门提交了多份学术研讨成果及立法建议报告，为刑事诉讼法的修订和实施发挥了重要的智库作用。此外，刑事诉讼法学研究会作为中国法学会所属的研究会中率先在民政部完成注册登记的学科型研究会，高度重视组织建设和制度建设，制定和完善了民主选举、日常决策、内部运行、财务管理、重大事项报告等多项规章制度，形成了以章程为基础的科学有效的管理机制，为研究会规范运行、有序管理，依法合规开展活动奠定了坚实基础。研究会搭建了积极进取、乐于奉献的领导班子，形成了来源广泛、代表性强的会员群体，组建了多个关注实践热点的分支机构，长期保持团结融洽的和谐氛围，积极倡导团队协作、合作创新，这也成为研究会兴旺发展的力量源泉。可以说，刑事诉讼法学研究会在研究会各项工作中发挥了非常突出的模范带头作用。

回顾过去，刑事诉讼法学研究会成绩喜人。展望未来，我国法治建设的宏伟蓝图对包括刑事诉讼法学在内的法学研究和法治实践提出了新任务、新课题。党的十八大以来，以习近平同志为总书记的党中央，就全面落实依法治国、加快建设社会主义法治国家，提出了一系列重要论述，为不断开创依法治国新局面指明了方向。党的十八届三中、四中、五中全会围绕全面深化改革、推进国家治理体系和治理能力现代化的总体目标，制定了建设中国特色社会主义法治体系、建设社会主义法治国家的战略部署，明确了"十三五"发展的基本规划。这既为刑事诉讼法治工作明确了奋斗目标和工作任务，也为繁荣刑事诉讼法学研究、促进刑事法治事业的发展提供了难得的历史机遇和宽广舞台。当前，我们一定要把思想和行动统一到中央的决策部署上来，充分发挥广大刑事诉讼法学理论与实务工作者的作用，努力为法治中国建设贡献智慧和力量！

本次大会同时也是刑事诉讼法学研究会的换届大会，将选举产生研究会新一届的理事会和领导班子。借此机会，我对新形势下研究会今后的工作和新一届领导班子提几点要求和期望。

一要坚持中国特色社会主义法治理论的指导，把正确的政治方向摆在首位。习近平总书记在哲学社会科学工作座谈会上的讲话中明确强调："坚持以马克思主义为指导，是当代中国哲学社会科学区别于其他哲学社会科学的根本标志，必须旗帜鲜明加以坚持。"法学具有强烈的意识形态属性，尤其是刑事诉讼法学研究，更是马克思主义法学体系中的重要阵地。在法学研究中，要始终以马克思主义为指导，在解放思想中统一思想，自觉把中国特色社会主义理论体系贯穿于学术研究、学科教学、理论实践和对外交流的全过程，将其转化为清醒的理论自觉、坚定的政治信念、科学的思维方法。大家在工作中要始终以维护国家利益和人民利益为根本出发点，切实做到向党中央看齐，把思想和行动统一到党中央重大判断和决策部署上来，在任何时候任何情况下都要做政治上的明白人。努力造就一支政治坚定、德才兼备、视野开阔、具有坚实理论功底和深厚专业造诣的人才队伍。

二要勇于担当时代重任，积极回应法治建设中的热点、难点问题。我们的改革已经进入攻坚期和深水区，面临着前所未有的风险和压力，这要求我们在制度设计上更加慎重，更加科学全面。尤其是刑事诉讼作为整个司法体制改革中的重点领域，广受各界关注。研究会要持续深入学习党中央提出的重大理论观点和任务部署，从大局出发、在大局下行动，找准工作中的结合点和着力点。要坚持理论联系实际，强化问题意识和责任担当，着力提高综合研判和战略谋划能力。紧紧围绕党和政府决策亟须破解的重大课题，开展前瞻性、针对性、储备性研究，提出更多富有远见、对策性强、切实管用的政策建议。不断丰富和创新中国特色社会主义刑事诉讼法学法治理论，体现出中国特色的主体性、原创性、规律性，为中国特色社会主义法治体系和社会主义法治国家建设提供更加及时有效、坚强有力的理论支撑、智力支持和精神动力。

三要着力加强刑事诉讼法的学科体系建设，不断适应法治中国建设的新任务。习近平总书记指出，"要以我国实际为研究起点，提出具有主体性、原创性的理论观点，构建具有自身特质的学科体系、学术体系、话语体系。要从学科建设做起，每个学科都要构建成体系的学科理论和概念。"希望研究会加强中国特色社会主义刑事诉讼法学的学科体系建设，包括知识体系、理论体系、话语体系、人才培养体系、教材体系各个方面。在知识体系构建上，要注重研究思路的创新、研究主体的多元化和研究目的的实践性，注重实证研究、归纳经验。在理论体系构建中，要从丰富的中国特色社会主义法治实践中不断提炼出有学理性的新理论，概括出有规律性的新实践。在话语体系建设中，既要放眼世界，借鉴国外成功经验和先进制度；又要立足中国，传承和发扬我们自身优秀的法律文化和实践经验，体现出中国特色和文化自信。在人才体系建设中，要立足于法律职业共同体，广泛吸收培养教学、科研和司法实务人才，探索建立动态、联系、开放、全面、长效的人才培养模式，实现人才培养与法学教育、法律职业、法治实践的有效对接。在教材体系建设中，要充分发挥教材的基础性作用，充分反映马克思主义中国化的最新成果、中国特色社会主义丰富的法治实践和本学科领域的最新进展。以"马克思主义理论研究和建设工程"教材编写为基础，不断丰富完善，形成一个内在有机联系的完整体系。

四要明确研究会发展规划，加强组织化、智库化、国际化建设。今年是刑事诉讼法学研究会的换届之年，希望研究会借此机会，进一步明确发展方向、梳理发展思路、制定好、实施好研究会的发展规划，既要有中长期的发展目标，每年也要有具体的工作计划，做到研究会工作目标明确、规范有序、稳步推进。按照"学习型、协同型、智库型、国际型"的标准，不断推进组织建设、制度建设、队伍建设和作风学风建设。在中国法学会的指导下，完善党组织建设。研究会要通过换届，把工作在法学教育、研究和实务部门的知名专家学者组织到研究会中来，最大限度地团结凝聚有志于刑事诉讼法学研究的优秀人才，把研究会办成真正代表国家级水平的权威学术团体。同时还要进一步加强与其他研究会、地方法学会和有关部门、科研院所、高等院校的联系与合作，促进协同攻关，充分发挥好法治建设智库的积极作用。要抓好理论与实务对接，探索建立稳定的成果产出和成果转化机制。研究会开展活动要做到质和量并重，善于发现总结带有规律性、全局性的真知灼见，多出更高质量、更大反响的研究成果，并及时将成果通过中国法学会《要报》等渠道报送中央领导和有关部门。通过各种渠道常态性地宣传推广研究成果，推动研究成果更好地指导应用于实践。

同志们，当前我国正处于实现"两个一百年"奋斗目标、全面建成小康社会的攻坚阶段，我们比历史上任何时期都更接近中华民族伟大复兴的目标。新的时代给法学法律工作者们赋予了新的历史使命。希望中国刑事诉讼法学研究会在新一届理事会和领导班子的带领下，把握机遇、继往开来，为全面推进依法治国发挥更加重要的作用！

最后，预祝大会取得圆满成功！

中国刑事诉讼法学研究会
第二次会员代表大会暨 2016 年年会开幕式致辞

中国刑事诉讼法学研究会会长　卞建林

尊敬的王乐泉会长，尊敬的各位领导、各位代表、来宾、同志：

大家上午好！初秋时节，天高云淡，我们相聚在天辽地宁、凉爽宜人的沈阳隆重召开中国刑事诉讼法学研究会 2016 年年会和第二次会员代表大会。中国法学会领导对年会的举办十分重视，王乐泉会长、王其江副会长、朱孝清副会长亲自莅临会议指导，王会长将发表重要讲话。年会的顺利召开，同时得到了中央政法委、全国人大常委会法工委、最高人民法院、最高人民检察院、公安部、司法部等中央政法机关的大力支持。辽宁省委、省政府对年会在沈阳举办高度重视，辽宁省委常委、省政法委书记李文章同志于百忙之中出席会议开幕式，并将代表辽宁省委、省政府讲话。在此，我谨代表刑事诉讼法学研究会对他们表示崇高的敬意和衷心的感谢。同时，也对出席本次年会的各位领导、各位代表、各位来宾以及来自新闻界、出版界的朋友们，表示最热烈的欢迎。

本次年会由中国刑事诉讼法学研究会主办，辽宁大学法学院承办。自 2016 年年会确定在沈阳举办后，辽宁大学领导对会议筹备工作高度重视，全力支持，周浩波书记亲临开幕式并将代表学校致欢迎辞；法学院杨松院长、徐阳副院长率领由法学院师生组成的工作团队辛勤工作、精心准备，为年会的顺利召开作出了巨大奉献；由研究会秘书长顾永忠教授、副秘书长罗海敏博士负责的秘书组，为年会的组织和论文的编选做了大量工作。在此，我也代表刑事诉讼法学研究会和全体与会代表对辽宁大学和辽宁大学法学院以及所有为年会的顺利召开付出辛勤劳动的领导和同志们表示最衷心的感谢。

本次年会的主题是"推进以审判为中心的诉讼制度改革"，下面设几个分议题，即以审判为中心的诉讼制度的要义与要求；庭审实质化与庭审方式改革；认罪认罚从宽制度的程序与实体设计；刑事速裁程序的立法问题；统一证据标准研究等。大家知道，党的十八届四中全会关于全面推进依法治国的决定中提出，要推进以审判为中心的诉讼制度改革，并完善刑事诉讼中的认罪认罚从宽制度。今年 6 月 27 日，中央全面深化改革领导小组第 25 次会议审议通过《关于推进以审判为中心的刑事诉讼制度改革的意见》。7 月 20 日，"两高三部"联合下发通知，部署对该意见加以贯彻执行。7 月 29 日，中央政法委以"推进以审判为中心的诉讼制度改革"为题，举办第三次全国政法干部学习讲座。中共中央政治局委员、中央政法委书记孟建柱同志在主持讲座时强调，推进以审判为中心的诉讼制度改革是党的十八届四中全会的重要部署，事关刑事司法公正，是一项牵一发而动全身的重要改革。要牢固树立中国特色社会主义法治理念，统一思想，把握方向，凝聚共识，积极稳妥地推进这项改革，确保改革蹄疾步稳、取得实效，实现有效惩治犯罪和切实保障人权相统一，为建立公正高效权威的社会主义司法制度作出新的贡献。我们研究会作为刑事诉讼法学领域的全国性学术团体，要紧跟形势，把握方向，积极围绕"为什么改、改什么、怎么改"

等事关刑事司法改革大局、影响刑事诉讼发展完善的热点问题、难点问题开展研究，深入探讨，凝聚共识，建言献策，发挥学术影响力和高端智库作用。

今年 5 月 17 日，习近平总书记在哲学社会科学工作座谈会上发表重要讲话指出，在坚持和发展中国特色社会主义的过程中，哲学社会科学具有不可替代的重要地位，哲学社会科学工作者具有不可替代的重要作用；要求加快构建中国特色哲学社会科学，特别是以我国实际为研究起点，提出具有主体性、原创性的理论观点，构建具有自身特质的学科体系、学术体系、话语体系。教育部正在研究推进科学构建法学学科体系，中国法学会要求我们刑事诉讼法学研究会认真学习贯彻习近平总书记讲话精神，重视和研究如何构建和完善具有中国特色社会主义刑事诉讼法学学科体系的问题。希望大家高度重视，积极参与，出谋划策，贡献才智和力量。

年会期间，经中国法学会批准，我们要召开刑事诉讼法学研究会第二次会员代表大会，主要任务是听取和审议第一届理事会的工作报告和选举产生第二届理事会。中国法学会对研究会的换届工作非常重视，全程指导。张文显副会长、张苏军副会长事先认真听取了研究会关于换届工作的汇报并作出重要指示。我们要按照法学会的部署和指导，开好第二次会员代表大会并选举产生新一届理事会，确保换届工作圆满成功。

同志们，一年一度的刑事诉讼法学研究会年会既是研究会的一项重要工作，也是全国从事刑事诉讼法学理论研究和司法实务的同志沟通交流、开展研讨的一次盛会。我们衷心期望大家能够紧紧围绕推进以审判为中心的诉讼制度改革和完善刑事诉讼中的认罪认罚制度，围绕刑事诉讼法的贯彻实施，围绕刑事诉讼法学的学科建设，认真思考，充分研讨，热烈探讨，使年会取得预期的效果和丰硕的成果。

最后，再一次向与会的各位领导、代表和来宾表示衷心的欢迎和感谢。预祝本次年会取得圆满成功。

谢谢大家！

在中国刑事诉讼法学研究会
第二次会员代表大会暨 2016 年年会上的致辞

辽宁省委常委、省政法委书记、省法学会会长　李文章

尊敬的乐泉会长、领导、专家学者、同志们、朋友们：

大家上午好！

今天我们十分高兴地迎来了中国刑事诉讼法学研究会第二次会员代表大会暨 2016 年年会的隆重召开，这次会议在辽宁举办，充分体现了中国法学会乐泉会长对辽宁的关心、厚爱和支持。首先我代表辽宁省委省政府对会议的召开表示热烈祝贺，向莅临会议的各位领导、各位专家和各位朋友表示诚挚的欢迎。向专程来辽宁指导工作的中国法学会乐泉会长表示衷心的感谢。

中国刑事诉讼法学研究会作为重要的学科研究会，是中国法学会工作开展最活跃、各方面成绩最显著的研究会之一，也是中国法学会所属研究会中第一个完成民政部登记注册的学科研究会。自成立以来，研究会在陈光中教授、卞建林教授两任会长及常务理事会的带领下，做了许多卓有成效的工作，取得了显著的工作成绩。特别是在中央加快法治中国建设、全面推进依法治国的背景下，刑事诉讼法学研究会作为与司法改革最为密切的主要研究会之一，积极组织专家学者参与改革的研讨，建言献策，发挥了刑事诉讼法学建设的重要作用。

辽宁省是东北的门户，是北方沿边、沿海的重要省份，是东北亚地方的缩影，隔鸭绿江与朝鲜对望，是中国东北地区进行对外贸易和国际交往的重要通道。辽宁省总面积 14.59 万平方公里，总人口 4700 万，全省有 14 个省辖市。辽宁有近百年的工业历史，特别是 1949 年新中国成立以来，建立了以重工业为主、比较雄厚的工业体系，成为中国主要的工业基地，为新中国的建立和发展作出了巨大的贡献，被称为"共和国的长子"。但是改革开放以来，随着市场化进程的加快和改革日益深化，辽宁老工业基地的体制性、结构性等深层次矛盾开始出现，发展遇到了瓶颈。2003 年实施"东北振兴战略"以来，辽宁老工业基地经过持续调整改造，迈出了新的步伐，振兴发展取得了成果。党中央、国务院始终心系老工业基地的振兴发展，2014 年习近平总书记对东北地区等老工业基地振兴发展作出了重要批示，在辽宁振兴发展处于滚石上山、爬坡过坎的关键时期，发布了《关于东北振兴老工业基地发展的若干意见》，对东北振兴作出了新的重大决策部署，为推动辽宁新一轮振兴发展注入了强大的动力。

实现辽宁老工业基地新一轮全面振兴，法治辽宁建设是重要保障。公正是法治的生命线，司法公正对社会公正具有重要的引领作用。依法治国、实现司法公正必须完善司法管理体制和司法权力的运行机制，规范司法行为，加强对司法活动的监督，努力让人民群众在每一项司法活动中都感受到公平正义。刑事领域的司法公正有着丰富的多层次内涵：其中既包含打击犯罪、惩罚犯罪、维护国家安全和社会秩序的政策要求，也涵盖了规范国家

刑罚权，抑制权力滥用、保护各方当事人的合法权益，以及保护无辜者不受刑事追究的基本目标。刑事诉讼法的理论研究和实践经验表明，对现有的刑事诉讼制度需要进行结构性调整。中共中央《关于全面推进依法治国若干重大问题的决定》明确规定："推进以审判为中心的诉讼制度改革，确保侦查、审查起诉的案件事实证据经得起法律的检验。"审判中心的制度改革即是对刑事诉讼结构进行调整。审判中心既是关乎刑事诉讼制度全局的重大理论问题，也是与国家权力配置、运行紧密相关的重要实践问题，更是防范冤错案发生、实现司法公正、保证社会和谐稳定的关键问题。本届刑事诉讼法学年会的主题紧扣中央确定的司法体制改革方向，有着极其深远的理论和实践意义。

习近平总书记在今年 5 月召开的哲学社会科学工作座谈会上作出了重要指示："哲学社会科学应具有继承性和民族性"，"观察当代中国哲学社会科学，需要有一个宽广的视角，需要放到世界和我国发展大历史中去看"。审判中心体现诉讼规律，是国际社会公认的并在当代重要法治国家刑事诉讼制度中被普遍遵循的诉讼原理。同时，审判中心又是一个中国化的实践命题，有很强的现实回应性。审判中心研究应紧密结合中国的历史、现实状况和实际问题而展开。目前"审判中心"的制度改革已经成为理论界与实务界合力推动刑事法治发展的共识。相信通过此次会议的研讨、争鸣，理论与实践互动，思想与观点碰撞，"审判中心"制度改革的理论与实践将实现全面提升，理论界与实务部门将携手迈向刑事法治工作的新高度。

各位领导、专家、朋友，辽宁正处于老工业基地全面振兴的关键时期，借此机会恳请大家对辽宁的政法工作进行指导，为法治辽宁建设出谋划策。同时我也邀请大家对辽宁的各地进行考察调研，感受一下这方热土涌动的活力和发展的潜力。最后祝贺此次会议取得圆满成功，祝愿大家在辽宁期间身体健康，工作顺利。

在中国刑事诉讼法学研究会第二次会员代表大会暨 2016 年年会开幕式上的致辞

辽宁大学党委书记　周浩波

尊敬的王乐泉会长，各位领导、各位专家、朋友：

大家上午好！

今天，中国刑事诉讼法学研究会 2016 年年会在沈阳隆重召开。我谨代表辽宁大学向远道而来的各位领导、专家、学者表示诚挚的欢迎！向大会的召开表示热烈的祝贺！

辽宁大学能够承办此次会议，是中国法学会、中国刑事诉讼法学会对我校的信任，也是对我校法学教育和研究工作取得成绩的充分肯定，我们深感荣幸！同时，向大家多年来给予辽宁大学法学学科发展建设的支持和帮助表示感谢！

辽宁大学始建于 1948 年，目前已经发展成为一所具备文、史、哲、经、法、理、工、管、医、艺等学科门类的辽宁省唯一的综合性大学，是国家"211 工程"重点建设院校之一。学校现有 71 个本科专业，8 个一级学科博士点，8 个博士后流动站，3 个国家重点学科，6 个省重点一级学科。在发展过程中，学校始终高度重视和大力支持学校各优势学科的发展与建设。法学院是我校学科建设第一方阵中的一员，经过 36 年的建设和锻造，已经成长为卓越法律人才教育培养基地、国家级特色专业建设点、国家级实验教学示范中心、全国政法干警招录培养体制改革试点建设单位和国家司法鉴定人才培训基地。

作为刑事诉讼法学界的年度盛会，本次会议以"推进以审判为中心的诉讼制度改革"为总议题，这是贯彻落实党的十八届四中全会确立的刑事诉讼制度改革方向的重要举措，是业界和学界、实践和理论、政策和对策的一次高度对接和融合，是对全面推进依法治国的理论回应，也是对刑事诉讼制度改革的实践探索，更是对我国法治发展大计的学术贡献。我相信，尽管研讨的时间短暂，但各位专家学者必将碰撞出智慧的火花和发展的灵感，推动该领域的学术研究和实践改革再上新台阶。

今年正值"十三五"开局之年，辽宁大学全体师生正为实现建设应用特色鲜明、优势学科达到国内一流、国际知名的综合性高水平研究型大学的奋斗目标而努力，同时也正在全力推进"双一流"建设。法学是辽宁大学重点支持的优势学科，刑事诉讼法学是积淀深厚、潜力巨大的优势方向。此次会议必将对辽宁大学刑事诉讼法学学科的发展建设起到极大的推动作用，同时也为辽宁大学法学院全体师生提供了一次难得的学习提高机会。借此机会，我真诚地邀请大家在方便的时候到辽宁大学做客，提出你们的真知灼见，帮助我们进一步提升法学学科建设水平和人才培养质量。

最后，衷心预祝年会圆满成功！祝愿与会嘉宾在沈期间工作顺利、生活愉快！

谢谢大家！

发挥审判职能作用完善刑事诉讼制度
全面落实以审判为中心的改革任务

——在中国刑事诉讼法学研究会第二次会员代表大会暨2016年年会上的专题报告

最高人民法院审判委员会专职委员　刘学文

王乐泉会长、各位代表、同志们：

"推进以审判为中心的诉讼制度改革"是党的十八届四中全会作出的重大改革决定。6月27日，习近平总书记主持召开中央全面深化改革领导小组第25次会议，审议通过《关于推进以审判为中心的刑事诉讼制度改革的意见》（以下简称《改革意见》）。7月20日，最高人民法院、最高人民检察院、公安部、国家安全部、司法部印发了改革文件，标志着以审判为中心的刑事诉讼制度改革全面启动。7月29日，孟建柱书记在第三次全国政法干部学习讲座上就改革工作进行重要部署，沈德咏常务副院长以"统一思想凝聚共识积极推进以审判为中心的诉讼制度改革"为题重点讲解了改革的主要内容和基本要求，全国130多万政法干警观看了这次讲座，一轮刑事诉讼制度的重大改革正在有序展开。

《改革意见》共计21条，其中有13条与人民法院工作密切相关。推进以审判为中心的刑事诉讼制度改革，是坚持严格司法、确保刑事司法公正、提升司法公信力的现实需要，是完善人权司法保障的必然要求。各级法院要从全面推进依法治国、加快建设社会主义法治国家的高度，充分认识中央这一决策部署的重大意义，统一思想，提高认识，认真学习有关文件，准确把握改革的精神，确保改革取得实效。受沈德咏常务副院长委托，下面我就人民法院全面落实改革任务的基本思路、措施及有关工作谈几点意见。

一、全面落实证据裁判原则，发挥庭审中心的决定性作用

庭审是整个审判程序的中心。公正规范的庭审可以有效确保庭审在查明事实、认定证据、保护诉权、公正裁判中的决定性作用。为充分发挥庭审功能，《改革意见》主要提出以下举措：

1. 完善证人、鉴定人出庭制度。证人、鉴定人出庭率低，庭审主要围绕书面证据进行，是困扰公正审判的突出问题。现有法律体现了直接言词原则的基本精神，但基于相关规定，证人庭前书面证言仍有证据效力，这弱化了证人出庭的必要性，并导致证人出庭率低的问题难以得到根本性的解决。《改革意见》第12条明确提出，完善对证人、鉴定人的法庭质证规则。落实证人、鉴定人出庭作证制度，提高出庭作证率。为此，人民法院将深入研究推进和解决证人出庭方面客观存在的相关问题。一是要明确证人应当出庭作证的案件类型。一方面，强调证人出庭，并不是要求所有案件中的所有证人都要出庭，还要考虑该证人证言对案件定罪量刑是否有重大影响；另一方面，要完善证人出庭必要性的审查标准，明确

不出庭的合法事由，防止法官随意否定控辩双方提出的申请。二是要逐步实行庭前证言的排除规则。为摆脱对庭前证言笔录的依赖，有效解决因证人不出庭导致的庭审虚化等问题，对依法应当出庭作证的证人，没有正当理由不出庭作证的，其庭前证言笔录的证据效力需要在实践中结合案情逐步从严把握。

此外，《改革意见》第12条还对证人、鉴定人出庭作证的保障机制提出了明确要求："健全证人保护工作机制，对因作证面临人身安全等危险的人员依法采取保护措施。建立证人、鉴定人等作证补助专项经费划拨机制。"这些都是解决证人出庭作证后顾之忧，提高证人出庭积极性的重要举措。在这方面，不少地方法院做了有效的探索和实践。温州中院积极创新证人出庭作证方式，设置远程作证室等硬件设施，并试行视频作证、遮蔽容貌、不公开作证等证人出庭的全新方法。成都中院建设刑事案件远程视频开庭系统，并在庭审中对证人采取隔离变音作证，判决书中不披露证人真实身份信息等技术性保护措施。泉州惠安法院还探索出"人身保护令"、"出庭强制令"、证人宣誓等作证方式。这些改革举措有效地推动了证人、鉴定人出庭作证制度的发展和完善。最高院将认真总结这些经验做法，研究制定出具体可行的实施方案。

2. 严格规范法庭审理程序。司法实践中，法官判案主要依赖案卷笔录，"先定后审"、"庭审流于形式"问题仍然存在。为维护庭审的终局性、权威性和公信力，要着力改变庭审"以案卷为中心"的做法，力戒庭审形式主义，通过规范化、实质化的庭审，引导刑事审判法官由"把办公室当法庭"到"把法庭当办公室"的根本性转变，确保诉讼证据出示在法庭、案件事实查明在法庭、控辩意见发表在法庭、裁判结果形成在法庭。

一是要规范法庭调查程序。《改革意见》第11条对法庭调查程序作了规定。证据调查是庭审的核心环节，证明被告人有罪或者无罪、罪轻或者罪重的证据，都应当在法庭上出示，依法保障控辩双方的质证权利。对定罪量刑的证据，控辩双方存在争议的，应当单独质证；对庭前会议中控辩双方没有异议的证据，可以简化举证、质证。

二是要完善法庭辩论规则。《改革意见》第13条对法庭辩论规则作了规定。法庭辩论应当围绕定罪、量刑分别进行，对被告人认罪的案件，主要围绕量刑进行。法庭要提高庭审驾驭能力，充分听取控辩双方意见，引导控辩双方理性辩论，依法保障被告人及其辩护人的辩护辩论权，有效归纳、依法处理案件中的事实和法律争议。

三是要完善当庭宣判和定期宣判制度。《改革意见》第14条对当庭宣判制度作了规定。要科学把握当庭宣判的案件范围，不能为了追求当庭宣判率而不加区分地要求对所有案件一律当庭宣判。一般来说，对于事实清楚、法律关系明确的案件，如适用速裁程序或普通程序审理的案件，应当做到当庭宣判。但对于案情复杂、事实证据存疑，当庭无法直接作出认证结论的案件，则不能贸然、不负责任地下判。对于确实无法当庭宣判的，要严格限制庭后调查取证的情形，规范定期宣判制度。

二、全面优化司法资源配置，推进刑事案件繁简分流

强调诉讼以审判为中心，重视发挥庭审的作用，并非要求所有案件一律适用标准化的普通审判程序。在案多人少、司法资源日趋紧张的情形下，应当严格落实繁简分流的原则，实现"疑案精审"、"简案快审"。

1. 强化庭前准备程序功能。充分的庭前准备是优质高效庭审的基础和保证。《改革意见》第 10 条规定："……对适用普通程序审理的案件，健全庭前证据展示制度，听取出庭证人名单、非法证据排除等方面的意见。"该规定对刑事诉讼法进行了一定的完善，有助于控辩双方平等了解案情，审判机关明确争议焦点，但仍未对庭前会议的效力问题作出规定。司法实践中，有必要进一步强化庭前准备程序。一是要完善庭前会议制度。实践表明，对于那些可能导致庭审中断的程序争议，应当并且适宜在庭前解决，如在庭前会议中不作出实质性处理，仍然留待庭审中裁决，不仅会导致庭前会议流于形式，也不利于庭审集中审理。因此，有必要赋予庭前会议相应的法律效力，有效解决管辖、回避、非法证据排除等争议，并通过庭前会议有效梳理焦点争点，提高法庭调查和辩论的针对性，保证庭审集中持续高效进行。二是要完善证据展示制度。要遵循双向展示的原则，确保犯罪嫌疑人、辩护人在庭审前全面有效获取有关案件的信息，同时要坚决防止审判人员先入为主的判断，避免有罪推定。

2. 完善刑事案件速裁程序和认罪认罚从宽制度。要以解决争议为着眼点，研究设计适用于不同类型案件的审判程序。对被告人认罪案件，可以最大限度地简化审判程序，及时高效审理，将有限的司法资源集中于被告人不认罪案件的审理上，为实现程序精密化、推进庭审实质化创造有利条件。鉴于此，《改革意见》第 21 条规定："完善刑事案件速裁程序和认罪认罚从宽制度，对案件事实清楚、证据充分的轻微刑事案件，或者犯罪嫌疑人、被告人自愿认罪认罚的，可以适用速裁程序、简易程序或者普通程序简化审理。"

2014 年 6 月 27 日，第十二届全国人大常委会第九次会议通过决定，授权最高人民法院、最高人民检察院在北京等 18 个城市开展刑事案件速裁程序试点工作，试点期限为两年，这也是全国人大常委会第一次授权司法机关进行的改革试点。两年多来，各试点法院积极探索创新工作机制，形成了许多成功做法和经验。福州、武汉、广州等地出台速裁案件量刑指导意见和指导案例，有效提高了量刑建议的准确性、量刑协商的成功率和刑罚裁量的科学性。天津推行"直接到庭"审理模式，南京、济南等地探索"相对集中开庭"模式，促进庭审实质化。郑州在看守所设立速裁法庭。上海、西安等地强化法庭教育功能，宣判后当庭释明裁判理由，并通过判后寄语等方式加强法治宣传教育。试点工作成效明显，促进了刑事案件速裁程序制度创新，提升了审判质量和效率，为完善诉讼程序制度提供了实践基础。2016 年 7 月 22 日，中央全面深化改革领导小组第 26 次会议审议通过《关于认罪认罚从宽制度改革试点方案》，试点工作即将启动。我们要看到，认罪认罚从宽制度的试点是一项系统工程，既涉及程序制度完善，也涉及诉讼理念更新，还涉及配套机制落实，需要统筹协调，有序推进。近年来，各级人民法院始终把制度创新作为工作重点，确保试点工作顺利完成，发挥试点单位对诉讼程序制度改革的示范、突破、带动作用。

三、全面提高人权保障水平，推进刑事司法文明进步

加强刑事诉讼全过程的人权司法保障，是维护司法公正的前提，也是推进司法文明进步的必然要求。

1. 严格实行非法证据排除规则。《改革意见》第 4 条第 2 款规定："……对采取刑讯逼供、暴力、威胁等非法方法收集的言词证据，应当依法予以排除。侦查机关收集物证、书

证不符合法定程序，可能严重影响司法公正，不能补正或者作出合理解释的，应当依法予以排除。"实践表明，刑讯逼供、非法取证是导致冤假错案的主要原因。对于采用非法手段收集的证据，应当准确认定、严格依法排除。由于《改革意见》内容相对原则，针对司法实践中普遍存在的非法证据"认定难"、"排除难"等问题，有必要进一步明确非法证据的范围和认定标准，减少非法证据排除规则适用中的法律争议。

2. 健全完善律师辩护制度。推进以审判为中心的诉讼制度改革，完善辩护制度至关重要。一是要完善法律援助制度。犯罪嫌疑人如缺乏律师帮助，不仅会导致其在审前程序难以有效维护自身合法权益，庭审阶段控辩双方的平等对抗也难以有效展开。立足司法实践，一方面要适当扩大法律援助的案件范围。目前，浙江、上海等地法院已出台规定，要求及时、全面告知被告人有权申请法律援助及申请法律援助的条件和程序，实现三年以上有期徒刑案件辩护律师全覆盖，并力争对三年以下有期徒刑案件指定辩护律师有一定突破，充分保障未委托辩护人的被告人的辩护权。另一方面要完善犯罪嫌疑人获得律师帮助的保障机制。今后，对未履行通知或者指派辩护职责的办案人员，要进一步强化严格实行责任追究。二是要完善辩护律师依法有效行使辩护权的保障机制。《改革意见》第17条第3款规定："依法保障辩护人会见、阅卷、收集证据和发问、质证、辩论辩护等权利，完善便利辩护人参与诉讼的工作机制。"对辩护律师在审判阶段依法行使辩护权受到限制或者阻碍的情形，要研究设立可行的救济程序。

四、全面更新刑事司法理念，严格贯彻疑罪从无原则

孟建柱书记指出："刑事诉讼各环节中，审判作为对案件作出最终裁判的程序，是守护司法公正、防范冤假错案的关键关口。"由于各种主客观原因，实践中总有一些案件，虽有证据显示被告人有重大犯罪嫌疑，但全案证据仍不足以证实被告人有罪。对于这类案件，法院往往因为各种压力，陷入"进退维谷"、"定放两难"的境地，很难真正做到有罪则判，无罪放人。《改革意见》第15条进一步重申"证据不足，不能认定被告人有罪的，应当按照疑罪从无原则，依法作出无罪判决。"这是《改革意见》中极为重要的内容。严格落实疑罪从无原则，一方面是有效防范冤假错案，保障无罪的人不受刑事追究的需要；另一方面也对刑事审判工作提出了更高的要求，我们要坚持原则，敢于担当，改变疑罪从有、从轻、从挂等错误做法，严格依法作出裁判。

为进一步贯彻落实疑罪从无原则，我们还需要研究以下三个方面的问题：一是要重点研究"疑罪"案件的类型。要通过典型案例归纳出相应的疑罪认定标准。二是要积极探索完善公诉案件的立案审查机制。为防止事实不清、证据不足的案件"带病"进入审判程序，将审判程序防范冤假错案的关口前移，对于明显事实不清、证据不足，不符合交付审判条件的案件，可以决定不进入审判程序。三是要转变现有检察机关对疑罪案件撤回起诉的机制。要明确撤回起诉的适用范围、时间、效力和救济等问题，对已经开庭审理的案件，原则上不宜做准许撤回起诉处理；证据不足、指控的犯罪不能成立，应当依法宣告被告人无罪。全社会要尊重和支持法院按照疑罪从无原则依法作出的判决，共同维护司法权威和公信力。

五、全面统筹推进改革工作，确保改革顺利有序进行

推进以审判为中心的刑事诉讼制度改革，涉及侦查、起诉、审判、辩护等多个领域、多个环节，是一项系统工程。我们应当认识到，每一个案件的公平正义绝非仅仅是法院的职责，在侦诉审每个环节每位政法工作者都是实现公平正义的参与者、实施者，公平正义产生于诉讼活动的全过程。因此，人民法院要进一步更新司法理念，落实各项改革举措，同时还必须坚持系统思维和辩证思维，统筹协调加以推进，防止简单化和片面化，公检法三机关应当各尽其责，共同促进刑事司法公正目标的实现。

1. 统一法定证明标准。法律规定的证明标准对于防范冤假错案具有极其重要的意义。《改革意见》第 2 条第 1 款规定，侦查机关侦查终结，人民检察院提起公诉，人民法院作出有罪判决，都应当做到犯罪事实清楚，证据确实、充分。在刑事诉讼各环节都要严格执行法定证明标准，不能各行其是，更不能打折扣。有鉴于此，公安机关、检察机关应当严格按照法庭裁判的标准，依法收集、固定、审查、运用证据，确保侦查、审查起诉标准向法庭看齐，统一到法定证明标准上来，从源头上防止事实不清、证据不足的案件或者违反法定程序的案件"带病"进入审判程序；人民法院要切实贯彻中央要求，统一司法审判标准，切实发挥审判程序应有的制约、把关功能，形成有效的倒逼机制，促使侦查、审查起诉活动始终围绕审判程序进行，坚守防范冤假错案的底线。

2. 正确处理好公检法三机关互相配合和互相制约的关系。《改革意见》第 1 条进一步重申："人民法院、人民检察院和公安机关办理刑事案件，应当分工负责，互相配合，互相制约，保证准确、及时地查明犯罪事实，正确应用法律，惩罚犯罪分子，保障无罪的人不受刑事追究。"公检法三机关在刑事诉讼中应当分工负责、互相配合、互相制约，这是符合中国国情、具有中国特色的诉讼制度，必须坚持。但毋庸讳言，这一原则在实际执行中并不理想，三机关之间或多或少存在"配合有余、制约不足"的问题，特别是审判程序难以有效发挥对其他诉讼程序的制约作用，往往造成一些案件起点错、步步错、一错到底。推进以审判为中心的诉讼制度改革，要致力于实现配合和制约的有机统一。维护社会治安秩序、准确有效打击刑事犯罪，是各级政法机关共同的责任，必须强调在分工负责的基础上互相配合，不能相互掣肘、各行其是。同时，为确保办案质量，有效防范冤假错案，各环节都要坚持原则，依法办案，不能迁就照顾、将错就错，从而形成有力的相互制约机制。

同志们，随着以审判为中心的诉讼制度改革的逐步推进，必然会出现一系列深层次的新情况、新问题。为此，我们要进一步加强审判理论研究，更新司法理念，改进司法方式，坚持问题导向，积极探索创新，扎扎实实地做好对每一项制度的深入研究、修改完善和贯彻执行，逐步形成以审判为中心的诉讼格局，建立更加符合司法规律的刑事诉讼制度，努力实现"让人民群众在每一个司法案件中感受到公平正义"的目标。期待大家积极建言献策，一如既往地关心支持我国的法治事业，为完善我国刑事诉讼制度，建设公正高效权威的社会主义司法制度作出积极贡献！

预祝大会取得圆满成功！

侦查监督的现状、问题及发展方向

——在中国刑事诉讼法学研究会第二次会员代表大会暨 2016 年年会上的专题报告

最高人民检察院侦查监督厅　黄　河

尊敬的主持人、各位领导、各位专家学者，大家好！

我受孙谦副检察长委托有幸能够参加这次刑事诉讼法学年会，会前我认真阅读了会议论文集，很受启发，很有收获。今天，我报告的主题是"侦查监督的现状、问题及发展方向"。

一、侦查监督的现状及存在的问题

侦查监督是检察机关法律监督的重要组成部分，无论是从规制侦查权，还是从保障人权的角度来看，侦查监督权都十分重要。尤其是修改后的刑事诉讼法细化了逮捕条件，新增了非法取证行为的调查核实等监督方式，强化了当事人、辩护人和其他有关人员的知情权、辩护权、申诉权等，对侦查监督工作提出了新的更高要求。近年来，检察机关围绕审查逮捕、立案监督、侦查活动监督三项侦查监督职能，提升侦查监督品质，主要做了五件事。

一是构建以客观证据为核心的证据审查和案件事实认定体系，严把逮捕质量标准。证据既是司法办案的基础，又是开展监督的依据。为此，我们大力推动规范司法、精细办案，对 50 个常见罪名的审查逮捕重点、难点问题进行了深入研究，印发了《刑事案件审查逮捕指引》，提出以刑事一体化作为审查逮捕的方法论，要求审查逮捕的事实证据认定要综合正向思维、逆向思维、底线思维方式，把握住"事实不能没有，人头不能搞错"，运用逻辑法则和经验法则判断逮捕的社会危险性。我们从今年开始，每月都开展审查逮捕指引案例教学活动，通过检察官教检察官、案例教学、远程视频实时互动交流的方法让 1.8 万侦查监督人员"共上一堂课、研修一罪名"，不少地方还邀请侦查人员参与案例教学活动，共同提高调查取证、事实认定和法律适用的能力和水平。我们还与公安部有关部门联合制定了《关于逮捕社会危险性条件若干问题的规定（试行）》等规范性文件，明确了逮捕社会危险性条件需要有证据证明、证明责任由公安机关承担、审查责任由检察机关承担等重大问题，对认定逮捕社会危险性的方式方法进行了规范，初步构建了社会危险性条件证明体系。我们于今年 7 月还出台了《人民检察院办理延长侦查羁押期限案件的规定》，着力解决批延阶段走过场的问题，不批延率逐年上升。2013 年至 2015 年，受理审查逮捕 210 余万件近 300 万人，逮捕后撤案率、不起诉率、无罪判决率分别为 0.007%、1.4% 和 0.016%，保持较低水平，侦查机关对检察机关不逮捕案件提请复议复核比例也从 2012 年的 1.68% 下降至 2015 年的 1.52%。

二是切实把好防止冤假错案第一关。近年来，浙江张氏叔侄案、内蒙古呼格吉勒图案、河南赵作海案等一系列冤假错案的发生，给司法权威和司法公信力带来了严重冲击。我们坚持罪刑法定、疑罪从无、非法证据排除等原则，对非法证据立足于早发现、早调查、早排除，防止出现"起点错、跟着错、步步错、错到底"。2013 年至 2015 年，共排除非法证据 1200 余件，因排除非法证据不批准逮捕 1500 余人。特别是河北省保定市人民检察院、顺平县人民检察院在办理王玉雷涉嫌故意杀人案时，严把审查逮捕关，通过讯问发现刑讯逼供线索，经调查核实排除非法证据依法作出不批捕决定，纠正重大错案并积极引导公安机关抓获真凶。这个案件的价值就在于当事人已经认罪，还能发现疑点、排非不捕。我们高度重视律师在保障人权、促进司法公正中的重要作用，2013 年至 2015 年共听取辩护律师意见 10 万余件次，同时保障犯罪嫌疑人的合法权益，凡是犯罪嫌疑人要求向检察人员当面陈述的都进行讯问，天津、湖北等 14 个省市检察机关已经实现审查逮捕阶段每案必讯问。我们通过讯问犯罪嫌疑人发现疑点，监督纠正了李银陆涉嫌故意杀人案①，李占国、陈维园涉嫌抢劫案②，熊发明涉嫌运输毒品案③等一批刑讯逼供违法案件。

三是坚持少捕、慎捕，减少不必要的羁押。现代法治国家均奉行羁押例外原则，联合国《公民权利和政治权利国际公约》第 9 条第 3 项明确规定，等候审判的人被监禁不应作为一般原则。我们高度重视人权司法保障，一直对逮捕权的行使秉持慎之又慎的态度，坚持"凡逮捕均依法逮捕，凡不捕均依法不捕"，在保障刑事诉讼顺利进行的前提下，尽可能减少羁押，节约司法成本，减少社会对立面。全国普通刑事案件的批捕率逐年下降，从 2005 年的 91%下降至 2015 年的 80%以下（截至 2016 年 6 月，不捕率为 22.6%），提起公诉时犯罪嫌疑人被羁押的比例降到了 60%左右。④ 我们在发挥取保候审等非羁押性强制措施的替代作用方面也进行了不懈探索，如河南省人民检察院通过与省法院、省公安厅会签非羁押诉讼规定，构建减少羁押的保障体系，全省刑事案件的审前羁押率从 2006 年的 74%逐步下降至 2015 年的 50.2%；山东省检察机关借力科技手段，探索利用智能监控手表进行监管，确保诉讼活动顺利进行。最早运用智能监控手表的东营市河口区人民检察院审前羁押率 2015 年已经降至 30%。

---

① 河南省杞县人民检察院办案人员通过审查公安机关卷宗证据，发现除犯罪嫌疑人李银陆在公安机关的有罪供述外，缺少其他能够认定犯罪嫌疑人犯罪的客观证据。在检察机关办案人员提审时，犯罪嫌疑人李银陆全部否认自己原来的有罪供述，且辩解公安机关办案人员对其进行了刑讯逼供。经办案人员详细查看，其身上确实有多处明显的新鲜疤痕，同时公安机关未能按要求提供同步讯问录像，依法排除非法证据，决定以涉嫌故意杀人的事实不清、证据不足，不批准逮捕犯罪嫌疑人李银陆，并向杞县公安局发出了《纠正违法通知书》。

② 山东省青岛市市北区人民检察院提审犯罪嫌疑人李占国、陈维园时，二人均翻供，称在公安机关供述不属实，在承办人问其在侦查阶段是否受到刑讯逼供时，两名犯罪嫌疑人均目光游离、闪烁其词。后通过审查同步录音录像发现侦查人员有刑讯逼供行为，遂依法排除非法证据，对李占国、陈维园作出不批准逮捕决定，并针对上述违法情形，向公安机关发出《纠正违法通知书》。

③ 云南省文山州人民检察院在提讯犯罪嫌疑人熊发明时，熊发明供述其在审讯中遭到侦查人员的刑讯逼供。经调查证明，侦查人员在首次审讯中存在用胡椒水喷洒犯罪嫌疑人眼、口、腰、腹及下体等多部位的非法取证行为。文山州人民检察院向文山边防支队发出了《纠正违法通知书》，同时启动非法证据排除程序，依法排除了犯罪嫌疑人熊发明的第一次供述。

④ 如果审前羁押着眼于提起公诉且采取过逮捕和拘留措施的人数，较为周延的数据采集方案如下：（1）侦查阶段采取过逮捕措施的人数和移送审查起诉时强制措施为逮捕的人数。（2）侦查期间未采取过逮捕措施，移送审查起诉时强制措施为拘留的人数。（3）侦查阶段未采取过逮捕措施，移送起诉时不是拘留和逮捕，审查起诉期间变更强制措施为逮捕和拘留的人数。

四是发挥立案监督的"查漏补缺"作用。立案监督有两大难题，一是立而不侦、侦而不结；二是当事人缠访、闹访。坚决纠正人民群众反映强烈的有案不立、有罪不究、插手经济纠纷等问题。2013 年至 2015 年，对公安机关应当立案而不立案的，监督立案 6 万余件，对不应当立案而立案的，督促撤案 5 万余件，平均每年 3.6 万件立案监督案件。自 2014 年起，为回应人民群众关切，连续三年开展破坏环境资源犯罪和危害食品药品安全犯罪专项立案监督，先后督办了腾格里沙漠污染案、非法疫苗系列案等一大批案件，并与有关部门联合制定了具有标志性意义的《食品药品行政执法与刑事司法衔接工作办法》，对推动整个行政执法领域"两法衔接"长效机制的建立与完善起到了"破冰"的作用。

五是宁愿"吃力不讨好"也要做好侦查活动监督。采取情况通报、检察建议、书面纠正违法、建议更换承办人、移送职务犯罪线索等多种方式，加强对侦查活动的监督，2013 年至 2015 年共书面纠正侦查活动违法案件 16 余万件次。今年我们评选出了 23 件纠正严重侦查违法的全国优秀侦查活动监督案件，向公安部和全国检察机关通报，发挥了很好的示范作用。当前公安派出所办理刑事案件所占比例越来越大，不少地方已达到 80%，我们完善对公安派出所刑事侦查活动监督机制，在 10 个省份部署开展试点，创设驻所检察官办公室、乡镇检察室、片区检察官等监督模式，实现了事前、事中与事后监督并举，实体监督和程序监督同步的效果。不少地方检察机关还对"另案处理"案件、刑事拘留、逮捕执行情况和捕后变更强制措施开展专项监督，均取得了很好的成效。

尽管侦查监督近年来有所发展，但是我们应当清醒地看到，侦查监督处在以审判为中心的刑事诉讼制度改革、以司法责任制为核心的司法体制改革、以完善检察监督体系为目标的检察改革的交汇点，在司法理念、工作机制、能力素养等方面还存在诸多不达标的问题，与现代法治要求尚有一定差距。一是逮捕方面，一些检察人员还没有真正树立法治理念，不严格依法依规办案的情况仍然在一定范围内存在，更有甚者，审查逮捕时主动迎合，友情赞助者有之；迫于压力，走过场者有之；漠视职守，放任者也有之，许多冤假错案的发生与此不无关系。羁押比例仍然过高，全国刑事案件逮捕人数总量仍然很大，每年近 90 万人，批捕率持续在 80% 左右的高位运行；忽视社会危险性条件，构罪即捕的问题仍然较为突出。构罪即捕的本质就是以捕代侦、以捕维稳。例如，2015 年全国捕后判处缓刑和没有判处徒刑以上刑罚案件的比例分别达到 8.4% 和 7.2%，这是典型例证。二是监督方面，不敢于监督、不善于监督、不依法监督、不规范监督的问题不同程度地存在，有的甚至搞"虚假监督"、"数字监督"等。线索发现难、调查核实难、监督处理难这三个"老大难"问题仍然普遍存在。修改后的刑事诉讼法新增的一些侦查监督职能，如非法证据排除、对指定居所监视居住监督等，有的没有履行或者履行不到位。三是新型良性互动的检警关系还未真正确立。检察机关与公安机关之间存在重配合轻监督、监督不配合、配合不监督的现象，检警执法协作机制运行不够顺畅。四是侦查监督科技化、信息化水平滞后，还沿袭过去传统模式办案，没有充分发挥"两法衔接"机制、侦查监督信息平台、非羁押措施电子化、远程视频讯问等现代科技的力量，侦查监督特别是审查逮捕工作期限较短、证据有限、未知因素多与高质量要求的矛盾变得更加突出。

二、侦查监督的发展方向

针对侦查监督工作中存在的上述"短板",我们提出了侦查监督法治化、现代化的工作主题,其内涵包括坚守法治的司法理念、规范精细的办案行为、科学完善的机制制度、先进高效的方式手段等要素,以及这些要素共同作用所达到的公正高效的司法品质。为了达到这一目标,我们构建了侦查监督工作的"四梁八柱",围绕"规范办案、精细司法、抓好两个关系、实现两个转型、建设两个平台",推动侦查监督的科学发展。

(一)两个关系:检警关系与捕诉关系

抓好两个关系,是适应以审判为中心的刑事诉讼制度改革的重要举措。现代刑事诉讼是围绕着两条主线展开的:一条是显现的主线,即围绕着证据的收集、审查、判断、运用来展开;另一条是隐性的主线,即围绕公正与功利、打击犯罪与保障人权的平衡来展开。以审判为中心实际上就是以证据为中心,最为重要的就是要倒逼侦查机关按照审判时的证据裁判规则,推动整个侦查行为的依法有效。为实现这一目标,就要切实改变目前存在的侦查失控、制约失灵、关系失衡等现象,强化对侦查权的监督制约。侦查监督处于刑事诉讼的上游,又是承上启下的关键环节,在规制侦查权上责任重大,需要发挥其在程序初期的监督、引导、过滤和把关作用。我们考虑,在现行诉讼框架下唯有建立监督与支持有机统一的新型良性互动检警关系和紧密衔接的捕诉关系,才有出路。

1. 良性互动的检警关系

当今,世界各国的检警关系主要有两种模式,一种是英美法系的检警分立模式,另一种是大陆法系的检警一体化模式。中国的检警关系不同于上述两种模式,既检警分立,又因检察机关对侦查权合法行使进行监督,而具有鲜明的中国特色。检察机关和公安机关之间既在追诉犯罪、指控犯罪上有共同的目标,又有检察机关对公安机关的侦查活动是否合法进行全程监督,还有分工负责、互相制约的关系。为更好地发挥侦查监督职能,我们提出构建监督与支持有机统一的新型良性互动检警关系。

一是正确处理配合、制约和监督的关系,强化检察机关在审前程序中的主导作用。配合立足于检警权力分工,着眼于追诉犯罪;制约立足于检警地位平等,着眼于双向制衡;监督立足于宪法定位,着眼于检察机关单向规制侦查权。配合、制约和监督统一于侦查程序的立法目的,保持打击犯罪与保障人权的动态平衡。在诉讼结构中,检察机关和侦查机关共同承担控诉职能,检察机关检控犯罪必须以侦查为基础,侦查必须服务检察,双方紧密配合,才能有效追诉犯罪。因此,新型良性互动检警关系应当服务于侦查程序立法目的的有效实现,逐步构建以庭审需求为导向、侦查围绕检察机关指控犯罪的大控方格局,充分发挥检察机关审前主导和过滤作用,通过监督的方式来促使公安机关规范办案,共同维护司法权威和司法公正,这是适应以审判为中心诉讼制度改革的必然要求。

二是在打击犯罪方面加强配合,健全介入侦查引导取证机制。办案质量如何,最终要接受审判的检验。当前,部分侦查人员长期受以侦查为中心的影响,还存在重查明犯罪、轻证明犯罪,重破案、轻取证的现象。因此,我们不断坚持提前介入侦查引导取证机制,探索建立"重大疑难案件侦查机关听取检察机关意见建议制度",促进侦查机关严格规范办案，共同提升刑事案件质量，从源头上防止事实不清、证据不足或违反法定程序的案件"带病"进入审判程序。同时通过联席会议、信息共享、文件会签、联合培训等方式，不断加强检警之间的良性互动。

三是在规制侦查方面加强监督，为诉讼参与人提供诉讼救济。构建新型检警关系，谈配合支持容易达成共识，谈监督制约有难度。在司法实践中，限制人身自由的司法措施和侦查手段，如拘传、拘留、取保候审等都是侦查机关自行决定和执行，外部监督制约十分有限。尽管党的十八届四中全会要求建立"对限制人身自由的司法措施和侦查手段的司法监督机制"，但是目前检察机关开展这项工作面临一些困惑，一无知情渠道；二无监督机制；三无明确法律依据。我们初步设想用诉权制约侦查权来推进这项改革。修改后的刑事诉讼法第14条规定，诉讼参与人对于侦查人员侵犯公民诉讼权利和人身侮辱的行为有权提出控告。无救济，无权利。需要畅通检察机关对侦查活动的知情渠道，完善犯罪嫌疑人及其近亲属、辩护律师控告申诉机制，通过备案审查、调查核实、专项检查等措施，及时发现、监督、纠正侦查违法行为，保障诉讼参与人的合法权益。同时，加强与公安机关侦查、法制或警务督察部门的协调联动和配合，建立检察机关法律监督与公安机关内部监督的衔接机制，把检察机关监督成果作为公安机关内部执法监督的依据，增强监督的刚性。

2. 紧密衔接的捕诉关系

侦查监督部门和公诉部门分别负责批捕和公诉，共同担负着指控犯罪和诉讼监督的职能，都是侦查程序的把关者和监督者。当前，捕诉关系如何调整处于一个十字路口。在司法体制改革中，有的地方将侦查监督部门和公诉部门进行整合，实行捕诉一体化的谁捕谁诉，这种整合还有继续扩大的趋势。捕诉到底是分设，还是一体？是公正优先，还是效率优先？我们的基本考虑是加强内部制约，坚持捕诉分设，健全捕诉衔接工作机制，从而完善检察监督体系、提高检察监督能力，积极适应以审判为中心的诉讼制度改革。

一是建立共同介入侦查引导取证机制。对于重大疑难复杂案件，捕诉要加强沟通协调和工作联动，捕前共同介入侦查，引导监督侦查取证工作，为提高案件质量打下坚实基础。"e租宝"案件就是捕诉衔接、共同介入侦查引导取证的典范。二是建立跟踪监督机制。对于排除非法证据、提出补充侦查、存在司法风险等案件，侦查监督部门要及时通报公诉部门，为公诉部门提前做好处置赢得先机。以《逮捕案件继续侦查取证意见书》为切入点，核实侦查取证的落实情况，解决捕后监督空白，充分发挥检察一体化作用，确保刑事诉讼顺利、高效。三是建立联席会议机制。通过召开联席会议，统一证据审查、事实认定、法律适用方面的标准，总结梳理侦查中存在的问题，共同提出意见建议，督促侦查机关加强和改进侦查工作，提高案件质量。

（二）两个转型：审查逮捕诉讼化与重大监督事项案件化

实现两个转型，是司法体制改革背景下侦查监督办案模式进行的重大调整。原先侦查监督办案模式更多体现的是行政色彩，不符合司法责任制的要求，必须进行转型。但是侦查监督各项职能中既有诉讼职能，也有监督职能，审查逮捕属于诉讼职能，具有鲜明的司法属性，立案监督和侦查活动监督属于监督职能，更多地体现了监督属性。因此，在两者的办案模式上我们分别提出了审查逮捕诉讼化和重大监督事项案件化的要求。

1. 审查逮捕诉讼化

逮捕是最严厉的刑事强制措施，是对公民权利的重大干预，是涉及犯罪嫌疑人人身自由的宪法权利，是检察机关各项职能中最具司法属性的一种，应当通过司法化而非行政审批的方式审查，这是基本要求。但长期以来审查逮捕以具有行政审批色彩的书面审查方式"秘密"进行，外界尤其是理论界对此质疑不少。我们认为，要准确理解审查逮捕属性是对羁押进行司法审查的诉讼活动，也是对执法方式的要求，要不断创新发展审查逮捕具体办案方式。审查逮捕实现诉讼化转型有五个好处，一是从封闭审理走向公开审查，有利于体现审查逮捕的司法属性，实现兼听则明；二是有利于让当事人积极参与到刑事诉讼中来，充分行使诉讼权利，更好地维护诉讼当事人的合法权益；三是有利于全面听取意见，更加准确地评价犯罪嫌疑人的社会危险性，确保逮捕质量；四是有利于在审理过程中加强释法说理，让审查结果更加具有说服力，促进矛盾纠纷的化解；五是有利于将审查逮捕过程公开，以公开促公正、以公正树公信。目前，推动审查逮捕诉讼化转型的最大困惑是内外部的阻力较大，主要是案多人少的矛盾和法律依据的不足，审查逮捕办案期限短、任务重，探索公开审查增加了工作量，使侦查人员和侦查监督人员工作更加繁忙，在没有法律依据支持的情况下，侦查人员对公开审查的支持十分有限。尽管如此，我们在近年来各地探索的基础上，打算从以下四个方面推动审查逮捕诉讼化。

一是加强听取犯罪嫌疑人和辩护律师意见工作。审查逮捕诉讼化的核心是兼听各方意见，目的是公正作出审查逮捕决定，方式既可以是分别单独听取，也可以是集中言词辩论公开审查，需要构建多层次的诉讼化体系。对于绝大多数案件，宜采用分别听取意见的方式，有条件的地区应当做到每案必讯问。要尊重犯罪嫌疑人的诉讼主体地位，从讯问和书面听取意见书的双轨制逐步实现全面讯问，围绕权利保障、身份核实、证据审查、辩解听取和侦查监督等内容，认真听取犯罪嫌疑人的意见，提高案件审查水平。要充分重视辩护律师的意见，凡是有辩护律师的，都应当积极主动地听取意见，并将听取和采纳情况在审查逮捕意见书中载明，真正做到兼听则明。广东省四会市检察院在办理一起跨省抓捕的故意伤害案中，认真听取辩护律师提出的犯罪嫌疑人不在犯罪现场的意见，经调查核实后排除其作案嫌疑，并引导侦查机关抓获真凶，该案就充分体现了听取辩护律师意见在促进司法公正中的重要作用。

二是逐步扩大探索公开审查的范围。对于案件事实清楚，证据收集到位，不涉及国家秘密和商业秘密，在是否构成犯罪、是否具有社会危险性上争议较大的案件，可以采取公开听取侦查人员、犯罪嫌疑人及其辩护人、被害人及其诉讼代理人意见的审查方式，进一步推动审查逮捕程序向诉讼化转变。这种检察官相对独立，公开透明、多方到场、兼听保障的诉讼化审查方式，符合司法改革的方向。待条件成熟后，逐步扩大听取案件的范围和扩大参与审查人员的范围，将侦查羁押期限延长、捕后羁押必要性审查均纳入公开审查的范围。深化公开审查的功能，将公开审查与讯问相结合，甚至代替讯问的途径，强化公开审查笔录的效力，简化审查逮捕意见制作，提升司法办案的效率。

三是完善法律援助制度。限于知识结构文化程度等客观原因，绝大部分犯罪嫌疑人并不真正理解逮捕条件和社会危险性的含义，不具备对逮捕公开审查的过程与结果产生实质性影响的能力，被羁押的现实状况也导致很难参与到公开审查中，需要借助辩护律师为其充分表达观点诉求。但在司法实践中，刑事案件辩护率并不高，尤其是在侦查阶段律师介入更少，听取律师意见和逮捕公开审查都难以开展，影响案件质量。我们要与公安、司法行政机关加强协商，通过签订工作规定完善审查逮捕阶段法律援助机制，建立稳定、便捷的法律援助程序。研究与公诉部门速裁程序对接，探索建立值班律师制度，在看守所设立法律援助值班律师，为犯罪嫌疑人提供免费法律帮助，释明逮捕条件和社会危险性的含义，参与逮捕公开审查，提高审查逮捕案件的辩护率和辩护质量。

四是给检察官充分授权。要推进审查逮捕诉讼化，就需要改变审查逮捕审批方式的行政化，给检察官充分授权，实现让审理者裁判，让裁判者负责。我们推动省级检察院在制定各级人民检察院检察官权力清单时，根据审查逮捕的特点，合理确定独任制检察官决定审查逮捕的案件范围，让检察官在授权范围内独立办理审查逮捕案件，体现司法的独立性和亲历性，激发检察官的责任感和荣誉感。目前，一些省市已经将普通刑事案件的批准逮捕权和因无社会危险性不批准逮捕的权力赋予检察官，效果初步显现。

2. 重大监督事项案件化

从职能的履行程序上看，审查逮捕相对成熟，立案监督和侦查活动监督相对薄弱，特别是侦查活动监督职能的履行依附于审查逮捕，呈现出分散、不系统的特点，存在监督程序不够全面规范、违法事实难以准确认定、监督过程缺乏处处留痕、监督质量难以有效评价等问题。这与我国审前程序尚未建立普遍的程序性制裁有关，除非法证据排除外，侦查机关和侦查人员诉讼违法近乎零成本，纠正违法的效果依赖于侦查机关的自觉。为改变这种监督无力的状况，我们提出推进重大监督事项案件化转型，进行内部流程管理和外部程序再造，实现程序规范、证据规则、管理流程、质量标准、办案机制"五位一体"的完整办案体系，从而提升监督工作规范化、提升监督案件质量、增强侦查监督刚性、促进侦查规范化，适应以审判为中心的诉讼制度改革、完善司法责任制和检察监督体系的需要。

一是确定监督事项案件化的范围和标准。根据比例原则，结合诉讼行为违法的严重程度和惩罚措施的严厉程度来确定监督事项案件化的范围，对于轻微诉讼违法行为，没有必要进行案件化管理，对于重大诉讼违法行为，才有必要建立案件化办理模式。我们着手编写立案监督和侦查活动监督指引，围绕"规范、精细"的目标，力图通过工作指引、办案指南的形式，既梳理监督事项的规则体系，又明确监督案件的证明要求，既提供依法监督的工作规程，又展现善于监督的方式方法，从而对规范监督办案发挥指导作用，提升办理监督案件的业务能力。

二是建立监督案件流程管理。监督事项案件化在形式上是建立案件管理流程，进行立案登记，实施案号管理，建立线索受理、立案、调查核实、审核决定、实施监督、跟踪反馈、结案归档的完整流程管理。我们鼓励有条件的地方先行先试。例如，湖北省检察机关制定出台了《湖北省检察机关诉讼监督工作规范》等九个规范文本，打造了一个完整的诉讼监督办案流程。

三是明确监督案件的证明要求。案件由人和事实构成，事实通过证据予以证明，事实认定必然要求明确证据调查、收集、判断标准。实现重大监督事项案件化转型，必须完善证据规则，建立证据标准体系。虽然侦查监督部门的监督事项总体上属于程序性违法监督事项，但类型却是多样化的，既有对立案、撤案活动的监督，又有对侦查违法行为的监督，还有对阻碍诉讼权利行使的监督等。每种监督事项的违法标准不同，证明要求也不尽相同。有的如羁押期限违法，一般为自由证明，无须适用严格的调查程序仅需满足较低证明标准即可；有的如非法证据排除，应当是严格证明，必须经过严格的调查核实程序，证明侦查取证行为违法。因此，重大监督事项案件化在程序规范、流程管理的基础上，必须针对不同事项建立差异化的证据规则，包括证据种类和范围、证明力大小、取证方式、证明标准等内容。

四是强化监督案件过程监督。监督事项案件化实质上是整合现有法律资源，进行外部监督程序再造，核心是建立健全对侦查人员诉讼违法行为的调查核实机制。虽然我们已经制定了《关于侦查监督部门调查核实侦查违法行为的意见（试行）》，但这一文件在实践中的执行情况并不理想，特别是对违法取证行为以外的其他侦查违法行为的调查，检察机关得不到有效配合与支持，给调查核实工作开展造成极大的困难。下一步我们将全力推动与公安部共同研究制定有关调查核实工作的规范性文件，将调查范围依法扩大至所有应接受监督的违法侦查行为，或者在修改刑事诉讼法时，依法对调查核实的原则、方式、范围、程序、权限，以及调查核实结论的反馈、纠正违法通知的执行、违法信息收集、通报等作出明确规定，进一步规范侦查行为和监督行为，促进规范执法，提升监督实效。

（三）两个平台：刑事案件信息共享平台和"两法衔接"信息共享平台

建设两个平台，既是加强侦查监督信息化的重要手段，也是打通知情渠道不畅的重要途径。在司法实践中，因信息沟通机制不健全导致检察机关监督线索来源单一、知情渠道不畅等问题，已成为制约监督权行使和促进侦查权依法规范运行的瓶颈问题。众所周知，科技是第一生产力，对于实现侦查监督法治化现代化至关重要。案多人少要求高的矛盾，监督不全面、不精准的问题等，都可以依托提高侦查监督工作科技化、信息化、智能化含量来化解。因此，我们要更加注重利用科技手段来创新监督模式、加大监督力度、提升监督效果，提出了推动刑事案件信息共享平台和"两法衔接"信息共享平台建设。主要是解决线索发现难的问题，利用大数据实现源头监督、及时监督、动态监督和全面监督。

1. 刑事案件信息共享平台

刑事案件信息共享平台的目标是要建立跨部门的执法办案全业务、全流程信息化综合系统，推动信息化建设与执法办案监督管理机制的深度融合。我们首先推动中央政法委"政法机关跨部门网上办案平台"试点工作，在苏州等地建设政法信息综合管理平台，覆盖了公安提请逮捕、移送审查起诉，检察批捕、起诉，法院审判，司法社区服刑、社区服刑执行等业务主线的案件协同功能，并对案件办理过程中涉及的网上换押、律师阅卷、远程提审、诉讼线索移送、委托调查、法律援助等协同流程提供了支持，实现执法信息网上录入、执法流程网上管理、执法质量网上考核、执法活动网上监督。在此基础上形成了政法大数据分析研判平台，既可以实现个案信息的微观查询，又可以通过报表分析、历史数据变化、可视图表分析、相关性分析、趋势分析等功能，快速掌握地区案件宏观情况，真正把分散、孤立、沉睡的数据激活、用好。

其次，我们总结推广了广东省深圳市检察机关建立的侦查活动监督平台。平台一方面利用科技的力量实现了侦查活动监督与审查逮捕的深度融合，运用监督大数据实现重点监督、强化类案监督；另一方面又契合了侦查机关内生的提高执法水平的需要，受到侦查机关的欢迎。检察机关侦查监督、公诉部门、公安法制部门可以实时掌握提请逮捕、移送起诉案件质量的动态信息，对办案部门、办案民警违法情形定期统计、分类分析、实时查询，随时了解各个、各类罪名案件办理过程中存在的主要问题，对办案单位侦查违法趋势实时监控、提前预警，定期出具分析报告，或者根据公安机关需求提供分类分析报告，实现了监督手段、方式的现代化。目前该平台经在广东全省部署运行，我们也已在重庆等7个省份开展试点工作，进一步总结经验后将在全国推广。

2. "两法衔接"信息共享平台

党的十八届四中全会要求实现行政处罚与刑事处罚的无缝衔接。检察机关积极推动建立行政执法与刑事司法衔接机制，目前四川等8个省份已建成省市县三级互联互通的行政执法与刑事司法衔接信息共享平台。天津等27个省份已建成省级层面打击侵权假冒领域违法犯罪信息共享平台，初步实现网上移送、网上立案、网上监督，但是多数平台中数据的实际应用情况却不乐观。下一步，我们拟向人大建议制定关于行政执法与刑事司法衔接的专门性法律，完善案件移送标准和程序，并会同相关行政执法、公安、法院共同研究制定各个行政监管领域的案件移送标准、证据要求，形成规范性文件。在此基础上，完善平台构造、提升平台功能，将"两法衔接"信息共享平台建设和行政执法信息公开、警务公开、检务公开、审判公开相结合，实现执法、司法信息互联互通，强化深度应用，依托大数据切实提升国家治理能力。

尊敬的主持人、各位领导、各位嘉宾！中国正处在全面推进依法治国的伟大进程中，为了更好地履行侦查监督的职责和使命，我们对今后的发展方向做了一些思考，请与会领导、专家、学者批评指正。我们愿意与公安机关一道，共同促进侦查法治化和规范化，共同推进侦查监督法治化和现代化；我们乐见理论界对侦查监督工作进行持续的关注和批评，为我们更好地实现规制侦查、保障人权的功能提供理论支撑和智力支持。

谢谢大家！

推进以审判为中心的诉讼制度改革

——中国刑事诉讼法学研究会第二次会员代表大会暨 2016 年年会综述

马 可 张 曙 张友好 孙 记 陈邦达*

由中国刑事诉讼法学研究会主办、辽宁大学法学院承办的中国刑事诉讼法学研究会第二次会员代表大会暨 2016 年年会于 8 月 13~14 日在沈阳举行。来自全国各高校、研究院所、司法实务部门的专家、学者 200 多人参加了本次会议。与会代表围绕"推进以审判为中心的诉讼制度改革"这一会议主题对以审判为中心的诉讼制度的要义和要求、庭审实质化与庭审方式改革、认罪认罚从宽制度设计、刑事速裁程序的立法问题和统一证据标准研究等议题，进行了热烈而深入的交流和探讨，与会代表提交了 90 余篇论文。现将讨论的重点问题及主要观点综述如下。

一、"以审判为中心的诉讼制度"与庭审实质化

（一）"以审判为中心的诉讼制度"的含义与要求

有学者指出，我国"以审判为中心的诉讼制度"改革与西方意义上的"审判中心主义"不同，其目的是解决冤假错案问题，实质上强调的是庭审的实质化。也有的学者指出，要准确解读中央关于"推进以审判为中心的诉讼制度改革"问题，最好把与以审判为中心相矛盾的内容列举出来。大多数学者认为要破除"侦查中心主义"，确立"审判中心主义"，需要否定起诉和审判对侦查结论无条件认可的错误做法。有学者进一步指出，这并不是否定侦查对审判的决定和影响作用，侦查证据不充分仍然可以决定和影响审判结果，只不过这个审判结果应该是无罪判决。要想让侦查结论获得审判机关的支持，就必须提高侦查的充分性和质量。

有代表认为，下一轮改革需要法官介入到审判之前的侦查、起诉程序之中，介入审前程序的法官（或者说是侦查法官）可以比照执行（特别是民事执行）中的执行法官，与全面改革后庭前会议中的庭前法官、庭审法官、执行法官并列，对程序性请求和程序性争议行使裁判权。这一改革取决于三个原则：一是司法最终裁决原则的要求，审判之前的程序中被追诉人的权利也同样需要裁判权救济；二是三机关制约原则中制约的双向性，需要审判前程序设立裁判权制约侦查权、起诉权；三是刑事诉讼法第 3 条规定的职权原则，说侦

* 各部分撰稿人依次为：中国社会科学院法学研究所马可副研究员，浙江工业大学法学院张曙副教授，华南理工大学法学院张友好教授，黑龙江大学法学院孙记副教授，华东政法大学科学研究院陈邦达博士。

查由公安机关负责，并不是说侦查阶段由公安机关完全支配，侦查中涉及程序性纠纷的解决，同样需要侦查法官行使裁判权。

部分与会学者认为，我国目前推进"以审判为中心的司法制度改革"面临三大困境。其一，体制的困境。即在现行体制下，刑事诉讼很难实现技术上的"控辩审"三角构造，后一个程序往往成为前一个程序结论的确认和合法化程序。在这个意义上，控辩平等是不可能实现的，积极适用不起诉也很难实现。公安机关处于维护社会秩序，打击犯罪的最前线，拥有优势性的权力和地位，在这种情况下很难实现"以审判为中心"。与会代表认为，要对"铁路警察、各管一段"、侦查权"一家独大"的现状予以改变，进一步打破地方上仍存在的政法委书记由公安局局长兼任的惯例，既要确立侦查、起诉、审判三个机关逐渐升高的关系，至少应该实现公安局局长与检察长、法院院长平级，也要建立和完善对法官的弹劾机制，现实中检察院对法官的调查，启动机制上缺乏严格的限制条件，最终使审判中心主义无法保障。

其二，制度的障碍。有学者认为，"推进以审判为中心的司法改革"的背景是"冤假错案"的频频上演。这里存在三个制度上的难题：一是一些原本无罪的案件，适用简易程序可能成为逼迫嫌疑人认罪的诱饵；二是非法证据排除实践中只限于"刑讯逼供"，而"威胁、引诱"则难以认定和排除；三是鉴定中的签字人有时非鉴定人本人，而鉴定人与专家辅助人的"熟人"关系，则往往造成难以有效对抗。

其三，组织保障与员额制改革的问题。有学者认为，一方面，人财物的省级统管，强化了法院相对于外部的独立性，但弱化了上下级法院间内部的独立性，审级制度面临着威胁。另一方面，员额制的改革导致"案多人少"的现象进一步加剧，现有的审判人员队伍已不堪重负。同时，对于司法辅助人员的专业化、职业化建设等也不容忽视。

还有学者指出，学术研究不应简单地停留在对于官方文件的诠释或解读上，而应回到司法运行本身中寻求答案。在此基础上，有学者进一步指出，在宏观司法体制层面、中观制度设计层面和微观司法实践层面，通过自上而下的强力推动和自下而上的潜移默化，求其上，取其中，保其下，司法改革才能稳步前进。

（二）"以审判为中心"与"庭审实质化"的关系

有学者认为，审判是整个刑事诉讼程序的中心。相对于侦查、审查起诉、执行等程序，审判是定罪量刑最关键和最重要的环节。侦查、审查起诉等审前程序的开展最终是为审判顺利进行而做准备的。不能将侦查和审查起诉中带有明显倾向的意见简单、不加甄别地转化为法院对被告人的有罪判决。"以审判为中心"就是要改变"以侦查为中心"的诉讼模式。庭审是整个审判活动的中心，必须实现庭审的实质化，力戒庭审的形式化，保证庭审在查明事实、认定证据、保护诉权、公正裁判中发挥决定性作用。需要彻底改变"以卷宗为中心"的审理模式，特别重视一审庭审的实质化。

有学者认为，审判中心主义不是庭审中心主义或者庭审实质化。繁简分流是我国审判改革的目标，在被告人认罪认罚从宽制度推广后，60%的案件不需要开庭审理，因此"审判中心主义"不是"庭审中心主义"。对此，有学者表达了不同意见，认为"庭审中心主义"或者"庭审实质化"仍应是"审判中心主义"的实质，最起码那些开庭审理的案件必须要做到庭审实质化，以庭审为中心。

部分学者认为，以审判为中心的诉讼制度改革要求实现庭审的实质化，防止庭审走过场。这就要保证审判资源能够做到"好钢用在刀刃上"，将有限的司法资源用来处理重大、疑难、复杂的案件。推进以审判为中心的改革，需要强化庭审质证，这势必要求提高司法效率，认罪认罚从宽程序的制度创新可以作为提高司法效率的一个出路。对于轻微刑事案件，只要是被告人认罪认罚，就应适当分流。

（三）"庭审实质化"的基本要求

针对"庭审实质化"问题，与会学者主要从"庭审实质化"的适用范围、"庭审实质化"的适用前提，以及庭审实质化的内容等方面进行了探讨。

有学者认为，"庭审实质化"的适用范围当然包括简易程序、速裁程序的实质化，但是鉴于司法资源的有限性，最主要的适用对象还是普通程序，尤其是一审普通程序的实质化，其重心应是一审庭审中对于案件事实的调查核实程序。

有学者认为，"庭审实质化"的适用前提是进一步压缩案件数量，即实现程序分流。美国的辩诉交易分流了大量案件，法官从而有耐心、有时间去审理分流后那极小的一部分案件。但在我国却面临诸多困境：一是控方缺少与辩方交易的筹码；二是控方证据不足时，辩方不愿与之交易；三是司法传统和社会观念不允许控辩交易。因此，可考虑从以下几方面切入：一是对于认罪与非认罪案件做程序上的区分，适度扩大速裁程序的适用范围；二是完善、简化简易程序的适用方式；三是强化不起诉制度。

关于庭审实质化的内容。在制度设计层面：一是完善证人、鉴定人、侦查人员出庭作证制度，该制度是庭审实质化的前提。新刑事诉讼法中对于配偶、父母、子女不被强制出庭作证的特权的规定，有待商榷。二是改进法庭调查讯问程序，法庭调查程序不应成为单纯的控方指控程序，辩方也应切实参与其中。三是建立控辩对抗平衡机制，控辩双方在获取证据、诉讼地位等方面均应做到平等，这样才能确保庭审实质化。有学者认为，庭审实质化的关键是法院庭审过程中杜绝形式化，最直观的表现在于能否真正实现充分辩护和有效辩护。

实现庭审实质化，应改变书面审的方式。有学者认为，我国刑事案件书面审判方式的体制成因复杂，包括公检法机构体制上的同一性形成的相互认同、我国刑事诉讼的职权主义结构、刑事司法的政策导向、刑事司法组织体制和活动方式的行政化等方面的因素等。应当针对上述体制性成因对症下药，实现以直接言词原则为导向的刑事审判方式改革。

二、认罪认罚从宽制度与速裁程序

（一）认罪认罚从宽制度

有代表认为，以审判为中心与认罪认罚从宽制度是相互配套的，通过以审判为中心的诉讼制度改革，使复杂案件进行实质审，同时轻微案件进入认罪认罚机制可以得以迅速及时解决。

中国政法大学终身教授陈光中认为，认罪认罚从宽制度是我国宽严相济刑事政策从宽一面的体现。该制度虽然已实行于现有刑事司法中，但需要进一步制度化、体系化。该制度原则上适用于包括可能判处死刑在内的所有案件，贯穿于侦查、审查起诉、审判阶段。

其证明标准应坚持"案件事实清楚，证据确实、充分"。在辩护权保障上，应当将所有认罪认罚案件纳入法律援助范围。

有代表提出，认罪认罚从宽有协商的意思，即被告人承认被指控的罪行，同意控方的量刑建议。认罪认罚从宽是包括所有案件的。但具体案件适用什么程序，要根据实际情况，进而适用简易、普通、速裁程序中的一种程序。在程序种类上，认罪认罚从宽制度并不创设新的程序。有代表则提出，认罪认罚从宽制度是由一系列具体法律制度、诉讼程序组成的集合性法律制度，其集实体与程序于一体，旨在鼓励和保障确实有罪的被追诉人自愿认罪认罚而获得从宽处理和处罚。

针对认罪认罚从宽制度，部分学者提出，认罪认罚从宽涉及实体问题，因此由最高人民法院一个单位单独制定量刑指导意见不太合适；而且，量刑指导意见的操作幅度较大，由检法两机关共同制定比较妥当。此外，检察官的量刑建议要对法官的量刑具有指导性，否则检察机关向被告人承诺的有利于被告人的量刑建议就有可能会"打白条"，造成被告人对检察机关的诚信危机，不利于认罪认罚从宽制度的推行。其次，如果说认罪认罚从宽，实体上是通过刑罚减轻、从轻来实现的，那么从"程序上"该如何理解？有的地方认为是"程序从简"，但接踵而来的问题是这种"程序从简"是不是被追诉人所乐于接受的？是不是以牺牲被追诉人的诉讼权利为代价的？这些问题都需要进一步研究。

有代表从侦查机关权限、证明标准、律师辩护三个方面对认罪认罚从宽处理制度进行了探讨：（1）如果轻微刑事案件通过认罪认罚处理程序来解决，则公安机关的权限范围不应包括撤案；（2）不应通过认罪认罚从宽制度来获取被告人的口供。我国与当事人主义模式国家不一样，因为我国相关的保障机制尚不完善，在案件本身证据不足的情况下去吸引被告人认罪认罚，有可能造成冤假错案；（3）在认罪认罚从宽制度中，不需要每一个案件都建立强制辩护，建立值班律师制度就可以满足辩护权保障的需要。也有代表提出，在构建认罪认罚从宽制度时，应当注意相关底线要求：（1）以被告人认罪的自愿性和明智性为底线；（2）防止"强迫认罪"，以免造成冤假错案；（3）避免"以钱买刑"，引发新的司法腐败。

有与会代表比较了认罪认罚从宽制度与美国辩诉交易之间的区别：（1）辩诉交易中检察官的裁量权非常大，且包括了罪数的交易，我国不允许对罪名进行协商，仅是因为被告人认罪悔罪，所以给被告人从宽。我国不能违背事实进行协商；（2）在美国，只要进行了控辩协商，着重审查的就是交易的合法性、自愿性，但对案件的具体内容就无须审查。我国显然与此不同。

也有代表对完善认罪认罚从宽制度提出了若干建议：（1）改革规范认罪认罚从宽制度的实体文件的制定范式，提高其法律位阶和透明度；（2）将犯罪嫌疑人、被告人认罪认罚作为"应当"型的法定情节；（3）构建科学合理、相互衔接的认罪认罚案件的诉讼程序；（4）赋予犯罪嫌疑人、被告人适用量刑协商程序、速裁程序、简易程序的选择权。

（二）速裁程序

速裁程序试点改革是近年来刑事诉讼制度改革的重大亮点。有代表提出，放眼域外，速裁程序有两种模式：命令模式和协商模式。命令模式是在事实清楚的轻微刑事案件中，被告人接受处罚建议，法院以不开庭方式审理，被告人没有上诉权。另一种是协商模式，法官是中立的接受者。我们现行的速裁程序属于命令模式，但仍然要开庭，被告人还可以上诉。我国立法应吸收协商模式的内容；对于轻微刑事案件，经过被告人同意后的认罪认罚，可以设立处罚令程序直接处理。

关于速裁程序与认罪认罚从宽处理制度之间的关系，有代表提出，速裁程序与简易程序并没有实质性的区别，实际上可以把速裁程序作为认罪认罚从宽处理制度的一个部分加以设置。但也有代表认为，认罪认罚从宽制度的范围更大，既包括程序，也包括实体。以后立法还可以考虑扩大速裁程序案件的适用范围，不一定仅适用于一年有期徒刑以下刑罚的案件。

关于简易程序与速裁程序的关系，有代表从数据上判断，在我国刑事案件的数量方面，侦查阶段的压力肯定比审判阶段更大。化解审判阶段案件的压力，通过现有的简易程序已经足够了，没有必要再增设其他程序。因为简易程序本身就包含了对程序的简化，包括了速裁程序的适用空间。也没有必要重新建构一个全新的认罪认罚从宽制度。也有代表认为，简易程序需要有法庭辩论环节，而以后的速裁程序是不需要法庭调查、法庭辩论等程序的。从这个意义上看，速裁程序可以被称为一种独立的诉讼程序。

有学者提出，刑事速裁程序的价值根据不在于效率，而在于其通过"认罪认罚从宽"实践所表达出来的融实体与程序于一体的"协商性"、"交易性"，以及由此对中国刑事诉讼制度的建设与发展可能带来的转型机遇。有学者在实证调研的基础上提出，当前要强化我国速裁程序的程序正当化建设：保障被告人的知情权和自愿选择权，同时保障律师的辩护权乃至强制辩护权。在立法完善方面，将三年以下有期徒刑、拘役、管制或单处罚金的轻微刑事案件设定为简易程序的适用范围，将现行速裁程序开庭审理的做法改为书面审理，刑罚条件为一年有期徒刑以下刑罚。

对于速裁程序的证明标准，有两种不同的观点。部分代表认为，无论是普通程序，还是简易程序，都应当实行统一的最高证明标准。因为刑事诉讼的裁判必须建立在事实清楚的基础上，否则就可能会造成冤假错案，这是我们不容放弃的底线。

对此，有学者提出了不同看法，认为对于不同诉讼程序的证明标准，虽在法条表述上仍可统一沿用"案件事实清楚、证据确实、充分"。但在实践中，要通过程序的简化和证据规则的配置做适度降低。因为速裁程序审理的重点是"被告人"的自愿性，只要被告人的供述是自愿的，就应推定其口供的真实性。

另有学者补充认为，基于诉讼经济的考虑，对于特定案件的诉讼程序进行了简化。但是，任何简化了的程序都是以一定程度上的证明标准的降低为代价的。因此，在这个意义上，对于速裁程序适度降低其证明标准不应有太多的争议。可考虑表述为"基本事实清楚、基本证据充分"。

三、刑事证据制度

（一）证人出庭作证

多数代表认为，进一步完善证人、鉴定人、侦查人员等的出庭作证制度，是实现庭审实质化的前提和基础。

关于证人出庭作证的范围，有代表认为，2012年证人出庭范围有缺陷。因为法官认为证人有出庭必要的，才会通知证人出庭。对于哪些情形证人必须出庭，立法并不是很明确。

这导致实践中证人出庭范围的随意性很大。最高人民检察院曾做过调查，新刑事诉讼法实施以来，证人出庭率并没有呈现出太大的变化。

有代表指出，应对法官决定证人出庭的权力做必要的限制。正因为立法对证人出庭的范围不是很明确，才使得法官对证人出庭拥有近乎绝对的裁量权。实践中，一些法官往往会基于对"证人出庭可能会改变先前证言"的担心，从而不太愿意让证人出庭。甚至在律师提出证人出庭的申请后，而法官认为不需要的，无须解释理由。因此，有学者指出，在制度设计中，只要符合"证人对定罪量刑有重要影响、控辩双方对证人证言有异议"这两个条件，法官就应通知证人出庭作证。

还有代表指出，为解决证人出庭作证难的问题，应当强化证人出庭作证的制度保障。一方面，将实现证人出庭的责任向公诉方加重"砝码"，即将公诉机关是否向法庭提交应当出庭的证人视为其证明责任是否履行完毕的一个方面。另一方面，还要解决证人出庭后的"后遗症"现象，即证人出庭后担心的可能遭受打击报复的问题。因此，必须加强对证人出庭的人身安全等方面的保护。

（二）交叉询问与质证程序

有代表指出，完善交叉询问和有效质证，是实现庭审实质化的关键与核心。首先，应完善交叉询问规则。我国刑事诉讼法和司法解释在这方面的规定过于简单，无法实现交叉询问对证人证言真实性的发现功能。其次，保障控辩双方平等的质证权。法庭调查程序不应成为单纯的控方指控程序。因此，应适度限制检察官的批量举证行为，保证辩方对于控方证据有效质证的权利。最后，建立直接言词原则或传闻证据规则。有学者指出，相关证据都必须在法庭上以言词的方式举证，并给予对方充分的质证权利和机会，法院的判决也必须建立在当庭质证的基础上，未经当庭以言词方式质证的证据不得作为裁判的依据，以最大限度地防止"你辩你的、我判我的"现象发生。

（三）非法证据排除规则

关于非法证据的排除，主要集中在威胁、引诱、欺骗的证据要不要排除及如何排除的问题上。对此，有来自辩护一线的律师表示，实践中非法证据的排除主要集中在以"刑讯逼供"等以"肉体折磨"的方式获取"口供"层面，而对于以"威胁、引诱、欺骗"等"心理上强制"的方式获取的证据，则一般不予排除。如侦查机关对职务犯罪的犯罪嫌疑人的近亲属采用"交代了就没事了"、"不交代就要刑拘"等欺骗和威胁的方式获取的证言，在实践中很难排除。

对此，有代表认为对于通过这些方法获取的证据的排除与否，可以从两个方面进行考量：一是从实体层面的真实性角度考量；二是从程序层面的正当性角度考量。

此外，还有学者指出，我国当前的庭前会议决定效力不足，应当赋予其在发现非法证据时可以决定的形式加以排除的权力。

（四）证明标准与疑罪从无

有学者分析了我国古代的证明标准和疑罪处理原则的演变，认为我国古代曾经存在"疑罪从无"的思想，但在法律层面上却只规定采取"从轻"、"从赎"的方法处理疑罪。

刑事诉讼法在 1996 年修改时就借鉴了国外经验确立了"疑罪从无"的制度，但实践中仍然存在"疑罪从轻"处理的做法，特别是对死刑案件往往作出"留有余地"的判决，导致这类案件存在很大的错判隐患，这其中依然有"疑罪从轻"思维在作祟。要扬弃传承、古为今用，为当今的法治中国建设和深化司法改革发挥积极作用。

还有学者认为，疑罪从无标准的模糊性、来自被害方及民情舆论的压力、以侦查为中心的诉讼模式是当前落实疑罪从无原则的主要障碍。问题的解决之道在于：首先，从理论上对疑罪进行厘清，在定罪证明标准之外探讨相对独立的疑罪判断标准，提升法官的疑罪判断能力。其次，对疑罪从无案件的被害人权益予以特别保护。应当确立国家责任原则，完善程序参与机制，确立该类案件被害人国家补偿制度，建立专门的被害人服务组织。再次，提升疑罪从无判决的社会认同。应当向社会宣示"宁可错放、不可错判"的刑事司法理念，敢于曝光因疑罪从无未落实而导致冤错的典型案件，对媒体报道未决案件的行为进行法律规范，增强裁判文书的说理性，确保疑罪从无判决的社会接受性。最后，彻底改变以侦查为中心的诉讼模式。

（五）关于印证与对质问题

有学者认为，印证是一种同向、支持性的证明方式，而质证则是侧重于对对方举出的证据的质疑、质问。印证更侧重于客观证据的相互支持，而质证则更侧重于对立双方的质疑、辩驳，因此印证转化为一种客观证据的全面呈现，而质证转化为对立诉讼主体的立场对抗。侦查案卷移送、书面审理可能加重了庭审中的印证证明成分；而口头辩论、交叉询问则可能加重庭审中的质证证明成分。通过对质证证明方式的强调为证据规则适用及被告人权利保障设定了标杆，对抗式的庭审是刑事案件得以公正解决的最终屏障。

四、检察制度改革

（一）检察引导侦查取证

关于检察引导侦查的主体，有代表认为，存在的问题主要是负责引导侦查的检察官能否胜任监督任务的问题。实践中，检察院侦查监督部门的办案人员多是只有两三年工作经验的年轻检察官，他们所要引导侦查机关取证的对象却是一些具有 10 年至 15 年工作经历的警察，二者在工作经验、业务技能、社会阅历等方面显然不在同一个层面，造成检察引导侦查的权威大打折扣，效果不理想。

关于检察引导侦查的任务，与会代表认为，主要不是为了帮助警察取证，而是监督取证，纠正侦查取证程序的违法现象。检察院侦监部门引导公安机关取证的任务在于发挥公诉机关法律素养的优势，侦监主要是从法庭庭审对证据证明标准要求的角度进行引导，而对于破案能力，检察人员难以替代公安机关办案人员的刑侦技术优势。公诉部门需要从证据合法性的角度对侦查行为进行引导。

关于检察引导侦查的问题，还应当妥当处理检察机关在引导侦查中的立场与职能倾向。有代表认为，对检察机关在引导侦查程序中的立场需要引起重视，检察引导侦查应当坚持检察官客观义务、法律监督的立场，但是如果检察官介入侦查取证的时间太长，在这场马拉松比赛中，就很容易造成检察院的职责、角色发生"转化"和"错位"，由检警关系中的"监督者"身份演变为"运动员"的身份。其背后的道理可能在于——检察机关一旦成为侦查的主导一方，打击犯罪、指控犯罪的职能倾向就会让检察机关迷失了引导侦查的目的方向。

有代表认为，案件在取证过程中容易出现证据灭失，如一些实物证据容易湮灭，绝大多数电子数据的调查覆盖速度很快，一旦贻误取证时机就会造成证据不足。检察引导侦查取证应当避免产生消极后果，也就是办案的黄金时间点容易错失，贻误取证的最佳时机。

对于检察引导侦查中的检警关系，有代表反对效仿德国等大陆法系国家的检警关系模式。国外的做法恰恰表明，这种做法会造成侦查人员对检察官指导不满的后果。改善检警关系的目标不仅仅是人权保障，其更多的意义在于提高公诉的成功率，提高公诉的质量。有代表认为，对于检警关系，最高人民检察院和公安部对"推进以审判为中心的诉讼制度改革"的理解上有差异，最高人民检察院提出引导侦查，公安部却只字未提。

（二）不起诉程序

有学者认为，在以审判为中心的诉讼制度改革背景下，应强化不起诉程序的分流作用。我国在不起诉的适用上过于慎重，一直由最高人民检察院严格控制。刑事诉讼法修改前统一由检委会决定，修改后由检察长或检委会决定。近年来不起诉比例有所增加，但是总量上依然过少。另外，现行法律只规定了不起诉和不起诉之后犯罪嫌疑人移交相关部门处理，但是对何为"相关部门"、如何"处理"没有明确。所以有学者建议在现有的制度框架内，改造不起诉程序，放宽现有的对不起诉适用的限制，同时在不起诉之后授权检察机关一定程度的处置权。具体可考虑对于不起诉案件进行类型化处理，如涉及公众利益的案件不得不起诉，仅个人利益问题可以不起诉；并授权检察机关适用一些非刑罚措施，如一定程度的惩罚、教育等。

（三）检察监督

1. 侦查监督

有代表认为，现在有些地方检察院在改革时，实行批捕和起诉合一，步子"比较大"。当然有的地方在具体方式上有所区别，即省级检察院不合、市级检察院部分合并、基层合并。但总的来说，缺少了制约，对人权保障来说比较危险。

中国法学会朱孝清副会长认为，现阶段应当增强检察机关侦查监督的刚性。刑事诉讼法规定，如果发现公安机关违法，应当监督纠正。但对于监督的时间、程序、反馈机制都没有规定。以前，检察院提出监督建议，公安机关应当立案。既然法律上规定了侦查监督，就必须要有刚性，要有监督的效果。也有学者认为，现阶段在对象上应当加强对公安派出所的监督，在方式上可以增强人大、政协的监督。

2. 审判监督

很多代表认为，检察机关的法律监督权是对审判权的制约，审判人员在检察机关法律监督权的威慑下不敢坚持办案意见。也有学者认为检察机关的法律监督权主要是庭后监督，不影响庭审，不影响审判权的实施。对法官担心的"秋后算账"问题，可以比照律师，不由涉案检察机关侦查，而改出异地检察机关侦查。还有学者认为应当确保负责公诉的检察官不负责本案法律监督权的具体行使。

有代表认为，法律监督权是我国宪法和刑事诉讼法赋予检察机关的权力，完全取消不太现实，但可以考虑改变运用法律监督权的主要方向，应当弱化对审判行为的监督，而强化对侦查行为的监督。侦查是刑事诉讼的上游，审判是刑事诉讼的下游，不能仅仅通过治理下游来解决上游的问题。检察机关对侦查行为的法律监督正是对上游的治理，相对于加强审判机关的地位和权威而言，是推进以审判为中心的改革中的第二个关键问题，堪称审判中心主义的第二战场。在推进以审判为中心的改革时，要注意保障和加强被告人的辩护权和诉权，这显然也是我国刑事诉讼未来的走向。

（四）撤回公诉

有代表认为，我国各地检察机关在刑事诉讼实践中，普遍存在以撤回公诉规避无罪判决的做法，不仅滥用了撤回公诉权，也损害了司法的权威和公信力。出现这一现象的原因在于：（1）立法规定的缺位和司法解释的越位且粗疏；（2）检法的机构设置、相互关系以及协调办案模式；（3）检法的绩效考核机制和错案赔偿压力；（4）检察机关撤回公诉的滥用和"去审判中心主义"传统诉讼模式的影响。重塑以审判为中心的撤回公诉制度，需要做到：（1）要在肯定检察机关享有撤回公诉权的基础上设置较为严格的撤回起诉范围及程序；（2）设置合理和便于实践操作的撤回公诉时间；（3）完善撤回公诉的效力等；（4）要加强对撤回公诉决定的监督、救济与制约。

也有代表认为，要推进"以审判为中心的诉讼制度改革"，必然要弱化检察机关的撤回公诉权，强化法院的司法审查权。在诉讼中，一旦检察机关对案件提出撤诉申请，法院就应当充分考虑被告人意志与利益进行裁判，首先要审查被告人对该撤诉申请是否同意，在确信被告人已经同意之后，还要站在保障被告人人权的立场上，尤其要对重罪案件的撤诉原因进行审查，对其中"证据不足"的案件不仅不予支持，还要作出无罪判决。

（五）关于羁押必要性审查制度

1. 普通案件的羁押必要性审查

《人民检察院办理羁押必要性审查案件规定（试行）》是对新刑事诉讼法确立的羁押必要性审查的实践经验总结。有代表认为该规定存在一些问题。例如，根据规定，提出释放或变更强制措施的建议的前提必须是认罪，如果犯罪嫌疑人不认罪就谈不上悔罪，就无法变更强制措施。这个规定还会引发律师的辩护风险。解决问题的建议是：首先，看守所不应作为提出申请的主体。这是基于权力制衡的考虑，以避免权力寻租的发生；其次，建议规定中的"悔罪"改为"悔改"。

2. 未成年人羁押必要性审查

有学者认为，未成年人羁押必要性审查的原则包括合法性原则、合比例原则。其审查的内容应当考虑涉嫌犯罪的事实、未成年人的人身危险性、解除羁押后对刑事诉讼的阻碍程度等因素。构建未成年人羁押必要性审查程序应当注意的问题有：监所检察官是未成年人羁押必要性审查的主体，构建多方参与的羁押必要性风险评估机制，建立未成年人羁押必要性审查的定期复查机制，建立未成年人羁押必要性审查的申诉制度。

（六）关于刑民交叉案件检察公益诉讼制度

处理刑民交叉的公益诉讼案件如何有效维护公共利益，解决好现行立法冲突，提高司法效能是该制度面临的问题。立法存在的制度性冲突体现为诉讼角色、诉讼请求、起诉条件、级别管辖、审判组织、证明标准等方面的不同。要处理好刑民孰先孰后的理论争议，统一构建刑民公益诉讼法律制度。首先，要构建保护公共利益，提高诉讼效率，维护当事人权益的基本理念；其次，要完善刑民公益诉讼制度的基本框架，通过完善有关法律以化解立法冲突。

五、其他问题

构建以审判为中心的诉讼制度是一项系统工程。除上述问题外，与会代表对被追诉人的阅卷权、侦查阶段的辩护人的会见权、审判阶段补充侦查以及刑事案件的书面审理方式等提出了相关主张或建议。

（一）被追诉人的阅卷权

有学者认为，立法对被追诉人的阅卷权规定得语焉不详导致实践中被追诉人几乎无法阅卷并有针对性地自我辩护。赋予被追诉人阅卷权尤为必要：（1）它是辩护权的必要配置。阅卷权的实现是保障被追诉人主动行使辩护权的必要前提。（2）它是律师阅卷权的重要补充。赋予被告人阅卷权对质证意见的完善具有重要作用，可以弥补律师水平及敬业精神的不足。（3）它是无辩护人的案件中被追诉人辩护的基础。我国被追诉人阅卷权的程序构建，一要从立法上明确被追诉人的阅卷权；二要明确被追诉人的阅卷范围及阶段；三要明确被追诉人阅卷权的例外情形。

（二）侦查阶段辩护人的会见权

有学者认为，规制辩护人会见权的方式主要包括实体性规制与程序性规制。重实体性规制、轻程序性规制是我国目前的突出问题，程序性规制不足是会见权被任意剥夺的致命所在。要保障会见权的实现，必须在继续明确实体性条件的基础上，通过程序对限制会见的行为进行规制。具体对策如下：首先，设立事先的司法审查机制，侦查机关无权对会见权进行限制，只能由中立的司法机关进行限制。其次，建立事后的司法救济机制。对限制会见的决定不服，可以向司法机关申请救济。

（三）关于审判阶段补充侦查

有代表认为，法庭审判阶段是否应当允许检察机关补充侦查有待探讨。审判阶段补充侦查容易衍生以下问题：违背了控辩平等的原则，造成控诉职能与审判职能之间的龃龉，破坏集中审理的原则，牺牲诉讼及时的价值，降低诉讼期间对检察机关审查起诉活动的拘束力。如果诉讼进行到审判阶段确有调查取证必要的，应当由法院依职权进行调查，而不应当允许检察机关补充侦查。

第一部分

以审判为中心的诉讼
制度的要义与要求

以审判为中心：域外经验与本土建构

卞建林　谢　澍

一、"以审判为中心"之现实语境

"推进以审判为中心的诉讼制度改革"是中共中央《关于全面推进依法治国若干重大问题的决定》①（以下简称《决定》）所确定的司法改革方向。"保证公正司法，提高司法公信力"是全面推进依法治国的重要环节，但近年来陆续披露纠正的一系列冤假错案，使得原本就不高的司法公信力更加面临质疑和挑战。正如沈德咏大法官所言："一个冤假错案，多少年、多少人的努力都会付诸东流，多少成绩和贡献也都将化为乌有。"② 片面追求实体公正甚至不惜采取非法方法获取证据是诱发冤假错案的直接缘由，而以侵蚀程序公正为代价追求所谓的"事实真相"，往往事与愿违，危害严重，代价巨大。从杜培武到佘祥林、赵作海，再从张氏叔侄到李华堂、呼格吉勒图，反思这一系列冤错案件，成因大多有以下几方面：一是有罪推定的思维定式贯穿诉讼始终，未能实现疑罪从无；二是在证明标准上打折扣、降要求，作出留有余地的判决；三是轻信口供、依赖口供，以口供为认定有罪的主要依据甚至唯一依据；四是缺乏必要的实物证据，或忽视对实物证据的审查和运用；五是存在以刑讯逼供等非法方法收集证据的情形；③ 六是庭审虚化，以案卷笔录代替证人出庭，被告人质证权难以落实；七是阻碍律师依法履行职责，忽视律师辩护意见，律师作用无法有效发挥；八是法外因素影响程序运作，领导意志、社会舆论干预司法。

上述种种仅为直观的表层缘由，究其深层根源，在于刑事司法职权配置不符合司法规律，且与之相应的诉讼程序设置不合理，二者所产生的交互作用使我国的刑事诉讼呈现出以侦查为中心的典型样态。我国刑事诉讼实行公检法三机关分工负责、互相配合、互相制约的权力运行机制，而与之相匹配在程序上采用以阶段论为理论基础的程序设置，即将诉讼过程主要分为立案侦查、提起公诉和审判三大阶段，公安、检察、法院分别为侦查、公诉、审判阶段的主导机关，既"铁路警察，各管一段"，又互相配合，同心协力，从而形成侦诉审不分主次、相互接力、流水作业的纵向线形结构，使刑事诉讼沦为"惩罚犯罪"这一工厂的三个车间、三道工序，造成法官不中立、控审不分离、控辩不平等，侦查权"一家独大"、过于膨胀，检察机关对侦查监督不力，法院对审前程序无所作为。检察机关的审查起诉和法院的法庭审判，主要依据侦查收集的证据和形成的卷宗，实际成为对侦查结论

---

① 2014 年 10 月 23 日中国共产党第十八届中央委员会第四次全体会议通过。

② 沈德咏：《我们应当如何防范冤假错案》，载《人民法院报》2013 年 5 月 6 日。

③ 造成冤错案件证据方面的问题，可参见卞建林、白思敏：《守住证据底线，防止冤错案件》，载《法律适用》2013 年第 9 期。

的确认和维护。既造成庭审走过场，流于形式，也难以防范和纠正冤错案件，出现"起点错、跟着错、错到底"的奇特现象。司法实践中存在的这些问题，在很大程度上具有一般性和普遍性，促使我们要从司法职权配置和诉讼程序设置的宏观层面检视和反思现行的刑事诉讼制度，而不是"头痛医头，脚痛医脚"。因此，四中全会提出"推进以审判为中心的诉讼制度改革"体现了刑事司法规律的内在要求，明确了刑事诉讼制度的完善方向，意义十分重大。但"以审判为中心"并非发源于本土语境而自给自足的理论话语。为了落实《决定》所确立的改革任务，首要之务就是对"以审判为中心"的概念和理论加强研究，准确解读，以便为推进以审判为中心的诉讼制度改革建言献策，提供理论支撑和智力支持。有道是"他山之石，可以攻玉"。这就需要对"以审判为中心"的域外经验认真考察，对"以审判为中心"的理论体系正本清源，在此基础上结合中国语境来凝练"以审判为中心"的本土概念，建构"以审判为中心"的理论体系，指导"以审判为中心"的方案设计。

二、"以审判为中心"之域外经验

当今世界，刑事诉讼模式主要分为英美法系的当事人主义和大陆法系的职权主义。而无论当事人主义诉讼模式抑或是职权主义诉讼模式，均秉持以审判为中心的诉讼理念或建立以审判为中心的诉讼制度。日本、韩国等东亚国家的诉讼制度也经历了推进和确立以审判为中心的改革历程，特别是"审判中心主义"这一术语就直接源于日本的诉讼理论。因而有必要对以审判为中心的域外刑事诉讼制度发展沿革加以简要的考察和梳理。

（一）德国："以审判为中心"的制度样板

作为近现代刑事诉讼法典的样板，德国刑事诉讼法充分体现了诉讼以审判为中心、审判以一审为中心、一审以庭审为中心的诉讼理念。打开德国刑事诉讼法典，第一编为总则，规定诉讼主体、法院管辖、辩护代理等一般事务。第二编即为第一审程序，其中：法庭审判为主要程序，居核心地位；审判因公诉而发生，公诉为审判的准备程序；连接主要程序与准备程序的为中间程序，即对公诉进行审查以裁定是否开启审判；在公诉这一准备程序中，公诉是侦查终结的处理，侦查为公诉之准备。概言之，公诉为审判的准备程序，侦查为公诉的准备程序，审判的中心地位在刑诉法典体系中一目了然。[①]

而在诉讼理论上，德国著名刑事法学家克劳思·罗科信（Claus Roxin）从判决职权、判决基础、程序完整性和被告权益保障四个向度全面地阐释了"以审判为中心"的概念：审判程序中才开始就被告的罪责之有无的问题做一最终、具备法律效力确定之判断；所有的证据在此亦均需依言词辩论及直接原则、依严格证据之规则及在审判公开的监控下被提出。判决只得"从审判程序中所获取者"才能作为依据；并且法定的审判原则只有在审判程序中才有如此广泛的运用；无论如何，审判程序在被告为争取获判无罪或获判轻微的处罚所从事的辩护中，均予被告极大的机会。[②] 而在托马斯·魏根特（Thomas Weigend）教授看来，审判为什么在诉讼中有如此重要的地位，是因为在现代程序中，所有与判决有关的

---

① 参见《德国刑事诉讼法典》，李昌珂译，中国政法大学出版社 1995 年版。
② 参见［德］克劳思·罗科信著：《刑事诉讼法》（第 24 版），吴丽琪译，法律出版社 2003 年版，第 7 页。

事项都要经过辩论，所有的证据都要在审判中提交，法庭的判决必须完全建立在审判的基础上。①

为了摆脱行政权的不当干预，确保法官独立行使裁判权，德国刑事诉讼法突出审判程序之"主要"地位，并以此作为制度改革之重点。为了扭转法庭审判基于案卷进行举证的状态，德国刑事诉讼法确立了直接言词原则，强调只有在法庭经过言词审理、法庭调查，才能成为裁判之基础，进而突出庭审的作用。为了促进刑事诉讼程序的迅速进行，德国刑事诉讼法在1975年废止了预审、检察机关的最后讯问和最后审问权，并确立"中间程序"，借此联结准备（侦查）程序和主要（审判）程序，侦查程序倘若未以刑事追诉之中止（中止程序）为结果，即进入中间程序。② 中间程序与业已废止之预审程序的区别在于，除法院可能裁定不开启审判之外，被诉人在裁定开启审判程序之前，可以申请收集个别证据③或对开启审判程序提出异议。更重要的是，审判（主要）程序方为刑事诉讼之高潮，裁判援引的所有证据均必须在直接原则、言词辩论、严格证明及审判公开之下被提出。审判程序与证据调查由审判长指挥进行，原则上应当一气呵成、直到宣判均不中断（审判密集原则），借此作为直接、言词原则之基础。

（二）美国："以审判为中心"的司法传统

法律（司法）至上、判例和先例、辩论式诉讼程序是普通法区别于其他法律制度的三个特征，④ 由此也奠定了审判程序在美国司法制度的中心地位。法律（司法）至上和辩论式诉讼程序意味着审判、庭审乃至法官的重要地位。正如达马斯卡（Mirjan R. Damaska）所言，审判作为向法庭提供信息的阶段，其至关重要的地位远远超过其他程序阶段。无论审判之前或之后的程序是什么，那些程序似乎都只是辅助性的，其设置好像只是使其有助于审判的正常开展。⑤

美国的刑事诉讼，弘扬正当程序理念，强调的是宪法对公民个人权利的保障和对执法机关权力的规制。美国没有系统的成文的刑事诉讼法典，不能从法典结构中体现以审判为中心的程序设置。但是，审前程序、审后程序的概念恰恰来自美国。所谓"审前"，英文表达为 pre-trial，审后则为 post-trial。从这些诉讼术语的单词构造即可看出，所谓审前、审后就是以审判（trial）为基准来确立的，而审判即 trial 则是指第一审审理。在美国刑事诉讼中，审前程序强调程序分流与审判准备。尽管司法实践中大部分刑事案件会通过辩诉交易由被告人作出有罪答辩而解决，但并不因此而否定或削弱审判程序的重要性。相反，正因为审前程序的分流功能，节约了大量的司法资源，才使得审判程序更加实质化和精细化。在联邦宪法《权利法案》与陪审团制度的双重保证之下，证据规则和证明方法得以在庭审中运用到极致，控辩双方的对抗在法庭上实现最大化。达马斯卡笔下孕育美国证据制度的环境特征——审判法院的特殊结构、诉讼程序的集中、诉讼当事人及其律师在法律程序中

---

① 参见［德］托马斯·魏根特著：《德国刑事诉讼程序》，岳礼玲、温小洁译，中国政法大学出版社2004年版，第133页。
② 仅在简易程序中，侦查终结后直接进入审判程序。
③ 被诉人查证申请若被拒绝，还可以在庭审阶段再次提出申请。
④ 参见［美］罗斯科·庞德著：《普通法的精神》，唐前红等译，法律出版社2010年版，第15页。
⑤ 参见［美］达马斯卡著：《漂移的证据法》，李学军等译，中国政法大学出版社2003年版，第82页。

的显著作用,① 正是在审判程序得以集中呈现。而一审定罪判决后进入审后程序,包括量刑、上诉以及定罪后的救济,以检验审判程序、审前程序是否存在有害错误,保障被告人的基本权利。

(三)日本:混合式模式下的"审判中心"改革

日本是东亚地区中最先学习西方的国家,其现代刑事诉讼制度基本上模仿德国而建立,第二次世界大战战败后则在美军占领下被迫进行改革,在传统大陆法系职权主义的背景下吸收借鉴了当事人主义诉讼的一些特点,从而形成具有一定日本特色的所谓"混合式"诉讼模式。尽管如此,考察日本近现代刑事诉讼制度的演变过程,不难发现其逐步摆脱行政治罪、限制警察权力、树立司法权威、实现审判中心的发展轨迹。日本1880年制定的治罪法标志着日本刑事程序开启近代化,但其本质仍是行政治罪。而1890年颁布的刑事诉讼法(所谓明治刑事诉讼法)与1922年颁布的刑事诉讼法(通常称为大正刑事诉讼法或旧刑事诉讼法)的立法宗旨是实体真实主义与职权审理主义,实行最大限度的侦查,排斥民众参与,倾向于使用侦查过程中的陈述笔录作为证据,庭审重在朗读证据文书而非口头辩论。第二次世界大战后,日本国宪法分别于1946年11月公布、1947年5月实施,其中大部分吸收了美国宪法条文,进而促成了刑事诉讼宪法化。1948年颁布、1949年实施的日本刑事诉讼法的制定过程可以分为三个阶段:第一阶段是宪法修改方向尚不明确的1946年2月之前,日本的法律家们仍力图实现强化侦查权、废除预审;而第二阶段是宪法生效后,需要将宪法与刑事程序相整合的时期,宪法规定的关于强制处分、辩护权、口供、禁止双重危险等内容,以及司法控制侦查的宗旨直接否定了前一阶段的部分修改方案;第三阶段由美国方面直接干预,对草案提出"质疑"甚至"劝告",特别是强化庭审功能的唯起诉书主义、诉因制度、证据能力之限制、证据调查之当事人主义,以及确立司法审查的强制处分令状主义,甚至可以说部分继受了美国法。20世纪50年代末,日本最高法院制定的《刑事诉讼规则》就"以庭审为中心"进行了单独修改,其目的是为了强化诉讼审理并实现集中审理。②

第二次世界大战后,日本刑事诉讼制度改革的显著特征即是确立"以审判为中心"的程序设置,其中首要举措是废除预审。自明治维新后制定第一部刑事诉讼法以来,预审制度始终存在,检察官提出申请的案件中,法官在庭审之前得对案件进行审理。但随着战后日本侦查机关权限的扩大,主张预审程序无用、重复的行政优位型废止论,与主张向庭审中心主义转变的司法优位型废止论达成了共识,故而废除了预审制度。③ 与废除预审相伴的

---

① 参见[美]达马斯卡著:《漂移的证据法》,李学军等译,中国政法大学出版社2003年版,第2~5页。

② 参见[日]松尾浩也著:《刑事诉讼法》(上),丁相顺译,中国人民大学出版社2005年版,第5~17页。

③ 实际上,自由主义与纠问主义的价值取向在预审制度中均有显现:自由主义在于侦查阶段将强制处分权划归法官所有(现行犯除外),对于不开庭即可终结的案件,在预审阶段即可释放被告人;纠问主义在于开庭审理前便进行缜密的证据收集,为有罪判决作出近乎完备的证据准备。参见[日]松尾浩也著:《刑事诉讼法》(上),丁相顺译,中国人民大学出版社2005年版,第8~9页。

是确立"唯起诉书主义"或"起诉状一本主义"。① 但仅靠唯起诉书主义本身并不能实现以审判为中心，其真正作用在于激活以审判为中心的一系列配套措施，诸如公开主义、口头主义、直接主义以及传闻证据规则、严格证明规则等，将当事人主义审判程序视为实现以审判为中心的重要前提。

在日本诉讼理论上，称以审判为中心为"审判中心主义"（即裁判中心主义），与之相对的是"侦查中心主义"。审判中心主义指的是确认犯罪事实是否存在应当在审判中进行。要在审判中确认犯罪事实是否存在，就必须要有公平的法院和公开的法庭，要对证据进行直接的调查，当事人要进行口头辩论。② 审判中心主义强调的是，审判并非是对侦查结果的确认和追认，而是对被告人是否有罪进行实质意义上的审理。侦查中心主义是一种纠问式的侦查观，其特征是侦查机关对犯罪嫌疑人具有权威性和优位性，其搜集的证据在审判程序中可以轻易地被采用作为事实认定的根据。

时至今日，日本刑事诉讼法典中"侦查"、"公诉"、"公审"均位于"第一编总则"后的"第二编第一审"之中，说明侦查和公诉是公审之准备，系第一审程序的一个环节，并没有与审判相当的地位。③ 尽管日本在1948年修法后实行审判中心主义并且已在刑事诉讼法典中予以确认和体现。但20世纪六七十年代却逐渐显现出会见通信、公诉权滥用、证据开示、证据排除等方面的问题，以致审判中心主义形同虚设。日本学者称之为"审判程序被形骸化的危险"，而审判形骸化的危险具体表现为"笔录裁判"，即相较于在法庭上通过询问证人所获得的证据，法官更偏重侦查过程中所形成的供述笔录。正如日本学者白取佑司所指出的：日本现行刑事诉讼法采用了起诉状一本主义和传闻证据规则，限制侦查卷宗轻易地被法庭采用，欲实现审判中心主义。但是，刑事诉讼法中有关传闻证据规定的例外颇多，司法实务中这些例外也时常被灵活运用，故和法律制定的初衷不符。在日本，可以说法庭审判在很大程度上被形骸化了。因此，如何解决笔录裁判的问题是刑事裁判的一个重要课题。

（四）韩国：新世纪的"审判中心"改革推进

在韩国过往的刑事司法实践中，实质的定罪量刑过程往往没有在公开的法庭上展开，而是由法官通过侦查案卷在自己的办公室进行"审判"，基于案卷的行政化审查方式缺乏现代意义的诉讼特征，导致审判程序不透明，其结果即是出现"有钱无罪"、"没钱有罪"、"前官礼遇"等潜规则，从而降低司法信赖。尽管韩国刑事诉讼法典中的"侦查"、"公诉"、"公审"同样位于"第一编总则"后的"第二编第一审"之中，④ 但并没有突出审判的中心地位，反而形成了卷宗中心主义的审判方式。因此，韩国于2000年以后即开始推行

---

① 我国学者对于"起诉书一本主义"的提法更加熟悉，但这只是此项原则的形式，在日本还存在另一种表述——唯起诉书主义，方为该原则之本质。这一原则是指提起公诉时，必须把只记载一定事项（包括被告人特定事项以及公诉事实中的诉因、记载罪名、罚条）的起诉书提交法院的原则，对于进行审理和判决的审判官，不能附加使其对案件产生先入为主的文书和物品或引用附件内容。参见［日］井户田侃：《唯起诉书主义》，2 Ritsumeikan law review（1987），pp. 23-28.

② 参见［日］三井城等编：《刑事法辞典》，日本信山社2003年版，第262页以下。

③ 参见《日本刑事诉讼法》，宋英辉译，中国政法大学出版社2000年版。

④ 参见《韩国刑事诉讼法》，马相哲译，中国政法大学出版社2004年版。

司法改革，主要围绕司法民主化和完善法律界人士的培养选拔制度。而围绕审判中心主义与侦查机关制作的笔录的证据能力，法院和检察院意见有了极大的分歧。法院主张实现审判中心主义就要排除侦查机关制作的笔录的证据能力，遭到作为侦查主体的检察官的强烈反对，而学者也不完全赞同法院的主张。2007 年，韩国借修改刑事诉讼法之机，推动以审判为中心的诉讼制度改革，其热点问题之一，即是打破原有的卷宗中心，进一步实现审判中心。① 在这一过程中，日本刑事诉讼制度的改革以及有关审判中心的学说产生了重大影响。先前，为强化审判中心主义，韩国业已废止了预审制度，但实践中依靠卷宗审判的方式仍未转变。此次强化审判中心的相关改革内容包括：第一，引进起诉状一本主义；第二，引进证据开示制度；第三，引进庭前准备程序；第四，庭审中被告人的沉默权及审问程序。2007 年 6 月 1 日，韩国通过关于刑事诉讼法的第 17 次修正案，并已于 2008 年 1 月 1 日开始施行。本次修正案以司法制度改革推进委员会的表决内容为基础而提案。可见，司法制度改革推进委员会反省过去的审判方式，根据时代发展的要求确立了审判中心主义的法定审理程序，其内涵包含了公开审判原则、直接审理原则、言词审理原则等，其功能是确保程序正当、保障人权，进而兑现实体真实发现的目标。②

三、"以审判为中心"之本土建构

如上所述，以审判为中心符合法治国家追究犯罪、保障人权的时代要求，符合现代刑事司法的自身规律，因此许多国家尽管国情有别，制度各异，但其诉讼程序都遵循或体现以审判为中心的理念。那些尚未确立以审判为中心的国家也正在向此目标努力，积极推进本国刑事诉讼制度的改革。

当前，我国正在全面推进依法治国，深化司法体制改革。推进以审判为中心的诉讼制度改革，是党的十八届四中全会为健全刑事司法职权配置、深化刑事诉讼制度改革而作出的重要部署，是一项事关全局、决定我国刑事诉讼制度今后发展方向的重大改革。中央已经明确，2016 年的司法改革以推进审判为中心的诉讼制度改革为主要内容。为完善和推进此项改革而进行的顶层设计，理论界亟须加强研究，凝聚共识。我们认为，探讨"以审判为中心"的诉讼制度，必须紧密联系司法实际，立足中国语境，不能照抄照搬域外经验，但也必须秉持科学严谨的态度，尊重司法规律，不能以简单化、片面化甚至部门化的解读来影响或限制这项重大的改革。对于以审判为中心的概念，人们可以见仁见智，但其核心含义无疑应当包括以下方面：强调法官在定罪科刑方面的唯一性和权威性，法治国家唯有法官有权对被告人定罪并科以刑罚；强调审判在刑事诉讼中的核心地位，通过建立公开、理性、对抗的平台，对证据进行审查，对指控进行判定，实现追究犯罪的正当性和合法性；强调法庭审理的实质意义，一切与定罪量刑有关的证据都要在审判中提交和质证，所有与判决有关的事项都要经过法庭辩论，法官判决必须建立在法庭审理基础之上；强调对被告

---

① 参见［韩］金范植：《以审判为中心的公诉与审判关系之调整——以韩国的起诉状变更为中心》，载《第八届中韩刑事司法对话研讨会论文集》，第 282 页。

② 参见［韩］吴庆植：《韩国刑事诉讼法上审判中心主义之解释上的问题》，载《第八届中韩刑事司法对话研讨会论文集》，第 69 页。

人辩护权的保障，特别是被告人与对不利于自己的证人当庭对质的权利；强调重视律师的辩护作用，切实保障辩护律师的权利，认真听取律师的辩护意见；强调司法权对侦查权的制约，发挥审判对审前诉讼行为的规范和指引作用。①

具体而言，关于如何推进以审判为中心的诉讼制度改革，提出如下几点意见：

一是"以审判为中心"的前提是优化司法职权配置、规范司法权力运行，重在理顺侦查权、检察权和审判权分工配合制约的关系，突出审判在刑事诉讼中的中心地位和法官在审判中的独立地位，保障其依法独立行使审判权。

"以审判为中心"是一项涉及侦查权、检察权、审判权等司法权力配置和运行的系统改革。我国的刑事诉讼总体上呈现出一种线性结构，包括立案、侦查、审查起诉、审判和执行等主要阶段，公安机关、检察机关和法院分工负责、各司其职，同时强调公检法三机关之间的互相配合、互相制约。在司法实践中，长期以来公检法三机关配合有余、监督和制约不足，导致整个刑事诉讼的重心向侦查阶段倾斜，形成了所谓的"侦查中心主义"，许多案件在侦查阶段实际上就已经确定，随后的审查起诉与法庭审判只是对侦查结论的确认与维护，审判程序被架空，走过场，难以发挥应有的价值。

鉴于此，以审判为中心，首先应当进一步理顺侦查权、检察权和审判权分工配合制约的关系，强化审判权在司法权力配置和运行中的核心地位，侦查和起诉必须围绕审判进行，是审判前的准备阶段，定罪量刑问题必须通过审判来实现。任何人在没有经过法庭的依法正式审判之前，都不得确定其有罪。此外，根据刑事诉讼原理，行使审判权的主体是法官，只有法官经过公正审判才能确定一个人有罪。因而以审判为中心，应当强调负责个案审理的法官或合议庭在审判中的独立属性，落实法官和其他司法人员分类管理制度，改革审判委员会制度，完善主审法官合议庭责任制，真正做到让审理者裁判、由裁判者负责。

二是"以审判为中心"的核心在于"以庭审为中心"，重在实现庭审的实质化，关键在于实现控辩有效对抗和当庭质证。

《决定》规定，全面贯彻证据裁判规则，严格依法收集、固定、保存、审查、运用证据，完善证人、鉴定人出庭制度，保证庭审在查明事实、认定证据、保护诉权、公正裁判中发挥决定性作用。这就明确指出，以审判为中心的诉讼制度改革，要充分发挥庭审的决定性作用，实现庭审的实质化，克服形式化。

"以侦查为中心"的刑事诉讼造成庭审过分依赖侦查卷宗笔录等书面材料，庭审流于形式或走过场，使刑事诉讼通过法庭审理发现事实真相和保障人权的价值大打折扣，既不利于有效追究犯罪，也容易导致冤假错案的发生。"以审判为中心"强调庭审在审判中的核心地位，要求充分发挥庭审在事实认定和保障人权、实体公正和程序公正、有效防范冤假错案等方面的决定性作用。

以庭审为中心，关键在于推进庭审的实质化，克服庭审的形式化，防止将侦查、起诉中带有明显追诉倾向的意见简单地不加甄别地转化为庭审结果。这就要求：

第一，严格贯彻直接言词原则和集中审理原则。审判人员必须在法庭上亲自听取控辩双方、证人、鉴定人的口头陈述，用于认定案件事实的证据必须当庭提出，并以口头辩论和质证的方式进行庭审调查。通常情况下，法院对案件的审理应当持续不断地进行，以保

---

① 参见卞建林、谢澍：《"以审判为中心"视野下的诉讼关系》，载《国家检察官学院学报》2016年第1期。

证主审法官对案件事实有新鲜清晰的判断。

第二，完善庭前会议制度，明确主持庭前会议的法官与庭审法官的关系，明确庭前会议的效力，规范庭前会议程序等。刑事诉讼法规定，在开庭以前，审判人员可以召集公诉人、当事人和辩护人、诉讼代理人，对回避、出庭证人名单、非法证据排除等与审判相关的问题，了解情况，听取意见。庭前会议是对与审判有关的程序性问题以及案件主要争点进行庭前整理，可以阻断侦查和起诉对法庭实质审理的不当干扰，排除法官对案件实质问题的庭前预断，并保证庭审活动的顺利进行。

第三，全面贯彻证据裁判原则。证据裁判原则是现代刑事诉讼确立的一项基本原则，是指认定案件事实和定罪量刑，必须严格根据查证属实的证据进行，没有证据或者不能达到法定的证明标准的，不能认定有罪。在这个意义上，庭审不能是简单地了解情况，核实证据，而是要充分进行交叉询问、辩论，充分发挥举证、质证、认证各个诉讼环节的作用。不仅要重视证明被告人有罪和罪重的证据，还要重视证明被告人无罪和罪轻的证据。对于证据确实充分、排除合理怀疑的，依法判处有罪；对于不能排除合理怀疑的，坚持疑罪从无。同时重视对证据能力的规范意义，强调对证据合法性的审查，坚决落实非法证据排除规则。

第四，庭审以有效质证为中心。这是指庭审的关键是在法官的主持下，在社会的监督下，控辩双方进行举证质证，理性平等对抗，通过这种形式来审查判断证据，认定案件事实。这就要求所有用作定案根据的证据都必须在法庭上出示和质证，尽量减少法官在法庭外调查核实的活动，这是庭审活动的关键和意义所在。加强证人、鉴定人出庭作证，限制证人在庭前特别是在侦查期间所作书面证言的使用。充分发挥律师依法维护当事人权益、实现司法公正的作用，依法保障律师在庭审中的诉讼权利，认真听取律师的辩护意见。

第五，完善裁判文书说理制度。在法院作出的正式裁判文书中，应当对裁判理由作出详细的解释，以增强诉讼各方对裁判结果的可接受度。并且通过裁判说理，展示法官对案件事实的认定和定案证据的梳理，披露法官心证过程，以接受控辩双方的检验。

三是"以审判为中心"强调重视第一审程序在认定事实和适用法律方面的重要作用，注意发挥审后程序对一审的救济和监督作用。

我国刑事诉讼实行两审终审制。第一审程序是刑事诉讼的中心环节和主要阶段，是审判的必经程序。在第一审程序中，法院通过开庭审理，客观全面地审查判断证据，查明案件事实，对被告人是否有罪、应否处刑以及处以何种刑罚作出裁决。第二审程序是对第一审法院尚未发生法律效力的裁判进行审理的程序。此外，还有只适用于死刑案件的死刑复核程序和针对已生效裁判而提起的审判监督程序。

《决定》对一审、二审和再审程序的关系做了界定，指出"一审重在解决事实认定和法律适用，二审重在解决事实法律争议、实现二审终审，再审重在解决依法纠错、维护裁判权威"。可见，"以审判为中心"在诉讼程序上强调发挥第一审程序在事实认定和适用法律上的重要作用，使案件尽量在第一审程序得以解决，减少第二审和再审程序的讼累。同时，也要注意保障当事人对不服一审裁判的救济权利，发挥审后程序对一审程序的监督制约作用。

（作者单位：中国政法大学诉讼法学研究院；中国政法大学刑事司法学院）

以审判为中心：解读、实现与展望

陈卫东

党的十八届四中全会通过的《关于全面推进依法治国若干重大问题的决定》（以下简称《决定》），提出了推进"以审判为中心"的诉讼制度改革，这是从顶层设计的角度对我国未来诉讼制度改革所作出的重大部署。深刻认识、理解并贯彻落实好这项改革举措，对于下一步改革的整体布局，对于诉讼制度的总体再构，都将产生重大而深远的影响，可以毫不夸张地讲，这项改革是本轮所有改革措施中最具影响力、意义最为深远的改革举措。对于这样一项改革理应给予充分的关注，更应该把这项改革作为一个重大课题来进行研究。

如何认识"以审判为中心"的诉讼制度改革，当前学术界、政法机关对此都存在着不同的认识。有人说，"以审判为中心"的诉讼制度改革就是以庭审为重心，把"以审判为中心"和以庭审为中心画了等号；也有人说，"以审判为中心"就是以法院为中心、以法官为中心；还有人说，"以审判为中心"就是以证据为核心，在证据的收集、保全、审查判断上，侦查和起诉都要以法院定罪量刑的标准为标准。如此不同的一系列解读，导致了我们目前对该问题认识上的分歧。

不同部门对"以审判为中心"解读的出发点不同。主张"以审判为中心"就是以庭审为重心是法院的观点；主张侦查、起诉都要以法院定罪量刑的标准为标准是检察院的观点。所以对该问题，必须要在更加客观的立场、更高的层面、更严谨的科学态度上进行分析。中央已经明确，2016 年的司法改革要以诉讼制度改革为重点，着重推进"以审判为中心"的诉讼制度改革和认罪认罚从宽处理制度的改革。因此，对这样一个重大命题进行正确解读，已经成为当下非常急迫的现实问题。

一、以审判为中心的提出的背景

首先，必须明确提出这一观点的历史背景，即推进"以审判为中心"的诉讼制度改革的初衷和所要解决的问题，这是正确认识、理解此项改革的出发点。多年以来，我国的刑事司法实践，在公检法三机关分工负责、配合制约的原则下，形成了侦查决定起诉、起诉决定审判的"侦查中心主义"的局面。这就导致在实践中，法院的判决基本上是公安机关起诉意见书和人民检察院起诉书的翻版，有的判决书几乎与起诉书一字不差，检察官诉什么，法官就判什么。在这种诉讼格局下，由于侦查机关非法取证甚至对犯罪嫌疑人刑讯逼供，或者说在侦查过程中没有及时、客观、全面地收集能证明犯罪嫌疑人有罪和无罪的证据，因此导致了一系列冤假错案的发生，远的像佘祥林、杜培武，近的如张氏叔侄、呼格吉勒图、陈满等案件。反思导致这些冤案的成因，问题虽然出现在法院，但主要源于侦查环节。冤案的被告人往往都遭受了惨无人道的刑讯逼供，痛苦之下胡招乱供，检察机关、审判机关按照口供依次定案，冤案铸就。我国现行的三机关关系导致原本是定罪量刑最终环节的审判阶段虚置化,案件审理的实质化功能蜕变为走过场的形式表演,侦查一旦出错,就有可能一错到底。

过去我们形容三机关的关系通常用"做饭—端饭—吃饭"来表述。实际上,这是对侦查、起诉、审判的关系的真实写照,否定了法院在最终定罪量刑上的决定性作用。推进"以审判为中心"的诉讼制度改革,正是基于我国目前的司法现状提出的,就是要凸显人民法院在被告人定罪量刑环节的实质功能,真正发挥人民法院的把关作用。通过开庭的形式,在控辩双方在场的情况下,对指控被告人有罪的证据,逐一举证、质证,做到事实证据调查在法庭,定罪量刑辩论在法庭,判决结果形成在法庭。正如《决定》指出的,要"保证庭审在查明事实、认定证据、保证诉权、公正裁判中发挥决定性作用"。因此,解读"以审判为中心"必须找寻制度方案设计者的初衷,领会中央推进这一制度改革的精神实质,把这一改革真正落到实处。"以审判为中心"参照的是什么呢?在刑事诉讼中,和审判制度并列的制度就是侦查制度和起诉制度。显而易见,"以审判为中心"所对应的即是侦查和起诉,在侦查、起诉和审判三者中,审判是中心。

二、对以审判为中心的误读与澄清

(一)"以审判为中心"不是"以庭审为中心"

正确解读"以审判为中心"的含义,必须确定与之相对应的参照系。"以审判为中心"参照的是什么呢?在刑事诉讼中,和审判制度并列的制度就是侦查制度和起诉制度。显而易见,"以审判为中心"所对应的即是侦查和起诉,在侦查、起诉和审判三者关系中,审判是中心。根据上面的分析,法院将"以审判为中心"定位为"以庭审为中心"的结论,显然是不成立的,固然庭审是实现"以审判为中心"的最关键的环节,然而"以庭审为中心"对应的是审判程序中的庭前准备程序、庭审程序和审后程序,仅以这三种程序比较而言,庭审才是中心。法院系统提出"以审判为中心"就是"以庭审为中心",主要是由于其心存疑虑。法院的同志说:"我们如果讲'以审判为中心'就是以整个法院的整个审判活动、审理活动为中心,好像是说只有法院才重要、只有审判活动才重要。""以审判为中心",也不能把它解读为以法院、以法官为中心,固然法官是审判权力的行使主体,审判活动要由法官来完成,但是"以审判为中心"的中心是针对刑事诉讼职能而言的,所以笔者认为,"以审判为中心"是从职能的角度来讲的,而不是从司法机关或司法人员的诉讼主体来讲的。对于这个问题的理解特别重要,如果解释出现偏差,容易导致公安机关、检察机关办案的积极性降低,进而影响侦查和起诉工作的顺利进行。长此以往势必会影响案件侦查、审查起诉的质量,侦查、审查起诉的质量上不去,最终审判的质量也就无从谈起。

"以审判为中心"并不等于否认审判前的诉讼程序的重要性,包括侦查程序和起诉程序。恰恰相反,在我国的刑事诉讼中,刑事案件办理质量的好坏在某种程度上取决于侦查和起诉是否收集了足够的定案证据。公安机关是整个案件事实最起初的介入者。如果说办案就像讲故事一样,那么这个故事就是公安机关首先讲述出来的,叙述某年某月某日某人在某地干了某事导致了某结果。案件事实的重述、再现依靠的就是公安侦查人员的侦查取证,所以他们的地位十分重要。而检察机关起到的是承前启后的作用。承前审查起诉的案件事实，起的是过滤、把关的作用；启后则是开启了审判的大门，使法院的开庭审理有了根据，是人民法院办理案件的直接来源。侦查和起诉，作为审前程序，不能在推进"以审判为中心"的诉讼制度改革中削弱其地位，降低其重要性。我们的诉讼制度改革，无论是理论界的认识，新闻媒体的报道，还是在改革措施的设计中，都不能将机关和机关中的司法人员划分主次，搞三六九等。笔者认为在审前程序中，应当建构以检察机关为龙头、为核心的诉讼结构，这个问题将在下文再行展开。

（二）"以审判为中心"不是证明标准的统一

"以审判为中心"针对的是诉讼职能，这是在三大诉讼制度职能比对中得出的结论，所以那种认为"以审判为中心"就是应当以审判标准为侦查、起诉的标准，即在刑事诉讼全过程实行以司法审判标准为中心的观点也是不能成立的。检察机关为什么这么去理解？其中很重要的原因在于，这种理解不会降低检察机关的地位，在"以审判为中心"的司法改革中，最敏感的当属检察机关。检察机关从来都是把自己和法院去比较，一直坚持中国的检察机关就是司法机关，不愿意说自己是行政机关或准司法机关，检察机关把这一含义解读为证明标准上的含义，这自然而然就不会使得其诉讼地位降低，检察机关的这种解读也不是没有道理的。《决定》指出："推进'以审判为中心'的诉讼制度改革，确保侦查、审查起诉的案件事实证据经得起法律的检验。全面贯彻证据裁判规则，严格依法收集、固定、保存、审查、运用证据，完善证人、鉴定人出庭制度，保证庭审在查明事实、认定证据、保护诉权、公正裁判中发挥决定性作用。"通读这段论述，可以发现其强调的"以审判为中心"主要集中在证据层面，特别是针对侦查、起诉环节，从搜查认定证据这个角度来表述的。

但是，"以审判为中心"的应有含义并不仅限于此。我们应当按照它的本意来进行解读，去设计诉讼制度的改革措施。要求在侦查、起诉阶段收集的证据向法庭定罪量刑的标准看齐是不符合诉讼规律、不符合人类的认识特点的。试想一下，在案件事实刚刚查明，证据还没有全面审查判断的基础上，侦查机关如何能够做到法院定罪量刑所要求的证据标准？尽管刑事诉讼法设定的侦查机关移送起诉的案件，应当做到犯罪事实清楚，证据确实、充分，但这仅仅是就程序意义而言。为什么无罪推定原则要强调确定某人有罪必须经过法院的审理？就是因为侦查和起诉认定的案件事实不具有实体意义，只具有程序意义，也就是在侦查和起诉阶段的证据无法做到完全的确实充分。

审判有自己的一套装置，必须经过审判才能最终确定一个人有罪并科以刑罚。这套诉讼装置就是法庭审理，控辩审三方参与，控辩双方举证、质证、辩论，法官居中裁判。法院作出一项认定，必须是在完成这样一系列的庭审活动之后才能够实现、做到的。因此，要求侦查、起诉的标准和法院审判的标准完全一样不切实际。

这也就是笔者在很多场合呼吁冤假错案不能追究侦查人员和检察人员的责任，只能追究法院责任的原因。错误的侦查和错误的起诉都不是导致错判的最终原因，如果法院对案件严格审理，把好了庭审这最后一关就不可能产生冤假错案。正是基于这种情况，刑事诉讼法才设定了审查起诉环节。但审查起诉也只是一种书面形式的审查，至多提审一下犯罪嫌疑人，询问一下证人或听取一下律师的辩护意见，它没有庭审这种诉讼装置。正是因为这样一种情况，审查起诉，决定提起公诉的案件有可能是错案。如果侦查和审查起诉的案件都是百分之百的证据确实充分，就根本没有必要再让法院审理。正是因为提起公诉的案件存在错案的可能性，才需要法院进行审理。如果侦查机关非法取证、刑讯逼供，应当对其责任予以追究；如果检察人员玩忽职守、徇私枉法，也应当追究其责任。反过来，我们必须看到，在冤假错案的追责机制下，打击犯罪的困难性变得越来越大。目前出现了这样的情况：侦查机关一发现案件的事实存在问题，就不再追查，做撤销案件处理；检察机关一发现案件的认定有疑点，就不再起诉，做不起诉处理；辩护人、被害人发现证据有疑问，在审判中一提出，法院就做无罪处理。现在刑事案件的无罪判决率直线上升，还有许多刑事案件得不到侦查、起诉、判决，使得被害人的权利得不到维护，导致犯罪分子不能及时被绳之以法，造成犯罪成本的直线下降。众所周知，依靠犯罪获得财产远比辛辛苦苦劳动要容易得多，而犯罪将付出的代价又太低了。我们不能从一个极端走向另一个极端。案件事实百分之百都清楚的案件虽然存在，但不是所有案件都是。证明案件事实的证据出现一点瑕疵、疑点和矛盾，这些都很正常。而这些问题都需要办案人员去分析判断，不能一遇到这种情况就撤案、不起诉或者判无罪。按照现行制度，如果无罪之人法院判其有罪，要对法官进行错案追究，但是如果对有罪之人不侦查、不起诉、不判刑，不会有人认为这也是冤假错案，也不存在错案罪责的问题，这是一个可怕的导向，就是告诉侦查人员、检察人员和审判人员：宁可不做事，也不要冒险，这就是对自己最好的保护。在这样一种情况下，要求侦查、起诉案件的证据标准向审判看齐是十分危险的。

（三）"以审判为中心"不适用于民事、行政案件

在一次解读"以审判为中心"的研讨会上，笔者听到了一位来自某司法实务部门的专家发表的意见，他说"以审判为中心"是对我们国家整个诉讼制度的概括，适用于民事、商事、行政所有诉讼制度。对此笔者必须指出，"以审判为中心"的诉讼制度改革只适用于刑事诉讼，不适用于民事、行政和商事案件。因为民事、商事、行政案件本身就是当事人向法院起诉，双方当事人在法院的主持下解决其纠纷，在此之中无须明确法院为中心，只有在刑事诉讼中出现了侦查、审查起诉和审判这三种诉讼职能，才强调审判的中心地位，在这一原理下也不适用刑事自诉案件，与不能适用民商事、行政案件的道理是一样的。

（四）"以审判为中心"的改革与"分工负责，配合制约"原则并行不悖

在理解"以审判为中心"时，很多人都存在着一个重大的误解，认为"以审判为中心"的改革就是要否定宪法和刑事诉讼法规定的"人民法院、人民检察院和公安机关进行刑事诉讼，应当分工负责，互相配合，互相制约"的原则。习总书记在四中全会的报告说明中特别强调了这一点，三机关分工负责、配合制约是宪法和刑事诉讼法的基本原则，符合中国的国情，必须予以坚持，"以审判为中心"的改革与这一原则并不矛盾。分工强调的是这种职能的专门化，对普通案件而言，侦查只能由公安机关行使，批捕起诉只能由检察机关行使，审判只能由人民法院行使，而且在行使权力的过程中，要在法律允许的范围内通力合作，相互给予便利，不能为此而影响案件的办理。

但是三机关也要相互监督制约，防止冤假错案的发生。该原则与"以审判为中心"的诉讼制度改革并不矛盾，因为它本身就不是关于建构诉讼制度的原则。有人把三机关分工负责、互相配合、互相制约的原则解读为所谓刑事诉讼的"线型结构"，按照侦查、审查起

诉、审判的时间推移形成的一种构造。实际上它并未构造我国的诉讼结构，而只是按照案件办理的顺序，强调三机关的职责，强调相互之间的合作和制约。而公检法三机关在宪法或刑事诉讼法的表述中根本就没有区分或者强调何者为中心，实践中出现的以侦查为中心现象是三机关关系运行的扭曲与异化，并不是三机关关系原则规定本身导致，所以现在提出推进"以审判为中心"的诉讼制度改革与宪法、刑事诉讼法规定的原则并不冲突。

三、如何构建"以审判为中心"的刑事诉讼格局

"以审判为中心"的诉讼制度的改革，笔者之所以认为它是本轮司法改革中最具影响力的改革，是因为这场改革能够彻底改变中国的刑事诉讼格局，将会更加凸显人民法院的庭审功能。以此为前提，"以审判为中心"的诉讼制度改革实际上意味着中国刑事诉讼结构的再建。当下中国的刑事诉讼结构究竟是什么？1996 年刑事诉讼法修改前，有人说是超职权主义诉讼模式，有人直接称之为纠问制。1996 年刑事诉讼法修改以后，特别是 2012 年刑事诉讼法再次修改以后，庭审越来越朝着控辩对抗的诉讼模式转换。但是在司法实践中，呈现的却是另外一种景象。

从职能的角度来讲，"以审判为中心"就是以法院为顶点。除了审判这个中心、顶点以外，还有两大职能就是控诉职能和辩护职能。由于这种诉讼结构强调控辩的平衡、平等，那么就一定会形成以控辩双方为两翼，从而搭建起来的一种等腰三角形的诉讼结构。"以审判为中心"的诉讼制度改革为最终建构中国未来的刑事诉讼的三角形对抗式的诉讼结构模式提供了制度支撑。随之而来的问题就是法院之顶点如何构建？控辩之两翼如何平衡？这就是目前推进"以审判为中心"的诉讼制度改革面临的现实任务。只有通过有效的制度建构，才能从根本上保障"以审判为中心"诉讼制度改革目标的实现。

（一）着力推进庭审的实质化建设

"以审判为中心"的诉讼制度改革，关键在于加强庭审的实质化建设，即把"以庭审为重心"落实到位。众所周知，目前的大量庭审就是"走过场"。法官事先通过阅卷，对于案件事实的整体情况已经了然于胸，对案件的性质、罪名甚至应判的刑罚已经心中有数。在这种情形下，在法庭上所有的举证、质证，包括律师辩护的实效性极低。这也就是为什么可以时常看见法官对律师的发言显得不耐烦，其实法官是好意："我都有数了，你还在那啰唆什么呀。"如果法官作出正确的决策需要通过了解控辩双方的意见，其一定会期望双方的意见越详细越好。一个开明、睿智的法官是最希望也是最善于倾听控辩双方的意见的。

加强庭审的实质化，第一点就是要切断形成法官预断的证据来源。这个证据来源就是案件卷宗。1996 年刑事诉讼法把 1979 年刑事诉讼法的全案移送制度废除，实行了证据目录、证人名单、主要证据复印件的移送。笔者参与了 1996 年刑事诉讼法的修改，当时证据移送模式的修改目的就是为了使法官看不到案件的证据材料，以消除其预断。1996 年刑事诉讼法修改以后，因为这种证据移送模式导致了法官、律师和检察官的冲突，法庭突袭审判大量地出现，审判被不断地推迟、休庭、延期审理。所以 2012 年刑事诉讼法恢复了全案移送制度，虽然笔者是不同意这种恢复的。笔者一直主张不宜采取卷宗移送的制度，而要采取证据开示的制度。证据开示需要一个非庭审的法官，姑且可以称为预审法官来完成。

但是现在卷宗移送制度已经恢复，必然会导致法官预判的问题再次凸显。避免这种情况的发生，有两个解决思路：一是证据开示制度。二是可以借鉴意大利刑事诉讼法的证据移送模式，施行卷宗两次移送制度。第一次，在侦查机关侦查终结之后（大陆法系是警检一体），检察机关经过审查起诉，制作一份向法院的预审法官移送的案件卷宗；第二次，经全面审查，预审法官认为犯罪嫌疑人的行为已构成犯罪，再制作一份简明的证据目录向庭审法官移送。这个证据目录没有内容，只有目录，所有的证据都要在法庭上展示。

第二点，实现以审判为中心、以庭审为重心，要切实保障人民法院和庭审法官的审判独立。缺乏独立就不会成为中心，影响审判独立的因素首当其冲就是检察机关的法律监督权，必须对庭审中实施的法律监督进行反思，虽然我们不可能全部取消检察机关的法律监督权，但是现在强调"以审判为中心"就改变目前法律监督的模式是有现实可行性的。例如，出庭的公诉人不履行监督职责，改由专门的法律监督部门监督，实现诉讼职能与监督职能的分离，如果按照目前检察机关一方面提起公诉、一方面实施法律监督的模式，检察官实质上就成为了法官之上的法官，使得"以审判为中心"的改革难以实现。

第三点，要着重研究预审卷宗、证据材料的证据效力问题。现行法律对预审卷宗记载的笔录等言词证据，并没有否定它的证据效力，在证人、被害人不到庭的情况下，允许在法庭上宣读并直接用于定案的根据，这是庭审虚化的一个主要原因。对于言词证据，必须强调直接言词原则，被害人、证人、鉴定人提供的言词证据，只要以其作为定案的根据，就必须要求其到法庭来当庭作证、接受质证。直接言词原则不确立，承认口供笔录、被害人陈述笔录、证言笔录的法律效力，"以审判为中心"就是一句空话。

第四点，注重案件的繁简分流。以审判为中心并不意味着所有案件都必须严格法庭审理程序，通过普通、规范的审理程序裁判的案件应当仅占全部受审案件的一小部分。近期笔者去美国进行了一次考察，其中印象最深刻的，就是美国的刑事案件通过普通程序审理的比例是3%~5%。这种普通的审理程序，只审理被告人不认罪、陪审团陪审的案件。美国的法官有充分的精力来处理被告人不认罪的案件，他们可以对这些重大、疑难、被告人不认罪的案件进行仔细、全面的审判。一次审理就是几天、十几天、一个月，甚至有的成了"世纪审"，但这仅占极小的比例。所以推进"以审判为中心"改革必须配套完善案件的繁简分流机制。2015年8月，全国人大授权"两高"推进刑事案件的速裁程序，速裁程序比简易程序还要简易，其目的就在于对案件进行繁简分流。以北京市海淀区人民法院为例，其刑事案件采用速裁程序的比例从4%提升到了30%，平均一个案子从到案到结案只要26天。如果全国所有法院受理刑事案件的1/3都实现了1个月审结，可以想象诉讼效率将会有多大程度的提高。我国目前被告人不认罪的案件不到10%，简易程序、速裁程序的适用案件将占到法院受理刑事案件数量的80%以上，如果实行这种认罪从简的诉讼程序，将节省大量的司法资源，然后对于剩下来的那些不认罪案件采取普通的审理程序就会显得游刃有余、从容不迫。2016年将出台认罪认罚从宽处理制度的改革，对于办案效率的提升也将起到极大的推动作用。孟建柱书记曾指出，未来一段时期应当完善刑事诉讼中的认罪认罚从宽制度，加强研究论证，在坚守司法公正的前提下，探索在刑事诉讼中对被告人自愿认罪、自愿接受处罚、积极退赃退赔的，及时简化或终止诉讼的程序制度，落实认罪认罚从宽政策，以节约司法资源，提高司法效率。认罪将是对检察机关证明责任一个极大的减轻，而适用简易程序、实现案件繁简分流也将大大减轻审案法官的负担。

（二） 积极推进审前程序的制度重构

除庭审实质化建设之外，"以审判为中心"的另一个重点便是审前程序的诉讼格局之构建，其中最重要的就是侦检关系的重塑。我国的侦查机关和公诉机关分为两个不同的部门，看似是两个不同的职能，但实质上它们所承担的只有一种职能，即控诉职能。侦查就是为了查明犯罪事实、抓获犯罪嫌疑人，再把犯罪嫌疑人交给检察机关，由检察机关提起公诉；检察院的公诉部门提起公诉，请求人民法院对犯罪嫌疑人定罪量刑。侦查和检察所行使的是一个诉讼职能，所以根本没有必要把它分家。大陆法系国家实行侦检一体制，由检察指挥侦查就显得非常顺理成章。德国的刑事诉讼法典中没有规定侦查程序，公诉中的准备程序就是侦查。

然而在我国现行的法律框架内，特别是宪法规定了"分工负责"的情况下，不能实行机构合并，但今后强化检察对侦查的指导、引导则是必然的。最高人民检察院关于"以审判为中心"的改革意见中表述得很明确，但笔者认为改革力度仍然不够，应当强调，凡属重大疑难的案件，被告人、犯罪嫌疑人不认罪的案件，人民检察院都应当介入到侦查中，公安机关立案侦查所有案件都应当向检察机关报备，以便检察机关根据案情及时地参与。

除此之外，检察机关在行使控诉职能时，如何更好地处理与法院监督职能之间的关系，同样也是摆在这次改革面前一个非常重要的问题。对于侦查，如何实现有效的监督与制约？在当下尚不能采取司法控制原则的情况下，如何强化检察机关的监督，这是另一个要考虑的问题。仅仅依靠制约不行，还必须进行有效监督。制约和监督是两个不同的概念，制约是双向的、相互的，而监督是单向的，监督只有监督者对被监督者实行监督，不允许被监督者进行反向监督。人民检察是监督者，监督公安机关的侦查行为，而公安机关却不能反过来监督检察机关，只能在抽象的层面对检察机关进行制约。那么如何解决监督权缺位的问题，实现对侦查权的有效控制，特别是涉及犯罪嫌疑人的人身自由、人身权利和对其财产权利的剥夺和限制方面，这也是需要深入研究、全面考虑的。

（三） 全面发挥律师在庭审中的作用

最后一个问题关于律师，即在"以审判为中心"的诉讼制度改革中，律师能发挥什么作用？在"以审判为中心"的诉讼制度改革中，在推进认罪认罚从宽处理制度的改革中，律师对于整个诉讼的发展，对于被告人最终的定罪量刑将会起到极大的作用。认罪认罚从宽处理制度将创造一种协商的环境，实际操作中就是被告人及其辩护人与控方对"认罪认罚"和"从宽"进行协商。该过程直接决定了法院最终定罪量刑之结果，律师在其中将发挥巨大的作用。在这种制度下，没有律师不允许进行上述协商，这将会使我国的刑事辩护率得到极大的提升。此外，这也将带动法律援助制度的进一步发展。

这项制度改革对律师素质的要求越来越高，律师需要与检察官进行很好的交流。在美国考察的过程中，笔者看到过这样的案例：在辩诉交易中，控辩双方已经达成了协议，但法官没有同意，法官告诉控辩双方，这个交易对被告人极为不利，按照这个交易，被告人的谋杀罪高了一个层次，他本来应该是二级谋杀，给你们交易成了一级谋杀，你们回去再协商。在被告人律师和公诉人出去协商的时候，法官走下审判台，和我们考察组成员简单交换了意见。首先告诉我们，你们知道我为什么没有批准他们的这个交易吗？因为这个交易把被告人的谋杀罪抬高了一级，这对被告人是不利的，让他们重新协商。我们聊完之后，协商也重新完成了，法官便按照新的协商结果进行宣判。律师在其中发挥的作用不可谓不大。将来的辩护律师不能马虎、敷衍，像现在许多律师念念辩护词肯定是行不通的。将来对律师素质的要求必须越来越高，因为律师参与到案件的实际处理当中去了，直接关系到被告人的定罪量刑。所以说"以审判为中心"的诉讼制度改革也将极大地推动我国刑事诉讼辩护制度的进一步发展。

（作者单位：中国人民大学法学院）

以审判为中心视野下的刑事再审

曾粤兴 蔡鑫韵

党的十八届四中全会通过的《关于全面推进依法治国若干重大问题的决定》厘清了"以审判为中心"的合理边界,系诉讼过程中应全面贯彻证据裁判规则,严格依法收集、固定、保存、审查运用证据,完善证人、鉴定人出庭制度,保证庭审在查明事实、认定证据、保护诉权、公正裁判中发挥决定性作用。[①] 落实至刑事再审,从应然的角度而言,旨在整个再审阶段,以审判为中心衡量公检法在各个环节是否围绕审判中事实认定、法律适用等要求展开工作。从实然的角度出发,系为再审阶段是否能实现权力与权利之间的相互制衡。质言之,再审阶段,法院自查自纠是否符合"以审判为中心"的精神。

一、刑事再审案件中的以审判为中心

考虑到再审制度系衡平实体正义与判决力的支点,而近年发生的钱仁风投毒案与陈满故意杀人放火案是再审程序的典型案例。因此,为凸显再审程序中的问题,笔者欲从这两个案例着手,略陈管见。

(一)钱仁风案件介绍

钱仁风案的基本案情[②]:一审认定:被告人钱仁风于2001年9月到巧家县新华镇朱某开办的"星蕊宝宝园"做工。其间,钱仁风认为朱某对她不好,遂生报复之念。2002年2月22日,钱仁风将其从家中带来的灭鼠药投放于该幼儿园部分食品中,分给该园部分儿童食用,致侯某中毒后抢救无效死亡,谭某、何某某中毒后经抢救治愈。

认定上述事实的关键证据:法医尸检鉴定证实死者属中毒死亡(2002年2月22日);毒物检验鉴定书证实死者的某胃组织、现场提取的食物均检出毒鼠强成分(2002年3月8日);证人证言证实当事人与朱某关系不好以及钱仁风之父证实其家买过灭鼠药;对切开灭鼠药瓶口所用的菜刀进行混辨属实;钱仁风的有罪供述等。

一审判决后,钱仁风上诉,理由是"因一时之气造成惨痛结果,现很愧疚,请求减轻处罚"。

二审认为上诉人的上诉理由不成立,不予采纳,遂裁定驳回上诉,维持原判。

2014年5月12日,云南省人民检察院作出云检刑申案建(2014)4号再审检察建议书,认为本案事实不清,证据不足,建议重审。理由如下:鉴定程序不符合法医检验规范要求;辨认笔录均未有见证人在场且长时间持续对未成年人钱仁风进行讯问;现场提取的

---

① http://www.chinacourt.org/article/detail/2015/01/id/1533521.shtml,最后访问时间:2015年6月18日。
② 参见云南省高级人民法院刑事判决书,(2015)云南刑再终字第2号。

钱仁风指认过的切开毒鼠强的菜刀未检验出毒鼠强成分等。

再审中的争议焦点："现有证据"能否证实原审上诉人钱仁风犯投放危险物质罪。

2015年11月21日，云南省高级人民法院下达再审判决书，被告人钱仁风被无罪释放。理由如下：毒物鉴定书仅有鉴定结论，无法提供内部工作文件；相关证据进行收集、固定存有明显瑕疵，且现已无法补正；辨认笔录虽留有钱仁风指纹盖章，但签名均为代签，且无说明为何代签，因此不能作为本案定罪量刑的证据。

（二）陈满案件介绍

陈满案的基本案情：一审法院以故意杀人罪、放火罪判处陈满死刑，缓期两年执行，剥夺政治权利终身。认定事实是：1992年1月，被告人陈满搬到海口市上坡下村109号被害人钟作宽所在公司住房租住。期满，陈满因未交房租等与钟发生矛盾，钟称要向公安机关告发陈满私刻公章。于是，陈满怀恨在心，于同年12月25日晚拿厨房菜刀砍死钟。接着，纵火毁尸灭迹。

认定上述事实的关键证据：陈满的有罪供述；现场勘查笔录、法医检验反映情况的报告以及对作案凶器的辨认。

1994年11月13日，海南省海口市人民检察院提起抗诉书，认为一审判决死刑缓期两年执行不当，应撤销原判，判处陈满死刑，剥夺政治权利终身。

一审判决后，原审被告人及其辩护律师上诉，理由是：陈满杀死钟的作案时间不成立，且陈满在侦查阶段的有罪供述系诱供、逼供所致。

海南省高级人民法院二审驳回抗诉，维持原判。

2015年2月10日，最高人民检察院作出高检刑申抗（2015）1号刑事抗诉书，按照审判监督程序向最高人民法院提出抗诉。理由是：原裁判据以认定案件事实主要依据的有罪供述不能作为定案依据；同时，除本案原审被告人陈满有罪供述外无其他证据指向陈满作案，尤其是陈满辨认过的作案工具（平头菜刀）与钟作宽受伤的切割创口（应由尖锐凶器导致）不吻合。

2016年2月1日，浙江省高级人民法院再审判决：原审被告人陈满无罪。理由是：原审被告人陈满的有罪供述不稳定且前后矛盾；原审被告人陈满供述自己工作证留在现场的动机得不到合理的解释。最为关键的无罪判决依据是：案发现场提取的物证在原一审庭审前均已丢失，原一、二审庭审中也无法出示上述物证，因此不能作为定案依据。

（三）两个案件的法理分析

关于查明事实、认定证据。第一，诉讼模式观念的影响。在以侦查为中心的诉讼模式影响下，侦查活动中形成的现场勘查笔录、法医检验报告以及被告人的有罪供述等证据极易成为法院最后的主要定案依据。钱仁风案与陈满案一审、二审的有罪判决就属此范围。需承认，以侦查为主导的刑事诉讼有其自身独有的优势，不仅能充分利用侦查成果，还能提高效率。当然，也显露了其牺牲程序正义的瑕疵，使控辩审三方在审判程序中难以形成有效的相互制约，使被告方的有罪供述、鉴定书认定以及勘查笔录在无互相印证的前提下，居然成为定案的关键证据，甚至出现一审前物证丢失还能继续审理判决的场景（陈满案）。第二，证据裁判原则的适用。根据刑事证据的证据裁判原则分析可知，对于案件事实认定，必须有"应当的证据"予以证明。所谓"应当的证据"系指证据需具有证据能力。若证据无证据资格，要么直接排除，要么补正或者作出合理解释，即可补正的排除。直接排除的证据应指：刑讯逼供的有罪认定（若证实是刑讯逼供取得的证据）直接排除；证据遗失，直接排除；鉴定意见违反鉴定程序，直接排除。关于可补正的排除，钱仁风再审案审理中法院认为：辨认笔录虽留有钱仁风指纹盖章，但签名均为代签，且没有说明为何代签，因此不能作为本案定罪量刑的证据。然而，根据刑事诉讼法规定此证据属于有瑕疵证据，可补正。补正后，仍可以作为证据使用，而非直接排除。

关于保护诉权。刑事诉讼中规定了被告人享有充分权利，但结合上述两个案件发现：第一，被告方关于启动刑事再审的申诉权。陈满律师坦言：在其申诉过程中，最高人民检察院对陈满案给予充分的保障，但其他刑事案件的申诉却远比这个案件艰难①（钱仁风申诉再审后，杳无音信）。第二，被告方关于物证的辨认和质证的权利。我国刑事诉讼法对物证的辨认和质证有规定，但过于粗疏，无具体操作规则。由此，导致在物证丢失的情况下，还能作为定案依据的局面；导致毒物鉴定书仅有鉴定结论，无法提供内部工作文书的情况；导致相关证据进行收集、固定存有明显瑕疵，且现已无法补正的地步。第三，未成年人在讯问时享有的权利。根据刑事诉讼法和《公安机关办理刑事案件程序规定》，讯问未成年犯罪嫌疑人，"应当"通知其法定代理人或者是合适的成年人在场。同时，讯问对象是女性未成年人，应当有女性工作人员在场。然而钱仁风在被讯问时，未有其法定代理人或合适的成年人到场。第四，辩护律师的提出意见权。根据刑事诉讼法规定，辩护律师有提出意见权，且在以下三种情况下，应当听取辩护律师的意见：对未成年人审查批捕、审查起诉；审查起诉阶段；二审不开庭。陈满的辩护律师在辩护阶段反复强调丢失的物证不能作为定案依据，然而检察院并没有听取辩护律师的意见。

关于公正裁判。第一，根据证据责任分配，当案件事实认定不清，证据真伪不明时，检察院负举证责任，且不可转移。结合疑罪从无原则，谁负担证明责任，谁败诉。简言之，被告方胜诉。② 第二，翻供的采信规则。被告人在庭审过程中翻供，应与其他证据相互印证，若能相互印证可采信，若不能印证的不采纳。在陈满案中就出现了翻供情形，那么法院的做法应与其他证据印证，而非以陈满的有罪供述作为"唯一"的定案依据。③ 第三，刑事再审的审理方式。刑事审判从审判方式的角度而言，以公开审判为原则，以罗列不公开的情形为例外。然而刑事再审的审理方式却是以罗列公开方式来审理案件。④

综上所述，钱仁风案与陈满案的再审判决深受传统以侦查为中心的诉讼模式的影响。那么，转变传统的诉讼观念，建立以审判为中心的再审模式，十分有必要。

二、传统刑事再审的制度瑕疵

所谓"十围之木持千钧之屋，五寸之键制阖之门"。当今的刑事再审作为救济程序是司

---

① 参见易延友：《陈满案的罪与责——虽落判但非圆满》，载《法律与生活》2016年第5期。
② 陈满案，在证据缺失且负有举证责任的控方无法提出新证据的情况下，应该疑罪从无而非定罪量刑。
③ 本案除原审被告人陈满的有罪供述外，无其他证据指向陈满作案。
④ 虽然刑事再审的不公开审理方式也是用罗列情形的方法制定，但是笔者以为，公开是原则，应取消刑事再审用罗列的方式规范公开审理的情形。

法的"十围之木",衡平实体正义与判决力。但作为"五寸之键"的审判中心的观念才是审判监督工作的关键,其作用犹如五寸长的门闩,控制着整个房屋的门扇。然而在希冀刑事再审价值的同时,反观现有的案件,以审判为中心的刑事再审不得不面临传统再审制度带来的系列影响。

审判监督理念的影响。自刑事再审程序设立之日起,就有两种不同的刑事诉讼基本价值观相互影响(程序公正与实体公正),以至于产生了两种不同的审判理念。一是职权主义的审判理念,旨在追求实体真实,倾向于发现事实真相。二是程序合理主义,旨在保障程序合理的诉讼目的。所谓"兼听则明,偏信则暗"。对于审判监督理念的确立,不可管中窥豹,偏倾于职权主义,以新的实体真实的发现为主要再审内容。亦不可盲人打烛,只坚定程序公正,以裁决人员在案件审理中是否违背义务为再审实质。当然,审判监督理念的确立并非易事,既要顾及判决力的稳定性而有所限制,又得为实现救济功能而具备弹性。以上述钱仁风案与陈满案为例,启动刑事再审的理由皆是"本案事实不清,证据不足,原判可能存在错误"。由此可知,我国现代审判监督理念受职权主义价值观影响"较深"。为什么是影响"较深"而非"至深"呢?理由有二:其一,"深"的意思,即在职权主义价值观的影响下法院或检察院可能不顾当事人的权益,一心追求案件真实,以致不顾当事人可能遭受的"双重处罚"风险。其二,"较"的含义,即我国并非完全意义上的职权主义价值观。完全意义上的职权主义价值观是以新的实体真实发现为主要内容①,而非以原有的证据不足为由启动再审程序。

法院自查自纠的主体问题。我国刑事诉讼法对启动审判监督程序的主体作了规定:各级人民法院院长以及审判委员会、最高人民法院和上级人民法院、最高人民检察院和上级人民检察院有资格启动再审程序。换言之,我国刑事再审启动模式采取的是法院和检察院并行启动型。这意味着启动刑事再审程序的主动权掌握在法院以及检察院手中。那么,法院具有主动启动刑事再审的主体资格是否符合刑事诉讼规律?那么,法院主动启动刑事再审时,是否会在很大程度上偏听自己一方的意见而难以全面听取检察机关或辩护律师的意见,从而导致公权力过度膨胀?那么,法院主动启动刑事再审,是否会在一定程度上倾向于否认全面再审的情形?那么,当事人能否具备启动刑事再审的主体资格?诚然,从司法实践的角度看,由法院启动刑事再审,在一定程度上确实有助于及时有效地纠正错案。但从"不告不理"的诉讼原则出发,法院具有启动刑事再审的主体资格不仅违背此精神,并且法院主动启动刑事再审程序有损法院的权威②,更严重的是可能导致本应在纠错的再审阶段,却因公权力的再一次扩张,私权利的进一步压缩,而导致个案得不到公正的审判。关于最后一个问题,当事人申诉权的重新定位。有人认为,一旦赋予当事人启动刑事再审的主体资格就可能招致刑事再审被滥用之嫌。然而诉讼中的"不告不理"原则并非"有告必理",当事人作为启动刑事再审的主体提出的再审理由依旧受制于法定条件的限制。简言之,不符合法定条件的再审理由,法院有权驳回。当然,给予当事人启动再审程序的主体资格亦有益于保障当事人的申诉权利。

检察机关的抗诉资格问题。主要表现在:检察机关是否应具备对刑事再审案件的抗诉

---

① 韩阳:《刑事再审理由探析》,载《法学研究》2005年第3期。

② 参见邓思清:《完善我国刑事再审启动程序之构想》,载《当代法学》2004年第3期。

资格。传统的刑事再审制度尚未赋予检察机关对于再审案件的抗诉资格，理由基于刑事再审原本就是救济制度，救济之后对其抗诉，于理不合。然而，从钱仁风再审案（将原本可补正的辨认笔录证据却直接排除）与陈满再审案（再审法院认定侦查机关并无采用刑讯逼供的方式取得陈满的有罪供述，却又直接排除陈满有罪供述的证据效力）来看，再审案件中关于案件的审判，在某种程度上也有出错的可能。因此，再审判决不当后，检察机关若因无抗诉资格而失去救济途径，不仅导致刑事再审丧失衡平实体正义与判决力的功能，还会影响司法的权威性。

重新审判方式的影响。重新审判方式根据刑事诉讼法的规定，一般分为两种：开庭审理和不开庭审理。其中，不开庭审理又分为书面审理的方式以及调查询问的审理方式。根据最高人民法院《关于刑事再审案件开庭审理程序的具体规定（试行）》第 5 条规定的应当依法开庭审理的 5 种情形以及第 6 条规定的可以不开庭审理的 5 种情形，这两条规定对重新审判方式有一定的意义。但其中第 5 条"再审抗诉案件一律实行开庭审理"的情形与其他情形不同①，是根据诉体的不同来决定审理的方式。这种考量方法排除了被告人上诉或申述是否应当开庭审理的情形。其合理性与正当性不言自明。因此，以诉体的不同来决定重新审判的方式值得商榷。

刑事再审制度的上述瑕疵，难以避免地对司法制度产生以下影响：一是影响司法的权威。刑事再审是对已生效的判决之否定，涉及司法公正，法律权威，启动刑事再审理应慎之又慎。然而我国法律对刑事再审启动的理由规定较为宽泛，增添了刑事再审启动的随意性。② 二是社会影响。刑事再审涉及司法公正、独立以及当事人权利等问题，这些问题又极易导致当事人上访等连锁问题的出现，从而影响社会稳定。申言之，传统的刑事再审与"以审判为中心"的刑事再审的本质分歧在于如何衡平权利与权力之间的关系以实现再审的救济宗旨。

三、构建以审判为中心的刑事再审制度

综观钱仁风案与陈满案的判决，考虑到权力与权利之间的平衡，我国再审制度亟待在以审判为中心的视野下构建刑事再审。

树立以审判为中心的审判理念。"工欲善其事，必先利其器"。一个好的审判监督理念才是推动再审程序制度走向完善的利器。然而我国长期以来一直秉持着职权主义的价值观，以"纠错为目的"设计审判监督程序。事实证明，一个好的再审制度不仅应考虑纠错，更应兼顾人权、秩序、法律权威以及诉讼效益等因素。因此，基于上述问题的分析，以审判为中心，综合职权主义与程序主义两种价值观，才是审判监督应有的理念，具体而言：一是在追求实体公正的同时兼顾程序公正。目前，我国司法实践中存在大量的申请无门，再审无限、终审不终等现象。而这些现象的产生皆源于职权主义导向下的审判监督理念。因此，应从司法实践部门抓起，彻底贯彻实体公正与程序公正并重的理念。二是在惩罚犯罪的同时重视人权保障。刑事诉讼法与刑法之间的关系在于刑事诉讼法对于刑法而言不仅具

---

① 其他情形一般是根据审理的对象、审理时可能加重的情况以及客观原因无法开庭的情况。
② 邓思清：《完善我国刑事再审启动程序之构想》，载《当代法学》2004 年第 3 期。

有工具价值：为调查和明确案件事实及使用刑事实体法提供保障。又具有自身的独立价值：体现程序本身的民主、法治与人文精神等。简言之，刑事诉讼法既具有打击犯罪的工具价值，又具备保障人权的独立功能。因此，落实到刑事再审中，审判监督理念更应秉持一手抓犯罪，一手抓人权，两手都要抓，两手都要硬的价值观。

重构启动审判监督程序的主体资格。一是取消法院启动再审的主体资格。虽然关于法院是否能成为再审主体，有的学者持肯定说，认为人民法院作为再审程序的启动主体，体现了法院"有错必纠"的司法精神。然而，基于前文所述，法院作为再审启动的主体在很大程度上会偏听自己一方的意见而难以全面听取检察机关或辩护律师的意见。同时，若法院发现生效判决确有错误，可告知检察院提起抗诉或以通知当事人提出申诉的方式启动再审程序用于取代法院作为启动再审程序的主体资格。因此，应从立法的角度删除法院启动刑事再审的主体资格。二是当事人关于启动刑事再审权之正当化。明确当事人启动刑事再审的主体资格是基于当事人处于控辩双方的弱势地位的考虑；是基于涉及被告人的利益，有权给予被告人一定程度的权利的考虑；是基于法律没有对申诉审查期限作明文规定的考虑。当然，考虑到法院对当事人"有告必理"而导致再审滥用的担忧，对于当事人启动刑事再审的理由理应从立法层面规定法定条件，对于不符合法定条件的再审理由，法院有权驳回。

赋予检察机关的抗诉资格。一是关于检察机关通过二次抗诉提起的刑事再审。检察机关通过二次抗诉提起的刑事再审系指检察机关在提起第一次抗诉被驳回后，检察机关再次提起抗诉的问题。检察机关作为监督机关，二次提起抗诉，无论法院是否觉得此案在生效判决、裁定上确有错误，都应进入再审程序。二是关于检察机关对刑事再审案件的抗诉资格。传统的刑事再审程序是上级人民法院对下级人民法院和人民检察院对人民法院审判工作依法实行监督的重要方式。虽然从理论的角度而言，审判监督程序的设计十分合理。[①] 但在司法实践中，法院启动型的刑事再审，在很大程度上会偏听自己一方的意见。[②] 有鉴于此，若在不取消法院启动再审主体资格的前提下，避免法院启动型的刑事再审基于权力滥用的可能，应赋予检察机关对法院启动型的再审具有抗诉权。当然，法院启动的刑事再审包含巡回法院的刑事再审。但考虑到巡回法院再审制度的设计是基于权力之间相互制约的考量，与检察机关的再审抗诉理念不谋而合，因此可排除于法院启动型之外。而检察院启动型，由于是检察院抗诉启动的刑事再审，若再赋予其抗诉权，则自相矛盾。

完善刑事案件审判方式。根据最高人民法院《关于刑事再审案件开庭审理程序的具体规定（试行）》第5条和第6条分别规定的开庭和不开庭两种情形分析，我国再审程序原则上采取开庭审，除非客观原因[③]导致无法开庭审理的情况才不实行开庭审理，而采用书面审。这两条法规极具意义，有利于控辩双方参与再审，有利于保障人权。但是，所谓依法公开审理，公开的程度亟待提高。具体如下：一是涉及社会影响，应向社会公开。刑事再审涉及社会影响，公众评价问题等，在一定程度上，应对社会公开。让公众可以参与刑事

---

① 一方面，法院自监型。由于上下级法院之间不是领导关系，而是监督关系，因此能较好地行使监督权。另一方面，检察院抗诉型。检察院提出抗诉，便是行使审判监督权。因此，理论上都可保证法律的统一正确实施。

② 法院启动型的刑事再审瑕疵在上述论文中已有阐明。

③ 例如，有罪判决人已经死亡，或者精神失常，或者因交通不便无法出庭，或者检察院不派人员出庭的。

再审（旁听），从实质上监督法律。因为程序公开不仅在于让当事人亲眼见到公正的实现，更是让公众参与实施社会监督成为可能。"如果公正的规则没有得到公正的适用，那么公众的压力常能纠正这种非正义。"[①] 二是涉及被害人问题，应向被害人公开，允许被害人及其近亲属旁听。刑事再审启动的每个阶段都应告知被害人，让其充分知晓刑事再审的过程。三是向当事人公开。依法向当事人公开不仅要将具体程序依法向当事人公开，还应将诉讼结果告知当事人。避免像钱仁风案与陈满案中的当事人申诉后，杳无音信的问题。

　　总之，构建以审判为中心的刑事再审，应以审判观念为中心，从重构启动主体资格、赋予检察院抗诉资格以及完善刑事案件审判方式三方面着手，权衡权利与权力在再审制度中的关系，促进我国刑事再审的进一步发展。

（作者单位：昆明理工大学）

审判中心主义的实现路径探析

柴晓宇

自党的十八届四中全会提出"推进以审判为中心的诉讼制度改革"以来,"审判中心主义"成为实务界和理论界持续关注和探讨的热点话题。2015 年 2 月,最高人民法院发布的《关于全面深化人民法院改革的意见——人民法院第四个五年改革纲要(2014-2018)》从"全面贯彻证据裁判原则"等七个方面就建立以审判为中心的诉讼制度作出了具体安排。在刑事诉讼法学界,围绕审判中心主义的实现路径,学者们提出了各种改革方案,观点纷呈。在刑事诉讼中如何达致审判中心主义?或者说,在刑事诉讼中,实现审判中心主义的路径有哪些?这一关乎"以审判为中心的诉讼制度改革"成败的核心问题仍有进一步深入探讨的必要,从而在形成共识的基础上推动这项宏大的改革工程。有鉴于此,本文拟从宏观、中观和微观三个层面就在刑事诉讼中实现审判中心主义的路径做一初步探讨,以期为完善我国刑事诉讼立法、促进刑事司法现代化提供些许参考。

一、宏观层面:诉讼构造的完善和配合制约原则的正位

(一)诉讼构造的完善

理想的刑事诉讼结构是控辩平等对抗、法官居中裁判的等腰三角形结构。在我国刑事司法实践中,控辩审三方的关系始终没有得到理顺,多数情况下处于扭曲和失衡的状态,"侦查中心主义"的特征极其明显。以至于整个刑事司法活动形成了所谓的"强势的公安,优势的检察,弱势的法院,无力的辩护"的局面。侦查的结果基本决定了犯罪嫌疑人(被告人)的命运,在"侦查中心主义"和"流水作业"的工序流转程序中,刑事审判只不过是对侦查和起诉结果的最终确认并加盖了法院的合法印章而已。由此导致的结果是:我国刑事诉讼的无罪判决率长期以来处于低位运行[①],冤假错案时有发生,拷问司法权威和司法公信力。

在此背景下,审判中心主义应运而生。其目的是反思和批判侦查中心主义的弊端,确立审判在整个刑事诉讼中的核心地位,发挥审判在刑事诉讼中的决定性作用,实现庭审实质化,把整个刑事诉讼活动拉回到符合司法运行规律的正确轨道上来,促进公平正义在刑事诉讼中的实现。笔者以为,推进当下正在如火如荼开展的"以审判为中心的诉讼制度改革",从宏观层面来看,一个重要的路径当属诉讼构造的完善。具体而言,应当正确处理好以下几组关系。

---

① 据新近的统计数据显示,中国无罪率持续趋零(0.07%)。

1. 正确处理侦审关系

从本质上讲,刑事诉讼中的侦查机关属于广义上的控诉机关,承担着收集证据材料,为提起公诉进而为审判做准备的重要职能,这种职能也属于广义上的控诉职能。审判机关依法行使判断权居中裁判,专司审判职能。正确处理侦审关系,克服"侦查中心主义"的沉疴积弊,关键是要做到以下几点:

一是改变目前仅逮捕由人民检察院负责审查批准,其他强制措施及强制性侦查行为完全由公安机关自行批准决定的现状,由中立的第三方即法院对侦查机关的强制性侦查措施进行司法审查。例如,搜查和逮捕措施必须有法院签发的司法令状后方可进行,从而规范侦查机关的侦查行为,有效防范和纠正侦查违法行为。对此,学者们多有论述,笔者在此不再赘述。

二是充分发挥审判对侦查的引导作用。这种引导作用主要体现在审判活动对侦查机关的证据收集行为的规范和制约,以及刑事司法标准的统一上。当然,对于刑事司法标准的统一问题,实务界和理论界有不同的看法。一种观点认为,"以审判为中心,其实质是在刑事诉讼的全过程实行以司法审判标准为中心,核心是统一刑事诉讼证明标准",据此得出"侦查、审查起诉和审判都应坚持我国现行刑事诉讼法关于侦查终结、提起公诉、审判定罪都应当达到'事实清楚,证据确实、充分'的证明标准"的结论。[1] 另一种观点认为,受主客观因素的制约,要求"侦查、起诉要按照审判的要求、标准进行办案,不能把带病案件诉到法院。这是一种良好的愿望"。因此,"应当坚定不移地贯彻以审判为中心的诉讼制度的改革,不能以加强审前工作,提高办案标准代替以审判为中心的诉讼制度改革"。[2] 笔者认为,在刑事诉讼的不同阶段,确实应当承认分层式证明标准体系的存在,毕竟诉讼行为及其所追求的目标不同,对证明标准的具体要求有所不同应予以理解。例如,在美国证据规则和证据理论中,将刑事证明标准由高到低从"绝对确定"到"无线索"分为九等。需要指出的是,承认刑事证明标准分层体系的存在,并不意味着应当放弃对"事实清楚,证据确实、充分"证明标准的追求,侦查机关追求(至少在侦查终结时)这一证明标准是一个问题,能不能达到又是另外一个问题。事实上,正确处理侦审关系,重点在于发挥审判对侦查的引导作用,这种引导作用主要体现在审判对侦查活动中对证据的收集和规范方面。

三是要切实纠正侦查实践中召开"立功授奖大会"和"公捕大会"的不当做法。因为这种做法与"无罪推定、正当程序"等现代刑事司法理念格格不入,容易给人造成"联合办案"和"未审先定"的错觉,也侵犯犯罪嫌疑人的基本人权,同时无形中给审判机关增加了压力,不利于法院在正确认定事实的基础上准确适用法律并作出公正的裁判。

2. 正确处理控审关系

控诉机关和审判机关分别承担控诉职能和审判职能。正确处理控审关系,首先,对于检察机关而言,其应当站在客观中立的角度,履行"客观义务"或"公正执法义务",在起诉时既要提出指控被告人构成犯罪和罪重的证据,如果存在能够证明被告人构成自首、立功等从轻减轻刑事责任的证据材料,也应一并提出,以确保法官在正确认定事实的基础

---

① 沈德咏:《论以审判为中心的诉讼制度改革》,载《中国法学》2015 年第 3 期。
② 顾永忠:《关于以审判为中心诉讼制度改革的建议》,载《法制日报》2016 年 1 月 20 日。

上作出公正的判决。其次，进一步强化审判权对起诉权的制约。通过进一步完善庭审规则来确保控辩双方真正实现平等对抗。这些庭审规则主要包括：举证、质证和认证规则，法庭辩论规则，交叉询问规则等。"审判的性质是对侦控机关活动进行司法审查"，① 因此强化审判权对起诉权的制约，重点还在于落实非法证据排除规则，摒弃"疑罪从轻"而采用"疑罪从无"。最后，应当改革现行公诉案件的移送方式，实行彻底的"起诉状一本主义"，附之以完善的刑事证据开示制度和庭前会议制度，以防止法官形成庭前预断而使正式的庭审活动流于形式，进一步提高审判质量。当然，实行彻底的"起诉状一本主义"，意味着对法官的庭审驾驭能力等综合素质提出了更高的要求。但笔者相信，"起诉状一本主义"的实施反过来也倒逼法官通过继续学习不断提高自身综合素质，对于提高整个刑事审判质量的益处不言而喻。

3. 正确处理辩审关系

一段时期以来，辩审冲突成为刑事审判实践中的新现象而备受关注，出现了所谓的"死磕派"律师，辩审关系持续紧张。笔者以为，辩审冲突是一种非正常现象，正当化的审判程序不应当存在所谓的辩审冲突问题。正确处理辩审关系，促使辩审关系回归原位和实现法官居中裁判，应当做到以下几点：首先，进一步完善包括交叉询问等在内的庭审规则，赋予控辩双方平等的发言机会，确保控辩双方在平等的基础上进行对抗。其次，对于随意剥夺辩护律师以辩护权为核心的程序性权利的错误做法，法院内部要加强对法官的惩戒；情节严重构成程序性违法行为进而影响公正裁判的，在救济审程序中，法院作为"事实认定不清的情形"进行重点审查。最后，对于辩护律师故意博取名声、扰乱法庭秩序的情形，轻者可以采取警告、强行带出法庭、罚款、拘留等措施，重者依法追究刑事责任。

从更广的视角观察，辩审冲突的消解也依赖于外部环境的改善。例如，进一步完善刑事法律援助制度，将法律援助的范围进一步扩大至可能被判处 3 年以上有期徒刑的案件，如果犯罪嫌疑人、被告人没有辩护人的，应当为其提供法律援助。此外，还应当进一步培育法律人意识和法律共同体意识，法官和律师依法行使权力和权利，应当彼此尊重对方，共同促进和谐辩审关系的形成。

（二）配合制约原则的正位

"公检法分工负责，互相配合，互相制约"原则是我国刑事诉讼特有的基本原则。这一原则的立法本意没有错，但是在司法实践中逐渐被扭曲变形，形成了所谓的"三机关之间制约不足而配合有余"的不良现象，严重影响到了司法公正。司法实践中的"三长联席会议"制度、"未审先定"、"庭审虚化"和"侦查中心主义"便是这一原则被不当贯彻所带来的负面表现及影响。早在 20 世纪 90 年代，龙宗智教授就曾精辟地指出，配合制约原则的负面效应主要表现在三个方面：可能扭曲诉讼结构；可能模糊诉讼关系；在制约关系上不分主次、平分秋色，可能抑制检察、审判职能的发挥并导致相互扯皮。② 这些论断时至今日仍然有现实意义。

确立审判中心主义，对我国刑事诉讼法中的"配合制约原则"仍有反思和重新定位的

---

① 闵春雷：《以审判为中心：内涵解读及实现路径》，载《法律科学》2015 年第 3 期。
② 龙宗智：《论配合制约原则的某些"负效应"及其防止》，载《中外法学》1991 年第 3 期。

必要。从诉讼程序的推进来看，公检法三机关之间在刑事公诉案件的移送上体现为线性式的工序流转关系是一种客观存在，但三机关毕竟在刑事诉讼中的地位和作用不同，承担的职能和权力不同，并不意味着要以牺牲司法公正为代价而一味地相互迁就对方。因此，推进以审判为中心的诉讼制度改革，当下最为重要的是理顺公检法三机关之间的关系，强化相互制约，淡化互相配合，尤其是要彻底废除重大疑难案件的"三长联席会议"制度，坚决杜绝司法实践中三机关联合办案的不当做法，确保侦查权、公诉权和审判权独立行使，发挥检察权对侦查权的引导、监督作用，以及审判权对侦查权和检察权的引导、制约作用，确立审判权在刑事诉讼中的决定性作用，使配合制约原则回归本位，真正发挥其应有的作用。

二、中观层面：法院系统及其内部关系的调整

（一）正确处理上下级法院之间的关系

我国人民法院组织法将上下级法院之间的关系定位为监督关系。在审判实践中，上下级法院之间的关系也存在一定程度的扭曲变形现象。主要表现是上级法院不当干涉下级法院对具体案件的审判工作，这不仅使审级制度形同虚设，而且容易滋生司法腐败。此外，我国刑事审判的"离心化"特征也很明显。与审判"离心化"的倾向相应，在垂直的一审、二审以及死刑复核程序的关系中，出现了一审"失重"的现象。①

正确处理上下级法院之间的关系，关键是要确立刑事第一审程序在案件事实认定问题上居于整个程序体系的重心地位。坚持以一审庭审为中心，应当做到：其一，在侦查、起诉、审判的事实认定行为链中，应当以审判为事实认定的决定性环节；其二，在审理、裁判的多种行为中，应当以庭审即法庭审判为中心和决定性环节；其三，在一审与二审、复核审和再审的审级体制中，应当以一审为重心和事实判定最为重要的审级。②

还需要指出的是，在肯定新一轮司法改革关于"省以下法院实施人财物统管制度"在克服司法权运行"地方化"的同时，还应当警惕出现上级法院对下级法院的过度控制，尤其是对下级法院具体经办案件的干预和影响。具体而言，在严格限制法律问题请示汇报的同时，还应当重申并严格执行禁止就事实和证据问题向上级法院请示汇报的制度，禁止上级法院干涉下级法院的事实认定。竭力避免司法不公和司法腐败现象，从而使这项改革取得应有的效果。

（二）正确处理主审法官、合议庭与审委会的关系

根据我国人民法院组织法的规定，各级人民法院内部设立的审判委员会是常设审判组织，其主要职责是"总结审判经验，讨论重大的或者疑难的案件和其他有关审判工作的问题"。十八届三中全会通过的中共中央《关于全面深化改革若干重大问题的决定》和最高人民法院《关于全面深化人民法院改革的意见——人民法院第四个五年改革纲要（2014-

---

① 魏晓娜：《以审判为中心的刑事诉讼制度改革》，载《法学研究》2015 年第 4 期。
② 龙宗智：《论建立以一审庭审为中心的事实认定机制》，载《中国法学》2010 年第 2 期。

2018）》均提到了要"改革审判委员会工作机制"，其核心是落实"规范审判委员会讨论案件的范围，除法律规定的情形和涉及国家外交、安全和社会稳定的重大复杂案件外，审判委员会主要讨论案件的法律适用问题"的改革措施。从长远来看，从尊重司法规律的角度出发，在进一步完善主审法官和合议庭办案责任制、提高法官素质的基础上，应当废除审判委员会制度，真正实现"让审理者裁判、由裁判者负责"。

（三）正确处理主审法官与院长、庭长、合议庭的关系

正确处理主审法官与院长、庭长、合议庭的关系，本质上涉及司法独立含义中的"法官独立"环节。主审法官是案件事实审理的亲历者，对案件事实认定最有发言权。让一个本身未参加庭审活动的主体介入对案件事实的判断，本身就违反直接言词原则和集中审理原则，与司法权的运行规律相悖，也容易造成冤假错案。因此，在法院内部要废除主审法官就具体案件向院长、庭长请示汇报和签字批准制度。切实落实人民法院"四五"改革纲要确定的改革措施："完善院长、庭长、审判委员会委员担任审判长参加合议庭审理案件的工作机制。改革完善合议庭工作机制，明确合议庭作为审判组织的职能范围，完善合议庭成员在交叉阅卷、庭审、合议等环节中的共同参与和制约监督机制。改革裁判文书签发机制。"① 同时，要进一步完善人民法院司法责任制，细化操作规定，正确认定和追究审判责任，完善法官依法履职的保障机制，保护主审法官和合议庭独立办案的积极性，免除其独立公正办案的后顾之忧。

三、微观层面：庭审中心主义的贯彻和落实

实现审判中心主义，微观层面的路径是贯彻和落实庭审中心主义。换句话说，庭审中心主义是实现审判中心主义的一个重要环节。坚持庭审中心主义，主要包括案卷笔录中心主义的矫正，全面贯彻证据裁判原则，完善证人出庭制度，完善非法证据排除规则等几个方面。

（一）案卷笔录中心主义的矫正

"案卷笔录中心主义"这一术语最早由陈瑞华教授通过对我国刑事审判方式的经验观察并进行研究后所提出，其核心要义是"侦查机关收集的证据材料及制作的案卷笔录是审判活动的主要依据"。在案卷笔录中心主义的审判方式下，公诉方通过宣读案卷笔录来主导和控制法庭调查过程，法庭审判成为对案卷笔录的审查和确认程序，不仅各项控方证据的可采性是不受审查的，而且其证明力也被作出了优先选择。② 由此可见，案卷笔录中心主义是侦查中心主义的必然结果。加之全案卷宗移送的公诉案件移送方式的存在，以及直接言词原则贯彻得不彻底，导致庭前预断、庭后阅卷和间接审理盛行，成为困扰我国刑事审判实践的一大难题。因此，为了实现庭审中心主义，确保庭审实质化，首当其冲的是应当对我

---

① 最高人民法院《关于全面深化人民法院改革的意见——人民法院第四个五年改革纲要（2014-2018）》第27条。

② 陈瑞华：《案卷笔录中心主义——对中国刑事审判方式的重新考察》，载《法学研究》2006年第4期。

国长期盛行的案卷笔录中心主义进行矫正，真正实现诉讼证据质证在法庭、案件事实查明在法庭、诉辩意见发表在法庭、裁判理由形成在法庭。具体思路如下：

一是切实贯彻直接言词原则，坚持集中审理原则，做到审理时间、方式和主体的集中性，解决"审者不判、判者不审"的问题，使参与庭审的裁判者直面与案件有关的所有证据材料，在形成内心确信的基础上作出正确裁决。

二是应当明确规定在庭前会议中不得解决实体问题。为了防止弱化庭审，应当进一步明确庭前会议制度的功能定位，明晰庭前会议记录的效力，把庭前会议的功能定位在"解决程序性问题、整理证据争点、归纳庭审焦点、明确庭审举证方式（如是一证一质还是成组举证质证?）"等事项上，但必须特别强调"庭前会议不得解决实体问题"，以实现庭审实质化。

三是落实鉴定人出庭制度。2012年修正的刑事诉讼法第187条第3款对鉴定人出庭作证的问题作出了相对完善的规定，关键在于这一制度如何落实。一旦出现"应当出庭作证的鉴定人未出庭作证，且以该鉴定人作出的鉴定意见作为定案根据"，就应当认定为事实不清，公诉人和被告人均有权提出抗诉或上诉。

四是进一步完善证人出庭制度，[①] 保障被告人的对质权，确保直接言词原则在庭审环节的贯彻落实。

（二）全面贯彻证据裁判原则

顾名思义，证据裁判原则是指对于案件争议事实的认定，均应当依据证据而作出。证据裁判是刑事诉讼进步与文明的表现，也是无罪推定原则的体现；证据裁判原则可以防止法官作出裁判时的恣意擅断，也是增强司法裁判确定性和权威性的重要保障。[②] 审判中心主义这一基本格局要得以实现，其中最核心的内容就是证据裁判原则的落实与贯彻。[③] 因此，全面贯彻证据裁判原则，要彻底破除我国刑事司法实践中"疑罪从轻"、"疑罪从挂"的潜规则，坚持"疑罪从无"原则。所有有罪判决的事实认定均需有一一对应的证据材料，并形成完整的证据链条，从而确保在正确认定事实的基础上准确适用法律，作出正确的裁判。

（三）完善证人出庭制度

证人不出庭，作为发现真实的最伟大的程序装置的交叉询问规则就无法真正落实，庭审虚化在所难免。我国2012年修正的刑事诉讼法第187条第1款规定："公诉人、当事人或者辩护人、诉讼代理人对证人证言有异议，且该证人证言对案件定罪量刑有重大影响，人民法院认为证人有必要出庭作证的，证人应当出庭作证。"从该条的规定来看，证人是否应当出庭作证，最终决定权还在于人民法院。也就是说，上述规定为证人出庭设置了一个"法院认为"的主观要件。因此，为了贯彻直接言词原则，司法解释有必要对刑事诉讼法第

---

① 鉴于这一问题的特殊性和重要性，下文另有详细讨论，在此不再赘述。根据最高人民检察院办公厅2014年11月28日印发的《关于以十八届四中全会精神为指引进一步贯彻执行好修改后刑事诉讼法的通知》，2013年至2014年9月，全国一审公诉案件证人出庭3086件，鉴定人出庭992件，分别占起诉案件数的0.18%和0.06%。由此可见，我国刑事公诉案件证人和鉴定人出庭作证的比例仍然十分低下。

② 宋英辉等著：《刑事诉讼原理》（第3版），北京大学出版社2014年版，第209~210页。

③ 吴洪淇：《审判中心主义背景下的证据裁判原则反思》，载《理论视野》2015年第4期。

187 条中的"必要性"进一步细化或者对该条进行重新表述，原则上只要控辩双方提出申请，均应当通知证人出庭作证。明确规定"必须出庭作证的证人，其未出庭所作的证人证言不得作为定案的根据"。

（四）完善非法证据排除规则

实现庭审中心主义，严格落实非法证据排除规则也是一个重要方面。总体上看，随着我国刑事诉讼法的修正及相关司法解释的出台，我国刑事诉讼中的非法证据排除规则得到了很大的完善。但需要指出的是，刑事诉讼法和相关司法解释对非法证据排除规则的规定并不一致。例如，刑事诉讼法第 50 条规定，严禁刑讯逼供和以威胁、引诱、欺骗以及其他非法方法收集证据，不得强迫任何人证实自己有罪。而该法第 54 条规定的人证排除范围为："采用刑讯逼供等非法方法收集的犯罪嫌疑人、被告人供述和采用暴力、威胁等非法方法收集的证人证言、被害人陈述。"最高人民法院《关于适用〈中华人民共和国刑事诉讼法〉的解释》第 95 条第 1 款规定："使用肉刑或者变相肉刑，或者采用其他使被告人在肉体上或者精神上遭受剧烈疼痛或者痛苦的方法，迫使被告人违背意愿供述的，应当认定为刑事诉讼法第五十四条规定的'刑讯逼供等非法方法'。"可见，最高人民法院的司法解释限缩了刑事诉讼法第 50 条关于非法证据的范围，有违立法本意。因此，为了防范冤假错案，提高审判质量，应当对非法证据排除规则做进一步完善，细化并统一非法证据的排除范围和排除程序。

结语

推进以审判为中心的诉讼制度改革是一项系统工程，涉及方方面面。由于 2012 年刑事诉讼法的修改时间先于党的十八届三中、四中全会召开的时间，因此，2012 年刑事诉讼法的结构体系和指导修法的诉讼理念相对陈旧。鉴于此，陈光中教授等人呼吁启动新一轮刑事诉讼法的修改工作，以体现党的十八届三中、四中全会的最新精神，使刑事诉讼法的条文规定更加符合司法运行规律，从立法层面推动我国刑事诉讼向正当化和现代化的征途更进一步。显而易见，坚持审判中心主义，理应是下一轮刑事诉讼法修改的重心所在。对此，我们充满期待也会持续努力。

（作者单位：西北师范大学）

审判中心改革与科学证据质证

陈邦达

一、引言

审判中心诉讼制度变革的核心要求是作为裁判根据的案件信息形成于审判程序，庭审中被告人的程序参与权、辩护权得以保障，直接言词原则得以贯彻，在此基础上形成科学公正的事实认定。[①]"以审判为中心"与过去"以侦查为中心"在诉讼构造上存在根本的差异，前者强调侦查取证活动服务于审判程序，审判活动不是对侦查取证活动的流水线加工程序，而是对侦查取证能够符合审判任务进行过滤的过程。它将对长期以来侦查中心形成的"案卷笔录中心主义"的弊端进行矫正，强化证据的庭审质证和采信，法庭质证与采信环节将成为案件事实认定的核心环节。

审判中心给证据制度带来的挑战是显著的，由于证据制度涉及较广，本文主要通过科学证据质证为研究对象并结合审判中心改革进行分析。科学证据的提法源于英美证据法的术语"Scientific Evidence"，在我国包括鉴定意见、电子数据等证据均可纳入科学证据的范畴。在过去，科学证据常被人们赋予较强的客观证明色彩而在诉讼中广泛运用，但冤假错案的曝出以沉痛的教训警示人们：科学证据并非如獬豸"触不直者去之"那般神奇，而是具有人判断的主观因素，对其质证、审查绝不可掉以轻心。

二、我国科学证据质证的现状及问题

（一）科学证据开示功能孱弱

2012 年刑事诉讼法恢复了全部案卷移送主义之后，包括鉴定意见在内的证据都将在案卷中出现。律师阅卷范围将比 1996 年刑事诉讼法规定的范围有所扩大，辩护律师可以通过阅卷掌握鉴定意见的基本情况。但目前仍然存在如下问题：一是对于侦查阶段经过多次鉴定存在不同鉴定结果的，多数情况下公安机关会把所有鉴定意见都放入卷宗，但也有少数情况下，由于侦查人员可能会把无罪证据抽出来，案卷中不一定能全部体现对被告人有利

---

① 沈德咏：《论以审判为中心的诉讼制度改革》，载《中国法学》2015 年第 3 期。

的鉴定材料。[①] 二是部分鉴定意见书没有写明鉴定所依据或参照的技术标准、操作规范等技术性规范，[②] 这样即使辩护律师通过查阅案卷了解鉴定意见，鉴定意见书可供了解的信息也很有限，不利于为鉴定意见的质证做准备。三是对于哪些是科学证据开示的范围缺乏必要的界定。例如，复旦大学投毒案中毒物的质谱图是否属于应当开示的对象？律师和控方对此各执一词，最终法院驳回了被告方的请求；而在念斌案中，同样是毒物的质谱图却证明了原鉴定意见的瑕疵。

（二）科学证据质证效果不理想

1. 鉴定人出庭率低影响质证

科学证据当庭质证的前提是控辩双方能够对鉴定人进行询问。在鉴定人不出庭的情况下，鉴定意见的质证难以实现。在以往的刑事审判中鉴定人的出庭率很低，有关资料显示，在 2000 年以前刑事案件的审理中，鉴定人的平均出庭率不足 5%。[③] 因此，强化鉴定意见质证程序的首要任务是如何提高鉴定人的出庭率。为此，2012 年刑事诉讼法通过明确鉴定人出庭作证的范围、规制鉴定人不出庭的后果、加大鉴定人人身安全保护措施等手段，以提高鉴定人的出庭率。新刑事诉讼法规定的鉴定人出庭标准主要包括：一是诉讼双方对鉴定意见存在争议；二是经过法院的通知。但对于法院是"必须"通知还是"可以"通知，立法并没有明确，而是赋予法官一定的自由裁量权，由其根据案件具体情况确定是否通知鉴定人出庭。[④] 但囿于法官对鉴定人出庭造成庭审拖沓、质证效果不理想的担忧，公诉人对于鉴定人出庭可能增加质证难度而产生排斥心理等因素制约，鉴定人对于出庭可能遭遇打击报复、出庭成本耗费的顾虑，目前的鉴定人出庭率还是偏低，这进一步加剧了鉴定意见质证的难度。

2. 质证规则不健全导致质证效果不理想

新刑事诉讼法虽然强调鉴定人出庭，但目前的质证规则不够健全，造成在鉴定人出庭的情况下，质证效果仍不理想。虽然 2010 年颁布的《关于办理死刑案件审查判断证据若干问题的规定》对鉴定意见重点审查的内容作出一些规定，但这些规定毕竟缺乏系统性，其适用范围也仅限于死刑案件。目前庭审中控辩双方对鉴定人的询问集中于以下几大方面：一是与案件鉴定程序关联性较小的问题。某些问题与鉴定无关，甚至是对鉴定人的人身攻击。案件的当事人对鉴定意见不认可，但是又无法、不擅长提出强而有力的质证意见，在

---

① 例如，在张氏叔侄案中，侦查人员对对被告人有利的 DNA 鉴定并没有随案卷移送，控方在法庭上并没有出示。而在法院复印案件材料时，辩护人发现检方只移送了两份有罪供述的笔录。参见吴睿：《张氏叔侄强奸杀人案：DNA 鉴定未被采信》，载《潇湘晨报》2014 年 4 月 15 日。而在张振风等五人涉嫌抢劫、轮奸案中，柘城县公安局办案人员隐瞒了公安部 DNA 鉴定报告，导致 5 人蒙冤。参见刘万永：《迷雾中的柘城冤案》，载《中国青年报》2010 年 9 月 9 日。

② 正是因为在实践中，大部分司法鉴定书没有写明鉴定所援用的技术规范、标准规范等内容，因此 2014 年福建省人大常委会审议《福建省司法鉴定管理条例（草案）》，拟规定司法鉴定书必须注明程序和技术标准等信息。参见吴亚东：《福建拟规定司法鉴定书注明程序和技术标准违规鉴定或停业三个月以上》，载《法制日报》2014 年 6 月 13 日第 3 版。

③ 参见陈瑞华著：《刑事诉讼的前沿问题》，中国人民大学出版社 2000 年版，第 63 页。

④ 实际上还应当包括第三项标准，即鉴定意见对被告人的定罪量刑有重大影响。因为从《关于进一步严格依法办案确保办理死刑案件质量的意见》的相关内容看，在办理死刑案件中第三项标准是必须考虑的。如果鉴定意见对被告人定罪量刑的影响不大，那也就没有通知鉴定人出庭的必要。

鉴定人解释了鉴定意见如何得出的过程之后，当事人无法提出有效的质问，从而使质证流于形式。二是围绕鉴定人资质的问题。对于不具备鉴定主体资格的，其鉴定意见不得作为证据使用，问题在于我国采取鉴定机构登记备案的做法，实践中大多数的鉴定意见已经载明鉴定机构的资质证书、执业证书的编号。所以，当事人企图通过质疑鉴定主体资质进而否定鉴定意见也是徒劳的。三是司法鉴定的实施程序合法性问题。鉴定意见的推断过程合理和程序合法是保证鉴定意见合法有效、正确可靠的重要方面，但由于当事人并不参与鉴定的过程，无法判断鉴定意见形成过程的程序是否合法，使用的技术是否规范、方法是否得当，因此无法通过这一环节提出有效的质疑。四是鉴定人是否应当回避的问题。五是鉴定技术是否科学的问题。总之，当事人对鉴定人的发问主要围绕鉴定委托程序、鉴定过程、方法、标准等技术问题进行。由于我国质证规则相对简单，所以质证效果并不明显。

3. "有专门知识的人"的定位模糊影响质证效力

2012年刑事诉讼法第192条确立了"有专门知识的人"参与刑事诉讼制度。此项制度对帮助控辩双方对鉴定意见展开庭审质证，辅助法官对是否采信鉴定意见作出判断等方面都具有积极的功能和价值，它是对英美专家证人制度的借鉴，在实践中存在一些问题：

首先，"有专门知识的人"资格条件不明。新刑事诉讼法对于这一主体必须具备的资格标准、选任程序并无明确规定，造成实践中做法不一，法庭通知的专家未必具有鉴定人资质，他们可以是某方面工作实践的行家，也可以是某方面专业理论的专家。这种做法在英美法系国家可以通过庭上审查解决专家的资格问题，但在我国却没有这种机制，造成专家准入门槛无设限，意见效力打折扣的尴尬。其次，"有专门知识的人"享有的权能有限，影响质证意见的力度。刑事诉讼法虽然赋予这类主体发表质证意见的权能，但没有赋予其实施鉴定的权利。如果"有专门知识的人"连鉴定样本都没有接触过，却要发现鉴定人的差错，那恐怕是强人所难。与鉴定人相比，"有专门知识的人"对鉴定意见具体细节的把握程度有限，这就造成他们难以对鉴定意见提出有力的质证，也难以说服法官排除有瑕疵的鉴定意见。最后，"有专门知识的人"出庭时交叉询问不充分。鉴定人与"有专门知识的人"很少同时出庭，在法庭上展开针锋相对的质证。所以，我国的这一制度与英美法系专家证人交叉询问的场面还不完全一致。此外，"有专门知识的人"的中立性缺乏制度保障，影响质证意见的可信度。虽然确立这项制度的目的在于实现兼听则明，但由于"有专门知识的人"是由当事人物色并重金聘请的，缺乏中立的制度保障，造成其发表意见的效力在法官看来可有可无，这一点从复旦大学投毒案中可见一斑。该案专家辅助人认定被害人死于"乙型肝炎爆发"的说法得不到法官的认同。我国引入专家证人制度，必须防止重蹈覆辙，实际上对抗制之下的"鉴定大战"早已为美国司法界所诟病和改造。

三、科学证据质证程序如何应对审判中心改革

(一) 健全与审判中心相适应的证据质证程序

当前我国正致力于推进以审判为中心的诉讼制度变革，这是法治国家尊重司法文明和诉讼规律的体现。以审判为中心，必然要求全面贯彻证据裁判规则，强化庭审质证。在证据领域，贯彻这项制度变革的关键在于完善质证程序，必须遵循直接言词原则，不得依据

侦查案卷而作出判决。我国长期以来形成"以侦查为中心"的诉讼构造，证据随着侦查案卷在诉讼中相对畅通无阻，检控方主要以书面的证人证言、鉴定意见作为指控犯罪的证据，辩护方无法实现让这些书面证据涉及的证人、鉴定人出庭接受质证，导致辩护权难以发挥作用。许多案件关键的证人、鉴定人不出庭，鉴定意见不经过庭审质证即被采纳为科学证据，许多冤假错案恰恰暴露出证据存在瑕疵导致案件事实认定的偏差。因此，审判中心诉讼制度变革必须从根本上扭转"案卷笔录中心主义"的惯性思维。我国目前强化鉴定人出庭和增设"有专门知识的人"参与庭审制度的做法在某种意义上是对域外制度经验的借鉴，但我国特有的司法鉴定体制和刑事诉讼模式又赋予了这项制度鲜明的中国特色。审判中心强调庭审实质性审查，但在我国庭审质证程序有待完善、质证规则亟待健全、配套制度尚未跟进的境况下，引入对抗制必然对原有诉讼制度形成一定的张力。必须通过质证程序和质证规则的健全，使科学证据质证的作用得到实质性的发挥。

（二）强化证据开示服务质证的功能

相较于其他种类的证据，科学证据涉及的信息专业性极强，对待证事实证明的客观性较大，因此科学证据的审查判断对查明案件事实具有关键作用。控辩双方通常是鉴定技术的外行，他们需要披露科学证据的信息，在这个过程中咨询相关方面的专家以听取他们对鉴定意见的看法，判断鉴定意见的主体资格、鉴定方法、标准规范以及鉴定程序是否经得起推敲，从而为庭审质证做好准备。

我国刑事司法鉴定启动权的配置模式不同于英美所采取的控辩平等聘请专家证人的做法，鉴定启动权掌握在司法机关手中，公安、检察和法院可在各自主导的诉讼阶段决定启动司法鉴定，当事人仅享有申请补充鉴定、重新鉴定的权利。同时，我国的检察官不仅是公诉人，还应当是法律守护人，负有客观义务。[1] 因此，检控方在公诉案件中负有证据开示的义务，公安机关负有证据开示的协助义务。根据 2012 年刑事诉讼法新增的规定，辩护人向控方披露特定证据的义务和程序，[2] 其中犯罪嫌疑人未达到刑事责任年龄、属于依法不负刑事责任的精神病人的情形，因此在这种特定的情况下，辩护人也负有开示证据的义务。而在自诉案件中，由于诉讼双方有权通过法院委托鉴定机构出具鉴定意见，双方享有平等的举证、质证等诉讼权利，因此自诉案件的科学证据开示主体应当包括双方当事人。至于开示的时间，可以在审查起诉阶段允许律师到检察院阅卷了解案件的有关证据，通过记录、摘抄、复印案卷的有关材料，获悉控方已经掌握的鉴定意见。而辩方收集的有关犯罪嫌疑人不在犯罪现场、未达到刑事责任年龄、属于依法不负刑事责任的精神病人的鉴定意见（包括其他证据），则应当及时告知侦查、公诉机关，不能搞庭审突袭。

---

[1] 参见龙宗智：《中国法语境中的检察官客观义务》，载《法学研究》2009 年第 4 期。

[2] 2012 年刑事诉讼法第 40 条规定："辩护人收集的有关犯罪嫌疑人不在犯罪现场、未达到刑事责任年龄、属于依法不负刑事责任的精神病人的证据，应当及时告知公安机关、人民检察院。"这主要是考虑到在保障辩护方阅卷权的同时，也必须防止辩护方采取证据突袭的方式来达到其诉讼目的。对于犯罪嫌疑人不在犯罪现场、未到达刑事责任年龄、属于依法不负刑事责任的精神病人这三类特殊情形，一旦在刑事诉讼阶段提出，必须先进行调查。如果辩护律师怠于提出该类证据，将不利于及时终结错误的刑事追诉活动，导致刑事诉讼资源的耗费，因此新刑事诉讼法确立了辩护人向控方披露特定证据的义务。

（三）规范鉴定意见书披露的信息范围

透明公开是解开当事人对司法鉴定不信任心结的重要手段。由于我国司法鉴定多头管理的现状在近期内还没有改变，司法鉴定文书尚未形成统一的规范，从有利于质证的角度看，鉴定意见书披露的信息范围至少应当包括以下几个方面：

一是鉴定机构和鉴定人的资质、专业背景信息。当前我国鉴定机构主要采取备案登记的方式，司法行政管理部门负责全国司法鉴定机构的备案登记管理工作，而侦查机关、检察机关内设鉴定机构则主要通过机关内部登记进行管理。对鉴定机构及鉴定人的主体资格审查应当采取"庭前登记为主，庭上审查为辅"的原则，而庭上审查主要通过控辩双方对鉴定人职业专长、是否应当回避等问题供法庭审查。通过公开鉴定机构和鉴定人的上述信息才能实现鉴定意见的庭上审查判断。因此，鉴定意见书必须写上相关的信息供当事人查询。

二是鉴定意见的委托程序、鉴定方法、鉴定实施程序、检材来源、报告形式、鉴定结果等信息。通过公开鉴定意见的上述内容，控辩双方可以判断鉴定委托程序是否公正，检验鉴定人采取鉴定手段的基本原理和科学实验方法是否合理，审查鉴定样本的获取方式是否合法，检材有无存在被调包、污染的可能性，甚至还可以分析司法人员根据鉴定意见认定案件事实的推导过程是否符合逻辑。在以往的司法实践中，控辩双方对鉴定意见的掌握仅仅停留在表面层次，仅仅关注鉴定报告的结论，而忽视了判断鉴定意见的形成过程。这其中既存在盲目迷信鉴定意见的主观因素，也存在受专业知识的短板所限，无法有效甄别真伪的客观因素，新刑事诉讼法强化鉴定人出庭及"有专门知识的人"参与诉讼，鉴定意见的形成过程将成为今后判断其能否采信的重要方面。

（四）健全科学证据采信规则规范质证程序

科学证据是认定事实的关键证据，质证采信是诉讼证明的核心环节，因此健全科学证据质证与采信规则尤为重要。在英美证据法理论形成较为完善的质证规则，已经渗透到控辩质证的过程，为法庭的质证程序提供规范性指引，也为法庭采纳科学证据提供指引。这与英美"二元化"的庭审结构、法庭认证与陪审团评议"两步走"认证模式紧密相关。我国的诉讼构造与美国不同，对此可能存在的理论障碍是我国借鉴英美的科学证据规则是否具有可行性。对此，应当认识到证据规则发挥着促进事实认定的功能，在很大程度上是一种经验推理的认识论法则。事实认定者不管是英美陪审团成员，还是我国的职业法官，只要遵循这些规律就能提高甄别科学证据的能力。

传统证据质证规则无法满足科学证据质证的特殊需求。例如，电子数据的载体不同于物证，鉴定意见的审查不同于证人证言的判断，对这些科学证据如何进行质证才能体现直接言词原则，[①] 需要根据此类证据本身的特点进行归纳。这将需要根据法庭科学的发展水平，确立科学证据的划分标准，并制定与之相适应的证据规则，为司法实践提供一套较为成熟的科学证据质证与采信规则指南。

---

① 在2016年备受关注的"快播案"庭审中，公诉人正是由于套用物证、书证等传统证据的质证方法对电子数据进行质证，结果由于电子数据存在特殊性，造成质证过程的尴尬。

而如何根据法庭科学技术发展和应用的成熟程度确定科学证据的不同分类，并根据这些分类制定不同的采信规则。例如，我们都并不陌生的规则：多道心理测试的技术由于不具有可靠性，不能作为鉴定意见使用，只能作为侦查中的辅助手段；而骨龄鉴定具有一定的可靠性，可以作为鉴定意见使用，但必须与出生证明、户籍信息等其他证据相互印证，才能确定犯罪嫌疑人的年龄。这些规则需要以大量、艰难的科学研究为基础，需要相对漫长的过程，需要跨学科的攻坚合作。

（五）发挥"有专门知识的人"强化质证的作用

由于刑事诉讼法对"有专门知识的人"的诉讼地位未予明确，因此如何认识这类人员的诉讼地位存在不同的观点。澄清"有专门知识的人"的诉讼地位，对明确其权利义务，发挥诉讼功能具有重要的作用。

"有专门知识的人"参与刑事诉讼，必须强调其客观的道德底线。从美国专家证人制度发展的经验看，英美法系国家专家证人中立性不足的教训值得我国引以为鉴。[1] 专家证人在诉讼中辅助当事人提供专家证言，当事人为获得对己有利的专家证言，通常会事先听取几位专家的意见，从中聘请有利于己方诉讼结果的专家，因此专家证人制度先天地存在倾向性。实际上，美国专家证人制度的弊端也促使其改革专家证人制度，为克服专家证人的倾向性，也对专家证人制度推行了一些改革举措。专家证人的教训对我国的此项制度探索提出警醒，完全通过对抗式来实现法官（根据 2015 年《人民陪审员制度改革试点方案》提出的方案，未来还可能包括只参与审理事实认定问题的人民陪审员）对鉴定意见的取舍不是一种最佳的做法，它可能会使法官陷入更多的迷茫，必须进一步强化"有专门知识的人"的客观义务。

"有专门知识的人"参与质证绝不能停留于"花钱买观点"的认识，而必须服务于法庭采信证据的目的，否则后果可能会适得其反。在承认"有专门知识的人"具有倾向性的同时，我们不应当采取听之任之的消极态度，而应当在加强其中立性问题上有所作为。可以通过健全其选任程序、加强行业管理加以解决。我国"有专门知识的人"参与刑事诉讼制度的目的在于帮助控辩双方对鉴定意见进行质证辩论，辅助法官理解鉴定专业问题。必须从制度建构上保证专家中立，不应重蹈美国专家证人制度弊端的覆辙，将该制度滥用为法庭竞技的手段。为了方便法院选任专家，可由各省高级人民法院牵头成立"专家库"，广泛征求各专业领域具备一定资质的专家意愿，将他们纳入专家库名单。可以由法庭根据当事人的申请、意愿从专家库中聘请、指派合适的专家，这样才可以保证其中立性、专业化。另外，从雷洋案的死因鉴定争议我们可以看到，目前的刑事诉讼法赋予控辩双方申请"有专门知识的人"出庭仅限于庭审阶段，今后能否适当提前其介入诉讼的阶段，发挥其对司法机关启动的鉴定进行监督、见证的作用，也是值得探索的。[2]

---

① 参见王戬：《专家参与诉讼问题研究》，载《华东政法大学学报》2012 年第 5 期。
② 在雷洋案中，中国人民公安大学的张惠芹教授接受雷洋家属的委托，并经过检察院批准，担任该案的专家，见证了鉴定过程。参见林平：《对话雷洋案专家证人：我们是替死者说话的人》，载"澎湃新闻"2016 年 5 月 15 日。

四、结语

科学证据质证程序是法庭甄别科学证据与存有瑕疵证据的重要途径，也是保证法官采信科学证据程序正当的重要基石。我国推行"以审判为中心"的诉讼制度变革，须进一步强化证据质证，而在侦查中心案卷笔录中心主义的惯性思维作用之下，实务中对科学证据质证的意识淡薄。2012年刑事诉讼法虽然完善了鉴定人出庭质证的相关规定，但新刑事诉讼法实施以来，鉴定人出庭率、出庭效果并无明显改观。新刑事诉讼法增设的"有专门知识的人"参与庭审质证的制度，由于其诉讼地位的模糊性，以及中立性、对抗性等方面的不足，影响了其质证的效果。必须构建与审判中心相适应的质证程序，强化证据开示服务于庭审质证的作用，规范鉴定意见书披露的信息范围，鼓励司法鉴定及证据法学人士戮力推进科学证据质证规则的健全，发挥专家辅助人强化质证的作用，最终完善我国科学证据质证程序。

（作者单位：华东政法大学）

以审判为中心视角下的诉审关系研究

董 坤

党的十八届四中全会通过的中共中央《关于全面推进依法治国若干重大问题的决定》（以下简称《决定》）提出推进以审判为中心的诉讼制度改革，强调充分发挥审判特别是庭审的作用。这一论断的提出对于完善刑事诉讼制度具有重要意义。刑事诉讼以审判为中心，既是遵循司法规律的必然要求，也是促进司法公正、提高司法公信力、防止冤假错案的有力举措。本文着重从以审判为中心背景下的诉审关系入手，对于诉讼制度改革环境下公诉与审判的关系做一理论探讨。

一、"以审判为中心"的基本内涵

对于以审判为中心的内涵诠释，其实在理论界早已有所触及。例如，西南政法大学孙长永教授在 1999 年就撰文指出"审判中心主义指审判（尤其是第一审法庭审判）是决定国家对于特定的个人有无刑罚权以及刑罚权范围的最重要阶段，未经审判，任何人不得被认为是罪犯，更不得被迫承受罪犯的待遇"①。对此，中国政法大学陈光中教授也表达了相同的看法，认为以审判为中心也可以称之为审判中心主义，主要包括两个方面："首先，是指审判在公诉案件刑事诉讼程序中居于中心地位，只有经过审判才能对被告人定罪量刑；其次，以审判为中心是指在审判中，庭审（开庭审理）成为决定性环节，特别是重在第一审的法庭审理。"② 基于上述几位学者对以审判为中心内涵的解释，笔者结合我国现行刑事诉讼法的规定将以审判为中心的诉讼制度改革的内涵做如下归纳：

第一，以审判为中心强调整个诉讼活动的中心应当是审判，具体体现在实体和程序两个层面：在实体上，以审判为中心强调在诉讼活动中审判机关对于案件的实体性内容，如定罪量刑有最终的决定权；这与我国刑事诉讼法第 12 条的规定"未经人民法院依法判决，对任何人都不得确定有罪"相符合，体现了法院作为审判机关的统一定罪权。在程序上，审判机关在对于案件诉讼活动中涉及的当事人重大程序性权益等事项上也应当具有重要的影响力或决定力。

第二，就审判自身而言，以审判为中心要求审判必须以庭审的方式进行，特别是要强调法院一审活动的重要性和关键地位。根据我国现行刑事诉讼法的规定，第一审应当全部开庭审理，第二审只是部分案件依法应当开庭审理，而且未来的发展趋势是二审重在解决控辩双方争议的问题；死刑复核则不开庭审理。因此，如果说整个诉讼活动中审判是中心，那么就审判活动而言，一审则是中心的中心。

---

① 孙长永：《审判中心主义及其对刑事程序的影响》，载《现代法学》1999 年第 4 期。
② 陈光中：《推进"以审判为中心"改革的几个问题》，载《人民法院报》2015 年 1 月 21 日第 5 版。

二、提出以审判为中心的背景和目的

（一）以审判为中心的提出在于平抑侦查中心主义下的司法流弊

有学者曾形象地称我国的刑事司法活动为流水线式的办案模式，公检法机关如铁路警察，在诉讼的侦查、起诉和审判三个阶段"各管一段、互不干涉"。这其中处于刑事诉讼一线的侦查机关首先接触案件，他们以立案决定着案件诉讼的开启，通过推进侦查进程、突破刑事案件实现侦查终结。而侦查终结后所获得的证据材料、得出的办案结论对于后续各环节的诉讼都有着强烈的影响乃至决定效果，以致审查起诉常常蜕化为对侦查的确认、审判活动异化为对侦查的背书。同时，这也直接导致后续诉讼中的审查起诉和案件审判对于侦查结论的纠偏、纠错功能极度弱化，一些案件中错误的侦查结论被一直"带病"进入终审环节，酿成错案。除了在横向诉讼结构中侦查对于案件的实体性处理结果有着强烈的作用外，在诉讼程序上如关涉人身和财产等强制性措施的采用，侦查也一直处于强势地位。有鉴于侦查活动的行政办案色彩，其常常呈现出行政治罪的属性，在查究犯罪上较为积极主动，诸如拘留、监视居住、搜查、查封、扣押或冻结等措施手段的开启和执行都由侦查机关自主决定，较为自由和随意。而反观检察和审判其对于侦查的程序性权力则缺乏有效的监督和制控，这一方面缘于侦查机关的相对封闭性，导致外在的监督制约很难介入和发挥效果；另一方面，则是我国的诉讼结构，如检警分立的控诉模式导致检察机关无法通过指挥警察来直接有效地控制警察权的过度膨胀，消除可能产生的警察国家之"梦魇"；另外，法院对于强制性侦查启动的司法审查权之阙如也加剧了侦查机关强制性措施、程序性权力启动的恣意和施行中的滥权。在整个诉讼中，侦查对于案件实体性处理的强烈影响，强制性措施等程序性权力不受约束的恣意，最终导致了我国诉讼制度中侦查中心主义的特点，即在横向诉讼构造中侦查"一家独大"，侦查是诉讼的龙头。

审判中心主义提出的用意之一即在于改变当下以侦查为中心的诉讼特点，平抑侦查的强势地位，将以侦查为中心的诉讼结构错位复归合理的诉讼构造。这就是提升审判的地位，加强对侦查的制约，侦查仅仅是推进诉讼，为审判提供证据材料的基础环节，并不是诉讼的决定阶段，换句话说，审判不再仅仅是侦查结论的"橡皮图章"，而是侦查的评判者。这种制约除了根据新修订的刑事诉讼法的规定，加强检察机关的法律监督权，特别是检察机关对于侦查活动的监督外，还可以从法院的审判环节入手，以证据为整个诉讼的神经，强调法院以证据排除规则、宣布非法行为无效等方式来制约侦查行为。

（二）以审判为中心应当强化直接言词原则，遏制案卷笔录中心主义下的庭审虚化

强调审判中心主义下的诉讼制度改革应当坚持直接言词原则，强调证据的查证与认定应当在法庭上形成。这就要求传统的以案卷笔录为载体的言词证据不应再成为法庭认定案件事实的主要依据。有学者曾经就以案卷笔录为中心的司法裁判现状进行过反思，指出"案卷笔录是侦查取证人员对直接认证提供情况的一种转述，它不可避免地被过滤或加工，不仅一部分陈述的内容被直接过滤掉，而且陈述时的语调、表情等丰富的信息（情态证据）

也无以存在"。① 在此种情况下，法官与直接来源于案件的证据之间受到侦、诉机关的阻隔，不利于探明案件真实。为了改变这一现状，审判中心主义背景下直接言词原则应当被提倡和强化，被告人的口供、证人证言、被害人陈述以及鉴定人的鉴定意见都应当尽可能地在法庭上作出，接受控辩双方的盘诘、质证，庭审的裁决应当以庭审中所直接得到并认可的言词和认定的其他实物类等证据，并综合法官的专业判断来最终认定案件。传统的印证模式在庭审中也应当退居次席。另外，以审判为中心在贯彻直接言词原则中的另一层含义还强调以庭审为中心，案件的事实认定要在法庭上形成。证据和证据要在法庭上查明、确认。强化出庭制度，不以庭外的传闻作为认定案件事实的主要依据。这些都要求裁决者对案件的亲历性，降低审判委员会或分管案件的副院长对案件的过分影响，实现让裁判者决定、让决定者负责。

（三） 以审判为中心强调审判结果的权威性和终局效力

拥有审判职能的法院是司法正义的最后一道防线，行使审判职能的法官是公平正义的守护者。无论是法院，还是法官，案件的审判质量和裁决结果时刻决定着司法的公正性、彰显着司法的公信力。然而，实践中无论是案件的当事人还是了解某一案件情况的普通民众往往对案件的最终裁决缺乏应有的认可和敬畏。撕毁判决书、扰乱法庭秩序、冲击法院、伤害法官的现象时有发生。还有一些当事人"信访不信法"、"信上不信法"，缠访闹访、找上级领导疏通关系的情形屡见不鲜，这些诉讼程序外异化的纠纷解决机制不仅与依法治国理念相违背，还会严重损害法律的权威和司法的公信力。强调以审判为中心还在于维护司法裁判的既定力，审判机关已作出的生效裁判文书非经严格的法定程序不得随意更改。

三、以审判为中心背景下诉审关系需要厘清的几个问题

随着以审判为中心的诉讼制度改革的推进，我国的诉审关系是否有新的变化呢？要想厘清这一问题，必须首先将诉审置于当下中国的诉讼结构中去考虑。龙宗智教授曾将我国的刑事诉讼划分为两种结构，即诉、辩、审的三角结构和侦、诉、审的线性结构。② 无论是哪种结构都包含着诉审之间的复杂关系，当然两种结构下的诉审关系也有所侧重和不同。在三角结构中，诉审关系的分析更多地集中于审判特别是庭审程序中公诉与审判的地位判定和职能分配。例如，在诉、辩、审三角结构中，审判方较之诉、辩方应居于三角结构的顶端，它因裁判的职能和地位，在整个审判过程中具有权威性作用和决定性影响。在以审判为中心的诉讼制度下，审判对于案件的实体问题有裁决的确定力和公信力，能够决定起诉和辩护的命运，特别是对于控诉方而言，要想获得胜诉指控必须通过法院的认可，如此一来，新的问题便是，检察机关对于法院审判活动的监督是否还有存在的必要，或者是否应当有所弱化。在线性结构中，公检法的整个诉讼活动被纳入进来，各主体间的权力交织繁杂，诉审关系更多地强调作为控诉活动的审前程序与实施审理活动审判程序中检法机关的权力配置和相互影响。在以审判为中心的诉讼制度下，线性诉讼结构中的侦查方中心主

---

① 龙宗智：《论建立以一审庭审为中心的事实认定机制》，载《中国法学》2010 年第 2 期。
② 龙宗智著：《相对合理主义》，中国政法大学出版社 1999 年版，第 95～105 页。

义的地位旁落，审判居于中心，如此一来，作为审前程序中的公诉权是否要服从于审判、附庸于审判，对其如何配置相应的权力，其是否应受到来自法院更强有力的审查或制约，制约的手段和方式有哪些，这些都是线性诉讼结构中诉审关系需要进一步考虑的问题。

（一）以审判为中心的背景下，检察机关是否需要取消或弱化刑事审判监督权

对此问题，回答是否定的。延续上述基本思路，检察机关的刑事审判监督权是法律监督权的一种。但法律监督权并不是诉讼制度所能包容涵盖的，而是我国宪法赋予检察机关的国家性职能，并不单单是诉讼职能的体现。《决定》中明确指出，以审判为中心的推进是一项诉讼制度的改革，这种改革必须置于诉讼活动中去理解，集中于"庭审规则、证据规则以及诉讼中法院对于侦查活动的绝对权威和制约"，不能脱离诉讼上升到改革是对司法机关既有体制架构的变更，这种认识显然是错误的。我国宪法明确了国家权力机关下"一府两院"的体制架构，检察机关与审判机关作为司法机关的两极一直平行站位，两者由于职能的不同，各司其职、各负其责，彼此并未有高低贵贱之分。那种将以审判为中心理解为抬高了审判机关，降低了检察机关地位，进而要求取消检察院对于法院的监督的想法也是有失偏颇的。不可否认，在诉讼活动中，基于审判中心主义，包括检察机关在内的其他诉讼参与人，非经法定程序，对于审判机关作出的裁决都应保持应有的敬畏和绝对的服从。但是，在既定的诉讼程序外，检察机关所行使的审判监督权也是宪法赋予其的应有权力，在《决定》强调宪法至上、宪法权威的同时，弱化乃至取消检察机关行使审判监督权是错误的。

（二）分工负责、互相配合、互相制约是否应当废除

十八届四中全会提出的这一原则是宪法和刑事诉讼法规定的原则，其现在和将来仍然发挥着重要的作用，应当坚持。当今中国社会，随着科技进步、经济飞速发展，刑事犯罪也呈上升之势，各类新型犯罪层出不穷，有组织犯罪开始蔓延，恐怖活动、极端组织犯罪也有抬头之势，打击犯罪的压力越来越大，民众对社会安全、各项权利保障的期盼也越来越强烈。因此，必须强化公安司法机关打击犯罪的效力，才能遏制不断上升的犯罪态势。这其中就不得不强调公检法、侦诉审在惩治犯罪过程中分工负责、互相配合的作用。为了提高打击犯罪的效果、惩治犯罪的及时性，在线性诉讼结构中侦、诉、审在刑事司法过程中应目标统一、相互协调、形成合力，只有这样才能实现惩治犯罪效益的最大化。当然在强调统一性和协调性的同时，互相制约也是必不可少的，毕竟曾经的教训带给我们的启示是，重配合、轻制约的办案思维会导致案件在诉讼流程中缺少应有的再认识、再判断，不同部门间过分迁就对方的思想会导致对案件的质量把关不严，诱发最终的冤假错案。因此，必须更加重视互相制约原则的重要价值，认识到分工负责所体现出的分权制约的司法结构，为我国刑事诉讼制度的进一步民主化和科学化奠定坚实的基础，其所坚持的分工制约意识，对于纠正刑事司法领域顽固存在的独断观念和那种以行政管理的审判方式解决全部司法诉讼问题的习惯做法具有重要意义。如此全面理解"分工负责、互相配合、互相制约"才能在实现有力打击犯罪的同时，保证案件质量。综上所述，分工负责、互相配合、互相制约的原则应当坚持，其也并未与审判为中心相矛盾。

（三）审判如何对于公诉有相应的制约效果

审判对于公诉的制约除了以裁判结果从实体上制约过度起诉、不当追诉外，还有另外两种方式可以体现以审判为中心的背景下，审判对起诉的制约和影响。

1. 以证据规则制约审查起诉中对案件事实的把控

审判机关以证据为核心，通过证据规则制控审前程序，影响检察机关对于证据的审查和对案件质量的把控。在证据裁判原则的影响下整个诉讼活动都是围绕证据展开的，审前调查、调查收集证据，审判阶段则是对证据加以采纳或采信。为了加强对证据使用的规范性、科学性和统一性，证据规则被建立并日渐精细化，由此审判有了以证据为鞭制控审前程序的契机。其主要体现在两个方面，法院对于证据的认定具有最终决断力，在我国虽然证据排除规则是多阶段递进式进行的，侦查、检察和审判机关都有证据排除的职能，但是只有法院才可以最终决定证据的取舍，[①] 由于证据取舍常常会从证据的证明能力和证明力考虑，而证据能力的有无主要会权衡取证行为是否合法规范，因此审判对证据能力的判断会间接影响到审前阶段的取证行为和检察环节的证据审查活动。审前程序必须依照审判中对证据的审查标准严格要求自身，否则其制造的产品若不合格或有瑕疵将会被法院排除或退回补正。由此，法院审判以证据采纳采信规则控制审前的收集、固定、保存证据的行为，影响检察机关审查证据的活动。正如有学者所言："作为限制证据能力的证据排除法则基本上发挥的就是司法审查的功能，即法官可以通过证据排除机制对警察和检察官的审前行为进行审查。"[②]

2. 以诉讼行为无效原则规范审查起诉环节

审判机关除了以证据规则制约审查起诉环节外，其还可以诉讼行为无效原则来规范审查起诉环节对相应诉讼程序的自我遵守，以及其他机关是否规范的把关。在此，试举一例。

某法院在审理一起徇私舞弊不征少征税款案时，经审查发现被告人不构成该罪，而是构成虚开增值税专用发票罪，但是根据现行刑事诉讼法有关管辖的规定，虚开增值税专用发票罪的侦查机关应当是公安机关，并不是先前行使侦查职能的检察院。对此，法院应当如何处理？对于此问题，实践中很多法院多是与检察机关沟通，建议检察院撤回起诉，然后改由公安机关进行侦查。但是在以审判为中心的观点下，法院可否对于审前程序有一定的审查制控力呢？我国刑事诉讼法第227条规定，第二审人民法院发现第一审人民法院的审理有严重违反法律规定的诉讼程序情形之一的，如违反回避制度、违反公开审判规定的等应当裁定撤销原判，发回原审人民法院重新审判。借鉴此思路，对于管辖错误的情况，法院可宣布审前程序违法，退回检察机关，检察机关也有权撤诉。如果检察机关仍然起诉的话，法院可以考虑因程序违法而直接作出无罪判决。由此延伸，未来审判也应当考虑由于管辖错误，违反回避规定、超期羁押等审前程序的严重违法，可能影响公正审判的，作

---

① 随着刑事诉讼法修改而修订的《人民检察院刑事诉讼规则（试行）》第71条第2款规定："办案人员在审查逮捕、审查起诉中经调查核实依法排除非法证据的，应当在调查报告中予以说明。被排除的非法证据应当随案移送。"有学者就该项规定中"被排除的非法证据应当随案移送"进行解读时就指出，"这便于处于下一环节的办案人员能够较为全面地了解案件情况……"但无论如何，非法证据进入审判环节，其实隐含了审判机关对非法证据再审查、再判断的情形。相关论述可参见程雷：《非法证据排除规则规范分析》，载《政法论坛》2014年第6期。

② 孙远著：《刑事证据能力导论》，人民法院出版社2007年版，第129页。

为审判机关的法院可以宣布程序无效，要求审前程序予以补正或重做，以程序性制裁规范审前行为。

四、以审判为中心的诉审关系中检察机关的职能调整和应对策略

在以审判为中心的诉审关系下，检察机关的职能也应当有所调整和变化，结合前文分析，笔者认为应当从以下几个方面予以把握：

（一）检察机关应当严把证据关

严格履行公检法等国家机关会签的证据规则文件，严把证据关。对移送审查起诉的案件坚持客观公正原则，依法、细致、全面地进行审查。对每个案件侦查机关所收集的全部证据逐一核实，从证据的客观性、关联性与合法性三个方面详细审查，做到存疑必问，有疑必查，防止问题案件的发生。同时，应当特别关注对言词证据的审查，既审查其真实性，还要审查其取证合法规范性，防止因刑讯逼供、暴力取证等产生的非法证据进入审判环节。同时，还应从整个证据体系出发，审查全案证据是否能够形成完整的证据体系，另外为从源头上保证证据质量，检察机关应当积极与侦查机关协调，加强引导取证工作，提出具有针对性和指导性的补充侦查提纲，同时提出有效解决补查问题的建议，减少退查次数，缩短办案时限，以确保每案审查都做到"四到位"，即确保案件全面审查到位、案情细节核实到位、办案程序规范到位、罪名定性确切到位。

（二）检察机关应当做好庭审技能的培训

1. 做好证人、鉴定人出庭的诘问技能

对于公诉人而言，习惯了以传统的案卷笔录为中心的庭审调查模式，对于坚持以审判为中心、贯彻直接言词原则下的庭审新变化，公诉人应当做好未来对于证人、鉴定人出庭作证诘问技能的严格培训。首先，严格庭审前的准备工作，公诉人在庭审前从案件审查到提起公诉，从庭前讯问提纲、举证提纲、答辩提纲及公诉意见书的准备到庭审活动均要做好充分准备。其次，积极培养和锻炼公诉人在庭审中的应变能力和询问技巧，最好制定检察官能够学习接受的办案指南，为检察官办理证人、鉴定人出庭案件提供"技术指引"和"经验指导"，以提高出庭检察官对庭审的掌控能力。

2. 做好非法证据等程序性控辩对抗技能

随着新修订的刑事诉讼法的出台，以非法证据排除规则为重要组成部分，相应的证据裁判法则被建立。在以审判为中心，庭审为重点的法院裁判活动中，辩护方基于排除规则所进行的程序性辩护取得了良好的效果。[①] 但也有非法证据排除规则被滥用，进而拖延诉讼效率，干扰正常庭审现象的出现。上述情况的出现对于公诉方而言是一个新的挑战。对此，检察机关应当做好相应的准备工作，审查起诉环节应当就非法证据、瑕疵证据做好充分的审查，力争将问题证据挡在庭审前。同时对于案件中每个证据的收集、固定、保存、审查、

[①] 实践中，辩护律师以程序性辩护为基点，对价量刑辩护的情况已经出现并获得了良好的辩护效果。相关理论论述可参见陈瑞华：《刑事辩护的几个理论问题》，载《当代法学》2012 年第 1 期。

运用等整个链条查证清楚，有效应对辩护方所提出的证据疑问。

（三）检察机关应当做好审前程序分流

在以审判为中心的诉讼制度改革背景下，庭审的地位被凸显，大量的证据都要在法庭上直接查明，庭审要贯彻直接言词原则，证人应当积极出庭，法庭的盘问程序也更为精细化，这些都要花费大量的物力、人力和时间。而当前随着案件的诉讼爆炸、办案量开始呈井喷式增长，法院普遍存在案多人少、办案力量不足的压力，以审判为中心诉讼制度的改革必将进一步加大审判人员的办案负担。因此，审前阶段的程序分流机制就显得十分必要。目前我国虽然还没有完整的认罪协商制度，但是审前的程序性分流机制仍然存在，以检察机关为代表，其对于案件的审查起诉在刑事诉讼中处于承前（侦查阶段）启后（审判阶段）的地位，在此过程中发挥着重要的调解器作用，即通过对案件的审查，把那些不应该起诉、没有必要起诉的案件在本阶段以不同的方式消化掉，不向法院起诉。检察机关的不起诉制度所发挥的程序分流效应本身就是对以审判为中心诉讼制度改革的有力保证。其次，随着新修订的刑事诉讼法的推行，检察机关赋予了更多的审前程序分流手段，如对于未成年人特别案件中检察机关可以作出附条件不起诉，在部分公诉案件的刑事和解程序中检察机关可以做酌定不起诉，等等。在上述特别程序中，法律都赋予了检察机关在审前程序中消化案件的权力。这些分流机制的广泛运用对于缓解以审判为中心背景下裁判者的审判压力，调整诉审关系都有着重要的价值和意义。

（作者单位：最高人民检察院检察理论研究所）

日本审判中心改革动向与评析

董林涛

"审判中心主义"虽是日本刑事诉讼法的基本理念与原则，但迄今为止并未得以真正确立，而是被"检察官司法"所替代。在"检察官司法"下，检察官成为刑事诉讼程序的核心角色，侦查案卷笔录成为法官判断的决定性根据，进而导致庭审形式化。司法现状对审判中心原则的背离，对讯问及供述笔录的过度依赖，导致以"木村事件"为代表的冤假错案的发生，严重降低了日本国民对刑事司法的信赖。有鉴于此，日本于2011年成立了新时代刑事司法改革特别部会（以下简称特别部会），以审判中心为最终目标，展开以构建"符合时代要求的新刑事司法制度"为主题的新一轮司法改革。在我国，十八届四中全会《关于全面推进依法治国若干重大问题的决定》提出"推进以审判为中心的诉讼制度改革"。无论是日本，还是我国，刑事司法改革的目的均为实现"刑事庭审中心化、实质化"。在此意义上，考察日本刑事庭审程序改革①的意义，不仅在于了解域外司法改革动向，更在于为我国以审判为中心的诉讼制度改革提供参考、借鉴。

一、证据开示制度

2004年，日本在修改刑事诉讼法的过程中引入了证据开示制度。该制度以当事人主义的诉讼构造为前提并与争点、主张的整理程序相关联，在当事人提出请求时，开示证物、鉴定书、供述笔录等必要证据。该制度实行后，被开示的证据范围得到了大幅度扩展，在一定程度上实现了控辩双方的武器对等。然而，在司法实践中发现，该制度存在着严重的问题：制度本身隐藏着必要的证据得不到开示的可能性。为了解决前述问题，发挥证据开示对审判中心的保障作用，《刑事诉讼法等部分条文改正法律案要纲》②（以下简称《要纲》）对现行证据开示制度做了以下三个方面的修改：

第一，引入了证据一览表交付程序。为了保证证据开示的恰当适用与辩护方请求的有效满足，《要纲》设置了证据一览表交付制度，主要内容如下：第一阶段的证据开示完成之后，被告人、辩护人提出请求的，检察官应当迅速将所保管证据的一览表交付被告人、辩护人。一览表中应当记载的事项根据证据种类的不同而各异：对于物证，应当记载名称及数量；对于供述笔录，应当记载目录、制作日期和供述人姓名；对于其他书面材料，应当记载目录、制作日期及制作者姓名。在下列情形下，检察官可不予记载：1. 可能发生加害人的身体、财产行为或者发生使人感到恐怖或者难以应付的行为的；2. 可能严重危害人的名誉或者平稳社会生活的；3. 可能妨碍犯罪证明或者犯罪侦查的。

---

① 限于文章主题与篇幅，本文所称的审判程序仅指刑事案件一审程序中的庭审程序。
② 需要说明的是，本文中所引用的《要纲》及日文文献的内容均系笔者在自行翻译的基础上整理而成。

第二，赋予了控辩双方整理程序请求权。公判前整理程序的目的在于实现法庭审理迅速化与实质化的双赢。就整理程序而言，能否实现庭审迅速化仅是结果，不交付整理程序是否会导致事前准备及充实的法庭审理出现困难才是真正需要考量的因素。尤其是在整理程序之外并不存在证据开示制度的现行法框架下，赋予双方当事人整理程序请求权有实质性的意义。因此，《要纲》赋予了检察官与被告人或者辩护人整理程序请求权。

第三，扩大了类型证据开示范围。《要纲》增加了应当作为类型证据开示的证据类型：1. 检察官、检察事务官、司法警察职员制作的，记载讯问年月日、时间、场所及其他讯问状况的书面材料（仅限于作为被告人的共犯被拘禁或者被起诉者并符合第 316 条之 15 第 1 款第 5 项规定的书面材料）；2. 记录检察官请求的证据物扣押程序的书面材料。3. 记录根据第 316 条之 15 第 1 款的规定应当开示的证据物扣押程序的书面材料。

《要纲》对于证据开示制度的修改，无论是对于辩护方的防御，还是对于刑事庭审的实质化，均具有积极的意义。第一，一览表交付制度的设立，能够向辩护方提供证据线索，不仅有助于防御准备，也有利于请求开示关联证据和类型证据。第二，整理程序请求权的给予，保障了辩护方获得证据开示的机会，扩展了证据开示制度的适用范围，有利于充实被告人的防御权。第三，类型证据开示范围的扩大，能够使被告方决定提出何种主张及证明，进而确保充分的争点及证据整理与被告人的防御准备。然而，前述规定也存在着需要进一步探讨的问题。

第一，一览表记载信息的问题。首先，在一览表上记载供述者的姓名，虽然能给辩护方请求开示证据提供线索，但是在可能导致隐灭证据等危险方面，与供述书面材料本身开示并无实质性差异，需要慎重应对。其次，在一览表上记载证据物及其他证据文书的名称、数量、目录、制作的年月日及制作者的姓名，并不能使辩护方知悉证据的实质内容，很难对开示请求的必要性进行判断。最后，《要纲》关于一览表记载事项的规定过于形式化，很可能导致证据开示请求程序的混乱。

第二，整理程序请求权的问题。整理程序请求权的目的在于提供利用证据开示制度的机会。《要纲》虽然赋予了当事人请求权，但是却否认了不服申诉权。一旦法院驳回这种请求的情形过多，那么通过审前整理程序确保充实的防御准备、解决证据开示争议的功能将被湮灭。在当事人主义的诉讼构造下，整理程序原则上应当由当事人发动，主要围绕当事人事实上及法律上的主张展开。由此，在今后的司法实践中，法院在决定是否将该案件交付整理程序时，应当秉持当事人主义的基本精神，尊重当事人的意见。

第三，法官预断防止的问题。法官不得庭前形成预断是庭审实质化的基本要求之一。审前整理程序中，在针对当事人证据调查请求、证据开示作出裁定时，法官却被要求接触证据。如此一来，法官极有可能形成庭前预断。而且，日本学者普遍认为，"法官一旦明确接触的目的不是为了形成心证而是为了作出证据决定等程序上的判断，即使接触证据也不会产生证据的想法，是对法官过度的信赖"。[①] 然而，《要纲》坚持在现行基本框架的基础上对证据开示进行局部修正，并未将预断排除问题纳入考虑范围，是一个遗憾。

第四，证据保管问题。证据开示制度恰当运用的前提是证据被妥善保管。虽然最高裁

----

① ［日］川崎英明：《审前整理程序与证据开示》，载［日］村井敏邦、川崎英明、白取祐司编：《刑事司法改革与刑事诉讼法（下）》，日本评论社 2007 年版，第 533、534 页。

的决定已经明确了侦查机关的证据保管义务，但是相关法律尚未加以明确规定。因此，为确保证据开示制度得以恰当实行，有必要在立法层面明确规定保管义务，侦查机关违反制作、保管义务的，应当认为侵犯了被告人受公正裁判的权利成为上诉理由，不开示的证据应当予以排除、程序应当中止。[①]

二、证人、被害人等的保护制度

在日本刑事审判中，获得证人的正确证言是极其重要的事情。为了卸除证人到公开法庭上作证的负担，日本立法一直致力于实现获取证人正确证言与保护证人人身安全之间的平衡。然而，不可否认的事实是，对证人而言，在侦查阶段向侦查机关提供证言及在公开法庭上作证的义务，不仅可能成为沉重的负担，而且考虑案件的性质及证人的处境，又可能因为被告人或关系人的报复而面临安全威胁。有鉴于此，为了实现更加充实的法庭审理，获得证人等在无过重负担及安全威胁的前提下提供真实证言等协助，进一步强化证人等的保护制度成为必然。《要纲》对证人、被害人等保护制度的强化体现在以下方面：

第一，扩充视频作证制度。法院在下列场合，认为适当时，听取检察官及被告人、辩护人的意见，可以采取使该证人到同一处所之外由法院规则确定的场所，[②] 通过影像和声音的发送与接收使双方相互知悉并通话的方法，进行询问：1. 考虑犯罪的性质、证人的年龄、身心状态及其他情况，认为证人前往同一处所将显著损害其精神平稳的；2. 认为在前往同一处所的移动过程中，可能发生加害证人身体、财产或者发生使证人感到恐怖或者无法应付的行为的；3. 认为在前往同一处所后的移动过程中，可能通过跟踪或其他方法接近特定证人住所、工作单位或其他通常所在场所，进而发生加害证人或者亲属身体、财产或者发生使以上人感到恐怖或者无法应付之行为的；4. 证人居住在遥远的地方，考虑其年龄、职业、健康状态及其他情况，认为前往同一处所存在显著困难的。

第二，完善证人等个人信息的保护制度。首先，证人等个人信息的限制公开。检察官在预先提供知悉证人、鉴定人、口译人或者笔译人姓名及住所机会，或者提供阅览证据文书或证物机会时，认为有可能发生加害以上人及亲属的身体、财产的行为或者发生使以上人感到恐怖或难以应付行为的，在给予辩护人知悉姓名及住所、阅览证据文书或证物机会的同时，还可以附加不得让被告人知悉该人姓名、住所的条件，或者指定告知被告人的时期、方法。检察官认为该项措施不足以防止前述危险时（包含被告人无辩护人的情形），除有可能对被告人的防御造成实质性的不利益的场合之外，可以仅告知被告人或者辩护人代用姓名、代用联络地址。当然，在某些特殊情形下，被告人、辩护人提出请求的，法院应当作出撤销部分或者全部措施的决定。其次，与诉讼有关文书的限制阅览。法院认为可能发生加害前述相关人员及其亲属身体、财产的行为或者发生使以上人感到恐怖或者难以应付行为时，听取检察官、辩护人的意见，认为适当时，在辩护人根据刑事诉讼法第40条第1款的规定阅览、抄录与诉讼有关的文书及物证的场合，可以采取下列措施：1. 附加不得

---

① ［日］指宿信：《证据开示与公正裁判》（增补版），日本现代人文社 2012 年版，第 155 页以下。
② 根据《要纲》的规定，同一处所（法官及诉讼关系人到场的场所）之外由法院规则确定的场所被预定为别的法院。

让被告人知悉措施相关人姓名、住所的条件，或者指定告知被告人的时期、方法。2. 可以禁止对记载该措施相关人员姓名、住所的部分进行阅览或抄录，或者附加不得让被告人知悉措施相关人姓名、住所的条件，或者指定告知被告人的时期或者方法。最后，公审笔录的限制阅览。法院在被告人请求阅览或者向其宣读公审笔录的场合，认为可能发生加害前述相关人员及其亲属身体、财产的行为或者发生使以上人感到恐怖或者难以应付行为的，听取检察官、被告人的意见，认为适当时，可以禁止阅览记载、记录相关人员姓名、住所的部分，或者拒绝向其宣读该部分。需要注意的是，检察官、法官采取以上措施，均不得对被告人的防御造成实质性的不利益。

第三，完善在公开法庭上证人个人信息保护制度。在下列场合，证人、鉴定人、口译人、笔译人或者供述笔录等的供述人提出请求的，法院听取检察官及被告人、辩护人的意见，认为适当时，可以作出不公开证人等的个人信息（姓名、住所及其他能够确定该证人等的事项）的决定：1. 有可能发生加害其或者亲属身体、财产的行为或者发生使以上人感到恐怖或者无法应付行为的；2. 可能明显危害该证人等的名誉或者安定生活的。前述决定作出后，起诉状、证据文书的朗读，应当以不公开证人等个人信息的方式进行。在存在前述决定的场合，除可能对犯罪证明造成巨大障碍或者对被告人的防御造成实质不利益的场合之外，审判长在诉讼关系人的询问、陈述涉及证人等个人信息时可以进行限制。

从以上内容不难看出，此次改革与完善具有以下特征：第一，重视证人的负担减轻和安全确保。第二，保持证人、被害人等权益保障与被告人辩护防御的平衡。第三，构建层次性的保障措施。但是，也遗留了一些亟待解决的问题：

第一，削弱了被告人的防御权。首先，在已有的视频作证制度下，交叉询问本身就很困难。《要纲》的规定将进一步增加交叉询问的难度。其次，如何确保通信手段的准确性和安全性，如何行使法庭警察权并不明确。再次，将"认为在前往同一处所的移动过程中，可能发生加害证人身体、财产或者发生使证人感到恐怖或者无法应付行为的"作为适用视频作证的理由，侵害了被告人的防御权。虽然有必要保护犯罪被害人等人员，但是在刑事程序中，与犯罪嫌疑人、被告人的防御权发生冲突时，应当在防御权优先的前提下加以解决。最后，"证人居住在遥远的地方，考虑其年龄、职业、健康状态及其他情况，认为前往同一处所存在显著困难的"规定过于宽泛。

第二，导致证人信用性判断出现困难。为了进行证人信用性的判断，有必要了解诸如利害关系等内容。虽然不了解前述信息即可充分行使防御权的情形亦有可能，但是实际上有必要了解的场合在极其广泛的范围内存在。本来，如果不知道证人姓名、住所的话，对是否可能对防御产生实质性的不利益无法判断。恰恰是因为采用了只有提供该信息才能判断的构造，才会产生以上问题。

第三，在起诉书、判决书上记载被害人姓名的规定将弱化前述保护措施的功效。日本刑事诉讼法第 256 条第 3 款规定："公诉事实，应当明示诉因并予以记载。为明示诉因，应当尽可能地以日时、场所及方法，特别指明足以构成犯罪的事实。"在起诉书、判决书中记载被害人的姓名被认为是明示诉因的原则性要求。《要纲》规定的措施并未突破该款的规定。但是，"对于原则，在存在其他应当保护的利益时，在不侵害原理的范围内，进行利益衡量，承认例外也未尝不可"。① 从实践层面考量，近年来，在跟踪案件中逮捕状、起诉书、判决书等在刑事程序中使用的书面材料上记载被害人的真实姓名，并告知犯罪嫌疑人、被告人，导致同一被害人受到同一加害人更为严重的伤害的情形增加。因此，有必要在存在被害人"二次被害"可能性的案件中，在前述规定之外设定相应的例外。

<h3>三、证人出庭及证据真实性确保制度</h3>

无论是改变对供述笔录的过分依赖，还是实现刑事庭审的进一步实质化，均意味着法庭审理应当成为解决被告人刑事责任问题的核心阶段，即"庭审中心"。这就要求必要证人不仅应当出庭以直接言词方式作证，而且应当提供真实的证言。为此，《要纲》设置了确保证人出庭及作证、确保证据真实性的制度。

第一，完善了确保证人出庭及作证的制度。对于确保证人出庭及作证问题的讨论。特别部会基于以下理由将缓和证人拘传要件与提高拒绝到场罪、拒绝宣誓作证罪的法定刑作为确保证人出庭及作证的措施：在新刑事司法制度下，现行法关于证人拒绝到场罪、拒绝宣誓作证罪的法定刑，不足以促使拒绝到场、宣誓、作证的证人改变想法，而且与刑法上隐灭证据等罪及各种拒绝前往行政机关等罪的法定刑相比较过轻。为此，《要纲》作出了如下规定：首先，缓和证人拘传的要件。证人无正当理由，不接受传唤的或者可能不接受传唤的，法院可以拘传该证人。其次，提高拒绝到场罪与拒绝宣誓作证罪的法定刑，将前述两个罪名的法定刑提高至"1 年以下惩役或者 30 万元以下罚金"。

第二，增强了证据确保措施的威慑性。对于提高隐匿证据等罪的法定刑的必要性的讨论。《基本构想》认为，刑法上隐灭证据罪、藏匿犯人罪的法定刑均为 2 年以下惩役或者 20 万元以下罚金，胁迫证人罪的法定刑为 1 年以下惩役或者 20 万元以下罚金，与性质类似的妨碍执行公务、妨碍强制执行等相比显然过轻。因此，为了防止妨碍公正查明案件事实真相的行为，应当围绕提升这些罪名的法定刑展开讨论。因此，作为保障证据真实性的潜在举措，《要纲》仍然坚持了《基本构想》的思路，提高了相关罪名的法定刑：藏匿犯罪、隐灭证据等犯罪的法定刑提升至"3 年以下惩役或者 30 万元以下罚金"；胁迫证人等犯罪的法定刑提升至"2 年以下惩役或者 30 万元以下罚金"。

直接言词原则是日本刑事审判必须遵循的基本原则之一。然而，"检察官司法"的盛行在导致审判沦为侦查结果确认程序的同时，也导致了书面审理的泛滥。摆脱书面审理、摆脱卷宗对法官的影响，实现庭审中心顺理成章地成为本次司法改革的主题。《要纲》关于证人出庭作证及证据真实性确保的改革措施对于改革目的的实现具有积极意义：首先，强制证人出庭作证，有助于摆脱对审前证人证言笔录的依赖。其次，提高藏匿罪犯、隐灭证据罪的法定刑，有助于防止干扰刑事诉讼的行为，确保证据被如实地展现在法庭之上，进而查明案件事实，实现司法公正。

---

① ［日］小木曾绫：《犯罪被害人及证人保护对策》，载《学术研究》2015 年冬季号。

四、对日本刑事司法改革的评价与借鉴

审判中心主义的构建包含两个方面的重要课题：第一，纵向诉讼构造——理顺审前程序与审判程序的关系。将审判作为决定被告人定罪量刑的程序，意味着审前阶段应当恪守"为审判活动做准备"的职能定位、切断侦查与审判之间的联系。为此，原则上应当否定侦查阶段的证人证言笔录、被告人讯问笔录的证据能力，防止侦查结果及笔录对法官心证的影响。第二，横向诉讼构造——审判程序贯彻直接言词原则。将审判作为最终决定被告人定罪量刑的程序，意味着在当事人主义的审判程序框架下，言词证据应当以口头的方式直接呈现在法庭上，并接受控辩双方的询问与反询问。在认识到当前刑事诉讼法现状的前提下，以"对供述笔录过度依赖的摆脱与法庭审理更加充实化"为基本方针，对庭审程序进行了改革。

此次日本庭审方式的改革具有以下特征：第一，增强辩护方的防御能力。此次改革在现行争点与证据整理程序的基础上，引入了证据一览表制度，赋予了双方当事人整理程序请求权，并扩大了类型证据的开示范围，以扩大被告人及辩护人对检察官收集证据的知悉范围，增强其防御能力，为庭审中心主义创造条件。第二，完善证人出庭作证制度。如前所述，直接言词原则是支撑审判中心主义的重要因素。为了贯彻直接言词原则，确保证人出庭作证，此次刑事司法改革缓和了拘传证人的要件，提高了拒绝到场罪、拒绝宣誓证言罪的法定刑，第三，强化对被害人、证人权利的保障。扩充视频作证方式的适用范围、加强对证人个人信息的保护等措施，均在于谋求证人协助查明刑事案件与证人权益保护的平衡。第四，强调证据的真实性。日本法院不负有查明案件事实真相的义务，而只是依据控辩双方所提供的证据来判断检察官的主张是否成立。在证人证言作为主要证据的场合，依法强制证人出庭，以口头方式作证，并接受交叉询问，则能够起到保障证据真实性的作用。

实质上，任何以"审判中心"为主旨的改革，均是一项庞大的系统工程，涉及整个刑事司法制度的修整与完善，而且改革措施的主要抓手具有共通性、普遍性。与日本相似，我国"以审判为中心"的诉讼制度改革同样关注控辩双方知悉对方证据及审前准备、证人出庭作证及证人人身安全保障、证人作证义务及证言真实性确保等与庭审实质化紧密相关的问题。纵然中日两国在政治体制、刑事司法体制、具体诉讼制度方面存在着显著差异，但是在构建"以审判为中心"的诉讼制度这一命题上，二者的任务与目标是一致的。从比较法学的角度考虑，某些具体的改革举措可能受制于时、地、人等因素而不具有普遍性，但是其背后所蕴含的解决问题的改革思路与价值选择则具有一般意义上的参考价值，其中的经验教训能"警示"我们在改革过程中如何避免出现同样的问题。简单而言，日本刑事司法改革对我国的借鉴意义在于：

第一，实质化的庭审意味着法官的裁判应当建立在控辩双方的攻击与防御上。为了实现控辩双方的平等对抗，应当保障二者尤其是被追诉方对于证据（控方证据）的知悉权，以防止"证据突袭"，增强辩护能力。

第二，"卷宗中心主义"庭审模式是导致庭审虚化的因素之一，而证人庭前证言笔录大行其道是其核心表现。为了解决庭审虚化的问题，限制甚至废除证人庭前证言笔录的证据能力，要求证人出庭以言词方式作证并接受交叉询问是不二之策。但是，在构建证人出庭

作证制度时，不仅应当强调证人对于查明案件事实、实现庭审实质化的协助义务，更要关注证人作证义务与人身安全、经济利益补助之间的平衡。

第三，证据裁判是刑事审判应当遵循的核心原则。法院裁判不仅要以证据为基础，要更注重证据的真实、可靠。为此，司法改革既要关注证人协助刑事司法的义务，更要关注证据尤其是言词证据的真实性。为此，一方面，要在完善证人人身保护、经济补偿制度的同时，强调证人如实作证的义务并辅之相应的制裁措施；另一方面，要进一步完善非法证据排除制度，保障证人作证的意志自由。

（作者单位：深圳大学法学院）

以"审判为中心"语境下的
侦查辨认制度改革与发展

胡志风

党的十八届四中全会通过了中共中央《关于全面推进依法治国若干重大问题的决定》（以下简称《决定》），《决定》中明确提出要推进以"审判为中心"的诉讼制度改革，确保侦查、审查起诉的案件事实证据经得起法律的检验。全面贯彻证据裁判规则，严格依法收集、固定、保存、审查、运用证据，完善证人、鉴定人出庭制度，保证庭审在查明事实、认定证据、保护诉权、公正裁判中发挥决定性作用。以"审判为中心"就是以庭审作为整个诉讼的中心环节，侦查、起诉等审前程序都是开启审判程序的准备阶段，侦查、起诉活动都是围绕审判中事实认定、法律适用的标准和要求而展开，法官直接听取控辩双方的意见，依据证据裁判规则作出裁判。简而言之，以审判为中心就是要求庭审实质化，提高审判质量。从这个意义上说，完善刑事证据制度在推进"以审判为中心"的诉讼制度改革中起到至关重要的作用，侦查辨认制度作为一项重要的证据制度构成亦应当进行必要的完善与改革。

我国有关部门对中国近年发现并纠正的 19 起典型冤假错案进行了分析，在这 19 起案件中，有 4 起案件存在错误辨认的情形，错误辨认的发生率为 21%。[①] 早在 1932 年美国就有类似的研究结果显示，在 65 起刑事错案中，有 29 起案件存在目击证人不当辨认。[②] 美国除罪释放登记机构（National Registry of Exoneration）在 2015 年 3 月发布的更新报告中，统计分析了 1989 年 1 月至 2015 年 3 月间除罪释放的 1570 例案件的成因。[③] 统计结果再次显示，存在目击证人错误辨认的刑事错案占所有刑事错案的 34%（531/1570）。[④] 错误辨认成为刑事司法活动中遇到的最为严重的问题之一，该问题引起了国内外学界、实务界的高度重视，心理学界和法学界都在研究如何进行辨认才能最大限度地提高辨认的准确率，降低错误辨认的风险，与之相应的是一系列关于侦查辨认制度改革措施与方法的提出。

---

① 朱孝青：《冤假错案的原因和对策》，载《中国刑事法杂志》2014 年第 2 期。

② 参见 Edwin M. Borchard, Convicting the Innocents 3-5 (1932).

③ 参见 http：//www. law. umich. edu/special/exoneration/Pages/about. aspx 美国除罪释放登记机构（National Registry of Exoneration）.

④ 参见 http：//www. law. umich. edu/special/exoneration/Pages/ExonerationsContribFactorsByCrime. aspx. 美国除罪释放登记机构（National Registry of Exoneration）.

一、我国侦查辨认制度实施状况调查

（一）关于侦查辨认这种侦查措施重要性的调查

关于侦查辨认这种侦查措施重要性的调查，我们在问卷中设计了这样的题目"您认为下列哪种侦查措施在侦查工作中最为重要？""在您侦办的案件中有哪些侦查措施对于案件侦破发挥着重要作用？"

在案件样本分析中，我们亦对辨认笔录作为定案根据之一的案件做了统计。具体统计结果如下：

侦查措施	侦查措施重要性调查		侦查措施重要性状况评估①
	问卷调查结果	样本调查结果	
辨认	2%	5%	0.1
现场勘查	41%	43%	0.5
询问	3%	2%	0.4
讯问	39%	37%	0.3
鉴定	9%	8%	0.2
搜查	1%	1%	0.06
扣押	1%	1%	0.07
强制措施	4%	5%	0.3

在问卷调查中，只有2%的被调查者认为辨认是一种很重要的侦查措施，但在案件样本调查中我们发现有5%的案件中辨认笔录成为重要的定案证据，这5%的案件多为性侵类、故意伤害类案件。综合评估后辨认的重要系数为0.1。这表明辨认这种侦查措施在侦查过程中发挥着一定的作用，特别是对某些特定类型案件的侦查具有重要的作用与意义。

（二）关于侦查辨认这种侦查措施违法性的调查

关于侦查辨认这一侦查措施在适用过程中是否易于存在违法性的问题，我们展开了调查。关于违法性的问题，在此既包括轻微违法，也包括严重违法。问卷调查中，被调查者被问及各种侦查措施容易出现违法情形的可能性。在案件样本的调查中，我们对包括辨认在内的各种侦查措施在适用过程中不符合《刑事诉讼法》、《人民检察院刑事诉讼规则（试行）》以及《公安机关办理刑事案件程序规定》中关于规范实施侦查措施的相关规定的都视为不规范侦查行为，并做了统计与分析。

---

① 侦查措施重要性状况评估是采用模型辅助估算方式，综合问卷调查与样本调查结果进行计算，并作为最终的一个状况考察数值。

侦查措施	侦查措施违法性调查①		侦查措施违法性状况评估②
	问卷调查结果	样本调查结果	
辨认	2%	31%	0.27
现场勘查	1%	13%	0.2
询问	1%	10%	0.1
讯问	77%	65%	0.7
鉴定	3%	14%	0.3
搜查	0%	10%	0.09
扣押	1%	11%	0.09
强制措施	15%	31%	0.4

调查结果显示,只有 2% 的被调查者认为辨认容易出现违法行为,但事实上通过案卷调查显示,在适用辨认这项侦查措施的案件中有 31% 的案件出现了轻微或严重违反相关法律规定的情形,辨认实施的违法可能性系数达到了 0.27。执法者的认识与执法实际状况相比存在较大差异,这从某种角度反映出执法者对辨认这一侦查措施的实施与操作在执法理念上存在偏差,对侦查辨认措施本身的重要性认识不够。

(三) 侦查辨认在实践中的基本样态调查

侦查人员在组织侦查辨认的过程中会出现一些不符合相关法律规范要求的行为,我们称之为侦查辨认不规范行为。通过问卷调查以及对案件样本中辨认笔录的分析,我们发现辨认实践中存在下列 12 种常见的不规范侦查辨认行为,并对这些常见不规范侦查辨认行为的发生率、潜在发生以及预后处置方式进行了统计分析。

序号	常见不规范侦查辨认行为	发生率③	
		发生率	潜在发生率
1	辨认不是在侦查人员主持下进行的	1%	2%
2	辨认主持人少于两人的	5%	5%
3	辨认前辨认人见到辨认对象的	21%	6%
4	辨认活动没有个别进行的	3%	4%
5	辨认中给辨认人暗示的	41%	19%

---

① 关于侦查辨认违法性的调查,其中违法性既包括轻微违法的执法行为,也包括严重违法的执法行为。
② 侦查措施违法性状况评估采用模型辅助估算方式综合问卷调查与样本调查结果进行计算,并作为最终的一个状况考察数值。
③ 不规范侦查辨认行为发生频率的统计内容包括三个方面:第一,完全按照法律文本以及操作细则的要求予以执行的情况;第二,未按照法律文本以及操作细则的要求予以执行的,即为发生率;第三,在调查中发现有"视情况而定"的情形,这一情形表明侦查人员对于不规范侦查辨认行为的发生存在机会选择的可能性倾向,即潜在发生率。基于真实客观地反映调查研究的情况与研究对象的现状,我们将调查研究中的这一部分数据亦予以统计并分析处理。

序号	常见不规范侦查辨认行为	发生率①	
		发生率	潜在发生率
6	辨认对象没有混杂在具有类似特征的其他对象中的	31%	9%
7	混杂辨认中混杂人员、物品相似程度悬殊的	59%	11%
8	进行人员辨认时，被辨认列队人数少于 7 人的	3%	5%
9	进行照片辨认时，被辨认照片少于 10 人照片的	2%	4%
10	进行物品辨认时，被辨认物品少于 5 件的	2%	3%
11	在辨认前对辨认人没有进行询问，没有确定辨认人是否具有辨认能力的	12%	13%
12	辨认笔录的制作有违反相关规定情形的	19%	5%

调查结果显示，在 12 种常见的不规范侦查辨认行为中，发生率最高的两种情形是：第一，混杂辨认中混杂人员、物品相似程度悬殊；第二，辨认中给辨认人暗示。这两种情形是较为严重的不规范行为，并将直接影响到辨认结果的可靠性。

二、美国侦查辨认制度改革状况考察

（一）美国侦查辨认制度改革的支持力量

1. 美国最早进行辨认程序改革的州——新泽西州

2001 年，新泽西州总检察长作出了修改辨认程序的决定，新泽西州因此成为全美第一个通过官方推广模式采纳美国司法研究所提出的辨认程序改革建议的州。此次改革提出，主持辨认程序的人必须是不知情的人；在辨认前，要对目击证人进行特定的说明或者提示；在辨认过程中要组织适当的辨认队列；对于辨认过程要进行书面记载并且要存档备查；根据情况适时采用依次辨认的模式。② 时隔十年后的 2011 年，新泽西州辨认程序的改革又迎来了里程碑式的变革。为了进一步降低错误辨认导致刑事错案发生的概率，2011 年 8 月，新泽西州法院结合心理学家三十多年来的研究成果提出了一系列对辨认结论可靠性评估的规定，这些规定对法官和陪审团在审判中如何评估辨认结论这一证据的可靠性做了诸多限制。根据州法院的规定，在评估辨认结果可采与否的过程中，需要综合考察以下几个问题：辨认主持者是否为不知情的人；辨认主持者是否告诉辨认人，犯罪嫌疑人可能不在辨认队列中；在辨认中是否要求辨认人作出置信陈述；辨认人是否在压力较大的情况下作出辨认；

---

① 不规范侦查辨认行为发生频率的统计内容包括三个方面：第一，完全按照法律文本以及操作细则的要求予以执行的情况；第二，未按照法律文本以及操作细则的要求予以执行的，即为发生率；第三，在调查中发现有"视情况而定"的情形，这一情形表明侦查人员对于不规范侦查辨认行为的发生存在机会选择的可能性倾向，即潜在发生率。基于真实客观地反映调查研究的情况与研究对象的现状，我们将调查研究中的这一部分数据亦予以统计并分析处理。

② 参见 New Jersey Attorney General, Attorney General Guidelines for Preparing and Conducting Photo and Live Lineup Identification Procedures, 2001, from http://www.state.nj.us/lps/dcj/agguide/photoid.pdf.

要询问辨认人在案件发生过程中嫌疑人是否使用了武器，特别是在案件发生持续过程较短的案件中要对该问题加以询问；要询问辨认人是在多远的距离看到案件发生的，以及当时的光线如何；要对辨认人在看到案件发生时的状态进行确认，如是否醉酒、视力状况等因素；要询问辨认人在目睹案件发生时，嫌疑人是否存在不便于辨认的因素，如嫌疑人带着面罩或者其他比较明显的特征；要询问辨认人看到嫌疑人的持续时长；要注意是否存在跨种族辨认的问题等。[①] 这些规定虽然是从考量证据的可靠性角度对辨认结论这种证据作出了规定，但事实上对辨认的规范实施从程序到行为都起到了至关重要的约束。

2. 在刑事错案的推动下积极进行辨认程序改革的州

威斯康星州在 2006 年释放了一位因存在错误辨认等因素而被错误定罪量刑的无辜者之后，迎来了辨认制度的改革。威斯康星州的总检察长在改革中提出，必须对辨认过程进行书面记录并进行存档，否则辨认结论将不能作为证据使用。此外还提出了一些可选择性的改革措施，辨认要由不知情的主持人组织进行，同时还大胆采纳了当时依然存有质疑的心理学研究成果依次辨认的辨认模式。这些可选择性的改革措施虽然不具有强制性，但在实践中还是被很多警察局广泛接受并使用。[②] 直到 2012 年威斯康星州对辨认程序进行了再次的改革与完善，原先的可选择性措施中才有相当一部分变为强制性适用措施。

西弗吉尼亚州也在 2007 年对辨认程序进行了改革，为了提出更为可行的改革方案与措施，提高辨认结论的可靠性，州政府研究机构为此创立了特别研究工作组，工作组主要负责评估辨认程序改革实践的效果。[③] 辨认程序的改革也波及了乔治亚州、马里兰州、北卡罗来纳州、俄亥俄州、罗德岛州、佛蒙特州等，这些州都先后对目击证人辨认的程序及相关制度进行了不同程度的改革。这些州的改革内容大抵相似，唯一有所不同的是北卡罗来纳州，该州在辨认程序的改革过程中不仅吸收了心理学家与法学家提出的诸多研究成果，而且提出了对辨认程序进行录像的措施以期在规范辨认行为的同时提高辨认结论的可靠性。此外，对于没有遵循相关规定进行辨认的执法机关或人员还提出补救措施。[④] 这对于辨认程序的规范运行毫无疑问是重要且积极的。

此外，一些司法管辖区的市、县郡和城镇在过去的十多年间为了解决错误辨认的问题，针对辨认制度也做了诸多的改革尝试。例如，得克萨斯州的达拉斯，在不到 4 年的时间里先后释放了 14 名因为错误辨认而被无辜定罪的人。为了防止这种错误继续发生，2009 年 1 月达拉斯警察局决定，辨认须由不知情的人主持进行，同时根据需要采用依次辨认的模式进行辨认。根据 2014 年得克萨斯州证据法的规定，辨认结论需要满足诸多条件方可采纳，这表明得克萨斯州包括达拉斯在内的警察局在辨认过程中需要遵守更多的规则。[⑤]

---

① 参见 "New Jersey Supreme Court Issues Landmark Decision Mandating Major Changes in the Way Courts Handle IdentificationProcedures" from http：//www. innocenceproject. org/news-events-exonerations/press-releases/new-jersey-supreme-court-issues-landmark-decision-mandating-major-changes-in-the-way-courts-handle-identification-procedures.

② 参见 Keith A. Findley, Clinical Professor of Law, University of Wisconsin Law School "Reforming Eyewitness Identification Procedures to Enhance Reliability and Protect the Innocent" in "Adapting to New Eyewitness Identification Procedures：Leading Experts on Challenging Traditional Processes and Integrating New Techniques", published by Thomson West, 2011. p121.

③ 参见 West Virginia Code Annotated, Section 62-1E-2 (LexisNexis 2013).

④ 参见 North Carolina General Statues, Section 15A-284.52-53 (2009).

⑤ 参见 Art. 38. 20 Photography and Live Lineup Identification Procedure, Goode, Wellborn and Sharlot, Courtroom Handbook on Texas Evidence, Volume 2A, published by Thomson Reuters Westlaw, 2014.

（二）美国侦查辨认制度改革的阻力

美国司法研究所在1999年发布辨认制度的改革方案以后，很多州都在不同程度上采纳了研究结果提供的辨认程序改革方案。诚然，辨认制度在过去的十多年间取得了长足的发展和进步，但任何一场改革无论大小，都不是轻易能够成就的，辨认制度的改革亦是如此。虽然辨认制度存在着诸多问题，无论是学界还是实务界都认识到问题的客观存在以及这些问题已经带来的和可能继续带来的危害与困扰，但是认识到问题的存在并不表示认同改革的实施。不赞成辨认制度改革的原因大抵包括以下两个方面：

1. 司法成本的考量

赞成改革并且采纳改革措施的州已经用事实证明，改革措施能够以低成本实现，或者与错误辨认可能造成的司法赔偿相比，改革的成本是低廉的。尽管如此，反对者仍然认为，改革需要花费各种成本，而这些成本的花费并不一定能带来预期的效益。部分州的立法者首先表示反对，如加利福尼亚州州长曾三次否决了加利福尼亚州议会提出的辨认程序改革方案，而肯塔基州和新墨西哥州虽然两党广泛认同辨认程序改革的方案，但经过长达两年的审议之后，是否采纳改革方案仍未可知。

2. 实践操作方面的考量

反对改革的州提出反对辨认程序改革的重要原因是无法操作。辨认程序改革的重要内容之一是"由不知情的警察组织、主持辨认程序"。很多警察局警力有限，很难找到这种符合条件的警察来主持辨认。关于辨认程序录像的问题，有些警局表示这在客观上很难全部实现。因为需要辨认的案件非常多，一起案件甚至要辨认很多次，辨认程序录像客观上给有限的警力加大了工作量。此外，关于依次辨认的辨认模式，有反对者认为，这种辨认模式仅仅是心理学的研究成果，研究室的研究与现实状况还是存有很大差异的，因此这种模式并一定能提高辨认的可靠性。

辨认制度改革的过程中尽管有反对的声音，但这并不影响改革进行的主流方向。学界和实务界都在努力探索解决反对者提出的问题以期消除他们的顾虑，同时解决辨认改革措施实施过程中遇到的新情况、新问题。随着越来越多的刑事错案被发现，辨认程序的问题日益凸显，辨认程序的改革与完善也已成为必然趋势席卷美国。

（三）美国侦查辨认制度的相关立法考察

目前，美国许多州都对侦查辨认制度做了不同程度的改革，特别是针对目击证人的辨认程序做了较大力度的改革。相关制度的改革有的是通过州总检察长的命令发布的，有的则是通过采取州立法的形式公布实施。有的州则要求警察机构必须将书面形式的辨认规则张贴于办公场所，以便于参与辨认的人了解相关的程序与制度规定。有的州警察局则将辨认制度实施的细则、规范与相关程序要求等内容载入执法指南手册或者执法规范手册中，以期通过这种形式引导辨认执法的规范进行。截至2015年年初，已有16个州实施了相关的制度改革与规范。

1. 侦查辨认标准程序的提出

美国National Research Council（NRC）在2014年10月发布了关于如何提高辨认结论可

靠性的报告。① 报告中提出了侦查辨认的标准程序，该标准程序包括两方面的内容：第一是关于执法者如何组织实施辨认的程序；第二是法庭审判过程中如何考察辨认结论的可靠性程序。根据标准程序的要求，执法者在组织辨认的过程中需要遵守以下几项基本规则：（1）首先要根据相关规范守则的要求对所有组织辨认的执法者进行业务培训；（2）辨认要由不知情的主持人主持进行；（3）在辨认中要对辨认人进行标准规范的辨认提示与辨认说明；（4）在辨认人辨认后要对其进行置信询问，要求辨认人作出置信陈述；（5）对辨认过程进行录像。② 调查报告中并没有提出相对于列队辨认，依次辨认是否更具优越性。报告认为，关于依次辨认的效果还需要进一步研究评估，因此在提出最佳辨认程序的过程中没有提及依次辨认的问题。但这并不表明研究中心对依次辨认持否定态度。

2. 侦查辨认制度改革的一般性措施

从客观上说，无法根除目击证人错误辨认的发生，但可以采取一些预防性措施来遏制目击证人错误辨认的发生，或者降低错误辨认发生的可能性或者概率。社会学家和心理学家对此给出了各种建议与意见。最具代表性的是加里·威尔斯和埃里克·希勒提出的警察部门在组织列队辨认或者照片辨认（lineup and photographic display）时，为提高辨认结果的可靠性应当遵循四项基本原则，这些原则被美国司法部编入了指导警察如何组织证人进行辨认的培训手册，即《目击证人的辨认：规范执法指南》（Eyewitness Evidence：A Drainer's Manual for Law Enforcement）。这四项基本规则是：（1）在辨认开始前，辨认主持者应当告知辨认人（目击证人），真正的凶手有可能并不在供辨认的列队中或者照片中；（2）在布置供辨认的列队成员或者照片时，嫌疑人的位置不能太过明显或抢眼；（3）辨认主持者应当是不知道嫌疑人具体信息的人，这样可以尽可能地避免辨认主持者对辨认人（目击证人）产生有意或无意的语言、表情或动作等暗示；（4）在辨认人指认之后，在他的判断没有受到其他信息干扰之前，警方应当询问他对自己的选择有多大的把握。③

3. 实施性规则

对于辨认的具体实施方面，综观美国学界和实务界提出的各种建议方案，大致包括以下六个方面的内容：

（1）关于辨认列队的构成。根据有关建议，为了减少暗示性、增加准确性，可采取下列措施：④（a）每组辨认队列中最多只能包括一名犯罪嫌疑人；（b）每组辨认对象数量应当不少于5人，照片辨认中照片数量不少于10张；（c）被辨认列队成员应当具有类似于证人对真凶描述的某一特征或者某几种特征，如证人所描述的面部、体重、体形体态方面的重要特征或显著特征，同时被辨认对象之间又必须具有一些可识别的差异；（d）对于关涉

① 报告名称"Committee on Scientific Approaches to Understanding and Maximizing the Validity and Reliability of Eyewitness Identification in Law enforcement and the Courts", Written byNational Research Council Division on Policy and Global Affairs.

② 参见"Report Urges Caution in Handling and Relying Upon Eyewitness Identifications in Criminal Cases, Recommends Best Practices for Law Enforcement and Courts", from http：//www8. nationalacademies. org/onpinews/newsitem. aspx? RecordID = 18891.

③ 参见 Nat's Inst. of Justice, U.S. Dep't of Justice, "Eyewitness Evidence：A Drainer's Manual for Law Enforcement" (2003).

④ 参见 R. C. L. Lindsay and R. S. Malpass, "Issues in the Measurement of Lineup Fairness," Applied Cognitive Psychology, Vol. 13, 1999.

多名犯罪嫌疑人辨认的案件，如果目击证人已经参与了对其中一名犯罪嫌疑人的辨认，那么参与对其他犯罪嫌疑人的辨认时，被辨认对象列队成员应当不同；（e）对于存在多名目击证人的案件，不仅在设置辨认列队时，嫌疑人的位置应当有所不同，而且目击证人之间禁止相互讨论，必要时可以对目击证人在辨认全程进行隔离；（f）在辨认的全程，任何关于嫌疑人的犯罪记录或诉讼信息都不能被辨认人知悉。

（2）对辨认组织者的要求。辨认的组织者应当是对案件不知情，对犯罪嫌疑人不知情的人。要求辨认组织者不知情，就是所谓的"不知情主持者"规则，该规则的心理学依据是：检测对象与检测实施者之间存在一定的心理交互作用，检测对象或多或少地会受到检测实施者的期望的影响，换句话说，在辨认过程中，目击证人会受到辨认主持者某种期待的影响，或者说辨认主持者会在不经意间给予辨认人某种程度的暗示。[①] 因此，辨认程序的主持人应当是不知悉犯罪嫌疑人相关信息的人，这在客观上有利于提升目击证人辨认结果的质量。早在 2002 年，伊利诺伊州就以官方形式发布文件规定，要求在死刑案件中辨认应当由不了解案件情况的警察主持，否则会影响辨认结论的证据效力。[②]

（3）辨认前对目击证人进行必要的说明或者提示。一般来说，目击证人在进行辨认时通常会认为真凶就在辨认队列里，因此他必须要指出其中的一个为嫌疑人，这种认识令目击证人的心理上存在一定的压力，而这种压力是不利于准确辨认的。基于提升辨认准确率、保护无辜者之考量，在辨认前警察应当对目击证人进行必要的说明或者提示，如"真凶可能在，也有可能不在辨认队列中"。有研究表明，当目击证人被告知真凶有可能不在辨认队列中时，他们指认无辜者为凶手的概率会大大降低。[③] 此外，还应当告诉辨认人：辨认主持者不知道谁是嫌疑人；无论辨认结果如何，警察都会继续对案件进行侦查；告知辨认人不要与其他目击证人或其他人讨论辨认程序与结果，当然也尽量不要与媒体接触。

三、我国侦查辨认制度的改革——美国侦查辨认制度改革带来的启示

根据我国刑事诉讼法及相关司法解释的规定，辨认是一种常规性侦查措施，而记录该侦查措施适用过程及结果的辨认笔录则是法定的证据形式。因此，从这个角度说，综合我国当前侦查辨认制度的实施现状，借鉴美国关于侦查辨认改革的有益尝试，我国可以从诉讼程序与诉讼证据两个方面对侦查辨认制度加以改革完善。

（一）从诉讼程序的角度对辨认实施程序进行规范性改革

要遏制侦查辨认不规范行为的发生，提高辨认结果的可靠性，需要从诉讼程序的角度对辨认实施细则加以规范。

---

① 参见 R. Rosenthal and D. B. Rubin, "Interpersonal expectancy effects: The first 345 studies," Behavioral and Brain Sciences, Vol. 3, 1978, pp. 377-386.

② 参见 Nacy Steblay, " A Second Look at the Illinois Pilot Program : The Evanston Data, The Champion", 2011, June, p. 42.

③ 参见 Gary L. Photospreads, Wells et al. , Eyewitness Identification Procedures: Recommendations for Lineups and Law and Human Behavior, Vol. 22, 1998, p. 623.

1. 辨认程序的设计需满足程序正当性要求

辨认作为一种特殊的诉讼程序，首先要增加它的诉讼性。根据诉讼程序的一般要求，侦查辨认程序首先应当满足程序正当性的要求。这种程序的正当性不仅体现在辨认程序的启动上，更体现在辨认程序的具体操作与实施规范中。

2. 辨认具体操作规范的改革与完善

侦查辨认的具体操作有几个方面可以借鉴美国的有益做法：（1）辨认主持人的选择。侦查辨认由不知情的侦查人员主持进行，这在客观上有助于遏制在辨认中主持人给辨认人以各种形式暗示的情形发生，对于提高辨认结果的可靠性是非常重要的举措。（2）律师在场。根据我国刑事诉讼法的规定，犯罪嫌疑人在侦查阶段可以获得律师的帮助，因此在侦查辨认阶段，犯罪嫌疑人可以要求律师在场。律师在场客观上对辨认程序产生了一种监督效应，侦查人员在辨认过程中会因为律师在场而注意侦查行为的规范性。（3）对几种特殊类型案件的侦查辨认进行录音录像。美国学者的研究表明，在性侵类案件、故意伤害类案件中错误辨认发生的概率要远远高于其他类型的案件。同时在这两类案件中，目击证人的辨认结果与诉讼结果密切相关，因此建议对这两种类型的案件强制要求进行录音录像，其他类型的案件可以根据案件具体情况，由侦查人员决定选择使用与否。

（二）从诉讼证据的角度对辨认笔录的审查、判断是否采用进行规范

要遏制不规范侦查行为的发生，从根本上讲就是要对通过侦查行为获得的证据加以规范。正如非法证据排除规则的适用对遏制刑讯逼供这种严重的不规范侦查行为的发生具有非常积极且重要的作用一样，对辨认笔录的合法性与规范性进行严格审查是遏制不规范侦查辨认行为，提高辨认结果可靠性的有效进路。

1. 要对辨认笔录基本形式要件予以审查

要对辨认笔录进行审查，审查过程中要注意审查辨认笔录的基本形式要件。辨认笔录的基本形式要件，是指侦查人员在辨认笔录中是否完整记录了与组织侦查辨认所有相关的事项和过程，以及侦查辨认组织人员以及其他相关法定人员是否签名或者盖章等。一般来说，这些侦查辨认的形式要件上经常会存在不规范行为，如遗漏了辨认进程中的某一细节或者相关人员没有签字等，这些属于"程序性瑕疵"，根据刑事诉讼法及相关司法解释的立法精神，可以采用弥补更正的方式进行补正。要改变实践中对存在程序性瑕疵的辨认笔录形式要件采取的忽略不计的态度。审查中发现程序性瑕疵，应当要求有关人员或部分予以弥补更正。

2. 对侦查辨认笔录的排除

我国刑事证据法对笔录的证据能力作了较为严格的限制性规定，对于非法取得的笔录证据，确立了排除性规则。具体来说，根据刑事诉讼法及相关司法解释的规定，勘验、检查笔录是一种可补正的排除规则，但是对于辨认笔录则适用强制性排除规则。但实践中对于辨认笔录却很少适用排除规则。基于规范侦查辨认的实施行为，提高辨认结果的可靠性，要严格按照最高人民法院 2012 年的司法解释对存在法定的侦查人员违法组织辨认情形的辨认笔录予以排除。具体排除程序可以借鉴非法供述的证据排除相关程序。

（作者单位：中央司法警官学院）

以审判为中心的诉讼制度改革的历史背景与理论困境*

兰跃军

一、以审判为中心的诉讼制度的三重内涵

推进以审判为中心的诉讼制度改革是党中央提出的推进严格司法，实现司法公正的一项具体措施。学者通过对党的十八届四中全会决定及其说明中相关内容的解读，并结合域外刑事诉讼理论和实践，从不同视角对其内涵作出界定。概括起来，主要有三种观点。

第一种观点认为，"以审判为中心"等同于"审判中心主义"。这种观点是目前的主流观点。陈光中教授认为，以审判为中心，诉讼理论界称之为审判中心主义，是与以侦查为重心的侦查中心主义相对而言的，其含义包括三个方面：一是刑事公诉案件的办理，审判居于中心地位。二是庭审是审判中的决定性环节。三是庭审应当努力实现集中审理。① 龙宗智教授认为，"以审判为中心"的基本含义是：侦查、起诉活动应当面向审判、服从审判要求，同时发挥审判在认定事实、适用法律上的决定性作用。以庭审为中心，即实现庭审实质化，要求举证、质证、认证在法庭展开，将庭审作为心证来源的主要渠道。②

第二种观点主张从诉讼职能的视角理解。樊崇义教授认为，"以审判为中心"的内涵包括三个方面：一是审前程序的侦、诉两种职能，即公安和检察机关要形成合力，执行控诉职能；二是要充分发挥辩护职能的功能和作用，坚持有效辩护、实质辩护，充分行使诉讼权利；三是审判法官要坚持中立原则，做到兼听则明，认真听取控辩双方的意见，严格依法断案，作出公正裁判。③ 最高人民法院副院长沈德咏教授认为，以审判为中心，实质是在刑事诉讼的全过程实行以司法审判标准为中心，核心是统一刑事诉讼证明标准。也就是说，从刑事诉讼的源头开始，就应当统一按照能经得起控辩双方质证辩论、经得起审判特别是庭审标准的检验，依法开展调查取证、公诉指控等诉讼活动，从而"确保侦查、审查起诉的案件事实证据经得起法律的检验"④。

第三种观点认为，"以审判为中心"有别于"审判中心主义"。陈卫东教授认为，"以审判为中心"是"审判中心主义"的体现，但有别于"审判中心主义"。"以审判为中心"强调以下几方面内容：在实体意义上，定罪权属于法院，其他机关无权决定被告人是否有

---

* 本文是笔者主持的司法部 2015 年国家法治与法学理论研究课题"以审判为中心的诉讼制度改革研究"和 2016 年国家社科基金项目"刑事诉讼法律责任研究"阶段性成果。

① 参见陈光中、魏晓娜：《论我国司法体制的现代化改革》，载《中国法学》2015 年第 1 期。
② 参见龙宗智：《"以审判为中心"的改革及其限度》，载《中外法学》2015 年第 4 期。
③ 参见樊崇义：《"以审判为中心"的概念、目标和实现路径》，载《人民法院报》2015 年 1 月 4 日第 5 版。
④ 参见沈德咏：《论以审判为中心的诉讼制度改革》，载《中国法学》2015 年第 3 期。

罪；在程序意义上，所有关涉犯罪嫌疑人、被告人的重大权利的侦查、起诉行为都必须由法院作出裁决；而且法院裁决的作出必须以"审判"的方式进行；由于一审程序是最为完整的诉讼程序，因此应当强调一审程序在整个程序体系中的地位。①

笔者赞同第三种观点，认为"以审判为中心"作为一项诉讼制度，是中央在公检法"分工配合制约"原则下实现庭审实质化，从源头上防范冤假错案，促进司法公正而作出的一种制度安排，它与公检法"分工配合制约"原则一样，是具有中国特色的诉讼制度，我们应当从中国刑事司法体制出发坚持并不断完善。"以审判为中心"体现了"审判中心主义"的理念，但它只能是一种有限的"审判中心"，有别于"审判中心主义"，也不能等同于以庭审为中心或"庭审中心主义"。在中国的语境下，应当从诉讼关系、诉讼构造和诉讼结果三个方面理解其内涵。

（一）从诉讼关系的视角

在"以审判为中心"的诉讼制度下，侦查、起诉、审判、执行四种职能都有明确的分工，侦查的任务是收集证据，并保证证据收集的合法性。审查起诉的任务是根据证据确定事实，并保证证据收集的合法性。审判的任务是通过庭审认定事实，决定采纳和采信证据，并适用法律作出裁判。执行的任务是落实审判结果。侦查、起诉活动都应当按照审判所要实现的司法标准进行。

（二）从诉讼构造的视角

"以审判为中心"强调审判的中心地位。无论审前程序、审判程序还是刑罚执行变更程序，凡是认定事实或者涉及重要权利（或利益）的处分，都应当采取以裁判为中心的诉讼构造。侦诉机关共同承担"控"的职能，在追诉职能的分工上，侦查是公诉的准备，侦查收集、固定证据的目的是在庭审阶段支持控诉。因此，应建立"以公诉为导向"的审前程序，有效切断侦查与审判的直接联系，使侦诉机关各自发挥最大效能，审判能够尽早发现、纠正乃至预防侦查、起诉的错误。同时赋予犯罪嫌疑人、被告人诉讼主体地位和充分的辩护权，使控辩双方实现平等对抗。

（三）从诉讼结果的视角

"以审判为中心"的要旨在于决定诉讼结果的实质阶段不应是侦查，而是审判。审判尤其是庭审是事实认定的中心环节，法官心证形成于法庭，所有证据产生于法庭，裁判结论来自于法庭。

因此，以审判为中心的诉讼制度，就是指整个刑事诉讼程序应围绕审判程序来设计，整个刑事诉讼过程应围绕审判活动来展开，所有诉讼参与人权利通过审判方式获得救济，审判在刑事诉讼中具有中心地位，侦查是为审判做准备的活动，起诉是开启审判程序的活动，执行是落实审判结果的活动，侦查、起诉和执行都要面向审判，服务审判，并服从审判的标准和要求。"以审判为中心"的实质是以审判所要实现的司法公正为中心，它既包括

---

① 参见陈卫东：《以审判为中心推动诉讼制度改革》，载《中国社会科学报》2014年10月31日A5版。

实体审理的审判中心、程序控制的审判中心和法律适用的审判中心,① 又包括程序设计的审判中心和权利救济的审判中心。这样,不仅审前程序为审判做准备,而且审判要反馈于审前程序,通过审前程序的司法控制,使审判具有发现、纠正乃至预防侦查、审查起诉的错误,并为诉讼参与人权利提供司法救济的功能。在审判程序中,庭审尤其是一审庭审又是关键环节,在查明事实、认定证据、保护诉权、公正裁判中发挥着决定性作用。

二、以审判为中心的诉讼制度改革的历史背景

党的十八届四中全会提出推进以审判为中心的诉讼制度改革,是基于特定的历史背景的。概括起来,主要包括三个方面。

(一)域外国家(地区)刑事诉讼制度大都实行"审判中心主义"

无论英美法系、大陆法系,还是"程序转向"国家(地区)的刑事诉讼法典或刑事诉讼规则的框架体系都是以审判为中心设计的,整个刑事诉讼制度都是以裁判为中心的诉讼构造,实行"审判中心主义"。

美国刑事诉讼程序分为审判前程序、审判程序和审判后程序三个阶段。一般刑事案件的诉讼流程大致包括 19 项内容,即搜索/扣押/逮捕、警讯与自白、律师权、第一次出庭、预审、大陪审团、正式审判、起诉后出庭声明、认罪协商、审前请求、陪审团、无罪推定及当事人进行主义、审判程序、量刑、上诉程序、不利益变更禁止、重复危险和人身保护令等。这些程序和流程都是以裁判为中心而构建的。《德国刑事诉讼法典》分为八编,第二编"第一审程序"包括七章,依次为第一章"公诉"、第二章"公诉之准备"、第三章(废除)、第四章"裁定是否开始审判程序"、第五章"准备审判"、第六章"审判"、第七章"缺席判决程序"。侦查作为"公诉之准备",与"公诉"一起,设在"第一审程序"中,没有独立成编。侦查的目的是为检察机关是否提起公诉做准备。《日本刑事诉讼法》分为七编,第二编"第一审"程序包括三章,依次是第一章"侦查"、第二章"公诉"、第三章"公审"。"侦查"和"公诉"是作为审判之准备,列入"第一审"程序。侦查的目的是为了查明是否有犯罪嫌疑,决定是否提起公诉。侦查是为了提起公诉而做准备。《俄罗斯联邦刑事诉讼法典》分为六个部分,第二部分"审前程序"包括"刑事案件的提起"(相当于"立案")和"审前调查"(相当于"侦查和审查起诉");第三部分"法院诉讼程序"包括"一审程序"、"二审程序"和"执行程序",而且每个阶段都由法官提供司法审查或司法救济,也是以审判为中心的框架体系。《法国刑事诉讼法典》和《意大利刑事诉讼法典》虽然将刑事诉讼程序分为侦查、预审、审判、执行等诉讼阶段,但这些阶段分别由不同的法官负责。而且法律明确规定,每一个法官只能参与一个阶段的诉讼活动。

(二)中国古代和近代刑事诉讼制度也实行"审判中心主义"

中国从西周开始就建立了审讯制度。法律规定在审讯时,"两造到庭、法官讯问"和"证人到庭质对",诉讼的原告、被告必须到庭,接受司法官的讯问。由于证人是重要的证

---

① 参见龙宗智:《"以审判为中心"的改革及其限度》,载《中外法学》2015 年第 4 期。

据，在诉讼中被广泛地使用，因此审理案件必须有证人的出庭作证和质对。秦汉之后法律均有相应的记载，司法官必须依法律程序询问证人，弄清案件事实。近代以沈家本为首的法学家开始了清末修律运动，在此背景下诞生了中国历史上第一部刑事诉讼法典——《1911 年刑事诉讼律（草案）》，其框架体系就是按照"审判中心主义"设计的。该草案包括六编，其中，第二编是"第一审"程序，包括第一章"公诉"和第二章"公判"。"侦查处分"、"预审处分"和"提起公诉"分别作为第一章"公诉"下面的三节。

（三）中国现代"侦查中心主义"诉讼模式导致一些冤假错案

我国 1979 年、1996 年、2012 年三部刑事诉讼法都是按照诉讼阶段论建构框架体系的，将刑事诉讼程序分为立案、侦查、起诉、审判和执行五个并列的诉讼阶段，侦查、起诉和审判分别由侦查机关（主要是公安机关）、检察机关、法院负责。这种"流水线"式的诉讼模式具有"以侦查为中心"的特点，庭审虚化就是其表象。法院的无罪判决率可以在一定程度上反映庭审的虚实。侦查认定有罪的案件，公诉者就要起诉；公诉者决定起诉的案件，审判就要定罪。这种"以侦查为中心"或"侦查中心主义"的诉讼模式，导致"侦查失控"、"制约失灵"和"控辩失衡"。[①] 司法实践中大量发生的冤假错案，从杜培武案、佘祥林案到赵作海案，再到念斌案、呼格吉勒图案、陈满案等，都是这种诉讼模式导致的结果。

在上述历史背景下，十八届四中全会作出全面推进依法治国的决定，将"保证公正司法、提高司法公信力"确定为司法改革的重点，要求推进严格司法，推进以审判为中心的诉讼制度改革。

三、以审判为中心的诉讼制度改革的理论困境

推进以审判为中心的诉讼制度改革的实践难点、现实制约以及改革限度等，学者进行过深入的研究。[②] 但作为推进严格司法的具体措施之一，它在我国还面临着一系列理论困境。概括起来，主要包括三个方面。

（一）刑事诉讼的目的

刑事诉讼的目的是什么？不同国家的刑事诉讼法规定不一致，不同学者也有不同的理解。《日本刑事诉讼法》第 1 条规定，刑事诉讼法的目的是查明案件事实真相和保障人权。围绕该理论，日本存在"刑法实现说"、"实质的利益调整说"等观点。田口守一认为，刑事诉讼的目的包括两大课题，一是实体真实主义与正当程序的关系，涉及刑事程序过程本身的目的论（或原理论）；二是为什么既要保障人权又要发现真实，涉及刑事程序结果的目的论（或理念论）。为此，他主张重构诉讼目的论，将刑事诉讼目的界定为通过实体正义、

---

① 参见王敏远：《以审判为中心的诉讼制度改革问题初步研究》，载《法律适用》2015 年第 6 期。

② 龙宗智教授认为，我国目前推进"以审判为中心"的诉讼制度由于受各种条件限制，只能是一种"技术型的审判中心"。参见龙宗智：《"以审判为中心"的改革及其限度》，载《中外法学》2015 年第 4 期。何家弘教授将我国推行的从侦查中心走向审判中心称之为"中国刑事诉讼制度的改良"，而非改革。参见何家弘：《从侦查中心转向审判中心——中国刑事诉讼制度的改良》，载《中国高校社会科学》2015 年第 2 期。

程序正义和社会平和来创造法的社会秩序。① 俄罗斯学者古岑科认为，刑事诉讼的内容不仅是相互联系的法律规定、活动和诉讼关系，而且应当包括整个刑事诉讼所面临的任务（目的）。法律颁布和适用就是为了达到某种目的或完成某种任务。《俄罗斯联邦刑事诉讼法典》第6条用"刑事诉讼的目的"替代"刑事诉讼的任务"，明确规定刑事诉讼的目的包括三个方面的内容：一是维护被害人的权利和合法利益；二是保护个人免受非法的和没有根据的指控与判刑；三是对犯罪人判处公正的刑罚。其中维护被害人的利益与保障被追究人的合法权益同等重要，并且强调实现公正的判刑。同时，他认为，刑事诉讼的任务分直接任务和一般社会任务，直接任务即第6条规定的刑事诉讼的目的。② 在俄罗斯学者看来，刑事诉讼的任务与刑事诉讼的目的是包容关系。刑事诉讼的目的是优先保护个人的权利。

我国三部刑事诉讼法都在第1条中开宗明义地规定了立法目的，这可以从三个方面进行理解：一是保证刑法的正确实施；二是惩罚犯罪，保护人民；三是保障国家安全和社会公共安全，维护社会主义社会秩序。就文字表达而言，我国刑事诉讼法的目的是以惩罚犯罪为主旨的，缺乏保障人权的精神。③ 2012年刑事诉讼法在第2条将"尊重和保障人权"增加规定为刑事诉讼法的一项重要任务。法学界主流观点认为，刑事诉讼或刑事诉讼法的目的包括惩罚犯罪与人权保障两个方面，二者不可偏废。十八届三中全会提出要完善人权司法保障制度，十八届四中全会进一步提出要加强人权司法保障，并规定了一系列具体措施。而推进以审判为中心的诉讼制度不是简单地重视法庭或者重视审判，更深层面的意义在于将保障人权优先的理念作为其价值追求。这就给我们带来了第一个理论困境，刑事诉讼法规定的立法目的或刑事诉讼的目的如何体现和实现人权保障的要求，还需要立法进一步明确。俄罗斯的做法值得借鉴。

（二）刑事诉讼的构造

刑事诉讼的构造可以划分为纵向构造与横向构造，前者是指公检法三机关在刑事诉讼中的地位及其相互关系，后者是指控辩审三方在刑事诉讼中的地位及其相互关系。主流观点认为，当诉讼的主导权属于法院时，诉讼构造属于职权主义；当诉讼的主导权属于双方当事人时，诉讼构造属于当事人主义。当事人主义诉讼构造的核心是当事人追行主义，当事人是参与诉讼程序的主体，并在与诉讼构造的关系方面，维持诉讼追行的主导权。用当事人主义来建构刑事诉讼构造理论时，首先应当探讨的是当事人在什么场合、在什么程度上发挥主要的作用。换言之，当事人对自己的刑事程序具有什么样的主体性。④ 从当事人主义的观点出发，法官的心证形成最终是证明活动的结果。如果当事人在诉讼程序中的主导权没有确立，则当事人主义是无法实现的。日本学者田宫裕认为，在侦查阶段没有当事人主义可言，在审判阶段也欠缺实质性的对等攻防，可以说这种现实是"半个（片面的）当

---

① 参见［日］田口守一著：《刑事诉讼的目的》，张凌、于秀峰译，中国政法大学出版社2011年版，第28~50页。

② 参见［俄］к.ф.古岑科主编：《俄罗斯刑事诉讼教程》，黄道秀等译，中国人民公安大学出版社2007年版，第10~15页。

③ 参见陈光中主编：《刑事诉讼法》（第五版），北京大学出版社、高等教育出版社2013年版，第17~18页。

④ 参见［日］田口守一著：《刑事诉讼的目的》，张凌、于秀峰译，中国政法大学出版社2011年版，第220~221页。

事人主义",其实"是一种职权主义"。①

我国刑事诉讼的构造是什么?学界有不同的观点。陈瑞华教授将它概括为"流水作业式"构造。②龙宗智教授提出"双重结构"理论,即纵向的"线性结构"和横向的"三角结构"。目前推进"以审判为中心"属于一种"技术型"审判中心论,即在一种全面和整体性国家体制中,在司法的基本格局和运行机制不发生根本性变化的情况下,在普通刑事案件办理的技术方法上要求侦查、起诉面向审判、服务审判,同时能够在一定程度上发挥审判对于认定事实、适用法律的决定作用,以提高刑事案件的办案质量。这是中国特有的政治、法律制度和现实司法改革举措所共同形塑的"审判中心主义",可谓"有中国特色的以审判为中心"。③主流观点认为,我国刑事诉讼的构造仍然属于职权主义,甚至是强职权主义,诉讼的主导权属于行使公权力的国家专门机关,当事人尤其是犯罪嫌疑人、被告人和被害人处于受支配地位,他们对自己案件的刑事程序不具有完全的主体性。这种强职权主义诉讼构造在侦查和审查起诉阶段表现得尤为明显。在审判阶段,1996年刑事诉讼法引进了一些当事人主义因素,确立了一种"控辩式"庭审模式,形成了检察机关(含被害人)、被告人和法院这三个诉讼主体构成的三角诉讼构造。但这种"控辩式"庭审模式还不是完全意义上的对抗式诉讼构造,"审判阶段也欠缺实质性的对等攻防",庭审虚化、无罪判决极低成为常态。更重要的是,审前程序缺乏中立的裁判方,还是两方组合的"纠问式"诉讼构造,根本谈不上当事人主义。因此,进一步完善我国刑事诉讼的构造,协调"控辩式"庭审模式与强职权主义审前程序的关系,是推进以审判为中心的诉讼制度改革面临的第二个理论困境。

(三)刑事司法体制

刑事司法体制包括外部体制和内部体制两个方面,前者是指公安司法机关之间的相互关系,立法上表述为公检法办理刑事案件应当"分工负责,互相配合,互相制约";后者则指公安司法机关内部的组织体制,是参与司法活动的各个国家专门机关在机构设置、组织隶属关系和管理权限等方面的体系、制度、方法、形式等的总称。④我国刑事司法体制可以简单地概括为公检法"分工负责、互相配合、互相制约"原则。有学者认为,它是一个完整的逻辑和规范体系。在三机关分工明晰、地位独立的基础上,通过互相配合、互相制约的制度设计,以实现准确有效地执行法律、保障人民权利的目的,其核心在于建立合乎宪法价值的、行之有效的互相制约关系。该原则不是一种内部循环结构,也不是三机关权力的平分秋色,而是突出三机关各自职权的独特性,体现了两种服从关系:在价值理念上,效率服从于公平、配合服从于制约;在工作程序上,侦查服从于起诉、起诉服从于审判。⑤

但是,公检法三机关在刑事诉讼中形成"分工负责,互相配合、互相制约"的司法结构,将司法与行政相混同,以国家权力平行互动的单面关系,取代诉讼中"三方组合"的

---

① 参见[日]田宫裕著:《刑事诉讼法》,有斐阁1992年版,第13页。

② 参见陈瑞华:《从"流水作业"走向"以裁判为中心"——对中国刑事司法改革的一种思考》,载《法学》2000年第3期。

③ 参见龙宗智:《"以审判为中心"的改革及其限度》,载《中外法学》2015年第4期。

④ 参见张建伟著:《刑事司法体制原理》,中国人民公安大学出版社2002年版,第4页。

⑤ 参见韩大元、于文豪:《法院、检察院和公安机关的宪法关系》,载《法学研究》2011年第3期。

构造与功能，从根本上消解"以审判为中心"的诉讼构造。其弊端具体表现在：一是要求法院与侦查、起诉机关即控方当事人讲"配合"，损害了司法的独立性和中立性。二是"各管一段"的刑事司法方式抑制了司法的救济功能，妨碍了公民权利保障。三是以"互相配合、互相制约"，即"彼此彼此"，不分主次的互涉关系，妨碍司法权威以及"以审判为中心"的诉讼制度的建立。四是仅有国家权力互动，忽略了涉案公民的主体地位以及辩护人的能动作用，损害诉讼平等，消解诉讼构造。五是这一原则和机制在法院不能"一家说了算"的情况下，为诉讼外的领导和机关插手甚至决定案件的处置获得契机，从而促成非审判机关实际上代行审判的功能。[1] 该司法结构和司法体制导致我国目前的刑事司法受刑事政策的影响较大，受政治影响较大，受社会影响较大，[2] 刑事诉讼中存在的诸多常态，如高羁押率、证人不出庭、案卷笔录中心主义、无罪判决率极低、反复事实审等，都与该结构和体制相关联。但作为我国刑事司法的基本原则，它又为宪法、刑事诉讼法所肯定，在宪法、刑事诉讼法修改之前，该体制、机制具有法律基础的作用，我们不能否定。因此，推进以审判为中心的诉讼制度改革，还必须突破这种三机关"分工配合制约"的刑事司法体制瓶颈，这是第三个理论困境。

（作者单位：上海大学法学院）

---

① 参见龙宗智：《"以审判为中心"的改革及其限度》，载《中外法学》2015 年第 4 期。
② 参见龙宗智：《论建立以一审庭审为中心的事实认定机制》，载《中国法学》2010 年第 2 期。

以审判为中心的侦查取证各主体协同关系研究

一、问题的提出

党的十八届四中全会通过的中共中央《关于全面推进依法治国若干重大问题的决定》明确提出，要推进以审判为中心的诉讼制度改革，确保侦查、审查起诉的案件事实证据经得起法律的检验。保证侦查质量可以为公正审判奠定坚实的基础，促进以审判为中心的诉讼制度的发展。在刑事司法领域内，案件最先进入的是侦查程序，因此从侦查程序开始就应推进以审判为中心的诉讼制度改革，审判过程中许多冤假错案的发生往往都是由于侦查终结移送审查起诉的案件未能达到法定证明标准。侦查阶段证据收集得越确实充分，越有助于在审判阶段发现案件真实，相反，侦查阶段侦查质量没有保证时，会给审判工作带来许多困难，增加司法成本。为保证良好的侦查质量，需要发挥各个主体的协同作用，侦查阶段取证程序主体之间的协同关系就显得尤为重要。推进这项诉讼制度改革不是要求改变侦查、起诉、审判这一诉讼流程，[①] 不是对以往刑事司法取得成果的否定，而是在吸取以往司法活动教训与其他国家司法经验的基础上，运用协同理念完善侦查取证程序的相关制度。

二、取证程序主体间协同关系的内涵

（一）协同的含义

协同学源于希腊，意为"协调合作之学"，协同学是研究各个部分如何协作产生结构的，运用协同学视角看社会，会发现协同现象是一种普遍的存在。把社会现象看成一个系统，若各个子系统不能良好地相互协同甚至是相互对立，就会产生无序的系统，使系统难以发挥整体性功能而最终导致瓦解。[②] 若各个子系统之间能够良好协同，就会产生超越各自功能总和的强大功能。

哈肯认为，协同是系统各部分之间相互协作，使整个系统形成微观个体所不存在的新的结构与特征，各个结构要素相互作用形成拉动效应，推动事物向积极的方向共同发展，使事物间的属性增强，向积极方向发展的相关性即为协同性，研究事物的协同性，便形成

[①] 樊崇义：《"以审判为中心"的概念、目的和实现路径》，载《人民法院报》2015年1月14日B版。

[②] 莫光辉、祝慧：《当代大学生的情感危机表征及社会协同治理体系建构——基于协同学理论维度的解释》，载《前沿》2012年第15期。

协同论。①

协同论是在研究事物从旧结构转变为新结构的机理的规律上形成和发展的，在协同论中，哈肯从自然科学的角度对协同进行了研究，发现在任何系统中，各个子系统之间均依靠有调节、有目的的组织，使千差万别的子系统协同作用，并产生新的稳定有序的结构。他认为，自然界和人类社会的各种事物普遍存在着有序和无序的现象，无序产生的是混沌现象，有序产生的是协同现象。②

随着社会的发展，协同理论在不断地发展壮大。当前协同理念的研究视角为研究许多社会学现象提供了新的视角，同样为处理侦查阶段取证程序主体间的关系提供了新的思路。

（二）协同理念下侦查阶段取证程序

协同理念下要求取证程序主体间注重协作，形成拉动效应，确保侦查质量。确保事实证据经得起法律的检验，达到高质量审判的要求，避免浪费司法资源。

随着我国推进以审判为中心诉讼制度的改革，对侦查质量有了更高的要求，传统的取证程序主体间的关系面临着挑战和改变。为了更好地提高侦查阶段证据的质量，强化协同取证理念就变得尤为重要。协同理念下取证程序主体间的关系区别于传统的关系，依据协同理念，侦查取证被视为一个大的系统，它由侦查机关、检察机关、审判机关等若干子系统组成。侦查机关依法履行职能，并积极带动各个主体合作，通过对侦查权的监督与司法控制提高侦查质量。其主要特点体现在以下几个方面：

首先，协同理念下取证程序主体间的关系是一种多方关系。取证程序不是侦查机关单独参与，而是多方主体共同参与的诉讼程序。协同理念下的侦查取证程序主体间的关系应是：侦查机关作为主要的侦查主体，带动检察机关、审判机关、辩护人等其他主体积极参与到取证程序工作中，共同提高证据质量，促进以审判为中心诉讼制度的改革。

其次，协同理念下取证程序主体间的关系是一种协作关系。要想保证侦查阶段的证据质量，就必须把各方主体纳入到取证程序中来，避免侦查机关一方权力过大，缺少监督与制约，产生大量瑕疵证据，降低审判质量。

最后，协同理念下取证程序主体间的关系是一种良性关系。通过各方主体的协同作用，避免分工混淆、制约不足的现象发生。这是因为我国当前侦查机关权力过大、缺少监督制约的实际。

三、侦查取证阶段引入协同理念的必要性

（一）以审判为中心诉讼制度的要求

推进以审判为中心诉讼制度的改革，不仅是对审判阶段的改革，而且是对整个诉讼阶段的改革。取证工作有利于检察机关高效地行使控诉职能。由于侦查机关与检察机关在刑事诉讼活动中的共同追求是打击犯罪，故缺乏侦查职能辅助的公诉职能必然不能顺利行使。

---

① 秦立公、王冬、丁超勋：《城市新经济增长点系统要素协同性特征研究》，载《市场论坛》2010 年第 9 期。
② 王明安：《论马克思主义创始人奠定了社会协同学的理论基础》，载《系统科学学报》2014 年第 3 期。

同时取证工作有助于审判阶段高效地发现案件真实，防止形成冤假错案。侦查机关的取证工作对当前改革下的起诉工作与审判工作有着重要意义。

将刑事诉讼作为一个大的系统来看，侦查机关、检察机关、审判机关作为其中的子系统，只有相互作用，才会使整个诉讼活动高效有序地进行。需要侦查机关明确认识到自己在侦查取证程序中的地位，正确看待与各个主体的关系，发挥与其他子系统的协同作用。防止各个主体在侦查取证程序中互涉主次关系不明确，或各个主体相互推诿，降低诉讼效率。同时侦查机关要切实履行好自己的权责，使诉讼活动高效有序地进行。侦查机关作为取证工作的主要主体，从近些年来的司法实践可以看出，侦查机关取证工作出现问题主要有以下几个原因：

首先是陈旧司法观念的影响。新中国成立以来，我国的侦查工作一直秉持着"有罪推定"、"口供至上"的司法理念，秉持着"重惩罚犯罪，轻保障人权"、"重证据真实性、轻证据合法性"等观念。[①] 侦查机关将口供作为一些案件的侦破突破口，一些侦查人员为使案件尽快侦破，忽视案件的疑点与证据的矛盾，将有罪供述作为定案的主要证据，导致冤假错案发生。特别是检察机关处理自侦案件时，实物证据偏少大量依靠口供，形成了"由供到证"的侦查模式，这样的侦查模式容易导致案件侦查质量不高。

其次是对客观性证据重视不够。客观性证据具有准确、不易被推翻的特点，可以防止瑕疵证据进入审判阶段。通过对近几年的冤假错案研究可以发现，侦查机关容易忽视对客观证据的应用而偏重于使用言词证据。

最后是取证规则落实不彻底。何家弘教授曾对50起已经被新闻媒体披露的刑事错案进行剖析，发现4起案件已经被法院或检察院正式认定存在刑讯逼供的情况，占8%；43起案件虽未经法院或检察院正式认定但是可能存在刑讯逼供的情况，占86%；3起案件不存在刑讯逼供的情况，占6%，[②] 这表明我国的侦查机关在实践中对取证规则落实得不彻底，导致有疑点的证据进入审判阶段。

（二）改善"线性结构"局限的需求

我国当前的刑事诉讼制度属于"线性结构"，这一结构将司法与行政相混同，是国家权力平行互动的单面关系，取代诉讼中"三方组合"的构造与功能，从而在根本上消解"以审判为中心"的诉讼构造。[③] 在实践中，甚至造成了以侦查为中心的实际格局，没有形成控辩裁三方相互制衡的诉讼状态。[④] 特别是我国侦查机关不关注在庭审过程中证据的采纳程度，这就需要检察机关、审判机关发挥协同作用，保证侦查质量，提高证据的采纳程度。

首先针对"线性结构"的局限导致对取证过程的监督不够，需要检察机关对侦查机关的取证工作发挥协同作用。警主检辅的关系使得检察机关对整个侦查活动的监督控制十分微弱。检察机关监督不完善主要表现在以下几个方面：一是检察机关对于自侦案件监督难以落实。由于各检察官都应服从于检察长，当检察官对自侦案件进行监督时就会出现自侦

① 陈光中、步洋洋：《审判中心与相关诉讼制度改革初探》，载《政法论坛》2015年第2期。
② 何家弘、何然：《刑事错案中的证据问题——实证研究与经济分析》，载《政法论坛》2008年第2期。
③ 龙宗智：《"以审判为中心"的改革及其限度》，载《中外法学》2015年第4期。
④ 蒋石平：《论审判中心主义对侦查程序的影响》，载《广东社会科学》2004年第3期。

案件的侦查权或监督权最终下达命令都是检察长的情况，造成了一个案件检察长既行使侦查权又行使监督权的现象，使得自侦案件监督制度很难落实。① 二是监督手段滞后。当前检察机关监督在很大程度上是由于有人举报才介入监督，属于一种事后、被动监督，缺少同步、主动监督。三是监督方式简单。在司法实践中，检察机关发现公安机关在侦查活动中有违法行为，只能通过通知或建议的方式促其改正，如果公安机关不采纳，检察机关便缺乏有效的方法促其改正。

其次针对"线性结构"局限导致司法控制缺失，需要审判机关对侦查机关的取证工作发挥协同作用，法院作为审判机关介入侦查阶段，可以用司法权制约侦查权。司法控制缺失主要表现在：一是我国缺少司法授权程序。西方国家实行令状原则，要求在采取强制措施时，必须由检察官或警察向法官提出附有理由的申请，法院或法官审查后签发令状，侦查部门只有依据该令状，方可采取强制措施。在司法实践中，大量的强制侦查行为均由侦查机关决定和实行，侦查权行使缺少司法制约。如果侦查权没有得到良好的控制，就很容易引发非法取证、暴力取证现象发生。② 二是我国缺少司法救济程序。司法救济是指在诉讼过程中，犯罪嫌疑人及其辩护人如果对有关强制侦查程序不服，向一个中立的司法机构或法官提起诉讼，在诉讼中，司法警察和原作出强制侦查行为的法官都要承担举证责任，以证明其强制侦查行为具有合法性和正当性。③ 我国法律规定必须向侦查机关提出异议，只有对处理决定不服，才可向检察机关申诉，缺少审判机关司法控制，容易造成程序拖沓，犯罪嫌疑人一方的权益得不到及时救济，影响侦查质量。

在实践中，需要完善检察机关监督、建立审判机关的司法控制制度对侦查权进行控制，改变"线性结构"诉讼模式，防止过度地讲求配合而导致侦查质量不高，形成"三角结构"诉讼模式，保证以审判为中心诉讼制度的改革。

（三）弥补其他主体能动作用不足的要求

我国侦查程序中控方的权利与地位明显高于犯罪嫌疑人一方，这样的状况使得侦查权缺乏制约，不利于推动以审判为中心诉讼制度的改革。

我国刑事诉讼法规定，在侦查程序中，犯罪嫌疑人可以自行辩解无罪，也可以在承认有罪的情况下，提出证明自己可从轻、减轻、免除刑事责任的证据，但犯罪嫌疑人不享有沉默权，反而有如实供述的义务，这很容易使自己在侦查程序中陷于被动的地位。此规定不仅影响了犯罪嫌疑人的诉讼地位，还影响了一系列诉讼程序的实施，如侦查阶段对犯罪嫌疑人是否使用取保候审措施时，犯罪嫌疑人的认罪悔过态度是考虑的重要方面；犯罪嫌疑人始终保持沉默或者反复翻供，侦查人员经常以"案件侦办困难"为由，延长未决羁押期限。客观上，该规定损害了犯罪嫌疑人的诉讼权益。④

2012 年修订的刑事诉讼法对律师的权利进行了扩张，但还是存在一些不足，辩护人作为犯罪嫌疑人在侦查阶段的帮助者，其诉讼地位及权利受到了很大程度的限制。辩护人阅

---

① 陈光中、江伟主编：《诉讼法论丛》（第一卷），法律出版社 1998 年版，第 241 页。
② 樊崇义、张中：《论以审判为中心的诉讼制度改革》，载《中州学刊》2015 年第 1 期。
③ 陈卫东著：《转型与变革：中国检察的理论与实践》，中国人民大学出版社 2015 年版，第 203 页。
④ 陈瑞华：《刑事诉讼中的问题与主义》，中国人民大学出版社 2011 年版，第 123～146 页。

卷权始于检察院对案件审查起诉之日，没有规定侦查阶段律师的阅卷权，导致大部分律师在侦查阶段只能充当犯罪嫌疑人咨询者的身份，未能给予犯罪嫌疑人充分的法律保护。同时对侦查阶段律师的调查取证权进行了限制，使律师在司法实践中的调查取证权很难行使。

四、健全取证程序主体间协同关系的设想

（一）规范侦查机关取证工作

侦查机关依法履行取证职能，并积极带动检察机关和审判机关等各个主体在侦查阶段取证程序中合作，通过对取证程序中侦查权的监督与司法控制，发挥三机关的协同作用以提高侦查质量，避免出现三机关主次不清、程序运行混乱的现象。

1. 侦查机关准确定位

侦查工作高效有序地进行需要侦查机关对自己准确定位。侦查机关应明确协同理念下取证程序主体间是一种多方的关系，取证的诉讼程序不是侦查机关的单独参与，而是多方主体共同协同参与。我国在此前的取证程序中侦查机关权力过大，大量措施由侦查机关自己决定、批准与执行，这样的程序运行机制速度快，但缺少监督与制约，容易导致侦查机关滥用侦查权。通过检察机关、审判机关、犯罪嫌疑人及其律师对侦查机关的权力进行监督制约，可以保证侦查质量。但还需各个主体在侦查取证程序中准确定位，防止出现各主体互涉主次关系不清、干涉过多而造成互相扯皮现象的发生。取证程序中强制侦查行为的批准、行使合法性需要制约与监督，但应当明确，在侦查阶段取证具体执行由侦查机关行使。

2. 侦查机关树立协同思想

侦查机关在取证工作中要切实履行职责，提高侦查质量，树立促进检察与审判工作的协同思想，以高质量的侦查工作促检、审工作顺利进行。一是侦查机关办案人员需要更新司法观念，克服原有的"有罪推定"、"口供至上"陈旧的司法观念。我国司法传统中侦查人员重视供述、轻视调查、无视辩解和其他无罪证据。当案件出现疑点、证据链断裂、证据前后矛盾时，要坚持"疑罪从无"的司法观念。二是重视客观性证据。侦查人员要注重对客观性证据的收集，转变观念，提高运用技术侦查破获案件的水平，充分利用科技手段对证据进行收集、固定，摆脱对口供的过度依赖。三是贯彻程序正当理念。在侦查工作中，贯彻落实取证规则需要侦查人员具有正当程序理念。我国法律规定，通过非法手段取得的实物证据并不当然排除，只要事后补正或作出合理解释，该证据就可被采纳。因此，需要侦查机关在侦查程序中充分贯彻正当程序理念，规范侦查取证行为。同时还要注重讯问方式的人性化，摈弃运用非人道方法获得有罪供述的观念。

（二）突出侦查阶段检法的协同作用

要突出检察机关、审判机关这两个子系统对整个侦查阶段的作用，处理好侦查机关、检察机关与审判机关之间的关系，防止出现三机关相互对立而影响侦查质量的现象，通过三机关相互作用推动侦查阶段的良性发展。

1. 明确检察机关对侦查工作的监督

针对检察机关监督自侦案件难以落实的问题，可以通过上级对下级制约、部门之间制约来落实检察机关对自侦案件的监督权。首先要加强检察机关上级对下级的监督。对于自侦案件，下级机关要及时向上级机关备案，上级机关及时查处案件是否有疑点、程序是否合法及办案人员是否有违法乱纪行为，上级机关一旦发现相关现象，就要责令下级机关相关部门查处，必要时上级机关可直接通过工作指导规范下级机关的侦查行为。其次是加强部门之间的监督。侦查监督部门应对整个侦查取证过程进行监督，审查起诉部门要强化审查力度，保证侦查质量。同时可以将司法审查、当事人制约与公众参与和检察机关的自我监督相配合，强化对自侦案件的监督。①

针对检察机关监督手段滞后的问题。检察机关应在侦查机关受理案件后开始履行监督职能，主动、同步监督侦查阶段的程序问题，当遇到侦查机关秘密侦查案件时，要注重案件的保密性，对案件做一定的技术处理后再置于检察机关的监督下。但检察机关不可滥用监督权，妨碍侦查机关侦查权的行使。检察机关应只针对侦查机关侦查权行使的合法性进行监督，防止出现侦查阶段干涉过多、主次不清的现象。

针对检察机关监督方式简单的问题，可以赋予检察机关对不合法的侦查行为向法院起诉权。有学者指出，可以赋予检察机关对侦查人员的处分权，这样做很容易使检察机关的权力过大而破坏法院在整个刑事诉讼中应具有的权威地位，不利于推行以审判为中心的诉讼制度的改革。可以赋予检察机关起诉权，当检察机关发现侦查机关的不合法侦查行为时，可以向法院起诉，法院作为独立第三方对相关不合法的侦查行为作出合理裁决，一旦裁决侦查行为不合法，侦查机关应立即停止执行。

2. 加强侦查阶段的司法控制

首先是设立司法授权程序。法院作为审判机关，应对强制侦查行为的行使发布司法许可，对侦查机关强制侦查行为进行事前控制。当遇到侦查机关需要立即采取强制措施时，侦查机关可自行采取强制措施后向法院备案，法院审查后作出相关裁决，如该强制措施裁定不合法，应追究相关侦查人员责任并命令采取相关补救措施。避免由于滥用侦查行为而导致犯罪嫌疑人权益受到不法侵害的现象发生，如在侦查阶段出现的超期羁押现象；又如在侦查阶段侦查机关随意使用监听侦查行为，在使用该侦查行为时侦查机关不考虑监听对象范围、期限、结束监听的条件。

其次是设立司法救济程序。侦查阶段的强制性侦查行为对人身的伤害是极大的，需要法院在侦查权的行使过程中进行控制，一旦发现就要通过及时阻止该侦查行为继续行使来保护相关人员的合法权益。设立司法救济程序意味着犯罪嫌疑人可以随时向法官提出该强制侦查行为侵犯其合法权益的申请，法院受理该申请后，就该强制侦查行为的合法性举行庭审活动，根据不同的情况作出撤销强制侦查行为决定或驳回申请决定。② 这样的程序表明，在强制侦查行为执行过程中，犯罪嫌疑人一方的权益一旦受到损害就可以得到救济，能有效防止因侦查权的滥用对公民权益造成的损害。

最后是严格贯彻非法证据排除。法院通过在庭审过程中对非法证据的严格排除来限制

---

① 陈卫东著：《转型与变革：中国检察的理论与实践》，中国人民大学出版社 2015 年版，第 83~86 页。

② 樊崇义、张中：《论以审判为中心的诉讼制度改革》，载《中州学刊》2015 年第 1 期。

侦查机关运用非法方式收集证据，通过此种方式提高侦查阶段的侦查质量。在实践中，对于被告人提出的"排除非法证据"请求，法院即使启动程序，最终在判决书中对涉及是否存在非法取证问题也不作出裁决。这样不利于制约侦查机关运用非法方式收集证据，相关立法应对法院审查证据合法性程序作出明确规定。[①]

（三）充分发挥其他主体的能动作用

在侦查过程中，侦查机关处于优势地位，而犯罪嫌疑人一方的诉讼权利没有得到充分的保障，这种侦查结构的不平等容易造成诉讼的病态发展。在侦查阶段充分发挥其他主体的能动作用，对促进整个侦查阶段高质量运行与推进以审判为中心的诉讼制度改革具有重要作用。

1. 犯罪嫌疑人的能动作用

犯罪嫌疑人作为侦查阶段的重要主体，侦查阶段的高质量推进需要犯罪嫌疑人发挥作用。刑事诉讼法在第50条确立了"禁止强迫自证其罪"的原则，但对保证犯罪嫌疑人供述的自愿性程度不够。引入沉默权制度可以强化犯罪嫌疑人的诉讼主体意识，确保其供述的自愿性。我国可以在侦查阶段赋予犯罪嫌疑人一定的沉默权，避免审讯环境对犯罪嫌疑人的强迫性，给其恰当的权利保护。[②] 通过这样的制度设置，从犯罪嫌疑人一方给予侦查权限制，促使侦查机关注重执法合法性与高科技侦破手段的应用。

2. 律师的能动作用

保证侦查结构的平衡性，不能忽视律师的作用。针对律师在侦查阶段的阅卷权，立法应当扩张律师的阅卷权，避免出现大部分律师在侦查阶段仅仅充当犯罪嫌疑人咨询者的身份的情况，充分确保其诉讼地位。律师的调查取证权是建立在被调查人员同意与相关机关许可的基础上，这样的规定妨害了律师调查权的有效行使，会影响犯罪嫌疑人一方防御性权利的有效发挥。为保证侦查结构的平衡性，相关立法中应赋予律师有效调查取证权。例如，如果相关单位对律师调查取证不配合将处以罚款；检察机关、审判机关无正当理由不得拒绝律师的调查取证申请等。

结语

侦查机关在侦查取证程序中准确定位，在取证工作中切实履行职责，运用协同思想突出检察机关、审判机关这两个子系统对整个侦查阶段的作用，发挥好侦查机关、检察机关、审判机关以及其他主体的能动作用，建构侦查取证各主体之间的协同关系，可以提升侦查质量，推进以审判为中心诉讼制度的改革。

（作者单位：山西大学法学院）

---

① 高咏、杨震：《一审程序中非法证据排除问题的裁判方式》，载《中国刑事法杂志》2014年第3期。
② 邱飞著：《权力制衡与权力保障：侦查程序中的司法审查机制研究》，光明日报出版社2013年版，第219~224页。

立法的执着与司法解释的任性

——兼谈刑法第 168 条规定的国有公司、企业、事业单位人员渎职案件的管辖权归属问题

李忠诚

刑事诉讼法于 1979 年诞生之日起，历经 1996 年和 2012 年两次大的修改，条文数量从 164 条增加至 225 条和 290 条，刑事诉讼法巨大的变化和进步令人鼓舞。尽管刑事诉讼法条文近乎成倍地增长，但有一条规定，即"国家工作人员的渎职犯罪"归人民检察院管辖，始终不惧外部质疑、不受它法影响而坚持不变。立法的执着令人叹服，而司法解释未能理解立法精神，未能坚持立法原意，脱离刑事诉讼法的规定所作的任性解释让人扼腕叹息。因此，我们必须尊重立法的执着，深刻理解立法精神，严守立法规定，克服司法解释的任性，破解渎职犯罪管辖的难题。

一、立法的执着

1979 年刑事诉讼法第 13 条第 2 款规定："贪污罪、侵犯公民民主权利罪、渎职罪以及人民检察院认为需要自己直接受理的其他案件，由人民检察院立案侦查和决定是否提起公诉。"应当说，当时刑事诉讼法规定的管辖是明确的，司法解释也同立法保持一致。但是随着经济的发展和社会的进步，特别是改革开放步伐的加快，与经济社会相伴而生的犯罪现象也日益复杂多样。因此，立法机关也作出多项有关严惩的单项规定，同时在刑事诉讼中更加强调民主人权和程序的正当性。在诉讼民主科学的推动下，刑事诉讼法于 1996 年 3 月进行了第一次修改，在管辖上进行了调整，修改后的刑事诉讼法第 18 条第 2 款规定："贪污贿赂犯罪，国家工作人员的渎职犯罪，国家机关工作人员利用职权实施的非法拘禁、刑讯逼供、报复陷害、非法搜查的侵犯公民人身权利的犯罪以及侵犯公民民主权利的犯罪，由人民检察院立案侦查。对于国家机关工作人员利用职权实施的其他重大的犯罪案件，需要由人民检察院直接受理的时候，经省级以上人民检察院决定，可以由人民检察院立案侦查。"该法于 1997 年 1 月 1 日实施，而紧随其后于 1997 年 3 月修改并于 1997 年 10 月 1 日实施的刑法对犯罪分类的规定中将渎职罪的主体有 27 个罪名用的是国家机关工作人员，只有 8 个罪名没有用国家机关工作人员限定，同时将国有公司企业、事业单位人员渎职罪规定在破坏社会主义市场经济秩序罪中，司法解释在确定检察机关管辖上注重的是单一的国家机关工作人员的渎职罪，而没有考虑刑事诉讼法规定的国家工作人员渎职犯罪。理论界和实践部门都认为刑法和刑事诉讼法"打架"，影响了职能管辖的有效落实。尽管如此，刑事诉讼法于 2012 年修改时，有关职能管辖的第 18 条第 2 款并没有修改，原文保留。可见立法对"国家工作人员的渎职犯罪"归检察机关管辖的规定是多么执着。

二、司法解释的任性

司法解释的任性主要表现在对立法规定的"无视"。首先是最高人民法院等六部门联合制定的《关于刑事诉讼法实施中若干问题的规定》明确规定刑法分则第九章规定的渎职罪由人民检察院管辖，刑法第 168 条规定的国有公司、企业、事业单位人员滥用职权罪、失职罪由公安机关管辖。从而引导公安司法机关在职能管辖问题上走上了与刑事诉讼法关于管辖的规定相悖的道路。尽管有作为立法机关职能部门的人大法工委参与制定《关于刑事诉讼法实施中若干问题的规定》，但余者均为公安司法机关，力量对比可见其中的司法属性。之后，《公安机关办理刑事案件程序规定》、《人民检察院刑事诉讼规则（试行）》都按此模式对刑事案件的职能管辖作出规定，即人民检察院只能管辖刑法第九章渎职罪，刑法第 168 条规定的国有公司、企业、事业单位人员滥用职权罪、失职罪归公安机关管辖。此后，涉及管辖问题，2010 年最高人民检察院、公安部制发了《关于公安机关管辖的刑事案件立案追诉标准的规定（二）》（公通字〔2010〕23 号）对刑法第 168 条的国有公司、企业、事业单位人员滥用职权罪、失职罪，不仅明确归公安机关管辖，而且规定了立案追诉标准。

我们说司法解释任性，是说司法解释没有按照刑事诉讼法的规定来对具体的管辖作出规定，而是过多考虑刑法关于渎职罪的规定，只注意"渎职罪"，没有注意刑事诉讼法有关渎职犯罪前面的限制性词语"国家工作人员"。注意不是"国家机关工作人员"！国家机关工作人员的范围要比国家工作人员的范围小。根据刑法关于国家工作人员的规定，国有公司、企业、事业单位人员属于国家工作人员，因此其渎职犯罪应当归人民检察院管辖。我们说司法解释任性，是因为司法解释在连续解释过程中，没有对刑事诉讼法认真地解读，表面的理解也没有做到，习惯参照先例，重蹈覆辙，即使发现有误，也不愿振臂一呼，担当纠错的责任，担心成为关注的焦点。所以，我们说司法解释的任性，其中也包含着司法解释的惰性。

我们说司法解释的任性，是因为它对司法实践中问题的漠视。其实，司法解释不顾立法的规定，强行规定国有公司、企业、事业单位人员渎职犯罪划归公安机关管辖，但是公安机关办理刑事案件、维稳的任务相当繁重，很难有精力顾及社会面影响不大的国有公司、企业、事业单位人员的渎职犯罪。一方面，这种犯罪没有得到及时追究；另一方面，公安机关办理过程中往往会发现国有公司、企业、事业单位人员涉嫌受贿犯罪，通常受贿罪同渎职罪相比，法定刑要重，按照重罪优先的原则，往往要移送人民检察院办理。所以，公安机关通常不愿意办理这种因管辖需要变更而半路移送的案件。这种司法实践中的问题，司法机关应当是清楚的，但是没有正视，没能及时解决。

三、原因分析

（一）立法执着的原因何在

1. 立法的习惯思维使然。1979 年刑法和刑事诉讼法的制定和颁行，开创了我国社会主义刑事法治的新纪元。而当时的刑法和刑事诉讼法关于渎职罪的相关规定，从实体认定和案件管辖都十分清楚、明确、具体，在实践中也管用。因此，当时的立法机关坚持"国家工作人员渎职罪"归人民检察院管辖，是一以贯之的立法思想。

2. 人民检察院的职责担当应当明确。立法在管辖上本质明确的是检察机关职责担当，从1979年刑事诉讼法第13条关于"渎职罪"归检察机关管辖以来，检察机关依法履行职责，啃这块职务犯罪的"硬骨头"，1996年刑事诉讼法第一次修改时，刑事诉讼法第18条第2款又进一步明确"国家工作人员的渎职犯罪"归检察机关管辖。用国家工作人员对"渎职犯罪"加以限制，以区别对侵权案件的管辖为"国家机关工作人员对非法搜查、非法拘禁、报复陷害、暴力取证"案件的管辖。1996年修改的刑事诉讼法第18条第2款的规定被2012年第二次修改的刑事诉讼法所承接，没有改动。这说明立法机关在检察机关职能管辖方面坚持相对稳定性。这也是有效执行的基础。

3. 人民检察院管辖的职务犯罪主体范围应当统一。立法机关在"渎职罪"的管辖问题上，坚持两次修改刑事诉讼法时都没有改变"国家工作人员的渎职犯罪"提法，是基于检察机关在职务犯罪管辖上的主体相统一思想。也就是说，检察机关管辖的贪污贿赂犯罪的主体与渎职犯罪的主体应当统一，从而有效地同职务犯罪作斗争。至于在查办侵权案件方面，刑事诉讼法作出了两个限制：一是罪名的限制，即只能查办"非法搜查、非法拘禁、报复陷害、暴力取证"四个罪名。这是突出侵权案件的重点需要，把有限的司法资源用在与人权关系更密切、更直接的案件的查办上。二是犯罪主体的限制，只能是国家机关工作人员，用"机关"限制突出了对"公权力"的监督，防止国家公权力的滥用。尽管在四种侵权案件上，用了国家机关工作人员限制，但是在其他职务犯罪案件的管辖上，刑事诉讼法所规定的犯罪主体是统一的。

（二）司法解释任性的原因分析

1. 限制检察机关侦查权的历史背景不容忽视。20世纪90年代初，检察机关在"严格执法，狠抓办案"工作方针的指引下，突出办案工作，通过办案惩治了职务犯罪，促进了社会发展，提升了检察机关的社会认知度，但是由于办案规模大、投入力量多，加之法律规范简约，办案不文明，查扣物品不规范，产生了一定的负面影响，学术界、社会舆论多有诟病。

2. 司法解释自身固有的膨胀性。徒法不足以自行，可见执法在国家法治建设中是十分重要的一环，司法机关是执法者，在有法可依的前提下，司法机关在实现有法必依、执法必严、违法必究的社会主义法治基本要求中发挥着不可替代的作用，司法机关执法的独立性，为其客观公正执法提供了必要的前提和保障，同时司法权和其他权力一样，具有天然的膨胀性，用孟德斯鸠的话说，就是"任何有权力的人都容易滥用权力，这是一条万古不易的经验"。同样，司法解释的任性也来自司法权的膨胀性，为了司法执法的方便，司法解释往往会给司法机关开绿灯，提供方便条件。

3. 司法解释的不可或缺性。司法解释的任性还缘于司法实践中它是必不可少的。立法有严密的程序，而社会是纷繁复杂而又发展变化的，司法执法必然会遇到法律没有规定或者规定不明确，但是又必须解决的问题，立法滞后，司法解释的重要作用不可替代，司法解释在推进依法治国的进程中发挥了重要的作用，同时也正是这一不可替代性助长了司法解释的任性。

四、对策探讨

就立法的执着与司法解释任性的矛盾体而言，矛盾的主要方面在于司法解释的任性，因此要解决这一问题，我们必须抓住矛盾的主要方面，牵住司法解释这个"牛鼻子"。尽量克服司法解释的任性，使之尊重立法原意，更好地解决司法实践中的问题。

（一）尊重上位法

法律法规制定的机关不同，其效力等级是有差别的，适用的范围也是不同的，而司法解释是对法律适用问题的解释，按照全国人大常委会关于加强法律解释工作的有关规定，在审判工作遇到法律适用的问题时，由最高人民法院作出解释，在检察工作中遇到法律适用的问题时，由最高人民检察院作出解释。为了解决司法解释"打架"问题，最高人民法院和最高人民检察院注重和加强了联合解释工作。但是，司法解释应当尊重作为上位法的相关法律法规，不能与之抵触，否则无效。尊重上位法，就是严格按照上位法的规定进行司法解释，尽量使司法解释在上位法的框架内进行解释。尊重上位法，就是要深刻理解上位法的立法精神，在上位法的精神指导下开展司法解释，使司法解释在解决复杂的司法问题时也不脱离上位法的立法原义。尊重上位法，就是要及时修改与上位法不一致的地方。司法解释在司法实践中适用时，遇有与立法规定相矛盾的地方，应当及时修改，使自身符合立法规定，回归立法的原点。

（二）自身来完善

司法解释与立法规定发生矛盾时，司法解释必须通过自身的修改完善来解决这种矛盾。所谓自身完善，就是司法机关主动修改与立法规定相矛盾的相关司法解释的具体规定。这种自我完善，可以是定期的清理式的，即司法机关定期对所作的司法解释进行清理排除矛盾。也可以是在出现矛盾时的立即清理。不能明知司法解释与立法规定有矛盾而视而不见，充耳不闻，更不能因为参与制定的部门多就有群胆，形成"中国式的过马路心态"。在这种情况下，牵头制定的单位应当负责修改完善。

（三）立法要跟上

立法要跟上，是指立法的废改立工作要跟上，立法解释工作要跟上，司法解释的备案审查工作要跟上。立法的废改立是法治发展的必然要求，法律是对社会经济发展状况的反映，也是社会关系的调节器，当社会发展变化，与发展变化前的社会关系相适应的法律对于发展变化后的社会关系就显得不适应了，应当进行修改和完善。这就是立法要跟上的应有之义。当然，修改法律的程序复杂，需要的周期长，因而立法解释就有"短、平、快"的功效，立法机关加强立法解释也不失为一个完善法律的好办法。在渎职罪主体上，立法解释倒是出手了，但是也没有摆脱司法解释的引导，如2002年12月28日全国人大常委会作出的《关于〈中华人民共和国刑法〉第九章渎职罪主体适用问题的解释》对于渎职罪的犯罪主体进行了扩张式解释，即渎职罪的主体还包括"在依照法律法规规定行使国家行政管理职权的组织中从事公务的人员；在受国家机关委托代表国家机关行使职权的组织中从事公务的人员；虽未列入国家机关工作人员编制，但是在国家机关中从事公务的人员"。这个立法解释也没有直接引用刑事诉讼法第 18 条第 2 款规定的"国家工作人员"渎职犯罪由人民检察院直接立案侦查的规定，就国家机关工作人员的渎职罪和作为国家工作人员的国有公司、企业、事业单位人员滥用职权罪、失职罪应当属于国家工作人员的渎职犯罪，应当由人民检察院管辖作出立法解释，只是矫正司法解释在渎职犯罪主体上的规定，给司法机关适应渎职犯罪主体划了一个框架。在笔者看来，还是要不忘立法初心，忠实于立法原意进行立法解释更好。立法要跟上，还要求立法机关有关备案审查工作要跟上。立法机关设置了备案审查部门，负责对行政法规、规章、司法解释是否符合宪法法律进行审查，发现违规应当进行纠正，但是这项功能在渎职罪主体的司法解释的备案审查中没能发挥应有的作用。因为司法解释在渎职罪主体的解释上明显和刑事诉讼法第 18 条第 2 款的规定相矛盾，但是备案纠正功能没有启动，这个矛盾一直持续，我们期待立法机关的备案审查职能发挥作用，纠正这一错误。

总之，立法的执着需要立法机关的坚守，需要司法解释克服任性，给予应有的尊重。

（作者单位：最高人民检察院反贪污贿赂总局二局）

以审判为中心的实践背离与实现路径

刘 昂

党的十八届四中全会通过了中共中央《关于全面推进依法治国若干重大问题的决定》（以下简称《决定》），《决定》对我国法治建设作出了系统、全面的部署，推进以审判为中心的诉讼制度改革是其中一项引人注目的司法改革举措。2016 年 6 月，习近平总书记再次强调要立足中国国情和司法实际推进以审判为中心的诉讼制度改革。欲扎实落实改革要求，切实取得改革实效，必须明确改革目标，坚持问题导向，直面背离以审判为中心的司法实践问题，研究论证问题解决的合理路径。

一、目标引领：以审判为中心的诉讼制度改革的目标

《决定》提出"推进以审判为中心的诉讼制度改革，确保侦查、起诉的案件事实证据经得起法律的检验"。这句话昭示了刑事司法的最高目标，即依照法定程序实现"不枉不纵"，实现案件的公正处理。以审判为中心的诉讼制度改革应坚持以实现公正为目标引领。改革目标决定着改革的方向、范围和内容，正确理解以审判为中心的诉讼制度改革的公正目标，应明确以下两点：

（一）公正目标的内容包括个案公正及司法标准的统一

以审判为中心强调审判对实现司法公正具有关键作用、核心作用。这里的公正包含两个层面的内容：一是个案处理的公正，包括实体公正和程序公正。从实体公正来看，审判对追究犯罪人的刑事责任具有决定性作用。冤假错案的发生固然与不当侦查、不当起诉密切相关，但从根本上讲源于审判没有起到应有的制约把关作用。因此，审判机关必须通过对追究犯罪人刑事责任的决定性作用的有效发挥保障实体公正的实现。从程序公正来看，在审判活动中，控辩对抗表现得最全面、最充分、最直接、最公开，因此以审判为中心必然包含着对程序公正的追求。二是统一司法标准的确立。严格公正司法的核心，在于统一刑事司法标准。[①] 审判对确定统一的司法标准具有非常重要的作用。一方面，审判对法律规范的适用使字面意义上的司法标准变成了司法实践的标准；另一方面，司法实践复杂多样，新情况、新问题不断涌现，需要通过审判确立新的司法标准。审判通过对案件的实体与程序问题的裁判所确定的司法标准，对侦查、审查起诉以及辩护等活动具有示范、指引和规范作用，同时为公众判断类似案件的法律后果及评价同类案件的公正性提供了预期和标准。因此，只有确立统一的司法标准，才有可能实现习近平总书记提出的"让人民群众在每一

---

① 沈德咏：《统一行使司法标准推进严格公正司法——略论人民法院推进以审判为中心的诉讼制度改革的工作重点》，载《人民司法》2015 年第 19 期。

个案件中都感受到公平正义"的司法目标。因为公平正义既是个案的感知，也是类案的感知。

（二）对公正目标的追求应涵盖各类刑事程序的审判活动

在刑事审判中，不同案件的审理会适用不同的程序。我国刑事诉讼程序包括一审程序、二审程序、再审程序、死刑复核程序等。一审程序中包括普通程序、简易程序、速裁程序（试点），二审程序中又有开庭审理程序和书面审理程序等。不同的审判程序或审理方式因审判所需解决的不同问题而存在，无论就实体公正还是程序公正的实现均各有其位。有论者认为以审判为中心主要是以一审普通程序的庭审为中心，且重点是案件事实的审理。[①] 笔者认为，一审普通程序的事实审理，是证据裁判、直接言词、平等武装等刑事审判原则的集中体现，当然也是我国以审判为中心的诉讼制度改革的重中之重，但是将以审判为中心局限于一审普通程序的事实审理显然不利于审判职能的充分发挥和公正目标的实现。只有案件实体审理活动的审判中心而无法律适用和程序控制的审判中心，以审判为中心是残缺不完整的，同时将面临难以克服的内在矛盾。[②] 审判肩负着确立司法标准的重任，而司法标准存在于各类刑事程序的审判活动中，存在于证据审查、事实认定、法律适用，实体问题、程序问题、定罪量刑等各个方面，因此不能将以审判为中心等同于以庭审为中心或以一审为中心。在公正目标的引领下，以审判为中心的"审判"应当涵盖各类刑事程序的审判活动，这样才能切实推进我国以审判为中心的诉讼程序体系的构建。

二、实践背离：以审判为中心在司法实践中遭遇的困境

《公民权利和政治权利国际公约》第 14 条规定，在判定对任何人提出的任何刑事指控或确定他在一件诉讼案中的权利义务时，人人有资格由一个依法设立的合格的、独立的和无偏倚的法庭进行公正的和公开的审判。这一规定包含了审判的独立性、中立性、庭审的实质性与公开性的要求。这正是保障案件审判质量、实现司法公正、落实以审判为中心的基本要求。以审判为中心，表面上是要解决刑事诉讼"审判说了算"的问题，实质上要着重解决的是"审判凭什么说了算"的问题。如果片面强调审判权威的确立而不去着力夯实审判权威赖以形成的根基，则容易使审判走向失控。从我国目前的司法实践看，确立审判权威的根基还比较薄弱，主要表现为如下四个方面：

（一）审判的独立性、中立性不足

审判的独立性包括法院组织的整体独立和法官审判的个体独立。审判的中立性是指法官不得与案件结果或者各方当事人有任何利益关系或其他足以影响其中立性的社会关系。[③] 从司法实践来看，不乏背离审判独立性、中立性要求的现象，主要表现有两个：一是法院和法官在案件审理过程中受制过多。在法院内部，法官独立难以实现，其办理案件，需要

---

① 闵春雷：《以审判为中心：内涵解读及实现路径》，载《法律科学》2015 年第 3 期。
② 龙宗智：《以审判为中心的改革及其限度》，载《中外法学》2015 年第 4 期。
③ 陈瑞华著：《刑事诉讼的前沿问题》，中国人民大学出版社 2005 年版，第 242 页。

服从法院整体的领导;① 在司法机关内部,公检法三机关配合有余、制约不足,不少案件审前、庭外检法甚至公检法三家沟通协调,未审先定;在司法机关外部,党委、政法委、纪委等借政治领导权对案件审判施加影响,维稳协调机制、反腐败协调机制、重大案件的党内报告制度等,使部分案件的裁判权在实质上被分享甚至转移。二是法律解释主体多元阻碍审判权独立运行。在我国法律解释制度的实际运行中,解释主体多元、不同解释类型交叉融合,呈混乱之象。最高人民法院、最高人民检察院常会同其他没有司法解释权的机关如公安部、司法部、财政部等部门共同发布司法解释性文件,这些机关本身即可能成为诉讼当事人,在参与制定法律解释的过程中往往夹带部门利益,与之联合发布司法解释性文件,无疑损害了审判机关的中立地位和独立性。②

(二) 审判的亲历性不足

审判的亲历性要求审判人员要直接参与庭审,直接接触、审查证据,直接听取控辩双方关于程序适用、证据、案件事实、法律适用、定罪量刑的意见,以全面了解案件证据与事实情况,了解控辩双方的争议和其他诉讼参与人的意见,对案件作出公正的裁判。亲历性要求审判人员做到身到与心到的统一,审案与判案的统一,实现审理者裁判、裁判者负责。③ 从审判实践看,审判人员的行为表明距离“两个统一”还有不小的差距,甚至呈现出“两个分离”。身心分离表现为部分法官身在庭上,心在庭外,使审判沦为形式化的过场。一些人民陪审员陪而不审、审而不议、议而不决,沦为庭审的摆设;审判分离表现为审者不判、判者不审,司法行政化倾向严重,案件审判过程中的内部审批制度、案件请示制度、裁判文书送阅制度等不仅使审判者失去了审判的独立地位和中立地位,也严重背离了审判的亲历性要求。④

(三) 审判的实质化不足

审判的实质化要求充分发挥庭审在审查证据、认定事实、适用法律方面的实质作用,做到事实证据调查在法庭,定罪量刑辩论在法庭,判决结果形成在法庭。笔者认为,审判实质化的重心是庭审实质化,强调严格贯彻直接言词、证据裁判和有效辩护等原则。但从我国刑事审判的实践情况看,庭审虚化的问题还比较严重。例如,案件笔录中心主义审判方式,即案件审查主要依靠侦查阶段和审查起诉阶段形成的书面案卷笔录,不重视在庭审中审查证据和事实,不重视对辩护人提出的辩护意见进行审查,法庭审理成了法官作出案件裁判的必经程序。与之紧密相关的一个问题是证人出庭比率不高。由于案卷笔录中心主义的庭审方式没有得到根本改变,证人出庭作证对庭审而言并非必不可少,因此证人出庭率在刑事诉讼法修改后并未有大的改观。另外,迄今为止,我国仍然有 70% 左右的刑事被告人无法获得律师的帮助,而在那些有律师辩护的案件中,律师的辩护水平也是参差不齐,由于律师不尽职尽责而造成的无效辩护屡有发生;⑤ 律师辩护会见难、阅卷难、调查取证难

---

① 陈卫东:《司法机关依法独立行使职权研究》,载《中国法学》2014 年第 2 期。
② 龙宗智:《以审判为中心的改革及其限度》,载《中外法学》2015 年第 4 期。
③ 朱孝清:《司法亲历性的基本要求》,载《中外法学》2015 年第 4 期。
④ 沈德咏:《论以审判为中心的诉讼制度改革》,载《中国法学》2015 年第 3 期。
⑤ 陈瑞华:《刑事诉讼中的有效辩护问题》,载《苏州大学学报》(哲学社会科学版) 2014 年第 5 期。

的"三难"问题在一些地方仍很严重；不尊重辩护律师、不重视辩护意见的现象广泛存在；被告人权利保护、辩护权保障还很不够……这些问题的存在必然影响法庭调查和法庭辩论的效果，制约了实质性审判的实现。

（四）审判的公开性不足

审判公开是司法公正的要求，也是发挥审判职能的保障。在审判公开方面，案件裁判的心证公开是薄弱环节。庭审中，通过控辩双方的举证、质证，法官完成认证，查明定罪量刑的案件事实以及程序性争议的事实，并在此基础上，适用法律于案件，对实体和程序问题作出裁决。虽然最终的审判结论通过裁判文书予以公开，但是如何通过证据审查完成证据的认证，如何在诸多零碎证据的基础上认定案件事实，如何将法律适用于案件事实进而作出相应的裁决，这些内容均需要论证。司法实践中常出现面对同样的案件和证据，一方认为案件事实清楚、证据充分，而另一方认为事实不清、证据不足的情形，也常出现当事人或社会公众对案件事实无争议，但对案件的裁决结果持有异议的情况。除此之外，各级公检法机关也常单独或者会签文件联合出台内部办案规范，这些规范虽无正式的法律效力，却对司法人员办案具有指导约束力。这些规范对外不公布，在裁判文书中不引用、不解释、不说明，不仅使案件的处理依据神秘化，而且使得辩护无法有的放矢，控辩平等原则无从落地，最终难以实现"看得见的正义"。

三、破解之策：推进以审判为中心的诉讼制度改革的主要路径

推进以审判为中心的诉讼制度改革是一项系统工程。[①] 之所以说这项改革是一项系统工程，是因为审判居于刑事诉讼的中心地位，与以审判为中心相背离的现象和问题在司法实践中种类多样、表现各异，每一个问题都不是孤立地存在。刑事诉讼是一个整体，一项诉讼内容、方法和程序的变革，不可避免地将对其他程序和制度产生影响。因此，我们应当将这项改革放在整个司法改革的体系中去谋划，放在依法治国的总体布局中去谋划。立足于本文的研究，笔者认为，推进以审判为中心的诉讼制度改革，应着力加强以下四个方面的改革工作。

（一）建立中国特色的司法责任制

审判空洞化的根本原因是诉讼深层结构和司法人员怠于出庭问题。[②] 因此，实现以审判为中心的当务之急是推进司法责任制改革。如果庭审与裁判分离，庭审的形式化、虚化便不可避免。一般认为，司法责任制的核心要义是让审理者裁判，由裁判者负责。这是司法亲历性的必然要求。让审理者裁判强调的是还权于审理者、审判组织，强调突出审理者的地位，这是符合司法规律之举，有助于保障审判权的独立行使。由裁判者负责，则明确要求权责相统一、相一致，这符合权力运行原则，有利于增强司法人员的责任心，切实推动

① 王敏远：《以审判为中心的诉讼制度改革问题初步研究》，载《法律适用》2015 年第 6 期。
② 张建伟：《以审判为中心的认识误区与实践难点》，载《国家检察官学院学报》2016 年第 1 期。

庭审实质化进程。① 除此之外，笔者认为，还需要强调由决定者负责。因为从目前来看，完全意义上的让审理者裁判难以绝对做到。审判委员会在讨论、决定重大疑难案件方面还发挥着重要的作用。有人提出落实审理者裁判、裁判者负责的司法责任制，应取消审判委员会议案职权，将审判委员会变成单纯的议事机构以及疑难案件办理的咨询机构。② 笔者认为，取消审判委员会议案职权，将重大疑难复杂的案件一律交由法庭法官裁判，不仅会给法官带来难以承受的审判压力，也会给案件的公正处理带来不利影响。在今后相当长的时期内，将重大疑难复杂案件交由审判委员会讨论决定仍有必要。目前需要解决的关键问题有两个：一是要合理界定审判委员会讨论决定案件的范围。审判委员会原则上只应讨论决定案件在法律适用方面的重大疑难问题，证据审查认证、案件事实认定均应由法庭负责，审判委员会不应作出决定和判断。二是要通过完善司法责任制增强审判委员会委员决定案件的责任意识。立足我国司法实践情况和审判规律要求，中国特色的司法责任制应包括明晰的权力清单、责任清单、负面清单；既要充分体现让审理者裁判、由裁判者负责的要求，也要充分体现由审理者以外的参与案件决定的人负责的要求；同时要对来自司法机关内部和外部的干预案件办理的行为进行严格规范和严厉问责。以明晰的权责关系，严格的责任追究，保障审判人员独立办案，确保庭审在刑事诉讼中的中心地位。③

（二）重视与审判职能发挥不相适应的诉讼制度改革

审判是刑事诉讼的关键环节、中心环节，刑事诉讼中出现司法不公、司法公信力不高的问题，首先应当检视审判机关自身的问题，其次应围绕审判职能发挥检视刑事诉讼制度的问题。基于此种思路，笔者认为，推进以审判为中心的诉讼制度改革需要做好两个方面的工作：一是以遵循审判活动的基本规律要求为前提完善制度建构，确保审判职能的充分发挥。例如，完善证人、鉴定人出庭制度，落实直接言词和证据裁判原则，规范庭审举证、质证、认证程序，完善非法证据排除规则，改革审判委员会制度，推进庭前会议制度改革，健全审判公开制度等。二是以审判职能的充分发挥引领、倒逼审前诉讼程序改革。"推进以审判为中心的诉讼制度改革，就是要高度重视、切实发挥审判程序的职能作用，促使侦查程序和公诉程序始终围绕审判程序的标准进行，确保侦查程序和公诉程序的办案标准符合审判程序的办案标准。"④ 为此，应进一步明确公检法三机关"递进制约"的关系，努力构建侦诉一体的大控诉格局，建立检察介入侦查、公诉引导侦查等诉讼制度，充分发挥审判活动对审前司法活动的指引和规范作用。以非法证据排除问题为例，如果审判机关在审判活动中严格执行非法证据排除规则，那么侦查机关在侦查活动中就会严格防范非法取证现象的发生，检察机关在审查起诉活动中就会严格审查并排除相关证据，审判对实现司法公正的关键作用和核心作用方得以实现。

① 王韶华：《让审理者裁判由裁判者负责》，载《人民法院报》2014 年 7 月 28 日。
② 张能全：《论以审判为中心的刑事司法改革》，载《社会科学战线》2015 年第 10 期。
③ 张吉喜：《论以审判为中心的诉讼制度》，载《法律科学》2015 年第 3 期。
④ 周强：《推进严格司法》，载《〈中共中央关于全面推进依法治国若干重大问题的决定〉辅导读本》，人民出版社 2014 年版，第 111 页。

（三）建立科学完善的刑事诉讼程序体系

审判程序不合理，司法公正就会受到损害，庭审实质化也难以实现。在适用普通程序案件的事实审理中贯彻直接言词原则、证据裁判原则等意味着庭审的时间更长、法官审理时的心理压力更大、工作强度更强，[①] 这必然会加剧法院案多人少的矛盾，这一矛盾的解决要求对案件进行繁简分流，完善现有的诉讼程序体系。笔者认为，以审判为中心的诉讼制度改革必然要求构建普通程序、简易程序与速裁程序（试点），一审程序、二审程序与再审程序等有机衔接的诉讼程序体系。必须立足于现有程序在满足案件公正审理方面存在的问题，积极完善诉讼程序体系。例如，目前试点的刑事案件速裁程序，除了体现效率价值目标外，还有一个价值是满足部分轻微刑事案件公正处理的需要，而现有程序无法满足这种需要。这种现象主要存在于犯罪嫌疑人、被告人被羁押且可能被判处 1 年以下有期徒刑、拘役、管制或单处罚金的案件，如危险驾驶罪。在这类案件中，即使司法机关适用简易程序，严格按照各诉讼阶段的办案时限办理，也还是很可能出现对被追诉人羁押期限过长、"刑期倒挂"的现象。对于这类刑事案件，亟须进一步缩短办案时限，简化办案程序，建立新的办案机制，提升案件办理速度，以解决罚不当罪的问题。因此，速裁程序试点改革应运而生。除此之外，二审程序、再审程序、死刑复核程序、人民陪审员程序、认罪认罚从宽制度等也应积极推进改革完善工作，努力构建起符合我国国情的科学的刑事诉讼程序体系，从而适应以审判为中心的改革要求。

（四）完善被告人的权利保护特别是辩护权的保障制度

刑事审判是法官在控辩双方的控诉活动和辩护活动推动下，围绕追究被告人的刑事责任问题而进行审理和裁决的活动。由于侦诉机关追究被告人刑事责任的鲜明指向和在刑事诉讼中的强势地位，审判机关应特别注重对被告人的权利保障。从这个意义上讲，审判的性质就是为被告人提供司法保障，以审判为中心应以被告人权利保障为中心。同时，审判是发现疑点、解决疑点的活动，我国的刑事审判采用控辩对抗、法庭居中裁判的结构，目的是为发现案件的疑点提供平台和机会。如果辩护不力，法庭审判便成了控方的独角戏，直接言词原则、证据裁判原则等均不可能得以真正落实，如此庭审就会丧失其发现案件真实、保障司法公正的功能。有学者指出，"审判中心只有在有律师辩护的刑事案件中才能真正得以实现"，[②] 这突出说明了有效辩护对实质性庭审的重要意义，在控辩失衡的情形下很难实现以审判为中心。因此，应立足案件控辩平等对抗和案件实质审理的要求，增强法庭保障被告人权利特别是辩护权的观念，着力围绕完善律师阅卷权、会见权、调查取证权，司法机关听取律师辩护意见机制，提高法律援助质量，增强审判依据公开与心证公开等方面，加强制度规范和实施保障，确保被告人权利保护、辩护权保障落到实处。

（作者单位：北京政法职业学院）

---

① 万毅、赵亮：《论以审判为中心的诉讼制度改革》，载《江苏行政学院学报》2015 年第 6 期。

② 陈光中、步洋洋：《审判中心与相关诉讼制度改革初探》，载《政法论坛》2015 年第 2 期。

以审判为中心视野下侦查法治化改革研究

刘 卉

现代法治和依法治国的内容之一就是实现诉讼的法治化，侦查制度作为法治的重要组成部分，它的完善程度是我国民主和文明的直接标志，也是实现司法公正和法律权威的重要保障，强调侦查法治不仅有利于保障人权，而且也有利于准确打击犯罪。党的十八届四中全会以来，建设有中国特色社会主义法治国家的发展目标对侦查法治提出了更高的要求，随着"以审判为中心"诉讼制度改革的逐步深化，需要对现行侦查程序进行改造以满足侦查法治的要求。2012 年修正后的刑事诉讼法对侦查程序的法律规定作出了较大的调整，如强化了侦查阶段律师辩护权的行使，增加了反对强迫自证其罪和非法证据排除的相关规定，明确了警察出庭说明取证程序合法性问题的义务，完善了侦查措施的相关要求及其法律监督等内容，在一定程度上实现了对侦查权的有效规范和当事人合法权益的保护，促进和推动了侦查法治的发展。但是，受各种历史和现实因素的限制，此次法律修改也留下了有待进一步完善的空间，现行的侦查制度在侦查主体、侦查措施、侦查权力、侦查程序等方面仍存在着与法治不相符合的规定和做法，随着司法体制改革的逐步深化，需要对侦查制度进行改造以满足侦查法治的要求。

一、侦查法治的基本要求

（一）从实体的角度来看，侦查的结果应当实现案件事实的准确查明

侦查虽然不是确定刑事责任的最终机制，但是整个刑事追诉和司法救济链条上不可或缺的一环。在我国司法实践中，疑案、悬案、错案的出现是个十分复杂的问题，与刑事诉讼中的公安机关侦查、人民检察院审查起诉、人民法院审判等诸多主体的诉讼活动都有一定的关系，其中有案情复杂、客观条件制约、办案人员认知能力有限等无法回避的因素，当然也会存在司法不公等故意而为的问题，但不管原因如何，一个不争的事实就是侦查环节的案件处理功能并没有得到有效实现。从犯罪控制的任务来看，目前侦查活动在实体上存在的两个突出问题就是犯罪查获效率低下和案件认知错误，核心都是围绕案件事实问题。准确查明案件事实作为侦查工作的任务，不仅要求侦查主体能够认识到案件事实是什么，更要使他人尤其是司法裁判者也认识到案件事实就是什么，即通过证据的作用证明案件事实，否则侦查就是无效的。[1]

---

[1] 杨郁娟著：《侦查模式研究》，中国人民公安大学出版社 2009 年版，第 24 页。

（二）从程序的角度来看，侦查权的运行应当受到法律有效的控制

现代诉讼学说观点认为，刑事诉讼应首先以发现案件真相为价值追求，但不能作为唯一的价值，它必须与其他社会价值如诉讼效率、人类尊严、权利保护等需求之间达成一种平衡，而这些价值追求可能会对真相的发现起到一定程度上的牵制甚至是反方向的限制，但这就是法治的基本要求。① 作为刑事诉讼重要内容之一的侦查环节同样也应当体现出这种多元的价值取向，侦查权的运行必须是在一种法律有效控制的状态下展开。第一，必须是特定的享有法定侦查权的主体才能行使侦查权力、进行侦查活动，其他任何国家机关、社会团体和公民均无权涉及。第二，侦查主体应当在法律规定的权限范围内行使侦查权，通过法定手段和法定措施完成侦查职能。第三，如果在侦查权运行领域出现越权行为或对公民权益造成损害，侦查主体则应承担相应的法律责任。第四，以上对侦查权的控制还必须通过一整套完善的过程步骤和方式方法等具体程序加以细化并在司法实践中同步展开，充分发挥用程序限制权力恣意的功能，使侦查权的法律控制更具可操作性和有效性。②

二、侦查法治的理念

（一）人权保障

人权保障是刑事诉讼理论和实务研究中一个永恒的命题，刑事诉讼制度不断走向文明的发展史，淋漓尽致地再现了一个对人权保障日益重视和完善的过程。关于刑事诉讼人权保障有三个问题需要强调：其一，人权保障之"人"的范围，如若从进行刑事诉讼的根本任务来看，貌似其所指应当是通过打击犯罪维护国家公共利益和社会秩序，进而保障全体社会成员的整体权益，这不单是刑事诉讼的任务之一，也是所有法律活动的共同任务，宪政意义上的人权保障是现代法治的终极目标。但刑事诉讼的人权保障是具有特殊内涵的，个案处理中更多体现的应当是具体的个体权益，它主要针对的是参与到刑事诉讼活动中的公民人权，而不包括一般意义上抽象的人权。其二，人权保障之"权"的界定，作为现代诉讼两种不同方向的价值取向，打击犯罪与保障人权各自具有独立的特定内涵，前者倾向于使有罪之人受到惩罚、无罪之人不受错误追究的实体结果，后者则倾向于通过程序的运行公正地对待诉讼参与人尤其是犯罪嫌疑人、被告人的合法权益。基于此，刑事诉讼中的人权保障关键所在应当是体现其不依赖于实体结果而独立存在的被追诉人诉讼权利的有效行使，以此凸显程序相对于实体的独立价值。③ 其三，人权保障应当遵守循序渐进的发展规律，它必须根植于特定的国情和社会多元价值观之中，在对其大力提倡的同时还应当与我国政治、经济、社会发展的实际情况相符合，不能脱离国情走向极端。

（二）程序公正

我们所追求的司法公正在实体上最理想的状态是有罪受到惩罚、无罪避免错误追究，

---

① 吴宏耀：《诉讼认识论纲——以司法裁判中的事实认定为中心》，北京大学出版社 2008 年版，第 8 页。
② 徐阳著：《权力规范与权力技术——刑事诉讼中国家权力配置问题研究》，法律出版社 2010 年版，第 8 页。
③ 林劲松著：《刑事诉讼与基本人权》，山东人民出版社 2005 年版，第 17 页。

但是怎么来判断这种实体结果的准确性呢？当然它是不可能根据案件最终的处理结果本身来实现自我判断的。从逻辑关系上来讲，案件实体公正只是司法公正的一种静态描述，其本身的有效性是无法自动产生的，这时必须依靠一种结果之外的动态描述使人们在公正、公开的程序中一步一步感受到来自司法的公正并最终认同接受实体上的公正，也就是说，真正意义上的公正是在"一般人可以看到正义正在实现"的程序中得到诠释，对"正义已经实现"进行证明、限制和补充，看得见的正义才是真正的正义。① 侦查法治化进程要求有侦查权的国家专门机关进行刑事诉讼必须要遵守程序正义的要求，越是复杂的程序越是能够保障公民的合法权益，从这一点上来讲，程序立法就是对国家权力行使的一种有效控制，当前各国进行法治完善的显著特征之一就是对包括侦查程序在内的刑事诉讼程序进行规则化和细致化。体现公平、正义法治精神的侦查程序强调侦查权行使的正当性，要求国家权力者与程序参与人之间在诉讼权利（力）上基于平等、理性进行对话，防止侦查权恣意、专断而行，以降低不必要的自由裁量权行使对侦查工作的影响。②

（三）证据中心

侦查作为诉讼证明的第一个阶段，在收集证据的同时就要强调加强对证据和案件事实的审查，司法实践中，我们经常会遇到一些案件在进入法院审判阶段之后仍申请补充侦查的现象，甚至早在检察院审查起诉阶段就已经进行过补充侦查活动，这从一个侧面说明侦查阶段只重视证据的收集、不重视证据的审查，关于证据的客观真实性、证据与案件事实的关联程度、证据是否符合法律的要求、现有的证据链条能否达到排除疑点确定唯一的证明标准等问题不做过多关注，以证据为中心的案件办理机制并没有在侦查工作上得到体现，对案件进行审查把关的侦查预审的功能处于弱化状态。

以证据为中心的侦查法治理念首先要求侦查主体重视证据在案件事实认定中无法替代的作用，充分运用现代科技手段提高发现证据的能力。其次要求侦查主体在收集证据的同时加强对证据客观性、关联性、合法性的审查把关，提高证据运用的有效性。再次要求侦查主体依照人民法院审判案件用于定案的证据要求、证明对象和证明标准收集证据，按照犯罪构成要件的内容作为侦查方向对证据体系进行及时的补充完善，对全案证据进行综合衡量，符合庭审质证、认证的各项要求，最终确保案件事实的准确认定。③ 最后，以上所有围绕查明事实采取的侦查工作和措施都必须有合理的法定理由和必要的事实根据作为支撑，并且要求是在经法定程序批准的前提下方能进行。

三、以审判为中心视野下侦查法治的实现路径

（一）确立侦查主体的法律职业共同体发展方向

党的十八届四中全会提出了加快推进法治建设的重要战略，伴随着社会管理方式法治

---

① ［印度］阿马蒂亚·森著：《正义的理念》，王磊、李航译，中国人民大学出版社 2013 年版，第 365 页。
② 毛立新：《侦查法治化的十大理念》，载《江苏警官学院学报》2008 年第 2 期。
③ 刘静坤：《树立法治侦查观念，严格规范侦查程序》，载《人民公安报》2013 年 10 月 3 日。

化的转变，关于法律职业共同体的构建成了保障社会高效运转的重要手段。一个国家法治化水平与法律职业共同体的完善程度密不可分，法律职业共同体是法治高度发展的一种外在形式和赖以存在的基础，而法治则是培养法律职业共同体的重要条件，二者相互促进、相互制约。理论上大多认为法律职业共同体的范围仅限定为法官、检察官、律师这些司法从业人员，他们是基于司法职业的特定内涵和要求而逐步形成的具有统一法律知识背景、模式化思维方式、共同法律语言的旨在维护司法职业共同利益的共同体。而目前我国侦查主体除了人民检察院自侦案件以外，主要集中在公安机关的刑事侦查部门，公安机关在性质上属于行政机关，侦查权到底属于行政权还是司法权一直存在争议，法律职业共同体也一直并未把警察职业涵盖和接纳进来，这与公安机关所承担的查明案情、打击犯罪的侦查工作职能不相符，侦查在某种意义上也兼具适用法律这种司法功能，侦查主体的法律职业化对实现侦查法治而言具有非常重要的意义。有学者就此主张通过将警察执法资格考试与司法考试有效衔接，健全人民警察与检察官、法官、律师等法律职业群体之间的人才交流制度来实现警察群体的法律职业共同体发展方向，这些都是可以用来借鉴的有益之策。[①] 除此之外，笔者认为侦查主体法律职业共同体的发展思路还应包括以下两个方面：

1. 加强以证据运用为核心的综合能力的提升。从目前的司法现状来看，在整个刑事诉讼程序中，公安机关侦查阶段的证据运用整体能力相对比较薄弱，证据意识淡薄、证据审查认定标准模糊混乱、证据形式使用不规范、证明对象单一片面、非法取证等问题一直困扰着侦查任务的实现。十八届四中全会确立的"审判中心"诉讼改革方向明确了侦查机关的证据运用必须遵循证据规则的要求，能够经得起法律检验、符合法庭审判标准，可以说，作为诉讼之核心、司法之基础，证据的问题解决了，侦查法治的功能就实现了一半。

2. 明确案件办理执法责任制，健全主办侦查员制度。主办侦查员制度是落实十八届四中全会关于深化司法体制改革重要部署、增强公安机关刑事司法职能有效性的措施之一，它明确了主办侦查员在案件证据材料依法收集、有关法律形式要件完善等方面的工作职责，强化了主办侦查员在刑事执法中的地位作用和案件办理的执法规范化责任，在一定程度上提高了侦查人员办案的责任感和积极性，尤其是在执法工作的合法性要求上提高了标准、加大了责任，即强调依法办案的重要意义，改变"重实体、轻程序"的传统侦查思维，确保办案质量的提高。在健全主办侦查员制度的措施方面，可以通过优化顶层设计、推进改革试点、立足实战需求、完善配套机制等步骤，本着责权利明确统一、科学合理考核、保障监督有力的原则，处理好办理案件的侦查责任与检察、审判责任之间基于整个刑事司法责任体系的统一衔接以及侦查主体自身对上、对下、对内、对外的协调关系。[②]

（二）保障侦查措施的正当性适用

随着侦查理论的深入发展，侦查措施的科学化、现代化成为实现侦查功能、提高侦查效益的重要保障，如目前在一些特定犯罪侦查活动中大量使用的秘密侦查、技术侦查等手段确实正在发挥着不可替代的作用。而在实质法治之要义下，侦查措施科学化、现代化与法律正当性之间的逻辑关系并非处在同一层级，后者不应当仅仅是促进前者的一种手段，

---

① 李铭、冯建义：《警察与法律职业共同体关系问题研究》，载《河南警察学院学报》2012 年第 4 期。
② 聂江波、唐金辉：《主办侦查员制度改革探析》，载《公安教育》2015 年第 9 期。

更是前者存在之预期目标。在诸多侦查措施中，与犯罪嫌疑人人身、财产等人权保障内容紧密相关的强制性措施和特殊侦查行为的适用问题一直是理论上探讨的热点，成为在实现侦查法治的道路上必须正视的话题。

1. 侦查措施必须坚持合法性要求。在法律理念上，关于国家公权力行使的一个基本原则是"法无授权即禁止"，也就是说法无授权不得为，法有授权必须为，依法进行侦查就是这一法律理念的具体表现，它也是侦查正当性要求的第一层含义。侦查措施合法性要求包括两个方面的内容，第一，在立法层面，首先侦查措施的设立应体现出法律本源上的正义性，不能单纯出于犯罪控制的需求而赋予侦查主体超出与犯罪程度相适应的侦查权力，其次立法必须明确各种侦查措施适用的条件，包括实体和程序两方面的要件；第二，在执法层面，侦查主体必须严格按照法律明确之规定行使侦查权，能够采取哪些侦查措施、如何操作这些措施等均需依法进行，法律没有作出规定的不能随意作扩大解释。[①]

2. 侦查措施必须坚持必要性要求。法律为侦查措施的适用提供了依据，但随着社会的不断发展，法律制度和法律规则并不能实现面面俱到，尤其是在本身含有一定自由裁量内容的侦查措施的适用上法律不可能提供非常明晰和确定的条条框框，在大的方面坚持合法性的前提下，侦查措施正当性要求还有第二层含义，即必要性原则的限制，它的基本精神在于将侦查措施控制在必要的限度内。根据这一要求，在涉及公民的人身自由限制、人身检查搜查、秘密监听侦查等权利损益较重的侦查措施上，一般不能适用于轻微型犯罪或人身危害性较小的犯罪嫌疑人这些采取较轻手段就足以实现犯罪控制需要的情形。[②] 同时还必须要有相应的证据要求，类似于英美法系国家"可能原因"、"合理怀疑"、"合理根据相信"、"清楚并令人信服"等不同刑事诉讼程序适用的证据标准。

（三）强化侦查权力的私权对抗模式

作为一项法律活动，刑事诉讼是由具体的法律关系主体来承担和完成的。完整意义上刑事诉讼法律关系的主体包括两类，一是以国家名义参加诉讼并且行使法律赋予的诉讼职权的国家专门机关；二是以个人名义参与进来、行使个人诉讼权利的当事人和其他诉讼参与人。一方面，由于刑事诉讼的目的是准确打击犯罪、维护国家安全和社会秩序，法律应当赋予专门机关揭露犯罪、惩罚犯罪的诉讼职权并保障其有效行使；另一方面，程序本身的独立价值还要求最大限度地维护个体参与人的合法权益不受侵害，应当赋予其必要的防止和抵御专门机关不当损害所需要的各项诉讼权利。在某种意义上，刑事诉讼法律关系主体之间的公权和私权配置的平衡决定了刑事司法公正的最终实现。长期的侦查实践证明，侦查权力的一家独大往往会导致权力的滥用而偏离法律既定的轨道，对此，除了严格限制侦查权力以外，还应当赋予被追诉人有效地防止来自公权的不当侵害以及受到侵害后获得及时救济的保障权，通过私权对抗实现二者之间的平衡，以私权来制约侦查权，从而实现侦查法治。[③]

1. 犯罪嫌疑人主体地位的确立。现代诉讼已经明确犯罪嫌疑人是具有独立法律地位、

---

① 刘方权著：《法治视野下的强制侦查》，中国人民公安大学出版社 2004 年版，第 16 页。
② 胡志风著：《刑事错案的侦查程序分析与控制路径研究》，中国人民公安大学出版社 2012 年版，第 167 页。
③ 傅宽芝著：《刑事诉讼主体公权与私权》，社会科学文献出版社 2010 年版，第 18 页。

享有诉讼权利、履行诉讼义务的法律关系主体。与主体地位配套的是保障其对抗指控、抵消控诉效果的防御性诉讼权利以及要求审查、改变或撤销对其作出的不利措施、决定或裁判的救济性权利得以顺利实现，并给予其无罪推定、反对强迫自证其罪、禁止酷刑、独立公正审判等一系列程序性保障。同时最重要的一点是在侦查理念上能够真正树立并贯彻人权保障之观念、防止犯罪嫌疑人诉讼地位被客体化，坚持以人权为本位、切实保护公民的各项实体权利和诉讼权利。

2. 强化犯罪嫌疑人律师辩护权的有效行使。作为对抗侦查权的一种最有效的防御性诉讼权利，侦查阶段律师辩护的介入会大大改善侦查法治化的程度。2012 年我国刑事诉讼法修正后，立法对侦查阶段的律师辩护功能进行了明确和强化，但是此处修改也留下了诸多遗憾，侦查阶段律师辩护在目前仅仅是一种有限辩护，在辩护律师行使会见权、阅卷权、调取证据权等核心辩护权内容方面仍然受到法律较大的限制（限制行使或者不能行使），如法律规定案件自移送审查起诉之日后，辩护律师才能查阅、摘抄、复制案件材料，向犯罪嫌疑人调查核实有关证据。这在一定程度上影响了辩护律师对案件情况和事实的全面了解，限制了辩护作用的发挥，制约了侦查控辩对抗的实现，留下了法律有待进一步改进的空间。

（四）完善侦查程序的公权制约机制

宪政体制下的分权原理决定了刑事诉讼活动不可能集中由某一种国家权力独立完成诉讼功能，现代法治遵循的是一种权力有限的非集权原则，因此有必要通过权力的技术性分解来界定刑事诉讼中的国家权力范围，用以防止权力专断。但是如果止于此步，仅对国家权力进行界限明确并不能有效阻止权力的滥用，法治国家对国家权力进行合理配置的思路首先应当"限定权力"，其次还要"赋予权力"，利用公权力之间的制约实现有效的权力自律。

1. 提高对侦查程序司法审查力度，进行诉讼化、专业化方向的改革。由于我国特殊的司法体制设计问题，侦查权单方主导的高效行政化模式十分明显，司法权的介入受到较大的排斥，无法达到权力制约的效果，造成控辩双方之间关系的失衡，司法权不能对侦查权进行有效控制，也不能对辩护权进行及时公正的救济，这种侦查模式不符合现代诉讼基本原理和法治建设发展方向。目前我国法律规定侦查程序中仅有逮捕这种强制措施的适用具有一定的准司法审查性质，它需要报请人民检察院审查批准后方能执行，除此之外，其他针对当事人采取的限制人身自由或财产的有关强制性措施都是由侦查主体单方自行决定并执行，不需要经过司法机关尤其是审判机关的司法审查程序，体现不出诉讼三角构造下第三方中立的平衡功能，这与诉讼活动的专业化要求不相匹配。[1] 因此，有必要扩大侦查程序司法审查制度的适用范围，借鉴西方国家的司法令状制度将侦查活动尤其是对公民人身自由或财产进行限制的强制性侦查措施纳入司法权有效控制的轨道，提高侦查法治水平。[2]

2. 加强人民检察院对侦查活动的法律监督。侦查监督作为法律监督的重要组成部分，是人民检察院履行诉讼监督职能并保障整个刑事诉讼依法公正进行的第一道环节。与检察机关的另一职能——审查起诉不同，侦查监督侧重于对侦查进行程序监督，以实体监督作

---

① 孙应征、刘桃荣：《刑事错案纠防的检察功能与机制探讨》，载《人民检察》2015 年第 6 期。
② 邓思清著：《侦查程序诉讼化研究》，中国人民公安大学出版社 2010 年版，第 81 页。

为补充，其目的是发现并纠正不合法的侦查行为、甄别判断不符合法律要求的证据材料、防止侦查权滥用，确保侦查活动的合法性和准确性。当前，由于审判机关并未实际参与到侦查程序中，在对司法现状不做较大内容调整的前提下，检察机关对侦查的法律监督成为来自公权最主要的一种权力制约机制。2012 年刑事诉讼法修改内容之一就是进一步加强并完善了人民检察院对侦查活动的法律监督功能，但是现行法律规定还存在一定的缺陷，一是监督程序和监督手段有限，多表现为一种被动监督、静态监督和事后监督；二是检察机关内部的监督协调运作机制不畅，无法形成监督合力；三是监督的法律效力不明确，监督流于形式。① 这些问题导致人民检察院该项职能不能发挥其应有的作用，在侦查法治进程中需要围绕侦查监督的工作制度、运行机制和制度保障等方面予以完善和健全，提高法律监督的效能。

（作者单位：铁道警察学院）

---

① 贺恒扬著：《侦查监督论》，河南大学出版社 2005 年版，第 22~25 页。

关于刑事诉讼法基本原则的思考

刘计划

一、引言

我国刑事诉讼法第一编总则第一章规定的是刑事诉讼法的任务和基本原则，除第 1 条立法目的、第 2 条立法任务外，自第 3 条至第 17 条共 15 条，是关于刑事诉讼基本原则的规定。除我国外，不多的国家在刑事诉讼法典中规定基本原则，如《俄罗斯联邦刑事诉讼法典》第一部分通则第一编基本规定第二章即为刑事诉讼的原则。值得注意的是，更多的国家如德国、日本、韩国在刑事诉讼法典中未设专章明文集中规定刑事诉讼基本原则。这表明刑事诉讼法作为程序法，并非以规定基本原则为必要内容，不过法学者往往总结出了刑事诉讼基本原则体系。例如，德国学者约阿希姆·赫尔曼教授即全面总结了主导德国刑事诉讼程序的刑事诉讼法原则。[①] 由此可见，法典中不规定基本原则，并不意味着这些国家刑事诉讼理论中不存在基本原则。需要指出的是，德国、日本、韩国刑事诉讼法典虽然没有规定基本原则，但刑事诉讼制度均是根据以审判为中心的诉讼理念进行建构的。

《俄罗斯联邦刑事诉讼法典》第一部分通则第一编基本规定第二章刑事诉讼的原则，从第 6 条到第 19 条共有 14 条，分别规定了刑事诉讼的目的、刑事案件诉讼中的法制、只有法院才能进行审判、尊重个人的名誉和人格、人身不受侵犯、在刑事诉讼中维护人和公民的权利和自由、住宅不受侵犯、通信、电话和其他谈话、邮件、电报和其他通信秘密、无罪推定、控辩双方辩论制、保障犯罪嫌疑人和刑事被告人的辩护权、证据评价自由、刑事诉讼的语言、对诉讼行为的决定提出申诉的权利。研析这 14 条可以发现，刑事诉讼的原则这一章具有以下四个鲜明特点：第一，注重对权利和自由的维护。共 6 条即第 9 条、第 10 条、第 11 条、第 12 条、第 13 条和第 16 条规定了各种宪法权利和人身自由的保障程序。此外，第 13 条规定了无罪推定原则，第 19 条规定了申诉权，以上共 8 条，占原则条文的一半以上。第二，体现了以审判为中心的诉讼理念。第 8 条明确了法院的审判权，第 17 条肯定了证据评价自由原则，而且根据第 10 条、第 12 条和第 13 条的规定，只有经过法院决定，才能正式羁押人（检警临时拘捕不得超过 48 小时）、对住宅进行勘验、搜查、扣押、监听等，体现了法院对强制处分和秘密侦查的司法控制，体现了审判权对侦查权的监督和制约。第三，没有一条列举式规定检察机关和警察机构的职权，也没有一条规定法院与检察机关、警察机构之间类似分工负责、互相配合、互相制约的关系。第四，明确区分控辩

① 参见 ［德］ 约阿希姆·赫尔曼：《〈德国刑事诉讼法典〉中译本引言》，载《德国刑事诉讼法典》，李昌珂译，中国政法大学出版社 1995 年版，第 11 页以下。

审三种诉讼职能，并按照控审分离、审判中立、控辩平等原则建构各方诉讼主体之间的法律关系。① 第 15 条即规定："刑事诉讼实行控辩双方辩论制。指控、辩护和刑事案件判决等职能相互分开，不得由同一机关或同一公职人员进行。法院不是刑事追究机关，不得参加指控方或辩护方。法院为控辩双方履行诉讼义务和行使权利创造必要条件。指控方和辩护方在法院面前一律平等。"

我国刑事诉讼基本原则伴随修法而处于变动之中。对于 1979 年刑事诉讼法确立的基本原则体系，两次修改均有所触及，但并未进行根本调整。其一，1996 年修法时新增第 12 条"未经人民法院依法判决，对任何人都不得确定有罪"。该条吸收无罪推定原则的精神，确立了犯罪嫌疑人、被告人在法律上无罪的诉讼地位，明确了法院的统一定罪权和审判程序的法律意义，进而提升了法院在刑事诉讼中的诉讼地位和裁判权威。其二，为"安慰"检察机关失去免予起诉权，新增第 8 条"人民检察院依法对刑事诉讼实行法律监督"。立法起草部门对此的解释是，该条是根据宪法第 129 条关于人民检察院是国家的法律监督机关的规定而增加的。② 其三，2012 年修法时只是将第 14 条第 1 款"人民法院、人民检察院和公安机关应当保障诉讼参与人依法享有的诉讼权利"修改为"人民法院、人民检察院和公安机关应当保障犯罪嫌疑人、被告人和其他诉讼参与人依法享有的辩护权和其他诉讼权利"，从而突出了人民法院、人民检察院和公安机关对犯罪嫌疑人、被告人辩护权的保障义务。

就我国刑事诉讼法规定基本原则的体例来看，未能体现以审判为中心的诉讼理念。基本原则的主要条款是围绕三机关职权的自主性与分工负责的关系展开的，如第 3 条第 1 款、第 4 条、第 5 条、第 7 条、第 8 条；同时，第 3 条第 2 款、第 6 条、第 9 条、第 14 条对承担中立审判职能的人民法院和承担追诉职能的人民检察院、公安机关未加区分地提出了相同的要求。上述主要条款的基本精神是，对人民法院、人民检察院、公安机关进行统一、平行规范，使得审判权与公诉权、侦查权并列，形成公权力机关的一体结构，并与辩护方形成两面关系，不仅导致公权力的集中与过度张扬，也导致诉讼三角结构不复存在，其结果是审判无以形成中心地位。

我国推进以审判为中心的刑事诉讼制度改革，应当建立控审分离、审判中立、控辩平等的诉讼结构。应当实现法院的独立性和中立性，使之与行使追诉职能的检察机关、公安机关保持适当的距离，并强化法院的审判职能，建立法院对强制侦查、秘密侦查的审批机制，实现法院对侦查、公诉的全程监控。以审判为中心，应首先体现在刑事诉讼基本原则条款中。为此，需要删除或者修改相关条款。

二、删除刑事诉讼法第 3 条第 1 款关于三机关职权的规定

刑事诉讼法第 3 条第 1 款规定："对刑事案件的侦查、拘留、执行逮捕、预审，由公安机关负责。检察、批准逮捕、检察机关直接受理的案件的侦查、提起公诉，由人民检察院

---

① 与此相应，《俄罗斯联邦刑事诉讼法典》第二编规定的是刑事诉讼的参加人，包括第五章法院、第六章刑事诉讼的控方参加人、第七章刑事诉讼的辩方参加人，从而清晰地区分了审控辩三方诉讼主体。这和我国刑事诉讼法中频频出现、多达 20 次的"人民法院、人民检察院和公安机关……"的表述有别，展现了迥异的价值取向。

② 参见全国人大常委会法制工作委员会刑法室编：《〈中华人民共和国刑事诉讼法〉条文说明、立法理由及相关规定》，北京大学出版社 2008 年版，第 16 页。

负责。审判由人民法院负责。除法律特别规定的以外，其他任何机关、团体和个人都无权行使这些权力。"该规定看似明确了公安机关、检察机关和人民法院在刑事诉讼中的各自职权，合乎诉讼分权的法治原则，但有违以审判为中心的诉讼理念，积弊甚深。在以审判为中心的现代诉讼理念之下，法院不仅负责案件的实体审判，而且在整个刑事诉讼过程中，通过对干预公民基本人权的强制处分、秘密侦查进行审查，并对控辩双方之间产生的重大程序争议进行裁决来发挥全面的裁判职能，以维护刑事诉讼的合法性和公平性。而根据第3条第1款，却形成了公安机关、检察机关、人民法院分别行使侦查权、自侦权与公诉权、实体审判权的权力分配格局。其一，赋予公安机关、检察机关等侦查机关及侦查人员完全自主的侦查权，即将所有侦查行为包括各种强制侦查和秘密侦查行为，皆授权侦查机关及侦查人员自行决定实施，导致侦查无须接受法院的司法审查和控制。例如，刑事诉讼法第134条规定，为了收集犯罪证据、查获犯罪人，侦查人员可以进行搜查；第139条规定，在侦查活动中发现的可用以证明犯罪嫌疑人有罪或者无罪的各种财物、文件，应当查封、扣押；第148条规定，公安机关根据侦查犯罪的需要，经过严格的批准手续，可以采取技术侦查措施。[①] 该款赋予检察机关对逮捕的批准、决定权，也是违背以审判为中心的诉讼理念的，容后再论。[②] 其二，"审判由人民法院负责"的表述造成了根深蒂固的长期误读——法院作为审判机关，对公诉案件仅进行检察机关起诉后的实体审判，即作出被告人是否有罪的裁判，至于侦查过程，则与法院完全无关。这限缩了我国法院的应有功能，和现代法院在刑事诉讼中的职能范围存在差异。

鉴于人民检察院组织法第5条对侦查权、公诉权等检察职权作了规定，第11条对检察机关和公安机关行使侦查权作了规定，刑事诉讼法第一编总则无须规定检察机关和公安机关的职权。刑事诉讼法第3条第1款规定公安机关、检察机关的职权，彰显侦查权行使的完全自主性，造成了公安机关、检察机关单方面操控侦查过程的积弊，这在现代各国刑事诉讼法总则中是见不到的。另鉴于宪法第123条已有"人民法院是国家的审判机关"的规定，人民法院组织法第3条已有"人民法院的任务是审判刑事案件和民事案件"的规定，从而对法院的审判权进行了确认，刑事诉讼法作为程序法再作规定是没有必要的，且现有表述不足以体现法院的应有职权，不利于司法体制改革过程中实现司法职权的优化配置。总之，刑事诉讼法第3条第1款不符合以审判为中心的诉讼理念，阻碍了司法职权配置的优化，应予删除。[③]

三、删除刑事诉讼法第5条关于人民法院、人民检察院独立行使职权的规定

鉴于宪法已有第126条"人民法院依照法律规定独立行使审判权"、第131条"人民检

[①] 从公安部《公安机关办理刑事案件程序规定》第256条来看，所谓"严格的批准手续"，不过是"报设区的市一级以上公安机关负责人批准"，因此采取技术侦查措施同样是由侦查机关决定的。

[②] 自1997年以来，我国台湾地区检察官相继失去羁押决定权（1997年）、搜索决定权（2001年）、通讯监察决定权（2007年），体现了检察权去司法化的发展历程。参见林钰雄：《刑事诉讼法》（上册总论编），台湾元照出版有限公司2013年版，第307页。

[③] 刑事诉讼法第4条关于国家安全机关行使侦查权的规定也应删除，可移至侦查一章中，或者与附则第290条合并。

察院依照法律规定独立行使检察权"的规定,人民法院组织法第 4 条、人民检察院组织法第 9 条也有上述规定,建议删除刑事诉讼法第 5 条关于"人民法院依照法律规定独立行使审判权,人民检察院依照法律规定独立行使检察权……"的规定。其一,刑事诉讼法是根据宪法制定的,没有必要重复宪法的规定。人民法院独立行使审判权为宪法与人民法院组织法共有条款,亦不适宜在作为程序法的刑事诉讼法中规定。其二,将人民法院与人民检察院并列规定会带来误解。法院独立行使审判权是实现公平审判和司法公正的要求和保证,但检察机关即便独立行使职权,也不意味着其侦查权、公诉权能够获得公正行使,因为侦查、公诉作为主动性的公权力是以追诉犯罪、完成控罪为目的的。无论是联合国《关于检察官作用的准则》,还是现代国家的宪法和刑事诉讼法,都鲜见检察机关独立行使职权的规定。而且同等规定检察机关和人民法院独立行使职权,会冲击以审判为中心的理念,也会影响法院和检察机关之间诉讼职权的科学配置和刑事程序的改革。值得注意的是,第 5 条在 1979 年刑事诉讼法中原本就是不存在的,为 1996 年修法时所增加。

四、删除刑事诉讼法第 7 条三机关关系条款

自 1979 年刑事诉讼法制定伊始,人民法院、人民检察院和公安机关在刑事诉讼中的关系条款"分工负责,互相配合,互相制约"即得以确立。历史地看,该原则具有进步意义,它改变了"大跃进"时期要求三机关"联合办案,合署办公",提倡"一员代三员"、"一长代三长","下去一把抓,回来再分家"等错误做法,明确了各自的职能和制约关系。但是,"该原则并没有摆脱公检法三家仍然是一家的观念,即它们肩负着共同的任务,只是分工上有区别而已"。① 事实上,三机关各自的职权是明确的,刑事诉讼法乃至宪法无须规定"分工",更不宜规定"负责",因为使用"分工"和"负责"的表述,不可避免地会导致将三机关塑造为追诉犯罪"流水线"上的三个操作员和目标一致即共同打击犯罪的诉讼主体。

至于分工负责的基础上要求"互相配合",则容易混淆三机关各自的诉讼职能,形成不同国家权力的集中。法院与检察机关、公安机关的"配合"关系,尤其是在惩罚犯罪目标下的配合,销蚀了法院应有的中立性,违背了控审分离的要求。还有,法院与控诉机关"并肩作战","三机关合力来对付被刑事追诉之人的观念与现代刑事诉讼的基本理念不相吻合","刑事被告人并不能确立其可以与控方平等的诉讼主体地位,辩护人难以获得足以和控诉方相抗衡的能力;而按照人权公约的规定,控辩平衡、平等武装是刑事诉讼的基本原则。"② 由此,三机关"互相配合"的关系对辩护职能的实现极为不利。

虽然刑事诉讼法规定了"互相制约",但在分工负责、互相配合的基调下,法院对公安机关、检察机关的制约大大弱化,极为乏力。在实务中,公安等侦查机关主导的侦查时间往往最长,长达数月乃至数年;检察机关审查起诉的期限为 1 个半月,且可两次退回补充侦查;法院在受理起诉后对案件进行审理的时间严重滞后,且一审庭审实质化不足,时间往往也是最短的。这就使得刑事诉讼演化为以侦查为重心,刑事诉讼程序的惯性使得公安

---

① 王敏远:《人权公约与刑事诉讼法原则的修改》,载《法学研究》2007 年第 4 期。
② 王敏远:《人权公约与刑事诉讼法原则的修改》,载《法学研究》2007 年第 4 期。

机关作出的侦查结论往往左右乃至决定着法院的最终判决结果。无论是"做饭、端饭、吃饭"说,还是"公安定案、检察照办、法院宣判"说,这些坊间说法都是我国刑事司法体制被异化的某种反映,暴露出我国司法体制运行中的重大缺陷。

作为我国特有的一项基本原则,该原则违背以审判为中心的诉讼理念,导致刑事诉讼形成了侦查、起诉、审判这三个被公安机关、检察机关、法院分割的独立阶段,并未形成以审判为中心的诉讼形态。在"分工负责"之下,没有建立起法院对检察机关、公安机关侦查活动的司法审查机制。笔者完全赞同熊秋红教授的观点,即"处于社会转型期的中国,应当将构建中立、独立的法院作为司法体制改革的主要目标。在刑事诉讼中,公检法关系的重塑,关键在于建立以司法裁判为中心的刑事诉讼构造"。[①] 为此,"现行刑事诉讼法所规定的三机关关系原则应当废除","废除这个原则不仅有利于转变相关的观念,而且对刑事诉讼法修改三机关的相关关系、加强辩护方的作用,均有积极意义"。[②]

五、删除刑事诉讼法第 8 条检察监督条款

刑事诉讼法第 8 条规定,人民检察院对刑事诉讼实行法律监督。该条无视检察机关在刑事诉讼中是侦查机关、公诉机关,承担的侦查、公诉(包括审查起诉、提起公诉、变更起诉、撤回起诉、抗诉)都属于控诉职能的范畴,而规定其对整个刑事诉讼实行所谓的法律监督,是不适当的。检察机关对人民法院刑事审判进行的所谓监督,三种监督方式的实质均为诉讼职能。[③] 检察机关独立行使所谓侦查监督职能同样也存在问题,既无法回应自身侦查的监督问题,也使得对公安机关侦查的监督被弱化。[④] 刑事诉讼具有控诉、辩护、审判三种诉讼职能,审判中立、控辩平等为诉讼构造的内在要求。在此诉讼构造之外,将检察机关行使的某些诉讼职能定性为监督职能,不仅有违诉讼法理,在实践中更是有害无益。这样的条款在现代国家刑事诉讼法中绝无仅有,有违以审判为中心的诉讼理念,对法院的中立性和权威性形成冲击。基于以审判为中心的诉讼理念,需要确立法院在刑事诉讼中的中立裁判者地位,为此,应当理性认识检察机关在刑事诉讼中的控诉主体地位,还原检察机关的"诉讼原告人"身份,[⑤] 否则就会出现"检察官的判官化、判官的检察官化"的审检不分现象。[⑥] 基于以上,应当删除刑事诉讼法第 8 条检察监督条款。

六、其他条款的删除

刑事诉讼法第 6 条关于"人民法院、人民检察院和公安机关进行刑事诉讼,必须依靠群众,必须以事实为根据,以法律为准绳。对于一切公民,在适用法律上一律平等,在法

---

① 熊秋红:《刑事司法职权的合理配置》,载《当代法学》2009 年第 1 期。

② 王敏远:《人权公约与刑事诉讼法原则的修改》,载《法学研究》2007 年第 4 期。

③ 参见刘计划:《检察机关刑事审判监督职能解构》,载《中国法学》2012 年第 5 期。

④ 参见刘计划:《侦查监督制度的中国模式及其改革》,载《中国法学》2014 年第 1 期。

⑤ 参见龙宗智:《我国检察学研究的现状与前瞻》,载《国家检察官学院学报》2011 年第 1 期。我国台湾地区"刑事诉讼法"第 3 条(刑事诉讼之当事人)则规定:"本法称当事人者,谓检察官、自诉人及被告。"

⑥ 参见王泰升:《历史回顾对检察法制研究的意义和提示》,载《检察新论》2007 年第 1 期。

律面前，不允许有任何特权"的规定，并不具有刑事诉讼的特性，无须作为刑事诉讼基本原则进行规定。此外，刑事诉讼法第 10 条规定："人民法院审判案件，实行两审终审制。"而人民法院组织法第 11 条第 1 款已有同样的规定，在此没有必要再作规定；刑事诉讼法第 13 条规定："人民法院审判案件，依照本法实行人民陪审员陪审的制度。"鉴于人民法院组织法已有关于人民陪审员的规定，刑事诉讼法第三编第一章审判组织中已有人民陪审员参与组成合议庭的规定（第 178 条第 2 款），基本原则部分不作规定为宜。

七、修改刑事诉讼法第 14 条保障诉讼权利条款

刑事诉讼法第 14 条规定，人民法院、人民检察院和公安机关应当保障犯罪嫌疑人、被告人和其他诉讼参与人依法享有的辩护权和其他诉讼权利。诉讼参与人对于审判人员、检察人员和侦查人员侵犯公民诉讼权利和人身侮辱行为有权提出控告。该规定存在价值预设上的缺陷。首先，检察机关和公安机关作为公诉机关、侦查机关，承担追诉职能，无疑是辩护权和其他诉讼权利的最大威胁者。仅仅对检察机关和公安机关提出保障辩护权和其他诉讼权利的要求是远远不够的，还需要建立由法院为当事人提供司法救济的机制。其次，不宜将人民法院和检察机关、公安机关并列作为保障辩护权和其他诉讼权利的义务主体，似乎法院和检察机关、公安机关一样，也是诉讼权利的威胁者。这有损裁判者的中立形象，与以审判为中心的诉讼理念不符。基于以审判为中心的诉讼理念，法院应成为制约检察机关和公安机关，为辩护权和其他诉讼权利受到追诉机关侵犯时提供司法救济的中立裁判者，即应确立法院对辩护权及其他诉讼权利的司法救济者地位。为此，建议将该条修改为"人民法院应当保障犯罪嫌疑人、被告人和其他诉讼参与人依法享有的辩护权和其他诉讼权利。诉讼参与人对于检察人员和侦查人员侵犯公民诉讼权利和人身侮辱的行为，有权提出控告，人民法院应当受理"。

八、结语

讨论刑事诉讼基本原则，还需关注刑事诉讼法第 1 条和第 2 条。虽然 2012 年修法时将尊重和保障人权写进了第 2 条，但这两条关于立法目的和任务的规定在目的论上仍保持了惩罚犯罪价值一元化倾向，不足以体现保障人权与惩罚犯罪同等的重要性。[①] 这两条对于改变三机关的关系，确立以审判为中心的诉讼制度，完善刑事诉讼结构都是不利的。如果参考德、日、韩等国刑事诉讼法未规定目的、任务的立法例，可以不再保留这两条；如仍设

---

① 现行刑事诉讼法第 1 条是 1996 年修改刑事诉讼法时对原第 1 条的重新表述，确立了刑事诉讼目的一元论，即惩罚犯罪。2012 年修改刑事诉讼法，虽然将"尊重和保障人权"写进第 2 条，但不过是将其作为刑事诉讼法的一项任务来规定的，而且在"中华人民共和国刑事诉讼法的任务"之后的十个分句中位列第八，由此可见，人权入法的积极意义被大大地降低了。

类似条款，日本和我国台湾地区的规定则具有参考意义。①

综上所论，我国刑事诉讼基本原则体系未能体现以审判为中心的诉讼理念，未能体现控辩平等精神，未能充分体现保障人权的宪法价值。如果刑事诉讼法保留基本原则，则需要秉持以审判为中心的诉讼理念，删除与该理念不符的条款，增加保障权利的程序条款，并体现法院在维护诉讼公正价值方面应有的功能。

（作者单位：中国人民大学法学院）

---

① 日本刑事诉讼法第1条规定："本法以在刑事案件上，于维护公共福利和保障个人基本人权的同时，明确案件的事实真相，正当而迅速地适用刑罚法令为目的。"我国台湾地区"刑事诉讼法"第1条（犯罪追诉处罚之限制及本法之适用范围）规定："犯罪，非依本法或其他法律所定之诉讼程序，不得追诉、处罚。"前者并没有宣示惩罚犯罪，而是强调维护公共福利和保障个人基本人权的同等重要性；后者则明确地表达了程序法定原则，体现了程序合法性要求，很好地规避了惩罚犯罪和保障人权的价值冲突问题。

"审判中心主义"改革的三重困境及突破

刘少军

2014 年 10 月党的十八届四中全会通过的中共中央《关于全面推进依法治国若干重大问题的决定》（以下简称《决定》）首次提出要推进以审判为中心的诉讼制度改革，明确将改革正式提上了日程。2015 年 2 月 4 日最高人民法院发布了《关于全面深化人民法院改革的意见——人民法院第四个五年改革纲要（2014-2018）》中也明确提出要建立以审判为中心的诉讼制度，促使侦查、审查起诉活动始终围绕审判活动进行。2016 年 6 月 27 日，在中央全面深化改革领导小组第二十五次会议上，习近平总书记特别提到了推进以审判为中心的诉讼制度改革，并在会议上审议通过了《关于推进以审判为中心的刑事诉讼制度改革的意见》。由此可见，推进以审判为中心的诉讼制度改革，已是党中央的坚定决心与明确的司法改革方向。笔者走访了 A 省四地的中院与基层法院，通过当面交谈、发放问卷等实证方式，就审判中心主义诉讼制度改革的相关问题进行了实地调研，认为当下实行的"审判中心主义"诉讼制度改革面临以下三重困境。下面拟对这三重困境及其可能的突破进行探讨。

一、诉讼构造困境：传统纵向构造对"审判中心主义"的桎梏

在"审判中心主义"理论提出后，学界围绕该理论提出的背景对其内涵进行了广泛而深入的探讨。尽管观点不尽相同，但均认为庭审应当成为审判的中心，即要实行庭审实质化，防止庭审走过场和形式化。而庭审实质化的要求就在于"案件事实调查在法庭"、"定罪量刑辩论在法庭"与"裁判结果形成于法庭"三个方面。在这一意义上，有些学者将"审判中心主义"发展成为"庭审中心主义"。应当说这一理论推演是符合逻辑的。因为既然确定了"审判中心主义"的诉讼制度改革，就必须让此改革落到实处，而"庭审实质化"是"审判中心主义"的最佳落脚点和归宿。然而，这里的问题在于：刑事诉讼不仅仅是审判的一个阶段，在审判之前，还有侦查和审查起诉两个阶段。审判并不是第一时间接触案件和被告人的。整个案件的证据都是由侦查机关收集，检察机关负责审查的，法院只是对侦查与检察机关已经侦查和审查过的证据、认定的事实以及适用的法律进行后续的判断与确认。也就是说，法院处理案件和对被告人刑事责任做最后认定都得建立在侦查与检察机关工作的基础上。如果侦查机关在证据的收集上存在较大的问题，如证明被告人有罪的关键证据之间存在明显的矛盾之处，或者在证据的充分性上无法满足定罪证明标准的要求等，而检察机关并未及时发现上述问题而将案件移送给法院，作为审判主体的法官就会面临一个尴尬的处境：如果严格按照刑事诉讼法中关于证据的规定，很多案件都无法做定罪处理，因为法律关于证据、证明标准与证明责任的要求是非常明确的。一般来说，拥有丰富审判经验的法官很容易在庭前阅卷时就发现这些问题。在此种情况下，法官如若坚持

庭审严格按照法律规定对案件作出无罪处理，不仅容易引发侦查机关与检察机关的不满，而且也与法官心中潜存的惩罚犯罪的刑事诉讼理念相背离。于是，法官就将有问题的案件发回检察机关，指出案件的证据存在哪些问题，要求检察机关补充侦查并在规定的时间内将案件返还至法院。而这项做法由于违背了法官的中立审判地位而早已被1996年刑事诉讼法所明令禁止。但是问题在于"审判中心主义"的诉讼制度改革不仅确立了审判在刑事诉讼中的中心地位，而且还通过司法责任的施加将法官与案件处理的正确性直接关联起来，法官必须对案件的不公正办理承担相应的司法责任。在此种情况下，法官就会十分负责地将检察机关移送过来的案件从证据方面进行把关，将案件发回补充侦查是很多法院在庭审前的一个不成文的做法。法院违背法律明确规定采取法律明令禁止的制度可以说是司法责任制对法官的倒逼，但也暴露出当下"审判中心主义"诉讼制度改革面临的第一重困境，即传统的纵向流水线式的诉讼结构与粗放的办案方式对"审判中心主义"的极大制约。

所谓纵向构造，是指侦诉审在整个刑事诉讼过程中的诉讼格局与法律关系。基于我国的诉讼传统，侦诉审之间长期形成了流水线型的纵向诉讼结构，即侦查机关、检察机关与审判机关是刑事诉讼这个大工厂的三大车间，侦查机关负责侦查与收集证据，检察机关负责审查起诉，而法院则负责将案件最后打磨和出厂。尽管宪法与刑事诉讼法均对公检法三机关之间的关系进行了明确的规定，即分工负责、相互配合、相互制约，但实践中侦诉审之间的关系是配合远远大于制约，这已是不争的事实。而这种多角度、全方位的配合恰恰是很多冤假错案得以产生的根源。这与"审判中心主义"的要求是严重不符的。我们应当认识到，"审判中心主义"的诉讼制度改革是一项贯穿刑事诉讼全过程的改革，而不是只涉及部分机关和部分阶段的单一化改革，其中必然涉及三机关关系的重新梳理与定位。而只有将三机关的诉讼关系充分理顺后，才有可能将审判的中心地位体现出来，才有可能通过庭审的实质化重塑司法的公正性与权威性。否则，庭审实质化至多只有象征的形式化意义。笔者认为，理顺公检法三者关系的第一步是要明确宪法与刑事诉讼法"分工负责、互相配合、互相制约"规定的具体内容。严格来说，宪法与刑事诉讼法的此项规定并非错误，但过于抽象和模糊，其并未指出配合和制约分别适用的空间，从而导致实践中该配合的不配合，该制约的不制约，公检法三者关系陷于混乱无序的状态。鉴于刑事诉讼法的本质在于严格规限国家公权力的不当行使，而权力之间的相互制约是经历史检验过的最为有效的限权方式，应当确立公检法三者"以反向制约为主，正向配合为辅"的关系模式。具体而言，即在刑事诉讼中，后一个阶段的专门机关要对前一个阶段专门机关的工作进行实体与程序两方面的制约，不能对前一阶段的工作进行全面承继。而审判机关由于处于刑事诉讼的最后，其对前两个阶段即侦查与审查起诉阶段的工作进行全面制约，在制约体系中占据着最为核心的地位。正向配合则是指后一个阶段在程序上与前一个阶段的工作进行正常的衔接，如侦查机关将案件移送检察机关后，检察机关就应当及时对案件进行审查。第二步要改变目前公安机关与检察机关粗放的办案模式。因为如果侦诉两机关特别是公安机关不改变当前粗放办案模式的话，最后送到审判机关的案件仍然在证据上存在问题，法官将很难改变当前对案卷进行实质性审查从而架空庭审的局面，"审判中心主义"仍然只能停留在理论层面，而无法在实践中真正得以践行。因而侦查机关和检察机关应当树立"精密司法"的办公模式。即在每一个诉讼阶段，侦查机关和检察机关都应当严格对照刑事诉讼法的规定，特别是按照法律关于证据的规定与取证程序的要求，从每一个细节入手，不放过任何一个缺口，不放过任何可能产生问题的地方，把侦查工作做细做精做扎实，使检察机关的审查起诉能够顺利通过，也为法院的审判提供可供判断的坚实基础，而不是由法院在最后来"补缺补差"，让法院回归审判者而非控诉者的角色，从而为"审判中心主义"的诉讼制度改革中的主体能够找准自己的角色定位，更好地行使职责奠定基础。

二、程序困境：简易程序的运转不畅对"审判中心主义"的制约

现行的刑事诉讼程序对"审判中心主义"的要求构成了明显的制约。最大的制约来自现行简易程序的规定。我国 1996 年刑事诉讼法首次将简易程序入法，但由于适用范围过于狭窄难以满足司法实际的需要，导致实践中出现了普通程序简易审的自发性改革。因此，2012 年刑事诉讼法再次修正时，将简易程序的范围扩展至判处无期徒刑、死刑以下的案件，调整幅度较大。然而，此项改革也存在不少问题：一是刑事简易程序的适用条件太过严苛，不利于分流大量的案件。根据我国刑事诉讼法的规定，适用简易程序需满足三个积极要件，即案件事实清楚、证据充分的；被告人承认自己所犯罪行，对起诉书指控的犯罪事实没有异议的；被告人对适用简易程序没有异议的。然而，仅满足上述三要件并不意味着就一定能适用简易程序，刑事诉讼法第 209 条同时也规定了排除适用简易程序的消极要件，即被告人是盲聋哑人，或者是尚未完全丧失辨认或控制自己行为能力的精神病人的；有重大社会影响的；共同犯罪案件中部分被告人不认罪或是对适用简易程序有异议的；其他不宜适用简易程序审理的。刑事诉讼法通过正反两方面的条件规定，将适用简易程序的案件限制在了一个狭小的范围内。二是简易程序并未体现出"简易"的特征。刑事诉讼法规定，对可能判处有期徒刑超过 3 年的，应当组成合议庭进行审判。实际上，既然案件进入了简易程序，说明该案符合适用简易程序的条件，即案件事实清楚、证据充分，被告人认罪，即使可能判处 3 年以上有期徒刑，独任审判也已足够，硬性规定合议庭审理并未起到简化程序、节约资源的目的。三是简易程序关于审限的规定导致了简易审向普通审的转化。刑事诉讼法规定，适用简易程序，一般在 20 日内审结案件，对可能判处有期徒刑超过 3 年的，可以延长至 1 个半月。但同时规定，人民法院在审理过程中，发现不宜适用简易程序的，应当按照本章第一节或者第二节的规定重新审理，即将简易程序转为普通程序继续审理，审理期限将重新计算，导致办案期限不当延长。在此次调研过程中，很多法官都反映有些应当采用简易程序处理的案件均因为 20 日的审限转瞬即逝，而无法继续适用简易程序，只能转为普通程序审理，这就大幅度降低了简易程序的适用比例，导致法官难以有充足的时间与精力去处理应当突出体现"审判中心主义"的案件。

由于我国刑事简易程序类型单一且适用弊端突出，难以发挥程序分流的作用，有必要通过发展多元化的刑事简易程序，落实案件分流机制。笔者认为，对于"审判中心主义"面临的此项困境，可以考虑从三方面入手。第一，修改现行的关于简易程序的规定。对简易程序的适用范围进行明确界定，取消刑事诉讼法第 209 条第 4 项的兜底条款，即"其他不宜适用简易程序审理的"，严格规限法官不适用简易程序审理的案件情形。明确凡是适用简易程序审理的案件，均可以采用独任的方式进行审理。只有在被告人明确提出适用合议庭审理方式的，才采用合议庭审理方式。将简易程序的审理期间扩展为 30 日内审结，对于可能判处有期徒刑超过 3 年的，可以延长至 2 个月，由此避免应当适用简易程序处理的案

件因审限的不足向普通审判程序的转化。第二，加快刑事速裁程序的试点与立法工作。2014 年 8 月 22 日，最高人民法院、最高人民检察院、公安部、司法部联合印发《关于在部分地区开展刑事案件速裁程序试点工作的办法》，将速裁程序正式在全国 14 个省区的 18 个城市全面推开。根据该办法，刑事速裁程序的适用范围主要限制在日常多发的特定类别犯罪，且可能判处 1 年以下有期徒刑、拘役、管制或者依法单处罚金的轻微犯罪案件。与简易程序相比，适用条件更加严格。并且速裁程序的审理方式也有别于以往的实质审查，突出独任审判员的形式化庭审。待该程序在试点地区实践日益成熟后，可以将相关经验予以提炼和总结，将其中具有普遍可操作性的做法上升到立法的层面，并在全国法院系统铺开，这样司法效率会大幅提高，同时也保证了通过普通审判程序处理案件的司法资源。第三，建立认罪认罚从宽制度。建立多元化刑事诉讼程序的前提是能够根据一定的标准将案件有效分流至不同的诉讼程序，避免各程序界限模糊、适用混乱的局面。

三、制度困境：员额制与司法责任制对"审判中心主义"的阻遏

当下，司法改革无疑是理论界与实务界最为关注的一个核心话题。"员额制"与"司法责任制"被称为此次司法改革的"牛鼻子"和两大抓手。"员额制"旨在解决谁来担当审判主体的问题，而"司法责任制"则旨在实现"由审理者裁判，让裁判者负责"，解决如何保障法官依法办案，保证案件质量的问题。应当说，这两项制度的出发点和用意无疑是良好的，但从实践来看，可能会因相关配套制度的缺失而对"审判中心主义"的诉讼制度改革造成一定的阻遏作用。

（一）来自员额制的阻遏

就员额制而言，其最重要的一个主旨思想就是法官精英化。就理论上而言，只有那些法学学识渊博、法律素养深厚、审判经验丰富、道德素质高尚的法律人才才能进入法官队伍，享有法官的称谓和尊崇。这一对法官的严格要求并非全无道理，因为法官是行使审判权力的主体，其业务能力与素质修养在很大程度上决定了案件能否公正办理及公正的程度。法官这一角色设定首先是要符合司法实践办理案件的实际需求，能够满足社会公众对于司法公正的最基本需要。如果员额制实行过后，进入员额的法官能够足以面对逐年增长的案件，能够充分保证办理案件的质量倒也无可厚非。然而，全国法院目前最为普遍的问题就是案多人少的矛盾日趋尖锐。根据最高人民法院近两年发布的数据显示，2014 年，全国法院刑事一审收案 104 万件，比上年上升 7.09%；审结 102.3 万件，比上年上升 7.24%。2015 年，全国新收刑事一审案件 1126748 件，比上年上升 8.29%；审结 1099205 件，比上年上升 7.45%。而就地方法院而言，情况也基本相当。以 A 省 H 市中级人民法院为例，2013 年刑事一审收案 32594 件，同比增长 5.77%；2014 年刑事一审收案 34881 件，同比增长 7.01%；2015 年刑事一审收案 38300 件，同比增长 9.80%。而 2015 年刑事一审收案与 2012 年相比增长率高达 24.2%。另外，在案件数量不断攀升的客观情况下，法院办案人员的数量却未得到应有的增长，真正承办案件的一线法官人数仍然占比较低，这就导致每个一线法官的人均结案数在不断上涨，劳动强度增大，工作压力增多。就如一位基层法院的刑庭法官所说，"现在我的工作就是白加黑和五加二模式，案子多到我几乎难以应付的地

步"。在这种情形下，很难试想有哪一位法官可以将充足的时间与精力放置于"审判中心主义"所要求的"庭审实质化"上。而员额制的实施不仅未能解决"案多人少"的实际问题，而且在很大程度上加剧了这一矛盾，使案多人少的矛盾更加尖锐化和白热化。因为员额制的实施将在很大程度上造成原本处于一线审理案件的法官由于员额的限制无法进入法官序列，工作积极性和职业尊严感受挫而流失于法官队伍之外。这又必然造成审判力量的削弱。一方面是不断增加的刑事案件；另一方面是捉襟见肘的有限的审判资源，二者之间已经不可能再保持应有的张力，也不可能再具有将案件通过"审判中心主义"的理想设置而处理案件的能力。在司法实践中，现实问题的解决永远都是排在第一位的。对于一线法官而言，他们最关心的就是如何在规定的审限之内将案件及时审结，而不是通过复杂的程序设置而实现案件的庭审实质化。因为庭审实质化意味着法庭调查、质证、认证等都要当庭完成，法官开庭审理的工作强度和心理负担明显加大，有的甚至超出了法官的心理承受范围，故很多法官对"审判中心主义"的诉讼制度改革并不持积极的响应态度，这在某种程度上构成了对"审判中心主义"诉讼制度改革的阻遏力量。

对于上述问题，笔者认为，员额制的改革方向本身并没有错，其代表了对"法官精英化"与司法公正的理想追求，但在推行某项制度改革时，还应当切实关注司法实际的现实需要。前已分析，当下最为迫切的现实需要就是如何解决案多人少的矛盾，特别是在实施员额制改革之后。健全的相关配套制度的构建是极为重要和必要的。因为相关配套制度的构建一方面可以为主制度的实行提供良好的环境基础；另一方面可以最大限度地减少主制度的实施可能产生的负面影响。就员额制本身而言，其主旨在于在缩减法官人数的基础上实现法官的精英化，但不能不去关注那些原先处在审判第一线的法官的去留问题，不能不去关注法官助理与司法行政人员的配备问题。这些都是不可或缺的保证员额制改革能够顺利实施的重要因素。具体而言，可以从以下几方面着手：第一，配备大量员额外司法辅助人员。第二，科学设定法官助理与书记员的职责。第三，要为在此次员额制改革中未能进入员额的法官留下再次遴选的空间。

（二）来自司法责任制的阻遏

2015 年 9 月 21 日与 9 月 28 日，最高人民法院和最高人民检察院分别发布了《关于完善人民法院司法责任制的若干意见》和《关于完善人民检察院司法责任制的若干意见》，对审判责任制与检察责任制进行了明确规定。此规定将法官和检察官的司法权力的行使与所承担的责任，即将"责"、"权"、"利"三者进行了关联，建立了案件质量终身负责制和错案责任倒查追究机制，有利于督促法官和检察官严格依法办案，防止故意违反法律法规的情形出现，有利于司法公正的实现与司法权威的树立。然而，此司法责任制的出台将可能在两方面对"审判中心主义"的诉讼制度改革构成负面的阻遏作用。一是最高人民法院《关于完善人民法院司法责任制的若干意见》第 25 条"法官应当对其履行审判职责的行为承担责任，在职责范围内对办案质量终身负责"的规定对于法官而言无异于悬挂于其头上的一把"达摩克利斯之剑"，使法官在行使审判权力时小心翼翼、极为谨慎，生怕一不小心判错了案件，这把剑就会落在自己身上。尽管第 26 条对违法审判责任的七种情形进行了明确列举，但这样的担心是客观存在的。现实中很多法官被放权后仍然不敢轻易对案件下判就是此种心理的真实写照。在这样的心理驱使下，审判法官就会对案件办理的每一个环节与程序都高度重视，甚至在很大程度上为了追求案件裁判能够符合客观真实而背离了"判断者"的角色定位，行使了应当属于检察机关的"控诉职能"，使得庭审阶段的证据调查、事实辩论、适用法律争议都失去了应有的价值与意义，这也就在很大程度上虚置了庭审，使"审判中心主义"的诉讼制度改革举步维艰。二是只有每一个阶段都贯彻实施司法责任制，才有可能让侦查起诉审判机关都能以同样高的积极性与责任感以及相同的标准去办理案件，从而使每一个阶段的案件处理都做到细致与精确，以"庭审实质化"为表征和核心的"审判中心主义"的诉讼制度改革才能有基础与条件展开。而从目前来看，公安部曾于1999年制定、2016年修订的《公安机关人民警察执法过错责任追究规定》对公安机关的执法过错和责任追究进行了界定。其中的问题在于，此规定与针对检察机关与审判机关的司法责任制的规定相比，针对性不强，标准不甚统一。因为其适用的对象并不仅限于刑事警察，而是泛泛地指向所有类型的人民警察。且公安机关关于执法过错责任情形的列举都较为抽象、粗糙，可操作性不强，与检法两家的错案界定标准存在不一致之处。

　　针对上述司法责任制从两个方面可能对"审判中心主义"诉讼制度改革的实现造成的阻遏影响，笔者认为，可以采取以下突破的思路：首先，应当认识到司法责任制可能导致的审判法官将对案件主要证据与事实的判断放在庭前而非庭审中，过分纠结于裁判结论是否与案件客观事实相一致的情况，充分暴露出审判法官对司法责任承担的恐惧心理。事实上，对于"审判中心主义"诉讼制度的改革，就是要让法官敢于在庭审中审查证据、判断事实与适用法律，而不需要在庭前做一系列将庭审虚置化的诸多工作。从这一层面而言，保障法官敢于履职比对其责任进行追究更为重要。但此处并不代表笔者认为司法责任的追究是可有可无的，而是意在指出应当进一步加强对法官的履职保障与豁免机制，这一意识的确立是首位的。在此之下，再来规定司法责任承担的相关问题。对于这一顺序目前从检法两家的司法责任制规定来看，显然是次序颠倒的。先用大段篇幅规定司法责任，再简要述及法官履职与豁免。这无疑传达给法官一种不信任其权力行使的错误信息。正确的顺序应当是给予法官履职上的充分保障，规定较为全面的豁免情形，使法官在行使审判权力时无任何后顾之忧，才有可能将庭审真正实质化。其次，对于同处于刑事诉讼程序的公安、检察和审判机关，应当在每一个阶段都把握好案件的证据关、事实关和法律关，为下一个机关在处理案件时提供扎实全面的工作基础。而在出现问题时，则应运用同一种关于错案的认定标准与追责程序，对相关责任人员进行追责。唯此，才能真正调动刑事诉讼中每一个链条中可以运用的零件，充分发挥其作用，防止重大错误的出现，顺利进入下一步的案件正确处理中，"审判中心主义"或者"庭审实质化"才有可能真正得以实现。

（作者单位：安徽大学法学院）

基于实现审判中心要求的指定辩护范围之扩充

刘用军　梁　静

审判中心并非是一种发挥好法院审判角色的单方任务，也不是一种静态的结构，审判中心实际上是一种诉讼结构的建立，只有在合理化的结构视域下审判中心才有实质意义。

一、审判中心的前提取决于构建真正平等的诉讼结构

审判中心就是"审判案件应当以庭审为中心，事实证据调查在法庭，定罪量刑辩护在法庭，裁判结果形成于法庭"[①]。"诉讼的各个阶段都要以法院的庭审和裁决对于事实认定和法律适用的要求和标准进行"[②]。"从刑事诉讼的源头开始，就应当统一按照能经得起控辩双方质证辩论、经得起审判特别是庭审标准的检验，依法展开调查取证、公诉指控等诉讼活动，从而确保侦查、审查起诉的案件事实证据经得起法律的检验。"[③]

但是，究其一点，上述关于审判中心的认识仍然是围绕如何发挥好审判功能或者说如何使审判复归审判而来，无论是强调一审的庭审，还是突出审前各阶段的最终检验莫不如此。显然，这些认识的最大弱点是过于重视审判角色及审判中心的静态结构，或曰非常注意从最后结果上关注审判是不是在刑事诉讼中发挥了核心的决定性作用，注重的是通过结果来反向制约侦查和起诉这样一种倒置化的正义实现机制。按照这一思路，审判作为最后的"杀威棒"当然对审判中心至关重要，需要高度强调并不为过，但应十分明白的是，过分突出这种后果制约机制或者反向制约，在最大限度保障审判发挥了核心角色之后，也无疑弱化了过程的关注，即轻视了如何从前置程序上保障控辩双方实现平等对抗，或者说保障控辩结构平等，这里重点是要强调如何保障犯罪嫌疑人、被告人的法律帮助权，才能实现一种处于动态结构中的控辩平衡，而只有做到这一点，审判中心才更有价值。从公平审判之权利角度来讲，没有控辩平衡，至少形式上就没有公平审判，没有公平审判，审判中心又有何价值。这正是日本著名学者田口守一指出"刑事诉讼的历史就是扩大辩护权的历史"[④] 这句名言的真正用意。

---

① 参见最高人民法院《关于建立健全防范刑事冤假错案工作机制的意见》第 11 条。
② 樊崇义：《解读"以审判为中心"的诉讼制度改革》，载《中国司法》2015 年第 2 期。
③ 沈德咏：《论以审判长为中心的诉讼制度改革》，载《中国法学》2015 年第 3 期。
④ ［日］田口守一著：《刑事诉讼法》，刘迪等译，法律出版社 2000 年版，第 89 页。

众所周知，我国刑事案件的律师辩护率不高，就审判阶段而言也长期处于30%以下。[1]如下表所示[2]。

	刑事一审、二审及再审收案件数	被告委托辩护及法律援助辩护件数	刑事辩护率
2005 年	785741	221305	28.1%
2006 年	799745	216406	27.0%
2007 年	818454	198425	24.2%
2008 年	866614	198701	22.9%
2009 年	871842	216651	24.8%
2010 年	884737	–	–
2011 年	947706	197859	20.9%

另外，根据顾永忠教授的抽样分析，目前基层法院的平均律师辩护率也仅有20.8%。[3]如下表所示。

	上海市浦东区	浙江省慈溪市	四川省眉山市东坡区	广东省佛山市顺德区	河南省郑州市金水区	陕西省西安市长安区	湖南省长沙市岳麓区	广东省深圳市盐田区	广西壮族自治区南宁市兴宁区
2012 年	27%	9%	15%	10%	26.5%	25%	29%	34%	21%

实际上，总体上低于30%的辩护率也就意味着控辩双方在整个刑事程序中的攻防能力是严重失衡的，这不仅是一种表面上、形式上的不平等，更是构成了一种实质上的结构效果上的不平等，不有效解决这一问题，所谓的审判中心就面临着巨大的结构化障碍。而对于已经体现为审判中心的法治国家而言，这种结构上的实质平等早已不是问题。以下以日本为例加以介绍。

---

① 调研表明，近年来我国律师参与刑事诉讼的比例过低，全国刑事案件律师参与的比例不足30%，有的省甚至仅为12%。全国律师已超过22万人，但2010年人均办理刑事案件不足3件，有些省甚至不到1件，且其中还包括法律援助案件。参见全国律师协会会长王宁在2012年"两会"接受记者采访时的谈话。另见顾永忠、陈效：《中国刑事法律援助制度发展报告（1949—2011）》，载顾永忠主编：《刑事法律援助的中国实践与国际视野》，北京大学出版社2013年版，第15页，也认为律师辩护率在25%~30%。冀祥德：《中国刑事辩护若干问题调查分析》，载《中国司法》2011年第7期，也认为如此。
② 以上数据分别来自历年《最高人民法院工作报告》、《中国律师年鉴》之统计资料。
③ 根据顾永忠教授主持的项目组的抽查，2012年基层法院律师辩护率也是如此。在随机抽取的总计1126起案件中，共有律师参与辩护的案件235件，平均律师辩护率为20.8%。

日本一般一审罪名中聘请辩护人比例（1992 年）①

罪名 ＼ 区分	法院	人数	聘请辩护人比例
一般一审案件总和	地方	46983	97.0
	简易	9621	96.1
现住建筑物等放火	地方	162	100.0
强奸、强奸等致死伤	地方	563	99.6
单纯受贿	地方	58	100.0
行贿	地方	63	100.0
杀人	地方	527	100.0
伤害	地方	3007	99.6
	简易	122	95.9
业务上过失致死伤	地方	5865	99.7
	简易	192	78.6
盗窃	地方	2867	99.6
	简易	8119	99.2
常习累犯盗窃	地方	1607	99.9
强抢、强抢致死伤	地方	561	97.6
诈骗	地方	2780	99.2
恐吓	地方	1843	99.0
业务上贪污	地方	370	99.5
违反公职选举法	地方	150	98.7
	简易	19	100.0
违反兴奋剂管理法	地方	10985	99.2
违反税法	地方	313	100.0
	简易	–	–
违反道路交通法	地方	6392	82.6
	简易	334	46.1

---

① 陈永生：《我国刑事法律援助的范围与经费问题检视》，载顾永忠主编：《刑事法律援助的中国实践与国际视野》，北京大学出版社 2013 年版，第 228~229 页。

日本普通一审刑事案件聘请辩护人比例①

年份 法院		1988	1989	1990	1991	1992	1993
地方法院	终结人数（人）	57883	52755	49821	47539	46983	48692
	聘请辩护人 数量（人）	56318	51250	48370	46137	45552	47257
	比例	97.3	97.1	97.1	97.1	97.0	97.1
简易法院	终结人数（人）	12558	11428	10374	9383	9621	10179
	聘请辩护人 数量（人）	11881	10929	9969	9062	9250	9867
	比例	94.6	95.6	96.1	96.6	96.1	96.9

显然至少在20世纪90年代初期日本控辩双方的平衡已经基本解决。21世纪以来日本刑事案件在审判和侦查阶段的高律师辩护率依然得到保持。据日本学者统计，地区法院1996年律师辩护率为97.1%，2001年为97.2%，2006年为98.1%，2011年为99.4%。自侦查阶段获得律师辩护的比例，2007年为19.8%，2008年为22.1%，2009年为40.7%，2010年为64.2%，2011年为66.5%。②

在我国，有学者在对某样本地区法院2007年、2008年所有一审刑事案卷的调查中发现，在459起案件686名被告人中，有超过4/5的被告人没有律师辩护；而这些缺乏律师辩护的案件中，超过55%的被告人最终被判处3年以上有期徒刑。③我们不能武断地推定，无律师辩护是重判的致因，但也不能简单地排除其中的因素。有鉴于此，日本在这方面为我们提供了很好的榜样。应该说，日本的审判中心与接近百分之百的律师辩护率之间存在正相关关系，或者说控辩结构的平等正好构成了审判中心的基本前提。

因此，对我国而言，要改变严重失衡的控辩结构，在委托辩护无法被外界直接干预的情况下，大幅提升指定辩护率则是唯一可行的措施。

二、指定辩护是维系控辩结构平衡和保障公正审判的核心因素

（一）法治国家律师辩护中指定辩护远高于委托辩护

指定辩护的比例和范围取决于一个国家的财力、观念等综合因素，但无论如何也必须认识到，它是迈向法治国家特别是实现刑事法治的必经之路，没有充分的国家辩护保障，就谈不上现代性司法与诉讼文明，也就难以实现司法公正。基本而言，在发达国家，指定辩护作为一种刑事领域的兜底性保障已经是普遍常识，为各国制度所普遍遵循，因而其适用率远高于基于商业性的委托辩护。以日本为例，国聘辩护人的比例远高于私聘辩护人，

---

① 陈永生：《我国刑事法律援助的范围与经费问题检视》，载顾永忠主编：《刑事法律援助的中国实践与国际视野》，北京大学出版社2013年版，第228~229页。

② ［日］Satoru Shinominya：《日本刑事法律援助的过去、现在和将来》，李辞译，载顾永忠主编：《刑事法律援助的中国实践与国际视野》，北京大学出版社2013年版，第459~461页。

③ 马静华：《刑事辩护率及其形成机制研究》，载《四川大学学报》2011年第6期。

其正是借助国聘辩护人的充足提供来保障控辩结构之平衡从而为实现审判中心奠定基础的。如下表所示：

日本一般一审罪名中聘请辩护人比例（1992年）[①]

区分 罪名	法院	人数 （人）	私聘辩护人比例	国聘辩护人比例
一般一审案件总和	地方	46983	36.6	61.7
	简易	9621	16.7	80.3
现住建筑物等放火	地方	162	33.3	69.1
强奸、强奸等致死伤	地方	563	53.6	50.3
单纯受贿	地方	58	94.8	5.2
行贿	地方	63	98.4	1.6
杀人	地方	527	47.6	52.4
伤害	地方	3007	51.1	50.7
	简易	122	18.0	77.9
业务上过失致死伤	地方	5865	39.1	61.5
	简易	192	36.5	42.2
盗窃	地方	2867	17.5	83.4
	简易	8119	14.6	85.6
常习累犯盗窃	地方	1607	3.1	97.2
强抢、强抢致死伤	地方	561	30.5	68.4
诈骗	地方	2780	28.6	72.5
恐吓	地方	1843	56.6	44.2
业务上贪污	地方	370	41.4	61.6
违反公职选举法	地方	150	94.7	4.0
	简易	19	94.7	5.3
违反兴奋剂管理法	地方	10985	34.5	66.3
违反税法	地方	313	89.8	11.5
	简易	–		
违反道路交通法	地方	6392	17.9	64.7
	简易	334	11.1	35

---

① 陈永生：《我国刑事法律援助的范围与经费问题检视》，载顾永忠主编：《刑事法律援助的中国实践与国际视野》，北京大学出版社2013年版，第228~229页。

日本普通一审刑事案件聘请辩护人比例①

法院 \ 年份			1988	1989	1990	1991	1992	1993
地方法院	私聘辩护人	数量（人）	21032	19358	19308	18438	17198	16880
		比例	36.3	36.7	38.8	38.8	36.6	34.7
	国聘辩护人	数量（人）	36000	32517	29673	28438	28997	31028
		比例	62.2	61.6	59.6	59.6	61.7	63.7
简易法院	私聘辩护人	数量（人）	1981	1941	1885	1744	1610	1684
		比例	15.8	17.0	18.2	18.6	16.7	16.5
	国聘辩护人	数量（人）	9994	9062	8164	7403	7723	8246
		比例	79.6	79.3	78.7	78.9	80.3	81.2

就上述数据来看，1988 年至 1993 年，日本地方法院私聘辩护人比例为 34%～39%，而国聘辩护人占比为 59%～64%，后者是前者的 1.5 倍以上。简易法院也遵循这一规律。同期私聘辩护人仅占 15%～19%，而国聘辩护人则占 78%～82%，后者是前者的 4 倍以上。② 21 世纪以来，国聘辩护人仍然高于私聘辩护人的比例。根据日本律师协会联合会 2012 年度律师白皮书，被追诉人自侦查阶段获得的律师辩护中，2009 年自行委托的律师比例为 15.0%，法庭指派的比例为 24.5%，2010 年自行委托的律师比例为 11.8%，法庭指派的为 54.6%。③这显示出，2009 年以来当事人自己聘请律师的数量呈下降趋势，而国聘律师的案件数量则呈上升趋势。近年来，日本刑事被告人的数量在下降，但在地区法院指定辩护的比例已经高达 85.1%，其中审理轻微犯罪案件的简易法院的指定辩护率高达 94.0%。④

就我国而言，在不足 30% 的辩护率框架内，指定辩护比例不仅没有高于委托辩护，反而只是委托辩护总量的 1/3 左右。如下表所示：⑤

	刑事法律援助案件总数	自行委托辩护案件总数	前者与后者比例
2005 年	103485	250744	41
2006 年	110961	230658	48
2007 年	118946	376878	32

---

① 陈永生：《我国刑事法律援助的范围与经费问题检视》，载顾永忠主编：《刑事法律援助的中国实践与国际视野》，北京大学出版社 2013 年版，第 228～229 页。

② 陈永生：《我国刑事法律援助的范围与经费问题检视》，载顾永忠主编：《刑事法律援助的中国实践与国际视野》，北京大学出版社 2013 年版，第 229 页。

③ ［日］Satoru Shinominya：《日本刑事法律援助的过去、现在和将来》，李辞译，载顾永忠主编：《刑事法律援助的中国实践与国际视野》，北京大学出版社 2013 年版，第 459 页。

④ ［日］Satoru Shinominya：《日本刑事法律援助的过去、现在和将来》，李辞译，载顾永忠主编：《刑事法律援助的中国实践与国际视野》，北京大学出版社 2013 年版，第 459～461 页。

⑤ 数据来自 2005～2012 年《中国法律年鉴》和《中国法律援助年鉴》统计资料。

	刑事法律援助案件总数	自行委托辩护案件总数	前者与后者比例
2008 年	124217	387754	32
2009 年	121870	442334	26
2010 年	112264	418536	27
2011 年	113717	455613	25
2012 年	133677	442373	30

随着 2012 年刑事诉讼法修改后将指定辩护延伸至三个阶段，理论上指定辩护比例将大幅提升，但事实上增长量远没有那么显著。如果以 2012 年刑事法律援助案件 133677 件为基数，直观上可以推测，2013 年刑事法律援助案件应该在 40 万件以上，但 2013 年的刑事法律援助案件仅有 222200 件。指定辩护中，侦查阶段、审查起诉和审判阶段分别有 44546 件、37555 件、105356 件，分别占指定总数的 23.8%、20%、56.2%。[1] 侦查和审查起诉阶段的通知辩护率应该和审判阶段相同，而实际上只有不到一半。可见，指定辩护范围扩充后刑事法律援助率获得了一定的提升，但增长是有限的，并没有从实质上改变刑事辩护率低的大局。

（二）法治国家指定辩护的范围宽、条件低

刑事法律援助是一种基本人权保障，因而是成熟法治国家的底限性制度，其设定的条件不可过高，范围一定要照顾到大多数涉案的当事人。联合国《关于律师作用的基本原则》专门强调了刑事司法中的特别保障，即第 6 条指出，"任何没有律师的人在司法需要的情况下均有权获得按犯罪性质指派给他的一名有经验和能力的律师，以便得到有效的法律协助，如果他无足够力量为此种服务支付费用，可不交费。"这已经成为各国普遍遵循的基本原则。

日本和韩国均规定，可能判处 3 年以上惩役或禁锢的案件适用强制辩护。德国规定的必须有辩护人参加的重罪，仅为 1 年以上自由刑。[2] 法国 1993 年通过的法律规定，"除当事人明确放弃之外，只有其律师在场或者按规定传唤律师到场的情况外，才能听取当事人陈述、进行讯问、令其对质。"[3] 意大利法律规定，所有没有辩护人的被告人都有权得到一名指派的辩护人的帮助。[4] 俄罗斯法律规定被告人可能被判处 5 年以上剥夺自由刑罚的犯罪即有权得到强制辩护。[5] 加拿大法律规定被告人在第一次出庭时均可要求值班律师的帮助。符合收入条件的当事人，一般均可获得全面的法律代理服务。[6] 1963 年，美国联邦最高法院

---

① 以上数据来自 2012 年、2013 年《中国法律援助年鉴》。

② 参见《德国刑法典》，徐久生、庄敬华译，中国方正出版社 2004 年版，第 8 页。

③ 《法国刑事诉讼法典》，罗结珍译，中国法制出版社 2006 年版，第 111 页。

④ 《意大利刑事诉讼法》，黄风译，中国政法大学出版社 1994 年版，第 37 页。

⑤ 《俄罗斯联邦刑事诉讼法典》，黄道秀译，中国政法大学出版社 2003 年版，第 47 页。

⑥ ［加］Patrick L. Doherty：《加拿大法律援助计划》，贺园丁译，载顾永忠主编：《中国刑事法律援助面临的机遇、挑战与对策》，中国政法大学出版社 2015 年版，第 430 页。

曾自豪地宣布：美国宪法第六修正案下的获得律师帮助权适用于美国各州法院审理的刑事案件。

反观我国刑事诉讼法经 2012 年修订后，虽然指定辩护范围和阶段都得到了较大的扩展，但与上述国家相比仍然有限，主要表现在涵盖犯罪面过窄，即只有特殊情况的人和重刑犯才享有国家义务性的法律帮助。而这种情形下的犯罪其实在整个犯罪中占比是极小的。如 2011 年我国未成年犯有 68193 人，约占总犯罪人数的 6%，判处 5 年以上有期徒刑直至死刑的罪犯共有 159261 人，约占生效判决总人数的 16%；2012 年未成年犯共 63782 人，占比为 5%，判处 5 年以上有期徒刑直至死刑的罪犯共有 158296 人，约占生效判决总人数的 13%。由此可以推断，判处无期徒刑、死刑和未成年犯罪人的总数量比例不会超过 10%。至于盲聋哑及限制刑事责任能力人的数量就更可忽略不计。如 2010 年刑事法律援助案件总数为 112264 件，而为盲聋哑被告人指定辩护的只有 4627 件，为一般贫困者被告人指定辩护的有 7456 件，为其他指定辩护的有 7460 件。[1] 因此，大致可以确认，有 90% 的罪犯不能享受到国家应当提供的法律帮助，这不仅与法治国家形成天壤之别，更重要的是，刑事法律援助的严重缺席可能导致大部分没有委托律师辩护的犯罪遭受不公正的待遇，进而使审判中心这一实现司法公正的良好路径失去功效。

（三）刑事指定辩护在整个法律援助中占主体位置

刑事诉讼关涉权益的特殊性质决定了法治国家的法律援助制度对其格外重视，并在案件范围和经费保障方面优先考虑并着重支持。例如，2013 年至 2014 年，英国英格兰和威尔士两地刑事法律援助案件共发生 1324000 件，而同期民事法律援助案件仅有 497000 件，刑事援助占比为 72.7%。[2] 在美国，国家给公民提供刑事法律帮助是一项宪法义务，而民事法律援助并非宪法权利，因而民事法律援助经费要远低于刑事法律援助。[3] 在法国，刑事法律援助也已获得了大规模实施，2008 年全国法律援助经费的 1/3 都用于刑事案件。

就我国而言，刑事法律援助在整体法律援助案件中的占比不仅长期处于低位，而且呈日益下降的态势。2003 年到 2011 年，在全国法律援助机构所办理的法律援助案件中，民事、行政法律援助案件所占的比例已经从 59.3% 上升到 86.5%，而刑事法律援助案件所占的比例却从 40.7% 下降到了 13.5%。[4] 2013 年刑事、民事、行政办案补贴平均为 882 元、515 元、823 元。从表面上看，刑事法律援助补贴在个案中不低于民事，但由于援助民事案件的数量远高于刑事，因此总体援助经费仍高于刑事。虽然说近年来民事案件的增长数远远大于刑事案件数是事实，但从刑事程序正义的重要性在整个司法正义中所占的位置应当伴随法治的进步不断提升这一趋势来看，指定辩护案件的实际占比这一现状是不正常的，是值得隐忧的，客观上必将制约和影响审判中心的实际运行。

---

[1] 以上数据来自 2011 年、2012 年《中国法律年鉴》。

[2] 杨宇冠：《促进我国法律援助制度发展若干问题研究》，载顾永忠主编：《中国刑事法律援助面临的机遇、挑战与对策》，中国政法大学出版社 2015 年版，第 123 页。

[3] 转引自陈永生：《我国刑事法律援助的范围与经费问题检视》，载顾永忠主编：《刑事法律援助的中国实践与国际视野》，北京大学出版社 2013 年版，第 238 页。

[4] 顾永忠、陈效：《中国刑事法律援助制度发展研究报告（1949-2011）》，载顾永忠主编：《刑事法律援助的中国实践与国际视野》，北京大学出版社 2013 年版，第 13 页。

应该说，无论多么需要提升对民事、行政领域的法律援助，都不应该以减缓刑事法律援助或挤占刑事法律源空间为代价，正确的做法是同时推进，且对刑事法律援助在数量、经费投入等方面既要优先保障，又要优先促进发展。从现实来看，我国已经具备实现这一目标的物质等条件。

三、进一步扩大指定辩护范围的现实条件已经具备

首先是财政条件具备。近年来，国家对法律援助包括刑事法律援助总体上的财政支持力度是逐年加大的，人均法律援助经费也有了显著增长。1999 年我国法律援助经费为 2758.06 万元，其中财政拨款 1869.79 万元，财政拨款占法律援助经费收入的比例为 67.79%，财政拨款占当年财政收入的比例为 0.00163%，人均法律援助经费为 0.02 元。到了 2013 年我国法律援助经费已经跃升至 162868.87 万元，财政拨款 160738.59 万元，财政拨款占法律援助经费收入的比例为 98.69%，财政拨款占当年财政收入的比例为 0.0124%，人均法律援助经费达到 1.21 元。[①] 14 年间，法律援助经费增长了 59 倍，财政拨款也从仅占总经费的过半达到近乎百分之百，人均援助经费增加了 60 余倍，但法律援助财政拨款占国家财政收入的比例增长最少，仅为 7.6 倍。总的来说，法律援助经费的增长并没有与国家财政收入的增长同步，与发达国家相比仍存在很大的差距。[②] 事实上，我国也完全有财力加大这一投入。就刑事法律援助而言，2013 年刑事案件的补贴为 882 元，我们对 2010–2012 年 3 年以上有期徒刑刑罚直至死刑罪犯的案件数量统计后可以大致知道需要增加投入的拨款额，如下表所示[③]：

	全部生效判决件数及人数	5 年以上有期徒刑至死刑人数	3 年以上有期徒刑不满 5 年有期徒刑人数	不满 18 周岁人数
2010 年	656198 件 1007419 人	159261	–	68193
2011 年	700660 件 1051638 人	149452	95043	67280
2012 年	816759 件 1174133 人	158296	96039	63782

按此计算，我国每年判处 5 年以上有期徒刑刑罚直至死刑的罪犯考虑到增长量有 16 万余人，再加上判处 3~5 年有期徒刑刑罚的罪犯，判处 3 年以上有期徒刑刑罚的罪犯总量 26 万有余，扣除未成年罪犯后这一数据为 20 余万人。按照 2013 年的刑事法律援助补贴，为 5 年以上有期徒刑刑罚直至死刑罪犯提供援助需要的投入约为 14 亿元，放宽至 3 年以上有期徒刑刑罚的罪犯提供援助所需的经费为 17 亿元。即使考虑到三阶段指定的因素，也只是增加到 40 亿~50 亿元的投入。如果进一步扣除委托辩护和死刑案件及其他指定辩护案件，国家需要另行增加的投入远没有这么多。四五十亿元的投入对于 2015 年已达到 15 万亿元财政收入的我国而言，是完全可以承受的。

---

① 以上数据来自 1999 年、2013 年《中国法律援助年鉴》。

② 按人民币计，高的如芬兰人均经费达到 4123 元，一般的如日本为 72 元，加拿大为 130 元，美国为 91 元，较低的如南非为 6 元，韩国为 3.8 元。

③ 数据来自 2010 年、2011 年和 2012 年《中国法律年鉴》。

其次是律师和法律援助机构数量具备。实践中社会律师办理了刑事法律援助案件的2/3，法律援助机构办理的占1/3。如2011年前者办理刑事法律援助案件占69.8%，后者占30.2%；2012年前者为74.1%，后者为25.9%。截至2012年，全国共有法律援助管理机构457个，法律援助机构3236个，工作人员14330人。[①] 截至2015年4月，全国共有律师29.5万人。除边远、少数民族个别地区外，法律援助机构数量和律师供求的总体关系上基本不存在缺口。事实上，目前社会律师的案源和收入存在严重的两极分化，有相当部分的律师还处于生存困境之中，指定辩护范围的扩充还会极大地改善律师行业的生存和发展状况。

为此，为构建和实现以审判为中心，需要进一步扩大指定辩护的范围，具体方案是在现有指定辩护的基础上，将有可能判处5年以上有期徒刑刑罚的犯罪嫌疑人、被告人，从三个阶段上都纳入指定辩护范围。随着社会发展和财政收入的增加，将来需要将这一条件进一步降低至3年以上有期徒刑的刑罚。对于经济困难申请指定辩护的条件进一步降低至家庭平均收入低于当地平均工资或居民收入标准以下，均符合批准条件。

习总书记说，要使案件中的每一个当事人都感受到公平正义，这种个案正义的观念首先是程序正义。然而，没有指定辩护的大范围覆盖以保障当事人法律帮助权的实现，而仍然将这种法治国家早已视为国家责任或义务的底限和程序正义保障制度视为当事人自愿行为，而交由社会或市场，就谈不上起码的形式上的公正，进而也可能损害实质公正。审判中心制度的构建作为一种使命既包含着最大化地实现结果公正，也当然不能没有结构上的程序公正，而需要一系列的组合拳来完成。指定辩护制度的扩充正是实现审判中心这一系列组合拳的首要步骤之一。

（作者单位：河南财经政法大学）

[①] 以上数据来自2011年、2012年《中国法律援助年鉴》。

推进以审判为中心的司法制度改革*

——建立搜查措施的适用条件（证明对象）和证明标准

马可 范洋

一、导语

中共十八大以来，习近平总书记多次就全面依法治国作出重要论述，公正司法是撬动实现全面依法治国的支点，而实现的方式就是推进司法改革，以制度的方式保障司法公正的实现。司法公正是司法改革的目标，司法改革是实现司法公正的保障，要"努力让人民群众在每一个司法案件中都感受到公平正义，所有司法机关都要紧紧围绕这个目标来改进工作，重点解决影响司法公正和制约司法能力的深层次问题"。在笔者看来，上述讲话精神对刑事诉讼提出了更高的要求，不仅是过往强调的诉讼结果公正，更是强调以制度来保障司法阶段性公正与诉讼过程性公正，目前的"审判中心主义"诉讼制度的改革就是以此为基础与目标的。

侦查是刑事诉讼的重要环节，在目前的司法改革中，诉讼制度的改革强调的不仅是侦查结果的合法性，更是侦查过程的合法性与合理性。搜查是刑事侦查的重要手段，是指侦查人员依法对犯罪嫌疑人以及其他可能隐藏罪犯或证据的人身、物品、住处和其他有关地方进行搜索、检查。[①] 它在收集证据、查获犯罪嫌疑人方面有着举足轻重的作用。而搜查作为一种经常适用的侦查措施，直接针对公民的人身自由权、财产权、住宅权和隐私权，往往因其强制性而与公民的基本权利发生冲突。因此，构建完善的搜查制度不仅具有重要的实体价值——实现案件侦破与推进诉讼进程；也具有重要的程序价值——彰显人权保障的理念，是司法改革的题中之义，也是公正司法的必然要求。

从我国刑事诉讼法的两次修改上来看，限制人身自由的强制措施受到了立法者较多的关注，但搜查制度未能得到应有的重视，如果将搜查与逮捕进行比较，我们甚至可以得出以下结论：从搜查的目的和结果来看，其对公民基本权利的干预更为广泛；从搜查的启动条件来看，其启动的恣意性更令人担忧。因此，如何从制度的角度规范搜查行为与搜查措施，已经成为影响公正司法实现的重要因素，是当前亟待解决的重要问题。笔者认为，从证据法的角度，运用对搜查措施合法性的证明对搜查措施加以规制，也许可以跳出既有的藩篱，另辟蹊径，解决上述问题。

从证明的角度来看，对搜查措施合法性的证明可以从证明对象和证明标准两方面展开。

* 基金项目：中国社会科学院创新工程"司法体制改革的重大理论和实践问题研究"项目组中期成果，美国哥伦比亚大学爱德华兹学者奖学金资助项目。

① 崔敏主编：《刑事诉讼法教程》，中国人民公安大学出版社 2002 年版，第 460 页。

在搜查措施合法性的证明中，必须设定一个证明对象，才能使此后的证明有的放矢。搜查条件（证明对象）和证明标准的关系可以做如下描述：侦查机关应当证明其申请的搜查行为符合搜查的条件，也就意味着侦查机关要对搜查条件这一证明对象加以证明。那么，证明到什么程度才可以使审查搜查申请的人员认定符合搜查的条件呢？这就是搜查证明标准要解决的问题。

二、搜查措施分析

（一）搜查措施对公民基本权利的干预

搜查会对公民基本权利造成一定程度的侵犯，这是由搜查的性质和功能所决定的，也是我们探讨搜查需要加以规制的起源，有必要厘清之。

第一，搜查的性质决定了其具有干预公民基本权利的本质属性。公民基本权利如人身自由、合法财产等受到宪法与其他法律的确认与保护，而传统侦查手段，如羁押、搜查、扣押，却是直接针对公民的基本权利，因此搜查等措施与公民基本权利之间必会构成一定的冲突。"当我们谈论刑事侦查中基本的法治标准的范围时，这些措施应当受到首要的、非同一般的关注。"① 美国将"同意搜查"视为一种任意侦查行为，但仍然不能改变其干预公民基本权利的本质属性。

第二，搜查的功能是确保被追诉人到案或减少社会危害性；收集证据，为后续的追诉奠定基础；查获犯罪之物，以确保返还给被害人和刑罚的执行。搜查的功能决定了搜查是以发现应被追诉人或应扣押之物（犯罪证据或应没收之物）为目的，可见搜查的对象除公民人身外，还指向公民的财物（主要是住所搜查和对物的搜查），因此即使是合法的搜查也难免会侵犯公民的基本财产性权利，更不用说非法搜查了。

第三，搜查会对公民基本权利造成直接或间接的侵害。一般而言，搜查行为本身具有物理强制力，这种干预既可能对公民基本权利造成直接侵害，也可能造成间接损害。例如，在搜查过程中，难免会暂时限制被搜查人的人身自由；执行搜查时可采取强行进入、开锁、启封等必要措施，这就对被搜查人的财产造成了直接侵害；搜查时进入被搜查人的住所，难免会侵犯其隐私权，即造成间接侵害。正是基于此，法治国家在对搜查程序进行设计时，都将保障人权作为其重要理念。

（二）现行搜查制度中存在的问题

搜查作为一种适用广泛的强制性措施，与公民的人身自由、财产权等基本权利息息相关。因此，搜查程序的启动必须十分慎重。在我国侦查实践中，存在着脱离实际需要、过度使用搜查措施的现象，其根本原因就在于搜查程序启动的恣意性，而造成启动恣意的原因则在于搜查证明的缺失，具体体现如下：

---

① ［德］苏珊娜·瓦尔特：《德国有关搜查、扣押、逮捕以及短期羁押的法律：批判性的评价》，载陈光中、［德］汉斯约格·阿尔布莱希特主编：《中德强制措施国际研讨会论文集》，中国人民公安大学出版社 2003 年版，第 164 页。

1. 未对搜查条件作出明确规定

搜查条件，即侦查人员认为应当实施搜查行为的理由或者条件。设置搜查条件，一方面是使侦查人员的搜查请求符合合法性的要求；另一方面也为搜查证的签发机关作出正确判断提供了依据。然而在我国刑事诉讼法及相关规定中，搜查启动的法定条件阙如。在侦查实践中，只要侦查机关是出于收集犯罪证据、查获犯罪人的目的就可以进行搜查。这样的规定不仅不符合"法律保留"原则，而且在实际运行中有着滥用的风险。

2. 搜查决定权由侦查机关行使

我国刑事诉讼法与国外刑事诉讼法相比，在搜查程序上的最大区别就是将签发搜查证的决定权交由侦查机关行使，实行侦查机关内部审查。将搜查的决定权交由侦查机关行使，无疑使侦查机关绝对地凌驾于被追诉人之上，违背了现代刑事诉讼所遵循的"平等武装原则"和程序正义的要求。现实中，侦查人员无须"可能的理由"就可请求对怀疑对象进行搜查，并且是否搜查的决定权掌握在侦查机关手中，这两个因素结合在一起，搜查程序启动的随意性就不可避免。

3. 搜查对象和范围缺乏限制

在司法实践中，搜查的对象和范围不具体明确，凭一张搜查证侦查机关就可以搜查多处、多种物品甚至是多个人身。再加上搜查证记载的内容相当简单，既无搜查的理由，又无明确具体的搜查范围，也无期限的限制，侦查人员的自由裁量空间非常之大，这为搜查的恣意实施大开方便之门，容易诱发违法搜查行为的发生，侵犯被搜查人的基本权利。

除此之外，我国搜查制度还存在着缺乏独立的司法审查、无证搜查语义不清、缺乏监督与救济体系等问题。[①]

三、域外搜查的立法和司法实践

（一）域外搜查的发动和批准权限

启动程序是搜查程序的逻辑起点，由于不合法的和不必要的、缺乏合理性的搜查行为必然会导致对公民合法权益的损害，因此启动搜查程序应十分慎重，许多法治国家对搜查申请、批准的主体，适用的条件都作出了严格规定，域外众多法治国家或地区大都将搜查批准权和执行权予以分离。

美国基于联邦宪法第四修正案令状主义的要求，搜查权原则上属于法官，侦查机关只有在紧急情况下才可行使。在德国，搜查原则上由法官决定，但在延缓搜查会有危险时，也可以由检察官或其辅助官员决定。法国的搜查权在初步侦查中属于司法警察，但须经被搜查人同意；在现行犯侦查中，搜查权属于司法警察和司法官；在正式侦查中属于预审法官，但预审法官可以授权司法警察官行使。意大利侦查期间的搜查，原则上由法官或检察官批准，并作出附理由的决定。在日本，批准搜查的是法官，执行搜查的是检察官，或者是司法警察职员，但应遵照检察官的指挥。

---

① 参见天津市河北区人民检察院课题组：《对搜查、扣押、冻结等强制性侦查措施检查监督有关问题研究》，载《法学杂志》2011年第2期。

综合以上各国情况可以看出，通常情况下有证搜查都需要经过处于中立地位的法官签发令状，警察和检察官无权自行签发令状进行搜查。将批准权和执行权分开，由不同的机关来行使，有利于从制度上和程序上对搜查进行有效的制约，防止搜查权力的滥用。

（二）主要法治国家的搜查证明标准

搜查证明标准，即在什么情况下司法机关才能签发搜查令状，它与搜查的程序要件相对应。由于法律文化传统和司法体制的不同，各个国家搜查的证明标准亦有所差异。

美国宪法第四修正案规定了"相当理由或合理根据"（probable cause）作为搜查的证明标准，其含义是：当执法人员认识到所掌握的事实和情况可以使一个具有合理警觉的人相信犯罪已经发生或犯罪正在发生（在逮捕的情况下），或者相信在某个地方或某人身上可以找到某件东西（在搜查的情况下），才可以认为存在相当理由或合理根据。[①]

英国刑事诉讼程序确立了以"合理的理由"（probable cause）作为有搜查证搜查的证明标准。这里的"合理的理由"由法官根据申请人提供的材料判断。英国对不同对象的搜查适用不同的标准，对搜查人身或车辆采用了"合理的理由怀疑"，对住宅采用了"合理的理由相信"，"相信"的证明标准要高于"怀疑"。

在德国，由于被搜查人在诉讼程序中的地位不同，搜查的证明标准也不同，对于犯罪嫌疑人为"推测"可能收集证据，而对于犯罪嫌疑人以外的其他人的搜查则为"依据事实进行推测"。

在日本，对犯罪嫌疑人的搜查，法官"认为有必要时"可以进行，而嫌疑人以外的人则受"足以认为有应予扣押的物品存在"的限制。

（三）搜查条件（证明对象）与证明标准之异同

英美法系国家在搜查的条件和搜查的证明标准上往往都会有所规定。以美国法为例，其搜查的条件与逮捕的条件一样都是有相当理由，规定严谨详细。而大陆法系国家在证明对象和证明标准上较英美法系国家则不是那么严格。

在关于美国刑事诉讼法的翻译中存在这样一个问题，即"搜查条件"与"搜查的证明标准"翻译常常混淆。搜查的证明标准被译作"相当理由"或"合理根据"，搜查的条件也使用"相当理由"或"合理根据"指代启动搜查需要符合的法定条件。实际上，在美国刑事诉讼规则中，搜查的条件与证明标准的内涵并不一致。[②] 搜查条件的"合理根据"是指以下内容：A 要被扣押的财产是否与犯罪活动有关，而且 B 在要搜查的地方能否发现它。搜查条件实际上就是搜查事项的证明对象。那么，证明到什么程度才可以使法官认定符合搜查的条件呢？这就是搜查证明标准要解决的问题。作为证明标准的"相当理由"，特指警

---

① 参见周宝峰著：《刑事被告人权利宪法化研究》，内蒙古大学出版社 2007 年版，第 205 页。
② 为避免歧义，本文在用搜查条件处用"合理根据"，在讨论证明标准问题时用"相当理由"。

察机关的证明应使法官内心达到的确信程度——一般情况下约为 50% 以上的主观内心确信程度。① 搜查条件的合理根据描述的是搜查应符合的法定条件是什么，搜查的证明标准的相当理由描述的是法官签署搜查令状时对搜查符合法定条件这个问题相信到什么程度。

在我国的理论讨论中，也常常混淆二者。如有学者在讨论英国搜查制度时，认为"警察要获得治安法官签发的搜查令必须达到以下证明标准：发生了严重可捕罪行，将要搜查的地点有对查明该犯罪具有重要意义的证据材料，而且该材料不受法律特权的保护"。② 这就是对于搜查条件与搜查证明标准概念的混淆，英国法上搜查的证明标准仅为"合理的理由"，其余的为搜查条件。另有学者在研究美国法上的相当理由的标准时，提出相当理由量化困难，不可能是一个固定的标准。③ 其实该论述也是将条件与证明标准问题混淆，所以笔者支持这样的观点，即在美国法上搜查的证明标准一般为 50% 以上的内心确认。

四、设定我国的搜查条件和证明标准

（一）我国搜查条件之建构

美国搜查的条件可以表述为两点：A 被扣押的财产是否与犯罪活动有关，B 在要搜查的地方能否发现它。这个条件是符合侦查实际的。搜查的两个条件限定搜查行为只能针对与犯罪活动有关的涉案财产，搜查涉及的场所只能是能够发现涉案财产的地方。除此之外，与犯罪活动无关的财产和不可能找到涉案财产的地方则不允许搜查。这种限定看似简单，实则切中要害，可以有效地规制侦查机关滥用搜查措施肆意侵犯公民财产权的行为。

我国应当借鉴美国的搜查条件，设定自己的搜查条件。我国的搜查条件完全可以比照美国的搜查条件设定为在准备实施搜查的地方存在与犯罪活动有关的财物。我国搜查条件亦可分解为两个要件：A 被扣押的财产是否与犯罪活动有关，B 在要搜查的地方能否发现它。可以想象，这样的搜查条件不会给启动搜查行为设置过高的标准，不会对侦查效率有丝毫的减损。但是可以填补我国搜查条件的空白，有效地遏制搜查权无节制滥用的现象，促使侦查机关合理谨慎地使用搜查权，保证其对公民宪法基本权利最起码的尊重。

（二）我国搜查证明标准之建构

搜查的条件设定后，必须要设定合理的证明标准，以使搜查条件的设定不会流于形式。在应然状态下，如果我国建立了针对搜查措施的司法审查制度或针对违法搜查的司法救济制度，那么搜查条件的设定就可以使司法审查和司法救济对搜查行为合法性的审查有的放

---

① 应当作出说明的是，国内多数讨论混淆了治安法官在决定搜查时对于"相当理由"的判断标准与法院在司法审查中对于"相当理由"的判断标准，错误地理解了搜查证明标准问题，将其复杂化。实际上在 Gates 案中，美国最高法院已经作出说明，当被告人就搜查令的签发提出上诉时，上诉法院在判断"相当理由"时采用的标准应该有别于治安法官；治安法官采用的是事实性审查，即根据警察提交的宣誓书中包含的所有情况从实务和常识的角度来判断在某特定地点是否有相当可能性会搜查到违禁品或犯罪证据；但上诉法院应高度遵从治安法官对"相当理由"所做的判断。否则将导致有证搜查被替代与规避，令状主义陷入崩溃。See Illinois v. Gates, 462 U. S. 213（1983）.

② 郭铭文：《比较法视野中的刑事搜查证明标准》，载《赣南师范学院学报》2011 年第 2 期。

③ 参见侯晓焱：《论我国搜查证明标准的完善》，载《国家检察官学院学报》2006 年第 1 期。

矢。明确的证明对象也可以使控方的证明、裁判方的认证有的放矢。控方的证明达到了证明标准规定的主观内心确信程度，就视为控方完成了证明责任，裁判方应当批准搜查申请，允许启动搜查程序；反之，就视为控方没有完成证明责任，裁判方应当驳回搜查申请，不允许启动搜查程序。

在实然状态下，当我国的搜查仍然以侦查机关内部的行政审批为唯一途径时，设定搜查条件和证明标准多少可以对搜查权的滥用加以些许限制。合理设定了搜查的证明标准，则可要求申请搜查的侦查人员在申请搜查时最起码要有一定的主观内心确信程度，除了单纯的怀疑之外还要有一定的依据。不但自己要内心确信，而且要通过证明让审查者具有一定的主观内心确信。而不能只凭借怀疑，甚至是不合理的怀疑就随意适用搜查措施。

在申请搜查之前，申请方应当对是否满足搜查的条件（即下列两个命题）有一定的主观内心确信程度——A 要被扣押的物品是否与犯罪活动有关，B 在要搜查的地方能否发现它。侦查机关应当对上述两个问题，依据现有证据材料、信息和事实具有一定内心确信之后，才能申请搜查。裁判者（无论是侦查机关的内部行政审批者还是外部司法审批者）必须在侦查机关提出搜查理由和相关事实依据的基础上进行审查和认证，而不能像以前那样只凭怀疑或所谓的侦查需要而不加区别地一味批准。

那么，搜查的证明标准要设定到什么程度才合适呢？笔者认为，美国搜查中的"相当理由"标准是符合证明理论与司法实践要求的。根据前文的分析，相当理由的标准大约对应 50%以上的主观内心确信程度，可以通俗地解释为：执法人员认识到的和掌握的事实和情况可以使一个具有理性认知能力的人相信在某个地方或某人身上找到某件东西，相信要被扣押的物品与犯罪有关的可能性大于与犯罪无关的可能性，而且在要搜查的地方发现它的可能性大于不能发现它的可能性。

设定相当理由的证明标准符合我国宪法关于公民权利的规定。搜查作为一种强制性措施，从某种意义上说，正是对公民财产权的一种限制，也是对公民人格权的一种侵犯。由于搜查行为可能对公民的财产权和人格权、名誉权造成较大的侵害，因此采取搜查措施就应当慎之又慎。不能没有任何根据，仅凭无端猜测就启动搜查措施，起码要达到一定的主观内心确信程度，也就是证明标准才可以决定实施。相当理由的一般情况的 50%的主观内心确信程度是一种合理逻辑的证明标准——搜查申请者必须达到这样的主观内心确信程度才能申请搜查，而审查批准者必须具有这样的主观内心确信程度才能批准实施搜查。笔者认为，这个确信程度或者说证明标准是对宪法所规定的公民权利最低限度的尊重。笔者也认同这样的观点："搜查的实施也与犯罪的严重程度和受限制公民权利的重要程度有直接关联。这与警察权行使的比例原则也是相符合的。"[①]

相当理由的证明标准符合侦查的规律。设定搜查证明标准是为了规制搜查权的滥用，防止肆意使用搜查权对公民权利的侵犯，而并不是要降低侦查效率。侦查效率的价值始终是侦查阶段的首要价值，因此在设定搜查的证明标准时，该标准设定不宜过高，应当符合

---

① 陈兴良：《限权与分权：刑事法治视野中的警察权》，载《法律科学》2002 年第 1 期。

侦查的规律，不然会导致搜查活动难以启动。[①] 在侦查的初始阶段，侦查机关不可能掌握十分充分的证据材料，在达到非常高的主观内心确信程度之后才去申请搜查。搜查措施本身就是搜集获取证据材料的重要手段，搜查活动难以启动也将使整个侦查活动陷于停滞。笔者认为，相当理由的证明标准是合理的，50%的主观内心确信程度在实现人权保障价值的同时又不会降低侦查的效率价值，不会出现搜查活动难以启动，侦查活动陷于停滞等情况。美国刑事诉讼数十年的成功实践为我们提供了很好的域外样本和有力的证明。因此，将相当理由设定为我国搜查措施的证明标准是符合侦查规律的。

五、结语

中共十八届三中全会提出全面深化改革的目标是实现国家治理体系和治理能力现代化，"治理"意味着社会各主体、各要素处于相对平等的状态。刑事诉讼中过去强调的是公民对于公权力机关侦查、控告、审理案件时的配合与服从；当下"新常态"下审判中心主义的改革则是一扫沉疴，要"运用法治思维和法治方式"进行案件侦查，"决不允许滥用权力侵犯群众的合法权益，决不允许执法犯法造成冤假错案"。"法治思维和法治方式"就是要符合法治的基本原则。因此，完善搜查制度是时代之需，而建立搜查措施的适用条件（证明对象）和证明标准则是完善搜查制度的当务之急。

（作者单位：中国社会科学院法学研究所）

[①] 有学者通过实证研究说明，标准过高可能会引发申请方采取替代与规避措施，包括通知到案、治安检查等，某地公安局法制科工作人员表示，当搜查对象为第三人时，审查控制得比较严格，根据侦查人员提交的案卷材料，必须对该第三人处藏匿有犯罪证据或者犯罪嫌疑人达到80%的内心确信，才会同意批准搜查，而该情形下，公安侦查人员基本都采取替代与规避措施，因为在侦查阶段，证据材料的获取较为初步，难以达到此标准。参见左卫民：《规避与替代——搜查运行机制的实证考察》，载《中国法学》2007年第3期。

刍议检察委员会制度的完善

——以诉讼制度改革为参照

苏琳伟　吴雅莉

检察委员会制度是中国特色社会主义检察制度的重要组成部分，但由于受到社会、历史等因素的制约，该制度曾一度处于发展极度缓慢的状态，如《人民检察院检察委员会组织条例》于 1980 年颁布以来基本未有过变动，直至 2008 年才予以修订，导致实践中出现的问题未能在立法层面得到及时解决，由此造成的自身调适性问题在司法改革过程中逐步凸显，学界甚至出现了以司法独立性质疑检察委员会正当性的声音。在当前以审判为中心的诉讼制度改革背景下，检察委员会制度的改革完善势在必行。

一、制度发展规律的思考

我国检察委员会制度的历史最早可追溯至抗日战争时期。新中国成立后在 1949 年 12 月制定的《中央人民政府最高人民检察署试行组织条例》中正式确立了检察委员会制度，首次以法律的形式明确规定了检察委员会具有办案的职能，议决检察机关的重大案件。1954 年和 1979 年的人民检察院组织法就检察委员会的职能做了一定的变动，最后确定为讨论重大案件和其他重大问题。1980 年的《人民检察院检察委员会组织条例》进一步明确了议决案件的范围。① 该条例于 2008 年 2 月 2 日修订，在继续明确讨论决定重大案件和其他重大问题的基础上，进一步把内容细化为八项。其间于 20 世纪 90 年代末，《最高人民检察院检察委员会议案标准（试行）》、《最高人民检察院检察委员会秘书处工作规则（试行）》和《关于认真做好最高人民检察院检察委员会决定事项督办落实工作的通知》等文件也相继颁布，使得相关的工作机制得到了规范。在 2008 年 9 月 16 日通过的《关于加强和改进最高人民检察院检察委员会工作的意见》推动下，《人民检察院检察委员会议事和工作规则》于 2009 年 8 月 11 日得到通过，以对审议议题范围的规定进一步划定了职责内容，细化为十项，其中第五项审议重大专项工作和重大业务工作部署与第七项审议向上级院请示和提请复议的规定为对前述八项职能的补充，而关于议决案件的规定进一步完善为"经检察长决定，审议有重大社会影响或者重大意见分歧的案件，以及根据法律及其他规定应当提请检察委员会决定的案件"。

从制度的变迁过程看，可以明确以下两个规律性问题：（1）检察委员会制度是伴随着我国检察制度的发展而不断完善的。从我国检察制度的发展状况看，基本可分为新中国成立初期的确立阶段、恢复重建时期的摸索阶段、与司法改革呼应的调整阶段，而这三个阶段中检察委员会制度均得到立法上的明确，虽然其间受特定条件的制约，发展步伐缓慢。

---

① 参见邓思清：《论我国检察委员会制度改革》，载《法学》2010 年第 1 期。

这种呼应现象并非偶然，究其实质，检察委员会制度是我国宪法第3条所规定的民主集中制在检察机关的体现，是作为这一国家机构得以存在所必需的配套机制。（2）检察委员会的职能范围的波动是与我国检察制度的发展状况相适应的结果。新中国成立初期，检察委员会的职能多为概括性规定，主要处理检察工作中的重大问题，范围宽泛，这是由于当时战乱结束伊始，百废待兴，在检察事业处于专业人才、基础建设、工作机制等均十分薄弱的情势下，检察委员会自然承担了较为重要的历史使命。恢复重建阶段，检察委员会的职能仍相对较大，也是基于检察事业自身发展现状考虑的。而进入20世纪90年代末，检察制度已具备相对较好的基础条件，党的领导机制、业务工作机制、检察队伍建设等均取得了明显进步，检察委员会的职能范围开始朝边界明晰、内容细化、流程规范的目标迈进。

由此，至少应明确这样两个认识：一是检察委员会制度是不可或缺的，不仅是检察制度本身良性运行所必需的，也是我国宪政理念的体现；二是在检察事业已取得明显进展的今天，在各项机制均相对成熟等积极因素的推动下，职能分工细化业已成为趋势，检察委员会制度应当与时俱进，逐步改变原有的"大而全"的职能定位，从而凸显其在新时期下的制度价值。

二、有关检察委员会的法律地位

检察委员会的法律地位问题是其发展完善所不可回避的一个基础性问题，这一问题甚至引发了检察委员会制度阻碍检察权独立行使的争议。[1]

在现有法律框架下，检察权的行使主体应当是各级人民检察院，即由机关而非个人行使。这体现在我国宪法第131条和人民检察院组织法第4、8、9条的规定中，这些条文中对于检察权行使主体的表述均以人民检察院为准。而根据《人民检察院刑事诉讼规则（试行）》第4条规定，人民检察院办理刑事案件，由检察人员承办，办案部门负责人审核，检察长或者检察委员会决定。对于这一规定可能会产生这样的认识，即检察长或检委会是检察权的行使主体。这是对该规定的误读。首先，规定适用的范围为"办理刑事案件"，并不包括检察业务全部；其次，这一规定体现的是检察机关内部办理刑事案件的工作流程，且《人民检察院刑事诉讼规则（试行）》的性质更类似于检察机关的部门规章，其规定自然不应超出上位法和母法的范畴。从司法实务来看，不论办理刑事案件最终由谁决定，相关的法律文书总是以人民检察院的名义发出的。

对于检察权主体问题的争议还来自我国主诉检察官办案责任制的推行。[2] 对于这一责任制的创设，理论界与实务界都给予了较高的评价，认为"该项改革的实质是在检察机关内部合理配置检察权"，[3] 并认为我国检察权主体将可能以此项改革为契机发生改变从而推行检察官独立制度。然而，这一期望似乎有过高的倾向，考察主诉检察官办案责任制的产生动因，不难发现其实它主要针对的是原有三级办案程序的弊端，即原有机制下，案件审查

---

① 姜菁菁：《检察委员会机制改革初探——论独立行使检察权问题》，载《检察日报》2004年3月13日。

② 2000年1月，最高人民检察院决定在全国各级检察机关审查起诉部门全面推行主诉检察官办案责任制。

③ 肖萍：《关于深化主诉检察官办案责任制改革的调研报告——以广东省检察机关的试点为例》，载《人民检察》1997年第12期。

主体与决定主体相脱离导致办案质量不高，同时层层审批造成的办案效率低下难以应对日益激增的刑事案件的问题。因此，在推行过程中对于主诉检察官的主体地位是采取比较谨慎的态度的，并未明确提出主诉检察官为检察权的行使主体，相反强调其应在检察长的领导下履行职责，检察长、检察委员会对于主诉检察官的审查意见与决定有权予以变更或撤销。同时，这种内部工作流程的改进也并未实质性地触及检察权的行使，不论是主诉检察官抑或是检察长、检察委员会的决定，最终也均以检察机关的名义作出。虽然主诉检察官办案责任制确实发挥了十分积极的作用，强化了承办案件人员的个体责任，适当赋予其一定的自主权，既确保了办案质量，也提高了办案效率，但这一改革的取向并不在于改变检察权主体的结构体系。

主诉检察官改革至今已逾十年，可以说新的办案流程架构已在基层一线形成，即大量的一般性案件由主诉检察官具体审查与直接决定，而相对少量的具有重大影响（诸如改变强制措施、抗诉等）的处理则由检察长、检察委员会研究决定。而这样的状态与检察委员会的设置目的并不冲突，因为检察委员会解决的主要是检察工作中的重大案件和其他重大问题。这样的流程架构也与检察权主体制度并不矛盾，内部的分权配置是为了更好地促使检察权运行在正确的轨道上。主诉检察官办案责任制的改革也从侧面反映了检察委员会并非检察权的主体，其扮演的只是部分决策者的角色，只是由于检察委员会具有人力资源、专业水平等方面的优势而在决策行列里占据较高的地位，处理的问题也相对较为重要。2008 年 9 月 16 日通过的《关于加强和改进最高人民检察院检察委员会工作的意见》或许已揭示了这一问题，该文件首句即提出"检察委员会是检察机关依法在检察长主持下实行民主集中制的业务决策机构"，这是对我国检察委员会制度长期以来实践的总结，也正面表述了其法律地位。

三、关于制度完善的方向与进路

从以上分析可以看出，检察委员会制度的发展与检察事业本身的发展态势息息相关。检察机关恢复重建已三十年有余，原先的相对落后状态已得到明显改善，当前至少有以下因素促使检察委员会必须得以改进：一是各级人民检察院均已建立较为完善的党的领导机制，关涉检察事业的一些重大问题的决策均能通过各级院党组的民主集中制方式予以实现；二是检察机关的机构职能建设已相对成熟，如最高人民检察院的内设机构已逾二十个，部门职能的分工较为明确，检察业务的规范化建设日趋重要；三是检察队伍建设取得较大的进展，队伍整体素质明显提高，尤其是主诉检察官制度改革有力地推动了专业化建设。

由此，检察委员会原先"大而全"的制度设计似乎应有所改变，如关于重大问题的研究应有所限定，避免与党组决策内容出现重复建设与矛盾冲突，作为专业性的业务决策机构，其研究讨论的重大问题也应为业务领域，即重大检察业务问题；又如关于案件的研究，既然主诉检察官制度的推行已喻示原先三级办案程序中"审者不定、定者不审"的方式是不妥当的，那检察委员会在履行该职能时也应充分注意该问题，所研究解决的价值性判断问题应当是在案件事实清楚的基础上，研究解决的技术性疑难也只能就证据判断和法律适用问题展开，具体承办人员仍应对案件事实的审查认定承担责任，毕竟检察委员会不可能代为审查卷宗材料。因此，检察委员会在调整自身制度设计时，基于所承担职能要求的改变，更应注重自身的建设，"大而全"的改进必然需要"专而精"的努力，这一方向是历史要求使然。

诚然，检察委员会制度需要改革，但这并不意味着对原先制度的全盘否定，而是在原有基础上的改进与规范。笔者认为，当前完善检察委员会制度需要注意以下几个问题：

一是应进一步规范重大案件研究机制。建议在准入机制上严格把关，明确提交研究的议题只能是技术性疑难与价值性判断的事项，技术性疑难解决的是证据认定方面的技术问题，如经查证的案件证据是否达到足以认定犯罪事实的标准存在分歧等；价值性判断解决的是对案件处理的综合性因素的考量，如拟做相对不起诉的因素与依据是否充分等。因此，价值性判断的讨论研究必须建立在案件事实清楚的基础上，而技术性疑难的讨论研究必须以所提交的证据材料经审查无误作为前提，检察委员会只负责对提交的议题而非全案进行研究，承办人员仍需对案件事实的审查部分承担责任。这样，检察委员会仍会是一个良好的避风港，只是主诉检察官驾驶的船舶需在风力达到较高级别之时方可驶入，这样既能督促主诉检察官充分发挥自身的主观能动性，也能确保检察委员会这一避风港不会因被滥用而不堪重负。

二是应进一步明确重大事项研究范围。当前实务中，关于检察事业发展的相关问题，除了检察委员会外尚有诸多决策机制，如党组会、院务会、检察长办公会等，容易出现重复建设的问题，而且这些会议均由检察长主持，一旦同一议题已经过研究决定，在之后其他机制的决策讨论中往往会出现"走过场"的现象。因此，检察委员会研究的重大问题应有所侧重，基于其特殊的人员构成优势，重大问题应限定在检察业务领域，新修订的《人民检察院检察委员会组织条例》第4条第1至4项即体现出了这样的趋势，通过列举方式明确了重大问题的四种情形。建议该条规定中"其他重大问题"可修正为"其他重大检察业务问题"，并及时总结实务经验，增补相关的重大检察业务问题的类型，如涉及国家赔偿问题、检察官履职质量的评价等。

三是应进一步提升检察委员会的整体素质。诚如前两项建议，检察委员会所承担的职能应是越来越"专"，即专门性和专业化，其解决的议题也不再是一般性的、常识性的内容，需要委员具备良好的政治素养和过硬的业务素质，专职委员的设置也正好呼应了这一趋势。因此，当前推进检察委员会的发展可引入"精英建设"机制，就此而言，"检察委员会应由检察长和资深检察官组成"[①]的观点是可资借鉴的。当然，由于各级检察院的人员难免存在良莠不齐的问题，简单以通过全国司法统一考试[②]作为必要条件不一定十分可行，但可以肯定的是，检委会委员首先必须具有检察官资格且具备在主要业务部门履职一定年限的经历，因为从未或较少接触检察业务的人员就重大案件所发表的意见，其可靠性是足以让人怀疑的。同时，鉴于我国检察队伍建设正处于成长过渡阶段，对于特别优秀的年轻干警可在执业资格上从严而在履职资历上适当从宽。由此，建议对《人民检察院检察委员会组织条例》第2条做适当修改，增补以下内容：检察员应当在主要业务部门履职5年以上方可选任为检察委员会委员，通过全国司法统一考试的检察员其年限可放宽至3年。另

---

① 黄海、梁晓淮：《论检察委员会的法律地位及其改革完善》，载《西北大学学报》（哲学社会科学版）2010年第1期。

② 邓思清：《论我国检察委员会制度改革》，载《法学》2010年第1期。

外，检察委员会提升素质的学习机制如何健全也是实务中应当认真研究的问题，毕竟检察系统内有专司教育培训的部门，把检察委员会委员的学习活动交由该部门或其常设机构承担是值得研究的。当然，作为精英化建设的需要，检察委员会委员的学习内容也应当适当高于一般检察官的业务培训，但在实务中这样的学习能否得到时间、资源等方面的保障是个明显的问题，由此，由国家或省一级检察院研发配套的学习教育视频，让检委会委员能充分利用业务时间进行"充电"，是一个可预见的趋势。

（作者单位：中共福建省委政法委；福建省漳州市芗城区人民检察院）

论"审判中心主义"背景下法官的新担当

孙 记

一、问题的提出

2016 年 6 月 3 日上午 9 时许,律师吴良述到南宁市青秀区法院诉讼服务大厅申请立案,因涉及管辖问题不能立案,起了冲突,在之后法警强制检查其手机时,吴律师的裤子脱线,被撕扯下来。① 这一事件引起了各界的广泛关注,法律各界亦议论纷纷,专家学者更是纷纷发表高见。笔者认为,这一事件不仅仅是突发事件,或是极端的个案,在某种程度上更是律师与法院关系的一个缩影,因为"眼前发生的事,会加深我们对过去的理解;而对过去事件的深入理解,又会有助于我们对目前发生事件的领悟",② 刑事诉讼法第一次修改后律师辩护权获得完善,1997 年 H 省某县法官也曾在庭审中对律师施暴,当庭抠瞎了他的一只眼睛,直至近来还不时有辩护律师被审判长"驱逐出庭",聂树斌案之所以反反复复难有结论,在一定程度上也与法官漠视律师辩护意见有关,凡此种种均昭示着法院与辩护律师之间的关系,揭示出刑事法官与辩护律师在个案中的行为与相互关系。十八届四中全会以来推进"以审判为中心诉讼制度改革",是要解决庭审"走过场",强化对被追诉人合法利益的保护,确保律师充分行使辩护权,逆转庭审中控强辩弱"一边倒"、"控方一言堂"的格局,克服"以侦查为中心"存在的不足,使法官在兼听则明中公正裁判。"以审判为中心"在理论上被称为"审判中心主义",③ 它的内在要求有:一是"在整个刑事程序中,审判程序是中心,只有在审判阶段才能最终决定特定被告人的刑事责任问题,侦查、起诉、预审等程序中主管机关对于犯罪嫌疑人罪责的认定仅具有程序内的意义,对外不产生有罪的法律效果";二是"在全部审判程序当中,第一审法庭审判是中心,其他审判程序都是以第一审程序为基础和前提的,既不能代替第一审程序,也不能完全重复第一审的工作"。④ 这一原则的制度化,特别是其在实践中的落实必然要对诉讼三方的关系进行重塑,必然要求法官在诉讼中有所担当,尤其要对律师辩护权予以尊重,这又需要以对我国既往法官诉讼担当解读为前提。

---

① 搜狐公共平台:《"律师底裤"被撕下的尴尬》,http://mt.sohu.com/20160613/n454165110.shtml,最后访问时间:2016 年 6 月 13 日。

② [德]埃利亚斯著:《文明的进程——文明的社会发生和心理发生的研究》,王佩莉、袁志英译,上海译文出版社 2013 年版,第 521 页。

③ 张吉喜:《以审判为中心的诉讼制度》,载《法律科学》2015 年第 3 期。

④ 孙长永:《审判中心主义及其对刑事程序的影响》,载《现代法学》1998 年第 4 期。

二、我国传统法官裁判担当效果的当下启示

我国的传统社会结构为"家国同构"、"家国一体",即"国是微缩的家,家是国的扩大"。嵌入其中的伦理与行为规范是"亲亲尊尊",这既是"家"内的组织原则又是国家的政治原则,[①] 这一原则通过春秋决狱、引礼入法等举措而发生规范效力,并主要聚焦在"刑"上,即对中国人来说,"如果卷入法律,就等于卷入刑罚"。[②] 契合这一理路的司法模式中,"'父母官'兼理司法,他们对'子民'的审判,一开始就被定位为家长族长对不肖子孙的惩戒。所谓'刑罚不可弛于国,笞捶不得废于家'。法律因此也被定位为家长的手杖或鞭子。小民诉讼,一开始就自定位为'请老爷为小的做主'。在审判程序中,不管原告、被告、证人,都是跪着听讯,视同子辈。当事人称法官为'老父台'、'老公祖'、'青天父母',法官则动辄斥当事人为'贼子'、'逆子'。在审讯中,动辄'大刑伺候',一如在家中家长动辄对子孙'动用家法'(棍杖)。"[③] 在"衙门口朝南开,有理没钱莫进来"的拒讼策略之下,除极少数"葫芦僧判断葫芦案"外,传统中国"的司法行为涉及对案情的认定、法律的援用以及判决的制作乃至价值判断和审美体验等诸多方面",[④] 法官身上体现出"儒家化的内在熏陶和法律化的制度约束"两个重要特征,[⑤] 他们"不仅要掌握法律的知识和对社会有充分的认识,还要在认知证据和情理考量上具有非凡的功力",因而他们身上"往往具有精深的实践智慧,而不能单纯地将法律的运作看做一个纯粹的逻辑过程",[⑥] 他们要基于对以儒家价值体系为主的社会规范和现实的生活世界的精准把握,在大体查明案情的基础上对案件作出裁断,并且要尽可能契合源于传统并为社会广为接受的人伦常情、生活常理、国家大法。尽管这些法官并不是专业法官,但是他们因为从小受儒家伦理规范所形塑的社会生活的熏染,后又因饱读儒家诗书而科举入仕,以儒家化的法律来裁断案件,裁断结果必然要契合大众生活又高于生活大众的一般认识,令人心服口服,使犯罪行为人认罪服法,使犯罪行为受到惩罚,使犯罪被害一方的心灵受到抚慰,损害获得赔偿,当事人和社会大众受到应有的教育,社会秩序获得恢复,社会风化得以保持纯洁,忠孝礼仪得以持久性内化人心。在这一司法模式之下,法官既要解决纠纷,又要维持社会秩序,更要进行道德教化,这与欧洲蕴含竞技性的诉讼不同,中国诉讼的原型,"也许可以从父母申斥子女的不良行为,调停兄弟姐妹间的争执这种家庭的作为中来寻求。为政者如父母,人民是赤子,这样的譬喻自古就存在于中国的传统中。事实上,知州知县就被呼为'父母官'、'亲民官',意味着他是照顾一个地方秩序和福利的总的'家主人'。知州知县担负的司法业务就是作为这种照顾的一个部分一个方面而对人民施予的,想给个名称的话可称之为'父母官诉讼'",这种体贴入微的"父母官"裁断案件必然要遏制辩护权的生长空间,但

---

① 曾宪义、马小红主编:《中国传统法律文化总论》,中国人民大学出版社 2011 年版,第 81 页。
② 高道蕴等编:《美国学者论中国法律》,清华大学出版社 2004 年版,第 410 页。
③ 曾宪义、马小红主编:《中国传统法律文化总论》,中国人民大学出版社 2011 年版,第 64 页。
④ 武建敏著:《传统司法行为及其合理性》,中国传媒大学出版社 2006 年版,第 6 页。
⑤ 武建敏著:《传统司法行为及其合理性》,中国传媒大学出版社 2006 年版,第 25 页。
⑥ 武建敏著:《传统司法行为及其合理性》,中国传媒大学出版社 2006 年版,第 29 页。

其裁判的可接受性值得当下改革重视。①

伴随着西方列强的入侵，我国社会发展的自然进程中断，既有的诉讼机制受到冲击，西方特别是日本的司法模式被引入我国，但由于国家战乱频仍而呈搁置状态，新中国成立前后高层明确废除了《六法全书》，为了填补法与诉讼的空白，除了将我党在国民革命时期、抗日战争时期、解放战争时期的条例和做法予以延续外，大量引入苏联的做法，后虽因"文化大革命"而全面中断，十一届四中全会之后，我国社会虽然全面拨乱反正，第一部刑事诉讼法于1979年正式生效实施，但是刑事诉讼的目标定位还是存在偏颇，它是"作为典型的'镇压犯罪'的法，当然必须时刻牢记阶级斗争"，②被追诉人自觉不自觉地被作为无产阶级专政的敌人，刑事诉讼法也顺理成章地成为阶级斗争的工具。刑事诉讼以打击犯罪为唯一目的，刑事庭审更多的时候变成对侦查中获取口供、其他印证口供证据的一种确认，因此"侦查完全可以决定案件的处理结果，而之后的起诉和审判，只不过是为其'背书'而已"。③在这种模式下，被追诉人的人权保障无从谈起，这一时期的法官更多的时候是作为阶级专政队伍中的一员，政治觉悟高于法律素养，对无产阶级专政目标的忠诚高于对法律的忠诚，对公检法三机关联合办案的政治、阶级认同高于对公正审判的职业坚守，此情此景的法官与其说在审判中依法行使审判权不如说是通过审判来落实对犯罪的惩罚，以确保社会稳定、维护社会秩序，打击资产阶级分子，律师辩护权的重要性也因此湮没在阶级斗争的绝对支配性之中。尽管在今天看来，这一现象存在着这样那样的不足，但是在当时的计划经济体制下，社会关系简单，社会流动性小，社会管控能力较强，犯罪案件发生少，案件侦破起来相对容易，法官对案件审判后的判决也基本上能够达致公正。可以说，这一时期法官的职业化程度并不高，他们对案件的认知乃至最后的判决与社会大众的预期并不远，裁判的可接受性并不是突出问题，甚至根本就不是问题。

三、我国既往法官裁判担当中今后需要克服的问题

前述传统社会中的刑事司法和我国新中国成立以后到1996年刑事诉讼法修改前的刑事诉讼虽然具有本质的区别，但是法官的裁判行为都能与当时社会的主流价值观相契合，裁判的可接受性都不成问题，但也存在着同样的问题，即嵌于其中法官的价值观念、诉讼理念不能契合当下社会对刑事诉讼的预期，这集中体现在两个方面：一是重实体、轻程序。在传统司法中，"现行的程序规范在诉讼和审判中经常不被遵守，诉讼参与人及听讼官员违反法定诉讼程序，只要未造成严重后果，往往会免于法律制裁。一些在法律史上被奉为名案的案件在审理判决过程中也常有违反法定程序的地方，而且正是这些违反法定程序的做法才能使得该案成为名案，并且赢得了时人的普遍赞扬。而一些大权在握的司法官员乃至皇帝，对下级官员及普通诉讼参与人违反法定程序的行为加以宽恕的做法，也常被赞誉为仁德之举"。④新中国成立后，我国长期以来的司法实践更多地重视实体的公正，认为只要

---

① ［日］滋贺秀三：《中国法文化的考察——以诉讼的形态为素材》，载《比较法研究》1988年第3期。

② 樊崇义、夏红：《刑事诉讼法学研究方法的转型——兼论在刑事诉讼法学研究中使用实证研究方法的意义》，载《中国刑事法杂志》2006年第5期。

③ 王敏远：《以审判为中心的诉讼制度改革问题初步研究》，载《法律适用》2015年第6期。

④ 郭成伟主编：《中华法系精神》，中国政法大学出版社2001年版，第214页。

定罪量刑准确，即便程序严重违法也无大碍，特别是基于侦查的秘密性，侦查违法（如刑讯逼供、暴力取证等）对于社会大众而言并不知情，相应地，对于明显为侦查机关严重违背程序规定收集的证据，法官在庭审中总是睁一只眼闭一只眼，甚至对严重违背程序的取证行为予以谅解，与公诉人联手共同对抗辩护人的质疑、对付被告人的当庭翻供。二是有罪推定。有罪推定是"封建司法的基本原则，依据这个原则，司法官吏的任务就是寻找一切证据主要是口供证明犯罪嫌疑人、被告人有罪，而不是查明案件的事实真相。依据这个原则，司法官吏有权对被告人进行拷打，逼其认罪，被告人则负有证明自己无罪的义务。如果犯罪嫌疑人、被告人不能证明自己无罪，就被认定为有罪"。① 古代衙门不问青红皂白先打被告的板子，有时刑讯逼供后更是草率定案。直到最近，有罪推定观念之下的犯罪嫌疑人、被告人"等同于敌人、坏人和犯罪人，打击犯罪。这一极其落后的观念导致极其糟糕的实践，体现在刑事诉讼各阶段，就是忽视犯罪嫌疑人、被告人的基本人权，不给其人的待遇，将其视为盛着口供的容器，视为口供的来源"。② 甚至较长时期以来对指控意见的照单全收，对辩护意见充耳不闻显然也是有罪推定的办案理念使然。正是这两方面做法背离了现代刑事诉讼的内在要求，而且 1979 年刑事诉讼法蕴含的阶级斗争观等，因与人权保障、程序正义等诉讼规律要求格格不入，才导致刑事诉讼法第一次被修改。

1996 年我国修改刑事诉讼法，除了继续将惩罚犯罪作为刑事诉讼的一重目的外，还增加了保障人权与之并重，并且在诸多制度设计上予以体现，法官裁判角色的中立性、被动性的立法期许已提上日程。这是适应社会主义市场经济建设的需要，因为市场经济是主体自由的经济，它内在地要求平等、自由与人权等，内在地要求刑事诉讼的展开符合程序正义、贯彻无罪推定原则，要对律师帮助权提出要求，对追诉权提出制约，对裁判权的中立性、被动性提出诉求，刑事诉讼法虽有重大修改，但是因为公检法三机关分工负责、互相配合、互相制约原则的存在，再加上政法委书记兼任公安局长惯例的推行，特定案件由政法委协调，"采取的'协调'的方式，即彼此态度、立场的协商与调和，直至妥协形成'共识'"，自然使诉讼"贯彻政治逻辑，使政治目的楔入司法过程，将案件协调变成了政治运作"，③ 导致三机关权力配置的错置与监督制约的虚置，造成现实中法院与检警之间配合有余、制约不足。侦查结论常常决定着整个诉讼的进程，起诉意见变成对侦查结论的默认，审判一般变成对起诉意见的确认，但这并不排除少数情况下法官坚持从法律和事实出发，否定起诉意见，作出从轻乃至无罪的判决。这时，法官间的诉讼行为便不自觉地出现了分化：一是有的法官按照正当程序的要求和无罪推定的指引，敢于作出有利于被告人的判决甚至为宣告无罪；一是有的法官仍然按照惩罚犯罪、有罪推定、重实体的思维，照单全收认定被告人有罪。当然，也不排除有的法官在不同的案件中有不同的倾向。

这固然有重实体、轻程序的不当理念在作怪，有有罪推定观念在作祟，但也与程序正义理念传播、无罪推定观念被公安司法人员接受密切相关。在这种情况下，法官裁断案件便时不时与社会预期存在着距离，因为普通大众奉行的是实用主义，对刑事诉讼专门机关

---

① 李建明著：《刑事司法错误——以刑事错案为中心的研究》，人民出版社 2013 年版，第 158~159 页。

② 王敏远等著：《重构诉讼体制——以审判为中心的诉讼制度改革》，中国政法大学出版社 2016 年版，第 217~218 页。

③ 王敏远等著：《重构诉讼体制——以审判为中心的诉讼制度改革》，中国政法大学出版社 2016 年版，第 320、318 页。

的办案要求往往倾向于案件的侦破乃至真凶服法，社会秩序的稳定，社会治安的良好，对于侦查办案程序是否违法漠不关心，甚至赞许办案机关为了达到侦查取证的目的可以利用刑讯等不择手段，这样如果某些案件因为证据不足、强调程序正义等成为疑罪，办案效果必然会受到质疑。这一群众对法律效果的体认往往促使各级领导加大对打击犯罪的强调，在疑难案件中加大协调力度，勉强定罪、从快行刑，这又与古代官方做法存在勾连，即"儒家法理学"倾向于"低估程序正义的重要性，低估保护个人利益不受司法权和国家损害的需要"。① 与此相对，由于我国 1998 年加入"两权公约"，程序正义观念和无罪推定理念被一些办案人员接受，被一些刑事司法领导者认可，被一些媒体报道等，人们对刑事司法恪守程序正义的要求又有了新的期许，这就使为达目的不择手段的违法取证被拒斥、疑罪也需要从无，这样就使刑事法官在裁断被告人犯罪与否时处于尴尬处境：恪守法律与听从指示；独立办案与请示汇报；疑罪从无与有诉必判；坚守正义与迎合民意；敬重程序与偏重实体；等等。

四、我国就法官裁判担当的新展开

"以审判为中心"诉讼制度改革的实现，必然要将"审判中心主义"内在要求制度化，在这种情况下，法官必然在审判中②有新的担当，只能恪守"公正审判"，追求"法律之内的正义"。这既要对上述"重实体、轻程序"、有罪推定理念予以抛弃，还要通过司法改革、法律制度完善等诸多举措，从深层次上迎合现代性主要表征的两种"脱域"③ 机制：一是"象征标志的产生"，象征标志是指"相互交流的媒介，它能将信息传递开来，用不着考虑任何特定场景下处理这些信息的个人或团体的特殊品质"；二是"专家系统的建立"，即"把社会关系从具体的情境中直接分离出来"。这均"蕴含着一种信任态度"，并且是区别于人格信任的现代信任。④ 这最终使法官在裁判中与普通人对刑事诉讼的认知形成疏离，远离对情感化、情绪化、个殊化的犯罪行为评判，使裁判符合形式理性的标准，契合刑事法治的内在要求，最终使社会大众对刑事判决的接受不是因为参与式的理解，而是因为其产生源于公检法机关的办案人员、辩护律师、被告人等围绕证据、事实依法展开的系列诉讼行为，它是这些主体理性交涉、各自行为交互作用的结果，说到底是法官在判决后向控辩双方输送着"法律之内的正义"。

郑成良教授认为："裁判者应当服从法律，应当按照法律的指引来作出决定，这一点在具有任何文化背景的法律制度中都会得到某种程度的承认。"⑤ 当然，这可能牵涉到对法律的不同理解，对接受"业已公布的规则的约束"则会因不同的司法语境而有不同的面向，也不排除"秘密规则、内部文件"的指引，这可能又牵涉到恪守法律与遵从道德之间的选

---

① 高道蕴等编：《美国学者论中国法律》，清华大学出版社 2004 年版，第 118 页。

② 尽管完整的审判中心主义要求法官在公诉案件开庭之前的所有程序中对刑事强制措施、强制性措施针对被追诉人人身、财产、隐私等限制作出享有司法审查权，但本文基于从传统到现代演进的连贯性及篇幅，仅聚焦审判阶段。

③ 吉登斯指出，社会系统的脱域问题是指"社会关系从彼此互动的地域性关联中，从通过对不确定的时间的无限穿越而被重构的关联中'脱离出来'"。

④ [美] 吉登斯著：《现代性的后果》，田禾译，译林出版社 2000 年版，第 18~32 页。

⑤ 郑成良著：《法律之内的正义》，法律出版社 2002 年版，第 45 页。

择，但是在审判中心主义的背景下，法官只能遵守刑事诉讼法和刑法的明文规定，并且被遵守的刑事法必须是尽可能的完善与正当。因为"法治时代到来以后，在法治社会中，裁判者仍然被期待着服从道德的指引，但是，他是要服从'法律之内的道德'的指引而不是服从'法律之外的道德'的指引，换言之，他所扮演的角色、他所履行的职责要求他主持法律之内的正义而不是法律之外的正义"。① 这也是"司法公正最为重要的特殊品质"。② 这就要求法官在履行裁判职能时要做到以下几点：

首先，要有"誓死护法"的精神。审判中心主义的形式化，便是刑事司法的法治化，它有两个面向：首先把司法（由法律专家构成）看成是法律的特别守护者；其次是否认身为法官的个人在场。这两个方面是相联系的：随着法官在法律和司法角色方面受到灌输教化，法官就变成了人格化的法律。在这种理想中，法官应该不偏不倚，摆脱激情、偏见、专横的支配，仅仅忠诚于法律。由此产生了让人心安的声明：法官是法律的发言人，或法官代言法律，或法官没有意志。③ 这意味着法官要在庭审（不排除审前程序中对侦查行为的司法控制）中发挥独立审判追求司法公正的作用，要基于直接言词原则、集中审理原则、中立原则、平等对待原则、控审分离原则等依法行使裁判权，要发自内心地"奉法律为上帝"，客观公正地适用法律，排除各种案外因素的干扰，时刻以维护法律尊严为己任，始终清醒地认识到自己的职业因严格恪守法律、捍卫法律而神圣，捍卫法律尊严就是为自己赢得尊严，严格恪守法律便是用法律保护自己，舍法徇情便是自掘坟墓，这里需要着力捍卫的是程序法、裹挟在程序之中的证据法。

其次，要平等地对待各方诉讼主体。一般而言，"司法活动所处理的关系，从根本上说，是主体间关系而不是主客体间关系。司法过程中的一切活动都是紧紧围绕着一个主题而组织起来的，这就是主体之间相互冲突、相互对抗的利益关系加以公道的权衡，依法公正和及时地解决社会纠纷。"④ 刑事审判中主要针对的是对被告人是否需要定罪与量刑展开审判活动，由于刑事诉讼（绝大多数为公诉）主要由国家发动，被追诉人便处于弱势，律师辩护权的制度设计是一种平衡控辩力量的杠杆，辩护律师便是以法律为工具捍卫被告人实体权益和程序利益对公诉行为进行吹毛求疵之人，这就要求法官对辩护意见予以重视，对辩护人的人格尊严予以尊重，对控方意见在审视的前提下予以考虑，将控辩双方的诉讼主张转化为法律上的处断。

最后，要妥帖运用证据。刑事裁判的落实是在法律之内实现正义，其中"法律上的实体正义和程序正义都属于法律之内的正义，它们分别是按照实体法或程序法的标准来判定是非曲直的正义"，⑤ 实现此目标的工具便是证据，按照刑事司法的内在要求展开实体证明和程序性证明活动，最亟待落实的是非法证据排除规则，切实围绕出庭的证人展开有效的交叉询问等。

（作者单位：黑龙江大学法学院）

① 郑成良著：《法律之内的正义》，法律出版社2002年版，第46~47页。
② 郑成良著：《法律之内的正义》，法律出版社2002年版，第87页。
③ ［美］布雷恩·Z.塔玛纳哈著：《论法治：历史、政治和理论》，李桂林译，武汉大学出版社2010年版，第156~157页。
④ 郑成良著：《法律之内的正义》，法律出版社2002年版，第117页。
⑤ 郑成良著：《法律之内的正义》，法律出版社2002年版，第174页。

以审判为中心诉讼制度背景下的裁判文书策应[*]

孙长江　杨佩正　韩天宇　曲　航

一、"以审判为中心"诉讼制度对裁判文书的新要求

（一）裁判文书应载明"四个在庭"的递进过程

"应当说，以审判为中心的诉讼制度改革是完善我国刑事诉讼制度，实现程序正义的核心，其重要意义或许仅次于司法人员分类管理等四项基础性改革措施，而庭审实质化是审判中心主义的应有之义。""庭审实质化"的核心内涵是"四个在庭"原则，即调查在法庭、证据展示在法庭、控诉辩护在法庭、裁判说理在法庭。这意味着对于控辩双方在庭审中提出的事实与证据，合议庭既不能够予以搁置而自行创设事实与证据，也不能罔顾控辩观点径行裁判。

因此，在努力实行和认真贯彻这一制度的过程中，法官作为司法主体，只有真正运用语言、理由、逻辑三个要素制作裁判文书，从前述三个要素上对庭审实质化殚精竭虑、遣词造句，才能使我国法制历史上这一具有划时代意义的诉讼制度改革成为现实。否则，裁判文书不可能承载庭审实质化，"以审判为中心"的诉讼制度极有可能成为水中月、镜中花。

（二）裁判文书应聚集控辩审三方指向的罪刑关系

庭审实质化必须牢牢确立"以审判为中心"的指导方针，即庭审活动是决定被告人罪与非罪、量刑轻重、此罪与彼罪等定罪量刑问题的最关键环节。这意味着被告人的刑事责任应在审判阶段而不是在侦查、起诉或其他环节解决。"四个在庭"是对于"以庭审为中心"核心内涵最为准确的表述，即"充分发挥庭审的功能作用，真正做到事实调查在法庭、证据展示在法庭、控诉辩护在法庭、裁判说理在法庭，通过庭审查明案件事实，确保司法公正，维护司法权威"。然而在长期的司法实践中，刑事裁判文书中的"控方认为"及"辩方观点"往往只是一种必要的点缀，法官着重论述的"经审理查明"这一部分的事实和证据，往往是法官经阅卷而形成的"确信"或依据控方指控的"确凿"的事实和证据，而对辩方提供并进行质证、辩论的事实、证据，往往忽略不计，无论控告的内容是否成立，辩护的理由是否充分，都不影响法庭以"经审理查明"的事实和证据直接作出裁判，充其

* 本文系最高人民法院 2015 年度审判理论课题"裁判文书的语言、逻辑和理由研究"（项目编号：2015SPYB12B）的阶段性成果。

量在"本院认为"中对控辩主张做极其简略的"表态",以示对控辩主张的"尊重"①。这种做法显然与庭审实质化精神相违背。

(三) 裁判文书应祛除"四个虚化"的积弊痼疾

党的十八届四中全会通过的中共中央《关于全面推进依法治国若干重大问题的决定》(以下简称《决定》)中,对司法改革明确提出了"以审判为中心"的要求。所谓"以审判为中心"的诉讼制度,即《决定》中所明确的"保证庭审在查明事实、认定证据、保护诉权、公正裁判中发挥决定性作用",亦即"审判中心主义"。"以审判为中心"提出的目的,是为了有效对抗并根除我国刑事庭审中普遍虚化的现象,即"举证的虚化、质证的虚化、认证的虚化、裁判的虚化"② 等长期存在的痼疾。与此同时,刑事裁判文书的改革应当注意并策应庭审实质化,以实现"以审判为中心"。

"以庭审为中心"的改革指导方针意味着庭审活动是决定被告人罪与非罪、量刑轻重、此罪与彼罪等定罪量刑问题的最关键环节,意味着法庭审理是刑事诉讼活动中最重要的具有决定意义的阶段。与之相对应,刑事裁判文书则是对整个刑事诉讼程序的总结,是合议庭和审判员最为重要的任务。因此,刑事裁判文书的改革,必须要策应以审判为中心这一重要背景,探索出实际可行的道路。

二、"以审判为中心"诉讼制度背景下裁判文书的多维视角

(一) 裁判文书内涵要素与"以审判为中心"诉讼制度改革契合的端口

裁判文书是对司法过程的提炼和总结,是审判成果的结晶,更是展示司法公正的重要司法产品。裁判文书的基本要素有三个:语言、逻辑和理由。语言是窗口,逻辑是框架,理由是灵魂。三要素是将案件事实、证据和法律适用有机联系在一起的纽带。2015 年最高人民法院又将裁判文书的语言、逻辑和理由研究列为当前审判理论调研的课题。因此,一份语言准确、逻辑严谨、说理到位的裁判文书,不仅是关乎当事人实体权利义务的重要凭证和法院间相互监督、检察机关监督法院的重要依据,更是裁判得到社会崇尚、尊重乃至信仰,树立司法权威和公信力,努力让人民群众在每一个司法案件中都感受到公平正义的窗口。

(二) 语言规范是裁判文书彰显庭审实质化的第一窗口

裁判文书作为实施法律的工具,必须准确、恰当地传达法律的内涵与实质,尤其是刑事裁判文书同其他诉讼裁判文书相比,由于其涉及国家、集体、个人特别是公民的人身权包括生命权、自由权,其语言的运用必须高度精确,用语规范。宋北平教授认为,语言是人类表达意思,用于交流的符号。语言决定法律的发生,影响法律的发展。法律语言作为

---

① 参见罗书平:《改革裁判文书的成功尝试——评云南高院对褚时健案的刑事判决书》,载《法学家》1999 年第 5 期。
② 参见何家弘:《刑事庭审虚化的实证研究》,载《法学家》2011 年第 6 期。

法律运行过程中必不可少的静态组成部分，其规范性之明确显得十分重要。法律语言规范化标准设定的基础不是语言而是法律，因为法律语言规范化的目的不是解决语言问题，而是解决法律问题。因此，表述语言特征的严谨、精练、朴实、庄重等，不能成为法律语言规范化的标准。尽管从"以审判为中心"诉讼制度的改革内容看，四个在庭是制度落实的核心，但是同样的事实、同样的证据、同样的争点、同样的法律适用，不同的法官却有截然不同的语言表述，受众的理解也同样各有千秋。因此，法官加强语言修养，提升语言技巧，规范准确地表述裁判内容，就成为观测诉讼制度改革成败的第一窗口。

（三）理由充分是刑事裁判文书策应庭审实质化的应有之义

判决书说理是判决作出过程的描述，是判决结果逻辑演化的说明，是法官心证形成过程的展现。故此，判决书说理的丰富与充分可以在相当程度上倒逼庭审实质化的实现。自1987年以来至今，我国审判实务界及理论界从上到下一直在不懈地探索裁判文书的制作问题。周道鸾、胡云腾、贺小荣、卢建平、高憬宏等诸多著名学者、法官，都在一直呼吁、设计、指导、创新裁判文书的改革，将裁判文书改革的聚焦点设定于"讲理"上。自1992年最高人民法院发布《法院诉讼文书样式（试行）》以来，广大法官在书写裁判文书方面取得了长足的进步，涌现出一大批优秀、规范的裁判文书。但是随着法治社会的不断发展，裁判文书说理的重要性被提到了全新的高度。在庭审实质化的条件下，裁判文书结构中最为关键的就是认定事实的理由和法律适用的理由。刑事诉讼中，以往"以侦查为中心"作为主基调，在以侦查为重心，公检法采取相互配合的流水线式诉讼模式中，许多并未达到"案件事实清楚、证据确实充分"标准的案件进入庭审，成为冤假错案的诱因。然而这种诱因往往是由于庭审查明的事实、细节不清，裁判文书程式化，无话可说、无理可说所造成的。因此，裁判文书特别是刑事裁判文书必须忠实地贯彻庭审实质化的内存要求，以充分的认证说理、定罪说理、量刑说理来反映庭审实质化的内涵，最大限度地彰显判决书的公正性和可接受性。

（四）逻辑严谨是裁判文书支撑庭审实质化的坚实框架

贝卡利亚说过："法官对任何案件都应进行三段论式的逻辑推理。大前提是一般法律，小前提是行为是否符合法律，结论是自由或者刑罚。"裁判文书的逻辑作用，最重要的是承担着案件事实和法律适用认定和推定的理由，是支撑裁判文书的灵魂架构。就刑事裁判事实部分而言，虽然该部分是对刑事犯罪事实的叙述，而叙述的方式在涉及复杂和重大疑难的刑事案件时，叙述的方式和技巧要比实体性内容的阐释更为重要，因为复杂的刑事案情需要理清事实，分清刑事案件事实的主次。[①] 说理是与刑事裁判文书中的刑事裁判事实并行的重要结构性要素，其中的法律理由和刑事演绎逻辑的内容是刑事裁判文书说理得以顺利进行的实质性工具，正是凭借着刑事演绎逻辑的形式理性，法官在法律理由的阐释层面才更加清晰。[②] 刑事演绎逻辑作为刑事裁判文书说理部分的重要内容，保证了刑事裁判文书最

[①] 参见马微：《刑事裁判文书事实与说理的关联性研究》，载《北京政法职业学报》2016年第1期。
[②] 赵朝琴：《多向度的法律文书学方法研究》，载葛洪义主编：《法律方法与法律思维》（第5辑），法律出版社2008年版，第163页。

终裁判结论的合理性，同时在法律理由正确的前提下，"三段论"式的演绎推理就会更加明确刑事裁判结论的正当性，"三段论"式演绎推理导出裁判判决的逻辑机制是：大前提是法律，小前提是事实，事实只要与法律规定契合，就自动导出结论。[①] 而这样的司法过程是需要在事实与规范二分的思维指导下对刑事裁判文书的逻辑结构有着清晰认识的前提下才有可能保证刑事裁判结论的严谨性和合乎逻辑性。正是通过刑事裁判文书中的说理，法律理由的阐释更为合理，其所体现的实体性的刑事法律精神也更为自洽，同时在契合刑事司法正义理念的刑事法律精神的指引下，刑事裁判文书的裁判结论也将更加符合刑事程序性和实体性的基本精神要求，而说理中的刑事演绎逻辑推理则直接映射了刑事法律精神在刑事裁判文书方面的基本表达路径。因此，刑事裁判文书作为一个体现刑事诉讼程序内容和刑事实体规范的载体，反映了基本的刑事法律精神，而刑事裁判事实与说理作为刑事裁判文书的结构性内容也必然反映了刑事法律精神的内核，二者的内在勾连则更加清晰地表明了刑事法律精神在刑事裁判文书中的逻辑表达进路。

三、"以审判为中心"诉讼制度实施中裁判文书改革任重道远

（一）最高人民法院对裁判文书的引领由粗到细

从 1999 年至 2015 年的 16 年间，最高人民法院共发布了 4 个《五年改革纲要》。其中先后提出"重点是加强对质证中有争议证据的分析、认证，增强判决的说理性"；将裁判文书样式作为民事诉讼程序简化形式的探索；"增强裁判文书的说理性，提高司法的透明度"；"实现裁判文书的繁简分流。对争议大、法律关系复杂、社会关注度较高案件裁判文书的说理性。完善刚性约束机制、激励机制和评价体系。"由此可以看出由笼统到系统、由机制到制度、由向内对法官到向外对当事人的布局设计。最高人民法院院长周强曾在第六次全国刑事审判工作会议上强调，要突出庭审的中心地位，真正做到事实调查在法庭、证据展示在法庭、控诉辩护在法庭、裁判说理在法庭，通过高质量的庭审确保司法公正，提高司法公信力。笔者认为，刑事裁判文书改革的出发点和落脚点即是为了更好地实现和服务于"以审判为中心"的诉讼制度，二者之间的关系既是表里关系，又是相辅相成的关系，即在充分发挥庭审功能作用的诉讼制度下，就会产生语言规范、说理充分、逻辑严谨的裁判文书；反过来，裁判文书如果不能有效组织、运用、完善刑事裁判文书中语言、理由、逻辑三个要素，诉讼制度也将面临被虚化的危险。

（二）专家学者对裁判文书的论证由点到面

附随纲要的定向指引，专家学者百花齐放。据中国知网刊载，自 2000 年以来，以题名中包括裁判文书的报纸发表的文章、讲话即达 500 余篇，而以期刊发表的同类论文则达到近万篇。至于最高人民法院的专业会议所发表的论文，更是洋洋洒洒，推陈出新。上至首席大法官，下至在校学生，围绕着古今中外裁判文书的制度规则、规范引导、功能价值、

[①] 参见张心向著：《在遵从与超越之间——社会学视域下刑法裁判规范实践建构研究》，法律出版社 2012 年版，第 45 页。

风格标准、匹配设计、制作技艺、问题症结，规划部署，献计献策，指点迷津。虽然在司法实践中，我国的裁判文书说理仍存在诸多问题，现行制度规范亟须变革，但值得一提的是，我国司法体制的进步是显而易见的。伴随着最高人民法院《五年改革发展纲要》的颁行，裁判文书说理的重要性和必要性正在逐渐为各级人民法院及广大法官所认识。笔者相信，在"以审判为中心"的诉讼制度实施中，我国裁判文书改革接入了多重制度建设的切入点和契合点，裁判文书改革将成为司法程序运行的重要环节，借此来奠定我国司法事业的进步。

（三）受众对裁判文书的期待由轻到重

裁判文书反映不出庭审举证、质证、认证的过程，体现不出裁判的公正性、公开性和说理性，过去是、现在是、将来仍然是须臾不可忽略的问题。裁判文书在当前依法治国、诉讼制度改革的大背景之下，更具有基础性、全局性、代表性的意义。裁判文书的制作不仅决定于法官法律业务的内存、良心人性的品格、文化素养的底蕴、精力体力的调适，更受制于当事人、代理人、媒体、审判监督等体制内外诸多因素的制约。我国法院每年百万次级的信访量大面积地发生在三大诉讼领域。重要原因是裁判文书仅仅罗列法条后就径行裁判，未能释明事实认定、法律适用理由、胜诉败诉原因，相当多的当事人对裁判文书的误解、对错误裁判的愤慨、对法官不讲理的无奈，导致了对我国现行法律、制度、政策的抵触和对司法公信力的蔑视以及对法院法官的不满。受众如何从裁判文书中看到司法的公平正义，是裁判文书的核心问题。法官如何从"以审判为中心"诉讼制度实施中依托裁判文书激活法律之水，最终达到"让违法犯罪者流下忏悔而又感激的泪水，让被害人流下痛快而又感谢的泪水，让人民群众流下满意而又感动的泪水，"实现习近平总书记的法治理想，"让人民群众在每一个司法案件中都感受到公平正义"，这种期待与理想在当前恰恰应和了"以审判为中心"诉讼制度的改革。

（作者单位：北京大成（沈阳）律师事务所；辽宁省诉讼法学会）

论如何推进以审判为中心的诉讼制度改革

王满生　谷声燕

一、"以审判为中心"的基本内涵

如何理解"以审判为中心",是推进以审判为中心的诉讼制度改革的首要前提。中共中央《关于全面推进依法治国若干重大问题的决定》发布后,很多专家学者和实务界同志对此发表了很多看法,但是对此理解不尽一致。第一种观点为审判标准中心说,认为以审判为中心就是以审判的标准为中心,要求侦查、审查起诉都要依据审判的标准为标准。最高人民法院沈德咏同志就是持这种观点的典型代表,他认为,"推进以审判为中心的诉讼制度改革,实际上是要实行以司法审判标准为中心。也就是说,从刑事诉讼的源头开始,就应当统一按照能经得起控辩双方质证辩论、经得起审判特别是庭审标准的检验,依法开展调查取证、公诉指控等诉讼活动,从而确保侦查、审查起诉的案件事实证据经得起法律的检验"。[①] 最高人民检察院检察理论研究所所长王守安同志也持同样的观点:"以审判为中心就是以庭审作为整个诉讼的中心环节,侦查、起诉等审前程序都是开启审判程序的准备阶段,侦查、起诉活动都是围绕审判中事实认定、法律适用的标准和要求而展开,法官直接听取控辩双方的意见,依据证据裁判规则作出裁判。"[②] 可以说,这种观点代表了实务界的主要观点,审判标准说得到了一些学者的支持,樊崇义教授认为,"以审判为中心,是在我国宪法规定的分工负责、互相配合、互相制约的前提下,诉讼各个阶段都要以法院的庭审和裁决关于事实认定和法律适用的要求和标准进行,确保案件质量,防止错案的发生"。[③] 第二种观点是审判活动中心说,认为"以审判为中心"就是"以审判活动为中心",吉林大学闵春雷教授认为"以审判为中心应该理解为以审判活动为中心,而不是以审判权、法官或者以审判阶段为中心。审判活动即是在中立的法官主持下,通过庭审的举证、质证及认证等环节认定案件事实、判定被告人的实体权益及重大程序争议等活动"。[④] 第三种观点为审判权中心说,徐静村教授认为,"实行以审判为中心必须重新构建侦诉审三者的关系,重点是侦诉关系和诉审关系,侦诉关系中检察权属于上位,侦查权属于下位,诉审关系中审判是中心,诉审关系以确保法院和法官的中立裁判地位与真正依据案件真实严格依法公

---

① 沈德咏:《论以审判为中心的诉讼制度改革》,载《中国法学》2015 年第 3 期。
② 王守安:《以审判为中心的诉讼制度改革带来的深刻影响》,载《检察日报》2014 年 11 月 10 日第 3 版。
③ 樊崇义:《以审判为中心的概念、目标和实现路径》,载《人民法院报》2015 年 1 月 14 日第 5 版。
④ 闵春雷:《以审判为中心:内涵解读及实现路径》,载《法律科学》2015 年第 3 期。

正裁判为目的"。① 持相同观点的还有中国人民大学的陈卫东教授，"以审判为中心作为对三机关现状的反思，实际上是要摆正公检法三机关之间的关系，其核心在于构建一个以审判为中心的科学、合理的诉讼构造。"② 第四种观点为多维角度说，陈光中教授认为，"审判中心可以从三个维度来理解，第一，审判中心是从最终认定被告人是否有罪这一权力由人民法院行使的角度来讲的；第二，审判中心要求庭审实质化并起决定性作用；第三，审判中心意味着侦查、起诉、审判阶段为审判做准备，其对于事实认定和法律适用的标准应该参照适用审判的标准。"③ 可以说，关于"以审判为中心"的观点众说纷纭，学界还没有形成共识。笔者认为，"以审判为中心的提出"是针对中国现有的侦查中心主义和过于依赖书面审理模式而言的，其目的是实现司法公正。从背景上看，首先以审判为中心无法回避侦诉审三者的关系，以审判为中心强调侦查和起诉只是审判阶段的准备，要突出审判权对侦查权和起诉权的影响和制约。其次，以审判为中心是针对案卷中心主义而言的，一直以来，我国刑事庭审的方式主要依赖于卷宗，法庭审理过程中证人出庭率极低，庭审过程走过场，庭审质证虚化，以审判为中心就是要做实庭审，强调事实认定在法庭。最后，以审判为中心强调的是定罪量刑在法庭，实际上是实现"以庭审法官为中心"。强调定罪量刑在法庭也是针对我国的刑事审判背景来说的，长期以来，我国刑事案件审者不判、判者不审的现象比较突出，"刑事庭审裁判虚化"④。所以笔者认为，以审判为中心的内涵体现为三方面，在侦诉审关系上体现为以审判权为中心；在事实认定上体现为以庭审为中心；在定罪量刑上体现为以法官为中心。基于此，笔者认为应该从理顺侦诉审关系、实现刑事庭审的实质化、促进律师辩护的普遍化与有效化等方式推进我国刑事诉讼制度的改革。

二、以审判为中心最直接的是要实现庭审实质化

"审判中心主义的实质是审判的实质化"⑤，以审判为中心就是要求整个刑事诉讼行为都要以审判为重心，所有司法机关和人员都要以审判为目的，整个刑事诉讼活动都要以审判为决定性环节，审判对案件的调查具有实质性意义。确立刑事审判作为全部刑事诉讼的中心，既是严格司法、提高司法公信力的要求，也是实现依法治国的重要举措。其措施主要有如下方面：

进一步落实证人出庭作证制度。"完善证人、鉴定人出庭制度是推动'以审判为中心'的诉讼制度改革的重要内容。"⑥ 出庭率低一直是我国刑事诉讼中亟待解决的问题，2012 年刑事诉讼法对于出庭制度做了较大的修改，对证人提出了强制出庭的要求，但是证人出庭并没有明显改观。"目前证人出庭率非常低，证人基本上不出庭，直接言词原则远没有得到

① 徐静村：《再论我国刑事诉讼法的再修正》，载卞建林、孙长永主编：《全面推进依法治国与刑事诉讼制度改革》，中国人民公安大学出版社 2016 年版，第 434 页。

② 陈卫东：《以审判为中心推动诉讼制度改革》，载《中国社会科学报》2014 年 10 月 31 日 A5 版。

③ 陈光中、步洋洋：《审判中心与相关制度改革初探》，载《政法论坛》2015 年第 3 期。

④ 何家弘：《刑事庭审虚化的实证研究》，载《法学家》2011 年第 6 期。

⑤ 张建伟：《审判中心主义的实质与表现》，载《人民法院报》2014 年 6 月 20 日第 5 版。

⑥ 龙宗智：《庭审实质化的路径与方法》，载《法学研究》2015 年第 5 期。

贯彻，被告人的质证权无从保障。"① 但是证人出庭作证问题是落实庭审实质化的前提，没有证人作证何谈庭审实质化。由于侦查卷宗记载的是一种相对固定的信息，而证人出庭作证却是一种活生生的信息，通过证人的作证活动，法官不仅可以通过语言还可以通过声音、神态等方式判断证言的真实性。"推进庭审的实质化，必须高度重视解决这一问题，着力提升证人、鉴定人出庭率。"② 所以，进一步强化证人、鉴定人出庭作证制度，既是解决突出强化庭审的需要，也是以审判为中心的诉讼规律的要求，同时为司法公正的实现提供制度化保证。

要严格实施非法证据排除规则，防止冤假错案发生，切实提高司法公信力。司法实践证明，非法证据特别是非法言词证据不仅仅侵犯被告人的人权，更可能造成冤假错案，损害司法公信力。近年来的杜培武、佘祥林等案件都是因为未遵循证据收集的法定程序，通过获取并采纳非法口供而导致冤假错案的发生。"非法证据排除是发挥庭审程序制约作用、推进庭审中心的重要环节，应将非法证据排除作为庭审的重要组成部分，贯彻非法证据排除。"③ 2010 年我国颁布了《关于办理刑事案件排除非法证据若干问题的规定》，2012 年我国刑事诉讼法正式规定了非法证据排除规则。实现以审判为中心就是要严格实施非法证据排除规则，"改变那种审判机关对侦查机关证据照单全收的做法"，遵循审判规律，切实贯彻证据裁判规则，依法阻断非法证据进入庭审，有效防范冤假错案的发生。

强化合议庭和主审法官的职能，逐步贯彻直接言词原则。"直接言词原则既是一项调整诉讼程序的基本原则，又是调整诉讼证明的基本原则之一。"④ 现阶段我国刑事诉讼实践中，直接原则并没有得到真正的贯彻，这既与我国法院实际上的行政化运行机制有关，也与我国庭审的构造、整个诉讼文化相关。要想实现直接言词原则，首先要改变审者不判、判者不审的状况，必须发挥合议庭和主审法官的职能。需要进一步强化主审法官和合议庭的职权责，要选拔政治素质好、办案能力强、专业化水平高、司法经验丰富的审判人员担任主审法官，作为独任法官或者合议庭中的审判长。"庭审功能的强化与合议庭及主审法官责任的强化是相辅相成的关系。应当进一步明确合议庭作为基本审判单位的功能、权力与责任，当前合议庭的功能只能强化，不能削弱。"⑤ 要改变裁判文书由院长、庭长签发的制度，形成审委会只对案件法律适用的讨论机制，事实由合议庭认定的机制，防止审而不定、定而不审的情况发生。

三、以审判为中心最紧迫的是要实现律师辩护的有效化和普遍化

现代刑事诉讼以实现控辩平衡、控审分离为原则，辩护作为刑事诉讼的重要一极发挥着重要作用。辩护律师的参与可以产生以权利制约权力和以程序制约权力的效果。"西方法治国家将被追诉人的辩护权及其获得辩护律师的权利上升为宪法原则，并将其作为刑事诉

---

① 陈光中、魏晓娜：《论我国司法体制的现代化改革》，载《中国法学》2015 年第 1 期。
② 沈德咏：《论以审判为中心的诉讼制度改革》，载《中国法学》2015 年第 3 期。
③ 耿慧茹：《刑事诉讼应坚持庭审中心原则》，载《人民日报》2014 年 12 月 29 日第 7 版。
④ 沈德咏主编：《刑事证据制度与理论》，法律出版社 2002 年版，第 168 页。
⑤ 龙宗智：《论建立以一审庭审为中心的事实认定机制》，载《中国法学》2010 年第 2 期。

讼的指导理念和最高原则。"① 虽然说律师在刑事诉讼中的作用十分重要，但是我国刑事诉讼中的律师辩护十分不正常，律师辩护率低、辩护质量不高、辩护方与司法机关的关系不正常。

刑事辩护率低，辩护质量不高不是中国某一地方的问题，在全国一样普遍，也不是一个阶段的问题，而是长期的问题。可以说"成为了一个制度性问题"。从市场经济建设之初到全面建成小康社会，中国的刑事辩护一直是个亟待解决的问题，基本维持在20%以下。② 即便在如此有限的律师参与刑事辩护中，律师的辩护质量也十分令人担忧。更多的律师基本上不调查取证，不认真研究案卷，在庭审中仅仅发表一些无关痛痒的言论，没有提供有价值的意见供法官参考，其辩护几乎不会对案件结果产生任何实质性影响，不论是司法机关还是刑事案件的被告人对于律师的辩护质量评价普遍较低。③ 辩护律师与司法机关不能形成理性关系，正常的辩护行为难以履行。即使是2012年刑事诉讼法颁布以后，辩护律师的辩护权利也还是未能得到较好的保护，实现起来十分艰难。律师在侦查阶段会见难，主要体现在司法机关曲意解释和适用法律规则，对于特别重大贿赂案件中规定的三种案件情形往往作出有利于自己办案的解释，对于规定的危害国家安全犯罪、恐怖活动犯罪、特别重大贿赂犯罪案件需要侦查机关批准的案件也随意作出解释，同时增加限制条件变相限制辩护律师的会见权。④ 阅卷权也受到限制，限制阅卷权的方式主要是律师复印费价格过高，有的检察院对于复印和拍照只能选择其一，有的阅卷需要预约排队现象严重，检察机关办案人员在内心深处还是限制律师阅卷，从而导致律师的阅卷权行使有限。⑤ 对于调查取证权，律师一般都不会行使，因为调查取证的风险太大，会导致律师没有人格尊严，也没有基本的安全感。⑥ 即使发现有利于被告人的证据，往往也是委托司法机关进行调查取证。即使是在审判阶段，应该站在中立的立场居中裁判的法院也与辩护律师关系紧张，法院将律师驱赶出法庭的现象越来越多，甚至有愈演愈烈之势。⑦ 由于辩护律师与法庭的紧张关系导致律师不能很好地行使辩护权，法院对于辩护律师提出的辩护意见也难以足够重视，最后导致被告人的利益没有得到很好的维护。从表面上看个案的审理更加趋向案卷化，法官必须花大量的时间阅卷才能定案，导致案卷判决违背事实的风险增加。从深层次上看，缺乏有效的律师辩护将使法院的居中裁判职能更难以发挥，危及司法的公信力。"从长远来看，辩审冲突的发生不仅会影响司法权威，还会导致法院内部加强对法官的监督从而加剧司法行政化倾向，最终还可能会影响审判的中心地位。"⑧

以审判为中心的诉讼制度改革就是要发挥辩护律师的应有作用，就是要辩审、辩诉、辩侦，辩护律师和被告人之间形成理性的互动关系。为了更好地推进以审判为中心的诉讼制度改革，最为迫切的就是落实律师权利，逐步实现有效辩护和普遍辩护。合理解释与修

---

① 陈光中等著：《中国司法制度的基础理论问题研究》，经济科学出版社2010年版，第319～320页。
② 参见熊秋红：《刑事辩护的规范体系及其运行环境》，载《政法论坛》2012年第5期。
③ 参见冀祥德：《刑事辩护准入制度与有效辩护及普遍辩护》，载《清华法学》2012年第4期。
④ 韩旭：《新刑事诉讼法实施以来律师辩护难问题实证研究——以S省为例的分析》，载《法学论坛》2015年第3期。
⑤ 参见钱学敏：《律师参与刑辩不过两成》，载《检察日报》2009年6月8日第7版。
⑥ 陈瑞华：《辩护律师调查取证的三种模式》，载《法商研究》2014年第1期。
⑦ 参见陈学权：《法庭驱逐辩护律师问题研究》，载《法学评论》2015年第5期。
⑧ 王彪：《刑事诉讼中的辩审冲突现象研究》，载《中国刑事法杂志》2015年第6期。

正辩护权条款，落实与完善辩护人的会见权、阅卷权和调查取证权。2012 年刑事诉讼法对于三权已经作了理性务实的规定，现阶段就是要合理解释和落实法律规定。侦查机关要采取有效措施防止办案人员利用职权阻止律师会见当事人，对于一般案件看守所要实现 48 小时内安排律师会见到自己的当事人，对于贪污贿赂重大复杂案件应当实现律师在 5 天内见到自己的当事人。要保证律师会见自己的当事人时有足够充分的时间进行交流，应该采取措施充分保证律师会见的秘密性。对于律师会见的秘密受到保护，还应保障"在律师会见被追诉人后，侦查机关不能要求被追诉人或者辩护人透露交流的内容"。① 同时检察机关还应采取人性化措施降低阅卷的成本，提供律师阅卷的场所和必要设施，不限制律师的阅卷时间和阅卷次数，保证律师阅卷权的充分实现。而三权中最难以实现的是调查取证权，笔者认为需要修改法律赋予律师一定的强制调查权，以改善我国刑事律师无法调查取证的状况。

四、以审判为中心最核心的是要理顺侦诉审三者的关系

以审判为中心必然会涉及司法职权的分配，涉及公检法三机关权力关系的重新审视，甚至很多学者认为以审判为中心后就必然废除现有公检法三机关关系的规定。长期以来，"分工负责、互相配合、互相制约"原则饱受争议，反对该观点的学者认为，该原则违背了刑事诉讼中分权的基本原则，不符合现代法治的基本精神，酿成了我国司法改革的一杯杯苦酒。② 支持"分工负责、互相配合、相互制约"原则的学者认为该原则是一项符合中国国情的司法制度，从总体上来看，公检法三家的配合制约关系是符合司法规律和实践的。③由于角度不同得出了两种彻底不同的结论，支持的观点站在历史的角度上，将"分工负责、互相配合、相互制约"看成是我国长期司法实践生成的一项特色司法制度。反对的观点是站在西方法治主义的立场之上，用西方的法治理论工具来单项分析该原则。从我国刑事诉讼发展的历史进程来看，"分工负责、相互制约、相互配合"原则从 1953 年在党的文件中最初出现，到上升为刑事诉讼法甚至是宪法的条款④，经历了近 30 年的时间。应当说该原则上升为法律是慎重的，是我国法治发展几十年的历史经验教训的总结，符合我国对于国家司法机关权力架构的历史事实，是对我国侦查权、审判权、检察权定位的合理反映。如果不看清这项原则的历史脉络就无法正确地理解该项原则，"所有法律的名目都是在历史之光的照耀下才能理解，它们都是从历史中获得促进力且必定会影响它们此后的发展"。⑤ 但该原则规定以后在司法实践中产生了很多问题，特别是以审判为中心的诉讼制度改革提出以后，如何使"分工负责、互相制约、互相配合"原则与以审判为中心的改革理念相一致。笔者认为应该从以下几个方面进行理解：

要从强调配合向强调制约转向。贯彻好"分工负责、互相制约、互相配合"原则不仅仅需要纠正无原则的配合，更需要强化制约思维，要将法律所规定的相互制约落到实处。

① 汪海燕：《合理解释：辩护权条款虚化和异化的防线》，载《政法论坛》2012 年第 6 期。
② 谢佑平、万毅：《分工负责、互相配合、相互制约原则另论》，载《法学论坛》2002 年第 4 期。
③ 沈德咏主编：《中国特色社会主义司法制度论纲》，人民法院出版社 2009 年版，第 233 页。
④ 韩大元、于文豪：《法院、检察院和公安机关的宪法关系》，载《法学研究》2011 年第 3 期。
⑤ ［美］本杰明·卡多佐著：《司法过程的性质》，苏力译，商务印书馆 1998 年版，第 32 页。

从现有的我国刑事诉讼法律规定看，法院发挥对公安机关和检察机关的制约主要体现在两个方面，一个方面是要依法严格实施非法证据排除规则，"建立审判权对侦查权的制约和引导机制是审判中心主义的题中应有之义和重点内容"[①]；另一个方面就是坚决实现疑罪从无原则，对于检察机关移送起诉的案件不得与检察机关进行审前沟通，坚持刑事诉讼法规定的证据标准，坚决实现疑罪有利于被告人的原则。

进一步理顺检察院与公安的关系。在理顺侦查机关与起诉机关的关系上，必须尊重我国司法机关职权形成的历史，必须"从我国实际出发，立足于人民检察院的宪法地位及其与公安机关的现有关系"[②]，必须按照实事求是的方式解决法律问题。从这个原则出发，认为在中国进行检警一体化改造是不符合实际的，一是因为将公安机关的侦查权划入到检察院将使检察院失去监督的角色，从而增加行政化色彩，导致检察院的宪法定位不明确。二是公安机关的调动资源进行侦查的能力受到削弱，对于犯罪的打击和社会的防控不合适。三是将两者合一，检察机关对侦查机关的监督无法实现，导致侦查机关的一些违法行为无法纠正，从而增加法院对检察院的"审查"重任，这种改革将导致系统混乱，并不能真正解决问题。合理的解决方案是，强化检察院与侦查机关在实质上的分工，对于一些重大疑难案件，可以建立"检察引导侦查"工作机制，"检察机关通过参与侦查机关对案件的侦查，对证据的收集、提取、保全及侦查取证方向，提出意见和建议，并对侦查活动实行法律监督的工作机制"[③]。另外，强化检察机关对公安机关的侦查活动制约机制。实践中必须克服两种倾向：一种是检察院和公安机关各行其是，只有分工，没有配合，也没有制约；另一种是检察院和公安机关配合过头，基本上没有制约。以审判为中心就是要求检察机关能够以审判标准为要求，对侦查机关的侦查取证结果进行合法性审查，对于侦查过程中的违法渎职刑讯逼供行为进行制约，以维护犯罪嫌疑人和被害人的利益。

法检关系中强调检察院监督的程序性和事后性。有学者从域外审判权的独立性和权威性论证我国检察权设置的不合理性，认为我国审判权没有应有的权威前提就是要废除检察院的监督权。[④] 实际上，在司法实践中检察院启动监督权对法院行使监督的情形并不普遍，法院司法权威不高实际上是行政权等不同权力对法院审判权的干涉，并不是检察院的监督权所引起。在司法改革过程中，需要强调的是，检察院对法院的监督是宪法定位，检察院的监督要在维护司法权威的前提下进行，检察院不能在庭审过程中行使监督权，检察院对于庭审过程中的行为认为不符合法律规定，必须依据法定的程序在审理后提出，对于审判人员的违法行为行使必须是依据合法程序，同时也必须是遵循事后性原则。

(作者单位：江西师范大学政法学院；江西师范大学马克思主义学院)

---

① 詹建红、张威：《我国侦查权的程序性控制》，载《法学研究》2015 年第 3 期。

② 樊崇义、张中：《论以审判为中心的诉讼制度改革》，载《中州学刊》2015 年第 1 期。

③ 卞建林：《论我国侦查程序中检警关系的优化——以制度的功能分析为中心》，载《国家检察官学院学报》2005 年第 3 期。

④ 参见孙长永：《审判中心主义及其对刑事程序的影响》，载《现代法学》1999 年第 4 期。

以审判为中心视野下审查逮捕之调适

——对"逮捕中心主义"的批判

王　雷　许凤学

推进以审判为中心的刑事诉讼制度改革是关涉司法权配置优化、诉讼制度改革、诉讼结构完善，以及诉讼程序重构的一场革命性的变革。审前阶段是其前提和基础，脱离审前阶段的改革，仍然难以防止和纠正冤假错案，会继续产生"起点错、跟着错、错到底"的现象。以审判为中心不是以法院为中心，而是将法律检验的标准落实到审前、审判过程的每一名办案人员、每一个案件证据，保证庭审成为举证、质证、非法证据排除、辩论说理、公正裁判的核心场所。① 公检法各机关均应该积极应对、主动适应。"逮捕中心主义"现象在司法实务中隐秘地普遍存在，在部分领导的观念中、在部分地区部分层级的司法机关中、在部分类型的案件中更加突出。"逮捕中心主义"现象与以审判为中心的理念、标准和要求相悖，因此亟待对现阶段审查逮捕制度和模式进行重新审视、重新定位，以顺应以审判为中心的改革思路和方向。

一、"逮捕中心主义"现象的原因分析

当前，对于逮捕中心主义的学说主要有三类：一是犯罪嫌疑人说。② 侦查阶段的逮捕活动才是整个侦查乃至刑事诉讼的核心，即所谓的逮捕中心主义，犯罪嫌疑人只要被逮捕，就踏上了通向"犯罪加工厂"的快车道，后续的诉讼活动，只是为这个已经"合格的产品"贴上罪犯的"标签"而已。二是强制措施说。③ 逮捕中心化，即在整个逮捕强制措施体系中，逮捕成为中心和支柱，其他措施都处于辅助性或者边缘化地位。三是诉讼阶段说。④ 司法实务中存在对逮捕措施的高度依赖，逮捕与定罪之间存在着明显的线性关系，逮捕在一定程度上决定了具体的量刑结果以及刑罚的具体执行方式。

笔者认为，以上三种说法都具有合理性，共同点均是利用实证方法对实践的大量观察和科学总结，并且一致认为逮捕在强制措施中具有中心地位，对案件进展乃至后续的犯罪嫌疑人定罪量刑都有极其重要的作用。对应关系如下所示：

---

① 参见黄小云：《以审判为中心，实现司法公正》，载《中国审判杂志》2016年第7期；北京市检察机关、清华大学、北京市诉讼法学研究会共同举办的"以审判为中心视野下的审前关系和刑事检察工作模式转型"研讨会综述。

② 参见李昌盛：《走出"逮捕中心主义"》，载《检察日报》2010年9月23日第3版。

③ 参见梁玉霞：《逮捕中心化的危机与解困出路——对我国刑事强制措施制度的整体检讨》，载《法学评论》2011年第4期。

④ 参见王彪：《刑事诉讼中的"逮捕中心主义"现象评析》，载《中国刑事法杂志》2014年第2期。

逮捕——入罪、监禁刑

不捕——出罪、非监禁刑

"逮捕中心主义"的原因，主要可以归结于以下三方面：

（一）逮捕标准的模糊性

根据 2012 年刑事诉讼法第 79 条规定，学者总结出我国逮捕法定标准的"旧三要件说"、"新三要件说"、"四要件说"。"旧三要件说"是指逮捕要件有三个：证据要件——有证据证明有犯罪事实；量刑要件——可能判处徒刑以上刑罚；逮捕必要性要件——采取取保候审、监视居住不足以防止发生社会危险性。"新三要件"与之不同的仅仅是将第三个逮捕必要性要件总结为社会危险性要件。"四要件说"认为逮捕要件有四个：证据要件、量刑要件、社会危险性要件、逮捕必要性要件。但是，对逮捕法定标准进行深入分析、实践用之就会发现它具有如下特点：一是证据要件浮动性。"有证据证明有犯罪事实"的理论解释为综合所有证据在检察官内心达到了逮捕证明标准。逮捕证明标准理论并未达成一致意见时，在疑难、复杂、经济类案件中，裁判人员的自由心证不是有无之分，而是大小、强弱之分，存在因人而异、因时而异的浮动性。二是刑罚预测不确定性。审前阶段因为具有案件事实并未彻底查清、刑罚情节并未得到应有重视的特点，对"徒刑以上"刑期的预判必然是粗糙的、预断的，与法官的"后期验证"必然存在差异。尤其是对"十年以上"的判断。三是社会危险性判断的主观性。刑事诉讼法关于社会危险性的五个法定标准中，其中四个的限定词均为"可能"，另外一个是"危险"，仅仅是包含在事物中的预示着事物的发展前途的种种趋势，是潜在的尚未实现的东西，可以成为现实，也可以不成为现实，仅仅是程度大小的问题。四是必要性要件存在地区差异性。各地区公安机关执行取保候审、监视居住的能力、水平差异甚大，河南、江苏等地对于部分轻罪、认罪案件尝试"一保到底"的非羁押诉讼模式，而有的省份却仍然处于取保候审等同于放人、监视居住无警察看管的落后状态。五是形式逻辑推导功能失效。形式要件论要求逮捕决定是一个演绎推理的过程——即大前提是具备证据要件、刑罚要件、社会危险性要件、逮捕必要性要件的，应当逮捕；小前提是个案符合各个要件；得出个案应当逮捕。然而，个案呈现出一个或者多个"浮子要件"（小前提），即各个要件自身处于模糊、灰色的状态，直接导致无法得出清晰的推理结果。

（二）逮捕追诉化

在我国多年的刑事司法实务中，逮捕的适用逐渐背离了其诉讼保障、再犯预防的程序性目的，功能已经发生异化。正如有的学者总结：审查逮捕权混同于或倾向于侦查职能、控诉职能、纠错型侦查监督职能。[①] 第一，逮捕成为打击犯罪、维护社会稳定的工具；第二，逮捕被视为惩罚和追究责任的一种方式；第三，逮捕承担了预支刑罚的功能；第四，逮捕承载着震慑犯罪的功能；第五，逮捕成为侦查手段和侦查的附庸，出现了"以捕代侦"的局面。[②]

---

① 参见汪海燕：《检察机关审查逮捕权异化与消解》，载《政法论坛》2014 年第 6 期。
② 刘计划：《逮捕功能的异化——逮捕数量与逮捕率的理性解读》，载《政治与法律》2006 年第 3 期。

1. 侦查与审查逮捕一体化现象广泛存在。一是法律赋予了审查逮捕部门参与、引导、补充侦查的权力。[①] 刑事诉讼法第85条规定了公安机关要求逮捕犯罪嫌疑人的重大案件，侦查监督部门派员"参加讨论"的权利。刑事诉讼法第88条、《人民检察院刑事诉讼规则（试行）》（以下简称《高检规则》）规定了侦查监督部门既可以对不批准逮捕案件，也可以对批准逮捕案件要求侦查主体补充侦查的权利。《高检规则》第330条更是规定了自侦案件上级侦查监督部门可以"派员介入侦查"的权利。二是审查逮捕、侦查同为"某行动领导小组"成员的身份和职责，要求审查逮捕与侦查职能的配合与支持。全国各级侦查监督部门参加的正式批准成立的、以侦查主体牵头的领导小组20余项。[②] 三是在实务中，侦查主体通过将侦查卷宗提前交由检察人员或将案件事实、证据情况与检察人员沟通，以获取检察人员的态度和意见的情况非常普遍。通常检察人员对于案件证据情况的意见也往往成为侦查人员取证的思路和方向。案件逮捕中，检察人员对证据不充分的案件，通过进一步讯问犯罪嫌疑人、询问证人以固定、完善证据链条，达到批捕标准更是屡见不鲜。还有一种刑事诉讼潜规则——逮捕羁押作为增设手段、获取口供的讨价还价的最有力工具，为"矛盾中之妥协"的讯问提供了最强有力的矛盾和妥协工具。四是转捕的配合化。转捕是指对于在取保候审期间严重违反规定的犯罪嫌疑人经报请审查程序后逮捕的情况。侦查主体在执行取保候审期间，一旦想羁押犯罪嫌疑人的，会一反常态地严加监管，获取违反严重规定的证据后报请逮捕，而审查逮捕主体会适当降低实体证明标准，绕道实现相对低标准逮捕犯罪嫌疑人的目的。

2. 审查起诉与审查逮捕一体化现象普遍存在。一是标准同质化。二者诉讼目的、诉讼阶段不同，前者对证据的证明标准、程度要求显然应低于后者。但是，用后一阶段的眼光审视前一阶段的裁判，这种错误思想观念却大行其道，直接导致证明标准的逮捕与公诉同质化。二是机构合署化。二者身为检察机关的不同部门，存在着天然的联系。近些年，审查逮捕业务与审查起诉业务有复归统一的倾向，不但全国各级检察机关都成立了集"捕、诉、监、防"于一身的未成年刑事检察部门，"业务整合"、"小院整合"导致的"捕诉合一"屡见不鲜。三是职能互助化。比如说L省的多个基层检察机关建立了审查逮捕部门承接部分公诉审查职能的制度——即基层公安分局刑事拘留的犯罪嫌疑人全部报请逮捕，美其名曰"颗粒归仓"，一旦作出证据不足不捕之后，就必须按照补充侦查提纲将重要证据补充到位并且重新报捕，一次达不到标准则再次补充侦查，直到作出逮捕决定或者社会危险性未达到逮捕必要性不捕，才能够移送审查起诉。

3. 侦查监督与审查逮捕一体化。一是从组织结构上看，2000年以后，我国"审查逮捕部门"自上而下演变为"侦查监督部门"，增设立案监督权、侦查活动监督权，实现了旨在强化诉讼监督职能的"一体两翼"职权模式。侦查监督是以审查逮捕为主要内容和依托的。[③] 二是从权力运行上看，立案监督、纠正违法以及建议追捕是以单方、书面的形式作出

---

① 刘计划：《逮捕功能的异化——逮捕数量与逮捕率的理性解读》，载《政治与法律》2006年第3期。

② 仅以L省侦查监督处为例，参加的专项行动领导小组有20余项，主要有：打击整治电信网络诈骗、禁毒工作、反恐怖、反走私、反邪教、反假币、打击传销、农资打假、打击非法集资、保护知识产权、打击侵权假冒、打击性侵幼女、防拐卖妇女儿童、打击整治伪基站、打击发票违法犯罪活动、打击经济犯罪、打击侵犯知识产权犯罪、打击侵犯公民个人信息等专项工作。

③ 刘计划：《侦查监督制度的中国模式及其改革》，载《中国法学》2014年第1期。

的，虽然在诉讼目的上与审查逮捕一样具有打击犯罪、保障人权的双重目的，但从实际效果上看，监督立案的数量要高于监督撤案的数量；纠正违法虽然在一定程度上保障了人权，但更多的是出于提高案件质量，有力打击犯罪的目的；建议追捕则在已立案的基础上，主动对未提请逮捕的犯罪嫌疑人进行逮捕必要性审查。上述三种权利充分体现了追诉的本能和立场，而这些侦查监督手段的实现都是基于审查逮捕案件的办理，使得审查逮捕难免会倾向于追诉的立场。

（三）不捕消极化

在司法实务中，逮捕追诉化的另一个体现是不捕消极化。这也是合乎逻辑的，积极的追诉思维体现在不捕案件中，也就是消极对待。不捕分为实体性不捕和程序性不捕，其中实体性不捕包括不构成犯罪不捕、不能判处徒刑以上不捕、证据不足不捕；程序性不捕包括无社会危险性不捕、符合监视居住条件不捕。

1. 实体性不捕被行政审批程序层层束缚。检察机关目前的审查逮捕仍然采用承办人审查、部门负责人审批、检察长决定的三级办案流程。而实体性不捕案件大多数又被增加了一道程序——部门讨论。在层层被把关过程中，办案人在亲历过程中形成的心证被逐步消磨，头脑中的意念在反复的汇报、机械的重复中不断动摇，结果经常是被领导或者大多数人改变。

2. 程序性不捕的法律规定被搁置和架空。2012 年刑事诉讼法作出的降低逮捕率的改革措施，在司法实务中的实施情况十分不理想。一是将监视居住修改为介于逮捕和取保候审二者强度之间的新型强制措施，但是因为实务中公安机关监视居住执行能力的缺乏而没有开展和实施。二是新设定了社会危险性要件，要求侦查主体在报请逮捕时承担证明责任。2015 年，笔者随机抽取了基层检察机关的一百册逮捕审查案件（无前科，可能判处 3 年以下有期徒刑、拘役或管制的轻罪案件）卷宗，发现公安机关提请逮捕书中有 75 份对社会危险性只字未提，23 份均写明有逃跑的可能，证明证据仅有几个相关案件的网上逃犯证明，1 份写有串供可能。三是非法证据排除规则适用不理想，对不合法[①]证据的程序性制裁不到位。非法证据排除规则在 2012 年刑事诉讼法中已经被正式确立，但是从 L 省的实际数据看，非法证据排除案件数量不及受理案件总数的 1%，与当前程序性违法严重的司法现状不相符。[②] 大量的程序不合法证据经采用捕侦一体化机制被补正后而获得了证据能力和完全的证明力。

---

① 不合法证据包括违法证据、严重瑕疵证据、轻微瑕疵证据。

② 笔者对辽宁省检察机关 2013 年至 2015 年当事人因公安机关程序性违法进行信访的案件进行调研，发现司法实务中主要存在如下程序性侵权现象：（1）管辖侵权：既存在为完成考核任务"抢"管辖，又存在规避风险而"推"管辖。（2）立案侵权：既存在插手民事纠纷、"不达目的不罢休"的超范围侦查，又存在选择性适用"以人立案"和"以事立案"，选择性立案、迟延立案，以及"受而不立"、"不破不立"。（3）滥用强制措施：随意延长刑事拘留期限至 30 天，外地羁押、在途羁押不算羁押，随意延长传唤期限，借用指定居所监视居住等。（4）滥用强制性侦查措施：违法扩大查封、扣押、冻结财物范围和数量且不予及时返还。（5）阻碍当事人控诉权、防卫权：鉴定意见委托给与一方当事人存在利益关系单位，鉴定意见结论不及时、不全面告知，不履行或者不完全、不及时履行告知义务，人为降低对方当事人的控诉能力、防卫能力等，设置障碍阻碍辩护人、诉讼代理人的会见、通信等。（6）证据收集、固定程序性违法：收集、固定证据手段落后导致证据的客观性全部或者部分灭失，收集视听资料、电子证据等证据时程序违法违规等程序性违法现象。（7）其他：不承认控告人的被害人地位，剥夺当事人的合法程序性权利等。

3. 不捕使办案检察官承担相对更多的风险。一是职业声誉风险。一旦不捕，犯罪嫌疑人不承受羁押之苦，在当前的社会环境下，很大程度上要给办案检察官带来负面的猜疑。二是复议复核风险。刑事诉讼法规定对于不捕案件，办案主体有权提请复议复核。实务中也不少见。而逮捕犯罪嫌疑人后，却无对应的法定申诉程序。三是案件和嫌疑人的变数风险。一旦不捕，无论是实体性不捕还是程序性不捕，犯罪嫌疑人出于各种目的和原因都可能会出现违反干扰诉讼和违法犯罪的行为，案件可能会发生变数，而主要原因可能都会推诿给不捕决定。当然，根据案件不同还存在政治风险、信访风险等，总之不如一捕了之保险。

"逮捕中心主义"固然有一定的好处，对于短时间内提高打击犯罪效率，保障社会稳定有一定的促进作用，可以满足诉讼及时性原则，防止案件真相被破坏，等等。然而，这样的逮捕是不公正的。公正和真相是现代刑事诉讼的核心价值观，公正包括程序公正、实体公正，二者应该并重，而现阶段我国更应强调程序公正。[①]

二、推进以审判为中心的诉讼制度改革的内在要求

当前为构建现代化的刑事司法制度，需要我们用推进以审判为中心的刑事诉讼制度改革中蕴含的权力制约、程序正义、裁判在庭审、诉权保障、无罪推定等理念审视我国的刑事诉讼制度，指导下一步的改革和完善。

（一）强化权力制约

权力分立与制衡是法治也是现代诉讼制度的基石。以审判为中心，不是颠覆宪法、刑事诉讼法规定的三机关之"阶段论"，其与"中心论"是辩证统一的，其核心要义就是要将刑事诉讼中心后移、理念和标准前移，加强权力制约。为此，审查逮捕需要在主权主义与权力制约二者之间寻找平衡，既要国家享有公权又要限制国家公权力。"把权力关进制度的笼子里"，当然这个制度的笼子应当是一个疏密适当、科学合理的笼子。应当更加强调审判程序的终局性与权威性，正视诉讼阶段的递进关系，强化法庭审理诉讼行为指引与规范。

"任何因刑事指控被逮捕或拘禁的人，都应被迅速带见审判官或其他经法律授权行使司法权力的官员，并有权在合理的时间内受审判或被释放。"[②] 审查逮捕的本质是一种程序裁决权，可以符合逻辑地推导出审查逮捕权应当由中立的、超然的机关和个人行使。我国宪法、刑事诉讼法和人民检察院组织法赋予了检察机关法律监督权，明确了检察机关与审判机关并列的司法机关地位，裁决主体理应而且能够处于"中立而超然"的地位。为此，逮捕申请主体、审查裁决主体二者之间应当具备"体制分离、职能相异"的特征。[③]

---

① 参见陈光中：《公正和真相才是现代刑事诉讼的核心价值观》，发表于中国法学创新论坛，2016 年 5 月 27 日。

② 联合国《公民权利和政治权利国际公约》第 14 条规定，凡受刑事控告者，在未经依法证实有罪之前，应有权被视为无罪；《保护所有遭受任何形式拘留或监禁的人的原则》第 37 条规定，以刑事罪名被拘留的人应于被捕后迅速交给司法当局或其他法定当局，这种当局应不迟延地判定拘留的合法性和必要性。

③ 参见汪海燕：《审查逮捕权异化与消解》，载《政法论坛》2014 年第 6 期。

（二）增强诉权保障

保障和维护人权已经作为一项基本准则得到了国际社会的普遍承认，而刑事诉讼中最主要的就是保护犯罪嫌疑人的诉权。推进以审判为中心的诉讼制度改革用的是"推进"而不是"建立"，因为早在1996年刑事诉讼法确立的当事人主义中就已经包含了以审判为中心的思想内核。为此，需要使审查逮捕在求真主义与无罪推定原则中找到共振点。审前阶段的犯罪嫌疑人不能等同于罪犯，应当具有与国家公权力对抗的权利，应当被武装到平等。在近现代社会刑事司法理念中，出于对人权的高度重视，人们越来越推崇"宁纵勿枉"的原则。法律追求秩序，首先是限制恣意横行、无法无天的现象，从这个意义上说，刑事诉讼法首先是减少和杜绝冤假错案的法律，逮捕作为一种重要的刑事司法制度，必须符合这个原则。[①] 为此，应当强化被告人一方的诉讼地位和诉讼能力，强调侦查主体与被告人双方地位的平等性、对抗性。最大范围地采用诉讼构造，保证诉讼当事人能够平等地进行辩论、说服和交涉，并对逮捕与否的结果发挥积极影响，保障当事人的诉讼主体地位和参与感。

（三）彰显程序价值

推进以审判为中心的诉讼制度改革就是要通过程序公正实现实体公正。为此，审查逮捕工作应当争取到程序正义、实体正义的共振点。审查逮捕作为程序裁判权，是法官之前的法官，[②] 是检察权中司法属性最强烈的一种，理应更加体现刑事程序的内在价值，倡导程序正义，拒绝单纯成为实体正义的附庸。应当积极构建吸纳对方不满情绪的程序。强化程序性救济。认真对待程序性请求、及时解决程序性争议，有力纠正程序性侵权。提高诉讼当事人维护自身程序性诉讼权利能力，增强对程序性侵权的维权意识和反抗能力。切实保障辩护律师开展程序性辩护，以利于其协助犯罪嫌疑人做好程序防御体系。对于审前司法审查的主体，很多学者主张移植西方的司法审查制度，但是我国宪法规定了检察机关作为国家法律监督机关，刑事诉讼法要求检察机关对刑事诉讼行为进行全面的法律监督，在审查逮捕中纠正违法行为的职责，检察机关应当义不容辞地依法承担起维护法律权威和统一实施的责任，依法开展程序性违法制裁，及时解决程序性请求和争议，树立诉讼程序的公正性和权威性，做到敢于监督、善于监督、依法监督、规范监督。

三、审查逮捕工作之调适

（一）构建以人身危险性为中心的逮捕实质要件体系

为提高逮捕标准的准确性，应当深入到实质层面，将法律条文中的逮捕要件透视、拆分后再组合，构建以初步刑事责任为基础，以人身危险性为核心，以逮捕必要性为标准的"实质要件体系"。首先，确立初步刑事责任的基础性要件地位。初步刑事责任是指审查逮

---

① 孙谦著：《逮捕论》，法律出版社2001年版，第134页。
② 陈兴良：《从法官之上的法官到法官之前的法官——刑事法治视野中的检察权》，载《中外法学》2000年第6期。

捕环节中根据侦查初期取得的证据认定的行为人应当承担的刑事责任，是因其犯罪行为所应当承受的，国家司法机关根据刑事法律对该行为所做的否定性评价和对行为人进行的谴责。初步刑事责任是审查逮捕的底线，是基础，必须做到事实不能没有、人头不能搞错。其次，建立起人身危险性的核心要件地位。人身危险性系刑法学范畴之一，一般是指行为人将来实施犯罪行为的可能性。行为人刑法以行为人为基点，以人身危险性为规制对象，定罪、处罚的对象从行为变成了行为人，抓住了犯罪的根源，更切合预防主义的刑罚目的。大多数国家刑法均持犯罪二元论的观点，即犯罪是社会危害性和人身危险性的统一，即以社会危害性为主，以人身危险性为依据对量刑进行调整，实现刑罚个别化。社会危险性与人身危险性，就审查逮捕阶段而言，社会危险性是以社会利益为视角，人身危险性是以行为人为视角来预判行为人妨害诉讼秩序或再犯的可能性，两者实质上是一个概念的两种说法，只是视角不同而已。刑事诉讼法第 79 条第 1 款规定的五种情形，皆是危险性人格内在驱动下的外在表象。实务中，忽略行为人人格这一根本要素，过多地去追逐和考量"行为表象"，难免会过度放大"社会因素"，偏离社会危险性的本质和核心。再次，建立逮捕必要性的协调作用。在预期刑事责任要件中，逮捕必要性体现为诉讼负担必要性，即采取逮捕、取保候审、监视居住应当与罪刑轻重大小成正比对应关系，只有初步刑事责任达到了最高标准的预防性羁押的负担必要性，才能够逮捕。在人身危险性要件中，逮捕必要性体现为程序保障必要性，即对逮捕、取保候审、监视居住的选择应当与犯罪嫌疑人的人身危险性成正比对应关系。

（二）建立独立而超然的逮捕审查模式

笔者认为，以下几方面是独立和中立的逮捕审查构造的应用内涵：对于逮捕程序性要件的争议，应当建立听证制度；对逮捕程序性要件无争议的认罪、认罚案件，可以分流简化处理；对于逮捕实体性要件，应当采用渐进式改革，初步建立指令透明化的审批制度；侦查主体对于社会危险性、逮捕必要性等程序性要件负有证明责任，案件当事人和诉讼代理人、辩护律师可以围绕争议发表意见，如果犯罪嫌疑人是未成年人，则其法定代理人也可参加听证，特定案件可以请人民监督员参加。同时，应当建立逮捕复核制度，由目前的一审终局变为二审终局。[①] 需要解释三点：一是检察机关是我国宪法规定的审前羁押裁判机关。在当下我国"流水线"刑事诉讼的审前程序中缺乏司法审查机制的情况下，亦不能消极等待、放弃"为权利而斗争"的努力，而应当在主体构成方面作出适当的妥协，选择相对中立的检察机关充当裁判方，切实建构起追求程序性证明精神实质的理论和制度。二是对于实体性要件事实，不宜采用听证方式。三是实现层级审批的指令透明化。为了防止办案责任主体遭受上级不当的指令，影响职务行为的公正性，必须建立起指令透明化的制度，上级指令必须以书面并附理由的形式下达，否则办案责任人员有权揭示指令、质疑指令、拒绝指令。

---

① 赋予犯罪嫌疑人上诉权，即以此申请复核的权利，由作出逮捕决定的上级检察机关侦监部门处理，期限为 7 天，可以书面审理，也可以听证的形式审理，以解决错误逮捕，维护犯罪嫌疑人的申诉权。

（三）增加程序性裁判特别程序

目前，一种新型的"重实体、轻程序"现象仍然极为普遍——即仅仅重视程序性规则的确立，而不关心这些程序性规则本身的实施问题。非法证据排除规则已经确立在 2012 年刑事诉讼法之中了，但是因为缺乏相应的裁判程序，被侵权当事人无法及时有效地提出有关宣告某一行为无效的申请，使这一法律规则流于宣言和口号，无法有效地得到适用。为此，亟须以此为鉴，在刑事诉讼法特别程序中增加"程序性裁判"一节，建立程序违法的裁判机制，作为程序性制裁规则的重要组成部分，程序性裁判的审查主体。在我国现行宪政体制及法律框架下，刑事司法审查的职能应当由检察机关和审判机关共同承担，审前程序中的司法审查事项由检察机关负责，必要时人民法院可以介入事后审查。

（作者单位：辽宁省人民检察院）

"以审判为中心"的诉讼制度改革的着力点

王敏远

推进"以审判为中心"的诉讼制度改革所要解决的问题，即所谓的"以侦查为中心"及其所产生的问题，是长期影响我国刑事诉讼的问题，是对我国刑事司法制度有着深刻影响的问题，是对整个刑事诉讼都有影响且与其他诸多因素纠结在一起的问题。因此，推进"以审判为中心"的诉讼制度改革是一项复杂工程，也是一项系统工程，更是一项艰难工程。认识到这项改革的这些特点，有助于我们展开针对性研究，以确定这项改革的着力点，有效、有序、妥善地处理改革所面临的各种困难，积极稳妥地推动改革。

一、推进"以审判为中心"的诉讼制度改革是一项复杂工程

之所以说推进"以审判为中心"的诉讼制度改革是一项复杂工程，是因为这项改革的复杂性。这种复杂性首先源于人们对改革中一些问题的认识需要进一步澄清。

例如，对于这项改革所要达到的目标，需要深入剖析才能认识清楚。就这项改革而言，不言而喻，其根本目标是进一步促进刑事司法公正，更加有力地维护刑事司法公正。然而，在这个根本目标之下，还有许多具体问题需要研究。例如，"进一步促进刑事司法公正"的含义就需要分析。

笔者认为，这当然意味着从质和量两个方面促进刑事司法公正。所谓从质的方面促进刑事司法公正，其含义是可以确定的，即刑事司法不仅要求实现实体公正，而且要求实现程序公正。而从量的方面提升刑事司法公正，则应指"努力让人民群众在每一个司法案件中感受到公平正义"，对此应当怎样理解，需要深入研究。

一方面，基于人间的司法不同于人们想象中的"神的审判"，难免会有差错，因此人们很容易将这个要求视为可望而不可即的目标；另一方面，也应当预见到，一旦按照"以审判为中心"的要求完善了我国的诉讼制度之后，刑事诉讼领域仍然会发生不公正的问题，就此而言，这项改革成功的标志，在司法公正"量"的提升上究竟意味着什么，也将是个疑问。笔者认为，对这个问题应当从两个不同的方面进行分析。

第一，"努力让人民群众在每一个司法案件中感受到公平正义"确实是个前所未有的高目标，但提出这个目标有其合理性和必然性。

就民众对司法领域的不公正现象的"零容忍"要求而言，党中央对司法公正所提出的这个目标有其合理性；而从司法的公平正义包含着不同内容来看，该目标又有其必然性。一方面，如果说司法的公平正义所包括的刑事实体公正（不枉不纵地解决刑事责任问题），其中的不放纵犯罪需要主客观条件的充分具备，因而难以在每一个刑事案件中都实现，但至少不冤枉无辜以及"疑罪从无"这个最低限度的刑事实体公正，应当作为目标在刑事审判这最后一道防线中被坚守；另一方面，如果说司法的公平正义所包括的刑事程序公正难

以在所有刑事案件的全部诉讼阶段都得到保障，那么起码应该在刑事审判这最后一道防线中得到有效保障。

第二，关于从质和量这两个方面促进司法公正，我们不仅应当看到上限被抬高到了"每一个案件"的司法公正，同时也应当看到，关于司法不公正的底线也需要相应地上升，以此彰显司法在公平正义方面的发展。

在衡量经济发展的指标中，经济总量的增长固然重要，而生活贫困线的不断抬高以及贫困线以下人口数量的减少同样是重要指标。这与我们在此所说的原理相通。也就是说，虽然人间的司法终究难免出错，但是我们至少应该能够有效预防、避免和减少因为"不可挽回的错误"以及"不可饶恕的错误"而导致的冤假错案。

关于刑事诉讼中的"不可挽回的错误"和"不可饶恕的错误"问题，笔者曾撰文予以论述。这正是通过推进"以审判为中心"的诉讼制度改革所要达到的目的。而且，因为"以侦查为中心"的司法模式所产生的"制约失灵"从而导致的冤假错案，通过这项改革，有助于进一步预防、避免和减少冤假错案的发生。

当然，这项改革需要解决的复杂问题有很多，即使是在认识方面，也有许多我们尚未涉及的复杂难解的问题。例如，人们对于公检法三机关的关系问题的认识，与"以审判为中心"的诉讼制度就有相当的距离，如何弥合两者，就是个复杂的问题。并且，之所以说推进"以审判为中心"的诉讼制度改革是项复杂工程，除了以上所述，还因为改革的方法也需要深入探讨、谨慎选择。只是关于这个问题的分析，更适合放在下面的讨论中。

二、推进"以审判为中心"的诉讼制度改革是一项系统工程

之所以说推进"以审判为中心"的诉讼制度改革是一项系统工程，是因为这项改革涉及整个刑事司法体制，影响到整个刑事诉讼过程，甚至可以说关于这项改革的每一项具体措施，都会在诉讼程序和司法体制中产生"牵一发而动全身"的效应，因此改革必须注重刑事诉讼的全局效应。对此，笔者试从以下两个方面进行简要说明。

第一，"以审判为中心"的诉讼制度与"以侦查为中心"的诉讼制度的差别，从表面上看是刑事诉讼中究竟"谁说了算"的不同，实际上，更重要的是"凭什么说了算"的差异。

如果认识不到这一点，只是简单地强调改革对审判权威的肯定，那么推进"以审判为中心"的诉讼制度改革就易于走向"失控的审判"。显然，这不符合这项改革的初衷。我们应该认识到，推进"以审判为中心"的诉讼制度改革，当然会强化审判的权威性，但这绝不意味着增加其任意性。因此，"以审判为中心"的诉讼制度使审判者权威的增加，必须建立在妥善解决审判"凭什么说了算"问题的基础上。而要解决审判"凭什么说了算"的问题，就需要对审判的职能和使命重新进行思考，以使对此问题的解决符合现代刑事诉讼的基本要求。

根据现代刑事诉讼的基本要求，审判应当秉持公正的立场、采用符合司法公正程序的方法得到公正的裁判结果。为此，我们不仅需要摒弃以往将审判者和控诉方视为"同盟军"的观念，因为这将使审判失去公正的立场，并使被告人沦为诉讼的客体，而不再是诉讼的主体；而且需要改变以往将刑事诉讼的侦查、起诉、审判、执行视为"接力赛"的做法，

因为这将使审判承担其不能也不应承担的职责。如果在控方未能完成其侦查破案的责任时，由审判者代为查清案件事实、收集确实充分的证据证明被告人有罪或无罪，显然与其职责不符。而且，一个到了审判阶段仍然事实不清，证据不确实、不充分的案件，由法庭通过审判来查清案件事实、收集确实充分的证据，基本上也不可能。因为审判并不是破案的最佳时机，法庭也不是收集证据的合适场所。我们应当认识到，审判阶段的"查明"与侦查阶段的"查明"有着质的差异，实际上只是在控辩审三方共同参与的法庭审判中，对控方所提出的事实、证据，通过质证、辩论等程序予以核实而已。由此，审判"凭什么说了算"的问题也就清晰了，即应当凭借公正的法庭审理情况说了算。

第二，"以审判为中心"的诉讼制度与"以侦查为中心"的诉讼制度的差别，从表面上看是刑事诉讼重心的不同，实际上，更重要的是其诉讼方式的差异。

需要说明的是，这里所说的诉讼方式并不仅限于法庭审理方式，而是有着更加广泛的内容。在"以侦查为中心"的诉讼制度中，法庭审理主要围绕"侦查卷宗"，有争议的重要证人几乎不出庭作证，使质证难以真正展开，从而使法庭调查虚化。因此，当然应当予以改变。应当按照"以审判为中心"的诉讼制度的要求，使法庭审理具有实质性的意义。

同时，我们也应当看到，刑事诉讼是个整体，不同诉讼阶段的内容、方法和程序的变化，对其他相关程序存在着必然的影响，正所谓"牵一发而动全身"。法庭审理方式的改变，将必然使起诉甚至侦查方式发生变化，而绝不仅仅局限于审判阶段的变化。例如，法庭审判一旦强调重要且有争议的证人出庭作证以使质证可以真正展开，对侦查而言，让证人作证的难度就会增加——原本不愿作证的，因为以后将要面对出庭作证义务，其在侦查阶段会更加不愿意作证。

由此可见，推进"以审判为中心"的诉讼制度改革是一项系统工程，相关问题需要统筹考虑，全面解决。推进"以审判为中心"的诉讼制度改革之所以是一项系统工程，除了上述因素，原因还有很多。例如，严重影响公检法各机关办理刑事案件的，除了法律的规定，还有各种考核要求、考评指标。这些考核要求、考评指标的影响甚至会超过法律规定的影响。实践表明，一些不符合诉讼规律的考核要求、考评指标会产生公检法各机关办理刑事案件时置法律的明确规定于不顾的效果，导致行为"严重变形"。因此，推进"以审判为中心"的诉讼制度改革，必须废除对公检法三机关不科学、不合理的考核要求、考评指标。

三、推进"以审判为中心"的诉讼制度改革是一项艰难工程

之所以说推进"以审判为中心"的诉讼制度改革是一项艰难工程，是因为我国刑事诉讼长期受"以侦查为中心"模式的影响，且这种影响根深蒂固，要在较短的时间内彻底消除这种影响，完成"以审判为中心"的诉讼制度改革十分艰难。可从以下两个方面作进一步说明。

第一，如前所述，"以审判为中心"的诉讼制度改革所要推进的不仅仅是诉讼体制的变化，更重要的是诉讼方式的转变，而诉讼方式的转变将是一个艰难的过程。

我们以侦查方式的变化为例进行分析。毫无疑问，"以审判为中心"的诉讼制度与"以侦查为中心"的诉讼制度对侦查的要求是不同的，前者对侦查将提出更高的要求，即不

仅要求其破案，而且要求其收集到确实、充分的证据证明其确实破了案，甚至还要求其是采用刑事诉讼法所规定的合法方式履行其侦查职能；更进一步来看，侦查还应当能够经受得住公正审判的检验。实现所有这些要求，将使侦查在刑事审判中"沦为"被审者，以至于侦查本身也将越来越受到来自司法的制约。这对长期习惯于刑事诉讼中"老大"地位的侦查机关来说，将是一个艰难的过程。

第二，推进"以审判为中心"的诉讼制度改革，不仅是改变刑事诉讼的重心，更是加强对刑事诉讼权利主体的保障，甚至要求重构刑事诉讼主体间的关系。

进行"以审判为中心"的诉讼制度改革，对公检法三机关在刑事诉讼中的关系的影响不言而喻，重要的是，我们还应当看到，刑事辩护主体与刑事诉讼中的各个职权机关的关系也将发生深刻的变化。"以审判为中心"的诉讼制度对刑事辩护提出了很高的要求，即不仅对刑事辩护的数量提出了要求，而且对刑事辩护的质量也提出了要求。显然，"以审判为中心"的诉讼制度所要求的公正审判，应当是有辩护律师广泛且有效参与的审判，否则在"控辩失衡"的情形下将难以真正实现"以审判为中心"。

因此，从刑事辩护的数量来说，应当实现所有的刑事案件的所有被刑事追诉之人都有辩护律师为其辩护。这对我国目前只有30%左右的辩护率来说，需要提升的空间很大。至于辩护质量的提高，则不仅是辩护律师的责任，也是刑事诉讼中职权机关的责任，尤其是法院的责任。因为辩护权得到尊重并被有力维护，是辩护真正有效的必要前提。要认识到推进"以审判为中心"的诉讼制度改革是一项艰难工程，我们要将目光延伸到司法体制的诸多方面甚至司法之外的体制性问题，如对政法委领导方式的变化、审委会功能的转变、国家对司法投入的增加、涉诉信访制度的改革等，都需要高度重视。对这些问题都需要有深入的研究，并确定逐步推进相关改革的方案，以使改革的困难能够得到有效的解决，改革能够有序地展开。

（作者单位：中国社会科学院法学研究所）

审判中心下撤回公诉制度之重塑

——以撤回公诉规避无罪判决为视角

魏　虹　孙晓静

在现代法治国家，审判中心主义是各国普遍奉行的一项基本诉讼原则。中共中央《关于全面推进依法治国若干重大问题的决定》提出了"推进以审判为中心的诉讼制度改革"的战略目标。使"以审判为中心"成为我国刑事诉讼制度改革的方向和中心内容。

撤回公诉是检察机关在向法院提起公诉之后，发现存在不应当或者不宜追究被告人刑事责任的某些特定情形时，而决定对提起公诉的案件予以全部或者部分撤回的一项诉讼活动，它虽不是刑事诉讼的必经程序，但它却是一种诉讼的过滤机制和补救措施，也是终止诉讼的特殊方式，对于被告人的人权保障及诉讼的经济性等都有着十分重要的意义。[①] 然而我国刑事诉讼法却没有撤回公诉的规定，只是最高人民法院、最高人民检察院鉴于司法实践的需要，在司法解释中粗略地规定了检察机关撤回起诉的内容。虽然修改后的《关于适用〈中华人民共和国刑事诉讼法〉的解释》（以下简称《刑诉解释》）和《人民检察院刑事诉讼规则（试行）》（以下简称《高检规则》）对撤回起诉的具体情形有所增加和完善，但其依然存在规定内容的简单和粗疏等问题，不仅引发诉讼理论界的持续争论，也给司法实践的运行带来了一些负面影响。从而使撤回公诉偏离了其应然的功能，沦为检察人员规避司法责任或者方便自己灵活处理案件的措施，发生了普遍性的功能异化，突出表现为撤诉成为检察机关规避无罪判决的常规性手段。[②] 因此，本文拟对实践中普遍存在的以撤回公诉规避无罪判决的现象进行分析，并对审判中心下撤回公诉制度之完善提出一些建议，以期推动我国撤回公诉制度的立法化、规范化。

一、以撤回公诉来规避无罪判决的司法异象

根据最高人民法院工作报告的数据统计，我国的无罪判决率在近 10 多年中呈逐年下降趋势，尤其是近几年无罪判决率不到千分之一，如 2000 年为 1‰，2002 年为 0.7‰，2004 年为 0.39‰，2006 年为 0.19‰，2008 年为 0.14‰，2010 年为 0.099‰，2013 年为 0.071‰，到 2014 年又降为 0.066‰。

---

①　魏虹：《赋权与规制：我国检察机关撤回起诉制度之构建》，载《法律科学》2011 年第 6 期。
②　参见周长军：《撤回公诉的理论阐释与制度重构》，载《法学》2016 年第 3 期。

2015 年，从多个省高级人民法院公布的数据来看，无罪判决率最高的是陕西省，为 0.258%，最低的是浙江省，共宣告 5 人无罪，无罪率仅为 0.004%。这意味着该省 101 个法院（11 个中级人民法院、90 个县级人民法院），至少有 96 个法院一年内未作出过一件无罪判决案件，彻底实现了"零无罪率"。[①]

在世界各国的司法实践中，刑事审判都会存在一定比例的无罪判决，这是刑事诉讼的常态。只是由于刑事裁判标准的差异，使得各国的无罪判决率有所不同。相比之下，英美法系国家的无罪判决率普遍较高，一般在 20% 左右；而大陆法系的无罪判决率较低，一般在 5% 左右；日本以"精密司法"自诩，其无罪判决率则低于 1%。[②] 当然，各国的无罪判决率也有一定的变化，例如，在"2012 年左右，美国定罪率 91%，无罪率 9%，俄罗斯定罪率 75%，无罪率 25%，德国定罪率 81%，无罪率 19%，无罪率最低的是芬兰，2%，是中国的几十倍"。[③]

无罪判决率是刑事诉讼的一项重要指标，它不但与人权保障、程序公正等紧密联系，还体现着法院对侦查、起诉机关诉讼行为有效性的确认和纠错效果，呈现出司法的权威性和终局性。因此，可以说无罪判决率的高低是衡量审判中心主义是否实现的一项重要指标。相反，过低的无罪判决率不仅有违诉讼规律和法治精神，在一定程度上也能够说明法院纠错能力的欠缺和我国"去审判中心主义"诉讼模式的深刻影响。

从我国法院无罪判决率逐年减少的现状来看，笔者认为，从积极的角度分析，不排除近年来检察机关在审查起诉程序中认真审查、筛选、过滤，严把案件起诉质量关，将那些不符合起诉条件、定罪标准的案件予以剔除的因素；但从消极的角度来看，与近年来检察机关过度地以撤回公诉来规避法院的无罪判决的做法密切相关。

在司法实践中，各地检察机关都普遍存在以撤回公诉规避无罪判决的情况，有的已经明显违背了《高检规则》规定[④]的范围，甚至出现 1996 年刑事诉讼法修正时就已经取消的"法院可以要求人民检察院撤回起诉"的做法，由法院建议检察机关撤回公诉的情况。例如，由于有的法院不愿出现因无罪判决致检察机关抗诉，上级法院可能改判的风险，而建议检察机关撤回公诉的；一部分检察院为了追求"有罪判决率"，而与法院进行"沟通"，要求法院在可能作出无罪判决前提前建议的；因庭审中证据状况发生重大变化、证据缺失、证据链无法形成或者证据体系存在瑕疵等情况，为处理好"检法"的关系，而建议检察机关撤回起诉的[⑤]；还由于绩效考核制度的影响以及检察监督权的强势，法院对应当判决无罪

① 陈文飞：《判无罪为什么那么难——反思我国无罪率的趋零化》，载新浪博客，http://blog.sina.com.cn/s/blog_151e11e0d0102wq0w.html，最后访问时间：2016 年 7 月 8 日。

② 参见毛立新：《无罪判决率过低并非常态》，载《法制晚报》2012 年 11 月 9 日。

③ 单玉晓：《2015 年中国各省无罪判决率继续走低》，载财新网，http://china.caixin.com/2016-02-24/100912129.html，最后访问时间：2016 年 02 月 24 日。

④ 《人民检察院刑事诉讼规则（试行）》第 459 条第 1 款规定："在人民法院宣告判决前，人民检察院发现具有下列情形之一的，可以撤回起诉：（一）不存在犯罪事实的；（二）犯罪事实并非被告人所为的；（三）情节显著轻微、危害不大，不认为是犯罪的；（四）证据不足或证据发生变化，不符合起诉条件的；（五）被告人因未达到刑事责任年龄，不负刑事责任的；（六）法律、司法解释发生变化导致不应当追究被告人刑事责任的；（七）其他不应当追究被告人刑事责任的。"

⑤ 参见王唐飞、蒋义红：《刑事撤回起诉辨析》，载《中国刑事法杂志》2010 年第 7 期。

的案件尽量不用无罪判决而改采建议检察机关撤诉等方式解决。① 另外，也出现了一些司法解释中没有规定但实践中作为撤诉事由的一些事项，如"已被提起公诉的被告人在其他地方发现另有重大罪行，需要并案侦查后异地提高审级进行审判的"，"在基层法院审理的被告人被认为应当判处无期徒刑以上刑罚，需要由中级法院进行一审的"，"自诉案件被作为公诉案件公诉，开庭审理后才发现定性不当的"，"被告人下落不明无法到案的"②，等等。这些司法实践中存在的以撤回公诉代替无罪判决的异象，使撤回公诉成为某些检察机关规避法院无罪判决和避免错案追究的"挡箭牌"。

众所周知，刑事诉讼是流动的程序，作为诉讼的基础和条件的诉讼资料尤其是证据资料，在程序延展过程中，也处于变动状态。③ 因此，检察机关在提起公诉之后，如果案件情况变化尤其是证据材料出现问题，发现确实存在不应当追究刑事责任或者以不追究为更为适宜的情形时，及时撤回起诉来终结诉讼，不仅是对当事人的权利保护，也能够实现提高诉讼效率的价值。然而，在实践中出现的种种超越以及违背法律规定，以撤回公诉规避无罪判决的做法，不仅是对撤回公诉权的一种滥用，而且严重损害了司法的权威性和公信力。

二、以撤回公诉规避无罪判决的缘由剖析

司法实践中普遍存在的以撤回公诉规避无罪判决的现象，除了立法规定的缺位和司法解释的越位且粗疏以外，还有检法的机构设置和内部绩效考核机制的影响，另外也是我国长期存在的"去审判中心主义"诉讼模式的连锁反应。

首先，立法规定的缺位和司法解释的越位且粗疏，是造成以撤回公诉规避无罪判决的首要原因。1979 年的刑事诉讼法曾经明确规定，检察机关在庭前审查程序中有权撤回公诉。然而在 1996 年和 2012 年两次修正后，却都没有在立法上规定检察机关撤回公诉的权力，更没有具体的程序化规定，从而造成撤回公诉制度在立法上的缺位状态。"两高"鉴于实践之需要，在无立法规定的情况下，以《刑诉解释》及《高检规则》的形式，明确确认了检察机关撤回公诉的权力。但这种状况却有司法解释越位之嫌。为此有学者提出："两高"司法解释中关于检察机关撤回公诉的规定，超越了司法解释的权限。④ 2012 年"两高"的《刑诉解释》和《高检规则》都进行了一些调整，尤其是在《高检规则》中增加了撤回公诉的情形，更便于检察机关的实践操作。但这种立法规定上缺位和司法解释越位的现状，加之司法解释规定的粗疏，依然造成新刑事诉讼法实施后撤回公诉实践中的种种不规范问题，并使以撤回公诉规避无罪判决的现象更加严重（前面的数据表明我国无罪判决率在近十多年中逐年下降，有趋零之势，就能够说明问题的严重性）。因此，对于这种尴尬的现状，是目前进行以审判为中心的刑事司法改革所需要迫切解决的问题。

① 参见高通：《论无罪判决及其消解程序》，载《法制与社会发展》2013 年第 4 期。
② 周长军：《撤回公诉的理论阐释与制度重构》，载《法学》2016 年第 3 期。
③ 龙宗智：《论新刑事诉讼法实施后的公诉变更问题》，载《当代法学》2014 年第 5 期。
④ 顾永忠、刘莹：《论撤回公诉的司法误区与立法重构》，载《法律科学》2007 年第 2 期。

其次，检法的机构设置、相互关系以及协调办案模式是造成以撤回公诉规避无罪判决的因素之一。在我国，检察院和法院都是国家的司法机关，其权力来源具有相同性，相同的地域、共同的使命又决定了两机关的同质性，这就为检法之间的亲密关系奠定了基础。而且依据宪法和刑事诉讼法的规定，公检法机关之间的关系是"分工负责、互相配合、互相制约"，这就使得司法实践中检察机关和法院之间"重配合，轻制约"，通常检察机关的诉讼意愿对法院的审判程序和裁判结果具有较强的影响力。① 而且，法官和检察官同处于诉讼一线，尤其是刑事法官和同级检察院的公诉人，虽然二者在诉讼职责和具体分工上不尽相同，但在现行的司法体制下，法官与检察官的流动性不强，业务、工作都相对稳定，因而在长期庭审活动中形成了较为密切的同事甚至是朋友关系。在撤回公诉问题上，如果检察机关发现提起公诉的案件确实存在起诉失当或者证据欠缺等问题时，一方面会主动与法院进行协商，有时法院也会暗示或者明示检察机关，让其撤回公诉；如果产生意见分歧，还会出现政法委出面协调甚至强力干预，这就使得本应由法院判决无罪的案件，而是基于这种协调办案的模式，最终由检察机关撤回公诉，使无罪判决最终被规避。

再次，检法的绩效考核机制和错案赔偿压力是造成以撤回公诉规避无罪判决的重要原因。近年来，最高人民检察院及各级地方人民检察院都制定了一系列的考评机制。例如，最高人民检察院制定的《检察机关办理公诉案件考评办法（试行）》明确规定："无罪判决率不超过 0.2%，撤回起诉率不超过 0.8%。"可见，撤回公诉的案件概率要比无罪的概率高 0.6 个百分点。再如，许多地方检察机关绩效考核指标中，没有无罪判决被认为是一项重要的评价指标。如果检察官提起公诉的案件被法院作出无罪判决，则属于错案，不仅会给承办人员带来负面评价，也会影响其所属检察机关业务考核的整体成绩。如果涉及错误拘留或者逮捕情况，检察机关还要承担错案赔偿的责任。相比之下，撤回公诉虽然也会对其绩效考核等造成一定的不利影响，但没有无罪判决严重。况且撤诉后，如果经过补充证据后又重新提起公诉的，则不属于绩效考核或者案件质量评查标准中的不利事项。因此，为了维护个人利益和单位的荣誉，避免这些不利影响以及承担错案赔偿责任，以撤回起诉规避无罪判决就成为检察机关的首要选择。对法院而言，宁愿检察机关撤回公诉，而不愿作出无罪判决，也与法院不合理的绩效考核制度有关。2008 年，最高人民法院制定的《关于开展案件质量评估工作的指导意见（试行）》中规定了三个二级指标。二级指标由一审上诉改判率、一审上诉发回重审率、二审开庭率等 33 个三级指标组成。在以上诉率、抗诉率、开庭率、发回重审率、改判率等为指标来考核法院审判业绩的情况下，法院以证据不足作出无罪判决所面临的考核风险显著加大。因此，法院为了避免作出的无罪判决遭到检察机关的抗诉而引起二审的开庭审理，或者可能被二审改判、发回重审等不利局面，通常会积极配合甚至会主动建议检察机关撤回公诉。

最后，检察机关撤回公诉权的滥用和"去审判中心主义"的传统模式也对以撤回公诉规避无罪判决造成影响。撤回公诉制度设置的正当性依据，可以概括为公诉的正当性、经济性以及使被告人尽早脱离讼累。然而，在实践中，检察机关撤回公诉的目的却存在各种不符合上述正当性的情形，如有的检察机关撤诉后并不撤销案件或者做不起诉决定，而是将犯罪嫌疑人取保候审，使案件悬置化，或者将案件退回补充侦查或另案侦查，以图以后

---

① 参见左为民、周长军著：《刑事诉讼的理念》，北京大学出版社 2014 年版，第 22 页。

再行起诉；也有的在因证据不足而被迫撤诉后，在没有新证据的情况下，通过改变管辖来重新起诉；甚至有的检察机关之所以撤回公诉，是为了增加自身办案期限……这些都属于检察机关撤回公诉权滥用的行为，它不仅侵犯了被追诉人的合法权益，也是其规避无罪判决的表现。而"去审判中心主义"或者"侦查中心主义"是我国传统的刑事诉讼模式。在以追诉犯罪、惩罚犯罪为主要目的的刑事诉讼中，侦查"中心化"、公诉"强势化"、审判"迁就化"是这种诉讼模式中侦、控、审关系的基本格局。[①] 法院虽然掌握着定罪和判罪的最高权力，但长此以往形成的以侦查为中心的办案体系下，法院难以在实践中真正发挥其制约、监督和把关的作用，因而对于检察机关撤回公诉的要求，法院通常会积极配合，即使本应不属于撤回公诉情形的案件，也很少依法作出无罪判决，应当说这与"去审判中心主义"的习惯不无关系。

三、以审判为中心的撤回公诉制度之完善

通过上述分析可以看出，司法实践中普遍存在的以撤回公诉规避无罪判决的种种做法，是不符合诉讼原理和司法解释的本意的，也是撤回公诉权滥用的体现。因此，笔者认为，要解决以撤回起诉规避无罪判决的问题，就必须重塑以审判为中心的撤回公诉制度。

（一）立法上严格规定撤回公诉的法定情形及程序

笔者认为，不仅应当在立法上赋予检察机关享有撤回公诉权力，而应当设置较为严格而完善的撤回公诉程序。

首先，立法应当明确规定撤回公诉的法定情形，以保证实施的规范性和统一性。除了将《高检规则》第 459 条规定的七种实体性不应当起诉的情形在立法上明确规定以外，还可以增加一项"检察机关提起公诉后发现管辖错误的"程序性错误起诉的情形。因为在实践中，刑事案件通常不在法院之间相互移送。因此，在出现管辖错误的情形时，一般是检察机关撤回公诉，再移送有管辖权的检察机关重新审查起诉。

其次，应当在立法上严格规定撤回公诉的程序。即明确规定遇有撤回公诉的法定情形时，应当由检察机关提出书面意见，最终由法院作出是否准许的书面裁定。这种严格的程序性规定包含以下几点要求：一是撤回公诉应当由法院最终决定，而不能由检察机关作出。因为检察机关将案件起诉到法院后，案件就应由法院负责处理，属于审判权行使的范畴。为了体现"以审判为中心"及对审判权和法院的尊重，也为了不使公诉权侵犯审判权，应当由法院对检察机关的撤诉要求进行审查。不过，在具体操作上可以分别进行，即在开庭前提出撤回起诉要求的，一般只是进行程序性审查；但在开庭后至合议庭评议之前提出撤诉要求的，则应当全面审查。由于此时的法院已经对案件进行了审理，对案件的事实、证据等都已经清楚，因而有必要进行实体和程序的全面审查，包括听取被告人及其辩护人、被害人及其诉讼代理人的意见等，并作出处理决定。当然，经法院审查，如果确实符合法律规定的撤回公诉的情形时，人民法院应当准许。二是撤回公诉应当以书面的方式提出意见和作出裁定。日本最高法院制定的《刑事诉讼规则》第 168 条规定："撤回

---

① 周长军：《撤回公诉的理论阐释与制度重构》，载《法学》2016 年第 3 期。

公诉，应当以记载理由的书面提出。"因此，检察机关作为代表国家追诉犯罪的专门机关，以书面方式将其撤诉的理由予以阐明，这样不仅体现了检察机关撤回公诉要求的慎重性和严肃性，也便于法院对撤诉请求进行审查。检察机关如果发现提起公诉的案件确有不应当起诉或者不起诉更为适宜的，甚至是起诉错误的，应当以书面的形式向法院提出撤回公诉意见或申请，法院经过审查后认为符合法定的撤回公诉情形的，应作出准许撤回公诉的书面裁定。

（二）设置合理和便于实践操作的撤回公诉时间

我国撤回公诉制度的设置既要综合借鉴域外国家和地区的规定，还要体现出自己的特色，并要符合目前我国司法实践的现实需要，以便于操作。《日本刑事诉讼法》第 257 条规定："公诉，可以在作出第一审判决前撤回。"我国台湾地区"刑事诉讼法"第 269 条规定："检察官于一审辩论终结前，发现有应不起诉或以不起诉为适当之情形者，得撤回起诉。撤回起诉应提出撤回书叙述理由。"美国《联邦刑事诉讼规则》第 48 条第 1 款规定："……在审判期间，未经被告人同意，不可以撤销。"因此，笔者认为，撤回公诉的时间应分为两个层次：第一，在法院开庭审理之前，人民检察院都可以撤回起诉。即只要属于刑事诉讼法规定的撤回公诉的法定情形，只要人民法院还没有开庭审理，而检察机关提出撤回公诉要求的，法院只需进行程序性审查，一般都应当准许其撤回起诉。第二，在法院开庭审理后至一审合议庭评议之前，对于证据不足或证据发生变化的，未经被告人同意，检察机关不得撤回公诉。即原则上禁止因"证据不足"而撤回公诉，除非被告人同意，并取消《刑诉解释》第 223 条第 3 款规定的"按撤诉处理"的规定。[①] 也即在检察机关提起公诉以后，法院在合议庭评议之前，对于本属不应当起诉或者不宜起诉的情形的，在经法院审查后一般也应允许其撤回。但对于事实不清、证据不足的，则未经被告人同意就不允许检察机关撤回公诉。

（三）完善撤回公诉的效力等内容

关于撤回起诉的效力，学界一直存在着激烈的争论。有学者提出撤回公诉与不起诉决定具有完全相同的诉讼效力，表现在终结诉讼进程、解除对被追诉人采取的强制措施、解除对物采取的强制性措施三个方面。[②] 这个观点与我国台湾地区"刑事诉讼法"第 270 条的规定保持一致，即"撤回起诉与不起诉处分有同一之效力，以其撤回书视为不起诉处分书……"然而 2012 年的《高检规则》第 459 条第 2 款规定："对于撤回起诉的案件，人民检察院应当在撤回起诉后三十日以内作出不起诉决定。……"由此可见，检察机关撤回公诉之后还需要作出不起诉的决定，其决定本身并不直接产生终止诉讼的效力。笔者认为，检察机关对已经提起公诉的案件予以撤回，不仅只是针对案件本身的终结，从法律关系上来讲，还需要面对法院和被告人、被害人等。如果将撤回公诉的效力等同于不起诉效力，而不再作出不起诉决定书的话，既可能使案件悬挂，也有可能使被告人

[①] 《刑诉解释》第 223 条第 3 款规定："补充侦查期限届满后，经法庭通知，人民检察院未将案件移送人民法院，且未说明原因的，人民法院可以决定按人民检察院撤诉处理。"这在实践中被称为"推定撤回起诉"。

[②] 参见张建伟：《论公诉之撤回及其效力》，载《国家检察官学院学报》2012 年第 4 期。

因得不到明确处理而权利受损，还可能使被告人和被害人的救济途径受阻，等等。至于《高检规则》中规定的"三十日以内作出不起诉决定"的时间似乎有些偏长，估计是为了给检察机关在正式作出不起诉决定之前留有程序回转的余地，即在30日内可能重新收集证据、完善条件而再次起诉。但是，如果被告人已被采取了强制措施，则无法在这段时间之内要求变更或者解除强制措施。另外《高检规则》第459条第2~5款有其他新增规定①，解决了以往对"新的事实、新的证据"的认识不统一问题。只是没有明确规定可以撤回公诉的次数。

笔者认为，应当通过立法的方式对撤回公诉的效力予以明确，同时规定"检察机关应当在撤回起诉后7日以内作出不起诉决定，不起诉应当以书面的方式作出"。至于撤回公诉之后能否再次起诉的问题，可以借鉴日本和韩国的规定，即撤回起诉后，只有在发现与犯罪事实有关的新的重要证据时才能再次起诉。即规定："撤回公诉后，没有新的重要事实或者新的重要证据的，不得再行起诉。如果符合条件再行起诉的，以一次为限。"至于"新的重要事实和新的重要证据"的标准，可以通过司法解释或者操作规范予以细化。这样的立法规定不仅能够化解理论纷争，保证撤回公诉制度的正确运行，以避免检察机关撤回公诉权的滥用和规避无罪判决的现象，还有利于保障被告人的合法权益。

（四）加强对撤回公诉决定的监督、救济与制约机制

在现代刑事诉讼中，要重构以审判为中心的撤回公诉制度，防止检察机关以撤回公诉规避无罪判决的现象发生，就必须建立撤回公诉决定的监督、救济和制约机制。

在对检察机关撤回公诉决定的监督、救济方面，一方面，应当保障被害人的知情权、不服的申诉权以及程序参与权。我国刑事诉讼法及相关司法解释均没有规定撤回起诉后告知被害人及被害人不服的救济程序，这直接影响了被害人权益的保障。法院在审查撤诉的过程当中，应认真听取被害人等各方的意见，在综合考虑的情况下作出是否准许的裁定。②另一方面，应当保障被告人不服法院裁定的上诉权，即如果被告人认为自己没有实施犯罪行为，希望通过法院的无罪判决还他清白，而检察机关却以撤回起诉规避了无罪判决，此时就应当赋予被告人不服法院准许撤回起诉裁定的上诉权。

另外，还应当强化检察机关的内部和外部制约机制，主要有：第一，建立严格的内部审批制度。对于撤回公诉的案件，应当由承办人制作撤回起诉报告书，并经公诉部门负责人审核报检察长或检委会审查批准。第二，报上一级检察机关备案。将撤回公诉案件的分析报告、起诉书、撤回公诉意见书等相关法律文书报上一级检察机关公诉部门备案。第三，赋予公安机关对检察机关行使撤回起诉权的制约权力。如果公安机关认为检察机关撤回公诉后不起诉的决定有错误的可以要求复议，如果意见不被接受，可以向上一级检察机关提请复核。检察机关应当对公安机关的复议、复核要求进行认真审查，如果经审查认为公安

---

① 《高检规则》第459条规定，对于撤回起诉的案件，人民检察院应当在撤回起诉后三十日以内作出不起诉决定。需要重新侦查的，应当在作出不起诉决定后将案卷材料退回公安机关，建议公安机关重新侦查并书面说明理由。对于撤回起诉的案件，没有新的事实或者新的证据，人民检察院不得再行起诉。新的事实是指原起诉书中未指控的犯罪事实。该犯罪事实触犯的罪名既可以是原指控罪名的同一罪名，也可以是其他罪名。新的证据是指撤回起诉后收集、调取的足以证明原指控犯罪事实的证据。

② 万云松：《论撤回起诉的实践难题与理论破解》，载《中国刑事法杂志》2014年第5期。

机关的复议或复核的监督要求是正确的，就应当及时纠正，及时使案件恢复到审判程序，由法院作出最终的裁判。

总之，检察机关撤回公诉在司法实践中确实存在诸多问题，以撤回起诉代替无罪判决的现状尤为突出。笔者认为，唯有在立法上重构以审判为中心的撤回公诉制度，并建立配套的制度化内容，才能使撤回公诉制度发挥其应有的程序价值和实践作用。

（作者单位：西北政法大学法学院）

论"以审判为中心"的庭审实质化改革[*]

谢登科

如果说审判是刑事诉讼程序的核心，那么庭审则是审判程序的核心。因此，在推进"以审判为中心"的诉讼制度改革中庭审制度改革占据着举足轻重地位。在"侦查中心主义"下，刑事庭审主要围绕检察机关移送的卷宗笔录展开，庭审活动严重形式化，其查明事实和保障人权的功能无法得到有效体现。"审判中心主义"下的庭审制度改革，就是要实现庭审实质化，真正发挥庭审查明事实、保障人权的功能。因此，本文拟从庭审运行方式、审判权配置、审级构造等方面探讨如何推进庭审实质化。

一、庭审方式改革：从"卷宗笔录审理"到"直接言词审理"

现代刑事诉讼制度普遍确立了"控审分离、审判中立"的基本构造。在这种构造之下，由公安机关和检察机关分别负责案件侦查、起诉，而法院仅负责案件审判。但是，法院如何对待同为国家专门机关的检察院移送的卷宗和证据材料？是直接使用检察院移送的各种言词证据作为裁判依据，还是需要在审判中亲自接触"第一手"证据、在对证据调查的基础上作出裁判？在"审判中心主义"和"侦查中心主义"之下，可能会得出截然不同的答案。

在"侦查中心主义"下，法官往往比较信任同为国家专门机关工作人员的警察和检察官，相信他们会秉持客观公正的义务来收集证据材料。法官普遍通过阅读检察机关移送的案件卷宗、笔录材料来获得案件事实的心证，对于被告人供述、证人证言、被害人陈述等言词证据，法庭调查主要通过宣读相关笔录的方式进行，案件裁判也主要依据案件卷宗和笔录材料。庭审呈现出"案卷笔录中心主义"的运行模式。[①] 在"侦查中心主义"下的"案卷笔录式"庭审模式具有高效、便捷的优势，侦查结果直接预示着后期的审判结果。这种运行模式能够形成打击犯罪的有效合力，促进良好社会秩序的生成。法院与公安、检察机关之间的相互关系呈现出"重配合、轻制约"的特点。但是，"案卷笔录式"庭审模式在实现被告人权利保障和查明案件事实两大功能上都存在着很大的局限性。

在"审判中心主义"下，法官能够直接接触证据材料，在控辩双方有效参与、相关证人出庭情况下通过诉讼机制来确定事实、解决纠纷，从而确保庭审的事实认定和权利保障功能。庭审活动呈现出"直接言词审理"的运行模式。直接审理原则分为"形式的直接

* 本文系中国法学会重点专项项目（CLS2015C07）"推进以审判为中心的诉讼制度改革"，国家社科基金青年项目（15CFX031）"刑事简易程序实证研究"，吉林省高校人文社会科学研究规划项目（吉教科文合字[2016]第641号）"吉林省环境犯罪治理的困境与出路"阶段性成果。

① 陈瑞华著：《刑事诉讼的中国模式》，法律出版社2010年版，第159~205页。

性"和"实质的直接性"。①"形式的直接性"要求案件裁判者必须亲自参加审理程序，特别是对证据的调查程序，而不能委托他人代为参加审理。"实质的直接性"则主要是处理证据与待证事实之间的关系，它要求法官应尽可能使用最接近事实的证据，在能够使用原始证据的情况下，则不允许使用派生证据。"直接言词审理"的庭审模式，法院中立地审查侦查机关收集证据材料的合法性和真实性，强化了对侦查、起诉活动的外在制约，有利于实质性发挥庭审查明事实和保障权利的功能。但该模式也存在程序烦琐、运行成本高的内在缺陷。

在推进"以审判为中心"的诉讼制度改革中，庭审实质化要求实现从"卷宗笔录审理"到"直接言词审理"的转型，后者虽然程序烦琐，但却是实现司法公正所应付出的必要成本。如何实现这种转变呢？有学者将我国"案卷笔录中心主义"庭审模式主要归咎于卷宗移送制度，也有学者将其归咎于证人不出庭。上述观点都有其合理之处，但若进一步追问，为什么法庭通常允许证人不出庭？为什么法院会仅仅依据检察院移送的卷宗笔录材料进行审理？就会发现其中存在更深层原因，即我国现行刑事诉讼法和相关司法解释普遍承认笔录的证据能力、承认证人庭外陈述的证据能力。正是由于现有法律承认卷宗笔录的证据能力直接导致了庭审形式化。要实现庭审方式从"卷宗笔录审理"到"直接言词审理"的转变，需从以下方面对现有制度予以修改：

第一，作出言词证据的主体原则上都应出庭接受质证，没有出庭接受质证的言词证据不具有证据能力，只有在特定情况下才具有证据能力。一般而言，言词证据包括证人证言、被害人陈述、犯罪嫌疑人或被告人供述、鉴定人意见。从我国现有法律制度和司法运行来看，由于我国刑事诉讼法禁止缺席审判，被告人出庭在实践中没有任何问题。需要注意的是，被告人在刑事诉讼中具有双重身份：当事人和自己案件的"证人"。在被告人认罪案件中，是否使用庭前供述笔录对于案件的处理并不存在差异。但是在不认罪案件中，能否以庭前供述作为认定案件事实的依据，如讯问笔录、讯问中录音录像，则存在较大的争议。这种情况在实践中的通常表现是庭前犯罪嫌疑人、被告人自愿作有罪供述，但是在庭审中被告人翻供。在"审判中心主义"下，刑事诉讼法承认被告人享有禁止强迫自证其罪的权利，享有以其自由意志选择是否陈述的权利，而通过卷宗笔录记载的庭前供述并不具有预定的证据能力和证明力，而应当以其庭审中的供述为主，并结合其他证据对供述的真实性进行审查。

在证人证言、被害人陈述的适用上，则要求证人、被害人必须出庭陈述案件事实，其在庭外所作的陈述本质上属于传闻证据，原则上不具有证据能力。公安机关、检察机关在刑事诉讼程序中制作的证言笔录、录音录像，仅仅是固定证人证言的方式，但并不能替代证人出庭。法官对案件事实形成心证的基础是证人在庭审中的陈述，而不是庭审固定证人证言的笔录等材料。只有当证人记忆不清楚时，检察官才可以向法庭请求出示证言笔录或者录音录像以唤起证人的记忆。需要在立法层面明确证人庭外陈述原则上不具有证据能力，不能作为认定案件事实的依据。通过否定庭外证人陈述的证据能力来强化证人出庭。证人出庭会导致司法成本提高，这是"审判中心主义"实现司法公正、保障人权的必要代价。但如果所有案件都要求证人出庭，可能让司法成本急剧上升而导致刑事审判处于瘫痪状态。

---

① 林钰雄：《严格证明与刑事证据》，法律出版社2008年版，第42~45页。

为了缓解这一问题，可以承认合意证人证言的证据能力，即对于控辩双方没有异议的证人证言，可以承认运用证言笔录、录音录像等方式固定的证人证言具有证据能力。

第二，在辩护方对实物证据收集的合法性提出质疑时，实物证据的收集主体原则上应出庭接受质证。实物证据在整体上具有被动性，它不会自动出现在法庭上，不会自己陈述与案件事实之间的关系。这需要相关人员出庭阐述实物证据对案件事实的证明作用。另外，收集实物证据的侦查行为很有可能会侵犯个人的住宅权、财产权、隐私权等权利。如果辩护方对侦查机关实物证据收集行为的合法性存在异议，法院应当如何处理？这也是刑事司法中经常发生的问题。在"侦查中心主义"下，实践中对于实物证据收集合法性的证明通常存在两个误区：误区一，将实物证据收集合法性的证明责任配置给辩护方承担，法官会要求辩护方提供证据证明实物证据收集违法，在辩护方无法提供证据时，则推定实物证据具有证据能力。这是"侦查中心主义"下对卷宗中的证据材料推定其具有证据能力所带来的直接后果。误区二，允许控诉方使用书面"情况说明"来替代侦查人员出庭，预设了"情况说明"的证据能力。这两个误区背离了无罪推定原则和直接言词审理原则的基本要求，也背离了"审判中心主义"的内在要求。

目前，我国刑事诉讼法已明确在"排非"程序中由检察院对证据收集的合法性承担证明责任，其中包括对实物证据合法性的证明。① 这否定了"侦查中心主义"下对于侦查机关收集实物证据之证据能力，符合"审判中心主义"的基本要求。但是，在"排非"程序司法实践中，常常以"情况说明"替代侦查人员出庭作证。② "情况说明"本质上是一种传闻证据。根据传闻证据规则，"情况说明"原则上不能用来证明取证行为的合法性。一方面，不利于保障被告人程序性辩护权的实现。另一方面，也不利于法官查明取证行为的合法性。因此，不能以"情况说明"替代侦查人员出庭作证。在"以审判为中心"的诉讼制度改革中，应当强化侦查人员出庭制度的刚性，对于侦查人员接到出庭书面通知后拒绝出庭的，法院可以给予罚款或者拘留等妨碍诉讼的惩罚措施。

二、庭审权力结构改革：从"裁判行政化"到"裁判司法化"

从权力结构上看，"以审判为中心"强调合议庭或者独任庭在审判活动中的核心地位。但是，我国刑事审判程序在实践中存在"裁判行政化"的问题。各级法院的审判委员会犹如"行政决策中心"，法院领导可通过审判委员会协调、控制"司法决策"的过程和结果。在司法实践中，有些法院还存在庭务会这一隐性组织，可以讨论案件、提出建议。而真正参与案件庭审的合议庭，则处于法院底层，由此造成刑事案件裁判的行政化。"审判中心主义"就是要实现"案件裁判行政化"向"案件裁判司法化"的转变。法官对于案件事实的裁判，只能源于其基于庭审活动所产生的判断。对案件事实裁判，法官不需要考虑或者平衡与案件事实无关的利益关系和社会影响，无须遵循领导掌控和下级服从上级等行政决策原则。

审判权主要由法庭审理权和案件裁判权两部分组成。"审"与"判"互为表里、密不

---

① 闵春雷：《非法证据排除规则适用问题研究》，载《吉林大学社会科学学报》2014年第2期。
② 潘申明、刘浪：《非法证据排除中侦查人员出庭作证制度研究》，载《华东政法大学学报》2014年第3期。

可分，法庭审理是案件裁判的基础，案件裁判是法庭审理的归属。在现代诉讼制度中，这两项权力是由同一审判人员或者审判组织行使。但是，在我国刑事审判的"行政化裁判"模式却存在"审者不判，判者不审"的矛盾，背离了"以审判为中心"的基本要求。具体而言，主要表现在以下方面：

第一，承办法官制阻碍了合议庭在庭审中发挥实质作用。我国现行司法体制内部采取承办法官制，主要由单个法官承担组织案件审理、制作裁判文书等工作。在独任审判中，承办法官就是独任审判法官，"审"与"判"在案件决策的初始环节实现了统一。在合议审理中，承办法官仅是合议庭成员之一。这就可能存在"审"与"判"的相互分离。承办法官负责庭前准备工作、研读案卷材料、负责庭外调查、起草审理报告、向审委会汇报案件、制作裁判文书等工作，合议庭其他成员则通常不参与这些工作。由于合议庭其他成员在"审"的阶段缺乏足够的参与，其在"判"的决策阶段也多是在形式上附和主审法官的意见，由此导致合议庭在案件审判中"审"与"判"的分离，这种"审"与"判"的分离为案件裁判行政化在初始环节奠定了基础。承办法官在"行政化裁判"模式中处于基础性地位，庭长、院长、审判委员会对案件决策的直接依据并非源于其对案件的亲自审理，而是源于承办法官对案件的口头或者书面汇报。庭长、院长、审判委员会对合议庭其他成员意见的了解，多数情况下也是经由承办法官转达，合议庭其他成员基本被排斥在决策之外。

第二，审判委员会制度阻碍了合议庭在案件裁判中发挥实质作用。在法院内部，审委会是对案件具有最终裁判权的组织。对于经审委会讨论形成案件处理结果的决定，合议庭必须服从。这种无条件"服从"，决定了审委会与合议庭之间天然的隶属关系，阻碍了合议庭根据庭审情况独立裁判案件。从审判委员会的人员结构来看，其主要包括院长、副院长、各业务庭庭长、各科室主任（如政治部主任、研究室主任、信访办主任、审管办主任等等），人员构成上具有天然的行政隶属关系。在实践中，虽然也有一些资深法官担任专职审委会委员，但往往数量较少。从审委会决策方式来看，审委会并不参与案件审理，他们对案件事实的了解多是通过查阅承办法官制作的审理报告，或者是听取承办法官对案件事实的口头汇报。作为决策依据的案件事实和证据材料是经过承办法官加工处理过的，而非直接来源于庭审程序。因此，审判委员会阻碍了合议庭在案件裁判中发挥实质作用，也背离了"以审判为中心"的基本要求。

庭审实质化要求改革庭审权力结构，限定审判委员会的功能，实现案件裁判权重心下移，让合议庭实现"审"与"判"的有效统一，实现案件裁判"行政化"向"司法化"的转变。具体而言，需要从以下方面着手：第一，限定审判委员会的功能。在审委会改革的问题上，理论界和实务界存在较大的争议。有主张彻底废除者，也有主张对其予以改造者。在"改造论"下也存在不同路径，有主张限定审判委员会讨论案件范围者，将其讨论范围限定于对重大、疑难、复杂案件适用法律问题的讨论。还有的地方则直接让审判委员会参与案件庭审，这种做法虽然有利于贯彻直接言词审理原则，但是合议庭会名存实亡。从诉讼效率的角度来看，审委会人员众多、司法成本高，故不宜普遍推广，较为可行的方案还是对审委会功能予以合理限定。可以取消审委会对具体个案的讨论、决定职权，限定其功能仅为总结审判经验，对特定类案基于指导性意见。第二，取消承办法官制度。对于刑事案件的处理不再指定具体的承办法官。庭审之前的各项工作，诸如确定开庭日期、文书送达、主持庭前会议等工作，完全交由法官助理负责，而不再由承办法官负责。合议庭成员在开庭之前不得接触案卷材料，庭审活动由审判长主持。合议庭工作就是听审案件、作出裁判，法官对案件事实的心证来源于其庭审中直接接触的证据材料和控辩双方的质证辩论意见。合议庭形成裁判意见之后，裁判文书制作不再由承办法官负责撰写，而是由合议庭中持多数意见的法官撰写。裁判文书撰写完毕后，无须庭长、院长签批，而只需合议庭全体成员签名。

三、审级结构改革：从"以二审为中心"到"以一审为中心"

我国许多学者认为"以审判为中心"主要存在于一审程序，而在上诉程序或者二审程序中则很难真正贯彻"审判中心主义"。例如，顾永忠教授认为："审判中心主义主要存在于一审程序中，在上诉程序中难以实行审判中心主义。"[1] 龙宗智教授主张建立"以一审庭审为中心的事实认定机制"。[2] 但是，在诸多有影响性的刑事案件中，司法实践却给出了"审判中心主义"截然不同的审级构造——"以二审庭审为中心的事实认定机制"，如念斌案、陈灼昊案。在念斌案一审庭审中，证人、侦查人员、鉴定人员、有专门知识的人员并未出庭接受质证，非法证据未得以排除，直接言词审理原则未得到严格贯彻。而在二审程序中，"审判中心主义"的基本理念和精神得以有效实施。在陈灼昊案中，该案二审判决书明确阐述其贯彻了"以审判为中心"的要求："在本案审理中，合议庭始终遵循'以审判为中心'的基本要求。具体而言，在每个审理环节均体现了'以法庭审判为中心'。在庭审中，所有诉讼参与人共同参与解决案件事实、证据和法律适用等问题。针对本案的证据能力及证明力存在的问题，法庭依法通知侦查人员及鉴定人出庭作证，接受控辩双方的交叉询问，贯彻了直接言词审理原则，充分保障了被告人的诉讼权利，也充分保障了侦查人员及鉴定人解释回应的权利。合议庭成员亲历了过程，直接听取了控辩双方的意见并对案件诸多问题作出裁判。"[3] 无论是念斌案还是陈灼昊案，均在实践运行中呈现出"以二审为中心"的审级构造。那么，"以审判为中心"是否应严格限于一审程序？二审程序是否无须贯彻"审判中心主义"？这个问题涉及"审判中心主义"的审级构造、审级制度的功能定位等基本理论问题。

从世界各国二审程序构造模式来看，主要存在"复审制"、"事后审"和"续审制"三种模式。[4] 在"复审制"下，二审须开庭审理，并对所有证据都应重新调查，在一审程序中已经出庭的证人、鉴定人、侦查人员仍需出庭。"复审制"允许当事人提出新的证据材料，二审法院的审判结果可以不局限于一审法院所使用的证据资料。在"事后审"下，二审法院不再调查新的事实和证据，只对一审中的卷宗笔录和证据材料加以审查，以判断一审裁判是否适当。"续审制"是"复审制"和"事后审"的折中，此种模式多在各国民事诉讼中采用。在上述模式下，二审程序是否需遵循和贯彻"以审判为中心"，存在截然不同的答案。在"复审制"下，二审法院需对案件完全予以重新审理，对案件事实的认定不是

---

① 顾永忠：《"审判中心主义"之我见》，载《法制资讯》2014 年第 6 期。
② 龙宗智：《论建立以一审庭审为中心的事实认定机制》，载《中国法学》2010 年第 2 期。
③ 具体详见广东省高级人民法院（2014）粤高法刑一终字第 351 号刑事附带民事判决书。
④ 陈光中、曾新华：《刑事诉讼法再修改视野下的二审程序改革》，载《中国法学》2011 年第 5 期。

依据一审卷宗材料，而是来源于二审庭审程序，在二审中需对所有证据重新调查，一审程序中已经出庭的证人仍需出庭。因此，"复审制"下的二审程序仍需贯彻"审判中心主义"。在"事后审"下，二审法院不再调查新的事实和证据，只对一审中的卷宗笔录和证据材料加以审查，证人、鉴定人在二审中无须出庭接受质证。仅就审理方式而言，在"复审制"下的二审程序无须贯彻"审判中心主义"。但是，就实现裁判方式的司法化、对公权力的制约化而言，二审程序仍然需要贯彻。"以审判为中心"要求确立审判在整个刑事诉讼中的核心地位，而审判活动不仅包括一审，还包括二审、审判监督、死刑复核等程序。若控辩审三方的诉讼化构造来看，无论在何种刑事诉讼程序之中，均应当确立法院的中心地位，确立审判的核心作用。我国刑事二审程序遵循全面审查原则，二审法院需要对一审裁判中认定事实和适用法律进行全面审查，而不受制于上诉或者抗诉的范围。对于事实问题和法律问题的全面审查，决定了二审应当贯彻"审判中心主义"，二审法官对于案件事实的心证亦来源于其二审庭审中对案件证据材料和控辩双方质证、辩论的直接接触。

我国刑事二审程序实行"全面审查"原则，即二审法院在审理上诉或者抗诉案件时，应对案件事实和法律问题予以全面审查，而无须受到上诉或者抗诉范围的限制。全面审查原则决定了我国二审程序不仅处理法律问题，也处理事实和证据问题；以开庭审理为原则的二审庭审审理方式决定了二审程序也需经过法庭调查和法庭辩论等不同阶段。上述法律规定，确立了我国"以复审制为主、以续审制为辅"的二审程序构造模式。在该模式下，"审判中心主义"仍然需要贯彻实施，这在福建高院对念斌案二审程序中得到集中体现：首先，福建高院对于念斌案的事实认定，没有仅仅依据一审卷宗材料，而是通过证人、鉴定人、侦查人员出庭接受质询，让控辩双方对于案件的证据材料予以充分质证、辩论。通过二审庭审，福建高院得出了与福州中院完全不同的事实判断，从而认定念斌犯投放危险物质罪的事实不清、证据不足。其次，福建高院对侦查机关在调查取证中获取的非法证据予以排除，通过程序性制裁的方式实现了对侦查权的有效制约。排除程序可以辐射到二审程序，二审程序中对非法证据排除问题的审查赋予被告人获得再次权利救济的机会，全面彰显了排除程序本身保障人权的价值追求。[①] 念斌案中涉及的非法证据有两类：非法言词证据和非法实物证据。前者是侦查机关在侦查阶段获取的犯罪嫌疑人供述，后者则包括侦查机关违反法定程序收集的铝壶、壶水、高压锅和铁锅等实物证据。通过宣告以非法方式获取的证据不具备相应的证据能力或者证明力，实现法院对侦查权的事后制约。

当然，如果未来我国刑事诉讼法在修改中对二审进行改造，将二审程序设置为"事后审"模式，将二审功能主要限定于解决法律问题，而对案件事实的认定主要交由一审程序承担，则"以审判为中心"将会仅仅局限于一审程序，"审判中心主义"将在二审中几乎没有适用空间和可能性。

（作者单位：吉林大学法学院）

---

① 杨波：《非法证据排除规则适用程序研究——以庭审程序为核心的分析》，载《中国刑事法杂志》2011 年第 9 期。

以审判为中心下证据排除规则的类型化研究

谢小剑

当前，证据排除规则的合理建构是以审判为中心诉讼制度改革的重要内容。事实上，我国近年来的立法以及司法解释中充斥着多种证据排除规则，其形态各异，绝非非法证据排除规则所能涵盖，有必要加以理论反思，不对证据排除规则进行类型化研究就不能实施好证据排除规则。本文不以分类的周延性为目标，试图从梳理立法及司法解释入手，对证据排除规则做类型化的理解，以期完善我国的证据排除规则。

一、以保障人权为基础的非法证据排除规则

学界对于何为非法证据排除规则存在争议，"狭义说"认为其仅指侦查人员以违法手段所收集的证据，典型立法是刑事诉讼法第 54 条；而"广义说"认为其包括所有证据形式违法、取证程序违法以及证据内容违法等证据[①]。我国立法上对非法证据排除采狭义说，以排除非法证据命名的《关于办理刑事案件排除非法证据若干问题的规定》仅包括狭义上的内容，最高人民法院《关于适用〈中华人民共和国刑事诉讼法〉的解释》（以下简称《法院解释》）也将"非法证据排除"单独列出作为一节节名（第四章第八节），该节只涉及刑事诉讼法第 54 条，仅限于取证手段违法，这与其他证据排除规则区分开，将所有的证据排除规则统称为非法证据排除，不符合立法规定。本文的非法证据排除也仅指刑事诉讼法第 54 条。

学界对"刑讯逼供等非法方法"有不同的理解，一种观点曾经试图通过扩张其范围，将所有的残忍的、不人道的、有辱人格的，甚至引诱、欺骗等非法手段都纳入排除范围。然而，《法院解释》第 95 条将其解释为："使用肉刑或者变相肉刑，或者采用其他使被告人在肉体上或者精神上遭受剧烈疼痛或者痛苦的方法，迫使被告人违背意愿供述的。"有学者称之为"痛苦法则"，嫌疑人"在肉体上或精神上遭受剧烈疼痛或痛苦"的标准，才是判定口供非法并予以排除的关键。[②] 笔者认为，上述标准既要考虑客观上是否有导致剧烈痛苦的不当讯问方法，也要考虑主观上有剧烈痛苦导致供述的非自愿性，还要考虑两者之间存在因果关系。这导致该条的适用范围极大地缩小，仅适用于非法手段导致"剧烈痛苦"，使被讯问人违反自由意愿作出供述的情形。其不包括执法机关对犯罪嫌疑人施以精神压力，但并未导致其激烈痛苦的方法，如打一巴掌、欺骗，对该行为采取实体制裁，追究办案人员责任，而不采取非法证据排除的程序性制裁方式。

该条的适用逻辑采取了人权保障说。为了避免以严重侵犯人身自由权、人格自由权等

---

① 陈瑞华：《非法证据排除规则的中国模式》，载《中国法学》2010 年第 6 期。
② 龙宗智：《我国非法口供排除的"痛苦规则"及相关问题》，载《政法论坛》2013 年第 5 期。

基本人权的方式取证，为了保障犯罪嫌疑人、证人、被害人的基本人权而放弃所获证据的证据资格。非法证据排除不再以证据内容是否属实作为排除前提。尽管理论上法官在认定构成非法证据之后，并没有裁量排除的权力，必须强制排除，但由于是否构成"剧烈痛苦"，有一定的模糊性，使法官在认定非法证据上有裁量权。

需要指出，"等非法方法"是一个开放的体系。最高人民法院《关于建立健全防范刑事冤假错案工作机制的意见》（以下简称《意见》）第8条第1款规定："采用刑讯逼供或者冻、饿、晒、烤、疲劳审讯等非法方法收集的被告人供述，应当排除。"笔者认为，其适用标准应当以"痛苦法则"为标准，仅仅实施了上述行为并不必然导致证据排除。其他的非法手段，如长时间保持站立、长时间坐着等，只要导致剧烈痛苦也构成非法方法。同时，一些对犯罪嫌疑人的威胁、欺骗也可能给犯罪嫌疑人带来剧烈痛苦，如欺骗其近亲属病重、死亡等，笔者认为也适用非法证据排除规则。

二、立基于正当程序的预防性强制排除规则

由于非法证据排除需要考虑主观感受，而导致适用的模糊性，为了更加明确地防止出现可能危及证据可靠性的行为，我国设立了违反程序导致证据强制排除的情形，主要有四种情形。

其一，保障言词证据真实性的预防排除。《法院解释》第81条规定，可能导致供述笔录虚假的程序违法行为，如讯问笔录没有经被告人核对确认的，或者应当提供翻译人员而未提供的，供述不得作为定案的根据。

其二，对辨认笔录、鉴定意见的可靠性预防保障。《法院解释》第90条规定，辨认不是在侦查人员主持下进行的，辨认前使辨认人见到辨认对象的等，辨认笔录不得作为定案的根据。这都是确认辨认结果可靠性的基本程序，违反该程序，导致的结果是其不具有证据资格。类似的情形还有，《法院解释》第85条关于鉴定的排除规定。上述内容基本上都是导致鉴定意见不可信的违法行为。

其三，违反鉴真程序的预防排除。我国在实物证据上引入了鉴真规则，一些证据因为缺乏基本关联性而被排除，被归入无证据能力的范畴。最典型的是《法院解释》第73条规定，未附勘验、检查笔录或者清单，不能证明物证、书证来源的，不得作为定案的根据。再如，最高人民法院《意见》第9条涉案物品、作案工具等未通过辨认、鉴定等方式确定来源的，不得作为定案的根据。这些查证方式本身为关联性查证所需要，对于未查证导致审判中无法查证的，法官不再有权对其内容予以审查，属于证据能力的预防性规则。

其四，防止非法讯问的程序性预防排除。《意见》第8条第2款规定，在规定的办案场所外讯问取得的供述，未依法对讯问进行全程录音录像取得的供述，应当排除。

这四种情形会使证据的真实性难以得到保障，或者具有较大的错误风险，而强制予以预防性排除。违反程序的强制排除表明，我国已经出现了因为违反法定程序而绝对排除的立法，其和侵犯人权的非法手段取证排除不同，并没有对人权造成严重侵害，也不可能给被取证人造成剧烈的痛苦。只是由于其违反了法定程序，而这些程序对于保障事实真相，防止非法讯问至关重要，以至于最高人民法院的司法解释直接将其宣布为非法取证而排除其所获证据的证据资格。其目标在于保障正当程序，这类证据排除不考虑其证据的内容是

否属实。有学者认为其属于证据的客观性保障规则①。其与基于真实性的证明力排除的不同在于，它并不审查证据内容是否为真，只要违反规则，即使为真也仍需排除，而证明力排除则具体审查该证据内容是否为真。

可见，我国出现了类似于"米兰达规则"的预防性规则。美国为了保障犯罪嫌疑人的沉默权和获得律师帮助权，建立了"米兰达规则"，要求警方在羁押讯问前必须告知犯罪嫌疑人相关权利，否则其供述不可采。而我国作为防止非法讯问主要手段的同录制度以及羁押后的看守所讯问制度，也采取了类似的规则，应作同录而未同录的，在法定场所以外讯问，将导致讯问笔录不具有证据资格。

这可谓是我国证据排除规则上的重大突破，直接创造新的模式。如果说非法证据排除主要立基于保障基本人权，而违反程序的强制排除则主要立基于保障正当程序，该程序对发现真相至关重要。有学者盛赞其意义，认为上述规则将"直接面向事实的事后制裁规则，转变为一种面向程序的事前预防规则"②。违反程序的排除有着比非法证据排除更为清晰的文字表达，且未采取诸如"等其他方法"类的兜底条款，基本上完全剥夺了法官的裁量空间，相反我国对于非法证据尚且可由法官裁量判断是否构成"剧烈痛苦"。这有助于避免法官查证非法证据时出现误判，有助于节省司法资源，也有助于抑制将来侦查滥权。

三、效力待定的瑕疵证据排除规则

瑕疵证据是指通过非实质性的、非关键性的违法行为收集的证据，其对真实性的影响不大，违法行为并不严重不需要采取绝对化的证据排除，或者并不是重要预防性规则，不应产生直接强制排除的后果。一般认为，瑕疵证据不得直接在刑事诉讼中使用，其证据能力处于待定状态，补正或作出合理解释后可具有证据能力，否则无证据能力③。

其主要表现为法律条文中证据排除使用"补正或作出合理解释"的前置要求。我国立法中有大量类似的规定。《法院解释》第82条讯问笔录瑕疵，第73条第2款勘验、检查、搜查、提取笔录或者扣押清单瑕疵，第89条勘验、检查笔录瑕疵，第77条证人证言瑕疵，主要内容包括：在制作笔录时，未告知权利、缺乏相关人员签名、部分内容有误，经补正或者作出合理解释的，可以采用；不能补正或者作出合理解释的，不得作为定案的根据。

一般认为，瑕疵证据属于通过轻微违反程序的行为获得的证据。瑕疵证据规则之所以证据能力待定，在于其违法行为并不严重。然而，《人民检察院刑事诉讼规则（试行）》（以下简称《刑诉规则》）第66条第3款将通过"明显违法或者情节严重"的行为收集的物证、书证也定性为瑕疵证据，显然不妥。

根据现行法律，对于轻微违法行为，只要不能补正、作出合理解释一律排除。根据《刑诉规则》第66条第3款，补正是指对取证程序上的非实质性瑕疵进行补救；合理解释是指对取证程序的瑕疵作出符合常理及逻辑的解释。例如，首次讯问笔录未告知被讯问人

---

① 纵博、马静华：《论证据客观性保障规则》，载《山东大学学报》（哲学社会科学版）2013年第4期。

② 吴宏耀：《非法证据排除的规则与实效——兼论我国非法证据排除规则的完善进路》，载《现代法学》2014年第4期。

③ 万毅：《论瑕疵证据——以"两个证据规定"为分析对象》，载《法商研究》2011年第5期。

诉讼权利内容，侦查人员解释为"忘记了"，这显然不构成"合理"解释，由于笔录已经完成也无法补正，只能对其采取排除证据的规制方式，但这可能会对发现事实真相造成较大的妨碍。相反，美国有无害错误制度，如果警察的取证过程虽然违法，但违法并不严重，未必需要排除该证据。[①] 我国已经有类似的立法需要继续沿用，如违反回避制度的证据是否有效，现有法律规定由有权机关根据"案件具体情况决定"，事实上就是明确了即使无法补正其也仍可能有效。可见，需要反思瑕疵证据无法补救一律排除是否合理。

四、有待明确的违反证据资格制度的排除规则

我国对证据排除采取正面与反面相结合的方式，除了反面对非法证据予以排除，正面也要求证据材料必须符合客观性、相关性、合法性三方面的要求，才具有证据资格。然而，客观性很难发挥排除功能，而相关性主要是经验和逻辑问题而不是法律问题，我国立法对此着墨不多，除了上述鉴真规则中的关联性强制排除外，连品格证据规则都未建立。实践中，主要集中在不具有合法性的证据排除上。

我国实践中已经对证据资格制度达成共识，实践中基于合法性而排除的情形较为普遍，如在重庆李庄案中，一审法院就对中央电视台的采访视频以取证主体不合法而排除[②]。还有判决基于侦查立案管辖错误，侦查取证主体不合法而排除证据，最终判决无罪[③]。《法院解释》在"非法证据排除"一节似乎将证据合法性调查等同于非法证据排除审查，但又不是很明确。

一般认为，合法性必须符合主体合法、内容合法、形式合法、程序合法等。对于部分不具有合法性的证据，有法律明确规定对其予以排除，采取的是强制排除模式。一是凡是不在刑事诉讼法第48条明文列举的八种证据种类之列的证据，皆为形式不合法的证据，不具有证据能力。例如，最高人民检察院的批复明确指出：测谎结论不具有证据资格，因为其不属于法定的证据种类。二是证据内容不合法。根据《法院解释》第75条第2项规定，证人证言在内容上必须是对客观事实的陈述，而不得带有猜测性、评论性、推断性的内容。其立论基础非取证手段侵犯人权，而主要是因为这些证据的不可靠性或者侵犯了法官的事实认定权等诸多的价值。三是证据必须在法庭质证，经查证属实才能作为定案的根据。例如，刑事诉讼法第187条第3款规定，经人民法院通知，鉴定人拒不出庭作证的，鉴定意见不得作为定案的根据。四是传统上，我国对取证主体严格限制，不符合法定要求的，只有"转化"之后才有证据资格。

证据合法性排除最大的问题在于，由于我国对证据的合法性采取了正面要求的模式，对于诸多的证据合法性要求，虽然法律也对一些严重行为建立了排除规则，但由于情形众多根本无力一一作出规定，因此法官拥有较大的裁量权。

同时，法官在适用该制度时，出现了两方面的问题：一方面尽管学术界、几乎所有的

---

① 黄朝义：《论证据排除法则》，载朱朝亮等主编：《刑事诉讼之运作》，台湾五南图书出版公司1997年版，第129页。

② 重庆市江北区人民法院刑事判决书（2009）江法刑初字第711号。

③ 江西省上饶市中级人民法院（2015）饶中刑二终字第18号。

诉讼法教材都认为证据必须具有客观性、相关性、合法性才有证据资格，其甚至已经成为司法界通说并进入判决书，但是缺乏相应的立法明确规定。另一方面，仅有的规定也仅要求对证据的合法性进行审查，但是不符合法定要求时，是否排除并未明确规定，如引诱、欺骗获取的供述，"要求行为应当合法"与"不合法必须排除"之间不能简单地画等号，导致法官排除时法律依据不足。

五、我国证据排除规则的完善

（一）有效区分证明力排除规则与证据能力排除规则

我国证明力排除规则与证据能力排除规则未能有效区分，导致功能上出现错乱。我国法官习惯在考察证明力之后，再决定是否有证据能力，在判断证据能力时，将证明力作为一个重要的考量因素。同时，在对案件事实有疑问，需要否定事实时，以排除证据能力作为支撑其判决理由的依据，出现"证据能力替代证明力排除"的现象。

将来必须严格区分证明力排除规则与证据能力排除规则，先解决证据资格问题才能进一步判断证明力问题。从而，法官在不能决定是否非法证据排除等证据资格问题时，对证据内容的真实性进行考察，而凡是对证据真实性予以考察的都纳入证明力排除。

因此，必须有效识别证据能力与证明力规则。我国刑事诉讼法第 48 条第 3 款规定："证据必须经过查证属实，才能作为定案的根据。"这是我国证明力排除的基本法律依据。对于获得证据资格的证据，如果经过查证不属实仍不能作为定案的根据。与证据资格排除相比，证明力排除赋予了法院较大的自由裁量权，同时证明力属于事实问题，而证据资格属于法律问题。然而，我国证明力排除独具特色，除上述规定外，还有以下三种类型：

第一，我国通过司法解释将一些查证证明力的方式直接规定为程序要求，使违反程序的排除实质上转变成不具有证明力的排除。例如，最高人民法院《意见》第 9 条规定，对于指纹、血迹、精斑、毛发等证据，未通过指纹鉴定、DNA 鉴定等方式做同一认定的，不得作为定案的根据。不能确认同一性，本身就不具有真实性，属于内容的真实性问题。

第二，有些法律直接将真实与否作为"不能作为定案根据的前提"，其否定的也是证明力而非证据资格。例如，《法院解释》第 70、71 条规定，原物的照片、录像或者复制品，不能反映原物的外形和特征的；书证的副本、复制件不能反映原件及其内容的，不得作为定案的根据。根据最佳证据规则，物证、书证的原物、原件最有助于准确认定案件事实真相。在无法获得原物、原件的情况下，其复制品也可作为证据使用，然而其适用的前提必须是该复制品能发挥原物、原件的证明作用，物证以外形、特征等，书证以内容发挥证明作用，否则无法发挥证明作用。该条适用的前提是查明是否能反映原物的外形和特征、书证的内容，这相当于查证"是否属实"，属于证明力的调查。

第三，更多的立法是采取在"不得作为定案的根据"之前加一句"无法查证属实"，使其标识为证明力排除规则。这是传统的做法，法官对证明力有充分的自由裁量权。例如，《法院解释》第 78 条第 3 款规定，庭前证言不能作为定案根据的前提是，"真实性无法确认、矛盾无法排除"，应属于无证明力的证据。

（二）合理规范非法证据排除规则

不同类型的证据排除规则理论基础不同，在立法建构程序规则时，应当在条文中表达其理论基础。非法证据排除规则以保障基本人权作为其立论基础，因此对于非法证言、陈述的排除，何为暴力、何为威胁，也应当以侵犯人权作为判断标准，但证人、被害人并不会面临刑罚上的不利后果，出卖他人保全自己显然比被迫自我归罪更为容易，因此其排除标准应当低于"剧烈痛苦"的标准。对于实物证据，虽然该条表述是"不符合法定程序，可能严重影响司法公正的"，但其也应理解取证过程中侵犯了被取证人的基本权利，如住宅、通信等财产权、隐私权。

（三）应当进一步推行程序性预防排除规则

由于该排除规则的明确性有助于解决实践中证据排除规则举步维艰[1]的境地。有学者主张，为了保证排除规则的实效性，建议通过以下技术化改造，增强排除规则适用的确定性：将直接面向事实的事后制裁规则转变为一种面向程序的事前预防规则。[2] 然而，对于程序性预防排除规则，应当将排除的对象尽量限制为违反正当程序的行为。在确立该排除规则时，只能将严重影响真实性或者极有可能诱发非法取证行为的违法程序界定为排除对象，避免排除范围的扩大，否则将导致打击犯罪与保障人权的失衡。

（四）应尽量将瑕疵证据定义为轻微违法行为，排除上应加以限制

总体而言，瑕疵证据基于并不严重的违法行为，采取绝对化的证据排除规制方式，不利于实体正义与程序正义的平衡。因此，不能过分扩大瑕疵证据排除的范围，避免查明事实真相与保障人权之间的失衡。但是对部分违法行为显著轻微，而构成瑕疵证据的，即使无法补正、作出合理解释，也仍然可以作为证据使用。笔者认为，需要明确，部分瑕疵证据即使无法补正、作出合理解释，由于违法行为并不严重，也仍可以作为证据使用，法院对此有裁量权。

我国还有一种途径，就是通过重新界定何为"合理解释"的方式实现该功能。一般而言，合理解释是对瑕疵的原因进行解释，而不是对瑕疵的法律后果进行解释。然而，有学者认为，所谓合理解释，"即通过对证据产生瑕疵的原因进行分析、阐释，排除其为非法取得或不真实的可能"[3]。类似的看法认为，瑕疵证据能否补救取决于其是否影响案件的真实性。显然，这扩大了我们何为合理解释的正常理解，其不是在解释为何违法，而是在解释违法的恶性，如违法程度不高、对真实性的影响不大，这实质上赋予了法院对瑕疵证据的裁量排除权，实现了瑕疵证据无法补正也未必排除的效果。

（五）明确不符合证据资格制度作为排除规则类型

笔者认为，应当将证据能力的客观性、关联性、合法性要求写入立法之中，清晰地界

---

① 左卫民：《"热"与"冷"：非法证据排除规则适用的实证研究》，载《法商研究》2015年第3期。

② 吴宏耀：《非法证据排除的规则与实效——兼论我国非法证据排除规则的完善进路》，载《现代法学》2014年第4期。

③ 万毅：《论瑕疵证据——以"两个证据规定"为分析对象》，载《法商研究》2011年第5期。

定合法性与证据能力之间的关系，这相当于兜底条款，有助于改善证据排除规则不够圆融的局面。同时，一般可以认为，除了法律明确加以强制排除的证据材料之外，不符合证据合法性要求的，绝大多数都属于瑕疵证据的范畴，一般允许补正及合理解释，并将未能补正或合理解释作为排除的前提条件。

以引诱、欺骗收集证据为例，尽管刑事诉讼法第 50 条明确其不合法，但第 54 条非法证据排除并未将其纳入。实践中许多通过严重的引诱和欺骗行为所获得的证据都会以侦查策略为由不排除。然而，学界几乎已经达成共识，对于较为严重的引诱和欺骗行为会导致所获证据丧失证据资格。问题是，应该通过何种机制排除。有学者指出，通过引诱、欺骗获取口供，一般只是使嫌疑人受意识牵引、精神满足或产生虚假认识，不会使嫌疑人"剧烈痛苦"，因此难以适用第 54 条。其主张排除的主要方式，以刑事诉讼法第 48 条证明力审查排除相关口供。[①]

笔者认为，还有一种新的排除方式，我国刑事诉讼法第 54 条只是证据排除的一种，对于其他诸多直接违反刑事诉讼法的行为，都面临证据资格制度中合法性的质疑，如果该合法性缺失属于无法补正或作出合理解释的严重违法行为，应当以不符合证据资格中的合法性要求为由予以排除。也许有学者会提出，这并无具体的法律依据，但基于公法理论，侦查机关作为公权力机关，调查取证必须具有法律依据，违反法律的行为显然不应产生法律效力。这样能扩大排除规则的适用范围，克服法定排除规则不能涵盖诸多违法行为的局限性。

（作者单位：江西财经大学法学院）

---

① 龙宗智：《我国非法口供排除的"痛苦规则"及相关问题》，载《政法论坛》2013 年第 5 期。

司法现代化转型及刑事诉讼制度的完善

徐汉明　史　可

一、司法现代化问题的提出及理论争鸣

(一)　司法现代化问题的提出

现代化理论思潮历经 60 多年，形成了包括经典现代化理论、后现代化理论和第二次现代化理论等庞大的现代化理论体系。涉及政治、经济、社会、文化、生态、人的现代化及比较现代化等方面。①② 随着经济全球化的发展，有关"民主"、"法治"、"人权"、"自由"、"平等"、"理性"等一系列的司法价值理念在世界大多数国家得到广泛的采纳与运用，司法现代化被提上了司法现代化建设的重要议事日程。经济全球化是指各个国家生产、贸易、金融、科技的一体化趋势，其本质是第二次世界大战后以发达国家为主导的世界范围内新一轮产业结构大调整，它集中表现在生产、金融、科技三个领域。一方面，经济全球化带来全球经济的快速发展，贸易迅猛增长，全球财富总量急剧攀升。另一方面，它带来发达国家与发展中国家利益冲突加深，"南北矛盾"、"南南矛盾"、地区冲突增多。这给第二次世界大战后全球人类的政治联合体——联合国组织，经济联合体——WTO 组织，金融联合体——世界银行与国际货币基金组织的规则制定与使用提供了广阔的空间。由此，不同政治法律制度及其法治文化背景的国家，其不同的司法理念得以广泛交流与相互碰撞，其中反映人类社会政治文明与司法文明成果的基本司法理念在各自国家政治制度与司法模式中被认知和创造性转化。从这个意义上说，"现代司法是现代社会的人们基于人类所共有的一些价值观念，及司法自身的原理和规律所形成的在技术上和程序性意义上具有普遍司法价值理念和司法制度"。③ 作为一种不可抵挡的历史性发展趋势，司法现代化正是社会现代化全面推进大背景下司法转型的重要表征。

中国的司法现代化是在极其复杂的背景下推动的。首先，近代中国司法现代化肇始的土壤是两千多年的封建司法传统文化，即司法现代化的针对性是破除根深蒂固的传统封建司法价值理念、制度模式、行为规范及其物态表征的重重禁锢，其出发点和落脚点在于构

①　载中国现代化网，http://www.modernization.com.cn/lilun.htm.
②　资料来源同上：现代化理论可划分为经典现代化理论、后现代化理论及第二次现代化理论。根据经典现代化理论，现代化不仅是一个历史过程，也是一种发展状态，可以指发展中国家赶上发达国家后所处的状态（完成现代化进程后的状态），也可以指发达国家已经达到的世界先进水平所处的状态。后现代化也是现代化研究的一个研究领域，它是关于发达国家的社会发展研究。第二次现代化，是指从工业时代向知识时代、工业经济向知识经济、工业社会向知识社会、工业文明向知识文明的转变。
③　杨知文著：《中国审判制度的内部组织构造》，法律出版社 2014 年版，第 46~47 页。

建体现"人本精神"价值观、现代法律制度、行为模式及其现代司法物态文明的结构体系。一方面，由于半封建半殖民地及其经济社会发展极度的不平衡性等特定的社会物质条件的制约，清末变法及其后国民政府有关以司法现代化为主要内容的改革始终未能从根本上突破司法传统。另一方面，随着清末变法的失败与国民政府在大陆的垮台，我国近代司法现代化进程被中断，传统司法文化至今仍被打下深深的烙印。其次，当代中国司法现代化的肇始是既要破除封建司法传统的种种羁绊，又要从移植借鉴苏联高度集权的司法模式中脱胎，适应中国国情、体现时代特点、反映司法规律、推进司法现代化。这包括：制度层面，司法现代化主要是破除体制性障碍、机制性困扰、保障性束缚，建立公正高效权威的社会主义司法制度；职权层面，建立权力清单、责任清单体系，确保司法权权责明晰、程序规范、监督制约、运行高效；保障层面，建立法官检察官单独职务序列及职务工资等职业保障、职业保护、职业荣誉、职业惩戒体系；文化层面，重塑现代司法理念，发展完善法治体系、构建现代文明行为模式，使司法现代化成为人们社会生活的新常态。因此，中国司法现代化是在传统司法基础上扬弃，并使之与现代社会背景相契合，将司法活动转型为更加科学合理的现代司法过程。

（二）司法现代化的理论争鸣

有关司法现代化的争鸣则有不同的观点。第一种观点是"综合实现说"，认为司法现代化除了"有关司法的独立性、统一性、权威性等方面以外，还应当从司法的主体、司法的体制、司法的程序、司法权行使方式等方面实现现代化"[①]。第二种观点是"目标内容说"，认为司法现代化包括司法主体、司法过程以及司法的实体内容和目标的现代化。[②] 第三种观点是"多元性之说"，认为司法现代化体现为司法权的独立性，司法主体的中立性和公正性，程序规则的平等性。[③] 第四种观点是"主客观要素说"，认为"司法现代化的内涵特征可以分解为两方面的要素，即主观要素和客观要素，主观要素是司法过程主体或人的现代化，客观要素主要是指司法程序或诉讼程序的现代化"[④]，等等。笔者认为，司法现代化是推进司法体系和司法能力现代化的过程。它包括依据宪法法律创制的司法制度科学完备，司法职权配置优化与运行程序规范，司法组织体系、职业保障体系、职业保护体系、职业荣誉与惩戒体系、职业伦理规范体系相辅相成，司法活动守望定分止争、权利救济、制约公权、保障人权、维护公平、守卫正义、促进和谐、增进人民法福祉最高价值目标，社会对司法的认可度、满意度、支持度恒定。因此，司法现代化伴随政治现代化、经济现代化、文化现代化、生态文明现代化的全过程。第一，政治、经济、文化、社会、生态文明现代化为司法现代化提供了生成条件、基本制度支撑、发展动力、外部环境及其发展方向。第二，司法现代化作为"五个文明"现代化的重大成果、重大实践活动，又为其提供保障。第三，司法现代化又具有相对独立性，它必须以现代司法价值目标为引领，以现代司法职权模式与运行程序为参照系进行构建或重塑，遵循现代司法规律，确保司法在现代文明社

---

① 王利明著：《司法改革研究》，法律出版社 2000 年版，第 40 页。

② 谢晖著：《价值重建与规范选择》，山东人民出版社 1998 年版，第 455~460 页。

③ 蒋集耀：《司法现代：法治化的必然要求》，载《法学》1995 年第 5 期。

④ 章武生等著：《司法现代化与民事诉讼制度的建构》，法律出版社 2003 年版，第 6 页。

会最后一道防线的功能作用的有效发挥，使司法的独立性、裁断性、权威性成为全社会的一种生活遵从与习惯。中国司法现代化是在"四个全面"伟大战略布局下的时代命题，诉讼制度发展完善恰逢其时。司法现代化是推进经济现代化、政治现代化、文化现代化、社会现代化、生态文明现代化的必然要求；是司法文明发展的时代产物；是"四个全面"战略布局的题中应有之义。

二、司法现代化转型的特点及内容

（一）司法现代化转型的特点

1. 司法现代化是由传统型制度体系向现代型司法制度体系转变的创新型历史过程。司法现代化是司法整体体系发生历史性转变的过程，它在吸纳先进人类法治成果的基础上，以实现法治作为追求目标。司法现代化的转型，是传统司法制度向现代化司法制度的转变过程，也是传统司法理念向先进现代司法理念转变的过程。

2. 司法现代化是一个从理想目标向现实价值循序转化的渐进过程。自古以来，人类都将定分止争、权利救济、实现公平正义作为司法目标而不懈追求。人类到创制近现代司法之始又怀有新的更高理想目标，并引入制约公权、保障人权、维护公平、守卫正义、促进和谐、增进人民法福祉的全新价值理念，并且通过不断进行的司法改革，制度的创新、司法理念的创新以促进司法活动更加完善。

3. 司法现代化是一个世界性的依存联系的过程。人类对人权、自由、平等、正义、秩序、法治的最高价值目标的追求往往是一致的。从司法发展的进程看，司法现代化是世界性的进步过程。司法现代化作为一种现象，不仅是当代中国推进现代司法体系与司法能力现代化或发展中国家建设现代司法制度所特有的问题，而且是整个人类社会在司法领域所面临的发展道路选择问题。司法现代化作为一个世界各国推进司法文明的历史进程，乃是从传统社会向现代社会的转变跃进过程中在司法领域的表现，是人类社会自工业革命以来所经历的涉及社会法律生活领域的深刻变革过程，它被视为整个人类社会文明进程中司法文明的一条普遍发展道路。

（二）司法现代化转型的基本内容

1. 价值目标转型。司法现代化的建构充分体现了我国刑事诉讼法发展的方向，具有前瞻性和引领性。刑事诉讼制度的进步充分表明承载的价值目标的转变。我们曾经一味地强调公安司法机关共同追查犯罪，以求维护安全、实现实体正义。而今在司法现代化的转型中，我国的司法价值目标转化为：第一，定分止争，权利救济。这一目标充分彰显了司法权的基础性功能，同时也是司法职权配置的首要价值目标。第二，制约公权，保障人权。我国司法权的配置坚持分权制衡理念，彰显制约公权、保障人权的价值功能。第三，维护公平、实现正义。司法是维护社会公平正义的最后一道防线，而公平正义却被视为司法的核心价值目标。第四，促进和谐、增进人民法福祉。法治为公民、法人、其他组织乃至国家提供了一种最优质的"公共品福利"。通过重塑现代司法价值观，引领司法现代化的成功转型。

2. 职权模式转型。所谓司法职权配置，是指一国基于宪法最高原则的约束对国家司法机构的性质定位、权力分配、程序运行，以确保国家司法实务裁断性、终局性、权威性处置的基础性制度安排与实施机制定型化、规范化的综合表达。围绕健全司法权力运行机制，推进司法职权配置科学化，新一轮司法改革部署了多项的改革举措，包括健全司法权力分工；加强和规范对司法活动的监督；改革审判委员会制度，完善办案责任制规范上下级法院审级监督关系；推动实行审判权和执行权相分离的体制改革试点；统一刑罚执行体制；探索实行司法行政事务管理权和司法权相分离；最高人民法院设立巡回法庭；探索设立跨行政区划的人民法院和人民检察院；完善行政诉讼体制机制；改革法院案件受理制度，变立案审查制为立案登记制；等等。这些改革内容是司法职权配置模式转型跨越的重要体现，一场新旧体制碰撞摩擦，革旧鼎新般深刻的革命，其事关现代司法职权模式转型重构，是职权配置由传统"平行分工"职权模式向"结构合理、权责明晰、协调制约、运行高效"的现代职权模式转变，是推进现代司法体系和司法能力现代化的基本遵循。加快推进司法现代化转型，司法职权须科学配置，制度安排须合理创新，既要理顺各机关之间的职能分工，又要理顺司法机关内部上下层级间法院检察院的职能分工，还要理顺同一司法机关内部院长检察长、审判委员会检察委员会与法官检察官三者之间互动制衡、协调统一的职权结构体系，从而建立起具有司法现代化要素、能够保障忠诚公正清廉文明司法的类型化职能（职权）清单体系、责任清单体系、义务清单体系。

3. 保障机制转型。保障机制转型是衡量司法现代化的标尺之一。围绕确保依法独立公正行使审判权与检察权等保障体制改革，新一轮改革部署了多项任务，包括从司法管理体制层面，推动省以下地方法院、检察院人财物统一管理，探索建立与行政区划适当分离的司法管辖制度等；人员管理层面，建立符合职业特点的专业化、职业化的司法人员分类管理制度、司法人员履职保护机制等。这些事关司法保障体制的改革内容，虽然是当下试点改革推进司法现代化的实际步骤，是司法现代化进程的现实表达。但是，从试点运行观察来看，体现司法现代化要素的诸多司法保障新体制、新机制与传统司法理论、司法体制、司法运行机制及其外部中观乃至宏观政治经济体制及其制度环境产生了有限的碰撞摩擦。例如，微观经费管理制度层面，有的省份将现有经费按照一定构成统一上划到省级，试图建立省以下经费统一管理的新体制。但是实际运行过程中出现上划的基数标准不统一，司法人员的工资薪酬福利等保障未能与法官检察官单独职务序列及工资薪酬、福利待遇挂钩，检察辅助人员、行政人员薪酬福利保障制度迟迟不能出台；这同警官实行全员警察工资福利挂钩并普遍提高待遇的改革大相径庭。过去基层财政部门根据自身财力状况对法官检察官给予的各种奖励工资、奖金、补贴被取消，但统一的奖励工资、奖金、津贴相对均等化的工资薪酬保障机制迟迟未能建立；中央及省对公用经费、办案费、装备费转移支付力度的加大，一方面破解了基层对这方面经费需求供给不足的困境；另一方面统一支付、公开招投标、审批环节增多使得不少公用经费花不出去，形成办案所需设施设备及装备保障不及时，造成公用经费"虚假结余"的现象。之所以新一轮经费统一管理体制改革举步维艰，是因为涉及中央、省及地方财政、计划等事权及利益格局调整等中观层面的体制机制创新未能跟进，以及中央、省并未出台与司法保障体制相配套的财权体制改革，使得试点省及地方因保障体制改革涉及财力分摊问题而举棋不定、左顾右盼。再如，这种经费保障机制改革呈现的零和博弈或负和博弈现象，在司法人员统一管理改革方面也有类似的表现，如司法人员准入门槛提高造成社会优质人才的"惧怕"心理,不少地方出现公开招录指标而招不到优质人才或进人指标无法完成的奇怪现象;由于配偶工作调动、子女入学、公务员安置房等配套制度缺失、商品房购买昂贵而无力承担,使得新一轮司法改革推动的遴选优秀人才到上级司法机关工作的举措也难以运行到位;一些法律职业工作者及大学毕业生因司法职业准入门槛高、职业待遇未提升、相关职业保障待遇缺失而放弃司法职业的选择冲动与岗位竞争,人才保障体制改革在外部制度环境不优、相关制度不配套甚至缺失的情景下,其改革的推动正遭受着方方面面的碰撞摩擦,其改革预期收益正在呈现出犹如经济学视域范围内所揭示的"边境效应递减"的现象①。

三、司法现代化转型视野下的刑事诉讼制度完善

(一)刑事诉讼价值目标的再定位

在传统司法理念下,刑事诉讼的价值目标被确定为"惩罚犯罪"。这是一定时期基于政治建设、经济发展、社会秩序维持等因素的影响,我国刑事诉讼的主要功能更加侧重于惩罚犯罪,刑事诉讼的进行以追究犯罪为主要目的。随着国家治理体系和治理能力现代化的推进,为契合司法理念转变及司法制度转型,必须对刑事诉讼的价值目标进行再定位。司法现代化语境下的刑事诉讼价值目标可界定为:定分止争、权利救济,惩罚犯罪、保障人权,维护公平、实现正义,促进和谐、增进人民法福祉。"定分止争、权利救济"既是司法最重要的基础性功能,亦是刑事诉讼的首要价值目标;惩罚犯罪、保障人权是刑事诉讼的重要任务之一;公平正义是刑事诉讼的核心价值目标;促进和谐、增进人民法福祉则是刑事诉讼制度的最终追求。目前我国刑事诉讼运行面临诸多困境,民众对制度公正、实体公正、程序公正的追求日益增加,人民对司法为民的期盼程度不断提高,而实务中案多人少,司法压力较大,司法质量堪忧,再加上冤假错案时有发生,民众对司法的信任度较低,导致刑事案件涉诉信访形势日趋严峻,和谐社会建设难以推进。因此,必须合理设计刑事司法制度,在尊重司法规律的基础上,规范司法程序,建立以审判为中心的司法运行模式;以庭审为核心,加强辩护权,保障公民权利不被侵犯,防止冤假错案的发生;规范刑事司法行为,建立司法责任制,健全国家司法救助制度及法律援助制度等,将人权保障实践纳入法治化轨道,促进司法现代化转型。

(二)刑事诉讼模式的转型

我国传统刑事司法在"诉讼中心价值论"的影响下一直沿用"分段职权诉讼"的模式。这表现为侦查阶段的"侦查中心论"、审前程序的"检察中心论"、庭审活动的"审判中心论",这种"诉讼中心多元论"导致刑事司法职权多元平行行使,形成相互冲突、相互掣肘的司法尴尬局面。在刑事诉讼立法及司法实践中,"侦查职权中心论"仍然起到了主导作用,以至于在侦查阶段出现对侦查行为进行司法审查的空白保留和弹性模糊规定。"检

---

① 所谓"边境效应递减",是指消费者(投资者、生产者)增加一单位的消费品所获得的效用呈边际递减的一种经济现象。

警一体"抑或是"检察中心论"始终尚未形成，刑事司法制度难以沿着保障人权与惩治犯罪的有机统一方向发展。在审判阶段，由于实行"案卷中心主义"，侦查机关的侦查行为决定着案件审理的基本走向，"庭审实质化"难以保障，审判功能难以彰显；审理过程中出现诸如"庭审形式化"、"先定后审"、"上定下审"、"判者不审、审者不判"等奇特现象。这种"重打击、轻保护"，"重实体、轻程序"，"重配合、轻制约"，"重平行、轻中心"，"重阶段、轻全程"，"重人身权强制制约，轻财产权强制制约"的刑事司法制度与现代诉讼理念相违背。因此，须构建反映现代诉讼价值的刑事诉讼模式，继续推进"以审判为中心"的诉讼制度改革，完善审前侦查活动由检察机关监督，审判阶段由审判机关履行司法审查职能的"双元司法审查"模式。

（三）司法职权配置优化

如今我国审判机关、检察机关、公安机关、司法行政机关之间因利益纠葛导致的职权冲突现象时有发生，严重影响了刑事诉讼功能的实现。因此，须推进刑事司法权的优化配置，完善刑事诉讼制度。

1. 完善司法组织体系。完善法院、检察院内部组织架构，构建审判、检察业务组织体系与司法行政事务管理组织体系相分离的司法机关内部组织架构。① 建立以法院、检察院依法独立行使职权为基础，以法官、检察官依法独立办案为核心的司法办案组织体系。与此相适应，需要建立健全审判权、检察权权力清单，责任清单，义务清单制度。至于司法行政事务，法官和检察官均不再涉及，实现法官、检察官专司司法事务。

2. 合理界分司法职权。梳理反思现行诉讼职权平行分工，各自为政，重协调、轻制约，重侦查、轻监督，重打击、轻保护的传统诉讼模式的弊端，推进以审判为中心的诉讼制度改革，抓住司法权力清单、司法责任制与错案责任追究制三个核心性制度安排，优化司法职权配置。（1）科学配置警察职权。警察权须回归治安维护、侦查犯罪、保障人权等基本功能，推进其公共事业服务职能的改革，组建专门的公共事业服务局；改革边防、户籍、移民管理体制；深化改革侦查、看守及监管体制，使公安的看守职权统归于司法行政机关。（2）优化配置检察职权。建立职务犯罪侦查与司法审查相分离的制度；加快制定防止公职人员腐败法，规范预防和惩治职务犯罪的程序，从防止公职人员腐败层面保证宪法法律的统一正确实施。加快制定诉讼监督程序法，从范围、方式、职权层面完善刑事、民事、行政诉讼监督。（3）完善审判权配置。加快构建跨行政区域法院、专门法院、巡回法院组织体系，优化审级功能，实现一审、二审、审判监督审"两审终审制"的制度功能；加快推进构建"一审定分止争，二审案结事了，审判监督审依法纠错，最高法院履行统一适用法律职能"的审判体制改革。（4）完善执行权配置。需要厘定审判权、执行权的法律属性。审判权的司法属性与执行权的司法行政属性决定了审判机关履行的审执一体模式首当改革，其侵占的司法执行权需归位于司法行政机关，这是世界各国通行的缓解"执行难"的做法。因此，实现审判权与执行权适度分离体制机制创新，将审判机关对民事、行政案件生效裁判的执行权划归司法行政机关，建立公安机关对生效司法裁判余刑三个月以

---

① 徐汉明：《论司法权与司法行政事务管理权分离》，载《中国法学》2015 年第 4 期。

下罪犯的监禁权和未生效判决的犯罪嫌疑人、被告人看守监管权划归监狱机关。[①] 这一科学的司法运行体系是建立公正高效权威的社会司法制度，推进司法现代化的重要端口，执行机关与审判机关都应协调一致地推行这项改革，使司法行政现代化成为司法现代化的一个亮点。

（作者单位：中南财经政法大学）

[①] 徐汉明、王玉梅：《我国司法职权配置的现实困境与优化路径》，载《法制与社会发展》2016 年第 3 期。

推进"以审判为中心"诉讼制度改革的思考

王玉梅

随着"以审判为中心"的诉讼制度改革作为司法现代化转型的蓝图并纳入国家依法治国的战略以来，围绕我国刑事诉讼构造中存在的"离心化"倾向及"失重"现象，梳理侦查、起诉、审判三者之间的诉讼关系，构建"以审判为中心"的诉讼制度，成为当下刑事诉讼法学界、法律界研究的热点问题。而以"公平正义"作为检验和保障"以审判为中心"的现代新型刑事诉讼构造的标尺则是理论研究、制度设计、实践探索躲不过绕不开的重大课题。笔者在此提出粗浅见解，以求教于同仁。

一、"以审判为中心"诉讼制度改革的前情回应

（一）回应传统诉讼理念的挑战

诉讼理念是诉讼主体依据一定的诉讼模式、遵从一定的诉讼规律，对既定的诉讼机制、诉讼活动、诉讼行为惯性所凝结的诉讼价值、诉讼意识以及诉讼社会心理，从而对客观的诉讼活动予以引导、规制及能动作用的诉讼意识活动。我国"审判中心"观念缺失的根源在于：第一，新中国在创制与新生人民政权相配套的法制过程中，对国民党政府的旧法统采取全盘否定、全面废除的方式是必要的，但对其中现代法治国家所普遍遵循的刑事诉讼制度基本原理也随之摒弃，使得国家近40年内一直未能建立起现代刑事诉讼制度。第二，我国在试图创建适合本土特色的刑事诉讼制度的历程中，虽然吸纳了人类诉讼文明的合理养分，形成了宪法第135条所确认的司法职权分工负责、互相配合、互相制约的原则。但创制过程中仍过多地吸纳了大陆法系"职权主义模式"与苏联的"诉讼阶段论模式"的诉讼文化。第三，长期以来，国家尚未把诉讼体系和诉讼能力现代化纳入国家治理体系和治理能力现代化的格局中，而仅仅把诉讼作为专门机关与其他诉讼主体的职权（权利）、责任（义务）、程序、保障的制度安排，再加上忽视诉讼规律，导致"诉讼中心价值论"对诉讼职权的分配、诉讼程序的构建、诉讼共同体的分工制约过程中赖以形成的主流诉讼意识的能动（隐形和显性）及规制作用，难以纳入发展完善诉讼制度、推进诉讼文明建设乃至司法现代化转型的视域。国家职权机关与公民都习惯于以侦查机关、检察机关、审判机关在宪法上"分工负责、互相配合、互相制约"的性质地位的认知，来替代反映诉讼规律"阶段论"与"中心论"有机统一的现代诉讼理念，而忽略"未经法院审判不得定罪"、司法作为社会公平正义最后一道防线等现代诉讼理念。我国在两次修订刑事诉讼制度的过程中，虽然在侦查阶段逐步贯彻人权保障的诉讼价值理念，引入了部分新的诉讼机制，但由于传统诉讼理念的制约，诉讼构造设计事实上一直秉持由侦查机关扩权与辩护权的适度增量增加，"以审判为中心"的现代诉讼价值理念一直未能植入、生长及其本土化。

（二）回应传统诉讼模式的挑战

诉讼模式是以一定的诉讼价值为导引，界分诉讼主体在诉讼程序上的性质、地位，赋予其相应的诉讼职权，以控、辩、审为基点的诉讼构造，确保诉讼活动公正高效运行，实现诉讼的定分止争、权利救济、制约公权、保障人权、维护公平、实现正义，增进诉讼主体乃至社会的诉讼文明福利获得的一种制度安排及其运行机理。有关诉讼模式的理论有职权中心论、当事人主义论、平行流水作业论、多中心论、审判中心论等。当下，法学界和法律界掀起了一轮关于"以审判为中心"的诉讼制度改革的大讨论，这些对推进构建"以审判为中心"的诉讼制度改革无疑具有积极意义。事实上，导致"起诉率高、撤诉率低"，"有罪判决率高、无罪判决率低"等问题产生的原因不仅仅是"起诉一本主义"的缺失，其深层次的根本原因在于我国刑事诉讼制度构造存在诸多与"诉讼爆炸"的情势不适应，人权保障、无罪推定等现代诉讼理念在诉讼程序中贯彻落实不到位。例如，检警关系是否需要回归或者张扬大陆法系"检警一体"；诉讼管辖引入对违警罪、轻罪、重罪由不同的审判机关管辖；对重罪通过改造人民陪审员制度、推行"人民陪审团制"及对重罪决定起诉与执行起诉分别由陪审团和主诉检察官办理；对重罪的定罪权与量刑权实行分离，将定罪权交由人民陪审团承担，量刑权交由法官承担，将法官的定罪权、量刑权集于一身与民事行政案件的审理权、裁断权、执行权混同运行改为分离控制运行；完善对侦查活动、审判活动、执行活动的法律监督，以充分发挥检察官防止侦查滥用的"梦魇"和防止审判权的"专断"功能作用；适应司法体制改革的要求，建立跨行政区划的法院、检察院，排除地方干预公正司法；改革法院审级监督体制，健全监督程序，真正实现一审"定分止争"，二审"案结事了"，再审"依法纠错"，充分发挥巡回法庭的作用，大幅减少最高人民法院办理具体案件的任务，使其回归负责法律统一正确实施的地位。

（三）回应传统诉讼文化的挑战

诉讼文化是人们在诉讼活动过程中受制于一定的诉讼制度、诉讼构造、诉讼实践活动所形成的诉讼观念、诉讼制度安排、诉讼行为模式乃至诉讼物态表征的综合体，抑或是诉讼社会形态的历史传承与现实表达。西方早期基督教的法官"公共身份"与"私人身份"的界守，成为早期基督教"神明裁判"、"审判中心"的文化渊源。而中国数千年的"刑民不分"、"诸法合体"，"司法与行政一体"，以及"父母官"确保"一方平安"的天职，使其暴力取证、程序缺失的行政司法，与家法族规、行会行帮多元补充的调整社会冲突、利益争讼，司法刑讯逼供的传统诉讼文化，成为我国现今既存的诉讼制度安排、平行诉讼构造、"分段流水作业"诉讼运行的文化根源。这种诉讼文化的一大特质是忽略诉讼规律对诉讼制度结构的准确定位及科学安排。诉讼构造在于通过一种显性的诉讼规则、严密的诉讼程序，通过有资格的诉讼主体行使各自的诉讼职权，进而实现平衡利益冲突，恢复受损秩序，实现诉讼的合理预期，防止讼累、防止非诉讼的远期无知等积极功能，而常常习惯于秉持"经验论"的立场，"分段式"的"平行流水作业"，尤其是忽略统率现代诉讼制度的"审判中心论"，形成科学完备的诉讼制度、高效的诉讼运行体系、严密的诉讼监督制度以及有力的诉讼保障制度，使之成为现代诉讼文化在理念、制度、行为以及物态表征等层面多维度表达与反映，使其彰显现代诉讼文明。

二、以"公平正义"作为检验"以审判为中心"诉讼制度的标尺

当下讨论及试图推行"以审判为中心"的现代诉讼模式固然是推进中国刑事诉讼模式现代转型的举措之一,值得关注和点赞。但与此同时应当关注"以审判为中心"诉讼模式的"隐语问题",即"以审判为中心"诉讼模式的构建要不要同时关照检验和保障"以审判为中心"现代诉讼制度模式的质性不被修正,制度创设之后在实践中避免发生前两轮诉讼制度改革中所发生的"挤出效应"现象①。考察域内外国家或地区的刑事司法实践,无论其诉讼构造是采用"以侦查为中心"还是采用"以审判为中心",都不可能在刑事司法领域完全摒弃、消除冤假错案。"即使法律被仔细地遵循,过程被恰当地引导,还是有可能达到错误的结果。一个无罪的人可能被判有罪,一个有罪的人却可能逍遥法外。"② 可以预见,即使我国刑事诉讼制度实现了"以审判为中心"的制度构建,诉讼领域也并不必然就能消除冤假错案。因此,"以审判为中心"须建立一个可供度量的指标体系和考核标准,使形式上的"以审判为中心"的构想,转化为实质性的可评价、可度量、可操作、可预警的制度安排及其运行机制。进一步探究,这个可度量的指标体系和考核标准的核心要素及其最高标准是仅仅以法官的自由心证、自由裁量为内容,还是以公平正义为唯一的尺度?考量现代刑事司法的核心理念,不管是何种诉讼模式,欲使冤假错案的发生率最小化,惟有遵循司法规律,以公平正义为标准建构刑事司法制度,才可能真正实现司法公正。③ 因此,须以"公平正义"作为检验"以审判为中心"的刑事诉讼制度的唯一标尺,约束规范侦查权、公诉权、审判权的运行,建立观测、检验、预警、评价、矫正"以审判为中心"现代诉讼制度的评价指标体系及其考核标准,既可避免"以侦查为中心"的诉讼构造所导致的"制约失灵"而产生冤假错案,亦可避免"以审判为中心"的诉讼构造所导致的"司法专断"而产生新的冤假错案。具体来说有以下内容:

其一,侦查阶段。一方面,侦查机关发动之诉的强制措施使用,侦查手段的运用,固然要贯彻"疑罪从无"、"非法证据排除"、"未经法院审判不得定罪"、"加强法律监督",努力实现个案的客观真实向法律真实的有效转换,以求得审查批捕、审查起诉、提起公诉以及庭审活动的控辩审三方对其转换过程、转换结果进行全面的质证、评价与检验。另一方面,侦控机关在实现这个转换过程中,面对被害人的苦痛、僵冷的尸体、公众的愤怒、社区的骚动,其侦控职权的主动性、一体性、强制力与审判职权的被动性、滞后性、中立性、裁断性及终局性的特点形成鲜明的反差,侦控机关侦控案件大多是从已发生的案件事

---

① "挤出效应"是指从需求的角度看,政府扩大投资需求,往往会引起利率的上升,私人投资下降,政府支出的扩张效应反而减弱;从供给的角度看,若政府增加开支,则会引起社会物价总体水平上升,个人投资需求减少,积极的财政效应减弱。我国刑事诉讼制度两轮改革过程中曾出现效果不佳的现象。例如,第一轮刑事诉讼制度改革中取消检察机关的免诉权,防止检察权滥用,但其后又面临"诉讼爆炸"的困境,而"辩诉交易"机制、速裁机制缺失引发司法成本居高、司法公信力难以提升的新问题;推行"起诉一本主义"的理想设计所带来的司法实践过程中"一本主义"与"案卷移送"双重司法成本增加等诸多尴尬问题。这表明当下现代诉讼制度变革如果不顾及本土司法资源的特质,脱离诉讼制度生成的诉讼文化及物质生活条件,其诉讼模式实现途径的预设、制度构成都可能在事实上或多或少会产生经济学视域下的"挤出效应"。

② [美]约翰·罗尔斯著:《正义论》,何怀宏、何包钢、廖申白译,中国社会科学出版社 1998 年版,第 86 页。

③ 王敏远:《以审判为中心的诉讼制度改革问题初步研究》,载《法律适用》2015 年第 6 期。

实，提出实施犯罪对象的"有罪假定"模拟图景，按照"由事到人"、"由人到事"、"人事结合"或者刑事技术手段来组织侦控案件，其运用侦查手段、侦查方法、自行批准或经检察机关批准使用的种种强制措施，是排除一个个"有罪假定"的对象后才破获案件、缉获真凶的。如果侦查机关都是从"无罪假定"的图景来组织侦查，那大量的刑事犯罪案件，特别是有组织犯罪、黑社会性质的犯罪、严重的暴力犯罪、暴恐犯罪都将难以一一破获。因此，侦控机关的侦查人员以"有罪假定"确定或排除犯罪嫌疑人，需要以"无罪推定"为指导，即其侦查活动中对"有罪假定"的对象要时时刻刻运用"无罪推定"的理念，建立起有效防止"有罪假定"模式识别错误或者运行偏离而导致冤错案件的发生，并将侦查行为自觉地置入检察机关的法律监督和法院的审判，冤错案件或许会大为减少。

其二，审查批捕、审查起诉阶段。相对于侦查机关与审判机关而言，检察权的配置是近代司法文明的产物，其是作为针对侦查机关的"梦魇"，防止审判机关的"专断"而产生的，是世界各国司法制度共同一致的选择。无论检察机关是作为专司公诉的机关，还是作为法律监督机关，其性质地位、职权配置、运行模式虽各有差异，但共同一致的特点是通过审查案件、批准逮捕、提起公诉、支持公诉、提出量刑建议等，发挥着"护法机关"和社会利益"守护人"的作用，其职权行使发动之诉具有主动性、强制性的特点，而审查之功能则具有被动性、滞后性、中立性、裁断性的特点。因此，贯彻"无罪推定"原则，守卫"客观义务"是检察官的天然特质。以"公平正义"等指标体系和考核标准来测度、评价、预警、矫正检察权的行使，是有着厚重的基础条件和实施意愿的，也是与其履行法律监督的天然职责相匹配的。

其三，审判阶段。就审判阶段而言，审、判、执虽然在诉讼上具有贯通性，但在诉讼阶段的任务、范围、程序则是明确的、不可相互替代的。事实上，前述一系列冤假错案都是经一审、二审、再审、审判监督审众多审级及诸多法官之手先审后裁的，岂止是一个"以审判为中心"就能回应得了的沉重话题！那种"公安做菜，检察端菜，法官吃菜"是造成上述冤假错案发生的比喻，不仅仅是对我国既存诉讼体制、诉讼构造、诉讼模式及诉讼程序的反思和检讨，也存在法院对冤错案件发生的自身根源剖析担当不够之嫌。这是因为我国现行的刑事诉讼制度已经引入了许多现代化的要素，这包括未经法院审判不得定罪、疑罪从无、非法证据排除、自由裁量权禀赋、庭审控辩审等腰三角形诉讼构造等，审判作为司法的最后一道防线，其被动性、滞后性、中立性、裁断性、终局性的特点应当有必须有并敢于行使自由裁量权，对不能排除合理怀疑的疑罪大胆宣判无罪。唯有这样才能形成倒逼机制，使侦查阶段、起诉阶段等诉讼活动围绕审判活动来展开，"以审判为中心"的理念才能为各方所接受，"以审判为中心"的制度创新才能找到共同的取向，也就是需要将"公平正义"作为"以审判为中心"诉讼制度构建的标尺，由此推动司法现代化转型。

三、构建检验和保障"以审判为中心"诉讼制度运行的指标体系及考核标准

（一）诉讼职能分工层面

诉讼职能分工层面，须梳理反思现行诉讼职能平行分工，各自为政，重协调、轻制约，重侦查、轻监督，重打击、轻保护的传统诉讼构造的弊端，以保障"公平正义"为目标，

推进"以审判为中心"的诉讼制度改革，扭住司法权力清单、司法责任制与错案责任追究制三个核心性制度安排，优化司法职权配置。在当下我国的刑事司法体制下，对人身及财产的司法强制措施基本上由侦查机关自行实施，其侦查行为并未受到检察权的制约。整个侦查程序难以形成一种最起码的"诉讼形态"，而不得不具有"行政治罪"活动的特征。[①]因此，须建立对人身自由的强制措施适用与财产强制措施适用并重的运行制约机制，把侦查活动纳入全面司法审查的范围，以实现保障人权，公正司法。由于检察权具有司法审查与法律监督的复合性特征，检察机关既享有法律监督权，又承担侦查职能和公诉职能，检察机关公诉职能的趋利性与其监督职能的超然性之间不可避免地产生冲突，其监督职能对审判权的中立造成巨大的压力，最终影响"控、辩、审"的诉讼构造，因此须关照检察权的司法属性与监督属性的双重特征，充分发挥检察官防止侦查滥用的"梦魇"和防止审判权的"专断"功能，完善对侦查活动、审判活动、执行活动的法律监督。具体来说，诉讼职能分工层面的指标体系及考核标准包括：（1）侦查权、检察权、审判权的合理归位；（2）实现侦查活动阶段讯问犯罪嫌疑人，采用刑事拘留、逮捕、财产扣押、决定提起公诉等审前程序司法审查与犯罪嫌疑人及其诉讼代理人抗辩的实质化；（3）建立侦查机关采取人身与财产等司法强制措施适用全面交由检察机关审查批准的制度；（4）建立"检警一体"、检察官指挥侦查模式；（5）完善职务犯罪侦查与司法审查相分离的制度；（6）建立检察指令权行使范围、运行程序、撤销纠正等监督制约制度；（7）完善"权责明晰、运转协调、便捷高效、监督有力"的检察机关诉讼监督制度；（8）建立求刑权与量刑权分离制度；（9）建立对违警罪、轻罪的辩诉交易制度；（10）建立对重罪的定罪权与量刑权分离制度，将定罪权交由人民陪审员承担，量刑权交由法官承担；（11）完善"审理者裁判、裁判者负责"的审判权运行机制；（12）完善裁判权与执行权分离制度；等等。

（二）诉讼程序运行层面

"以审判为中心"的诉讼制度的核心要求是实现侦查、起诉、庭审诉讼程序运行的规范化，即侦查、审查起诉围绕审判活动进行，为推动"公正审判"服务；庭审阶段"控、辩、审"全面全程公开的实质化。具体来说，其内容包含三层：其一，以审判为中心。"以审判为中心"要求侦查、起诉活动面向审判、服从审判，同时发挥审判在认定事实、适用法律上的决定性作用。[②]必须构建反映"以审判为中心"的现代诉讼理论，推进"以审判为中心"的诉讼制度改革。侦查机关、起诉机关对事实认定和法律适用的标准应满足实质庭审要求，经得起法庭上质证、认证的检验，提高收集固定证据的能力，提高起诉质量，从源头上保障"公平正义"。其二，以一审为中心。"以审判为中心"的诉讼制度改革，还需确立一审程序的中心地位，确立一审对事实认定的决定性作用。其三，以庭审为中心。"以审判为中心"的诉讼制度改革的核心要求是"以庭审为中心"，即实现在庭审阶段"控、辩、审"全面全程公开的实质化。庭审实质化是公正审判的应有之义，在庭审活动中，通过控辩双方公开在法庭上对证据的充分对质，对法律意见的充分辩论，程序正当性得以体现。其指标体系与考核标准为：（1）构建"侦控、辩护、审判"贯穿刑事诉讼程序

---

① 陈瑞华：《刑事程序失灵问题的初步研究》，载《中国法学》2007 年第 6 期。
② 龙宗智：《"以审判为中心"的改革及其限度》，载《中外法学》2015 年第 4 期。

全程全面的大等腰三角形诉讼构造；（2）重构审级功能，实现一审"定分止争"，二审"案结事了"，再审"依法纠错"；（3）取消上级法院对下级法院就个案作出指令的做法，规范审级监督关系，防止审级监督关系异化为行政领导关系；（4）重塑最高人民法院职能，分离最高人民法院的审判职能，强化其司法解释、死刑复核、法律适用指导等职能；（5）加快构建跨行政区域法院、专门法院、巡回法院组织体系；（6）完善诉讼管辖引入对违警罪、轻罪、重罪由不同的审判机关管辖制度；（7）完善审判公开制度；（8）建立科学完备的刑事证据证明标准体系；（9）完善证人强制出庭作证与证人人身保护协调平衡制度；（10）推进疑罪从无、排除合理怀疑、非法证据排除的制度化、规范化、程序化；（11）保障辩护律师广泛且有效地参与审判；（12）建立生效判决、裁定一律由律师代为申诉的制度，形成完备的司法案件终结制；等等。

（三）审判权运行层面

"以审判为中心"的诉讼制度改革的重心和落脚点则在于审判权的行使。审判权依法独立公正高效运行是"公平正义"目标实现的关键。在诉讼职权运行上，按照去行政化、去科层制、兴扁平化的思路，建立法院依法独立行使审判权，法官依法独立办案类型化的办案组织与审判权运行机制。其指标体系和考核标准为：（1）建立审判权与司法行政事务管理权相分离的权力运行机制；（2）完善以主审法官依法独立办案为中心的审判组织体系；（3）完善院长、审委会、审判人员依法独立行使审判权制度；（4）完善以四等十二级司法能力为核心的法官职务等级考核、评价、晋升、淘汰机制；（5）健全审判人员职业准入、晋升、遴选、转任、退休、惩戒、淘汰、职业禁止等激励约束机制；（6）建立审判人员单独职务序列及工资、津贴、住房、医疗等工资福利保障制度；（7）建立完备的审判人员职业保护、职业荣誉制度；（8）建立审判人员职业廉政风险金与职业惩戒、错案责任追究挂钩制度；（9）建立法院、检察院以省会中心城市财务保障相对均等化的保障制度；（10）健全依法独立行使审判权的司法责任制；（11）建立法官对上司有关司法活动指令的异议权与抗辩权制度；（12）完善上诉审、审判监督审以行政方法指令干预下级审的法院及法官办理案件的登记、通报及责任追究制度；（13）建立党政干部插手司法个案的登记、情况通报和责任追究制度；（14）建立未经法院审判的案件一律不得给予司法人员办案记功奖励的制度；等等。

（作者简介：中南财经政法大学诉讼法博士研究生，武汉学院副教授）

审判中心主义的制度基础

薛颖文

审判中心主义已经成为时下中国炙手可热的话题，上至高层改革设计者、下至基层实务者，乃至游离于实务与改革设计者之间的学者，无不以审判中心主义为话题竞相展示自己的观点或看法。这种高涨的热情似乎预示着审判中心主义是解决当下中国刑事司法诸多问题的一剂良药和司法改革的强心针。然而，无论是高层的改革设计者，还是基层的实务者，抑或是满腹经纶的学者们，似乎都有意无意地回避了审判中心主义赖以生存的制度基础，而直接论证或者阐述中国特定背景下实现审判中心主义或者庭审中心主义的路径和良方。这的确耐人寻味。司法改革举步维艰的现实以及重走回头路的现状已经足以让学者们警醒——在没有制度基础作为改革支撑的情况下，试图或者说力图引入审判中心主义来实现某种改革愿景，不能不说是一种美好的梦想。说得直白一点，无非是学者们获得了一种自娱自乐的慰藉而已。因此，在引入审判中心主义之前，深入研究该主义赖以生存的制度基础才是推进审判中心主义改革的根本。否则，将重蹈"复印件主义"改革的旧辙，或者滋生出侦查人员在场监督律师会见犯罪嫌疑人的怪象[①]。那么，审判中心主义赖以生存的制度基础到底有哪些呢？从世界主要法治国家的刑事司法制度来看，不论是偏重于惩罚犯罪的大陆法国家，还是侧重于程序正义的英美法国家，几乎无一例外地实现了审判中心主义。审视这些国家的刑事司法制度，我们不难发现审判中心主义赖以生存的制度基础：司法独立、司法最终裁决以及司法审查。可以说，司法独立是审判中心主义磐石般的基石；司法最终裁决则是审判中心主义强壮的臂膀，更是排除行政最终决定的坚实的盾牌；而司法审查则是捍卫审判中心主义无坚不摧的利器。

一、司法独立

司法独立作为现代法治国家的基石和基本原则，已经获得了国际社会的广泛认同和尊重。[②] 司法独立作为现代法治的核心和司法现代化的实证指标，[③] 强调司法必须独立于行政和立法，否则"法官便将握有压迫者的力量"，甚至"一切便都完了"。[④] 司法独立既是国家管理权力分化的必然趋势，也是市民社会脱离政治国家的不二选择，更是司法裁判本质的题中应有之义。

---

① 1996 年刑事诉讼法第 96 条第 2 款。

② 《世界人权公约》、《司法独立最低标准》、《司法独立世界宣言》、《关于司法机关独立的基本原则》、《关于司法独立的基本原则：实施程序》、《关于新闻媒体与司法独立关系的基本原则》以及《司法机关独立基本原则的声明》等国际公约或者文件都规定了各国应当确立并保障司法独立。

③ 夏锦文、黄建兵：《司法现代化的实证标准》，载《华东政法学院学报》2000 年第 2 期。

④ ［法］孟德斯鸠著：《论法的精神》（上册），张雁深译，商务印书馆 1997 年版，第 156 页。

　　人类从蒙昧、集权和专制走向文明、民主和法治，最显著的标志就是确立并保障司法独立。司法从行政权中分化并独立出来，使得司法不再成为行政权力的附庸和镇压政治异己的血腥工具，也使得民众的权利首次有了国家公权力的支撑和保障。人类社会生产力的不断提升，使人类从茹毛饮血的丛林生活走向自给自足的小农经济，再从小农经济走向经济繁荣的市场经济。经济社会的不断发展，势必会产生各种纠纷或者矛盾。然而，经济社会的各种矛盾或者纠纷并不能总适用极具强制性的行政权力加以压服。换句话说，行政权力越来越难以适应解决经济社会发展所产生的各种纠纷或者矛盾。在这种情况下，不同于行政权力的纠纷或者矛盾解决权力就应运而生。这种异于行政权力的纠纷或者矛盾解决权力就是司法权。由此可见，司法权从行政权力中心分离出来是人类社会经济发展的必然趋势，而无关统治群体和意识形态的类型。只要人类社会的经济发展不会停滞，那么人类走向文明和法治的步伐就不会停滞，而司法独立是唯一的独木桥，舍此别无他路。人类社会的文明史表明，司法独立是专制与法治的分水岭，法治从来没有，也永远不可能与专制为伍。因为只有司法独立才有可能使人们有机会和能力捍卫自己的尊严和自由免受专制政体的蹂躏和践踏。因此，司法独立不仅是现代文明、民主和法治的基石，而且也早已成为国际社会的共识。甚至可以这样说，没有司法独立，绝无资格妄言法治。也只有确立司法独立，才能构建民主、自由和法治的大厦。

　　司法独立为审判中心主义的确立奠定了坚实的制度基础。司法独立不仅要求司法权在政治层面独立于立法权和行政权，而且要求司法机关本身作为一个机构要独立于其他任何机构。更为重要的是，作为司法权具体行使者的司法人员必须独立于其他任何官员，包括自己的上级法官和法官同僚。司法独立使得司法机关首次获得了独立自主地解决社会纠纷或矛盾的能力，从而为司法活动以审判为中心的诉讼格局创造了前提条件。独立自主而不依附于其他任何机构解决社会矛盾或纠纷的制度设计，自然而然就形成了以司法为中心的纠纷解决机制。这种纠纷解决机制的确立，排除了上访、信访这种以获取上级领导或者最高行政首脑的批示或者指示来解决纠纷的以行政为中心的纠纷解决机制。司法解决纠纷的特质决定了这种纠纷解决机制只能通过审判的方式和活动体现出来。因此，司法解决纠纷机制必然形成以审判为中心的理念。相反，司法独立的对立面是司法依附，不论是司法依附于行政权力抑或是政党团体，都表明了司法的从属性。司法的从属性决定了司法不可能成为社会纠纷解决的核心或者中心，而只能成为行政解决纠纷机制的附庸和"配合"工具。由此可见，只有司法独立才可能创造出审判中心主义的纠纷解决机制。

二、司法最终裁决

　　中国传统的人治土壤自然无法孕育出司法最终裁决的宪政理念和法治原理。事实上，即使是西方法治国家，也很少在宪法或者其他法律中明文规定司法最终裁决原则。可以说，司法最终裁决原则是西方宪政和法治实践中不断升华而成的一项似乎是不言而喻的公理：法院适用法律解决（民事、刑事和行政）纠纷；法院审查行政行为的合宪性以及法院审查立法机关立法行为的合宪性。这不仅是一个国家法治的根基，更是一个国家国民安宁生活最基本的保障。在这些国家中，一旦国民之间、国民与政府或者其他组织之间发生了纷争，就可以诉诸法院，由法院最终裁决；而不必去上访或者信访，更不必扯上横幅，连带下跪以祈求权利获得保障。司法最终裁决确立了法院在国家制度中的核心和崇高地位，即只有法院才拥有最终的裁决权。司法最终裁决权否定了行政权的终局性和崇高性，并将其置于法院的司法审查之下。换句话说，司法最终裁决以司法审查的方式抑制了极其富有扩张属性的行政权的恣意行使，从而将行政权的相对方——国民等纳入法治的严密保护之下。国民受到法院的保护，法院成为国家维护公平正义的最后防线，这无疑会极大地促进民众对司法制度的信任和服从，从而营造出良性循环的司法环境和法治基础。因此，可以毫不夸张地说，如果说司法独立奠定了西方现代法治文明的根基，那么司法最终裁决就是西方现代法治文明根基之上坚固的城墙。

在纠问制诉讼时代，行政兼理司法。这一时期的司法，与其说是司法，倒不如说是行政更为贴切。在这一时期，盛行的是行政最终决定权，司法最终裁决根本无从谈起。行政最终决定权的盛行，最终形成了以侦查为中心的理念，后续所谓的审判无非是依照"程序"确认之前侦查的结果，并贴上有罪的合法标签。司法独立的确立标志着人类从司法蒙昧走向了司法文明。司法独立的确立在剥夺了行政最终决定权威的同时，确立了司法最终裁决的崇高地位。人类法治文明的进步历程表明：司法最终裁决是走向司法文明的必由之路。因此，可以毫不讳言地说，行政最终决定与专制为伍，司法最终裁决与法治相伴。

在司法文明时代，司法独立的确立使得司法最终裁决成为现实。司法最终裁决表现在刑事司法领域中，就是不仅被告人是否有罪的实体问题须经法院依法裁决，而且侦查和公诉等程序性行为也须经法院裁决。不论是何种诉讼模式，刑事诉讼的核心任务都在于查明被告人是否有罪以及应否科处刑罚。在司法最终裁决理念支配下的现代社会，被告人是否有罪以及应否科刑只能由法院通过审判的方式最终确定，其他任何机关或者团体都无权对任何人作出有罪的认定并处以刑罚。在这种司法背景下，审前的侦查和起诉只能是国家通过法院追诉犯罪行为所做的准备，即为法院最终司法裁决准备诉讼标的和诉讼资料，而不具有终局裁决的性质。这势必造就并凸显出审判在整个刑事诉讼中的中心地位。相反，在没有司法最终裁决理念的支配下，侦查往往成为刑事诉讼的重心，且侦查结果直接决定着审判的结果；起诉和审判成为侦查的附属和刑事诉讼流水线上的司法装配工，审判则成了"配合"侦查和公诉而为侦查结果贴上合法标签的一种"过场化"的"彩排"，完全丧失了自身应具有的独立品格。因此，在司法非最终裁决的理念下，法院往往负有配合侦查和公诉的宪法性义务和法定职责。[①] 然而，法院一旦负有配合侦查和公诉的宪法义务和法定职责，也就丧失了审判中心主义地位。显而易见，司法最终裁决的确立，首先从实体上成就了法院审判中心主义的核心地位。不仅如此，司法最终裁决也从程序上维护法院审判中心主义的地位。司法最终裁决要求涉及公民权益的任何处置都应受到法院的审查，不论是实体性权益还是程序性权益。在刑事诉讼中，为保障侦查机关顺利实施代表国家进行刑事诉讼活动，势必要对犯罪嫌疑人采取适当的措施，诸如拘留、逮捕、查封、冻结等强制侦查措施。一旦允许侦查机关直接适用这些强制性侦查措施，也就意味着侦查机关享有了直接剥夺或者限制嫌疑人人身和财产自由的权力。侦查机关一旦享有这种权力而不受任何司法裁决的制衡，就极易导致这些保障诉讼活动顺利进行的权力被滥用成为侦查手段，而成为获取嫌疑人供述和有罪证据的一种强制手段。冤假错案的不断成功洗冤，已经向我们展示

---

① 参见宪法第 135 条、刑事诉讼法第 7 条。

了这种侦查权力不受司法裁决制衡的可怕后果——"幸运者"身陷囹圄，不幸者冤死刑场。① 侦查机关一旦享有适用程序性措施的最终决定权，实质上也就相当于拥有了刑事案件实体上的"话语权"——在相当大程度上决定了该案的最终处置，即侦查结果左右着审判结果。这也意味着后续的审判只不过是通过一套合法的程序为可能非法的侦查活动和结果贴上合法的标签。从实质上讲，这形成了侦查中心主义，而非审判中心主义理念。由此可见，侦查机关一旦拥有强大的强制侦查措施的决定权，势必会形成侦查中心主义，而侦查中心主义的确立也势必排斥审判中心主义理念的成型。显而易见，司法最终裁决从实体和程序上塑造了审判中心主义。可以说，没有司法最终裁决，就绝不可能有审判中心主义。

三、司法审查

在宪政意义上，"司法审查是指法院在审理具体案件中，对立法机关和行政机关制定的法律、法规或者执法活动进行审查，宣告违宪的立法和执法行为无效的一种制度。"② 司法独立既是一种政治宣言，也是一种制度设计，更是法治的根基。然而，仅从政治层面或制度设计上宣告司法独立，却没有司法审查的支撑和保障，那么这种司法独立也只能是专制政治的"遮羞布"。因此，现代法治国家不仅在政治层面和制度上设计出权力制衡和司法独立，并赋予司法机关能够真正独立的权能——司法审查制度。饱含了"美国人民坚决抵制欧洲封建专制"③ 理念的司法审查，使得司法机关真正能够从一个最弱小④的机关演变为具有"与立法和行政机关平等"⑤ 的独立地位，且有能力制衡行政权力和立法权力的机关。可以说，司法审查真正支撑起了司法独立和法治的大厦，并成为捍卫司法独立和法治无坚不摧的利器。

在刑事司法领域，司法审查则具体化为侦查行为和公诉行为受到中立的法院的司法审查，即强制侦查和提起公诉都要受到预审法官的司法审查。刑事侦查是国家法定侦查机关对涉嫌犯罪的行为发动的一种专门的调查活动。从法理上来看，这种活动显而易见不具有立法属性，也不可能具有司法属性。因为侦查机关仅仅是依照法律规定查明涉嫌犯罪的嫌疑人及其所涉嫌的犯罪行为，而根本不能解决是否涉嫌犯罪这一"纠纷"，更不可能像立法机关那样制定普遍适用的法律规范。可以说，侦查活动的行政属性已成为学界的共识。在现代法治国家，正是由于侦查行为的行政性，刑事侦查行为，尤其是诸如限制、剥夺嫌疑人人身自由或者财产自由的行为都要事先经法院"司法审查"，并获得法官的令状授权后，侦查机关方可适用。这正是司法最终裁决原则在刑事侦查中的具体体现。不仅如此，即使在庭审中，法院依然享有对已然侦查行为的合法性以及合宪性进行司法审查的权力。法院

---

① 诸如云南杜培武案、辽宁李化伟案、内蒙古呼格吉勒图案以及最高人民法院正在再审的河北聂树斌等案件。

② 张锐智：《司法审查与司法独立——美国司法审查对司法独立的意义》，载《渤海大学学报》（哲学社会科学版）2004年第1期。

③ 张锐智：《司法审查与司法独立——美国司法审查对司法独立的意义》，载《渤海大学学报》（哲学社会科学版）2004年第1期。

④ ［美］汉密尔顿、杰伊·麦迪逊著：《联邦党人文集》，程逢如、在汉、舒逊译，商务印书馆1995年版，第391页。

⑤ ［美］伯纳德·施瓦茨：《美国法律史》，王军等译，中国政法大学出版社1997年版，第38页。

对强制侦查的司法审查，在一定程度上限制了侦查机关恣意行使侦查权的可能性，维护了处于侦查之中的弱势群体（嫌疑人）的合法权益。更为重要的是，法院庭审中对侦查行为的司法审查，再次向侦查机关以及民众传达出一种信息：即侦查不是刑事诉讼的中心，侦查的成果对法院并不具有当然的约束力，审判才是刑事诉讼具有终局性的唯一核心。由此可见，司法审查剥夺了侦查中心主义的历史地位，为审判中心主义理念腾出了应有的空间。现代国家普遍实行检察机关公诉制度。检察机关代表国家向法院提起刑事诉讼，以期法院作出有罪判决。虽然一些国家的检察机关作为司法机关而存在，但检察机关的行政属性几乎业已成为学界和实务界的共识。既然检察机关是行政机关属性，那么其提起的公诉自然具有行政行为的属性。在司法最终裁决理念下，公诉机关当然不具有决定起诉的"裁决"权，而应由法院司法审查后作出是否起诉的决定。① 为此，现代法治国家大都通过确立预审制度来审查检察机关提起的公诉是否合乎证据标准和司法利益，以排除无根据以及不符合司法利益的起诉，从而维护被追诉者的合法权益。单纯从表面上看，法院的预审似乎是刑事案件的分流机制，排除不符合起诉条件和司法利益的案件，但其实质在于虽然检察机关拥有代表国家提起公诉的权力，对某个具体对象所提起的公诉，检察机关本身却不拥有最终的决定权。决定提起公诉的最终决定权在法院手中，法院通过司法审查的方式授权后，检察机关方可对某个嫌疑人提起公诉。由此可见，检察机关连提起公诉的最终决定权都不完全拥有，事实上也就不可能成为刑事诉讼的中心。这恰恰表明，司法审查从根本上排除了公诉中心主义的可能性。由此可见，司法审查机制排除了侦查和公诉等行政权力在刑事诉讼中的中心地位，为确立审判在整个刑事诉讼过程中的中心地位奠定了坚实的制度基础。

综上，现代法治国家确立了司法独立的政治格局和制衡机制，使得行政最终决定退出了历史的舞台而让位于司法最终裁决。司法最终裁决的确立，使得司法独立更加具体和更趋现实。而司法审查的孕育确保了司法独立在国家政治体制中更加坚定和稳固，使得司法独立和司法最终裁决从抽象走向具体，由理想真正变成现实，更是通过文本直接走进了千家万户。更为重要的是，这些原则（理念也好，或者说机制也行）的确立，自然而然的结果就是形成了以审判为代表的司法在国家制度中的核心地位——审判中心主义。值得注意的是，这些法治国家确立审判中心主义的历史进程表明：实现审判中心主义并不需要那么多的政治宣言、口号和表态，也没有任何捷径可循；实现审判中心主义唯一要做的就是首先确立司法独立，而后确立司法最终裁决，最后确认司法审查。这既是法理的必然结果，也是实践的成功经验。在没有司法独立、司法最终裁决和司法审查的前提下，意欲反其道而行之，通过政治宣言和学者的理论阐述来实现审判中心主义，注定是一场"轰轰烈烈"的运动式的政治秀场和理论梦想。

（作者单位：西南政法大学法学院）

---

① 对公诉的司法审查，可参加孙长永：《提起公诉的证据的标准及其司法审查比较研究》，载《中国法学》2001年第4期。

审判中心下印证证明模式之反思

杨 波

2004 年，龙宗智教授发表了《印证与自由心证——我国刑事诉讼证明模式》一文，文中将我国刑事诉讼证明的模式概括为印证证明模式。[①] 自印证证明模式提出之后，以之为分析工具，在学界引发了一场广泛而深入的关于刑事诉讼证明模式问题的讨论，学者们纷纷阐释了何谓印证，如何印证，印证在事实证明中的重要性，印证作为证明模式之不足与局限，印证与证明标准的关系等问题。值得注意的是，在这场讨论中，印证与自由心证作为对应性范畴，是研究者视域中两种典型的证明方式，分别凝练了两种不同的证明活动特征，印证代表诉讼证明中的客观要求，自由心证代表诉讼证明过程的主观面向，实现刑事诉讼证明活动中的主客观相结合是学者们研究的最终目标。

本文认为，上述研究中存在如下问题值得反思：其一，印证本质上是否为一种证明模式？现代意义上的证明模式以证明活动的存在为前提，是对证明方式的一种典型化、类型化的概括和提炼，在我国形式化证明的语境下，何以产生印证证明模式？其二，如果印证不是一种证明模式，那么我国司法实践中长期坚持并强化印证方法的运用，其背后反映了我国刑事诉讼活动的何种特质与规律？其三，印证与自由心证是否真的是一对对应性范畴，应如何看待印证与心证的关系？在已有研究中，多数学者选择的是一种折中方案，即在坚持印证为主的同时，为自由心证留有余地。但是，在支撑印证运转的制度空间中为自由心证寻找生存的空间何以可能？其四，在审判中心主义背景下，庭审证明的实质化势在必行。依赖和强化印证作为证明方式面临巨大挑战，庭审证明的实质化呼唤自由心证证明模式的回归，同时也将还原印证作为审查判断证据方法的本来面目。应如何在新的制度背景下确保法官自由心证的正当性，探究法官自由心证的实现路径？以对上述四个问题的思考和论证为基础，本文试图在实质化证明的语境下，分析印证作为证明模式的先天不足，期待自由心证证明模式能够伴随审判中心主义的推进而得到认可与实现，最终实现让印证回归印证方法，让心证回归心证模式的目的。

一、"印证"作为一种证明模式先天不足

（一）现代意义上的证明及其基本构成要素

有裁判必有证明，在现代社会，证明是控辩双方运用证据就争议的案件事实依法定程序向法官进行的论证说服活动。证明是一种动态的活动，通过证明活动达致证明标准，裁判者才能作出裁判。现代意义上的证明需要具备基本的构成要素：第一，证明活动必须具

---

① 龙宗智：《印证与自由心证——我国刑事诉讼证明模式》，载《法学研究》2004 年第 2 期。

备基本的结构，由控辩审三方共同参与，有论证者、反驳者及接受论证者，缺少其中任何一方，尤其是辩方的实质参与，都不能称其为真正意义上的证明。第二，证明活动要求裁判者的亲历性，这是一种在法官面前展开的论证和说服活动，要说服裁判者接受其主张，并作出有利的裁决。举证和质证活动只有在裁判者面前进行，才能在其内心形成对案件事实的认识，并依据其内心确信的程度作出裁决。第三，证明活动以举证、质证、认证活动为核心，举证、质证和认证活动的实质展开是证明活动实质化的要求和体现，尤其是检察官的严格证明是证明活动实质化的关键，是庭审检验的核心。第四，证明活动需要接受一系列证据规则的制约，以规制证据能力为核心的非法证据排除规则、传闻证据规则等证据规则的确立，能确保证明活动建立在合法有效的证据基础之上。同时，一定的证明力规则也不可或缺，其对于法官形成内心确信也具有指引的意义。第五，证明要在特定的诉讼程序空间内展开，现代意义上的证明活动之展开依赖完备的、诉讼化的程序空间，没有居中而断的裁判者，没有平等对抗的控辩双方，证明活动就欠缺外在的程序保障，很难实质性地展开。

（二）我国刑事诉讼证明的形式化

概括来说，证明活动的实质存在取决于两个方面：内在的证明要素的齐备和外部的程序保障。而这两方面，长期以来在我国刑事诉讼过程中一直是欠缺的、不健全的。就证明的内在构成要素方面而言，庭审证明的形式化集中体现在举证、质证和认证环节：首先，公诉方举证形式化，未能彻底履行证明责任。由于侦查的中心地位，侦查证据无可替代的价值预设，让控方自动松懈了证明责任履行的紧张神经。控方对于各证据之间、证据与待证事实之间的关系往往缺乏入情入理的分析和论证，证据一经提交，举证责任即告完成。单凭控方之庭上举证活动，法官难以形成对于指控事实的基本认识。其次，质证形式化，质证活动未能充分展开，法官的亲历性无法保障。实践中，证人、鉴定人基本不出庭，直接言词原则无法得到贯彻，庭上呈现的基本都是侦查机关卷宗笔录中记载的内容，证人证言、鉴定意见一经宣读即可作为裁判的依据。同时，在侦查中心主义的影响下，侦查权的强势地位压抑了本就相对弱势的辩方力量，辩方无力质证，即使对证言的真实性提出质疑，有限的质证活动也只能浅尝辄止，很难展开和深入。法庭往往将这些质疑与异议暂时搁置，留待庭后评议，而所谓庭后评议的结果往往是法官参照控方卷宗中的证据材料作出最后的认定。最后，认证的形式化。如前所述，侦查卷宗在事实认定中处于主导作用，所谓的认证活动就是庭前借卷、上下请示、庭后等待卷宗移送等方式，以此来规避当庭认证，庭审的直接言词原则、裁判者的亲历性要求都被架空。

就证明活动的外部程序保障而言，由于职权主义的诉讼特点，加之侦查中心主义的程序构造，导致我国刑事诉讼程序一直处于诉讼化缺失的状态，公权力尤其是侦查权优位，对于犯罪嫌疑人及被告人的辩护权及其他诉讼权利形成了诸多不当限制，控辩不对等。作为裁判者的法官在互相配合、互相制约原则的指引下，很难确保中立性，且往往被侦查、检察机关绑架，丧失独立的判断、裁决能力，居中裁断只具有一种形式意义。庭审程序诉讼化的缺失，使得刑事诉讼证明活动欠缺外在的程序保障。

综上，以侦查为中心，我国庭审证明形式化问题较为严重，法庭上的证明活动只是为侦查行为加盖合法性的印章，并非真正意义上的证明。形式化证明实为事实查明活动的延续，印证产生于非实质化证明的语境中，很难称得上是一种证明模式。实际上，不必开庭，法官在办公室也可以完成印证的作业，其与现代意义上的证明要求完全不相符。

（三）事实查明活动中的印证与自由心证

首先，印证是应事实查明活动的要求而产生的。在我国，印证的提出及其适用是有着深刻的社会历史背景的，其最早是作为自由心证的对立面而提出来的。20 世纪 80 年代，面对西方自由心证证据制度的冲击，在我国的证据理论及实践中出现了实事求是的证据制度的提法。实事求是的证据制度要求司法人员在审查判断证据时，不能从主观出发，根据一些表面现象或一些假象的偶然巧合，或者是按照个人的主观需要随心所欲地作出结论，而要"实事求是地客观验证"或者"客观查证"。对证据材料进行客观查证，就是要求对证据材料本身互相之间进行查对核实，对各个证据与案件事实之间的联系进行考察，以确定在各个证据之间能否相互补充、说明、印证，是否协调一致并排除了其他可能性。所以，司法人员审查判断证据不是"自由"的，而是受一定限制的；对各种认识正确与否要进行客观检验，从对证据本身的反复比较查对、分析研究中进行验证，以证据材料之间互相验证的实际结果作为标准，来检验判断和认定证据是否正确。[①] 可见，在我国，印证的提出其实是要用实事求是这种所谓的客观主义立场来对抗主观的自由心证。怎样才能达到实事求是，就是靠印证，所谓的客观查证也就是印证，对于案件事实的证明建立在多项证据之间的相互协调一致的基础之上，证据之间彼此证明方向一致，证明内容相符，符合印证的要求，当然也就意味着案件事实真相得到了最大程度的揭示。所以，印证与查明案件事实的要求相契合，其实质就是对证据的审查判断在法庭上的继续，印证给法官看。当然，印证之所以能够在庭审证明活动中得以重用，就是因为证明的形式化，查明案件事实真相的内在要求已经将证明活动异化为一种事实查明活动。

其次，印证在我国刑事证据立法的新法定证据主义倾向中得到强化。由于我国刑事诉讼活动对于查明案件事实真相的追求与偏重，近年来在我国刑事证据立法与实践中逐渐呈现出一种新法定证据主义的倾向，即为了确保真实性要求的实现，刑事诉讼法及有关司法解释对不同证据的证明力规定了大小强弱的不同标准，作为基本的法律规范，这些证明力规则对于法官认定案件事实具有普遍的约束力。证明力规则法定化的主要表现就是印证规则法定化。2012 年刑事诉讼法出台后，最高人民法院《关于适用〈中华人民共和国刑事诉讼法〉的解释》在证据一章中，以每一证据种类为一节专门规定了各个证据种类的审查、认定规则，并规定了证据的综合审查与运用规则，进一步强化了对于证据间印证的要求，进而确立了对单个证据的证明力和对案件证据加以综合评判的明确的限制性规则。[②] 另外，之前在最高人民法院等五部委联合颁布的《关于办理死刑案件审查判断证据若干问题的规定》（以下简称《办理死刑案件证据规定》）中则是直接对印证规则进行了明确规定。伴随着印证规则的法定化，证明的过程就是一个努力达成证据之间印证的过程。也正是在这个意义上，陈瑞华教授指出，印证模式不过是一种现象标签，比其更为深层的是一种"新法定证据主义"的理念，而新法定证据主义可以把司法解释上的印证规则和其他许多证据

---

① 王牧：《也谈刑事证据审查判断标准》，载《当代法学》1988 年第 2 期。

② 杨波：《由证明力到证据能力——我国非法证据排除规则的实践困境与出路》，载《政法论坛》2015 年第 5 期。

规则统合在一个解释框架中。新法定证据主义区别于欧洲中世纪的法定证据制度，其特征是不仅满足于对证据法律资格的规范和限制，还确立了对单个证据的证明力和案件证据的综合判断的限制性规则；其实质是将一些适用于个案的经验法则上升为具有普遍效力的证据法律规范，印证上升为证据规则是新法定证据主义的部分体现。① 陈瑞华教授对新法定证据主义的揭示是深刻的、关键的。新法定证据主义其实是传统法定证据制度和现代自由心证之间的一种中间状态，将本应由法官在庭审证明活动中依据内心自由判断的事项明确规定下来，以满足对查明案件事实真相的需要。印证规则在新法定证据主义下得到强化，与我国查明案件事实真相的需要相契合，是侦查中心主义程序构造下的结果，亦是我国刑事诉讼程序法治不发达的体现。

最后，对印证规则的强化严重挤占了法官自由心证的空间。自由心证要依托于实质化的证明活动来形成，只有贯彻直接言词原则，裁判者亲历法庭审判，通过接触证据，直接听取证人陈述，聆听控辩双方的质证，才能在其内心形成对案件事实的直接认识，并依据内心形成的确信作出裁判。我国形式化的庭审活动最终沦为一种事实查明活动，没有给裁判者的主观心证提供必要的空间和条件。法官将本来需要裁判者诉诸内心去检验、判断的事项异化为客观的印证要求，庭审证明活动与审前事实查明活动无异，实际上，从历史的角度进行纵向考察，神意证明也好，法定证明也好，与自由心证的区别就在于当时的历史条件限制，不存在现代意义上的证明，没有为裁判者的自由心证提供条件，裁判之作出其实是建立在事实查明活动的基础之上的。神意证明的历史条件下，裁判者无力达成自由心证；法定证明条件下，不允许裁判者自由心证。同理，在我国侦查中心主义之下，形式化的庭审证明异化为事实查明活动，以探知案件事实真相为指引，强化印证规则的适用，尤其是印证规则的法定化，严重挤占了法官心证的空间。对于印证证据缺失，但是法官心证已经形成的案件，不敢下判。对于印证证据健全，但是法官内心对事实之判断仍旧心存疑虑的案件，强行下判，诸多冤错案的形成与此不无关系。

二、审判中心下自由心证证明模式的回归及其实现

（一）庭审证明的实质化与自由心证证明模式

首先，实质化证明下，直接言词原则的确立，使法官自由心证具备了事实基础。庭审证明实质化之后，直接言词原则的确立，对于事实的证明将由静态的核实转向动态的证实，控辩双方要在庭上进行积极的举证、质证，努力描绘事实的图景，并竭力说服法官接受其证明，确认其主张的成立。事实形成于庭上，对于裁判者来说，其对于案件事实的认知也始于庭上，无论控方预先的证据准备多么完美，证据链条如何严密，都依然要通过当庭呈现，语言描述，论证说服来争取法官对其事实主张的认可。一切举证在法庭，质证在法庭，法官对于审前证据的依赖关系被切断，当然不能再仅仅借助于印证的方法自动输出结论，更不能罔顾庭审的内容，从庭外脑补案件事实的内容。对于辩方更是如此，法庭是律师积蓄力量、奋力一搏的最关键也是最理想的程序空间，对于控方提出的单个证据的证据能力、

---

① 陈瑞华：《以限制证据证明力为核心的新法定证据主义》，载《法学研究》2012年第6期。

证明力，证据之间的矛盾与冲突，全案证据的疏漏与不足都可能进行攻击和否定，从而为庭审带来无穷的变数。正是因为有辩方的存在，庭审中的变数在意料之中，也可能在意料之外。在控辩双方激烈的庭审交锋中，法官要对于每一份证据的证明力进行判断、取舍，要对全案证据的证明力进行权衡，证据以及全部庭审过程将对裁判者的内心形成强大的印象与冲击，确信是否形成，只能交给内心去判断。在审判中心主义下，庭审证明实质化为法官自由心证提供了事实基础。

其次，在审判中心下，程序之独立价值得到凸显，法官自由心证具备程序保障。在审判中心下，重新调整了三大诉讼阶段的关系，尊重了不同程序的内在机理，庭审程序的诉讼化、开放性得到强化，有居中而断的裁判者，势均力敌的控辩双方，以及其他诉讼参与人的多方参与，能够实现对审前活动的检验和对当事人权利的救济。伴随着庭审程序的激活，证明活动实质化，为法官自由心证提供了基本的程序保障，也即审判中心主义程序构造保障事实形成于法庭，具体的程序规则亦将制约事实内容的形成，最终确保裁判者所认知的案件事实及其认定能够建立在正当程序的基础之上。

（二）自由心证证明模式之实现路径

法官的自由心证既需要有内在的生成基础，又需要有外在的条件保障，同时还需要必要的制约措施，以防止其异化为法官的自由擅断。我国自由心证证明模式产生于审判中心主义背景下，体现于实质化的刑事诉讼证明过程中，未来应以推进庭审证明的实质化为目标，以构建自由心证证明模式的实现路径。

第一，实现由证明力到证据能力的转变，弱化对证明力规则的依赖，强化对控方所举证据之证据能力的审查，为裁判者提供自由判断的空间。第二，完善庭审举证、质证和认证程序，尤其要强化控方的严格证明责任，以及庭审证明程序的检验，推进庭审证明的实质化，为裁判者的自由心证提供了事实保障。第三，强化辩护权的行使和保障，确保辩方对于事实证明活动的深度参与，打破控方所举证据的单向度印证性和不可打断性，为裁判者的自由心证提供辩方信息。第四，改造合议庭的构成，确立裁判者自由判断的风险分担机制。第五，强化裁判文书的公开和说理，确保裁判者的自由心证不会演变为自由擅断。第六，应谨慎规定法官责任制，确立裁判者自由心证的激励机制。第七，应落实审理者裁判，裁判者负责的司法体制改革目标，使法官自由心证具有体制保障。

值得注意的是，除了以上制度规则的确立，自由心证证明模式的实现还需要其他司法体制运行环境的支撑，以及法官个人素质的提升。只有这样，法官才有条件自由心证，有能力自由心证。本文在此不再赘述。

三、审查判断证据之印证方法的规范运用

印证是司法人员审查判断证据的方法，表征的是静态的证据之间、证据与案件事实之间的关联关系。在诉讼过程中，面对纷繁复杂的案件事实，要条分缕析地整理事实，分析证据，发现矛盾，印证方法的运用是必要的。如同理性的证据裁判取代非理性的神判一样，印证是司法人员对证据之间、证据与案件事实之间关系的一种积极挖掘与认识，是司法理性主义的体现。然而长期以来，印证在中国的立法与司法实践中之所以大受青睐，并非完

全源于其作为审查判断证据方法本身之有效性的认可，而是深受查明案件事实真相及侦查中心主义的影响，偏重于强调诉讼证明活动的客观性，并将对客观性的强调依附于对印证证明方法的强化。同时，我国司法实践中普遍存在印证运用上的粗糙性，因为印证方法本身的不精细而导致的冤错案件并不鲜见，印证也因此而颇受非议。未来应规范印证方法的适用，使其在事实认定活动中发挥应有的作用。

首先，应让印证退出证明模式的舞台，回归为一种审查判断证据的方法，深入研究这种方法本身的内涵、应用。尤其要强调其对于审前侦查、起诉等事实查明活动的指导意义，以及如何接受庭审检验的问题。在庭审中，证明模式应回归于自由心证的证明，诉讼证明不是简单的证据叠加和摆放，能够达到印证，也不一定完全符合证明的要求；不能够达到印证，也可能达到证明的要求。不能将印证等同于证明。要通过强化庭审程序的诉讼化、开放性、证明的实质化来实现自由证明。

其次，重视印证证据之证据能力的审查。证据间的相互印证以单个证据具备合法性为前提，因此对于证据，证据能力审查在先，然后才是真实性及证据间的证明力问题。印证规则的应用只关注证明力问题，对于单个证据的证据能力缺乏应有的关注，甚至在很多案件中，为了达到证据间的相互印证，对于非法证据视而不见，不加以排除，非法证据排除规则适用难，在很大程度上就是因为排除了非法证据，可能会导致证据间的印证不足，可能就难以定罪，因而将非法证据的证据能力问题异化为从证明力角度的考量，可以想见，这种印证对于司法的公正只能造成伤害。因此，未来我国刑事诉讼证明过程中，应该充分重视证据能力的审查，为印证方法的有效适用提供基本前提。

再次，应强调印证证据的全面性，印证方法运用的开放性。由于中国司法实践中奉行侦查中心主义，印证证据单一化、片面化、书面化。所谓的证据间相互印证主要是指公诉方证据笔录的相互印证，这些案卷笔录大都是侦查人员单方面制作完成的，所记载的都是不利于被告人的传闻证据。在证人基本不出庭作证、被告人当庭辩解基本不被采纳的情况下，这些笔录类证据经常得不到证据提供者的确认，甚至直接受到证据提供者的"翻供"或者"翻证"。因此，也就无法完成对证据证明力的实质验证，更容易在证明案件事实方面出现错误。近年来出现的一些"冤假错案"足以表明，这些在形式上达到"证据相互印证、形成完整证明体系"的案件，其实所证明的却是一个错误的事实结论。[①] 印证方法的预设前提是有足够数量的证据，而且这足够数量的证据承载的内容是丰富的，信息量是巨大的。因此，未来应以审判中心主义改革的推进为契机，将印证纳入证明活动检验的范畴，强调言词性，强化辩方的力量和参与，为印证的充分性提供丰富的证据要素，尤其是对于控方证据链条形成有力的反驳，让印证接受更严格、更严峻的挑战，改变印证形式化的弊端。

最后，探索并建立包括印证方法在内的多元的、科学的、精细的证据分析方法体系。长期以来，印证作为一种证据分析方法，在中国的立法及司法实践中被做了简单化的处理，难以揭示证据之间的复杂关系，所以要进一步将印证方法精细化，让印证接受更严格的检验，为裁判事实的真实性提供更科学的保障。同时应该注意的是，印证是从证明力的角度对证据的一种审查判断，而证明力的问题是案件中的事实问题，对于证明力的判断要借助

---

① 陈瑞华：《论证据相互印证规则》，载《法商研究》2012年第1期。

于裁判者的经验法则、逻辑推理。在对证据之间关联的判断上，过于强化印证规则，容易导致将本来复杂多变的证据关联简单化、僵化处理，甚至像有学者讲的，陷入新法定证据主义的泥潭。所以，印证方法本身就是有局限的。未来对于证据分析方法的运用，一方面应追求印证的精细化，以合理地加以应用。另一方面，应探索科学的、多元的证据分析方法体系，在审查判断证据的过程中，对于证据之间的关联存在多种分析方法，如图示法、概要法、叙事法、时序法等，从而为证明过程，为裁判事实的真实性提供更科学的保障。

（作者单位：吉林大学法学院）

审判中心主义下的侦查程序诉讼化之改造

姚　莉　黎晓露

侦查程序是刑事诉讼程序的重要组成部分，起诉和审判程序在很大程度上依赖于侦查效果。在我国，由于侦查权的扩张以及对其监督制约的乏力，导致审判地位的弱化，侦查实际上成为刑事诉讼的中心。这不仅使得诸多现代刑事程序规则在我国难以确立，而且导致庭审流于形式，直接言词、证据裁判等基本原则形同虚设。自十八届四中全会以来，在涉及"以审判为中心"的政策文件和学术解读中，基本上都会提及"侦查面向审判"、"审判制约侦查"等命题，这对侦查活动提出了更高的规范化要求。然而，当下学界更多地聚焦于如何实现侦查权力控制及侦查程序的正当化等方面，忽视了现代侦查程序的"诉讼"特质及相关的制度设计。所以，在"以审判为中心"的改革背景下，重新审视我国侦查程序的基本构造并对之进行诉讼化改造确有必要；而如何推进诉讼化改造，也需要从我国现实问题出发并结合域外的成熟经验破题。

一、侦查程序诉讼化何以成为问题

在关于"以审判为中心"的诉讼制度改革的研究中，学界普遍认为"侦查中心主义"是造成庭审形式化、侦查权异化等后果的根本原因。一些学者通过对诉讼构造、诉讼流程、司法权力运行等的考察，提出我国刑事诉讼属于"侦查中心主义"、"逮捕中心主义"、"案卷笔录中心主义"等模式的观点。[①] 这对于解释产生上述后果的原因具有一定的说服力。不过，这些研究主要聚焦于侦查结论对庭审形式化、法官形成预判的影响，对侦查程序自身的原因探讨并不多。

从历史发展来看，刑事诉讼程序经历了从单一到多元的分化过程——侦查逐渐与控诉、审判分离，因此侦查程序自身拥有了相对独立的地位和研究价值。需进一步探讨的是，侦查与起诉、审判之间的关系如何？侦查程序自身的结构如何？是单方追诉型的，还是"三方组合"型的？这在域外法治国家早有定论。在这些国家的侦查程序中，由于司法权的介入及被追诉人拥有诉讼主体地位，"三方组合"的侦查结构得以形成，侦查程序诉讼化也内化为制度实践。可见，侦查程序诉讼化是刑事诉讼发展的必然规律。

然而，在我国，无论是立法还是司法，侦查结构还是制度设计，诉讼化的观念基本上都是缺失的。以逮捕为例，在立法层面，我国刑事诉讼法确立了"由人民检察院批准、决定逮捕"的制约方式；在司法层面，由于检察机关追诉与监督双重角色的抵牾，加之犯罪

[①] 参见龙宗智：《论建立以一审庭审为中心的事实认定机制》，载《中国法学》2010 年第 2 期；汪海燕：《论刑事庭审实质化》，载《中国社会科学》2015 年第 2 期；陈瑞华：《案卷笔录中心主义——对中国刑事审案方式的重新参考》，载《法学研究》2006 年第 4 期。

嫌疑人缺少相应的救济权利,导致实践中经常违法滥用逮捕措施。在诉讼结构中,基于公检法三机关之间"分工负责、相互配合、相互制约"的关系,审判只是对侦查结论的"印证",没有发挥其对侦查的引导与制约作用。在具体制度上,我国刑事诉讼法规定,犯罪嫌疑人、被告人被逮捕后,人民检察院仍应当对羁押的必要性进行审查。即使忽略检察院审查批捕是否属于司法审查这一问题,其性质只是一种行政审批活动却是不争的事实。可见,侦查诉讼化观念的缺失导致侦查程序背离了诉讼构造的对抗式格局,而呈现为一种缺乏法官介入,仅由侦查机关与犯罪嫌疑人构成的"双方组合"格局。

"双方组合"的侦查格局在司法实践中产生了一系列的影响。例如,在侦查手段的使用上,侦查机关既有权实施各种任意侦查方式,又可以采取一系列的强制措施,容易产生违法侦查的现象,而检察机关基于同样的追诉利益,很难发挥检察监督的作用。一旦违法获得的证据进入审判阶段,加之不完善的非法证据排除机制,就极有可能导致冤假错案。与"双方组合"格局相应的是"单轨式"的侦查程序运作机制:侦查机关主导侦查活动的开展,犯罪嫌疑人既没有沉默权,也几乎没有调查取证权,法律甚至不鼓励辩护律师进行事实调查。这样一来,侦查终结收集的证据材料及形成的卷宗笔录往往只代表了追诉利益。基于我国"案卷中心主义"的审判传统,势必会造成一种"多米诺骨牌效应":一旦侦查卷宗形成,将被视为具有可采性的证据,这不仅会使证据规则失去存在的空间,还将导致诸多为保证公正审判的程序规则形同虚设。

可见,"侦查诉讼化"观念的提出,回应了审判对侦查、司法权对侦查权进行制约的要求。正是由于我国侦查程序在结构上、运作状态上存在"双方组合"、"单轨式"的现象,所以在我国当前"以审判为中心"的诉讼制度改革背景下,侦查程序的诉讼化改造具有重要意义。基于侦查与审判之间的勾连关系,只有不断提高侦查程序的诉讼化程度,才能充分发挥审判对侦查的引导与制约作用。

二、域外经验:诉讼化的侦查构造

从比较法的角度看,英美法系国家与德、法等大陆法系国家的侦查程序从诉讼理念到制度设计方面都存在一定的差异。但是,随着两大法系国家诉讼理念的不断融合,这些国家的侦查程序在整体构造上也具有越来越多的共同点。从这些共同点中可以见到,域外法治国家的侦查程序有三项基本原则:一是控审分离原则;二是程序法定原则;三是司法审查原则。根据第一项原则,司法职能应当与追诉职能相分离,只有审判机关才有权限制或剥夺公民的基本权利;根据第二项原则,各国的宪法和刑事诉讼法均力图实现侦查权力的规范化;根据第三项原则,所有涉及个人自由、财产、隐私等实体性和程序性事项都必须由中立的司法官裁决。这样,审判职能实际上居于侦查程序的中心,体现为一种"诉讼"特征。当然,这种诉讼化的侦查构造在英美法系与大陆法系国家之间并非完全相同。虽然英美刑事诉讼从整体而言属于当事人主义模式,具有典型的"诉讼"特征,但是德、法等大陆法系国家在经过多次司法改革后,其侦查程序也大体上呈现出"诉讼"特征。

第一,在域外法治国家的侦查程序中,凡是限制与剥夺公民基本权利的措施,都普遍由中立的司法机构依法进行司法授权和审查。

域外法治国家在侦查程序中区分了追诉权和裁判权,建立了司法控制机制。在侦查过程中，对包括逮捕、拘留、扣押、搜查等限制或剥夺人身自由、财产、隐私等权益的侦查措施，原则上侦查人员必须得到法官签发的司法令状才能实施。国际公约的规定也体现了同样的观念，《公民权利和政治权利国际公约》第 9 条第 3 项规定："任何因刑事指控被逮捕或拘禁的人，应被迅速带见审判官或其他经法律授权行使司法权力的官员，并有权在合理的时间内受审判或释放……"第 4 项规定："任何因逮捕或拘禁被剥夺自由的人，有资格向法庭提起诉讼……"欧洲人权法院在芬克诉法国（Funke v. France）、科莱米彦诉法国（Cremieum v. France）、米埃勒诉法国（Miailhe v. France）案中强调：法律如果没有对搜查、扣押等侦查行为设立司法令状要件，那么政府对个人权利的干预就会缺乏约束，该法律也容易被行政当局利用。① 此外，在涉及人身自由的强制措施的适用上，多数国家都建立了"逮捕前置主义"的司法审查模式，将逮捕和未决羁押分开进行司法审查。前者由法官进行审查后颁发令状，后者则适用司法听证程序，要求侦查机关在实施逮捕后尽快把犯罪嫌疑人带到法官面前，法官在听取追诉方的羁押理由和辩方的保释理由后，再作出正式羁押或保释的决定。可见，法官通过司法审查的方式对侦查机关的行为进行制约是侦查程序中的主要诉讼问题。

第二，对于侦查程序中侵犯公民基本权益的行为，公民可以向法院提起诉讼，从而启动法院就侦查违法事项进行的程序性裁判活动。

在域外法治国家，法庭不仅对案件的实体问题作出裁判，而且具有审查侦查活动合法性的权力。首先，犯罪嫌疑人就侦查活动的合法性向法院提起的审查之诉体现了审判对侦查的制衡。其次，司法审查之诉所引起的后果是法院对侦查机关行为合法性的裁判，这意味着侦查程序的合法性受到辩护方和裁判者的监督与制约。最后，对于被证明存在程序违法的侦查行为，法院有权作出宣告无效的裁决，这实质上是对侦查行为有效性的否定。一旦那些被指控的侦查人员被判定违反了法律程序，他们非法收集的证据以及作出的相关决定也被宣告不再具有任何法律效力。在大多数国家，程序性制裁主要是通过排除非法证据来进行的，对于司法警察采取非法搜查、扣押、讯问等手段获得的证据，法院可根据辩护方的申请将之排除于定案依据之外。这就是众所周知的"毒树之果"理论。在法国，由于预审法官拥有侦查权力，控辩双方还可就预审法官的侦查行为向上诉法院申请宣布无效，也可以就预审法官所做的裁定提起上诉，从而引起上诉法院对侦查活动进行审查。② 意大利在 20 世纪七八十年代对预审法官制度改革后，将预审法官的地位限定为裁判者，预审法官负责签发逮捕令、搜查令和扣押令，还有权对侦查中的违法行为及其相关决定宣布无效或进行纠正。③

第三，犯罪嫌疑人在侦查程序中处于当事人的地位，享有包括沉默权、辩护权、律师帮助权在内的一系列诉讼权利。

诉讼化侦查结构的重要特征是犯罪嫌疑人拥有与侦查机关平等的地位。犯罪嫌疑人的程序主体地位表现为权利与义务两个方面。在权利方面，面对侦查人员的讯问，犯罪嫌疑

---

① Funke v. France (1993) 16 EHRR 297, Cremieum v. France (1993) 16 EHRR 357, Miailhe v. France (1993) 16 EHRR 332.

② 参见［法］贝尔纳·布洛克著：《法国刑事诉讼法》，罗结珍译，中国政法大学出版社 2009 年版，第 255 页。

③ 卞建林、刘玫主编：《外国刑事诉讼法》，中国政法大学出版社 2008 年版，第 302 页。

人有权做无罪辩解，有权保持沉默；对侦查人员的违法行为，犯罪嫌疑人有权提起申诉或控告；犯罪嫌疑人在被讯问时，有权委托律师提供法律帮助等。在义务方面，侦查人员必须告知犯罪嫌疑人有保持沉默的权利；侦查人员在拘留或逮捕后的法定时间内必须进行讯问；侦查人员既要收集犯罪证据，也要收集无罪证据；讯问时既要有罪供述，也要注意无罪辩解等。当侦查诉讼化发展到一定阶段后，虽然犯罪嫌疑人取得与侦查机关平等的地位，但由于二者之间力量的悬殊，难以形成真正的平等对抗，因而多数国家都赋予其获得律师帮助的权利，并逐渐扩大了律师的参与范围。如辩护律师获得警察讯问时在场的权利；有权获悉侦查机关制作的卷宗材料；获得独立的调查取证权；获得刑事豁免权等。一旦侦查人员侵犯了辩护方的以上权益，就会承担程序性违法的后果。如美国在 1964 年马西亚诉美国（Massiah v. U. S.）案中就确立了"无律师在场，不得对被追诉者取供"的规则，[①] 对于侦查人员滥用手中的诉讼资源操纵程序，限制律师权利的行为，法官可以作出非法证据排除甚至是撤销起诉的决定。

三、中国样态：审问型的侦查构造

通过对我国刑事立法与司法的观察，我国的侦查程序在总体上呈现出一种审问型的面貌，即相对于域外法治国家的侦查构造，我国的侦查构造在强化侦查机关的权力，弱化犯罪嫌疑人一方的诉讼地位，淡化审判对侦查的制衡作用等方面的色彩较为浓烈。

第一，我国的侦查活动完全由侦查机关自行实施，法院既不参与侦查活动，也无权对强制侦查行为进行司法审查。基于此，侦查阶段的所有调查活动和强制措施的实施都是以一种行政审批的方式进行的。

首先，在侦查实施方面，我国所有侦查活动都是由侦查机构依职权主动进行的，犯罪嫌疑人只有被动服从。侦查机关采取专门的调查活动与强制措施时，通常不采纳律师的辩护意见，而是径行作出决定。律师虽拥有"自行调查"的权利，却受到"经有关单位和个人同意，可以向他们收集与本案有关的材料"这一条款的限制。其次，在审查授权方面，与域外法治国家相比，我国的侦查活动不受法院的监督制约，不仅拘传、取保候审、监视居住等强制措施全部由侦查机关决定与执行，对其制约也主要来源于侦查机关内部。唯有实施逮捕时由检察院决定，但基于其追诉者的角色，检察院对逮捕的制约被弱化，这就使得原本形同虚设的"司法审查"荡然无存。最后，在司法监督方面，我国对侦查活动的司法监督来自两处：一是检察机关的法律监督。在审查批捕后，检察机关如果发现侦查机关的调查活动有违法情形的，可以提出纠正意见。但检察机关通常是从追诉利益上对侦查机关进行监督，而非中立的立场；二是法庭审判对侦查的"事后监督"，法院对侦查机关以刑讯逼供等非法手段获得的口供、证言等不得作为定案依据，这作为我国"通过审判制约侦查"的唯一方式，与域外法治国家的司法控制相去甚远。

第二，我国刑事诉讼法没有赋予犯罪嫌疑人沉默权，反而规定了"如实回答"的义务。这一义务的设定使得犯罪嫌疑人失去了供述的自主性和自愿性，从而影响其诉讼主体的地位。

---

① Massiah v. U. S., 377 U. S. 201 (1964).

在价值观上，尽管 2012 年刑事诉讼法增加规定了"不得强迫任何人证实自己有罪"，但在第 118 条中依然保留了旧刑事诉讼法"如实回答"的规定并将之作为量刑的依据。有关这两个条文之间的冲突与协调一直受学界所关注，越来越多的学者和司法人员都主张确立"沉默权"。但在司法实践中，实务机关更为重视第 118 条，加之"坦白从宽、抗拒从严"的政策，进一步否定了犯罪嫌疑人自由选择诉讼角色的权利。在证据规则上，犯罪嫌疑人的口供涉及与之相关的"证据能力"问题，如"禁止强迫自证其罪"、"非法证据排除"等原则，都是与口供的"证据能力"密切相关的证据规则。由于犯罪嫌疑人在诉讼过程中拥有"当事人"和"证据提供者"两种身份，凡是强调其"当事人"地位的制度，就会更加重视口供的自愿性和合法性。相反，越是关注"证据提供者"的身份，则越会强调口供对证明案件事实的作用。显然，我国更为关注被告人作为"证据之源"和口供作为"证据之王"的属性，由此给审判带来的影响是：如果被告人在法庭上翻供，将会造成庭审拖延；一旦法庭采纳具有瑕疵的口供，将会对裁判的公正性造成极大的影响。

第三，我国刑事诉讼法虽然对辩护律师在侦查程序中的各项诉讼权利进行了列举式的规定，但是没有确立有效的司法救济机制，无法给律师的辩护环境和辩护效果带来实质的改善。

2012 年刑事诉讼法第 47 条规定，当律师的诉讼权利受到阻碍时，其有权向同级或上一级检察院提起申诉或控告。这确实为律师的诉讼权利提供了"司法救济"，但实施效果却不尽如人意。以会见权为例，当律师的会见权受到侦查机关侵犯后，由于检察机关与侦查活动有直接的利害关系，难以通过检察监督获得救济。而一旦律师提起申诉或控告，将可能对接下来的诉讼活动带来不利影响，影响其与侦查机关、看守所的关系，增加会见难度。至于调查取证、查阅卷宗、申请变更强制措施等方面的问题，也可以被归结为无法获得司法救济这一原因。自 2010 年"两高三部"联合出台"两个证据规定"以来，这一规则的适用范围最多扩展至非法获得的言词证据上，很难将那些通过剥夺律师的诉讼权利获得的证据包含进来。可以说，法庭仅通过非法证据排除规则发挥权利救济的作用是有限的。此外，法院判决基本上是以侦查卷宗为依据作出裁判的，即便是辩护律师对侦查案卷提出有力的质疑，法官依然倾向于相信控方提供的证据，并习惯性地在判决书上使用控方意见反驳律师的辩护。这是因为法官面对排除非法证据的申请不仅要花费大量的精力进行调查，还会担心案件审理的不当导致改判或发挥重审。[①] 可见，由于律师诉讼参与的有限性与裁判者的追诉倾向，使得辩护一方几乎不能对侦查活动的进程形成实质性影响。

四、可预期的改革：审判制约下的侦查构造

上文的分析揭示出：由于审判没有对侦查形成有效的制衡，我国侦查程序的单方化、弱诉讼化的运作情况没有得到实质性改观，使得"三方组合"的刑事诉讼构造也未能完整成形。面对"以审判为中心"诉讼制度的改革要求，我们需要重视司法最终处理原则所具有的基础性意义，以较好地实现侦查程序的诉讼化改造。笔者主张，在借鉴域外成熟经验的基础上，立足于我国刑事司法实践中的具体问题，合理配置资源、循序推进，最终形成

---

① 参见孙长永、王彪：《审判阶段非法证据排除问题实证考察》，载《现代法学》2014 年第 1 期。

诉讼化的侦查构造。

第一，应当将审判结构中的"三方组合"格局引入侦查程序当中，让法院的居中裁判职能不仅能在审判阶段行使，而且可以在侦查程序中发挥作用，以解决我国侦查程序中中立裁判者缺失的问题。

毫无疑问，要摆脱我国侦查程序审问式、行政式的角色，就必须在侦查程序中设立一个中立的司法裁判者。在诉讼理论中，所谓中立的裁判者是指既不承担追诉职能，又不承担案件的实体性裁判的专门法官。他们能够参与到侦查程序中，就所有涉及公民人身自由、财产等基本权利的事项予以授权或审查，发布相关的司法令状。正如德国学者赫尔曼指出的："对于国家权力，必须进行划分和限制，同时对于公民，必须给予他可以要求法院审查的权利。以这种双重方式，使公民不仅在国家权力的强制性措施面前得到保护，而且还在任何的，包括国家权力对其权利的非强制性侵犯面前得到保护。"① 同时，对于公民遭遇的非法羁押、非法搜查等违法现象而提起的申诉或控告，应由法官进行审查和裁判。不仅如此，对于那些证明侵犯了辩护权的行为，不论涉及何种形式的侦查手段，都应被列为此种审查的对象。对此，我国可以考虑借鉴域外的司法令状制度，构建一种专门针对强制侦查合法性的程序性裁判机制，以此作为司法控制原则和羁押限制适用原则的保障措施。

第二，应当突出审判对侦查的制衡作用，使法院能够对侦查机关限制或剥夺公民自由、财产和隐私等权益的行为进行有效的司法审查，从而在侦查程序中构建起实质意义上的司法裁判程序。

考虑到侦查程序的设计必须同时兼顾"公正与效率"，故司法审查的范围不宜过宽，否则容易导致程序过于烦琐而影响侦查效率。但是，对于那些影响公民自由、财产、隐私等权利的强制措施，则必须纳入司法审查范围中来。在我国司法实践中，被采取逮捕措施的人通常都会被定罪处刑。根据《公民权利和政治权利国际公约》有关"人身自由权的保障"之规定，被羁押者对羁押提出异议的，有权获得法院的司法听审。可见，现阶段的当务之急是实现未决羁押和拘留、逮捕之间的分离，设立专门的法庭主持司法听审程序，在犯罪嫌疑人被拘留、逮捕后，对羁押的合法性和必要性进行审查。其他强制侦查行为，包括搜查、扣押、冻结、监听等属于人权保障的范围，也应列入强制措施接受司法审查。对于窃听等技术侦查行为，根据《联合国反腐败公约》第634条规定："鉴于电子侦查的干扰性，通常必须对之进行严格的司法控制，并且必须从法律上订立许多保障措施以防止滥用。"技术侦查也应当被列为司法审查的对象。

第三，应当强化犯罪嫌疑人的诉讼主体地位，扩大律师在侦查程序中的参与范围，从而增强辩护方对抗追诉方的能力，使之能够真正成为"诉讼"结构中的一极。

"诉讼化"构造的形成不仅要有中立的裁判者，还需要辩护方拥有足够强大的对抗能力。对犯罪嫌疑人而言，无论是其知情权、沉默权、保释权还是救济权的落实，无疑都离不开律师的帮助。这是因为侦查阶段是控辩双方力量最不平衡的阶段，只有获得律师的帮助才能强化犯罪嫌疑人的诉讼主体地位。对此，应当注意以下几点：一是落实在场权。侦查讯问通常具有高度的封闭性，侦查人员在追求破案目标的驱使下容易采取刑讯逼供等违

---

① ［德］赫尔曼：《〈德国刑事诉讼法典〉中译本引言》，载李昌珂译：《德国刑事诉讼法典》，中国政法大学出版社1995年版，第6页。

法行为，因而保证律师在场是杜绝非法言词证据的基本途径。完整的律师在场权应当自犯罪嫌疑人第一次讯问开始至侦查终结的全过程，律师均有权进行现场监督。二是完善调查取证权。我国立法虽确立了律师的调查取证权，却没有从根本上解决律师"调查难"的问题。设计调查令制度无疑是解决律师调查难的有效路径，即由法院签发调查令授权律师向有关单位和个人调查取证，但法院签发调查令之前应该进行专门的调查，以确定律师调查取证是否具有合法性和正当性。三是加强对律师的人身保护。针对律师违反取证规则被追究刑事责任的问题，除了对管辖、责任主体、被追究行为的方式予以规范外，还应当构建追究律师刑事责任的纪律惩戒前置程序，这也是大多数国家维护律师合法权益的必要措施。

第四，应当改变检察机关之法律监督者的角色，使之不再同时承担刑事追诉和司法监督这两项彼此矛盾的诉讼职能，从而保证控辩双方的平等对抗。

区分诉讼职能是现代刑事诉讼中的一项基本原则，表现为各诉讼主体在诉讼程序中承担不同的职能分工，担任不同的角色。由于检察机关承担的是审查起诉职能和公诉人角色，不具有司法的终局性和中立性，故检察机关不应该承担司法审查的职能。而在我国，检察机关既是法律监督者，又负责审查起诉和特殊案件的侦查，这显然违背了诉讼职能分工的要求。可见，检察官承担法律监督职能的负面影响是极为明显的：检察监督角色不仅使控辩双方平等对抗的目标无法实现，还导致裁判的独立性和终局性受到一定程度的影响。德国的经验表明，"整个欧陆德国法系的检察官制中，理论上最为圆融，实务上也最具有成效的监督机制，既非上级监督，亦非国会责任，而是法院查制。"[1] 因此，将检察机关从法律监督者转变为追诉者之角色，不仅是诉讼化的侦查构造形成的基本步骤，也是推进"以审判为中心"诉讼制度改革的应有之义。

（作者单位：中南财经政法大学）

---

① 林钰雄：《检察官论》，法律出版社 2009 年版，第 117 页。

论中国检察官独立的正当性、相对性与限度性

叶　青　吴思远

一、法理论证：检察官的独立具有正当性

（一）检察官独立是检察一体化①的应有之义

检察一体化始于大陆法系，是目前许多国家检察体制所普遍遵循的基本原则。作为检察体制建构的基本原则，检察一体化看似与检察官独立的主张相冲突，但实际上却并不能成为否定检察官独立性的理由。一方面，虽然检察一体化要求检察机关在组织结构上保持完整性，以整个检察机关的名义来对外行使检察权，但是检察权的具体行使最终仍需落实至检察官个体，因而予以实际权力行使者身份上的肯定可谓顺理成章；另一方面，虽然检察一体化赋予了上级检察官对下级检察官的指挥领导权，但从逻辑上来看，这仅仅勾勒了检察机关内部的上下级关系，属于权力分界的范畴，并不与肯定检察官的主体地位相矛盾。

以检察一体化为由来否定检察官的独立，是对检察一体化的误读。笔者认为，作为遵循检察一体化原则来建构检察体制的国家之一，我国对检察一体化的认识与实践即存在着极度化的倾向。长期以来我们过于强调检察机关的整体独立，而忽视了检察官的个体独立；强调检察机关内部的上命下从，而忽视了上下级之间的良性互动。这种检察一体极度化的倾向，最为直接的后果便是造成检察机关内部关系的异化。下级检察官对上级检察官的过度依赖，丧失了作为个体检察官的主观能动性，不利于形成一支高素质的检察官队伍；而上级检察官权力的过度扩张，使其存在正当的途径来"非正当"干预下级办案，可能"处于一种几近不受节制的权力位置"②，就此成为引发人情案、关系案、金钱案的症结所在。

因此，检察官的独立应当是检察一体化的必要组成，否定或忽视检察官的独立，不仅将造成检察一体化在理论与实践上的失衡，更严重的在于破坏了独立公正行使检察权的内部关系构造。正如有学者所言，"检察一体原则实际上是以检察官的独立性为前提，是对检察官独立性的统一"③。

---

① 张智辉著：《检察权研究》，中国检察出版社 2007 年版，第 252 页。
② 林钰雄：《刑事诉讼法》（上），中国人民大学出版社 2005 年版，第 112 页。
③ ［日］松尾浩也著：《日本刑事诉讼法》（上），丁相顺译，中国人民大学出版社 2005 年版，第 31 页。

（二）检察官独立是办案责任制的逻辑前提

检察官办案责任制是检察改革的关键，关系到检察工作的全局。党的十八届四中全会报告明确提出了"完善主任检察官办案责任制，落实谁办案谁负责"的要求。此后，最高检也颁布了《关于完善人民检察院司法责任制的若干意见》，旨在构建公正高效的检察权运行机制和公平合理的司法责任认定、追究机制。[①]

从构建公正高效的检察运行机制角度来看，明确检察官的独立性是从职权配置的维度回答了"由谁办案"的问题。检察官独立性的缺失，意味着检察机关内部办案主体的不明，由此产生的弊端不仅仅在于加大了内部追责的难度，更在于侵蚀了检察官的责任意识，挫伤了检察官的职业荣誉感与办案积极性，对于依法公正办案并没有益处。应当说，目前正在探索的主任检察官制度正是意识到了这一问题，因而作出了"尊重办案人"[②]、"给予检察官适当的独立性"[③] 的努力。通过授权主任检察官及其办案组一定范围内的独立办案权，从而明确了权力范围、框定了责任主体，使得责任主体承担责任成为可能。

从构建公平合理的司法责任认定与追究机制角度来看，明确检察官的独立性则从后果承担维度回答了"由谁负责"的问题。让无权定案的办案者承担责任，显然有违公平合理。因此，只有首先从权力角度明确办案者的独立性地位，才能在逻辑上理顺办案者与定案者同一性的问题，为办案责任的认定与追究奠定基础。否则，一旦认定与追究办案责任时，必然将产生责任推诿、责任混同的问题，从而造成难以认定责任、难以追究责任，甚至"容易演化成集体无意识、集体不负责"[④]。当前，社会公众对于司法的关注在不断上升，其对于追究错案责任的期待也随之增加。只有实现检察官办案的权责统一，才能避免责任的分散与不清；只有有效认定办案责任，才能正确消解来自于社会公众的压力。

因此，明确检察官的独立性是建立健全司法责任制的逻辑前提。正如有学者所言，"独立性与责任直接关联，检察官的独立性正是确立办案责任包括错案追究制的前提"[⑤]。只有这样，才可能形成权责明晰、权责相当的检察官办案责任制，其对于保障检察权独立公正行使有着至关重要的意义。

（三）检察官独立符合检察规律的必然要求

从检察工作的基本规律来看，其与检察官的独立性也具有内在的契合性。然而，在过去很长一段时间里，我国可以说在一定程度上"忽视了检察权运行规律对检察官个体独立的要求"[⑥]。

首先，检察权于本质上兼具了行政性与司法性的双重属性，因而检察权运行机制也应当按照这一内在规律来构建。但实践中检察机关的办案模式过度凸显了检察权的行政性属

---

① 参见最高检《关于完善人民检察院司法责任制的若干意见》第 1 条。
② 樊崇义教授认为，本轮改革的一个重点即尊重办案人，而最终落脚点是检察官独立办案。参见樊崇义、龙宗智、万春：《主任检察官办案责任制三人谈》，载《国家检察官学院学报》2014 年第 6 期。
③ 陈卫东、程永峰：《新一轮检察改革中的重点问题》，载《国家检察官学院学报》2014 年第 1 期。
④ 陈卫东、李训虎：《检察一体与检察官独立》，载《法学研究》2006 年第 1 期。
⑤ 龙宗智：《论依法独立行使检察权》，载《中国刑事法杂志》2002 年第 1 期。
⑥ 郏茂林：《"检察一体化"与检察官独立的博弈分析》，载《中国检察官》2006 年第 1 期。

性，而淡化了检察权的司法性属性，导致检察官的独立办案空间殆无孑遗，也造成了诉讼进程拖沓、工作效率低下等消极后果。

其次，从我国检察权的发展来看，其司法属性不断在增强。自 2012 年刑事诉讼法修改后，我国相继确立了非法证据排除、羁押必要性审查、诉讼救济等机制。可以说，这些机制在一定程度上吸收并体现了司法的公开性、程序性、参与性等特质，因而要求检察机关应以相对中立的准司法官身份来对相关事项作出审查和决定。在这样的情况下，检察官履行检察职能的方式也面临着新的变革，不宜再适用过度行政化的办案模式，而要求体现更多的司法性属性。尽管与真正意义上的司法权有着本质区别，但检察权司法性属性的增强，在客观上对检察官展现亲历性与判断性提出了要求。那么，只有首先保证检察官自身的独立才能践行上述要求。

以上两点充分表明，我们应当在新的形势下根据检察工作的基本规律来合理设置检察机关内部的办案模式，化解当前检察权运行机制过度行政化的问题。检察官的独立性便是其中不可缺少的一环。赋予检察官相对的独立性地位能够彰显"尊重宪法和法律的法律家精神"[1]，符合检察权的内在规律，也是遵循检察工作基本规律的必然要求。

（四）检察官独立满足诉讼模式发展的需要

可以预见到，未来我国的诉讼模式必然将向着强化对抗制因素的方向不断发展，进一步朝着维护与加强控辩平等及司法公正的目标迈进。尤其是随着我国审判中心主义改革的不断推进，庭审中控辩双方的对抗因子已然日益加强。这样的改革背景对于检察官个人的办案能力提出了更高的要求。从逻辑上来说，理应首先赋予其身份地位上的独立，才能保证其在新的诉讼模式下积极发挥作用。

如上文所述，由于我国检察一体极度化的倾向，导致实践中过于凸显检察机关内部"上命下从"的特征。从逻辑上看，应当是先有下级检察官独立办案，再有上级检察官对办案的领导监督。若失去了检察官独立办案这一前提，则上级的领导与监督将占据主导地位，从而弱化检察官在办理案件中的个体地位与作用。[2] 由此造成的消极影响在于检察官素质的良莠不齐，具备独立办案能力的优秀检察官可谓"凤毛麟角"。除了自始植入体内的"上命下从"基因外，我国检察机关内部严格的层级式把控导致权力与决策的高度集中，使得检察官在办案时好比是"襁褓中的检察官"，"不敢独立办案、不愿独立办案"[3]。尤其是在一些案件庭审中，出庭支持公诉的表现充分暴露出检察官能力的欠缺。例如，2016 年开年大案"快播案"中，检察官出庭后的表现便遭到了各方质疑与诟病。除去舆论炒作等因素，

---

[1] ［日］松尾浩也著：《日本刑事诉讼法》（上），丁相顺译，中国人民大学出版社 2005 年版，第 31 页。

[2] 实践中，甚至有地方检察院建成所谓的"远程庭审指挥系统"，借助这一系统对出庭公诉的检察官进行远程支援，帮助出庭公诉人准确应对律师的证据突袭和庭审辩论中可能出现的复杂情况等。这一举措充分表现了检察机关内部"过度"的领导与监督，也从侧面印证了笔者下文提出的"襁褓中的检察官"这一观点。"远程庭审指挥系统"的做法，参见《融合"互联网+"，永康市检察院建成远程庭审指挥系统》，载"金华市政府网"，http：//www.jinhua.gov.cn/art/2015/12/22/art_ 2797_ 669742. html，访问时间：2016 年 3 月 9 日。

[3] 笔者曾就"司法责任制"的问题前往全国部分基层检察院进行调研。一些检察官即坦言，目前检察机关内部存在部分抵触甚至反对"司法责任制"改革的声音，根本目的在于部分检察官自身办案能力不够强，担心无法独立办案及承担相应的责任。因此，实践中确有部分检察官"不敢独立办案、不愿独立办案"的情况。

也确实必须承认检察官在当庭质证、当庭辩论及当庭应变能力等方面的欠缺。①

如今，我国诉讼模式的发展与庭审中心主义的改革，意味着庭审将由虚转实，这亦加剧了庭审过程的对抗性和不可预测性。若检察官该独立而不能独立，则始终难以迈出改变当前"襁褓中的检察官"现状的步伐，这必然将有损检察官作为"法律守护人"与"国家法意志的代表人"的形象。因此，主张检察官的独立，是顺应我国诉讼模式发展的客观需要，也是实现我国检察官走向正规化、专业化、职业化的必然要求。

二、内涵探讨：检察官的独立具有相对性

（一）独立的相对性：法官与检察官之间的界岭

检察官的独立有别于法官的独立，其并不具有法官那样完全的独立，而是一种相对的独立。可以说，检察官的相对独立是检察官与法官之间的界岭，也意味着独立行使检察权与独立行使审判权具有本质区别。

首先，检察权与审判权根本属性不同，决定了检察官独立的相对性。由于检察权本身兼有行政与司法的双重属性，而非审判权那般纯粹的司法权，因而其运作过程中也必然呈现出行政化的特点。上下级检察官之间的关系也蕴含着检察业务上的领导与被领导关系，而不像法官那般相互平等，"除了法律之外没有别的上司"。检察官并不具有不可替代性，而是可以根据需要和指令更换。

其次，刑事诉讼进程中承担的职能不同，决定了检察官独立的相对性。相对于审判职能所体现的消极被动，检察机关在履行公诉职能时更多体现的是积极主动。换句话说，法官所必须具备的高度的中立与超然，对于检察官而言并不需要达到相应的高度，否则必然违背其所承担的职能要求。因此，对于检察官来说，一方面需要保证其依法独立办案；另一方面为了防止强大的控诉职能不被滥用，必须通过内部指令权来确保其权力行使受到监督控制。

综上所述，独立行使检察权与独立行使审判权具有本质的不同，也决定了检察官的独立不同于法官的独立。上下级检察官之间领导与被领导关系即是贯穿检察权运行全过程的检察一体化原则的表现，上级检察官对下级检察官有内部指令权，下级检察官对于上级检察官的指令有服从之义务。这个角度也印证了检察官的独立并非绝对，与法官行使审判权时只受法律与良心拘束相比，检察官的独立始终受到检察一体化这一根本原则的制约。

（二）独立的相对性：独立与一体化之间的平衡

理解检察官独立的相对性，其关键在于把握检察官的独立与检察一体化之间的关系。可以说，检察官独立与检察一体化天然上确实存在一定的冲突。尤其是在检察官独立行使职权的层面，检察一体与检察官独立会存有一定意义的对抗。② 不过，笔者认为，检察官的独立与检察一体化之间的冲突并非不可调和。当两者的冲突得以调和时，则两者的关系将

---

① 具体探讨参见吴思远：《"快播案"的程序法探讨》，载《上海法治报》2016年1月20日B6版。
② 张栋：《主任检察官制度改革应理顺"一体化"与"独立性"之关系》，载《法学》2014年第5期。

处于一个相对平衡的状态,此时便深刻诠释了检察官独立相对性的内涵。否则,或走向个权集中的极端或走向一体专横的极端,都是背离检察官相对独立实质内涵的。

实现检察官独立与检察一体化的平衡,应当将此问题放置在不同的检察职能语境下进行讨论。检察官所承担的职能复杂多样,因而在不同的检察职能行使过程中,检察官独立的相对性程度也有所差别。目前,一般可将检察职能分为三大类,即公诉职能、监督职能、职务犯罪侦查职能。如下将分别论之。

首先,公诉职能。公诉职能的司法属性最强,对于检察官亲历判断的要求也最高,因而检察官的相对独立程度也最高。检察官在履行诉讼职能时,应当严格按照法律规定与自身的法律确信、证据评判来作出相应的决定。相应地,上级检察官则应当谨慎行使指令权,尊重检察官的独立判断与内心确信,原则上不宜命令检察官改变决定。除非确有法律适用上的错误,则上级检察官应当严格依照程序改变。一旦上级检察官改变了下级检察官所做的决定,相应的办案责任也应当予以转移。这便体现了检察官独立与检察一体化之间的协调平衡。

其次,监督职能。诉讼监督职能的问题较为复杂,应当加以区分讨论。一是在侦查监督中,检察官有审查警察侦查行为并保证侦查行为合法的义务。从这个层面上来看,检察官在侦查监督中处于准司法官的地位,应当具备相当的中立和客观立场来作出审查与判断。因此,应当保证检察官具有相当的独立性来作出判断。二是在审判监督中,检察官处于相对被动的法律监督者位置。笔者认为,为了防止不当的审判监督破坏良性的诉审关系,应当要求检察机关以一个整体向法院提出抗诉或检察建议,这也是比较慎重和稳妥的选择。

最后,职务犯罪侦查职能。笔者认为,检察官在职务犯罪侦查职能中的独立性最弱。这是由于职务犯罪的侦查活动客观上需要检察机关形成合力、协同作战,集结最大化的力量来打击犯罪;同时,职务犯罪侦查事关人身权利之保障,行使职权易伴随权力滥用的危险,尤其是在我国令状主义尚未确立且职务犯罪侦查的监督制约尚不足的情况下,适当加强检察一体化的权重来作为内部监督确有必要。

因此,在职务犯罪侦查阶段,上级检察官的指令权行使界限最为宽松。[①] 然而,这也并不意味着检察官的相对独立性完全隐没于职务犯罪侦查职能中。由于侦查行为应当严格按照法律规定进行,因而上级检察官发布违法指令时,下级检察官也应当依法拒绝执行指令。从这个角度来看,即使在行使职务侦查职能时检察官所体现的相对独立程度有所局限,也仍需以法定主义的"帝王条款"[②] 来抵御对上级的绝对服从。

(三) 独立的相对性:不应抗辩实现独立的保障

即使相对性是检察官独立的本质内涵,从检察权外部运行的视角来审视检察官独立的问题,应当充分赋予实现检察官相对独立的相关保障。换言之,检察官独立的相对性不应成为保障这一独立实现的抗辩理由。检察官于内部的相对独立,不应受到来自外部的不当干预,这蕴含了检察官处于"一种不依附于其他机关、个人、权力而独立地行使权力的状

---

① 参见陈运财:《检察独立与检察一体之分际》,载《月旦法学杂志》2005 年 9 月第 124 期。
② 参见林钰雄:《检察官论》,法律出版社 2008 年版,第 35 页。

态"①。结合域外法治国家的经验做法，笔者认为，应当从以下三个方面来保障检察官的相对独立。

一是应从法律上保障检察官的相对独立。许多国家或地区都明确规定了检察官相对独立的法律地位。例如，我国台湾地区"法院组织法"第61条规定："检察官对于法院独立行使职权"；日本也明确规定了检察官并不服从于所属检察厅长官的命令，而是独立地行使检察权，因而检察厅也被称之为"独任制官厅"。② 在国际刑事司法领域，也已有不少关于检察官职责与角色的国际准则。其中，以1990年12月14日由联合国大会通过的《关于检察官作用的准则》最为重要。这一准则明确了检察官的独立角色，成为调整各缔约国检察官制度的国际性指标。然而，我国宪法、组织法、三大诉讼法对检察官是否具有独立性地位并没有明确规定，仅仅规定了检察机关独立行使检察权，从而也就导致了检察官的相对独立在法律上缺乏充分的依据。虽然目前正在推进的主任检察官改革对于检察官的办案主体地位有所突出，并或多或少肯定了其具有独立性地位。然而，正如学者所指出的那样，"这一独立的地位并非法律赋予，而是改革方案设计的"③。因此，我国检察官的相对独立仍有待从法律上予以明确。从检察制度改革的角度来看，这是破除改革阻碍与冲突并确保改革可以长久推进的重要保证。

二是应从身份上保障检察官的相对独立。为了保障检察官的独立性，应当保证其履行职权时具有稳定性，这种稳定性主要来源于法律对其身份的保障。具体言之，除非符合法律规定，否则不得随意将检察官停职、免职、撤职或以任意方式使其离职。④ 对此，如日本⑤、台湾地区⑥等都有着相似的规定。此外，检察官的纪律及管理实务应当由中立的检察官惩戒委员会负责，以此来阻断下级检察官与上级检察官之间可能产生的身份上的依附关系。

三是应从机制上保障检察官的相对独立。除了法律及身份上的保障外，相关配套机制的建立也对保障检察官的相对独立起到了重要作用。域外法治国家对检察官独立履职构建了身份保障、薪酬收入保障、职业安全保障、职业晋升机制等。在我国，相关配套机制亟待健全完善。不过值得一提的是，党的十八届四中全会审议通过的中共中央《关于全面推进依法治国若干重大问题的决定》要求建立领导干部干预司法活动、插手具体案件处理的记录、通报和责任追究制度，这一制度的建立对于检察官恪尽职守、公正独立履行职责具有不可替代的作用。

---

① 郑青：《论司法责任制改革背景下检察指令的法治化》，载《法商研究》2015年第4期。

② 参见〔日〕森际康友编：《司法伦理》，于晓琪、沈军译，商务印书馆2010年版，第170页。

③ 谢鹏程：《检察官办案责任制改革的三个问题》，载《国家检察官学院学报》2014年第6期。

④ 值得注意的是，笔者发现，这些检察官身份的保障规定，与对法官身份的保障有显著的区别。其区别在于法官身份上的保障一般还包括不得违背个人意愿"调职"。这一点充分说明了检察官独立与法官独立的区别，也体现了检察官官僚性人事的特点。

⑤ 参见日本检察厅法第25条，"检察官除了退休或其他的特别规定的事由外，不得违背其本人意愿而使其失去官职、停止职务或减少工资"。

⑥ 检察官除转调外与实任法官相同。即检察官为终身制，非受刑事或惩戒处分或禁治产之宣告，不得免职，非依法律不得停职或减俸。参见秦冠英：《检察一体与检察独立之分际与界限》，载《甘肃政法学院学报》2015年第2期。

三、边界厘定：检察官的独立具有限度性

（一）厘定独立的界限

确认检察官的独立，并不意味着这种独立的漫无边际。检察官独立的相对性决定了其独立的限度性，这就要求框定检察官独立行使职权与上级检察官的领导监督权各自的界限，互不逾越。笔者认为，对这一问题可以从以下几方面加以阐述：

一是下级检察官的独立应具有优先性。如上文所述，下级检察官独立办案从逻辑上先于上级检察官对案件的领导监督。这意味着上级检察官享有的指令权只能是事后的、补充的，而非事前的、主导的。上级检察官行使指令权，实际上是一种纠错的行为，通过纠正下级检察官的行为或决定来保障检察权的统一行使，防止下级检察官行使权力的肆意。正如有学者所言，指令权"在功能上具有决疑性、纠错性和政策性"①。然而，这种纠正性质的监督不能逾越检察官独立行使职权的优先性。确定下级检察官独立办案的优先性，是框定上级检察官领导监督权界限的前提。

二是上级检察官的领导监督应体现审慎性。上级检察官行使指令权不应任意妄为。一方面应当充分考虑发出指令的正确性与必要性，在确有必要时作出指令，以防止对案件的不当干预；另一方面，应当是在尊重下级检察官个人判断的基础上作出。我们应当认识到，下级检察官并非上级长官的附庸，上级检察官谨慎行使指令权。当上级检察官改变下级检察官的决定时，应当充分听取下级检察官陈述理由，以此保持上下级检察官之间的良性关系，从而弥补任何偏颇的弊端。

三是上级检察官的领导监督应保证合法性。合法性要求上级检察官行使指令权必须在法治轨道上进行，这是上级检察官谨慎行使指令权的制度依据。对此，可以从实体与程序两个角度加以规范上级检察官所享有的指令权。实体上应确定权力清单，划定不宜作出指令的事项；程序上则应明确上级指令权作出的程序与方式，尤其应当明确指令行为应当通过书面形式进行并附卷，做到全程留痕，以供监督与追责。通过实体与程序两个方面将上级检察官的指令权力关进笼子，避免了指令行使的随意与越界，同时也为下级检察官所享有的独立空间划清了界限。

（二）消解不当的影响

检察权的行政与司法双重属性决定了检察官身兼行政官与司法官的双重身份。然而，虽然检察官具有行政官员的某些属性，但出于检察官行使职权涉及追诉犯罪与国家法律实施，这一特殊性与重要性也意味着检察官与普通的行政官员具有本质的不同。更为重要的是，从检察官创设的初衷来看，其即是在警察与法官之间设置了权力制约的要津，因而检察官职责本身理应包括了法律监督的底蕴。因此，检察官的客观义务自始至终被视为一项重要的原则，其要求检察官以客观公正之义务来行使职权。从这个角度来看，其与法官一

---

① 万毅：《检察改革"三忌"》，载《政法论坛》2015 年第 1 期。

样，"同为客观法律准则及实体真实正义的忠实公仆"①。检察官的客观义务是检察官个人职业信仰，正如有学者所言，"一旦个别检察官以上命下从为理由，而不顾客观性义务，则有可能因上命下从而摆脱法律仆人的角色"②。

然而，完全寄希望于检察官个体以客观公正的心态行使职权，不明智也不现实。其一，在检察一体化原则下，检察官个体置于作为法律人的良心与复杂的人际关系夹层中的矛盾难以避免；其二，我国检察官综合素质仍有待提高，其离正规化、专业化、职业化的目标尚存距离，单凭客观义务恐怕难以支撑检察官独立行使职权。因此，笔者认为，应当特别注意到我国检察官相对独立所须依靠的制度土壤与环境。如果这些因素不加以考虑，那么极有可能架空检察官独立的意义。从我国的现实情况来看，应当关注可能不当影响检察官独立行使权力的因素，并尽力予以消解。

目前如何理顺主任检察官与检察官个人的关系，尤其应当予以重视。从短期来看，两者关系的异化将可能成为阻碍检察官独立行使职权的最大因素。从长远来看，两者关系直接关系到了我国主任检察官改革与发展的前景。具体而言，目前一些试点地方在推行主任检察官时，将主任检察官视为办案小组长。同时，部分主任检察官还担任着科层中处长、科长的职务。在检察官办完案件后，主任检察官需要审核；若有不同意见，还需要交由检察长决定。从实质上来看，这与原先的三级审批办案制并没有区别，检察机关内部过于行政化的问题仍没有得到根除。有学者便指出，这样的改革"不过是穿新鞋走旧路"③。从另一个角度来看，其也反映了目前的主任检察官制度具有过渡性与不彻底性。我们应当认识到，个体检察官是办案的权力主体，也是追责的责任主体。检察官独立的最小单位是个体检察官，而非主任检察官。对此，笔者主张，主任检察官的头衔应当弱化而非强化。一旦能够进入检察官序列，就全部应当视为检察官。而过渡时期内主任检察官对普通检察官所做决定的审核，只能是形式或程序上的，并不是具备实质意义。

（三）配套适当的监督

"大道至简，有权不可任性。"检察官践行着社会中最严格的道德承诺，掌握着国家实施刑罚的权力。④ 如果没有配套适当的监督机制来约束这样的权力，将造成不可想象的后果。美国独立检察官制度的失败，为我们树立了不应忽视的经验教训。在很大程度上，法律本身的制约与社会公众的监督效果往往是甚微的。⑤ 因此，在主张检察官独立性的同时，也必须考虑建立起怎样的机制才能对其独立地位与权力进行有效的监督。

从已有的监督机制来看，包括了内部监督与外部监督两种。内部监督，一方面，由于内部利益共同性的属性很难真正发挥监督的功能；另一方面，检察一体化原则作为一种内

---

① 林钰雄：《检察官论》，法律出版社 2008 年版，第 21 页。

② 孙谦：《维护司法的公平和正义是检察官的基本追求——〈检察官论〉评介（二）》，载《人民检察》2004 年第 3 期。

③ 万毅：《检察改革"三忌"》，载《政法论坛》2015 年第 1 期。

④ See Ronald F. Wright, Marc L. Miller. The Worldwide Accountability Deficit for Prosecutors, Washington and Lee Law Review, Vol. 67, 2010, p. 1589.

⑤ See Angela J. Davis. The American Prosecutor: Independence, Power, and the Threat of Tyranny. Iowa Law Review, Vol. 86, 2001, pp. 399-400.

部监督控制的手段，已在很大程度上承担了相应功能。因此，应当将视角更多地放在外部监督机制上。笔者认为，设立中立的检察官惩戒委员会不失为一个好的方式。中立的检察官惩戒委员会，应当由非检察官组成，吸收具有专业性与权威性的法学专家与律师、法律工作者等。即使在未有申诉时，检察官惩戒委员会也有权主动对检察官启动临时、随机的审查。审查后可以根据事实和法律明确检察官是否应当承担相应责任，作出给予检察官无责、免责或给予惩戒处分的决定。目前，上海司法改革中的惩戒委员会是错案责任追究制中的重要创新，也可视为设立检察官惩戒委员会的经验积累。当然，有学者已经指出了其中的不完善之处，如如何扩大代表性与权威性等。① 究其关键，应当防止检察官惩戒委员会沦为"橡皮图章"，通过制度设计充分保证其中立性与超然性，以真正发挥检察官惩戒委员会对检察官的监督与制约功能。

（作者单位：华东政法大学）

---

① 参见陈海锋：《错案责任追究的主体研究》，载《法学》2016 年第 2 期。

论以审判为中心的诉讼制度

张吉喜

中国共产党第十八届四中全会审议通过的中共中央《关于全面推进依法治国若干重大问题的决定》（以下简称《决定》）提出了"推进以审判为中心的诉讼制度改革"。"以审判为中心"在理论上被称为审判中心主义。本文将考察以审判为中心的含义及其需要遵循的两项基本原则，分析我国刑事诉讼法在保障审判的中心地位上取得的成就和存在的不足，指出在我国建立以审判为中心的刑事诉讼制度需要进行的改革。

一、以审判为中心的含义

以审判为中心是指在刑事诉讼各阶段之间的关系上，审判是中心，侦查和审查起诉都是围绕着审判这一中心而展开的，审判对侦查和审查起诉具有制约和引导作用，侦查和审查起诉需要接受审判的检验。在以审判为中心的诉讼制度中，侦查和审查起诉阶段形成的案卷材料只能用于作出适用强制措施和起诉等程序性决定；审判中的定罪量刑只能依据法庭上直接调查的证据，而不能依据侦查和审查起诉阶段形成的案卷材料。

与审判中心主义相对应的概念是侦查中心主义。侦查中心主义的直接表现是案卷笔录中心主义。[①] 在侦查中心主义的诉讼制度中，侦查是刑事诉讼的中心，审判中的定罪量刑往往依据的不是法庭上直接调查的证据，而是侦查阶段形成的案卷材料；侦查阶段形成的案卷材料对于审判具有决定作用。因此，在侦查中心主义的诉讼制度中，审判对于侦查和审查起诉的制约功能十分有限，侦查的结果往往预示着审判的结果，被告人有罪的结果在审判阶段几乎没有悬念。

在这里需要说明的是，以审判为中心只适用于部分刑事公诉案件。首先，以审判为中心针对的仅仅是刑事公诉案件。这是因为只有在刑事公诉案件中才存在侦查、审查起诉和审判程序，才存在以哪个阶段为中心的问题；在刑事自诉、民事诉讼和行政诉讼中，诉讼即为审判，不存在要不要以审判为中心的问题。其次，以审判为中心不适用于所有的刑事公诉案件。以审判为中心有三项例外：一是在侦查阶段和审查起诉阶段终结了刑事诉讼，没有进入审判程序的案件，如在审查起诉阶段适用不起诉和附条件不起诉的案件。二是适用简易程序的案件。最高人民法院《关于适用〈中华人民共和国刑事诉讼法〉的解释》（以下简称《法院解释》）第295条规定，适用简易程序审理案件，对控辩双方无异议的证据，可以仅就证据的名称及所证明的事项作出说明；控辩双方对与定罪量刑有关的事实、证据没有异议的，法庭审理可以直接围绕罪名确定和量刑问题进行。三是被告人认罪的其他案件。《法院解释》第227条和第231条规定，对被告人认罪的案件，法庭调查可以主要

---

① 陈瑞华：《案卷笔录中心主义——对中国刑事审判方式的重新考察》，载《法学研究》2006年第4期。

围绕量刑和其他有争议的问题进行；法庭辩论时，可以引导控辩双方主要围绕量刑和其他有争议的问题进行。概言之，在适用简易程序的案件和被告人认罪的其他案件中，如果被告人没有异议，侦查和审查起诉阶段形成的案卷材料就会直接成为审判中定罪量刑的依据。

以审判为中心必然意味着以庭审为中心和以一审为中心。详述如下：

第一，以庭审为中心。在审判阶段，除了庭审之外，还有各种庭下的审判活动，如庭前与庭后的阅卷、院长和庭长对审判的指导以及审判委员会讨论研究案件等。以审判为中心反对以案卷材料为中心，必然要求以庭审作为审判阶段的中心环节。只有在庭审阶段，证据才能够以脱离案卷的方式得到展示，辩方才有机会对控方的证据进行质证并提出没有包括在案卷中的对自己有利的证据，案件的裁判才能够脱离对案卷的依赖。因此，《决定》提出"保证庭审在查明事实、认定证据、保护诉权、公正裁判中发挥决定性作用"；习近平总书记在《关于〈中共中央关于全面推进依法治国若干重大问题的决定〉的说明》中特别指出："充分发挥审判特别是庭审的作用，是确保案件处理质量和司法公正的重要环节。"

第二，以一审为中心。刑事审判包括一审和上级审，上级审又包括二审、复核审和再审。以审判为中心意味着以一审为中心，这是因为就案件事实的认定而言，上级审的功能相对于一审来说是十分有限的。① 其一，所有进入审判程序的案件都会经历一审，但并非所有进入审判程序的案件都会经历上级审。其二，与上级审相比，一审获得的证据可能更多、更可靠。首先，与上级审相比，一审能够获得的证据可能更多，这是因为随着时间的推移增加了实物证据灭失的可能性。其次，与上级审相比，一审获得的证据可能更可靠。被告人、被害人、证人、鉴定人及勘验、检查人员等对案件事实的记忆会随着时间的推移而变得模糊，其在一审中提供的证据可能更加准确。另外，经历了一审后，上述人员较多地了解了案件的相关信息，在上级审中再次提供证据时容易受到其他案件信息的影响，对于与案件有利害关系的被告人和被害人来说尤为如此。其三，与上级审相比，一审审查的案件事实更加全面。虽然根据我国刑事诉讼法的规定，无论是二审、复核审，还是再审，都适用全面审查原则，但是在司法实践中，上级审法院均重点围绕有争议的问题进行审理。② 其四，只有一审案件应当全部开庭审理。根据我国刑事诉讼法的规定，第一审案件应当全部开庭审理，第二审只是部分案件依法应当开庭审理，复核审案件则全部不开庭审理。

二、以审判为中心需要遵循的两项基本原则

以审判为中心是对以侦查为中心的否定。因此，实施以审判为中心，首先需要审判人员在庭审中直接审查证据，而非审查侦查阶段形成的案卷材料，这就需要遵循直接言词原则。其次，以审判为中心需要审判人员严格依据证据进行裁判，这就需要遵循证据裁判原则。以审判为中心需要遵循直接言词原则和证据裁判原则，也体现在了《决定》和《关于全面深化人民法院改革的意见——人民法院第四个五年改革纲要（2014-2018）》中。《决定》在提出"推进以审判为中心的诉讼制度"时，明确要求"全面贯彻证据裁判规则"和"完善证人、鉴定人出庭制度"。后者在一定程度上体现了直接言词原则。《关于全面深化

---

① 孙长永：《审判中心主义及其对刑事程序的影响》，载《现代法学》1999年第4期。
② 龙宗智：《论建立以一审庭审为中心的事实认定机制》，载《中国法学》2010年第2期。

人民法院改革的意见——人民法院第四个五年改革纲要（2014-2018）》也明确要求"全面贯彻证据裁判原则"和"落实直接言词原则"。

第一，直接言词规则。直接言词原则由直接原则和言词原则构成。直接原则包括直接审理原则和直接采证原则。直接审理原则，又称"在场原则"，要求各诉讼主体都必须在开庭时亲自到场，在精神和体力上均有能力参与诉讼的情况下参与诉讼。直接采证原则要求审判人员必须亲自直接从事法庭调查，直接接触证据、审查证据和采纳证据；未直接采证的审判人员无权裁判案件；证据只有经过审判人员以直接采证方式获得才能作为定案的根据。根据直接采证原则，物证必须经过当庭辨认和质证，人证必须经过当庭询问或讯问。言词原则也被称作口头原则或者言词辩论原则，是指法庭审判活动应当以言词陈述的方式进行。[①] 只有在例外的情况下，才可以不适用直接言词原则，在审判中宣读庭前笔录。如德国刑事诉讼法第251条规定，只有在证人、鉴定人或共犯因死亡或其他原因在可预见的期间内无法到庭接受询问时，经控辩双方同意，才允许宣读他们所做的与财产损失有关的庭前笔录；只有在证人、鉴定人或共犯因疾病、体弱或其他不可克服的困难在相当长或不确定的期间内无法出庭时，经控辩双方同意，才可以宣读庭前法官对他们进行询问时所做的笔录；在证人或鉴定人距离遥远时，考虑到证言的重要性不大，经控辩双方同意，也可以宣读庭前法官对他们进行询问时所做的笔录。

直接言词原则有助于实现审判在刑事诉讼程序中的中心地位。根据直接言词原则，案卷材料不能作为审判阶段认定案件事实的根据，只有经过审判人员以直接采证方式获得的证据才能作为定案的根据。直接言词原则使庭审不能依赖侦查和审查起诉阶段形成的案卷材料，否定了案卷材料对审判的预决效力，使审判阶段成为刑事诉讼中认定案件事实的中心。只有贯彻直接言词原则，才能够做到"事实调查在法庭、证据展示在法庭、控诉辩护在法庭、裁判说理在法庭"，才能够"保证庭审在查明事实、认定证据、保护诉权、公正裁判中发挥决定性作用"。

第二，证据裁判原则。证据裁判原则，又称证据裁判主义，是指审判人员对案件事实的认定必须以证据为根据，没有证据不能认定案件事实。证据裁判原则是现代证据法的基本原则之一。[②] 虽然只有少数国家和地区的刑事诉讼法明确规定了证据裁判原则，但是相关国家和地区的证据制度体现了证据裁判原则的精神。证据裁判原则对审判活动具有如下三方面的要求：其一，作为裁判依据的证据必须具有证据能力。我国证据理论认为，一项材料只有具有客观性、关联性和合法性，才具有证据能力。客观性要求证据必须查证属实。关联性要求证据必须对裁判事实具有实质性的证明作用。合法性要求证据在表现形式、取证主体和取证程序上必须符合刑事诉讼法的规定。其二，作为定案依据的证据必须按法定程序进行审查判断。为了发现案件真实和保障诉讼权利，作为裁判依据的证据必须在法庭上公开出示，并经过控辩双方的充分质证。其三，所有证据经过综合审查判断后达到法定的证明标准，才能够认定被告人有罪。换言之，对于没有达到法定证明标准的案件，必须

---

① 宋英辉、李哲：《直接、言词原则与传闻证据规则之比较》，载《比较法研究》2003年第5期。
② 蔡墩铭：《刑事证据法论》，台湾五南图书出版公司1997年版，第424页。

宣告被告人无罪。①

依据证据裁判原则，法庭必须按法定程序对证据进行审查判断，只有具有证据能力的证据达到法定的证明标准才能够认定被告人有罪。证据裁判原则通过上述要求，使侦查和审查起诉阶段认定的案件事实在审判阶段获得实质性审查，避免了依据侦查和审查起诉阶段认定的案件事实进行裁判。可以说，证据裁判是审判对侦查和审查起诉的强有力的约束机制。

三、我国刑事诉讼法在保障审判的中心地位上取得的成就及存在的不足

我国刑事诉讼法在保障审判的中心地位上取得了一定的成就，但是也存在一定的不足。

（一）我国刑事诉讼法在保障审判的中心地位上取得的成就

第一，我国刑事诉讼法体现了直接言词原则的精神。我国刑事诉讼法虽然没有明文规定直接言词原则，但是相关规定在一定程度上体现了直接言词原则的精神。刑事诉讼法明确要求审判人员、当事人、法定代理人、辩护人、诉讼代理人到庭，规定了证人、鉴定人、被害人出庭作证的程序以及当庭举示证据的程序。《法院解释》对上述内容作了更加详细的规定，并强调"证据未经当庭出示、辨认、质证等法庭调查程序查证属实，不得作为定案的根据"。这些规定体现了直接原则。言词原则主要体现在如下方面：其一，刑事诉讼法规定了被告人、被害人就起诉书指控的犯罪事实进行陈述的程序，以及当庭讯问、询问被告人、被害人的程序。其二，刑事诉讼法规定了证人、鉴定人出庭作证。刑事诉讼法第187条明确规定了证人出庭作证的条件以及鉴定人出庭作证的条件、不出庭的法律后果。为了确保证人出庭作证，刑事诉讼法规定了强制证人出庭作证制度、对证人违反出庭作证义务的处罚措施、对证人及其近亲属的保护措施以及对证人作证的保障措施。《法院解释》对上述各方面作了更加详细的规定。

第二，证据裁判原则在我国刑事诉讼法中已经得到了确立。2007年最高人民法院、最高人民检察院、公安部、司法部联合出台的《关于进一步严格依法办案确保办理死刑案件质量的意见》首次提出了证据裁判原则："坚持证据裁判原则，重证据、不轻信口供。"2010年最高人民法院、最高人民检察院、公安部、国家安全部和司法部联合颁布的《关于办理死刑案件审查判断证据若干问题的规定》第2条再次明确规定："认定案件事实，必须以证据为根据。"《法院解释》第61条也作出了类似的规定。刑事诉讼法及《法院解释》的相关规定具体体现了证据裁判原则。首先，对证据能力作出了规定。刑事诉讼法规定了证据的相关性、客观性、证据的种类、行政机关在行政执法和查办案件过程中收集的证据材料的证据能力、非法证据的排除以及证人的资格。其次，规定了证据的法庭调查程序。除了上文提到的关于证据法庭调查程序的规定之外，刑事诉讼法还规定了举证责任以及排除非法证据的程序。再次，规定了证据的综合审查认定。刑事诉讼法除了规定口供补强规则和证明标准之外，还明确规定案件事实清楚，证据确实、充分，依据法律认定被告人有

---

① 陈光中、郑曦：《论刑事诉讼中的证据裁判原则——兼谈〈刑事诉讼法〉修改中的若干问题》，载《法学》2011年第9期。

罪的，应当作出有罪判决；证据不足，不能认定被告人有罪的，应当作出证据不足、指控的犯罪不能成立的无罪判决。《法院解释》对证据的综合审查与运用作了特别详细的规定。

（二）我国刑事诉讼法在保障审判的中心地位上存在的不足

第一，没有完全贯彻直接言词原则。刑事诉讼法第187条规定了证人、鉴定人出庭作证的条件，将人民法院认为有必要出庭作证作为证人、鉴定人出庭作证的条件之一。实践中，审判人员基于诉讼效率的考虑和受传统司法观念的影响，一般较少认为证人、鉴定人有必要出庭，这导致了刑事诉讼中证人、鉴定人出庭作证的现状是"以不出庭为原则，以出庭为例外"。另外，刑事诉讼法第190条为证言笔录、鉴定意见书作为庭审证据提供了依据。由于证人、鉴定人不出庭，导致对于证人证言和鉴定意见只能通过宣读案卷材料的方式进行法庭调查。在这种情况下，审判人员对案件事实的认定实质上是通过对案卷材料的审查来完成的，这违背了直接言词原则，导致侦查的结果左右甚至决定审判的结果，偏离了以审判为中心，形成了以侦查为中心。

第二，没有完全实现以庭审为中心。以庭审为中心是以审判为中心的要求之一。以庭审为中心要求裁判结果形成于法庭。但是，在当前的司法实践中，案件的裁判结果难以形成于法庭。首先，法院内部的行政化使得裁判结果难以形成于法庭。虽然近年来的司法改革在强化主审法官、合议庭权力方面迈出了可喜的步伐，部分地区已经开始试点放权于主审法官、合议庭，但是在多数地方，主审法官、合议庭审理的案件仍然需要由院长、庭长签发判决书。除此之外，刑事诉讼法第180条规定的审判委员会讨论决定疑难、复杂、重大案件，也使得在此类案件中裁判结果难以形成于法庭。其次，来自法院外部的干预使得裁判结果难以形成于法庭。来自法院外部的干预主要包括政法委协调办案、纪委指导办案、党政机关领导干部干预司法等。上述两种情形造成了审理与裁判的分离，即所谓的"判者不审、审者不判"，这偏离了以庭审为中心，不仅违背了直接言词原则，也违背了证据裁判原则。

四、在我国建立以审判为中心的诉讼制度需要进行的改革

为了推进以审判为中心的诉讼制度改革，我们应当主要围绕贯彻直接言词原则和实现以庭审为中心来完善我国的刑事诉讼制度。《决定》在提出"推进以审判为中心的诉讼制度改革"的同时，还提出了一些有助于实现这一目标的具体改革措施。《关于全面深化人民法院改革的意见——人民法院第四个五年改革纲要（2014-2018）》对贯彻"推进以审判为中心的诉讼制度改革"作出了具体规定。我们应当将这些改革措施转化为法律规定。另外，推进以审判为中心的诉讼制度改革还需要完善相关的配套措施。

第一，贯彻直接言词原则，完善证人、鉴定人出庭作证制度。《决定》和《关于全面深化人民法院改革的意见——人民法院第四个五年改革纲要（2014-2018）》明确提出了完善、严格落实证人、鉴定人出庭制度。直接言词原则应当成为我们完善证人、鉴定人出庭作证制度的指南。根据直接言词原则，证人、鉴定人应当"以出庭为原则，以不出庭为例外"。我们认为，为了贯彻直接言词原则，应当通过司法解释对证人、鉴定人出庭制度进行如下完善：首先，在被告人可能被判处死刑、无期徒刑的案件中，对案件定罪量刑有重

大影响的证人应当出庭作证，无论控辩双方是否对该证人的证言有异议；鉴定人都应当出庭作证，无论控辩双方是否对该鉴定人的鉴定意见有异议。其次，在被告人不认罪的适用普通程序审理的案件中，应当弱化法院认为有必要出庭这一条件，即对于证人而言，只要控辩双方对其证言有异议，该证人证言对案件定罪量刑有重大影响，该证人就应当出庭作证；对于鉴定人而言，只要控辩双方对其鉴定意见有异议，该鉴定人就应当出庭作证。另外，应当通过司法解释明确在以上两种情况下，证人没有正当理由拒绝出庭或者出庭后拒绝作证，其书面证言不能作为定案根据。

第二，保障审判人员独立办案，确保庭审在刑事诉讼中的中心地位。以审判为中心需要最大限度地防止法院内部因素和外部因素对审判的干预，保障刑事案件审与判的有机统一，让庭审成为定罪量刑的决定性环节。

首先，在法院内部保障审判人员独立办案。为了保障审判人员独立办案，《决定》提出，"司法机关内部人员不得违反规定干预其他人员正在办理的案件，建立司法机关内部人员过问案件的记录制度和责任追究制度。"为了实现让审理者裁判，应当改革人民法院内部的权力运作机制，保障主审法官、合议庭依法独立办案。对此，《关于全面深化人民法院改革的意见——人民法院第四个五年改革纲要（2014-2018）》提出了"改革裁判文书签发机制"，"规范院、庭长对重大、疑难、复杂案件的监督机制，建立院、庭长在监督活动中形成的全部文书入卷存档制度。依托现代信息化手段，建立主审法官、合议庭行使审判权与院、庭长行使监督权的全程留痕、相互监督、相互制约机制，确保监督不缺位、监督不越位、监督必留痕、失职必担责。""除法律规定的情形和涉及国家外交、安全和社会稳定的重大复杂案件外，审判委员会主要讨论案件的法律适用问题。"另外，为了保障审判人员独立办案，《决定》和《关于全面深化人民法院改革的意见——人民法院第四个五年改革纲要（2014-2018）》还进一步要求健全法官履行法定职责保护机制，非因法定事由，非经法定程序，不得将法官调离、辞退或者作出免职、降级等处分。除了《决定》和《关于全面深化人民法院改革的意见——人民法院第四个五年改革纲要（2014-2018）》提出的上述改革措施外，为了确保以庭审为中心，还应当改革审判委员会讨论决定案件的方式，将审判委员会讨论决定案件的方式由会议制改为审理制：除了参加合议庭的审判委员会委员外，审判委员会的其他成员也应当集体旁听合议庭的审判；除非全体审判委员会委员审理或旁听了庭审，否则不得改变合议庭对事实的认定，以确保案件事实认定出自庭审。

其次，保障人民法院审判案件不受法院外部的干预。第一，消除地方对法院人财物上的控制。对此，需要改革司法管理体制，《关于全面深化人民法院改革的意见——人民法院第四个五年改革纲要（2014-2018）》提出了构建地方法院人财物统一管理制度，建立与行政区划适当分离的司法管辖制度。第二，禁止党政机关和领导干部违法干预审判工作。对此，《决定》指出，"建立领导干部干预司法活动、插手具体案件处理的记录、通报和责任追究制度。任何党政机关和领导干部都不得让司法机关做违反法定职责、有碍司法公正的事情，任何司法机关都不得执行党政机关和领导干部违法干预司法活动的要求。对干预司法机关办案的，给予党纪政纪处分；造成冤假错案或者其他严重后果的，依法追究刑事责任。"

第三，完善以审判为中心的相关配套措施。推进以审判为中心的诉讼制度改革还需要完善相关配套措施：其一，扩大被告人获得法律援助的案件范围。辩护人出庭能够更有效地对控方证据进行质证，进一步提升庭审的实质性。但是，当前我国刑事诉讼中被告人获得辩护人辩护的比例较低，刑事诉讼法规定的被告人获得法律援助的案件范围也十分有限。因此，需要扩大被告人获得法律援助的案件范围。对此，《决定》也指出"完善法律援助制度，扩大援助范围"。其二，强化裁判文书说理。以审判为中心要求裁判应当形成于法庭。裁判文书说理不仅可以促使审判人员审视其裁判是否形成于庭审，还能够使控辩双方、上级法院以及公众对裁判是否形成于法庭进行监督。第三，提高法官、检察官的业务能力。直接言词原则要求法官通过庭审准确把握案件事实，对法官的业务能力提出了非常高的要求。另外，以审判为中心还要求公诉检察官提高案件审查和出庭支持公诉的业务能力。第四，构建新型的侦诉关系。公诉人应根据庭审证明的需要，强化公诉对侦查的引导，引导侦查人员收集、补充证据。①

（作者单位：西南政法大学法学院）

---

① 樊崇义、张中：《论以审判为中心的诉讼制度改革》，载《中州学刊》2015 年第 1 期。

确立审判中心地位，实现庭审实质化

张剑秋　刘　召

　　党的十八届四中全会通过的中共中央《关于全面推进依法治国若干重大问题的决定》（以下简称《决定》）提出："推进以审判为中心的诉讼制度改革，确保侦查、审查起诉的案件事实证据经得起法律的检验。"这是我们党从全面推进依法治国，加快建设社会主义法治国家，坚持严格司法，确保刑事司法公正的现实需要和长远考虑所作出的重大改革部署。

　　受"程序工具论"的影响，我国刑事诉讼模式长期以来都有着"侦查中心"的倾向，导致审判虚无化、形式化。何家弘教授曾将我国刑事庭审虚化现象概括为举证的虚化、质证的虚化、认证的虚化、裁判的虚化四个方面。[1] 历次的刑事诉讼法修订也均致力于扭转这一不良局面，但受种种原因的制约，这一现象并未能得到根本性的扭转。可以这样说，只有确立审判在整个刑事程序中的中心地位，才能确保法庭审理环节的实质化，并最终完成我国刑事司法的改革。通过庭审实质化实现"以庭审为中心"，既是司法规律的必然要求，也是优化我国刑事诉讼运行机制的重要举措。

一、庭审实质化的法理价值

（一）"以庭审为中心"是司法权运行的必然要求，是实现司法公正的根本路径

　　司法的根本特性是判断性，而这一判断的前提是亲历性，即判断者需要亲身经历程序、直接审查证据。而只有法庭审判能全面、有效地提供亲历性条件，才能使法官得到鲜活、丰富的案件信息，从而获得正确作出司法判断的基础和条件。刑事诉讼应当"以审判为中心"，即在事实认定与法律适用上，审判应发挥决定性作用。这是因为审判具有中立性与独立性，采取兼听和辩论的方法，采用公开的方式、严格的程序与合理的技术，具备正确判定事实和适用法律的最佳条件，而审判的这些特性及方法主要是通过庭审体现的。反之，如以庭下阅卷的方式实施审判，不仅会不可避免地导致"案卷笔录中心主义"、"侦审联结"与"侦查中心主义"，而且其运作方式与侦查终结、审查起诉等活动无本质区别，难以支撑审判的优越地位和决定性作用。[2]

　　众所周知，我国刑事诉讼包括侦查、审查起诉和审判等环节。根据刑事诉讼法规定，公检法三机关在刑事诉讼中应当分工负责、互相配合、互相制约。然而这一原则在实际执行中并不理想，三机关之间或多或少存在"配合有余"、"制约不足"的问题，特别是审判程序难以有效发挥对其他诉讼程序的制约作用。主要表现在：有的办案人员对审判重视不

---

① 参见何家弘：《刑事庭审虚化的实证研究》，载《法学家》2011 年第 6 期。
② 参见龙宗智：《建立以一审庭审为中心的事实认定机制》，载《中国法学》2010 年第 2 期。

够，常常出现一些关键证据该收集而没有收集，不依法进行收集，或者收集后不依法移送，导致进入庭审的案件不符合"案件事实清楚，证据确实充分"的法定要求，冤假错案时有发生。推进以审判为中心的诉讼制度改革，目的就是要切实发挥审判程序应有的制约把关作用，形成一种倒逼机制，促使公检法三机关办案人员树立案件必须经得起法律检验、庭审检验的理念，严格依法规范侦查和起诉活动，以便有效地防范冤假错案，避免因人为失误、失职甚至渎职，导致有罪者未能受到法律的应有制裁，造成客观上放纵犯罪或者打击不力的现象发生。

（二）推进以审判为中心的诉讼制度改革，是遵循诉讼规律，实现程序法治的必然要求

在刑事诉讼中坚持以审判为中心，从根本上讲是由司法审判的最终裁判性质所决定的，坚持以审判为中心，是因为侦查、审查起诉工作的实际成效，最终需要通过法庭审理来检验，法庭审理是确保案件公正处理的最终程序。刑事诉讼法第 12 条规定："未经人民法院依法判决，对任何人都不得确定有罪。"未经审判，不得定罪，是刑事诉讼设置审判程序的根本目的和核心价值所在。如果以侦查或者审查起诉为中心，审判程序最终裁判的属性和功能势必无法发挥和体现，甚至连有无存在的必要都将成为问题。因此，推进以审判为中心的诉讼制度改革，是现代诉讼制度的应有之义，是程序法治应有的标准，是法治社会应有的状态，是确保刑事司法公正的必然要求。是为了更好地落实公检法三机关分工负责、互相配合、互相制约的诉讼原则，更好地实现惩罚犯罪保障人权的诉讼目的。

（三）推进以审判为中心的诉讼制度改革，是加强人权司法保障的必由之路

综观当今各法治国家的刑事诉讼立法和实践，无不注重惩罚犯罪和保障人权这两项基本要求的兼顾平衡。刑事诉讼程序的设置，首要目的当然是为了解决与惩罚犯罪相关的罪责刑问题，这是毋庸置疑的。但同时也应当清醒地认识到，保障人权已成为刑事立法和司法所追求的重要价值目标之一。刑事司法所涉人权保障，既包括诉讼程序内的人权保障，即使被认定有罪的人也要保障他的基本人权和诉讼权利；又包括诉讼程序外的人权保障，非经正当法律程序，不得对任何人认定有罪和施以刑罚。自 2004 年"国家尊重和保障人权"入宪以来，对人权的法律保障——尤其是司法保障力度明显加强，2012 年刑事诉讼法修改，其贯穿的一条主线就是为了更好地实现惩罚犯罪与保障人权的兼顾平衡。但是，由于历史的巨大惯性，加之具体的制度设计还不够科学严密，有关人权保障的法律规定在实践中尚未得到很好的落实。从披露的重大冤假错案来看，几乎无一例外存在刑讯逼供、非法取证、不重视辩解辩护意见等侵犯当事人诉讼权利和其他权利的问题。因此，只有实现以审判为中心，完善对限制人身自由司法措施和侦查手段的司法监督，实现审判程序影响前移，才能及时制止和纠正违法行为，从源头上防范刑讯逼供和非法取证。只有实现以审判为中心，切实让审判发挥作用、担起责任，才能有效落实罪刑法定、疑罪从无、非法证据排除等法律原则和制度，确保有罪的人受到应有的制裁，无罪的人不受追究。

二、实现庭审实质化所面临的问题

庭审实质化是相对于庭审虚化或形式化而言。所谓"庭审虚化"，是指案件事实和被告人的刑事责任不是通过庭审方式认定，甚至不在审判阶段决定，庭审只是一种形式。我国刑事庭审虚化的问题由来已久。早在 1996 年刑事诉讼法修改时，理论界和立法者均认为当时庭审"先入为主"、"先判后审"、"先定后审"，导致开庭审判"走过场"。① 对此，1996 年刑事诉讼法改革开庭前的审查程序，将开庭前的实体性审查改为程序性审查，同时增强了庭审对抗性。然而，这些改革并没有取得预期效果。2012 年刑事诉讼法修改时，立法者继续朝此方向努力，认为"审判是决定被告人是否构成犯罪和判处刑罚的关键阶段"②，并改革庭前准备程序、证人、鉴定人出庭制度等。但时至今日，在一些地方的司法实践中，刑事庭审虚化的现象仍并非鲜见，近期报道的一些冤案，如浙江张氏叔侄奸杀案和内蒙古呼格吉勒图案等，均与"侦查中心"和庭审虚化有直接关系。正是在上述背景下，党的十八届四中全会通过的《决定》要求"推进以审判为中心的诉讼制度改革，确保侦查、审查起诉的案件事实证据经得起法律的检验。全面贯彻证据裁判规则……完善证人、鉴定人出庭制度，保证庭审在查明事实、认定证据、保护诉权、公正裁判中发挥决定性作用"。

诸多原因皆有可能导致刑事庭审的虚化，因此治理刑事庭审虚化、实现庭审实质化为一项庞杂的系统工程。宏观的司法体制、微观的审判主体素质等虽然是导致刑事庭审虚化的重要因素，但不是最直接的成因，因此无法构成解决刑事庭审虚化问题的主要抓手。本文试图从诉讼制度的角度阐述如何实现我国刑事庭审实质化。

（一）侦控阶段的"侦查中心"

在司法实践中，"侦查中心主义"现象仍然比较盛行。侦查在诉讼中处于中心地位表现为侦查阶段收集的证据材料尤其是书面表现形式的材料（如证人证言、鉴定意见等）在审判中直接作为裁判的依据。审查逮捕异化为"定罪的预演、刑罚的预支，致使后继的审查起诉、法庭审理均遭架空"。③ 在 2012 年刑事诉讼法修改前，逮捕率居高不下，1990~2009 年，全国检察机关"上述 20 年间共逮捕犯罪嫌疑人 14148048 人，提起公诉 14917109 人，捕诉率高达 94.84%"④。犯罪嫌疑人被起诉之后，宣告无罪的判决少之又少。2012 年刑事诉讼法修改后，侦查"绑架"审判，导致刑事诉讼纵向构造中核心环节的情况有所改变。

（二）审判环节的"卷宗中心主义"

在审判程序中，"卷宗中心主义"的裁判模式是造成刑事庭审虚置的首要因素。所谓"卷宗中心主义"的裁判模式，是指"刑事法官普遍通过阅读检察机关移送的案卷笔录来展开庭前准备活动，对于证人证言、被害人陈述、被告人供述等言词证据，普遍通过宣读案卷笔录的方式进行法庭调查，法院在判决书中甚至普遍援引侦查人员所制作的案卷笔录，并将其作为裁判的基础"。⑤

---

① 参见胡康生、李福成主编：《〈中华人民共和国刑事诉讼法〉释义》，法律出版社 1996 年版，第 171 页。

② 王兆国：《关于〈中华人民共和国刑事诉讼法修正案（草案）〉的说明》，陈光中主编：《〈中华人民共和国刑事诉讼法〉修改条文释义与点评》，人民法院出版社 2012 年版，第 512 页。

③ 郭晶：《"逮捕实体化"之模式、危害及成因——"行政内控"与"诉讼制衡"之间的尖锐冲突》，载《西部法律评论》2012 年第 6 期。

④ 刘计划：《逮捕审查制度的中国模式及其改革》，载《法学研究》2012 年第 2 期。

⑤ 陈瑞华著：《刑事诉讼的中国模式》，北京大学出版社 2010 年版，第 161 页。

1979年刑事诉讼法规定，检察院提起公诉时须向法院移送全案卷宗材料，法院对提起公诉的案件进行实质审查，只有达到"犯罪事实清楚，证据确实、充分"的标准，才能开庭审判。如此一来，案件还未开庭审理，审判员对案件的定性、量刑就已成定论。开庭成了"走过场"。

为防止法官庭前预断，1996年刑事诉讼法取消全案卷宗移送制度，确立了主要证据"复印件"移送制度；改庭前实质审查为形式审查，取消法官庭前调查，并将开庭审判的条件修改为"起诉书中有明确的指控犯罪事实并且附有证据目录、证人名单和主要证据复印件或者照片的"。从理论上分析，前述改革有助于遏制庭前预断，但是实践表明不仅未消除"卷宗中心主义"现象，反而产生了新的问题。一是法官庭前仍能接触到经过控方证明被告人有罪的案卷材料，难以避免形成被告人有罪的心证。二是庭后移送案卷制度使得庭审流于形式。三是辩护人的阅卷权被剥夺。根据1996年刑事诉讼法第36条规定，法院受理案件后，辩护律师阅卷的范围只限于检察机关向法院移送的主要证据的照片或复印件、证据目录和证人名单。辩护律师无法全面了解、掌握控方的证据材料，也就无法展开充分的辩护，也进一步加剧了"卷宗中心主义"。

三、庭审实质化的对策与思考

庭审实质化是"以审判为中心"的诉讼制度改革的重要内容，其基本目标是"保证庭审在查明事实、认定证据、保护诉权、公正裁判中发挥决定性作用"，[①]"实现诉讼证据质证在法庭、案件事实查明在法庭、诉辩意见发表在法庭、裁判理由形成在法庭"。

（一）转化司法理念

1. 打击犯罪与保护人权并重的理念。在庭审中保护人权主要是保障被告人完全享有刑事诉讼法规定的权利，庭审中法官对被告人不应带有罪的偏见，在心目中把他当成一个与控诉方一样的平等的当事人。

一是法官应有被告人事实上有罪和法律上有罪的概念之分。如果控诉方的举证不能达到证明要求，即使被告人事实是有罪，也极有可能在法律上判定无罪，依照刑事诉讼法的规定以证据不足宣告无罪。牢固地树立这种理念对于冲击旧的观念和阻力，迎合庭审方式改革的必然走向，意义十分重大。二是庭审程序工具价值与内在价值并重的理念。庭审程序是法庭查明犯罪和适用法律的最佳途径，违背不仅是违法的，而且会对实体公正造成潜在的侵害。一些错案的发生，与没有遵循法定程序有着必然的联系。从这个意义上讲，法定程序与实体公正是一个完整的生命有机体，抛开庭审程序，甚至以不公正、不人道的方法去追求所谓的实体公正，恰恰对实体公正有着极大的危害。程序有其内在的价值，庭审程序不是一个戏剧化的过程，许多法律价值不是通过诉讼结局体现，而是通过诉讼过程体现，只有在庭审过程中，控辩双方才能进行平等的对抗，并对审判方的裁判结论产生影响。新的刑事诉讼法实施后，法院庭审基本上能按法定程序进行，但树立庭审程序的独立内在的优秀品质的理念，并使它在查明犯罪和保障人权方面起到实际的作用，仍是今后努力的

---

① 参见中共中央《关于全面推进依法治国若干重大问题的决定》。

方向。

2. 控辩平衡的理念。具体包括：

第一，控辩双方法律地位平等的理念。在庭审中被告人的诉讼地位决定了是诉讼主体还是诉讼客体？在纠问式的庭审模式下，法官主动讯问被告人是庭审的重要环节，被告人只是口供的提供者，是被追查的对象，其地位是诉讼的客体。新的庭审模式下，犯罪事实能否成立，被告人是否就是犯罪分子，要通过控辩双方在庭上的控辩对抗，最后由法官进行判决才能确定。因此，在庭审中被告人是辩护方的当事人，是与控诉方具有平等法律地位的诉讼主体。作为控诉方的检察官，从新的诉讼制度的设置上讲，其法律地位仍是与辩护方相平等的诉讼主体，公正无私地代表国家起诉，在庭上不仅要出示被告人有罪和罪重的证据，也要出示所掌握的有利于被告人的证据。

第二，控辩双方诉讼手段平等的理念。诉讼手段平等就是法学界所说的"平等武装"，只有平等的武装，才能进行有效的对抗，才能有利于法官的正确判断。现行诉讼制度下的控辩平等，只是一种形式上的平等，控诉方代表国家，利用国家资源和国家强制力，搜集调取证据，参加诉讼，而辩护方的诉讼手段和诉讼能力先天不足，因此加强辩护方的诉讼能力，给予其必要的诉讼关照，使之获得平等的诉讼手段，是法官应当树立的庭审理念。要加强被告人的辩护权，肯定和保障被告人在庭审中自我辩护的权利，听取其他诉讼参与人陈述的权利，向控方证人发问的权利。通过法律援助制度等方式，尽力争取被告人能够获得律师提供的辩护，并在庭审中为充分实现这种辩护权提供条件，如为辩护人提供会见被告人的权利、与被告人通信的权利、申请调查新的证据的权利等。在目前的庭审模式下，辩护方的辩护在很大程度上依赖于控诉方获取的证据材料，因此辩护方对控诉方证据材料的知情程度、知情范围，直接影响到辩护的质量。最高人民法院酝酿推出的庭前证据展示，对于控辩式庭审方式意义重大，如果这项制度得以顺利实施，就可以保障辩护方充分知悉有关案件的全部信息，在庭审前对证据材料做仔细的调查和认真的审查思考，在庭审中就异议证据进行提问、质证和检验，这不仅有利于辩护的开展，也有利于法官获得案件的真实。作为法官要有确保庭审前当事人之间相互获取有关案件的全部信息的理念，推动各种形式的庭前证据展示活动。

（二）直接、言词的庭审方式，完善证人出庭机制

直接、言词原则是现代各国审判阶段普遍适用的诉讼原则。直接原则又称直接审理原则，直接审理主义，其基本内容包括直接审理与直接采证两方面。前者指法官审理案件，应当在双方当事人（检察官、被告人）、辩护人在场的情况下进行。除法律另有规定外，不得以书面方式进行，对被告人也不得缺席审理。后者在前者的基础上，强调法官、陪审员应当以亲自在法庭上直接获取的证据资料作为裁判的基础。

言词原则是指法庭对案件的审理，对证据的调查采取言词陈述的方式进行。被告人、被害人进行口头陈述，证人、鉴定人进行口头作证，检察官、辩护人进行口头询问和辩论。除法律有特殊规定者外，凡是未经当庭以言词方式调查的证据资料，均不得作为判决的依据。

由此可见，直接原则与言词原则互相贯通，互相融合。直接原则是言词原则的基础，

言词原则是直接原则的补充，在一定意义上二者可合为一项原则。①

直接言词原则产生于 17 世纪诉讼大变革时期，其后一直沿用至今。刑事诉讼的价值主要体现在以下方面：

第一，有助于实现刑事审判的公正目标。审判作为解决社会冲突最终和最权威的形式，其公正性是维护法律制度生命力的基础和保障。为了实现刑事审判的公正性，首先要求审判的主导者——法官保持公正的诉讼地位，在控方和辩方之间持不偏不倚的立场。直接言词原则要求法官在庭审前不得先行接触控方材料，以免形成预断或偏见，这就为法官站在全面、公正的立场上行使职权，作出正确裁判从程序上提供了保障。

第二，符合现代诉讼结构，有助于保障控辩双方诉讼地位平等。诉讼的本意是控辩双方在法官居中裁断下实行对抗的活动。封建纠问式诉讼，使司法官集侦查、控诉、审判诸权于一身，混淆了控诉与审判的分工，扭曲了诉讼的本质，使被告人沦为诉讼的客体、刑讯的对象。近代诉讼的重大变革之一，就是重新实现控审分离，发展辩护制度，增强诉讼的对抗性，使诉讼回归其本来的意义。直接言词原则的确立，为巩固控审分离、实现控辩平等提供了保障。

第三，为被告人、辩护人充分行使辩护权提供了可能，创造了条件。以言词方式进行直接审理，能够使被告人及其辩护人在法庭审理中通过举证，提出证明被告人无罪、罪轻的证据材料；通过对证人、鉴定人的质询，展现辩护证据的真实性和证明力，揭示控诉证据的矛盾、不合理性；通过辩论，阐述被告人无罪、罪轻或者可以或应当减轻、免除刑事责任的理由和依据。显然，没有直接、言词原则，也就没有切实、充分和有效的辩护。

第四，有助于审判人员正确审查证据，认定案情。法庭审理是审判人员借助庭审方式认识案件事实的活动，时间、空间上的局限性对此认识活动提出了很高的要求。长期的司法实践使人们对怎样才能充分利用法庭审理的形式正确审查证据、准确认定案情逐步摸索出一套做法，直接言词原则便是在审判实践基础上总结出来的比较符合法庭审理自身规律的成功经验。

（三）改革法庭空间格局

审判法庭的空间布局是庭审结构最直观的体现，其中最关键的因素是各诉讼角色的位置设置和安排方式。不同的位置设置和安排方式又折射出相应的司法理念和诉讼观念。这种理念和观念不仅是法庭空间布局的基础，亦蕴含着对法庭空间布局的要求。

合理的法庭空间布局在一定程度上使这种诉讼理念得以充分发挥，并以其在文化和心理方面所具有的象征意义影响审判的参与者和旁观者，甚至对庭审的程序进行与审判的最终结局都会产生某种影响。刑事诉讼以其特有的庭审模式和诉讼程序更是如此。然而，我国现行刑事审判法庭的空间布局既不能完整反映控、辩、审三方主体的诉讼地位和相互关系，又没有充分体现现代刑事诉讼的司法理念，甚至已不适应庭审方式改革后刑事庭审正常进行的技术性要求。

作为特殊的司法场所，具有现代司法理念的审判法庭的空间布局至少应当服从两方面的需要：一是诉讼公正的要求，如能体现控辩平等、审判中立等理念；二是技术合理的要

---

① 卞建林：《直接言词原则与庭审方式改革》，载《中国法学》1995 年第 6 期。

求，即能保证和适合各诉讼参与人诉讼活动的正常进行。总体而言，反映现代民主和诉讼合理化观念的刑事法庭空间布局应是：法官居中，同时其位置高于诉讼两造，以显示其相对于两造的"居于其间、踞于其上"，突出审判至上；控辩双方席位应相对设置，体现诉讼平等、控辩对抗观念；证人、鉴定人等位置则要便于各方观察和便利审视等，如证人席的设置能够使法官、检察官、被告及辩护律师都能听清楚证人陈述，对鉴定人要便于进行质询等。"大致说来兼顾价值和技术的法庭设置较为合理。"由此而言，审判法庭的空间布局不仅关系庭审的正常进行，在很大程度上也可以折射出相应的司法理念。

1996 年刑事诉讼法修改以后，我国进行了庭审方式改革，中共中央政法委员会下发了政法〔1997〕3 号《关于实施修改后的刑事诉讼法几个问题的通知》，其中重新对审判法庭席位进行了设置：审判法庭的审判区正面设审判台（高度与审判法庭面积相适应）；审判台右下方设书记员席，以区分审判人员与书记员的不同职能；公诉人席置于审判台前方右侧；被害人席、附带民事诉讼原告人席置于公诉人席右侧；辩护人席置于审判台前左侧；证人、鉴定人席置于公诉人席右侧；被告人席设于审判台正面，采用低栅栏。审判台适当高于其他席位。

现有刑事审判法庭空间布局不尽科学合理，引起有关刑事诉讼法专家和司法实践部门人员的关注，中国政法大学卞建林教授指出，"我国现行审理刑事案件的法庭设置明显不合理，这种法庭布置是典型的'坐堂问案式'，应改变这种不合理的设置，代之以更加科学的'等腰三角形'的法庭布置结构"。贺卫方教授也提及"近几年全国各地许多法院都盖起了庄严华丽的大楼，审判办公条件有了很大改善，但在法庭内部设计方面，在如何烘托法官的独立性方面，还有一些需要改进的地方"。

从审判本身固有的理念和原则出发，我们认为借鉴英美对抗式诉讼的法庭空间布局改革我国现有法庭布局，也是促进庭审实质化一个不可或缺的环节。

（作者单位：牡丹江市人民检察院；北京吉利大学）

刑事诉讼管辖制度的立法模式研究

张 曙

综观世界法治发达国家的刑事诉讼法典，管辖制度的立法有审判管辖中心模式以及侦查管辖与审判管辖并行模式两种主要类型。从比较法的角度研究管辖制度的立法体例，可以为我国刑事诉讼管辖制度的立法模式提供有益的借鉴。

一、比较法视野下的管辖立法模式

（一）审判管辖中心模式

受到审判中心主义理论之影响①，刑事诉讼管辖制度的一个重要立法例是审判管辖中心主义。在该种立法模式的框架下，一审法院的地域管辖、级别管辖、牵连管辖和变更管辖是管辖制度的核心内容。相对地，侦查机关的管辖内容多比照审判管辖的规定执行。世界范围内，审判管辖中心模式以德国、日本为典型代表。在该模式下，审判管辖与侦查管辖呈现出以下关系：首先，在审判管辖中心模式下，并不意味着不存在侦查管辖。只不过有关侦查管辖的内容并不由刑事诉讼法具体规定，而是主要体现在警察法以及相应的行政法规中。其次，审判级别管辖对侦查级别管辖的约束力有限。在审判管辖中心模式下，虽然有级别管辖对各层级法院审理的案件进行划分，但这种级别管辖对审前程序的约束力主要体现在检察机关的起诉管辖上，而不是侦查机关的侦查管辖上。

（二）侦查管辖与审判管辖并行模式

管辖制度的另一个立法例是侦查管辖与审判管辖并行模式。在该种模式下，侦查管辖与审判管辖同时规定，共同为诉讼管辖问题提供解决方案。世界范围内，侦查管辖与审判管辖并行模式以法国、俄罗斯为代表。在该模式下，审判管辖与侦查管辖呈现出以下关系：

首先，在管辖的地域方面，侦查管辖与审判管辖基本上具有重叠关系。法国刑事诉讼法第43条第1款、第52条侦查地域管辖之规定与第382条、第522条审判地域管辖基本上相一致；俄罗斯刑事诉讼法第152条审前调查的地点之规定，基本上是对第32条审判地域管辖的重申。

其次，侦查管辖具有提前变更审判管辖的作用。法国刑事诉讼法第43条第2款规定，如在共和国检察官受理的案件中作为犯罪行为人或受害人，牵涉到掌握公权力的人或者负责履行公共服务职责的人，因其职务或职责，经常与司法官或法院的公务员有关系时，检

---

① 审判中心主义是近现代国家刑事诉讼中普遍认同的一项基本原则，它是司法最终解决原则在刑事诉讼中的具体表现。参见宋英辉主编：《刑事诉讼法修改问题研究》，中国人民公安大学出版社 2007 年版，第 46 页。

察长可以依职权或应共和国检察官的建议，或者应有关当事人的请求，将诉讼案卷转移距本上诉法院最近的大审法院共和国检察官。对于此情形，尽管有第 52 条、第 382 条与第 522 条之规定，该法院在地域上有权管辖该案件。检察长的这项决定属于司法行政措施，不准对其提出任何不服的申请。此乃因变更侦查地区管辖，从而引起审判管辖的变更。

最后，审判机关对管辖问题有独立的确认权。在并行模式下，除了法定的侦查管辖变更审判管辖的情形之外，法院依职权独立审查管辖问题。如果发现案件不属于该法院管辖，则需要纠正该种管辖错误而进行移送。例如，俄罗斯刑事诉讼法第 34 条第 1、2 款对地域管辖错误的处理作出了规定：法院在解决开庭审判的问题时如果确认所受理的案件不属于该法院管辖，则应作出按审判管辖移送刑事案件的裁决。法院确认所受理的刑事案件属于同级的另一法院管辖，如果已经开始法庭审理，则有权经受审人同意后继续审理该案。第 3 款则对按照级别管辖移送案件作了规定：如果刑事案件属于上级法院或军事法院管辖，则在任何情况下均应按照管辖移送案件。

二、对两大立法模式的评析

（一）两大立法模式的共性与差异

1. 共性方面

第一，两大立法模式均没有采用"侦查管辖中心"的形式。其中的原因可能在于：一是侦查管辖与审判管辖对案件级别划分的分流处理指向不同。侦查管辖内部即使有级别划分的标准，也是为了提高侦查的效率，以及体现上下级侦查机关的领导关系。而审判管辖内部的级别划分，则更多是考虑到性质和严重程度不同的刑事案件的审判质量。如果仅（或者主要）规定侦查管辖，审判的级别管辖不作规定，那么可能出现严重程度不同的案件在侦查完毕之后均进入同一层级的法院进行审判，这样审判的质量难以通过管辖制度得到有效保证。二是完全由侦查管辖决定审判管辖，容易导致审判机关丧失对管辖问题的程序裁决权。在刑事诉讼中，法院是对案件事实和法律适用的最终裁决机关，法律适用自然包括程序法中的管辖法律问题。如果审判管辖完全由侦查管辖所决定，那么一旦出现侦查管辖错误，审判机关则不能予以纠正。此时，由于缺乏一种对侦查管辖错误的处理机制，相对人也无法在管辖错误问题上得到司法程序救济，管辖方面的这种程序违法性问题难以得到制裁，司法的权威与信任也会遭受侵害。

第二，两大立法模式均没有以"起诉管辖"为基点作出专门性规定。从比较法的角度看，上述立法文本在管辖问题上均摒弃了"起诉管辖"这个基点。由于审查起诉处于公诉案件的中间阶段，前有侦查程序，后有审判程序，案件在侦查阶段即根据管辖的规定进行了分配，侦查结束后移送与侦查机关相对应的检察机关即可。而起诉阶段虽然检察机关对案件管辖问题要进行审查和确认，但这种事后的审查和确认之根据，完全可以依照审判管辖来进行，无须有一个独立的起诉阶段的管辖标准。因为起诉的目的是交付审判，由审判机关对被告人进行定罪量刑。在此过程中，无论是起诉的实体根据（证明标准），还是程序根据（管辖标准），均需要参照审判阶段的有关标准。因此，对于侦查机关而言，其只需按照侦查管辖或审判管辖的规定即可进行侦查；对于起诉机关而言，由于其对案件的实体和程序问题均应审查，审判管辖的规定自然对其有重要的指引意义。显然，两种情形下对起诉管辖另作专门的规定均无多大意义。

第三，两大立法模式均肯定审判机关对管辖问题的独立确认权。在审判管辖中心模式下，审判管辖作为管辖问题的终局标准自然没有异议。在侦查管辖与审判管辖并行模式下，立法仍然坚持审判管辖对管辖问题的确认作用。虽然侦查管辖有权变更审判管辖，但应当看到法国、俄罗斯的有关立法规定仅是在小范围内赋予了侦查机关完全的变更管辖权。因此，从案件范围来看，这种变更并没有从根本上改变审判管辖对案件管辖的最终审查作用。理由可能在于：由于审判机关对案件有最终的裁决权，而管辖又是首当其冲的程序性问题，为了保障裁判的权威性与准确性，立法不会放弃审判机关对管辖问题的确认权。而从这两个国家的立法文本看，审判管辖在审判程序中确实得到了不同程度的强调。在俄罗斯，管辖问题是移送到法院首先应当查明的问题。在法国，管辖权规则由于被视为公共秩序规则，法院对管辖问题的审查是依照职权进行的强制性程序审查，无须当事人提出抗辩就可进行。

2. 差异方面

第一，管辖立法的表现形式不同。从成文法的表现形式看，两大立法模式存在较大的区别。审判管辖中心模式是刑事诉讼法以审判管辖为基点对法院的管辖进行重点规范，其路径是在总则中通过规定法院的地域管辖、牵连管辖、指定管辖、移送管辖等来为法院的管辖建章立制。在这种模式下，侦查管辖的内容并不在刑事诉讼法中表现出来，而是纳入警察法等行政法规中。而侦查管辖与审判管辖并行模式则是刑事诉讼法同时以侦查管辖、审判管辖作为基点，其路径是在审前程序中规定侦查机关的地域管辖、合并管辖、移送管辖等，在总则或审判程序中规定审判机关的地域管辖、合并管辖、指定管辖、移送管辖等，为侦查机关和审判机关的管辖活动同时进行规范。

第二，审判管辖的实际地位不同。从立法的表述看，两大立法模式中审判管辖的地位和作用有较大区别。在审判管辖中心模式中，公权力机关的管辖均是以审判管辖作为中心点来展开的，侦查机关对管辖权的审查和确定，主要以法院的审判管辖为依据。在侦查管辖和审判管辖并行模式中，审判管辖的重要性有所降低，这不仅是因为侦查管辖占据了独立的立法地位，更是由于侦查管辖可以依法直接变更审判管辖的内容。当然，这种变更并没有使审判管辖在整体上丧失其独立的地位，因为审判机关在绝大多数情况下还拥有对管辖问题的裁决权，有权在审判阶段判断管辖是否错误，决定是否移送管辖。

（二）影响立法模式的主要因素

1. 刑事诉讼基本理论认识的差异

德、日在刑事诉讼程序结构上采取审判中心论。在这种程序理论的影响下，德、日两国的刑事诉讼法典均是以第一审程序为中心，对相关的程序作出规定。因此，在管辖立法问题上就呈现出审判管辖中心论的特点：在名称上，管辖被称之为"法院的管辖"；在法典中的位置方面，管辖被置于"总则"中；在内容上，管辖均是审判管辖的相关规范。

但是，法国和俄罗斯对于刑事诉讼程序结构的理论认识有所不同。在法国，理论上历来强调提起公诉和预审的作用，法典中"提起公诉与预审"被单列一卷，与"审判法庭"并列。与该理论认识一致的是，俄罗斯刑事诉讼法典中审前程序与审判程序（法院诉讼程序）占据着同样重要的位置，有着各自独立的作用。因此，管辖制度的立法也受到相应影响，在法典中就呈现出侦查管辖与审判管辖并行的特点：既在总则中"刑事诉讼的参加人"部分规定法院的审判管辖，也在审前程序中"审前调查的一般条件"部分规定侦查管辖的有关内容。

2. 刑事诉讼制度传统不同

在德国，检察官制度设立的主要目的就是防止警察滥权和法官恣意，因此检察官在审前程序中就成为实际的主导者，其在法律上有权侦查警察可以侦查的所有犯罪类型。在这种情况下，检察官侦查和警察侦查并没有实际的案件类型划分，立法上也无须对侦查职能管辖做进一步区分。在日本，司法警察与检察官均是侦查的主体，但是根据日本法的传统，检察官在管辖区域内对司法警察具有一般指示权、一般指挥权和具体指挥权。司法警察应当服从检察官的指示或指挥。在这种侦查制度的框架下，立法对侦查职能管辖也无须做过多的区分。但是在俄罗斯，侦查和调查长期以来是审前调查不同的组成部分。虽然它们的主要任务和目的具有相似性，但是两者也有重要的区别：第一，调查主体和侦查主体在法律范围上并不一致。第二，调查作为审前调查的形式之一，在侦破有限范围的犯罪内可以进行。通常这些犯罪其中大多数是不负责的轻罪案件和中等严重犯罪案件。对于严重犯罪和特别严重犯罪案件，即便根据检察长指示也不允许进行调查。第三，调查程序和侦查程序相比有某些简化。① 在这种情况下，侦查主体和调查主体所处理的案件范围并不一样，立法就有必要对这两种侦查职能管辖进行区分。

三、我国管辖制度立法的应有基点

（一）我国现行管辖制度的立法模式

按照我国现行刑事诉讼法第一编第二章的规定，管辖被分为职能管辖和审判管辖两大部分。结合刑事诉讼法第19条至第27条的规定，以及第172条"人民检察院按照审判管辖的规定，向人民法院提起公诉"之规定，可以看出我国刑事诉讼管辖制度立法的基点在于审判管辖。即立法并没有明确规定侦查管辖，侦查活动的管辖是以审判管辖作为约束的标准或参照。学理上也基本认为，刑事诉讼法关于划分人民法院的地区管辖、级别管辖等原则或标准，应当同样适用于公安机关和检察机关的侦查活动。

受"宜粗不宜细"立法思路的影响，我国以审判管辖为基点构建的管辖立法规范总体上呈现出高度的原则性、概括性。但这也带来了不少问题：一是"审判管辖中心主义"的立法模式，并不适应我国刑事诉讼的实际构造和运行规律。众所周知，我国实行三机关分工负责、互相配合、互相制约原则，侦、诉、审各管"一段"，以审判管辖为中心的管辖制度，无法为解决审前程序中的管辖问题提供明确指引。二是极其简化的审判管辖立法规范，不能适应刑事司法实践的需要。实践中频繁出现的地区管辖不明确、指定管辖衔接不顺畅等问题，无法在审判管辖的立法文本中寻求确定性答案，只能依赖刑事司法机关个案确定，导致管辖适用中的混乱乃至错误现象。三是许多本应由立法加以规范的侦查管辖的内容，

① ［俄］K. 古岑科主编：《俄罗斯刑事诉讼教程》，黄道秀等译，中国人民公安大学出版社2007年版，第295～296页。

却由司法解释加以规定，容易导致司法机关在管辖问题上自我授权。如前所述，我国公安部《公安机关办理刑事案件程序规定》、最高人民检察院《人民检察院刑事诉讼规则（试行）》等司法解释在侦查管辖问题上规定了大量合并管辖、指定管辖、级别管辖的内容，不仅在形式上已经呈现出司法解释代行立法的特征，而且在内容上也已经出现司法解释超越法律边界的实质性危险。

（二）相关改革建议及理由

笔者认为，我国刑事诉讼管辖制度的立法宜采取侦查管辖与审判管辖并行模式。具体理由在于：

第一，我国刑事诉讼的实际运行状况要求管辖制度的立法基点不能忽视侦查管辖。综观主要国家的管辖立法例，无论是采取审判管辖中心模式，还是采取侦查管辖与审判管辖并行模式，均承认审判机关对管辖问题有最终的裁决权。这一点也在我国的相关立法条文中得到了体现。但是，我国与实行审判管辖中心模式的国家一样，立法并不直接规定侦查管辖，而是以审判管辖为基准对侦查活动中的管辖问题进行规范。但是，在审判活动尚未开始时，就以审判管辖的标准来明确侦查管辖，很难说是一个逻辑完美的立法方案。有学者认为，侦查是刑事诉讼的起点，一旦有犯罪信息出现就存在由谁侦查的问题，侦查管辖是刑事诉讼首先要解决的问题。因此，没有侦查就没有审判，没有侦查管辖，审判管辖就是无源之水。[①] 在逻辑上，确实存在侦查管辖先于审判管辖的问题。当然，对于地区管辖而言，以审判地区管辖作为侦查管辖的标准，实际上并不会产生太多操作难题。但是，明定审判级别管辖，并不意味着侦查级别管辖也随之确定。如在实践中，大量可能判处无期徒刑以上刑罚的刑事案件，都是由区县级公安机关进行侦查，而不是由地市级公安机关侦查。另外，还有不少刑事案件，为了排除干扰和提高案件查处的效率，起初就由上级侦查机关进行指定异地管辖。指定异地侦查的一个经常性需要，是异地起诉和异地审判。如果一律以后续阶段的管辖标准来约束前面阶段的诉讼活动，有时就会产生实际的操作障碍。鉴于上述因素，立法宜明确赋予侦查管辖独立的法律地位，对侦查机关的相关管辖活动进行规范。

第二，采纳侦查管辖与审判管辖并行模式，可以解决侦查阶段指定管辖、合并管辖于法无据的问题。我国刑事侦查实践中存在着大量指定管辖、合并管辖的情形。虽然我国刑事诉讼司法解释对侦查机关的管辖有所规范，但由于我国刑事诉讼立法并未规定侦查管辖，这些侦查机关改变管辖的活动仍然被批评为相关机关自我授权、于法无据。在立法上采行侦查管辖与审判管辖并行模式，可以完成管辖制度在审判、审前程序中的对接，明确侦查管辖的立法地位。

第三，采纳侦查管辖与审判管辖并行模式，可以在相当程度上解决管辖衔接不畅的问题，提高诉讼效率。由于立法文本强调以审判管辖为中心，侦查机关虽因案件查处的需要事先变更管辖，但在后续的诉讼环节中这种侦查变更管辖却时常得不到确认。如在指定管辖中，时常出现侦查、公诉机关与法院之间的冲突。侦查、公诉机关先期指定，但法院依据刑事诉讼法第26条强调法院的指定管辖权，根据法院情况有时会对侦查、公诉机关的指

---

① 王德光：《我国刑事侦查管辖权制度的立法缺陷及完善》，载《中国刑事法杂志》2007年第4期。

定管辖提出异议。① 由于管辖是刑事司法机关在办案中首先要解决的问题,管辖衔接不畅,必然会影响诉讼效率。与其固守审判管辖中心主义,还不如在立法中采取侦查管辖与审判管辖并行模式,赋予侦查变更管辖对审判管辖一定的约束力,以提高诉讼效率。

第四,从其他部门法律有限的规制范围看,我国在刑事诉讼立法上宜采取侦查管辖与审判管辖并行模式。在审判管辖中心模式下,其他部门法律有关侦查管辖的规范弥补了刑事诉讼法典仅有审判管辖的不足,适应了刑事司法实践的复杂性。但是,我国人民警察法、检察官法等法律并未规定警察、检察官侦查的地域范围和级别管辖等内容。在侦查管辖入法有理论和实践上的双重必要性的情况下,刑事诉讼立法宜回应此种需要,对侦查管辖进行规范。

在管辖立法的体例安排上,侦查管辖与审判管辖并行模式也应当有所反映。可以考虑借鉴俄罗斯刑事诉讼法典,将法院审判管辖在先规定,侦查管辖在后规定。即在完善刑事诉讼法总则第二章"管辖"的基础上,将审判管辖仍然规定在总则中,但在"侦查"一章的"一般规定"中对侦查管辖予以规定,主要内容可以包括地区管辖、合并管辖、指定管辖、级别管辖等。做上述体例安排主要考虑到:一是制度传统,即长期以来,尽管刑事诉讼法历经数次修订,但审判管辖制度一直在总则中予以体现。采取侦查管辖与审判管辖并行模式,对审判管辖作相关规定,可以大体保持和遵循原先的法典总则形式。二是在总则中规定审判管辖制度,也是凸显审判机关对管辖问题的最终确认权。在我国审判中心不突出、法院权威不足的情况下,首先规定审判管辖也有助于强调法院在管辖问题上的确认作用。三是侦查管辖在"侦查"一章中的"一般规定"中体现,有助于彰显管辖对侦查行为的约束性,保障侦查权行使的合法性与规范性。

(三)需要处理的两组关系

1. 并行模式与诉讼环节中的具体管辖问题之关系

虽然在刑事诉讼立法上确立侦查管辖与审判管辖并行模式,但是"基于我国刑事诉讼独特的阶段性特征,且各阶段属性不尽相同,刑事诉讼管辖制度既要兼顾属性不尽相同的侦诉审工作,又要充分协调好公检法三机关的侦查管辖权、起诉管辖权和审判管辖权,以保证刑事案件能够按照侦诉审流程正常运行"②,因此虽有管辖制度立法的两个基点,但还必须认真对待各诉讼环节中出现的管辖问题以及各诉讼机关之间的协调问题。在并行模式中,立法把侦查管辖与审判管辖作为基点,对相关刑事司法机关的管辖权进行分配,但这是立法对管辖规范的重心,而不是全部。实际上,在诉讼过程中侦查、批捕、起诉、审判四个诉讼环节都会出现管辖问题。例如,实务中批捕机关时常会遇到报请逮捕的案件存在地区管辖或职能管辖错位的情况,此时批捕机关是秉持事实与证据至上的立场进行批捕,抑或是管辖权至上的立场不予批捕?就目前来看,不同地方批捕机关的操作不尽相同。就起诉机关而言,在审查起诉时也可能遇到大量管辖问题,如对于公安机关指定管辖的案件是否要重新申请指定管辖,在级别管辖问题上与法院如何衔接,在地区移送管辖上与其他

---

① 龙宗智:《刑事诉讼指定管辖制度之完善》,载《法学研究》2012年第4期。
② 上海市黄浦区人民检察院课题组:《检察机关职务犯罪案件管辖的弊病与重构》,载《政治与法律》2012年第10期。

检察机关之间的协调，等等。由于批捕环节在很大程度上是实现侦查功能的附属性阶段，起诉的目的是交付审判，因此批捕管辖和起诉管辖无法成为独立的管辖制度立法基点。但从规范的整体性和管辖实践的需要看，刑事诉讼管辖规范应当对批捕管辖、起诉管辖有所反映。

2. 并行模式与以审判为中心的诉讼制度改革之关系

在管辖制度立法上，采取侦查管辖与审判管辖并行模式，是否与以审判为中心的诉讼制度改革方向相矛盾？笔者认为，两者之间并不矛盾。因为审判中心主义虽然主张审判活动在与侦查、起诉、执行活动的外部关系上居于中心地位，但审判活动这种特殊的重要性，着眼点主要是针对被告人的刑事责任之有无的决定作用而言，并非否认侦查、起诉等活动的重要功能。我国刑事司法实践长期以来实行案卷笔录中心主义，大量的侦查笔录在法庭审判中畅通无阻，法庭审判在很大程度上沦为对侦查结果的确认，审判活动对被告人的权利保障作用不够。在这种背景下，推行以审判为中心的诉讼制度改革，实质上是要"强调刑事诉讼各环节都要围绕审判中事实认定、法律适用的标准和要求进行指控和辩护，取证、举证、质证最后都要落到审判环节的认证上来，都要以刑事诉讼法规定的证据规则、证明标准为指引"。[1] 这种对审判活动作用性的强调，更多地是为了纠正以往过度重视审前调查结果的偏向，强调审判活动在认定被告人刑事责任时的中立性和决定性。据此，我国以审判为中心的诉讼制度改革，并非将侦查、起诉作为审判的准备活动，也并未将审判活动视为诉讼活动的全部。我国刑事诉讼实行三机关分工负责、互相配合、互相制约原则，侦查、起诉和审判均是独立的诉讼阶段，各自发挥着重要作用。如果将审判中心主义过度解读，则容易影响侦查、起诉等诉讼活动功能的发挥。正如日本学者所言："刑事诉讼实际功能的发挥，并不限于法庭上的诉讼活动。侦查程序、执行程序也与审判程序一样，都具有独立的重要功能。从刑事诉讼的实际功能看，符合程序过程的构成才是重要的。因此，今后的刑事程序理论，应当摆脱以往理论的束缚，将侦查与执行程序置于与审判程序同等重要的位置，以构建符合程序过程的诉讼程序。"[2] 因此，进行以审判为中心的诉讼制度改革，并不意味着在管辖制度立法上必须要以审判管辖为中心，而否认侦查管辖的独立地位。

（作者单位：浙江工业大学法学院）

---

① 沈德咏：《刑事司法程序改革发展的基本方向》，载《人民法院报》2014 年 10 月 24 日第 2 版。
② ［日］土本武司著：《日本刑事诉讼法要义》，董璠舆、宋英辉译，台湾五南图书出版公司 1997 年版，第 2 页。

"以审判为中心"视野下的检律关系研究
——以职务犯罪侦查实践为研究视角

张云霄

党的十八届四中全会通过的中共中央《关于全面推进依法治国若干重大问题的决定》（以下简称《决定》）中指出："推进以审判为中心的诉讼制度改革，确保侦查、审查起诉的案件事实证据经得起法律的检验。全面贯彻证据裁判规则，严格依法收集、固定、保存、审查、运用证据，完善证人、鉴定人出庭制度，保证庭审在查明事实、认定证据、保护诉权、公正裁判中发挥决定性作用。""以审判为中心"是现代法治国家刑事诉讼制度的基本特征，相对于"侦查中心主义"而言，"以审判为中心"无疑更加符合司法活动、诉讼规律以及人权保障的要求。就职务犯罪侦查而言，"以审判为中心"要求重新审视侦查方和辩护方之间的关系，并在现有基础上予以适当的调整、补充和完善，构建更加符合职务犯罪侦查规律和刑事诉讼规律的检律关系。

一、我国语境下"以审判为中心"的基本概述

早些年就有学者提出"审判中心主义"这一提法。① 近些年来，在一些重大冤假错案陆续被披露、社会各界广泛关注的大背景下，② 党中央从推进司法改革的角度首次以权威性文件提出了"以审判为中心的诉讼制度改革"，于是"以审判为中心"再次引起了法学理论界和司法实务界的高度关注和研究热情。"以审判为中心"主要是针对长期以来司法实践中存在的"侦查中心主义"和"庭审形式化"（或者称为"庭审虚化"）而言的，是在坚持我国现有宪政体制和法律制度的基础之上，对我国公检法三家在刑事诉讼过程中"分工负责、互相配合、互相制约"关系的重新审视和发展完善。

笔者认为，"审判中心主义"的基本内涵主要包括三个方面：第一，审判是整个刑事诉讼程序的中心，因为相对于侦查、审查起诉、执行等程序，审判才是确定被告人定罪量刑最关键和最重要的环节，侦查、审查起诉等审前程序的开展最终也是为审判顺利进行而准备的，而不是将侦查和审查起诉中带有明显倾向的意见简单、不加甄别地转化为法院对于被告人的有罪判决，"以审判为中心"就是要改变"以侦查为中心"的诉讼模式和诉讼结构。第二，庭审是整个审判活动的中心，因为庭审是整个审判活动中最公开透明、最中立、

---

① 这方面的代表作可参见孙长永：《审判中心主义及其对刑事程序的影响》，载《现代法学》1999 年第 4 期；陈岚：《侦查程序结构论》，载《法学评论》1999 年第 6 期；陈瑞华：《刑事诉讼的前沿问题》，中国人民大学出版社 2000 年版；梁玉霞：《侦查讯问的程序意义——一个审判中心主义的视角》，载《法学评论》2002 年第 4 期等。

② 参见王守安：《以审判为中心的诉讼制度改革带来的深刻影响》，载《检察日报》2014 年 11 月 10 日第 3 版。

最含抗辩因素、最有利于认定案件事实和适应法律的环节，① 对于保护诉权和公正裁判发挥着决定性的作用，"以庭审为中心"就是要彻底改变以往"以卷宗为中心"的审理模式，真正增强法官审理案件的司法亲历性。第三，一审庭审是庭审的中心，因为相对于二审、再审等庭审程序而言，一审庭审是必经的程序，也是距离还原案件事实真相时差最短的程序，一审庭审的主要任务就是要查明案件事实和认定案件证据。正如有学者所言："'以审判为中心'体现了刑事司法规律，是公正司法的必然要求，是严格司法的题中之义，也是规范司法的必然选择。"②

"以审判为中心"在整个刑事诉讼程序过程中必须贯彻以下三项基本诉讼原则：一是证据裁判原则。证据裁判原则是现代刑事诉讼的基本原则之一，其主要是指司法人员在整个诉讼活动中对于案件事实的认定必须以查证属实的证据为依据，没有证据不得认定案件事实，更不得认定犯罪。根据证据裁判原则的相关要求，在职务犯罪侦查阶段，作为认定犯罪事实的证据必须依照法定程序收集和审查，必须具备客观性、关联性和可采性，必须达到相应的证明标准。③ 二是直接言词原则。直接言词原则主要包含两层含义："直接审理原则"，即对于主持法庭审判的法官应直接对证据材料进行审查，未亲历证据审查的法官不能对案件事实和法律适用作出认定；"言词审理原则"，即在庭审中的举证和质证应以言词的方式进行，而一般不采纳书面方式举出的言词证据。④ 直接言词原则就是要求司法官员对于刑事诉讼活动的参与性、亲历性和裁判性。三是无罪推定原则。无罪推定原则主要是指犯罪嫌疑人、被告人在被法院依法判决宣告有罪之前，均应当视为无罪。无罪推定原则要求证明责任一般由控诉方承担，证明标准须达到排除合理怀疑。

"以审判为中心"要求检察机关的职务犯罪侦查工作应当注重以下三方面内容：

（一）更加严格侦查阶段的证明标准

从认识论的角度来看，刑事诉讼过程本身就是一个对案件事实和证据进行不断深化认识的过程；而从诉讼阶段论的角度来看，刑事诉讼各个阶段都有自身的价值目标和主要任务，这就决定了侦查、审查起诉和审判等各个诉讼阶段对于事实认定和法律适用都有各自的重点和特色。"以审判为中心"诉讼观强调各个诉讼阶段都应进一步严格证据的证明标准，但是这并不意味着强行要求检察机关在职务犯罪侦查阶段对于事实认定和法律适用的标准就直接等同于审判阶段的证明标准；但是应以审判阶段的标准作为参照，换言之，就是应向审判阶段的标准"看齐"，切实做到合法证据收集在侦查阶段，非法证据排除在侦查阶段，瑕疵证据补正在侦查阶段，严格证明标准在侦查阶段，切实防止事实不清、证据不足或者违反法律程序的职务犯罪案件"带病"进入审查起诉和审判阶段。

---

① 朱孝清：《略论"以审判为中心"》，载《人民检察》2015年第1期。

② 参见陈光中：《推进"以审判为中心"改革的几个问题》，载《人民法院报》2015年1月21日第5版。

③ 在刑事诉讼中，自2007年提出"坚持证据裁判原则，重证据、不轻信口供"以后，证据裁判原则逐渐为立法和司法实务界所认可。2010年"两高三部"《关于办理死刑案件审查判断证据若干问题的规定》中明确指出："认定案件事实，必须以证据为依据"，则表明证据裁判原则在刑事司法领域被正式确认。参见陈光中、郑曦：《论刑事诉讼中的证据裁判原则——兼谈刑事诉讼法修改中的若干问题》，载《法学》2011年第9期。

④ 参见何家弘：《刑事庭审虚化的实证研究》，载《法学家》2011年第6期。

（二）更加注重全面收集各种证据

一般根据证据内容的稳定性、客观性和可靠性程度的不同，可将证据分为主观性证据和客观性证据。其中，主观性证据主要是指以"人"为证据内容载体的证据，如犯罪嫌疑人供述和辩解、证人证言等；而客观性证据则是指以"人"以外之物为证据内容载体的证据，如书证、物证以及电子数据等[1]。一般而言，客观性证据相对于主观性证据而言，其稳定性、可靠性以及证明价值更好。"以审判为中心"视野下职务犯罪侦查转型的一个重要方面就是须从"重点获取客观性证据"切实转移到"全面收集各种证据"上来，尤其须更加强化对客观性证据的收集，真正实现"由供到证"、"以证印供"向"以证促供"、"证供互动"的转变。[2]

（三）更加注重应对刑事辩护问题

刑事辩护一般可以分为实体性辩护和程序性辩护。其中，实体性辩护主要是指犯罪嫌疑人（被告人）及其辩护人围绕犯罪嫌疑人（被告人）是否构成犯罪，是否需要追究其刑事责任以及从轻、减轻处罚等量刑问题而开展的一系列辩护活动。而程序性辩护则主要是指围绕程序违法行为而开展的一系列辩护活动。[3] 随着人权保护意识的不断增强，从程序性辩护的角度出发，辩护律师在职务犯罪侦查阶段不再仅仅简单地关注被告人是否有罪以及应处何种刑罚的问题，而是更加关注侦查程序合法性问题。为此，"以审判为中心"视野下我国职务犯罪侦查工作必须重视应对程序性辩护带来的挑战，更加注重保障职务犯罪侦查模式朝着精细化方向发展。

二、"以审判为中心"视野下新型检律关系的主要内涵

职务犯罪侦查阶段最主要也是最突出的矛盾之一就是职务犯罪侦查人员与犯罪嫌疑人及其辩护律师之间的矛盾。在"侦查中心主义"的场域下，职务犯罪侦查人员对整个职务犯罪侦查活动享有绝对的主导权，整个职务犯罪活动是在一种单向的、封闭的、神秘化的环境中展开的。面对强大的职务犯罪侦查权这一国家公权力，犯罪嫌疑人则沦为职务犯罪侦查客体和对象，犯罪嫌疑人及其辩护律师无法享有与职务犯罪侦查部门及其侦查人员进行抗衡的辩护权。而"以审判为中心"要求在整个刑事诉讼过程中对于犯罪嫌疑人（被告人）这一"弱者"给予特殊的诉讼关照，"将当事者均视作平等的协商者、对话者和被说服者，而不是被处理者、被镇压者和无足轻重的惩罚对象"，[4] 具体到职务犯罪侦查阶段，就是要使以检察官为代表的"侦查力量"和以律师为代表的"辩护力量"始终保持一个动态的、活力的、良性的对抗状态，从而最大限度地还原事实真相并实现职务犯罪侦查程序正义。就职务犯罪侦查工作而言，"以审判为中心"视野下新型检律关系主要有以下三重

---

① 樊崇义、赵培显：《论客观性证据审查模式》，载《中国刑事法学杂志》2014 年第 1 期。

② 肖玮等：《适应修改后刑诉法新要求推动职务犯罪侦查工作科学发展》，载《检察日报》2012 年 7 月 28 日第 2 版。

③ 参见陈瑞华、田文昌：《刑事辩护的中国经验》，北京大学出版社 2012 年版，第 16~17 页。

④ 陈瑞华著：《看得见的正义》（第二版），北京大学出版社 2013 年版，第 18 页。

含义：

（一）相互尊重的关系

刑事诉讼目标的实现需要诉辩平等，而构建相互尊重与认同的司法理念是关键。检察官往往被誉为"法律的守夜人"，被看作是维护公平正义的化身；而律师业生存和发展的正当性基础是维护社会公正。[①] 两者在追求的价值目标方面具有高度的契合点和一致性，具体到职务犯罪侦查中来，就表现为两者追求依法惩罚犯罪和保障人权相统一、依法查明案件和实现公正相统一。对于检察官而言，"尊重律师，既表现出对一个有益社会的职业群体的文明态度，更蕴含着对国家法律，对人权民意，对手中权力的敬畏意识。"[②] 具体而言，应充分尊重辩护律师正当的执业行为，依法保障辩护律师的执业权利，尤其是律师的会见权；在此基础之上，应学会辩证地看待律师的辩护观点，既要勇于接纳正确的辩护观点，并及时地落实到侦查工作中去；又要包容地审视有瑕疵的辩护观点，及时向辩护律师予以反馈，努力做到"兼听则明"，防止"偏信则暗"。对于辩护律师而言，应恪守律师职业道德和职业要求，依法参与职务犯罪侦查程序，一方面，应充分发挥辩护职能，切实保障犯罪嫌疑人的合法权益；另一方面，应积极支持检察机关依法开展侦查活动，为实现侦查程序正义而服务。因此，检律双方只有在职务犯罪侦查过程中建立起相互尊重的关系，才能为依法推进侦查程序的开展而共同努力。

（二）相互对抗的关系

相较于"以侦查为中心"而言，"以审判为中心"更加强调侦查阶段侦辩双方的对抗性，侦辩双方对抗越激烈，就越有利于补充完善案件证据材料，越有利于及时发现案件事实真相，越有利于及时推进后续诉讼程序，也越有利于实现打击犯罪和保障人权的平衡。就职务犯罪侦查这一诉讼阶段而言，侦辩双方有着各自的诉讼任务和价值目标，检察官作为侦查力量的主要任务就是要依法代表国家来指控职务犯罪行为，维护社会公共秩序；而律师作为辩护力量的主要任务就要依法维护犯罪嫌疑人的合法权益，落实犯罪嫌疑人的有效辩护权，[③] 并且积极寻找侦查的"漏洞"或者"失误"，为后续辩护做好准备。因此，在"审判中心主义"视野下，检律双方在职务犯罪侦查过程中应当是一种良性的对抗关系，就好比同场竞技的"选手"，要真正做到"对抗而不对立"、"交锋而不交恶"，共同完成职务犯罪侦查这一"比赛"。

（三）相互监督的关系

在"以侦查为中心"的刑事诉讼构造中，"侦查"往往被视为最排除外来监督的刑事诉讼程序之一。这是因为传统的"侦查"往往是在侦查力量主导下封闭、单向地运行，少有其他诉讼力量能够参与其中。因此，"违法侦查"或者"暴力侦查"的现象时有发生，从而导致侦查无效。在"审判中心主义"视野下，"侦查"的封闭状态被打破，辩护律师

---

① 参见顾永忠：《论律师维护社会公平和正义的社会责任》，载《河南社会科学》2008年第1期。

② 参见张远提：《合作与疏离：法官与律师关系的二维视角》，载《人民法院报》2013年8月14日第5版。

③ 参见魏晓娜：《以审判为中心的刑事诉讼制度改革》，载《法学研究》2015年第1期。

能够较为充分地参与进来，并积极发挥应有的作用。这就要求辩护律师在履职的过程中，应当严格按照刑事诉讼法等法律法规的要求，充分发挥对职务犯罪侦查行为的外部监督作用，如果发现检察官有违法侦查的行为或者现象（如刑讯逼供、无证搜查等），应当立即向该检察官所在的检察机关或者其上一级检察机关予以反映，切实保障犯罪嫌疑人的各项合法权益。此外，相较于公诉、审判等其他诉讼程序，"侦查"具有自身运作特点和规律，因此检察官在依法行使职务侦查权的过程中，如果发现辩护律师有干预正常侦查活动的违法行为（如帮助毁灭证据、帮助犯罪嫌疑人逃跑等），应当及时予以制止，并将相关情况向其所在的律师事务所或者当地律师协会予以反映，对于构成犯罪的，依法移送司法机关。因此，在职务犯罪侦查过程中，检察官与辩护律师之间应当是一种相互监督的关系，双方只有依法监督对方的诉讼行为才能保证职务犯罪侦查程序始终在法治的轨道上顺利运行，也才能真正实现职务犯罪侦查程序的公平和正义。

三、"以审判为中心"视野下新型检律关系的机制建设

"以审判为中心"视野下新型检律关系的实现离不开配套机制的建设，笔者认为，新型检律关系的机制建设主要包括以下三方面内容：

（一）建立健全检律互相沟通机制

检律互相沟通机制主要包括以下三方面内容：一是职务犯罪立案侦查后的检律沟通，即检察官在立案之后应依法保障辩护律师的知情权、参与权和会见权，尤其是不得滥用法律关于"特别重大贿赂犯罪案件应当经过许可会见犯罪嫌疑人"的规定，尊重和保障辩护律师依法行使辩护权；二是职务犯罪侦查过程中的检律沟通，即检察官应当在职务犯罪侦查过程中，依法加强与辩护律师之间的沟通，就犯罪嫌疑人的生理情况和心理情况等进行会谈，在一定情况下，可就法律适应等问题展开磋商；三是职务犯罪侦查终结前的检律沟通，即检察官在职务犯罪侦查即将终结前，应当及时通知辩护律师到场，认真听取并记录辩护律师对案件的相关意见，以便及时补充相应证据，为后续的审查起诉工作做好准备。

（二）建立健全检律互相监督机制

检律互相监督机制主要包括两个方面的内容：一方面，检察机关应加强与司法行政机关和律师协会之间的协调沟通，建立联席会议机制，定期向其通报律师在执业过程中的违法违纪情况，并就相关问题开展调研，依法督促和协调相关部门加强对律师依法执业的教育和管理，共同制定律师依法执业的规范性文件，确保律师依法规范执业；另一方面，笔者建议，可以考虑由辩护律师在职务犯罪侦查终结前独立填写《检察办案行为监督卡》，按照程序送交检察机关相关部门，对职务犯罪侦查活动中存在的问题提出意见或者建议，强化对检察机关的外部监督，从而在职务犯罪侦查阶段形成良性的检律对抗关系，增强检察机关自我发现和排除非法证据的能力，真正确保职务犯罪侦查取证的合法性。

（三）建立健全检律证据开示机制

职务犯罪侦查阶段的检律证据开示机制主要包括以下内容：第一，律师应当按照刑事

诉讼法的相关规定，对于相关证据材料应当向检察机关予以开示，假如律师发现犯罪嫌疑人具备法定条件可以由逮捕变更为取保候审的，辩护律师应及时告知检察机关，并将相关证据向检察机关出示，依法保障犯罪嫌疑人的权利；第二，检察官在职务犯罪侦查过程中，可以有限地向辩护律师开示相关证据材料，协助律师做好犯罪嫌疑人认罪悔罪工作，防止犯罪嫌疑人出现情绪波动和翻供现象。这样既有助于巩固现有的侦查成果，也有助于深挖潜在的犯罪事实，保障职务犯罪侦查程序顺利进行，提高职务犯罪侦查质量。[1]

（作者单位：北京市朝阳区人民检察院）

---

[1] 胡卫列、韩大元主编：《以审判为中心的诉讼制度改革与检察工作发展》，中国检察出版社 2015 年版，第 715 页。

审判中心视野下合议庭裁判权运行规则探析

——兼谈人民陪审制度之完善

郑未媚

一、我国合议制基本现状及良性运行前提

合议庭是最基本的审判组织，规范合议庭的制度及其具体规则具有重要价值。从查明案件事实的角度而言，合议制可以发挥集体智慧，有利于裁判权的准确行使；从程序公正的角度而言，合议制形成了裁判权的互相制约，有利于权力正当行使。合议制运行要遵循共同裁判和民主裁判，前者是指合议庭成员共同实质性参与审判过程，共同作出决定；后者是指在合议庭各个成员独立判断的基础上，按照多数人意见作出裁判。

在立法层面，除了三大诉讼法和人民法院组织法有关合议制度的规定外，目前规范合议的规范性文件还有最高人民法院《关于人民法院合议庭工作的若干规定》（2002 年）（以下简称 2002 年规定）和《关于进一步加强合议庭职责的若干规定》（2009 年）（以下简称 2009 年规定），这两个规定完善了合议制度的具体要求，规定了合议庭的具体职责等事项。

在司法实践层面上，合议庭的运行基本遵循法律的规定，但是主要存在"审者不判、判者不审"、合议庭没有完全独立行使裁判权的问题。此外，如何在合议制中发挥人民陪审员的作用、完善具体的合议规则也值得深入思考。

笔者认为，合议制的良性运行要处理好以下三个前提性问题。

第一，保证合议庭独立行使职权。从审判中心出发，必然要求合议庭独立审判，并且每个合议庭成员要实质性地参与案件审理和评议。正在进行的司法改革提出的很多措施都是为了实现审判独立，包括"推动省以下地方法院人财物统一管理"、"探索建立与行政区划适当分离的司法管辖制度"、"探索建立跨行政区划的人民法院办理跨地区案件"、"让审理者裁判、由裁判者负责"、"建立领导干部干预司法活动、插手具体案件处理的记录、通报和责任追究制度"等。审判权的独立行使在实行合议制的案件中即体现为合议庭权利的独立行使。为了实现"让审理者裁判、由裁判者负责"，需要明确以下三点：（1）合议庭独立审判的同时要保证合理必要的监督。由于法官素质的不同、案件难易不同，而且缺乏详细的合议规则，为了保证案件质量，院庭领导的监督是必要的，但是如何把握度，确实是一个司法难点。（2）合议庭独立审判要把握好合议庭与审判委员会的关系。合议庭不能拒绝裁判，应当独立裁判，只有对重大、疑难、复杂案件，难以作出裁定时，按照法律规定的程序，案件才由审判委员会进行审理。下文将予以详述。（3）应该对我国司法实践中存在的承办人制度进行理性思考。承办人制度在我国的存在有其历史和现实合理性，可以充分发挥每一名法官的主观能动性，便于案件分配和进行考核。但是，在实践层面上，容

易出现承办人员权力不当扩张，导致"合而不审、合而不议"的问题。这使得合议庭共同负责制发生严重异化，在合议庭全体成员共同参与、集体决策的表象下，实际上是案件承办人独任审判，并在实质意义上决定着案件的裁判结果。

第二，构建科学的繁简分流机制，合理区分独任制与合议制的案件范围。案件繁简分流机制不同，必然包括审判组织选择的不同。简单案件可以考虑独任审理。独任制是指由审判员一人独任审判案件的审判组织。独任制由职业法官一人进行审判，可以充分调动法官的主观积极性，最大限度地配置审判资源，提高诉讼效率，更好地应对"案多人少"的现实难题。以刑事案件为例，根据我国刑事诉讼法第 178 条、第 210 条和最高人民法院《关于适用〈中华人民共和国刑事诉讼法〉的解释》（以下简称《最高法院解释》）第 296 条的规定，基层人民法院适用简易程序的案件可以由审判员独任审判，但并非一律独任审理。详言之，适用简易程序可能判处 3 年以下的案件，可以采取合议制也可以采取独任制，而适用简易程序可能判处 3 年以上的基层法院管辖的案件，则采取合议制。除了简易程序，我国司法改革中速裁案件的审判组织也采取独任制。随着认罪认罚从宽制度[①]的推行，我国的繁简分流机制将更加细化和成体系，采取更加简易的方式如处罚令程序的案件则不适用合议制。

第三，合理界定审判委员会职权定位，进一步明确合议制的案件范围。审判委员会是诉讼法规定的审判组织。审判委员会的存在有其历史合理性。一直以来，对审判委员会都存在存废的争议。笔者认为，要合理界定审委会职权，在保留的前提下强化专业性和诉讼性。（1）审判委员会讨论案件的范围要严格依照法律规定进行。以刑事案件为例，根据我国刑事诉讼法第 180 条规定，对于重大、疑难、复杂案件，合议庭难以作出决定的，由合议庭提请院长决定提交审判委员会讨论决定。审判委员会的决定，合议庭应当执行。最高法院解释第 178 条细化了审委会讨论案件的范围。笔者认为，要适当限制审判委员会讨论案件的范围，集中在新型、重大、疑难、复杂案件，且合议庭难以作出决定的。应该杜绝将依简易程序审理的案件提交审判委员会讨论决定的现象，除极少数经批准由简易程序审理转为普通程序审理的案件外，独任审判员应独立地处理自己审理的案件，不得将案件提交审判委员会讨论决定。拟减刑、缓刑和免刑的案件如果不符合上述条件的，也不得提交审判委员会。（2）强化宏观指导，统一法律适用的功能。审委会讨论的案件重点要突出其法律适用的指导。今后可考虑以合议庭是否产生法律适用问题重大意见分歧、无法形成合议庭决定为案件能否提请审判委员会讨论决定的标准，排除了以重大、疑难、复杂为标准的主观性特征，增强了标准的可操作性。[②] 还要考虑取消院长、分管院长对案件直接提交审判委员会讨论的决定权，改院长、分管院长对合议庭申请提交案件的决定权为对合议庭申请提交案件的审核权。

---

① 认罪认罚制度是建立在侦控机关指控犯罪嫌疑人"被告人有罪的基础上的一种制度延伸，它适用于任何案件性质"诉讼程序类型，广泛存在于刑事诉讼过程中。它不是脱离于刑事实体法、程序法规范而独立存在的一项诉讼制度。参见陈卫东：《认罪认罚从宽制度研究》，载《中国法学》2016 年第 2 期。

② 陈光中等著：《中国司法制度的基础理论问题研究》，经济科学出版社 2010 年版，第 161 页。

二、完善人民陪审制度

人民陪审员是合议庭的重要组成人员，陪审制度的完善对于合议制的良性运行具有重要意义。在陪审制运行中，强调人民陪审员与法官同等权利，共同决定事实认定和法律适用问题。

目前，我国人民陪审员工作面临着不少问题和困难，陪审员的代表性和广泛性不足、陪审范围不明确、"陪而不审"等问题仍然没有解决。为此，党的十八大之后，司法改革进程加速，十八届三中全会决定指出"广泛实行人民陪审制度，拓宽人民群众有序参与司法渠道。"十八届四中全会决定进一步指出："完善人民陪审员制度，保障公民陪审权利，扩大参审范围，完善随机抽选方式，提高人民陪审制度公信度。逐步实行人民陪审员不再审理法律适用问题，只参与审理事实认定问题"，2015 年 4 月 24 日，全国人大常委会通过了《关于授权在部分地区开展人民陪审员制度改革试点工作的决定》（以下简称《决定》）。同日，最高人民法院和司法部联合发布试点工作实施办法。

笔者认为，应该构建有中国特色的参审制度。

第一，要准确把握我国陪审制度的功能定位。陪审制度的功能定位即陪审制度要实现的价值和目的。陪审制度改革过程中出现的问题和理论争议，如陪审大众化还是精英化、参审制还是陪审制、法律审还是事实审等归根结底在于如何正确看待陪审制度的功能定位。从现代陪审制度的产生、发展之初，陪审制度首先是作为司法民主的重要体现，监督司法，监督国家权力行使，体现的是其政治价值或者说功能。正如托克维尔指出的"实行陪审制度，就可把人民本身，或至少把一部分公民提到法官的地位。这实质就是陪审制度把领导社会的权利置于人民或者一部分公民之手。陪审首先是一种政治制度，应当把它看成是人民主权的一种形式。当人民的主权被推翻时，就要把陪审制度丢到九霄云外；而当人民主权存在时，就得使陪审制度与建立这个主权的各项法律协调一致"①。各国陪审制度尽管在曲折发展，但只要还坚持民主国家，陪审制度必然需要存在。我国是人民民主专政国家，人民当家做主，实现了法治需要民主，实现民主需要法治，这当然要求人民陪审制度的存在和发展以沟通民主与法治。具体而言，陪审制度的政治功能体现了民众对司法的直接参与，实现民众政治意愿的表达。通过对人民陪审员参审的各项权利予以保障，使得其参与司法、处理案件的职能得到发挥。其次是普通人常识常情的引入，克服法官的专业偏见，有助于解决案件，即其司法价值。人民陪审员从大众认知的视角对案件的事实和法律问题进行评判，引入公众价值、社会经验等，有助于案件处理，提升案件的可接受性，因此对于实现司法公正具有重要作用。在人民陪审员参与案件的过程中，通过庭审、评议等诉讼阶段的参与及相关权利的行使，在处理案件的同时，进行了司法理念、价值、法律程序的宣传，有助于司法公开，提升司法公信。目前进行的陪审试点对此进行了探索，如降低选任标准、强调事实审与法律审的职权分离都体现了扩大民众参与司法的广度与深度，充分发挥了普通人常识常理在事实认定领域的优势。

第二，完善选任标准，加强选任方式的多元化，提升人民陪审员的广泛性和代表性。

---

① ［法］托克维尔著：《论美国的民主》（上卷），董果良译，商务印书馆 1997 年版，第 314~315 页。

人民陪审员广泛性和代表性的不足，与选任条件、选任方式有直接关系。从选任标准（条件）看，按照《决定》规定，人民陪审员一般需要具有大学专科以上学历，导致普通群众所占比例不高。因此在试点过程中降低了陪审员的学历要求，规定"担任人民陪审员一般应当具有高中以上文化学历，但是农村地区和贫困偏远地区公道正派、德高望重者不受此限"。这个标准扩大了陪审员选任广度。

当然，目前人民陪审员还是通过自荐和他荐相结合的方式，形成候选名单，由人大任命。笔者认为，这种任命制从诉讼理论而言，不符合陪审员选任的随机性，与发达资本主义国家以选民名单作为陪审员候选名单的普遍做法也不一致，是现阶段国情基础上的选择。随着我国法治建设的深入，国民素质的提高，最终要走向陪审候选名单真正的随机产生，即通过选民名单产生陪审员。

第三，陪审范围进一步明确化。根据《人民陪审员制度改革试点方案》（以下简称《试点方案》）结合刑事诉讼法关于管辖的规定，可知中级人民法院审理的第一审案件一般都要实行人民陪审；基层法院审理的案件除简易程序独任审判外，均可以实行人民陪审。那么，在具体诉讼中，陪审案件范围如何确定呢？借鉴国外经验，笔者认为是否采用陪审要尊重被告人的选择权；且从陪审制度的基本功能出发，受到社会关注的，存在事实争议的案件需要进行陪审。具体到刑事案件，就是陪审的范围要立足于重大疑难复杂、存在事实争议、有社会影响的案件，并充分考虑被追诉人的权利。

第四、细化和完善陪审规则，要改进人民陪审员参审机制，强化法官的法律指引和告知义务，坚决支持人民陪审员依法履职，提高陪审能力。（1）进一步强调具体案件陪审员选取的随机性。（2）支持人民陪审员依法履职。笔者认为，人民陪审员积极参与庭前准备，庭审调查、发问、调解，庭审后评议等诉讼行为，都是旨在促进陪审的实质化，促使陪审功能的实现。（3）完善陪审员的参审职责，区分事实审和法律审。《试点方案》指出："开展试点，积累经验，逐步探索实行人民陪审员不再审理法律适用问题，只参与审理事实认定问题，充分发挥人民陪审员富有社会阅历、了解社情民意的优势，提高人民法院裁判的社会认可度。"人民陪审员逐步只负责事实审理的探索可以为今后立法的完善提供很好的实践经验。虽然事实问题和法律问题存在模糊地带，但是大部分情况下是能区分的，因此人民陪审员应当发挥其优势，参与事实审理。对于法律适用问题，需要法律专门知识，留给职业法官更加符合司法规律，更有助于案件的准确处理。这种职能分工有助于改变"陪而不审"的问题，提高陪审员的积极性。需要注意的是，在这种模式下，法官并没有放弃对事实认定的权力，事实认定由法官和陪审员共同负责；同时法官要裁定陪审员进行事实与法律的区分，引导陪审员进行事实认定，因此对法官的水平提出了更高的要求，需要强化法官的法律指引和告知义务。

三、细化合议庭裁判权运行的具体规则

（一）合理配置合议庭人员

根据刑事诉讼法的规定，初审即一审程序的合议庭组成形式有两种，一种是合议庭成员均由职业法官组成；另一种是合议庭成员由职业法官和人民陪审员组成。在有人民陪审

员的合议庭中，引入了普通民众的常识常情，有助于更好地实现司法民主和司法公正。上文已经加以详述。笔者认为合议庭人员的配置问题，主要在于审判长和其他合议庭成员的职责分工。根据2002年规定"合议庭的审判长由符合审判长任职条件（审判长选任办法）的法官担任。院长或者庭长参加合议庭审判案件的时候，自己担任审判长。①"合议庭的审判活动由审判长主持，全体成员平等参与案件的审理、评议、裁判，共同对案件认定事实和适用法律负责。因此，就审判权的运行而言，其他合议庭成员与审判长的权力是相同的。需要指出的是，"合议庭接受案件后，应当根据有关规定确定案件承办法官，或者由审判长指定案件承办法官。"而2009年规定进一步规定了承办人的职责。②

综上，一个合议庭内部存在三种角色，即审判长、承办人和其他成员。合议庭中的审判长主导裁判的进程，并主持庭审和评议程序；承办人则是具体负责案件的审判人员。案件承办人一般由业务庭庭长根据案件性质、难易程度，结合庭内审判人员的业务专长、素质高低、负担的工作量大小等情况再指定，案件审理完毕，承办人即不复存在。其他人员是人民陪审员或者其他职业法官。案件承办人在合议庭中扮演着十分重要的角色。实践层面容易出现承办人员权力不当扩张，导致"合而不审、合而不议"的问题，合议庭的功能无法得到实现。

因此，在合议庭人员配置上，要明确审判长、承办法官、人民陪审员、普通法官的职责和定位。在有人民陪审员的合议庭中，充分发挥其认定事实领域的优势。人员配置的关键在于要保证审判权的平等行使，虽然合议庭角色多样，但行使的都是审判权，因此无论是审判长还是承办法官或者人民陪审员、普通法官，都享有同样的职权。有所区别的是，根据目前的规定，审判长组织和主导审判的流程，属于审判管理的范畴。而承办法官主要进行一些审判准备工作，如对庭前准备的指导、庭审方案的拟订；制作裁判文书；向审判委员会汇报案件等。在审判长与承办人分属两人的情况下，一定要立足本身的职责。

从近期发展完善看，承办法官最好与审判长同属一人，构成"1+1"的模式，即审判长+其他审判人员。就发展的角度而言，应完善法官助理制度，构成"1+1+1"模式，即审判长+其他审判人员+法官助理，给合议庭配备充足的法官助理，将承办法官的一些庭审准备职责转移给法官助理，更好地行使审判权。在建立完善的法官助理制度的同时，还要弱化现有的考核机制过于将承办法官与案件进行关联考核的倾向，完善司法责任制。

---

① 2002年规定明确，审判长履行下列职责：指导和安排审判辅助人员做好庭前调解、庭前准备及其他审判业务辅助性工作；确定案件审理方案、庭审提纲、协调合议庭成员的庭审分工以及做好其他必要的庭前准备工作；主持庭审活动；主持合议庭对案件进行评议；依照有关规定，提请院长决定将案件提交审判委员会讨论决定；制作裁判文书，审核合议庭其他成员制作的裁判文书；依照规定权限签发法律文书；根据院长或者庭长的建议主持合议庭对案件复议；对合议庭遵守案件审理期限制度的情况负责；办理有关审判的其他事项。

② 2009年规定明确，承办法官履行下列职责：（1）主持或者指导审判辅助人员进行庭前调解、证据交换等庭前准备工作；（2）拟定庭审提纲，制作阅卷笔录；（3）协助审判长组织法庭审理活动；（4）在规定期限内及时制作审理报告；（5）案件需要提交审判委员会讨论的，受审判长指派向审判委员会汇报案件；（6）制作裁判文书提交合议庭审核；（7）办理有关审判的其他事项。2002年规定中审判长的职责与2009年规定中承办法官的职责有重合之处，如对庭前准备的指导、庭审方案的拟订；制作裁判文书等。根据新法优于旧法原则，这些重合的职责由承办法官负责，而审判长的职责主要在于庭前确定合议庭成员分工，法庭审理、评议活动的主持，文书签发等。

（二）科学界定合议庭评议内容

合议庭全体成员均应当参加案件评议。评议案件时，合议庭成员应当针对案件的证据采信、事实认定、法律适用、裁判结果以及诉讼程序等问题充分发表意见。必要时，合议庭成员还可提交书面评议意见。

以刑事案件为例，合议庭评议的具体内容依据《最高法院解释》第 240 条的规定，即应当根据已经查明的事实、证据和有关法律规定，在充分考虑控辩双方意见的基础上，确定被告人是否有罪、构成何罪，有无从重、从轻、减轻或者免除处罚情节，应否处以刑罚、判处何种刑罚，附带民事诉讼如何解决，查封、扣押、冻结的财物及其孳息如何处理等，并依法作出判决、裁定。在合议庭评议内容的把握上，需要注意不能超出起诉的范围，起诉制约审判范围，未经起诉的人或事，不能纳入审判，也不能进行评议。所以要在评议中重视控辩双方的意见，在确定事实的基础上进行法律适用。①

（三）完善合议及相关规则

1. 强调合议庭成员共同阅卷。2009 年规定指出，强调依法不开庭审理的案件，合议庭全体成员均应当阅卷，必要时提交书面阅卷意见。但是并没有明确是否所有的案件全体人员都应当阅卷。从合议庭成员共同有效行使审判权的角度，笔者认为应该全体阅卷，共同参加庭审，共同合议，各自独立发表意见。其中共同阅卷是行使审判权的前提和基础，有助于后续审判权的运用。

2. 强调合议庭组成的随机性。2009 年规定指出，如果合议庭成员相对固定的，应当定期交流。这个规定非常科学，可以避免固定的合议庭成员之间形成默契，埋下暗箱操作的隐患。此外，2002 年规定还明确了合议庭成员更换的限制，充分体现了集中审理原则，即"合议庭组成人员确定后，除因回避或者其他特殊情况，不能继续参加案件审理的之外，不得在案件审理过程中更换。更换合议庭成员，应当报请院长或者庭长决定。合议庭成员的更换情况应当及时通知诉讼当事人。"

3. 完善评议规则。第一，评议要及时，即庭审结束后五个工作日内进行。评议顺序遵循人人评议、平等评议、审判长最后发表意见的规则。关于承办法官何时发言的问题，笔者认为承办法官往往对案卷材料最为熟悉，最为关注，由其先阐述，容易引导评议的方向，但同时也是由于其对案件情况最为熟悉，在其他合议庭成员发言前对案件进行必要的介绍也有一定的现实需要，因此综合考量，笔者认为从发展方向而言，在发言顺序上，应考虑到合议庭成员学识、经验、资历等方面存在的差异，宜由人民陪审员或者其他资历浅或职级低、年纪轻的法官先发表意见，资深法官后发言，审判长最后发表意见。首轮评论结束后，合议庭成员还可以在审判长的主持下，就争议焦点问题进行自由发言。第二，表决规则，合议庭成员对评议结果的表决，以口头表决的形式进行；如果意见有分歧，应当按多数人的意见作出决定，但是少数人的意见应当写入笔录。第三，合议庭成员评议时发表意见不受追究。这是法官执行职务豁免的应有之义。

---

① 实践层面主要讨论的是能否改变罪名的问题。《最高法院解释》第 241 条对此加以明确。

（四）及时作出合议庭裁判结果

经过评议后，合议庭要及时作出裁判。裁判的及时性是集中审理的应有之义。集中审理原则是现代审判程序的一项基本原则，其要求之一是法庭应集中证据调查与法庭辩论，庭审不中断并迅速作出裁判。集中审理原则并不必然推出当庭宣判，而在于庭审之后在较短的时间内作出裁判。[1] 刑事案件的裁判结果总体上可以分为有罪判决和无罪判决，后者又可以细化为证据不足的无罪判决和纯粹的无罪判决。《最高法院解释》第 241 条根据实践情况，作出了更加细致的规定。

（作者单位：国家法官学院）

---

[1] 参见陈卫东、刘计划：《论集中审理原则与合议庭功能的强化——兼评〈关于人民法院合议庭工作的若干规定〉》，载《中国法学》2003 年第 1 期。

从以侦查为中心走向以审判为中心

朱玉玲

一、诉讼阶段论、侦查中心论、审判中心论解析

刑事诉讼程序是一种按照法定的顺序、程序、步骤对被告人刑事责任问题作出权威性裁判的过程，这一过程可包含若干个相对独立而又相互联系的环节。现代刑事诉讼程序基本上可以划分为侦查、起诉、审判、执行等几个主要的诉讼环节。[①]

实际上，刑事诉讼各个环节之间存在着十分密切的联系。在刑事诉讼环节之间的关系问题上，法学理论界存在着"诉讼阶段论"和"审判中心论"之分。

（一）诉讼阶段论与侦查中心论

1. 诉讼阶段论

诉讼阶段论将侦查、起诉和审判等作为平行的三个阶段，认为它们对于刑事诉讼目的的实现起到同等重要的作用，它们的诉讼地位没有高低之分。[②]

我国目前一直实行的就是诉讼阶段论。可以说，诉讼阶段论一直在我国刑事诉讼发展理论中居于通说的地位，并且整个刑事诉讼制度也是按照诉讼阶段论来进行设计的，这从1996年和2012年刑事诉讼法也可看出。

2. 侦查中心论

在我国，诉讼阶段论等同于侦查中心论，是因为诉讼阶段论认为每一个阶段都同等重要。既然每一个阶段都同等重要，必然把审判阶段看成是与侦查阶段、起诉阶段一样重要，实际上也就是并没有将审判作为中心。但是，在我国长期的刑事司法实践中，以侦查为中心的倾向却比较明显和突出。[③]

（二）审判中心论

将刑事审判阶段作为整个刑事诉讼的中心，侦查、起诉等审判前程序则被视为审判程序开启的准备阶段。只有审判阶段，诉讼参与人的合法权益才能得到充分的维护，被告人

---

① 樊崇义主编：《刑事诉讼法学》，中国政法大学出版社2002年版。
② 樊崇义主编：《刑事诉讼法学》，中国政法大学出版社2002年版。
③ 我国刑事诉讼的实际重心在侦查阶段，因为案件的实质调查和全面调查都是在这一阶段完成。之所以将刑事诉讼的重心前置于侦查阶段，原因在于我国侦查终结标准、起诉标准和定罪标准一样高。侦查人员在确认符合定罪标准的情况下才能将案件侦查终结、移送审查起诉，检察官在确信符合定罪标准时才能向法院提起公诉。这就要求侦查活动必须将案件查个"水落石出"，对于案件进行全面、实质调查的任务就落在了侦查人员头上，审查起诉和审判就成了对侦查成果的二次质量检查，起到的是质检把关作用。因此，侦查对起诉、审判就有着重大的、实质性的影响。

的刑事责任问题才能得到最终权威的确定。①

审判中心论强调在整个刑事诉讼过程中，审判对决定被告人的刑事责任具有最终的决定作用，证据的质疑和质问都在法庭上进行，在庭审过程中贯彻直接言词原则，刑事诉讼过程中的侦查和起诉活动都要围绕审判阶段来展开，侦查和起诉对法院最终的判决不具有决定性作用，它们只是为审判服务的。

（三）以审判为中心的界定

（1）以审判为中心，非指民事案件，亦非指刑事自诉案件，而是指刑事公诉案件的审判。

（2）以审判为中心，是指审判与侦查、检察、执行的关系，它是从整个刑事诉讼过程中各个诉讼阶段之间的外部关系来考察的。

（3）以审判为中心，是指以第一审普通程序中的审判为中心，不包括简易程序第二审程序和审判监督程序中的审判。

（4）以审判为中心，离不开法庭审理这一核心。第一审普通程序包括庭前审查程序、庭前准备程序、法庭审理程序三个环节，其中庭前审查程序与庭前准备程序是为法庭审理程序的顺利进行做好准备，因此法庭审理程序才是以审判为中心的核心内容。

二、从以侦查为中心走向以审判为中心的价值

我国理论界一直实行诉讼阶段论，刑事诉讼法也是按照诉讼阶段论设计的，尽管有学者提出审判中心论的观点，但是并没有得到重视，只是一直作为一种理论观点在进行探讨。

然而随着司法实践中大量冤假错案的出现，人们开始对诉讼阶段论下的以侦查为中心的倾向这一问题进行反思；另一方面，随着我国人权保障水平要求的不断提高，人们逐渐意识到诉讼阶段论下的侦查中心论不足以实现对人权的有效保障，于是开始重新审视审判中心论所具有的重要价值。②

（一）以侦查为中心带来的问题

长期以来，重实体，轻程序一直是我国的传统，且惩罚犯罪的目标重于人权保障的目标。同时，职权主义在我国有着较为深刻的影响。尽管 1996 年刑事诉讼法修改以后，程序的独立价值开始日益受到人们的重视，人权保障的需求也开始得到强化，当事人主义诉讼模式的某些特点在审判阶段开始得以借鉴，然而侦查阶段仍然保留着职权主义的色彩。

（1）侦查机关权力的行使缺乏限制，容易导致对人权的侵犯。在我国，侦查机关权力的行使缺乏有力的外部司法控制。首先，检察机关作为国家的法律监督机关，可以对刑事诉讼的全程进行监督。但是，法律既没有赋予检察机关对侦查活动进行指挥的权力，也没

---

① 樊崇义主编：《刑事诉讼法学》，中国政法大学出版社 2002 年版。

② 党的十八届四中全会提出"推进以审判为中心的诉讼制度改革"；《关于全面深化人民法院改革的意见——人民法院第四个五年改革纲要（2014-2018）》提出"建立以审判为中心的诉讼制度"；最高人民法院的报告提出"积极推进以审判为中心的诉讼制度改革"。

有赋予检察机关调动警察的权力。另外，检察机关对公安机关在侦查阶段的侦查活动的监督缺乏有效性，尤其对于侦查活动的事前监督和事中监督不充分。其次，目前我国立法对法院以司法手段控制侦查活动仍然缺乏制度设计，法院无法作为第三方对其侦查活动进行必要的司法性审查。由上述分析可知，检察机关和法院对公安机关的侦查工作难以形成真正的制约。尽管目前辩护律师可以介入诉讼之中，法律赋予了辩护人更多的权利，但律师的影响力较小。另外，我国侦查阶段的职权主义色彩依然比较浓厚，侦查机关拥有较大的权力，侦查权可以自由行使，除逮捕这一强制措施外，权力很少受到限制和约束。

然而权力一旦不受限制，就可能会超越范围行使甚至可能会滥用权力，必然会带来一些问题。而违法收集证据，诸如刑讯逼供，违法搜查一方面可能会侵犯人权；另一方面可能会影响对案件事实的公正认定。

（2）侦查机关的侦查结论往往决定着审判结论的形成。以侦查为中心实际上是指侦查阶段的侦查活动以及由此形成的笔录、卷宗在刑事诉讼中处于中心地位，即在我国现行刑事诉讼实践中，侦查阶段搜集的证据材料、形成的讯问、询问笔录，以及认定有罪的案卷对检察机关的起诉、法院的审判起着至关重要的作用。

另一方面，法官的审判也主要是以侦查卷宗为基础展开的，无论是庭前审查活动，还是法庭审判，甚至包括法院判决的作出都离不开侦查机关的卷宗材料，审判活动不仅不能发挥对侦查机关侦查活动的制约功能，甚至会成为侦查活动的进一步展示。显然，以侦查为中心或以案卷笔录为中心，容易导致法官预断及其庭审"走过场"，对起诉、审判发挥着重大和实质性影响的一直是侦查活动，并最终导致侦查机关的侦查结论决定着审判结论的形成。

（二）以审判为中心的价值

以审判为中心实质上表明，案件的全面化、实质化的调查阶段不在侦查阶段而在审判阶段。从静态的角度看，整个刑事诉讼制度要围绕审判阶段而建构，从动态的角度看，整个刑事诉讼活动要围绕审判阶段而展开。侦查、起诉都要服务于审判活动的顺利进行，都要围绕着审判而进行。因此，审判是整个刑事诉讼活动的中心环节。

1. 以审判为中心有利于实现对人权的保障

控、辩、裁三方处于等腰三角形的结构状态，这被认为是一种最佳的诉讼状态。而以审判为中心就表明整个刑事诉讼呈现出一种诉讼构造，即不仅在审判过程中表现为一种诉讼结构，而且在审前程序中也呈现为一种诉讼构造的形式。

在审前程序中呈现为一种诉讼构造就意味着侦查权的行使不是无限的、可以自由行使的，审前程序中的侦查活动要受到第三方的制约，而不是"一家独大"。因为侦查权的行使有了第三方的制约，从而避免了侦查权的滥用和过度行使，从这个角度讲有利于刑事诉讼过程中犯罪嫌疑人和被告人权利保障的实现。

2. 以审判为中心有利于刑事错案的消除

以审判为中心，意味着一切结果的产生都要以审判作为衡量的标准，意味着侦查结论不具有决定性的作用，侦查结论仍然有待于审判的检验。并需要通过法庭审理这一核心环节将侦查机关提供的证据提交于法庭，使其接受控辩双方的质证、质疑，从而将非法证据加以排除，或者将瑕疵证据充分暴露在法庭上，防止把这样一些证据作为认定案件事实的根据从而导致冤假错案的发生。

三、从以侦查为中心向以审判为中心的改造存在不同的观点

我国是目前少数以诉讼阶段论作为理论基础对刑事诉讼制度进行设计的国家。前面谈到，诉讼阶段论容易导致以侦查为中心的倾向。近些年来，对于是否需要将诉讼阶段论（即侦查中心论）向审判中心论转变，并进行相关制度的改革和构建成为学术界关注的话题之一。

目前，对推进以审判为中心的诉讼制度改革已经取得共识，但是如何从过去的"以侦查为中心"向"以审判为中心"转变？怎么转变？转变到什么程度？目前有不同的观点。

有的学者认为，我国一直实行诉讼阶段论，整个制度也是按照诉讼阶段论来进行设计的，而向审判中心论的转变必然导致整个制度设计发生改变。"主张审判中心主义，意味着重新检讨诉讼阶段论甚至将其舍弃，这动静怕是不小。"① 主张审判中心论可能意味着刑事诉讼法的法典结构都需要进行调整，若不触及诉讼阶段论，不进行相关制度、关系的调整，审判中心主义就只是一句口号。

也有学者认为，目前，我国的诉讼阶段论还有很大的惯性，很多制度的设计都是按照诉讼阶段进行的，要使审判成为我国诉讼的中心，并成为一场"真的"审判，需要多项制度加以配合。因此，指出"当前要紧的是，探索如何在现有体制下提高法院的权威，把事实认定和证据采信限制在审判阶段，并通过制度保证判决的终局性"②。《关于全面深化人民法院改革的意见——人民法院第四个五年改革纲要（2014-2018）》提出，要在 2016 年实现该目标，也可以推出目前应当是在现有体制下的改革。

笔者认为，这里需要解决的是以审判为中心的改革应当包括哪些内容。从长远规划来看，以审判为中心的诉讼制度必须进行彻底的改革，然而这是一项系统工程，绝非短期内就可以完成的，需要一个过程。从近期目标来看，主要涉及对相关制度进行改革，使之服务于以审判为中心的要求。但是，无论如何改，可能都会涉及下面一些问题的处理。

四、以审判为中心背景下的侦诉关系的处理

以审判为中心可以倒逼审前程序中的各项制度进行改革，也势必引起侦诉关系的改变。

一方面，根据刑事诉讼法的规定，分工负责、相互配合、相互制约是公安机关和检察机关处理相互之间关系需要遵守的一条基本原则，但是在诉讼实践中，它们之间配合有余而制约不足；另一方面，检察监督原则作为刑事诉讼的一项基本原则，要求检察机关对侦查机关的侦查活动进行监督，但是检察机关的事前监督、事中监督不充分，事后监督力度不够，没有充分发挥检察机关应有的监督作用。笔者认为下述两方面内容的改革是关键。

---

① 张建伟：《审判中心主义的实质与表象》，载《人民法院报》2014 年 7 月 25 日第 5 版。
② 樊崇义、张中：《论以审判为中心的诉讼制度改革》，载《中州学刊》2015 年第 1 期。

（一）发挥检察机关对侦查机关侦查权行使的司法监督

目前我国侦查阶段的一个最大问题就是侦查活动的非诉讼性，一方是侦查机关，另一方是被追诉者，形成一个双方组合。由于大部分权利的行使都由侦查机关自己决定、自己行使，缺乏第三方的监督而使侦查机关的活动缺乏约束和限制，因而形成权力的滥用和不当行使。另外，这种状况也与相关制度，如司法审查制度的缺乏有相当大的关系，正是由于司法无法对侦查形成制约，才放纵了权力的行使。

在我国目前的制度框架下还难以实行司法令状原则。从目前来看，近期目标仍然是要充分发挥检察机关的作用，即在处理侦诉关系时发挥检察机关对侦查人员侦查权行使的司法监督，特别是要重视发挥检察机关对侦查活动的事前监督和事中监督。

（二）发挥检察机关对侦查机关收集证据的法律指导

我国的侦诉基本关系属于检警分离的模式，但是又不完全等同于英美法系的检警分离关系，因为我国的检察机关也有侦查权。但是这种侦诉关系并不影响检察机关对侦查机关侦查活动的法律指导。因此，改革我国的检警关系，使检察机关和侦查机关共同服务于审判活动的需要，就需要充分发挥检察机关在法律水平方面所占据的优势，从法律上指导侦查机关收集证据的诉讼活动，使侦查活动能够按照检察机关起诉的需要进行，尽量避免或减少侦查人员的违法取证行为，最终为检察机关出庭支持公诉做好准备。

五、以审判为中心背景下的诉审关系的处理

审判中立，控审分离、控辩平等，这是现代刑事诉讼的基本要求，也是司法公正的基本保障。可以说它反映了诉审之间一种基本的关系状态，这种状态也是诉审之间的一种理想状态。然而，由于审判机关与检察机关都属于国家机关，因此相互之间有一种天然的同源性，必然会影响到诉审之间的关系，甚至可能使诉审关系产生背离其理想格局的倾向。①笔者认为，处理好诉审关系有必要做到以下几点：

（一）实行起诉状一本主义

由于审判机关与检察机关之间天然的亲缘性，导致审判机关很容易对检察机关的意见给予更多的关注，法官常常会不自觉地站在检察机关的角度看待问题，很难真正做到不偏向任何一方，容易使诉审关系背离司法公正。因此，必须进行一定的制度设计，切断检察机关与法院之间的这种亲缘关系，即切断侦查与审判之间的联结，实行起诉状一本主义。目的在于促使审判机关保持中立状态，防止侦查结果先入为主地影响法官对案件事实的认识。

我国 1979 年刑事诉讼法实行全案移送制度，即检察官在向法院提起公诉时移送包括证据在内的全部案卷材料。然而因为容易造成法官预断，庭审走过场等问题，1996 年我国刑事诉讼法修改过程，取消了对案卷的全部移送，而是采取检察机关只向人民法院进行部分

---

① 卞建林：《诉审关系的理想格局与程序规制》，载《检察日报》2013 年 6 月 18 日第 3 版。

移送，即只移送证据目录、证人名单和主要证据复印件和照片。但是也带来了一些问题，如到了审判阶段律师无法查阅全部案卷，影响了辩护权的行使。因而2012年修改刑事诉讼法又重新恢复了全案移送制度，这必然会重新回到过去的状态，即法官预断和庭审走过场。而且法官依赖控诉机关卷宗定案的现状仍然无法得到改观。

因此，从未来刑事诉讼制度的发展来看，如果实行以侦查为中心向以审判为中心的转变，最优的配套措施之一仍然是实行起诉状一本主义。

（二）将直接、言词原则落到实处

尽管刑事诉讼法规定证人、鉴定人要出庭和警察要出庭，但是我国审判实践中重视侦查活动中形成的各种书面材料的现象仍然比较严重，鉴定人、证人不出庭的现象仍然屡禁不绝。势必造成审判结果的形成最终要取决于侦查结论及其案卷，审判难以成为中心。

这种情况的出现最根本的原因在于全案移送制度。但是，直接言词原则不能得到严格的贯彻落实也是重要的因素之一。因此，有必要将直接、言词原则贯彻落实到底。而这也可以倒逼侦查机关在刑事诉讼过程中注重对言词证据的合法收集，尽量摒弃各种笔录、书面材料，如被告人的庭前供述笔录、询问笔录等。

六、从以侦查为中心走向以审判为中心的相关证据制度的完善和改革

以审判为中心的诉讼制度改革，还涉及证据制度上的配套改革和完善，其中刑事证据规则的确立是核心内容。尽管非法证据排除规则在2012年刑事诉讼法中得以确立，但是在诉讼实践中执行得并不理想。如果不能严格执行这一规则，则会促使侦查部门按照审判时的证据认定规则去指导整个侦查活动展开的目的将难以实现。同样，没有传闻证据规则的确立，也将难以实现刑事诉讼证据质证和认证在法庭，法庭调查的目的将难以达到，审判为中心也将流于形式。

（一）对非法证据排除规则进行完善

实行以审判为中心，实际上是要求审判机关对侦查机关在侦查阶段收集的证据，不能盲目轻信，照单全收；实行以审判为中心，要求必须通过庭审阶段的法庭调查，进行严格的实质性审查，使证据能够充分接受控辩双方的质证，并最终得到法官的认证。如果是通过非法手段、非法程序获得的证据一定要坚决排除，因为只有在审判过程中对非法证据排除规则严格执行，才能彻底遏制侦查人员在侦查活动中进行非法取证的行为。

虽然非法证据排除规则在2012年刑事诉讼法中已明确加以规定，但是从立法情况来看，仍然存在一些问题。如非法言词证据的范围过于狭窄，对于非法言词证据的其他形式并没有明确规定。[①] 立法的不明确导致司法实践中产生了一些问题，如一些侦查人员变相进行刑讯逼供；还有的司法人员利用引诱和欺骗与正常的讯问策略与技巧之间不好界定的矛盾，使用引诱、欺骗等方式收集言词证据等。另外，刑事诉讼法对非法实物证据的排除规

---

① 如采用引诱、欺骗方法收集的犯罪嫌疑人、被告人供述和证人证言。

定了较为严格的条件，使排除非法的实物证据在司法实践中的落实难度很大。①

推动以审判为中心的诉讼制度改革，必须进一步完善非法证据排除规则。首先，对采取疲劳审讯等变相刑讯逼供方式取得的口供也应当予以排除。其次，对"毒树之果"② 也要根据非法取证的严重程度来决定是否予以排除。再次，对引诱和欺骗与正常的讯问策略与技巧之间的界限进行严格限定。最后，放宽启动非法证据排除程序的条件。侦查机关承担举证责任，不能只根据侦查人员出具一纸否认刑讯逼供的证据合法性说明，就轻率认定嫌疑人、被告人口供真实、合法，以免成为刑讯逼供的沉默的掩饰。③

非法证据排除规则之所以在落实过程中会出现一些问题，其实还在于人们尤其是公安司法人员在总体上对非法证据及其排除规则缺乏深刻的认识，也与传统上的法治理念、法治思维的缺乏有很大的关联性。因此，有必要在我国树立法治思维、法治的理念，形成一种对非法证据及其排除规则的惯性思维的养成，才可能最终使这一原则的落实水到渠成。

（二）引入传闻证据概念及传闻证据规则

传闻证据这一概念在我国刑事诉讼中没有确立，我国只有传来证据的概念。同时我国也没有对传闻证据规则的规定。根据传闻证据规则的要求，耳闻目睹了案件事实的人如果没有出庭，其提交给法庭的书面证据会被认为是传闻证据而被排除；他人在法庭上对耳闻目睹事实者的转述也会被认为是传闻证据而被排除。传闻证据规则实际上就是要求耳闻目睹了案件事实的人应当亲自出庭作证，接受双方当事人的对质，以保证言词证据的真实性和可靠性，最终实现裁判的公正性。

2012 年刑事诉讼法修改和完善了证人、鉴定人等出庭作证制度，但从我国司法实践的情况来看，证人出庭问题仍未得到彻底改善，证人、鉴定人出庭率也只是有微小幅度的增长。在诉讼实践中法庭审理的重要形式仍然是书面审理，势必会影响庭审功能的发挥。所以，以侦查为中心的实际状况仍然未能改变。

因此，实行以审判为中心的诉讼制度改革，笔者认为还应当引入传闻证据概念以及传闻法则，即原则上证人和鉴定人都应当出庭作证，否则不得作为认定案件事实的依据，只有在符合法律规定的条件下才可以有例外。对于依法应当出庭作证的证人，如果没有正当理由拒绝出庭，或者出庭后拒绝作证，那么对其真实性、可靠性无法确认的庭前证言，就不得作为认定案件事实的依据。

（作者单位：山东科技大学文法学院）

---

① 苏婷：《非法证据排除规则在司法实践中的困境与对策》，载正义网，2014-03-11。

② 根据以刑讯逼供等非法手段所获得的犯罪嫌疑人、刑事被告人的口供并获得的第二手证据。以非法手段所获得的口供是毒树，而以此所获得的第二手证据是毒树之果。

③ 刘红宇：《扭住非法证据排除这个"牛鼻子"》，载《人民法院报》2015 年 3 月 12 日。

论以审判为中心的刑事程序改革与优化司法职权配置

张能全

党的十八届四中全会提出了以审判为中心的司法制度改革的明确方向，这为全面深化刑事程序改革确立了战略目标，如何构建以审判为中心的刑事程序制度体系已经成为刑事司法改革的重中之重。根据全会精神，我国刑事司法改革新的阶段性目标应当确定为建立健全以审判为中心的刑事司法体制及司法权运行机制。鉴于决议内容的概括性和抽象性，全会公报无法对以审判为中心的诉讼制度改革内容进行全面阐述和具体规划，理论界对此产生了诸多分歧。全面把握以审判为中心的诉讼制度改革目标提出的时空背景，准确理解以审判为中心的诉讼制度改革的具体含义和主要内容，是推进以审判为中心的诉讼制度改革的先决条件，对其含义和内容的理解与把握则需要根据刑事司法普遍规律并结合我国刑事司法改革历程及四中全会精神进行全面分析和深入讨论。

一、实施以审判为中心的刑事程序改革的背景与内容

（一）实施以审判为中心的刑事程序改革的背景

我国刑事司法改革已经走过了三十多年的发展历程，取得了比较丰硕的成果，但存在的根本性问题一直没有得到很好的解决。客观而言，直到党的十七大以前，刑事司法领域大多数改革措施都是司法机关内部各个职能部门独自进行的工作机制改革，并没有上升到宏观的体制改革层面。既然我国刑事司法改革已经进行多年，为何在党的重要会议上提出司法改革必须建立以审判为中心的程序制度呢？这是因为：

首先，随着市场经济体制的日趋完善与政治体制改革的逐步推进，国家经济生活、政治生活与社会生活全面纳入法治轨道，势必会突出法律在调整社会关系中的地位作用，也就必然要求司法机关发挥比计划经济时期更重要的定分止争的职能作用以维护正常社会秩序，势必要求法律承接原来政策承担的调整社会关系的历史使命。其次，随着国家治理体系由集权管理模式向宽松民主治理模式转变，市民社会得以迅速发展，公民个人自由空间得已大幅度拓展，人们不再满足于社会稳定与安全秩序等基本价值需求，而是在安全需要的基础上更加追求自由、权利乃至公正。那么，这就需要国家政治法律制度给予积极回应，通过法治建设力促这些价值全面实现。为此，作为调整司法活动的程序法律制度必然担当新的历史使命需要进行大规模改革，建立健全以审判为中心的程序制度体系成为司法改革的重要内容不言自明。最后，继党的十七大作出了深化司法体制改革战略部署之后，党的十八大报告提出了全面推进依法治国总要求。随着国家全面依法治国战略大局的逐步展开，司法公正价值对于社会公正实现重要性的不断前移，司法机关职责使命重要性的日益提升，司法程序和诉讼制度改革完善必然成为司法改革的重中之重。

刑事司法程序及诉讼法律制度作为司法程序和诉讼制度的重要组成部分自然应当扛起司法改革的大旗，刑事司法改革也取得了比较明显的进步。不过，与国家治理转变需要及社会转型发展趋势相比较，我国刑事司法改革却长期局限于工作机制改革，司法权运行机制乃至刑事司法体制存在的根本性问题没有引起足够重视，也未能展开深入研究。侦查中心主义与案卷笔录中心主义十分盛行，司法行政化与庭审形式化相当严重，冤假错案频频发生，程序违法现象普遍，刑事司法公正难以彰显，直接影响着司法公正乃至社会公正的实现，这与建设社会主义法治国家目标相去甚远。如今，通过党的会议提出推进以审判为中心的诉讼制度改革，表明全党已经充分认识到我国刑事司法运行所存在的侦查中心主义程序结构及庭审形式化现象等痼疾带来的种种弊端，决心通过持续深化的改革建立健全以审判为中心的刑事司法体制和司法权运行机制。那么，我们就应当清醒地认识到，在通过全党的依法治国会议提出推进以审判为中心的诉讼制度改革的重大当口，全面深化刑事司法改革应当以体制改革为核心，以建立体现审判中心主义的新型刑事司法体制及司法权运行机制为目标，持续深入推进刑事司法改革进程。

（二）以审判为中心的诉讼制度改革的内容

实施以审判为中心的诉讼制度改革必须首先搞清楚"以审判为中心"的含义。对此学界众说纷纭，各抒己见。有学者以审判证据标准为视角加以解读[1]，有学者则以审判活动为视角展开分析[2]，有学者以侦、诉、审三者关系为视角进行观察[3]，更有学者从其内涵与外延关系上加以阐释[4]。我们认为，以审判为中心至少包括以下内容：首先，从具体活动来看，意指以审判活动为中心，侦查活动、起诉活动应当围绕审判活动展开；其次，从诉讼阶段构成来看，意指刑事司法程序及诉讼法律制度应当以审判程序为中心进行建构；再次，从职权行使来看，审判权主体应归属于法官个人而不是审判机关，也不是侦查权行使主体的警察或者公诉权行使主体的检察官；最后，从刑事司法改革任务来看，刑事司法改革应当以审判制度改革为中心予以展开。根据刑事司法普遍规律结合我国刑事司法改革的发展历程及党的十八届四中全会精神，现阶段刑事司法改革的突破口在于刑事司法体制改革，关键是建立健全以审判为中心的刑事司法体制及司法权运行机制。鉴于刑事司法体制主要关涉刑事司法职权配置理性化，职权主体法律地位清晰化及相互关系明确化，侦查权、检察权与审判权的职权配置调整和优化应当成为刑事司法体制改革的重中之重，在合理调整侦查权、检察权、审判权职权配置的同时，理顺三者之间的关系已经成为刑事司法体制改革和刑事诉讼运行机制完善的前提条件及制度基础。

二、实施以审判为中心的刑事程序改革面临着机制障碍和体制难题

当前，学术界诸多学者提出了以审判为中心的刑事诉讼制度建设的意见和建议。然而，

① 沈德咏：《论以审判为中心的诉讼制度改革》，载《中国法学》2015 年第 3 期。
② 闵春雷：《以审判为中心：内涵解读及实现路径》，载《法律科学》2015 年第 3 期。
③ 张吉喜：《论以审判为中心的诉讼制度》，载《法律科学》2015 年第 3 期。
④ 张建伟：《以审判为中心的认识误区与实践难点》，载《国家检察官学院学报》2016 年第 1 期。

实施以审判为中心的刑事程序改革实际已经面临着"配合制约"宪法原则形成的刑事司法权运行机制障碍及刑事司法体制难题。这是因为"以审判为中心"的刑事程序改革在现行刑事司法权运行机制及其"配合制约"司法体制下难以取得实质性突破,必须树立"以审判为中心"的司法理念,在理顺司法权运行机制的基础上着手建立全新的刑事司法体制。为此,需要在全面改革"配合制约"的传统刑事司法体制基础上进行根本性的司法变革。

(一) 实施以审判为中心的刑事程序改革面临配合制约原则形成的运行机制障碍

分工负责、相互配合、相互制约原则既是我国宪法规定的调整公检法关系的基本准则,也是我国刑事诉讼法确定的基本原则。该原则是新中国成立初期乃至计划经济时期形成的一项调整专门机关相互关系的宪法准则及刑事诉讼法原则,计划经济时期更多依靠行政命令组织管理社会生活而较少适用法律甚至根本就不需要法律予以调整。[1] 况且,配合制约原则是在特定的历史条件下形成的,无论是对敌斗争,还是打击犯罪,都体现出国家政法机关维护社会秩序的"刀把子"效能。可以说,该原则的政治意蕴远大于法律意蕴,政策功能远大于规范功能。因为高度集中的经济体制及政治体制需要国家各个政法机关保持高度协调一致,最大限度地形成合力共同惩罚犯罪以确保社会秩序的和平稳定。配合制约原则在新中国成立初期和计划经济时期对于调整三机关相互关系,通过惩治犯罪以维护社会秩序发挥了应有的作用,但是,在我国社会发生根本转型的时代背景下,配合制约原则的不适应性及其弊端逐步显现。[2] 因为配合制约原则与其说是一项法律原则,还不如说是一项政策原则。它是对国家政法机关工作关系的感性描述而非规范表达。该原则具有极大的模糊性、随意性而缺少原则应当具备的规范性、准确性。具体来说,该原则形成的刑事司法运行机制障碍表现在:

其一,分工负责的制度安排不合理。"分工负责"是指三机关在刑事诉讼中各司其职,各负其责。实际上,三机关平起平坐、各自负责、分段包干的刑事司法职权分工模式与公安侦查、检察起诉、法院审判的工序流程联系在一起,非常容易陷入"公安定案、检察照办、法院宣判"的流水作业司法陷阱。正如有学者批评指出,"在刑事司法程序中,公安机关负责拘留和侦查,检察机关负责审查起诉和提起公诉,法院负责审判,三机关流水作业,依法'从重从快'惩办刑事犯罪分子,体现出工具主义和功利主义的强烈色彩。"[3] 由于我国法治建设时间过于短暂,法治观念乃至法治文化还未完全形成,制度建设还在进行之中。基于对敌专政的传统思想观念,政法机关统统被视为"刀把子",强调政法部门形成合力以打击各种犯罪的观念文化自然对制度建构发挥着重要的指导作用。实际上,在我国刑事司法制度的具体安排中,分工负责原则仅仅强调了三机关在职权分工基础上各自负责,而对于三机关的职权分工本身是否合理以及各权力之间是否保持均衡态势则思考不多,关注不够。从三机关内部职权分工内容及形成的刑事司法运行机制来看,公安机关拥有完整而封闭的侦查职权,既包括任意侦查权和各种强制侦查权,也包括程序意义上的侦查权和实体意义上的侦查权。检察机关拥有职务犯罪的侦查权、全部公诉权与法律监督权,法院则只

① 曾新华著:《当代刑事司法制度史》,中国检察出版社 2012 年版,第 79~80 页。
② 参见谢佑平、万毅著:《刑事诉讼法原则——程序正义的基石》,法律出版社 2002 年版,第 250 页。
③ 韩大元、于文豪:《法院、检察院和公安机关的宪法关系》,载《法学研究》2011 年第 3 期。

能行使实体意义上的审判权。三项职权如果进行内涵和外延上的比较，侦查权最为广泛，力度、强度、幅度、频度最大，其次是检察权，审判权则属于范围最窄、强度最低、主动性最弱的国家权力。公检法机关看起来都属于平行平等之国家政法机关，但由于其地位与职权悬殊，职权分工不合理导致其配合制约在具体制度运行中常常遭到扭曲。①

其二，相互配合的制度安排背离法治要求。"相互配合"是指三机关在行使职权过程中应当相互协调一致，共同惩罚犯罪以维护社会秩序。公安机关作为行政机关在刑事诉讼中的主要工作是收集证据和查找犯罪嫌疑人，从而为检察机关履行控诉职能提供条件；检察机关作为国家专门的控诉机关，在对刑事案件进行审查的基础上决定并提出公诉，公安机关和检察机关都属于广义的国家控诉主体。他们主要站在追究犯罪者刑事责任的控诉立场上采取行动，对于犯罪嫌疑人、被告人的人权保障由于其控诉职责原因决定其往往不会重视甚至有意忽略。但是，刑事司法目的要求既要惩罚犯罪，又要保障人权，在控诉机关保障人权不力的时候则需要独立而中立的裁判机关履行其保障人权的职责并力促司法公正实现。但是，在相互配合原则下，要求三机关协调一致，形成合力共同致力于惩罚犯罪就必然迫使审判机关放弃其独立和中立的立场，放弃保障人权的司法职责而追随控诉机关完成国家惩罚犯罪的任务。有学者就指出，"要求法院与追诉机关讲'配合'，损害了审判机关的中立性。"②"司法实践中法检公三机关将'互相配合'异化为无原则配合的现象屡见不鲜。"③ 实际上，相互配合原则违背刑事诉讼主体理论与职能区分理论继而从根本上违背国家法治与保障人权的价值目标。再者，相互配合的内容既不明确，更不合理，是严重违背司法活动规律的错误做法。相互配合话语表达带有极大的模糊性和不确定性，具体是指公安机关主要配合检察机关，检察机关主要配合审判机关，还是审判机关主要配合检察机关，检察机关主要配合侦查机关并不清楚，具体的刑事司法实践证明"相互配合"的结果往往是后者而不是前者，由此看来，"相互配合"话语表述并不能准确反映专门机关之间的应然关系，其理论基础与实践逻辑十分混乱，无法发挥作为司法准则应有的规范指导作用。

其三，相互制约的立法目的难以实现。"相互制约"是指三机关在行使职权过程中，应当按照职责分工分别把关，相互检验、相互制衡，以便及时发现问题或错误并加以纠正。首先，我们认为相互制约的规定内容十分模糊，相互制约是平行双向制约还是制约需要作出主次之分难以把握；是公安机关制约检察机关，检察机关制约审判机关为制约的主要方面，还是审判机关制约检察机关，检察机关制约公安机关为制约的主要方面没有明确。而在具体司法实践中，公安机关对于检察机关，检察机关对于审判机关的制约呈现出刚性制约关系；反之，审判机关对于检察机关，检察机关对于公安机关的制约则呈现出软性制约关系，二者并非平行对称。例如，检察机关在审查逮捕和审查起诉的过程中，对于其作出的不逮捕决定和不起诉决定，公安机关认为错误的，可以要求复议并提请复核。在片面强调惩罚犯罪的刑事政策下，在公安机关首长由党委副职或行政副职兼任的政法背景中，检察机关往往顺从公安机关的要求而批准不符合条件的逮捕与作出不符合条件的起诉决定；反之，检察机关对于公安机关应当立案而没有立案或者不应当立案而违法立案的，有权要

---

① 张能全：《论以审判为中心的刑事司法改革》，载《社会科学战线》2015 年第 10 期。
② 陈光中、龙宗智：《关于深化司法改革若干问题的思考》，载《中国法学》2013 年第 4 期。
③ 陈光中：《如何理顺刑事司法中的法检公关系》，载《环球法律评论》2014 年第 1 期。

求公安机关说明理由，如果理由不成立，则通知其立案或撤案，公安机关应当立案或撤案。在司法实践中，公安机关往往对通知不理不睬或者消极应付；检察机关对于公安机关的刑事侦查有权监督，但运行机制中监督因为信息不对称而难以有效展开，且通过审查逮捕和起诉环节进行又明显滞后，结果使得监督流于形式。审判机关对于检察机关的起诉只要符合条件，必须开庭审判而不能拒绝。反之，检察机关认为审判过程中存在程序违法或判决错误的，有权发动抗诉。按照刑事诉讼流程进行分析，可以发现制约的主要方面呈现出顺向特征。亦即主要是公安机关对检察机关，检察机关对审判机关的制约而不是双向平行制约，其结果必然造成"侦查定案、检察照办、法院宣判"的流水作业诉讼构造的形成和固化。① 如此一来，相互制约就演变为公安机关制约检察机关，检察机关制约审判机关的单向制约关系。三机关的畸形制约关系恶化了审判机关本就弱势的处境，从而导致控诉权力失控，辩护职能萎缩，法庭审判走过场的局面无从纠正。故而，我们认为，"相互制约"的话语表达难以反映应然意义上的公检法关系，具体运行机制远离制约初衷，反映出相互制约原则的非理性本质。

（二）实施以审判中心的刑事程序改革面临现行刑事司法体制难题

配合制约原则是对三机关相互关系的感性表达，随着国家法治进程的持续推进，该原则本身存在的问题逐渐暴露出来。这是因为该原则的背后隐藏着我国刑事司法职权非理性配置的严重弊端，这种畸形化的职权配置模式已经成为我国刑事司法机制不畅乃至被扭曲的根本症结，构成了实施以审判为中心的刑事程序改革的巨大体制难题。"实际上，现行刑事司法职权配置弊端已经影响甚至阻碍到刑事司法的正常运行，乃至危及到刑事审判权威与司法公信力的持续塑造。"② 我国刑事司法体制与运行机制深受传统专制集权政治体制的深刻影响，刑事司法职权配置偏重行政化集权治理模式。加之传统中国人性本善的思想逻辑极大地助长了国家对于手握权柄的行政司法官员予以绝对信任的思维心理，坚信通过内心自我节制与提升自身修养足以防止权力滥用与权力腐败。于是，权力运行与权力监督更多地通过上下级行政管理、内部监察、同体监督实现而不是通过将不同性质的权力予以分开设置并通过异体制衡实现；同时，对于运用普遍意义上的民主选举、罢免和弹劾形式实现以权利制约权力目的方面的制度建设也做得远远不够。由于对刑事司法职权配置秉承了上述认识和思维进路，可以说我国刑事司法职权畸形化配置，加之配合制约原则的叠加效应，再辅以我国多年实施的"坦白从宽、抗拒从严"刑事政策及后继的"严打"刑事政策的持续实践，生成和固化了我国高效顺畅打击犯罪的刑事司法运行机制，生成和固化了"流水作业"的刑事诉讼结构及"配合制约"类型的刑事司法体制。故而，我国将不同性质的刑事司法职权进行对等平行安排的刑事司法体制存在根本性缺陷，不仅违背刑事司法普遍规律与国际公认的刑事司法准则，而且在具体的刑事司法实践中也难以实现权力的有效制约和权利的全面保障。③

我国现行刑事司法体制及运行机制除了侦查权、检察权与审判权三项职权平行配置之

---

① 参见陈瑞华著：《刑事诉讼的前沿问题》，中国人民大学出版社 2000 年版，第 231~242 页。
② 张能全：《国家法治视野中的刑事司法权力配置调整》，载《内蒙古社会科学》2014 年第 4 期。
③ 聂洪勇：《分工负责、相互配合、相互制约原则的检讨与重构》，载《法律适用》2007 年第 1 期。

外，还存在其他特殊的制度安排对于权力运行施加相当影响：其一，关于人民检察院是国家法律监督机关的规定加重了本就强势的检察权天平砝码，但法律监督属性本身不仅与其控诉职能相冲突，而且监督实践面临着诸多尴尬；其二，公安机关负责人由党委或行政副职兼任的做法事实上已经改变了宪法规定的三机关平行关系而使其成为各专门机关职权行使的领导者、指挥者与具体刑事司法行动的协调者。童之伟教授曾批评道："在刑事诉讼法历来的安排中，侦查权体量和覆盖范围超大，审判权地位太低、覆盖范围过小，检察权体量不大，但在特定领域也比审判权更为强势。"[1] 事实上，我国配合制约下的刑事司法体制促成了行政化的刑事司法运行机制高效流畅运作。如此一来，惩罚犯罪作为刑事诉讼的目标之一很好地得到实现，但是代价却可能是牺牲另一个更为重要的价值目标。不难看出，我国刑事诉讼运行机制遭遇严重困境的根本症结就在于现行刑事司法职权配置不合理，加之配合制约原则、片面刑事政策及传统重刑观念的多重因素强化和叠加，从而形成了强大的刑事惩罚动能与势能，最终形成高效快速打击犯罪的体制和机制。如今，践行惩罚犯罪与保障人权并重的司法目标，兼顾实体真实与正当程序价值，建立健全以审判为中心的刑事司法体制及诉讼化的刑事司法运行机制就必须调整现行司法体制并理顺司法权运行机制，而其中最为优先的重要工作无疑是理顺刑事诉讼中的公检法关系，改革调整刑事司法职权配置。

三、通过调整优化刑事司法职权配置推进以审判为中心的刑事程序改革

学者指出，"以审判为中心的诉讼制度改革虽然是对我国现行三机关关系的完善和发展，但绝不是技术层面的小修小补，而是要对我国现行刑事诉讼制度作一系列的重大改革。"[2] 也就是说，实施以审判为中心的刑事程序改革将是一项重大系统工程。这是因为，"'以审判为中心'的诉讼制度改革，并不单单只是一项审判制度改革，而是涉及整个司法体制、牵一发而动全身的系统改革。"[3] "对以审判为中心的改革要求，必须结合改革的背景进行。当前，制约刑事司法公正的核心要素在于公检法三机关之间关系的失调，无法树立司法权威。司法实践中暴露出的部分冤假错案都与公检法三机关之间的关系失衡存在密切联系。由此可见，以审判为中心作为对三机关现状的反思，实际上是要摆正公检法三机关之间的关系，其核心在于构建一个以审判为中心的科学、合理的诉讼构造。"[4] 这就意味着，以审判为中心的刑事程序改革必须对公检法三机关的性质进行准确定位，对其职权进行重新配置，从而形成合理的诉讼结构与科学的司法体制。

首先，刑事司法职权配置必须准确把握刑事司法权力的不同性质从而进行相应的职权配置调整。从世界各国来看，警察机关都属于行政机关，具有较强的行政属性；而且主要是法律执行机关而非法律决策机关。鉴于刑事诉讼解决争端的严重性及涉及价值判断的复杂性与法律适用的技术性，刑事司法程序的开启、运行与终结都只能由接受法律训练的司

---

① 转引自孙煜华著：《侦查权的宪法控制》，法律出版社 2014 年版，第 90 页。
② 王敏远：《以审判为中心的诉讼制度改革初步研究》，载《法律适用》2015 年第 6 期。
③ 万毅：《论以审判为中心的诉讼制度改革》，载《江苏行政学院学报》2015 年第 6 期。
④ 陈卫东：《以审判为中心推动诉讼制度改革》，载《中国社会科学报》2014 年 10 月 31 日 A5 版。

法官员进行而非行政官员为之。"一般认为,刑事诉讼中的侦查权完全隶属于公诉权。"①因为侦查权是公诉权的基础和前提,没有对刑事案件进行充分侦查以收集证据,国家控诉职能实现就可能落空;反之,公诉权是侦查权的归属与目标。世界各国在处理侦查与公诉问题上十分强调二者的高度协同与密切协作而不是强调二者的完全分离与分庭抗礼,只有侦查权与公诉权进行充分整合从而形成追诉合力,才能最大限度地追诉犯罪。据此,检察机关理所应当成为刑事侦查的决策机关和指挥机关,拥有全部侦查职权,包括亲自侦查权与指挥侦查权,公安机关的刑事侦查部门必须无条件服从检察机关的指挥和命令。为此,公诉权与侦查权的相互关系得以明确:侦查权必须是而且只能是公诉权的组成部分,公诉权应当包含全部侦查权,外延大于侦查权,位阶高于侦查权。亦即公诉权是侦查权的上位权力,侦查权则是公诉权的下位权力。侦查权必须服务并服从于公诉权,而公诉权必须指挥命令侦查权。检察机关对所有公诉案件有权进行审查并作出起诉与不起诉决定,对于该决定,公安机关的刑事侦查部门必须执行。基于人权保障原则与司法审查原则,审判机关对于强制侦查及公诉决定享有司法审查的职权。亦即对于检察机关决定起诉的案件,必须提交审判机关进行审查,只有审判机关同意起诉的案件,才能由检察机关发动公诉。审判机关作为裁判主体,不仅享有所有刑事案件的实体裁判权,而且享有刑事程序运行与否的程序裁决权,对于程序违法行为通过预备审判乃至正式审判并作出权威判决以维护程序公正并确保实体公正。

其次,根据刑事司法专门机关的性质与职权特性理顺其相互关系。刑事司法专门机关的相互关系不再使用"相互配合"与"相互制约"等模糊表述,而应当根据其不同性质、内容与任务作出相应的调整:本着检警一体原则、控审分离原则与司法审查原则,公安机关刑事侦查部门的侦查职权行使由检察机关予以指挥和监督,而检察机关的全部控诉职权行使则需要接受中立的裁判机关的审查和监督,裁判机关的程序裁判与实体性裁判则根据诉讼审级制度予以救济和监督。同时,对于法官的职务违法犯罪行为需要接受人大设立的专门委员会进行调查、弹劾乃至惩戒。由此,刑事诉讼中专门机关职权的行使通过单向度的法律监督制度体系予以改造。因为单向度的权力监督机制与双向度的权力制约机制是根据权力运行的基本规律而采取的合理举措,符合以权力制约权力的分权制衡原则和以权利制约权力的人民主权原则。通过理顺权力监督与制约关系,实现上位权力监督下位权力及平行权力相互制约的目的。为此,通过修改宪法废除配合制约原则与检察监督原则,调整刑事司法职权配置已经成为实施以审判为中心的刑事司法体制改革的先决条件。因为体制决定机制,无论多么完善的刑事诉讼运行机制,如果没有科学合理的刑事司法体制作为支撑和保障也难以运行。故而,我们认为实施以审判为中心的刑事程序改革关键在于:合理界定三机关的不同性质与功能,明确其职权范围,确保其各负其责、各司其职,通过建立并实施单向度的法律监督制度体系才能真正理顺三机关的相互关系,通过不同层级的监督制约机制达到规制权力的目的。

(作者单位:西南政法大学诉讼法与司法改革研究中心)

---

① 郝银钟著:《刑事公诉权原理》,人民法院出版社 2004 年版,第 110 页。

以审判为中心背景下司法管辖制度的发展与完善[*]

姜保忠

党的十八届四中全会通过的《关于全面推进依法治国若干重大问题的决定》（以下简称《决定》）提出"推进以审判为中心的诉讼制度改革"，"探索设立跨行政区划的人民法院和人民检察院，办理跨地区案件。完善行政诉讼体制机制，合理调整行政诉讼案件管辖制度，切实解决行政诉讼立案难、审理难、执行难等突出问题"。以审判为中心的诉讼制度改革对传统的司法管辖制度提出新的更高的要求。分析现行司法管辖制度存在的弊端，借鉴域外司法管辖制度的成功经验，建立具有我国特色的司法管辖制度，适应以审判为中心的诉讼制度改革需要，是当前司法体制改革的重要和迫切内容之一。

一、司法管辖制度的历史渊源

新中国建立以后，随着宪法、刑事诉讼法、民事诉讼法、行政诉讼法、人民法院组织法、人民检察院组织法等一批法律法规的生效和实施，具有中国特色的司法管辖制度逐步建立起来。现行司法管辖制度最大的特点就是司法机关（法院、检察院）管辖范围与行政区划严格对应，从而在全国和地方各级人民代表大会的基础上形成"一府两院"的权力架构。一直以来，我国司法管辖制度遵循按照行政区划逐级设置的原则，各级司法机关与行政机关设置相对应。这一做法对加强党和政府对司法工作的领导、方便群众就近诉讼等起到了重要作用，但随着司法改革的深化以及与国际社会接轨的需要，现有司法管辖制度自身存在的弊端逐渐显露，集中表现为出现司法的地方保护主义，以及实践中存在的立案难、审理难、执行难问题，一定程度上成为制约司法公正的瓶颈。

首先，司法机关按照行政区划层级设置与我国单一制的司法体制不相适应。长期以来，我国实行司法机关经费由地方政府保障的体制，司法机关的经费主要来源于各级财政部门核拨，法院经费被纳入地方财政预算范围。司法机关设置与行政区划严格对应，维持司法机关正常运转所必需的人财物等基础资源受制于地方政府，由此导致的司法地方化的弊端一直以来受到理论界的诟病。其次，现有司法管辖制度（主要是地域管辖）立法规定过于严格，难以适应以审判为中心的诉讼制度改革需要。主要表现在：（1）严格的地域管辖不利于司法资源的平衡。全国各地经济、社会发展状况并不平衡，案件种类、发案数量存在较大差异，各地司法机关受理的案件数量也存在巨大差距。一般而言，经济发达地区的司法资源较为紧张（某全国经济百强县一线法官年人均办理案件超过 200 起）；与之相反，一

* 基金项目：国家社科基金项目"审判环节刑事错案实证分析与防控机制研究"（项目编号：13BFX074），中国法学会部级研究课题"非错案条件下程序性司法错误的国家赔偿责任研究"（项目编号：CLS2015C47），河南省教育厅人文社科项目"检察环节错案防止、纠正、责任追究机制研究"（项目编号：2015-ZD-003）。

些地方的司法资源则存在闲置的情况。（2）严格的地域管辖可能损害人民群众的合法权益。受地方保护主义和部分官员 GDP 观念的影响，法院被要求"服从大局"，为经济发展"保驾护航"，不惜以损害当事人合法权益、牺牲环境为代价。（3）严格的地域管辖不利于实现公平正义。以行政诉讼案件为例，作为"民告官"的诉讼，在我国当前司法机关人财物受制于地方政府的情况下，行政案件由地方法院审判难以保证公平正义。

二、域外国家司法管辖制度及其借鉴

"他山之石，可以攻玉"。考察域外司法管辖制度的基本情况，可以对我国司法管辖制度改革提供经验和借鉴。由于两大法系的历史传统不同，西方国家的司法管辖制度存在较大差异。

（一）英国的司法管辖制度

1873 年以前，英国仅高等法院就超过 10 种，地方法院数量更多，导致英国司法管辖制度过于复杂。1873 年至 1876 年，英国对司法管辖制度进行改革，撤并了一批法院，逐渐形成今天全国范围内四级法院的设置，即治安法院、刑事法院、高等法院（上诉法院）、最高法院。治安法院是英国的基层法院，数量最多，负责审理英国 95% 以上的案件。根据英国 1980 年治安法院法的规定，治安法院就是"根据授权或者习惯法赋予的使命行事的任何一个法官或者法庭"[1]。治安法院由英国内政部参照行政区划将全国划分为 900 多个司法管理区，在每个司法管理区设置一所治安法院，负责对简易罪的审理和对公诉罪的预审。英国刑事法院是在古老的巡回法院和季节法院的基础上成立的，是英国全国性的法院，负责对发生在英格兰和威尔士的公诉罪进行初审以及审理来自治安法院的上诉案件。目前，英格兰和威尔士按照地域划分为中部与牛津巡回区、东北巡回区、北部巡回区、东南巡回区、威尔士及切斯特巡回区、西部巡回区六个巡回区，刑事法院可以在以上任何地区开庭审理案件，开庭时间和地点根据大法官或者以其名义发出的指示而定。对治安法院审判的刑事案件，被告可以上诉到刑事法院，也可以直接上诉到高等法院的王座法庭；对于刑事法院审判的案件，被告既可以上诉到上诉法院的刑事法庭，也可以上诉到高等法院的王座法庭，对于不服判决的，可以一直上诉到最高法院，此外，对于涉及人权问题的案件，最终可以上诉到欧洲人权法院，欧洲人权法院作出的判决结果对英国各级法院也有约束力。在英国，除以上普通法院以外，还有专门针对尸体检验的验尸法院和负责审理军职人员犯罪的军事法院。

（二）美国的司法管辖制度

众所周知，作为联邦制国家，美国有联邦和州两套司法系统，两套司法系统彼此独立、各成体系，[2] 以下仅以联邦法院系统为例讨论美国的司法管辖制度。实际上，美国联邦法院系统存在两种类型，一般称之为普通法院系统和专门法院系统。专门法院是指根

---

① 卞建林、刘玫著：《外国刑事诉讼法》，人民法院出版社、中国社会科学出版社 2002 年版，第 338 页。
② 程荣斌主编：《外国刑事诉讼法教程》，中国人民大学出版社 2002 年版，第 409 页。

据美国宪法第 1 条规定的"国会有权设立最高法院以下的各级法院"，国会在认为有必要时有权创设各种专门法院，目前最具代表性的法院有联邦税收法院、联邦关税与专利上诉法院、联邦理赔法院、联邦军事上诉法院等。美国设立各类专门法院的目的主要有三个：一是专门法院比普通法院在审判时更具有弹性；二是可以减轻普通法院的工作负担；三是为了解决公共领域的特殊问题而出于技术上的考虑。美国联邦法院系统由三级构成，即地区法院、上诉法院和最高法院，其中联邦地区法院是民事、刑事案件的初审法院，由美国国会按照人口、面积和案件数量将全国划分为 94 个司法区，每个司法区设立一所地区法院，负责审判该司法区发生的案件。哥伦比亚特区和一些较小的州，如关岛、波多黎各、维尔京群岛分为一个司法区，其他较大的州，如纽约、加利福尼亚、得克萨斯等分为四个司法区。联邦上诉法院又称为巡回法院，不受理一审案件，只受理不服地区法院和专门法院的上诉案件。美国根据就近原则将全国 50 个州划分为 11 个巡回区（连同哥伦比亚特区共 12 个），每个司法巡回区设立一所上诉法院。上诉法院一般只审理法律问题，不审理事实问题，上诉法院作出的判决一般就是终审判决，只有极少数案件可以向最高法院上诉。联邦最高法院设于华盛顿，对少数涉及州之间诉讼的案件具有初审权，其主要工作是受理上诉案件，即对联邦上诉法院或各州最高法院作出的判决不服，而具有重大法律意义的案件。

（三）日本的司法管辖制度

根据日本法院法的规定，日本共有五种法院，即简易法院、家庭法院、地方法院、高等法院、最高法院，其中家庭法院和地方法院为同一审级，故日本的法院分为四级。简易法院是日本法院体系中最基层的法院，全国共有 440 所，主要受理诉讼标的 90 万日元以下的民事案件和科处监禁刑以下的刑事案件（法律特别规定时可以判处 3 年以下徒刑）。地方法院在全国都、道、府、县所在地各设 1 所，北海道设 3 所，全国共 50 所，地方法院设有 200 多所分院。家庭法院的设置与地方法院完全相同，不同的是案件受理范围，专门处理少年违法犯罪案件和家庭纠纷的案件。日本的高等法院共有 8 所，分别设在东京、札幌、名古屋、广岛、福冈、仙台和高松，其中一些高等法院设立 6 所分院。高等法院主要受理对地方法院第一审判决、家庭法院判决以及建议法院有关的刑事案件判决的控诉。日本司法管辖的独特之处，是在审判有迫切需要时，高等法院可以使其辖区内的地方法院或家庭法院代行高等法院的职责；最高法院可以使其他高等法院及其辖区内的地方法院和家庭法院代行该高等法院的职责。

（四）域外司法管辖制度的特点和优势

域外司法管辖制度的特点和优势表现在：（1）在法院设置上，基层法院的设置主要考虑所辖区域的人口数量、地域面积和案件数量，一般按照行政区划设立，数量最多。除基层法院以外，上诉法院（二级法院）较少严格按照行政区划设立，而是打破行政区划的限制，按照大司法管辖区设立，如英国的 6 个司法巡回区、美国的 11 个司法巡回区等。（2）在法院分工上，绝大多数国家不限于普通法院的单一体系，而是按照案件的性质和来源将全国法院系统分为多个独立的体系，如德国的劳动法院、社会法院、财政法院、行政法院；日本的家庭法院；法国的行政法院；美国的专利法院、税收法院；俄罗斯的宪法法院等，负责审理某一领域发生的案件，法院呈现出专业化的特点。（3）在法院命名上，多数国家的法院按照所受理案件的性质或侵害社会关系客体的轻重大小命名，如英国的治安法院；法国的违警法院、轻罪法院；日本的简易法院等。（4）在法院审判工作上，有些国家采取巡回法院或设立分院的方式，如英国的刑事法院和法国的重罪法院（又称为巡回法院，采取定期和定点开庭的方式）；日本部分高等法院设立分院，如名古屋高等法院在金泽的分院，广岛高等法院在冈山和松江的分院，福冈高等法院在宫崎和那霸的分院，仙台高等法院在秋田的分院。这些分院不是独立机构，对外与其所属高等法院仍为一体。①

三、司法管辖制度的当代发展

在认识到现行司法管辖制度对实现司法公正产生的不利影响，以及考虑到与世界司法制度接轨的需要后，特别是党的十八届四中全会提出"推进以审判为中心的诉讼制度改革"之后，全国各级司法机关对现行司法管辖制度进行了积极的创新和改革，以适应审判活动的需要，取得了良好的效果。我国司法管辖制度的当代发展主要体现在以下方面：

（一）对行政案件实行异地管辖

行政权具有自主性的特点，这决定了在行政权行使过程中必须通过司法权对其加以有效制约。② 不同于一般的民事、商事案件和刑事案件，行政诉讼的被告是作出行政行为的国家机关，属于"民告官"的案件。按照现行行政诉讼法的规定，行政诉讼案件一般由行政机关所在地人民法院受理。由于地方法院的人财物与地方政府息息相关，行政诉讼受地方保护主义的困扰，长期以来存在"不敢告、告不了、告不动"三大难题，被告行政机关领导很少出庭应诉，原告即使赢了，诉讼也难以执行，俗称"县法院难审县政府"。十八届三中全会通过的《关于全面深化改革若干重大问题的决定》提出："强化权力运行制约和监督体系"，"把权力关进制度的笼子"。十八届四中全会《决定》进一步明确："健全行政机关依法出庭应诉、支持法院受理行政案件、尊重并执行法院生效裁判的制度。"加强对行政行为合法性的法律监督是保证依法行政的关键，传统的"县法院审县政府"的司法管辖制度难以适应行政诉讼的需要，法律的权威和司法的公信力难以得到保障。因此，改革现有的行政诉讼管辖制度，打破地方保护主义的壁垒，是司法制度改革的需要。2014 年行政诉讼法第 18 条第 2 款规定："经最高人民法院批准，高级人民法院可以根据审判工作的实际情况，确定若干人民法院跨行政区域管辖行政案件。"该条规定为行政案件实行跨区域审理提供了法律依据。

河南省自 2013 年起开展行政诉讼异地管辖试点工作，取得了明显效果。③ 2014 年 5 月 28 日，河南省高级人民法院出台《关于行政案件异地管辖问题的规定》（试行），在全省范围内对行政案件实行异地管辖。其具体做法为：在城市较不密集的豫南地区实行 A、B 两地

---

① 龚韧刃著：《现代日本司法透视》，世界知识出版社 1993 年版，第 80 页。

② 齐卫平、姜裕富：《国家治理现代化的法治思维》，载《河南师范大学学报》2015 年第 4 期。

③ 沈开举、方涧：《行政诉讼异地管辖制度实证研究——以河南模式为样本》，载《河南财经政法大学学报》2016 年第 2 期。

市互换异地管辖的模式；在城市较为密集的豫北地区实行 A、B、C 三地市"推磨"式交叉管辖。此项改革极大地缓解了全省行政案件"立案难、审理难"问题，提升了地方政府对行政诉讼的重视程度，政府的法制意识增强，群众服判息诉的局面逐步形成，原来的因行政诉讼形成的上访数量大大减少。据统计，2014 年，河南省行政机关负责人出庭应诉率由原来的 9% 上升为 16%，全省审结的 2762 件异地管辖案件，一审上诉率为 42%，比当年全省行政案件平均上诉率低 14 个百分点。实行异地管辖以后，行政案件政府败诉率提高。据不完全统计，2014 年 6 月至 11 月，全省判决行政机关败诉的案件占全部案件的 59%，而过去 7 年这一数据的平均值约为 45%。

（二）对涉外刑事案件和环境资源案件实行集中审理

我国 2012 年刑事诉讼法对涉外刑事案件的管辖作出重大调整。1996 年刑事诉讼法曾规定外国人犯罪的第一审刑事案件一律由中级人民法院管辖（第 20 条），2012 年刑事诉讼法将外国人犯罪的第一审刑事案件的管辖权下放到基层人民法院。考虑到涉外案件的敏感性和复杂性，以及普通基层法院的审判能力、审判条件和其他各种因素，有必要对涉外刑事案件的司法管辖权作出特别调整。为保证涉外刑事案件的审判质量和效果，全国各地法院普遍对涉外刑事案件实行集中管辖的方式。2013 年 5 月，北京市高级人民法院会同有关单位制定了《关于外国人犯罪案件管辖及相关问题的意见》，指定朝阳、海淀、东城、西城法院和北京铁路运输法院集中审理全市基层法院管辖的涉外刑事一审案件，同时要求各中级人民法院、基层人民法院要指定一个合议庭或者一到两名审判员专门负责涉外刑事案件审理工作，实行归口管理。[1] 2013 年 12 月 7 日，合肥市中级人民法院、市人民检察院、市公安局、市司法局联合下发《关于涉外一审刑事案件管辖的规定》，自 2013 年 1 月 1 日起，对合肥辖区范围内的涉外刑事案件指定庐阳区人民法院集中审理。[2]

环境资源案件具有涉及面广、案件复杂、专业性强、时间紧迫等特点，有必要采取与普通民事案件不同的司法管辖方式。各地法院对环境资源案件的司法管辖主要进行了两方面的有益探索：一是针对环境资源案件的特殊性，在现有审判法庭之外设立环境保护法庭，跨行政区划审理涉及环境资源的案件；二是为保证环境资源案件审判的迅速、及时以及审判的效果，对涉及环境资源的刑事、民事、行政案件的审判、执行由环境保护法庭统一受理。2014 年 4 月 22 日，河南首个环保法庭在中牟县法院揭牌成立，凡涉及环境污染、生态破坏、土地矿产林木自然资源、环境公益诉讼的案件，由环保法庭集中审理，实行刑事、民事、行政、执行"四合一"模式。2016 年 4 月 18 日，青海省高级人民法院发布《关于施行环境资源案件跨行政区域集中管辖的公告》，规定从 2016 年 7 月 1 日起在全省范围内施行环境资源案件跨行政区域集中管辖，主要内容包括：由西宁市等四地的中级人民法院环境资源审判庭集中审理全省范围内应当由中级人民法院审理的环境资源案件；由西宁市城西区法院等四地的基层人民法院集中审理全省范围内应当由基层人民法院审理的环境资源案件；两级法院审理的环境资源案件包括环境资源民事案件、环境资源行政案件；试行民事、行政、刑事"三审合一"审理方式的法院还应当集中审理所在行政辖区和所跨行政

---

① 郭京霞、赵岩：《北京 5 家基层法院集中审理涉外刑案》，载《人民法院报》2013 年 5 月 30 日。

② 章鹏、王鹏、何芳芳：《合肥一审涉外刑事案件将由庐阳法院集中审理》，载《合肥晚报》2012 年 12 月 27 日。

辖区的环境资源刑事案件。

（三）设立跨行政区划的人民法院和人民检察院

2014年12月30日，北京市第四中级人民法院、北京市人民检察院第四分院正式成立，并从即日起开始履行法定职责。北京市第四中级人民法院和北京市人民检察院第四分院分别依托北京铁路运输中级人民法院和北京市人民检察院铁路运输分院设立，并保留北京铁路运输中级人民法院和北京市人民检察院铁路运输分院原名称。北京市第四中级人民法院和北京市人民检察院第四分院的设立，标志着北京市跨行政区划司法改革正式付诸实施，成为我国第一所真正意义上的跨行政区划的法院和检察院。新设立的北京市第四中级人民法院在司法管辖上体现出以下特点：（1）在原铁路运输中级人民法院的基础上成立新的中级法院，这种方式在具体操作上较为简单，因原铁路法院实际上就是跨行政区划设立的，这种方式应该为其他地方设立跨行政区划法院时提供样本。（2）新设立的第四中级人民法院主要审理行政诉讼案件、重大的商事案件（含涉外）以及跨地区的重大环境资源保护和重大食品药品安全案件，这些案件的共同特点是容易形成地方保护主义，影响司法公正。（3）新设立的第四中级人民法院仍然要满足级别管辖和地域管辖的规定，其在地域管辖上与其他中级人民法院存在交叉，区别之处在于案件种类和性质的不同。作为二审法院，其只受理铁路上发生案件的上诉，对其他案件不具有二审的审判权。

（四）设立最高人民法院巡回法庭

最高人民法院巡回法庭是在十八届三中全会"探索建立与行政区划适当分离的司法管辖制度"和四中全会"探索设立跨行政区划的人民法院，办理跨地区案件"的基础上设立的。2015年1月28日和1月31日，最高人民法院第一、第二巡回法庭分别在广东省深圳市、辽宁省沈阳市正式运行，至此中国司法史上具有划时代意义的最高法院分院诞生了。根据最高人民法院《关于巡回法庭审理案件若干问题的规定》，第一巡回法庭管辖广东、广西、海南三省区，第二巡回法庭管辖辽宁、吉林、黑龙江三省；巡回法庭审理的案件范围，为本巡回区内原来由最高人民法院受理的全国范围内重大复杂的第一审行政案件、在全国有重大影响的第一审民商事案件、不服高级人民法院作出的第一审行政或者民商事判决裁定提起上诉的案件等11类案件。设立最高人民法院巡回法庭的意义在于：首先，设立最高人民法院巡回法庭是解决司法地方化的破冰之举。长期以来，我国地方司法机关的人财物依赖于地方政府，形成司法的地方化，这与我国单一制的国家体制不符，在单一制政体之下，司法是中央事权，全国只能有一套司法系统，司法的地方化难以保证真正实现司法公正。基于此，十八届三中全会通过的《关于全面深化改革若干重大问题的决定》提出"推动省以下地方法院、检察院人财物统一管理"的改革目标，此次最高人民法院第一、第二巡回法庭的设立乃是作为打破司法地方化的重要举措。其次，缓解最高人民法院压力，减轻最高人民法院负担。最高人民法院审判的案件只能是全国性的、具有重大法律意义的案件，而不应当把主要精力投入到普通案件的审理当中，但从近年来最高人民法院直接审理以及人均审理的案件数量来看，一直维持在较高数字，最高人民法院审判业务压力巨大，设立最高人民法院分院可以有效减轻最高人民法院审判压力。再次，方便人民群众诉讼，体现以人为本。在全国只有一所最高人民法院的情况下，增加了人民群众的讼累和经济负担，巡回法庭的设立可以就地解决矛盾纠纷，极大地方便人民群众诉讼，为更好地维护当事人的合法权益提供可靠的司法保障。最后，保证法律统一适用，提高司法的公信力。最高人民法院的主要职责是制定司法解释和对全国的审判工作进行指导，设立最高人民法院巡回法庭，有助于最高人民法院集中精力制定司法解释和审理对统一法律适用有指导意义的案件，从而提升最高人民法院工作的有效性和针对性。

（作者单位：河南财经政法大学刑事司法学院）

"审判中心"研究的能及与不及

——一个方法论视角的阐述

徐 阳

"审判中心"研究在理论界并不是新生事物，早在 20 世纪 90 年代后期，"审判中心"就曾经是刑事诉讼法学界探讨的重要议题。2014 年 10 月中共中央十八届四中全会通过的《关于全面推进依法治国若干重大问题的决定》中规定："推进以审判为中心的诉讼制度改革，确保侦查、审查起诉的案件事实证据经得起法律的检验。全面贯彻证据裁判规则，严格依法收集、固定、保存、审查、运用证据，完善证人、鉴定人出庭制度，保证庭审在查明事实、认定证据、保护诉权、公正裁判中发挥决定性作用。"在"审判中心"的政策引导之下，刑事诉讼法学界"审判中心"的研究不断回暖、方兴未艾。刑事诉讼法学界重拾"审判中心"不仅是一次理论"复习"，在针对司法现实问题进行卓有成效的理论回应的同时，还应努力追求刑事诉讼理论的增量。对"审判中心"研究进行方法论层面的思考，可以使我们认清这一研究主题在刑事诉讼法学理论体系中应有的位置，明晰其可及的视野边界，避免滥用学术大词的"标签效应"及其所造成的研究空洞化。同时，这一研究只有与其他刑事诉讼重要研究齐头并进，才能合力推动刑事诉讼理论研究的繁荣发展。

一、"审判中心"研究的方法论意义

（一）"审判中心主义"为中观层面的研究范式

一个成熟的学科应该有对其研究本身进行反思的自觉意识和行动，即充分展开对其"学术研究"的研究。这正是方法论研究的要义所在。方法是获得知识的手段和路径，通往真理之路虽无可简约的捷径可寻，但正确的方法是一切理论和实践成功的最基本的前提条件。[1] 成熟学科应该有体现自身研究规律的学术规范，而其中作为常态研究方法的"范式"的确立非常重要。美国著名的科学哲学家库恩曾指出："一个范式是、也仅仅是一个科学共同体成员所共有的东西。反过来说，也正是由于他们掌握了共有的范式才组成了这个科学共同体，尽管这些成员在其他方面并无任何共同之处。"[2] 依据库恩的理论，在新的范式确立主导地位之前，会有一个方法论竞争或学派竞争时期，一门科学当其出现相对统一的范式之后，就进入了常规科学时期。基于同一范式的研究，是科学共同体在继承以往学科知识和学术传统基础上的创造活动。研究范式为研究活动预设了交流对话的共同语境，有利

---

[1] 李志才主编：《方法论全书》，南京大学出版社 2000 年版，第 1 页。
[2] 范式是包括规律、理论、标准、方法在内的一整套规范，是某一科学领域的世界观，它反映了科学家观察世界、研究世界的总体方式。[美]库恩著：《必要的张力》，纪树立等译，福建人民出版社 1981 年版，第 291 页。

于凝聚学术方向，形成学术合力。在宽泛意义上，研究范式可以适用于不同层次的学术研究——宏观领域、中观领域或微观领域。

审判中心主义研究从 20 世纪 90 年代开始起步，经过 20 余年的学术积累，在当下重新形成热潮，内外两方面因素促成这一态势形成。执政党对审判中心的诉讼制度改革路径的确认和推进，是政策性的外在因素。刑事诉讼法学界以理论推动制度变革的学术努力，则是形成这一局面的学术共同体内部因素。

在新一轮的审判中心研究中，学者的研究更贴近司法实践的需求，研究重心集中于审判制度完善和审判技术提升。对于比较法意义上审前程序中外的差异性建构，着力不多。这是理论自觉基础上研究方向选择的结果。"审判中心"是刑事诉讼法学研究中成熟的研究范式，引领刑事诉讼研究方向。它处于学术研究的中观层面，成为连接理念与规则的枢纽。它是上位法治理念的实践方式，同时又规制着诉讼制度的方向，成为规则生成的根基。正是这样的研究范式提供了理论与实务对话的空间，审判中心得以成为司法改革的着力点，正是双方共识同谋的成果。我国"审判中心"理论探讨中，并无正反两方对峙的派别之争，对它的法治意义学界有高度共识。"审判中心"作为诉讼制度的改革方向，是刑事诉讼法学界长期学术努力得到的政策认同。以此为契机，对这一理论问题展开理论与实务界的良性互动，将会形成可期待的双赢。

（二）"审判中心"研究是理想类型方法的运用

我国"审判中心"的诉讼类型研究深受韦伯及美国学者理想类型研究方法的启发。"理想类型（ideal-type）是韦伯方法论中的一个核心概念，是他借以建构社会理论的基本工具。"① 理想类型是一种抽象的概念结构，它体现了价值关联原则和对问题的理解方式。理想类型的研究方法可以删减研究对象中与研究要旨无关的要素，使某些特征更加凸显。因此作为比较和评价手段，理想类型非常有效。"理想类型的研究方法的目的不是侧重揭示各种文化现象的家族相似性（generic similarities），而主要在于辨析它们之间的差异。"②

刑事诉讼领域在理想类型方面开创先河的是美国的帕卡，美国的格里菲斯、达马斯卡等运用此方法也颇有建树，③ 日本学者在刑事诉讼法学研究中也经常运用此方法。④ 在我国李心鉴最早提出了刑事诉讼构造的概念，他认为，刑事诉讼构造是控、审、辩三方的诉讼地位与相互关系。⑤ 这一概念承继了西方法系研究中当事人主义诉讼与职权主义诉讼的学术资源，将学术目光聚焦于庭审方式。在此基础上，陈瑞华教授在论著中系统提出并阐述了

① 郑戈：《韦伯论西方法律的独特性》，载李猛主编：《韦伯：法律与价值》，上海人民出版社 2001 年版，第 40 页。

② 郑戈：《韦伯论西方法律的独特性》，载李猛主编：《韦伯：法律与价值》，上海人民出版社 2001 年版，第 40 页。

③ 帕卡提出犯罪控制和正当程序模式，戈德斯坦提出纠问式与弹劾式模式，格里菲斯提出斗争型和家庭型模式，达马斯卡构建的"科层型"法律程序和"协作型"法律程序。参见李心鉴著：《刑事诉讼构造论》，中国政法大学出版社 1992 年版，第 25 页；［美］米尔伊安·R. 达马斯卡著：《司法和国家权力的多张面孔——比较视野中的法律程序》，郑戈译，中国政法大学出版社 2004 年版，第 72~106 页。

④ 日本学者将理想模式研究方法在侦查程序中进行运用，将侦查程序归结为弹劾式侦查和纠问式侦查。彭勃：《日本刑事诉讼法通论》，中国政法大学出版社 2002 年版，第 49 页。

⑤ 李心鉴著：《刑事诉讼构造论》，中国政法大学出版社 1992 年版，第 7 页。

刑事诉讼横向构造和纵向构造的概念。"如果说横向构造不过是着眼于三方诉讼主体在各程序横断面上的静态关系的话，那么'纵向构造'则更加强调三方在整个诉讼流程中的动态关系。"① 陈瑞华教授指出了横向构造研究视野的局限性：审前程序与审判程序的关系不能被纳入研究视野；公检法三机关的关系未得到应有的关注。纵向构造与横向构造应保持一致的价值方向，要素之间得以相得益彰，刑事诉讼程序才能顺畅运行。陈瑞华教授提出，"裁判为中心的诉讼构造"和"流水作业式的诉讼构造"两种对立的纵向诉讼类型，并将摆脱"流水作业"走向"司法裁判中心"作为刑事诉讼制度完善的目标。② 当下审判中心主义与侦查中心主义的诉讼类型表述，与陈瑞华教授的两种横向类型在价值指向上并无本质分歧，当下的这种表述更加凸显了诉讼类型之间的抵牾与冲突。

"审判中心"的研究与理想类型研究有一点重要差异，需要引起注意。理想类型是纯粹的理论模型，构建理论模型的意义在于，可以将其作为对既有制度进行分析的工具，任何理想类型都不是可以直接复制的制度样本。例如，任何一个国家诉讼制度中都包含着当事人主义因素和职权主义因素，制度都是理想类型的"混合"配置。不论是当事人主义还是职权主义的"类型化"崇拜，都是理论上的幼稚病。我国"审判中心"的理论研究旨在为现有的刑事诉讼制度提供一个参照改造的理想样本。国外理想类型研究更易揭示法系之间制度的差异性，而"审判中心"则是法系之间普适的诉讼构造，无与之对立的理想类型。

二、"审判中心"研究的核心命题

（一）纵向构造论层面"审判中心"研究的核心命题

在刑事诉讼纵向构造中，"审判中心"涉及的核心命题是侦查、起诉和审判职能之间的动态关系。"审判中心"的基本逻辑是，以审判权威为基础，审判应对侦查、起诉形成有效制约，进而对刑事案件处理起到决定性作用。在我国目前的刑事诉讼中，侦查与审判职能没有直接的衔接关系，起诉是连接这两种职能的中间环节。在侦查阶段，以司法审查直接制约强制性侦查措施适用，在国外是制度上的通例，但在我国制度中却没有体现。我国审判与侦查职能的间接关联体现在审判中对非法证据排除规则的适用上。非法证据排除，需要以确认侦查行为违法为前提，审判职能以此形成对侦查行为的事后制约。对于非法证据排除我国刑事诉讼法学领域给予了极大关注，研究成果非常丰富。

在审判阶段起诉职能与审判职能的关系中，"审判中心"要求审判相对于控诉方应具有绝对优势。其一，控审职能分离，边界应明晰。审判方作为中立裁判者兼听则明，不能成为第二公诉人，沦为检察机关的帮手。司法实践中法院说服检察机关撤诉，以及对撤诉不进行实质审查等做法，都偏离了审判中心的方向。其二，控辩双方提供的所有证据的效力均处于待定状态，非经法庭质证、法院裁断，均不得作为定案的依据。其三，法院有权否定控诉方的诉讼主张。这体现为法院作出无罪判决以及判决中变更指控罪名的权力。从刑事诉讼中权力分化角度来看，审判中心并非意味着审判权一权独大、包打天下。控诉权对

---

① 陈瑞华著：《刑事诉讼的前沿问题》，中国人民大学出版社 2000 年版，第 222 页。

② 陈瑞华著：《刑事诉讼的前沿问题》，中国人民大学出版社 2000 年版，第 225~242 页。

审判权的牵制体现为：控诉启动审判，没有控诉就没有审判，防止审判沦为对犯罪的纠问；指控事实限定裁判范围，法院不能超出指控事实裁判。除此之外，审判只需遵循法律和程序，不受控诉的牵制。

在我国承担控诉职能的检察机关，同时是国家的专门法律监督机关。法律监督机关的权威与审判中心所要求的审判权威应如何平衡，是一个不能回避的重要理论与实务命题。从以下几个方面需要协调"两个权威"之间的关系：第一，检察机关抗诉权与法院终审裁判权之冲突。检察机关依据法律监督职能，对法院作出终审判决的案件提出抗诉，法院必须启动再审程序，但法院有权维持原来对案件的处理。对此检察机关仍有权提出控诉，法院必须进行再审。这将形成一个无限的程序循环。两个机关的角力将使程序失去终结性。第二，在庭审过程中，检察机关如何针对审判违法行为进行法律监督。公诉人在庭审过程中发现审判人员有违法行为，如果当庭提出纠正违法意见，势必会影响审判的权威性，但从及时纠正违法的角度讲，当庭提出是最佳时机。第三，就有些程序性事项，刑事诉讼法对检察机关和法院进行了权力的双重配置，在权力运行中需要协调。主要体现为：检察机关和法院都有对非法证据进行排除的权力；在变更强制措施方面，审判过程中法院有变更强制措施的权力，检察机关也有进行羁押必要性审查的权力。

（二）横向构造论层面"审判中心"研究的核心命题

审判何以成为诉讼的中心？这不仅仅是一个案件终局裁判权配置的问题。审判如果不过是与侦查、审查起诉无差别的对案件的第三次审查，审判中心的意义也仅限于终局性复查而已。因此，只有当审判能够从技术上具备与侦查、起诉相区别的正当程序的本质属性时，审判中心才不会流于形式，审判才有可能凸显其独特的程序价值。审判中心所要求的横向诉讼结构，即审判中立、控辩对抗的结构，能够容纳正当程序的全部要素。不论对于自然法理论中推崇的"自然正义"要求，还是美国宪法修正案"正当程序条款"中罗列的权利清单，审判横向结构均能提供可能生成相关规则的空间。审判横向结构具有能够满足程序内外价值诉求的功能。[①]

在审前程序中，侦查和审查起诉在"追诉方—被追诉方"的二元结构中展开，程序不公开进行，审查起诉以对侦查案卷审查为主要方式。审判与侦查和审查起诉的首要区别在于，审判是"三方组合"，[②] 是控审辩三方主体汇聚在一起进行的诉讼活动。审判的这一本质特征通过庭审体现，只有当庭审成为决定案件结果的环节时，审判才具有区别于审前诉讼活动的实质意义。所谓审判实质化的价值正来源于此。在庭审结构之下，控审辩三方应以与审前诉讼活动有本质区别的方式进行诉讼活动。审判实质化对庭审技术有四方面要求：其一，直接审判，又称在场原则，即对案件有裁判权的法官必须亲自对案件进行审理，亲历审理过程，以此作为对案件形成独立判断的前提。"审"与"判"应高度统一。法官庭审中的听证权，是其底限性权力，没有在法庭上听证的法官不能进行裁判。其二，言词审理。参与庭审的各方主体应以言词的方式进行诉讼活动，不得以对案卷等书面材料进行审

---

① 程序内在价值包括程序参与性、程序理性等；程序外在价值是实现案件结果公正的能力。参见陈瑞华著：《刑事审判原理论》，北京大学出版社 1997 年版，第 45～90 页。

② ［英］罗杰科·特威尔：《法律社会学导论》，潘大松译，华夏出版社 1989 年版，第 238 页。

查代替言词审理。"直接言词原则的确认和贯彻以近、现代认识论、认识方法论、心理学以及信息传递学的原理和实践为基础。"① 从认识论的角度讲,言词原则是庭审事实发现功能得以发挥的最重要技术保障。其三,辩论对质。庭审应当为控辩双方对立的意见和主张提供交锋碰撞的机会。控辩双方都应有充分的机会对各自观点进行说理论证,并展开相互之间的辩驳。不论是英美法系的交叉询问方式,还是大陆法系的对质方式,都是凸显甚至放大对立观点的庭审调查技术。真相和真理都会越辩越明。任何证据的弱点和观点的薄弱环节,都将在对峙中暴露于法官的视野之下。辩论使法官处于正反两种意见悬而未决之间,这是一种有效的策略,"抵御人们借熟知事物对未完全清楚的事物作过分轻率结论的人性之自然倾向"。② 其四,集中审理。除必要休息之外,庭审应连续不间断地进行。庭审如有过长时间的中断,则已进行的庭审应当无效,庭审需要重新开始。这不但能够保证法官对案件形成完整清晰的心证,也有利于抵制外界的不当干扰。

庭审原则上应公开进行,这也是审判与审前诉讼活动的重大区别。但公开审判不是庭审技术要求,与之不同,秘密侦查是一项侦查技术要求。公开审判旨在调整司法与公众的互动关系,这一原则是民主时代司法赢得公信力的不二策略选择。当然,在公众的关注之下,庭审技术的实现有更优化的外部环境支持。

"审判中心"必须以审判者的优质审判能力方可担当。审判的制度能力即是以审判实质化呈现出的庭审技术要求。③ 庭审的技术能力越是得到充分释放,审判中心效应越是显著。在这个意义上庭审成为中心的"中心"。以此为前提,还有若干保证庭审质量、合理配置司法资源的延伸性问题,应予以关注。例如,庭前公诉审查程序、庭前准备程序对庭审质量的提升功能;正式程序与简易程序的繁简分流;在将一审作为正当程序基础的前提下,二审、死刑复核程序及审判监督程序等救济程序功能的定位及功能的衔接等。

三、"审判中心"方法论的局限

(一)"审判中心"研究的特点及局限

1. "审判中心"研究的整体性。审判中心主义研究以诉讼职能为立足点,通过审判职能与其他职能的静态与动态关系来构建刑事诉讼的总体格局。审判中心主义研究所呈现的刑事诉讼构造论,是由诉讼职能互动而展开的。审判中心主义的核心观点是诉讼中确立审判的权威地位。审判权威的实现需要法律规则的技术支撑,但并非所有规则都与审判权威直接相关。那些边缘化规则虽说并非无足轻重,但已游离出"审判中心"之要义。例如,法官如何组织庭前会议,是审判技术的重要组成部分,但在审判中心视野中并不是核心的技术规则。又如,在变更检察机关指控罪名程序中,法官如何通过释明权的运用与控辩双方进行有效沟通,也属于"审判中心"研究中的"末节"。

2. "审判中心"研究以理论演绎为基本思维方式。以审判权威为核心理念,演绎出审

---

① 龙宗智著:《刑事庭审制度研究》,中国政法大学出版社 2001 年版,第 53 页。
② 〔美〕龙哈罗德·伯曼编:《美国法律讲话》,陈若桓译,三联书店 1988 年版,第 32 页。
③ 高质量的审判只有审判制度保障是不够的,法官和司法体制因素也绝对不应忽略。但此文中未对此论及。

判职能在纵向与横向的程序空间，与侦查、起诉、法律监督、辩护等职能关系的应然规则。在应然规则与实然规则的比较中，在法定规则与其运行状态的抵牾之间，寻求"行动中的法"向"理想中的法"不断契合的方案。"审判中心"研究是立法取向的研究，以规则建构、立法完善为旨趣。

"审判中心"研究的特点同时也体现出这一研究在方法论层面的局限性。它的整体性特点使它对规则的技术细节缺少关注。它的理论演绎方式、立法取向，使其远离案例研究、法解释论方向，很难运用法教义学方法在规则、法理和案例之间连贯融通。①

（二）"审判中心"之外的研究

在"审判中心"的研究将为诉讼制度改革提供重要的理论支持。"审判中心"这一理论范畴虽然是舶来品，却已被赋予"中国本土"的独特内涵，有很强的现实针对性——我国刑事诉讼程序运行中审判往往处于"非中心"状态。对"审判中心"进行的行之有效的研究，旨在矫治种种有违司法规律、背离法治理念的流弊，对现实有强烈的回应性。但是，从方法论角度看，"审判中心"研究有其研究视野的局限性。以其为主线展开的研究不可能将刑事诉讼中的所有问题一览无余。处于"审判中心"研究边缘的问题未必不是重要的理论问题。同时，对有些问题进行研究，"审判中心"并非最好的理论工具。"审判中心"研究视野之外的研究至少包括以下内容：第一，侦查行为的法律授权与控制。可能触及公民权利的侦查行为，应当受到法律规制。通过设定法律中的行为边界，寻求授权与控权之间的平衡，能够消除侦查的负效应或将其缩限到可接受的最低程度。第二，控诉方内部的侦诉关系。检察机关对侦查的主导性，与其法律监督地位的超然性之间存在内在张力。在制度安排和制度运行中对此应进行审慎权衡。第三，强化辩护权的配置以及辩护方内部关系调整。从控辩平衡的角度看，我国辩护权的配置仍须强化。在辩护方内部辩护律师与被追诉人关系中，被追诉人自主辩护权还未得到应有的重视。第四，程序性制裁的设置。刑事诉讼法中对程序违法行为应设置程序性制裁。刑法应成为罪责刑相适应的罪与罚的价目表。在刑事诉讼法中，程序法律规范的结构同样应当是完整的——即程序违法与特定的程序性制裁有一定的对应关系。目前我国刑事诉讼法中程序性法律制裁的设置仍有待完善。第五，程序性裁量的运用。例如，技术侦查的运用、逮捕必要性的判断、对不起诉的裁量、非法证据排除的标准等。程序裁量容纳证据与事实、法律与政策、案内与案外等多重要素，各种要素之间的权重，需要在案件特定的或类型化的语境中考量。对程序性裁量的研究，必须突破理论演绎单向度方法局限，走向"规则—理论—案例"相融通的教义化研究之路。例如，以比例原则的理论结构来分析技术侦查法定条件的规范构成，同时通过个案情境嵌入，形成裁量中相对确定的政策基准。

上述研究在内容和方法上与"审判中心"研究有比较显著的界分，但相互之间也不无关联。例如，程序性制裁的设置不仅仅体现在审判中，但审判中的程序性制裁是最重要的。在审判权威缺失的情况之下，程序性制裁的效力一定会打折扣。"审判中心"触及诉讼结

---

① 法教义学包含了法律思维的"首尾两端"——从法律条文解释到案例运用的全过程。参见［德］沃斯·金德豪伊泽尔：《适应与自主之间的德国刑法教义学——用教义来控制刑事政策的边界》，蔡桂生译，载《国家检察官学院学报》2010年第5期。

构,牵一发动全身,成为许多规则、制度发挥理想效果的预设语境条件。在这个意义上,"审判中心"研究的基础意义更加突显。针对不同的研究目标,选择最佳的研究路径,注重不同研究方法的综合运用,才是科学的研究态度。然而,如果因为"审判中心主义"研究的整体性、结构性特点,而期待一劳永逸、以化约的方式解决规则细节的诸多问题,则是盲从的误判。全局构建不能替代精细化的操作,而程序之所以为法治所倚重,正在于其将既定目标转化为精细操作规程与标准的功效。认真对待程序,就必须认真对待"审判中心",同时也必须认真对待"审判中心"之内与之外的技术与规范。

(作者单位:辽宁大学法学院)

第二部分

庭审实质化与庭审方式改革

审判委员会研究案件机制的诉讼化构建

——以刑事诉讼为视角

侯建军　刘振会

司法体制改革对改革完善审判委员会（以下简称审委会）制度提出了新的要求，按照司法规律对案件研究机制进行诉讼化改造，是审委会制度改革的关键和核心。为此，笔者以刑事诉讼为视角，在考察审委会现行机制得失的基础上，以程序正当化为价值取向，提出了诉讼化构建的构想，以期对审委会制度改革有所启示。

一、审委会研究案件机制的发展沿革

审委会是人民法院内部对审判实行集体领导的组织形式，① 起源于新民主主义革命时期，发展于解放战争时期，确立于新中国成立后，完善于改革开放与依法治国战略实施时期。

（一）审委会制度的产生

一般认为，审委会的最早萌芽可以追溯至新民主主义革命时期。1932 年的《中华苏维埃共和国裁判部暂行组织及裁判条例》规定了关于裁判委员会的内容②，1933 年《中华苏维埃共和国司法人民委员部对裁判机关工作的指示》赋予了裁判委员会对案件的讨论决定权③，至此，裁判委员会具备了审委会的雏形。1942 年，《陕甘宁边区政府审判委员会组织条例》首次出现"审判委员会"的称谓，根据该条例的性质职责规定，审委会相当于现在的最高人民法院，具有审理上诉案件的职能。

（二）审委会制度的发展完善

当代意义上的审判委员会制度是新中国成立后建立的。1949 年制定的《中央人民政府最高人民法院组织条例》第 6 条规定，最高人民法院院长、副院长、审委会秘书组成最高人民法院审判委员会，决议有关审判政策方针、重大案件及其他重大事项，具有对重大案件的研究决定职权。1951 年通过的《中华人民共和国人民法院暂行组织条例》详细规定了各级法院审委会的组成人员、适用案件范围、指导案件的效力等内容，标志着完整意义上的审委会制度正式形成。1954 年，新中国第一部人民法院组织法——《中华人民共和国人民法院组织法》完善了审委会的职责，把审委会制度以法律的形式确定下来。1979 年，审

---

① 陈光中主编：《刑事诉讼法》（第二版），北京大学出版社、高等教育出版社 2005 年版，第 62 页。
② 武延平、刘根菊等编：《刑事诉讼法学参考资料汇编》（上册），北京大学出版社 2005 年版，第 22 页。
③ 武延平、刘根菊等编：《刑事诉讼法学参考资料汇编》（上册），北京大学出版社 2005 年版，第 19 页。

委会制度载入刑事诉讼法，1996年、2012年对刑事诉讼法进行的两次重大修订中，进一步完善了审委会制度的内容。最高人民法院于1993年制定《最高人民法院审判委员会工作规则》、2010年制定《关于改革和完善人民法院审判委员会制度的实施意见》，对审委会的性质、任务、工作机制等作了系统规定。1999年、2005年、2009年和2015年，在最高人民法院先后制定的四个五年改革纲要中，都对审委会制度的修改完善提出了明确要求，推动审委会制度进一步健全完善。

（三）审委会研究案件机制的发展沿革

审委会研究案件机制伴随着审委会制度的发展变化不断调整。在新民主主义革命至改革开放前，与审委会整体决策机制相适应，审委会研究案件，采用会议讨论、集体决策模式。改革开放后，走过了一条由会议制到审理制再到会议制的改革探索路线。人民法院"一五"改革纲要规定为会议制，"二五"改革纲要规定为审理制①，"三五"改革纲要转回到会议制，"四五"改革纲要延续了会议制。当前，仍然实行会议制。会议制工作机制具有明显的行政化特征。首先，委员主要由行政领导兼任。一般包括院长、副院长、庭长，以及研究室、审管办等综合部门负责人。其次，程序的启动由行政领导审批决定。对需要提交审委会研究的案件，合议庭提出申请后，经过庭长、分管院领导、院长逐级审核后决定是否提交。再次，研究过程封闭。参加人员限于审委会委员，诉讼参与人不得参加，会议过程、内容及决定不对外公开。最后，议事规则行政化明显。实行民主集中制，案件承办人汇报案件审理情况与合议庭处理意见后，审委会委员按照行政职务由低到高的顺序发表意见，通过表决形成决议。

二、审委会研究案件机制的成因探析

审委会研究案件机制，不同于任何国家的司法审判机制，具有鲜明的中国特色。它的产生发展既有司法传统、社会文化的根基，也符合我国法治国家建设的现实需要。

（一）契合我国的司法传统

审委会制度的建立在很大程度上受到我国司法传统的影响。在我国几千年的封建社会中，一直实行司法、行政不分的集权体制，对于简单案件行政长官可以自行处理，重大复杂案件，由多部门行政长官集体研究处理，并在不同的封建王朝形成了不同的集体审判制度。例如，汉朝遇有重大案件时由丞相、御史大夫、廷尉等高级官吏共同审理，称为"杂治"；唐代实行"三司会审"制度，遇有特别重大案件，由大理寺卿、刑部尚书、御史中丞共同审理，即"三司推事"；至明清两代，实行三司会审、九卿会审、秋审、朝审等会审制度②。新中国建立的社会主义审判制度，虽然在性质上与封建社会行政、司法合一的审判制度截然不同，但是传统审判制度关于重大案件集体研究的运行模式，与我国司法传统和民族文化及民族心理具有极大的亲合力，采用其合理成分建立的审委会制度具有历史传承

---

① 部分法院按照要求进行了探索尝试，但没有在全国大范围适用。
② 李希昆、张材兴主编：《中国法制史》，重庆大学出版社2002年版，第69、107、116、147页。

的合理性。

（二）契合党对司法工作领导的现实需要

党的领导是社会主义法治的本质特征，坚持党的领导是开展司法工作的根本政治保证。党对司法工作的领导，主要通过法院党组和审委会两个组织来实现。党组主要负责把党的路线、方针、政策要求落实到法院的工作决策部署之中。审委会则负责把党对审判工作的政策要求直接落实到重大案件审理之中。审委会委员以法院党组成员为主体[①]，非党组成员委员也是具有行政职务的业务庭长等部门主要负责人，绝大多数兼具党的领导[②]与行政领导双重身份，这样的人员构成既能保证司法审判的专业化，也能保证党的司法政策切实贯彻到具体案件审判之中，确保实现党对司法工作的绝对领导和司法工作的政治正确。正如张晋藩教授所言，"司法机关往往专设委员会作为领导的核心层。显然这种组织的设置，是为了便于党集中领导和开展司法工作，最为显著的是在各级人民法院普遍设立的审判委员会制度。"[③]

（三）契合实现司法公正的社会需要

法治是众人之治，它优于人治的最根本原因是其民主、妥协与集合众智的机制，可以实现法治理想远景与民众现实愿望的最佳结合。审委会制度契合法治的根本要义，它以有限的多数人之治，实现在审理案件上不同意见的充分释放和相异观点的直接碰撞，以民主集中制方式形成集合众人智慧的裁判结果，无论从过程上，还是从结果上，都比独任审判员、合议庭更能体现法治精神，更能形成公正裁判。在我国长期的司法实践中，审委会对重大、疑难、复杂案件的处理充分体现了这一制度保障司法公正的功能价值。从一定意义上讲，审委会制度与调解制度一样，是具有中国特色的司法创新制度，是对世界司法制度的一大贡献。

三、审委会研究案件机制存在的主要问题

随着我国依法治国方略的实施，社会治理方式开始向法治方式转变。现行审委会研究案件机制与法治要求存在着一些不适应、不兼容的地方。

（一）研究案件能力不够高

审委会的组成人员以院、庭长等行政官员为主，他们的主要职责是行政管理，即使是近年来增设的审委会专职委员，也以行政管理职能为主，研究案件职能是居于行政职能之下的次要职能。最为典型的例证是：即使审委会确定了研究案件时间，通知了委员，如果院长或其他委员临时接到党委、上级法院的会议通知，则必须以参加会议为主，要么缺席

---

① 这是各级法院的通行做法。近年来，由于司法改革和纪检监察改革的推行，少数法院政治部主任、纪检组长不再担任审委会委员，其他党组成员基本都是审委会委员。

② 非党组成员的部门领导一般都是所在部门的党支部书记。

③ 张晋藩主编：《中国司法制度史》，人民法院出版社 2004 年版，第 569 页。

审委会，要么审委会变更会议时间。因此，无论是委员的思想重视程度上，还是工作精力分配上，对研究案件职能的重视程度都相对较弱，投入的时间和精力相对较少，用于研究法学理论、审判业务的时间和精力更是少之又少，很难成为审判业务专家，难以满足处理重大、疑难、复杂案件的实际需要，在一定程度上影响了审委会审判职能的发挥，甚至成为很多人质疑审委会功能作用的重要口实①。

（二）研究案件的标准不确定

根据我国刑事诉讼法的规定，审委会研究案件的标准为"疑难、复杂、重大，合议庭认为难以作出决定"。这一标准的实务操作完全依赖法院、法官的自由裁量。最高人民法院《关于适用〈中华人民共和国刑事诉讼法〉的解释》规定，审委会研究的案件为：拟判处死刑的案件，人民检察院抗诉的案件，合议庭成员意见有重大分歧的案件、新类型案件、社会影响重大的案件，以及其他疑难、复杂、重大的案件，合议庭认为难以作出决定的案件。这一规定中的第三类案件与刑事诉讼法的规定基本一致，标准仍然十分模糊。正是由于法律规定不明确，在刑事司法实践中，各级各地法院审委会研究案件的标准主要由法院自己确定，既不统一，也不稳定，致使很多法院特别是基层法院，审委会研究案件的范围很大②，客观上造成了对合议庭审判权的侵蚀。

（三）研究案件程序不符合诉讼化要求

审委会研究案件的程序是按照行政会议模式设计的，从运行到决策，基本上遵循了汇报、讨论、表决、形成决议的行政议事程序，不符合程序正当化的诉讼要求。一是与审判公开原则不符。审判公开是我国宪法确立的一项基本诉讼制度，它要求把法庭审理和裁判的全过程，除了休庭评议以外，都公之于众。③ 当前，审委会研究案件过程，既不允许控辩双方参加④，也不向社会公开，当事人和社会公众的知情权、参与权、表达权、监督权无法得到保障。有学者指出，审判委员会制度是通过剥夺原告、被告等当事人的基本权利——获得公正审判的权利——来维持其正常运转的。⑤ 二是与直接、言词原则不符。直接原则要求审判组织和审判人员直接参与法庭审理，言词原则要求审判人员以言词方式开展对案件的审理和对证据的调查⑥。当前，审委会研究案件的程序没有诉讼参与人参加，这两项原则无法落实。三是与独立行使审判权原则不符。依法独立行使审判权是我国宪法规定确立的司法制度，它要求法官既要排除来自法院外部因素的干扰，也要不受法院内部因素的制约。审委会研究案件并作出裁定，事实上，将案件的审理权和裁判权分割开来，形成了实质上的"审判分离"，必然会导致权责不一致，要么由合议庭代审委会承担审判责任，要么使审

---

① 主张取消审委会制度的学者大多把这一问题作为重要依据。

② 据调研，有的基层法院把判处非监禁刑、免刑的案件纳入审委会研究范围，审委会研究案件达全部刑事案件的1/3以上。

③ 龙宗智著：《刑事庭审制度研究》，中国政法大学出版社2001年版，第43页。

④ 根据检察长列席会议制度，检察长可以列席审委会，但只进行法律监督。司法实践中，检察长列席审委会的比例不高。

⑤ 陈瑞华：《刑事诉讼中的问题与主义》（第二版），中国人民大学出版社2013年版，第77页。

⑥ 参见郭淑娇硕士的论文《直接言词原则与我国刑事审判制度的改革与完善》，第2~4页。

判责任无承受主体①。在司法实践中，很多法院都把经过审委会研究作为合议庭免责的条件，由此产生了一种不正常现象，不少法官开始把案件提交审委会研究作为规避审判责任的方法，这在一定程度上加剧了审判责任不清现象，受到社会的诟病。

（四）削弱庭审功能

法庭审判的主要功能是通过直接听取控辩双方对证据的质证、对事实法律的意见，形成司法裁判。对于提交审委会研究的案件，由审委会讨论研究，形成最终裁决，法庭审判沦为审委会获得信息的工具，失去了直接形成裁判的资格和能力，庭审功能被架空，从而使庭审徒具审理之外表，难有作出裁判之实质，"庭审流于形式"成为必然。对此，有的被告人甚至发出了这样的疑问："他们（审委会委员）不审我的案子，凭啥判我的案子？早知道是这样判案，我请律师和不请律师又有什么两样？律师在法庭上说得再好，判案的人都没有听到，就把案子定了。"② 因此，审委会研究案件并作出裁判，不符合庭审实质化的诉讼要求。

四、审委会研究案件机制的诉讼化构建

审委会制度是一项符合我国司法传统与法治文化的特色制度，具有无可替代的独特价值。为了更好地发挥这一制度的功能作用，应当根据当前我国司法改革的要求，针对存在的问题，对审委会研究案件机制进行诉讼化改造，构建起符合现代刑事诉讼理念的制度体系。

（一）赋予审委会二元制案件审理功能

功能定位是审判组织行使审判权的逻辑起点。根据我国司法改革的要求③，在审判权的享有上，可以赋予审委会法律适用审与全面审理两种功能。即：一方面，赋予其法律适用审的基本功能；另一方面，赋予其对特定案件事实、法律适用的全面审理权。二元制功能定位符合司法权的行使规律和我国的司法实际。从司法权能的行使规律上看，司法权既可以由一个审判组织整体行使，也可以由两个审判组织共同行使。例如，在英美法系国家，对于所有由陪审团参与审判的案件，法官与陪审团共同行使司法权。陪审团享有对案件事实的决定权，而法官则决定法律适用问题。这与审委会、合议庭共同行使司法权有异曲同工之妙。而且，大多数提交审委会的案件是"合议庭难以作出决定"、由合议庭主动提交，实质上是合议庭自愿将审判权让渡给审委会，而非审委会侵犯或剥夺合议庭的审判权。从我国的司法实际看，对于法律规定的特定类型案件和涉及国家外交、安全和社会稳定的重大复杂案件，不仅需要专业的法律知识和高超的司法技能，更需要准确把握政治、经济、

---

① 裁判文书由合议庭署名，不管审委会是否改变合议庭的裁判意见，都是形式上的裁判主体，逻辑上应当由其承担裁判责任。

② 《安徽农民质疑我国审判委员会制度》，http：//news.sina.com.cn/c/2005-02-03/11315759493.shtml，2016年7月5日访问。

③ 最高人民法院"四五"改革纲要规定，除法律规定的情形和涉及国家外交、安全和社会稳定的重大复杂案件外，审判委员会主要讨论案件的法律适用问题。

外交、社会发展态势，合议庭难以独立承受如此重任，由审判委员会对这些案件进行全面审理，有利于实现法律效果与政治效果、社会效果的最佳统一。

（二）设立审委会研究案件的确定性标准和范围

审委会研究案件的标准和范围明确具体，是控辩双方和社会公众知情权的重要内容，是司法公开的必然要求。实现这一目标，就要变法律的模糊规定为详细具体规定。一是修改刑事诉讼法或者司法解释，用列举的方式，对"合议庭成员意见有重大分歧的案件、新类型案件、社会影响重大的案件，以及其他疑难、复杂、重大的案件，合议庭认为难以作出决定的"的情形作出具体规定。二是对法律、司法解释无法作出统一具体规定的情形，赋予法院自主决定权，由各级各地法院根据实际，以规范性文件的方式作出规定，并以适当方式予以公开。三是对于可能出现的不包括在事先法律规定的情形中，又确有必要由审委会裁判的极少数案件，应当在立案后开庭审判前作出决定，告知各方当事人，并以适当的方式向社会公开。

（三）建立法律适用问题的书面审理机制

法律适用问题的审理主要涉及对法律的解释和法律漏洞的弥补，开庭审理的必要性不大，可以借鉴刑事二审程序中的书面审理做法，改汇报讨论的行政会议模式为阅卷评议的书面审理模式。一是实行案件移交制度。合议庭开庭审理后，认为案件的法律适用问题需要移交审委会审理的，作出移交案件的评议结论，制作审理报告，将案件全部卷宗移交审委会。二是实行合议庭审理制度。由院长确定合议庭组成人员、审判长和承办人；由承办人制作审理报告，提出处理意见；审判长组织全体委员阅卷和评议，形成决议。三是实行独立卷宗制度，将审委会审理案件的全部材料制作成独立的案件卷宗，连同合议庭审理案件卷宗一并归档备查。

（四）建立大合议庭式全面审理机制

审判组织是为审判案件而设立的，审委会是法院的最高审判组织，不仅要审理案件，而且应当审理符合其"最高"审判地位的案件。因此，需要审委会全面审理的案件可以由审委会委员组成大合议庭直接审理。一是合议庭组成人员要多于普通合议庭。一般而言，审委会委员组成的合议庭，基层人民法院、中级人民法院可由5~7人组成，高级人民法院可由7~9人组成，最高人民法院可由9~11人组成，对于极少数特别重大、复杂、疑难的案件，可以由审委会全部委员组成合议庭。2015年9月17日，北京知识产权法院7名审委会委员组成合议庭开庭审理案件，进行了有益探索。[①] 二是建立审委会审理案件流程管理制度。建立审委会审理案件专门流程管理系统，设定院长、审判长、承办人的职责，由院长确定合议庭组成人员、审判长、承办人后，进入案件审理程序，与普通合议庭审理案件一样，经过开庭审理、案件评议后，作出裁判。三是赋予控辩启动申请权。除依职权启动审委会大合议庭审判程序外，允许控辩双方申请适用审委会大合议庭审理，是否适用由院长审查决定，从程序上保障控辩双方的诉讼参与权。四是建立审委会审理案件发布制度。定

---

① 《审委会直接开庭审案开全国先河》，载《人民法院报》2015年9月18日第1版。

期发布审委会审理案件的审理情况和裁判标准，作为指导性案例，供其他法官学习参考。这种审理模式可以彻底解决审判分离的问题和直接言词、公开审判原则落实等问题，是审委会制度改革的终极目标。正如陈瑞华教授所言，审委会制度最根本的改革应当是组建由法院审判委员会全体委员组成的"超级合议庭"，对案件进行开庭审理。[①]

（五）建立审委会委员诉讼化管理机制

按照审判规律选拔、使用、管理委员是保障审委会正确履行审判职能的前提和基础。一是建立委员选任制。以审判业务能力为主要标准，从进入法官员额的行政领导与业务骨干中选拔任用委员。对于进入法官员额的院领导、业务庭长等行政领导，综合其近五年主管审判业务、所在业务庭审判业绩、个人审判案件的数量和质量等因素进行量化考核，达到要求的，依法任命为审委会委员。同时，选任一定数量和比例的非行政领导委员，选任的条件以审判工作经验和执业年限资质、审判工作领域具有专长为主[②]，把具有扎实的法学理论功底和丰富知识的专家型法官充实到审判委员会之中。[③] 二是实行委员任期制。可以规定委员的任职期间与同级地方人民代表大会的代表一致，五年为一届，任职到期重新选任，以增强委员任职的使命感和责任感。三是建立委员有序退出机制。对委员的履职进行实时监督和定期考核，对于怠于履职、业绩较差的委员，任期结束后不再续任。对于有违纪、违法行为查证属实的，及时提请罢免其委员资格。四是建立审委会责任追究制度。按照"由裁判者负责"的要求，无论是法律适用的审理，还是案件的全面审理，审委会作出的裁判都由审委会集体承担责任，并区别不同情况，追究具体责任人的责任。与其他审判人员追究责任的原则相同，除故意枉法裁判的外，一般不追究审委会委员个人的责任，这是司法豁免权的应有之义。

五、余论

"徒法不足以自行"。审委会审理案件机制的诉讼化构建还需要建立法官会议制度、专业委员会制度、回避制度、裁判文书制作制度等，在此不一一阐述。

（作者单位：山东省高级人民法院）

---

① 陈瑞华：《法院改革中的九大争议问题》，http：www.v4.cc/News.1654918.html，2016年7月7日访问。
② 叶青：《主审法官依法独立行使审判权的羁绊与出路》，载《政治与法律》2015年第1期。
③ 徐永珍、孙丽娟：《现行审判委员会制度存在的问题及对策》，载《现代法学》1999年第1期。

庭审实质化的外部助推器

——庭审录音录像公开制度

李兰英　屈舒阳

党的十八届四中全会审议通过的中共中央《关于全面推进依法治国若干重大问题的决定》要求："推进以审判为中心的诉讼制度改革,确保侦查、审查起诉的案件事实证据经得起法律的检验。全面贯彻证据裁判规则,严格依法收集、固定、保存、审查、运用证据,完善证人、鉴定人出庭制度,保证庭审在查明事实、认定证据、保护诉权、公正裁判中发挥决定性作用。"由此不难看出,"以审判为中心的诉讼制度改革"的落脚点在于庭审的实质化,而庭审实质化则要求被告人的刑事责任在审判阶段通过庭审方式解决。[①] 然而,庭审实质化的实现有赖于对相关诉讼制度的进一步完善,如证人出庭作证制度、庭审调查制度、案卷移送制度以及庭前会议制度等。[②] 毋庸置疑的是以上所列举之制度确为庭审实质化构建的核心内容,是实现庭审实质化的必经路径。然而,庭审实质化是一项浩大的工程,不仅需要诉讼理念的转变与核心制度的完善,还需要相关的外部配套措施来促进庭审实质化的实现,而庭审录音录像公开制度就是其中之一。究竟庭审录音录像公开制度对庭审实质化的构建具有什么样的作用?现有庭审录音录像公开制度还存在着什么样的问题?如何进一步完善庭审录音录像公开制度?还需要进一步的分析与解决。

一、新形势下庭审录音录像制度的价值展现

新一轮司法改革的重点集中在庭审实质化的原因在于我国当前所存在的庭审形式化问题严重,而实质裁判通常发生于法庭之外或开庭之前,导致我国法庭审判流于形式,未能起到其应有的作用。[③] 这不仅严重损害了司法的权威,更严重阻碍了司法公正的实现。

(一)庭审形式化的表现方式

庭审实质化要求对被告人的定罪与量刑应当通过庭审过程中控辩双方平等且充分的对抗,并由法官在法庭之上通过对相关事实问题与法律问题的认定从而形成最终的裁判。这一过程也就是我们通常所说的"事实摆在法庭,证据举在法庭,理由辩在法庭,案情明确在法庭,法官认证在法庭,裁判作出在法庭"。[④] 庭审实质化是相对于庭审形式化而言的,庭审形式化是指对被告人的定罪与量刑并不是通过庭审的方式来予以确认的,庭审程序被

---

① 汪海燕:《论刑事庭审实质化》,载《中国社会科学》2015 年第 2 期。

② 龙宗智:《庭审实质化的路径与方法》,载《法学研究》2015 年第 5 期。

③ 陈瑞华著:《刑事诉讼中的问题与主义》(第二版),中国人民大学出版社 2013 年版,第 194 页。

④ 黄学武:《刑事庭审的形式化及克服》,载《重庆科技学院学报》(社会科学版) 2013 年第 6 期。

予以"虚化"的一种状态。虽然在 2012 年对刑事诉讼法修订的过程中,立法者曾试图构建一种以法庭审判为中心的诉讼制度模式,但修正后的刑事诉讼法被评价为"警察系统的全面胜利",只能得到"礼貌性的掌声"。① 新刑事诉讼法恢复了庭前案卷移送制度,这极易导致法官的认定形成于庭审之前;审判委员会制度依然存在,导致了"审者不判、判者不审"的问题还是无法解决;为纾解案多人少的现实压力,提高庭审效率,庭审的举证与质证仍旧很难做到"一举一质",证人出庭作证更是难上加难。除此以外,法官队伍人员的素质参差不齐,许多法官视庭审为儿戏,庭审过程中交头接耳,接听电话等现象屡禁不止。个中问题的存在直接"架空"了正常的庭审程序,导致了庭审形式化的形成与出现。

(二) 庭审直播的作用与局限

2013 年 8 月 22 日至 26 日,济南市中级人民法院一审公开开庭审理了被告人薄熙来受贿、贪污、滥用职权一案。在庭审的过程中,法院通过微博的方式,将庭审的进展情况进行了直播,相关媒体也公开了部分庭审中的录音录像。在历时五天的庭审过程中,法庭认真地开展了法庭调查、举证、质证以及相应的辩论活动,基本上做到了一证一举、一证一质;相关证人也出庭接受了辩方的询问和质证;法官在形式上做到了独立与中立,没有明显的偏向;被告人的诉讼权利得到了充分的保障。在《中国青年报》"中青舆情监测室"发布的第二期《中青月度舆情指数》中,"薄熙来案公开庭审记录"所获综合满意度最高。② 随后在 2013 年 12 月 11 日,由最高人民法院主办的中国法院庭审直播网正式上线开通,民众可以通过网络来旁听相关案件的庭审情况,庭审直播网的开通再次赢得了社会各界的广泛好评。庭审直播形式的出现,"能够准确权威地发布法庭的诉讼材料和相关证据,打破了我国长期以来对诉讼材料不公布的做法,实现了更大程度的司法公开。"③ 不难看出,即使在庭审实质化的相关核心理念和制度未能构建和完善的情况下,庭审直播同样能够极大地督促法官、检察官等司法工作人员认真行使职权,推动了庭审实质化的实现。

虽然从司法实践的角度来看,庭审直播对于庭审实质化的推动作用巨大,但其也有着自身所固有的局限性。首先,庭审直播的案件数量有限、无法做到全面覆盖。目前我国法院庭审直播网中有关刑事、民事、行政以及其他类型的案件共计 3000 余件,而 2015 年全国法院新收案件近 1800 万件,④ 庭审直播的案件数量相较于全国法院新收案件数量可谓是九牛一毛,而这样的基数比例是很难起到实质性效果的。其次,庭审直播的方式多种多样,微博直播仅仅是庭审直播方式的一种,其相较于庭审录音录像的直播方式而言,并不能够生动且直观地将案件的"全貌"予以展示,无法最大限度地满足公民的监督权与知情权。再次,由于庭审直播可能会牵涉到相关庭审人员的个人信息、私生活秘密等隐私内容,其虽然不满足不公开审理的条件,但也不适合通过庭审直播的方式予以公开。最后,有些法官和检察官认为庭审直播的设备和操作人员会对法庭氛围产生干扰,并且庭审直播会让他

① 益山:《刑诉法修改背后的强势部门魅影》,http://blog.tianya.cn/post-3726095-35888392-1.shtml,最后访问日期:2016 年 6 月 16 日。
② 李丽:《"薄熙来案庭审记录微博公开"最令人满意》,载《中国青年报》2013 年 9 月 5 日第 3 版。
③ 高一飞:《从录音直播到微博直播——兼谈薄熙来案庭审直播的意义》,载《新闻记者》2013 年第 10 期。
④ 最高人民法院研究室:《2015 年全国法院审判执行情况》,载《人民法院报》2016 年 3 月 18 日第 4 版。

们感到紧张并担心表现不佳，① 这将会影响到法庭审理的流畅程度与庭审效果。由此可见，庭审直播具有相应的局限性，其所适用的范围和发挥的作用有限。

（三）庭审录音录像公开制度的特有价值

庭审录音录像公开制度是旨在允许有正当理由查阅案卷之人申请取得庭审录音录像文件的一项制度。庭审录音录像公开制度的价值主要体现在以下两个方面：

一方面是庭审录音录像公开制度的应有价值。首先，能够维护相关诉讼参与人及利害关系人的合法权益。书记员在庭审的过程中通常采用书写记录或电脑记录的记录方式，然而这两种记录方式有着共同的弊端，即书记员的记录速度有时无法同庭审陈述人的陈述速度达到同步，致使书记员无法完整地记录下相关的陈述内容，或者出现书记员打断陈述人陈述的情况，从而影响到庭审的效果与流畅度。由于我国未能落实"彻底的事实审"②，法官、合议庭或审委会经常会将庭审笔录作为"断案"的重要依据。这就使得庭审笔录中所记载的内容与诉讼参与人及利害关系人密切相关。因此，可以通过庭审录音录像的公开还原庭审"原貌"，帮助诉讼参与人或利害关系人确认其权利状况，维护其合法权益。其次，具有惩罚不端行为的证据效用。在庭审的过程中还经常会出现扰乱庭审秩序的行为，不仅致使相关权利人受到侵害，还影响到了司法的权威与尊严。过去由于缺乏庭审录音录像的记录，致使相关行为人逃脱了法律的制裁。庭审录音录像能够将庭审过程完整的记录，并可以作为证据惩罚法庭之上的不端行为。最后，践行司法公开的新方式。中共中央《关于全面推进依法治国若干重大问题的决定》中明确指出："构建开放、动态、透明、便民的阳光司法机制，推进审判公开、检务公开、警务公开、狱务公开，依法及时公开执法司法依据、程序、流程、结果和生效法律文书，杜绝暗箱操作。"这就要求我们积极构建多元的司法公开方式，"非公开不足以彰显正义，非公开不足以保障公平。司法公开是法治国家司法机构活动本质属性和内在规律的要求，是实现公平正义的可靠制度保障。"③ 庭审录音录像的公开可谓是最为简便且实用的司法公开方式，无论是法院、诉讼参与人或是新闻媒体，在经过相应的审批手续之后，均能够获得庭审录音录像，以满足社会公众的监督权与知情权。

另一方面是在以审判为中心的诉讼制度改革语境下的新功用。证据是诉讼得以开展和进行的核心，是法官最终裁判的基础。当前所存在的庭审形式化问题的主要根源在于证据裁判流于形式。④ 这通常表现在庭审过程中，法官对于相应证据的证据能力和证明力都未能给予充分的审查；控方在庭审时通常采用批量举证的方式，导致辩方的质证权无法得到充分保障；证人、鉴定人、侦查人员极少出庭作证；等等。呼格吉勒图案正是证据认定不充

---

① 何家弘教授在 2015 年第 3 期《法律科学》上发表的《法院庭审直播的实证研究》一文中，通过实证研究的方式，对北京地区的 69 名法官、检察官、律师以及普通群众进行了问卷调查。其中，16 名法官和 10 名检察官认为庭审直播的设备和操作人员会对法庭氛围产生干扰；6 名法官和 3 名检察官认为庭审直播会让他们感到紧张并担心表现不佳。

② "彻底的事实审"是陈瑞华教授在 2013 年第 3 期《中外法学》上发表的《论彻底的事实审——重构我国刑事第一审程序的一种理论思路》一文中所提出的一种理念。由于我国存在的庭外裁判主义、行政审批机制等问题，导致法庭审判流于形式。为能在庭审后对案件作出裁判，庭审笔录就起到了至关重要的作用。因此，庭审笔录对于我国的法庭审判而言尤为重要。

③ 王晨光：《借助司法公开深化司法改革》，载《法律适用》2014 年第 3 期。

④ 闵春雷：《以审判为中心：内涵解读及实现路径》，载《法律科学》2015 年第 3 期。

分所引发的悲剧。由于庭审录音录像能够还原庭审的"原貌",法官、检察官等相关司法工作人员的行为举止都将会被全程记录下来,倘若其以消极懈怠的态度与方式来处理案件中的相关证据,造成了庭审的"虚化",相关诉讼参与人可以将庭审的录音录像作为证据进行上诉和申诉或是检举和控告。中共中央关于全面推进依法治国若干重大问题的决定》明确提出:"要实行办案质量终身负责制和错案责任倒查问责制,确保案件处理经得起法律和历史检验。"庭审录音录像不仅可以作为错案责任归属的依据,还可以作为衡量法官、检察官等司法工作人员是否认真履行工作职责、认真执行工作流程的标准。因此,庭审录音录像不仅可以作为错案追责的依据,还可以作为司法机关内部考核的依据。庭审录音录像的公开通常针对的群体是与庭审活动有密切关系的权利人,而并非是广大的社会公众。因此,庭审录音录像公开制度能够克服庭审直播的自身局限,而发挥其应有的效用,督促庭审过程中的法官、检察官等司法工作人员认真履行职责。

二、我国庭审录音录像公开制度现状分析

大部分国家和地区的庭审录音录像制度从出现到成熟都经历了一个较为漫长的过程。以我国台湾地区为例,庭审录音录像制度的产生可追溯至 1988 年制定的"法院使用录影实施要点"和 1990 年制定的"法庭录音办法",相关规定在 2003 年、2013 年以及 2015 年共经历了 3 次修正后才形成了现行的"法庭录音录影及其利用保存办法",其每次针对庭审录音录像制度的修正都是为了应对司法实践的新状况以及社会发展新需求所作出的调整。我国的庭审录音录像制度才刚刚起步,其中有关庭审录音录像公开的规定还存在着很多问题。

(一) 我国庭审录音录像公开制度的演变

我国最早关于庭审录音录像公开的规定出现在 1999 年 3 月发布的最高人民法院《关于严格执行公开审判制度的若干规定》第 11 条:"依法公开审理案件,经人民法院许可,新闻记者可以记录、录音、录相、摄影、转播庭审实况。"这仅仅是一条法院对待新闻记者自持设备庭审录音录像的原则性规定,法院自由裁量的空间较大。2009 年 12 月,最高人民法院出台了《关于司法公开的六项规定》以及《关于人民法院接受新闻媒体舆论监督的若干规定》,首次提及了有关法院在庭审中录音录像的处理问题并且赋予了新闻媒体申请法院提供庭审录音录像的权利。但相关条文同样是原则性规定,基本内容模棱两可、含混不清,缺乏可操作性。2010 年 8 月,最高人民法院公布的《关于庭审活动录音录像的若干规定》首次明确了法院在审理案件的过程中应当录音录像,并细化了有关庭审录音录像公开的规定,"具备当事人、辩护人、代理人等在人民法院查阅条件的,应当将其存入案件卷宗的正卷,允许当事人等查阅。由于录音录像自身易传播的特点,如果不具备当事人、辩护人、代理人等在人民法院查阅的条件,人民法院应当将其存入副卷,以避免被不法复制、拍录、传播。"① 然而,该司法解释对于申请庭审录音录像公开的主体及范围仍然较为局限,而且对于庭审录音录像的公开方式可操作性不强。2016 年最新修正并实施的《人民法院法庭规

---

① 卫彦明、蒋惠岭、范明志:《〈关于庭审活动录音录像的若干规定〉的理解与适用》,载《人民司法》2010 年第 21 期。

则》进一步明确了法院应当对庭审活动进行录音录像的义务，并确定了庭审直播录播的案件范围。庭审直播录播案件范围的确定是庭审录音录像公开制度的自然延伸，能够最大限度地发挥庭审录音录像公开制度的功效。

（二）我国庭审录音录像公开制度的问题展现

通过相关规定可以看出，我国司法机关对于庭审录音录像公开制度的构建存在着极为矛盾的心理，一方面深知庭审录音录像公开对于司法实践具有举足轻重的作用；另一方面又在担心庭审活动的过度透明会导致司法机关的相应权力受到限制和削减。在这矛盾心理的作用下，我国庭审录音录像公开制度才呈现出一种"虽有公开意识，但无操作可能"的"犹抱琵琶半遮面"状态。因此，相关问题主要表现在以下几个方面：

第一，违背了基本的诉讼原理。依据《关于庭审活动录音录像的若干规定》第4条之规定："当事人和其他诉讼参与人对法庭笔录有异议并申请补正的，书记员应当播放录音录像进行核对、补正。如果不予补正，应当将申请记录在案。"不难看出，对于申请补正的诉讼参与人而言，书记员具有是否予以补正的最终决定权，这明显违背了两造对抗的基本诉讼原理，并没有平等的双方对相关争议问题的交涉过程，而是由单独一方决定对方的异议申请是否成立。

第二，申请庭审录音录像公开的主体还很模糊。依据《关于庭审活动录音录像的若干规定》第5条之规定，只有当事人、辩护人、代理人等具有在法院查阅条件的才可以申请查阅庭审录音录像。虽然申请公开的主体范围并未将相关诉讼参与人以及利害关系人排除在外，但从司法实践的情况来看，在当事人、辩护人、代理人都无法顺利获取庭审录音录像的情况之下，其他诉讼参与人以及利害关系人若想通过正常程序获取庭审的录音录像简直就是"天方夜谭"。然而，诉讼参与人作为案件当中的陈述人，案件的进展状况以及最终结果均可能会涉及其切身利益。例如，在刑事诉讼中，倘若证人、鉴定人、翻译人等对于检察机关伪证罪的指控存有异议时，庭审录音录像就可能会作为非常重要的证据而存在。诉讼案件中的利害关系人通常与案件存在实体上的法律关系，若不能通过庭审录音录像了解案件的真实情况，则极有可能出现在利害关系人不知情的情况下，其相应的实体权利被予以处分。

第三，未能设定明确的使用规则与罚则。庭审公开的本质在于对案件审理情况的公开，以满足公民的监督权与知情权，防止秘密审判并促进司法公正。然而，庭审公开并不代表要对庭审参与人的身份证号码、联系方式、财产情况、婚姻、家庭等个人信息同样予以公开。在庭审过程中，审判人员会依法核对当事人身份并进行法庭调查，这会不可避免地获知庭审参与人的个人信息，而这自然也就被记录在庭审录音录像当中。如果相关申请人在取得庭审录音录像之后随意地扩散和传播，必然会对相关诉讼参与人的隐私权造成侵害。

尤其是在新闻媒体掌握庭审录音录像的情况下，诉讼参与人的个人隐私将会被予以最大限度地公开。如果不对获取庭审录音录像后的行为进行规范，极有可能会导致权力的滥用。这不仅会对相关权利人的名誉产生不良影响，甚至会被不法分子加以利用，对相关权利人的财产造成威胁或侵害。而且，对于名誉的侵害即使经过民事赔偿，其所造成的伤害也是无法弥补的。

三、庭审录音录像公开制度的进一步完善

（一）庭审录音录像公开制度应当以保护隐私权为基础

由于庭审过程中会不可避免地出现相关权利人的个人信息，而庭审录音录像又会不可避免地记录下庭审过程中的全部信息，如果随意公开庭审录音录像必然会侵害到相关权利人的隐私权。因此，庭审录音录像公开制度应当妥善处理好相关权利人的隐私权保障与庭审录音录像公开之间的关系。庭审录音录像公开虽然意义重大，但不能以侵害他人隐私权为前提，不能一味地将庭审录音录像不做区分地向社会公众予以公开。这无异于因噎废食、削足适履之举。因此，为防止顾此失彼而侵犯基本人权的情况出现。庭审录音录像公开制度应当设置相应的原则与红线——对庭审录音录像的公开不得侵犯公民的隐私权。当然，这一红线也并非一成不变的，可以由法院根据比例原则来进行综合的考量。例如，当有关权利人为社会公众人物，其相关个人信息已被社会公众了如指掌，就无须再加以严格的保护。薄熙来作为社会公众人物，其隐私权已经出现弱化，则此时庭审录音录像公开之价值远远大于被弱化的隐私权所体现的价值。又如，倘若当事人及其他相关权利人均同意放弃其隐私权，同样可以将庭审录音录像向社会公众公开。

（二）进一步明确申请公开庭审录音录像的主体范围

现有规定对申请庭审录音录像公开范围的界定极为模糊，并未将诉讼参与人及利害关系人予以列明。而诉讼参与人及相关利害关系人往往最为需要从庭审录音录像当中获取相应信息，以维护其相应权利。而且，庭审录音录像的公开还能够有效预防无效诉讼行为的发生，节约诉讼资源，提高诉讼效率。为避免列举式法律条文的局限性，可以将申请庭审录音录像公开的主体范围确定为"有权申请查阅卷宗之人"。当然，权利人也不能滥用其申请公开庭审录音录像的权利，为防止其权利的滥用，还应当在赋予其权利的同时增加相应的限制条件，即权利人必须是在具有"主张或维护其法律上的利益时"才能够申请法院将录音录像予以公开。法院作为审查批准相应申请的主体，为保障权利人能够正常获取庭审录音录像。法院只有在"具有显著理由，不适合公开"的情况下才可以拒绝批准庭审录音录像公开的申请。

（三）庭审录音录像的公开方式

根据《关于庭审活动录音录像的若干规定》第4条之规定，"查阅"为目前庭审录音录像公开的主要方式，需要法院的书记员亲自对庭审录音录像进行查阅、核对，再由书记员来决定是否对庭审笔录进行补正。这样的公开方式需要有充足的人力和物力支持，而在目前我国法院系统人力资源紧缺的情况下是很难落实的。因此，对于公开审理的案件，可以通过允许相关权利人复制庭审录音录像的方式对庭审录音录像进行公开。而对于依法不公开审理的案件，应当明确只能允许申请主体进行查阅而不能交付。

（四）规范使用行为并明确责任承担

在申请人取得相应的庭审录音录像之后，基于维护其自身权益之特定目的，庭审录音录像只能限于其本人使用。因此，应当对违反行为规范的持有人设置一定的行为规范与处罚措施，以防止权利人对庭审录音录像的随意传播与扩散，从而保障庭审参与人的隐私权。因此，庭审录音录像公开制度中应当要求行为人不得就其所取得的庭审录音录像进行散布、公开播放或以其他非正当目的使用。倘若违背了行为规范，则应当受到相应的处罚，而且此类处罚应当以财产处罚为限。因为公开审理的案件中当事人若想通过公开审理来保证庭审受到社会公众的监督，从而促使其接受公正的审判，那么其相关的隐私权就必然会受到不同程度的减损，这是无法避免的。因此，对于此类行为的处罚不能过重，而应当以财产处罚为主。

结语

目前，我国的司法改革已经进入了攻坚期和深水区，庭审实质化的实现有赖于相关权力机关的让步和妥协，这是立法者与执法者权力较量的过程，是重大利益关系的调整，并非一朝一夕所能完成和实现的。在这样的过程中，与其"坐以待毙"不如"曲线救国"，通过庭审录音录像公开制度所起到的监督与督促作用来倒逼庭审实质化的实现。

（作者单位：厦门大学法学院）

庭审实质化进程中的质证方式改革研究

李 明

党的十八届四中全会审议通过的中共中央《关于全面推进依法治国若干重大问题的决定》，提出"推进以审判为中心的诉讼制度改革，确保侦查、审查起诉的案件事实证据经得起法律的检验"。"以审判为中心"的诉讼制度改革要求庭审实质化，庭审实质化则必然如最高人民法院所要求的"诉讼证据质证在法庭"。本文拟根据当前庭审实质化对质证方式的要求，在分析当前我国质证方式存在的问题的基础上，对如何变革庭审质证方式进行研究。

一、庭审实质化对质证方式提出的具体要求

庭审实质化要求通过庭审查明案件事实进而适用法律，而查明案件事实的前提是证据在法庭上得到有效的质证。质证要满足庭审实质化，应遵守以下几个原则：

（一）法官主持引导质证

在整个庭审质证过程中，都应当是法官主持引导。只有法官主持并就有关争议问题进行裁决才能保证质证秩序，有利于推进质证的顺利进行，维护法庭权威。在质证过程中，法官只能起引导作用，不能代替双方对证人的质证，质证的推进主要由控辩双方自己推动。法官应尽量避免过多介入，更不能代替当事人进行质证，以维护其中立地位。同时，应明确法官裁量权范围。在质证过程中，会涉及很多法律问题，特别是有关证据的法律规定，如质证内容是否符合相关性，质证对象是否符合法律要求，证据的证据能力问题的争议以及证明责任的分配等问题，这都需要有法律明确规定以确定法官裁定准则。除此之外，质证过程中还有大量的问题需要法官裁量决定，而这些问题多体现为技术性和程序性问题，法律不可能全部进行明确规定，如质证的方式、时间、范围以及双方言行举止的妥当性等，法官都可以根据当时的实际情况裁量决定。

（二）质证必须在法庭上公开进行

庭审质证一般应当在法庭上进行，这是质证的基本要求，它是质证严肃性和程序正当性的保障。法庭是正式庭审的特定场所，它具备实现程序正义的各种要素：庄重严肃的场域、双方当事人及其代理人在场并发表意见、程序推进不可逆、证据被固定、一切程序都具有法律规定性。这种程序化、权利保障、三方参与架构及其仪式化，都是其他场所无法替代的。因此，对于庭前质证和庭外调查，其功能和范围都应加以严格限制。除法律特别规定外，质证也应当在法庭上公开进行，以公开来保证质证过程的公正性。

（三）在质证中贯彻直接言词原则

直接言词原则是庭审的一个基本原则，既要求法官直接听审，也要求证人出庭向法庭直接进行陈述。其意义大体上在于保证法官的亲历性以及通过言词证据保障证言的可信性，因为证人在法庭上提供证言可以要求证人宣誓并接受双方质证，其可信性因此而增加并为双方所接受。据此原则，书面证言和其他传闻证据作为一般性要求是不可接受的，因其无法满足直接言词原则。该直接原则不仅仅要求法官直接面对证人，也要求双方当事人及其律师直接面对证人，因此这里隐含着一个对质原则。所谓对质原则，即面对面原则，即被告人在庭审中与证人面对面进行质证的权利。该原则在美国宪法修正案和英国刑事诉讼法中都有规定，其基本原理为证人当着被告的面撒谎比较困难至少比背后撒谎困难，因而更有利于保证证人提供真实的可靠的证言。基于此种考虑，无特殊原因设置幕布遮挡证人是不被允许的，视频远程质证也应当进行限制。该原则的遵循既保证了传闻证据一般情况下不被采纳，同时更为有效地保障了被告人的交叉询问的权利。在庭审中遵循直接言词原则作为诉讼法的基本原理已经为学界所广泛认可，庭审实质化自然要求质证时应当遵守此原则。

（四）坚持充分质证原则

所谓充分质证，就是指质证应当允许双方当事人对证据进行全面的质证。充分质证包括以下几个方面内容，一是享有质证权的主体都应当可以质证，可以进行质证的主体包括公诉人、双方当事人及当事人委托的代理律师，法庭不得无故限制或剥夺合法质证主体的质证权。二是对应当在法庭出示的证据都应当允许进行质证。一般而言与案件事实相关的事实证据以及与程序性事实相关的程序证据都属于质证对象，不得随意限缩，特别是用于定案根据的证据更不得以任何理由减损质证机会。三是法庭要充分保障质证时间和质证内容。一般质证内容只受证据相关性、合法性规则限制，除此以外不得无端限制证据内容，使证据内容逸出质证范围。四是允许质证方式多元化。在质证方式的选择上，只要有利于查明案件事实且不影响证据传递信息的真实性的方式方法，应尽可能允许使用。质证方式多元化有利于通过不同方式的质证更深切、更多角度地还原事实，有利于裁判者通过双方的示证和质证更全面、更准确地把握事实真相。

二、当前我国庭审质证中的"三无"问题

目前有关庭审质证方面存在的问题主要表现在以下几个方面，现在简单加以归纳分析。

其一是无法质证。无法质证主要是指当前一些案件中，一些证据应当提交而不能提交到法庭，导致当事人无法对这些证据进行质证。在刑事案件中主要体现为以下几种情况：一是侦查机关在侦查过程中对应当提取的证据没有提取，使得部分证据无法质证；二是控方对侦查机关已经收集的证据不予提交。在实践中多表现为有利于被告人的证据不提交；三是法庭对于应当传唤的证人、鉴定人和执法人员不传唤或拒绝传唤，致使他们无法接受质证；四是对律师合法提取的证据以各种理由予以排斥，不认可这些证据，也使其丧失质证机会。提交证据是质证的前提，当一些重要证据以各种理由不被允许或没有机会在法庭

出示，不仅让一方当事人丧失质证机会，更重要的是影响事实真相的查明，严重的后果是可能会产生冤假错案。

其二是无效质证。无效质证是指证据虽然在法庭上得到了双方的质证，但由于各种原因致使这种质证流于形式，并无任何质证效果。在刑事审判实践中主要有以下几种情况比较突出。(1) 对书面证言、鉴定意见的质证因证人、鉴定人不到场而无效。由于证人、鉴定人不到场而是代之以书面证言、鉴定意见的宣读，被告人及其律师对其质证只限于对书面证词及鉴定意见的质证。对书面文件进行质证完全无法保障证词的真实性，被告人及其律师只能通过比较各种证据，寻找证言与其他证据之间存在的矛盾，对证言自身的真伪完全无法通过法庭质证加以辨别。在实践中由于对证人到庭结果难以预期，一旦改变证词会带来很多麻烦。"不光证人自己不愿意出庭，法官、检察官和律师也不怎么愿意证人出庭。没有证人出庭，大家都省事。"① 辩护人及被告人只能是针对"纸面证词"发表意见，质证也失去实质意义。(2) 有时对非法证据的质证属于无效质证。因为没有设定证据能力审查的前置程序，有时有些法庭对证据合法性的调查是放在质证真实性之后进行的，在实践中主要是被告人的供述。如果质证之后该证据被确定为非法证据予以排除，以前的质证显然是在浪费时间。有时，律师认为该证据属于非法证据，要求法院先行审查其证据能力但法院拒绝认定，律师怠于质证也使质证在实质上无效。(3) 法官过度限制与过于放松的质证。在实践中个别法官过度限制被告人或律师的质证时间、对象、内容和方法，甚至限制双方就证据问题进行辩论，因为一些法官认为对证据的辩论也应当放在辩论阶段进行。实际上，质证不仅仅是质疑，还应包括辩驳、辨认、对质和说明、辩论等过程。过度限制使质证不完全、不充分造成无效质证。也有法官对当事人出示的证据不加任何限制，允许其全部提交到法庭进行质证，或完全没有相关性，或双方已经没有任何异议，对这些证据的质证显然流于形式。(4) 缺乏科学有效的质证方法或证人不配合导致质证无效。目前我国刑事诉讼庭审中，证人、鉴定人、警察出庭接受质证的都比较少，即便有个别证人出庭也不一定配合，或拒绝回答，或一律回答不知道、不记得了，导致无法有效质证。其原因有很多，既有现行制度对证人的明显撒谎、不尊重法庭而又缺乏约束的原因，也有律师缺乏有效的质证技术的原因。如从现行质证技术来看，无论是控辩方的哪一方，其基本方法都是简单的询问，双方没有诱导技术的合理运用，无法对谎言进行有效揭露，没有正面交锋、辩论，从而弱化了质证功能。(5) 质证后不评价、不认定。实践中，律师对难得出现的证人进行质证后，法官在判决中不进行分析评价，或不认定，只是在判决中以一句简单的不予采纳即可，甚至有的完全无视律师法庭质证情况在判决书中根本不提及，还有的法庭对质证中明显说谎的证言照样采纳，这些情况都使质证出现实质性的无效。

其三是无序质证。无序质证主要是指因质证规则不完善、质证程序不规范或法官庭审控制能力弱而引起的质证秩序紊乱的情况。质证无序既影响质证效果，也损害法庭权威。在实践中主要表现在以下几个方面：一是由于证据规则不完善引起的无序。在质证中不可避免地会涉及证明责任、证明范围、证据的合法性和相关性等证据规则。对这些证据规则，目前我国制度性的规定并不细致，最高人民法院也没有针对这些规则的适用发布相关的指导性案例，控辩双方可能理解的不一致，法官的把握主观性较强，因人而异，往往容易产

---

① 何家弘主编：《证据学论坛》（第三卷），中国检察出版社 2001 年版，第 166 页。

生争执而导致质证无序。二是由于质证规则不完善引起的无序。如对质证中什么是诱导,是否一律不得在质证过程中进行诱导?什么时候该进行反对,什么样的反对是合法或合理的反对,什么时候的反对不妥当?在涉及众多被告人时,或案情重大复杂时,是否可以一组证据一质证,还是逐个证据质证,质证方可否出示辅助材料进行质证等问题,都容易引起纷争,导致质证失范。三是由于法官控制庭审能力弱导致质证无序。在质证中一些法官没有很好地引导双方当事人对证据的"三性"和证明力进行质辩,特别是没有聘请律师的当事人的质证,往往容易失控。而有些法官临场应变能力差或专业不过硬,遇到突发事件容易导致质证无序。

三、关于我国当前刑事庭审质证方式改革的几点建议

(一)完善质证外部条件,确保证据获得质证机会

限制法官自由裁量权,制定证人出庭作证的刚性要求。关于证人出庭的问题,学界对其重要性的认识没有争议,立法部门也通过对刑事诉讼法的修改强化了证人出庭作证的力度,特别是 2012 年刑事诉讼法的修改,强调证人出庭作证更是成为热点问题。刑事诉讼法第 187 条专门强调了证人出庭的几个条件,只要符合这几个条件的,就应当出庭作证。根据该条规定,有三个条件:公诉人、当事人或者辩护人、诉讼代理人对证人证言有异议,该证人证言对案件定罪量刑有重大影响,人民法院认为证人有必要出庭作证的,证人应当出庭作证。然而在当前的实践中,证人出庭的情况非常少,从该条设置的条件来看,当事人或者辩护人对证人证言有异议的情况比较多,证人无法出庭主要是由于后面两个条件的限制。后两个条件主要由法官自由裁量,显然法官对于证人出庭条件的把握过于严格,导致被告人丧失对证人的质证机会。鉴于上述分析,笔者建议重新设置证人出庭条件,在一些特定情况下,取消法官在证人出庭问题上的裁量权,规定证人必须出庭作证。如对可能判处 10 年以上有期徒刑的重大案件,如果被告人或辩护人对书面证言有异议的,法庭必须传唤证人出庭作证。一是就目前我国司法资源的配置来看,不可能所有证人都出庭。目前可暂时让可能判处 10 年以下有期徒刑案件中的证人出庭由法官裁量决定,避免突然增加大量证人出庭,造成司法资源上的负担。同时基于该理由,对于可能判处 10 年以上有期徒刑案件中的证人证言,如果被告人或律师没有异议,也不需要出庭。二是逐渐改变不让证人出庭的习惯做法,特别是法官应通过严格执法来改变基于各种原因而不传唤有争议的证人出庭的做法,同时也使整个社会逐渐接受证人应该出庭。三是先确保重罪案件中的证人能够出庭,可使涉及重大人身自由权、生命权的被告人首先保障其行使质证争议证人的权利,避免在重大案件上造成冤假错案。当然,这并不意味着轻罪就不能传唤证人出庭作证,而是依然由法官自由裁量。人民警察和鉴定人员出庭作证可参照执行。只有质证的前提问题解决好了,才谈得上改变质证方式,否则庭审实质化要求的质证又只是画饼充饥。

被告人的供词应当全面提交法庭。目前实践中侦查机关对被告人多次审讯,但对供词往往是有选择性地提交,对于不利于被告人的供词提交得多,对于有利于被告人的供词往往不提交法庭。而这些有罪供述往往作为被告人的定罪根据,有利于被告人的供词则被刻意隐藏,这是极其不公平的做法。供词片面提交,明显具有倾向性,既不利于被告人及其

律师全面质证，也不利于法庭全面调查了解供述情况，影响案件事实的准确认定。对于被告人并没有在法庭保持沉默而是选择了接受质证，那么判决一般应以法庭调查为准，庭前供述可以作为庭上供词的弹劾证据，而对控方没有全部提交的被告人供词则可以作为该弹劾证据的反驳证据。

允许律师收集证据及相关质证信息，慎重对待律师要求传唤证人的要求。律师收集的证据无论是检察官还是法官，对其信任度都不是特别高，在实践中很容易找各种理由拒绝律师提交其收集的证据。而目前在侦查阶段律师是否具有收集证据的权利尚存在争议，大多数律师为了不承担风险，都不会在收集证据最重要的侦查阶段收集证据，导致律师错失取证良机。同时，对于可能用于在法庭上对控方证据进行质证的信息，律师难以收集，即使收集到也容易被拒绝。应该制定相关法律允许律师或为律师提供相应渠道保障律师收集相应信息。如对证人的相关信息应及时披露给律师，对鉴定人的资格情况有记载的过往执业信息，都应当允许律师查询。对于有些证人检方并没有列入证人名单，而被告人及其律师认为该证人能证明案件事实而要求传唤证人出庭作证，这种情况，笔者认为主审法官没有合理理由一般也不能随意拒绝。

（二）完善质证中涉及的证据规则

对于质证过程中经常涉及的证据规则应进一步完善。如证据的相关性问题，它直接界定了庭审时质证的范围，如实践中争议较大的有关公诉机关提交的书面证人证言的合法性证明问题就是明显的例证。被告方要求出示审讯全程录音录像，而控方经常以审讯录像不是证据，因为与案件事实没有相关性作为理由加以拒绝，如此，书面证据的合法性问题无法得到有效解决，质证就流于形式。目前，最高检有一个批复允许律师复制审讯的录像，这虽然比不出示或不允许复制进了一步，但远远不够。因为即使律师进行了复制，但依然可能因为相关性问题不被法庭允许质证，虽然从法理上完全缺乏正当性，但因为没有法律依据，导致一些法官行使自由裁量权使其无法获得质证机会，这显然不妥当。再如，品格证据问题，我们的证据法也没有相关规定，实践中即使证人有犯罪记录哪怕是伪证罪，该前科记录也会因无相关性而被法庭拒绝质证。还有涉及证人的利益、偏见等问题，这些问题本质上都有可能影响证言的可信性，但都很难在法庭上纳入质证范围，即使律师在法庭上出示这些证据，在法庭上也很容易就是否能够质证引起争论。

庭审还应保障对质权。对于被告人与证人的对质权，刑事诉讼法并没有明确规定，最高检和最高法的司法解释分别作了规定，最高检的《人民检察院刑事诉讼规则（试行）》第 438 条第 4 款规定："被告人、证人对同一事实的陈述存在矛盾需要对质的，公诉人可以建议法庭传唤有关被告人、证人同时到庭对质。"最高人民法院《关于适用〈中华人民共和国刑事诉讼法〉的解释》第 199 条规定："讯问同案审理的被告人，应当分别进行。必要时，可以传唤同案被告人等到庭对质。"显然，上述规定并没有从被告人的权利角度出发来保障被告人的对质权。从保障对质权来看，检察机关只有建议权，而是否进行对质决定权在法院手中，但最高法的解释并没有对被告人的对质权进行有效保障。当然，要从根本上保障被告人的对质权，需要在刑事诉讼法中予以规定，仅仅依靠司法解释其保障力度还不够。

（三）构建繁简分配合理的质证程序

目前正在推行员额制，很多法院积累的案件数量越来越多，在简易程序的行使受到严格法律限制的情况下，对证据的质证程序进行分类设计。笔者认为对证据的质证可以分为一般质证和不予质证两类，它并不必然对应普通程序与简易程序。它划分的标准可以设置为，控辩双方是否对证据具有异议，如果没有异议，则不予质证；如果有异议，则应当保障双方的充分质证。由于刑事诉讼法已经为刑事庭审设置了庭前会议制度，对证据是否有争议的问题可以在庭前会议上确定下来，除非有新的证据或者情况出现，影响了庭前会议的确认，否则对已经确认没有争议的证据不得再在法庭上进行质证，这也可以充分发挥庭前会议的作用。

充分质证需要从程序上来保证。需要确保以下几个环节：一是所有的证据都应出示；二是证据应当出示原物或者证人必须出庭；三是允许对物证的取得、形成、保管等过程进行质证，允许对证人品格、作证能力、以前行为等方面进行质证。就鉴定意见而言，还要考虑其检材的充分性、鉴定方法的科学性、鉴定程序的规范性；四是时间上应当充分保障，不得随意限制；五是允许质证方法的多样化。

如果质证程序不合理，也容易引起质证秩序紊乱，影响质证效果。比较典型的如非法证据的认定问题，如果先行质证真实性，一旦法院认定其非法而排除，则前面的质证是浪费时间，而且容易给法官造成先入为主的印象。关于非法证据的认定，甚至对所有证据的证据能力的认定，笔者认为应放在庭前会议中解决，如果没有召开庭前会议，则应尽可能放在质证开始时解决。

对于质证方式，笔者认为可以双方合意为主，如达成合意可一组一质，如没有达成合意，特别是对证据有异议的，应当一证一质。不能为了节省时间而忽略当事人的质证权。对于采取辅助性的方式进行质证，如绘图、放映视频，甚至简单的情节模拟，只要有助于厘清事实并在不违背法律规定的情况下，也应宽松把握、灵活处理。同时，应当注意保障不同质证主体的质证权，如在刑事案件中，被害人一方是诉讼主体，也应当享有质证权，但往往容易被忽视，法庭应当在实践中注意予以保障。进一步扩大质证内容和质证对象。在质证内容方面，不应只停留在证据能力上，对证据证明力也应注意质证，证明力虽然是法官心证的内容，但法官的心证也可以建立在双方质证意见的基础上。在接受质证对象上，应注意由目前相对单一的只对被告人的质证扩大到其他人证上，如证人、鉴定人以及其他重要物证形成、制定、保管等人证上。

（四）完善质证规则和丰富质证方法

目前我国的庭审质证规则相对简单甚至有些规则还存在欠缺。质证规则在很多时候是以证据规则为基础的，但有关质证过程的控制，它也有一些自己独特的规则。我国目前对质证规则的规定相对较少。刑事诉讼法第189条只是简单规定，证人作证，审判人员应当告知他要如实地提供证言和有意作伪证或者隐匿罪证要负的法律责任。公诉人、当事人和辩护人、诉讼代理人经审判长许可，可以对证人、鉴定人发问。审判长认为发问的内容与案件无关的时候，应当制止。这里只是简单规定了质证问题要有相关性，对具体规则并没有规定。最高人民法院《关于适用〈中华人民共和国刑事诉讼法〉的解释》第213条第1

款的规定相对详细，"向证人发问应当遵循以下规则：（一）发问的内容应当与本案事实有关；（二）不得以诱导方式发问；（三）不得威胁证人；（四）不得损害证人的人格尊严。"该规定可以算是对质证规则的具体规定了，但一些规定也颇受争议。如其中第 2 项规定的不允许诱导，这与学界普遍认同的反询问可以诱导相冲突。因为反询问要更有针对性，允许采用诱导性方式询问可以节省时间，可以更有利于查明案件事实。同时，现行质证规则中缺乏反对规则，导致随意反对或该反对的没有反对，都会影响质证效果。

丰富质证方法，由目前简单的讯问式质证到接受辩护人辩驳式质证，同时还应当掌握交叉询问的方法和技巧，增加质证方法的多样性、灵活性和针对性。特别是随着举证方式的变化，人证出庭机会越来越多，公诉人或律师都需要更多的质证训练以对抗辩护人对证人、鉴定人的质证。除了技术上需要训练同时也要注重增强双方的质证能力，特别是被告方，允许其收集证据或质疑控方证据可信性的材料，必要时聘请具有专门知识人员协助质证以增强质证质量。

（作者单位：广州大学法学院）

刑事案件庭审实质化的三条主要路径

钱列阳

所谓"庭审实质化",是指在刑事诉讼中,控辩双方能够进行充分的举证质证,最终的审理结果是以庭审中经过质证的证据和控辩双方充分的辩论为依据作出的。庭审实质化所对应的概念是"庭审形式化",是我国在长期的司法实践中为解决我国刑事审判过程中庭审形式化、过场化严重而提出的改革方向。一般来说,刑事案件庭审实质化的实现需要两个条件:第一,拥有实质的程序,即刑事诉讼过程能够严格依照法律的规定进行,所有证据只有得到控辩双方充分质证之后才能作为定罪量刑的根据,控辩双方对争议焦点进行充分辩论,以便法官能够尽快查清事实并正确适用法律;第二,实质的实体结果,即刑事诉讼的结果能够保障并实现公正、效率两大诉讼价值,最大限度地避免冤假错案的出现。这两个条件相辅相成、缺一不可。实质的程序是实质的实体结果能够实现的前提,实质的实体结果是实质程序的追求和目标,两者共同构成庭审实质化的实现。

与庭审实质化相关联的概念是"审判中心主义",是指审判(尤其是第一审法庭审判)是决定国家对于特定个人有无刑罚权以及刑罚权范围的最重要阶段,未经审判,任何人不得被认为是罪犯,更不得被迫承受罪犯的待遇。[①] 审判阶段在审判中心主义中的重要性不言而喻,刑事诉讼的其他各个环节均是为审判阶段的顺利进行而服务的。因此,在审判中心主义中,审判阶段对被告人是否构成犯罪、构成犯罪后如果进行量刑等结果起到非常关键的作用。庭审实质化与审判中心主义相比,前者属于微观范畴,是对审判质量的一个客观评价标准,后者则属于宏观范畴,彰显着庭审活动在整个刑事诉讼过程中的核心地位。

面对如何实现庭审实质化的问题,我国应当根据我国的基本国情并结合我国的司法实践,提出适合我国的解决方案。本文试图从诉讼制度的角度提出刑事案件庭审实质化的三条主要路径:规范全案移送制度、完善庭前会议制度和落实非法证据排除制度。

一、规范全案移送制度

刑事案卷全案移送制度是指公诉机关在移送审查起诉阶段,将侦查阶段和审查起诉阶段收集和制作的所有与案件有关的证据和法律文书全部向受案法院移送,并供辩护人查阅的活动。受案法院的承办法官和辩护律师可以在庭前审阅这些材料,并可以在阅卷的基础上在庭前进行相关的准备。除了全案移送制度,还存在限制移送制度和起诉状一本主义制度,前者曾经实施于我国 1996 年刑事诉讼法颁布之前,当时采用的是"复印件主义",后者则广泛被英美法系国家所采用。

2012 年刑事诉讼法第 172 条规定:"人民检察院认为犯罪嫌疑人的犯罪事实已经查清,

---

① 孙长永:《审判中心主义及其对刑事程序的影响》,载《现代法学》1999 年第 4 期。

证据确实、充分，依法应当追究刑事责任的，应当作出起诉决定，按照审判管辖的规定，向人民法院提起公诉，并将案卷材料、证据移送人民法院。"第 181 条规定："人民法院对提起公诉的案件进行审查后，对于起诉书中有明确的指控犯罪事实的，应当决定开庭审判。"这是我国刑事诉讼法规定的全案移送制度，改变了我国 1996 年刑事诉讼法的复印件移送主义。该规定对我国庭审实质化具有三方面的积极影响。

第一，保证了承办法官在庭前熟悉案情。由于我国是职权主义的诉讼模式，法官在庭审时需要履行主导庭审、引导控辩双方的职能，庭审时的质证阶段和法庭辩论阶段都必须针对争议焦点进行，以控制庭审节奏，提高诉讼效率。因此，法官必须在庭审之前全面接触案件材料，为庭审做好充分的准备。第二，保证了辩护人的阅卷权。2012 年刑事诉讼法强化了辩护人的阅卷权，辩护人可以在庭前获得控方的全部证据，为其进行有效辩护提供了条件，庭审过程中，辩护人能够充分地把握案件的焦点，提出有效的辩护观点。第三，保证了庭前会议的顺利开展。2012 年刑事诉讼法第 182 条第 2 款规定："在开庭以前，审判人员可以召集公诉人、当事人和辩护人、诉讼代理人，对回避、出庭证人名单、非法证据排除等与审判相关的问题，了解情况，听取意见。"庭前会议制度的前提就是辩护人能够充分了解案卷的全部证据，全案移送制度保证了这一点。

然而，虽然全案移送制度有着上述好处，但仍没有达到完善的程度。如果法官过于依赖庭前阅卷，并在此基础上形成了自己的"内心确信"，这反而导致了庭审形式化的出现。笔者对如何规范全案移送制度提出了两点建议。

第一，规范案卷的形成过程。规范案卷的形成过程，目的是保证案卷的内容尽量真实可靠。案卷中的证据和相关法律文书都是真实可靠的，那么无疑可以提高法官和辩护人对案件的把握程序，提高庭审效率，进行公正的定罪量刑。刑事案卷中的证据是由侦查机关调查收集并制作的，要规范案卷的形成过程，实际上是对侦查活动提出了一系列要求。在国外，一些国家赋予被告人一些权利，如沉默权、律师在场权等，以保证嫌疑人供述的真实性。我国 2012 年刑事诉讼法也对侦查权规定了一系列限制制度。如同步录音录像制度，在一定程度上避免了刑讯逼供的出现。其他如禁止强迫自证其罪制度以及非法证据排除规则等制度都对侦查权进行了相应的限制。但是，只有这些规定仍然是不够的，由于上述制度的设计并不完善，在实践中容易产生各种规避方法。如同步录音录像制度，有些侦查机关先对犯罪嫌疑人进行威逼和打骂，在成功威胁之后，再开启录音录像，"演"一场合法的讯问。因此，要实现规范案卷的形成过程，就必然要对侦查权进行限制，规范侦查机关的侦查活动，保障证据的真实性和合法性。

第二，贯彻执行直接言词原则。直接言词原则能够切断案卷材料与法院判决之间的必然联系，保证法官定罪量刑时不受庭前阅卷时案卷中讯问和询问笔录的影响，减小全案移送制度对案件的负面影响。[①] 在我国，言词类证据大多是通过公诉人当庭宣读被告人供述、证人证言的方式进行质证。辩护人对被告人供述、证人证言提出的质证意见，也只能通过寻找供述和证言中存在的矛盾之处来进行。在法庭调查阶段，如果被告人当庭作出了与之前讯问笔录不同的陈述，那么就将面临翻供、影响认罪态度的风险。而证人、鉴定人出庭接受控辩双方交叉盘问的场景则基本上不可能看到。这些情况都极大地影响了被告人的辩

① 陈瑞华著：《刑事审判原理论》，北京大学出版社 1997 年版。

护权。针对这些问题，2012 年刑事诉讼法完善了证人出庭作证制度，确立强制证人出庭作证制度，并明确证人、鉴定人应当出庭作证而不出庭的后果，等等。刑事诉讼法第 187 条第 1 款规定："公诉人、当事人或者辩护人、诉讼代理人对证人证言有异议，且该证人证言对案件定罪量刑有重大影响，人民法院认为证人有必要出庭作证的，证人应当出庭作证。"然而，按照此规定，对于关键性证人是否出庭，即使控辩双方对其证言有异议，仍然取决于法院的主观认识。另外，我国的证人出庭接受质证的情形还较为少见，法院也很少强制相关的证人出庭作证。因此，应当对证人、鉴定人出庭接受交叉盘问进行进一步规范，只有证人、鉴定人必须出庭接受质证，才能彻底避免全案移送制度在庭前法官阅卷的时候所造成的负面影响，将法官先入为主的负面影响降至最低。

二、完善庭前会议制度

我国现有的庭前会议制度类似于国外的预审制度，在预审程序中，控辩双方都可以就案件的证据提出自己的观点，明确案卷争议焦点，为正式庭审做准备。我国的庭前会议制度是在 2012 年刑事诉讼法第 182 条第 2 款规定的："在开庭以前，审判人员可以召集公诉人、当事人和辩护人、诉讼代理人，对回避、出庭证人名单、非法证据排除等与审判相关的问题，了解情况，听取意见。"由此可见，我国的庭前会议中更加重视的是对包括回避、出庭证人、非法证据排除等诉讼程序的审查。然而，在我国的司法实践中，庭前会议往往成为实体化的庭审，辩护人提出的证人应当出庭的依据成为了对证人证言真实性的质证，辩护人提出的非法证据排除的理由成为了控辩双方针对相关证据的合法性进行的质证。而这些证据往往都是对被告人不利的内容，无论最后的结果怎样，都不可避免地影响了法官的心证，进而影响到真正的庭审，导致庭审流于形式。因此，必须严格限制庭前会议的内容，将庭前会议处理的对象严格限制在程序性事项中。庭前会议并不是提前进行的庭审，而是为庭审所做的准备工作的一部分，因此庭前会议所处理的事项只能是关于庭审的程序性事项，绝不能涉及实体性的问题。我国 2012 年刑事诉讼法第 182 条将庭前会议的内容规定为"回避、出庭证人名单、非法证据排除等"，从立法本意上来理解，这些问题必须严格限制在程序的范围内，不应当涉及实体的内容。例如，对出庭证人名单的讨论，只能就证人出庭的必要性进行讨论，而不能讨论证人证言的证明力问题。

三、落实非法证据排除制度

庭审的实质化要求庭审过程真正地具有对抗性。而非法证据排除制度实际上赋予了辩护人对相关证据的合法性提出质疑的权利，给辩护人提供了对抗控方证据的有力武器。在此之前，由于侦查机关具有侦查权，辩护人只能对控方证据的真实性和相关性提出质证意见，如因被告人供述和证言之间存在矛盾、同一个人的多次供述或证言前后矛盾这种方式来对证据的真实性提出异议，而无法对侦查机关调查、制作的证据的合法性提出有力的质疑。特别是在我国控强辩弱的司法现状下，控辩双方难以进行有效的对抗性的庭审，更进一步导致了庭审难以实质性地展开。

我国 2010 年出台了《关于办理刑事案件排除非法证据若干问题的规定》，明确规定了非法证据不得作为定案的根据，从此证据的合法性问题开始得到越来越多的重视。基于现有规定，如果被告人对侦查人员提出非法取证的控告或线索，则被告人及其辩护人就可以申请启动非法证据排除程序，排除相关证据。这样一来，公诉机关必须重视对证据合法性的审查，以便在庭审时面对辩护人提出的证据不具有合法性的质疑，同时还会积极发挥自己作为法律监督机关的职能，注意监督侦查机关的取证行为。在庭审中，围绕证据合法性问题，控辩双方积极提出自己的主张和依据，围绕争议焦点展开举证、质证和辩论，明显增强庭审的实质化。

然而，我国现有的非法证据排除制度还停留在纸面上，在实践中没有得到很好的落实。非法证据排除规则本身，如同我国的庭审一样，面临着程序公正观念虚化的问题。[1] 犯罪嫌疑人在被羁押的过程中，根本无力对抗具有国家侦查权的侦查机关，犯罪嫌疑人难以及时提出有效的控告，也难以留下非法取证的证据。这些都导致了非法证据排除规则在我国形同虚设。因此，必须落实非法证据排除规则。

庭审实质化是我国学界讨论和研究较多的话题，庭审实质化所承载的价值以及对我国刑事司法的影响都具有非常大的现实意义。要想实现庭审实质化，不仅仅要对庭审程序本身进行法律制度的构建，更应该从整个诉讼程序着眼，深入剖析导致庭审形式化的原因，对各个环节进行制度设计，扫清影响庭审实质化的每一个障碍。

（作者单位：北京天达共和律师事务所）

---

[1]　刘静坤：《非法证据排除规则与庭审实质化》，载《法律适用》2014 年第 12 期。

庭审实质化背景下的庭前会议制度研究

石晓波　李声高

刑事庭审实质化是"以审判为中心的诉讼制度改革"的基本要求,[①] 作为审前程序的重要一环,庭前会议制度在 2012 年刑事诉讼法修订时得以确立。庭前会议制度的基本价值就是协调公正与效率之间的关系,一般来说,庭前会议制度的建立就是为了保障实体公正与程序公正,实现信息集中与程序分流。然而,庭前会议在司法实务中普遍存在着性质与功能定位不明、程序设置存在空白、法律效力待定、程序衔接不畅等问题。要想发挥庭前会议制度应有的作用,就必须准确界定庭前会议制度的性质与功能,细化庭前会议的程序设置,明确庭前会议的法律效力,理顺与相关程序的衔接机制。唯有这样才能真正在庭审实质化的改革背景下推进和完善我国庭前会议制度。

一、庭前会议制度的性质与功能定位

(一)庭前会议制度的性质定位

1. 庭前会议制度的概念与特征

庭前会议又称审前会议,是指在检察官提起公诉后,法庭开庭审判前,即在法庭准备阶段,审判人员根据控辩双方提交的申请,就有关本案的某些程序性事项召开审前会议,并作出相应决定的刑事诉讼活动。[②] 整合相关学者对庭前会议的概念理解,可以将庭前会议表述为:正式庭审开始之前,由法官依职权或当事人申请启动的,控诉方、辩护方与审判方参加的,法官对所述案件的相关程序问题进行裁决,从而提高正式审理程序效率以及维护当事人合法权益的会议。

庭前会议制度具有三个特征:一是诉讼性,庭前会议可以说是第一次为控辩审三方提供了一个交流与协商的平台,符合诉讼构造的特征;二是程序性,庭前会议制度在功能上侧重于解决案件的程序问题;三是协商性,庭前会议制度的效力依赖于控辩双方协商的结果,这一点决定了庭前会议制度具有明显的平等协商的性质。

2. 庭前会议制度与相关概念的辨析

与刑事诉讼庭前会议制度内涵相近的概念主要有审前程序、刑事庭前准程序、庭前审查程序、预审程序、审查起诉程序和庭前证据展示程序。在对这些概念进行理解时经常会出现混乱。适当地梳理庭前会议制度和这些相近概念的关系,有利于明确研究的方向和逻辑起点,从而避免错误的认识,为更好地研究庭前会议制度奠定基础。

---

① 汪海燕:《论刑事庭审实质化》,载《中国社会科学》2015 年第 2 期。
② 陈光中主编:《中华人民共和国刑事证据专家拟制稿(条文、释义与论证)》,中国法制出版社 2004 年版,第 450 页。

庭前会议与相关概念的内涵阐释。关于庭前会议的概念上文已有提及，这里主要介绍其他类似概念。审前程序是指刑事案件交付法院审判之前的所有诉讼程序，也称为庭前程序。庭前准备程序是指通过庭前审查程序，决定将案件交付审判后，为了审判的顺利而进行的一系列准备活动，通常被认为是庭前准备程序。庭前审查程序是指"庭前审查，也叫对公诉案件的审查，是人民法院对人民检察院提起公诉的案件依法进行审查，并决定是否受理和开庭审判的一种诉讼活动"[1]。预审程序主要是带有审查起诉功能的独立的审前程序。预审程序是介于起诉和审判之间独立的审前程序，其审查结果决定案件能否进入审判。审查起诉程序是指"人民检察院依法对公安机关侦查终结移送起诉的案件和自行侦查终结的案件进行审查，以决定是否对犯罪嫌疑人提起公诉的诉讼活动。"[2] 庭前证据展示程序是指一方当事人向另一方当事人展示即将在庭审中待采用的特殊证据。[3] 在庭审调查前，控辩双方依据法律法规的规定，互相展示拟用于庭审的证据。

3. 庭前会议与相关概念的关系辨析

庭前会议与相关类似程序间的关系按照诉讼阶段界定可以表述为：审查起诉程序属于起诉程序；庭前审查程序、庭前会议程序与庭前准备程序整体构成审前程序；正式庭审程序属于审判程序。我们可以通过下图进行理解：

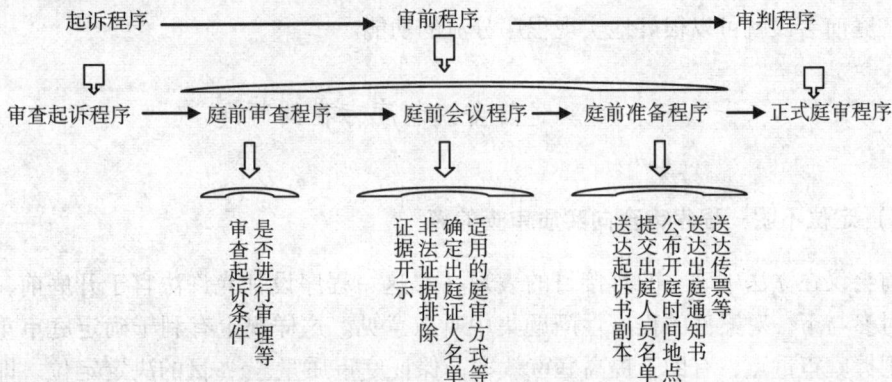

起诉程序 → 审前程序 → 审判程序

审查起诉程序 → 庭前审查程序 → 庭前会议程序 → 庭前准备程序 → 正式庭审程序

- 审查起诉条件：是否进行审理等
- 庭前审查程序：证据开示、非法证据排除、确定出庭证人名单、适用的庭审方式等
- 庭前准备程序：送达起诉书副本、提交出庭人员名单、公布开庭时间地点、送出出庭通知书、送达传票等

（二）庭前会议的功能定位

1. 公正价值：追求实体与程序双重正义

刑事庭前会议制度也可以从实体公正和程序公正的角度进行系统化阐释。首先，在实体公正上。从上图可以看出庭前会议主要涉及一些程序性事项和控诉方与辩护方有关证据的协商意见，处理好这些问题直接关乎诉讼结果能否正确，也就是实体正义问题。其次，庭前会议可以很好地解决程序性争议。程序性争议事项是指控辩双方对某一程序事实的合法性发生争议。[4] 庭前会议通常采用听证方式保障控辩双方都可以对存在的程序性争议表达自己的看法甚至辩论，最后由法官对相应的程序性争议作出裁判。相对于正式庭审程序解决实体性的定罪量刑问题，庭前会议则侧重于解决可能影响正式庭审中的干扰集中审理的

---

① 卞建林主编：《刑事诉讼法学》，科学出版社 2008 年版，第 697 页。

② 徐静村主编：《刑事诉讼法学》（第二版），法律出版社 2010 年版，第 233 页。

③ 陈卫东、郝银钟：《我国公诉方式的结构性缺陷及其矫正》，载《法学研究》2000 年第 4 期。

④ 阂春雷：《刑事诉讼中的程序性证明》，载《法学研究》2008 年第 5 期。

程序性争议。也就是说，庭前会议一方面解决了程序性争议；另一方面也为正式庭审活动扫清了障碍。

2. 效率价值：信息集中与程序分流

（1）信息集中功能。庭前会议解决的主要是信息流通问题，即通过庭前会议保障控辩审三方的信息在正式庭审之前能够集中与交流，为庭审做好充分的准备。首先，庭前会议可以保障控辩双方及时了解对方的信息。刑事诉讼关键就是证据，而庭前会议程序中的证据开示就是控辩双方了解对方证据信息最为重要的一环。在刑事诉讼中，辩护方有权向控方提请开示"未随案移送的证明被告人无罪或者罪轻的证据材料"。① 其次，庭前会议能够实现控辩审三方之间的信息沟通。庭前会议为控辩审三方构建了一个面对面进行集中沟通的平台，从而保证开庭审理的时候控辩双方与相关证据能够足时足量展示。最后，庭前会议便于法官对了解的信息进行梳理和提取。信息的集中能够提高庭审阶段的效率，保障案件的集中审理。

（2）程序分流功能。程序分流已然成为刑事诉讼的一个潮流与热点议题。构建适当的程序，及时有效地对案件做分流处理，繁简有别，才能够更好地实现刑事诉讼资源的优化配置。也就是说，如果条件允许应当于各个诉讼阶段设置相应的程序分流程序。落实于审前程序，庭前会议就可以很好地实现程序分流的功能。

二、刑事庭前会议制度存在的问题

（一）定位不明：程序审查向实质审查偏离

庭前会议在立法中确立的直接目的表现在"这一程序设计允许法官于开庭前，在控辩双方同时参与下，对案件的程序性问题集中听取意见。这样规定有利于确定庭审重点，便于法官把握庭审重点，有助于提高庭审效率，保证庭审质量。"② 目的决定定位，即庭前会议应当立足于程序性问题的审查。但是，在司法实务中，庭前会议向实体化审查僭越，甚至出现实体审查常规化的倾向。典型的表现就是庭前会议审查已然突破原有的程序性范围，还涵盖量刑、证据等实体性问题等内容。还存在一个问题，庭前会议中审判方的主要人员往往会参与后续的庭审，如果涉及实体审查，过多地了解案情可能会让他们产生先入为主的意识，出现未审先定的情形，导致庭审非实质化。因此，庭前会议的程序审查向实质审查偏离，致使庭前会议功能定位不明甚至阻塞庭审实质化的路径。

（二）程序空置：庭前会议主体参与机制缺失

当前我国刑事诉讼法以及相关司法解释在庭前会议制度的具体规制上存在一定的程序空置，特别表现在庭前会议主体参与机制的缺失。法律规定的空白催生了地方制定各自的庭前程序规定，但良莠不齐的差异化规定阻碍了庭前会议制度的发展和人权的保障。我国

---

① 参见最高人民法院《关于适用〈中华人民共和国刑事诉讼法〉的解释》第184条第1款第3项。
② 全国人大常委会法制工作委员会刑法室编：《〈关于修改中华人民共和国刑事诉讼法的决定〉条文说明、立法理由及相关规定》，北京大学出版社2012年版，第215页。

庭前会议主体参与机制缺失主要体现在以下几个方面：首先，启动与主持庭前会议的主体同一化。关于庭前会议的主持者，法律虽未涉及，但司法事务中都是由案件的承办法官来担任。弊端就是导致庭前会议裁量权膨胀滥用和未审先断的诉讼风险。其次，被告人的庭前会议参与权虚置。立法的做法是将被告人是否参与庭前会议交由案件的承办法官裁量。但是刑事诉讼中很多被羁押的被告人在实践中很难参与庭前会议。再次，辩护人与诉讼代理人庭前会议参与权的立法缺失。刑事诉讼法及相关司法解释都没有相应的规定，理论界倾向于应当赋予辩护人与诉讼代理人庭前会议参与权。最后是证人、鉴定人是否应当出席庭前会议的问题。实践中通行的做法是证人与鉴定人不需要参与庭前会议。

（三）执行疲软：庭前会议法律效力待定

我国庭前会议的"非必经性"和"非强行性"极易导致庭前会议虚置化。要想真正地发挥庭前会议应有的作用，就应规定其法律后果，即赋予庭前会议相应的法律效力。具体应当涵盖三个方面：处理结果、处理结果的形式和处理结果的效力。现行的《人民检察院刑事诉讼规则（试行）》相关条款明确规定庭前会议的"解决有关程序问题"的作用，已经倾向于该程序的处理结果具有一定的法律约束力。而且，出于效率与人权保障价值的追求，也应当对庭前会议程序的法律效力进行明确化。司法实践中相关部门也希望审判人员能够在庭前会议中形成处理结果，只是没有付诸法律实践而已，这也导致了在内心中都确信自己没有或者根本就不知道自己是否有权在庭前会议中作出处理结果，实践中最多以记录的方式来呈现庭前会议中达成的一致意见基本上没有法律效力。也就是说在正式庭审中一方反悔或提出异议，最影响庭审效率的法庭调查程序就要重新被启动。

（四）衔接不畅：庭前会议承启机制前漏后重

1. 庭前会议"承前"衔接机制遗漏权利保障内容

通过对庭前会议程序与其他庭前程序概念关系图可以看出，"在案件移送公诉之后，还存在发起诉、律师查阅卷宗、提讯被告人及让被告人阅卷"① 等其他庭前程序。庭前会议在立法中确立，必然会在一定程度上打乱长期以来各种庭前程序之间的衔接机制。具体如下：第一，送达起诉书环节遗漏权利告知。实践中发起诉讼环节最严重的问题就是遗漏对诉讼参与人的权利告知，其结果会导致这些程序参与主体在庭前会议中诉讼权利行使的"真空"，进而引发诸多诉讼问题。第二，辩护人在阅卷环节忽视"证据规则"。案卷移送制度从全案移送到起诉状一本再到全案移送，实践中对这种法律回转的适应期间极易导致诉讼参与主体对阅卷环节的忽视。最典型的就是庭前会议程序遗漏律师关于新证据提请申请重新鉴定和非法证据申请排除的权利，还有就是在程序中证据开示时限也缺乏明确规制，实践中部分主体急于展示掌握的证据而在庭审中搞证据突袭屡见不鲜。

---

① 一般在书证较多的案件中，如合同诈骗罪涉及书证动辄上百本，如果不让被告人在开庭前查阅书证材料，让被告人当庭再看书证，一方面会导致开庭效率低下；另一方面被告人在极短的时间内也无法充分查阅证据、发表意见，不利于被告人权利的保障。

2. 庭前会议"启后"衔接机制的程序和内容重复

首先，庭前会议的效力待定导致程序性问题重复审查。我国庭前会议法律效力不明直接导致庭前会议和正式庭审的内容出现重复。只有明确界定二者的内在关系，赋予庭前会议的法律效力，才能真正解决这一问题。其次，庭前会议的证据开示与庭审环节的质证致使证据重复出示。毋庸置疑，两个程序在证据问题上确实会有重合，关键是如何恰当地处理二者关系，既有利于庭前会议中的证据开示，又可以保证证据开示不会影响庭审质证。最后，程序间的混乱"分工"导致部分实体内容重复解决。庭前会议本意只涉及程序性问题的解决。实践中庭前会议已涉及诸多实体问题，这是一种对审判工作分工的扭曲。实践中很多有关"量刑"的问题被拿到庭前会议讨论就是一个很好的例证，还有"错用庭前会议来调查案情"[①]等内容。庭前会议程序和庭审程序应当明确职责分工，把握好两个程序之间在一些程序性问题处理上的"度"，这样才能真正解决庭前会议"启后"衔接机制的程序和内容重复难题。

三、我国庭前会议制度的完善措施

鉴于我国刑事庭前会议目前存在的定位不明、程序空置、执行疲软以及衔接不畅问题，要想真正发挥庭前会议的预期效用，应当对该制度加以完善和深化。总体来说，可以从合理选择庭前会议的模式与施行原则、规范庭前会议的基本程序和完善庭前会议的监督与救济机制三个方面对我国的庭前会议制度进行构建。

（一）合理选择庭前会议的模式与施行原则

1. 我国庭前会议程序的模式选择

庭前会议程序的模式按照诉讼模式标准也可以界定为当事人主义庭前会议模式、职权主义庭前会议模式和混合式庭前会议模式。可以说纯当事人主义庭前会议模式和纯职权主义庭前会议模式都不适合我国，这是由我国诉讼模式的动态演进过程决定的。1996 年刑事诉讼法的修改标志着我国诉讼模式从超职权主义向当事人主义转型，相关程序建制都偏向当事人主义，也就是说职权主义模式不适合我国庭前会议制度。然而，说我国的诉讼模式是当事人主义也欠妥当，尽管当事人主义诉讼模式对我国刑事诉讼制度有着很大的影响，但是在诉讼文化、思想观念、历史传统以及人员素质上，我国都并未达到当事人主义诉讼模式的标准，这也决定了我国实行当事人主义庭前会议模式的不可行性。现在我国的诉讼模式可以说界于职权主义诉讼与当事人主义诉讼模式之间，因此在构建我国庭前会议程序时，更应当汲取各种模式之所长，选择混合式庭前会议模式。

2. 我国庭前会议程序的原则厘定

完善我国的庭前会议制度，应当尽量避免法官先入为主，做到程序的公开透明，以明确争点提高诉讼效率为导向。即厘定庭前会议程序的法官排除预断原则、程序透明原则和效率原则。首先是法官预断排除原则。庭前会议虽然具有独立性，但如果让法官产生未审先断的理念，就会使庭审非实质化，和刑事诉讼理念背道而驰。其次是程序透明原则。庭

---

① 相关报道并不少见，典型的参见梁娟：《马龙县法院刑事案件审判首次召开庭前会议》，http://qjzy.chinacourt.org/public/detail.php? id=4174，访问日期：2014 年 6 月 5 日。

前会议的诉讼性决定了只有控辩审三方参与并积极协商才能够保证庭前会议制度的公正性。最后是效率原则。庭前会议作为刑事诉讼的一个部分，理应追求诉讼效率的价值。

（二）规范构建庭前会议制度的基本程序

1. 范围界定：庭前会议适用案件类别

通过对刑事诉讼法第182条以及最高人民法院《关于适用〈中华人民共和国刑事诉讼法〉的解释》第183条基本可以界定庭前会议的适用案件范围，主要体现在："当事人及其辩护人、诉讼代理人申请非法证据排除，证据材料较多的、案情重大复杂的，社会影响重大的，需要召开庭前会议的其他情形。"[1] 前三项情形已经较为明晰，而第四项是个兜底条款，只有从立法目的上解释才不会偏离其价值预期。基于诉讼效率价值的追求，这个兜底条款具体可以界定为案情相对复杂，必须要组成合议庭才能审理的案件。还有一些特殊类型的案件，是否适用庭前会议要具体情况具体分析：一是对于简易程序，理应不适用庭前会议制度，但是当简易程序转为普通程序时，庭前会议就可以适用；二是未成年人刑事案件，"是否召开庭前会议，可以在听取其法定代理人的意见后决定是否召开庭前会议。"[2]

2. 程序运作：庭前会议的启动机制与参与主体

通过对庭前会议程序存在的问题分析，具体可以从庭前会议的启动机制、参与主体与实质内容等方面进行合理化构建。

（1）庭前会议的程序启动主体。从法律条文中可以看出法官对于是否召开庭前会议是有一定自由裁量权的，只是这个裁量权有待法律的进一步明确化，防止怠于行使或滥用的情形发生。还有就是公诉人、当事人及其辩护人、诉讼代理人有权申请召开庭前会议，法官进行形式审查后认为符合条件的，可以启动庭前会议程序。

（2）庭前会议的程序参与主体。在庭前会议的程序参与主体问题上最需要完善的就是被告人的程序参与权。庭前会议中对证据合法性的审定会直接影响罪名确定和刑罚的轻重，所以说被告人参与庭前会议"并不只是被动地充当质证者的角色，还有可能充当积极的举证者"，[3] 现在最难解决的就是被告人的庭前会议参与权与审前羁押之间的冲突问题，比较折中的做法就是利用现有的科技手段，如视频会议的方式来保证被告人的庭前会议程序参与权。当然被告人也有对该诉讼权利的处分权，如被告人可以放弃参与或是委托其辩护人代为行使参与出席庭前会议的权利。

3. 功能发挥：庭前会议的法律效力保障机制

"从法官立场来看，庭前会议如能形成更具实质性与权威性的程序处理决定，其在中国会有相当的制度前景。"[4] 庭前会议的"非必经性"与"非强行性"结合起来很容易导致庭前会议程序虚置。引入后果惩戒机制，对控辩双方达成合意的事项和非法证据的排除事项规定相应的法律效力，对庭前会议制度的完善大有裨益。具体如下：首先，对于已达成合意的事项，主持人应制作法律文书确定其效力；对于其他内容，应当形成笔录并签字，笔

---

① 最高人民法院《关于适用〈中华人民共和国刑事诉讼法〉的解释》第183条。

② 任敏强：《浅谈庭前会议的相关问题》，http://www.jcrb.com/procuratorate/theories/essay/201210/t20121029-73285.html。

③ 陈瑞华著：《刑事证据法学》，北京大学出版社2014年版，第353页。

④ 左卫民：《未完成的变革——刑事庭前会议实证研究》，载《中外法学》2015年第2期。

录同样具有法律效力；对于证据突袭问题，必须规定法律后果，即必须提供合理事由，否则不予采纳。其次是非法证据在庭前会议中的有限排除。当前当事人对庭前会议中的非法证据排除事项仅有提议权，但无实质效力，于诉讼效率毫无功益。可行做法有二：一是以庭前排除为核心、庭审排除为救济进行非法证据排除；二是以言词证据为主的限制原则，即在庭前会议程序中只能就言词证据提出非法证据排除。

（三）完善庭前会议制度的监督与救济机制

1. 实现庭前会议监督的制度化

缺乏监督的制度其程序上的公正性必然会有所偏失，庭前会议制度也不例外，唯有完善庭前会议的监督机制，才能够真正发挥庭前会议应有的功效。我国的监督机制可以分为权力机关监督、司法机关的法律监督以及社会舆论监督，对于案件来说最直接有效的就是检察机关的法律监督。检察机关的法律监督权是其一项基本权力，对于庭前会议来说具体涵盖以下几方面：一是对庭前会议的范围监督，即防范审判人员过多涉及案件的实体性问题，出现未审先定的弊端；二是对庭前会议召开的程序合法性进行监督，以保证其功能的发挥；三是监督庭前会议的内容是否落实；四是监督庭前会议中是否有损害人权保障价值的情形发生。

2. 完善庭前会议的程序救济机制

透析我国当前有关庭前会议的法律规制，基本可以确定法官在庭前会议中是不具有对案件的程序性问题进行实质处理的权力的，甚至可以说就没有裁判的效力。立法初探和法学界呼吁对于庭前会议法律效力的确定将会起到重要的推动作用。但是必须同时考虑一个问题，如果赋予庭前法官裁判的权力，根据有权利必有救济原理，就必须同时赋予当事人救济的权利。有关救济机制的构建具体如下：在救济机构的设置上，借鉴两审终审的原理，可以在上一级法院设置针对庭前会议上诉审理的法官，同样为了防止法官预断和避免法官受到污染，参与庭前会议上诉审的法官同样也不得参与其后案件的上诉审理；在非法证据排除问题上，如果是被告人一方申请排除非法证据，法官如果在审查后未做裁定，应当赋予被告人异议权和上诉权，也就是该问题必须在庭前会议救济审中解决，不能推到庭审程序；如果庭前会议程序中涉及强制措施，而庭前会议的法官审查后认为涉嫌违法的，有权要求检察机关履行法律监督权，如果检察机关不作为，法院有权决定解除、变更强制措施。

结语

刑事庭前会议作为推动庭审实质化的一个重要路径，其功用能否得到充分发挥直接关乎庭审实质化改革的成败。唯有在性质和功能上对庭前会议进行准确的界定，直面庭前会议中面临的程序审查向实质审查偏离、庭前会议主体参与机制缺失、庭前会议法律效力待定和庭前会议承启机制前漏后重等问题，在庭前会议的模式与施行原则、庭前会议的基本程序和庭前会议的监督与救济机制三个方面进行构建和完善，才能够保障和推进庭审实质化目标的实现。

（作者单位：中南财经政法大学）

庭审实质化与刑事辩护

汪少鹏

党的十八届四中全会通过的中共中央《关于全面推进依法治国若干重大问题的决定》（以下简称《决定》）提出"推进以审判为中心的诉讼制度改革"，其必然要求是强化庭审的作用，实现庭审实质化。《决定》明确要求保证庭审在查明事实、认定证据、保护诉权、公正裁判中发挥决定性作用。通过法庭审判的程序公正实现案件裁判的实体公正，有效防范冤假错案的产生。[①]

2013 年第六次全国刑事审判工作会议提出"以庭审为中心的庭审方式改革"，强调充分发挥审判特别是庭审的作用。以庭审为中心的实质就是实现庭审的实质化，保证庭审在查明事实、认定证据、保护诉权、公正裁判中发挥决定性作用。[②] 这一重大改革对于完善刑事诉讼制度具有重要意义。刑事诉讼应以审判为中心，审判程序应以庭审为中心。实现庭审实质化既是遵循法治规律的必然要求，也是促进司法公正、提高司法公信力、防止冤假错案的有力举措。这不仅将从根本上改变我国的刑事诉讼制度和司法格局，对于刑事辩护制度及辩护实务也必然产生非常重大、深远和实际的影响。

一、"庭审实质化"的内涵、路径与要求

（一）"庭审实质化"的内涵

庭审实质化强调通过庭审的方式认定案件事实，并在此基础上决定被告人的定罪量刑，保证庭审在查明事实、认定证据、保护诉权、公正裁判中发挥决定性作用。这不仅是实现实体公正和程序公正提出的要求，更是落实权责一致的办案责任制的迫切需求。

庭审实质化包含如下两点基本要求：

1. 审判程序是诉讼活动的重心。在诉讼活动中，案件的全面性、实质性的调查应通过审判完成[③]，被告人的刑事责任应在审判阶段确认，而非侦查、审查起诉阶段。"以侦查为中心"是与"以庭审为中心"相对的概念，是指将刑事案件的侦查作为重心，把审查起诉、开庭审判当作摆设，流于形式，特别是对法庭审判重视不够，常常出现一些关键证据没有收集或者没有依法收集，进入庭审的案件没有达到"案件事实清楚，证据确实充分"

---

① 《中国共产党第十八届中央委员会第四次全体会议公报》，载新华网，2014 年 10 月 23 日。http://news.xinhuanet.com/politics/2014-10/23/c_1112953884.htm.

② 卫跃宁、宋振策：《论庭审实质化》，载《国家检察官学院学报》2015 年第 6 期。

③ 张建伟：《审判中心的实质与表象》，载中国法院网，2014 年 7 月 25 日。http://www.chinacourt.org/article/detail/2014/07/id/1352588.shtml.

的法定证明标准要求，结果导致一些"带病"案件进入审判程序，使审判无法顺利进行，甚至产生冤假错案。因此，要实现司法公正，必须将刑事诉讼的中心由侦查转为审判，通过法庭审判的程序公正实现案件裁判的实体公正。

2. 庭审活动是审判阶段的核心。"事实证据调查在法庭，定罪量刑辩护在法庭，裁判结果形成于法庭。"[1] 庭审实质化是针对庭审虚化而提出的，庭审虚化通常是指庭审沦为一种形式，被告人的刑事责任不是通过庭审方式来认定，甚至不在庭审阶段决定。[2] 庭审虚化的问题在我国存在已久，1996 年修改刑事诉讼法的目的之一就是为了解决当时庭审"先入为主"、"先判后审"、"庭前实体审，庭审走过场"的问题，将庭前的审查程序由实体审查改为程序性审查，增加庭审对抗，实行控辩式审判。但改革并未取得预期效果，庭审虚化的问题仍未得到根本性解决，法官将庭前阅卷变为庭后阅卷，庭审并未成为心证的主要来源。2012 年修改的刑事诉讼法（以下简称"新刑诉法"）对庭前准备程序，证人、鉴定人出庭制度作出改革，然而庭审虚化现象在地方司法实践中仍很常见，审前阶段的案卷材料充斥庭审，法官定罪量刑的主要依据仍是案卷。证人证言的实质审查没有得到强化，证人、鉴定人出庭率并无明显变化；被告人的刑事责任审判前已经形成定论，庭审沦为"审判秀"和"走过场"。

（二）辩护律师视角下的庭审实质化的路径

笔者认为，庭审实质化是充分辩护的前提和公正裁判的保障，实现庭审实质化的路径主要有以下几个方面：

1. 完善证人出庭作证制度是庭审实质化的前提。庭审实质化的关键是保障辩方充分质证的权利，而证人出庭是辩方有效质证的前提。证人是否出庭作证是庭审实质化与庭审形式化的分界线，如果对案件定罪量刑起关键作用的证人不出庭，不仅会使辩方当庭质证的权利受损，也会使庭审流于形式。新刑诉法对证人出庭作了许多新规定，但是没有从根本上改变我国审判活动中"以书面证言为原则、证人出庭作证为例外"的现状。[3] 笔者认为，应以保障辩方的申请权和质询权为改革基点，完善我国证人出庭制度，以此来推进庭审实质化。

首先，保障辩方申请权和质询权，谨防法官滥用酌定权。当辩方对对案件有重大影响的证人证言提出异议时，法院应通知证人到庭。对无法出庭的证人或法院认为没有必要出庭作证时，应对情况作出具体说明。现实法庭审判过程中，证人不出庭多数是法官选择的结果，采用庭前证言为法官节省了大量精力且法官不受任何惩罚和利益影响，对此可制定相关规定对法官违规使用庭外证言笔录进行制裁，促使法院及时通知证人出庭作证。其次，贯彻直接言词原则，建立传闻证据排除规则。贯彻直接言词原则，不仅可以更好地查清案情事实，实现实体公正，更能使被告人和辩方的对质权得到保护，体现程序公正。对书面证言的限制，可以有效地排除传闻证据，推动证人出庭作证。最后，法院要落实强制权，保证证人出庭。法院作为审判主体，不能将证人出庭仅看成是控辩双方的证据措施，要强

---

[1] 最高人民法院《关于建立健全防范刑事冤假错案工作机制的意见》第 11 条。
[2] 汪海燕：《论刑事庭审实质化》，载《中国社会科学》2015 年第 2 期。
[3] 李冉毅：《刑事庭审实质化与其实现路径》，载《宁夏社会科学》2016 年第 1 期。

化责任意识，依法运用新刑诉法第 188 条对证人应当出庭的强制规定，确保证人的出庭，推进庭审实质化。

2. 改进法庭调查询问程序是庭审实质化的核心。庭审的方式以言词审理为主，法庭的调查方式需以人证调查为中心。不仅要求证人、鉴定人在案件需要时出庭，对存有争议的实物证据也应该通过相关的人证调查进行判断。在人证调查程序中，对证言的检查主要有控辩双方交叉询问和法官依职权询问两种。我国的庭审调查程序是由法官主导，控辩双方推进的"控辩式"审判方式①。但这种控辩式询问程序主体多元化，调查规则设置较为简单，规定多为原则化，因此我国法庭人证调查仍未形成统一清晰的模式，与交叉式询问制度仍存在较大差距。

因此，应该对我国当前庭审中的控辩式询问程序进行改造，应向法官主持下的"交叉询问为主、职权询问为辅"的调查模式转变，保证控辩双方对证人的交叉询问权。在这种模式下，控辩双方可以依据一定的规则和询问顺序，对双方证人进行发问。控辩双方交叉询问之后，法官再依职权就未澄清的事项对证人进行发问。此种模式可以更好地促进证据调查的精细化，增强程序对抗性。

3. 建立控辩对抗平衡机制是庭审实质化的保障。在一场实质的审判中，辩护律师发挥着极其重要的作用。科学、完善的诉讼结构是审判方处于居中位置，控辩双方地位平等、权利对等的结构。在多数案件的审理中，控方具有压倒性地位，控辩失衡的现象普遍存在。被告方的能力有限，没有辩护人的参加无法与控方形成对抗，不能通过诉讼主体间的相互制约达到司法公正的目的。

首先，应保证控辩双方在资讯上的平等地位。控方通过其先天优势收集获得的证据材料应放入卷宗，给辩护律师及时查阅的权利，以便高效充分地做好庭审准备，形成良好的法庭对抗。其次，要扩大法律援助的范围，提高辩护律师参与庭审的比例。最后，要构建对抗合作并存的新型诉辩关系。从律师法的颁布实施、新刑诉法的实施，再到最高人民检察院《关于依法保障律师执业权利的规定》，以及 2015 年 9 月最高人民法院、最高人民检察院、公安部、国家安全部、司法部《关于依法保障律师执业权利的规定》的出台，可以看出我国诉辩关系逐渐向对抗与合作并存的状态发展。在新时期刑事法治背景下，构建新型的诉辩、审辩关系，就是需要科学定位和规范检察机关、审判机关和律师之间的关系，保障辩护律师在刑事诉讼中依法执业，尤其是保障律师充分行使辩护权，共同保障法律的正确实施，实现公平正义。

（三）庭审实质化的实践要求

笔者认为，庭审实质化应满足以下三个方面的实践要求：

1. 在整个刑事诉讼程序中要做到"以审判为中心"。在整个刑事诉讼程序中，公安机关是侦查机关，负责侦查、收集、固定证据；检察机关是公诉机关，负责审查证据，在确保证据确实充分的情况下提起公诉；法院是审判机关，在控辩双方充分举证、质证、辩论后根据已经查明的事实、证据和有关的法律规定，对案件作出裁决。侦查程序和公诉程序的工作都是为审判程序做的准备，审判程序作为刑事诉讼的最后一道程序是对案件作出裁

---

① 龙宗智：《我国刑事庭审中人证调查的几个问题》，载《中国法学》2008 年第 5 期。

决并承担法律责任的诉讼程序，在整个刑事诉讼程序中的地位非常重要，应居于中心位置。因此，在刑事诉讼中，要以审判为中心，让侦查程序和公诉程序始终围绕审判程序的要求进行，坚决抵制和杜绝"侦查中心主义"，提高办案质量，确保司法公正，改变目前司法实践中存在的"强势的公安、优势的检察院、弱势的法院"的现状。

2. 在审判程序中，要做到"以庭审程序为中心"。除第二审人民法院依法决定不开庭审理等特殊情形之外，所有案件最终作出裁判，都必须是经过庭审程序审理后作出的，可见庭审程序在审判程序中的重要性。因此，在审判程序中必须做到以庭审程序为中心，发挥好法庭审判的应有功能和作用。最高人民法院院长周强在《推进严格司法》一文中指出："保证庭审发挥决定性作用，要求办案机关和诉讼参与人都要围绕庭审开展诉讼活动，做到诉讼资源向庭审集中，办案时间向庭审倾斜，办案标准向法庭看齐。"[1] 坚持任何证据未经庭审质证不得认定为裁判依据，注重对客观证据的审查，落实非法证据排除制度及证人、鉴定人依法出庭的规定，坚持程序公正，做到事实调查在法庭、证据展示在法庭、控诉辩护在法庭、裁判说理在法庭，最后依据相关法律对案件作出合法合理的公正裁决。

3. 增强责任意识，树立办案必须经得起法律检验的理念。

所有办案人员要以对法律负责的高度责任感去承办每一起案件，提高办案质量，有效防范冤假错案的产生。同时侦查、公诉机关要确保侦查、审查起诉的案件事实证据经得起法律检验，确保侦查程序和公诉程序的办案标准符合审判程序的法定定案标准，为案件审判打下坚实的质量基础；审判机关要切实提高庭审驾驭能力，防止庭审"走过场"现象的出现。树立庭审权威，全面贯彻证据裁判原则，严格落实证人、鉴定人出庭制度，保证庭审在查明事实、认定证据、保护诉权、公正裁判中发挥决定性作用。更重要的是，完善主审法官、合议庭办案责任制，真正实现让审理者裁判，由裁判者负责。要改革目前存在的"审者不判、判者不审"的做法，将权力还给主审法官或者合议庭，让审理者裁判，由裁判者负责，充分发挥主审法官或者合议庭的作用。庭长、院长对案件的把关作用应通过参与案件审理的方式体现出来。例如，对疑难、复杂和存在重大分歧的案件，庭长、院长对合议庭合议结论有异议的，可以分别组织庭务会或审判长会议研究，结论供合议庭参考，不得以行政手段强制合议庭遵照执行。

二、庭审实质化对刑事辩护的机遇和挑战

2015 年 8 月 20 日，中央政法委书记孟建柱在全国律师工作会议上指出，要抓紧建立健全侦查、起诉、审判各环节重视律师辩护、代理意见的工作机制，把法律已规定的律师在辩护、代理中所享有的知情权、申请权、会见通信权、阅卷权、收集证据权和庭审中的质证权、辩论辩护权等执业权利落实到位。在审判阶段，法官要懂得事不辩不清、理不辩不明的道理，对律师在法庭上就本案事实认定和法律适用的正常发问、质证和发表的辩护、代理意见，要充分尊重，不能随意打断。同时，要求广大律师要提高专业水平，不断更新

---

① 周强：《推进严格司法》，载《人民日报》2014 年 11 月 14 日第 6 版。

知识结构，提高辩护、代理能力，努力成为法律服务的行家里手。[①]

在这种背景下，推进庭审实质化，必将对辩护律师带来良好机遇，同时也会形成极大挑战。

（一）机遇

1. 辩护律师在庭审中的职能作用将会更加扩大。庭审实质化必将推进证据的严格依法收集、固定、保存、审查、运用，完善证人、鉴定人出庭制度，保证庭审在查明事实、认定证据、保护诉权、公正裁判中发挥决定性作用。侦查、起诉活动都是围绕审判中事实认定、法律适用的标准和要求而展开的，法官直接听取控辩双方的意见，依据证据裁判规则作出裁判。与此相适应，辩护律师在庭审过程中包括辩护内容、工作量在内的职能作用将会极大地扩大。

2. 辩护律师在庭审中发挥作用的空间将会扩大。《决定》中确定了进一步规范查封、扣押、冻结、处理涉案财物的司法程序，通过增设律师作为第三方参与的法定程序；完善了法律援助制度，扩大了援助范围；明确了要探索建立检察机关提起公益诉讼制度，针对涉及环境、生产、生活、民生等方面违法和犯罪活动提起公益诉讼。这些规定和举措最终必然要在庭审实质化的改革中体现出来，可以预见，随着辩护律师业务范围的增加，其通过庭审发挥作用的空间亦将得到极大的扩大。

3. 辩护律师在庭审中的辩护效果得以加强。"以庭审为中心的庭审方式改革"本质上是为解决法院内部的审判机制和庭审方式问题。控诉机关根据诉讼职能分工去收集证据、查明案情、控诉被告人。辩护律师的任务就是通过对证人、鉴定人、被告人等当庭询问，对指控证据的质证和辩论，从而在程序和实体方面提出有利于被告人的处理意见；法官的任务是通过审理确定控诉机关对被告人的指控是否成立，通过充分听取辩护律师的意见，从而判断是否应该采纳辩护意见。在此基础上，要求积极回应律师的辩护意见，增强判决书的释法明理性。这种庭审方式，通过制度设计和法官居中审理的掌控与平衡，必将极大地改变原来控辩双方力量不对等的局面，增强了律师在庭审过程中的辩护效果。

（二）挑战

1. 对辩护律师理念的挑战。推行庭审实质化改革，完全适应了现代刑事法治的必然规律，反映了刑事司法过程中需要强化的现代司法理念，即人权保障理念、程序公正优先理念、证据裁判理念、无罪推定理念、程序法治理念、司法效率理念、特殊保护理念等[②]。这就对辩护律师提出了新的要求，一方面要求着力于充分维护犯罪嫌疑人、被告人的诉讼权利和其他合法权益；另一方面对辩护律师在审判阶段的时间、精力及诉讼资源要有更多的投入和更高的要求。刑事辩护律师如何尽快顺应这些司法理念的变化，在辩护的理念、方式等方面发生相应的深刻变化？这构成了对辩护律师在理念方面的极大挑战。

2. 对辩护律师能力的挑战。庭审实质化的改革将加强庭审中的控辩对抗，促进证据规

---

① 孟建柱：《充分发挥律师队伍在全面实现依法治国中的重要作用》，载人民网，2015 年 8 月 21 日。http://legal.people.com.cn/n/2015/0821/c42510-27495642.html。

② 沈德咏：《论以审判为中心的诉讼制度改革》，载《中国法学》2015 年第 3 期。

则的完善及实质运用。庭审成为定罪量刑的主要和决定性阶段，审判者的一切心证均应当来自公开进行的法庭审理活动，庭审就不再是简单地了解情况、核实证据，而是要充分进行交叉询问、辩论，充分发挥举证、质证、认证各环节的作用。这就对辩护律师在庭审中的询问、质证、举证、辩论的专业性、规范性和技能等都提出了更高的要求。越是具有重大影响、复杂疑难的刑事案件，对律师的专业化、规范化程度和辩护技能，甚至是专业团队合作程度等要求就越高，这些都对辩护律师的能力构成了前所未有的挑战。

3. 对辩护律师责任的挑战。庭审实质化改革改变了以往庭审虚化、走过场的现象，律师的作用可以真正地贯穿庭审全过程。随着法律援助对象范围的扩大，以及二审开庭成为常态、不开庭为例外的规定的严格实施，这些都会极大地增加辩护律师在庭审中的工作量。以往的辩护主要是实体性辩护，提出对被告人有利的事实、证据和意见，即无罪、罪轻的事实、证据和意见。现在除了实体性的辩护责任之外，还有程序辩护和量刑辩护的责任。随着非法证据排除等相关制度的实施，立法上对这些制度规定的不完善，以及实践中观念转变的不同步，无疑会增加辩护律师进行以非法证据排除为重点的程序性辩护的机会。这些不仅会增加控辩双方之间的对抗性，也给律师的执业权益增加了风险，这些都构成了对辩护律师责任的挑战。

4. 庭审实质化改革背景下辩护律师的应对。面对庭审实质化改革对刑事辩护所带来的机遇和挑战，辩护律师更应顺势而为，积极应对。笔者认为，辩护律师在庭审中重点要做到如下几个"能力的提高"：

（1）提高庭审中证据审查、判断的能力。辩护律师对案件整体的把握，是建立在对案件的事实、情节、定罪量刑等问题能作出客观、正确的判断的基础上的。这就要求辩护律师要专业、全面地审查控方证据。不仅审查控方证据在"合法性"、"客观性"、"关联性"方面存在的问题，还要审查现有证据在已经符合上述"三性"特征的前提下，是否满足了指控犯罪的法定证明标准。这种审查的过程既有对单一证据的分析，也有对全案证据的综合分析。这就需要辩护律师非常熟练牢固地掌握与运用刑事诉讼法及相关司法解释对证据特点、证明标准、收集证据及排除非法证据程序等诸多方面的规定。不仅如此，还应结合刑法及相关司法解释关于罪名规定、犯罪构成要件的法条规定和理论诠释等进行综合性的分析与评判。这样才能保证辩护律师在庭审过程中专业、规范、顺利地进行询问、质证与辩论。

（2）提高庭审中发问、质证、辩论的能力。庭审实质化意味着法庭调查是通过控辩双方发问、举证、质证来揭示案件真相的，这是从客观真实走向法律真实的过程。俗话说：有理表在明处。法庭是讲理的地方，对辩护律师的挑战是能否把有利于被告人的理给讲出来。这就需要通过在法庭调查阶段的专业发问、质证和辩论阶段的辩护意见来实现，效果如何，取决于辩护律师的水平。适应"以庭审程序为中心"的审判方式，加强对辩护律师庭审中的发问、质证和辩论能力的更新与提高尤为重要。

（3）提高庭审中控制、适应的能力。庭审过程是公诉人与辩护人，乃至法官从不同角色和立场进行的全方位斗智斗谋的过程。控辩双方要在吃透案情的基础上与对方依法据理力争，实现各自的诉讼目的。在面对可能出现的变化时，双方在法庭上都要能迅速适应庭审变化，把握住造成变化的主要原因，敏锐地调动自己所掌握的事实、证据材料和自身积累的知识，迅速地形成应变对策的思路和方式方法。但从司法实践来看，一般来说，在庭审中，无论是在时间利用，还是程序设计，甚至是法官导向等方面，公诉人均占有优势地位。尤其是近年来庭审中出现了很奇怪的审辩冲突的现象。为此，辩护律师应该理性地从审判中立、控辩平衡的诉讼构架中准确地寻找到自己的定位，并予以巧妙应对。重点包括：辩护律师要有对庭审过程中出现异常或意外情况的预测和控制能力；辩护律师要有根据庭审新情况，迅速进行调整与适应的能力；辩护律师要有与法官和公诉人进行庭审中和短暂休庭期间交流与沟通的能力。总之，辩护律师要善于理性、专业、智慧、技巧性地化解庭审过程中已经出现或可能出现的各种危机和矛盾，从过于重视专业辩护转变为专业辩护、规范辩护和技能辩护并重。

（作者单位：湖北立丰律师事务所）

司法责任语境下法官责任制的完善[*]

——以法官行为为中心

王迎龙

一、司法责任语境下的法官责任制解读

在解读法官责任制之前有必要明确"法官责任"的含义。法官责任是法官基于其角色职责所应当承担的一种法律责任，具体包含两层含义：一是积极意义上的法官应当正确行使审判权的法律职责；二是消极意义上的法官在违法行使审判权时应当承担的不利后果。两层含义之间相互联系但又存在区别：一方面，积极意义上的法官责任对于法官来讲是无条件的、必须履行的，而消极意义上的法官责任的承担则是有条件的，法官只有在背离正确行使审判职责的情况下才会被追究责任。另一方面，积极意义上的法官责任是对于全体法官的要求，侧重于保障法官正当行使职责，消极意义上的法官责任是少数存在违法审判情形的法官所应当承担的不利后果，侧重于惩罚法官违法使用权力。

目前，我国法院系统主要推行的是错案责任追究制，其基本含义是对于司法活动中发生的冤假错案，在纠错的同时，追究相关司法人员的责任。该制度是在我国 20 世纪 90 年代建立起来的，主要是应对当时法官职业素质低、贪污受贿、徇私枉法等问题所建立的制度，具有时代特点。本世纪以来，对于法官责任呈现逐渐强化的趋势。随着 2010 年最高人民法院《法官职业道德基本准则》和《法官行为规范》的颁布，"四个一律"、"五个严禁"、"十个不准"等禁令的推行，以及十八届四中全会通过的中共中央《关于全面推进依法治国若干重大问题的决定》提出的"责任终身制"、"错案责任倒查问责制"等制度的实施，法官责任被不断地强化，体现出某种泛化和全面追责的迹象。[①] 在此情况下，错案责任追究制越来越不能够满足社会对于公平正义的要求，在实践中暴露出诸多弊端，如"错案"概念、认定标准模糊；责任追究适用标准不统一；责任追究程序行政色彩浓厚，具有内部性、不公开性等，[②] 其中一个重要的问题在于错案责任追究制只强调法官责任的消极含义，而忽略了法官履职的保障，内容、价值取向过于单一。

目前，根据相关数据显示，我国法院系统司法干警违法违纪行为屡禁不止，并呈逐年

---

[*] 本文主要就司法责任制所包含的法官责任制进行探讨，侦查、检察人员部分本文暂不涉及。

① 参见熊秋红：《法官责任制的改革走向》，载《人民法院报》2015 年 7 月 22 日第 8 版。

② 学界对于错案责任追究制的弊端早已达成共识，在此不再赘述。

上升趋势,① 呼格案、浙江张氏叔侄案、徐辉案等冤假错案也频现报端。② 在此背景下,司法责任制这一重要制度走上历史舞台。2015 年 9 月 22 日,经中央全面深化改革领导小组审议,《关于完善人民法院司法责任制的若干意见》(以下简称《意见》)公布实施,这是人民法院历史上第一部系统规定法官审判责任及追究办法的规范性文件。③ 司法责任制的提出,赋予了法官责任制更多的内涵,同错案责任追究制相比,更注重强调法官责任两层含义之间的平衡,突出法官在独立行使职权的前提下承担司法责任,加强法官独立行使审判权的保障。根据《意见》规定,司法责任语境下的法官责任制主要包含以下四个方面的内容:

第一,保障法官独立行使审判权,这是法官责任制能够落实的重要前提。《意见》第二部分"改革审判权力运行机制"改革了独任制与合议庭运行机制,在法院内部建立起由法官、法官助理、书记员及辅助人员构成的审判团队,实行扁平化的管理模式;取消了裁判文书签署机制,除审判委员会讨论决定的案件以外,院长、副院长、庭长对其未直接参加审理案件的裁判文书不再进行审核签发;明确进入员额的法院院长、副院长、审判委员会专职委员、庭长、副庭长应当办理案件,强化了这些人员的审判职能;对审判委员会的运行机制进行了改革,限定了审判委员会讨论案件的范围,强化了审判委员会总结审判经验、讨论决定审判工作重大事项的宏观指导职能。

第二,科学划分各类审判人员主体间的职权,这是落实法官责任制的基础。《意见》第三部分"明确司法人员职责和权限"明确划分了独任庭或合议庭与院长、庭长及审判委员会之间的权限与职责,确立了各类审判人员,包括独任法官、合议庭承办法官、其他成员、法官助理、书记员等的权力清单,使权力清晰、责任明确。

第三,违法审判责任的承担,这是法官责任制的核心内容。《意见》第四部分"审判责任的认定和追究"首先明确了审判责任的范围,规定审判人员对于故意违反和重大过失且造成严重后果的行为要承担司法责任,还规定了不得进行责任追究的八种情况;其次,分情况明确独任审判、合议庭审判、审委会讨论、审判辅助人员等的违法审判责任;最后,构建违法审判责任的追究程序,提出建立法官惩戒委员会,对责任追究程序作了相关规定。

第四,加强法官职业保障,这是落实法官责任制的重要保障。《意见》第五部分"加强法官履职保障"通过建立法官履职行为不被非法暂停或终止、办案不受违法干预、恢复法官声誉、藐视法庭、诬告陷害法官的处罚等工作保障机制,保障法官能够独立、正当行使审判职权。

---

① 2013 年法院系统全年共查处违纪违法干警 710 人,其中给予党纪处分 294 人,同比增长 117.8%;给予行政处分 531 人,同比增长 51.7%;依法移送司法机关追究刑事责任 101 人,同比增长 146.3%;2014 年,全国法院系统共立案查处违纪违法干警 2108 人,结案处理 1937 人,同比分别上升 154.3% 和 172.8%;目前已移送司法处理 180 人,给予党政纪处分 1733 人,同比分别上升 14.6% 和 164.2%。分别参见《2013 年人民法院工作年度报告》、《2014 年人民法院工作年度报告》。

② 有学者甚至在研究后指出,错案责任追究制非但没有减少冤假错案,反而阻碍了洗冤程序的运作。参见周永坤:《论法官错案责任追究制》,载《湖北社会科学》2015 年第 12 期。

③ 倪寿明:《权利与制约并行责任与保障并重》,载《人民法院报》2015 年 10 月 9 日第 2 版。

二、以"行为中心主义"重构责任标准体系

责任的认定标准是法官责任追究中的一个核心问题。最高人民法院在推行错案责任追究制之初到目前为止都没有对何为"错案"、错案的标准是什么作出明确统一的解释，法学界和实务界也没有达成令人信服的观点。在实践中，各地方法院也只能凭借各自的理解来界定"错案"。虽然错案责任的界定标准并不统一，但有一点是明确的：错案责任追究制以裁判结果为根据进行责任追究，是一种以裁判结果为归因标准的追责制度，其以结果来论证过程的非正当性，以司法裁判是否错误来评断法官是否负有责任，奉行的是一种"结果中心主义"。

对于以案件结果为标准的错案责任追究制，学界早有反思并对归责标准提出了若干改革意见。归纳起来，有以下几种观点：一是错案责任要遵循过错责任原则，在存在错案的情况下要看法官在主观上是否存在过错，无过错则无责任；[①] 二是将主观方面有故意或过失的过错，客观方面有违反事实法律或逻辑规则的行为，即主观过错和客观行为相结合作为界定错案的标准；[②] 三是以法官的不当行为为法官责任认定标准，从单纯强调法官主观过错改为强调法官行为的规范性；[③] 四是建立以法官不当行为为主和案件错误结果为辅的二元责任认定标准；[④] 五是摒弃错案责任的追究，将主观过错与客观行为相结合作为法官责任的认定标准。[⑤] 这几种观点中，第一、二种观点仍然没有脱离"结果中心主义"的窠臼，依旧是在"错案"下认定法官的责任，第三、四、五种观点虽强调了以不当行为为导向追究法官责任，但是各自存在不足：第三种观点单纯突出法官的不当行为，而不强调法官的主观过错，容易陷入客观归责的困境；第四种观点对于不当行为采取客观归责，对于错案结果采取主观归责的观点也有失偏颇，在法官存在不当行为时需要考虑法官主观上是否存在过错以及过错大小，在存在错案结果时还要看法官在客观行为上是否存在不当，不能仅以主观存在过错即追究其责任；第五种观点是目前官方所主张的，从理论上讲，坚持主观过错与客观行为相结合的原则是正确的，能够严格限制法官责任追究的范围，防止追责的任意化和扩大化。但是，在具体认定法官责任时，法官是否存在故意或者过失并不好把握，对法官主观状态的判断又会陷入对于法官的自由裁量进行评断的"怪圈"。

从总体上看，我国学者已经注意到以结果为导向的错案责任追究的非理性特点，并向以行为为中心的责任模式过渡。随着司法体制改革逐步趋向深入，笔者认为，应当在司法责任语境下建立一种"行为中心主义"法官责任追究模式。该模式强调法官行为的正当性，而非关注案件实体结果的对错，以法官不当行为为中心、主观过错为辅助、错案结果为补充重构法官责任标准体系。具体而言：

首先，以"不当行为"为核心标准。应当在法官责任制中明确这一原则：只有在法官

---

① 参见李建明：《错案追究中的形而上学错误》，载《法学研究》2000 年第 3 期。

② 参见于大水：《论错案追究制中错案标准的界定》，载《当代法学》2011 年第 12 期。

③ 参见魏胜强：《错案追究何去何从？——关于我国法官责任追究制度的思考》，载《法学》2012 年第 9 期。

④ 参见蒋银华：《法官惩戒制度的司法评价——兼论我国法官惩戒制度的完善》，载《政治与法律》2015 年第 3 期。

⑤ 最高法《意见》即坚持此种观点。《意见》第 2 条明确提出"主观过错与客观行为相结合"的原则，并且只在故意或者重大过失情况下实施了违法违纪行为才需要承担责任。

存在不当行为的情况下才能够追究法官的司法责任。如果法官依法、正当地在自由裁量允许的空间内认定事实、适用法律，并且严格遵守法律程序，不存在任何不当的行为，只是因为在法律适用、事实认定上与上级法院法官的认识存在偏差，致使案件结果同上级法院法官的认定存在差异，或者出现当事人上访、群体性事件、当事人自杀身亡等案外情况，不应当追究其责任。所谓"不当行为"，笔者主张依照危害程度可以分为三个层次：（1）职务犯罪行为，即法官实施了触犯刑法需要追究刑事责任的犯罪行为，如贪污受贿、徇私枉法等行为；（2）职务违纪行为，指没有达到刑事犯罪，但是职务行为违背了相关法律法规，如涂改、隐匿、伪造、损毁证据材料的行为，对应当受理的案件不予受理或者对不应当受理的案件违法受理的行为，明知具有法定回避情形，故意不依法自行回避等；（3）不当业外行为，指法官职务行为以外的违背法官职业伦理准则的不当行为，如嫖娼、赌博、从事营利性经营活动、私自会见当事人、接受当事人请客送礼等行为。

其次，以"主观过错"为辅助标准。在法官存在不当行为的前提下，还应当对法官主观状态进行考量，确定其是否存在主观故意或者过失。如果法官主观恶性很小，属于一般过失，并且没有造成严重后果，可以不追究法官的司法责任。对于"主观过错"能否作为法官责任认定标准，有学者存在异议，认为法官主观上是故意还是过失，实践中很难得到证明。但是，笔者认为，如果不将主观过错作为责任认定的标准，又容易导致客观归罪。另外，主观恶性大小也是判断法官责任大小的因素之一。所以，笔者主张，将"主观过错"作为辅助标准，与"不当行为"相结合，但是应当存在层次性，即首先看法官是否实施了明显不符合法律规定或者法官职业准则的行为；其次，如果法官存在违法违纪行为，其在主观上究竟是故意还是过失，仍然应当以法官具体行为作为依据，以综合收集的证据进行具体认定；最后，根据法官实施的不当行为及其主观状态对是否负有责任及责任大小进行综合认定。

最后，以"错案结果"为补充标准。对于错案责任追究制，学界目前存在两种观点：一种是废除说，持该说的学者认为责任追究组织的内部性，追究程序的无规范状态，使这一制度的运作欠缺依托，无法正当化和日常化，如此之"错案追究"，与其让它在实践中形同虚设，不如让它在制度上宣告死亡；[①] 另一观点是改良说，持该说的学者认为虽然错案责任追究制度在实施中存在一些问题，但是该制度本身的合理性不容置疑，应当在肯定的基础上加以改革完善。[②] 笔者认为，从长远来看，以"行为中心主义"塑造的法官责任制应摒弃以错案结果作为责任评价标准，是对错案责任追究制的一种颠覆性的重构。但就目前而言，"错案"概念的保留对于预防冤假错案仍然具有促进作用。笔者认为，"错案"概念可以继续保留和使用，但是法官责任制应吸收错案责任追究制基本内容，将错案结果仅作为法官责任认定的一个补充标准。如果有错案发生，只能表明案件中可能会存在法官违法违纪行为，在有一定证据的基础上可以对法官展开调查。关键是在错案中要将法官是否存在不当行为作为责任认定的核心标准，即使发生了错案结果，但是法官并无不当的行为，此种情况下就不应当追究法官责任。

---

① 魏胜强：《错案追究何去何从？——关于我国法官责任追究制度的思考》，载《法学》2012年第9期。
② 参见余海燕：《规范错案责任追究制，还原司法理性》，载《学理论》2010年第14期。

三、构建司法化的法官责任追究程序

法官责任追究程序是落实法官责任制的程序保障。程序是否公正在一定程度上决定了实体上法官责任追究是否公正。目前，法院系统对于法官违法违纪责任的追究模式，是参照行政机关的公务人员责任追究模式构建的，主要由法院内部的纪检监察部门负责。按照相关规定，法院纪检组应当负责法院党员干部遵守党章党纪方面的监督及反腐倡廉工作，而监察室应当主要负责法院审判业务上的监督。但是，实践中"两块牌子，一套人马"的操作模式已经模糊了二者的明确界限，纪检监察室俨然成为法院的一个统一的、单独的内设机构。更为重要的是，纪检监察部门在人、财、物方面与法院并没有分离：在人事管理与人事任用上，多数法院的纪检监察机构工作人员的任用、调动与一般法院工作人员并无差别，纪检监察机构人员与法院其他业务部门在人事上可以自由流动，机构占用的编制往往也是政法专项编，等等；① 在财与物上，法院纪检监察机关工作人员工资、福利待遇、办公费用等皆由法院承担。在人、财、物不独立的情况下，法院系统纪检监察部门实施的监督实质上是一种同体内部监督。

随着司法体制改革的不断深入，与普通公务员相区别的司法人员分类管理制度的逐步建立，必然要求构建不同于普通公务员的司法人员的选任、惩戒程序，突出司法性。最高人民法院《关于全面深化人民法院改革的意见——人民法院第四个五年改革纲要（2014-2018）》中已经明确提出："在国家和省一级分别设立由法官代表和社会有关人员参与的法官惩戒委员会，制定公开、公正的法官惩戒程序，既确保法官的违纪违法行为及时得到应有惩戒，又保障其辩解、举证、申请复议和申诉的权利。"② 构建司法化的法官惩戒程序，也是国际准则的要求及域外法治国家的普遍做法。联合国《关于司法机关独立的基本原则》规定："对法官作为司法或专业人员提出的指控或控诉应按照适当的程序迅速而公平地处理。法官应有权利获得公正的申诉机会。有关纪律处分、停职或撤职的程序的决定必须接受独立的审查。"③ 在法官惩戒程序构造上，无论是在设立纪律法院的德国，还是在设立法官惩戒委员会的美国，抑或是由高等法院审理惩戒案件的日本，其构造均是司法化的，惩戒机构都是通过审理案件来作出惩戒决定；在法官责任承担形式上也与我国以行政纪律处分为主的方式不同，主要是以剥夺司法资格和能力丧失为主要形式。因此，笔者主张可从以下几方面向司法化的法官责任追究程序改造。

第一，完善法官惩戒委员会的机构设置。成立法官惩戒委员会是构建法官责任追究程序的一项重要内容，已经成为学界共识，但是对于法官惩戒委员会应如何设置，如何使其保持中立性，分歧较大。从目前的试点经验来看，成立的法官惩戒委员会基本上做到了脱离法院系统，但是仍然存在不少问题。以上海为例，上海于2014年12月在全国首先成立了法官、检察官遴选（惩戒）委员会，审议并通过了《上海市法官、检察官遴选（惩戒）

---

① 实践中，绝大多数法院的纪检监察机构工作人员的个人工作经历、成长轨迹始终没有离开过法院，仅有部分级别较高的法院的纪检组长是作为"外来人"被派驻到法院来的。

② 目前，上海、海南、吉林等试点地区已经成立了法官惩戒委员会，并就法官惩戒出台了相关规则与办法。

③ 最高人民法院司法改革小组编，韩苏琳编译：《美英德法四国司法制度概况》，人民法院出版社2002年版，第469页。

委员会章程（试行）》（以下简称《章程》）。根据《章程》，法官惩戒委员会委员分为专门委员和专家委员，专门委员由政法委、组织部、纪委等公务部门分管领导担任，专家委员由法学专家、律师等推选产生，委员会委员由市委政法委员会聘任并颁发聘书。[①] 从人员构成上来看，该法官惩戒委员会吸纳了足够的非法院系统人员，在一定程度上能够保障惩戒意见的公正中立性。但是，法官惩戒委员会主要是由政法委、司法改革领导小组牵头推动的，委员由政法委统一聘任并颁发聘书，就不可避免地带有行政任命色彩，如何防范惩戒工作受到行政机关的干扰，需要进一步研究和规范；另外，在具体机构设置上，法官惩戒委员会在法院设置法官惩戒工作办公室，负责法官惩戒的日常工作。法官惩戒工作办公室负责评查当事法官所涉及的案件质量和协助查办法官其他违法违纪行为，向惩戒委员会提交办案过错责任与核查报告，由惩戒委员会审议并提出惩戒意见。[②] 在这种工作机制下，笔者认为还需要研究解决两个具体问题：一是如何确保法官惩戒工作办公室的工作不受到法院方面的干涉；二是如何防范惩戒委员会作用虚化、惩戒工作办公室架空惩戒委员会职能。

第二，理顺法官惩戒委员会与法院纪检监察部门的关系。目前的改革方案中，法官惩戒委员会可以对相关案件进行评查、审议，其提出的惩戒建议由纪检监察部门进行参考，最终决定权还是在纪检监察部门手中，并没有在实质上脱离行政化的惩戒模式，距离司法化的惩戒程序存在一定差距。就目前的试点改革，笔者从改善的角度提出两点建议：其一，明确法官惩戒委员会与法院纪检监察部门各自的职责。法官惩戒委员会应当主要从专业的角度对当事法官是否存在不当行为进行评判，而纪检监察部门主要从法官是否遵守党纪、政纪来进行判断，根据惩戒委员会的意见作出最终惩戒决定；其二，赋予法官惩戒委员会惩戒意见一定的强制力。在仅具有惩戒建议权的情况下，法官惩戒委员会作出的惩戒意见很可能成为法院系统粉饰纪检监察部门处理决定的华丽"外衣"、推卸法官责任的"挡箭牌"，不仅起不到预期的作用，甚至可能影响法官责任追究的公正性。因此，笔者建议，在试点法院纪检监察部门收到法官惩戒委员会的惩戒意见后，如果作出与其不同的处理决定，需要向法官惩戒委员会作出解释与说明。从改革的角度，笔者主张将法官惩戒程序改造成法官惩戒委员会居中裁判，当事法官同法院纪检监察人员两造对抗的三角格局形态，惩戒委员会作出的惩戒意见为有效的惩戒决定。

第三，完善法官责任追究的具体程序。试点地区对于法官责任追究程序并没有明确具体的规定，对于法官惩戒委员会与惩戒工作办公室的职责也仅仅作了原则性的规定。[③] 对此笔者有两点建议：一是法官惩戒委员会应当举行听证。在法院法官惩戒办公室将案件审查报告及相关材料提交给惩戒委员会后，惩戒委员会应当就涉嫌违法违纪法官的相关情况举行听证，而不是仅仅进行书面审查。听证期间当事法官享有申请惩戒委员回避、举证、申辩并与惩戒办公室工作人员对质的权利，如果对于最后的惩戒意见不服，还可以申请委员会复议一次，在成立了上级法官惩戒委员会的情况下，还可以申请复核；二是法官责任承担形式应当采用司法化形式。法官法规定的对于法官的处罚类似于公务员法中的处罚办法，

---

① 参见《上海市法官、检察官遴选（惩戒）委员会章程（试行）》第4、5条。
② 参见《上海市法官、检察官遴选（惩戒）委员会章程（试行）》第7、10条。
③ 参见《上海市法官、检察官遴选（惩戒）委员会章程（试行）》第三章"工作职责"与第四章"工作制度"。

除了警告、记过、记大过、降级、撤职、开除六种处分方式外，在实践中还有为数更多的非正式惩戒方式，如说服教育、责令检查、通报批评、内部停职待岗等。[①] 笔者建议，法官责任承担的形式应当淡化行政纪律处分的色彩，借鉴诸如美国对于违反职业伦理的法官剥夺司法资格和能力的做法，法官惩戒委员会可以作出一些倾向于司法资格和能力丧失的处理决定，如暂时停止履行职务、建议主动辞职、剥夺司法职业资格等。

（作者单位：北京工商大学）

---

① 林喜芬：《论中国法官责任机制之语境悖论与变迁展望》，载《内蒙古社会科学》2011 年第 4 期。

现代诉讼转型之庭审实质化研究

吴 靖 赵 军

最高人民法院《关于全面深化人民法院改革的意见——人民法院第四个五年改革纲要（2014-2018）》（以下简称《四五纲要》）进一步明确了改革的时间表，提出"到2016年底，推动建立以审判为中心的诉讼制度，促使侦查、审查起诉活动始终围绕审判程序进行"。实现"以审判为中心"需要我们合理调整审判与侦查、起诉的关系，切实保障当事人与其他诉讼参与人的权利，科学配置与规制国家专门机关的职权，彻底改变以侦查为重心"分段包干"、"流水作业"的模式，最终实现刑事诉讼的现代化转型。"审判在实现刑事诉讼的惩罚犯罪任务方面具有终局性的作用"[1]，审判中心又内在地蕴含着庭审中心，法庭审理是审判的决定性环节。所谓庭审中心，就是实现庭审的实质化，力戒庭审的形式化，保证庭审在查明事实、认定证据、保护诉权、公正裁判中发挥决定性作用。

一、庭审实质化的内涵

（一）由未审先定到庭审实质化的现代转型

庭审实质化是相对于庭审虚化或形式化而言的。所谓"庭审虚化"，是指案件事实和被告人的刑事责任不是通过庭审方式认定，甚至不在审判阶段决定，庭审只是一种形式。我国刑事庭审虚化的问题由来已久。早在1996年修改刑事诉讼法时，理论界和立法者均认为当时庭审"先入为主"、"先判后审"、"先定后审"，导致开庭审判走过场。[2] 对此，1996年刑事诉讼法改革开庭前的审查程序，将开庭前的实体性审查改为程序性审查，同时增强了庭审对抗性。然而，这些改革并没有取得预期效果。2012年刑事诉讼法修改时，立法者继续朝此方向努力，认为"审判是决定被告人是否构成犯罪和判处刑罚的关键阶段"[3]，并改革庭前准备程序及证人、鉴定人出庭制度等。然而，时至今日，在一些地方的司法实践中，刑事庭审虚化的现象仍并非鲜见，如关于犯罪嫌疑人、被告人的刑事责任问题，在审判前就已经形成定论，法庭审判只是一个形式；控方审前阶段形成的案卷材料充斥庭审，甚至成为法院裁判的决定性依据；法庭审判以定罪为中心，量刑程序被虚置等。冤假错案的出现均与"侦查中心"和庭审虚化有直接关系。正是在上述背景下，党的十八届四中全会通过的中共中央《关于全面推进依法治国若干重大问题的决定》要求"推进以审判为中

---

[1] 陈光中：《推进"以审判为中心"改革的几个问题》，载《人民法院报》2015年1月21日。

[2] 胡康生、李福成主编：《〈中华人民共和国刑事诉讼法〉释义》，法律出版社1996年版，第171页。

[3] 王兆国：《关于〈中华人民共和国刑事诉讼法修正案（草案）〉的说明》，载陈光中主编：《〈中华人民共和国刑事诉讼法〉修改条文释义与点评》，人民法院出版社2012年版，第512页。

心的诉讼制度改革，确保侦查、审查起诉的案件事实证据经得起法律的检验。全面贯彻证据裁判规则……完善证人、鉴定人出庭制度，保证庭审在查明事实、认定证据、保护诉权、公正裁判中发挥决定性作用"。

诸多原因皆有可能导致刑事庭审的虚化，如司法体制、诉讼制度和审判主体的个体素养等。从宏观的司法体制角度考察，法外因素的不当干预等可能造成"先定后审"；从微观的审判主体角度考察，法官个体素养不高，不是根据庭审证据材料而是考虑其他因素作出裁判，也会造成庭审程序的虚置。正因为如此，治理刑事庭审虚化、实现庭审实质化确为一项庞大复杂的系统工程。

（二）以审判为中心的司法改革深入推动的必然路径

确立审判的中心地位触及整个刑事诉讼制度的根基，推动刑事诉讼从侦查决定转变为审判决定关涉国家权力的重新调整与配置，是一场复杂多变、矛盾交织的变革。因此，必须选择一个恰当的突破口，积极稳妥地推进改革。长久以来，以侦查为中心的司法现状造成了审判的"橡皮图章"，以至于审判沦为侦查、起诉的附属，成为对有罪推定的机械确认。侦查中心主义带来的是定罪或有罪的思维，对我国的司法审判影响很深。由于侦查权、公诉权与生俱来的追诉倾向，极易导致有罪推定。如果所有证据都是基于有罪推定收集、调取的，那么以审判为中心的司法改革就是要改变此种束缚，基于审判的独立性和中立性，由执掌审判权的法院更好地甄别证据、挖掘真相。确立审判的中心地位具有举足轻重的意义，"可以预见，以庭审为中心和以审判为中心的'两个中心'理念一旦真正确立起来，必将对我国刑事司法职权的配置、刑事诉讼程序的重构、刑事司法方式的改进带来一场革命性的变化。"[①]

以审判为中心首先是以庭审为中心，而以庭审为中心首要的则是以一审为中心。确立庭审的中心地位，真正实现法庭审理的实质化，先从内部确立并巩固审判的中心地位，进而扩展到审判与侦查、起诉外部关系的调整，从小到大、由里及外、以点带面，最终在整体上确立审判的中心地位。严格意义上的庭审中心主要存在于一审程序中，主要存在于重大、疑难、复杂及被告人不认罪的案件中。[②] 因此，要确立庭审的中心地位，就必须着力完善第一审普通程序。第一审普通程序大体分为庭前阶段、庭审阶段和评议宣判阶段，庭前阶段承担着庭审的审查性和准备性工作，好比一个"阀门"制约着庭审中心地位的确立；评议宣判阶段是法庭质证、认证和辩论的结果被最终确认并体现于裁判文书的过程，其重心不能放在庭后阅卷、庭外调查、庭下认证上，评议宣判必须进一步巩固庭审的中心地位，而不能倒过来侵蚀、瓦解庭审的作用。因此，上述三个阶段中的具体制度、规则与程序都必须作出相应的改革，目的是使三个阶段既紧密衔接又突出重心，使司法资源集中向庭审倾斜，确保实现诉讼证据质证在法庭，案件事实查明在法庭，诉辩意见发表在法庭，裁判理由形成在法庭。

---

① 沈德咏：《刑事司法程序改革发展的基本方向》，载《人民法院报》2014年10月24日。
② 顾永忠：《"庭审中心主义"之我见》，载《人民法院报》2014年5月16日。

二、庭审实质化的障碍

（一）法庭审判"剧场化"——案卷中心主义的桎梏

案卷移送制度在很大程度上制约着庭审实质化的实现。从刑事诉讼法的修改历程来看，立法者似乎是矛盾的：实行全案移送，法官可以庭前阅卷，容易导致有罪预断和"未审先定"；不实行全案移送，法官不敢当庭认证，内心确信依赖于庭后阅卷，庭审更加"表演化"。2012 年刑事诉讼法修改时对全案移送制度的恢复，主要是为了解决辩护人"阅卷难"问题和提高庭审质量而作出的妥协。司法实践证明，预断在一定程度上是不可避免的，实现庭审实质化的关键不在于实行何种案卷移送制度，而是要彻底改变依赖案卷笔录定案的现状，严格限制案卷笔录的证据资格，全面贯彻直接言词原则，使法官敢于根据被告人、被害人、证人、鉴定人等诉讼参与人的当庭陈述定罪量刑，使法官心证真正形成于法庭。

英美法系的起诉状一本主义对我国有一定的借鉴意义，但应当注意的是，起诉状一本主义是与完善的庭前证据开示规则相辅相成的。目前，全案移送可以有效保障辩护人行使阅卷权，如果贸然实行起诉状一本主义，又没有配套的证据开示规则，必将严重削弱庭审的质量。可以考虑通过公诉审查组织与审判组织相分离来防止"未审先定"，即由立案庭法官来负责公诉审查以决定是否开庭审理，审判法官庭前只能查看起诉状以及证据目录、证人名单，禁止审阅全部案卷。当然，上述改革必须以完善证人、鉴定人出庭程序和严格限制案卷笔录的证据资格为前提，否则根本问题仍在，庭审形式化的弊病不会得到根治。

（二）诉讼制度的虚无化——庭审落地的阻碍

诉讼制度是指导诉讼进程的理论基础，我国庭审虚置的现状与诉讼制度不完善有着直接联系。从庭前会议制度看，法官在开庭前召集控辩双方同时到场，就回避、出庭证人名单、非法证据排除等与审判相关的问题听取各方意见并加以裁决。我国庭前会议制度不够完善，立法和实务中存在着漏洞。一是立法条文兜底性规定模糊易被滥用，由程序性审查扩张到实质性审查；二是只赋予法官可以召集庭前会议的决定权，没有给予当事人申请权；三是主持庭前会议的法官与开庭审理的法官往往是同一个人，使得法官在庭前就会对结果有了预断，使庭审虚置。从直接言词原则的要求看，我国并未确立该原则。一是没有贯彻审判者直接亲历原则。司法管理体制中的行政审批模式以及审判委员会的特殊决定权，赋予未参与庭审的院长、庭长、审判委员会个案的审批权。二是言词原则在调查证据时没有完全落实，仍有书面证言在证人没有出庭以言词陈述的方式经过质证而被采信，被告人的对质权无从保障，使得程序正义的功能丧失。从证据裁判原则看，刑事诉讼法在证人、鉴定人的出庭问题上有了突破，规定了同时符合三个条件应当出庭的证人（有异议、有重大影响、法院认为有必要），同时符合两个条件应当出庭的鉴定人（有异议、法院认为有必要）。但是仍有不足之处，出庭证人、鉴定人的出庭标准设置过高，不利于庭审大范围的调查活动。该法增加了强制证人出庭的义务以及不履行作证义务时的处罚，但缺陷在于并未明确拒绝出庭作证证人的证言效力问题，实践中仍存在大量未出庭作证的证人的证言经宣读后被采信为定案依据从而使庭审虚置。完善证人出庭作证制度，推动更多的关键证人出庭作证是 2012 年刑事诉讼法修改的重要内容之一。为此刑事诉讼法第 187 条规定了证人、目击犯罪情况的警察以及鉴定人出庭作证的条件，同时完善了证人出庭的配套措施，包括增加第 188 条的强制证人到庭及拒绝作证的罚则、第 62 条的证人保护制度以及第 63 条的证人出庭作证补助制度。这一系列制度变革传递出立法者推动证人出庭、落实直接言词原则的良好初衷，但新刑事诉讼法实施几年来的司法实践再次证明，证人出庭作证难仍然是目前刑事审判面临的一个困境。目前的这种执法、司法状况说明证人出庭问题的症结不在于立法规定本身，而在于执法者、司法者对于法律规定与法律精神的理解与执行存在偏差。对第 187 条规定的证人出庭作证的条件，人民法院应当作最为狭义的解释与适用，在控辩双方对证人证言有异议且该证言对定罪量刑有重大影响的情形下，人民法院原则上应当认为证人有必要出庭，而赋予法院裁量无必要出庭的兜底情形纯属避免由于控辩双方的纠缠而导致证人百分之百出庭的极端情形出现而做的折中考虑，[①] 法官不应将其作为原则适用，更不能将其视为法律赋予的固有权限频繁适用。

（三）质证制度的阙如——庭审的缺位

庭审中心主义要求"事实证据调查在法庭"，然而刑事诉讼法并未规定证据当庭出示与质证原则，2010 年 6 月"两高三部"发布的《关于办理死刑案件审查判断证据若干问题的规定》第 4 条首次明确规定了质证原则，即"经过当庭出示、辨认、质证等法庭调查程序查证属实的证据，才能作为定罪量刑的根据"。最高人民法院《关于适用〈中华人民共和国刑事诉讼法〉的解释》（以下简称《高法解释》）继续肯定了这一重要原则，但同时明确了适用边界或者说例外情形。《高法解释》第 63 条规定："证据未经当庭出示、辨认、质证等法庭调查程序查证属实，不得作为定案的根据，但法律和本解释另有规定的除外。"根据该条规定，事实证据调查原则上应当在法庭，通过公开的出示、辨认、质证之后方可认证，唯有法律或《高法解释》规定的例外情形，证据可以不经法庭出示、质证即可作为定案的根据。那么，明确例外情形就成为了落实庭审中心主义的直接要求，殊有必要予以仔细分析、谨慎证成。

三、庭审实质化的实现——三个中心主义的提倡

（一）量刑中心主义

被告人刑事责任的认定包括两个部分：定罪和量刑。与之相对应，庭审实质化也应包括定罪审理实质化和量刑审理实质化。在我国，量刑实质化的重要性并不亚于定罪实质化。有学者认为，"中国刑事司法的经验显示，绝大多数案件的被告人都作出了有罪供述，控辩双方在这些案件中几乎对被告人是否构成犯罪没有明显的争议。""从普遍意义上看，中国刑事审判的核心问题是量刑问题，而不是定罪问题。"[②] 量刑成为法庭审理的重心，对我国传统的以定罪为中心的程序模式提出了挑战。在 2012 年刑事诉讼法修改之前，法庭审理的

---

① 陈卫东主编：《量刑程序改革理论研究》，中国法制出版社 2011 年版，第 8 页。
② 陈瑞华著：《刑事诉讼的前沿问题》，中国人民大学出版社 2013 年版，第 328 页。

重心在于被告人是否构成犯罪，量刑程序依附于定罪程序，法庭并不单独就量刑问题举证、质证和辩论。很明显，此种审理模式仅实现了对定罪部分的实质化审理，而量刑程序由于被定罪程序湮灭而并未实现实质化，这不仅可能导致实体上量刑不公，也剥夺了当事人在量刑事项上的举证、质证等程序性权利。为实现定罪和量刑两个方面的庭审实质化，保障辩护方的量刑辩护权利，我国法律（包括司法解释）应当对我国量刑模式作出进一步的改革，即在程序分流的基础上，实行相对独立的量刑程序。但是，该量刑程序也有其不可避免的弊端，即由于程序烦琐导致诉讼效率低下。从司法实践的角度考察，随着公诉案件当事人和解程序等庭审替代程序的发展和完善，一些案件在审判前程序中即被分流，而进入法庭审判的案件也以被告人认罪的居多。被告人不认罪或做无罪辩护的案件只占较小的比例，实行相对独立的量刑程序，突出量刑在刑事审判中的地位，有利于保障诉讼参与人的诉讼权益，更好地实现罪责刑相适应。

（二）辩论中心主义

以言词审理为主的庭审需要以人证调查为中心的法庭调查方式，除了要求证人、鉴定人在必要时出庭之外，对有争议的实物证据也应当通过人证调查作出判断。例如，对有争议的书证、物证，需要制作人、提取人、保管人出庭证明其来源；对于有争议的勘验、检查笔录，需要勘验、检查人员出庭陈述并接受质证。在人证调查程序中，控辩双方的交叉询问和法官依职权询问是检验证言的两种方式。目前，我国建立的由法官主导、控辩双方推进的庭审调查程序是一种不彻底的"对抗制"审判方式，或称为"控辩式"审判方式[①]。由于这种"控辩询问"程序的主体多元化，询问程序规定得比较原则、不够细致，调查规则设置得比较简单、不够合理，因而导致我国法庭人证调查并未形成一套清晰的模式，与被誉为"发现事实真相最佳装置"的交叉询问制度尚有一定差距[②]。为了促进证据调查程序的精细化，增强程序的对抗性，应当对我国目前的"控辩询问"程序进行适度改造。改造的最佳方向应是法官主持下的"交叉询问为主、职权询问为辅"的调查模式。在这种模式下，法官可以掌控证据调查程序的进程和节奏，但必须保证控辩双方对出庭作证者的交叉询问权。

在这种情况下，如果要建立控辩双方交叉询问的格局，首先就需要将《高法解释》规定的"向证人、鉴定人发问，应当先由提请通知的一方进行"改为"向证人、鉴定人发问，应当先由举证方或庭前证言、鉴定意见提供方进行"，否则就会经常出现主询问，即质疑对方证人的情形，这样的情形不符合交叉询问的规律。其次，为了保证控辩双方有序不断地对证人进行发问，应当对交叉询问的基本顺序予以明确，即主询问结束后，反对方可以进行反询问，然后是再主询问和再反询问。两轮询问后，控辩双方如果还需要对证人进行询问，应当向主审法官提出申请，法官根据具体情况决定是否准许控辩双方继续发问。控辩双方交叉询问后，经主审法官准许，参与庭审的其他当事人及其诉讼代理人可以向证人、鉴定人发问。最后，法官可以就询问过程中未澄清的事项向证人发问。完善交叉询问

---

① 龙宗智：《我国刑事庭审中人证调查的几个问题》，载《中国法学》2008 年第 5 期。

② 具体而言，就是控辩双方的交叉询问占主导地位，法官的职权询问居次要地位，交叉询问是辨明真相的主要方法，职权询问只是起到补充、澄清疑问的作用。

制度，需重塑证人的内涵，应从证据的实际功能来界定，包括被害人、鉴定人、共犯、警察等证明被告人有罪的人都可能成为不利证人[1]，进而出庭接受交叉询问。

（三）庭审中心主义——由审判的必然性到审判的选择性

当下，对于公诉机关送交审理的案件我国采取的是必审主义。许多不应当纳入法院审理之中的案件也由此涌入。尤其是实行简易程序后，不但没有减弱"案多人少"的审判窘境，反而有逆向加剧之势。因此，剥离不合理的公诉案件，实现必审主义向择审主义的转变，成为现实所需。

公诉审查程序应当有效过滤、筛除不合法的起诉。以审判为中心要求审判权对起诉权形成有效规制，虽然不起诉制度可以使某些不符合起诉标准的案件终结在审查起诉阶段，但是由于检察机关的追诉倾向导致其并不能完全客观中立，提起公诉的案件并不一定都符合起诉标准。因而，有必要另外设置一道审查程序对起诉进行把关、筛选和剔除。域外国家一般通过预审程序、中间程序等达到上述目的，而我国缺少这道程序，现行的公诉审查只是审查案卷材料是否充足、起诉书是否有明确的指控犯罪事实。因此，必须在公诉审查组织与审判组织相分离的基础上赋予该新的审查程序应有的剔除滥诉的实质功能。

（作者单位：山东省高级人民法院）

---

① 李昌盛：《对质诘问权在欧洲人权法院的实践及启示》，载《湖北社会科学》2011 年第 12 期。

刑事庭审实质化与审判方式改革

熊秋红

我国在 1979 年的刑事诉讼法中确立了职权主义或超职权主义的审判方式。1996 年的刑事诉讼法修改，审判方式改革是其中的亮点之一。审判方式从审问式转为控辩式，被视为是对英美法系当事人主义审判方式的合理借鉴。但是，以推进庭审实质化为目标的审判方式改革并未有效解决司法实践中的庭审虚化问题，尤其是证人出庭率相比改革之前并无明显上升，据此有学者断言：审判方式改革基本上归于失败。① 2012 年的刑事诉讼法修改，在审判方式的选择上表现出摇摆不定的状态：一方面，在卷宗移送问题上，摒弃了 1996 年刑事诉讼法所确立的"复印件移送主义"，复归到 1979 年刑事诉讼法所规定的全案卷宗移送主义；另一方面，借鉴英美法系国家被告人有罪答辩的程序分流功能，对于简易程序的适用范围做了重大扩展，规定基层法院审理的案件，如果事实清楚、证据充分，被告人承认自己所犯罪行，对起诉书指控的犯罪事实和适用简易程序没有异议的，都可以适用简易程序；此外，还建立了公诉案件刑事和解程序，形成了协商型刑事司法模式。在新一轮的司法体制改革中，国家决策层提出要建立"以审判为中心的诉讼制度"，强调要实现庭审实质化，在此背景下，学术界再次出现了引进日本"起诉书一本主义"的呼声，此外在完善认罪认罚从宽制度和刑事速裁程序立法的讨论中，不少学者所持主张体现出我国刑事审判方式应当继续向当事人主义方向改革的倾向。在本文中，笔者拟着重探讨审判方式改革与庭审实质化之间的关系，以便回答以审判为中心的诉讼制度改革中所涉及的相关理论和实践问题。

一、刑事审判模式的选择困境与选择前提

我国的刑事审判方式改革是继续向英美法系当事人主义模式靠拢，还是在更高层次上回归大陆法系职权主义模式，这一带有方向性和根本性的问题一直困扰着我国刑事诉讼法学的研究者。一般认为，理想的做法是采取"折中式"或"混合式"，即取职权主义和当事人主义各自之所长，避其所短，嫁接出一套立足于中国国情，同时又兼有两种模式优越性的刑事审判制度。然而，这种理想化的制度是否存在，即便存在，它在运行过程中是否会因为客观环境的制约而走形，却很少有人对其进行深入的研究。例如，如何判断这种"混合式"一定是集两种模式之利而非集二者之弊，就是一个相当困难的问题。因此，可以说在刑事审判模式问题上我们面临着选择的困境。

需要明确的是，刑事审判方式改革中的模式选择，应当遵循两个基本前提：其一，它应当是一种遵循刑事司法国际标准的模式选择。无论英美法系的当事人主义，还是法德的

---

① 参见陈瑞华：《司法的性质与改革之路》，http://www.aisixiang.com/data/1818.html，2016 年 6 月 19 日访问。

职权主义，都是一种现代型的刑事诉讼制度，两者的共性首先是我们必须予以关注的，这种共性集中地体现为刑事司法国际标准。我国已经在 1998 年签署了《公民权利和政治权利国际公约》（以下简称《公约》），此外我国还参加了刑事司法领域大量国际性文件的签署；2009 年 4 月 13 日国务院新闻办发布了《国家人权行动计划（2009-2010 年）》，其中谈到：中国"将继续进行立法和司法、行政改革，使国内法更好地与公约规定相衔接，为尽早批约创造条件"；2012 年 6 月国务院新闻办在《国家人权行动计划（2012-2015 年）》中重申：中国将"继续稳妥推进行政和司法改革，为批准《公民权利和政治权利国际公约》做准备"。《公约》中包含着公正审判权国际标准的核心内容，围绕此核心形成的刑事司法国际标准无疑将为我国刑事审判方式的改革起到导向作用。其二，它应当建立在对我国现行刑事审判方式准确认知的基础之上。有学者对现行刑事诉讼模式进行反思，提出了关于刑事诉讼模式的否定性判断和肯定性判断。关于否定性判断，主要认为：现行模式不是纠问式、不是职权主义、不是当事人主义、不是混合式；关于肯定性判断，主要认为：（1）现行模式带有一定的传统因素，如司法权力体系内部的行政化色彩严重，侦查、起诉、审判机构的"流水线作业"，控、审职能界线不能完全划清等；（2）现行模式带有社会主义因素，如遵循党对司法机关的领导和管理、审委会和检委会的存在、司法认知上的唯物主义认识论等；（3）现行模式受到域外法制影响较大，尤其是大陆法系的影响，且英美法系的影响正在不断增强；（4）现行模式受制于诸多现实因素，受不同阶段国家发展战略、发展目标的影响，呈现多样性、变动性与矛盾性。[1] 总体而言，现行模式是一种国家本位主义的模式，是一种过渡式的诉讼模式，有待向现代型诉讼模式转型。

二、刑事审判模式选择应当考虑的因素

围绕刑事审判方式改革中的模式选择，我国刑事诉讼法学界存在四种主张：当事人主义派、职权主义派、混合主义派、国情派。尽管持不同主张者所提出的改革方案不尽一致甚至大相径庭，但是"改"已经在理论界和实务界取得了共识。一个国家刑事审判模式的选择大体应当考虑两方面的因素：其一是世界范围内刑事审判制度发展的总体趋势；其二是该国刑事审判制度发展的现实需要。

西方两大法系的刑事诉讼模式——职权主义和当事人主义一直处于相互融合、相互吸收的发展过程之中。但是，从 20 世纪 40 年代以来，这种趋势的主流是大陆法系国家纷纷移植英美法系国家的当事人主义诉讼程序，或者采纳当事人主义诉讼程序中的某些因素。且不说 20 世纪 40 年代的日本、80 年代末的意大利，观察近十多年来大陆法系的代表性国家德国和法国的刑事司法改革，明显地受到了英美当事人主义的影响。如 2009 年德国确立了量刑协商制度[2]；2004 年法国创设了庭前认罪答辩程序[3]。德国和法国所发生的这种变化主要受几个方面因素的影响：对刑事司法功能的重新认识、对刑事司法经济性的考量以及《欧洲人权公约》的要求，其中重视刑事司法的经济性成为主流的趋势。

---

① 参见左卫民：《中国刑事诉讼模式的本土构建》，载《法学研究》2009 年第 2 期。
② 参见《德国刑事诉讼法典》，岳礼玲、林静译，中国检察出版社 2016 年版。
③ 参见施鹏鹏著：《法律改革，走向新的程序平衡?》，中国政法大学出版社 2013 年版，第 149~158 页。

《公约》和《欧洲人权公约》所规定的"公正审判权",从理论依据看,源于英美法中的"法律的正当程序";从具体内容看,主要体现了英美的刑事程序规则。在欧洲,怎样将英美的正当程序原则及构成公正审判权的特殊规则适用于大陆法提出了很多争议,如怎样解释《公约》第14条和《欧洲人权公约》第6条中的"民事权利和义务"、"刑事指控"、"法庭"、"公正审判"等。这些概念在英美法中比较容易界定,但在大陆法中则需对其含义重新进行解释。随着对人权保护重视程度的日渐提高,欧洲人权法院对刑事司法中公正审判权的要求呈逐步增强的趋势,客观上导致了大陆法系的职权主义诉讼制度进一步向当事人主义诉讼制度靠拢。

我国的刑事审判方式改革最初是由司法实践推动的。这或许能够说明在我国推行当事人主义诉讼模式存在着一定的现实土壤。与此同时,我国对《公约》的签署也意味着当事人主义的因素将在我国刑事司法中得到进一步加强。2015年2月,最高人民法院发布了《关于全面深化人民法院改革的意见——人民法院第四个五年改革纲要(2014-2018)》,其中与审判方式相关的刑事司法改革的内容主要包括:(1)全面贯彻证据裁判原则,强化庭审中心意识,落实直接言词原则,严格落实证人、鉴定人出庭制度,严格实行非法证据排除规则;(2)强化人权司法保障,强化控辩对等诉讼理念,完善对限制人身自由司法措施和侦查手段的司法监督;(3)健全轻微刑事案件快速办理机制,有序推进刑事案件速裁程序改革;(4)完善刑事诉讼中认罪认罚从宽制度,构建被告人认罪案件和不认罪案件的分流机制。从上述改革举措看,既包括对刑事司法国际标准的遵循,对审判程序正当化的推进,如落实直接言词原则、强化控辩对等诉讼理念;也包括进一步借鉴当事人主义的某些技术性设置,如完善认罪认罚从宽制度。

可以预见的是,尽管我国的刑事审判方式有向英美当事人主义方向继续发展的迹象,但未来我国的刑事审判模式不会是典型的当事人主义,因为当事人主义所赖以生存的判例法制度、陪审团审判、别具特色的律师行业等条件是我国的司法环境所难以达致的。我国刑事审判方式的发展将会受到文化传统、刑事政策、司法体制、资源状况等多种因素的限制,形成一种具有中国特色的刑事审判模式。

三、从庭审虚化到庭审实质化

庭审虚化是我国刑事司法实践中长期存在的突出问题。所谓"庭审虚化",是指法官对证据的认定和对案件事实的认定主要不是通过法庭调查来完成的,而是通过庭审之前或之后对案卷的审查来完成的,或者说,法院的判决主要不是由主持庭审的法官作出的,而是"由法官背后的法官"作出的。换言之,庭审在刑事诉讼过程中没有起到实质性作用,法院不经过庭审程序也照样可以作出判决。[①]

造成庭审虚化的原因大致有以下几个方面:第一,证人、鉴定人等不出庭,导致庭审走过场。庭审法官主要通过庭前和庭后在办公室研究案卷来达致对案件事实和法律适用的判断,形成了一种"案卷笔录中心主义"的审判方式。第二,法官庭前阅卷造成"先定后审"。1996年的刑事诉讼法修改,对公诉案件的庭前审查,改实质性审查为程序性审查,

---

① 参见何家弘:《从"庭审虚化"走向"审判中心"》,载《法制日报》2014年11月5日第10版。

同时采取了限制案卷移送范围（仅限于移送证据目录、证人名单和主要证据复印件或者照片）的做法。在操作过程中，法、检两家在对"主要证据"的理解上产生了很大分歧，同时"复印件移送主义"也导致了诉讼成本的显著增加，还产生了限制辩护律师阅卷范围的意外现象。这种折中式的改革方案最终为 2012 年修改后的刑事诉讼法所抛弃。第三，由于院长、庭长审批案件、审判委员会讨论决定案件和一审法院就具体案件事先向上级法院请示等造成"审者不判"、"判者不审"、"上批下判"，从而导致庭审虚化成为常态。第四，"重配合、轻制约"的刑事司法体制导致庭审的决定性作用丧失，形成强势公安、优势检察院、弱势法院的刑事司法格局，造成司法实践中的"侦查中心主义"，庭审演变为一种检验或复核程序，突出表现在疑罪难以从无，而是作出所谓"留有余地"的判决。

庭审实质化与庭审虚化针锋相对，是刑事审判活动的应然要求，其核心是被告人的刑事责任应当在审判阶段通过庭审方式决定。审判是防范冤假错案、保障司法公正的最后一道防线，它理应起到实质性的把关作用。庭审是审判的关键环节，庭审实质化要求通过法庭审理发现疑点、理清事实、查明真相，在此基础上正确适用法律，因此必须力戒形式主义，防止庭审走过场。审判程序有普通审与简易审之分，审判方式又有开庭审与书面审之别，无论采取普通审还是简易审、开庭审还是书面审，抑或是采取折中主义的调查讯问式，审判程序均不应"空转"，这是"法官保留原则"的题中应有之义。采取普通程序进行开庭审理的案件，多为被告人不认罪的案件，多为重大、复杂、疑难案件，在这些案件中，固然需要强调庭审实质化的重要性；但这不意味着适用简易程序审理的案件就允许庭审走过场，尤其是在适用刑事速决程序时，更要防止审判完全沦为"橡皮图章"，仅仅起到对侦查和审查起诉程序的结论进行确认的作用。

十八届四中全会通过的中共中央《关于全面推进依法治国若干重大问题的决定》提出：要"推进以审判为中心的诉讼制度改革，确保侦查、审查起诉的案件事实证据经得起法律的检验。全面贯彻证据裁判规则，严格依法收集、固定、保存、审查、运用证据，完善证人、鉴定人出庭制度，保证庭审在查明事实、认定证据、保护诉权、公正裁判中发挥决定性作用"。《关于全面深化人民法院改革的意见——人民法院第四个五年改革纲要（2014-2018）》进一步指出：要"实现诉讼证据质证在法庭、案件事实查明在法庭、诉辩意见发表在法庭、裁判理由形成在法庭"。以审判为中心的诉讼制度改革突出了"庭审实质化"这一核心要求，有助于缓解长期困扰我国刑事司法实践的庭审虚化问题。

四、审判方式改革对庭审实质化的促进

对于我国正在进行的以审判为中心的诉讼制度改革，理论界和实务界有不同的解读，学术界内部也存在着不同观点的争论。但此项改革对于促进庭审实质化的意义已成为共识。围绕着如何加强庭审功能，一系列改革举措被纳入讨论范围。我国的审判方式改革首先需要解决一些基础性问题或者审判模式选择的前提性问题，即审判程序的正当化或现代化问题，其中包括确立、尊重被告人的主体地位（如肯定无罪推定原则、赋予被追诉者沉默权、厉行疑罪从无规则）；促进控辩平等（如扩大法律援助的范围、提高律师辩护率和辩护质量、加强对辩护律师诉讼权利的保障）；塑造独立、公正、权威的法院体制和法官形象（如严格执行非法证据排除规则，有效制约侦查权、控诉权，改变公检法三机关重配合、轻制

约的现状）；完善刑事证据规则、量刑规则；等等。这些基础性的问题不解决，审判方式改革在促进庭审实质化方面将难以取得突破性的进展。

从两大法系国家的刑事审判看，庭审实质化至少需要具备裁判者的亲历性和证人亲自出庭两大要素，但在大陆法系和英美法系国家，庭审实质化的路径存在一定的差异。在思考我国的审判方式改革以及庭审实质化问题时，需要对以下两大争议问题作出回答：一是我国应采直接言词原则还是传闻证据规则；二是我国应采卷宗移送主义还是起诉书一本主义。

（一）直接言词原则与传闻证据规则

关于直接言词原则与传闻证据规则的关系，我国学者存在不同的看法。有学者认为，建立传闻证据排除规则是贯彻直接言词原则的体现，二者均应在我国刑事诉讼中予以确立。① 也有学者认为，直接言词原则与传闻证据规则既有联系，又有区别，我国应当确立直接言词原则，而不宜采传闻证据规则。②

在大陆法系国家的刑事诉讼中，确立了直接言词原则。直接言词原则由两项原则组成，即直接原则和言词原则。由于二者均以有关诉讼主体在场为先决条件且密不可分，故学界通常将两者视为一项原则。直接言词原则包含以下几个具体规则：在场原则、证人出庭规则、直接采证规则、审理不间断规则、法官不更换规则。

在英美刑事诉讼中，将对质权视为公民的一项宪法性权利。要求证人宣誓后作证，使被告人有机会询问证人，使陪审团能够亲自观察评估证人的行为举止，是法律保障对质权的三个目的。③ 对质权要求将证人带到公开的法庭之上并须宣誓，这样也就使证人被置于伪证罪的威胁之下。他们的证词连同他们的举止、态度都要在法庭上受到审查。对质权允许被告人向对其不利的证据提出挑战，以便在可能的范围内对案件事实作出最有利于己的辩护。因此，被追诉者被赋予出席所有对其不利的诉讼过程的机会，并且可以利用一种相对而言不加限制的直接询问和交叉询问程序。

在英美法中，对质权与传闻证据规则密不可分。根据传闻证据规则，某一证人在法庭外就案件事实所作的陈述内容被他人以书面方式提交给法庭，或者被另一证人向法庭转述或复述出来，这种书面证言和"转述证言"均为传闻证据。这种"传闻证据"既不能在法庭上提出，也不能成为法庭据以对被告人定罪的根据。排除传闻证据的原因主要在于这种证据不可靠和不可信。④ 传闻证据规则旨在保障证人能够受到控辩双方的直接质证。英美法中还有"最佳证据规则"，它是一项规定"原始文字材料作为证据有优先权的简单原则"，现在该原则也适用于录音和照片。⑤

大陆法中的直接言词原则融合了英美法中的对质权、传闻证据规则、最佳证据规则等，是一个糅杂了多种因素的混合体。与英美法中的传闻证据规则相比，大陆法中的直接言词原则对我国的庭审虚化问题更具针对性，加之传闻证据规则本身极为复杂且对发现事实真

---

① 参见龙宗智：《庭审实质化的路径与方法》，载《法学研究》2015年第5期。
② 参见刘玫、陈衍：《论直接言词原则》，"审判中心与直接言词原则研讨会"论文，2014年12月23日。
③ 参见王兆鹏著：《美国刑事诉讼法》，台湾元照出版有限公司2004版，第383页。
④ 参见 [英] 特纳著：《肯尼刑法原理》，王国庆、李启家等译，华夏出版社1989年版，第487页。
⑤ [美] 乔恩·R. 华尔兹著：《刑事证据大全》，何家弘等译，中国人民公安大学出版社1993年版，第335页。

相的诉讼目标构成妨碍，因此我国宜采直接言词原则。

（二）卷宗移送主义与起诉书一本主义

为了保障庭审实质化，需要适度阻断侦审联结，对侦查案卷信息与裁判信息进行必要的切割，以防止法官产生预断。为此，在审判方式改革的讨论中，采日本起诉书一本主义为我国不少学者所主张。在我国台湾地区，由卷证并送主义改为起诉书一本主义的讨论也由来已久。[①]

从世界各国的情况看，在阻断侦审联结上主要采取了三种方式：

其一是采起诉书一本主义，以日本为代表。日本刑事诉讼法第256条明确规定："起诉书，不得添附可能使法官对案件产生预断的文书及其他物品，或者引用该文书等的内容。"在起诉书一本主义之下，诉讼由当事人双方主导，法院处于公正的裁判者地位，这被视为当事人主义的重要特征。在英美法中，基本上没有起诉书一本主义的概念，但在英美法系架构下审判并不依照卷证进行，实际上相当于采起诉书一本主义。但美国不论审判是否采陪审团或由职业法官审判，法官审判前均可调阅起诉审查（preliminary hearing）或大陪审团（grand jury）的记录，这些记录包括有证据能力及无证据能力的证据，以方便法官有效率地指挥诉讼，美国法官审判前之心证并非一张白纸。[②]

其二是对公诉审查主体和审判主体进行适当的分离。第15届国际刑法大会决议在专题三"刑事诉讼改革运动与人权保护"的第4条中指出："在审理和判决时，无罪推定原则要求法官公正不倚。为了实现这种公正不倚，必须在起诉职能和审判职能之间作出明确的区分。此外，作出判决的法官不得参与预审阶段的工作。作出判决的法官与对嫌疑人起诉的予以受理的法官不是同一人，这是非常可取的。"[③] 在英美法系国家，采取陪审团审判制度，将诉讼指挥者与事实认定（裁判）者分离，即使诉讼指挥者被证据污染，也与事实裁判者是否产生偏见无关。

其三是采卷宗移送主义，同时采取措施限制侦查案卷对审判的影响。采卷宗移送主义的大陆法系国家，为了限制侦查案卷对审判的影响，采取了一系列措施，如法国刑事诉讼法第347条规定重罪法庭不能将案卷带入评议室；[④] 在德国，虽然采案卷移送制度，但案卷之内容原则上不得用为裁判之根据。[⑤] 在阅览案卷的主体方面，规定陪审员原则上不得接触案卷；审判长和制作裁判文书的法官也不得阅览案卷。德国还有所谓的"询问本人原则"，即刑事诉讼法第250条规定的，对事实的证明如果是建立在一个人的感觉之上，要在审判中对他进行询问。不允许以宣读以前的询问笔录或者书面证言代替询问。[⑥]

采起诉书一本主义，有利于彻底排除法官预断，但该制度的建立需要以诉因制度、证

---

① 参见洪维德：《卷证不并送下我国刑事诉讼审前程序之修正刍议——以证据开示为中心》，载台湾《检察新论》2014年第15期。

② 参见吴巡龙：《卷证不并送下审判程序的论理——我国应否采起诉状一本主义》，载台湾《检察新论》2014年第15期。

③ 《国际刑法大会决议》，赵秉志等译，中国法制出版社2011年版，第120~121页。

④ 参见［法］贝尔纳·布洛克：《法国刑事诉讼法》，罗结珍译，中国政法大学出版社2009年版，第487页。

⑤ ［德］克劳思·罗科信著：《刑事诉讼法》，吴丽琪译，法律出版社2003年版，第430页。

⑥ 参见魏晓娜：《以审判为中心的刑事诉讼制度改革》，载《法学研究》2015年第4期。

据开示制度等作为配套，牵涉甚广。我国立法在案卷移送问题上出现的反复，表明如果采起诉书一本主义，在实践中遇到的困难可能比采复印件主义更大。采卷宗移送主义，虽然会影响法官心证，但它可使审判者迅速了解案件争点，加速审判进程，避免控辩双方漫长表演、拖延诉讼，有利于节省司法资源。在国际刑事法庭的审判中，也曾就采案卷移送主义或起诉书一本主义产生争议，目前已就法官开庭前阅览有关证据材料形成制度，并写入了《程序与证据规则》之中，因为案卷移送主义的益处是显而易见的。"法官事先阅览有关材料，是为了对整个案件的方向在审理前有个大致的了解，而不是为了在这个阶段就裁定这些证据的真实性。"① 鉴于上述情况，我国暂不宜采起诉书一本主义。

（作者单位：中国社会科学院法学研究所）

---

① 朱文奇著：《国际刑事诉讼法》，商务印书馆 2014 年版，第 345~347 页。

论庭审实质化视域下有效辩护的构成要素及其运作

杨建广　李懿艺

有效辩护是保证犯罪嫌疑人、被告人获得充分的律师辩护，推进以审判为中心的诉讼制度改革，实现庭审实质化的题中之义。当下，一方面是国家高层为律师"保驾护航"的认识进一步统一，如中办国办新近出台《关于深化律师制度改革的意见》（2016 年），[①] 连同最高人民法院、最高人民检察院、公安部、国家安全部、司法部印发的《关于依法保障律师执业权利的规定》（2015 年）等多个相关规定。另一方面则是现实中律师行使辩护权依然困难重重：会见难、阅卷难、调查取证难的"老三难"问题仍未解决，发问难、质证难、辩论难的"新三难"问题亦不期而至。如何确保辩护权的有效行使，保障与激励辩护律师充分发挥辩护职能，是当前实现刑事庭审实质化最为重要的任务与议题之一。

一、从"有"辩护到"有效"辩护：有效辩护的概念及其理论发展

有效辩护的概念发轫于美国。美国联邦宪法第六修正案规定了被告人享有"获得律师帮助的权利"，随后美国联邦最高法院在 1937 年的司法实践中首次提出了"律师的有效辩护"这一概念，并通过司法判例确认了有效辩护的重要性，"若辩护人不能提供有效的律师帮助，那么与无辩护人无异。"[②]《元照英美法词典》对"有效的律师协助"界定为"律师为被告人提供了认真而有意义的法律服务，包括告知了被告人所享有的权利；诚实、精通法律且有能力的律师被给予了合理的机会去履行他所承担的义务。如律师的行为使对抗式诉讼程序不能发挥正常的作用，以致无法作出恰当的判决，则律师被认为没有提供有效的协助。"[③]

大陆法系国家大多并未明确使用"有效辩护"一词，而是通过探究辩护律师在任何程序下都必须履行的核心职能来确定辩护的有效性。德国学界在学理上主要有三种学说[④]，分别是当事人利益代理人理论、司法机关理论和限制的司法机关理论。其中，限制的司法机关理论由德国学者布尔克教授（Werner Beulke）提出，他认为将辩护人的功能定位为司法机关，很容易造成真正的国家司法机关借此对辩护人恣意干涉，因此必须先归纳出辩护人可以因具体哪些方面的公共利益而作出违反被告人意志的决定，而又无须被处罚的。他将这方面的公共利益归纳为实质辩护的有效性、司法的有效性和国家安全，并进一步认为

---

① 参见《中共中央办公厅国务院办公厅印发〈意见〉全面部署深化律师制度改革》，载《法制日报》2016 年 6 月 14 日第 1 版。

② See Evitts v. Lucey, 469 U. S. 387 (1985) .

③ 参见《元照英美法词典》（缩印版），北京大学出版社 2013 年版，第 460 页。

④ 参见［德］克劳思·罗科信著：《刑事诉讼法》，吴丽琪译，法律出版社 2003 年版，第 149 页。

"司法的有效性"如恶意拖延诉讼、撒谎等可视为辩护的界限。[①] 法国则有学者从"对抗制运动员"、"专业局外人"、"司法官辅助人"三个角度论述辩护律师的职能定位来探讨各自理论下律师辩护的有效性应包含的条件。[②] 日本的学者认为,"犯罪嫌疑人、被告人委托辩护人,从辩护人处获得有效辩护的权利称为辩护权",同时将辩护区分为"实质性辩护"与"形式性辩护"。[③]

近年来,我国学界对有效辩护的关注与讨论逐渐增多。有学者从有效辩护原则的角度对有效辩护进行定义,"一是犯罪嫌疑人、被告人作为刑事诉讼当事人在诉讼过程中应当享有充分的辩护权。二是应当允许犯罪嫌疑人、被告人聘请合格的能够有效履行辩护义务的辩护人为其辩护。三是国家应当保障犯罪嫌疑人、被告人自行充分行使辩护权,设立法律援助制度,确保犯罪嫌疑人、被告人获得律师的帮助。"[④] 有学者侧重于从辩护效果定义,认为有效辩护是"在刑事辩护过程中,辩护主体能够依靠国家完善的立法规定,充分有效地利用各种辩护资源获取案件信息,使辩护意见能够被法官积极采纳,最大限度地保护犯罪嫌疑人和被告人的合法权益不受侵犯,实现司法的公平和公正[⑤]"。还有学者认为,有效辩护是指"律师在刑事案件中认真的、有意义的法律代理,包括律师要就所有权利对被告人提出建议,律师要根据流行的职业标准合理履行所要求的任务"。[⑥] 再有学者认为,"有效辩护是指律师为被告人提供了富有意义的法律帮助"。[⑦] 笔者在此基础上认为,对有效辩护的界定宜宽不宜窄,即有效辩护是指律师为犯罪嫌疑人、被告人提供了忠实尽职的法律帮助,且没有出现失职行为或发生不利后果,并取得了促进司法公平公正的效果。

综上,有效辩护可以被看作是司法公正大目标下的一个下位目标系统,其发展和演变的特征可归纳为:第一,它是辩护权行使的核心,各国均努力通过法律与司法实践确保犯罪嫌疑人、被告人从"有"辩护走向"有效"辩护;第二,它是判断辩护有效与否、庭审结果公正与否、司法文明程度高低的重要衡量标准和确定标志;第三,它的概念多元、内涵丰富,与辩护律师的地位及其辩护职能紧密联系,在不同国度与诉讼模式下呈现出不同的内容。

二、有效辩护抑或是无效辩护:系统构成要素及其系统边界的界定

律师辩护的水平与能力决定着有效辩护的实现程度,对庭审质量与裁判结果有着重要的影响。有效辩护是被告人享有接受公正审判的权利的前提,也是发现真实的有力武器,更是防止形成冤假错案的最佳手段,它能从侧面反映出一国刑事司法水平的高低。因此,有必要对有效辩护的构成要素进行界定与分析,以凸显和固化有利于庭审实质化系统目标

① 参见吴俊毅:《辩护人在审判程序当中的地位——以德国法为中心的探讨》,载《法令月刊》第52卷第9期。
② 参见[英]杰奎琳·霍奇森著:《法国刑事司法——侦查与起诉的比较研究》,张小玲、汪海燕译,中国政法大学出版社2012年版,第141~169页。
③ 参见[日]田口守一著:《刑事诉讼法》,刘迪等译,法律出版社2000年版,第90页。
④ 参见宋英辉主编:《刑事诉讼原理》,法律出版社2003年版,第118页。
⑤ 参见陈光中主编:《刑事诉讼法》,北京大学出版社、高等教育出版社2004年版,第75页。
⑥ 参见熊秋红:《有效辩护、无效辩护的国际标准和本土化思考》,载《中国刑事法杂志》2014年第6期。
⑦ 参见陈瑞华:《刑事诉讼中的有效辩护问题》,载《苏州大学学报》(哲学社会科学版)2014年第5期。

实现的有效辩护。

（一）有效辩护的构成要素

有效辩护作为一个目标系统，其构成应当至少包括以下三个要素：

1. 权利要素——犯罪嫌疑人、被告人获得律师帮助

犯罪嫌疑人、被告人在刑事诉讼中获得律师的法律帮助是有效辩护实现的重要前提，是有效辩护的基础和标志之一。刑事诉讼三角结构要求控辩双方平等武装、法官居中裁判。赋予犯罪嫌疑人、被告人充分的辩护权能够有效平衡强势的国家机关与相对弱势的犯罪嫌疑人、被告人的诉讼地位。从现有刑事司法准则看，各国多以立法方式明确了获得辩护的方式，包括自行辩护、委托辩护和指定辩护，我国亦是如此。有效辩护的权利要素主要来源于律师的法律帮助，因此有效辩护的第一要义是允许律师全程辩护并且充分确保律师行使辩护权。从辩护的形式来看，委托辩护是现代辩护中最为重要、使用率最高的一种辩护方式。指定辩护作为刑事法律援助的具体实现形式之一，亦经历了从社会道义向国家义务的转变，强调了国家对犯罪嫌疑人、被告人启动侦查或起诉可能带来的伤害负有防范的义务。

2. 行为要素——律师为犯罪嫌疑人、被告人提供忠实尽职的辩护

律师开展高质量的辩护是有效辩护的行为基础，也是律师辩护的具体内容，有学者称之为"实质及忠实辩护"①。何为"实质及忠实辩护"？台湾地区"最高法院"在经过多年的实践之后，在不同的案件判决中提出了"实质辩护"和"忠实辩护诚信执行职务之义务"，并在案件判决中提到"辩护人必须本乎职业伦理探究案情，搜求证据，尽其忠实辩护诚信执行职务之义务，否则与辩护人未经到庭无异"以及实行"确实有效辩护"。无论是"实质及忠实辩护"还是"确实有效辩护"，都是基于辩护完成的效果来界定的。而一旦涉及辩护的效果这一价值判断问题，再要确定评价标准就显得相当困难。尽管如此，却并不意味着有效辩护的标准便是不能言说与不可捉摸的，反而对有效辩护内涵的不断界定和标准的不断探求将大大地有利于刑事辩护制度的改革、刑事庭审实质化与审判公正、律师职业能力与水平的提高。对于何种辩护行为才能算作"忠实尽职"？学界并未有统一定论。笔者认为应当包括如下方面：一是专业。辩护律师要具备为犯罪嫌疑人、被告人提供辩护的专业知识水平、技能与经验。辩护律师在法庭调查阶段能够有效质证、及时发问、善于发问；在法庭辩论阶段能够发挥思辨能力、及时反驳控方漏洞、善于分析与总结。二是忠实。辩护律师要在法律规定的范围内为犯罪嫌疑人、被告人的合法权益做最大努力的争取，作出最符合当事人利益的职业判断。三是尽职尽责。辩护律师要做好充分的辩护准备，熟知案情、证据与法律法规，不打无准备之仗；确保犯罪嫌疑人、被告人的知情权。在涉及实体性权利等重要权利的问题上应当毫无保留地告知权利与风险，进行充分的协商。对于律师的尽职办案的行为规范，我国律师协会制定的《律师办理刑事案件规范（2000年）》有具体的律师办案规则与职业要求，但遗憾的是未对辩护的有效性标准问题作出规定。

3. 结果要素——最低限度地保障犯罪嫌疑人、被告人的合法权益

对于有效辩护是否应当保证结果正义，即确保犯罪嫌疑人、被告人实现合法权益且获

---

① 参见王兆鹏：《实质及忠实之辩护——最高法院相关判决评释》，载《法令月刊》第60卷第7期。

得公正审判的问题，司法界与学界均存在争议。有观点认为，对于律师辩护的要求不能太高，只需保障辩护权由律师行使即可，对于辩护权行使的效果如何，不应做过多考虑。笔者认为这样的观点有待商榷。原因有三：第一，有效辩护的标准较难界定，但并非毫无标准。有效辩护重在辩护的"效"，即辩护所取得的效果、功效。而有效辩护本身就是对律师职业水准的一种价值判断。① 若对辩护的效果都没有一种正确而明晰的评估，就无法促进辩护制度的改革和律师职业水准的提高，也无法对庭审的质量进行全面的判断。第二，无效辩护的判断标准也将辩护"结果"考虑在内。美国联邦最高法院通过判例的形式界定了无效辩护的标准，指出"判断律师帮助是否有效，重点在于辩护人的行为有无破坏这一功能，致审判产生不正义的结果"，即"行为瑕疵"与"结果不利"。② 例如，因辩护人行为的严重瑕疵导致被告人上诉时遭受上诉审法院的驳回，那么经过审查程序后，该判决也可视为构成"结果不利"的要件，构成无效的律师辩护。第三，以辩护的效果是否有利于最低限度地保护犯罪嫌疑人、被告人的合法权益作为判断标准，其可获得性最强，是相对稳定的标准之一。尤其是从审判的角度看，辩护的效果是可以衡量的。辩护的有效性可分为两个方面：一方面是实质上的有效性，即辩护意见被办案机关接受或采纳，使犯罪嫌疑人、被告人获得无罪、罪轻、减轻或者免除刑罚等有利的处理决定；另一方面是程序上的有效性，即辩护律师在诉讼过程中，针对侦查、检察、审判机关在诉讼中存在的对犯罪嫌疑人、被告人产生不利影响的程序违法行为提出异议，要求纠正并获得解决的有利结果。

（二）通过对无效辩护的判断来界定有效辩护

实际上，对于何种辩护行为可以称之为有效辩护的问题，学界也有不同的观点。归纳起来主要有两种判断方法，第一，正向规定有效辩护的标准，回答的是"什么行为是有效辩护"的问题。第二，反向规定无效辩护的构成，通过回答"什么是无效辩护"，从而为有效辩护界定范围。有欧洲学者从正向角度探讨有效辩护的标准，"以有效辩护的国际标准为基础，将关注点延伸至有效辩护的实践，不仅揭示了有效辩护与公正审判之间的关系，而且揭示了有效辩护的权利构成要素及其动态关系。"③ 通过对《欧洲人权公约》与《欧盟基本权利宪章》的分析，制定了判断有效辩护的具体标准及"路线图"：第一阶段是关于权利告知的判断，包括对各项权利的告知，逮捕与拘留原因的告知，证据（案卷）的告知等；第二阶段是对实质性的程序权利是否获得保障的判断，如无罪推定、沉默权、取保候审权、到庭参与审判权、接受合理审判的权利、上诉权等；第三阶段是对有利于加强有效辩护的权利进行检视，包括调查取证权、充分准备辩护的权利、对等的传唤及质证证人权利以及口译、笔译的权利。④ 不可否认的是，从正向界定有效辩护标准的模式是十分困难与复杂的，不仅有效辩护的影响因素难以列举穷尽，而且一国法治水平、刑事司法制度、政策、诉讼传统这些环境因素对辩护的影响程度是难以准确估量的，各种关联因素更是难以觉察与捕捉。

---

① 参见陈瑞华：《刑事诉讼中的有效辩护问题》，载《苏州大学学报》（哲学社会科学版）2014年第5期。
② See Strickland v. Washington, 466 U. S. 668（1984）.
③ 参见熊秋红：《有效辩护、无效辩护的国际标准和本土化思考》，载《中国刑事法杂志》2014年第6期。
④ See Ed cape Zara Namoradze, Effective Criminal Defence in Eeastern Europe, Soros Foundation - Moldova. 2012. p. 33-35.

司法实务往往偏向于以确认"无效辩护"的角度来实现辩护的有效性。无效辩护，是指律师的辩护行为存在严重缺陷以至于给犯罪嫌疑人、被告人带来明显不利的结果，则对该行为作出无效的认定并给予相应的救济。对于判断无效辩护的标准，美国联邦最高法院的判例中曾作出多个标准。其中，1984 年确立的最新标准是主张无效辩护必须同时符合两个标准，即"行为瑕疵"标准和"结果不利"标准。

值得注意的是，无效辩护的对立面并非有效辩护。无效辩护确认的只是有效辩护的边界，守护的是最低限度的有效辩护。

三、从"有权获得辩护"到"有权获得有效的律师辩护"——庭审实质化的核心标志之一

庭审实质化的目标是实现"诉讼证据质证在法庭、案件事实查明在法庭、诉辩意见发表在法庭、裁判理由形成在法庭"。要实现这一目标，就必须强调律师辩护在刑事庭审质证、认证中不可替代的作用。从诉讼规律来看，只有控辩双方平等武装，辩护职能得到充分有效的发挥，法官才能全面了解案情，中立地判断事实，公正裁判。因此，律师辩护的有效性是实现庭审实质化目标的核心标志。我国宪法第 125 条规定，被告人有权获得辩护。我国刑事诉讼法第 11 条规定，被告人有权获得辩护，人民法院有义务保证被告人获得辩护。这为构建我国有效辩护制度提供了法律依据。在我国司法体制改革不断深化的情况下，应努力探寻从"有权获得辩护"到"有权获得有效的律师辩护"的实现路径。

第一，针对当前我国刑事案件犯罪嫌疑人、被告人获得律师辩护的权利仍然未能充分行使的现状，应当积极完善我国的法律援助制度、律师会见制度、庭前取证制度、证人出庭作证制度等，为律师实现有效辩护奠定权利基础，让更多的律师能充分有效地开展辩护工作。我国法律明确规定律师能提前介入刑事案件，犯罪嫌疑人有获得律师帮助的权利，但在实践中难以落实。一方面，刑辩律师的案件参与率、参与度均比较低。例如，在对我国 A 省、J 省等省市的调研①中发现存在如下问题：一是侦查阶段的律师参与度比较低。侦查阶段聘请辩护律师的犯罪嫌疑人占总人数的 20% 左右。二是审判阶段辩护律师参与率比较低、地区差异较大。某些地区基层法院一审辩护律师参与率不足 20%。三是犯罪嫌疑人、被告人获得法律援助、指定辩护率低。法律援助率一般在 10% 左右，但最低的还不足 1%，差异比较大。另一方面，刑辩律师调查取证难、证人出庭作证率低导致律师庭上质证难，无法开展有效辩护。

针对律师参与率与参与度低的问题，可以考虑采用加大政府提供法律援助的措施；适当时由国家统一通过立法形式确定法律援助对象、工作标准、机构组织、报酬标准等保障性措施，如将死刑复核案件法律援助对象扩展到因自身经济原因而没有委托辩护人的情形，充分保障死刑案件被告人的辩护权利，确保律师辩护的有效性。完善律师从事法律援助工作的考评机制，探索由司法行政机关负责，由当事人、审判机关、检察机关工作人员评价的考评机制，并将考评结果定期在社会上公布，以此来激励法律援助律师提高办案责任心；

---

① 参见孙长永、闫召华：《新刑诉法实施情况调研报告（2015）》，由西南政法大学诉讼法与司法改革研究中心制作。

针对律师辩护的报酬问题，应由国家设立法律援助基金，把每年的法律援助经费作为一项单独的财政预算拨付，而不是与其他司法经费捆绑拨付，做到专款专用，以激发律师的责任心和办案积极性。

对于完善律师调查取证的问题，应当区别不同情况对待：一方面，对于证人等言词证据的取证，按照我国法律的规定，均应以取得当事人的同意、双方自愿为前提；另一方面，对于物证、书证、电子数据等证据，如银行账单、录音录像、航班及车船班次等各种物证、书证的信息披露问题，国家可以建立专门的司法信息公开辅助机构，以政府机构、公营机构的方式向律师无偿或有偿开放，提供公共服务。由司法机关或政府牵头进行信息公开服务，这样能够比较妥善地解决律师取证难问题。对于证人出庭作证难的问题，学界已经多有讨论，在此限于篇幅不再赘述。然而值得注意的是，即使证人出庭作证了，律师对于普通证人，尤其是鉴定人或侦查人员的质证能力也应当相对提升，否则会导致律师发问难的情况蔓延。

第二，针对当前我国律师素质水平参差不齐，律师辩护专业化程度比较低的问题，应当逐步建立律师分专业分层级制度，不断提升律师的职业水准与专业水平。随着我国法治进程的不断深入，"案多人少"已经是常态。刑辩律师人数的日益萎缩和普通大众对刑辩律师的评价日趋负面。"万金油式"、"走过场式"的虚化辩护不仅不能为被告人争取最大限度的权利，还是庭审虚化的原因之一，影响司法公正的实现。为此，当务之急是贯彻专业化、精英化理念，对全体律师实行以案件类型为导向的分专业分层级管理，按照案件类型确定从事的律师业务，通过培训使律师熟悉掌握专业内的辩护技能。例如，可规定死刑案件的辩护律师要像证券律师一样，应另行考取专门的执业资格才能办案。

第三，针对当前我国司法机关对律师的辩护职能的保障不足，频繁出现的律师"死磕"法官、检察官的现象，应当建立完善畅通的律师辩护意见采纳机制，探索构建法律职业共同体的可行之策。律师"死磕"虽然在一定程度上维护了当事人的权益，推动了法律的实施，但不是实现有效辩护的适当方式。只有借深化司法改革之风，构建律师与法官、检察官、侦查机关之间畅通的评价、沟通、投诉机制与平台，推动法官、检察官、警察、律师、法学专家等法律工作者的法律共同体的形成，才是实现司法公正的适当路径。

第四，针对当前我国法律对律师严重瑕疵的辩护行为规定的空白，应当建立无效辩护救济机制，以防范冤假错案的产生。研究表明，律师有严重瑕疵的辩护行为往往是造成冤假错案的重要因素。为此，在现阶段可先考虑规定因律师严重失职而导致对被告人明显不利结果的，法院在认定后可以此为由撤销原判决，发回重审。在救济被告人的同时，应向相关司法行政机关发出处理该律师的司法建议，从而保障有效的辩护制度。

（作者单位：中山大学法学院）

论法院对公诉撤回的司法审查

杨 明 刘 浩

人民检察院提起公诉后又撤回起诉的案件虽然不是大量存在，但是其行为性质和影响力却不容小视。现行刑事诉讼法并没有规定检察机关对于提起公诉的案件有权撤回起诉，然而最高人民检察院和最高人民法院的司法解释都明确了这一诉讼权利的存在。尽管理论界对此超越立法的司法解释颇有诟病，但司法实践中的撤诉多年来一直都在运行之中。公诉案件的撤诉权尽管有存废之争，但是相当多的国家立法的认可，国内理论界为数不少学者的支持，使得现阶段公诉方拥有撤诉权具有"时代"合理性。我国《人民检察院刑事诉讼规则（试行）》第 459 条对检察机关撤诉的适用情形作了较为详细的规定："在人民法院宣告判决前，人民检察院发现具有下列情形之一的，可以撤回起诉：（一）不存在犯罪事实的；（二）犯罪事实并非被告人所为的；（三）情节显著轻微、危害不大，不认为是犯罪的；（四）证据不足或证据发生变化，不符合起诉条件的；（五）被告人因未达到刑事责任年龄，不负刑事责任的；（六）法律、司法解释发生变化导致不应当追究被告人刑事责任的；（七）其他不应当追究被告人刑事责任的。"实践中除了上述明确规定的情形，还有一些不能被"其他不应当追究被告人刑事责任的"弹性条款包容的情况。例如，"已被提起公诉的被告人在其他地方发现另有重大罪行，需要并案侦查后异地提高审级进行审判的"，"在基层法院审理的被告人被认为应当判处无期徒刑以上刑罚，需要由中级人民法院进行一审的"，"自诉案件被作为公诉案件公诉，开庭审理后才发现定性不当的"，"被告人下落不明无法到案的"，"监所部门办理的因被告人未逮捕不到案"，"因系轻伤案件当事人选择自诉"等[1]。面对这些法内法外理由引起的撤诉，是否必然导致诉讼终结的法律后果，最高人民法院《关于适用〈中华人民共和国刑事诉讼法〉的解释》第 242 条规定："宣告判决前，人民检察院要求撤回起诉的，人民法院应当审查撤回起诉的理由，作出是否准许的裁定。"显然，撤诉仅仅是诉讼中的一种申请权，不当然导致诉讼的终结，法院对该申请审查后，可能允许撤诉，也可能不允许。但是，司法实践中几乎找不到一个法院不允许撤诉的案例。[2] 法院拥有的对撤回公诉的审查权为什么没有发挥作用呢？是该项权力的设置缺乏合理性，还是权力行使过程中存在障碍，这是必须思考的问题。

一、撤诉申请需要司法权的审查

检察机关代表国家对被告人提起诉讼，控告其行为构成犯罪，要求对被告人处以一定的刑罚，是一个严肃而重大的法律行为，它直接的程序后果就是特定的刑事案件"系属"

---

① 参见周长军：《撤回公诉的理论阐释与制度重构——基于实证调研的展开》，载《法学》2016 年第 3 期。
② 参见龙宗智：《论新刑事诉讼法实施后的公诉变更问题》，载《当代法学》2014 年第 5 期。

于受诉法院，审判程序被启动，关于该案件的处理权限归法院拥有。所以，许多国家对撤回公诉都以"诉讼权利"的方式加以规定，都由法院审查后决定是否许可。虽然控审分离原则要求不告不理，但是一旦告诉发生，审判权就应当发挥引导程序并决定实体及程序权利、义务的作用。

首先，审判权相对于起诉权具有更高的司法权威。不论是民事诉讼还是刑事诉讼，起诉方的起诉都是一种请求权，不必然引起审判程序，只有符合法定条件的起诉才可能被法院受理，才可能引起审判程序。一旦审判程序启动，案件的命运就掌握在法官手中，法院既承担审判的义务，也拥有解决纠纷的权力。没有法院受理对起诉的认可，起诉便没有任何法律意义；没有法院裁判的支持，起诉便没有实质意义上的利益获得。法院对具体案件的裁判权力，不仅仅表现为实体法层面的权利义务处分，还表现为对程序性请求的审查与处分。检察机关对已经提起公诉的撤回申请，虽然表达了不告诉的意愿，但是不等于没有告诉，法院的审理既然已经开始，就不能简单服从于原告方的意志，以避免由于撤诉权滥用造成国家、集体和个人利益的损害，或者影响审判活动的公正性与权威性。控审分离原则是刑事诉讼现代化的重要标志，法官对起诉要求的审查是审判活动的基本内容，是否支持起诉的请求是裁判存在的意义。对合法的诉讼请求予以肯定和支持，对不合法的要求予以否定和拒绝，是审判权中立与公正性的体现，是裁判获得社会公众认可的基础。如果审判权不能有效制约起诉权，审判的价值就会荡然无存。

其次，撤回公诉关系到被告人的人权保障。被告人从一开始被怀疑犯罪，到被指控犯罪送交法庭审判，经历了一段痛苦的诉讼煎熬，摆脱了仅仅面对控诉方的局面，走向法庭后才可以依赖中立而公正的法官之保护。刑事审判活动的一般原理要求，裁判者对控辩双方应一视同仁，平等对待控诉方与被告方，不能因为控诉方是代表国家的检察机关就有所偏袒，更不能因为被告人有可能实施了犯罪行为而有所歧视。恰恰相反，对于处于弱势地位的被告人应当给予更多的关怀与照顾，因为只有对弱势群体进行特殊的保护，才能使其固有的弱势缺陷获得弥补，成为可以与对手平等对抗的主体。一般来说，诉讼中发生的可能对其产生不利影响的情形，当事人不但应当拥有知情权，还应当拥有表达意见的权利，以维护自身的利益。这样才能体现当事人的诉讼主体地位，才能使其成为自己命运的掌握者，才能体现程序的人权价值。马克思认为，人权"无非是市民社会的成员的权利，也就是说，无非是利己的人的权利、同其他人并同共同体分离开来的人的权利"。它由自由、平等、私有财产和安全构成，是人类普遍的权利。[①] 被告人渴望无罪判决，因为控诉方的撤诉不具有与无罪判决相同的司法公信力，不具有让被告人放心的结论性与权威性。无罪判决能够给予被告人足够的安全感，所以获得无罪判决是不能被认定有罪的被告人的基本人权要求。

二、法院对撤诉申请审查失灵的原因

在考察实践中我们发现，之所以检察机关的撤诉申请几乎没有被法院否定的情况，原因比较多，大致可以总结为以下几个方面：第一，法官认为法院是消极的裁判机关，应当

---

① 参见《马克思恩格斯全集》（第 1 卷），人民出版社 2009 年版，第 40 页。

贯彻不告不理原则，既然作为控诉方的检察院撤回公诉，法院就没有积极审理的根据与必要，所以应当同意检察机关的撤诉申请。第二，法官如果认为检察机关是为了规避无罪判决而撤回告诉，从被告人利益维护的角度考虑，法院也没有阻止的必要，因为撤回公诉对于被告人来说也是有利的，撤诉就不可能被定罪处刑。第三，检察机关的撤诉申请可能在判决宣告前的任何时间节点提出，如果还没有开庭审理，法院不允许撤诉将导致案件无法处理，因为检察院如果不出庭支持公诉，法院即便想审判也没有办法进行，总不能不经过审理就宣告无罪。第四，法官即使认为撤诉不利于被告人利益的维护，被告人及早获得裁判的权利应当给予支持，但是现行司法解释并没有详细规定作为不允许撤诉裁定的依据可以直接引用。在这种情况下，法官如果裁定不允许撤诉，就必须阐释大量的法学理论来支持自己的决定。这样不仅工作量会增加，也存在一定的风险，即不当然获得检察机关的认可，从而引起抗诉及二审。二审是否支持一审的不允许撤诉裁定，法官也不可能不担心。第五，法院同意检察机关的撤诉申请以裁定的方式作出，被告人对一审裁定拥有上诉权，还可以获得二审的救济，所以不必过分担心被告人的利益。第六，检察机关的强势地位给法官同意其撤诉申请形成了巨大的压力。[①] 由于我国法律赋予了检察机关对国家工作人员职务犯罪的侦查权，这样的原告，法官是不敢得罪的。第七，现行规定没有赋予被告人对检察机关撤回公诉申请的知情权和表态权，更没有要求法院在审查该申请时考虑被告人的意见。虽然被告人是检察机关控告的对象，是刑事诉讼中的当事人，但是其诉讼主体地位一直没有获得法律全面的认可，在被控告与撤回控告的问题上，被告人就是一个被处理的对象，没有任何的话语权。所以，即便是被告人认为自己应当或者极有可能获得无罪判决，也无力阻止检察院的撤诉。

上述这些原因，有法官认识方面的问题，有司法解释不够细化的问题，更有法律关于控诉权与审判权设置不合理的问题。审判权在立法定位时就出现了一定程度上的错位，即把审判机关作为事实的发现者，而没有完全视为事实的裁判者。刑事诉讼法条文中经常要求法院在"查清事实"后适用法律就是突出的体现。更有"分工负责、互相配合、互相制约"的原则性要求，使得法院无法恪守中立的裁判者立场，经常向检察机关倾斜。在检察机关是否应当撤诉的问题上，实践中存在的突出问题是，检察机关的撤诉很多是在法院提出建议后作出的。而法院的建议又往往是根据审理的情况，认为应当宣告无罪的案件，才建议检察院撤诉，从而避免检察院的公诉失败。这种配合严重破坏了控审分离原则，侵犯了被告人的利益，使被告人失去了法院的保护。控审分离原则要求审判权具有否定起诉权的能力，这是审判权赖以存在的前提。但是，我国的刑事案件起诉方绝大多数是检察院，检察院在代表国家履行控诉犯罪职能的同时，还拥有法律监督的权力，监督法院审判活动是否合法。所以，检察院不是一般的起诉者，它以国家为后盾而且拥有对法院及法官的处分权力，这些都严重影响法院对其各种请求的"自由"裁量。

三、法院对撤回公诉申请的自由裁量

在权力结构层面，提起公诉的检察机关必须削减威胁审判权"自由"行使的权力。刑

[①] 参见顾永忠、刘莹：《论撤回公诉的司法误区与立法重构》，载《法律科学》2007 年第 2 期。

事诉讼也是诉讼的一种，也应当遵循诉讼活动的规律，裁判者必须有凌驾于控辩双方的地位与权力，能够支持或者反对任何一方的主张，能够制裁各方的违法行为，不论是实体法层面还是程序法层面。法官在诉讼中决定性地位的树立，需要立法将公诉案件中的检察机关弱化为一般当事人，赋予其等同于被告人的诉讼地位与诉讼权利，而不能同时拥有对审判活动的法律监督特权，更不能拥有对法官个人发动刑事侦查的特权。只有这样，法官才可能担负起维护正义的使命，才有可能保护处于明显弱势地位的被告人，被告人在刑事诉讼中的人权才可能获得保障。马克思区分了政治国家与市民社会，他认为，只有通过"政治解放"，把市民从资产阶级国家的政治工具中解放出来，让市民真正成为国家的自然基础，才能让人与公民、人权与公民权合二为一。① 把在刑事诉讼中至高无上的原告——国家拉下马，变成普通的诉讼当事人，这是市民社会对诉讼的一般要求。当下中国进行的以审判为中心的司法改革，恰恰说明了一直以来刑事诉讼并没有以审判为中心，而是以侦查为中心，即一旦警察形成了对案件的判断，法官否定其认定的可能性极小，因为法律没有赋予法院足够独立的审判权。于是，诸如赵作海、佘祥林等因警察刑讯逼供而制造的冤案就很难在审判环节得到纠正。审判中心主义要求决定案件命运的是裁判，而不是侦查或者起诉活动，警察社会与法官社会的差别就是野蛮与文明、专制与民主、人治与法治的差别。法院审判权独立、公正行使的一个基础性条件是没有来自控辩双方的压力及不正当的影响，取消刑事诉讼中控方即检察院的特权，将其调整为与被告人平等的普通当事人，刑事诉讼才有可能具有现代意义上的人权色彩。

在法院审查撤诉程序的启动环节，应当增加尊重被告人意志的限定。实证研究表明，检察机关的撤诉，有相当大的比例是由于证据不足，控诉方为了规避无罪判决而撤回起诉。② 手无寸铁的被告人面对以国家为后盾的检察院，如果没有法律的特别赋权和法院的特殊保护，便是任人宰割的对象。为此，法律应当对其给予一定的关照，以丰富的诉讼权利来弥补其诉讼能力的先天不足。米尔恩在论及比例平等原则时给了我们有益的提示："比例平等允许给优者以不利和给劣者以优待，以便使能力不等的竞争者获得同等的机会，但是，给予这种不利、优待必须公平。换言之，它必须与竞争者不相等的能力成比例。"③ 我国多年来的司法实践情况是，由于检察机关的撤诉在司法审查过程中没有障碍，法院完全不用考虑被告人的意志与利益，导致大量的无罪被告人不能拿到无罪判决书。再加上检察机关撤诉后的再次起诉也时有发生，被告人对自己的命运不但不能掌控，也不能有效预期，没有法治社会公民应当拥有的法律安全感。所以，我国更需要法官在检察机关提出撤诉申请时，充分考虑被告人意志与利益进行裁判，即检察院提出撤诉申请的案件，法院必须及时通知被告人，如果被告人不同意控诉方撤诉，则法院必须进行审判。如果由于检察院拒绝履行控诉职责而使案件无法正常审理的，法院应当依据无罪推定原则，直接宣告被告人无罪。有学者主张，仅赋予被告人较大的选择权，而不是赋予完全的选择权，即对"证据不足或者证据发生变化，不符合起诉条件"，且需要重新侦查的案件，做撤诉、不起诉处理后

① 参见公丕祥著：《权利现象的逻辑》，山东人民出版社 2002 年版，第 235 页。
② 张小玲：《论我国撤回公诉的功能定位》，载《中国刑事法杂志》2015 年第 1 期。
③ ［英］米尔恩著：《人的权利与人的多样性——人权哲学》，夏勇等译，中国大百科全书出版社 1995 年版，第 59 页。

退回公安机关重新侦查，比法院判决无罪后由公安机关自行重新侦查更有利于促使公安机关认真履职，实现司法公正。因此对于这种案件，由于被告人有犯罪嫌疑甚至重大嫌疑，对其撤诉有利于实现司法公正这一刑事诉讼的首要价值，故一般不能以被告人意志为转移。[①] 对此观点笔者不能苟同。"证据不足或者证据发生变化，不符合起诉条件"，只能说明侦控机关没有完成控诉犯罪的任务。依据刑事诉讼法第 49 条和第 195 条的规定，公诉案件中被告人有罪的举证责任由人民检察院承担；法院审理后认为证据不足，不能认定被告人有罪的，应当作出证据不足、指控的犯罪不能成立的无罪判决。在证据不足的情形下如果允许检察院有效撤诉，就是对刑事诉讼法的背离，将疑罪从无原则退化为中国刑事法历史上的"疑罪从挂"。再一次的侦查与控诉不仅违背了一事不再理原则，而且将侦控机关没有完成充分收集犯罪证据的法律责任转嫁给了被告人，使其承受再一次被列为犯罪嫌疑人的诉讼负担。让被告人承受侦控机关过错的法律责任，违背了法律责任归责的一般原理。查明案情固然重要，是实现实体公正的保障，但是没完没了的追诉，牺牲的是程序公正。被告人从诉讼客体到诉讼主体的转化，是刑事诉讼从野蛮向文明的发展，是刑事法领域人权的觉醒。任何无视被告人人权的立法设计都是逆历史潮流的。更何况没有满足被告人及时获得审判的要求，很可能为后续的不满表达埋下隐患。被告人为了自身利益，在于己不利的撤诉后进行申诉、上访，是在审判程序外实现其诉求的常见方式，当然也会有实施违法犯罪等私力救济手段和发泄样态。本可以在公开透明的审判程序中解决的问题，由于法院的同意撤诉，导致被告人不能获得满足感，再通过其他的途径表达其意志，维护其利益，这是浪费国家纠纷解决资源的错误选择。审判程序是经过细密设计的纠纷解决机制，是被实践证明了的能够最大限度地吸收不满、化解矛盾的程序。让被告人畅所欲言、一吐为快的法庭举证与辩论能够极大地化解压抑与对立情绪；能与对手在法庭上交锋，可以强化被告人的主体感觉；辩论的过程往往还可以使被告人在倾听对方意见后，改变原来的想法，甚至接受控诉方的主张。所以，法律设计应当尽可能发挥"诉讼程序"的作用，而不能将纠纷推向其他场域，甚至使诉讼程序本身又制造不满或者产生纠纷。

在被告人同意撤诉的情况下，法院依然应当遵循一些原则性要求进行审查。不论最高人民检察院的司法解释如何细节化，实践中都难免出现"法外"的撤诉理由，正所谓"法有限而情无穷"。更何况有些撤诉的原因是很难细目化的，实践中导致检察机关撤诉增加的原因竟然有"考核机制的约束，如'五好基层院'建设评比活动中，'没有无罪案'就是一项考核指标。"[②] 不管撤诉的根据是什么，也不管撤诉的根据是否符合案件情况，只要检察院提出撤诉申请，法院就必须进行审查，并决定是否许可。基于最高人民检察院司法解释与实践差距的前车之鉴，不建议最高人民法院再通过司法解释列举应当准许或者不准许的具体情形，而是将该权力的行使仅做原则性要求，供法官自由裁量时考虑。第一个应当遵守的原则是：倾斜性保护弱势者人权。在公诉案件中，人权保障的重点是被告人，尤其是在控诉与撤诉的问题上。一般来说，被告人自己是其自身利益的最佳维护者，在其同意检察机关撤诉的情况下，应当视为撤诉保障了他的利益，至少也满足了他当时的心愿。但

---

① 参见朱孝清：《试论刑事撤诉》，载《人民检察》2013 年第 18 期。

② 广州市人民检察院课题组：《关于撤诉案件和无罪判决案件的调查报告》，载《中国刑事法杂志》2003 年第 5 期。

是，司法实践告诉我们，被告人的很多"同意"经常是自愿的，但却是不理性的。也就是说，被告人对撤回公诉的法律后果了解得不是很充分，我国现行法律并不禁止撤诉后的再起诉，被告人可能在同意撤诉后，再一次因同一事实被侦查、起诉，再一次被交付审判。这样的撤诉对被告人来说是不利的。一旦发生了类似情况，被告人往往又不能承受这种法律后果，又转入其他的救济渠道，甚至采取极端的私力救济手段，给社会带来新的不安定和国家解决纠纷资源的又一次投入。撤诉与无罪判决相比较，全社会对其认可程度的差异是巨大的，包括有些行政法规和纪律都视无罪判决为最明确的、最有说服力的结论，而不将撤诉作为一种司法结论对待。由于多种原因，辩护律师在现阶段刑事案件中还没有达到较高的出现率，没有律师的帮助，多数被告人的文化程度又不高，在这种情况下，被告人很难充分维护自身权益。而作为法院，不论在实体权利还是程序权利方面，既要尊重当事人意志，又不能完全听从当事人的意见来决定案件的处理。尤其是在弱势者可能受到侵害的情况下，倾斜性保护才能全方位体现裁判者的公正性。所以，当法院根据已查明的案件事实，可以"确认"被告人无罪时，即使被告人同意撤诉，也应当裁定不准许撤诉，而是判决被告人无罪。这种情况一般是指案件事实没有争议，适用法律却存在罪与无罪之分歧，而法院认为此种行为不构成犯罪的情况。此时由法院宣告无罪，不仅仅有利于被告人的权益维护，也有利于通过判决对法律适用活动进行普遍性指导。其实，我国现行的司法解释就对此种情形有突破一般程序的特殊规定。最高人民法院的《关于适用〈中华人民共和国刑事诉讼法〉的解释》第241条第1款第9项规定："被告人死亡的，应当裁定终止审理；根据已查明的案件事实和认定的证据，能够确认无罪的，应当判决宣告被告人无罪。"对于被告人死亡案件，审判阶段的一般处理是裁定终止审理，但是出于对被告人人权保障的重视，对能够"确认"被告人无罪的案件，应当还死亡的被告人以清白，判决宣告无罪。另外一种无罪的情况，是法院认为指控被告人实施犯罪行为的证据不足，即被告人的行为性质没有争议，只是证明该行为的证据不充分，此种情况依法应当作出存疑无罪的判决。存疑无罪就是不确定的无罪，就是有可能有罪，此时检察院撤诉，被告人又同意的，法院就没有必要一定宣告无罪了，即法院应当竭力保护的是十分确定的无辜者。第二个应当遵循的原则是轻重罪区别对待。轻罪控辩双方一致同意撤诉的，法院不予干涉，重罪则应当加以审查。之所以对轻罪采取相对宽松的态度，是因为轻罪撤诉即便是出现错误，也不会造成多大的损失，控辩双方既然达成共识，法院便可以不再干预。但是，重罪案件由于犯罪对社会的危害程度大，犯罪人的人身危险性也大，不能轻易放弃惩罚，否则犯罪对社会造成的损害无法弥补，犯罪人的再犯危险不能消除，社会秩序的稳定将面临威胁。该原则的执行可能有与上一个原则发生交叉的情况，即轻罪案件撤诉时法院发现被告人应当获得"确认"的无罪判决，被告人又同意检察院撤诉的，法院应当贯彻保障人权原则优先的处理模式，即不能准予撤诉，而是宣告被告人无罪。关于轻罪、重罪的量化标准，我国刑法和刑事诉讼法都没有明确规定，但是两部法律对于轻重不同罪刑的犯罪都有不同的实体与程序态度，而3年有期徒刑经常是一个轻重刑罚的分水岭。笔者建议，也以3年有期徒刑作为预期刑罚的标准来划分此处的轻罪与重罪。

（作者单位：辽宁大学法学院）

第三部分

认罪认罚从宽制度的
程序与实体设计

关于"完善认罪认罚从宽制度"的几个问题

顾永忠

根据党的十八届四中全会通过的中共中央《关于全面推进依法治国若干重大问题的决定》（以下简称《决定》）提出的"完善刑事诉讼中认罪认罚从宽制度"的要求和司法改革的总体部署，2016 年中央有关部门将提出认罪认罚从宽制度试点方案，经全国人大常委会授权后，将在有关地区进行试点，为下一步全面推行此项改革先行探索，积累经验。据了解，目前中央有关部门正在加紧工作，密切会商，起草、制订试点方案。与此相应，理论界和实务界继去年以来开展以审判为中心的诉讼制度研究热点之后，围绕此项改革任务又掀起新的理论研究热点。从目前已经发表的研究成果来看，笔者认为还有不少基本问题需要深入探讨，形成共识。本文仅对其中若干问题展开研究，略陈管见。

一、什么是认罪认罚从宽制度

明确什么是认罪认罚从宽制度，这是"完善认罪认罚从宽制度"的基本前提。目前权威部门对此尚未提出明确定义，理论界和实务界则不乏各种界定和解读，但相互之间差异较大，远未形成共识。

在笔者看来，无论作为理论概念还是作为法律制度，认罪认罚从宽制度虽然是《决定》首次提出。但是，体现认罪认罚从宽制度精神的具体法律制度和法律实践活动在我国以往立法和司法中早已有之。早在 1979 年 7 月新中国第一部刑法中就有关于自首制度的规定："犯罪以后自首的，可以从轻处罚。其中犯罪较轻的，可以减轻或免除处罚；犯罪较重的，如果有立功表现，也可以减轻或免除处罚。"这是典型的集中体现认罪认罚从宽精神的立法例和具体法律制度。至于司法方面，以往司法实践中奉行的"坦白从宽、抗拒从严"的刑事政策就是对"认罪认罚从宽"精神的最生动、最真实的写照。

不仅如此，我国现行刑事法律制度中体现认罪认罚从宽精神的具体制度或具体规定也不乏其例，在刑法方面主要有：（1）在原有一般自首概念的基础上，增加了特别自首："被采取强制措施的犯罪嫌疑人、被告人和正在服刑的罪犯，如实供述司法机关还未掌握的本人其他罪行的，以自首论"（第 67 条第 2 款）；（2）在总结以往司法实践经验的基础上，把如实供述自己罪行也作为从轻、减轻处罚的法定情节："犯罪嫌疑人虽不具有前两款规定的自首情节，但是如实供述自己罪行的，可以从轻处罚；因其如实供述自己罪行，避免特别严重后果发生的，可以减轻处罚"（第 67 条第 3 款）；（3）在缓刑的适用条件中，要求具备的条件包括"有悔罪表现"（第 72 条）；（4）在一般减刑条件中，要求必须具备"确有悔改表现的，或者有立功表现的"（第 78 条）；（5）在假释条件中也要求"确有悔改表现"（第 81 条）；（6）经《刑法修正案（九）》修改，刑法第 383 条第 3 款的规定为："犯第一款罪，在提起公诉前如实供述自己罪行、真诚悔罪、积极退赃，避免、减少损害结果的发生，有第一项规定情形的，可以从轻、减轻或者免除处罚；有第二项、第三项规定情形的，可以从轻处罚。"在刑事诉讼法方面主要有：（1）在适用简易程序的条件中明确要求："被告人承认自己所犯罪行，对指控的犯罪事实没有异议的"（第208条）；（2）在适用公诉案件当事人和解的程序条件中，要求必须具备"犯罪嫌疑人、被告人真诚悔罪，通过向被害人赔偿损失、赔礼道歉等方式获得被害人谅解"，并且双方当事人达成和解协议经办案机关审查确认后，才能对犯罪嫌疑人、被告人予以从宽处理或从宽处罚（第277条、第279条）。此外，全国人大常委会《关于授权最高人民法院、最高人民检察院在部分地区开展刑事案件速裁程序试点工作的决定》中也提出开展速裁程序的试点条件之一是"被告人自愿认罪，当事人对适用法律没有争议"。

正是在以上规定的基础上，《决定》提出"完善刑事诉讼中认罪认罚从宽制度"的改革任务而不是"建立认罪认罚从宽制度"。之所以如此，有学者认为，"认罪认罚制度的改革探索，高度契合当前我国刑事司法稳健运行的迫切要求。理解该项制度改革的意义和作用，应当以了解制度产生的时代背景为前提。（1）宽严相济刑事政策的法治路；（2）犯罪轻刑化与犯罪数量的增长；（3）员额制改革的诉讼机制配套。"[①] 这是论者基于我国刑事政策、司法现状、司法改革的宏观背景所做的分析判断。除此之外，笔者认为，还与现行法律制度体现认罪认罚从宽理念或精神的规定缺乏系统性和制度化有重要关系，其主要表现是：

1. 以往虽然存在体现认罪认罚从宽精神的具体制度或具体规定，譬如自首、坦白等，但并没有一个高度概括、内涵严谨、外延清晰的认罪认罚从宽制度的总体概念，并以此为核心指导刑事立法的完善和刑事司法的实践。正因为如此，现行法律制度中虽不乏体现认罪认罚从宽精神的具体制度或具体规定，但相互之间缺乏清晰、内在的逻辑关系和总体构架及其分工。也因为如此，在当下关涉认罪认罚从宽制度的讨论中，出现了诸多认识分歧及认识偏差。

2. 现行法律制度中已有的体现认罪认罚从宽精神的具体制度或具体规定呈现出"重实体、轻程序"的偏向。在传统观念中，"认罪认罚从宽"属于实体法范畴的问题，似乎与程序法无涉。因此，在实体法上规定得比较多，包括如前所述的自首、坦白、缓刑、减刑、假释等，而在程序法上规定得比较少，主要体现在公诉案件和解程序、简易程序、速裁程序中而且不够充分。不仅如此，在实体法上，认罪认罚从宽之间的因果关系直接、明确，并且在刑法修改过程中不断得到完善和强化。例如，在1979年刑法中，只有一般自首而没有特别自首的规定。1997年修改刑法时增加了"以自首论"的特别自首规定，扩大了自首的范围。1997年刑法只有自首而没有坦白的规定，2011年2月通过的《刑法修正案（八）》在自首规定之后又增加了虽不构成自首，但如实供述罪行也可以从轻处罚的规定。相比之下，程序法上的有关规定不仅少，而且认罪认罚与从宽的关系有的则不够明确。例如，适用简易程序要求被告人认罪，但认罪之后是否应当从宽以及如何从宽并未规定。

3. 现行法律制度中对犯罪嫌疑人、被告人认罪自愿性的程序保障不够充分。如前所述，无论是实体法上的自首、坦白还是程序法上的简易程序、公诉案件和解程序，虽然都

---

① 参见陈卫东：《认罪认罚从宽制度研究》，载《中国法学》2016年第2期。

把犯罪嫌疑人、被告人"认罪"作为适用的重要条件,但在程序上对认罪的自愿性保障不够充分。例如,基层法院审判的案件中有80%以上的被告人都是认罪的,但只有30%左右的被告人有律师为其辩护。[①] 这就使得被告人认罪的自愿性缺乏有效的保障。

4. 现行法律制度中缺乏重罪案件犯罪嫌疑人、被告人认罪认罚从宽的程序制度。如前所述,目前程序法上体现认罪认罚从宽精神的具体制度主要有公诉案件和解程序、简易程序和速裁程序,而这些都主要适用于轻罪案件,重罪案件犯罪嫌疑人、被告人应当如何认罪认罚并获得从宽处理缺乏程序制度。例如,依法应由中级人民法院管辖审判的案件,被告人如何认罪认罚以及认罪认罚后又如何从宽现行法律中并没有规定。而重罪案件犯罪嫌疑人、被告人认罪认罚从宽程序制度的建立无论对于确保司法公正、防止冤假错案,还是节约司法资源、提高诉讼效率都有重要意义。

综上,可以窥见我国现行法律制度中认罪认罚从宽制度的现状和不足。由此表明当我们提出并实践"完善认罪认罚从宽制度"的改革任务时,首先需要对什么是"认罪认罚从宽制度"提出一个高屋建瓴的并能形成共识的基本概念。基于以上论述,笔者认为,它应当是指在刑事诉讼中从实体上和程序上鼓励、保障确实有罪的犯罪嫌疑人、被告人自愿认罪认罚并予以从宽处理、处罚的由一系列具体法律制度、诉讼程序组成的法律制度。根据这一定义,认罪认罚从宽制度具有以下基本特征:

首先,认罪认罚从宽制度是一个集合性的法律制度。也就是说它不是一个或一项单一的法律制度,而是由一系列具体法律制度、诉讼程序组成的集合性的法律制度。就我国目前现状而言,它包括了自首、坦白、缓刑、减刑、假释等具体制度以及公诉案件和解程序等具体诉讼程序。这一基本特征决定了不能把认罪认罚从宽制度理解为一项单一的法律制度或诉讼程序。

其次,认罪认罚从宽制度是一个集实体与程序于一体的综合性法律制度。如前所述,在传统理论上,认罪认罚从宽制度是刑事实体法上的范畴,但当下所讲的认罪认罚从宽制度实际上已经突破了实体法范围进入到程序法领域。将认罪认罚从宽制度引入程序法领域,其意义在于:一是确保犯罪嫌疑人、被告人的认罪认罚是自愿的;二是对于犯罪嫌疑人、被告人认罪认罚后的从宽,不仅应当体现在实体法上得到从宽处罚,而且还应当体现在程序法上获得从宽处理,譬如不予逮捕、不予起诉等。

最后,认罪认罚从宽制度是一项旨在鼓励、保障确实有罪的犯罪嫌疑人、被告人自愿认罪认罚因而获得从宽处理和处罚的法律制度,而不是无条件地追求犯罪嫌疑人、被告人认罪认罚的法律制度。这一特征决定了我们在完善认罪认罚从宽制度中应当高度重视和特别强调两个方面:一是确保表示认罪的犯罪嫌疑人、被告人是确实有罪的人;二是确保犯罪嫌疑人、被告人的认罪表示完全出于自愿。

二、认罪认罚从宽制度与以审判为中心的诉讼制度是何关系

十八届四中全会以来,刑事诉讼法学界在诉讼制度上高度关注和热烈讨论的问题主要有两个:一个是前一阶段讨论的以审判为中心的诉讼制度及其改革的问题,另一个是2015

---

① 参见顾永忠、陈效:《中国刑事法律援助发展研究报告(上)》,载《中国司法》2013年第1期。

年年底以来讨论的认罪认罚从宽制度及其完善的问题。这两个方面是什么关系，在以上讨论过程中已经引起人们的重视。有学者尖锐地指出："'以审判为中心'，几乎可以等同于'庭审实质化'、'防止审判流于形式'，当前最高人民法院正在推动速决程序，期望使案件在审判中分流，实质化审判其中部分案件，对于另一部分案件则简化其庭审过程。这是一种相当自我矛盾的现象。"①

确实如此，就外在形式而言，不容否认的是，以庭审实质化为核心内容的以审判为中心的诉讼制度与认罪认罚从宽制度下简化审判程序和方式确实存在着不相协调甚至相互冲突、矛盾的问题。如何看待二者的关系，又如何解决其中看似相互矛盾的问题，无论对于推进以审判为中心的诉讼制度改革还是对于完善认罪认罚从宽制度都有着重要意义。

笔者认为，以审判为中心的诉讼制度与认罪认罚从宽制度的关系实质上是刑事诉讼中对办理案件的应然要求与实然需要的关系。② 所谓对办理案件的应然要求是指任何被追诉人在刑事诉讼中都有获得公正审判的诉讼权利，而公正审判的要义根据联合国《公民权利和政治权利国际公约》第14条的规定，体现的就是庭审实质化的要求。也就是说，任何被追诉人都有权要求以庭审实质化的方式对其进行公正审判。但是，既然公正审判是一项诉讼权利而不是诉讼义务，那么被追诉人根据自己的案情也有权自愿放弃，选择采用简化的诉讼程序和方式对其审判并在法定范围内获得"好处"。而这就是对办理案件的实然需要。正是在这种应然要求和实然需要的关系下，世界各国的刑事诉讼制度中都设有多元的诉讼程序，以满足、适应不同案件的应然要求和实然需要。例如，当事人主义对抗制诉讼模式的代表——美国既有集中体现庭审实质化的陪审团审判，也有不经正式审判即可确认有罪并加以量刑的认罪答辩程序，包括辩诉交易程序；职权主义诉讼模式的代表国家——法国既有针对重罪、轻罪及违警罪的正式、不同的审判程序，又有基于被告人认罪的作为公诉替代程序的刑事调节程序和庭前认罪答辩程序；诉讼混合制的代表国家——日本既有正式的公审程序，也有基于被告人认罪并同意适用的简易程序。

值得注意的是，为了确保被告人对诉讼程序的选择权特别是对于体现公正审判应然要求的正式审判程序的选择权，各国不仅赋予被告人初始的选择权，而且还确保他们在诉讼过程中的重新选择权和简易程序的否决权。在美国，被告人即使与控方达成辩诉交易，放弃陪审团审判而选择认罪答辩程序，但在法官审查确认辩诉协议中也仍然可以改变初衷，放弃已达成的认罪协议而选择陪审团审判。日本在非重大刑事案件中当被告人对指控的犯罪事实表示认罪时，经征求检察官、被告人及其辩护人同意，法院可以决定不采取普通程序而采取比普通程序简化的简易公审程序进行审理，以致不适用传闻规则，调查方式简略等。但是，如果在审理过程中被告人撤回认罪供述，法院应当撤销简易公审程序而恢复正式公审程序。德国对符合条件的轻微刑事案件不经被告人同意可以径直采用书面审理的处罚令程序。但是，当法官作出处罚令后，被告人在收到后的两个星期内有权提出异议，从而使处罚令程序终止并进入正式审判程序中。

综上可见，认罪认罚从宽制度与以审判为中心的诉讼制度并不是天然对立，相互排斥的。而是相辅相成、互相促进的。在以审判为中心的诉讼制度中实质上包含了认罪认罚从

---

① 参见张建伟：《审判中心主义的实质内涵与实践途径》，载《中外法学》2015年第4期。

② 参见顾永忠：《以审判为中心背景下的刑事辩护突出问题的研究》，载《中国法学》2016年第2期。

宽制度。前者是对所有案件及被告人获得公正审判的基础和保障，后者则是被告人对前者的自愿放弃和由此产生的结果。

据此，我们在完善认罪认罚从宽制度时，不仅要完善认罪认罚从宽制度本身，确保犯罪嫌疑人、被告人的认罪是自愿的，而且还要完善并确保犯罪嫌疑人、被告人认罪选择是自由的：他可以自始选择认罪认罚，也可以在自始选择认罪认罚后又反悔而撤销，还可以自始就不选择认罪认罚甚至明确表示不认罪。不仅如此，对于不选择认罪认罚或选择之后又撤销的犯罪嫌疑人、被告人应当确保其获得以庭审实质化为核心内容的公正的审判，包括公正的审理和裁判，而不能以不认罪为由对其"抗拒从严"。"不认罪"可能是确实有罪而不认罪，也可能是确实无罪而不认罪。不论何种情况，都要高度明确获得公正审判是被告人的诉讼权利，应当确保以庭审实质化的方式对此类案件进行审理，并作出正确、公正的裁判。

三、认罪认罚从宽制度与辩诉交易是何关系

当前在关于完善认罪认罚从宽制度的讨论中，有相当一部分人将其与盛行于美国的辩诉交易制度联系起来，甚至认为完善认罪认罚从宽制度就是在中国建立辩护交易制度，把两者等同起来。

如前所述，笔者认为，认罪认罚从宽制度是由一系列旨在鼓励、保障确实有罪的犯罪嫌疑人、被告人自愿认罪认罚并予以从宽处理、处罚的具体法律制度和诉讼程序组成的集合性的法律制度。因此，从总体上讲，任何一项单一的法律制度或诉讼程序都不能等同于认罪认罚从宽制度，包括辩诉交易制度，即使在我国正式建立起来也只是认罪认罚从宽制度的组成部分，而不是认罪认罚从宽制度的全部，不能把两者等同起来。

当然，我们不排除我国在完善认罪认罚从宽制度中吸收美国辩诉交易制度的合理成分。这是因为：（1）辩诉交易制度的精神内涵与认罪认罚从宽的理念是契合的，也是与当今世界各国刑罚目的论和适用刑罚的总体趋势相一致的，没有哪个国家的刑事法律制度对认罪认罚者不予从轻；（2）在我国目前已有的体现认罪认罚从宽精神的具体法律制度和诉讼程序中，缺乏一种主要适用于普通程序案件的认罪认罚从宽制度。因为简易程序、速裁程序只适用于基层法院审判的一审刑事案件，即使其中有80%以上的案件可适用于简易程序和速裁程序，还有近20%的案件需要适用普通程序。此外，中级以上人民法院管辖的一审刑事案件都要适用普通程序，并且这些案件主要是可能判处无期徒刑、死刑的案件。在对这两部分案件的审判中，当然也需要引入认罪认罚从宽制度。事实上在以上案件中，也确实存在被告人自始就主动认罪认罚的案件和经过办案人员做了一定思想工作后自愿认罪认罚的案件。按照现行法律的有关规定，这些案件当然不能适用简易程序和速裁程序。但如果不加区分、僵化地一律适用正式的体现庭审实质化的普通程序对被告人进行审判，既不利于鼓励确实有罪的被告人自愿认罪、改过自新，也会造成一部分宝贵的司法资源不必要的浪费，并且降低了诉讼效率。为此，需要在普通审判程序中引入认罪认罚从宽制度。考虑到我国普通程序和所涉案件的特点，吸收美国辩诉交易制度的合理成因素，建立适合中国实际的认罪认罚协商从宽制度不失为一种现实选择。

既然是"吸收合理成分"而不是"全面照搬"，就意味着美国的辩诉交易制度并不完全适合我国实际。美国的辩诉交易仅从交易内容上看包括三个方面：罪名交易、罪数交易

和量刑交易。由于美国刑法采用了"碎片化"的犯罪构成要件模式和数罪并罚情形下对所判刑罚简单相加的处理原则，以致美国刑事诉讼中常出现一名被告人被判决犯有数个甚至十数个、数十个罪名并被科以几十年甚至上百年自由刑的情况。同时，如果被告人不认罪，为保障其公正审判的诉讼权利就要采取陪审团审判，而陪审团审判的结果对于控辩双方都是不确定的，充满变数，这就使得美国的检察官与被告人及其辩护律师具有了在罪名和罪数上进行交易的现实动机和法律空间，以避免对本方不利的结果出现，确保自身利益的最大化。而我国的情况与美国差异甚大。例如，刑法规定的具体犯罪一般都是集合行为，一种犯罪往往包含了数个或数种具体行为，并且罪名之间的交叉包容关系很少。此外，我国数罪并罚又采取限制加重原则，在所判数罪刑罚都是自由刑的情形下，也不能把数个所判刑罚简单相加起来作为最终执行的刑罚，而是在总数上受到严格限制。① 这就使得我国刑事诉讼中进行罪名交易和罪数交易的实体法空间非常少，仅剩下量刑交易还有一定空间。因此，即使我国建立类似辩诉交易的制度也只限于量刑交易，不应当、事实上也难以进行罪名交易和罪数交易。

2015 年 12 月笔者随同中央司改办代表团访问考察美国司法制度，认为其辩诉交易制度中有以下几点值得我们重视：一是被告人能够获得律师为其辩护的保障，如果其本人没有能力聘请律师，就由政府出资设立并独立运行、遍及全美各地的公设辩护人办公室为其提供法律援助。二是控辩双方达成的辩诉协议必须经过法官的严格审查，重点是审查被告人认罪并与检察官达成协议的自愿性、明智性及是否具有认罪的事实基础、是否获得律师的有效帮助，审查之后法官有权拒绝接受辩诉协议，并且即使法官接受辩诉协议，也不是无条件地采纳辩诉协议提出的量刑建议，而是在确认辩诉协议后参考联邦量刑指导进行量刑。三是赋予被告人对于已达成认罪协议的反悔权和辩诉协议经确认并量刑后的上诉权。即在法官对辩诉协议作出确认前，被告人可以撤销认罪，并且其之前所做的认罪表示在此后的审判中不得作为对其不利的证据或推论；对于在确认辩诉协议有效情况下所作出的判决，被告人可以一审程序错误、律师帮助无效、检察院隐瞒了证据等理由提出上诉。四是切实保障被告人获得公正审判的权利，对于被告人不认罪的案件以及达成认罪协议后又反悔撤销认罪的案件，切实保障被告人获得陪审团审判的权利。在此过程中，检察官应当依法履行其举证责任，包括保证控方证人包括目击者、专家证人、侦查人员等出庭作证并接受辩护与言词方式进行质证；同时，辩方也有权获得法院的保障使对其有利的证人包括目击者、专家证人等出庭为其作证，控辩双方进行平等的交叉询问。五是对于自愿认罪的被告人在量刑时充分考虑给予优惠，并且认罪越早量刑优惠越大。

当然，即使限定在量刑范围内，鉴于"交易"一词在汉语里容易引起误解，在名称上我国不宜采用辩诉交易的表述。多年前有的学者就提出可以采用"中国控辩协商制度"。② 笔者认为，如果考虑到认罪认罚从宽制度的大背景，也可以称其为"认罪认罚协商从宽制度"，表明它是认罪认罚从宽制度中的一项制度，而不是认罪认罚从宽制度的全部。

（作者单位：中国政法大学诉讼法学研究院）

---

① 根据刑法第 69 条的规定，在数罪并罚情形下，管制最高不能超过 3 年，拘役最高不能超过 1 年，有期徒刑总和刑期不满 35 年的，最高不能超过 20 年，总和刑期在 35 年以上的，最高不能超过 25 年。

② 参见冀祥德著：《建立中国控辩协商制度研究》，北京大学出版社 2006 年版。

辩护律师在认罪认罚从宽制度中的有效参与问题

韩 旭

一、"认罪认罚从宽"的内涵解读

"完善认罪认罚从宽制度"是十八届四中全会提出的司法改革的一项重要任务。在借鉴美国"诉辩交易"等制度合理元素的基础上，抓紧研究提出认罪认罚从宽制度试点方案是2016年中央政法工作会议提出的新要求。2016年9月3日，第十二届全国人大常委会第二十二次会议通过了《关于授权最高人民法院、最高人民检察院在部分地区开展刑事案件认罪认罚从宽制度试点工作的决定》（以下简称《决定》），拟在北京、天津、上海等18个城市开展试点工作，试点期限为两年，这标志着"完善刑事诉讼中认罪认罚制度"迈出关键一步。认罪认罚从宽制度是落实我国宽严相济刑事政策，推动坦白从宽制度化的重要举措，需要在现有刑事诉讼程序基础上进一步实现制度的优化与重构。那么，何为"认罪认罚从宽"？认识上存在着较大分歧。有实务专家认为，"自愿认罪"是指犯罪嫌疑人、被告人如实供述自己的罪行，对被指控的决定其定罪量刑的基本犯罪事实无异议，并承认构成犯罪。[①]"认罚"则是指被告人对公诉机关的量刑建议以及自己即将接受审判并被处以刑罚的事实的认可。[②]"从宽"主要体现为被告人认罪认罚后可以获得程序与实体上的双重利益，从而达到鼓励被告人认罪认罚的目的。"程序上从简"其实也体现了"程序从宽"的精神，被追诉人认罪认罚说明其主观恶性和人身危险性较小，根据刑事诉讼的比例原则，可以采用或者变更为较轻的强制措施，尽量减少羁押数量；实体上从宽则表现为在法定刑幅度内从轻处罚，特殊情况下可以作出撤销案件或者不起诉等程序性处理。

《决定》明确了试点工作适用的案件范围必须具备以下几个条件：犯罪嫌疑人、刑事被告人自愿如实供述自己的罪行；对指控的犯罪事实没有异议；同意人民检察院量刑建议并签署具结书。[③]这无疑是目前有关"认罪认罚"最具效力、最权威的解释。从该规定看，"认罪认罚"由实质要件和形式要件构成。"认罪"的实质要件是认"犯罪事实"，并不要求认"罪名"；"认罚"的实质要件是"同意量刑建议"，至于"量刑建议"提出的前提——"罪名"是否一并认可，则语焉不详，尚有待"两高"出台"试点办法"予以明

① 熊选国著：《刑事诉讼法实施中的疑难问题》，中国人民公安大学出版社2005年版，第348页。
② 孔令勇：《论刑事诉讼中的认罪认罚从宽制度——一种针对内在逻辑与完善进路的探讨》，载《安徽大学学报》（哲学社会科学版）2016年第2期。
③ 参见全国人大常委会《关于授权最高人民法院、最高人民检察院在部分地区开展刑事案件认罪认罚从宽制度试点工作的决定》。

确；形式要件是"签署具结书"，具结书其实就是责任书、保证书、悔过书，是指犯罪嫌疑人、被告人对自己的行为愿意承担法律责任的一种表示，实践中的习惯用法是"具结"与"悔过"并列使用，如"责令具结悔过"。至于"从宽"问题，主要是一个实体法问题，也是该项制度完善过程中比较复杂的一个问题，首先涉及是"可以"还是"应当"从宽以及在"可以"选项下哪些情形"不可以"从宽，似有予以明确的必要；其次是从宽的幅度问题，以量刑问题为例，量刑折扣或者量刑优惠过低缺乏吸引力，达不到鼓励犯罪嫌疑人、被告人认罪的目的，而量刑折扣过高，则可能冲击刑法中各罪名以及不同情节所配置的法定刑，甚至摧毁整个刑罚体系。因此，如何看待"认罪认罚"下"从宽"的性质是必须正视的一个问题，即这种从宽究竟是一个自由裁量的酌定从宽情节还是如自首、立功一样的法定从宽情节？如果将其视为"法定量刑情节"，那么是在目前各罪名法定刑幅度内从轻处罚还是可以突破法定刑减轻处罚？由此看来，"实体上从宽"是一个比"程序上从简"更复杂的问题。无论如何，随着《决定》和"试点办法"的出台，有关"认罪认罚从宽"制度认识上的一些纷争必将告一段落，下一步学界和实务界会更多地将目光聚焦于试点情况以及试点成功后刑事诉讼法如何修改的问题。

二、完善认罪认罚从宽制度应更加重视辩护律师的作用

顶层设计对于完善认罪认罚从宽制度无疑具有重要的意义，但由于该制度尚处于试点阶段，需要探讨和解决的问题还很多，其中律师如何参与就是一个非常值得研究的问题。对此，《决定》仅概括性地提出应当"保障犯罪嫌疑人、刑事被告人的辩护权和其他诉讼权利"，至于如何具体保障，尚有待最高人民法院、最高人民检察院会同有关部门制定试点办法，对"律师参与"等问题作出具体规定。在认罪认罚从宽的制度背景下，为防范冤案、保障被告人的合法权益、推动认罪协商及后续程序的顺利进行以实现司法公正与效率的共赢，辩护律师的作用不容小觑。[①] 最高人民法院、最高人民检察院提请全国人大常委会审议的《关于授权在部分地区开展刑事案件认罪认罚从宽制度试点工作的决定（草案）》（以下简称《草案》）提出：审前程序中侦查机关、检察院应听取犯罪嫌疑人及其辩护人或者值班律师的意见，人民检察院应就指控罪名及从宽处罚建议等事项听取犯罪嫌疑人及其辩护人或者值班律师的意见；要完善值班律师制度，为没有委托辩护人的犯罪嫌疑人、被告人提供法律咨询，帮助其进行程序选择，申请变更强制措施等，以确保犯罪嫌疑人、被告人在获得及时、充分、有效的法律帮助的前提下自愿认罪认罚，防止无辜者受到错误追究。从《决定》和《草案》的规定内容看，律师参与至少可以发挥以下四个方面的作用：

---

① 左卫民、吕国凡：《完善被告人认罪认罚从宽处理制度的若干思考》，载《民主与法治》2015 年 4 月。

（一）保障认罪的自愿性，防范冤假错案

被追诉人大多是社会底层人士，文化程度并不高，法律知识欠缺，可能对事实和法律规定存在认知上的错误，尤其是对涉及罪与非罪的问题，这就特别需要作为专业人士的律师提供法律咨询和帮助，从而避免认罪上的错误发生。

（二）保障认罚的公正性，防止不当指控

《草案》提出，人民法院的裁判一般应当采纳人民检察院指控的罪名和量刑建议。也就是说，被追诉人一旦同意了检察机关指控的罪名和量刑建议，那么通常也就提前预知了未来裁判的结果。《决定》对认罪认罚从宽制度适用范围规定了四个方面的条件，其中之一便是"同意人民检察院量刑建议并签署具结书"，虽然对是否必须"同意指控的罪名"没有作出明确要求，但是同意量刑建议的前提通常是同意指控的罪名，因为一旦罪名发生变化，量刑也可能会随之发生相应的变化。我们不禁要追问"难道检察机关指控的罪名和提出的量刑建议总是正确的吗？"我们还可以进一步追问"难道检察机关不会基于诉讼策略的考虑提出一个在刑度方面更高的量刑建议吗？"如果不能排除上述两种可能性，那么处于不利境地的被追诉人又该如何应对，答案自然应该是被追诉人必须获得律师在专业上的支持，从而帮助其分析此罪与彼罪的区别以及有利于当事人的各种量刑情节，让当事人更加理性地判断是否同意检察机关的量刑建议。

（三）保障程序选择的正确性，有效实现繁简分流

认罪认罚从宽制度设计的初衷之一即是实现刑事案件的繁简分流，从而实现"简案快办、疑案精审"，有效解决当下"案多人少"的突出矛盾。为此，《草案》根据被追诉人是否认罪以及可能判处的刑种和刑期的长短设置了速裁程序、简易程序和普通程序三种诉讼程序，以有效应对不同的案件，从而给当事人更多的程序选择权。有时，被追诉人会单纯为了早日摆脱"讼累"或是尽快"获得人身自由"，不惜违心"认罪认罚"，从而选择适用速裁或者简易程序。此时，如果有律师介入并提供及时、有效的帮助，那么错误的程序选择即可避免，繁简分流的目的才能得以真正实现。基于此，最高人民法院发布的《关于进一步推进案件繁简分流、优化司法资源配置的若干意见》对发挥律师作用也提出了明确规定，要求"重视律师对案件繁简分流和诉讼程序选择的意见"。

（四）保障被追诉人权利行使的客观理性，避免因信息不对称导致的意思表示错误

犯罪嫌疑人、被告人虽然是我国宪法、刑事诉讼法规定的辩护权主体，但在权利配置上将辩护权的诸多权能赋予了辩护律师，如阅卷权、会见权和调查取证权，即所谓的"辩护权主体与辩护权行使主体的分离"，由此导致辩护律师享有的权利而犯罪嫌疑人、被告人却并不享有。理性的认罪认罚建立在信息对称的基础上，在被追诉人并不享有阅卷权、事先并不知悉控方证据数量、质量和体系的情况下，又如何能保障其自愿理性地认罪认罚呢？在有律师参与和帮助的情况下，虽然被追诉人并无阅卷权，但是律师通过阅卷并借助于审查起诉阶段

向犯罪嫌疑人核实证据①，即可保障当事人间接地实现阅卷权②，在一定程度上减少了因信息不对称所导致的认罪认罚和程序选择的盲目性和被动性。从这个意义上讲，控辩双方之间的信息对称和双向互动是实现认罪认罚自愿性和程序选择理性的基础和基本要求。

三、加强辩护律师在审前程序中有效参与的制度保障

（一）建立"强制辩护型"的法律援助制度并赋予辩护律师讯问在场权

侦查是基础，侦查阶段是获取包括犯罪嫌疑人口供在内的证据材料的关键阶段，对犯罪嫌疑人来说，也是对其人身安全和意志自由构成威胁的最危险阶段。因此，如何防止侦查人员利用犯罪嫌疑人所处的不利处境采用威胁、引诱、欺骗甚至暴力等手段获得口供，从而保障认罪的自愿性、真实性则是该项制度完善和实施首先需考虑的问题。为此，《草案》提出了诸如"侦查机关应当告知犯罪嫌疑人享有的诉讼权利和认罪认罚可能导致的法律后果，听取犯罪嫌疑人及其辩护人或者值班律师的意见；法律援助机构在看守所派驻法律援助值班律师，为犯罪嫌疑人提供法律咨询等法律帮助"等一系列保障措施，但是有了上述措施之后犯罪嫌疑人认罪的自愿性和真实性果真能够得到保障吗？对此，我们并不乐观。现实情况是，即便是在已经实现了录音录像制度的重大犯罪案件和职务犯罪案件中，犯罪嫌疑人在侦查阶段违心作出虚假供述的案例也并非个例。事实已经证明，讯问录音录像制度无法从根本上解决虚假认罪的问题，否则也不可能有那么多的非法口供排除案例，"先排练后录像"的问题已经不是秘密。侦查阶段的有罪供述对将来案件走向以及程序适用会产生重大影响，一旦犯罪嫌疑人作出有罪供述，无论真实还是虚假，此后将很难推翻。

因此，侦查阶段犯罪嫌疑人辩护权的保障尤为重要。从制度完善的角度看，当前至少应建立和完善以下三项制度：一是将"权利配置型的值班律师制度"改造为"强制辩护型的辩护人制度"。从《草案》的内容看，在犯罪嫌疑人获得法律帮助方面采取的是一种权利配置的模式，就是法律援助机构向看守所或者法院派驻值班律师，当犯罪嫌疑人、被告人提出要求时才安排值班律师向其提供法律咨询、帮助进行程序选择等，如果犯罪嫌疑人、被告人没有提出此项要求则一般不会安排律师提供帮助。从《草案》的表述看，是将"辩护人"与"值班律师"并列使用，也说明"值班律师"并非"辩护人"角色，但事实上无论是提供法律咨询还是帮助进行程序选择抑或是申请变更强制措施，均属于辩护权的范畴，这与刑事诉讼法规定的辩护律师在侦查阶段的权能大体一致。"值班律师"其实行使的就是侦查阶段的辩护职能。既然如此，制度安排上就应当赋予值班律师如同辩护律师一样的包括会见权在内的一系列辩护权。为了防止办案机关和办案人员威胁、劝诱犯罪嫌疑人放弃获得值班律师提供法律帮助的权利，应当将目前制度设计中的"权利配置型"值班律师模式改造为"强制辩护型"辩护人模式，即对于凡是没有聘请辩护人的犯罪嫌疑人，即使其没有提出申请，也应当为其指定一名值班律师，该律师就是其侦查阶段的辩护律师，除非

---

① 关于辩护律师核实证据问题参见韩旭：《辩护律师核实证据问题研究》，载《法学家》2016 年第 2 期。

② 关于被追诉人阅卷权问题参见韩旭：《刑事诉讼中被追诉人及其家属证据知悉权研究》，载《现代法学》2009 年第 5 期。

其以书面方式明确表示放弃。二是赋予值班律师讯问时的在场权。前几年提出过这一问题，似乎不太现实，但现在情况大有改变。首先我国执业律师的规模和数量大幅度上升，截至2016 年上半年，我国各类律师数量已经突破 30 万人，基本上可以满足律师在场权的需求；其次，我国法律援助事业蓬勃发展，法律援助机构向看守所派驻值班律师制度在速裁程序试点城市已经落实，讯问时在场应当成为值班律师驻所的一项重要职能，也是监督违法讯问最有力的手段。如果这一问题得到解决，讯问录音录像制度即可退出，从而将这部分司法成本节约出来投入到值班律师的配备上。三是在目前尚无法实现律师在场权的情况下，作为过渡措施，应当保障值班律师对被羁押犯罪嫌疑人的会见权，以增强彼此之间的信任关系，保障及时、有效、充分地交流和沟通。

（二）在罪名和量刑事项上为控辩双方预留一定的协商空间

根据《草案》的规定，对于适用速裁程序审理的可能判处 3 年以下有期徒刑的认罪认罚案件，不再进行法庭调查、法庭辩论，当庭宣判。结合《草案》规定的"人民法院的裁判一般应当采纳人民检察院指控的罪名和量刑建议"。可以预料的是，对于大多数刑事案件而言，律师辩护的重心将发生转移，将由传统上以"法庭"为战场前移至"检察院"，"审查起诉阶段"将取代审判阶段成为辩护的关键阶段，辩护律师的职能作用也将在此阶段得以实现。如果说在侦查阶段律师关注的主要是认罪问题，那么在审查起诉阶段律师聚焦的主要是量刑问题。因为在侦查终结前尚不存在明确的"指控的犯罪事实"，也就没有所谓的"量刑"问题。可见，《草案》中有关"犯罪嫌疑人、刑事被告人对指控的犯罪事实没有异议、同意检察院量刑建议并签署具结书"的规定主要适用于审查起诉环节。

美国诉辩交易的主体是检察官和辩护律师，没有律师的参与，辩诉交易制度不可能正常运行。我国完善认罪认罚从宽制度的改革探索无疑吸收借鉴了美国诉辩交易的合理因素以及尊重控辩双方合意的"契约精神"。除此之外，重视辩护律师的有效参与、强调控辩双方平等的诉讼主体地位和协商能力也是我们应当学习和借鉴的。面对强大的公诉机关，控辩双方的协商能力是不平衡的。由于犯罪嫌疑人大多处于被羁押状态以及对相应法律知识的缺乏，犯罪嫌疑人缺乏"协商"能力，容易被误导，甚至出现无辜者被迫认罪认罚，从而形成错案、冤案的情况。① 就目前《草案》中透露出的信息看，我们似乎看不到控辩协商的"影子"，犯罪嫌疑人要么认罪并接受检察机关提出的量刑建议从而适用速裁或者简易程序审理，要么不认罪或者虽认罪但不同意量刑建议从而适用普通程序进行审理。《草案》虽明确提出检察机关应就指控罪名及从宽处罚建议等事项听取犯罪嫌疑人及其辩护人或者值班律师的意见。但问题是听取意见后该怎么办？假如犯罪嫌疑人自愿如实供述自己的罪行且对指控的犯罪事实没有异议，仅仅是不同意检察机关指控的罪名或者基于诉讼策略所提出的量刑建议，此时是否允许控辩双方就辩方认为成立的罪名以及提出的一个较轻的量刑意见进行协商？控方能否在听取意见、充分协商后作出妥协——变更为辩方主张的新罪名或者提出一个新的量刑建议？这些都需要在拟制定的"试点办法"中予以明确。根据控辩平衡的诉讼原理，控方提出一个诉讼建议，辩方也可以提出一个反建议，对这个"反建

---

① 参见孔令勇：《论刑事诉讼中的认罪认罚从宽制度——一种针对内在逻辑与完善进路的探讨》，载《安徽大学学报》（哲学社会科学版）2016 年第 2 期。

议",控方应当认真倾听,对于合理的意见应当予以采纳并对原来的诉讼建议即指控罪名和量刑建议予以矫正,在双方反复的磋商互动中找到一个双方都可以接受的"平衡点",从而达成一致意见。如果制度设计上缺乏一个协商程序,那么律师在审查起诉阶段辩护功能的发挥就非常有限,可能仅仅是一个咨询者而不可能成为一个有用的谈判者。因此,律师在审查起诉阶段的有效参与,可以保障指控罪名的准确性和量刑建议的允当性,可以从根本上保证指控罪名和量刑建议在司法裁判上的可接受性。

由于辩护律师在阅卷、调查取证等方面拥有更多的便利条件和手段,加之与案件没有利害关系,独立于犯罪嫌疑人,其辩护观点会更理性客观。因此,辩护律师有义务帮助犯罪嫌疑人全面了解案情、认清形势、权衡利弊,就认罪协商相关问题与犯罪嫌疑人展开有针对性的分析和讨论,从而形成协调一致的辩护思路。"经验丰富的辩护律师,能够准确预测案件结果",[1] 从而向被告人提供理性建议。

四、"认罪认罚":当事人与辩护律师谁说了算

认罪认罚制度试点过程中可能会出现的情况是作为"辩护阵营"的犯罪嫌疑人、被告人与其律师之间意见不一致的问题,即所谓的"辩护冲突"。[2] 具体又分两种情况:一种情况是被追诉人表示认罪认罚而辩护人不同意;另一种情况是辩护人提出认罪认罚的意见而被追诉人不接受并坚持做无罪或者罪轻辩护。遇到上述两种情况,通常都可以通过辩护协商进行沟通从而达成一致的辩护立场。但是,假如协商不成,究竟该如何处理?

对于第一种情况,应当允许辩护人依据证据和对法律的理解进行独立辩护,提出不同于指控罪名和量刑建议的新的罪名和量刑意见,甚至可以做无罪辩护,在明知当事人虚假认罪或者有罪证据明显不足、证据存在重大疑点的情况下,辩护律师更应果断地进行无罪辩护,那种认为律师辩护应当无条件地绝对服从于当事人意志的观点既有违律师伦理,也有悖于法律的规定。在实务操作上,检察机关和法院不能盲目轻信被追诉人的"认罪认罚",尤其是在辩护律师提出无罪辩护意见的情况下,应更加谨慎地对待"认罪认罚",对律师的辩护意见应认真研究、仔细调查核实,对认罪认罚的自愿性和真实性进行甄别。此种情形下,检察机关不能轻率作出"从宽处理"的承诺。

对于第二种情况,当被追诉人不接受辩护律师提出的认罪认罚建议而坚持做无罪或者罪轻辩护时,无论是辩护律师还是检察院、法院,都应当尊重作为当事人的被追诉人的意志和选择。首先,辩护律师此时所能做的就是结合本案的证据、事实和对法律的理解向当事人讲明其行为已经构成指控的罪名以及认罪认罚可能获得的从宽处理结果,帮助其权衡认罪与否的利弊,劝说当事人认罪认罚。如果当事人仍不接受律师的意见和建议,辩护律师只有两种选择:要么解除委托;要么改变思路,按照无罪或者罪轻的意见进行辩护,从而与当事人的辩护立场保持一致。请记住:在认罪认罚问题上,辩护律师任何时候都无权代替当事人作出认罪认罚的决定,他(她)永远只是建议者、咨询者、协助者,而不是决定者。辩护律师虽然基于其自身法律知识和经验,通过行使会见、阅卷、调查取证等辩护

---

① 陈瑞华:《论被告人的阅卷权》,载《当代法学》2013 年第 3 期。
② 参见韩旭:《被告人与律师之间的辩护冲突及其解决机制》,载《法学研究》2010 年第 6 期。

权利，其对案件的把握往往是被告人所不能企及的。由辩护律师主导认罪协商听起来也就更能体现公正公平，更有利于保障被告人的利益。但是被告人才是刑事追诉的主体，是辩护权的享有者，而辩护律师的参与旨在协助被告人行使辩护权。[1]

遗憾的是，长期以来由于受"独立辩护论"的影响，辩护律师会见犯罪嫌疑人、被告人的主要目的往往局限于了解案件事实，很少就法律适用、量刑意见和辩护策略问题征询犯罪嫌疑人、被告人意见，并与其进行充分交流协商从而形成一致的辩护思路和辩护策略，而这正是认罪认罚制度中辩护律师有效参与亟须"补上的一课"和需要练就的一套"基本功"。

（作者单位：四川省社会科学院法学研究所）

---

[1] 参见管宇：《刑事诉讼视角下辩护权界说》，载《政法论坛》2007 年第 6 期。

认罪认罚从宽制度之公正价值考量

何秉群　尹孟良

一、问题的提出

中共十八届四中全会通过的中共中央《关于全面推进依法治国若干重大问题的决定》提出"完善刑事诉讼中认罪认罚从宽制度"。为贯彻落实中央部署，最高人民法院在《关于全面深化人民法院改革的意见——人民法院第四个五年改革纲要（2014-2018）》中指出："完善刑事诉讼中认罪认罚从宽制度。明确被告人自愿认罪、自愿接受处罚、积极退赃退赔案件的诉讼程序、处罚标准和处理方式，构建被告人认罪案件和不认罪案件的分流机制，优化配置司法资源。"最高人民检察院在《关于深化检察改革的意见（2013—2017年工作规划）》（2015年修订版）中指出："推动完善认罪认罚从宽制度，健全认罪案件和不认罪案件分流机制。"

新一轮司法体制改革提出完善刑事诉讼中认罪认罚从宽制度（为行文方便，以下均简称"从宽制度"）是顺应时代发展新形势和社会公众新期待的积极回应，是着力解决司法资源紧张、提升司法公信的有益探索。在刑事案件总量不断增加，且轻微刑事案件占总体刑事案件比重越来越大的情况下，通过完善从宽制度，对案件进行分流处理，有助于实现司法资源的优化，提升司法效率。于是，实务界关注的焦点、理论界研究的热点多集中在从宽制度的效率价值及如何通过完善从宽制度提高司法效率。但笔者认为，除了鲜明的效率价值外，从宽制度所蕴含的公正价值也是不能抹杀的。特别是在庭审程序尚不发达、司法公信尚不稳定的情况下，对效率的片面追求，极易造成社会公众对从宽制度的非难，影响司法改革的有效开展。正如有学者所言，欧美近年来的司法改革，是在公正的司法体制已经建立的前提下以提高司法效率为主题进行的改革，而我国从来就不存在一套公正的司法体制，司法改革的目标是通过改革，使现有的司法制度向公正的方向转化，最终建立起符合中国国情的公正司法制度。[①] 基于此，深入探究公正的丰富内涵，重新审视从宽制度的公正价值，对于固本清源、深化认识，完善从宽制度、提升司法公信具有重要意义。

二、认罪认罚从宽制度的内涵

（一）从宽制度中"认"字的基本含义

从宽制度中的"认"字该如何理解，是否可以解释为承认、认可、自认？我们认为，

---

① 孙长永：《"正义"无价，如何"上市"？关于我国刑事诉讼引入"辩诉交易"的思考》，载陈光中主编：《辩诉交易在中国》，中国检察出版社2003年版，第389页。

从宽制度中的"认"字应理解为"认识基础上的认可"即"认识+认可"。从宽制度运行中需要控方与被追诉方就认罪认罚从宽达成某种协议，而协议的达成需要双方的真实意思表示。"真实意思"一方面要求意思表示者是在自愿的情形下进行表示；另一方面要求意思表示者对自己所表示的内容有正确的认识。基于此，对从宽制度中"罪"、"罚"、"宽"等内容缺乏正确认识的被追诉人是无法作出真实意思表示的，控辩双方适用从宽制度的协议也将无法有效达成。因此，从宽制度中的"认"字不应简单地解释为承认、认可、自认，而应是被追诉人在对从宽制度有关内容有了正确认识后自愿作出的认可性选择。

（二）从宽制度的基本内容

就字面而言，从宽制度包含认罪、认罚、从宽三方面内容。有学者基于此，将案件类型作出划分，具体分为以下三种类型：被告人不认罪的案件，被告人认罪但对量刑存在争执的案件，以及被告人认罪且对量刑没有争执的案件。[①] 我们认为，从宽制度除了认罪、认罚、从宽三方面内容外，还应包含认可诉讼程序简化（为行文方便，以下均简称"认程序"）。从宽制度的直接目的就是对案件进行繁简分流，对特定类型案件适用简化程序。但对适用简化程序的被追诉人而言，普通程序中的很多法定权利在简化程序中被简化、略化，而这些权利都是宪法和法律赋予被追诉人的，只能由被追诉人自己决定如何处分。案件是否适用简化程序，应当由被追诉人来进行选择或征得被追诉人的同意，控方和审判方不得强制或剥夺。因此，作为体现被追诉人主体地位的"认程序"应当成为从宽制度中一项具有独立意义的内容。基于此，以控辩双方对定罪、量刑、程序适用是否存在争议为标准，可以将刑事案件分为四类：不认罪案件、认罪但对量刑有争议案件、认罪认罚但对程序适用有争议案件、认罪认罚认程序案件。

（三）从宽制度的内在逻辑

认罪、认罚、认程序、从宽均是一项具有独立意义的内容。何为"认罪"？从实体法角度讲，"认罪"作为一种广义的概念，其理应包含刑法中规定的"坦白"与"自首"以及其他可能之情形。[②] 从程序法角度讲，"认罪"是指对指控的犯罪事实没有异议。何为"认罚"？由于简易程序、普通程序简化审均仅是基于被追诉人"认罪"而设的，现行法律中尚未有对"认罚"的权威规范。2014 年最高人民法院、最高人民检察院、公安部、司法部《关于在部分地区开展刑事案件速裁程序试点工作的办法》第 1 条中规定："犯罪嫌疑人、被告人同意人民检察院提出的量刑建议的。"这里将"认罚"理解为"同意量刑建议"。但在从宽制度中，我们认为，"认罚"应是在认罪基础上对法定惩罚的认可。关于"认罚"是否必然包含"认程序"，我们认为，"认程序"具有独立意义，其不应被"认罚"所包含。"认罚"是一种法定的惩罚，"认程序"是一项法定的权利，二者的行为属性不同，如果将"认程序"混同为"认罚"，极易造成控方将"认罚"与诉讼程序简化捆绑"销售"给被追诉人，抹杀了被追诉人的诉讼主体地位及其对诉讼程序的自主选择权，严重损害了从宽制度的公正价值。何为"认程序"？在从宽制度中，"认程序"应是在认罪、认罚的基

---

① 刘静坤：《被告人认罪认罚可探索适用速裁程序》，载《人民法院报》2015 年 1 月 21 日第 6 版。
② 陈卫东：《认罪认罚从宽制度研究》，载《中国法学》2016 年第 2 期。

础上，被追诉人对某种简化诉讼程序作出的自愿性选择或同意。何为"从宽"？在从宽制度中，"从宽"是指在被追诉人认罪、认罚、认程序的基础上，对其进行实体从宽和程序从宽处理。总之，从宽制度是四项内容逐层单向递进的统一体，它仅适用于前述四类案件中的"认罪认罚认程序案件"。

三、认罪认罚从宽制度之公正价值分析

（一）公正的含义

正如有学者所言，公正是人类追求的重要价值准则与价值目标，但在众多论著中，我们却很难见到有关"公正"十分公允的定义。① 与"幸福"、"美"一样，人们一直在追求、在讨论，却没有一个统一的能让众人接受的概念，这正体现了"公正"的丰富内涵与多元属性。公正的内涵是多方面、多层次的，它是包含了应然公正与实然公正、程序公正与实体公正、整体公正与个体公正、绝对公正与相对公正等诸多概念的集合。

（二）从宽制度符合公正之要求

一是公正要求对同类案件同等对待。认罪认罚认程序案件作为具有独立特征的一类案件，对该类案件的办理需要遵循特定统一的规范，以实现对同类案件的同等对待。从宽制度正是基于建立健全统一的规范，确保对认罪认罚认程序案件进行公正的处理。二是公正要求对不同的情形进行区别对待。由前述可知，以控辩双方对定罪、量刑、程序适用是否存在争议为标准，可以将刑事案件分为四类。对认罪认罚认程序案件的处理应当区别于其他三类案件。而普通程序是基于不认罪而设的；普通程序简化审和简易程序只是基于认罪而设的；当前正在试点的刑事速裁程序虽包含了认罪认罚认程序的内容，但同时附加了双方当事人达成调解或和解协议，并将适用范围限定在刑罚1年以下的特定类型案件，也无法实现与认罪认罚认程序案件的精准匹配。从宽制度正是针对认罪认罚认程序案件而设的，体现了对不同情形案件进行区别对待的公正要求。

（三）从宽制度体现公正之价值

一是从宽制度设计遵循控辩平等的基本要求。从宽制度注重尊重和保障被追诉人的人权，维护被追诉人的诉讼主体地位，对于是否认罪、是否认罚、是否认程序均是建立在控辩双方平等协商的基础上，注重尊重被追诉人的自主选择权。二是从宽制度适用遵循案件事实清楚、证据确实充分的基本条件。同域外的辩诉交易制度不同，在从宽制度中，控方不得以事实不清或证据不充分而降格指控或撤销部分指控来换取被追诉人的有罪答辩。三是从宽制度的运行遵循诉讼的基本形态。从宽制度在诉讼程序内运行，控辩审三方均参与其中。虽然在协商时，以控辩双方参与为主，但法院对案件是否符合从宽制度条件、协商过程及结果是否合法、被追诉人是否自愿等问题仍具有最终裁判权。

① 高珊琦、曹玉江：《辩诉交易公正价值之重新审视》，载《当代法学》2009年第2期。

（四）从宽制度有助于避免迟到的正义

19 世纪英国政治家威廉·格拉德斯通有句名言：迟到的正义非正义。惩罚犯罪的刑罚越是迅速和及时，就越是公正有益。[①] 公正的内涵是丰富的，其价值属性也是多元的。从应然公正的角度看，公正应当成为诉讼唯一追求的目标，时间和效率好像显得微不足道。但从实然公正的角度看，排除被追诉人不确定状态的时间越短越公正，因为任何延长被追诉人不确定状态的做法都是对被追诉人的虐待。应然公正与实然公正既相互统一又相互矛盾，二者总是在动态中实现平衡。"……而人类的法的价值永远只是在追求理想的价值实现，当二者完全重合的时候，法本身就难以存在了。"[②] 从宽制度正是在应然公正的基础上追求实然公正的有效途径，通过减少不必要的诉讼环节、诉讼行为，达到节省诉讼时间，推动正义及时实现。

（五）从宽制度运行中的公正风险

任何制度都并非完美，从宽制度亦不例外。就从宽制度而言，个案不公是人们最直接的担忧。一是控方如果重协商、轻审查，法院也因控辩双方就认罪、认罚、认程序和从宽处理达成协议而审查不严，就容易导致顶包、漏罪、漏犯、无罪判有罪等不公正结果的发生。二是庭审的实质性弱化。我国的庭审本就不够发达和完善，加之公检法之间的"配合型"制约关系，如果没有完善的监督制约机制，控辩双方达成的认罪认罚认程序从宽协议很容易直接"流入"判决书之中，导致诉讼争议、案件问题得不到公正的审查、处理。三是被追诉人权利难以保障。从宽制度需要被追诉人对自身的罪与罚有正确的认识，而罪与罚均是法律专业问题，如果辩护制度不能全面、有效地落实，被追诉人"认"的自愿性与真实性是值得怀疑的。更危险的是，如果公检法过于注重"互相配合"，共同"促成"被追诉人与控方达成认罪认罚认程序从宽协议，被追诉人的诉讼主体地位就会面临被侵犯的风险。

四、认罪认罚从宽制度之公正保障机制设计

好的制度一方面取决于静态的设计；另一方面取决于动态的运行。在推行从宽制度改革之前，首先需要的就是对从宽制度进行"善"的设计，使其更加符合公正之要求，充分体现公正之价值。

（一）侦查阶段适用禁止

一是认罪认罚认程序案件不同于单纯的认罪案件。侦查机关不具备检察机关所具有的量刑建议权、庭审控诉权，其无权与被追诉人就是否认罚、是否选择简化程序达成某种协议。二是从宽制度适用于案件事实清楚、证据充分的案件。侦查阶段的主要任务是查明案件事实、收集固定证据，为从宽制度的适用创造条件而非直接适用从宽制度。如果许可侦

[①] ［意］贝卡利亚著：《论犯罪与刑罚》，黄风译，中国大百科全书出版社 1993 年版，第 56 页。
[②] 卓泽渊著：《法的价值总论》，人民出版社 2001 年版，第 38 页。

查阶段适用从宽制度,则可能导致侦查机关对犯罪嫌疑人口供的过分依赖,甚至在急于破案等目的驱使下对犯罪嫌疑人进行刑讯逼供并导致错案发生。三是侦查权具有主动性、强制性。如果让侦查机关介入被追诉人的定罪量刑事宜,势必会更加强化侦查权的优势地位,这与当前正在开展的以审判为中心的诉讼制度改革的要求是相悖的。

(二) 坚守诉讼基本形态

参与主体应符合诉讼基本要求,被追诉人、检察官、法官、律师是当然的参与主体。关于被害方是否应当作为从宽制度的参与主体,学界对此有不同的看法。有观点认为"在认罪协商时应当征得被害方的同意,其重要条件就是应当由被告人对被害方在精神、物质两个方面予以补偿,被害方同意并且愿意接受赔礼道歉和物质补偿。"[1] 但也有观点认为"为确保认罪认罚制度适用的效率性,防止因被害方主观情感的变化而导致协商过程随意变更损害诉讼程序的确定性,被害方不宜作为参与主体而对案件协商过程产生实质影响。"[2]我们认为,从宽制度不同于刑事和解,前者是控方与被追诉人就认罪、认罚、认程序和从宽处理进行协商并达成协议的一种公私合作;后者是犯罪嫌疑人、被告人与被害方就赔偿、谅解进行协商并达成协议的一种私力合作。公私合作与私力合作均是合作型诉讼的一个方面,二者可以独立发生并存在,不具有必然的共生共存的联系。基于此,我们认为,在控方与被追诉人进行协商时,被害方并非必然的参与人。控方提出的量刑建议、从宽意见于法有据并在法定从宽幅度之内,并非突破法律规定的非法交易,且控辩双方达成的协议仍需法院进行审查并作出最终裁判,因此被害方是否参与控辩双方的协商并不影响从宽制度的公正性。当然,在诉讼中,笔者赞同也鼓励私力合作的达成,从宽制度与刑事和解可以共同适用。在庭审环节,被害方作为诉讼参与人,可以对控辩双方已达成的从宽协议发表意见,这样有助于发挥被害方对从宽制度适用的监督作用。同时,被害方的意见也可以作为法官审查和裁判案件的考量因素之一,促进裁判结果公正。总之,在从宽协商过程中,不宜让被害方参与,待从宽协议达成后可让被害方在庭审中发表意见。

(三) 充分保障被追诉人的辩护权

从宽协议的有效达成需建立在控辩双方法律地位平等、诉讼信息对称的基础之上。而无论是法律地位平等还是诉讼信息对称,对于被追诉人来说,完善的辩护制度都不可或缺。相对于强大的控诉机关而言,被追诉人是一个弱者;相对于拥有法律专业知识的公诉人来说,被追诉人是一个法律的"门外汉"。一个普通被追诉人如果未能得到充分的辩护帮助,其很难对是否认罪、是否认罚、是否认程序形成正确的认识,并基于该认识作出自愿性的选择。因此,从理论上讲,在从宽制度中推行强制辩护制度有利于保障被追诉人认罪认罚认程序的正当性。但考虑到我国刑事司法领域辩护制度现状,现阶段直接推行这一制度仍面临较大阻碍。特别是我们还需质疑:在简单轻微刑事案件处理过程中设置强制辩护制度是否违反诉讼经济原则?这在当前试点的刑事速裁程序中已经成为一个亟须回应的难题。[3]

---

① 陈国庆:《试论构建中国式的认罪协商制度》,载《环球法律评论》2006 年第 5 期。
② 陈卫东:《认罪认罚从宽制度研究》,载《中国法学》2016 年第 2 期。
③ 陈卫东:《认罪认罚从宽制度研究》,载《中国法学》2016 年第 2 期。

面对理论与现实的矛盾，从宽制度中的辩护制度如何进行完善？我们认为，一是从宽制度中的辩护不一定要贯穿诉讼的整个过程，只要在侦查、公诉特别是从宽协商阶段被追诉人能获得有效辩护即可保障从宽协议的公正性。二是扩大法律援助范围，建立健全辩护律师法律援助激励机制，保障被追诉人的辩护权。三是为未在从宽协议达成阶段获得辩护帮助的被追诉人设置完善的权利救济机制，充分保障被追诉人对从宽协议的反悔权，对裁判的上诉权、申诉权。

（四）完善从宽认同机制

从宽的兑现既是控辩协议的实现，也是被追诉人最大的期待。为此，一是应从及时变更对被追诉人的刑事强制措施、缩短办案期间等方面完善程序性从宽，使被追诉人在诉讼中直接感受到认罪认罚认程序带来的"实惠"。二是完善量刑认同机制。由前述可知，现行的简易程序、普通程序简化审均是基于被追诉人单纯认罪而设的，与之相对应的是刑法第67条关于自首的规定，也仅针对"如实供述自己的罪行"即"认罪"而规定，对于认罚、认程序如何从轻或减轻并没有作出明确规定。最高人民法院《关于常见犯罪的量刑指导意见》虽然对自首、坦白、退赃、退赔、达成刑事和解协议等量刑情节作出了规定，但也没有关于认罚、认程序如何从宽的具体规定。基于此，笔者建议对认罪、认罚、认程序逐项分层次进行量刑激励，设定科学、合理的从宽幅度；适当增加"应当型"从宽，增强"可以型"从宽与"应当型"从宽在量刑适用中的协调性，强化被追诉人对量刑激励的心理预期，保障量刑从宽的公正落实。

（五）完善司法责任制

公正是司法的天性。公正的保障需要司法活动遵循司法规律。司法办案中，如果行政审批特征明显，行政运行色彩较浓，不但会影响司法效率，更为严重的是其侵蚀了司法的亲历性，影响了司法公正。在从宽制度中，实际与被追诉人就是否认罪认罚认程序进行协商的是作为个体的检察官，如果检察官未被授权或授权过小，其很难在协商中自主性地向被追诉人作出量刑建议上、诉讼程序上的从宽承诺，从宽制度的运行也将举步维艰。适用从宽制度的案件均是事实清楚、证据确实充分的案件，且控辩双方对定罪量刑等争执已基本达成一致意见，对于该类案件一般没有必要层报领导审批或是提请审判委员会研究决定。因此，应深入推进当前正在进行的司法责任制改革，使员额内法官、检察官真正成为有职权的办案主体、司法责任的承担主体，激发法官、检察官的主体意识、责任意识，推动司法办案在更高层次上实现公平正义。

（作者单位：河北省人民检察院）

认罪协商程序：模式、问题与底线

胡　铭

一、导言：认罪认罚从宽制度的共识

认罪协商是刑事诉讼中颇具争议的一项制度，各国理论界和实务界对此可谓爱之深亦恨之切。我国刑事诉讼法学界和司法实务部门对此已经进行了诸多探讨，但一直未能达成充分共识。① 随着党的十八届四中全会通过的中共中央《关于全面推进依法治国若干重大问题的决定》提出要完善中国"刑事诉讼中认罪认罚从宽制度"，从顶层设计上给予了认罪协商以政策性支撑，使得相关制度构建骤然提速。对此，我们在理论层面和技术层面是否已经有了充分的准备与共识？我们亟须深入思考和展开扎实的研究。

从现有研究来看，我们至少已经形成两点基本共识。第一点共识：从本质来看，认罪认罚从宽制度是一种认罪协商程序，是一种协商式刑事司法，亦是一种合作式刑事司法。"认罪认罚制度是建立在侦控机关指控犯罪嫌疑人、被告人有罪的基础上的一种制度延伸，它适用于任何案件性质、诉讼程序类型，广泛存在于刑事诉讼过程中。它不是脱离于刑事实体法、程序法规范而独立存在的一项诉讼制度。"② 所谓协商式刑事司法，是指在刑事案件的处理方面，不同程度地给当事人之间的"协商"或"合意"留有一定空间的案件处理模式。协商式刑事司法体现的是一种"商定的正义"，体现了契约的精神。③ 协商式刑事司法对应的是强加型刑事司法，即由国家专门机关单方面地施加追究犯罪的过程，在这一过程中不允许讨价还价，而刑事审判的过程主要是三段论式的推演逻辑。所谓合作式刑事司法对应的则是对抗式刑事司法。合作式刑事司法满足了冲突双方的利益需求，使得公安司法机关可以获得一系列诉讼收益，并有助于被犯罪破坏的社会关系的修复和社会的和谐。最为典型的便是刑事和解，有学者称之为"刑事诉讼的私力合作模式"，④ 相应地，认罪认罚从宽制度则是国家公诉机关与被告方通过协商达成合作的"刑事诉讼的公力合作模式"。

第二点共识：认罪协商程序绝非一种完美的制度，而是法律现实主义指引下不得已的选择，并具有其自身独特的价值。西方学者早已指出："辩诉交易没有什么值得称赞的地方。……然而尽管不值得炫耀，辩诉交易毕竟胜利了。它以非暴力的方式悄无声息地夺取

---

① 肯定性观点可参见龙宗智、潘君贵：《我国实行辩诉交易的依据和限度》，载《四川大学学报》2003 年第 1 期；汪建成：《辩诉交易的理论基础》，载《政法论坛》2002 年第 6 期；否定性观点可参见孙长永：《珍视正当程序，拒绝辩诉交易》，载《政法论坛》2002 年第 6 期；张建伟：《辩诉交易的历史溯源及现实分析》，载《国家检察官学院学报》2008 年第 5 期。

② 陈卫东：《认罪认罚从宽制度研究》，载《中国法学》2016 年第 2 期。

③ 参见魏晓娜著：《背叛程序正义——协商性刑事司法研究》，法律出版社 2014 年版，第 5~6 页。

④ 参见陈瑞华：《刑事诉讼的私力合作模式》，载《中国法学》2006 年第 5 期。

了刑罚的领地，并征服了仍有抵触情绪的陪审团。正如有些历史的记录者所指出的，辩诉交易可能是一个外来的入侵者，但是她还是赢得了胜利。"① 一般认为，认罪协商以实用主义哲学作为基础，强调刑事司法的目的和效果，其实践中的独特价值在于：首先，能迅速处理大部分刑事案件，被认为是解决"案多人少"问题的一条捷径；其次，能显著减少诉讼成本。如果控辩双方能够达成协议，则诉讼所花费用显然将大大减少；再次，有利于改造被告人，可以避免正式审判所带来的焦虑与羞愧感，有利于被告人回归社会；最后，有助于案件的分流和类型化处理，缓解控方举证压力。

然而，作为中国式认罪协商程序的认罪认罚从宽制度的具体构建，尚存在诸多争议，其背后又是我们对相关理论问题的认识模糊。在此，有必要对我国实践中已经存在的认罪协商主要模式进行观察和剖析，并对相关难点问题进行梳理，在底线正义理念指引下厘清中国式认罪协商程序的基本方向。

二、我国实践中认罪协商的四种模式

认罪协商程序在国际上主要呈现为两种典型样态：一是英美式辩诉交易，控方检察官与代表被告方的辩护律师进行会商与谈判，以撤销指控、降格控诉或要求法官从轻判处刑罚等为条件，换取被告人做有罪答辩或满足控方其他要求；二是大陆式协商程序，如在德国，被告人通过辩护人与检察官、法官就刑事案件的处理方式和处理结果进行协商，并以达成的协议作为起诉或裁判的基础。在我国，刑事诉讼法并没有明确规定认罪协商程序，但在刑事政策与司法解释层面存在认罪从宽的精神。"坦白从宽"一直是我们强调的刑事政策。被告人认罪并与检察官达成协议，是自愿认罪、如实供述的体现，符合我国现行法律法规从轻量刑的要求。最高人民法院、最高人民检察院、司法部《关于适用普通程序审理"被告人认罪案件"的若干意见（试行）》规定，被告人自愿认罪的，可以简化审理程序，法院可以对自愿认罪的被告人酌情予以从轻处罚。笔者曾就认罪态度对法官量刑的影响进行实证研究，量化的结果显示被告人的认罪态度在量刑因素中处于关键性地位。② 在司法实践层面，无论我们是否承认，认罪协商在我国已经自下而上地展开，并呈现出四种主要的模式。

（一）事实不清时的协商

事实不清的背后是证据不足，作为公诉方的检察官在这种情况下面临两方面困难：一方面是很难达到"案件事实清楚，证据确实、充分"的证据标准；另一方面，如果按照疑罪从无原则则可能放纵罪犯，也很难给被害方一个合适的交代，且在此类案件中往往是基本事实是清楚的，而量刑相关的事实存在疑问，并不适用疑罪从无原则。

典型案例是被称为"中国辩诉交易第一案"的孟广虎故意伤害案。2000 年 12 月 18 日晚，孟广虎在黑龙江省绥芬河火车站内，因车辆争道与吊车司机王玉杰发生争执。孟随后打电话叫来六个人，双方发生互殴，导致王玉杰脾脏破裂、小腿骨骨折，后经法医鉴定为重伤。牡丹江铁路运输检察院以故意伤害罪起诉孟广虎。其辩护律师认为，这是一起共同

① ［美］乔治·费希尔著：《辩诉交易的胜利——美国辩诉交易史》，郭志媛译，中国政法大学出版社 2012 年版，第 6 页。
② 参见胡铭、冯姣：《认罪态度对法官判决影响的实证分析》，载《江苏行政学院学报》2014 年第 2 期。

犯罪案件，但本案其他犯罪嫌疑人在逃，无法确定被害人的重伤后果是何人所为。公诉机关认为，该案多人参与斗殴、背景特殊，即使公安机关抓获所有犯罪嫌疑人，收集证据也将困难重重，但孟广虎找人行凶造成了被害人的重伤，理应承担重要或全部责任，建议辩护人同意法院试用"辩诉交易"方式审理此案。随后，牡丹江市铁路运输检察院和铁路运输法院经协商并报黑龙江省高级人民法院批准，以"辩诉交易"方式审结该案，判处孟广虎有期徒刑 3 年，缓刑 3 年，赔偿被害人 4 万元。①

（二）刑事和解中的协商

2012 年刑事诉讼法所确立的刑事和解程序本身蕴含了协商的意涵。和解以被告人认罪为前提，有的情况下还有民间调解机构参与，目的在于促使被告人和被害人之间达成谅解，而被告人可以获得从轻处罚。

瓦立德案便是一例。2013 年 10 月 14 日，瓦立德（外籍）案被移送至义乌市人民检察院审查起诉。审查发现该案符合修改后的刑事诉讼法关于当事人和解的公诉案件诉讼程序的规定，义乌市人民检察院在征得被害人同意后，决定对本案进行调解。10 月 24 日，该院向义乌市涉外纠纷人民调解委员会提出涉外案件调解委托书，并积极与该调解委员会进行协商，成立了由一名中国人和一名乌兹别克斯坦籍外商共同参与的调解小组。最终，瓦立德与被害人热拉达成和解协议，热拉则对瓦立德表示谅解。根据该和解协议，鉴于犯罪嫌疑人罪行较轻，系初犯、偶犯，且真诚悔罪并取得了被害人谅解，义乌市人民检察院决定对瓦立德做相对不起诉处理。②

（三）不起诉中的协商

不起诉体现了检察机关的起诉裁量权。其中，相对不起诉针对的是人民检察院认为犯罪嫌疑人的行为已经构成犯罪，应当负刑事责任，而犯罪行为情节轻微的案件。对于犯罪情节，需要从犯罪嫌疑人实施犯罪行为的手段、对象、危害后果、动机、目的等情况以及犯罪嫌疑人的年龄、认罪态度等方面综合考虑，这便存在了协商的空间。

如 2014 年 11 月，犯罪嫌疑人徐某某听人说经营"捕鱼机"很赚钱，于是就先后购买了 4 台"捕鱼机"放在一商铺内供人赌博。同年 12 月 16 日，该游戏厅经群众举报被公安机关查获，现场收缴 4 台"捕鱼机"和 6000 余元赌资。经认定，被查获的"捕鱼机"属于国家明文禁止的赌博机。游戏厅被查之后，犯罪嫌疑人徐某某当天下午主动到公安机关投案自首，如实供述了自己的罪行。案件移送审查起诉后，徐某某又主动退缴赃款 6000 元，并表示自愿认罪，接受处罚。承办人通过调查讯问，进一步了解到徐某某系残疾人，几年前因车祸导致左眼失明，如今很后悔，也担心此事对正在读高三的儿子造成不良影响。综上考虑，结合案件具体情况，鉴于犯罪嫌疑人徐某某具有自首、认罪、退赃等情节，也出于对残疾人和未成年人的人文关怀，罗江县人民检察院依法对徐某某从宽处理，作出不起诉决定。③

---

① 张景义等：《聚焦国内"辩诉交易"第一案》，参见中国法院网：http://www.chinacourt.org/article/detail/2002/08/id/9780.shtml，最后访问时间：2016 年 7 月 2 日。

② 张帅：《义乌创立刑事和解"国际范本"》，载《金华日报》2013 年 11 月 7 日 A2 版。

③ 参见《德阳市罗江县检察院对一认罪认罚犯罪嫌疑人从宽处理》，载新华网：http://www.sc.xinhuanet.com/dy/2016-03/14/c_1118321705.htm，最后访问时间：2016 年 7 月 2 日。

（四）速裁程序中的协商

刑事案件速裁程序针对的是对事实清楚，证据充分，被告人自愿认罪，当事人对适用法律没有争议的危险驾驶、交通肇事、盗窃、诈骗、抢夺、伤害、寻衅滋事等情节较轻，依法可能判处1年以下有期徒刑、拘役、管制的案件，或者依法单处罚金的案件。速裁程序中适用认罪认罚从宽，体现了轻微案件中适用协商从而简化程序的精神。

如2015年10月，北京市朝阳区人民检察院对被告人蔡某某涉嫌危险驾驶罪一案适用认罪协商。被告人蔡某某醉酒驾驶机动车发生交通事故，血液中酒精含量为149.7mg/100ml，但具有自首和赔偿情节。检察院在原量刑建议（拘役1个月零10日至3个月，并处罚金）幅度内减轻20%量刑幅度与蔡某某签订《认罪协商承诺书》，以刑事速裁程序向法院提起公诉，蔡某某最终被法院以危险驾驶罪判处拘役1个月零5日，并处罚金人民币3000元。①

上述认罪协商的四种模式实际上是交叉在一起的，如和解案件中可能适用不起诉，不起诉的案件中可能存在事实不清。此外，还存在其他的协商形态，如刑事附带民事诉讼中的协商，贪污贿赂案件中行贿人转为控方"污点证人"时的协商等。

（五）从裁判文书看中国式认罪协商程序的雏形

从我国司法实践中的认罪协商来看，具有诸多共性，在此以一份刑事判决书为例（〔2016〕浙0302刑初500号），以个案解读的方法来进一步认识我国认罪协商程序的特点。②

1. 适用于轻微刑事案件。判决书显示，该案是因邻里纠纷发生互殴而引发的故意伤害案。在该案中，被告人因要狗被拒，与被害人发生争执并互殴，在互殴过程中，被告人持刀致被害人面部受伤。经鉴定，被害人面颊5.7厘米单一缝合创伤，伤势评定为轻伤二级。

2. 存在事实不清。判决书指出：在本案开庭审理过程中，辩方提出虽然本案能够证明二被告人有罪，但证明二被告人持刀行凶的证据欠缺，且侦查机关在现场未提取到作案工具，本案证据体系有欠缺；控方也认可因本案侦查机关未即时提取和固定作案工具，导致本案证据体系不完整。最终的认罪认罚协议便是基于以上共识作出的。

3. 认罪协商协议的内容。诉辩双方达成以下认罪认罚协议：被告人、辩护人作出如下承诺：（1）被告人自愿承认公诉机关指控的故意伤害罪名；（2）被告人、辩护人对本案相关的事实与证据不再提出异议，同意起诉书指控的犯罪事实，自愿放弃上诉权利；（3）被告人、辩护人承诺除非有新的证据足以推翻公诉机关指控的犯罪事实等特殊情形，不得违背协议内容。

公诉机关作出如下承诺和要求：（1）公诉机关在本案事实清楚，证据确实的前提下，与被告人及辩护人签订认罪认罚协议书；（2）公诉机关基于协议书，结合被告人与被害人已达成和解等情节，在原指控量刑建议最低刑的基础上再提出减轻20%~25%的量刑建议，即建议法庭对被告人甲在有期徒刑7个月至8个月间处刑，对被告人乙处以有期徒刑6个

月并可适用缓刑；（3）公诉机关与被害人、辩护人协商一致解除协议的，不得将本协议作为指控被告人有罪的证据使用。

4. 积极赔偿，获得被害人谅解。该案中，双方达成和解协议，二被告人家属已代为赔偿被害人经济损失共计 5 万元，取得被害人谅解。

5. 按照检察机关的建议，法院从轻处罚。判决书指出：诉辩双方自愿达成认罪认罚协议，且协议内容不违反法律规定，符合被告人认罪认罚从宽处罚的刑事政策，本院予以确认。最终，判决如下：被告人甲犯故意伤害罪，判处有期徒刑 8 个月；被告人乙犯故意伤害罪，判处有期徒刑 6 个月，缓刑 1 年。

三、中国式认罪协商面临的难题

实践中，认罪协商的探索为我国完善认罪认罚从宽制度提供了经验，但我们还面临着诸多难题。

1. 侦查阶段是否可以协商？对此，理论界和实务界的观点迥异。有学者旗帜鲜明地指出："认罪认罚制度的适用应当有严格的诉讼节点限制，只能在审查起诉阶段和审判阶段发挥特定优势，而不能适用于侦查阶段。"[1] 而实务界则多数主张各个阶段都可以适用，特别是侦查机关认为"坦白从宽"就是一种认罪认罚，并将认罪认罚从宽作为侦查阶段拿下口供的利器。从理论上看，认罪协商程序是审判中心的产物，如果侦查阶段允许协商，将使得获取口供成为侦查的中心，而侦查程序则成为诉讼的中心。[2] 虽然我们可以强调法官有义务检验被告人自白可信与否，还可以强调这种检验不能仅仅基于案卷，但在司法实践中这些要求很难被遵守。因为如果法官认真检验被告人自白，除了查阅案卷还要询问证人，那么协商简化、加速程序的功能就落空了。也正因为如此，侦查阶段不适用认罪协商，才能实现以审判为中心，保障被追诉人的权利和查明案件真相。

2. 被害人是否参与协商？我国主流观点认为，凡是对于有自然人被害人的案件，因犯罪行为造成被害人人身伤害、财产损失的，在认罪协商时应当征得被害人的同意，其重要条件就是应当由被告人对被害人在精神、物质两个方面予以补偿，被害人同意并且愿意接受赔礼道歉和物质补偿。[3] 从表象来看，被害人作为当事人理应有权参与认罪协商程序，并发挥重要作用。然而，在美国的辩诉交易中，被害人是不参与的，主要理由是控方代表国家作为一方当事人对犯罪进行追诉，如果被害人再参与会使得协商的难度明显加大。德国的协商程序中判决的形成也不以被害人同意为前提，被害人的意见一般只作为参考。在刑事案件中所谓的被害人问题，至少需要考虑三个层面的内容：一是被害人在国家权力结构中的相对位置；二是被害人之于犯罪人刑事责任的影响；三是被害人的权利保护。[4] 综合来看，笔者并不反对被害人的参与，但这种参与应该是受严格限制的（限于谅解权、知情权和建议权），否则协商的过程很可能蜕变成纯粹为赔偿讨价还价的过程。

---

① 陈卫东：《认罪认罚从宽制度研究》，载《中国法学》2016 年第 2 期。
② Roxin/Schünemann，§17 Rn. 8b，20，27. Schünemann in FS Wolter, 2013, S. 1115f.
③ 参见陈国庆：《试论构建中国式的认罪协商制度》，载《环球法律评论》2006 年第 5 期。
④ 劳东燕：《事实与规范之间：从被害人视角对刑事实体法体系的反思》，载《中外法学》2006 年第 3 期。

3. 法官在协商中的角色定位。在当事人主义模式下，"检察官是辩诉交易程序的主导者。"[①] 在德国，情况则有所不同，协商主要发生在法官和被告人之间，而不是检察官与被告人之间。当法官成为协商的一方，就可能危及其中立与公正。[②] 所以德国学者提出，协商与正常的刑事诉讼程序应该由不同法官负责。在我国，虽然认罪协商的主体主要是检察机关和被告方，但认罪协议效力的认定和认罪协商后的审判程序都不应该也不可能离开法院。法官对协商协议的司法审查主要应包括两个方面：一是审查被告人进行认罪协商的明智性、自愿性；二是审查认罪协商的事实基础。此外，至少在进行协商的时候，应被告方的申请，法院可以具有解释法律适用问题、说明法院审理程序和定罪量刑规则的权力。[③] 对于我国司法实践中存在的不起诉中的认罪协商，应赋予被追诉人申请法院对协议进行司法审查的权利，否则免予起诉被滥用的历史很容易重演。

4. 协商是否必须有律师参与？认罪协商进一步拉开了有辩护律师和没有辩护律师的被告人、富有、教育程度高因而"议价能力强"的被告人和贫穷、教育程度低的被告之间的差距，破坏了平等原则。为保障被告人明智且自愿地选择认罪协商，应充分发挥律师在协商中的积极作用，但在我国刑事辩护率畸低的现状下，这便成为一个难题。为解决该问题，我们可以从两个方面着手：一是建立值班律师制度，在每个看守所和法院设置值班律师，为需要法律帮助的被追诉人第一时间提供免费法律援助；二是扩大法律援助的范围，在有条件的地区试行认罪协商案件指定辩护。律师应该在认罪协商中发挥实质性作用，如告知被告人享有的程序性权利、制定对被告人有利的协商方案、解释相关法律的适用等，以最大限度地维护被告人的合法权益。

5. 是否可以私下交易？从世界各国的实践来看，非正式协商、秘密协商并不少见，这就绕开了法律规定的限制。如在德国，58.9%的法官承认他们参与的协商中超过半数是非正式进行的，33%的法官承认在庭外进行过协商却没有在庭审中公开这一点，而41.8%的检察官和74.7%的律师表示经历过这样的情况。[④] 这是需要我们引以为戒的。这种私下交易严重损害了法律的尊严和正当程序，应当被禁止，以便通过透明、公开的协商程序来维护当事人的权益。

四、认罪认罚从宽制度的底线

正义不应是被讨价还价的对象！在底线正义的视角下，认罪认罚从宽制度的构建应特别强调以下三点：

首先，以被告人认罪的"自愿性"和"明智性"为底线。认罪协商绝不是将审判权力从法官转移给了检察官，而任由检察官和被告方就定罪量刑讨价还价。在当事人主义对抗模式下，由于检察官有着广泛而几乎不受约束的起诉裁量权，法官则处于消极中立地位，很少采取措施来保障有罪答辩的自愿性和明智性，也很少审查有罪答辩是如何取得的以及

---

① 卞建林、谢澍：《美国检察官是辩诉交易中的主导者》，载《检察日报》2016年5月31日第3版。

② Roxin/Schünemann，§17 Rn. 8, 29, 35.

③ 参见姚莉：《刑事审前协商程序的司法控制》，载《中国法学》2010年第4期。

④ BVerfGE 133, 168, 194ff.

有罪答辩的实质是什么。这样一来，检察官为促使被告人作出有罪答辩，就有可能在交易过程中有意提出一项或几项与事实不符乃至加重了的控罪，此种策略性起诉与我国的起诉法定主义显然不相符合。我国有显著的职权主义传统，法官应该发挥司法审查的作用，在认罪协商案件中，通过司法审查来保障被追诉人协商的自愿性和明智性，并强调检察官的客观义务，而不适用纯当事人协商的英美式辩诉交易。

其次，防止"强迫认罪"，以免造成冤假错案。认罪协商多适用于事实不清的案件，在实质上降低了认定被告人有罪的证明标准，使得定罪量刑与案件具体事实关系减弱，司法裁判容易造成不以事实为依据。同时，认罪协商可能会破坏反对强迫自证其罪这一国际公认的刑事诉讼基本原则。追诉机关为了迫使被告人认罪，可能会采用威胁、引诱、欺骗等方法，特别是在没有律师帮助的情况下，被告人很容易因对相关法律不熟悉或者迫于压力而接受追诉机关提出的协商建议，这便很容易导致错案。为此，应将反对强迫自证其罪明确为被追诉人的一项基本权利，并具体化为刑事诉讼的若干制度，如律师帮助制度、讯问的同步录音录像、排除合理怀疑的标准等，这些都是防止认罪协商走偏的基本要求。

最后，避免"以钱买刑"，引发新的司法腐败。对于认罪协商，公众最为担心的是"以钱买刑"，如果有钱就可以享受量刑上的特殊优待，甚至以是否赔了足够的钱作为判处死刑与否的标准，则正义将荡然无存。认罪协商的关键应定位于被告人自愿认罪，而不是被告人予以高额的赔偿。协商涉及司法自由裁量权问题，应坚持司法去行政化，赋予司法人员独立办案的权力，防止办案受到不当干涉和压力；保障认罪协商过程公开透明，防止暗箱操作和造成不必要的猜测；适当赋予被害人程序参与权，听取被害人意见，以便监督制约，但不应是由被害人主导协商过程。考虑到审判程序天然具有公开性的特点，而审查起诉阶段并不具有这样的属性，审查起诉阶段的协商更容易引发腐败，因此对于认罪协商后作出不起诉决定的，应该本着公开、透明原则，接受司法审查和监督。

五、未来之展望

对于认罪协商，我们最为熟悉的是美国式的辩诉交易，而我国的认罪认罚从宽制度也潜移默化地受到了辩诉交易的影响。一般认为，英美的辩诉交易主要是为了缓解诉讼压力，维持刑事司法系统正常运转的不得已选择；而大陆法系的协商程序侧重协商模式的政策性效果，如犯罪人的复归、被害人的补偿、社会关系的修复、社会的和谐等；考虑到我国刑事诉讼的职权主义传统、刑事辩护的现况、刑事司法环境以及公众的可接受程度等因素，我们可能更适合学习大陆法系有限制的认罪协商，而不是相对宽泛的辩诉交易模式。

从未来的研究来看，在明确我国认罪协商程序的基本走向的基础上，我们亟须对相关问题进行细致、深入的实证研究，以从技术层面不断完善认罪认罚从宽制度。我们需要通过个案研究、访谈等开展对认罪认罚从宽制度的定性研究；还需要在此基础上开展问卷调查、仿真实验等定量研究，从而对公众的可接受程度、从宽的幅度、检察官自由裁量权的限度、律师参与协商的实质影响力、协商对法官量刑的影响程度、法官对协商协议的司法审查的效度等问题展开深入的研究。

（作者单位：浙江大学法学院）

认罪认罚从宽制度完善研究

冀祥德 李 瑛

党的十八届四中全会通过的中共中央《关于全面推进依法治国若干重大问题的决定》指出"完善刑事诉讼中的认罪认罚从宽制度",但并未就该制度的含义进行说明。在2016年的中央政法委工作会议上,孟建柱同志指出:"实行认罪认罚从宽制度,既包括实体上的从宽处理,也包括程序上的从简处理。"可见,认罪认罚从宽制度是以鼓励被追诉人以认罪认罚的合作换取法律的宽大处理,同时提高司法诉讼的效率。面对拥有着强大司法权的国家公权力机关,如何实现这种合作的自愿性与协商的平等性,是保障认罪认罚从宽制度公正性的底线,在这一方面,律师的充分、有效参与是不可或缺的保障因素。

一、自愿性与认罪认罚从宽制度的完善

被追诉人认罪认罚自愿性是适用简化审理程序的先决条件,也是认罪认罚从宽制度完善所必须保障的重要因素,纵观我国目前的司法现状,对认罪认罚自愿性的保障较为虚化,因此必须充分、有效地发挥律师在认罪认罚自愿性保障中的积极作用,通过设立讯问时律师在场制度,形成辩护权对追诉权的制衡与制约,保障被追诉人的合法权利。

(一)认罪认罚自愿性程序价值

随着司法环境和司法制度的不断变化,我国刑事诉讼程序审理从一元化的普通审理程序逐步发展为普通程序、简易程序、速裁程序、认罪认罚从宽程序的多元化审理程序,通过对案件的繁简分流,逐步形成繁者越繁、简者越简的刑事诉讼程序格局。通过对简易程序、速裁程序的梳理不难发现,目前的各种简化审理程序均以案件事实清楚、证据充分、被告人认罪为前提,其中简易程序要求被告人承认自己所犯的罪行,对指控的犯罪事实没有异议;速裁程序要求被告人自愿认罪,当事人对适用法律没有争议;认罪认罚从宽程序是以被告人自愿认罪、自愿接受处罚、积极退赃退赔案件为前提建立的新的简化审理程序。毫无疑问,如果被告人不认罪,案件事实存在实质性争议,就应当适用普通程序审理,适用简化审理程序则不具有正当性基础。进一步讲,如果被告人只是表面上认罪,但其认罪并不具有自愿性,简化审理程序的适用也就不具有正当性。因此,被追诉人认罪认罚的自愿性是适用简化程序审理案件的先决条件,也是适用简化审理程序的案件实现公正审判的核心要求。

(二)认罪认罚自愿性保障虚化

综观我国目前的司法现状,简化审理程序中被追诉人认罪认罚自愿性的保障较为虚化,与公正审判的要求仍有一定差距。这种虚化主要表现在内部审查措施的虚化与外部保障机

制的缺位两个方面。一方面，被告人认罪认罚的自愿性并非一项需要审查的法定事由。例如，简易程序适用条件中的"承认自己所犯罪行"及"被告人对指控的犯罪事实没有异议"，强调的是被告人认罪的结果属性而非自愿属性；又如，速裁程序适用条件中的"被告人自愿认罪"，具体应当如何审查、确认并不明确。另一方面，被告人的认罪答辩通常是在侦查阶段讯问过程中作出的，目前该阶段认罪的自愿性尚缺乏必要的制度保障。例如，被告人并不享有讯问时获得律师帮助的权利，讯问同步录音录像制度目前并不适用于绝大多数适用简化审理程序的案件。在司法实践中，讯问不规范甚至严重违反法定程序的情形仍然存在。因此，认罪认罚从宽制度的完善必须把保障被追诉人认罪认罚的自愿性、合法性放在首位，这是保障案件正确繁简分流的基础，也是防止冤假错案发生的前提。

（三）认罪认罚自愿性机制完善

律师作为法治建设的四大车轮之一①，必须充分、有效地参与到认罪认罚从宽制度的运行中，通过辩护权对追诉权的制约与制衡，保障被追诉人认罪认罚自愿性、合法性的实现，最终达成公正与效率兼顾的司法目标。建立讯问时律师在场制度是保障被追诉人认罪认罚自愿性的有效途径之一。虽然我国法律规定了律师可以在侦查阶段发挥一定的作用，但是在司法实践中，律师对被追诉人的帮助还是非常有限的，就犯罪嫌疑人在讯问过程中获得律师帮助的权利而言，法律规定并未起到任何实际作用，在审讯过程中，律师没有在场的权利，而且所规定的有限的获得律师帮助权遭到侵犯时，法律也没有规定任何明确的后果，这就导致了犯罪嫌疑人在讯问过程中几乎不享有任何可以对追诉方构成制约的程序性权利，法律只是基于真实性的考虑，对讯问方式作出了一些禁止性规定，无法保障被追诉人供述的自愿性。

认罪认罚的自愿性是认罪认罚从宽制度实施的关键，讯问时律师在场制度是保障认罪认罚自愿性的手段，律师通过对国家司法机关执法的监督，防止其因刑讯逼供等非法手段获取被追诉人认罪认罚的供述，保障被追诉人的合法权利。联合国《关于律师作用的基本原则》规定："被逮捕、拘留或监禁的所有人应有充分机会、时间和便利条件，毫不迟延地在不被窃听、不经检查和完全保密的情况下接受律师来访和与律师协商，这种协商可以在执法人员能看得见但听不到的范围进行。"这是联合国规定的关于被追诉人获得律师帮助权利的最低标准。因此，我们应当规定，如果被追诉人要求律师帮助的，在律师到来之前，讯问不得开始，这样就可以使得律师对追诉方的讯问起到很大的监督作用。②此外，需要说明的是讯问时律师在场制度，是权利性、保障性的规定，不是强制性的义务。律师当然可以根据实际情况选择讯问时在场或者不在场，不受权力机关的强迫。

二、协商性与认罪认罚从宽制度的完善

2016年1月，中央政法委召开工作会议，提出要在借鉴辩诉交易等制度的合理元素基础上，抓紧研究提出完善认罪认罚从宽制度的试点方案。协商性司法模式的引入对于不同

---

① 冀祥德：《刑事辩护准入制度与有效辩护及普遍辩护》，载《清华法学》2012年第6期。
② 冀祥德：《沉默权与辩诉交易在中国法中的兼容》，载《法学》2007年第8期。

的诉讼主体都具有重要的价值，应当通过完善量刑激励制度来保障协商的顺利进行，认罪认罚从宽制度的完善应当以保障人权为基础，以协商为核心，从而实现提高司法效率这个目标。

（一）协商性司法模式的价值

从世界范围来看，随着犯罪率的不断攀升对诉讼效率的需求，随之引发的刑事诉讼的发展趋势就是逐步扩大以简化审理程序处理案件的范围，在这样一种情势之下研究协商性司法模式的价值，无疑具有重要的意义。

1. 保障被追诉人得到公正审判

我国每一种刑事诉讼程序都有其不同的价值追求，普通程序以公正价值为导向，简易程序以兼顾公正与效率为导向，速裁程序侧重于效率价值，认罪认罚从宽程序的设立实际上是给予了被追诉人对于刑事诉讼程序适用更多的选择权，如果被追诉人在认罪认罚自愿性的保障下选择了适用简化审理程序，那么就意味着必须赋予其实体上的从宽量刑来补偿程序公正的舍弃，这种补偿必须是确定的，这种确定性应当通过审前协商的方式加以确认。有辩护律师参与的协商性司法模式恰恰是被追诉人放弃程序公正换取实体量刑从宽的一纸协议保证书，确保了实体量刑从宽的回报，相当于以另一种形式弥补了程序公正上的缺失，因此协商性司法模式的引入保障了被追诉人获取公正审判的权利。

2. 提高司法机关的诉讼效率

协商性司法模式的引入提高了司法机关的诉讼效率。首先，在侦查阶段，有律师参与的协商，一方面保障了被追诉人认罪认罚的自愿性；另一方面通过给被追诉人提供法律咨询服务，为侦查人员获取口供、快速破案提供了有效的协助。因为随着非法证据排除规则的建立，获取犯罪嫌疑人口供证据的难度加大，而认罪态度问题在量刑证据体系中已不可或缺，倘若未来认罪态度问题有所减少，将会降低本已稀缺的量刑证据的整体数量，也将使得本已相当自由的刑罚裁量权变得更加自由，最终将出现加重量刑不均衡性、不可预期性的可能。[①] 这就需要律师充分且有效地参与到侦查阶段的讯问过程中，帮助被追诉人了解国家宽严相济的刑事政策，使其尽快地意识到其违法行为对社会关系造成的破坏并作出及时补救，从而尽早地回归社会。

其次，在审查起诉阶段，控辩双方通过协商，将纠纷解决于庭审前，减少了案件被判无罪给检察机关带来的考核风险，同时也可以使公诉人腾出更多的时间和精力投入到适用普通程序审理的案件审查当中去，优化了司法资源配置。在规定了"不得强迫任何人证实自己有罪"，遏制了口供的强迫获取的同时考虑构建鼓励犯罪嫌疑人、被告人认罪从而与国家司法合作的控辩协商程序，这正是对刑事诉讼程序的改造宏观的有张弛的体系性思考。[②]

最后，在审判阶段，协商性司法模式的引入减少了控辩审三方因量刑争议引发不必要的分歧矛盾，可以使案件的纠纷化解于庭审之前，增加简易程序、速裁程序的适用率，使得节省下来的庭审资源可以更集中地应用于疑难、复杂案件的办理，使得"以审判为中心"的司法改革目标能够更好地实现，协商性司法模式的引入是实现庭审民主化，推进庭审实

---

① 贺小军：《认罪态度对量刑的影响实证研究——以 A 省 B 市为例》，载《政治与法律》2015 年第 12 期。
② 冀祥德：《论新〈刑事诉讼法〉人权保障的价值取向》，载《中国司法》2012 年第 7 期。

质化的重要举措。正如美国学者贝勒斯在阐述程序法原则时主张："法院对案件和争执作出判决，意味着审判的目的之一是解决争执。倘若司法判决的用意不在于解决争执，而只是向某一方表示声援，那么打官司就无甚必要了。"①

3. 顺应世界刑事司法趋势

世界刑事诉讼经历了四次革命。第一次革命是司法权与行政权的分离；第二次革命是审判权与控诉权的分离；第三次革命是控诉权与辩护权的对等；第四次革命是控辩关系以对抗为主转向以合作为主。在我国，传统刑事诉讼以"对抗式司法"为基本诉讼构造。②然而对于犯罪嫌疑人、被告人认罪协商的案件，被追诉人在放弃对抗的情况下，"对抗式司法"的基础不复存在，冲突解决的方式从决定型转向合意型，诉辩双方的关系从对抗式转为协商式，诉讼双方在平等的基础上从对抗走向合作。因此，在认罪认罚从宽制度中引入协商性司法模式无疑顺应了世界刑事司法的趋势，也必将会对中国传统形式诉辩格局产生强烈的震撼并引发深刻的变革。③

（二）协商性司法模式的完善

明确、透明的量刑激励制度是协商性司法模式实施的依据和基础。其一方面为被追诉人作出程序选择、量刑预判作出指引；另一方面可以提高简化审理程序的适用率，落实宽严相济刑事政策的制度性保障。新一轮的司法改革提出要进一步完善刑事诉讼中的认罪认罚从宽制度，说明已有的从宽量刑制度没有得到很好的执行，那么完善量刑激励制度，制定出一套制度化、规范化，能起到激励、引导作用的量刑激励制度就变得至关重要。笔者认为，应当从以下两个方面考虑量刑激励制度的完善。

1. 量刑激励制度的明确性

自首、坦白、当庭自愿认罪是刑事案件中比较常见的有一定关联性的三个量刑情节，其中自首是法定的从轻、减轻或免予处罚的情节；坦白是法定的从轻或减轻处罚的情节；当庭自愿认罪是酌定的从轻处罚情节。自首、坦白、当庭自愿认罪从轻处罚的功能程度呈依次递减，均属于"可以"型从轻或减轻处罚情节。但是在实践中，大约60%符合从宽量刑情节的刑事案件得不到从宽处理，"坦白从宽牢底坐穿，抗拒从严回家过年"就是对这一司法现状的生动反映。目前，我国实体法已有的"可以"型量刑情节的自由裁量权过大，量刑规范对被追诉人认罪认罚的案件是否从宽、如何从宽，尚未构建一套明确的、具有激励效果的、普遍认同的量刑制度，这就导致实践中裁判尺度难以统一，也难以对被告人进行明确的量刑激励。因此，完善认罪认罚从宽制度，应当首先制定相对透明，具有指引性、激励性的量刑激励制度，扩大"应当型"从宽量刑的范围。保障认罪认罚的被追诉人得到实体上的从宽处理是司法机关的义务，也是被追诉人应当得到的权利，只有在实体上确定下来这项权利，程序上的设计才有意义。

① 刘静坤：《被告人认罪认罚可探索适用速裁程序》，载《人民法院报》2015年2月21日。
② 陈瑞华著：《刑事诉讼的中国模式》，法律出版社2010年版，第43页。
③ 冀祥德著：《建立中国控辩协商制度研究》，北京大学出版社2006年版。

2. 量刑激励的层次性

量刑激励的层次性是指针对认罪认罚的不同时间节点制定不同程度的从宽量刑幅度。被追诉人在不同阶段对自己的犯罪事实的供述、承认和对所造成的社会危害的补偿代表了其不同程度的认罪态度和悔罪表现，理应得到不同程度的从宽处理，这既符合罪责刑相适应的原则，也有利于激励被追诉人尽早认罪，尽快弥补其犯罪行为对社会关系所造成的破坏。目前，认罪认罚的时间对于从宽幅度没有决定性的影响，被追诉人会产生"早认罪不如晚认罪"的观望心理，不利于案件的分流办理。因此，应当针对认罪认罚时间节点的不同制定不同幅度的量刑建议，激励被追诉人尽早认罪，从而得到最大幅度的从宽处理，尽早回归社会，另外也可以节省司法资源，将更多的司法资源投入到不认罪的案件中。

三、律师作用与认罪认罚从宽制度的完善

在认罪认罚从宽制度的完善中，不论是认罪认罚的自愿性保障，还是协商的平等、顺利进行，不论是对被追诉人的权利保障，还是对公权力机关的权利制衡，都离不开律师充分、有效地参与其中，完善律师值班制度和法律援助制度是保障律师充分参与到认罪认罚从宽制度实施中的有效措施。

（一）律师在认罪认罚从宽制度中的作用

国际上通行的公正审判的标准中律师辩护是非常重要的一个方面，首先有律师辩护本身就体现了程序公正，其次要重视律师的辩护作用，通过律师辩护维护，保障实体公正。

1. 保障被追诉人的诉讼权利

大多数被追诉人由于自身法律知识的欠缺和自身能力的局限，往往忽略对自身诉讼权利的保护和救济，这就意味着律师为被追诉人提供法律帮助具有重大意义。例如，简化审理程序是以被追诉人的认罪认罚为起点，认罪认罚的时间节点不同会影响其强制措施的变更及量刑，这就需要律师向被追诉人提供法律咨询，帮助其作出正确的程序选择。其次，律师可以审查、判断程序转换是否合法，与被追诉人沟通、协调，审查被追诉人撤回无罪供述是不是自己的真实、自愿，认罪认罚是不是真实、自愿，审查办案机关是否有干扰被追诉人撤回无罪供述的情形发生，如果发现侵犯被追诉人权利的情形，要及时提出异议，并申诉、上诉、提请再审等，寻求司法救济。最后，律师参与的本身就是刑罚教育矫正手段的体现，有利于被追诉人更清晰地认识自己的行为所造成的社会危害后果，有效地实现特殊预防。

2. 实现司法权力平衡制约

从结构决定功能的理论出发，没有权力制衡的科学合理的结构，就不会有刑事诉讼各个权力的最佳功能的发挥。科学的诉讼权力结构，一方面是各个权力都具有合法性和正当性，另一方面是权力的制约和平衡。[①] 在诉讼程序的整个运行过程中，必须始终保持典型的"三角诉讼结构"特征，如果被追诉一方缺乏辩护律师的帮助，这种追诉程序显然与中世纪的纠问式诉讼模式无异，被追诉人完全处于诉讼客体的地位，处于被追究而无辩护的恶劣

---

① 冀祥德：《对我国控辩平等的检视与思考》，载《法学论坛》2007年第6期。

境地，这与现代文明社会对司法公平正义的追求也是格格不入的。① 因此，我们在完善认罪认罚从宽制度，讨论各职能部门职权大小的同时，一定要着眼于对权利主体的影响，增加权利保障这个着眼点，使其地位有所改善，尤其应当将律师的地位和作用纳入新的制度构建中，以实现刑事诉讼中国家权力和个人权利的平衡。②

（二）律师参与保障机制的完善

由于简化审理程序取消了法庭调查和法庭辩论环节，为了防止因程序减损所带来的错判风险，其认罪认罚和协商必须在辩护律师的参与下进行。为了保障律师充分、有效地参与到制度实施中，可以从以下两个方面进行完善，扩大辩护的参与范围。

1. 完善值班律师制度

值班律师制度是本次速裁程序试点的一大亮点，速裁程序通过在人民法院、看守所派驻法律援助值班律师，为犯罪嫌疑人、被告人提供法律帮助。值班律师的职责不同于辩护律师，其主要职责是及时提供法律咨询和建议，告知犯罪嫌疑人、被告人适用速裁程序的法律后果，帮助其进行程序选择和量刑协商，依法维护其合法权益，其不承担具体案件的辩护职责，不享有阅卷、会见、调查取证等辩护人依法享有的诉讼权利。此外，就当前试点情况来看，包括中央层面和地方层面试点文件在内的各项规范性文件多以原则性表述援助律师职能为主，未能对援助律师可以在侦查、审查起诉、审判阶段如何切实履行其援助职责作出明确化、细致化的规范，因此有必要借鉴美国、英国及我国台湾地区的做法，为简化审理案件被追诉人提供公设辩护人，或将值班律师制度改造为公诉辩护人制度，实现其对认罪认罚自愿性和协商平等性的全面监督。

2. 完善法律援助制度

我国的法律援助制度近些年发展较快，但落实的不是很好，距离现实需要还有很大差距。其问题主要体现在以下两个方面：第一，法律援助经费过少无法调动法律援助律师的积极性。目前，我国审判阶段每年有 100 万件左右的刑事案件，120 万左右的被告人，法院援助经费只有十三四亿元，以全国人口计算，人均 1 元左右，这在世界范围内都是比较低的。③ 在美国，大约 80% 的刑事被告人是由政府出资聘请公共刑事律师为其辩护的。④ 依据美国律师协会法律援助与穷困被告人常设委员会（SCLAID）的统计，2002 年，美国财政年度为穷困被告人支付了 33 亿美元，2005 年支付了 41 亿美元，2008 年支付了 53 亿美元。⑤可见，即使在采取对抗制、辩护制度发达的美国，大多数刑事案件的辩护也并非通过市场机制来配置的，而是通过国家法定辩护给付义务来完成的。第二，法律援助的对象没有得到很好的落实。实践中，对刑事诉讼法第 34 条第 2、3 款规定的盲聋哑、未成年和可能被判处死刑的被告人没有委托辩护人的，人民法院都应指定承担法律援助义务的律师为其提

---

① 樊崇义：《刑事速裁程序：从"经验"到"理性"的转型》，载《法律适用》2016 年第 4 期。

② 王敏远：《司法改革背景下的三机关相互关系问题探讨》，载《法治与社会发展》2016 年第 2 期。

③ 顾永忠：《关于以审判为中心诉讼制度改革的建议》，载《法制日报》2016 年 1 月 20 日第 12 版。

④ See William J. Stuntz, The Virtues and Vices of the Exclusionary Rule, 20 Harv J. L. & Pub. Pol' y 443, 452 (1997).

⑤ See ABA Bar Information Program, State And County Expenditures for Indigent Defense Services In Fiscal Year2002, 载 http：//www. abanet. org/legalservices/downloads/sclaid/indigentdefense/indigentdefexpend 2003. Pdf.

供辩护，但是对第 1 款规定的被告人因经济困难或者其他原因没有委托辩护人的，人民法院可以指定承担法律援助义务的律师为其提供辩护，做得不好，因为是"可以"，所以一般都不指定，基本上没有执行。

在现代法治国家，保证被控告人获得专业律师辩护权是国家的人权保障义务，国家不仅不能侵害辩护权，而且应切实保障辩护权，对辩护权负有给付义务。因此，针对我国目前法律援助现状应当落实法律援助的范围、增加法律援助案件的补贴。此外，如何科学地界定刑事速裁程序中驻所、驻庭援助律师与普通案件的援助律师、辩护律师之间的地位界定，推进不同角色之间的有效转换，保障辩护权在刑事案件中的全面覆盖和无缝衔接，还需要进一步研究。

结语

一个改革后的司法权，如果没有民主监督，没有权利的制约与制衡，必定异化和不受控制，必定走向它的反面，辩护权本身体现的就是以社会力量制约国家权力的现代民主思路。在职权主义模式下，若辩护不能形成对国家追诉权的有力制衡，则良性的国家—社会关系即无法构建。[1] 在法治国家，律师应该有很重要的地位。在认罪认罚从宽制度建设和实践中，律师应该有很重要的作用，这一制度的建立不仅体现了公正基础上的效率观、承载了现代司法宽容精神，而且将探索一种新的非对抗式的诉讼格局，[2] 直接导致司法实践中控辩平等这一法治观念的确立，真正实现控辩平等，进而大力推进中国社会迈向法治的进程。

（作者单位：方志出版社；中国社会科学院法学研究所）

---

[1] 冀祥德：《刑事辩护准入制度与有效辩护及普遍辩护》，载《清华法学》2012 年第 6 期。
[2] 陈卫东：《认罪认罚从宽制度研究》，载《中国法学》2016 年第 2 期。

刑事和解适用范围的重构与规制

——以认罪后的从宽制度为研究视角

蒋石平

刑事和解是一种以协商合作形式恢复原有秩序的案件解决方式，它是指在刑事诉讼中，加害人以认罪、赔偿、道歉等形式与被害人达成和解后，国家专门机关对加害人不追究刑事责任、免除处罚或者从轻处罚的一种制度。[①] 作为一种脱胎于西方恢复性司法理念的新型犯罪解决机制，刑事和解对被害人权利保障以及对社会关系的修复固然值得推崇，但如何在紧握"执法为民"与"能动司法"两根主线的前提下，合理规制出制度适用的底线，成为我国学术界与司法界长期关注与研讨的重心。新刑事诉讼法的颁布预示着刑事和解已正式成为我国公诉案件的一项法定诉讼制度，而与此同时，如何为刑事和解的案件适用范围划定出恰当的运作边界，特别是如何妥善地将刑事和解推及重罪案件，并合理规范出和解后的从宽制度，以确保制度实现法制化运作，无疑成为关乎制度合理性及其能否可持续发展的一个现实而迫切的问题。

一、我国刑事和解适用范围的发展历程

在新刑事诉讼法出台前，刑事和解在我国的适用尚缺乏明确的法律依据。在刑事审判中，法院主要通过援引刑法、刑事诉讼法、最高人民法院《关于贯彻宽严相济刑事政策的若干意见》以及最高人民检察院《关于在检察工作中贯彻宽严相济刑事司法政策的若干意见》等相关规定，作为在刑事审判中启动刑事和解程序的暂行依据。

就刑事和解的适用范围而言，我国刑法第 13 条、第 37 条，以及 1996 年刑事诉讼法第 15 条、第 142 条都可以认定为适用刑事和解依据的雏形，也即"情节显著轻微的非罪行为"、"情节轻微的犯罪行为"等情形。但囿于当时立法的历史局限性，并且刑事和解尚未被提上研讨日程，故条文对案件适用范围的语焉不详与刑事诉讼对法律依据的合理预期无疑产生了较大差距。

基于此，最高人民法院曾于 2005 年颁布的《关于审理未成年人刑事案件具体应用法律若干问题的解释》以及 2010 年颁布的《关于贯彻宽严相济刑事政策的若干意见》（法发〔2010〕9 号）对和解协商的适用情形作出较为明确的规定，主要包括未成年人犯罪、自诉案件，以及婚姻家庭等民间纠纷激化引发的犯罪。目前不少省份与地区（如北京、上海、安徽、湖南、南京等）也相继对刑事和解的适用出台了地方法律文件，但大体上都将范围局限于故意伤害（轻伤）等轻微刑事案件（3 年以下）以及未成年人刑事案件中。

[①] 陈光中、葛琳：《刑事和解初探》，载《中国法学》2006 年第 5 期。

伴随着研讨与论证的日趋成熟，刑事和解制度终于在 2012 年第十一届全国人大会议中表决通过，以"当事人和解的公诉案件诉讼程序"命名并以专章的模式正式进入我国的刑事诉讼法。至此，刑事和解这种西方舶来品正式植入中华土壤，成为我国刑事诉讼程序的有机组成部分。但综观新刑事诉讼法第五编第二章的条文不难发现，刑事和解的适用范围被限定为："（一）因民间纠纷引起，涉嫌刑法分则第四章、第五章规定的犯罪案件，可能判处三年有期徒刑以下刑罚的；（二）除渎职犯罪以外的可能判处七年有期徒刑以下刑罚的过失犯罪案件。犯罪嫌疑人、被告人在五年以内曾经故意犯罪的，不适用本章规定的程序。"

显然，新刑事诉讼法对刑事和解适用范围的划定仍旧停留在原有框架内，并未走出"轻罪"的范围。更确切地说，在重罪和解的司法效益与社会反响尚不明朗的情况下，立法者不敢采取冒进的方式强行将和解协商推及重罪案件。这一切或许可归咎于制度移植需要一个逐步推进的"相对合理"进程，也可认定为立法的前瞻性与社会的稳定性相权衡后所作出的一种暂时性妥协。

二、我国推进重罪和解的现实疑虑及其本质

早在新刑事诉讼法出台之前，理论界对刑事和解制度的中国化已作了较为深入的研究，特别是对这种和解协商程序能否推广以及如何推广至重罪案件，至今仍是学界与司法部门热切关注及争议的重心所在。

多数学者出于对社会公共利益的保护，防止主观恶性与社会危害性较大的犯罪人与被害人通过刑事和解规避刑事处罚，危害社会稳定的考虑，主张限制刑事和解案件的适用范围。其中，一般认为刑事和解应当适用于有被害人的轻微刑事案件；未成年人犯罪案件；成年人犯罪中的初犯、偶犯、过失犯等。[1] 刑事和解的适用范围应当严格限定为应当判处 3 年以下有期徒刑情节轻微的刑事案件。[2] 鉴于我国的国情，我国的刑事和解案件应主要限于刑事自诉案件和部分危害程度不大的侵害人身权利的犯罪。[3] 即刑事和解应当排除重罪案件的适用，否则将催生以钱买刑的畸形司法体制，严重挫伤司法的公信力。

也有个别学者认为，"犯罪嫌疑人、被告人与被害人及其近亲属达成和解的，人民法院、人民检察院和公安机关应当考虑当事人的和解意愿，并根据案件情况依法不追究犯罪嫌疑人刑事责任，对被告人从轻、减轻或者免除处罚刑事和解。"[4] 也就是说，无论是轻罪还是重罪，只要不是非杀不可的案件，都应当启动刑事和解程序来对当事人实施救济。

基于对刑事和解适用范围的争论僵持不下，有部分学者另辟蹊径，建议在不同的刑事诉讼阶段适用不同的范围。"在侦查阶段，只能对符合自诉条件的轻微刑事案件赋予公安机关审查处理权。在起诉阶段，建议修改刑法，规定对可能判处 1 年以下有期徒刑的情节较轻的刑事案件适用相对不起诉制度，对可能判处 3 年以下有期徒刑的未成年人犯罪案件和危害程度不大、悔罪态度较好的初犯适用暂缓起诉制度。在审判阶段，适用范围最为广泛，

---

① 宋英辉等：《我国刑事和解实证分析》，载《中国法学》2008 年第 5 期。
② 周光权：《论刑事和解制度的价值》，载《华东政法学院学报》2006 年第 5 期。
③ 刘守芬、李瑞生：《刑事和解机制建构根据探讨》，载黄京平、甄贞主编：《和谐社会语境下的刑事和解》，清华大学出版社 2007 年版，第 162 页。
④ 陈光中、葛琳：《刑事和解初探》，载《中国法学》2006 年第 5 期。

从可能判处较轻刑罚的案件到可能判处死刑的案件都可以纳入刑事和解范围。"① 该观点针对不同的诉讼阶段,分析了各阶段的特点,授予公安机关、检察机关与人民法院不同的刑事和解适用范围有极大的可取性,尤其是法院拥有最为广泛的刑事和解适用范围这一点,更是有益的尝试,但是范围不能无限地扩大,仍然需要适当地进行限制。

(一) 重罪和解的现实疑虑

不可否认,学界与实务界之所以出现上述争议,无疑是对重罪和解的适用尚存以下疑虑:

首先,和解自愿性成为审查难点,和解容易成为当事人谋取不正当利益的手段。"双方自愿"、"被告人真诚悔罪"等条件是适用刑事和解的基本条件。刑事和解的正当性之一在于尊重被害人的主体地位,实现被害人的利益,抚慰被害人的精神创伤。② 但在实务上,鉴于缺乏统一的赔偿标准,也缺乏判定当事人主观意愿的客观依据,故对于当事人的和解意愿是否达成一致较难作出判断,而通过客观行为判断主观状态可能造成误判的风险,特别是当案件涉及重罪时,犯罪人对重刑的惧怕以及被害人对医疗费、生活费的迫切需求,都将直接影响和解的真实性。例如,犯罪人为了逃避或减轻罪责而作出虚假的道歉,最终用经济补偿在一定程度上替代了刑罚,间接实现"以钱买刑"。而被害人迫于经济负担而接受和解的情况也并不鲜见,并且被害人及其亲属在经济利益的驱动下,利用犯罪人急于摆脱重刑的心理,极有可能提出畸高的经济赔偿要求来逼迫犯罪人就范,导致部分犯罪人甚至不惜举债来满足被害人的非合理要求。在此种情况下,犯罪人丝毫没有感受到被害人和社会的宽容,相反可能造成犯罪人及其亲属与被害人之间因不同的利益角逐产生新的矛盾,同时犯罪人也不可能真诚悔过,甚至为以后再次实施犯罪行为埋下隐患。③

其次,犯罪人的贫富差距容易造成量刑不均。能否达成和解协议,是司法人员是否作出从轻量刑的法定依据。但现实中由于被害人普遍只接受一次性赔偿,经济条件较好的犯罪人自然更容易与被害人达成和解,那么在犯罪人都具有悔罪意愿的情况下,不同经济实力的犯罪人将因贫富差距导致完全不同的量刑结果。

最后,监督机制缺位,容易滋生司法腐败。重罪适用刑事和解的推进使得司法人员享有较大的刑罚裁量权,在司法独立性不足、司法透明度不高的社会背景下,无疑会加大权力寻租和权力滥用的可能性,容易滋生司法腐败。④ 主要体现在:其一,在和解程序的启动上,司法人员可借助和解建议权来向任何一方当事人施压。当司法人员向当事人提出和解建议时,当事人往往慑于司法人员的权威,容易产生不接受建议会对自己不利而屈从的心理负担,并且刑事和解的结果要经司法机关审查、认可才具有法律效力,故司法机关的意见将直接或间接影响重罪和解的进程与结果,换句话说,司法人员在一定程度上具备强行推进重罪和解的能力,这便导致和解偏离自愿性原则成为可能。其二,赔偿依据与量刑标准的缺乏为司法人员滥用裁量权提供了空间。与刑事附带民事赔偿不同,刑事和解的赔偿

---

① 陈光中、葛琳:《刑事和解初探》,载《中国法学》2006 年第 5 期。
② 方工:《谨防刑事和解"向钱看"的倾向》,载《人民法院报》2010 年 10 月 30 日。
③ 王丽丽:《重罪适用刑事和解问题探讨》,载《学理论》2011 年第 25 期。
④ 王丽丽:《重罪适用刑事和解问题探讨》,载《学理论》2011 年第 25 期。

除了涵盖基本的物质损失外，在某种程度上还包括一定的精神损失，但由于刑事和解对赔偿金额缺乏统一的标准，司法机关难以准确把握和解涉及的损害赔偿数额，对赔偿金额操作不规范，会造成性质相同的案件赔偿额相差较大。这种差距对于判断加害人的悔罪态度以及赔偿的积极性而言，无疑为司法人员提供了可操作的空间；并且，由于和解协议对从轻幅度的影响过于模糊，也为权力寻租创造了一定条件。

（二）重罪和解争议的本质

基于上述疑虑，刑事和解制度能否推广至重罪范畴，成为了一个举步维艰的难题，也是新刑事诉讼法中和解制度尚未走出轻罪范畴的根本原因。如前文所述，刑事和解对重罪的却步可归咎于制度移植需要一个逐步推进的"相对合理"进程，也可认定为立法的前瞻性与司法效果的不确定性相比较后所作出的一种暂时性妥协。

诚然，重罪和解在保障被害人权益方面所体现出来的优势确实毋庸置疑，但重罪和解所潜藏的司法不公以及可能衍生的司法腐败又容易危及司法制度对刑事犯罪的惩治职能，动摇社会安全的根基。故重罪和解推行与否，归根结底可概括为刑事诉讼的一个根本性问题：打击犯罪与保障人权，何者应当优先。

三、重罪和解的司法价值

如前文所述，虽然重罪和解可能潜藏着司法不公，并可能衍生出诸多司法腐败，但毕竟上述问题只是人为因素影响下的制度异化，与制度本身并无关联，故不应成为阻碍制度推进的窠臼。并且，在我国推行重罪和解，在很大程度上取决于其对人权保障事业所蕴含的巨大司法价值。具体包括：

一方面，契合重罪案件当事人的迫切需求。需承认重罪犯并非必然丧失挽救的可能性。特别是初犯、偶犯或者一时的激情犯罪者，更需要让其对自身的过错进行深层次反思，并给予其忏悔与致歉的机会，才有可能从根本上降低乃至杜绝其主观上的劣根性，保障具备帮扶价值的重罪犯改过自新，尽可能避免其演变成累犯、惯犯。相反，倘若单纯通过重刑手段对重罪犯实现以暴制暴，无疑在向其灌输"同态复仇"的报应主义观念，这无异于再次促动潜藏于重罪犯主观意识中的不稳定因素，容易催生其报复社会等更深层次的隐患。

就被害人而言，重罪更容易造成被害人巨大的经济损失，身心容易产生深层次的创伤，残疾甚至死亡，也即重罪极有可能导致被害人此后丧失继续创造生活来源的能力，并因此对犯罪人乃至社会产生强烈的负面心理。因此，受到重罪冲击的被害人及其家属实际上更需要在精神上、物质上给予安抚与赔偿。特别是在被害人权益保障缺失已成常态的情况下，假如现行和解制度继续将此类被害人的权益补偿问题搁置，那么缠讼、示威、上访等社会乱象将成为一个挥之不去的棘手难题。

另一方面，从刑事政策的角度看，重罪和解更能体现恢复性司法的社会效益。不可否认，重罪犯无疑具有更大的人身危险性与社会危害性，但同样应当认识到，重罪犯的上述负面影响不仅仅作用于被害人，而是以被害人为媒介直接传递给当地社区，再借助社区将这种不安全感逐步向全社会扩散。那么，当社区乃至全社会面临由重罪案件带来的不安与恐惧时，诉讼制度能否为其提供一个消除不安的渠道，成为受损社区能否回归正常生活秩序的一个关键性问题。

推行重罪和解正是为了解决上述问题。在社会秩序已遭破坏的客观情况下，既然现行制度能够正视轻罪的社会影响并提供解决途径，那么对于影响更为深远的重罪而言，自然更加责无旁贷。因此，通过将重罪案件的被害人乃至社区代表纳入和解谈判桌，除了能够向犯罪人展现被害人自身以及社区安全利益因重罪所遭受的实际伤害，还能为被害人的物质、精神补偿提供一套高效、便捷的途径，同时社区代表也能借此向社区成员传达犯罪人的认罪悔罪态度与退赔情况，并可通过要求社区服务等方式来平复社区民众对犯罪人的排斥情绪，在一定程度上驱除民众对社区安全隐患的不安全感，从而提供一套较为系统的完整的修复社会秩序的途径。

四、刑事和解适用范围的重设与从宽制度的把控

必须承认，重罪案件的犯罪人毕竟属于主观恶性与社会危害性较大的主体，假如任由刑事和解的适用范围脱缰，将国家对犯罪人的追诉权下放给当事人，则刑事和解不仅不能实现司法效益与社会效益的并举，反而会演化成一场非自愿性质下的利益角逐，造成刑事诉讼的异化与畸形。

因此，在提倡将刑事和解适用范围推及重罪的情况下，为了实现国家追诉权的有限让渡，应当对部分特殊类型的犯罪在制度适用上予以排除，同时对司法人员在从宽制度上予以规制。

（一）不予适用刑事和解制度的案件类型——侵犯国家利益、社会公共利益的犯罪

从广义上讲，侵犯国家利益的犯罪主要指刑法分则第一章"危害国家安全罪"、第七章"危害国防利益罪"以及第十章"军人违反职责罪"；而侵犯社会公共利益的犯罪主要指刑法分则第二章"危害公共安全罪"、第三章"破坏社会主义市场经济秩序罪"、第六章"妨害社会管理秩序罪"、第八章"贪污贿赂罪"、第九章"渎职罪"。此类犯罪因侵害对象为国家利益、社会管理秩序、民众整体利益等超个人法益，任何个人均无资格为国家、社会民众代言，通过对犯罪行为作出谅解来对该项利益行使处分权。因此，这类犯罪因被害人无法具体化，导致和解协商缺乏必要的主体构成，故不应纳入刑事和解制度的适用范围。

但需厘清的是，对于同时侵犯国家利益、社会公共利益与个人法益的犯罪，是否一律排除刑事和解制度的适用，此问题有必要做进一步的探讨。需指出司法实践中存在一类侵犯复杂客体的犯罪行为，即该犯罪行为在侵犯国家利益、社会公共利益的同时也侵犯了个人法益。诸如刑法分则中的危害公共安全罪、妨害社会管理秩序罪与个别侵犯公民民主权利、财产的犯罪可能由同一犯罪行为导致。对此，假如因客体涉及公共利益而一律剥夺被害人的和解权利，不仅无益于消弭当事人之间的矛盾，而且从逻辑上看，被害人和解资格的丧失正是由于国家利益、社会利益的存在，此举可能诱导被害人将矛盾核心直接转向国家或现行的司法制度，对社会的长治久安构成长远威胁。

为此，应当允许涉及私人法益的案件适用刑事和解，只是法官在量刑时，首先应当综合权衡私人法益在整个侵害对象中的比重，再据此相应地酌定从轻的幅度，以确保量刑的均衡性。例如，犯罪人在触犯妨害公务罪的同时致公务人员死亡，此行为所侵犯的法益包

括国家机关执法的权威性以及国家机关工作人员的生命权，但鉴于私人法益的存在，理应启动刑事和解程序对被害人进行救济，只是法官在量刑时，应当先行权衡国家机关工作人员的生命权在整个犯罪中的法益比重，再根据犯罪人的悔罪、赔偿等情节相应量化出最终从轻的幅度，借此彰显国家司法权不可让渡的底线，同时又体现出司法制度对犯罪人的改造以及对被害人的积极救济，实乃一举多得。

（二）刑事和解法律后果的裁量与把控

学界普遍存在一种观点，认为刑事和解应当禁止死刑犯、累犯、惯犯以及在缓刑、假释考验期内再次犯罪的犯罪人适用，一方面是因为此类犯罪人主观恶性大、人身危险性高，缺乏改造的可行性；另一方面是一旦对上述犯罪人开放刑事和解制度，无异于鼓励、强化其以钱赎刑的侥幸心理，为其铺设了一条逃避罪责的合法渠道。按此逻辑，如按本文观点仅仅排除侵犯国家利益、社会公共利益的犯罪适用刑事和解，必然导致刑事和解适用范围过大，司法权威终将因这种无底线让渡而荡然无存。

然而必须指出，刑事和解的公信力并非取决于其适用范围的大小，而是取决于和解以后，司法人员如何把控其法律后果。因为不论何种类型、性质的案件，民众均能认同甚至提倡犯罪人的悔罪与赔偿行为，但这种认同并不能帮助刑事和解的推广摆脱诸多顾虑，可见症结并不在于悔罪与赔偿行为本身，而在于和解所产生的刑责下滑幅度突破了民众合理预计的底线。特别是当重罪罪犯通过支付巨额赔偿款以换取大幅度降格处罚后，民众对该制度的不信任感也由此被推向了极致。因此，放宽刑事和解的准入门槛并不会引发民众反感，但要从根本上消除制度推广适用的顾虑，制度的实施最终能否获取公信力，关键还在于司法人员能否厘清刑事和解在刑责调整中的定位，以及如何合理、谨慎把控刑事和解对刑责调整幅度的影响。

关于刑事和解在刑责调整中的定位。刑事和解能否引发刑责下调的法律后果，属于可酌定非必然的法定情节。根据刑事诉讼法第279条规定："对于达成和解协议的案件，公安机关可以向人民检察院提出从宽处理的建议。人民检察院可以向人民法院提出从宽处罚的建议；对于犯罪情节轻微，不需要判处刑罚的，可以作出不起诉的决定。人民法院可以依法对被告人从宽处罚。"显然，上述条文以"可以"二字贯穿始终，表明刑事和解的法律后果属于可酌定裁量与把控的内容，其最终能否产生从轻、减轻甚至免除处罚的法律后果，取决于司法人员对案情的整体把控与自由裁量，故司法人员在研判刑事和解的法律后果时，切忌将刑事和解与"从轻"、"减轻"、"免除"处罚等量齐观，避免因定位错误而出现量刑误区。

关于司法人员如何把控刑事和解对刑责调整幅度的影响。需强调犯罪人的悔罪与赔偿，充其量仅是一种事后表现，该行为并不能将犯罪导致的后果恢复至犯罪发生之前的原始状态，更不能彻底、完全修复已被破坏的社会关系，故司法人员应当将刑事和解视为影响刑责的因素之一，至于最终对犯罪人作出何种司法评价、作出何种刑责处断，应当是以犯罪事实、性质、情节、犯罪人的主观恶性以及行为对社会的影响程度等诸多因素为基础，对犯罪人的悔罪与赔偿情节实施分析与评价后所得出的一个综合性结论，方能慎重、合理地权衡刑事和解对刑责调整幅度的具体影响，切忌将犯罪人事后的悔罪、赔偿行为作为影响刑责大小的决定性因素，酿成非理性的自由裁量，否则挫伤的将是司法决断的公信力乃至整个刑事诉讼体制。

（作者单位：广东财经大学法学院）

完善认罪认罚从宽制度的若干思考

——兼论律师的参与工作

罗力彦

中央政法工作会议提出，2016年要在借鉴诉辩交易等制度合理元素的基础上，抓紧研究提出认罪认罚从宽制度的试点方案，经全国人大常委会授权后，选择有条件的地方开展试点。认罪认罚从宽制度是我国宽严相济刑事政策的制度化，也是对我国现行刑事诉讼程序的创新。将该制度落到实处，有利于促使犯罪嫌疑人、被告人如实供述犯罪事实，从而有利于节约司法成本，提高司法效率，也会有效减少社会对抗，修复社会矛盾。但是，我国刑事诉讼法及司法解释并未对认罪认罚从宽制度进行明确规定。那么怎么理解认罪认罚从宽制度？认罪认罚从宽制度与现行刑事诉讼程序的关系如何？律师在认罪认罚从宽制度下如何更好地发挥作用？这些问题都是构建认罪认罚从宽制度亟待解决的问题。

一、认罪认罚从宽制度的内涵

学者普遍认为所谓认罪认罚是指犯罪嫌疑人或者被告人必须自愿认同公诉机关指控的基本犯罪事实、对量刑建议书的内容无异议；自愿认可庭审程序；犯罪嫌疑人或者被告人行为上表现为深刻忏悔、主动退赃、积极赔偿、求得被害人谅解。所谓从宽，是指犯罪嫌疑人或者被告人应当获得及时、迅速的庭审这种程序上的从宽处理，量刑减让这种实体上的从宽处罚。

（一）案件的适用范围

有学者认为认罪认罚从宽制度应该适用包括可能判处死刑在内的所有犯罪[1]。但是笔者认为，现阶段应该对适用认罪认罚从宽制度的案件加以限制，除了危害国家安全犯罪、恐怖活动犯罪、黑社会性质组织犯罪、重大毒品犯罪或者特别重大贪污、贿赂犯罪以外的其他犯罪都可以适用认罪认罚从宽制度。这种适用范围上的限制既考虑了我国目前的现实环境又没有牺牲认罪认罚从宽制度对公平、效率的追求。

（二）存疑案件不应适用认罪认罚从宽制度

案件事实清楚、证据充分是认罪认罚从宽制度适用的前提，不应当让犯罪嫌疑人承受事情不轻、证据不足情况下的罪与罚，降低检察机关的证明责任[2]。现阶段事实有争议、证

---

[1]　陈卫东：《认罪认罚从宽制度研究》，载《中国法学》2016年第2期。
[2]　陈卫东：《认罪认罚从宽制度研究》，载《中国法学》2016年第2期。

据有疑问的存疑案件不应适用认罪认罚从宽制度，不能允许控辩双方协商。如果侦查机关、公诉机关还没有完全搜集犯罪嫌疑人的有罪证据，就允许控辩双方协商，适用认罪认罚从宽制度，必然会带来"口供中心主义"的结果。尽管有律师会提供相应的咨询帮助、有监察监督保障措施，但是也很难保障不会发生更多的冤假错案，事实有争议、证据不足的疑罪案件一旦开启可以协商的大门，将会为权利滥用开辟新的出路。因此，落实认罪认罚从宽制度必须坚持"无罪推定"和"罪疑从无"。

（三）实体量刑从宽的底线

美国的辩诉交易表现为犯罪嫌疑人进行有罪答辩后换来检察官较轻的指控、宽大的量刑、放弃或者终止其他指控的承诺，通过控辩双方交易的方式对定罪量刑讨价还价，对认罪达成协议，换得被告人从宽处理的结果，这种辩诉交易的内容包括罪名、罪数的交易。我国实施认罪认罚从宽制度的前提是检察机关指控犯罪嫌疑人有罪，在认罪前提下，控辩双方达成某种协议。笔者认为纵使犯罪嫌疑人选择认罪认罚，控辩双方也不得在协商过程中减少指控罪数、将重罪协商为轻罪，这是我国认罪认罚从宽制度与国外辩诉交易制度的基本区别。

二、现行刑事诉讼程序与认罪认罚从宽程序的关系

2012 年刑事诉讼法颁布后，有学者认为，扩大简易程序适用范围、确立刑事和解程序和附条件不起诉等制度已经标志我国建立起以认罪为前提的多元程序①。但有学者认为，认罪认罚从宽制度具有独立性，目前的诉讼程序不能满足"刚性"的量刑"从宽"条件②。笔者认为，无论认罪认罚从宽制度本身是否具有独立性，都不影响讨论认罪认罚的从宽程序与现行诉讼程序的关系问题。

（一）刑事和解制度与认罪认罚从宽程序的关系

根据刑事诉讼法第 277 条至第 279 条的规定，我国刑事和解制度的适用条件是：（1）犯罪嫌疑人在 5 年内没有故意犯罪；（2）因民间纠纷引起，涉嫌刑法分则第四章、第五章规定的犯罪案件，可能判处 3 年有期徒刑以下刑罚；除渎职犯罪以外的可能判处 7 年有期徒刑的过失犯罪案件；（3）犯罪嫌疑人必须有真诚悔罪、主动退赃、积极赔偿、求得被害人谅解的行为；（4）主观上要求双方自愿和解。刑事和解制度适用的后果是：公安机关在侦查阶段可以向检察院提出从宽处理建议。检察院在审查起诉阶段可以向法院提出从宽处罚的建议，对于犯罪情节轻微，不需要判处刑罚的，可以作出不起诉决定。人民法院在审判阶段可以依法对被告人从宽处罚。如果适用刑事和解程序，犯罪嫌疑人与被害人达成和解协议后就有获得从宽处罚的可能，其中真诚悔罪显然就是认罪的表现。故笔者认为，刑事和解制度是认罪认罚从宽制度的组成部分，它不仅从程序上规定了认罪的具体表现，

---

① 谢登科：《认罪案件诉讼程序研究》，吉林大学 2013 年博士学位论文，第 94 页。
② 孔令勇：《论刑事诉讼中的认罪认罚从宽制度——一种对内在逻辑与完善进路的探讨》，载《安徽大学学报》（哲学社会科学版）2016 年第 2 期。

而且将和解上升为影响量刑的实体从宽情节。

需要指出的是，现行刑事和解制度与认罪认罚从宽制度在具体适用上还存在差异。一方面，认罪认罚制度的适用不以要求犯罪嫌疑人获得被害人谅解为条件，只要犯罪嫌疑人能真心悔过就有获得从宽处罚的机会。另一方面，刑事和解制度有适用案件的限制，认罪认罚从宽制度案件适用范围更加广泛。因此，为了达到"认罪认罚从宽制度"中最大限度地节约司法资源的目的，可以将刑事和解制度作为进入刑事审判程序前的落脚点，在侦查阶段、起诉阶段发挥更大作用，最大限度地解决社会纠纷①。

（二）刑事诉讼简易程序与认罪认罚从宽程序的关系

刑事诉讼法第 208 条至第 215 条对刑事诉讼简易程序作了规定。适用简易程序的条件是：（1）基层人民法院管辖的案件；（2）案件事实清楚、证据充分；（3）被告人承认自己所犯罪行，对指控的犯罪事实没有异议；（4）被告人对适用简易程序没有异议。也就是说，犯罪嫌疑人必须在承认自己的罪行之后才可能选择适用简易程序，适用简易程序也是犯罪嫌疑人、被告人认罪之后在程序上作出从宽处理的表现。

但是，需要明确的是简易程序并不是专门针对认罪认罚从宽制度而设计的量刑程序，认罪是简易程序启动的条件之一，并不是充分必要条件，还需要综合考虑被告人同意、轻罪等因素②。犯罪嫌疑人、被告人并不能直接从刑事简易程序中获得实体上的从宽量刑，因此该程序在激励犯罪嫌疑人主动认罪的功能上作用甚微。笔者建议将刑事诉讼简易程序作为认罪认罚从宽制度中程序从宽的一种设计，对于那些犯罪嫌疑人、被告人真心悔罪，但不能获得被害人谅解无法适用刑事和解的案件，考虑适用简易程序以达到认罪认罚后程序从宽的要求，缩短审理期限以达到优化司法资源的目的。

（三）刑事速裁程序与认罪认罚从宽程序的关系

根据《关于授权最高人民法院、最高人民检察院在部分地区开展刑事案件速裁程序试点工作的决定》（以下简称《速裁决定》）的规定，适用刑事速裁程序的条件是：（1）事实清楚，证据充分，被告人自愿认罪；（2）当事人对适用法律没有争议的；（3）危险驾驶、交通肇事、盗窃、诈骗、抢夺、伤害、寻衅滋事等情节较轻，依法可能判处 1 年以下有期徒刑、拘役、管制的案件，或者依法单处罚金的案件；（4）犯罪嫌疑人认可适用该程序。另外《速裁决定》还规定："人民法院适用速裁程序审理案件，对被告人自愿认罪、退缴赃款赃物、积极赔偿损失、赔礼道歉，取得被害人或者近亲属谅解的，可以依法从宽处理。"由此可见，刑事速裁程序适用的前提不仅是认罪还要认罚，认可量刑建议，犯罪嫌疑人通过该程序知道其具体的刑种、刑期并有机会得到实体上的从宽量刑，因此刑事速裁程序在认罪激励效果上优于简易程序。笔者认为，刑事速裁程序的试点构建了轻罪认罪刑事案件分流机制，为我国认罪认罚从宽制度构建提供了有益的经验。

（四）附条件不起诉制度与认罪认罚从宽程序的关系

2012 年刑事诉讼法将附条件不起诉的范围限制为未成年人涉嫌刑罚分则第四、五、六

---

① 庞雅丹、王源：《浅谈认罪认罚从宽制度完善中应考虑的几个关系》，载《法制与社会》2016 年第 2 期。
② 陈卫东：《认罪认罚从宽制度研究》，载《中国法学》2016 年第 2 期。

章且可能判处 1 年有期徒刑以下的刑事案件，该制度为特殊犯罪嫌疑人提供了裁量，在一定程度上节约了庭审阶段的司法资源。司法机关以允许被告人承认所犯罪行来换取从宽处理。但是，笔者认为认罪认罚从宽制度的适用不仅包括未成年犯罪嫌疑人和适用于刑法分则第四、五、六章且可能判处 1 年有期徒刑以下的案件，其适用范围更广泛。综上，刑事诉讼简易程序、刑事速裁程序主要体现诉讼期限上的从宽；刑事和解制度、附条件不起诉制度主要体现实体定罪上的从宽。

现有的刑事诉讼制度都很难满足认罪认罚从宽制度程序的需要，构建认罪认罚从宽制度要兼顾程序从宽和实体从宽的双重需要。

三、认罪认罚从宽制度下律师的参与工作

（一）认罪认罚从宽制度下律师参与的重要环节

认罪认罚从宽制度下发挥律师参与的作用不容小觑，辩护律师的"战场"应前移，从法庭上转移到法庭外；从说给法官听转变成说给检察官听，以下几个环节需要律师的积极参与：

1. 律师要帮助犯罪嫌疑人作出是否简化审理方式的理性选择

犯罪嫌疑人不能了解控方所掌握的证据情况，也不能把握选择程序的弊端，此时更需要律师的帮助。律师享有对控方证据的知情权，通过形式会见权、阅卷权、调查取证权等辩护权利掌握案情，通过专业的刑法知识，对被告人是否选择简化审理程序作出理性判断。控方提出对犯罪嫌疑人适用简化审理程序时，律师不能只考虑程序从宽的积极意义，还需要综合考虑利弊，帮助犯罪嫌疑人作出理性选择[1]。这就需要辩护律师认真查阅案件证据，不能对单一证据进行分析，还应对案件所有证据进行综合分析和运用，客观、宏观地分析案件事实，作出相对客观的评价和预测，给犯罪嫌疑人和当事人提供较为准确的建议。辩护律师在权衡利弊后亦可以向犯罪嫌疑人、被告人提出选择不适用认罪认罚从宽制度的建议，供犯罪嫌疑人、被告人参考。

2. 犯罪嫌疑人的"认罪协商"机制离不开律师的积极参与

律师介入认罪协商机制，有利于对办案全过程进行监督，防止无辜者被迫认罪情况的发生。在刑事诉讼中，犯罪嫌疑人处于不利的诉讼地位，缺乏相关的法律知识，不能有效保护自己的法定权利。为了保证被告人的认罪决定是在充分、有效的权衡证据和自身利益的基础上作出的，需要律师为其提供法律帮助。因此，律师提供充分、准确的法律咨询和意见，会让犯罪嫌疑人充分理解认罪与否对自身利益的影响，作出符合真实意愿的选择，认罪认罚从宽制度才能真正落实。律师参与的控辩双方认罪协商的内容应该包括如下内容：第一，犯罪嫌疑人自愿认罪，承认公诉机关指控的犯罪事实；第二，犯罪嫌疑人认可量刑建议或者达成量刑协议；第三，犯罪嫌疑人自愿选择从宽程序进行审理；第四，犯罪嫌疑人自愿接受因适用认罪认罚制度后会引起包括上诉权受限在内的结果。公诉机关和犯罪嫌

---

[1] 韩旭、徐冉：《辩护律师在认罪认罚从宽制度中的角色定位》，载《认罪认罚从宽制度中的律师研讨会会议材料》2016 年 5 月。

疑人定罪量刑的协商结果因为辩护律师的参与见证才会具有实现的可能，否则控方与犯罪嫌疑人达成的认罪认罚协议会因为没有第三方参与而存在落空的可能。

3. 律师要加强认罪认罚从宽制度与自首制度的协调

如果在一个案件中犯罪嫌疑人既有自首情节，又可以适用认罪认罚制度，在法律适用没有明确规定的情况下，律师要协调好两者的关系。律师有三种选择的可能：二选一、一加一、具体案件具体分析。最理想的状态是法律明确规定这种情形下，叠加适用自首和认罪认罚。原因在于：第一，如果二选一，则认罪认罚制度本身的存在价值会受到质疑，而且也会给司法实践增加难度。第二，如果具体案件具体分析，容易进一步导致控诉方力量的失衡，更可能导致犯罪嫌疑人、被告人在轻罪与重罪之间被迫选择重罪，看似保障了其权益，实则造成了更大的伤害，尤其是存在信息不对称和检察院滥用抗诉权的情形时。第三，只有叠加使用，才能更好地鼓励犯罪嫌疑人或被告人投案、如实供述并认罪认罚，达到适用该制度的目的。

（二）认罪认罚从宽制度下律师参与的制度保障

1. 完善阅卷权的规定

阅卷权的法律规定的完善直接影响律师介入认罪认罚从宽制度的效果。因此，法律可以通过完善律师阅卷权，允许复制、查阅同步录音录像，使辩护律师能及时发现讯问中的刑讯逼供、变相逼供、诱供行为，及时排除非法证据，保障犯罪嫌疑人确实是在"自愿"的情况下接受认罪认罚从宽制度，降低冤假错案率。完善阅卷权具体而言：第一，保障辩护律师在侦查阶段的阅卷权。在逮捕环节，保障辩护律师查阅关于逮捕依据的卷宗材料；在侦查环节，律师应有权查阅那些对犯罪嫌疑人有利而未被采用的案件材料。第二，要扩大辩护律师在审查起诉阶段和审判阶段的阅卷权范围，保证控方能够获取并控制的有效卷宗材料的范围就是辩护律师能行使查阅权的范围。第三，建立律师阅卷权的程序保障机制。

2. 保障律师的有效会见

适用认罪认罚从宽制度的前提是犯罪嫌疑人对案件知情的基础上，而辩护律师的会见是其行使知情权的唯一途径。可是律师会见在实践中存在如下问题：第一，批准门槛名废实存，法律规定律师会见当事人应当无须批准，以诸如"涉密案件"需批准为例外，但是实践操作中由于许可范围、程序规定不明确，造成了新一轮会见难的问题。第二，会见时间限制被无视滥用，公安机关常常把会见时间一拖再拖，滥用48小时的会见底线，导致犯罪嫌疑人无法及时得到律师的法律帮助，进而使刑讯逼供等违法行为屡禁不止。因此，由于案件定性不规范、会见时间与次数被压缩等原因，有效会见目前仍然存在诸多困难，如果不能保障律师的有效会见，那么认罪认罚从宽制度的有效实施必成为空想。

3. 明确核实证据材料的法定限度

刑事诉讼法第37条虽然赋予律师自案件移送审查起诉之日起在会见时向犯罪嫌疑人核实有关证据的权利，但是对于辩护律师如何进行证据核实、核实证据范围没有明确规定。在检察机关面前，律师是弱势群体，核实证据还存在执业风险，这些迷茫必将影响律师参与认罪认罚从宽制度的积极性，因此立法要明确向犯罪嫌疑人核实证据材料的法定限度。

4. 实现律师的录音、录像权

律师在认罪认罚从宽制度中扮演的角色是多元的，律师既要履行传统辩护人的职责；

对于犯罪嫌疑人、被告人而言律师又是释法者；律师又要在认罪协商机制中起到桥梁和纽带的作用。承载诸多任务的律师更需要立法保护，防范执业风险，如果只允许律师会见犯罪嫌疑人做笔录的话，笔录不一定能记录全部谈话内容，应当允许会见过程的录音、录像。这样一方面可以防止个别犯罪嫌疑人歪曲律师的会见笔录；另一方面也可以杜绝个别在场的侦查人员指控律师有诱问、包庇的谈话内容等违法行为。因此，立法应当允许律师享有当场录音、录像权。

律师要参与认罪认罚从宽制度，发挥其应有的作用，必须明确律师充分会见、阅卷、向犯罪嫌疑人核实证据材料的法定限度等权利。否则，辩护律师的参与认罪认罚从宽制度的作用只能停留在纸面上，如果达不到制度的预想效果，反而会带来消极后果。

结语

首先，认罪认罚从宽制度的完善与实施必须明确该制度的内涵、与现行刑事诉讼程序的区别、如何融入目前现存的各种诉讼制度；其次，作为刑事辩护律师的一员，也要考虑律师如何更好地介入该制度，最大限度地发挥该制度的设立初衷。

（作者单位：辽宁罗立彦律师事务所）

认罪认罚从宽

——概念、价值与制度架构

裴 炜

引言

自 2014 年党的十八届四中全会通过中共中央《关于全面推进依法治国若干重大问题的决定》（下文简称《决定》）以来，多项刑事司法改革措施被提上日程，刑事诉讼中认罪认罚从宽制度即是其中一项。在第十二届全国人民代表大会第四次会议上，最高人民法院和最高人民检察院在工作报告中都将完善该项制度列为今后全国法院体系和检察体系的重要课题，以地区试点为依托的具体制度模式探索亦逐步展开。

要构建与刑事司法基本价值相契合同时符合我国司法体系基本生态的认罪认罚从宽制度，顶层理论架构的建设尤为重要。认罪认罚从宽制度的提出，不仅仅是在当前司法生态环境下对于权力资源与其运行模式的反思，更是过去数年来刑事司法核心价值与"国家权力—公民权利"基本架构演化的必然结果。从这个角度来看，理解认罪认罚从宽制度，一不能背离刑事司法的基本理念和价值；二要着眼于刑事诉讼程序整体，避免碎片化的制度设计。

基于此，本文试图以"认罪认罚从宽"的制度价值为核心，在刑事司法基本理念与当前我国司法体系的宏观生态中对该项制度构建进行探索。本文第一部分从"认罪认罚从宽"这一概念本体入手，对"认罪"、"认罚"及"从宽"这三项表述进行先分解后整合的分析。第二部分结合认罪认罚从宽制度的提出背景，从刑事诉讼基本理念出发，探讨认罪认罚从宽制度的制度价值。第三部分结合我国当前法制环境和刑事司法特征，对认罪认罚从宽制度构建中的核心问题进行探讨。

一、"认罪认罚从宽"的概念构建

理解什么是"认罪认罚从宽"，离不开对其中的核心子概念的分别明晰；同时，要将这三者放置在同一制度框架之下，又需要在分别阐述的基础上进行整合。本部分即从这两个层面入手，对这项制度进行内涵与外延上的辨析。

从概念分解的角度来看，需要在当前中国刑事诉讼法体系的框架下对"认罪"、"认罚"、"从宽"三个概念进行分析。首先来看"认罪"。刑事诉讼法仅在"简易程序"一节明确提及这一概念，结合第 208 条之表述，"认罪"可以理解为"承认自己所犯罪行，对指控的犯罪事实没有异议"。尽管该条文仅限于审判程序中的被告人，但如果结合《人民检察院刑事诉讼规则（试行）》（以下简称《检察院规则》）第 465 条与第 466 条之规定，以及《公安机关办理刑事案件程序规定》（下文简称《公安机关规定》）第 280 条之规定，则可以看出"认罪"一词不仅适用于被告人，还适用于处于侦查阶段和审查起诉阶段的犯罪嫌疑人，其含义也与 2003 年的《关于适用普通程序审理"被告人认罪案件"的若干意见（试行）》第 1 条之内容大体一致。

由此来看，"认罪"是指包括犯罪嫌疑人、被告人在内的被指控人在刑事诉讼程序中从立案侦查到审判的各个阶段对指控的基本犯罪事实作出的有法律效力的自认。结合刑法与刑事诉讼法的相关规定，并参考最高人民法院在 2014 年更新的《关于常见犯罪的量刑指导意见》（以下简称《量刑意见》），有三种成型的制度符合该"认罪"的定义：自首、坦白以及当庭自愿认罪。三者就其核心要义而言，均指向被指控人对自己实施被指控之犯罪的自认，区别主要在于成立的阶段有所不同。

其次是"认罚"。"认罚"一词在《决定》中首次被正式使用，而刑事诉讼法及相关司法解释中尚无这一表述。从字面上理解，"认罚"是指被指控人对于以定罪为基础而被施加的刑罚无异议。这一定义包含三个要点。一是所谓"罚"是指刑事处罚，而与包括行政处罚在内的其他处罚措施无关，也与被指控人基于法律规定而产生的包括退赃、退赔等非处罚性义务的履行无关；二是施加刑罚以定罪为基础，仅能由法院经正当程序之审理决定，而罪与罚之间为一一对应，在数罪中并非必须对最终并罚进行一揽子认同；三是基于前两点，在时间逻辑上对于刑罚之认领只能发生在法院作出量刑决定之后，此前刑罚尚未作出，"认罚"亦无从谈起。沿着这一思路继续分析，"认罚"可能包含两层含义：一是指被指控人对基于量刑所产生的上诉权的放弃，该弃权意思表示可在法院量刑之前作出；二是被指控人对相应刑罚的积极配合履行。就后一层含义而言，被指控人在主刑层面的配合意义不大，而在附加刑层面，则主要体现为被指控人在罚金和没收财产上的主动配合。

有学者认为"认罚"也包含对诉讼程序简化的认可。[①] 笔者基于三点原因对此持有异议。其一，简化诉讼程序本身并不属于"处罚"，也与犯罪是否已经成立无关。其二，目前我国刑事诉讼简易程序的基本框架是与定罪相关而与量刑无涉，对程序简化的认可更多地与"认罪"相联系。其三，无论是"认罪"还是"认罚"，针对的都是定罪和量刑这两项刑事司法在实体层面的任务，从实体正义与程序正义并重之角度来看，不宜在制度设计时将二者混同。

最后是"从宽"。鉴于"认罪"这一行为贯穿于刑事诉讼始终，与之相配套的"从宽"也应当在同一范围内加以理解。综观刑事诉讼法全文，除第 118 条第 2 款规定的侦查人员在讯问犯罪嫌疑人时告知如实供述即可从宽处理的以外，"从宽"一词主要出现在公诉案件当事人和解程序中。通过借鉴和解制度中司法机关可能采取的处理模式，可以明确"从宽"一词针对不同权力机关所包含的三层含义，即：公安机关可以向人民检察院提出从宽处理的建议；人民检察院可以向人民法院提出从宽处罚的建议，或者当犯罪情节轻微、不需要判处刑罚的，作出不起诉决定；人民法院可以对被告人从宽处罚，而所谓"从宽处罚"，无外乎从轻、减轻或免除处罚三种情形。

---

① 陈卫东：《认罪认罚从宽制度研究》，载《中国法学》2016 年第 2 期。

之所以在分析"认罪"、"认罚"及"从宽"这三组概念时借鉴刑事诉讼法、刑法及相关司法解释之规定，目的在于维持新制度与当前法律规范的一致性，并尽量减少一词多义的情形。但是从另一个角度讲，"认罪认罚从宽"是作为一个整体的制度创新，因此需要进一步整合以上三个概念。这里的核心问题在于，在导致"从宽"这一结果发生的过程中，"认罪"与"认罚"之间是"且"还是"或"的关系。笔者认为这里应当是"或"的关系。首先，定罪与量刑虽彼此相关，但考虑的核心要素有所不同。定罪考量的是犯罪的构成要件是否满足，量刑除对犯罪这一事实加以评价以外，基于矫正、恢复、威慑等考虑，还需要考量行为人的背景、犯罪时的情境、犯罪后行为人的表现等因素。① 其次，认罪从宽解决的是侦、控、审的资源配置问题，而认罚从宽则更多地着眼于执行效率问题，两者出发点不同。由此出发，定罪与量刑的程序设计、证据要求、证明标准、救济方式等事项也会相应地存在差异，不宜一概而论。最后，从刑事诉讼体系完整性的角度来看，经过多年来的探索，我国刑事实体法与程序法已经逐步建立起了认罪从宽的制度框架，与其另起炉灶造成制度冗余，更为合理的方式是在现有制度框架基础上探索认罚从宽制度的合理接入点。基于这样一种考量，"认罪认罚从宽"实际上应当拆分为两个相对独立的制度：一是"认罪从宽"；二是"认罚从宽"。这种拆分并不排除被指控人同时认罪认罚，亦不阻碍司法机关在此基础上合并从宽决定。

二、"认罪认罚从宽"的制度价值

理解认罪认罚从宽这项制度出台的意义和价值，需要结合当前司法体系的宏观生态和未来改革的基本思路加以分析。从宏观生态的角度来看，自 20 世纪 80 年代以来，刑事司法程序的改革一直在试图强化被指控人的程序性权利，并以此为基础平衡控辩双方的力量配比。2012 年刑事诉讼法通过将"保障人权"列为刑事诉讼法的基本任务之一，又在具体条文中进一步明确被指控人享有的程序性权利以及围绕其展开的辩护，集中体现了过去几十年的改革成果。在这种背景下，一方面包括证据规则在内的普通程序规则的不断复杂化；另一方面从程序角度对公权力的限制不断强化。由此产生两项改革效果：一是被指控人逐渐被赋予对公权力不予配合甚至直接对抗的能力，垂直管理型的官—民关系开始向平等对抗型的控—辩关系转变；二是普通程序的复杂化需要针对不同案件类型探索相应的特殊程序，以此优化配置有限的司法资源。

在此基础上，通过在法律允许的范围内，基于相关司法权力机关的自由裁量权，给予被指控人一定程度的奖励，以此换取其放弃对抗转向合作，就成为一种并不罕见的程序性探索。在上文提及的两项效果之中，前者为这种合作提供了可能性，而后者则构成合作的

---

① 对于量刑的合理理由以及不同学说的研究，参见 Michael Tonry（ed.），Why Punish? How Much? Oxford：Oxford University Press，2012.

必要性条件。① 美国或其他国家的辩诉交易或辩诉协议是如此，② 我国的立功、刑事和解等程序设计亦是如此。不同之处仅在于基于认罪认罚实施的从宽处理，与基于协助侦破案件、恢复与被害人之关系等因素施加的从宽处理，在其所追求的具体价值上有所区别。

从中国未来的司法体系改革思路来看，《决定》涉及的改革措施基本上与过去数十年的大趋势保持一致。其中，以立案登记制和员额制改革为代表的措施，一方面降低了刑事诉讼程序的启动门槛，从而增加了进入刑事诉讼程序的案件数量；③ 另一方面则在提升裁判人员整体职业素质的同时也会对当前可用的司法资源造成一定限制。④ 一升一降之间，刑事司法在资源配比方面的压力越发明显。

"认罪认罚从宽"正是在这种背景下被提上改革日程。通过观察当前与该项改革有关的文件、改革试点方案以及学术研究，不难发现这项制度设计的核心价值。根据《决定》相关内容，"完善刑事诉讼中认罪认罚从宽制度"与立案登记制和打击虚假诉讼、恶意诉讼、无理缠讼等改革措施并列，这些制度均体现出一种对司法资源高效配置和拒绝浪费的价值取向。最高人民法院在《关于全面深化人民法院改革的意见——人民法院第四个五年改革纲要（2014-2018）》中进一步明确"优化配置司法资源"是认罪认罚从宽制度的目标。在此基础上，2014年8月26日，最高人民法院、最高人民检察院会同公安部、司法部制定了《关于在部分地区开展刑事案件速裁程序试点工作的办法》，在对改革进行中期评估时，"认罪认罚从宽"被列为一项重要指标。⑤ 2016年《最高人民法院工作报告》和《最高人民检察院工作报告》均将认罪认罚从宽制度与刑事案件速裁程序一同表述，更加明确地体现出此项制度服务于诉讼效率的价值导向。因此，各地司法机关在探索实践认罪认罚从宽制度时，多以缩短诉讼周期、提高诉讼效率、案件繁简分流等作为宣传亮点。⑥

从以上的分析可以看出，无论是从刑事司法的宏观生态还是微观改革措施来看，"认罪认罚从宽"制度的核心价值在于从提升司法效率角度优化司法资源配置。明确这一价值主要有两方面的意义。

首先，作为基于效率或成本——收益分析而建立起的制度，"认罪认罚从宽"不得违反刑事诉讼法的根本任务，即"准确、及时地查明犯罪事实"，并在此基础上保证有罪的人受到正当处罚，而无罪的人不受追究。这其中又包含两层含义：其一是在定罪层面，"认罪认罚"并不意味着"罪"与"罚"自动成立，后者必须建立在一定的事实基础之上，而一旦

---

① 参见 Wei Pei, Criminal Procedural Agreements: In China and England and Wales, Oisterwijk: Wolf Legal Publisher, 2015, at 41-49.

② 这里必须要说明的是，尽管当前国内研究主要关注美国的辩诉交易制度，但是在其他国家亦有类似探索。参见 Julian V. Roberts & Wei Pei, "Structuring Judicial Discretion in China: Exploring the 2014 Sentencing Guidelines", Criminal Law Forum (2016) 27: 3-33; Julian V. Roberts, "Structuring Sentencing in Canada, England and Wales: A Tale of Two Jurisdictions", Criminal Law Forum (2012) 23: 319-345。

③ 参见《郑州立案等级制全面推行，法院案件受理量增加35%》，引自 http://henan.163.com/15/0505/06/AOR5EANA02270ILJ.html，访问日期：2016年6月7日；《立案登记制事实，多举措应对受案量增加》，引自 http://news.163.com/15/0504/14/AOPF37N800014JB6.html，访问日期：2016年6月7日。

④ 参见刘斌：《从法官"离职"现象看法官员额制改革的制度逻辑》，载《法学》2015年10月期。

⑤ 参见《最高人民法院、最高人民检察院关于刑事案件速裁程序试点情况的中期报告》，引自 http://www.npc.gov.cn/npc/xinwen/2015-11/03/content_1949929.htm，访问日期：2016年6月6日。

⑥ 参见北京市海淀区人民法院课题组：《关于北京海淀全流程刑事案件速裁程序试点的调研——以认罪认罚为基础的资源配置模式》，载《法律适用》2016年第4期。

该基础被推翻，"认罪认罚从宽"也应自始无效；其二是在量刑层面，秉持罪责刑相适应的基本原则，"认罪认罚"与"从宽"之间应当遵守比例原则要求，[①] 即既不应当过分低于同一罪名其他较轻档的量刑幅度，又不应当过分低于较轻的其他罪名的量刑幅度。[②]

其次，明确"认罪认罚从宽"的制度价值有助于将其与其他用于优化司法资源配置的措施相区分，进而有利于避免制度冗余和重复建设。从我国当前的刑事司法法律体系来看，主要涉及与两类制度的区分：一是立功制度；二是刑事和解制度。之所以要与这二者相区分，是因为依照当前的立法与司法实践，认罪或认罪且认罚是成立立功或刑事和解不可或缺的要件。特别是在刑事和解的司法实践中，被指控人主动向被害人一方提供赔偿通常构成和解协议达成的要件之一。[③]

尽管如此，"立功从宽"和"刑事和解从宽"所追求的制度价值与"认罪认罚从宽"具有本质上的区别。就"立功从宽"而言，其价值主要在于强化司法机关刑事侦查能力，因此该制度的应用领域主要集中在侦破重大、复杂的刑事案件中。就"刑事和解从宽"而言，其制度价值主要在于修复以加害人—被害人为基本单位的社会关系，从而达到维护社会稳定的目的。正是由于制度价值上的差异，使得立功与刑事和解在个案中并不必然产生节约司法资源的效果，而效率本身亦不适宜作为这两项制度有效与否的评价标准。鉴于我国已经建立起"立功从宽"和"刑事和解从宽"的基本制度框架，"认罪认罚从宽"应当尽量避免与之重合，而是牢牢把握住效率这一制度价值，在此基础上进行制度构建。

三、"认罪认罚从宽"的制度架构

从效率这一制度价值出发，"认罪认罚从宽"制度的构建可以考虑从以下几个方面着手。

首先是适用阶段问题。如前所述，从诉讼阶段的角度来看，应当允许在刑事诉讼的任何一个阶段适用"认罪认罚从宽"制度。但是，在不同诉讼阶段进行"认罪认罚"，对于司法资源的节约和诉讼效率的提升亦会有所不同。这一点对于"认罪"而言尤为适用。一般认为，认罪行为发生得越早，越有助于节约司法资源。[④] 由此，在判定如何"从宽处理"时，特别是当案件进入审判阶段由法官进行量刑时，应当将可能的从宽范围进行阶梯化设置，以"认罪"所处的诉讼阶段作为刑罚轻重的评价标准。

就"认罚"而言，从之前的论述可以看出，"认罚"行为无论发生在诉讼的哪一阶段，对于节约司法资源的意义相差无几，因此对其进行评价时不宜再以诉讼阶段作为标准。但

---

① 参见 Wei Pei, Criminal Procedural Agreements: In China and England and Wales, Oisterwijk: Wolf Legal Publisher, 2015, at 232–239.

② Andrew Von Hirsch & Andrew Ashworth, Proportionate Sentencing: Exploring the Principles, Oxford: Oxford University Press, 2005, at 138–139.

③ 参见 Wei Pei, "Criminal Reconciliation in China: Consequentialism in History, Legislation, and Practice", China-EU Law Journal (2014) 3: 191–221.

④ 如英国针对认罪制定的量刑规就以认罪发生时间作为量刑的主要考量因素。参见 Sentencing Guidelines Council (currently Sentencing Council), "Reduction in Sentence for a Guilty Plea: Definitive Guideline", available at https://www.sentencingcouncil.org.uk/wp-content/uploads/Reduction_in_Sentence_for_a_Guilty_Plea_-Revised_2007.pdf. Accessed June 7, 2016.

这并不意味着认罚不具有层次性。认罚的意义在于降低刑罚的执行成本，因此对于可能作出的处罚措施的执行程度越高、履行越及时，执行的成本越低。从这个角度讲，在"认罚从宽"这一语境下，应当依据被指控人自行认同的刑罚措施的性质、履行程度、履行时间等加以区分。

其次是适用案件类型问题。以刑事司法的基本任务和"认罪认罚从宽"的核心制度价值出发，需要就两类案件进行特殊对待。第一类是案情极其简单、事实极其清楚的案件，如简单的交通肇事类案件。此类案件中，无论犯罪嫌疑人是否认罪，相关证据很容易达到"排除合理怀疑"的证明标准，因此认罪行为本身对于司法机关侦破案件帮助不大，在节约司法资源、提高司法效率上的价值亦有限，因此不宜对此类案件中认罪的被指控人设置过高的从宽幅度。当然，即便在此类案件中，被指控人此时作出认罚的决定并履行相应义务，仍然可以节约司法的执行成本，因此作出最终决定的司法机关仍可以将此作为处理时的参考因素。

第二类是案件情节极其恶劣、社会影响极差的案件，如恐怖主义类犯罪或有组织犯罪。之所以在这类案件中要慎重适用从宽处理的模式，在于对罪责刑相适应原则的遵守，同时也是对宽严相济的刑事政策的体现。此类案件中，无论以何种理由降低刑罚都有可能引发对于司法公正的普遍质疑，在同类案件中形成量刑畸轻，此时则不宜以认罪或认罚作为从宽处置的正当化事由。对于此类案件，立法可以适当划定范围，在此范围内法官在个案中依自由裁量权进行判断。

再次，从被指控人合作与从宽处理之间的关系来看，立法应当明确比例原则的适用。这里至少包含两层含义。第一个层面可以称为积极的比例原则，即通过立法或司法解释对"认罪"与"认罚"划分等级，并以此为基础设定不同层次的从宽处理空间。从我国目前的刑事司法法律体系来看，可以最高人民法院出台的量刑指导意见为基本框架，通过增减调整相关规则来建立适当的从宽体系。

第二个层面可以称为消极的比例原则，即不得对拒绝认罪或认罚的被指控人加重刑罚。之所以要添加这一层面的比例原则，在于在现代刑事司法框架下，被指控人在原则上并没有积极配合司法机关的义务；事实上，为了防止司法机关强制要求被指控人配合，刑事诉讼法通常会以确认被指控人相关程序性权利的方式来保障其基本人权不受侵害，其中最为典型的一项原则就是反对强迫自证其罪。从该层面的比例原则出发，可以推导出两项具体规则：一是允许被指控人在各个诉讼阶段对认罪、认罚进行反悔；二是反悔的效果是使程序回复到未进行认罪、认罚时的状态。

最后，为实现以上三项程序设计，需要具体的形式要件加以配合。从被指控人的角度来看，认罪或认罚应当以书面形式作出，并经相应权力机关加以审查。审查主要集中在以下四个方面：其一是被指控人的自愿性；其二是被指控人是否对认罪与认罚的性质以及可能产生的实体与程序层面的法律后果有清楚且准确的认知；其三是自认内容的明确性，其中认罪应当明确指向司法机关所指向的具体罪名，而认罚亦应表明是否进行概括性自认；其四是认罪从宽或认罚从宽处理的合法性。

从司法机关的角度来看，为确保认罪认罚行为与从宽处理之间比例原则的实现，应当在决定文书中载明认罪认罚从宽协议的要件。以法院的判决为例，应当包括以下内容：基于犯罪构成应当判决被告人的刑罚基准刑；被告人认罪、认罚的性质和所达成的协议；法律规定的从宽处理的区间；法院依照被告人的行为确定的从宽减刑幅度；以及当法院拒绝按照法律规定减轻处罚时的理由说明。只有通过明确说明以上事项，才能确保被告人正当的实体及程序权利不受侵犯，并为其获得救济提供必要依据。

结论

"认罪认罚从宽"制度构想的提出，一方面与我国当前司法体制改革的大趋势相符；另一方面也符合刑事司法现代化、文明化发展的一般规律。基于本文分析，就如何构建符合刑事司法基本价值同时适应我国刑事司法生态的认罪认罚从宽制度一题，我们至少可以得出以下三个主要结论：

首先，制度构建需要有顶层视野，从宏观体系入手，避免程序设计过程中的碎片化。从实体层面来看，认罪认罚从宽制度需与刑事司法发现真实并正确定罪量刑的基本任务相契合；从程序层面来看，该项制度的建设以普通刑事诉讼程序的完善以及被指控人基本权利得到相应保障为前提。两者缺一不可。

其次，制度构建必须有明确的价值导向，从而减少各种具体制度之间的重复建设。就认罪认罚从宽而言，其核心制度价值在于提高司法效率，节约司法成本，该价值构成与其他类似制度的本质区别，同时也成为具体规则设置过程中的参照和评价标准。在立法过程中，不符合此项价值的案件应当被排除出去，而该制度本身也不适宜被附加更多的额外价值。

最后，"认罪认罚从宽"并非一个封闭的制度，而是要与其他诉讼主体、其他诉讼制度产生互动。就诉讼主体而言，一方面涉及公检法三家之间权力的配置与制衡；另一方面涉及被害人在此项程序中的定位问题。就其他诉讼制度而言，认罪认罚从宽制度的构建离不开其他制度的支持，如量刑规范化建设、强化裁判文书说理、强化律师在认罪认罚过程中的参与等。

（作者单位：北京航空航天大学法学院）

论认罪认罚从宽程序的构建

邵　劭

2014 年 10 月，中共十八届四中全会通过了中共中央《关于全面推进依法治国若干重大问题的决定》（以下简称《决定》），提出"完善刑事诉讼中认罪认罚从宽制度"。这一制度的名称明确标识了认罪、认罚和从宽这三个核心要素。最高人民法院《关于全面深化人民法院改革的意见——人民法院第四个五年改革纲要（2014-2018）》提出"完善刑事诉讼中认罪认罚从宽制度。明确被告人自愿认罪、自愿接受处罚、积极退赃退赔案件的诉讼程序、处罚标准和处理方式，构建被告人认罪案件和不认罪案件的分流机制"。该意见指出，认罪认罚从宽制度的基本定位就是作为认罪案件和不认罪案件的分流机制。该意见同时指出，需要构建的程序适用于"被告人自愿认罪、自愿接受处罚、积极退赃退赔案件"。进一步明确了认罪和认罚的双重标准（积极退赃退赔以有赃可退赔为前提，不具有普遍性，故不作为普适性标准）。最高人民检察院在《关于深化检察改革的意见（2013—2017 年工作规划）》中也作出了类似规定。上述文件均使用了"完善"一词，意味着现有制度中已经存在认罪认罚从宽制度，只是尚需完善。那么，对这一制度的完善究竟是只需对现有制度的组成部分进行修缮，还是需要在现有制度体系中新设一个相关的独立程序？如果需要新设一个程序，该程序应如何界定，其具体的程序又该如何设计，都是亟须讨论的问题。

一、构建独立的认罪认罚从宽程序的必要性分析

我国目前已经形成了包含附条件不起诉、刑事和解、简易程序和速裁程序在内的多元化认罪制度体系。这些制度均以认罪为适用前提，又各有其不同的适用范围和条件。

附条件不起诉针对特定案件中认罪的未成年人。未成年人涉嫌刑法分则第四至六章规定的犯罪，可能判处 1 年有期徒刑以下刑罚，符合起诉条件，但有悔罪表现的，可以附条件不起诉。被附条件不起诉人在考验期内没有出现特定情形的，应当作出不起诉的决定。适用附条件不起诉的案件，在审查起诉阶段就可以直接终结程序，但其仅针对未成年犯罪嫌疑人，且适用范围较窄。

刑事和解程序的适用条件非常严格，只针对特定案件中认罪悔罪并获得被害人谅解的犯罪嫌疑人和被告人。和解程序的适用条件涵括了纠纷起因、犯罪性质、法定刑、主观要件等，还要求犯罪嫌疑人、被告人真诚悔罪；获得被害人谅解。和解程序要求真诚悔罪，隐含了认罪的成分，但和解并未涉及认罚的层面。而且，虽然 2012 年最高人民法院《关于适用〈中华人民共和国刑事诉讼法〉的解释》（以下简称《解释》）对和解的后果作出了

应当从轻的刚性规定，① 但2012年刑事诉讼法只是将和解规定为可以从宽的量刑情节。和解程序充其量只能属于认罪从宽的范畴，还未触及认罚的问题。另外，和解程序要求必须获得被害人谅解，又超出了认罪认罚从宽程序的要求。因此，和解程序不属于《决定》所指的认罪认罚从宽程序。

简易程序在经2012年刑事诉讼法修正之后，适用于基层人民法院管辖，案件事实清楚、证据充分，被告人承认自己所犯罪行，对指控的犯罪事实没有异议，对适用简易程序没有异议的案件。简易程序以认罪为基础，要求被告人承认自己所犯罪行，对指控的犯罪事实没有异议，但没有认罚的相关要求。对于适用简易程序审理的案件，只是对庭审程序相对简化。这种简化远不能满足办案部门对简化诉讼，提高效率的需求，否则就不会有后来的速裁程序的出台。简易程序只是表明，对被告人认罪的案件在后续的审理程序上可以不再适用烦琐的普通程序，主要是从司法部门的立场来规定的。简易程序的适用并不会带来实体的量刑的从宽，不涉及从宽的内容，不属于《决定》所指的认罪认罚从宽程序。

速裁程序系简易程序的缩小版加简化版，其适用范围进一步缩小，适用程序进一步简化。速裁程序适用于案件事实清楚、证据充分；犯罪嫌疑人、被告人承认自己所犯罪行，对指控的犯罪事实没有异议；当事人对适用法律没有争议，犯罪嫌疑人、被告人同意人民检察院提出的量刑建议；犯罪嫌疑人、被告人同意适用速裁程序的特定类型的依法可能判处1年以下有期徒刑、拘役、管制的案件，或者依法单处罚金的案件。与简易程序相比，速裁程序适用的案件范围更小，针对更轻微的案件，程序更简化。另外，速裁程序除了要求犯罪嫌疑人、被告人自愿认罪外，还要求其对适用法律没有争议，同意人民检察院提出的量刑建议，也就是认罚。至此，速裁程序呈现出与以往程序不同的特点，即出现了认罚的要求。但是，速裁程序仍然不是《决定》所要求的认罪认罚从宽程序。因为速裁程序同样没有刚性的从宽的体现。

在上述各项制度中，附条件不起诉同时要求认罪、认罚，也可以被认定为一种从宽的处理，但附条件不起诉的适用范围非常狭窄，无法满足《决定》的需求。而和解程序、简易程序和速裁程序虽然都以认罪为适用前提，但没有既要求认罪认罚又规定从宽的。而且，即便规定从宽的，从宽也只属于可以选择适用的量刑情节。但是，《决定》要求完善的认罪认罚从宽制度，仅从制度名称就可以解读出认罪、认罚和从宽这三种要素。因此，符合《决定》要求的只有适用范围狭窄的附条件不起诉，对审判程序影响不大。为实现《决定》的目标，就必须在完善现有认罪制度的基础上，新设一种能同时包容认罪、认罚和从宽这三个要素的独立的认罪认罚从宽程序，并将从宽作为应当适用的法定量刑情节。只有这样，才能形成一个由附条件不起诉、刑事和解、简易程序、速裁程序和认罪认罚从宽程序组成的完善的认罪制度体系。也只有这样，才能既符合《决定》所用的"完善"措辞，又能实现《决定》所追求的更高效的认罪与不认罪案件的分流机制。

---

① 《解释》第505条规定："对达成和解协议的案件，人民法院应当对被告人从轻处罚；符合非监禁刑适用条件的，应当适用非监禁刑……"

二、认罪认罚从宽程序的界定

对认罪认罚从宽程序的界定可以从该程序的三个核心要素——认罪、认罚和从宽的界定着手。

(一) 认罪

认罪是指犯罪嫌疑人、被告人在明知认罪后果的前提下自愿承认自己所犯罪行，对被指控的犯罪事实予以承认，对犯罪的成立和定性不持异议。这一定义涉及认罪的内容、主体和自愿性问题。

1. 认罪的内容

认罪是行为人承认自己的犯罪行为，是行为人对其所实施的犯罪行为的认识和态度。

首先，认罪是对被指控的犯罪事实的承认。当被指控事实是单一事实时，只需对基本犯罪事实无异议；当被指控事实是多起犯罪事实时，要求对全案事实予以承认。因为对同一被告人的多起犯罪事实应当一并审理，对部分事实的否认将使全案无法适用认罪认罚程序，因此对部分事实的承认不属于认罪认罚从宽程序中的认罪。

其次，认罪要求行为人承认其行为构成犯罪。这一结论可以从有关法律文件的文本表述中得出。2003年最高人民法院、最高人民检察院、司法部《关于适用普通程序审理"被告人认罪案件"的若干意见（试行）》第1条规定，被告人对被指控的基本犯罪事实无异议，并自愿认罪的第一审公诉案件，一般适用本意见审理。根据该条的表述，"对被指控的基本犯罪事实无异议"并不等于"认罪"，否则该条就属于同义反复。另据该意见第2条关于不适用该意见的案件范围，其中即有"被告人认罪但经审查认为可能不构成犯罪的"。从该表述可以看出，认罪的内容包括承认行为构成犯罪，否则在"认为不构成犯罪"前就不会使用"但"这一转折词。相同的表述在2012年《解释》里也能看到。因此，认罪不仅仅是对被指控的犯罪事实的承认，还应当包括承认行为构成犯罪。此外，从特殊预防的角度来看，只有认识到其行为构成犯罪才具有从宽正当性。因为如果行为人仅是承认实施了被指控的行为，却不认为其行为构成犯罪，说明其对行为的危害性和违法性认识不足，再犯的可能性较大，缺乏从宽的正当性。

最后，认罪还应当包括对指控的罪名的认可。在行为人承认自己的行为构成犯罪的基础上，行为人对自己的行为构成何种犯罪可能与办案部门的认定存在不一致的认识。这种情况能否构成认罪认罚从宽制度中的认罪？虽然在自首和坦白的情况下，行为人对法律适用的辩解不影响其自首和坦白的认定，但是自首和坦白制度主要是为了鼓励行为人主动交代犯罪事实，更多的是出于对事实真相的追求，但认罪认罚从宽制度更注重的是对诉讼效率的追求，希冀通过对认罪认罚案件适用简化程序提高诉讼效率。虽然被告人对指控的罪名有异议的案件可以适用简易程序，但是不宜适用认罪认罚从宽程序。认罪认罚从宽程序表明了对更简化的程序的进一步追求，其处理的案件需要争议最小化。对犯罪定性的认可是减少争议的最好途径。否则，承认犯罪但不认可定性的案件应当直接适用普通程序或简易程序，而无须重复设置新程序。

2. 认罪的主体

认罪的主体是犯罪嫌疑人和被告人。共同犯罪案件中部分犯罪嫌疑人、被告人不认罪或者对适用认罪认罚从宽程序有异议的，不得适用认罪认罚从宽程序。因为共同犯罪要一并审理，部分不认罪的，无法适用认罪认罚从宽程序。对认罪的行为人可以依据自首或坦白来从宽处理。如果犯罪嫌疑人和被告人认罪，但律师做无罪辩护的，不能适用认罪认罚从宽程序。法庭对适用认罪认罚从宽程序的案件将不再对定罪问题做实质性调查，无法对辩护人主张的无罪问题展开调查。因此，对于是否做无罪辩护，律师应当与当事人保持一致。否则，律师应当尊重当事人的意志或者解除委托。如果犯罪嫌疑人和被告人认罪认罚，但办案部门认为可能不构成犯罪，不应当适用认罪认罚从宽程序。对于最终认定犯罪成立的，仍然可以对其从宽处理，只是从宽依据是坦白或自首而不是认罪认罚。

3. 认罪的自愿性

认罪应当是在明知、自愿、理智的基础上作出的。在经办案部门告知并咨询律师的基础上，在未受不正当压迫、引诱的前提下，犯罪嫌疑人、被告人知悉并理解其认罪的后果，并自愿作出认罪的表示，就能够满足自愿性的要求。对认罪的自愿性可以从对办案部门科以告知义务、获得值班律师的法律帮助、充足的考虑时间等方面进行保障。

（二）认罚

认罚是指犯罪嫌疑人、被告人在认罪的基础上，自愿接受所认之罪的可能的处理后果，包括同意检察机关的量刑建议、退赃退赔以及接受不起诉处理等，但同意适用简化程序并不属于认罚的范畴。

在首次认罪的同时，行为人就可以作出认罚的表示，此时的认罚可以是一种概括的意思表示，不需要指明认罚的具体内容。但随着诉讼进程的推进，通过律师提供的法律帮助、检察院和法院的告知等途径，行为人应当对认罚的内容有明确的认识，包括认可检察机关作出的不起诉决定或量刑建议。检察机关的量刑建议应当是根据实体法和既往裁判，结合行为人认罪认罚的表现，在充分考虑了从宽因素之后预测的可能的刑罚。在有赃款赃物的案件中，认罚还应当包括退赃退赔。

认罚要求行为人有悔罪态度，是行为人犯罪后悔罪心理的表示。正是悔罪昭示其人身危险性的降低，因而可以得到从宽处罚。如果行为人并没有悔罪的意思，只是出于对从宽的追求从而作出认罚的表示，不能作出从宽处理。此外，与认罪一样，认罚亦以自愿为前提。

因认罪认罚导致的诉讼程序简化的后果，不应该属于认罚的范畴。有观点认为，"放弃在普通程序中所具有的部分法定诉讼权利，同意通过适用克减部分如法庭调查与辩论等诉讼环节的诉讼权利来对自己定罪量刑"是认罚的必备内容[1]。事实上，简化程序的适用，系认罪认罚之后对案件选择适用何种诉讼程序的问题。这是一个程序选择问题，是基于案件分流的目的，并不是作为对行为人的一种处罚。而且，行为人对是否适用认罪认罚从宽程序有自由选择的权利，简化程序的适用不属于认罪认罚的必然后果。

---

[1] 陈卫东：《认罪认罚从宽制度研究》，载《中国法学》2016 年第 2 期。

（三）从宽

从宽在审判阶段可以表现为从轻、减轻、免除处罚，在审查起诉阶段可以表现为检察院作出不起诉决定或者变更、解除强制措施等程序决定。由于我国不起诉的适用率较低，使不起诉在审前程序分流上难有作为。但审判阶段对进一步提高诉讼效率的可挖掘空间并不大，只能在审前阶段下功夫。对此，可以适当考虑扩大不起诉范围，如对可能判处1年以下刑罚的可做附条件不起诉。

对认罪认罚的行为人从宽处罚有其实体法和程序法依据。从实体法的角度来看，报应论和预防论都可以作为从宽的理论依据。根据报应刑理论，行为人认罪认罚，退赃退赔，使国家和被害人的报应心理得到减轻和满足。根据特殊预防理论，行为人犯罪后认罪认罚，表明其认识到了行为的社会危害性，人身危险性降低，再犯可能性减少，刑罚必要性和严厉程度都有所降低，可以从宽处理。从程序法角度来看，行为人认罪认罚，对案件事实、证据和法律适用不持异议，愿意选择适用简化程序，契合了办案部门提高诉讼效率的功利化追求，作为回报，可以给予其从宽处理。对认罪认罚给予从宽处理应当兼顾实体法依据和程序法依据，在同时具备实体法和程序法理由时就可以从宽。也正因为此，从宽不以被害人谅解为前提。被害人谅解可以作为从宽幅度的重要考虑情节，但不是适用从宽程序和获得从宽处理的前提条件。

在认罪认罚从宽程序中，从宽应当被设计为一个应当适用的法定量刑情节。认罪认罚从宽程序作为对现有认罪制度的完善举措，应当比现有制度更能提高诉讼效率，更简化。行为人同意适用这种更简化的程序，放弃更多的程序保护，作为对其牺牲的补偿，应该给其一个可预期的实体性的利益才符合公正的要求。也只有将从宽作为法定必须适用的情节，才能激励行为人选择适用这样的程序，使程序具有较高的适用率，从而提高诉讼效率。

综上，认罪认罚从宽程序是指在犯罪嫌疑人、被告人自愿承认自己所犯罪行，并对犯罪的成立、定性和量刑均不持异议时，适用简化程序予以审查，并给予其从宽处理的一种诉讼程序。

三、认罪认罚从宽的程序设计

作为一种与现有认罪制度相对独立的新程序，认罪认罚从宽所适用的具体程序尚需详细设计，本文仅择其要者进行分析。

（一）适用的案件范围

认罪认罚从宽程序主要是针对行为人犯罪后认罪认罚的态度而设置的程序，是针对犯罪后的行为，不应受犯罪行为严重程度的影响。为最大限度地鼓励认罪认罚，无论犯罪性质如何，无论行为的社会危害性如何，均应当给予从宽的机会。该程序肩负着案件分流的重任，现有的认罪制度各有其适用范围，除简易程序外，基本都定位于轻罪案件。作为现有认罪制度的完善，认罪认罚从宽程序在案件适用范围上适宜涵括其他认罪制度未能包容的部分，也即不应在案件范围上有所限制。否则，如果不能突破现行认罪制度的羁绊，仍局限于特定的轻罪案件，其预期的分流案件、简化程序的功效将大打折扣。

（二）适用的阶段

关于认罪认罚从宽程序适用的阶段，普遍认可的是审判阶段和审查起诉阶段均得以适用。有争议的是，侦查阶段能否适用该程序。有的办案机关在侦查阶段就会向犯罪嫌疑人发放认罪认罚宣传册，告知犯罪嫌疑人认罪认罚从宽制度。① 虽然在侦查阶段鼓励行为人认罪认罚，能够尽早获取认罪口供，加强证据体系，减轻证明的困难，提高诉讼效率，但是侦查阶段适用认罪认罚的弊端也是非常明显的。侦查阶段的主要任务是查明案件事实真相、收集固定证据。我国目前的侦查对口供的依赖仍然相当严重，如果允许在侦查阶段实施认罪认罚程序，将极大地激励办案人员通过鼓励犯罪嫌疑人认罪而获取口供，进一步恶化由供到证的不良倾向，还可能催生非法的诱供现象。因此，在侦查阶段不宜实施认罪认罚从宽程序，侦查人员不能对犯罪嫌疑人宣讲认罪认罚从宽，也不能因为犯罪嫌疑人认罪认罚而降低证明标准。侦查阶段不宜实施认罪认罚并不限制犯罪嫌疑人主动认罪认罚。对于犯罪嫌疑人主动认罪认罚的，侦查人员应当记录在案，以表明犯罪嫌疑人认罪的时间节点。

（三）对认罪认罚自愿性的保障

认罪认罚从宽案件的审理程序将比现行制度更为简洁，主张省略庭审的也大有人在。为保障犯罪嫌疑人、被告人的正当权利，其认罪认罚的自愿性尤为重要。为保障认罪认罚的自愿性，首先应当对办案部门科以告知义务。检察机关、法院在诉讼过程中，应当主动告知行为人认罪认罚的相关规定，并应详细告知其被指控的犯罪事实、被指控的罪名、拟建议的量刑、适用从宽程序审理的法律后果等，并确认其是否同意适用认罪认罚从宽程序。其次，在行为人作出是否同意适用认罪认罚程序之前，应当允许从律师处获得帮助。由于认罪认罚将使办案部门获得认罪口供，完善证据体系，并将导致简化程序的适用，对行为人的实体处理和程序权利影响巨大，故在认罪认罚之前应当获得律师的帮助。认罪认罚程序中应当有律师的参与已经获得共识，甚至有观点主张在所有的认罪认罚案件中都必须强制实行律师辩护。② 应当说，认罪认罚程序中律师的作用至关重要，应当尽可能在全部认罪认罚案件中、在诉讼各阶段保证有律师参与提供帮助。但是这并不意味着需要在全部案件中、全程提供辩护律师的帮助。在现阶段律师辩护率偏低的情况下，对简单认罪认罚案件全部提供律师辩护是不现实的。对简单的认罪认罚案件，只需由值班律师提供律师帮助即可，律师无须承担辩护职责。律师对事实认定有疑问的，可以要求阅卷。对于复杂的认罪认罚案件则应当提供律师辩护。这样既能够保障特殊情况下犯罪嫌疑人、被告人的权利，也可以避免将简单案件过度复杂化。最后，对行为人同意适用认罪认罚程序的，应该向其说明认罪认罚及选择适用简化程序审理可能引起的风险，以充分保障行为人的知情权。

（四）证明标准

我国刑事诉讼法对刑事证明标准有统一规定，各种案件的证明标准均为案件事实清楚、证据确实充分。无论案件适用何种审理程序，案件的证明标准并无减低空间。此次借由认

---

① 慕煊：《被告人认罪认罚可依法从宽处罚》，载《浙江法制报》2016 年 6 月 1 日第 8 版。
② 祁建建：《"认罪认罚从宽制度中的律师"研讨会综述》，http://www.criminalprocedurelaw.cn/zh/node/3398.

罪认罚制度的完善之机，引入认罪协商的主张逐渐抬头。一些侦破难度较大的案件被认为可以进行认罪协商，通过降低指控罪名或罪数来获取认罪自白，完善证据体系。引入认罪协商，实质是变相降低案件的证明标准。构建认罪认罚从宽程序的目的在于通过认罪认罚来适用简化程序，提高诉讼效率，将更多的司法资源用于有争议的、难以侦破的案件。真正实现简案简办，难案精办，繁简分流。对证据有疑问的案件，应该投入更多的司法资源来搜集证据、完善证据体系，而不能以降格指控来诱惑犯罪嫌疑人提供口供。对于无法达到证明标准的，必须严格执行疑罪从无。我国当前的诉讼模式、辩护制度等都无法支撑认罪协商制度的运行。因此，在认罪认罚案件中不能贸然引进认罪协商，而是应当严格遵守证明标准，防止疑罪从无的虚化。

（五）一审终审及其例外

虽然我国刑事诉讼法规定了两审终审原则，但是对认罪认罚从宽案件适用一审终审有其必要性和合理性。认罪认罚从宽程序的适用前提就是犯罪嫌疑人、被告人同意被指控的犯罪事实，对犯罪的成立、定性、量刑和程序的适用均予以认可，也即这种案件中控辩双方对事实和法律均无争议。并且，控辩双方的无争议状态是以法律为辩方提供了充分的自愿性保障为前提的。上诉一般都是针对事实、法律或程序等不服，请求上级法院继续审理。但是，从理论上来说，认罪认罚案件引发上诉的可能性很小，除非被告人违背诚信原则出尔反尔。如果被告人同意适用认罪认罚并因此而得到从宽处罚，而后又提出上诉，那么在二审程序中因认罪认罚而从宽的正当性依据已经不存在。但由于我国有上诉不加刑原则，二审无法撤销从宽判决，将导致不公正的结果。出现这种情况，要么是检察院抗诉，取消从宽优惠，要么是发回原审法院用普通程序重新审理。这都将导致诉讼严重拖延，与设立认罪认罚从宽程序的初衷相悖。而且，如果案件是在审查起诉阶段就认罪认罚的，检察机关的部分工作可能因认罪认罚而被简化处理，在被告人改变认罪认罚的态度之后，可能导致检察机关工作的被动。因此，对认罪认罚从宽案件原则上应当一审终审，例外情况是，对于违背自愿性的案件，允许上诉。也就是说，上诉应当设置理由，仅限于违背自愿性。

（作者单位：杭州师范大学法学院）

实体法与程序法双重视角下的
认罪认罚从宽制度研究

谭世贵

党的十八届四中全会通过的中共中央《关于全面推进依法治国若干重大问题的决定》明确指出"完善刑事诉讼中认罪认罚从宽制度。"据此，认罪认罚从宽制度似乎仅属于刑事诉讼的范畴，但实际上认罪认罚从宽制度不仅在程序法上有具体的制度建构，而且在实体法上也有相关的政策依据和条文规定，如对于自首、坦白予以从轻、减轻或者免除刑罚等。因此，认罪认罚从宽制度具有实体法和程序法的双重属性，应当从刑法和刑事诉讼法两个维度加以研究，以利于认罪认罚从宽制度的构建和完善。

一、认罪认罚从宽制度的历史沿革与概念界定

（一）认罪认罚从宽制度的历史沿革

关于认罪认罚从宽制度的历史沿革，在此不再赘述。

（二）认罪认罚从宽制度的概念界定

何为认罪认罚从宽？综观我国刑事政策的历史发展和相关法律的具体规定以及司法实践的情况，笔者认为，所谓认罪，是指犯罪嫌疑人、被告人自愿地向公安司法机关供述自己的罪行或对被指控的犯罪事实无异议；所谓认罚，是指犯罪嫌疑人、被告人在认罪的基础上，表示愿意接受法律的惩罚，改过自新，重新做人，并以实际行动履行法律义务，包括退缴赃款赃物、缴纳罚金、交出被没收的财产、赔偿被害人的损失等；所谓从宽，则是指在犯罪嫌疑人、被告人认罪、认罚的基础上，公安司法机关依法对其在实体上予以从轻、减轻或者免除处罚，在程序上作出相应的判决或者予以不起诉，或者移送主管机关给予行政处罚或行政处分。这其中，认罪是前提，认罚是关键，从宽是结果，三者密切联系，互为条件，互相促进，共同构成完整意义上的认罪认罚从宽制度。如果犯罪嫌疑人、被告人不认罪、不认罚，则公安司法机关不可能对其予以从宽处理；而如果没有从宽处理的规定或者这些规定得不到执行，则犯罪嫌疑人、被告人一般不会自愿地供述自己的罪行，更不可能投案自首、坦白交代罪行。因此，认罪认罚从宽制度就是公安司法机关在刑事诉讼过程中，对于认罪认罚的犯罪嫌疑人、被告人予以从宽处理的一系列实体法和程序法制度的总称。

二、认罪认罚从宽制度的现行规定与存在的问题

(一) 认罪认罚从宽制度的现行规定

对于认罪认罚从宽制度的现行规定，可以从实体法和程序法两个维度进行考察。

在实体法方面，现行的认罪认罚从宽制度主要反映在以下几项法律规范上：第一，刑法第 13 条关于犯罪概念中的"但书"规定，即"……但是情节显著轻微危害不大的，不认为是犯罪。"在司法实践中，对于犯罪嫌疑人、被告人的行为是否属于情节显著轻微，除根据行为本身的性质以及动机目的和数额等情节进行考量外，通常还需要考察犯罪嫌疑人、被告人的认罪态度和认罚表现。例如，实践中，犯罪嫌疑人、被告人贪污或受贿虽然已超过起刑点（超过不多），但如实供述，认罪态度好且积极退赃的，往往不再追究其刑事责任，而是只做党纪政纪处理。第二，刑法第 67 条关于自首的规定，即：对于自首的犯罪分子，可以从轻或者减轻处罚。其中，犯罪较轻的，可以免除处罚。犯罪嫌疑人虽不具有规定的自首情节，但是如实供述自己罪行的，可以从轻处罚；因其如实供述自己罪行，避免特别严重后果发生的，可以减轻处罚。第三，刑法第 72 条关于缓刑的规定，其中适用缓刑的条件之一是"有悔罪表现"，而真诚悔罪表现以自愿认罪为前提。第四，刑法第 78 条、第 81 条关于减刑、假释的规定，其适用条件是犯罪分子"认真遵守监规，接受教育改造，确有悔改表现或者有立功表现，或者确有悔改表现，没有再犯罪的危险"，这同样表明犯罪分子在执行期间，只有认罪认罚才能获得减刑或假释。第五，刑法第 383 条关于"犯贪污罪，在提起公诉前如实供述自己罪行、真诚悔罪、积极退赃，避免、减少损害结果的发生，可以从轻、减轻或者免除处罚"的规定，第 390 条关于"行贿人在被追诉前主动交待行贿行为的，可以从轻或者减轻处罚。其中，犯罪较轻的，对侦破重大案件起关键作用的，或者有重大立功表现的，可以减轻或者免除处罚"的规定，均属于认罪认罚从宽的范畴。

在程序法方面，现行的认罪认罚从宽制度体现在以下三项程序建构上：（1）简易程序。为提高诉讼效率，有效避免诉讼拖延，使当事人免受讼累，1996 年修订的刑事诉讼法在"第一审程序"中以专节增设了"简易程序"。为进一步提高诉讼效率，有效解决人民法院"案多人少"的问题，2012 年再次修订的刑事诉讼法对简易程序做了重大调整，其第 208 条规定："基层人民法院管辖的案件，符合下列条件的，可以适用简易程序审判：（一）案件事实清楚、证据充分的；（二）被告人承认自己所犯罪行，对指控的犯罪事实没有异议的；（三）被告人对适用简易程序没有异议的。"据此，刑事诉讼简易程序可以适用于基层人民法院管辖的大部分刑事案件，且不再受判处刑罚种类和刑期长短的限制。（2）当事人和解的公诉案件诉讼程序（以下简称"和解程序"）。既提升被害人的诉讼地位和保护其合法权益，也促使犯罪嫌疑人、被告人自愿认罪，悔过自新，回归社会，同时有效解决刑事纠纷，促进社会和谐稳定，2012 年修订的刑事诉讼法增设了和解程序，明确规定：对于因民间纠纷引起，涉嫌刑法分则第四章、第五章规定的可能判处 3 年有期徒刑以下刑罚的犯罪案件，以及除渎职犯罪以外的可能判处 7 年有期徒刑以下刑罚的过失犯罪案件，犯罪嫌疑人、被告人真诚悔罪，通过向被害人赔偿损失、赔礼道歉等方式获得被害人谅解，被害人自愿和解的，双方当事人可以和解。对于达成和解协议的案件，公安机关可以向人民

检察院提出从宽处理的建议；人民检察院可以向人民法院提出从宽处罚的建议，对于犯罪情节轻微，不需要判处刑罚的，可以作出不起诉的决定；人民法院可以依法对被告人从宽处罚。据此，公安司法机关适用和解程序，必须以犯罪嫌疑人、被告人认罪认罚为前提。（3）速裁程序。为进一步完善刑事诉讼程序，合理配置司法资源，提高审理刑事案件的质量与效率，维护当事人的合法权益，2014年6月27日第十二届全国人大常委会第九次会议作出决定，授权最高人民法院、最高人民检察院在北京、天津、上海、重庆、沈阳等18个城市开展刑事案件速裁程序试点工作。根据该决定，速裁程序的适用范围是"事实清楚，证据充分，被告人自愿认罪，当事人对适用法律没有争议的危险驾驶、交通肇事、盗窃、诈骗、抢夺、伤害、寻衅滋事等情节较轻，依法可能判处一年以下有期徒刑、拘役、管制的案件，或者依法单处罚金的案件"。

（二）认罪认罚从宽制度存在的主要问题

尽管我国的刑法、刑事诉讼法等法律法令对认罪认罚从宽制度分别作了一些规定，但是这些规定还存在诸多问题和不足，特别是系统性和整体性不强，相互之间缺乏有机的联系，难以协同发挥作用。主要表现在以下几个方面：

第一，实体法和程序法中对犯罪嫌疑人、被告人认罪认罚从宽缺乏具体而明确的规定，致使认罪认罚从宽未能形成完整的制度体系。长期以来，我国实行"坦白从宽，抗拒从严"的刑事政策，但一直没有将其制度化和法律化，对于何为认罪、何为认罚、认罪认罚各包括哪些情形、对认罪认罚如何从宽等均未作出具体而明确的规定，以至于未能建立起完整的认罪认罚制度，由此导致司法实践中发生了"坦白从宽，牢底坐穿；抗拒从严，回家过年"的奇怪现象。虽然2013年12月最高人民法院发布的《关于常见犯罪的量刑指导意见》（以下简称《量刑指导意见》）对于自首、立功、坦白等情节以及被告人当庭自愿认罪、退赃、退赔、积极赔偿被害人经济损失并取得谅解等的从宽幅度作了具体规定，但何为认罪、何为认罚以及认罪认罚各包括哪些情形仍不明确；即使对某些认罪认罚的情形如何从宽作了规定，但由于从宽的幅度过大，仍有可能使得法官的裁量权失范。例如，按照该指导意见，对于自首情节，综合考虑自首的动机、时间、方式、罪行轻重、如实供述罪行的程度以及悔罪表现等情况，可以减少基准刑的40%以下；犯罪较轻的，可以减少基准刑的40%以上或者依法免除处罚；对于当事人根据刑事诉讼法第277条达成刑事和解协议的，综合考虑犯罪性质、赔偿数额、赔礼道歉以及真诚悔罪等情况，可以减少基准刑的50%以下；犯罪较轻的，可以减少基准刑的50%以上或者依法免除处罚。据此，如果被告人既具有自首情节又与被害人达成刑事和解协议的，则其从宽的幅度最大可以达到减少基准刑的90%。如此大的从宽幅度显然难以达到最高司法机关所期望的量刑规范化、均衡化要求。而且，该指导意见属于司法文件的范畴，主要由人民法院内部掌握和运用，其法律位阶和透明度均比较低，因而也难以发挥法律的可预测性功能和促使犯罪嫌疑人、被告人认罪认罚的作用。

第二，犯罪嫌疑人、被告人认罪在立法上仅作为授权型量刑情节，且在实践中难以得到从宽的处罚。2011年全国人大常委会通过的《刑法修正案（八）》规定："犯罪嫌疑人虽不具有前两款规定的自首情节，但是如实供述自己罪行的，可以从轻处罚；因其如实供述自己罪行，避免特别严重后果发生的，可以减轻处罚。"据此，犯罪嫌疑人、被告人认罪

（即如实供述自己的罪行）作为一种法定情节，是"可以"型而非"应当"型量刑情节，这就意味着对被告人认罪在量刑上是否予以积极评价，法官拥有自由裁量权。[①] 而在刑事司法实践中，我国的法官却较少对被告人认罪给予积极评价，被告人在认罪后未能在量刑时获得从轻处罚，法定的量刑情节并未在刑事判决中得到充分、普遍、有效的体现。有学者曾对 192 份刑事判决书进行统计分析发现，刑事判决书中对被告人因认罪而应当获得的从轻处罚的表述大都较为模糊，尤其是当存在多个从轻处罚的量刑情节时，被告人基于认罪能获得的肯定性评价就微乎其微了。[②]

第三，在认罪认罚案件的适用程序中，是否赋予当事人程序选择权的规定不一致。2012 年修订的刑事诉讼法规定，对于法律规定范围的公诉案件，犯罪嫌疑人、被告人和被害人有权进行和解，即有权选择适用和解程序。但是，对于是否适用简易程序和速裁程序，当事人并无选择的权利。根据刑事诉讼法的规定，被告人对于适用简易程序仅能作出有无异议的表示，而无主动要求适用的权利；被害人则连提出异议的权利都不享有。根据 2014 年 8 月 22 日最高人民法院、最高人民检察院、公安部、司法部联合发布的《关于在部分地区开展刑事案件速裁程序试点工作的办法》（以下简称《速裁程序试点工作办法》）的规定，公安机关、人民检察院、人民法院适用速裁程序，需要得到犯罪嫌疑人、被告人的同意，犯罪嫌疑人、被告人亦无主动要求适用速裁程序的权利（仅在侦查终结阶段，其辩护人认为案件符合速裁程序适用条件的，经犯罪嫌疑人同意，可以建议人民检察院按速裁案件办理）。

第四，我国刑事诉讼法尚未建立起认罪认罚案件的一整套完整的程序处理机制。具体表现为：一是认罪认罚案件的处理程序缺乏有机统一性。其中，简易程序被置于第一审程序中，属于普通程序的范畴，而且在侦查、审查起诉程序中，根本找不到简易程序的适用机制；和解程序被置于特别程序中，属于特别程序的范畴；而目前速裁程序尚在试点阶段，其程序的定位尚不明确，但依据《速裁程序试点工作办法》，其在侦查、起诉、审判阶段都有相应的程序机制，较之于和解程序相对完善。二是认罪认罚案件处理程序的适用条件不一致。虽然这类案件被称为认罪认罚案件，但其相关程序均未以犯罪嫌疑人、被告人认罪认罚为适用的充要条件。也就是说，犯罪嫌疑人、被告人认罪认罚与否只是适用简易程序、速裁程序与和解程序的前提条件，而非唯一条件，更不是最主要的考量因素，只有在满足诸如轻罪案件（即可能判处较轻刑罚）、被告人同意等其他条件的情况下，程序才能得以适用。如此一来，对重罪案件而言，即使犯罪嫌疑人、被告人认罪认罚，也无法适用这些特殊或特别程序。三是我国目前的刑事诉讼中缺乏犯罪嫌疑人、被告人认罪认罚案件的程序分流机制。按照现行刑事诉讼法的规定，即使犯罪嫌疑人、被告人认罪认罚，但仍然要按照普通的程序进行侦查、审查起诉或审判，从而势必增加当事人的讼累，并造成司法资源的浪费。

第五，《量刑指导意见》仅对犯罪嫌疑人、被告人认罪认罚的行为本身（如自首、坦白以及当庭自愿认罪、退赃、退赔、积极赔偿被害人经济损失等）如何从宽以及当事人根

---

① 参见左卫民、吕国凡：《完善被告人认罪认罚从宽处理制度的若干思考》，载《理论视野》2015 年第 4 期。

② 相关论述参见李本森：《被告人认罪简易审案二审的定量分析与相关问题研究》，载《政治与法律》2014 年第 10 期。

据刑事诉讼法第 277 条达成和解协议等的从宽幅度作了具体规定，并未对其同意或选择适用简易程序、速裁程序而放弃其某些正当诉讼权利（如辩解权、质证权、辩论权、要求公开审判权等）的行为给予应有的待遇或补偿，以致犯罪嫌疑人、被告人未能从案件的快速处理中获得相应的程序性利益，这无疑将影响其同意或选择适用简易程序、速裁程序的积极性，进而降低这些程序的适用率。

三、完善认罪认罚从宽制度的具体构想

如上所述，认罪认罚从宽制度在刑事实体法和程序法中均有其规范化构造和相关规定，同时也存在着诸多的问题与不足。为此，在改革过程中不仅应当从程序法方面着手，而且也应当从实体法方面加以完善。这就需要打破实体与程序的藩篱，注重实体法与程序法的协调，同时进一步提升程序的正当性、效率性和协同性。具体构想如下：

1. 改革规范认罪认罚从宽制度的实体文件的制定范式，提高其法律位阶和透明度。在刑事诉讼中，定罪量刑是法院审判的题中之义，特别是对被告人的犯罪行为裁量刑罚，更为法院专属。从这一意义上讲，《量刑指导意见》由最高人民法院单独制定和发布并无不妥。但是，从科学与公正的角度进行考量，刑事诉讼中的量刑就不应是法院一家的事情。这是因为基于公诉权对审判权的制约需要，量刑建议权在司法改革中应运而生，即人民检察院在提起公诉的同时，应当向人民法院提出量刑建议。可以设想，人民检察院提出量刑建议，如果依据的是最高检察机关并未参与制定的《量刑指导意见》，其正当性和合理性自然会大打折扣；如果人民检察院在提出量刑建议时无视《量刑指导意见》，则其建议的可采性必然大大降低甚至可能完全不被采纳。为此，应当改革《量刑指导意见》由最高人民法院单独制定的范式，即改由最高人民法院和最高人民检察院共同制定，同时将《量刑指导意见》改为《量刑指南》并公开发布，使其不仅为审判人员和检察人员所遵循，而且为社会公众所知晓，从而为认罪认罚制度的实施提供充分的法律保障。

2. 将犯罪嫌疑人、被告人认罪认罚作为"应当"型的法定情节，并更加明确地规定对其减少基准刑的幅度或比例。在实体法方面，应当对犯罪嫌疑人、被告人认罪认罚给予充分而肯定的积极评价，换言之，就是在立法上应当将犯罪嫌疑人、被告人认罪认罚从"可以"型（即授权型）量刑情节提升为"应当"型（即强制型）量刑情节，即犯罪嫌疑人、被告人认罪认罚的，应当由现行的"可以从轻、减轻或免除处罚"修改为"应当从轻、减轻或免除处罚"，以增强法律规定的明确性和认罪认罚从宽的可预测性。具体包括以下三种情况：

第一，对于犯罪嫌疑人、被告人认罪的，应当从轻处罚。《量刑指导意见》规定，对于坦白情节，综合考虑如实供述罪行的阶段、程度、罪行轻重以及悔罪程度等情况，确定从宽的幅度：（1）如实供述自己罪行的，可以减少基准刑的20%以下；（2）如实供述司法机关尚未掌握的同种较重罪行的，可以减少基准刑的10%~30%。对于当庭自愿认罪的，根据犯罪的性质、罪行的轻重、认罪程度以及悔罪表现等情况，可以减少基准刑的10%以下（依法认定自首、坦白的除外）。笔者认为，减少基准刑的20%以下或10%~30%，其幅度过大，不利于规范检察官量刑建议权和法官量刑权的行使，而且对侦查阶段、审查起诉阶段和法庭审判阶段的认罪从宽不加区分，亦不利于促使犯罪嫌疑人尽早认罪，从而势必增

加公安司法机关的人财物投入，难以真正有效地节约司法资源。为此，对认罪情节应当缩小所减少的基准刑幅度，以及对于犯罪嫌疑人、被告人在不同诉讼阶段的认罪应当给予不同的从宽幅度。例如，可以考虑规定：被告人在侦查阶段如实供述罪行的，减少基准刑的 20%～30%；到审查起诉阶段如实供述罪行的，减少基准刑的 10%～20%；到法庭审判阶段如实供述罪行的，减少基准刑的 10%以下。

第二，犯罪嫌疑人、被告人认罚的，应当从轻、减轻或免除处罚。《量刑指导意见》对自首、坦白情节（即认罪）的从宽作了专门规定，对认罚情形则没有予以专门的规定，而是分散规定在有关的条款中。为保证认罪认罚从宽制度的全面而有效建立，应当对认罚的情形作出专门的规定。根据《量刑指导意见》的有关规定和司法实践，认罚情形应当包括以下几项，并分别减少其基准刑：（1）退赃、退赔的，按其达到应退额的比例计算，每退缴 2%减少基准刑的 1%；根据罪行的严重程度，本应判处死刑立即执行，但如果被告人退缴全部赃款赃物的，则判处死刑缓期二年执行。（2）赔偿被害人经济损失的，按其达到应赔额的比例计算，每赔偿 2%减少基准刑的 1%。（3）被告人和被害人达成和解协议的，根据其履行协议的情况，每赔偿 2%减少基准刑的 1%；犯罪较轻并全部赔偿的，应当依法免除处罚。（4）在执行过程中，罪犯缴纳罚金或交出被没收的财产的，按其达到应缴（交）额的比例计算，每缴纳或交出 3%减少刑期的 1%。

第三，犯罪嫌疑人、被告人如实供述自己罪行，避免特别严重后果发生的，应当在法定刑以下判处刑罚。《刑法修正案（八）》规定，因犯罪嫌疑人、被告人如实供述自己罪行，避免特别严重后果发生的，可以减轻处罚。而《量刑指导意见》则规定，因如实供述自己罪行，避免特别严重后果发生的，可以减少基准刑的 30%～50%，这显然属于从轻处罚的范畴，而非减轻处罚即在法定刑以下判处刑罚。因此，应当将《量刑指导意见》的该条规定修改为"因如实供述自己罪行，避免特别严重后果发生的，应当在法定刑以下判处适当的刑罚"。

3. 构建科学合理、相互衔接的认罪认罚案件的诉讼程序。基于提高诉讼效率的目的，对犯罪嫌疑人、被告人认罪认罚的案件应当与犯罪嫌疑人、被告人不认罪认罚的案件区别开来，设置特殊或特别的诉讼程序予以快速处理；同时，基于维护诉讼公正的目的，又不应对犯罪嫌疑人、被告人认罪认罚的全部案件都适用特殊或特别的诉讼程序予以快速处理。因此，对于犯罪嫌疑人、被告人不认罪认罚的案件以及中级以上人民法院管辖的第一审刑事案件（包括危害国家安全的案件和可能判处无期徒刑、死刑的案件以及涉及全省性、全国性的重大刑事案件），应当适用普通诉讼程序处理，而对于基层人民法院管辖的被告人认罪认罚的案件，则应当适用特殊或特别的诉讼程序处理。根据我国刑事诉讼法的规定、全国人大常委会《关于授权最高人民法院、最高人民检察院在部分地区开展刑事案件速裁程序试点工作的决定》和对认罪认罚案件予以快速处理的客观需要，对于犯罪嫌疑人、被告人认罪认罚的案件，除根据不同条件和情况，分别适用速裁程序、和解程序或简易程序外，还应当建立量刑协商程序。具体而言，就是借鉴德国等大陆法系国家和我国台湾地区所实行的认罪协商制度，对于犯罪嫌疑人认罪认罚且属于基层人民法院管辖的案件，应当允许检察官和犯罪嫌疑人及其辩护律师就如何量刑（即如何从宽）进行协商并达成协议，然后提请法院审核确认。需要指出的是，我们所要建立的量刑协商程序，仅允许检察官与犯罪嫌疑人及其辩护律师就量刑问题进行协商，而不允许就定罪问题进行协商，以维护刑事司法的公正性与严肃性（也正是鉴于此，我们所要建立的是量刑协商程序，而非认罪协商程序）。

4. 赋予犯罪嫌疑人、被告人适用量刑协商程序、速裁程序、简易程序的选择权。建立和完善认罪认罚从宽制度，应当赋予当事人适用相关程序的选择权。这是因为在刑事诉讼中，犯罪嫌疑人、被告人既可以选择自愿认罪认罚，也可以选择拒绝认罪认罚。如果是前者，则应当适用和解程序、量刑协商程序、速裁程序或简易程序处理（超出其适用范围的案件除外）；如果是后者，则应当适用普通的侦查、审查起诉和审判程序处理。因此，我们显然不应在允许犯罪嫌疑人、被告人选择认罪认罚后，拒绝其选择本应适用的特殊或特别的诉讼程序。由此可见，赋予当事人适用量刑协商程序、速裁程序、简易程序的选择权，是犯罪嫌疑人、被告人选择认罪认罚权利的自然延伸，应当是顺理成章的事情。而且，2012 年修订的刑事诉讼法已经允许犯罪嫌疑人、被告人和被害人依法就法定范围的公诉案件进行协商并达成和解协议，亦即双方当事人已依法享有选择适用和解程序的权利。相应地，在同为特殊或特别程序的量刑协商程序、速裁程序和简易程序的适用中，也应当赋予犯罪嫌疑人、被告人选择权，以体现程序的正当性和统一性。

5. 对选择或同意适用和解程序、量刑协商程序、速裁程序或简易程序的犯罪嫌疑人、被告人应当予以从轻处罚，并规定对其减少基准刑的幅度。在刑事诉讼中，由于犯罪嫌疑人、被告人选择或同意适用和解程序、量刑协商程序、速裁程序或简易程序，司法资源将得到一定的节省，诉讼效率也将得到相应的提高，换言之，公安司法机关由于犯罪嫌疑人、被告人选择或同意适用和解程序、量刑协商程序、速裁程序或简易程序而获得较大的程序性利益，而这实际上是以牺牲犯罪嫌疑人、被告人的某些诉讼权利为代价的，由此根据权利义务相一致原则，犯罪嫌疑人、被告人也应获得一定的程序性利益。但考虑到犯罪嫌疑人、被告人认罪认罚已经获得幅度不一的减少基准刑的实体性利益，因此对于其选择或同意适用和解程序、量刑协商程序、速裁程序或简易程序所应当给予的程序性利益不宜过大，以"减少基准刑 10%以下"为宜。

（作者单位：浙江工商大学法学院）

浅析刑事诉讼中认罪认罚从宽制度

王洪宇　陶加培

认罪认罚从宽制度是在党的十八届四中全会通过的中共中央《关于全面推进依法治国若干重大问题的决定》（以下简称《决定》）中被首先提及的。随后，最高人民法院在《关于全面深化人民法院改革的意见——人民法院第四个五年改革纲要（2014-2018）》中明确规定了该制度："完善刑事诉讼中认罪认罚从宽制度。明确被告人自愿认罪、自愿接受处罚、积极退赃退赔案件的诉讼程序、处罚标准和处理方式，构建被告人认罪案件和不认罪案件的分流机制，优化配置司法资源。"2016年年初，中央政法工作会议也提出，要在借鉴诉辩交易等制度合理元素的基础上，抓紧研究提出认罪认罚从宽制度试点方案，经全国人大常委会授权后，选择有条件的地方开展试点。这表明认罪认罚从宽制度已经得到立法层面上的支持，也充分体现了现代司法的宽容精神，是我国宽严相济刑事政策的制度化，也是对刑事诉讼程序的创新。但直至目前，我国立法领域尚未有相应的关于认罪认罚从宽制度的程序性规定，对于该制度的解释与理解也众说纷纭，莫衷一是。因此，本文拟在明确该制度的价值意义的基础上，通过对这一制度的内涵及内在逻辑的分析，提出完善认罪认罚从宽制度的程序性建议。

一、认罪认罚从宽制度的价值意义

从法社会学的角度来看，制度的确立旨在为社会发展提供服务，而良好的法律制度则有助于推动社会的发展与进步。认罪认罚从宽制度得到新一轮司法改革的青睐，体现了其在推进以审判为中心的诉讼制度改革中的重要地位，表明这一制度不仅高度契合了刑事司法中宽严相济、诉讼效率与资源配置的价值取向，而且也是人权保障价值的重要体现。

（一）宽严相济刑事政策的制度化体现

宽严相济是一项基本的刑事政策，是指导刑事司法、刑事立法、刑事执法的基本理念。[①] 其基本要旨是"根据每一案件的实际情况，做到该严即严，该宽则宽，宽严相济，罚当其罪"。认罪认罚从宽制度的本意即是在犯罪人承认罪行与刑罚的前提下对其适当地从宽处理，是在保证打击犯罪基础上的从宽，与宽严相济的理念相符。

宽严相济表现为一种理念上的政策观，而认罪认罚从宽则是贯彻宽严相济理念而施行的一种具体化制度，可以说二者之间是理论与实践的关系。制度的实施为刑事政策目的的实现提供了具体化的现实基础。认罪认罚从宽制度改变了之前从严打击犯罪的传统观念，符合当今社会追求人权保障的价值观，是宽严相济刑事政策制度化的体现。

[①]　马克昌：《论宽严相济刑事政策的定位》，载《中国法学》2007年第4期。

（二）追求提高诉讼效率的体现

现代法治国家普遍将提高诉讼效率作为追求的价值目标，实行案件繁简分流。大多数国家的做法是创设了相对于普通程序更为便捷的简易程序，将事实清楚、证据充分、被告人认罪的案件进行简易化程序处理，以集中力量解决疑难复杂与影响力大的案件，这对于优化案件审理方式提高诉讼效率有重大意义。认罪认罚从宽制度的确立亦是以提高诉讼效率这一价值观念为初衷的。其最大的特点就是缩减了司法机关认定案件事实的时间，倘若不以该制度存在为前提，实践中难免出现犯罪人迟迟不肯承认罪行，以至于侦查机关浪费大量的人力物力来寻找更加充分合理的证据，也在无形中延长了案件的审理期限。从诉讼经济学的角度看，所追求的利益要大于为了追求利益所牺牲的人力物力才是合理的诉讼。波斯纳就直言不讳地指出，"我们绝不能无视诉讼制度运行的成本。"① 而认罪认罚从宽制度可以较大化地减少诉讼成本，节约司法资源，使案件处理更加高效。

（三）优化司法资源配置的体现

推行认罪认罚从宽制度时，应当着眼于合理优化司法资源配置的目的，积极推动程序多元化处理方式。对于不认罪的案件，将其纳入普通程序进行审理；对于认罪的案件，则应考虑在不同诉讼阶段、不同程序间的运用。针对被追诉人认罪认罚案件，要区分适用现有体系内简易程序、刑事速裁、刑事和解、附条件不起诉等不同程序。在充分尊重被追诉人、被害人意愿的基础上，广泛调动特定主体参与到案件之中，促使纠纷得以迅速解决、罪行得以充分惩戒、损害得以最大恢复，从而发挥诉讼程序多样化、制度运行精细化的优势以应对实务案件的繁冗复杂，降低诉讼过程中不必要的效果减损，进而谋求司法资源配置效果的最大化②。

（四）人权保障价值的体现

认罪认罚从宽制度有着西方诉辩交易制度的元素。究其根本，二者均是一种以被追诉人认罪认罚来换取从宽处理的方式，用最少的司法资源处理较轻的刑事案件，提高办案效率同时罪犯也得到了较之原罪行相对较轻的刑事处罚。虽然在从宽范围上与西方国家有较大的差别，但是这种以有罪供述来减轻刑罚的方式无疑体现出保障人权的价值观念。

二、认罪认罚从宽制度的内涵及逻辑

理解认罪认罚从宽制度的内涵是研究该制度的前提，除此之外，该制度与现存制度间的联系以及其在刑事诉讼中阶段性的适用也需加以分析明确。

（一）"认罪"、"认罚"、"从宽"的内涵

"认罪"一词实际上是指刑事诉讼法第 208 条中规定的"被告人承认自己所犯罪行，对

---

① ［美］理查德·波斯纳著：《法律的经济分析》，蒋兆康译，法律出版社 2012 年版，第 593 页。
② 陈卫东：《认罪认罚从宽制度研究》，载《中国法学》2016 年第 2 期。

指控的犯罪事实没有异议"，从程序上来看，"认罪"是启动认罪认罚从宽制度的首要条件。

所谓"认罚"，是指被追诉人对控诉机关所指认的犯罪事实、罪名以及量刑建议没有异议。这里需与法院通过审判程序作出的最终判决结果区别开来，量刑建议指的是起诉前依据法条或者先前判决可预测的量刑结果，或者是公诉机关就量刑种类和量刑幅度向法院提出的法律意见①，被追诉人对此没有异议，如果说是对判决结果没有异议，那也就无所谓"从宽"处理了。

"从宽"实际上包含两层含义：首先是程序上的从宽，在被追诉人认罪认罚之后，案件的起诉审理应当迅速、不拖延，应以被追诉人能够及时有效脱离诉讼过程这一不稳定的权利状态为底线，同时也应尽量缩短被追诉人的羁押期限，这些对被追诉人来说即是从宽的体现。其次是实体意义上的从宽，关于这点理论界尚存争论，有学者认为实体意义上的从宽会妨害惩罚犯罪，也有学者认为，"被告人因认罪而进入简易速裁程序，在客观上可以节省国家的司法资源，因此在量刑上得到优惠是正当的。"②笔者认为，从刑事诉讼程序方面来看，如果单纯只给予被追诉人程序性从宽，那么该制度就无法与简易程序、刑事速裁区别开，制度的设立也就无价值可言。而且，司法效率的受益者不仅应当主要分配给国家权力执行者，还应当惠及认罪的被告人。③"从宽"理应包含实体量刑与程序从宽处理这两层意义。

由此可见，"认罪"、"认罚"与"从宽"之间是递进式的关系，犯罪者在认罪认罚之后会得到程序上与实体上的从宽处理，这也是该制度设立的基本目的，有助于推动犯罪嫌疑人、被告人及时承认罪行，使案件得到及时有效的审理。

（二）认罪认罚从宽制度与现行制度的关系

从刑事诉讼已确立的程序看，关于犯罪嫌疑人、被告人认罪的案件可以分为两大类：一类是简易程序与刑事速裁程序，这两类程序适用范围较广，程序运行基本参照普通程序，只是审限较短，裁判较迅速；还有一类是附条件不起诉、刑事和解程序等，这类程序规定在特殊程序之中，程序运行与普通程序有较大差别，适用范围也有较大限制。有学者认为，目前这些程序已经包含认罪认罚从宽制度，无须再单独拟制一项新制度④。但笔者认为，认罪认罚从宽制度与这些制度还是有相应的区别。

1. 认罪认罚从宽制度与简易程序的区别

从刑事诉讼法第 208 条规定的简易程序适用条件中可以看出，首先，"被告人认罪"只是适用条件之一，其更多的是侧重于案件事实清楚、简便易审结，而在认罪认罚从宽制度中，适用的条件则主要侧重于被追诉人真实有效的认罪行为。其次，从程序的功能来看，简易程序最主要的目的是简化诉讼程序、实现繁简分流，而非强调从宽处罚。因此，与之相比，认罪认罚从宽制度在促使被追诉人认罪方面具有较强的效力。

---

① 陈瑞华：《论量刑建议》，载《政法论坛》2011 年第 2 期。
② 李本森：《法律中的二八定理——基于被告人认罪案件审理的定量分析》，载《中国社会科学》2013 年第 3 期。
③ 孔令勇：《论刑事诉讼中的认罪认罚从宽制度——一种针对内在逻辑与完善进路的探讨》，载《安徽大学学报》2016 年第 2 期。
④ 谢登科：《认罪案件诉讼程序研究》，吉林大学 2013 年博士学位论文，第 94 页。

2. 认罪认罚从宽制度与刑事和解程序的区别

刑事诉讼法在特别程序中规定了当事人和解的诉讼程序，并对该程序适用的案件范围进行了较为细化的规定。虽然认罪认罚从宽制度并没有实际的法律规定，但学界普遍认为该制度的案件适用范围理应大于或等于简易程序的适用范围，因此二者在适用范围上就有较大差别。刑事和解程序需要由被告方与被害方就和解达成合意，最终由法院决定是否从宽处理。而在认罪认罚从宽制度中，强调的是被追诉人真实有效的认罪，与被害人一方的意见并无必然的联系。

至于其他不同之处，限于篇幅，在此不再赘述。笔者认为，认罪认罚从宽制度具有独立性，在适用范围、条件以及设立目的方面与现存制度存在差异，具有独立的价值意义。因此，完善制度的程序性设计具有现实必要性。

（三）认罪认罚从宽制度适用阶段问题

1. 审前阶段的适用

较多学者对于认罪认罚从宽制度在审前阶段适用持赞同态度，主要有两方面的原因：其一，犯罪嫌疑人、被告人及时认罪，有利于节约侦查阶段的司法成本。虽然就目前而言，现代化的科学手段与技术侦查等措施能够帮助司法机关及时有效地寻找关键性证据，但耗时耗力，在这种情况下，犯罪嫌疑人及时有效的供述显然有助于侦查机关及时侦破案件，而如果犯罪嫌疑人、被告人这种让渡甚至放弃诉权的行为无法在认罪认罚从宽制度中获得回报，则无法体现诉讼的程序正义。其二，如果仅在审理程序中适用认罪认罚从宽制度，就会导致出现审理程序加速而审前程序拖延的状况，这将不利于整体上提升诉讼效率。

2. 审判阶段的适用

审判阶段对认罪认罚制度的适用主要体现在法院量刑方面。对于此，也应当从两个层面来考量。首先，如果被追诉人是在审前阶段认罪认罚，但是审前阶段解决不了案件，这时检察机关在起诉时就应向法院提出从宽处罚的建议，这方面类似于刑事和解程序。刑事诉讼法第279条规定："对于达成和解协议的案件……人民检察院可以向人民法院提出从宽处罚的建议……人民法院可以依法对被告人从宽处罚。"既然当事人双方之间达成的私立和解协议可以提起从宽处罚建议，那么产生于诉辩双方的认罪认罚理应参照此规定。其次，被告人在法院审理过程中认罪认罚，此时虽然具有时间上的延后性，但依然具有加速审理的作用，法院在最终量刑时应当予以考虑。

三、认罪认罚从宽制度的具体程序完善

鉴于认罪认罚从宽制度的价值意义与内涵逻辑分析，为使制度的运行合理稳定，有必要对具体的程序性规定做相应的界定。现阶段认罪认罚从宽制度缺乏具体的实体法律依托，仅徘徊于理论探讨之间，相关理念与具体内容尚未成形。鉴于此，笔者在借鉴有关学者观点的基础上，尝试性地提出相关完善建议。

（一）认罪认罚从宽程序的适用条件与范围

1. 适用条件

如前所述，认罪认罚从宽制度不是现有制度的派生与转化，而是具有其独立性。首先，在程序的启动上要求犯罪嫌疑人、被告人对承认其犯罪事实作出清晰有效的意思表示，而且对案件程序的适用与定罪量刑没有异议。其次，"从宽"是该制度最重要的价值，其应当包含程序上的从宽处理与实体上的从宽处罚双层含义。据此，再结合现有相关程序的适用条件，可以大致抽象出认罪认罚从宽程序的适用条件：第一，实体要件。犯罪嫌疑人、被告人自愿认同指控罪名，认同量刑建议。第二，程序要件。对将要适用的程序没有异议。第三，主观要件。犯罪嫌疑人、被告人有悔过表现，积极向被害人认错补偿。第四，程序保障。犯罪嫌疑人、被告人应当获得程序上的从宽处理与实体上的从宽处罚。

2. 适用范围

认罪认罚从宽制度的适用范围是理论界讨论的热点。笔者认为，可以从试点中的刑事速裁程序中抽象出认罪认罚从宽制度适用范围的大致方向。刑事速裁程序是2014年起开始试点推行的刑事案件建议裁判的制度，该程序的适用不仅要求被追诉人认罪，还要求其接受检察机关的量刑。因此，理论界普遍将刑事速裁程序看作是认罪认罚从宽制度的具体措施，刑事速裁可以看作是认罪认罚从宽制度的特别程序。继而，前者可以适用的案件范围后者均可以适用。根据《关于在部分地区开展刑事案件速裁程序试点工作的办法》第1条可知，刑事速裁适用于危险驾驶、交通肇事、盗窃、诈骗、抢夺、伤害、寻衅滋事、非法拘禁等危害性较轻的刑事案件。对于这些案件认罪认罚从宽制度均可以适用，而且可以适当地扩大范围。但考虑到认罪认罚从宽制度尚处于初步构建阶段，不易涉及危害国家安全、恐怖活动、黑社会性质组织、严重毒品犯罪以及其他严重危害社会安全且具有广泛社会影响力的犯罪案件。

（二）认罪认罚从宽程序的启动方式

英美法系国家的被追诉人可以主动选择启动诉辩交易或者简易审判程序，是一种"当事人选择模式"。英国刑事法院审理案件时，首先由检察官向被指控人提出公诉书中的罪状，被指控人进行答辩。如果被指控人选择认罪并且法庭接受认罪，则不再进行审理，直接进入量刑程序[①]。

大陆法系国家受职权主义的影响，采用"法官决定模式"。意大利刑事诉讼法第438条规定法院对是否启动简易审判享有决定权。该法第440条规定，法官可以裁定的形式就上述要求作出决定，如果他认为根据现有文书可以结束诉讼，则决定实行简易审判[②]。

在启动方式上，笔者认为，我国应当兼收两大法系国家模式，采取"法院决定"与"当事人自主选择"相结合的模式。具体来说，可以分为两个层次。首先，赋予当事人程序选择权。可以规定检察机关在向法院起诉之前，应当告知被追诉人将要适用认罪认罚从宽程序的具体信息，并告知其有选择适用其他程序的权利。其次，法院如果认为案件不适合

---

① 宋英辉、孙长永等：《外国刑事诉讼法》，北京大学出版社2011年版，第38页。
② 《意大利刑事诉讼法典》，黄风译，中国政法大学出版社1994年版，第157页。

适用该程序时，可以决定适用普通程序审理。当然，必须要明确的是，要以法院的最终判断为最终考量标准，被追诉人的同意并不能当然地启动认罪认罚从宽程序，其要与法院的同意相结合才能够适用。

如前所述，在认罪认罚从宽的启动阶段问题上，理论学者与实务工作者均认为不应当局限于审判阶段，应当尝试推广到其他阶段，如审前阶段的启动就能够及时有效地简化诉讼或者直接终止案件，在一定程度上推动了庭审实质化的进程。笔者认为，随着该制度的不断发展，之后理应将程序启动提前至审前阶段，赋予检察机关一定的决策权。

（三）认罪认罚从宽程序的庭审程序

在认罪认罚从宽制度中，犯罪嫌疑人、被告人认罪认罚是适用该制度的前提，因此庭审程序中关于案件事实的审理就相对简便。但法院在审理时应当着重考量犯罪嫌疑人、被告人认罪认罚的自愿性以及适用认罪认罚从宽程序是否恰当的问题。对这一问题的处理会因程序的不同而不同。

（1）如果是在审前阶段适用认罪认罚从宽，由于案件还未进入实质庭审阶段，法院可以通过庭前会议的形式对犯罪嫌疑人认罪认罚的自愿性以及是否适合适用该程序进行审查。自愿性审查是认罪认罚从宽程序中最核心的部分，如果被追诉人认罪认罚自愿性没有得到充分的保障，如受刑讯逼供、胁迫等方式作出的不真实意思表示，却因此获得了适用认罪认罚从宽的契机，无疑是对当事人选择诉讼方式权利的侵犯，在一定程度上也有损司法权威。此外，通过庭前会议亦可审查案件是否满足认罪认罚从宽程序的适用范围与条件，法院也可发表观点意见，以免不符合条件的案件进入审判程序而浪费司法资源。

（2）如果是在审判阶段适用认罪认罚从宽程序，法院可以集形式审查与实质审查于庭审程序之中，在确定符合认罪认罚从宽程序的适用范围与条件之后，对被告人认罪认罚的自愿性进行实质审查，进而进行简易庭审裁判。原有的庭审形式可以进一步简化，认罪认罚从宽诉讼程序的简易庭审可以借鉴现行简易程序与刑事速裁程序的庭审简化方式。例如，可以简化甚至省略宣读起诉书环节、讯问环节、调查环节、举证质证环节等。但应当保留特定诉讼权利，如被告人最后陈述意见的权利以及法院主动发现不适合或者被告人不同意适用简易庭审时的程序转化权利[1]。

（四）认罪认罚从宽程序量刑的界限

在依法认定被追诉人符合认罪认罚条件的同时，保障被追诉人获得与之相符的从宽处理结果，是该制度追求的基本价值目标。但量刑并非无依据的法官自由裁量，应当综合考虑以下三方面内容：

1. 坚持刑法中罪责刑相适应原则

司法现代化与文明化要求在立法与司法实践中，行为人所犯罪行与应当承担的刑事责任和接受的刑事处罚统一。因此，法院在量刑从宽处理中应当坚持罪责刑相适应的原则，以此约束法官自由裁量权的滥用，同时也可尽量避免畸重畸轻裁判带来的消极效果。

---

① 袁定波：《刑事速裁试点过半"简"程序不"减"权利》，载《中国审判》2015 年第 17 期。

2. 严格与诉辩交易制度相区别

在诉辩交易制度中，犯罪嫌疑人、被告人实际上是用认罪作为交易筹码换取罪名与刑罚的从宽，这实质上是一种从宽处理的协商。而我国的诉讼构造与西方国家有着较大的差异，即使犯罪嫌疑人、被告人有认罪认罚表现，也不可达到以改变罪名与罪行的承诺作为提高案件办理效率的程度。这是认罪认罚从宽制度的基本底线，也是与诉辩交易的明显区别。

3. 综合考虑检察院起诉意见、被害人意见

首先，法院在确定量刑时，应当先根据检察院出具的起诉意见书，确定初步量刑基准，以避免法院忽略检察院量刑建议而作出迥异于起诉书的判决，损害被追诉人的利益。如果法院的量刑基准与检察院的量刑差异较大，应当将其告知被告人，赋予被告人提起异议的权利。其次，还应当充分考虑被害人的意见，允许被害人对量刑提出建议，赋予被害人对量刑裁判的异议权。

（作者单位：海南大学法学院）

论我国认罪认罚制度的完善

王长水　刘　媛　张文娟

一、认罪认罚制度概述

（一）认罪认罚制度的概念

自十八届四中全会确立了认罪认罚制度的改革目标后，2015 年最高人民法院《关于全面深化人民法院改革的意见——人民法院第四个五年改革纲要（2014-2018）》又为我们指引了具体的改革方向："明确自愿认罪的诉讼程序、处罚标准和处理程序，构建被告人认罪和不认罪案件的分流机制。"[①] 为了保障被告人权益，有必要准确界定认罪认罚的构成要件。首先，如何构成"认罪"？根据 2003 年《关于适用简易程序审理公诉案件的若干意见》第 1 条规定："被告人及辩护人对所指控的基本犯罪事实没有异议……"因此，认罪需以被追诉人的自愿认知为前提，任何以强迫、威胁、引诱手段得到的被告人认罪都不具有法律效果。"罪"强调基本的犯罪事实，而非具体的罪名，由于被追诉人缺乏专业法律知识，所做的关于犯罪行为性质的辩解并不会影响认罪的成立。其次，认罪的同时也要"认罚"，即为同意检察机关就被告人的认罪行为所作出的量刑建议，且认可诉讼程序的简化处理，愿意克减其在普通程序中权利的充分行使。由于刑罚既包括自由刑，也含有财产刑部分，事后积极退赔退赃也是被追诉人真诚悔过的表现之一，如果一方面被追诉人表示认罪悔过；另一方面却拒绝赔偿被害人损失，就不能将这种"口头认罪"行为归为"认罪认罚"。

（二）认罪认罚制度的特点

1. 认罪认罚制度兼具刑事实体法和程序法之双重特征

刑事诉讼价值理念的追求不能脱离基本的刑罚原理，不能以满足一时功利之需为代价，损害刑罚正义和稳定的刑事政策。[②] "认罪认罚"既包含被告人对被指控犯罪事实的认同，也包含对迅速审判简易程序的选择；"从宽"更是实体量刑和减轻被告人程序负担两方面的从宽处理。

2. 认罪认罚制度与简易化处理程序联系紧密

英美法系国家对被告人不认罪的案件适用正式审判程序，对被告人认罪的案件则适用

---

① 《最高人民法院关于全面深化人民法院改革的意见——人民法院第四个五年改革纲要（2014-2018）》，载中国法院网：http://www.chinacourt.org/law/detail/2015/02/id/148096.shtml。最后访问时间：2016 年 6 月 28 日。

② 王瑞君：《"认罪从宽"实体法视角的解读及司法适用研究》，载《政治与法律》2016 年第 5 期。

非正式审判程序，如认罪处刑程序、辩诉交易程序等。大陆法系国家针对不同的案件也采取了不同的诉讼程序，对重罪案件一般适用正式审判程序，对被告人认罪的轻罪案件则多采用简易程序。

二、我国认罪认罚制度之改革背景

（一）协商性司法理念盛行

协商性司法是 20 世纪后期至 21 世纪兴起的一股司法潮流，是世界人权主义运动及无讼化理念发展生成的产物。伴随着世界人权运动的高涨，刑事被告人的人权保障得到了法学家的重视，相较于之前弱势的刑事被追诉客体，立法赋予了被告人更多自救的权利。同时，人们在理念上也越来越趋向无讼的理想社会，从儒家的"大同社会"到康德的"人类和平"，从空想社会主义的乌托邦到马克思的共产主义，无不传达着人类对无讼世界的美好追求，协商性司法的产生也为控辩双方的妥协让步创造了条件。

英美法系国家的辩诉交易制度是协商性司法理念下的典型模式，大陆法系虽未设立辩诉交易制度，但在司法实践中也形成了独具特色的司法模式，配合简化程序的适用，对控辩双方关系的缓和同样产生了积极影响。我国以往属典型的职权主义模式，虽然吸收了改良式当事人进行主义因素，但司法机关仍未放弃实体真实原则。① 协商性司法是有别于传统职权主义和当事人主义模式的异化形态，却恰恰能有效弥补传统模式遗留下的缺陷。认罪认罚制度与协商性理念关系密切，唯有在协商性司法环境中，前者才具有实现制度价值的可能性，而认罪认罚也为后者的发展提供了条件，以被指控方的真诚悔罪换取控方和审判方的司法宽容。

（二）刑事案件数量骤增

2015 年《关于人民法院推行立案登记制改革的意见》在全国法院正式施行，法院收案数量有了较大增长，从立案审查制到立案登记制的改变兑现了"有案必立，有诉必理"的承诺，畅通了当事人行使诉权的司法途径。同时，为了提高司法人员精英化程度，各地开展了法官、检察官的员额制改革，将真正处于审判和检察岗位的人员配额控制在全部人员的 39% 以下，员额制改革势必会大幅削减司法人员的基数总量，案多人少成为我国现阶段司法重点要解决的问题。

完善认罪认罚制度对于以上问题的解决有着积极意义，也为当前司法困境开辟出一条新思路。既然改革所带来的案多人少的压力已客观存在，唯有从缩短程序周期，提高诉讼效率方面寻求突破。在审判阶段，被告人对于指控的罪名和量刑都无异议，能够减轻审判人员在法庭调查阶段的压力，提高办案效率，减少积案、旧案的数量，确保案件质量。

（三）诉讼经济下的程序分流

2013 年全国人大常委会废除了已实施 50 多年的劳动教养制度，由于劳教的适用对象为

---

① 林钰雄：《刑事诉讼法》（上），中国人民大学出版社 2005 年版，第 7 页。

破坏社会治安秩序的违法人员，这一制度被废止后，就会出现大批游离在治安管理处罚法和刑法之间的轻微违法犯罪人员。况且，2014 年的刑事案件呈现出了以下特点：轻微刑事案件数量增多，重大暴力性案件数量减少，刑罚结果趋向轻微。① 同时，《刑法修正案（九）》的出台也透露出这种犯罪轻刑化的立法理念，关于刑罚的量刑幅度以及执行制度都体现着从宽的精神，刑罚兼具一般预防和特殊预防的功效，通过认罪认罚的从宽处理既可达到对犯罪分子的感化目的，又可实现对一般民众的教育功能。

李本森教授将经济学中的二八定律移植适用在法律领域，开创了诉讼中认罪认罚的新视角。依据法律二八定律结论，既然大部分刑事案件都属于简单轻微案件，且在犯罪总数中占多数比例，完全可以实现简单多数和复杂少数案件的程序分流以提高诉讼效率，替代性的简化程序的增量使用有助于刑事司法资源的优化配置和实现法律上的效果最优。② 认罪认罚机制下被追诉人积极主动配合审判机关，在逮捕后认罪，法庭调查和法庭辩论环节可以简化甚至省略，从认罪认罚的角度处理问题是对多数简单案件的优化处理，也有助于司法机关集中精力攻克新型复杂案件。

三、我国认罪认罚制度的现状及缺陷

完善认罪认罚机制在顺应宽严相济的刑事政策下，为案多人少的司法困境提供了突破性思路，这一制度的价值是不可否认的。但我国立法无论是刑事实体法抑或是刑事程序法均未给予足够的重视，司法实践中也存在诸多问题，主要表现在以下几个方面：

（一）认罪认罚制度的现状

1. 刑事实体法维度

无论是《刑法修正案（八）》还是《刑法修正案（九）》，立法中都设立了关于犯罪自首、坦白、立功的量刑情节。③ 在犯罪后能如实供述罪行或者揭发他人、提供重要线索行为的，量刑上应予以一定的奖励措施；在不具有自首、立功情节时，只要能如实供述自己罪行的，也应作为从轻处罚的一种情形。例如，刑法第 383 条关于贪污罪的条款规定，在公诉前能主动认罪，真诚悔过，积极退赃的，同样也可以从宽处罚。此外，两高关于受贿罪的司法解释第 9 条规定："国家工作人员收受请托人财物后及时退还或者上交的，不是受贿。"以上均为认罪认罚制度在刑法中的体现。

2. 刑事程序法维度

1996 年刑事诉讼法首设简易程序，旨在弥补一审普通程序审理效率低下的缺陷。2003 年最高人民法院、最高人民检察院和司法部联合颁发了《关于适用普通程序审理"被告人认罪案件"的若干意见（试行）》，确立被告人认罪的第一审公诉案件可适用普通程序简化审。此外，又出台了《关于适用简易程序审理公诉案件的若干意见》，对于被告人无异议

---

① 故意杀人案件数量相较于 2013 年下降 24.91%，抢劫案件下降 30.12%，故意伤害案件下降 25.1%，绑架案件下降 45.74%。参见 2014 年《中国法律年鉴》第 131 页。

② 李本森：《法律中的二八定理——基于被告人认罪案件审理的定量分析》，载《中国社会科学》2013 年第 3 期。

③ 参见《刑法修正案（九）》第 67、68 条。

的犯罪适用简易程序审理，这两个文件体现了公正和效率兼顾的立法理念。2012 年刑事诉讼法对简易程序再度改革，将被告人认罪作为适用简易程序的条件，但经过对简易程序运行效果的实证考察，简易程序的平均适用率远未达到立法者期待，个别法院审判系统存在着"刑事案件总量多，简易程序零适用"的怪象。① 究其原因，简易程序实质上仍侧重于对公正价值的追求，这点与普通程序并无二致，无法凸显其特有的司法价值。鉴于此，2014 年全国人大常委会授权在 18 个地区开展刑事速裁的试点工程，对被告人认罪的轻微刑事案件更加侧重于效率的提升，着力实现"简上加简"的良好效果。同时，刑事诉讼法在特别程序中探索当事人和解方式处理公诉案件，通过犯罪嫌疑人、被告人的真诚悔过达成双方的和解协议，最终获得公安机关、检察机关从宽处罚的建议和人民法院从宽处罚的决定。可以看出，刑事诉讼法的多个阶段、多种程序都渗透着认罪认罚制度的精神。

3. 司法实践维度

自 2008 年最高人民检察院在包括北京、浙江等地在内的全国八家基层法院开展"认罪轻案办理程序改革"试点以来，一些地方成绩显著。以浙江省绍兴市上虞市为例，自 2008 年 8 月起的 10 个月内，在适用认罪程序办理的公诉案件中，公诉环节平均用时 6.7 天，法院从立案到判决平均全程用时 28 天；此外，法院对适用认罪程序案件的 61 名被告人中的 31 名适用缓刑，缓刑率为 50.8%。② 与同期其他案件相比，办案效率明显提升，宽严相济的刑事政策也得以良好贯彻。各地司法机关办理认罪案件的具体措施各异，但整体来说均取得了一定的成效。

（二）认罪认罚制度的缺陷

1. 刑法中的缺失

首先，虽然认罪认罚理念在刑法中有多处体现，但我国仍未建立认罪认罚从宽普遍认同的刑罚制度。③ 无论是自首、坦白还是立功情节，立法均使用了"可以从轻或者减轻处罚"的语句，这就意味着审判主体得到了刑法的授权，拥有对案件自由裁量的余地。既然量刑情节的立法初衷是对公平正义的理性追求，除特殊情形下的个案，立法者本意都是倾向于应当从宽处罚的。但是在司法实践中，法官往往会忽视量刑本身的意义所在，审判中也缺少准确量刑的判断标准，所以他们会在量刑上极其谨慎，多采从轻而非减轻的量刑处理结果。其次，我国缺乏实际、明确的刑罚量刑从宽幅度。相较于英美法系辩诉交易的制度设计，被告人认罪后，对于承认的事实、证据可以免予举证，大大节省了司法资源，为了鼓励这一行为，被告人在刑罚裁量时应当获得 1/4 到 1/3 的量刑折扣。④ 但在我国，对于被告人认罪后的量刑从轻问题，相关司法解释只是规定了"酌情予以从轻处罚"，这一规定过于模糊且缺乏可操作性，不能有效规范司法职权行为。

---

① 谢登科：《论刑事简易程序扩大适用的困境与出路》，载《河南师范大学学报》2015 年第 2 期。

② 邓楚开、杨献国：《构建中国式认罪协商制度的实践探索——浙江省绍兴市基层检察机关认罪轻案程序改革实证分析》，载《中国刑事法杂志》2009 年第 12 期。

③ 左卫民、吕国凡：《完善被告人认罪认罚从宽处理制度的若干思考》，载《理论视野》2015 年第 4 期。

④ Jeffrey J. Miller，"Plea Bargaining and its Analogues under the New Italian Criminal Procedure Code and in the Unites States"，22N. Y. U. J. Int' l L. &Pol. 215（1900）. 转引自陈瑞华著：《问题与主义之间——刑事诉讼基本问题研究》，中国人民大学出版社 2008 年版，第 479 页。

2. 刑事程序法中的缺失

第一，我国并未把被告人认罪作为相关刑事司法程序的充要条件。统观简易程序、速裁程序及刑事和解程序的适用条件，认罪认罚只是开启以上程序的前提条件之一，除此之外，适用这些程序还需满足犯罪事实清楚，证据充分，犯罪情节轻微，对于适用程序无异议等一系列条件，认罪与否对于刑事司法程序并不具有最终决定意义，客观上限制了认罪认罚功效的发挥。除去轻微刑事案件，重罪案件即使被告人认罪，也无法启动以上程序。然而犯罪情节轻重不应成为认罪认罚行为的限制因素，无论重罪轻罪，法律都应公平对待。第二，我国缺乏独立的认罪认罚审查、处理机制。缺乏关于不同情形下认罪认罚案件的判定标准和处罚从宽幅度的明确规定，案件进入审判程序之时仍先以普通程序的流程加以审查，直到消耗了大量司法资源后才能确定案件适合的繁简程序。很多时候检法两家会因为刑罚裁量产生分歧，从而再把简易案件转为普通程序审理，被告人就会因为得不到程序上的肯定性评价而放弃认罪认罚行为。

3. 司法实践中的缺陷

由于立法未赋予侦查机关讯问犯罪嫌疑人时律师的在场权，讯问过程缺乏严密的监控具有一定的隐秘性，助长了侦查机关暗箱操作等违法行为。而在法庭审理过程中，法官常常不区分情况就以被告人认罪，诉讼无纠纷为由直接省去法庭辩论和调查质证的环节，被告人认罪的自愿性和真实性难以保证。由控诉机关单方面影响法庭的定罪和量刑裁断，有违控辩审三方的诉讼构造，缺少审判对于审前程序的监督倒逼功能，口供成为侦查机关依赖的对象，容易引发钱权交易和刑讯逼供。

四、我国认罪认罚制度的完善

(一) 明确认罪认罚制度的适用范围

对于认罪认罚适用的案件范围，要走出只能适用于轻罪案件的误区，要扩大适用于重罪甚至死刑案件，保证认罪认罚在犯罪中适用的普遍性，主要理由如下：

从法理方面来说，认罪认罚的最大意义在于其所包含的恢复性司法精神。通过对被告人从宽处理促使他尽力修复与被害人之间已经破裂的关系，维持社会秩序的安定，也给犯罪分子本身提供了改过自新的机会，这样的理念无论是在轻罪或是重罪、死刑案件中都应得到弘扬，不能因为犯罪的严重而剥夺了被告人在法律面前获得公平对待的权利。

从各国立法现状来说，被告人认罪的案件有不同的模式选择。一是单一程序模式，在这种模式中，不管是重罪案件还是轻罪案件，只要被告人认罪，都适用同一种认罪诉讼程序，适用这种模式的国家主要有英国、美国等英美法系国家。二是多元程序模式，在这种模式下，被告人认罪的重罪案件适用不同于被告人认罪的轻罪案件的特殊程序。适用这种模式的国家有德国、意大利、日本等国。① 不论是单一模式或是多元程序模式，它们的共同点在于：均承认重罪案件可适用认罪认罚的诉讼程序。

---

① 樊崇义、吴光升：《论中国特色被告人认罪案件诉讼程序的构建》，载《人民检察》2008 年第 14 期。

（二）建立层级分明的量刑机制

量刑的司法实质是"刑之裁量"，而非"刑之量化"，那么量刑时就必然具有自由裁量权。[①] 量刑不确定，控辩双方就无法在程序中获取充分的信息来表达自己的意见，也不能有效约束法官行使自由裁量权。建立层级分明的量刑机制，首先要扩大"应当从轻或者减轻处罚"的肯定性评价范围，放宽被告人认罪从轻处罚的幅度。虽然 2014 年最高人民法院制定的《关于常见犯罪的量刑指导意见》（以下简称《量刑意见》）为审判提供了可行的判定标准，但仍未显示出认罪认罚制度对被告人的"优惠"所在。例如，《量刑意见》规定："关于当庭自愿认罪的处罚可以减少基准刑的 10% 以下。"这与英美法系国家通过辩诉交易的从宽处罚力度相比过于保守。其次，详细规定不同认罪情形下的量刑级别。《量刑意见》规定："对于自首情节…可以减少基准刑的 40% 以下；犯罪较轻的，可以减少基准刑的 40% 以上。""对于退赃、退赔的…可以减少基准刑的 30% 以下。""40% 以下和以上"的具体层级仍须进一步细化，可借鉴江苏省高级人民法院关于《量刑意见》的实施细则，[②] 真正提高其在司法实践中的可行度。

（三）健全程序分流机制

立法中要明确规定认罪认罚的快速审理机制，真正把被告人认罪认罚制度作为开启刑事简易程序、速裁程序的充要条件。在司法审判中，基于被告人主观上对案情的考量，认罪认罚行为包括以下三种情形：被告人不认罪；被告人虽认罪但对量刑有异议；被告人对认罪和量刑都无异议。在被告人不认罪案件中，应适用普通程序进行审理，法庭调查严格细致，审判人员引导控辩双方先辩论定罪问题，在定罪辩论结束后，围绕量刑问题再进行充分的辩论，最后作出中立的裁断。对于被告人虽认罪但对量刑存在异议的，应适用简易程序简化审理，在确认被告人了解被指控的犯罪事实和罪名自愿认罪后，庭审主要围绕量刑和其他有争议的问题展开。对于被告人既认罪又认罚的案件，控辩双方对犯罪的定罪和量刑均无异议，但刑事审判的目的在于解决纠纷，没有纠纷法庭审理就不具有必要性，此时，可探索适用刑事速裁程序，在简易程序的基础上实现"简上加简"，针对不同情形设置相应的诉讼程序，真正实现案件的繁简分流，优化司法资源配置。

（四）建立独立的认罪审查程序

认罪审查程序具体是指被告人在表示其认罪的意愿后，为了使认罪具备程序法上的意义而设定的专门程序，其本质上属于审前程序，而不是正式的审理程序。[③] 这牵涉到了认罪认罚适用阶段的问题，必须明确侦查机关在刑事侦查阶段不得适用认罪从宽制度。侦查阶段的主要任务是查明事实真相，收集能够证明犯罪嫌疑人犯罪事实的证据材料，侦查工作的有力开展是公诉和审判顺利进行的前提保障。罪刑法定原则要求认罪协商必须建立在犯

---

① 石经海：《"量刑规范化"解读》，载《现代法学》2009 年第 3 期。

② 关于江苏省实施细则的具体内容，参见 http://www.jsfy.gov.cn/sfwk/2014/08/20111431693.html，最后访问时间：2016 年 6 月 29 日。

③ 孙本鹏：《美国刑事诉讼中的辩诉交易制度》，载《中外法学》1996 年第 1 期。

罪事实清楚、证据确实充分的基础上，如果允许侦查机关在尚未完成侦查工作的情况下同犯罪嫌疑人就认罪认罚进行交涉，此时犯罪嫌疑人也无法作出关于定罪量刑的司法预期判断，势必会增加其被刑讯逼供、引诱取证的潜在危险，侦查机关会因过分依赖口供而怠于履行侦查职责。

审查起诉和审判阶段是认罪审查的关键时期。检察机关对侦查机关移送的案卷材料进行阅卷、分析，通过讯问犯罪嫌疑人，了解其是否有认罪意向并向其明确表明认罪行为对判决结果带来的积极影响，控辩双方就案件基本事实、量刑以及程序选择等事项达成一致后签署认罪协议书。检察机关在移送案卷的同时移送认罪协议书，并建议法院采简易程序或速裁程序审理。进入审判阶段后，法院应首先审查被告人认罪认罚的自愿性；其次，不可忽视事实审查，法官应结合案件的事实基础，对控诉方以及辩护方提出的证据加以审查，包括认罪协议及程序适用建议的合法性，如果出现了对被告人是否有罪有疑问或者其他不宜适用认罪认罚诉讼程序等情形，坚决不能适用；最后，在法庭审理过程中，若被告人主张撤回认罪认罚的供述或者检察机关发现新的事实要求撤回认罪认罚协议，法官还要审查撤回这一行为的合法性。

（五）健全律师参与制度

认罪认罚制度由于涉及简易程序和速裁程序的适用，不可避免地会造成庭审环节的简化乃至省略，不能因提升司法效率反过来损害司法公正。健全律师参与制度，充分保障被告人的知悉权以及程序选择权。首先也是最重要的一点，律师要确保被告人知悉被指控的犯罪和有罪的证据，在存有疑案可能性之时坚持疑罪从无原则，主张控方证明标准不可降低，拒绝认罪协商。同时，律师要为被告人提供有效帮助和法庭上的有效辩护。律师要向被告人详细说明认罪行为所带来的法律后果，包括程序的简化以及诉讼权利的部分克减，使其对量刑结果有合理的预期，鼓励被告人主动认罪以获得量刑激励；在发现有侵犯被告人权利的情形时及时提出有效辩护意见，最大限度地保障被告人的认罪行为能获得量刑上的合理优惠。

五、结语

认罪认罚制度的改革不可避免地会对侦控审以及传统的对抗制诉讼关系产生一定影响，同样也会在案件繁简分流、诉讼经济等价值方面作出突出贡献。同时，认罪认罚的构建始终要重视被害人权益的保护和被告人从宽处罚两者的平衡。既然被害人的权益由国家公权力机关代为行使，应将被害人的创伤修复和受赔偿程度作为被告人处罚幅度的重要依据，尽可能抚平被害人的心理和精神损害。认罪认罚的构建并非一朝一夕之事，需要从理念层面、制度层面系统规划，加以相关配套措施辅助其良好运作。

（作者单位：郑州大学法学院）

认罪认罚从宽制度中律师的主要职能和作用

吴高庆　周嘉禾

党的十八届四中全会通过的中共中央《关于全面推进依法治国若干重大问题的决定》提出要"完善刑事诉讼中认罪认罚从宽制度"。随后，司法机关纷纷出台政策，为制度的完善而努力。最高人民法院和最高人民检察院分别在《关于全面深化人民法院改革的意见——人民法院第四个五年改革纲要（2014－2018）》和《关于深化检察改革的意见（2013—2017年工作规划）》中提出完善该制度的决定。学界为此也展开了热烈的讨论：有主张从司法实践入手，在启动程序、庭审程序、救济程序等各项具体程序上面构建完善路径;[1][2] 也有从理论层面出发，从立法、制度上面探讨完善措施。[3][4] 但现有的研究无论是从实践层面还是理论层面出发，均是从国家和司法机关的角度去论述如何实现制度的完善。有一个特殊的群体——律师，却被遗忘了。

一项制度的完善不是仅靠"制定者"的努力就可以实现的，尤其是在刑事诉讼程序中，检察官、律师和法官分别担任着控辩审三方职能的三角稳定组合，仅有控审两方参与的制度注定是不完善的。制度能否有效发挥作用与犯罪嫌疑人、被告人的权益能否得到保障休戚相关。犯罪嫌疑人、被告人是制度产生作用的对象，也是制度完善的最大受益人，然而他们并不熟悉法律法规，不懂得如何依靠该制度去实现自身权利的保障。辩护律师作为犯罪嫌疑人、被告人的"代言人"，可以帮助他们积极配合司法机关、主动参与到该制度中去，从而实现自身权利的保障。因此，辩护律师参与到认罪认罚制度中来，是制度发挥出其应有作用的必要条件，也是实现整个诉讼程序平衡的重要砝码。是故，我们有必要去探讨律师在认罪认罚从宽制度中应当起到何种作用、承担哪些主要职能，辩护律师如何通过自身努力，让该制度发挥最大化的作用。

一、律师在认罪认罚从宽制度中的主要作用

虽然认罪认罚从宽制度已经被明确提出，但是有关部门对其具体的概念并没有给出权威界定，学界对此也是莫衷一是。探讨的主要问题是关于其性质，是"程序性制度"还是"实体性制度"？尽管被冠以"制度"之名，但针对认罪认罚制度是实体性制度还是程序性制度的争议从未停止。明确这一点能够帮助了解律师在该制度中是起到程序上的作用还是

---

[1] 参见孔令勇：《论刑事诉讼中的认罪认罚从宽制度——一种针对内在逻辑与完善进路的探讨》，载《安徽大学学报》（哲学社会科学版）2016年第2期。

[2] 参见王威野：《完善刑事诉讼认罪认罚从宽制度的思考》，载《法制与社会》2015年第10期下。

[3] 参见左卫民、吕国凡：《完善被告人认罪认罚从宽处理制度的若干思考》，载《民主与法治》2015年第4期。

[4] 参见齐尚明：《完善认罪认罚从宽制度研究》，载《法制与社会》2015年第7期下。

实体上的作用。我们认为认罪认罚从宽制度是一项兼具程序意义和实体意义的制度。这一点从认罪认罚从宽制度被提出的目的上就可以看出：一是为了实现案件的繁简分流。[①] 这是司法改革顶层设计者提出这一项制度的初衷，也是该制度在程序上的意义；二是因为宽和的刑罚更能起到约束犯罪的目的。严峻的刑罚只会造成这样一种局面：罪犯所面临的恶果越大，也就越敢于逃避刑罚。为了摆脱对一次罪行的刑罚，则会犯下更多的罪行。[②] 这是从实体上去分析，人们所能期待的该制度能实现的最好效果。综上所述，认罪认罚从宽制度是一项兼具"程序性"与"实体性"双重性质的制度，因而律师必须同时在实体法上和程序法上承担双重的责任和义务，才能使该制度发挥应有的作用。

二、实体法上的解读：分"三层断面"看问题

从实体法上去解读，将这一制度解构来看，可以分为"认罪"、"认罚"和"从宽"三个层面。第一个层面是"认罪"。"认罪"前面应当还有两个字"自愿"，"自愿"是认罪的重点，犯罪嫌疑人、被告人自愿认罪是认罪认罚从宽制度启动的首要条件。从法律意义上去解读，"认罪"应当从广义上去理解，主要包含刑法规定的"自首"、"坦白"以及"立功"这三个方面。此外，犯罪嫌疑人、被告人主动退款退赃，也应当视为"认罪"的一种表现。在这一层面，许多犯罪嫌疑人、被告人就缺乏相应的法律辨识能力，甚至有"坦白从宽，牢底坐穿；抗拒从严，回家过年"这样不实的想法，律师应当积极引导，让他们在了解相应的法律规定的基础上进行价值判断。

第二个层面是"认罚"。"认罚"指的是犯罪嫌疑人、被告人对检察机关提起公诉建议的"刑种"和"刑罚"表示认同。值得注意的是，无论犯罪嫌疑人、被告人在起诉前是依据法条或者之前的判例，还是接受律师提出的可预测的量刑结果，从而对检察机关的"公诉意见"表示认同，均非最后的判决结果，没有最终意义上的法律效力。因此，就这一层面而言，律师只需根据自己以往的办案经验提供给犯罪嫌疑人、被告人有参考价值的意见即可。

第三个层面是"从宽"。"从宽"是指在实体法意义上的量刑从宽，这是因为认罪认罚意味着犯罪嫌疑人、被告人放弃了沉默权、反对自我归罪权、质证询问权、无罪辩护权等诸多权利，从而使庭审程序简化、节约司法资源、提高司法效率；并且认罪认罚说明犯罪嫌疑人、被告人的主观恶性和人身危险性小。[③] "从宽"通常在法律中表述为"可以从轻、减轻或免除处罚"。因此，有学者认为许多刑事诉讼程序，如刑事简易程序、刑事和解制度等的"从宽"不具有"刚性特征"，很有可能出现"同罪不同判"的情形，甚至出现犯罪

[①] 最高人民法院《关于全面深化人民法院改革的意见——人民法院第四个五年改革纲要（2014-2018）》，载最高人民法院网：http://www.court.gov.cn/fabu-xiangqing-13520.html，最后访问时间：2016年5月10日。

[②] ［意］切萨雷·贝卡利亚著：《论犯罪与刑罚》，黄风译，北京大学出版社2014年版，第72页。

[③] 熊选国主编：《〈人民法院量刑指导意见〉和"两高三部"〈关于规范量刑程序若干问题的意见〉理解与适用》，法律出版社2010年版，153页。

嫌疑人、被告人认罪认罚，也不必然获得从宽处理的实体结果，因此不属于认罪认罚从宽制度。[①] 但笔者不认同这一观点，也正是基于此，律师的作用显得尤为重要，在认罪认罚案件中，应该强化律师的有效辩护职能，更大程度地为犯罪嫌疑人、被告人争取量刑上的"优惠和减免"。

三、程序法上的解读：从"四个程序"来分析

从程序法上去解读该制度，犯罪嫌疑人、被告人认罪认罚在诉讼过程中能够起到提供证据线索、确定犯罪嫌疑人和被告人、查明案件事实、简化诉讼程序等诸多作用。因此，认罪认罚不仅是指实体法上的从宽，从程序法上来说也会加快和简化整个诉讼进程，使犯罪嫌疑人、被告人尽快脱离不确定的状态。由此来看，虽然 2012 年刑事诉讼法没有明确提出这一概念，但其中规定的简易程序、附条件不起诉程序和刑事和解程序这三个程序无疑能够纳入"认罪认罚从宽制度"的范畴中来。此外，2014 年 6 月召开的第十二届全国人大常委会第九次会议审核通过了授权最高人民法院、最高人民检察院针对简单轻微刑事案件试点"刑事速裁程序"的决定。"刑事速裁程序"是在简易程序基础上更为简化的诉讼程序，也应当属于认罪认罚从宽制度的范畴。

1. 简易程序。2012 年刑事诉讼法整合了 1996 年刑事诉讼法和司法解释中关于简易程序和普通程序简化审的相关规定，将二者统一在简易程序中，将其适用范围扩大至基层法院审理的所有被告人认罪案件。[②] 因此，大部分认罪认罚案件在一审的时候都将适用简易程序。而同普通程序相比，简易程序省略了讯问被告人、询问证人以及鉴定人等环节，简化了质证环节；没有争议的证据不必出示，甚至简化了法庭辩论环节，不必按照普通程序规定的顺序发表意见，有话则长、无话则短。当然，既然被告人已经认罪，定罪环节的答辩自然可以省略，但"认罪答辩"不等同于"不答辩"，在量刑环节律师应当做好"罪轻和减刑"辩护，可以主打感情牌，亦可列法说案。

2. 刑事速裁程序。该程序是比简易程序更加简单的程序，但仍然处在探索阶段，目前仅在北京、天津、上海等 18 个城市的基层法院开展试点工作。相比于简易程序，刑事速裁程序的适用范围更小，程序也更简便。"适用速裁程序的案件，拟对开庭通知时间不作限制，法官当庭确认被告人自愿认罪、对适用法律没有争议、同意适用速裁程序的，可不进行法庭调查、法庭辩论，并适当缩短办案期限，但必须听取被告人的最后陈述意见。"[③] 刑事速裁程序在极大提升司法审判效率的同时，也对被告人的人权保障造成挑战。越简化的诉讼程序越需要辩护律师的有效参与，越要求辩护律师强化其职能作用。刑事速裁程序时

---

① 孔令勇博士在《论刑事诉讼中的认罪认罚从宽制度———一种针对内在逻辑与完善进路的探讨》一文中提出这样的观点。但笔者认为我国的法律相对于英美法系而言，向来更注重法官的内心确信和判断，当法官发现犯罪嫌疑人不是真心悔罪或者犯罪情节相当恶劣、悔罪不足以表明其社会危险性小，则会出现"同罪不同判"的情形，这不是法律不公的表现，相反更能体现出法律的公允性。同时，将"从宽"的自由裁量权交给法官，这也是我国的"认罪认罚制度"与英美法系的"辩诉交易制度"的本质区别，这一点笔者将在后文展开论述。因此，刑事简易程序、刑事和解制度等应当属于"认罪认罚从宽制度"的范畴。

② 宋英辉：《我国刑事简易程序的重大改革》，载《中国刑事法杂志》2012 年第 7 期。

③ 对《关于授权在部分地区开展刑事案件速裁程序试点工作的决定（草案）》的说明，载中国人大网：http://www.npc.gov.cn/wxzl/gongbao/2014-08/22/content_1879705.htm，最后访问时间：2016 年 5 月 10 日。

间短，这就要求辩护律师将更大的精力投入在庭审之外。律师办理速裁程序案件，"主战场"已不再是普通案件的审判阶段，而是实现了战场延伸，前移至审查起诉阶段，甚至前移至侦查阶段。[①]

3. 附条件不起诉程序。我国的附条件不起诉程序仅限于未成年人犯罪案件适用，具有恢复性司法理念的考量。刑事诉讼法将附条件不起诉程序的启动权赋予检察机关，该法第271 条规定："对于未成年人涉嫌刑法分则第四章、第五章、第六章规定的犯罪，可能判处一年有期徒刑以下刑罚，符合起诉条件，但有悔罪表现的，人民检察院可以作出附条件不起诉的决定……"考虑到未成年人自首、立功、从犯、认罪、被害人谅解等从宽处罚情节，大部分未成年人刑事案件都可能判处 1 年有期徒刑以下刑罚，因此，附条件不起诉在未成年人案件中的适用比例应是相当大的。[②] 然而，并不是说附条件不起诉程序的启动对未成年人而言总是利大于弊的，对于如果原本就可能被判处拘役或者管制的案件，附条件不起诉可能反而延长了结案时间，辩护律师不能一味地要求适用附条件不起诉程序，在条件允许的情况下，则应当朝酌定不起诉方向努力。

4. 刑事和解程序。刑事和解程序也是 2012 年修法时加入刑事诉讼法的新内容。刑事和解程序虽然是在刑事诉讼程序中进行，但是属于诉讼外程序，与"控辩"双方对峙的庭审程序不同。和解程序的双方主体是犯罪嫌疑人、被告人和被害人，公安机关、人民检察院、人民法院只充当中间人。办案人员的职责是听取当事人和其他有关人员的意见，对和解的自愿性、合法性进行审查，并主持制作和解协议书。于是，这就给了辩护律师很大的庭外发挥空间，帮助犯罪嫌疑人、被告人通过赔礼道歉、赔偿损失等方式取得被害人或者其家属的谅解，达成和解协议，从而争取法院对被告人的从宽处罚。

四、律师在认罪认罚从宽制度中的主要职能

如前所述，认罪认罚从宽制度是兼具"实体法性质"和"程序法性质"的制度，无论从实体法上的"三层断面"出发，还是从程序法的"四个程序"中借料，辩护律师都扮演着无可取代的角色，发挥着至关重要的作用。"认罪认罚从宽制度"是贯穿整个刑事诉讼程序始终的，从各个不同诉讼阶段深入探讨辩护律师的主要职能，有利于了解律师在该制度中发挥的主要作用。我国的刑事诉讼程序包括立案、侦查、审查起诉、审判、执行等几个阶段，律师主要参与除执行环节以外的其他程序。刑事诉讼程序是以"审判为中心"的，在刑事审判中，公诉人、辩护人、法官共同构成一种特殊的"三角架构"。[③] 在认罪认罚案件中，辩护律师主要做罪轻辩护，最大限度地维护被告人的合法权益。在不同的诉讼阶段，应当履行好下列职责：

（一）立案侦查阶段：精准定位和调查取证

在立案侦查阶段，犯罪嫌疑人的认罪认罚有利于帮助侦查机关查明案件事实真相、收

---

① 陈怡伊：《刑事速裁程序中律师的"有效辩护"问题》，载《法制日报》2016 年 4 月 13 日第 12 版。
② 谢登科：《认罪案件诉讼程序研究》，吉林大学 2013 年博士学位论文。
③ 张明：《辩护律师的角色与作用》，载《人民法院报》2006 年 11 月 16 日第 5 版。

集证据。通常来讲，犯罪嫌疑人被侦查机关采取强制措施后，精神会高度紧张，心理压力很大，加上对法律知识的缺乏、信息严重不对称，不知道如何去保护自己的合法权益，面对侦查机关的审查、讯问往往无所适从。当然也有少数犯罪嫌疑人抱有侥幸心理拒不认罪。因而在初期阶段，律师能做的首先就是会见犯罪嫌疑人，帮助犯罪嫌疑人全面、清晰地认识涉案的法律知识。而对那些自身行为已经构成犯罪却不自知的或者抱有侥幸心理的犯罪嫌疑人，律师应当及时纠正他们的错误认识，端正他们的认错态度，帮助他们充分认知"认罪认罚从宽制度"的具体内容和含义，让他们知道该制度对自身的影响和益处，从而能够积极配合侦查机关工作，争取坦白立功的机会。

2012 年修订的刑事诉讼法在"实然"与"应然"间赋予了辩护律师侦查中的调查取证权。[①] 刑事诉讼法第 41 条第 1 款规定："辩护律师经证人或者其他有关单位和个人同意，可以向他们收集与本案有关的材料，也可以申请人民检察院、人民法院收集、调取证据，或者申请人民法院通知证人出庭作证。"尽管如此，律师在侦查阶段行使调查取证权仍困难重重。积极行使自己的调查取证权，全面了解、核实案情是律师的应有之义，因为可能存在连犯罪嫌疑人都不自知的能证明其主观恶性小和罪轻的证据。

（二）审查起诉阶段：查阅案卷和量刑建议

刑事诉讼法第 38 条规定："辩护律师自人民检察院对案件审查起诉之日起，可以查阅、摘抄、复制本案的案卷材料……"首先，因为律师的调查取证权是私权，而侦查机关和检察机关的调查取证权是公权，两者的权利本身就是不对等的，律师受自身权利限制，在取证的时候可能会不全面。律师为了全面、详细地了解案情，当然地有权查阅案卷材料。美国刑事诉讼法学家大卫·W. 纽鲍尔说："被告常常只是告诉他们的辩护律师部分情况，因此，辩护律师如果了解检察官所掌握的证据，能够恰如其分地判断被告诉讼抗争是否是无意义的。"[②] 其次，侦查机关和检察机关也有可能因为自身的疏忽而遗漏收集对犯罪嫌疑人有利的、能证明其罪轻的证据，检查侦查机关移送审查起诉的证据中是否存在不实或者错误证据，是否将对犯罪嫌疑人有利的罪轻和减刑证据附案一并移送了，否则将会给之后的庭审辩护造成不必要的麻烦。同时，律师还要检查侦查机关在侦查时的手续是否齐备、行为是否合法、涉案罪名是否正确等。

辩护律师在审查起诉阶段不但有查阅案卷的权利，更重要的是有向检察机关提出辩护意见和量刑建议的权利。刑事诉讼法第 170 条规定："人民检察院审查案件，应当讯问犯罪嫌疑人，听取辩护人、被害人及其诉讼代理人的意见，并记录在案。辩护人、被害人及其诉讼代理人提出书面意见的，应当附卷。"对于一些犯罪情节轻微，犯罪嫌疑人因防卫过当或紧急避险超过必要限度，并造成不应有的危害而犯罪的；或者犯罪嫌疑人被胁迫诱骗参

---

① 董坤：《律师侦查阶段调查取证权新探》，载《武汉大学学报》（哲学社会科学版）2016 年第 2 期。关于律师在侦查阶段是否拥有调查取证权，在 2012 年刑事诉讼法修改之后，一直是学术界和实物界争论的焦点。本文基本认同律师在侦查阶段拥有调查取证权这一观点。从法律的"实然性"角度来看，刑事诉讼法既然有第 41 条的规定，又没有特指哪一阶段的辩护律师，那就是指所有诉讼阶段的辩护律师，当然也包括侦查阶段的辩护律师，都有调查取证权；从"应然性"的角度分析，侦查阶段是证据的固定和案件事实的调查阶段，律师展开合法调查更有利于保障犯罪嫌疑人的合法权利。

② 龙宗智：《刑事诉讼中的证据开示制度研究》，载中国政法大学教务处编：《刑事诉讼法学论文集》，第 208 页。

加犯罪的等符合酌定不起诉条件的案件，辩护律师可以建议检察机关作出酌定不起诉决定，并及时提供不起诉的事实依据和法律依据。

（三）庭审辩护阶段：陈情说理和罪轻辩护

罪轻辩护不同于无罪辩护，认罪认罚意味着被告人已经放弃了正式庭审过程中的许多权利。认罪案件的庭审一般采取简易程序，相对于普通程序而言，简易程序省略了很多环节，甚至简化了法庭辩论，因此对辩护律师的辩护技巧提出了很大的考验，要求辩护律师提供的罪轻证据全面、辩护逻辑严密，最后的论证结果才能更具说服力。在辩护的时候，辩护人除了可以"晓之以理"还可以"动之以情"。"晓之以理"是指有理有据地分析被告人存在法律规定的应当从轻或者可以从轻、减轻或者免除刑罚的情况，如有犯罪后自首、坦白、立功表现；存在犯罪中止、防卫过当、紧急避险过当的情况；系从犯、胁从犯；等等。"动之以情"是指陈情说案，如被告人是义愤伤人、现已主动赔偿损失、支付受害人医疗费用、积极退还赃款赃物，又或者被告人是家中的唯一经济来源，上有 80 岁卧病在床的母亲，下有未成年子女等。

正因为认罪案件大部分采取简易程序，大大压缩了庭审的时间，辩护律师应当将辩护的战场向审前延伸。虽然在我国刑事诉讼中并没有形成英美法系国家所谓的证据开示制度，但在正式开庭之前召开的"庭前会议"上，辩方律师可以同控方检察官进行"证据交换"。① 刑事诉讼法第 182 条第 2 款规定："在开庭以前，审判人员可以召集公诉人、当事人和辩护人、诉讼代理人，对回避、出庭证人名单、非法证据排除等与审判相关的问题，了解情况，听取意见。"这是庭审前的最后一道关卡，辩护律师有义务把好这一关。除了检查公诉机关的证据材料是否真实完整以外，辩护律师还应当同控方就一些尚未解决的争议问题进行讨论，尽量达成一致意见。在认罪案件中，一般不存在"有罪与否"的争议，争议的焦点会集中在证明罪轻的证据材料"是否有证明能力"和"证明力大小"等问题上。若控辩双方能就这些问题达成合意，并明确合意的法律依据，将会大大减轻庭审当天的辩护压力。

五、律师在认罪认罚中实现价值的必要条件

前文所述，想要真正发挥认罪认罚从宽制度应有的作用，离不开辩护律师的积极有效参与。但与其说"认罪认罚从宽制度"的完善需要律师的积极参与，不如说律师角色固有的双重性要求他们积极参与到该制度中来。从社会学范畴来探讨，律师是一个具有双重性质的职业，既是"私权的捍卫者"又是"公法的维护者"。在刑事诉讼中积极参与到认罪认罚从宽制度中去，律师可以很好地实现这两者的统一。但是，少数死磕派律师抱有"认罪即认输"、"控辩对立到底"、"法律是枷锁"这样陈旧的思想观念，从内心上抗拒"认罪认罚从宽"制度。这种思想观念不但是对法律的不信任，更是对自身职业价值的否定。律

---

① 新刑事诉讼法并未明确庭前会议的适用范围。但在司法实践中，许多案件事实清楚、证据充分没有争议的案子一般不召开庭前会议。如果辩护律师对案件证据存疑，或者基于某些原因想要召开庭前会议的，可以向审判人员提出意见。在辩护律师能够提供充足合理理由的情况下，审判人员一般都会答应。

师是法律职业人员，应当保有最基本的"法律信仰"，转变观念，积极参与认罪认罚从宽制度中去，以实现其自身的作用价值。

（一）从"认罪即认输"到"认罪即从轻"

"认罪即认输"这样陈旧的观念是典型的二维思维结构，非黑即白、非赢即输。罪与非罪是一项事实概念，不是任何律师通过一张巧嘴就能够颠倒黑白、轻易脱罪的。认罪不意味着就是认输，无罪辩护也不意味着是对犯罪嫌疑人、被告人最好的利益保护。应当认识到，在犯罪事实清楚、证据确实充分的案件中，做"认罪辩护"是对犯罪嫌疑人、被告人利益更好的保护。一方面案件审理的速度会大大加快，审理时间会缩短，能让被告人更快地摆脱诉讼的不确定因素；另一方面，可以为被告人争取在实体上的缩减刑期。这也是恢复性司法理念的体现，减少犯罪所带来的负面影响，帮助被告人更早回归社会。

（二）从"控辩对立"到"控辩合作"

有人认为律师作为被告人的辩护人，注定站在国家的对立面，与控诉机关是水火不容的。这种观念源自于较早的英美法系国家，时至今日，仍然有人将此奉为真理。辩护律师是当事人的"代言人"，就好比是当事人花钱"买来的枪"，用来对抗法律的制裁。但是在我国的认罪认罚制度中，辩护律师的角色与英美法系对抗制下的律师角色有着较大的差别。辩护关系不同于民法上的纯粹契约关系，更具有公法上的自主地位。因此，辩护律师的行为必须符合更高标准的行事准则，承担一定程度上的真实性义务。在我国认罪认罚中，诉讼各方的利益具有同向性。对于司法机关而言，犯罪嫌疑人、被告人"认罪认罚"能够加快案件程序、节约司法资源、提高司法效率；对于犯罪嫌疑人、被告人而言，希望在主动坦白认罪节约司法资源或者换取被害人谅解的同时，可以得到司法宽容；对于辩护律师而言，在实现辩护目的，维护委托人利益的同时，又捍卫了法律的尊严。由此可见，辩护律师自身必须转变观念，形成控辩一体的理念，加强控辩合作，才能使自身在认罪认罚从宽制度中发挥更好的作用。

（三）从"法律是枷锁"到"法律为准绳"

用竞技运动的精神来观察和理解刑事诉讼活动的原理，既简单，也深刻。[①] 如果说竞技运动最根本的精神就是更高、更快、更强。那么刑事诉讼活动最根本的精神就是保障人权。就好比任何竞技运动都有比赛规则，刑事诉讼活动也必须以法律为准绳。因此，律师必须在法律范围内通过正当途径维护委托人的利益，并自觉接受委托人的监督。[②] 个别律师存在"法律是枷锁"的错误想法，为给犯罪嫌疑人、被告人脱罪而不择手段，作伪证，或者帮助其隐匿、毁灭证据、串供，威胁、引诱证人作伪证，甚至干扰司法机关的诉讼活动。这些行为不但损害自身的律师形象，更是对人权、法治的践踏。正如美国法学家E.博登海默所言："法官与律师——通过共同努力而使争议得到公平合理的裁决——就是执行'社会医生'的任务。如果一个纠纷得不到根本的解决，那么社会有机体上就可能产生溃烂的伤口；

---

① 谢佑平、万毅著：《刑事诉讼法原则：程序正义的基石》，法律出版社2002年版，第3页。
② 陈光中：《律师学》，中国法制出版社2004年版，第24页。

如果纠纷是以不正当或者不公正的方式解决，那么社会有机体上就会留下一个创伤，而且这种创伤的增多，又有可能严重危及人们对令人满意的社会秩序的维护。"① 认罪认罚从宽制度作用的发挥离不开律师的积极推动和有效参与，律师应当以"保障人权"为出发点，以"法律"为准绳，积极参与到认罪认罚从宽制度中去，让法律散发出更加柔和的理性之光！

（作者单位：浙江工商大学法学院）

---

① ［美］E. 博登海默著：《法理学——法哲学与法律方法》，邓正来译，中国政法大学出版社 2004 年版，第 505页。

"从宽处理"对犯罪嫌疑人供述的激励及其限制

——以刑事侦讯为中心的分析

徐 磊

一、"从宽处理"的立法初衷与实践效果

《刑法修正案（八）》将作为酌定情节的坦白予以法定化。而 2012 年刑事诉讼法在侦查讯问中新增第 118 条第 2 款规定："侦查人员在讯问犯罪嫌疑人的时候，应当告知犯罪嫌疑人如实供述自己罪行可以从宽处理的法律规定。"从立法精神而言，该规定实际上是对《刑法修正案（八）》中增设作为法定量刑情节的坦白提供相应的程序性保障。[①] 坦白是犯罪嫌疑人被动归案后，如实陈述自己罪行的行为。然而，在刑事司法实践中，无论犯罪嫌疑人是被动归案还是自动投案，侦查人员在讯问犯罪嫌疑人时，通常都会告知其如实供述自己的犯罪事实可以从宽处理。这主要是因为犯罪嫌疑人的口供往往与案件事实关系密切。只要犯罪嫌疑人没有保持沉默或者拒绝陈述，其口供可能提供部分乃至全部的案件事实，并为侦查机关收集、审查其他证据提供条件。因此，侦查人员通过"从宽处理"来引导和激励犯罪嫌疑人如实陈述相关案件事实。"从宽处理"有利于维护犯罪嫌疑人供述的自愿性，提高口供的证明力；有利于侦查机关准确、及时地查明案件事实，提高诉讼效率，节约司法资源。"从宽处理"在充分展示现代刑事司法宽容精神的同时也对刑事司法实践产生了深远且复杂的影响。

犯罪嫌疑人在如实供述自己的罪行以后，可能得到的"从宽处理"兼具实体性和程序性。[②] "从宽处理"的实体性主要表现为量刑从宽。具体言之，从法定量刑情节的角度来说，被追诉人如实供述犯罪事实的阶段、程度等情况将影响对被追诉人从宽量刑的幅度。也就是说，被追诉人如实供述得越早，如实供述得越全面、完整等，被追诉人最终的量刑可能就会相对越轻。被追诉人口供的具体样态规定为不同的法定量刑情节和差异化的量刑幅度，有利于激励被追诉人如实供述犯罪事实，促使其自愿、真诚地悔罪，也有利于追诉机关准确、及时地查明案件事实。从酌定量刑情节的角度而言，被追诉人供述与否以及供述内容通常被视为被追诉人认罪、悔罪的表现，反映出被追诉人的人身危险性和再犯可能性，从而作为影响预防刑的情节。被追诉人自愿供述自己的罪行，协助国家专门机关查明案件事实，其主观恶性相对较小，通常在量刑上有别于负隅顽抗、拒不认罪的被追诉人。

---

① 全国人大常委会法制工作委员会刑法室：《关于修改中华人民共和国刑事诉讼法的决定——条文说明、立法理由及相关规定》，北京大学出版社 2012 年版，第 153 页。

② 陈卫东：《认罪认罚从宽制度研究》，载《中国法学》2016 年第 2 期。

在最高人民法院公布的多个指导案例中，被追诉人在归案后如实供述自己的犯罪事实，认罪态度好，具有悔罪表现，被当作酌定从宽量刑情节。① "从宽处理"的程序性表现在强制措施的适用、相对不起诉的决定和简易程序的适用。② 此外，对于附条件不起诉制度、刑事和解制度和 2014 年开始试点施行的刑事案件速裁程序等，也在一定程度上体现出被追诉人在如实供述相关案件事实后的从宽处理。"从宽处理"的程序性伴随有诉讼程序的妥速、顺畅运行。"从宽处理"旨在确保诉讼公正的前提下，提高诉讼效率，优化诉讼资源配置。

对于自愿如实供述案件事实且配合追诉活动的被追诉人，其可能得到从宽处理的待遇。那些拒不供述自己罪行并且与追诉机关相对抗的被追诉人，可能承受不利的结果。而被追诉人作为一个理性人，在面对办案人员的讯问时，必然会衡量供述、配合与否之利弊。从结果上而言，被追诉人如实供述而获得从宽处理，明显优于追诉机关在准确查明案件事实、充分收集犯罪证据后，对其作出相对较为严厉的惩罚。追诉机关不仅不会对如实供述案件事实的被追诉人采取刑讯逼供等非法取证手段，而且诉讼进程相对更为迅速，被追诉人也可以从中获得程序性利益。由此看来，被追诉人如实供述也应占据优势。在共同犯罪中，根据"囚徒困境"理论，被追诉人更倾向于如实供述案件事实。当然，这里仅限于以事实上的犯罪人为预设前提来进行探讨。

但是，在刑事司法实践中"从宽处理"的适用效果却不彰。从 2012 年至 2015 年，在刑事案件一审判决书中，自首+坦白/判决书总数依次为 22.78%、25.07%、29.27%、29.79%。③ 而追诉机关普遍遵循的"从严处理"使得被追诉人口供失实，成为冤错案件发生的重要原因之一。在念斌案中，虽然念斌对投毒过程做过多次供述，但认定被害人死于中毒的依据不足，投毒方式依据不确实，毒物来源依据不充分，与有罪供述不能相互印证，相关证据矛盾和疑点无法合理解释、排除，不能得出系念斌作案的唯一结论。在呼格案中，呼格吉勒图的有罪供述不稳定，且与其他证据存在诸多不吻合之处。而在陈满案中，陈满关于作案时间、杀人凶器、作案手段、作案过程等供述不仅前后矛盾，而且与在案的现场勘验检查笔录、法医检验报告、证人证言等不符。在这些引发社会公众强烈反应的冤错案件中，均能发现追诉机关遵从着"从严处理"的理念。在对犯罪嫌疑人、被告人权利予以充分保障并对国家权力进行合理规制的时代背景下，对被追诉人口供予以制度性保障和激励已经成为司法文明进步和人权保障发展的重要内容。

以往学者们多从不得强迫自证其罪原则、非法证据排除规则、刑事侦讯制度等视角对被追诉人口供问题进行研究和阐释。前人的研究成果对本文给予了很大的启迪。本文通过梳理实践案例，并对照相关法律规制，进行归纳总结后发现冤错案件的发生在一定程度上源于"从宽处理"激励机制的失效和"从严处理"对"从宽处理"的驱逐，使得实践效果与立法初衷相违背。基于此，应当规范侦查讯问中的"从宽处理"，以推动刑事诉讼活动朝着理性和法治的方向迈进。

---

① 最高人民法院指导案例 4 号、12 号、13 号，载中华人民共和国最高人民法院网，www.court.gov.cn/shenpan-gengduo-77.html，2016 年 1 月 12 日。
② 曲卫东：《坦白从宽在刑事诉讼程序上的体现》，载《人民检察》2011 年第 20 期。
③ 数据参见中国裁判文书网，http://wenshu.court.gov.cn，2016 年 1 月 30 日。

二、"从宽处理"在刑事侦讯实践中的困境

（一）止步于激励告知的"从宽处理"

在多数情况下，由于被追诉人所犯罪行特别严重，所以被追诉人出于对刑罚的恐惧和逃避而拒不认罪、拒不供述，抵触刑事追诉活动。但本文还是围绕"从宽处理"本身展开。尽管追诉人员肩负查明案件事实真相、追诉犯罪的神圣使命，而被追诉人作为诉讼中具有犯罪嫌疑者，似乎理应如实陈述并且配合追诉，但是根据无罪推定原则，在法院作出生效的有罪判决以前，被追诉人应被推定为法律上无罪之人。被追诉人处于法律上无罪的诉讼地位，并享有基本的权利保障。"从宽处理"不仅要求被追诉人如实供述，而供述的内容必须经过证据相互印证规则的检验，而且要求被追诉人配合追诉，并且配合必须直至法院对其作出生效判决。如果被追诉人在诉讼途中翻供或者不再配合，那么其可能失去从宽处理的激励结果。此外，在刑事侦讯过程中，侦查人员为了准确查明案件事实、充分收集犯罪证据和缉获隐匿的犯罪嫌疑人，而犯罪嫌疑人为了逃避法律之惩处，双方较量的非常激烈。侦查人员在告知犯罪嫌疑人可以从宽处理的法律规定时存在不规范的情况。因此，"从宽处理"的适用过程相对严苛且充斥着侦查人员的恣意。

当被追诉人向公安司法机关如实供述案件事实以后，"可以"从宽处理。"可以"作为授权性规范，使得被追诉人在权衡接受"从宽处理"与否时更加谨慎。被追诉人可能在如实供述并且与追诉机关合作之后最终并未得到从宽处理。过去"从宽处理"适用结果的不确定性，严重挫败了被追诉人如实供述的积极性，阻碍口供激励机制发挥应有的功效。有学者认为："'可以'表明除了特殊情况以外，法官对自首、立功与坦白的犯罪人应当适用从宽处罚的规定。只要自首、立功与坦白行为能够表明行为人悔罪，因而说明其再犯罪可能性小，或者已经减轻、能够减轻司法机关的负担，就应当从宽处罚，而不论行为人所犯之罪的轻重，或者说不论责任刑的轻重。"① 笔者对此深以为然。在今后的刑事司法实践中，办案人员应当准确把握"从宽处理"中"可以"的含义，推动"从宽处理"的适用。

（二）"如实回答"义务搁置"从宽处理"的激励效果

侦查机关通过"从宽处理"来激励和引导犯罪嫌疑人自愿认罪、真诚悔罪。被追诉人在如实供述自己的罪行并且配合刑事追诉活动的同时，追诉机关也能够更为顺利地完成诉讼任务。"从宽处理"试图在确保诉讼公正的前提下，提高诉讼效率，以及缓和追诉机关和被追诉人之间的紧张关系。而我国刑事诉讼法至今仍保留有犯罪嫌疑人"如实回答"义务。全国人大法工委领导曾指出："刑法规定，如果嫌疑人如实交代罪行，可从宽处理。刑事诉讼法作为一部程序法，要落实这个规定。它要求犯罪嫌疑人如果要回答问题，就应当如实回答，如实回答会得到从宽处理。这是从两个角度来规定的，并不矛盾。"② 尽管理应如此，

---

① 张明楷：《论犯罪后的态度对量刑的影响》，载《法学杂志》2015 年第 2 期。
② 《人大法工委解读刑诉法修改》，载东方网，http://news.eastday.com/c/2012lh/u1a6414578.html，2016 年 1 月 12 日。

但是刑事司法实践往往遵从被追诉人应当回答讯问，而不得保持沉默或者拒绝回答讯问，并且被追诉人应当如实回答讯问，而不得就相关案件事实向办案人员作出偏颇的陈述。真正的犯罪人应当如实供述案件事实，而无辜的被追诉人应当如实陈述自己的无罪理由，以便追诉机关查明案件事实，正确处理案件。"如实回答"义务使得办案人员在获得犯罪嫌疑人、被告人陈述时，几乎没有什么法律上的障碍。"如实回答"义务也使得被追诉人在面对办案人员的讯问时，实际上负有如实供述自己罪行的义务。这在一定程度上搁置了"从宽处理"。即使"从宽处理"不存在，被追诉人也得如实供述案件事实。由此，供述结果意义上的"从宽处理"成为供述过程中"如实回答"义务的选择和补充。"如实回答"义务也加剧了追诉机关和被追诉人之间的紧张关系。被追诉人的口供中更有可能存在虚假和反复的现实风险。

（三）从严处理的现实存在背离"从宽处理"的激励初衷

对于如实供述自己罪行以外的被追诉人而言，其不仅无法得到"从宽处理"的激励结果，其正当行使诉讼权利、进行平等对抗反而可能被当作增加预防刑的根据。犯罪嫌疑人对办案人员的再三讯问缄口不言，办案人员可能会将其保持沉默之举解读为负隅顽抗，企图逃避刑事责任。如果犯罪嫌疑人拒不认罪而做无罪辩解，那么办案人员可能会认为该犯罪嫌疑人无理狡辩，拒不悔罪。对于犯罪嫌疑人作出有罪供述后又翻供的，办案人员均可能将其视为被追诉人认罪、悔罪态度不好。而那些不如实供述自己罪行的犯罪嫌疑人，其对抗刑事侦查，主观恶性深、人身危险性较大。凡此种种，公诉人在审判时往往会建议法院从严惩处。在刑事司法实践中也确有被追诉人因此而承受更重的量刑结果。其实，在刑事诉讼中追诉机关和被追诉人双方法律地位平等，并且双方能够在平等和对等的基础上进行实质性的对抗。被追诉人向公安司法机关陈述与否、是否如实陈述、是否行使辩护权以及是否配合刑事追诉活动等，皆属于被追诉人理性考虑后正常、正当之表现，毕竟刑罚能够对被追诉人起到震慑作用，而被追诉人也享有法律所赋予的诉讼权利。对于如实供述自己罪行的被追诉人，可以给予适当的激励。但是对于与追诉机关平等对抗的被追诉人，司法机关却不应将其的防御行为、辩护行为作为增加预防刑的依据，使被追诉人为此承受相对更为不利的量刑后果。否则，口供从严将使得被追诉人被迫放弃不得强迫自证其罪的权利而作出陈述，被追诉人将沦为发现案件事实真相的诉讼工具。

三、刑事侦讯制度中从宽处理的法理应然

（一）"从宽处理"的权利控制

对于如实供述且配合侦查的犯罪嫌疑人，其可能得到"从宽处理"的激励结果。口供激励也就意味着犯罪嫌疑人以不再主张不得强迫自证其罪原则所赋予的基本保障为条件，最终得到实体上和程序上的优待。而对于拒不认罪、拒不悔罪的被追诉人，其有可能承受相对更为严厉的法律结果。被追诉人坚守不得强迫自证其罪原则可能成为其实体上和程序上的负担。由此，"从宽处理"对不得强迫自证其罪原则的实现产生了现实的影响。从积极的角度来说，"从宽处理"规范侦查机关查明案件事实、收集相关证据以及查缉逃匿的犯罪

嫌疑人，为起诉和审判提供清楚的案件事实和确实、充分的证据准备，并且提高刑事诉讼的质量和效率。"从宽处理"约束侦查机关权力之行使，尊重和维护犯罪嫌疑人不得强迫自证其罪权利。从消极的角度而言，"从宽处理"在一定程度上使得侦查机关依赖犯罪嫌疑人自证其罪的供述，以此作为查明案件事实、收集犯罪证据的动力和源泉。"从宽处理"也使得刑事诉讼中控辩双方平等对抗，转化为追诉机关主导且被追诉人辅助的弱对抗结构。"从宽处理"要求被追诉人须如实供述案件事实，提供案件相关证据，服从刑事追诉活动。被追诉人往往只有丧失无罪的机会才有可能获得激励结果，而被追诉人为了得到激励结果又促进国家专门机关作出有罪的判决。

(二)"从宽处理"的证据控制

鉴于犯罪嫌疑人的口供作为言词证据真假难辨，并且时常存在前后矛盾的情况，因而需要将犯罪嫌疑人口供与案件其他证据相互印证，以此核验和确保犯罪嫌疑人口供的真实性，避免和解决犯罪嫌疑人口供反复而致使口供真实性不明的难题，以及此后对被追诉人作出合法、合理的激励。换言之，办案人员仅凭犯罪嫌疑人口供无法判断其真实与否，其证明力如何。只有口供证据与其他证据在案件事实上发生了交叉或重合，在口供证据的真实性、可靠性得到其他证据验证和担保的同时，案件事实也在一定程度上得到准确的认定。"证据相互印证的主要功能是帮助事实裁判者确认证据是否属实。除此之外，证据相互印证也有助于判断证据是否充分。这不仅是因为证据充分是以证据的确实性为前提的，在确实性无法得到确认的情况下，是否充分的问题是无法解决的，而且是因为相互印证本身就意味着证明力的增强。"① 因此，侦查人员非常注重犯罪嫌疑人口供证据与其他证据之间的相互印证。口供证据与其他证据相互印证，不仅体现出证据之间、证据与案件事实之间的涵摄和互动关系，而且更为重要的是，对犯罪嫌疑人口供获得激励进行实质性的证据控制，并且限制和规范国家专门机关作出口供激励的权力。

(三)"从宽处理"的权力控制

在我国刑事司法实践中，"从宽处理"要求犯罪嫌疑人须如实供述自己的罪行，协助侦查机关侦破刑事案件。在此之后，国家专门机关才可能根据被追诉人的口供情况及现实表现对其作出"从宽处理"。换句话说，犯罪嫌疑人不再主张不得强迫自证其罪原则的保障并且如实供述案件事实以后，并不能立即取得"从宽处理"完整、确定的激励效果。例如，对于量刑从宽而言，只有刑事诉讼历经侦查、审查起诉直至量刑时才能确定口供的量刑激励效果。"从宽处理"的权力控制主要是基于侦查权倚重效率，而司法权则侧重公正；侦查权强调维护公共利益，而司法权重在保障个人利益；侦查权的运行积极主动，而司法权的运行消极被动；侦查权的裁量性较大，而司法权的裁量性较小等。侦查机关在侦破刑事案件并将犯罪分子绳之以法的过程中，容易背离刑事诉讼的原初本意，存在肆意或滥权的现实可能。而"从宽处理"可能对犯罪嫌疑人所享有的基本权利和自由进行限制，纯粹依靠侦查机关的自我克制和自我约束来保障犯罪嫌疑人的合法权利是不现实的。因而被追诉人口供主要由司法机关确定激励效果，从而确保"从宽处理"的合法性与合目的性。不过，

---

① 李建明：《刑事证据相互印证的合理性与合理限度》，载《法学研究》2005年第6期。

口供激励机制的权力控制和激励效果的迟滞性反应，也使得被追诉人在供述案件事实以后，诉讼途中翻供将无法取得"从宽处理"的激励结果，除非其在一审判决前又能如实供述。"从宽处理"的提出和从宽效果的确定在诉讼阶段上的分离，使得被追诉人面临一供到底，翻供则前功尽弃的局面。

四、"从宽处理"的规范化路径

（一）规范告知方式，确保激励传导

由于刑事诉讼法和《公安机关办理刑事案件程序规定》对告知规定得较为笼统，而侦查讯问通常是侦查人员与犯罪嫌疑人正面激烈对抗与较量的过程，所以需要规范"从宽处理"的告知方式并且丰富内容等。具体而言，其一，侦查人员应当在第一次讯问犯罪嫌疑人时，告知其所享有的相关权利，以及如果其如实供述自己的罪行，那么可以对其从宽处理。侦查人员应当尽早告知，使得犯罪嫌疑人能够及时对如实供述与否进行理性的权衡。其二，侦查人员应当采用书面告知与口头宣读相结合的方式，以此督促侦查人员履行告知义务，并且有助于犯罪嫌疑人彻底明白"从宽处理"。其三，侦查人员应当向犯罪嫌疑人详细讲解，其供述时间越早、供述内容越全面、完整等，其在实体上和程序上越有可能得到相对更为有利的结果。其四，对于犯罪嫌疑人所陈述的内容，侦查人员应当予以客观、准确、完整、规范的记录，并且辅之以讯问时录音录像制度。通过阅读讯问笔录，即使没有参加讯问的人员也能够了解讯问的实际情况。确保那些如实供述案件事实的被追诉人可以得到从宽的考量。

（二）明确"可以"内涵，实现激励效果

刑事诉讼充斥着追诉机关和被追诉人之间的博弈和对抗。一方面，追诉机关激励被追诉人如实供述自己的罪行，积极协助侦查机关查明案件事实，配合司法机关进行诉讼活动；另一方面，追诉机关为了履行追诉职责和有效实现惩罚犯罪之目的，可能未能给予被追诉人的如实供述和配合行为以充分的保障。激励效果的不确定性对口供激励机制造成严重的影响。其实，"对犯罪人从宽处罚时不需要特别理由，但不从宽处罚时则需要特别理由。与罪行轻重没有直接关系，不能因为行为人的罪行严重就不适用相关规定。"[1] 国家专门机关应当准确把握"从宽处理"中"可以"的内涵，根据被追诉人的供述内容和配合情况对其作出适当的处理，消解"从宽处理"激励效果的虚化对被追诉人如实供述所产生的抑制和妨害。

（三）落实权利保障，强化激励作用

对于被追诉人来说，其不仅没有义务向追诉机关提供可能自证其罪的供述和其他证据，而且有权拒绝回答办案人员归罪性的讯问或者在讯问中保持沉默。办案人员应当及时告知被追诉人享有该权利，并且不得因被追诉人拒绝陈述或保持沉默而作出对其不利的推断。

---

[1] 张明楷：《论犯罪后的态度对量刑的影响》，载《法学杂志》2015 年第 2 期。

过去"如实回答"义务赋予办案人员以优势地位和较大权力。追诉人员在查明事实真相理念的指引下，强调被追诉人案件事实、犯罪证据来源之属性，而相对轻视对被追诉人权利予以保障，以及对自身权力进行约束。"如实回答"义务在一定程度上使得被追诉人难以真正地认罪、悔罪，并加剧了被追诉人与追诉机关之间的紧张关系。"如实回答"义务使得"从宽处理"难以发挥激励功效。因此，应当在弱化司法实践中如实回答义务对被追诉人负面影响的同时，强化"从宽处理"对被追诉人口供的正面激励作用。

（四）正视平等对抗，回归激励初衷

在以往的刑事司法实践中，国家专门机关站在道德的制高点上，以坚守司法公正和努力实现司法公正自居。而被追诉人在面对侦查机关的侦查活动、检察机关的审查起诉和法院的审判时，负有服从和积极配合的义务。追诉机关潜移默化地将辩护方平等对抗之举等作为从严处理的依据，使被追诉人承受更为不利的结果。如果被追诉人拒绝供述、正当行使权利等可能在实体上和程序上受到更为不利的惩处，那么被追诉人口供的自愿性可能难以得到保障。平等对抗行为实乃被追诉人本能之反应和刑事诉讼文明之表现。因此，应当以人权保障和程序公正作为转变刑事追诉理念的指导方向，正视辩护方的平等对抗行为。"从宽处理"旨在对如实供述案件事实的被追诉人给予适当的激励，而并不追求对权利正当行使之举施以一定的从严处理。辩护律师应当切实维护被追诉人的合法权利，促进"从宽处理"发挥预设功效。

（作者单位：南京农业大学人文社会科学学院）

论我国协商性司法的构建
——以被告人认罪认罚从宽为切入点

姚　华　李亦盛

一、协商性司法的理论内涵

协商性司法是指在刑事诉讼过程中，诉讼主体通过对话与协商，经过利益博弈，达成互惠的协议，从而解决刑事争端的一系列程序或制度的总称。[①] 现行学术界对协商性司法的研究重点仍放在程序性司法上。它体现的是一种诉权制约理念，在这种理念下，法官在犯罪追诉的目的下必须考虑相关因素。

协商性司法并不是现行的一种案件处理程序，在司法实践中，最早由美国的辩诉交易贯彻了这一指导思想。它强调的是控辩双方平等对抗的诉讼模式。从社会契约理论角度来看，司法机关的权力来源于公民的让步，人们把相关权利捐献给第三方加以保管，他们之间相当于形成了一种合同关系。洛克认为在这种关系下，人们只是转让了对纠纷的裁判权。英美对抗式人权的模式认为，法律必须强化公民权利，让其具有和公权力"讨价还价"的权利。这就要求被告人可以同公权力机关就案件的性质、认定罪名、量刑等方面进行协商。

现代意义上的协商性司法产生于 20 世纪 70 年代的刑事司法实践之中。起初这种司法模式被称为恢复性司法。恢复性司法强调的是参与性与协商性，鼓励所有与犯罪有关的利害关系人充分地参与和协商，通过促进协商来修补已经受到损伤的社会关系。

我们可以看到，协商性司法中包含了控辩双方之间的合作关系，笔者认为可以把这种合作称之为"协商性合作"。陈瑞华教授认为，合作性的司法模式分为两种类型，即"协商性的公立合作"和"和解性的私立合作"。前者是指被告人与侦查机构、公诉机构经过协商和妥协所进行的合作，而后者则意味着被告方与被害方经过协商而力图达成诉讼和解的诉讼活动。[②] 在中国现行的与协商性司法相关的刑诉程序中，简易程序与刑事速裁程序属于公立合作的范畴，而公诉案件中的刑事和解则属于私立合作的范畴。但是无论是公立还是私立合作，都需要有互惠的体现，考量我国的协商性程序，笔者发现并没有为被控方设计的实体性从宽程序。

[①] 童友美：《论协商性司法——以诉权为切入点》，载《北京教育学院学报》2010 年第 10 期。

[②] 陈瑞华著：《刑事诉讼的中国模式》（第 2 版），法律出版社 2010 年版。

二、协商性司法在我国的相关程序设计

（一）简易程序制度

2012年3月14日，第十一届全国人大第五次会议通过了刑事诉讼法的第二次修改，这次修改对原本规定的简易程序作出了大幅度的变更。将简易程序的适用范围由原来的基层人民法院受理的可能判处3年以下有期徒刑、拘役、管制、单处或并处罚金的案件扩大到绝大部分刑事一审案件。并且将简易程序根据案件可能判处3年以下和3年以上为标准，又分为可以适用独任制和合议庭制。至此，在满足情况的条件下，我国基层法院可以用简易程序来处理大部分案件，极大地提高了诉讼效率。但是我们翻阅法条发现，简易程序只是对认罪认罚作了规定。刑事诉讼法第213条规定，适用简易程序审理案件，不受本章第一节关于送达期限、讯问被告人、询问证人、鉴定人、出示证据、法庭辩论程序规定的限制。但在判决宣告前应当听取被告人的最后陈述意见。这一条款只是规定了程序法意义上的从宽，却忽略了实体法意义上定罪量刑的从宽。

简易程序以被告人承认自己所犯罪行，对指控的犯罪事实没有异议为前提启动条件，如果被告人不承认自己所犯罪行，对指控的犯罪事实有异议，或者拒绝适用简易程序，那简易程序就无法发动。而在认罪认罚从宽程序中，犯罪嫌疑人、被告人的认罪认罚并不为此程序的启动要件。认罪认罚只是从宽的考量要件，是法官加以考量的因素之一。

简易程序并没有对实体法意义上的从宽作出规定。被告人同意启动简易程序后，节约了司法资源，减少了案件的审理时间。可是对被告人来说，大多只是得到了快速脱离案件纠纷的结果，对自身实体法意义上的从宽没有太大的意义。在被告人得不到公权力机关从宽承诺的情况下，选择简易程序来加速案件审理对他们而言也就没有多少诱惑力了。

（二）刑事和解

2012年刑事诉讼法也对刑事和解制度做了比较大的修改。在民事诉讼中，法院调解及和解逐渐演化成解决纠纷的常规性手段。但是在刑事案件中，由于案件往往涉及公民更多的人身权利如生命权、自由权等，加之庞大公权力的介入，刑事案件一般不允许当事人意思自治。刑事和解作为刑事案件中的非常规解决机制，局限性较大。刑事诉讼法第277条规定，只有因民间纠纷引起，涉嫌刑法分则第四章、第五章规定的犯罪案件，可能判处3年有期徒刑以下刑罚的或者除渎职犯罪以外的可能判处7年有期徒刑以下刑罚的过失犯罪案件可以适用刑事和解制度。并且犯罪嫌疑人、被告人在5年以内曾经故意犯罪的，不适用刑事和解制度。

刑事和解主要体现了原被告双方之间的意思交流，运用交易的手段来简化案件的处理。这一规定和西方国家的辩诉交易相似度较高，但仍然存在很大区别。[①]

第一，参与和解的主体不同。我国刑事和解为被告人与被害方之间的"交易"，而在辩诉交易中，则为检察官与被告人之间的协商。辩诉交易的主要目的是在检察机关证据缺失

---

① 纪尤：《浅议我国完善被告人认罪认罚从宽制度能否引进辩诉交易制度》，载《法治与社会》2015年第9期。

或者难以认定案件时希望能与被告人讨价还价来快速结案。这种做法在讲求程序正义时，在一定意义上侵害了实体正义。而我国的刑事和解制度因为适用案件范围小，并且加入了被告人与受害方共同的意思表示，所以对实体正义的要求更高。第二，社会效果不同。刑事和解的目的是通过被告人赔礼、道歉、补偿等取得被害人谅解，以此来缓和修补已经受损的社会关系，同时起到社会预防的作用。体现的是司法宽容价值，起到了共赢的效果。辩诉交易本质上没有考虑到受害人的利益，把受害人排除在外，是对社会关系和司法公正的破坏，虽然体现了司法效率，但是毕竟是案件陷入死局后的无奈之举。

（三）轻微刑事案件速裁制度

2014 年 6 月 27 日，全国人大常委会表决通过《关于授权在部分地区开展刑事案件速裁程序试点工作的决定》，对部分轻微刑事案件适用刑事速裁程序。这是我国在高效利用司法资源，提高诉讼效率方面的重要举措。不过因为其在试行阶段，所以覆盖面不广，在适用上仍然存在较大问题。轻微刑事案件速裁制度的适用范围仅局限于轻微的刑事案件，目前我国仅规定可以适用该程序的为可能判处 1 年以下有期徒刑、拘役、管制，单处或者并处罚金的案件，且还规定了一些禁止适用情形。例如，案件需要建立在事实清楚、证据充分的基础上。可以看出，轻微刑事案件速裁只是把着重点放在对审理程序的简化上，并且只体现了程序性从宽处理，在实体性从宽处理方面却没有过多涉及。最高人民法院、最高人民检察院、公安部、司法部《关于在部分地区开展刑事案件速裁程序试点工作的办法》第13 条对被告人的从宽处罚作了规定，人民法院适用速裁程序审理案件，对被告人自愿认罪、退缴赃款赃物、积极赔偿损失、赔礼道歉，取得被害人或者近亲属谅解的，可以依法从宽处罚。这一关于被告人从宽处罚的规定过于模糊，不利于被告人权利的保护和刑事速裁程序的有效适用。这与认罪认罚从宽下的交易精神有很大区别。这一方面规定的缺失势必会给我国提高司法效率工作的进展带来不小的阻碍。

（四）认罪认罚从宽制度

中共十八届四中全会通过的中共中央《关于全面推进依法治国若干重大问题的决定》提出，"完善刑事诉讼中认罪认罚从宽制度"。我国在近现代立法上首次提出"认罪从宽"这一概念是在 2003 年，最高人民法院、最高人民检察院、司法部联合颁布了《关于适用普通程序审理"被告人认罪案件"的若干意见（试行）》（以下简称《意见》）。《意见》对被告人主动认罪的案件应该如何有别于一般普通案件的处理进行了初步的系统规定。《意见》第 9 条规定："人民法院对自愿认罪的被告人，酌情予以从轻处罚。"自此，在我国司法实务界开始了对此制度的讨论。在理论上，认罪认罚从宽制度是当代社会最符合社会实情的制度，它可以有效解决前文三种制度中实体性从宽不足的问题，但是在现行制度中，认罪认罚从宽的构建仍处于模糊状态。笔者通过查阅资料拟出了几个问题。第一，认罪认罚从宽的协商主体是否包含被害人？第二，认罪认罚的确定表现形式及协商的案件范围是什么？第三，在被告人认罪认罚后，法院是否仍要对案件进行实质审查，对定罪量刑是否可以降低证明标准？接下来，笔者将从域外司法经验入手，对此类问题进行尝试解答。

三、域外司法经验

(一) 英美法系

美国的辩诉交易制度产生于 19 世纪。随着社会的快速发展及犯罪率的急速上升,为了有效提高司法效率、使案件得到快速处理,逐步出现了这种协商性的结案方式。1974 年,美国联邦刑事诉讼规则将辩诉交易作为一项制度加以确立。它发生于检察公诉机关及被追诉人之间,协商的内容包括指控的罪名、量刑等其他方面。对于控方而言,可以通过减少、降低起诉书中的指控罪名或者向法官提出较轻的量刑建议来促使被告人作出有罪答辩;对于被告方而言,为了获得从轻处罚而主动作出有罪答辩。如果作出有罪答辩,法庭不再对案件进行实质性审理,只需要审查答辩是否建立在被告人"自愿和理智"的基础上,即被告人是否清楚自己宪法权利的放弃、检察官指控的性质以及有罪答辩导致的后果。在美国有 90% 以上的案件是通过辩诉交易完成的,其在降低积案率,加速审理程序方面有着不可磨灭的作用,但是由此也出现了一些问题,如会使无罪之人作出有罪答辩或者冲击罪刑相适应。在协商主体之中不包括被害人,不利于处理社会关系和被害人权利的保护。

英国与美国在辩诉交易所适用的案件范围上相同,轻罪案件和重罪案件都可以适用辩诉交易程序进行处理。但是英国辩诉交易的做法是,检察官只可以与被告人及其辩护律师就减轻指控进行交易,不能对量刑问题进行交易,量刑的轻与重完全取决于法官。同时辩护律师可以直接与法官进行交易,但检察官应当在场,被告人的有罪答辩可以导致法官将刑期轻判 1/4 至 1/3。英美之间的交易模式大同小异,都强调控辩双方之间的平等协商。

(二) 大陆法系

协商性司法在德国刑事司法体系中的起源可以追溯至 20 世纪 70 年代早期。最初德国的协商性司法可以适用的案件范围较小,大多为轻微犯罪的特殊案件。但是随着社会的发展,司法系统发现当时设立的协商范围远不能与社会情况相匹配。德国开始在 1974 年修改刑事诉讼法典时增加了第 153a 条,允许被告人通过支付一定款项给慈善机构或国家,或者同意赔偿被害人的损失等方式,由检察机关撤销对其的指控。到 1993 年刑事诉讼法典再次修改时扩大了原本条款中"轻微犯罪"的外延。根据这一附加条款,当"罪行的严重程度不与之利益相悖"时,检察机关都可以撤销案件。虽然仍与美国的辩诉交易制度存在很大区别,如即使被告人作出有罪供述,审理程序也不能省略,只是相对简化而已。但是我们可以发现职权主义模式下的大陆法系国家也吸收了协商对抗的理念,并且允许"交易"的案件范围也在不断扩大。

法国协商性司法之路也走得颇为艰辛。自 1990 年引入认罪简易审程序的立法建议及 1995 年刑事强制令制度都宣告失败之后[①],到 1999 年,立法者又在新的刑事诉讼法典第 41-2 条中创设了刑事调解制度,由此开创了法国"辩诉交易"的雏形。法国立法者于 2004 年 3 月 9 日引入了法式辩诉交易制度,即庭前认罪答辩程序。依照法国刑事诉讼法典第 495-7 条

---

① 施鹏鹏:《法国庭前认罪答辩程序评析》,载《现代法学》2008 年第 9 期。

的规定，庭前认罪答辩程序仅仅适用于主刑为罚金刑或者 5 年及以下监禁刑的犯罪。它分为四个阶段，即被告人认罪、检察官提出量刑建议、被告人接受或拒绝量刑建议、法官审核。其具有一系列限制性规定，如在被告人认罪时，原则上必须由律师在场，检察官"可建议执行一个或数个主刑或附加刑"，但是必须充分考虑被告人的人身因素。当被告人拒绝适用认罪答辩时，先前所有案卷笔录及声明无效。当案件进入审核阶段，审核法官应着重从犯罪事实的真实性、建议量刑的适当性和庭前认罪答辩程序的运作的合程序性方面进行审查。虽然法式辩诉交易的运行之路也比较漫长，但是其立法理念中如律师的参与性、法院审核都可以对我国实习认罪认罚制度提供借鉴。

意大利是第一个系统引进辩诉交易程序的欧洲大陆法系国家。2003 年 6 月，意大利立法者为进一步实现"诉讼经济"的目的再次扩大了辩诉交易程序的适用范围。在 2003 年改革前，辩诉交易程序仅仅适用于"考虑各种具体情况并在减少 1/3 量刑后监禁刑不超过单处或与财产刑并处的 2 年有期徒刑或拘役"的案件。而在改革后，辩诉交易可适用的案件有两类：一类是"考虑各种具体情况并在减少 1/3 量刑后监禁刑不超过单处或与财产刑并处的 5 年有期徒刑或拘役"的案件。第二类主要适用于犯罪事实的性质较为严重或者犯罪嫌疑人较为危险的案件，但是法律对此类案件的量刑提出了限制，如"考虑各种具体情况并在减少 1/3 量刑后监禁刑不超过单处或与财产刑并处的 2 年有期徒刑或拘役"的前提下方可适用。在选择方式上，控辩双方都可提出适用建议。但是被拒绝的效果不一样，控方建议若被拒绝则直接进入普通程序，被控方被拒绝，在庭审法官前还可再次提交新的交易方案，这体现了控辩平等对抗下的协商制度。

四、我国协商性司法下的立法取向

在查阅域外协商性经验的基础上，笔者尝试着对以下几个问题进行解答。

（一）认罪认罚从宽的协商主体

考虑到现阶段我国法制化程度起步晚、发展快的特点，笔者认为，现行主体应当较为广泛，为犯罪嫌疑人、被告人、检察官及被害人。律师对此类案件提供法律帮助，法官进行最后的审核。通过诉权制约，利害关系人的全程参与，可以对各项诉讼决定的制作施加积极影响。犯罪嫌疑人、被告人可以主动选择适用认罪认罚程序，在审查起诉阶段，检察机关也可以与犯罪嫌疑人、被告人协商适用该程序。对控辩双方提出建议被拒绝时的不同效果可以借鉴意大利的处理方式，由犯罪嫌疑人、被告人提出新的协商方案。当犯罪嫌疑人、被告人认为检察机关侵犯自身利益或者违背了自愿性时可以选择撤回认罪认罚的适用。因为目前认罪认罚从宽程序推广度不高，并没有被广大群众所认可，由此需要律师积极介入此类案件，所以辩护律师应当向当事人阐明选择该制度的合理性，在控辩双方是否达成一致协议及为当事人最大限度地争取从宽处理上提供自己的专业意见。在律师介入方面，可以借鉴法国的律师全程参与，为制度运转提供良性助力。

在被害人能否作为协商主体方面，英美法系国家没有把这项权利赋予被害人。笔者认为应当把被害人划分到认罪认罚制度的主体中去。虽然我们已经告别了血亲复仇的理念，但被害人作为法益被侵犯的主体，仍然承受着肉体或心灵上的巨大痛苦。强调被告人对被害人予以恢复性补偿有其必要性，被害人作为刑事犯罪的受害主体，有必要参与到犯罪嫌疑人、被告人的追责程序中。不把被害人的诉求考虑到协商性司法中去，不利于社会关系的修复。在控辩双方达成"交易协议"后，被害人应当可以对此提出自己的意见。

（二）认罪认罚的确定表现形式及协商的案件范围

认罪的表现形式可以归纳为四种：一是完全的认罪，包括罪名和情节的承认。二是排除部分罪名的承认。三是排除部分情节的承认，通常表现为对罪名和情节的部分承认。四是混合的承认。"认罚"应当理解为犯罪嫌疑人、被告人在认罪的基础上自愿接受检察机关通过犯罪评估，向法院提出的量刑建议。在认罪的基础上，检察机关应提出较拒不认罪更轻的量刑建议，若嫌疑人同意并达成协议，则可以认定为"认罚"。我们可以发现认罪的实践情形更为复杂，司法机关在判断犯罪嫌疑人、被告人认罪方面存在一定障碍。笔者认为，在判断认罪表现形式时应当分情况处理，对犯罪嫌疑人、被告人认罪部分适用从宽程序，经庭前审查并无不当时可对此部分从宽处罚，对不认罪部分仍然按照普通程序进行审理。

在协商的案件范围方面，大多数学者仍采用轻罪说。在近十几年间，我国的犯罪率总体上呈现不断增长的趋势，且增长幅度较大。但重罪率不断降低，轻罪案件数量迅速增长，对轻罪案件适用认罪认罚从宽程序可以有效节约司法资源，缓解司法僵局。英美法系在协商范围方面往往没有做过多限制，在美国，包括一级谋杀在内的犯罪都可适用辩诉交易，但是大陆法系国家大多不允许重罪案件，如可能判处死刑、无期徒刑的案件进入协商程序。就算近几年大陆法系不断扩大协商的案件范围，但仍创造了诸多限制。我国考虑到现行法治程度，应借鉴大陆法系的轻罪说，但应扩大速裁程序的范围，虽然我国刑法并未专门作出轻罪、重罪的划分，但通常而言，判处 5 年以下有期徒刑的案件即轻罪案件。现行认罪认罚案件可以以此为处理范围。但是在将来我国建立起高水平的法治国家后，也应当考虑适当把重罪案件划入认罪认罚范围中。对重罪案件的处理可以借鉴意大利辩诉交易中第二类重罪的处理方式。因为此类案件处理复杂，构建证据链难度大，往往消耗更多的时间与司法资源，如果在此类案件中，被控方能认罪认罚，无疑是对司法进程的巨大推动。

（三）认罪认罚后法院的处理及证明标准

美国辩诉交易中，如果作出有罪答辩，法庭不再对案件进行实质性审理，只需要审查答辩是否建立在被告人"自愿和理智"的基础上。但在认罪认罚从宽程序中，检察院将适用认罪认罚制度的案件材料移送至法院，并向法院移送程序适用建议和认罪认罚协议，供法院全面审查该案件是否达到适用的法定条件，在这里可以借鉴法国进入法院审核后对犯罪事实的真实性、建议量刑的适当性和庭前认罪答辩程序运作的合程序性方面予以审查的处理。

在证明标准上，笔者认为应该区分对待。在英美法系国家中，定罪量刑程序相分离，陪审团负责事实认定，法官负责法律适用及量刑。英美证据法主要适用于定罪裁判阶段，一系列证据规则也只能在此阶段适用，到量刑程序中，如"非法证据排除规则"、"传闻证据规则"、"任意自白规则"都不能在其中使用。法官在量刑阶段不采取"排除合理怀疑"，而采用"优势证据"规则。在我国现阶段因为没有独立的量刑程序，所以采用分离处理并不现实，但是法官在对案件进行最后处理时可以借鉴英美法，对定罪与量刑适用不同的证明标准。在定罪方面，应仍然采用"案件事实清楚，证据确实充分"的证明标准。但对被告人的从宽评价不需要像定罪一样排除合理怀疑，只需要采用优势证据，被告人选择适用认罪认罚程序符合法定条件的，经过法院最终审查通过可以从轻减轻处罚。

五、结语

认罪认罚从宽程序作为当下最符合中国国情的刑诉制度，不会一蹴而就，综观大陆法系的处理方式，都是在经历了漫长的实践后才找到属于自己的协商制度。无论是理念认知还是程序架构，都需要较长时间的塑造和探索。虽然现阶段实施阻力较大，但是其仍将会对我国的司法进程产生巨大的影响。

（作者单位：南京工业大学法学院）

认罪认罚与案件分流

张智辉

一、对刑事案件进行分流的必要性

十八届四中全会决议明确提出了"推进以审判为中心的诉讼制度改革"的任务。以审判为中心的关键是法庭审理的实质化，即控辩双方在法庭上充分地展示证据，充分地质证和辩论，使法官能够通过法庭审理查明案件的事实真相。然而目前的状况难以保证法庭审理的实质化进行。一是因为刑事案件不断增长，人民法院长期面临着"案多人少"的压力。二是因为审判资源的有限性，难以为每一个刑事案件的法庭审理提供充足的时间。三是因为某些刑事案件确实没有必要开庭审理，开庭本身只是"走过场"。

由于受到司法资源的上述限制，许多刑事案件在法庭审理时证人、被害人不出庭，法庭调查主要靠公诉人宣读证人的证言和被害人的陈述，法庭质证无法进行；法庭辩论往往是辩护人、公诉人各发表一次或两次意见，难以展开交锋，无法保证辩护律师在法庭上充分地发表辩护意见。

法官审理案件，主要是通过法庭调查来查明案件事实真相的。法庭调查的不充分，就会使庭审法官难以对案件事实作出准确判断，而不得不依靠开庭后查阅侦查卷宗来进行事实判断。在司法实践中，法庭经过开庭审理，能够当庭宣判的案件极为罕见。究其原因，既有审理案件的法官不能做主的因素，更有虽然经过法庭审理，法官仍然无法形成内心确信，难以定案的因素。而有些案件经过一审、二审反复审理，都没有搞清楚案件的基本事实，其原因也是法庭调查没有深入进行。法院认定的案件事实不是完全根据法庭调查的情况，而是借助了法庭外的调查，这就容易使被告人以及旁听群众怀疑法院判决的公正性。

律师执业最重要的是在法庭上为他的当事人辩护。法庭审理的时间太短，难以为律师辩护提供充分的机会，客观上就会迫使一些辩护律师在法庭以外寻求胜诉的途径。其中有的千方百计地寻找与审理法官或者其上级、同事的关系，希望通过关系把自己的意见和主张传达给负责案件审理的法官或者对案件有决定权的领导；有的则鼓动被告人的亲属通过互联网、报刊、微信或者上访、聚众等方式给法院施加压力，表达自己的诉讼主张；有的甚至在法庭上公开表达对庭审包括法官的不满情绪，进一步恶化了法庭审理的诉讼环境。

为了确保法庭审理的实质化进行，有必要进一步优化司法职权配置，分流刑事案件，让犯罪嫌疑人、被告人认罪认罚的案件及时地退出诉讼程序，以便让人民法院有充足的时间和精力审理确有争议的、重大的刑事案件，让不认罪的被告人及其辩护人在法庭上能够充分地发表意见，让包括当事人在内的人民群众真正地在每一个刑事案件的审判中都能看到公平正义的实现。

二、刑事案件分流的基础

对刑事案件进行分流的前提是犯罪嫌疑人、被告人认罪认罚。如果犯罪嫌疑人、被告人不认罪认罚，无论案件的性质如何、情节严重与否，按照刑事诉讼法的规定，都只能启动普通程序进行实质化的审理，而不存在分流的可能。因此，只有对认罪认罚的案件才可以根据从宽处罚的精神，简化诉讼程序，分情况进行分流处理。案件分流也就只能是对认罪认罚案件的分流处理。

认罪认罚案件是指犯罪嫌疑人、被告人承认自己实施了指控的犯罪，并愿意接受司法机关依法对其处罚的案件。认罪认罚案件应当符合以下条件：

（一）案件事实已经查清

认罪认罚案件首先必须是侦查机关已经对案件侦查终结，案件本身的事实清楚、证据确实，或者是自诉人提出的指控具有足以认定犯罪事实的证据支撑。如果案件事实本身尚不清楚，犯罪行为是否发生，以及犯罪行为是否确实是犯罪嫌疑人、被告人所为，还不能完全确定，即使犯罪嫌疑人、被告人认罪认罚，也不能作为刑事案件作出处罚决定。

案件事实清楚是指案件的基本事实清楚，即犯罪行为是否发生，是否确实是犯罪嫌疑人、被告人所为，是清楚的、有证据可以证明的。至于案件的具体细节，如果不影响基本事实的认定，并且犯罪嫌疑人、被告人认罪，就没有必要进一步查明。

案件事实清楚是对犯罪嫌疑人、被告人所指控的全部犯罪而言的。如果对一个犯罪嫌疑人、被告人提出了多项指控，其中有的事实清楚，有的事实并不清楚，就不能认定为案件事实清楚。

（二）犯罪嫌疑人、被告人真诚认罪

真诚认罪包括两个方面：一是自愿认罪。犯罪嫌疑人、被告人承认自己实施了所指控的犯罪确实是出于自愿，而不是在别人的强迫、欺骗、利诱下承认的，并且是在了解所指控犯罪的法律意义的情况下承认的。认罪是其真实的意志表示。二是确实认罪。犯罪嫌疑人、被告人对所指控的犯罪事实供认不讳，而不是时供时翻，一会儿认罪，一会儿又不认罪，更不是当着侦查人员的面认罪，当着检察官、法官的面就不认罪，或者在司法人员面前认罪，在自己的律师或家人面前就不认罪。

如果对犯罪嫌疑人、被告人提出指控的犯罪是一个单一的犯罪事实，而犯罪嫌疑人、被告人只承认其中的部分情节，而不是该犯罪事实的全部，就不能认定为犯罪嫌疑人、被告人认罪。如果对其提出指控的是一个罪名下的若干个犯罪事实，犯罪嫌疑人、被告人只承认其中的部分犯罪事实，同样不能认定为犯罪嫌疑人、被告人认罪。如果对其提出指控的是若干个不同种类的犯罪，而犯罪嫌疑人、被告人只承认自己实施了其中的某些犯罪而不是全部犯罪，亦不能认定为犯罪嫌疑人、被告人认罪（在这种情况下，对其进行实质化审理的时候，就其承认的犯罪可以简化审理）。因为真诚认罪是从宽处罚的先决条件。如果犯罪嫌疑人、被告人为了逃避法律制裁，避重就轻，只承认部分犯罪事实甚至是较轻的犯罪事实，企图以此掩盖更严重的犯罪事实，就不能作为认罪认罚案件予以从宽处理，在程

序上就没有分流的必要。

在共同犯罪案件中，如果有的犯罪嫌疑人、被告人认罪，而有的犯罪嫌疑人、被告人不认罪，就不能作为认罪案件来处理。

（三）犯罪嫌疑人、被告人愿意接受依法处罚

在认罪的基础上，犯罪嫌疑人、被告人愿意接受依法处罚，是认罪认罚案件成立的一个重要条件。首先，这种处罚必须是依法有据的。犯罪嫌疑人、被告人虽然认罪，但不意味着就可以对其进行法外制裁。检察机关、审判机关应当在法律规定的范围内按照从宽处罚的原则确定对其进行处罚。如果犯罪嫌疑人、被告人只愿意承担依法进行处罚，而不愿意承担对其进行的法外处罚就不能否认其认罚。其次，必须是自愿接受处罚。在司法机关对其说明可能受到的处罚时，犯罪嫌疑人、被告人在充分地了解其法律意义的基础上，自愿表示愿意接受处罚，并且是自愿接受可能给予的全部处罚，才能认定为认罚（当然，在认罚的过程中，犯罪嫌疑人、被告人可以向司法机关提出自己的请求，司法机关应当在法律范围内充分考虑犯罪嫌疑人、被告人的请求，并在此基础上确定对其给予的处罚）。

在有被害人的案件中，认罚还应当包括愿意按照刑事诉讼法规定的刑事和解程序承担对被害人的赔偿。如果对被害人方面提出的合理的赔偿请求，在能满足的情况下不予满足，就不能认定其认罚。

认罚还应当包括愿意交出全部的违法所得。如果犯罪嫌疑人、被告人有意隐瞒或者藏匿犯罪中的违法所得，就不能认定其认罚。

一个案件只有同时具备上述三个方面的条件，才能作为认罪认罚案件，进行分流处理。如果缺少其中任何一个条件，都不宜作为认罪认罚案件，其中有从宽处罚情节的，可以依法从宽处罚，但在处理过程中不宜简化审理程序。

三、对认罪认罚案件如何进行分流

对犯罪嫌疑人、被告人认罪认罚的案件，应当根据案件的性质和严重程度，在司法机关之间进行分流，以促使这类案件得到及时处理。

笔者认为，在现行法律的框架内分流刑事案件，最有效、最便捷的方案是充分发挥刑事诉讼法规定的不起诉制度的功能，减少刑事案件进入审判程序的数量。同时加上速裁程序和简易程序，使刑事案件真正进入实质化审理的数量极大减少，从而保证花费足够的司法资源对必须按照普通程序审理的案件进行实质化的审理。

充分发挥不起诉制度的功能，需要对其进行必要的改造。

1. 废除对不起诉的限制性规定。一是在刑事政策上鼓励基层检察院依法适用相对不起诉和附条件不起诉；二是实行检察官办案责任制以后，取消不起诉案件由检察长或者检委会决定的规定，直接交由有权办案的检察官决定是否适用；三是进一步明确界定相对不起诉的适用条件；四是扩大附条件不起诉的适用范围，并把监督考察的主体由人民检察院改为司法行政机关。

2. 赋予人民检察院一定的处罚权。人民检察院在认罪认罚案件中作出不起诉的决定时，应当有权对认罪认罚案件的犯罪嫌疑人作出一定的惩罚性的处罚决定，而不是单纯宣布不

起诉，如责令赔偿、道歉、接受社区的监督，要求缴纳一定数额的罚款，禁止其在一定时间内从事某类职业或某项活动等，并监督刑事和解的执行。

3. 赋予当事人在不起诉案件中的辩护权。人民检察院拟做不起诉处理的案件，应当允许犯罪嫌疑人、被害人聘请律师为自己提供法律帮助，以避免当事人因不懂法而事后反悔。

4. 赋予当事人不服不起诉决定时向人民法院申诉的权利。对于人民检察院作出的不起诉决定，应当赋予当事人一定的救济渠道。无论是被告人不服不起诉决定，还是被害人不服不起诉决定，都有权向人民法院提出申诉。这样可以保证对不起诉权实行外部制约，防止该权力被滥用。

5. 增设人民法院审理不服不起诉决定的审判程序。对于当事人不服不起诉决定的申诉，人民法院应当按照普通程序开庭审理，以保证案件的公正处理。

四、刑事案件分流的现实意义

刑事案件在人民检察院和人民法院之间分流，可以说是刑事诉讼制度改革中成本最小、阻力最小、收效明显的措施。

（一）缩短大部分刑事案件的诉讼周期，提高诉讼效率

按照刑事诉讼法的规定，人民法院开庭审理刑事案件，除了审前的准备工作外，在法庭上要经过告知（宣布案由、法庭组成人员名单、当事人申请回避的权利、被告人的辩护权等）、公诉人宣读起诉书、法庭调查、法庭辩论、被告人最后陈述等程序，即使是被告人认罪的简易程序，也必须在程序上走完所有的"规定动作"，必须有审控辩三方的人到场。这必然要耗费各方面的司法资源，拖延诉讼的周期。如果对没有争议、不需要判处刑罚的轻微刑事案件，由人民检察院直接作出不起诉的处理决定，就可以避免大量刑事案件进入审判程序，进行没有实质必要的审理，节约司法资源，并且可以大大缩短刑事案件的诉讼周期，提高诉讼效率。

（二）减少对犯罪嫌疑人、被告人的羁押和判刑，化解社会矛盾

绝大多数刑事案件的审理都是在被告人被羁押的状态下进行的（有的地方法院为了保证开庭时被告人能够到庭，内部规定外地被告人没有被羁押的，就不接收检察院移送的案件，以致在一些外地人犯罪的轻微刑事案件中检察院也不得不对被告人采取羁押措施）。让那些没有争议、不需要判处刑罚的轻微刑事案件在检察环节就予以终结，可以大大减少犯罪嫌疑人或被告人被羁押的时间。这不仅有助于及时化解犯罪嫌疑人或被告人与被害人之间的矛盾，减少犯罪嫌疑人或被告人及其亲属对司法机关的仇恨，而且有助于防止犯罪嫌疑人或被告人在羁押期间难以避免的相互感染。

（三）促进犯罪人的教育改造

实施了轻微犯罪行为的人，通过不起诉处理，一方面由于对其进行了一定的惩罚，可以促使其从中汲取教训，悔过自新；另一方面由于不予定罪，避免了给其贴上"犯罪分子"的标签，可以方便其学习、就业，防止其"破罐子破摔"，再次走上犯罪的道路。

（四）减轻人民法院的审判压力，确保法庭审理的实质化

目前所有的刑事案件都要由人民法院开庭审理来结案。而刑事案件的每一次开庭都需要法官、书记员、法警等人员的共同参与，都需要走完法律规定的诉讼程序，都需要占用一定的时间。刑事案件分流以后，人民法院由于需要开庭审理的案件大大减少，就有可能有足够的审判资源来审理必须开庭审理的刑事案件，从而保证被告人及其辩护人在法庭上有充分的时间对案件的证据进行质证并展开法庭辩论，使法庭审理的过程真正成为摆事实、讲道理的过程。如是，被告人及其辩护人就不致因为没有在法庭上充分发表辩护意见的机会而寻求法庭外的申辩途径，刑事审判也就会以看得见的正义展现在人们面前。

（作者单位：湖南大学法学院）

如何看待认罪认罚从宽制度中的"花钱买刑"

赵运恒

在目前关于认罪认罚从宽制度设计的研讨中，一些司法机关领导、学者、律师提出，大量的刑事案件中，被害人是否谅解往往取决于有无得到充分的经济赔偿，如果赔偿了被害人就能够从轻处罚，那么对认罪态度好但无能力赔偿的"穷人"（犯罪嫌疑人、被告人）是不公平的，是"花钱买刑"，因此出台相关制度要慎重。

认罪认罚从宽制度是党的十八届四中全会提出的新制度，如何研究和落实该制度具有重要意义。通常认为，在认罪认罚中，认赔也是关键情节之一，符合认罪认罚的本意，更符合从宽处理的情形。在过去的一些既有相关制度和司法实践中，就是这样贯彻的。例如，最高人民法院《关于贯彻宽严相济刑事政策的若干意见》就强调了被告人案发后对被害人积极进行赔偿，并认罪、悔罪的，依法可以作为酌定量刑情节予以考虑。最高人民法院《关于适用〈中华人民共和国刑事诉讼法〉的解释》对刑事和解也作出了类似的规定。实践中，因为赔偿后得到了被害人谅解，有的被告人从被判处死刑立即执行改为了死缓，有的被告人从轻刑改为了免予处罚。从总体上看，这些年的实施效果良好。

但时至今日，这样一个已被法律确认且无须再深度考量的问题却因为某种思维视角的偏差，又形成了新的争议，仍然在继续影响着部分司法机关领导和学者、律师。他们将赔偿和谅解归结于"花钱买刑"，担心会让有钱人钻了空子，让没钱的犯罪人吃亏，从而影响司法公平公正。这种看法可能会影响到正在研究和制定中的认罪认罚从宽具体制度的出台，甚至改变过去行之有效的刑事和解制度。

花钱赔偿取得谅解，继而获得轻判，会带来不公平吗？如果把加害人分为富人（有能力赔偿者）、穷人（无能力赔偿者），而偏向于对无能力赔偿者的保护，那么是否又会带来新的对有能力赔偿者的不公平？

首先，我们要搞清楚，之所以对被告人从宽处罚，是因为被告人以认罪认罚认赔的方式减少了犯罪的危害结果，降低了社会危害性。被告人因为有赔礼道歉、赔偿等悔罪表示，人身危险性下降，再犯的可能性变小，符合犯罪预防的效果。被害人因为谅解，被损害的法益得以减轻，精神得到抚慰，有助于社会和谐。在过去的制度和司法解释中，对宽严相济中的从宽情节的规定，还是比较全面和严谨的，有充足的法理和政策依据，符合司法现实和社会现实。例如，对积极赔偿的，规定"可以"作为酌情量刑情节；对民间纠纷引发的案件，取得被害人谅解的，规定"应当"作为酌情量刑情节。并没有强调只有赔偿才能从轻，而是表达了认罪和赔礼道歉等多种方式都可以酌情从轻。

其次，我们要充分注意赔偿不等于得到了谅解，谅解也不一定非得通过赔偿的方式。在应当从宽量刑的情况下，之所以从宽，不是因为"钱"的因素，而是因为"被害人谅解"的因素。有的案件，即使被告人再有钱，也愿意赔偿，但被害人基于情感原因，就是不接受赔偿，不表示谅解，只要求"严惩"，甚至要求判处死刑。这样的案例在现实中已出现不少，这足以证明是否接受高额赔偿，是否愿意谅解，是追求高赔偿带来的生活补偿和精神安慰，还是放弃金钱只要求从重处罚，都是被害人自己的意志。这个意志取决于被害人，不取决于司法机关，只有被害人单方选择后，才谈得上影响司法机关对被告人是否从轻处罚。所以，归根结底，这不是"花钱买刑"，而是"谅解换刑"，花钱是无法直接换刑的。

换一个角度来看，也能否定"花钱买刑"的说法。既然司法机关考虑的核心问题是"被害人谅解"，以此作为化解矛盾的标志和从轻处罚的主要依据，而不是考虑被告人是否花钱，那么即使被告人不花钱或者少花钱，只要能够取得被害人谅解，也同样符合从宽处理的条件。现实中有的案件，只要被告人真诚悔罪，表现到位，也一样可以取得被害人谅解。对于经济困难的被告人而言，可以通过认罪、道歉、承诺提供劳务甚至养老送终等多种方式安抚被害人，降低对被害人的伤害程度，以换取被害人谅解。当然，如果被害人只接受赔偿，而不接受其他方式，那是被害人在需求上的自由选择，无可厚非。但我们不能把被害人追求金钱赔偿视为司法机关的选择，更不能把被害人不谅解视为对无经济能力的被告人的不公平。加害人对被害人应当承担的义务不能承担，没有能力去抚慰被害人，因而得不到更多从轻处罚的机会，这与"有钱人"有能力赔偿却被拒绝，因而得不到从轻处罚的机会一样，都是客观公平的。

最后，我们还要看到，即使被害人因为没有得到足够赔偿而拒不谅解，只要被告人认罪悔罪，也可以依法得到一定程度的从轻处罚。相反，如果被告人只愿意花钱赔偿，而不愿意认罪悔罪，那么既不会得到被害人的谅解，更不会得到司法机关从轻处罚的机会。从这些方面综合理解就可以看到"花钱买刑"观点的片面性了。

通过以上分析可以得出一个建设性的意见，就是在认罪认罚从宽制度的相关条文表达上，一方面需要继续鼓励在认罪基础上的赔偿；另一方面更加需要突出"被害人谅解"的多重含义，具体明确赔偿之外的更多的悔罪和补偿方式，细化可以视为"被害人谅解"的情节，引导被告人和被害人的感情和解。

（作者单位：北京大成律师事务所）

认罪认罚从宽制度的法规范视角解读

王一超

一、问题的提出

中共十八届四中全会通过的中共中央《关于全面推进依法治国若干重大问题的决定》（以下简称《决定》）中提出，"完善刑事诉讼中认罪认罚从宽制度"。随后，"两高"均明确提出完善该制度的要求。作为新一轮司法体制改革的重点内容，"认罪认罚从宽制度"已经成为理论界与实务界的一大热词。然而，令人遗憾的是，上述概念的具体内涵究竟为何，目前尚未形成统一意见。概念的不统一导致学术对话时常无法"聚焦"，从而影响了相关讨论的深入有效开展，使认罪认罚从宽制度的司法改革受到掣肘。笔者认为，对认罪认罚从宽制度进行法规范层面的解读，明确该制度中若干概念要素的含义，是突破上述窘境的一个思路。

二、"科层型"的体制背景

认罪认罚制度改革的目的定位于实现案件繁简分流，提高司法效率，优化司法资源配置。在英美法系国家，实现前述目的且较为成熟的制度设计乃辩诉交易制度。然而，我国学者却几乎清一色地认为认罪认罚从宽制度不能以辩诉交易制度为模板进行设计。陈卫东教授甚至明确提出，禁止交易罪名、罪数，应当是我们坚持的基本底线。[①] 究其原因，在于我国与美国有不同的官僚体制背景。根据结构功能主义原理，即使面对同样的制度改革目的，不同的官僚体制背景下，必将采取不同的制度设计。因此，推进认罪认罚从宽制度改革，必须要对我国当下的体制背景有一明确认识。

笔者认为，从法律规范的视角切入，将有助于形成对认罪认罚从宽制度改革的框架认识，从而有利于进行具体规范层面的制度设计。根据达玛什卡关于国家权力组织形式的分类，我国属于典型的"科层型"官僚体制，而美国则为协作理想型的代表。二者在规范层面呈现出显著的区别：科层型官僚制下的法律程序安排倾向于逻辑法条主义，旨在追求一个清晰明确的适用标准及审查依据；而协作型官僚制下的司法人员会在裁判案件过程中考虑诸多"衡平因素"，为了追求个案最终决策结果妥当，往往容忍法律规范本身模糊，赋予基层司法人员较为广泛的裁量权。[②] 科层型官僚制下基层司法人员作出可欲的决策结果本

---

① 陈卫东：《认罪认罚制度研究》，载《中国法学》2016年第2期。

② 参见［美］米尔伊安·R. 达玛什卡著：《司法和国家权力的多种面孔——比较视野中的法律程序》，郑戈译，中国政法大学出版社2015年版，第88~89页。

身，并不足以成为一个独立的正当化理由，决策的妥当性只能根据是否忠实于可适用的标准来评估；① 上级机构会对基层作出的裁判及决定进行常规且全面深入的审查；基层司法人员的自由裁量权被限制在非常有限的范围之内。例如，我国检察机关虽然有酌定不起诉的裁量权力，但是酌定不起诉的适用比率非常低，且办案检察官本人并无权限作出，还必须经过严格的审批程序。科层型官僚制对于司法人员自由裁量权的消极态度可见一斑。

基于自上而下和自下而上的双重动力，科层型官僚体制要求一个逻辑法条主义的环境。一方面，上级要对下级司法人员作出的决策予以审查，需要明确的审查标准。另一方面，下级司法人员在决策时，需要有明确的规范标准作为预测工具，从而避免自己的决策在上级审查时遭遇否定评价。科层式程序下基层司法人员以自由裁量权为依据决策是存在风险的：因为明确且强制性的法律规范缺失，裁判说理时规范层面的论据必然薄弱，加之科层式体制对于自由裁量权的整体消极态度，决策被上级推翻的概率显然更高。特别是在我国目前推行办案责任终身追究制的背景下，出于趋利避害的考虑，基层司法人员会更加欢迎明确具体的法律规范，以强化自身裁判时有"信心"不会被事后评价为"错案"。

从我国科层型官僚体制背景出发，在进行认罪认罚从宽制度的具体设计时，应当以逻辑法条主义为切入视角。司法体制改革须以法律规范的形式予以推动。在进行规范设计时需要遵循两个原则。第一，对程序的法律规制必须高度分殊化。② 司法实践纷繁复杂，只有高度分殊化的法律规范才有足够的适用空间，才能够使司法人员受规则的引导，约束其对自由裁量权的行使。在进行认罪认罚从宽制度的规范设计时，需要充分考虑到实践中存在的各种不同情形，对规范所涉及的法律概念及程序设计进行精细化解读，不能本末倒置，让司法实践"削足适履"去迎合法律规范。第二，逻辑法条主义致力于实现讲求原则的逻辑自洽性，新的制度设计须注重与既有制度的衔接，并努力实现理论与实践的内在统一。因此，为了使认罪认罚制度在实践中得到尊重，并取得良好的实践效果，制度改革的规范设计应当在法律系统内做尽可能全面的检视，排除制度间的内在矛盾，实现规范层面的逻辑自洽。

三、"由静向动"的思路转变

科层制的逻辑法条主义环境要求规范解释和设计从全局出发，遵循一种系统化的思维。明晰认罪认罚从宽制度在整个诉讼制度中的定位，是运用系统化思维进行法规范解读的前提。遗憾的是，关于认罪认罚从宽制度的定位，既有研究尚未形成统一的意见。有观点认为我们目前探索的认罪认罚从宽制度是一种独立于其他认罪制度的新制度；③ 也有观点认为认罪认罚从宽制度并非"另起炉灶"，而是包含于现行的认罪制度。④ 笔者认为，将认罪认罚从宽制度定位为一种"锦上添花"式的制度完善，更加符合科层制逻辑法条主义的环境

① ［美］米尔伊安·R. 达玛什卡著：《司法和国家权力的多种面孔——比较视野中的法律程序》，郑戈译，中国政法大学出版社 2015 年版，第 28 页。

② ［美］米尔伊安·R. 达玛什卡著：《司法和国家权力的多种面孔——比较视野中的法律程序》，郑戈译，中国政法大学出版社 2015 年版，第 72 页。

③ 孔令勇：《论刑事诉讼中的认罪认罚从宽制度》，载《安徽大学学报》（哲学社会科学版）2016 年第 2 期。

④ 参见谢登科：《认罪案件诉讼程序研究》，吉林大学 2013 年博士学位论文，第 94 页。

要求，有助于实现系统内逻辑自洽的制度设计。认罪认罚从宽制度并非一个全新的独立制度，而是将既有规范与司法实践中的认罪认罚从宽程序予以整合，并做体系化、制度化表述。在探索认罪认罚从宽制度的设计时，应当对我国在简易程序、刑事和解程序和实践中试行的刑事速裁程序中的经验和教训充分总结，从中梳理出统摄认罪认罚从宽程序系统的内在逻辑及发展趋势，并以此为基础探索上述三类程序之外该制度还包括哪些应然内涵。

从简易程序到刑事速裁程序，除了诉讼期间进一步缩短之外，还有一重要转变，即由单纯简化法庭程序发展为对整个刑事诉讼程序的"全程化"瘦身。这一从"审判分流"到"全程分流"的改革背后蕴含了一种诉讼法特有的"动态"观察思维。在刑事司法过程中，既要解决刑事实体法律关系，也要解决刑事诉讼法律关系。这两种法律关系呈现出不同的发展特征：对于刑事实体法律关系的观察是采取一种静态的思维，如如何定罪量刑以裁判时所固定的材料来确定；诉讼法律关系具有动态发展的特征，体现为一种法律状态。

传统的诉讼法学研究主要遵循静态的思维模式。这就导致在设计简易程序时，只将其局限在审判阶段，妨碍了诉讼效率价值的充分实现。简易程序只是单纯的审判分流，无法满足司法实践中对于案件繁简分流的需求，加之法官、检察官员额制改革带来的案多人少压力加剧，刑事速裁程序改革应运而生。如果犯罪嫌疑人在审前阶段已经认罪，倘若迟至审判阶段才对此作出程序回应，由于已经临近刑事诉讼的终点，程序简化的空间很小；但如果将公安司法机关对上述认罪的程序性回应提前至审前，从诉讼的起点就进行繁简分流，可供简化的程序空间更大，浪费的诉讼资源更少，诉讼效率价值可以得到最大程度的实现。

上述改革从表面上看只是将程序简化的时间点提前，其实质在于背后的思维模式实现了"由静向动"的根本转变。这也为认罪认罚从宽制度的设计提供了一种全新的思路。第一，在进行具有显著诉讼法特征的程序设计时，视野应当由"法庭刑诉"拓展为由各个诉讼阶段接续推进的动态的刑事诉讼全过程。对于犯罪嫌疑人、被告人的认罪认罚行为，在不同的诉讼阶段都应有一定的程序回应。第二，在进行制度相关的概念解释时，面对一些兼具实体与程序特征的概念，也应当采取一种动态的解释方法。认罪认罚从宽制度应当以"全程化"的思维观察和评价犯罪嫌疑人、被告人的认罪认罚行为，对此关键概念进行动态解释。

四、关键概念的规范解释

（一）"认罪"的概念解释

现有研究普遍认为，对"认罪"应当做广义理解，包含刑法中规定的"自首"、"坦白"及其他可能情形。[①]无论认罪还是自首、坦白，均有对应的规范表述，似乎并无进一步解释的必要。然而，笔者通过对不同司法实务人员的访谈发现，实践中并未形成对"自首"、"坦白"、"认罪"的统一理解。

笔者认为，解决上述理解分歧要从两个层面着手：第一，从静态思维出发，将理论上及司法实践中存在的犯罪嫌疑人、被告人"认罪"的各种情形予以归纳，并据此"密度"

---

① 参见陈卫东：《认罪认罚制度研究》，载《中国法学》2016 年第 2 期。

要求对概念进行解释；第二，从动态思维出发，在诉讼推进过程中对犯罪嫌疑人、被告人的"认罪"行为进行"全程化"评价，犯罪嫌疑人、被告人在诉讼过程中出现的"认罪"状态的波动也须一并纳入解释。以一般自首为例，刑法第 67 条第 1 款规定："犯罪以后自动投案，如实供述自己的罪行的，是自首……"可见，成立自首需要满足两个要件：一是自动投案；二是如实供述自己的罪行。其中"自动投案"的要件相对容易判断，实践中的分歧主要集中于如何理解第二个要件。以下笔者将从静态和动态两个层面对此要件予以解读。

以静态化思维解释自首，要看某一特定时间点犯罪嫌疑人如实供述自己罪行的程度。首先，成立自首只要求犯罪嫌疑人在事实层面予以承认，并不要求其对有罪的法律评价予以认可。在此问题上，引入三阶层的刑法理论将更有助于理解。成立犯罪需满足构成要件该当性、违法性和有责性三层要求。犯罪嫌疑人只要在该当性层面如实供述自己的罪行，即使其提出正当防卫的违法性抗辩，或精神病等有责性方面的抗辩，都不影响"自首"的成立，但不能认定为成立"认罪"。其次，即使对于构成要件该当性而言，自首也不苛责犯罪嫌疑人对故意或过失的陈述符合司法人员的法律评价。只要其对主要的客观行为如实供述，即使把犯罪故意说成过失，也可以成立自首。最后，是否悔罪并不影响犯罪的成立，同样也不影响自首的成立①，只是从宽量刑的幅度应比照悔罪的被告人有所减少。

以动态化思维解释自首，需要将犯罪嫌疑人、被告人在诉讼过程中出现的"自首"状态的波动一并纳入考量。根据既有规范是否成立自首，以一审判决作为时间节点："犯罪嫌疑人自动投案并如实供述自己的罪行后又翻供的，不能认定为自首；但在一审判决前又能如实供述的，应当认定为自首。"②该司法解释忽视了刑事诉讼动态发展的特征，是典型的静态观察思维。诚然，相较于自始至终供认罪行的被追诉人而言，此类被追诉人的悔罪态度不够诚恳。然而，相较于其他自始至终均不认罪的被追诉人而言，自首后又翻供的被追诉人还是在一定程度上节约了司法资源。

笔者认为，应当以动态化的思维解释自首，只要在某一时间点，犯罪嫌疑人、被告人符合自首的静态认定标准，在当下他就已经成立自首了。即使后来翻供，也不能抹杀他"自首过"的事实。自首乃法定的从宽情节。成立或者成立过自首的被告人，相较于从没有过自首情节的被告人而言，可以从轻处罚。根据自首的早晚、自首的程度，以及自首状态稳定性的不同，法院可以在从轻处罚的幅度方面予以区别。

自首与坦白较为接近，只要将自首中"自动投案"的要求替换为"被动投案"，上述解释就可以适用于坦白的认定。需要注意的是，自首和坦白均出于主动而如实供述主要罪行。如果犯罪嫌疑人、被告人起初对行为不予承认，后来发现公安司法机关收集到的证据确凿，无可抵赖，转而供述罪行，相当于对控方已掌握的证据予以"复述"，不能评价为坦白。但考虑到其相对于自始至终拒不认罪的被追诉人而言，还是节约了部分司法资源，故这种"复述型供认"也应在认罪认罚从宽制度中有一席之地。

由上可见，可以从三个方面理清"认罪"的概念。第一，自首、坦白与"复述型供认"都是事实层面的"认罪"行为；三者在投案的主动性、供述的主动性方面存在差异。

---

① 参见张明楷著：《刑法学》，法律出版社 2011 年版，第 517 页。
② 参见 1998 年 5 月 9 日实施的最高人民法院《关于处理自首和立功具体应用法律若干问题的解释》。

第二，前述三种事实层面的"认罪"行为叠加对于有罪法律评价的认可，方可构成完整意义上的"认罪"。第三，悔罪是自首、坦白、"复述型供认"和认罪的既非充分也非必要条件。它是独立于认罪的另一酌定从轻情节。

（二）"认罚"的概念解释

与认罪不同，认罚是一个新的法律概念，尚不存在规范层面的解释。对于此概念的理解同样需要遵循静态和动态双重解释思维。动态思维的观察与认罪大致相同，在此不予赘述。对于认罚概念的静态观察可以从三个方面展开：其一，自愿接受定罪并承担刑罚后果，此方面的认罚以认罪为基础，并几乎与认罪同时发生；其二，自愿接受检察机关提出的量刑建议；其三，如果被追诉人自愿承担定罪量刑的后果，但不接受检察机关提出的量刑建议，不影响认罚的成立，但控辩双方的对抗性相对于上一层次的认罚无疑更强，程序从简的幅度应相对有所收敛。被追诉人退赃退赔的行为体现了其不同程度的悔意，也是认罪认罚从宽制度的题中应有之义。① 认罪不以悔罪为前提，故被追诉人的退赃退赔以及其他悔罪行为须在认罚的概念内予以评价。

（三）"从宽"的概念解释

"从宽"的概念具有实体法和程序法的双重含义。在实体法层面，从宽意味着从轻处罚；在程序法层面，从宽意味着程序从快从简。② 从不同层面理解犯罪嫌疑人、被告人的认罪认罚行为，"从宽"至少具有三个层面的正当性基础。

首先，自首、坦白是法定的从宽情节，理应在认罪认罚从宽制度中予以确认。如果被追诉人在事实层面"认罪"，被告人供述作为一种直接证据，相对于间接证据，往往对于证据链条的形成具有更大的贡献，更容易达成"事实清楚，证据确实、充分"的证明标准，司法人员在举证及证据认定方面的负担得以减轻。其次，如果被追诉人不仅在事实层面"认罪"，同时也认可有罪的法律评价，这就意味着控辩双方之间的对抗性较小。辩方往往对裁判的认可度很高，提起上诉的概率很低，基层司法人员的决策被上级推翻的可能性就低。如此一来，从国家而言，司法资源得到了节省，实现了案件的分流；从司法人员个人来看，工作风险得以降低：其决策不会遭到上级审查时的否定评价，也不用过分担心因此承担的办案责任。无论是国家，还是司法人员本人，都乐于给予被追诉人一定程序的从简，乃至实体从宽的"优惠"作为非对抗性的回报。最后，如果被告人不仅认罪而且认罚，控辩双方之间的非对抗性特征又得以增强。此外，如果被告人还有退赃退赔等悔罪表现，往往理解为其再犯可能性较小，可以从预防性方面找到实体从宽的正当性依据。

五、程序设计的基本立场

明确上述认罪认罚从宽制度的关键概念后，可以尝试对该制度进行程序设计。笔者在

---

① 参见陈卫东：《认罪认罚制度研究》，载《中国法学》2016年第2期。
② 参见叶圣彬：《论刑事速裁量刑观——从"认罪认罚"到"从快从宽"的内在逻辑》，载《法律适用》2016年第6期。

此不欲对认罪认罚从宽制度作出精细的程序设计，而只对程序设计的两个基本立场予以阐释：一是在程序设计时，各程序要素之间应当为"或然"的逻辑关系，而非"并且"；二是认罪认罚从宽制度不应采取刚性从宽的制度设计。

（一）程序要素间的"或然"逻辑关系建构

典型的科层型权力组织形式会催生出具有明显政策实施型特征的司法程序。在设计具体程序时，需要首先明确此程序所欲实现的国家政策为何。如果国家通过该程序实现多元的政策价值，各程序要素就均应满足，以逻辑"且"的关系连接；如果国家只需要通过该程序实现单纯的政策价值，那么各要素以逻辑"或"的关系连接，以保障一元政策价值的最大化。

多元价值导向的程序设计看上去很美，但是与科层式司法程序所要求的高度分殊化特点相冲突。多元价值同时实现的场合，往往对环境提出较为苛刻的要求。多元价值越是丰富，所要求的实践环境就越为"凑巧"，在司法实践中出现的概率就会越低。刑事和解制度就是此方面的一个反例。叠床架屋式的程序设计令刑事和解制度"作茧自缚"，实践中的适用效果大打折扣，沦为一件几乎完全概念化的"皇帝的新衣"。①

多元的价值追求可能让该制度不堪重负。认罪认罚从宽制度要避免重蹈刑事和解制度的覆辙，就需要在各种制度价值追求之间有所取舍。笔者认为，诉讼效率是认罪认罚从宽制度最主要的政策价值追求。只要不损害司法公正的底线，程序设计就可以通过扩大程序规范的适用概率，最大限度地追求诉讼效率价值。简言之，就是将各程序要素之间以"或然"的逻辑关系连接，进而降低认罪认罚从宽程序的启动门槛。例如，从程序的非对抗性角度考虑，由于犯罪嫌疑人、被告人并无义务配合公安司法机关，因此只要诉讼过程中存在或存在过被告人的认罪或认罚行为，诉讼程序就表现出高于最低标准的非对抗性特征，认罪认罚从宽程序就可以因此而启动。但是考虑到司法公正的要求，程序从简的幅度原则上应当与程序的非对抗性程度成正比。

（二）刚性从宽制度设计之摒弃

前文已述，科层式官僚制背景对自由裁量权整体上持消极态度。也有一些学者及司法实务人士呼吁认罪认罚从宽制度改革应当附以刚性从宽，特别是实体上刚性从宽的法律效果。诚然，刚性从宽的制度设计有利于提高法律后果的可预测性；刚性的制度要求可以有效提高制度的适用比率；基层司法人员作出"从宽"决策也不必动用自由裁量权，不必承担被改判的风险；实体从宽对被告人而言是最实惠的激励，也是促使其认罪的最重要筹码。这样的制度设计看似皆大欢喜，却忽略了科层式司法程序对于逻辑法条主义的要求。

认罪认罚从宽制度旨在实现诉讼效率，并以不损害司法公正为底线。如果程序设计动摇了司法公正的底线，就会从根本上违背逻辑法条主义的要求。一方面，从实体刑事责任角度观察。被告人的刑事责任由责任性和预防刑两部分组成。认罪悔罪等因素所影响的是被告人预防刑方面，并非责任性方面。故从刑事实体法的角度考虑，犯罪嫌疑人、被告人"认罪"只能是"可以"从宽的情节，欠缺"应当"从宽的正当性。另一方面，如果程序

---

① 参见孙远：《当事人和解的公诉案件诉讼程序之立法论批判》，载《政治与法律》2016年第6期。

设计时明确了刚性从宽的法律后果，基于逻辑法条主义的自洽性要求，定会对该制度的程序启动要素重新予以检视。认罪认罚从宽制度的程序启动要件势必会转向严苛，将若干程序要素以逻辑"且"的关系连接，以实现其与刚性从宽结果之间的逻辑自洽。如此一来，认罪认罚制度改革又会落入刑事和解制度般的"作茧自缚"式窠臼。

　　一面是科层式体制背景对于减小或消除自由裁量权的惯性要求确立刚性从宽，特别是实体上刚性从轻处罚的制度后果；一面是逻辑法条主义下不允许动摇司法公正的价值底线，拒绝认罪认罚从宽制度设计为刚性从轻的制度。二者之间的矛盾看起来无法调和，实则不然。在逻辑法条主义的背景下，虽然自由裁量权是一种令人遗憾的存在，但却是一种不可避免的最后补救措施。[①] 认罪认罚从宽制度需要"柔性"从宽的制度结果设计，以维护司法公正的价值底线。同时，对基层官员对自由裁量权的约束，可以通过法律规范的精细化发展得以实现：认罪、认罚、从宽等概念的解释将根据静态和动态两套思维不断细化，基层司法人员需要对司法实践中存在的"认罪"、"认罚"行为进行细致区分，找到与其相适应的个殊化程序规范，并严格适用；自由裁量权不代表司法人员可以恣意妄为，即使满足制度规定的程序启动条件，在运用自由裁量权对案件进行从宽处理的过程中也应当遵守恣意禁止原则。如果司法人员的决策与一般人的判断显然矛盾，且无法说明理由，则其裁判结果将因为违背恣意禁止原则而遭到否定评价。

（作者单位：中央民族大学法学院）

---

① 参见［美］米尔伊安·R. 达玛什卡著：《司法和国家权力的多种面孔——比较视野中的法律程序》，郑戈译，中国政法大学出版社 2015 年版，第 72 页。

第四部分

刑事速裁程序的立法问题

迈向中国式控辩协商

——刑事速裁程序的未来走向

刘方权

引言

不可否认，刑事速裁程序试点与刑法圈扩张，刑事案件数量激增，"案多人少"矛盾突出之间有着密切的关系，[1] 因此虽然从全国人大常委会《关于授权最高人民法院、最高人民检察院在部分地区开展刑事案件速裁程序试点工作的决定》（以下简称《决定》）来看，刑事速裁程序试点的目的不仅包括提高审判效率，甚至从某种意义上而言，效率只是这一改革举措的次要目的，审判质量的提升还优先于效率。[2] 但更多的时候，我们在理解刑事速裁程序试点价值的时候，自然而然地将其与提升诉讼效率联系在了一起，甚至将效率作为速裁程序试点的唯一或主要价值。[3] 然而，笔者认为，如果仅仅将目光停留在"效率"之上，而不能抓住速裁程序试点本身的独特价值所在，那么其很难超越简易程序的存在意义。虽说相对而言速裁程序比"简易程序更简易"，但应当正视的是，简易程序适用的案件范围与案件数量要远远大于速裁程序，而且在审判效率方面并不明显低于速裁程序。那么，速裁程序试点又有何创新之处，需要由全国人大常委会以"决定"的方式来授权最高人民法院、最高人民检察院在一些地区开展试点？如果仅仅只是为了提升效率，那么只需要对现行简易程序进一步简化，为何需要在简易程序之外"创造"一个"崭新"的速裁程序？基于这样的思考，笔者认为，虽说速裁程序确实可以达到提高审判效率的目的，但效率绝不应是速裁程序试点的价值根据，或者说其区别于简易程序、普通程序的独特价值所在，也只有找到了其真正的价值根基，速裁程序试点的方向才有可能得以明确；当前试点中发现，以及没有发现的问题才有可能得到较好的解决。

一、刑事速裁程序的价值根据

刑事速裁程序作为贯彻落实中共中央《关于全面推进依法治国若干重大问题的决定》提出的完善刑事诉讼中认罪认罚从宽制度要求的具体举措，其与简易程序最为实质性的区别不在于程序的更为简易和迅速，而在于对认罪认罚被告人在实体上从宽处罚的明确。具体表现在《关于在部分地区开展刑事案件速裁程序试点工作的办法》（以下简称《办法》）

---

[1] 相关论述可以参见林喜芬：《刑事速裁程序：从法理到实证的考察》（未刊稿）。

[2] 《决定》的表述是：为进一步完善刑事诉讼程序，合理配置司法资源，提高审判刑事案件的质量与效率，维护当事人的合法权益。

[3] 相关论述可以参见汪建成：《以效率为价值导向的刑事速裁程序论纲》，载《政法论坛》2016年第1期。

中即不仅要求犯罪嫌疑人、被告人认罪，而且同意检察机关提出的量刑建议，[1] 人民检察院决定起诉并建议人民法院适用速裁程序的，应当在起诉书中提出量刑建议和犯罪嫌疑人的具结书等材料，对被告人自愿认罪、退缴赃款赃物、积极赔偿损失、赔礼道歉，取得被害人或者近亲属谅解的，可以依法从宽处罚。[2] 换句话说，刑事速裁程序制度设计不仅仅局限于刑事诉讼程序运行本身，而是融合了刑事实体法的（从宽）量刑规则与程序法的（迅速）运行规则。

如果说我们将"认罪认罚"视为刑事速裁程序启动的条件，"从宽"视为刑事速裁程序运行的结果，那么某种类似于辩诉交易的形态就已经显现。尽管《办法》并未提到类似于"辩诉交易"、"控辩协商"等字眼，但试点实践中对刑事速裁程序中法律援助值班律师制度的功能期待已经清楚地表达了速裁程序所隐含的"协商性"。例如，司法部《关于切实发挥职能作用做好刑事案件速裁程序试点相关工作的通知》指出，法律援助值班律师的主要职责包括帮助其进行程序选择和量刑协商，依法维护其合法权益。[3] 一些试点基层法院所在区域制定的相关工作办法、细则亦明确了法律援助值班律师协助犯罪嫌疑人、被告人与检察机关进行量刑协商的职责，并就此在一些试点区域的检察机关、人民法院、司法行政机关之间形成了共识。

基于以上认识，笔者认为刑事速裁程序的价值根据不在于效率，而在于其通过"认罪认罚从宽"实践所表达出来的融实体与程序于一体的"协商性"、"交易性"，以及由此对中国刑事诉讼制度的建设与发展可能带来的转型机遇。自 1996 年刑事诉讼法修改以来，如何增强中国刑事诉讼程序的"对抗性"一直都是刑事诉讼法学界的主流，而"当事人主义"刑事诉讼模式下的"协商性"实践却被有意无意地忽略，甚至被明确反对，[4] 但面对中国刑事诉讼实践中刑讯逼供等顽疾，也有学者明确提出通过建立控辩协商，或者辩诉交易制度来解决控方面临的证据供给不足，从而从根本上解决刑讯逼供的问题根源。[5] 因此，刑事速裁程序改革试点举措的推出，虽说从最终意义上而言是为了提升刑事诉讼程序的效率，但正如前文所述的那样，提升刑事诉讼程序效率的渠道有很多，刑事速裁程序区别于其他制度设计的独特之处在于通过对刑事诉讼过程中的"协商性"、"交易性"的认可，丰富控方的证据来源，提升控方的举证能力，同时满足被告人获得从宽处罚的利益诉求，从而将更多的案件导入速裁程序之中，并实现从整体上提升刑事诉讼程序效率的目标追求。如果不是其独具的"协商性"、"交易性"，刑事速裁程序与简易程序之间的区别更多只是一种影响程序效率程度的"量"之差异，而非程序构造、运行规律等方面"质"的不同。

二、"控辩协商"如何实践

中共中央《关于全面推进依法治国若干重大问题的决定》提出要完善刑事诉讼中认罪认罚从宽制度，但值得注意的是，2012 年修正的刑事诉讼法除了在第 118 条规定"侦查人

---

① 《办法》第 2 条第 2 项。
② 《办法》第 8 条、第 13 条。
③ 参见司法部《关于切实发挥职能作用做好刑事案件速裁程序试点相关工作的通知》（2014 年 10 月 9 日）。
④ 最为典型的论述可以参见孙长永：《珍视正当程序，拒绝辩诉交易》，载《政法论坛》2002 年第 6 期。
⑤ 参见何永军：《从辩诉交易看刑讯逼供的治理》，载《江西公安专科学校学报》2006 年第 4 期。

员在讯问犯罪嫌疑人的时候，应当告知犯罪嫌疑人如实供述自己罪行可以从宽处理的法律规定"外，并无任何与"认罪认罚从宽"的制度规定。从这一意义上而言，"完善刑事诉讼中认罪认罚制度"更为确切的表达应当是"建立刑事诉讼中认罪认罚从宽制度"。因此，首先要讨论的问题便是如何理解"认罪认罚"、"从宽"。

根据《办法》第1条第2、3项规定，适用速裁程序的案件犯罪嫌疑人、被告人应当承认自己所犯罪行，对指控的犯罪事实没有异议，对适用法律没有争议。即"认罪"不仅应当承认"犯罪事实"，还应当认可公安司法机关对其所涉嫌犯罪事实的法律评价。同时，犯罪嫌疑人、被告人还应同意人民检察院提出的量刑建议。从文义上来理解，"认罪认罚"之"认"包含两层意思：第一，针对被指控犯罪事实的"承认"①；第二，针对被指控犯罪事实的法律评价——定罪与量刑的"认可"。②从逻辑关系上而言，"承认"是"认可"的前提，即如果犯罪嫌疑人、被告人不"承认"被指控的犯罪事实，即不存在对定罪与量刑的"认可"问题。需要注意的是，即使假设所有被指控的犯罪嫌疑人、被告人在事实层面都是被指控犯罪事实的确切实施者，但从认知层面而言，是否"承认"犯罪事实，每个犯罪嫌疑人、被告人也许只需要根据其经验与常识即可作出选择与判断，而是否"认可"对犯罪事实的法律评价，则需要建立在对案件事实、证据全面分析的基础上进行专业的评价，这显然超出了绝大部分犯罪嫌疑人、被告人的认知能力范围。换句话说，"承认"是一种事实判断，而"认可"是一种专业判断。

进而言之，虽然从形式逻辑上而言，"认可"需要以"承认"为前提，但从犯罪嫌疑人、被告人的行动逻辑而言，有些时候可能恰恰相反，即犯罪嫌疑人、被告人是否"承认"被指控的罪行，必须以其是否"认可"对该犯罪事实的法律评价，特别是对人民检察院提出的量刑建议为前提。如果犯罪嫌疑人、被告人不"认可"人民检察院提出的量刑建议——认为人民检察院建议的刑种、刑期、刑罚执行方式等与其心理预期差距过大，则很有可能不"承认"被指控的犯罪事实。因此，人民检察院提出的量刑建议成为犯罪嫌疑人、被告人是否认罪的条件，而不是认罪后的结果。

三、"控辩协商"的制度保障

（一）律师普遍参与

从制度正当性的角度而言，"认罪认罚"必须建立在犯罪嫌疑人、被告人"自愿"、"理性"的基础之上。③正如上文所述，"认罪认罚"并不是简单的对被指控犯罪事实的

---

① 陈卫东教授认为，"认罪"作为一种广义上的概念，其更应包含刑法中规定的"坦白"与"自首"以及其他可能之情形，只要犯罪嫌疑人、被告人如实供述了被指控的行为事实，并在后续的协商过程中达成了承认罪行指控的协议，就应当被认定为符合"认罪"的要求。参见陈卫东：《认罪认罚从宽制度研究》，载《中国法学》2016年第2期。

② 陈卫东教授认为，"认罚"包括三个层面的含义：第一，犯罪嫌疑人、被告人要自愿接受所认之罪在实体法上的刑罚后果；第二，在程序上应当包括对诉讼程序简化的认可，放弃其在普通程序中所具有的部分法定诉讼权利；第三，退赔、退赃。只有与检察机关达成了有效的认罪协议，并满足了上述三项条件才能被认定为"认罚"。参见陈卫东：《认罪认罚从宽制度研究》，载《中国法学》2016年第2期。

③ 参见陈卫东：《认罪认罚从宽制度研究》，载《中国法学》2016年第2期。

"承认"，还包括对该犯罪事实法律评价——定罪和量刑的"认可"，涉及对案件事实、证据、法律评价等问题的综合考量，在一定程度可以认为，即使犯罪嫌疑人"自愿"认罪认罚，也并不意味着这一决定就是其"理性"选择的结果。理由是在犯罪嫌疑人、被告人没有阅卷权、没有律师帮助的情况下，要求其作出是否认罪认罚的决定已经超出了犯罪嫌疑人、被告人的能力范围。因此，为了保证犯罪嫌疑人认罪认罚的自愿、理性，有必要建立速裁程序中的特别辩护制度。

从犯罪嫌疑人、被告人在刑事诉讼中的行动逻辑而言，基于理性人的假设，其之所以认罪认罚，并非因为其事实上实施了被指控的犯罪事实，而是基于对案件事实、证据的全面考量之后，认为控方的指控事实清楚、证据确实充分，认罪认罚并适用速裁程序能够为其带来最优的实体利益后作出的选择。然而，由于在我国的刑事诉讼程序中，犯罪嫌疑人、被告人没有阅卷权，因此无法了解控方对指控犯罪事实的证据掌握程度，除了其本人的供述外，犯罪嫌疑人、被告人根本不知道控方掌握了哪些指控证据，更遑论对控方所掌握的证据是否达到了确实、充分作出判断，① 从而导致其在与检察机关"协商"（如果有的话）的过程中处于一种完全信息不对称的境地，难以保证其认罪认罚选择的自愿和理性。或许正是基于这样的考虑，《办法》第4条规定，要建立法律援助值班律师制度，要求法律援助机构在人民法院、看守所派驻法律援助值班律师。

（二）"从宽"的制度化

"从宽"是激励犯罪嫌疑人、被告人"认罪认罚"，同意适用刑事速裁程序的重要动力。从理论上而言，为一项激励措施，或者一种激励机制，要充分发挥其应有的激励效应，至少应当具备这样几个条件，如激励的明确性（给予什么激励）、激励的确定性（一定会给予激励）、激励的相应性（激励应当与个体的心理预期相匹配）。明确性、确定性可以使个体清楚地知道其选择将会而且一定会为其带来的什么样的收益，从而促使其在选择决策过程中更好地进行成本——收益的权衡；而相应性则可以使个体在选择决策时确信其决定所带来的收益将大于或者至少与其他付出的成本相当。因此，从制度设计层面而言，刑事速裁程序制度不仅应当明确只要犯罪嫌疑人、被告人认罪认罚，同意适用刑事速裁程序就应当从宽处罚（而不是附条件的可以从宽处罚）的原则，而且应当明确具体的从宽幅度，以体现刑事速裁程序相对于简易程序、普通程序在量刑优惠方面的比较优势，从而充分激励犯罪嫌疑人、被告人选择适用刑事速裁程序。

（三）法官中立审查

根据《办法》第11条规定，人民法院适用速裁程序审理案件，应当当庭询问被告人对被指控的犯罪事实、量刑建议及适用速裁程序的意见，听取公诉人、辩护人、被害人及其诉讼代理人的意见。对被告人当庭认罪、同意量刑建议和适用速裁程序的案件，不再进行法庭调查、法庭辩论。即在刑事速裁程序中，案件的事实、证据及法律适用问题等不再是

① 即使犯罪嫌疑人、被告人有阅卷权，正如上文所述的那样，对案件事实、证据、法律适用等问题的判断已然不是一种事实判断，而是一种专业判断，即使其阅卷了，但由于缺乏充分、必要的法律知识，犯罪嫌疑人、被告人的认罪认罚虽然"自愿"，但或许并非是理性的选择。

法庭审理的重点，甚至在一定程度上可以认为法庭据以形成裁判的根据只是刑事诉讼程序各当事人的"意见"——即被告人及其辩护人、公诉人及被害人对指控的犯罪事实、量刑建议及适用速裁程序的一致"合意"。问题是如果脱离了案件的事实与证据基础，法庭裁判的正当性是否充分？如果从实体的层面而言，答案显然是否定的。当然，有人也许可以提出，速裁程序本身即要求"案件事实清楚、证据充分"，虽然速裁程序中不进行法庭调查、辩论，但并不因此可以得出法庭的裁判缺乏事实与证据基础的绪论。对此，笔者认为，逻辑上需要廓清赖以起诉的事实与证据，和据以裁判的事实与证据之间的关系。由于认知主体、认知环境的不同，也许检察人员在审查起诉过程中确实认为案件已经达到了事实清楚、证据充分的要求，并据此向人民法院提起公诉。但这并不意味着审判人员对案件的事实、证据也具有与检察人员一样的认知，毕竟审判人员在刑事诉讼程序中的地位、职责与检察人员并不相同，更重要的是，二者对案件事实、证据的认知环境也存在较大的区别。因此，才会存在检察机关认为案件事实清楚、证据确实充分，人民法院却认为事实不清、证据不足的现象发生，从而实现审判权对公诉权的制约。

从被告人权利保障的角度而言，对法庭调查、辩论程序的省略不仅是对被告人质证权、辩护权的减损；从审判权对公诉权的制约角度而言，法庭调查、辩论程序的省略弱化甚至放弃了审判程序的查明案件事实功能，从而在一定程度上削弱了审判权对公诉权的制约。毫无疑问，无论是对被告人权利的减损，还是对审判权制约公诉权功能的削弱，都会使法庭裁判的正当性受到质疑——这是刑事速裁程序，或者未来的中国式控辩协商程序需要解决的问题之一。笔者认为，为了弥补因省略法庭调查、辩论程序对裁判正当性可能带来的消极影响，法庭必须有所作为。即法庭审理的重心将从对案件事实、证据的调查以及法律的适用转向对控辩双方"合意"合法性的审查，并重点围绕被告人认罪认罚的"自愿性"来展开，法庭裁判的根据从"证据证明的事实"转向了"控辩双方合意的事实"，并借此提升刑事速裁程序（中国式控辩协商程序）裁判的正当性。然而，正如一些美国学者在讨论被告人口供的自愿性问题上曾经指出的那样，"因其涉及了案件的几乎所有情形，例如，被告的智力情况、饮食情况、是否被剥夺了睡眠、警察审讯持续的时间、审讯时亲友是否在场、其聘请律师的要求是否被拒绝等等。"① 从实践的角度而言，对"自愿性"的审查判断由于缺乏具体明确的标准而难以把握，因此不得不转向更具形式性的"合法性"标准。

四、信任——迈向中国式控辩协商的基础

如果单纯地将刑事速裁程序试点改革视为为了提高诉讼效率，化解积案的改革举措，那么效率在很大程度上即可成为其正当化的根据。但如果将其看作一项完善刑事诉讼中的认罪认罚从宽制度，提升人权司法保障水平的具体举措，并正视蕴藏其间的控辩协商因子，那么或许单纯的效率已经不足以证成其正当性，而且就目前试点的情况来看，也不足以证成其有效性。基于对刑事速裁程序试点改革迈向中国式控辩协商的判断，笔者认为，无论是从刑事速裁程序试点改革本身而言，还是从最终走向的中国式控辩协商制度而言，改革要取得成功，中国式控辩协商制度能够得以建立，至关重要的是为试点改革、制度建设寻

① Wayner R. Lafave, Jerold H. Isreal & Nancy J. King, Criminal Procedure 440, 447-51 (2ed. 1999).

找现实、坚实的基础。虽然我们极力回避"辩诉交易"的字眼,试图以"刑事速裁程序"、"认罪认罚从宽制度"、"中国式控辩协商"等表述来掩盖"交易"的事实,但必须正视的是,无论我们最终如何为这一新设的制度命名,"交易"的实质都将暴露在公众的视线之前,而这能为中国普通民众、法学研究者们接受吗?

近十余年来,中国各级法院受理的一审刑事案件数量一直保持增长的趋势,从 2002 年的 63.2 万件,[①] 增长至 2015 年的 109.9 万件,[②] 增长幅度达 90% 左右,但法院工作人员的数量自 2004 年以来就一直保持在 30 万左右,[③] 法官人数又只占其中的 58% 左右。[④] "案多人少"的矛盾意味着效率在刑事诉讼程序价值体系中的地位日益凸显。因此,在中国刑事诉讼中建立辩诉交易制度(或者说认罪认罚从宽制度)的必要性在一定程度上得以证成。但正如波斯纳所言,不管效率如何重要,都只是正义的第二种含义。换句话说,当司法的第一价值——正义尚未得以全面实现的情况下,辩诉交易制度构建的必要性并不足以支持其正当性和可能性,孙长永教授十余年前的担心在今天仍然并不为过。虽说这不能成为反对在中国刑事诉讼中确立辩诉交易制度的充分理由,但至少可以提醒我们,在改革的方案设计与推进过程中,如何培养、提升公众对辩诉交易制度的信任与信心,并最终提升中国刑事司法制度的公信力。否则,这一在美国运行数十年仍然质疑声不断的舶来品,在未来一段时间里势必和当初的刑事和解一样,沦入"以钱买刑"的批判之中,[⑤] 并在一定程度上削弱中国刑事司法制度的公信力。

(作者单位:福建师范大学法学院)

---

① 参见《中国法律年鉴》(2004 年),中国法律年鉴社 2004 年版,第 1054 页。

② 参见 2016 年《最高人民法院工作报告》(2016 年 3 月 13 日),http://lianghui.people.cn/2016npc/n1/2016/0313/c403052-28194909.html,2016 年 6 月 28 日访问。

③ 2004 年全国各级法院工作人员数量为 294597 人,参见朱景文主编:《中国法律发展报告——数据库和指标体系》,中国人民大学出版社 2007 年版,第 194 页;另外,根据《全国法院人才队伍建设规划纲要(2010-2020)》所设定的到 2015 年全国法院人才队伍新增 82000 人左右,力争使全国法院各类人才总量规模达到 40 万人的目标推断,2011 年左右,全国法院工作人员数量为 31 万左右。参见:《全国法院人才队伍建设规划纲要发布》,载《人民法院报》2011 年 6 月 23 日。

④ 根据 2013 年召开的全国法院队伍建设工作会议的信息,2013 年中国法官人数约 19.6 万人,占全国法院工作人员总数的 58%。参见《中国法官人数已近 20 万人,占法院系统总人数 58%》,http://www.chinanews.com/fz/2013/07-25/5085939.shtml,2016 年 6 月 28 日访问。

⑤ 有关刑事和解制度与实践正当性的讨论可以参见于志刚:《刑事和解的正当性追问——中国政法大学首次"青年教师学术沙龙"观点综述》,载《政法论坛》2009 年第 5 期。

我国刑事速裁程序中应当注重的几个法律关系

洪　浩　寿媛君

一、立法生命力与司法经验总结的关系

有别于刑法的授权性，每一个刑罚权的设定都是给有权执行刑法的国家机关设定一项权力；刑事诉讼法是一部限制公权力的限权性法律，调整对象主要是国家公权力机关及其工作人员，公权力机关依法执行刑事诉讼法的同时应当受到刑事诉讼法的约束，这种既是权力机关又是义务机关的规定，使执法机关在执法的同时可能会出现掣肘之状态。因此，如果不以制度作保障，刑事诉讼法在执行时就容易出现执行不到位的情况。速裁程序以"实验性立法"的方式推行，有效地避免了大陆法系的立法过于原则，可能导致法律的准确适用可能存在争议，表现为法律实施的效果不佳的问题；但良法之治需要立法和司法的共同作用，使立法者的美好愿景能契合一个国家的基本国情和事物发展的客观规律，方能使法律具有生命力。

案件能否适用速裁程序主要依靠对证据材料的判断和确认。因时间之不可逆性，通过证据还原的案件事实必然存在不周延性。例如，实物证据会随着时间的流逝可能灭失，言词证据会随着证人记忆的淡化而变得模糊或因其主观意志而出现不确定。信息科学的理论表明，信息资源的不充分性难以保证决策的正确性，因此在案件的基础性证据材料不周延的情况下，法官形成的判断也可能是不周延的，其判决的结果的公正性亦无法保障。公正无法确保即无从谈及提高效率。

试点工作开展以来，全国 14 个省份的 18 个城市检察机关共确定 212 个基层检察院开展刑事案件速裁程序试点工作。截至 2015 年 12 月，试点地区检察机关适用速裁程序提起公诉案件 3.1 万余件，占同期审结的全部刑事案件总数的 15% 左右。截至 2015 年 8 月 31 日，广州市 12 个基层法院适用速裁程序审结的案件共 2608 件 2655 人，审结案件占同期刑事案件结案数的 15.36%，案件数量居全国首位。[①] 通过中国裁判文书网，以 2015 年北京市基层人民法院适用速裁程序的案件为例，分别输入关键字"速裁程序"、"盗窃"、"危险驾驶"、"走私、贩卖、运输、制造毒品"，一共检索到判决书 1222 份，[②] 受贿、引诱吸毒、聚众斗殴适用速裁程序的案件为零。两年试点工作暴露出速裁程序适用条件设定得不合理，没有遵从刑事案件与证据之间的客观规律设定适用条件，导致适用案件类型分布明显不平衡。适用速裁程序的条件之一是案件事实清楚，证据充分，被告人自愿认罪，案件性质局

[①] 刘冠南等：《广州"刑事速裁"试点走在全国前列》，载《南方日报》2015 年 9 月 16 日 A6 版。

[②] 通过中国裁判文书网，搜索到北京市基层人民法院适用速裁程序审理生效盗窃案件判决书 355 份，危险驾驶案件判决书 817 份，走私、贩卖、运输、制造毒品案件判决书 50 份。适用速裁程序的判决书 1955 份。

限于危险驾驶、交通肇事、盗窃、诈骗、抢夺、伤害、寻衅滋事等11类罪名之中。然而事实清楚、证据充分的标准适用我国刑法规定的所有罪名的认定，反之《关于授权最高人民法院、最高人民检察院在部分地区开展刑事案件速裁程序试点工作的决定》规定的11类犯罪也会出现事实不清、证据不足的情形。证据多寡与案件罪名之间没有必然的联系，这种以罪名确定适用范围的方法，可能会导致许多案情简单、事实清楚的案件无法适用速裁程序，从而限制了速裁程序的适用范围。不难看出，目前"两高"的试点以罪名作为标准来界分刑事速裁程序的适用存在明显的不足。

在关照罪名标准的前提下，建立以基础性事实确认的证据标准尤为必要。例如，刑事诉讼法第80条规定，公安机关对于现行犯或者重大嫌疑分子，如果具备正在预备犯罪、实行犯罪或者在犯罪后即时被发觉的情形，可以先行拘留。从这一条的规定来看，许多可能不属于"两高"试点的罪名范围的案件，也具备适用速裁程序的基本要求。现行犯因犯罪行为正在实施，或者实施后即时被发觉，属于由犯罪嫌疑人入手还原犯罪事实，收集并固定案件的证据，以及犯罪嫌疑人自愿认罪的可能性等方面，相对于案发后，由犯罪事实入手，查找犯罪嫌疑人模式，更容易接近案件的真实情况。这种以案件所具有的客观性为判断条件的证据标准，相对于以主观判断为特点的罪名标准，更具有确定性和高效性，进而更符合速裁程序适用的案件的审查。

由此看来，建立以确认案件事实为前提的证据标准，代之以"两高"的罪名标准，再辅之以犯罪的成因、量刑的情节等因素，以确立适用速裁程序的案件范围，更符合事物发展规律，准确及时有效地分流刑事案件，从而有效地彰显法律的生命力。同时，在案发之初对犯罪嫌疑人品格证据的收集和记录，以及可能涉及有被害人的案件中，所形成的双方当事人关于赔偿损失、赔礼道歉等事项的协议，既可以作为适用速裁程序的辅助性条件，也可以成就可能存在的附带民事诉讼案件的彻底解决。

二、法益保护类型化与程序设计多元化的关系

刑事实体法正确、有效地实施向来是刑事司法制度始终面临的重大课题。伴随人类文明的进步、法治社会的建立，惩治犯罪作为保障人类社会生存、发展的基本手段，不再是刑法的唯一功能；现代法治原则的确立，强调惩罚犯罪的手段应当具有正当性、人道性和合理性，使尊重和保障人权成为刑事司法的主要功能之一。我国正处于社会转型期，社会治理体系的创新和刑事立法的与时俱进，呼应着刑事诉讼制度的变革；综观两次刑事诉讼法的修改，不难发现，为顺应刑事实体法法益保护功能的变化，我国刑事司法制度也需要予以变革和转型，一种多元化的刑事诉讼模式已经基本形成。

具体而言，我国刑法几经增补修正案出现了几个方面的变化：其一，为了加强对民生的保护，添加了新的罪名，降低了部分违法行为入刑的门槛。其二，全面落实宽严相济刑事政策，调整了刑罚惩处的力度，死刑罪名逐渐减少，自由刑处罚的力度与结构逐步科学优化，进而使自由刑刑期结构更加优化。

刑事实体法的调整呼应了现代社会犯罪行为呈现的类型化、地域化等分化态势，使刑事诉讼制度的调整出现了可能。目前我国重罪案件相对偶发但可能情况复杂，轻罪案件相

对频发但可能事实简单等多种样态。[①] 例如，盗窃、危险驾驶等违法行为犯罪化使轻微刑事案件激增；恶意拖欠薪资等涉及民生的刑事案件需要高效的程序运行，以保障及时地定纷止争，使人民群众的切身利益不至受到更严重的损害。这种以司法活动方式代替行政行为化解社会矛盾的方式能更好地达到社会治理的目的，但也会增加案件数量。与此同时，危害国家安全犯罪、恐怖主义犯罪、极端主义犯罪和群体性暴力犯罪等重罪犯罪案件依然存在；非法集资、非法吸收公众存款犯罪伴随着经济发展也呈现高发态势，上述犯罪因涉及当事人众多，案情疑难复杂，社会影响范围广，需要投入大量司法资源维护社会安全，维系社会关系稳定。

因此，在司法资源有限的前提下，相应的刑事诉讼程序设计也需要作出调整。现行刑事诉讼法建立的重大案件的非法证据排除制度、技术侦查措施、同步录音录像制度，公诉案件的刑事和解程序，未成年人刑事案件诉讼程序等，均体现出刑事诉讼制度在解决刑事纠纷中的公正、效率匹配的价值考量。同样的，试点中强调的简化处理轻微刑事案件的制度设计，也是为了保证复杂案件获得更优渥的资源配比，才能使不同类型的法益均得到有效的保护。

应该说，速裁程序试行是我国的刑事诉讼制度对司法资源区别配置的有益设计。这一设计使司法资源由平均分配转向区别配置，可以有效地填补简易程序、普通程序等程序设计层次跨度过大的缺陷。但试点工作的数字统计依然暴露出速裁程序呈现案件适用范围过窄的问题。参考 2014 年我国刑事案件，判处 5 年以上有期徒刑至死刑的重刑罪犯 11165 人，占生效人数的 9.43%，重刑率比 2013 年下降 1.36 个百分点；判处 5 年以下有期徒刑罪犯 503481 人，占 42.50%；判处缓刑、拘役、管制及单处附加刑 549392 人，占 46.38%；免予刑事处罚的 19253 人，占 1.63%；[②] 综合上述统计数据能够发现，首先，5 年以下有期徒刑罪犯占 90.51%，设定 1 年有期徒刑以下刑罚标准并未实现预期的繁简分流。其次，缓刑、拘役的刑罚比例接近一半，而适用速裁程序的案件不足两成，多数案件的处理尚未脱离冗长的讼累，未能达到速裁程序设计的初衷。

法学家贝卡利亚曾言：诉讼本身应该在尽可能短的时间内结束，这是因为"惩罚犯罪的刑罚越是迅速和及时，就越是公正和有益"[③]。因此，我们认为既然以宣告刑的刑期作为繁简分流的标准之一，那么刑期标准的确定就应当与实体法认同的轻微刑事犯罪的刑罚幅度相符。既然以授权司法先行作为立法区分繁简的重要参考，那么立法内容应当符合司法实践呈现的刑事案件分布规律。适当地提高速裁程序案件适用的拟制宣告刑期（5 年以下）应该是可行的。

---

① 《中国法律年鉴》（2014 年卷）："全年新收刑事一审案件 1040457 件，同比上升 7.09%，占刑事案件总数的 89.32%；审结 1023017 件，同比上升 7.24%。全年全国法院共新收严重危害社会治安案件 252453 件，同比下降 0.8%。" 严重危害社会治安案件占刑事一审案件的 24.26%。

② 王卫：《国家立法、司法、仲裁工作情况》，载诸葛平平主编：《中国法律年鉴》（2015 年），中国法律年鉴社 2015 年版，第 128 页。

③ ［意］贝卡利亚著：《论犯罪与刑罚》，黄风译，北京大学出版社 2014 年版，第 57 页。

三、审前程序注重公正与审判程序提高效率的关系

诉讼程序的每一个阶段都是控辩审形成"三角形"诉讼结构，才能称为是正当的法律程序。在刑事速裁程序中，由于被告人以让渡部分的权利作认罪答辩，案件的庭审可以不进行法庭调查和法庭辩论，使原本通过庭审呈现的控辩对抗相对弱化甚至消弭。因此在推进"以审判为中心的诉讼制度改革"的背景下，就应当注重在审前程序设计中对抗式"三角形"诉讼结构的构建。这是速裁程序适用的正当性基础，也是提高诉讼效率的重要前提。

审判程序简化必须以程序正义的实现为前提。其核心是要廓清以审判为中心与庭审程序简化的辩证关系。以审判为中心，要求遵守我国刑事诉讼法规定的公安、检察、法院等机关执行刑事诉讼时必须恪守"分工负责、互相配合、互相制约"的原则，诉讼的各个阶段的推进都要以法院的庭审为中心，依照事实认定的要求和法律适用的标准进行，确保案件质量，防止错案的发生。① 司法裁判通过庭审，要同时合理推进三类诉讼场域：定罪之诉、量刑之诉和程序之诉。在可能适用速裁程序的案件中，只有审前程序提出的定罪、量刑意见以及证据的合法性和证明力经过审判程序的直接确认，才能适用速裁程序；反之则转为普通程序或简易程序。明确审前程序是为审判程序的顺利进行所做的必要准备后，就要正确处理取证、认证与权利保障的关系。明确提起公诉的案件事实与证据标准并未因适用速裁程序而出现特殊化变更，这需要注重审前程序，尤其是侦查、公诉审查环节的程序设计；尤其要注意检察机关自行立案侦查、批准逮捕并进行公诉审查的职务犯罪案件的审前程序设计。既要排除非法证据或瑕疵证据的出现，寻求实体真实，也要确保被追诉方体验到参与诉讼决策、影响司法裁决，体现程序正义。科学合理地构建具有中国特色的审前程序"三角形"诉讼结构，将直接决定速裁程序案件的正当性。

尽管值班律师制度是一项保障被追诉人合法权益的制度创新，从试点的情况看，并没有达到此制度设计的目的。在试点法院、看守所设立法律援助工作站 342 个，共为 17177 件案件的犯罪嫌疑人或被告人提供法律帮助 20930 件人次，委托进行调查评估 3597 件。各地确定基层法院、检察院试点 183 个，共适用速裁程序审结刑事案件 15606 件 16055 人。② 但经过对这些数字的分析发现，得到法律援助的案件不超过适用速裁程序案件的 58.9%。③ 适用速裁程序的要件之一即犯罪嫌疑人对法律适用没有争议。然而法律适用判断之于多数受教育程度非常有限的被告人是一个专业性问题，已经超出他们的认知。可是遗憾的是，检察机关不约而同地以送达法律文书的形式告知犯罪嫌疑人适用速裁程序相关的权利义务。一纸文书并不能如实、客观地反映犯罪嫌疑人认知程序选择权和放弃部分合法权益的过程和程度，只能得到确认的结果。如果说取证工作还有检察机关通过审查工作可以把关，那么检察机关线性的告知模式在保障犯罪嫌疑人合法权益方面显得随意而有失正当。因此，全面、科学的值班律师制度可能更有助于审前程序中对抗式模式的构建和检察机关角色的

---

① 樊崇义：《"以审判为中心"的概念、目标和实现路径》，载《人民法院报》2015 年 1 月 14 日第 5 版。

② 最高人民法院、最高人民检察院：《关于刑事案件速裁程序试点情况的中期报告》，载《全国人民代表大会常务委员会公报》2015 年第 6 期。

③ 每一个法律援助工作站平均提供援助的案件为 50.225 件，法院、检察院试点单位平均办理适用速裁程序的案件为 85.27 件 87.73 人。

转换。

根据我国宪法的规定，检察机关是国家的法律监督机关，同时现行的刑事诉讼法又确认检察机关在刑事诉讼中具有侦查、批准逮捕、提起公诉等相关职能，应该说，在审前程序和审判程序中，检察机关的职能有所区别，表现为中立和控诉角色的差异性。相应的，在普通刑事案件的处理中，当前的审前程序的制度设计对犯罪嫌疑人合法权益的限制、剥夺缺乏有效的司法审查，由于速裁程序案件的适用简化了大量的审判环节的内容，因此相对于公安机关和辩护方，检察机关在审前程序中并非是纯粹的指控犯罪一方，而应处于中立地位。同时，如果检察机关能够保障或配合值班律师制度的运行，认真听取值班律师关于变更强制措施的意见，并书面说明是否采纳；在讯问时告知犯罪嫌疑人审查认定的事实、情节和提出的量刑建议，阐明认罪的利害关系，由被告人、辩护人、检察机关三方共同形成一个关于审前认罪答辩，并接受确定的量刑建议的笔录，记录在案，经犯罪嫌疑人、被告人签字具结，作为检察机关建议审判机关适用速裁程序的依据之一；作为辩护一方，值班律师法律援助制度需要细化完善。值班律师更多地提供涉及犯罪嫌疑人、被告人人身、财产权利的法律服务，提供有利于犯罪嫌疑人、被告人的法律建议等。倘能如此则更能保证犯罪嫌疑人认罪的自愿性。因为值班律师因所处地位独立于公安机关、检察机关、审判机关，其意见更容易被犯罪嫌疑人、被告人信服并接受，有利于帮助犯罪嫌疑人、被告人恰当地进行庭审表现，促成与侦控审三方之间的有效沟通，最终起到既节约司法资源，也有利于被告人、被害人合法权益的保障。

一言以蔽之，速裁程序的效率价值需要以案件的公正处理为前提，案件的公正处理则依赖于审前程序科学的制度设计和完善的配套制度。科学的程序设计不仅要符合诉讼原理，更要契合我国的国情，检察机关以公诉环节为节点，适时地转变诉讼角色，同时建立科学的值班律师制度，方能保证速裁程序的有效适用。

四、认罪认罚真实化与量刑规范化的关系

传统的刑事审判程序，定罪问题是一个至关重要的环节。然而最高人民法院、最高人民检察院、公安部、司法部《关于在部分地区开展刑事案件速裁程序试点工作的办法》规定犯罪嫌疑人承认自己所犯罪行，对量刑建议及适用速裁程序没有异议并签字具结的，人民检察院可以建议人民法院适用速裁程序审理。可见那些为限制检察机关、审判机关定罪权的程序设计，在速裁程序中都可能失去程序之价值。速裁程序的核心问题不是定罪，而是量刑。我国刑事诉讼法第118条规定，犯罪嫌疑人如果如实供述自己的罪行，可以从轻处罚。由此看出，认罪既是一个从轻处罚的量刑情节，也是适用速裁程序的必要条件。坦白从宽又从快的人道性与法律的统一适用的权威性需要建立常态化机制，方能保障认罪真实和制约法官自由裁量权的恣意。

通过任意查阅试点地区在中国裁判文书网上公开的生效判决书，选取案情和刑罚等其中一个变量相似的判决书对比后发现，相似案情的被告人获刑不一，或者具有相似量刑情节的被告人所犯罪行情节轻重不同，但刑罚相似的情况，很难找到量刑轻重的规律，适用实刑与缓刑没有相同标准，从轻、从重情节体现在量刑上不统一，认罪认罚从轻处理与量刑幅度增减之间也没有建立公式关系。究其原因，一方面，既然认罪能够获得较轻的处罚，

也能让案件尽快地尘埃落定，犯罪嫌疑人出于有利于自身利益的考虑，会趋之若鹜。"承认自己所犯罪行"和"如实供述自己的罪行"表面上看共同指向认罪的结论，但表述的不确定性就会产生什么是认罪，犯罪嫌疑人的供述要达到何种程度，能否认定是如实供述的问题，以及如何排除认罪的非自愿性或以轻罪掩盖重罪的可能性等情形。故而，法官对认罪的认识缺乏普遍适用的标准，必然导致认定的主观化和恣意化。另一方面，出现同案不同判的现象，归根结底是因为在量刑决策机制中认罪认罚的从轻幅度没有通过精确量化的形式体现出来，从而缺乏确定的量刑裁判标准。虽然检察机关提出量刑建议可以有效制约审判机关量刑的自由裁量权，但是检察机关拟定的刑罚种类和幅度凭借的是自己的经验和所知的相似案例，容易引发法律适用不统一的问题。尽管可以通过建立量刑规范化指南对速裁程序量刑标准进行规范，但由于接受检察机关的量刑建议是案件进入速裁程序的前置条件，与量刑有直接利害关系的主体并没有参与量刑决策形成的过程，缺乏被告人或辩护律师的主动表达和参与机制；因此无论犯罪嫌疑人是否同意，单方启动的速裁程序都有可能陷入推进和迅速转换程序两难的境地。

综上所述，认定认罪认罚以获得量刑优惠，还是需要将犯罪嫌疑人内心主观的态度转化成为外在客观的条件，以一种参与诉讼各方都能看得见的形式作为标准。如果犯罪嫌疑人承认的犯罪行为的内容是真实的，则应当有相应的证据予以印证，这也符合刑事诉讼法的规定要求。即以犯罪嫌疑人供述的事实有证据证明，且排除其他合理怀疑的，可以认定为认罪。我们以为，规范的量刑应该建立这样的机制，即量刑从轻的幅度参照量刑规范化指导意见的模式，同时制定适合速裁程序的刑期计算方法，在犯罪嫌疑人及其法律援助律师表示无异议时，则检察机关将其写入起诉书。同时明确法官同意并不得超越起诉书建议的量刑。

五、一审终审制度与当事人权利救济的关系

国家设置审判机关独立行使司法权，必然会建立审级制度以规范司法权和救济当事人权利。审级制度的设立以维护司法的统一和正确为主旨，还要与案件的多元化、本国的经济发展程度和司法制度及其发展状况相适应。我国实行四级两审终审的审级制度。其中一审程序是最基本、最重要的程序。因为一审程序距离案件事实最近，最可能接近案件真相；对于确定被告人是否有罪，罪轻罪重，裁判侦查行为是否合法具有举足轻重的意义。与一审程序不同，二审程序是为控辩双方不服一审程序的裁判结果，要求重新审理而设置的救济程序，其宗旨在于彰显纠错、防错以及确保法律统一适用的功能。上诉权既是法律赋予被告人救济自己合法权益的诉讼权利；同时，被告人通过行使上诉权启动二审程序，即使维持原判，也能够使其消解侥幸心理，接受法院裁判。由此可见，审级制度既有利于维护司法终局与权威，也为当事人寻求司法救济提供了一种途径。

速裁程序以认罪真实性与量刑公式化为前提，通过确定的程序设计可以减少不确定的实体认定；同时，使当事人对犯罪行为应当承担刑事责任的大小有确定的预期。并且，当一审程序的法官确认侦查行为合法，认同被告人自愿认罪和检察机关提出起诉意见和量刑建议，确认在被告人的预期内判处刑罚。在前述条件成就的前提下，我们认为建立适用速裁程序案件一审终审的审级制度具有积极意义。

速裁程序是一审程序的一个特殊表现形式,除具备一审程序的所有共性外,因适用的案件具备情节简单、危害较小、法定刑轻微,速裁程序也呈现出其自身的一些特点。试点工作开展以来,检察机关抗诉率、附带民事诉讼原告人上诉率为0,被告人上诉率仅为2.10%。[1] 可见多数适用速裁程序的刑事案件经过一审程序即告终结。量刑问题是速裁程序中法官裁判面临的最重要的问题,败诉人提出上诉的最大可能就是因为刑罚幅度超出自己的预期。当我们的诉讼程序还没有完善到通过一审程序就可以使被告人充分体验到让渡部分合法权益所得到的利益,并且心悦诚服地认罪服法的程度,实体法上抽象的法定刑幅度与他本人的宣告刑结果仍有一定的回旋余地,固然选择上诉为自己争取更多的利益,是人性趋利避害心理的自然选择,即便二审程序维持原判,也能让上诉人即败诉的一方乐于接受。可见,实践中速裁程序部分被告人行使其上诉权,其安抚意义远大于上诉权设立的救济意义。然而,每经过一次审判程序都要消耗一定的司法资源,一个维持原判的上诉程序可能是一次不具备积极意义的重复劳动。依此,如果赋予适用速裁程序案件的当事人以上诉权,则可能背离速裁程序设立的初衷。

因此,可以将以上诉救济权利的方式转化为审前程序的权利保障制度和审判程序的选择权,通过强化被告人对一审程序结果的可预期值与可接受度,化解可能对判决结果的不服。即让犯罪嫌疑人在做认罪决定之前就了解认罪可能获得的宣告刑的幅度,选择接受则适用速裁程序,放弃上诉;反之可以选择适用简易程序。可见,一审终审的速裁程序的制度设计并非剥夺当事人的救济权利,而是让当事人放弃上诉的救济,代之以一审程序中案件审理方式的选择权。

综上,我们认为,以案件公正处理为起点,以证据标准确立速裁程序案件适用范围,以值班律师制度为条件,以量刑公式化为前提,以审前程序为中心,以简易程序为救济而建立的一审终审的速裁程序审级制度的设计,将更加契合以速裁程序分流刑事案件的初衷,接近刑事诉讼正义和效率价值的平衡。

(作者单位:武汉大学法学院)

---

[1] 最高人民法院、最高人民检察院:《关于刑事案件速裁程序试点情况的中期报告》,载《全国人民代表大会常务委员会公报》2015年第6期。

刑事速裁程序的立法问题研究

孙　远　廖淑青

2014 年 6 月 27 日第十二届全国人民代表大会常务委员会第九次会议通过了《关于授权最高人民法院、最高人民检察院在部分地区开展刑事案件速裁程序试点工作的决定》，为进一步完善刑事诉讼程序，合理配置司法资源，提高审理刑事案件的质量与效率，维护当事人的合法权益，在北京等 18 个城市开展刑事案件速裁程序试点工作。试点办法由最高人民法院、最高人民检察院制定，并于 2014 年 8 月 22 日发布。试点期满后，对实践证明可行的，应当修改完善有关法律；对实践证明不宜调整的，恢复施行有关法律规定。现正值两年试行期满之际，如何制定刑事速裁程序规则，成为诉讼法学界和实务界的一大热点。

从试点的情况来看，刑事速裁程序仍然存在很多问题和争议，各地实践不一。面对不同的看法和方案，要完善立法，必须从两个层面考虑。第一个层面是刑事速裁程序的本质。刑事诉讼确立了"未经法院依法判决不得确认有罪"的原则，这要求作为唯一能确认一个人有罪并决定刑罚的法院刑事审判程序，必须具有最能体现公正的"三角结构"，必须保障被告人的诉讼权利，必须使法官能够中立地决定性地进行裁判。无论刑事速裁程序如何简化和快速，都不能脱离刑事审判程序的本质要求。第二个层面是刑事速裁程序的价值追求。在我国刑事诉讼法已经规定了普通程序和简易程序的情况下，如果再增加一种速裁程序，其价值取向必定与普通程序和简易程序有明显的不同，否则其设立就失去了正当性基础。与普通程序追求公正、简易程序兼顾公正和效率不同，速裁程序的价值取向明显是效率。因此，除非涉及公正，其他无关效率的设计和限制都是不合理的。赋予速裁程序以其他价值诉求不仅使刑事速裁程序的特点无法形成，其所期待的节省司法资源的功能也难以实现。[①] 笔者将从这两个层面分析《关于在部分地区开展刑事案件速裁程序试点工作的办法》（以下简称《办法》）的相关规定以及对部分建议的看法。

一、刑事速裁程序的适用范围

（一）不应限制犯罪类型

《办法》将依法可能判处 1 年以下有期徒刑、拘役、管制，可适用刑事速裁程序的案件类型限制为 11 类犯罪。有学者提出修改案件类型的范围，增加实践中多发的轻微犯罪，剔除少发或者无法速决的犯罪，并将个罪的可适用标准细致化。涉及危害国家安全犯罪、恐怖活动犯罪、黑社会性质组织犯罪、故意实施的职务犯罪案件以及涉外刑事案件即使符合条件也不宜适用速裁程序，否则无法实现法律效果和社会效果的统一，无法保证案件审理

---

① 汪建成：《以效率为价值取向的刑事速裁程序论纲》，载《政法论坛》2016 年第 34 卷第 1 期。

的公正。也有学者认为明确列举罪名有利于司法操作，增强司法的透明度，也便于加强司法机关、社会媒体及普通民众监督，增强司法的教育性、生动性、实践性和感染力。

笔者认为没必要对速裁程序限制使用的案件类型。原因如下：一是所谓涉及危害国家安全、恐怖活动、黑社会性质组织等犯罪一般社会危害性较大，量刑较重，且涉案人数众多，本身就难以符合速裁程序的适用条件。而速裁程序应无差别地适用于轻微刑事案件，这类案件以提高效率作为优先考虑，不会对公正造成太大的牺牲。立法上以社会危害性大小来确定罪名的法定刑，并综合考量各种因素给犯罪行为人量刑，反过来量刑轻重在很大程度上能反映犯罪行为人的社会危险性。既然都是"情节较轻、依法可能判处一年以下有期徒刑、拘役、管制的案件，或者依法单处罚金的案件"，犯罪行为人的社会危害性相当，且前提都是"事实清楚，证据充分"，为什么要区别程序对待。这种相同情况区别对待的规定才是有违程序公正。二是尽管诸如盗窃、危险驾驶、交通肇事等犯罪类型在全国各个地区都高发，但是肯定也有一些犯罪类型如走私、毒品犯罪在有的地区频发，而在别的地区属于"冷门"犯罪。难道还要在各个省份实行不一样的适用案件类型标准？这样不仅不利于司法操作，在学理上也是站不住脚的。因此，不能以案件涉及的犯罪类型发生的多寡为标准确定速裁程序适用的类型。同样，少发生的犯罪类型不代表就不能适用速裁程序，只是适用速裁程序不会使总体的诉讼效率提高多少而已。三是《办法》规定符合条件的"可以"适用速裁程序，也就是说法院享有一定的自由裁量权，遇到诸如行贿罪与受贿罪需要"捆绑"审理、涉外等正当理由时，也可以适用简易程序或普通程序，没必要通过法律予以硬性规定。

（二）区别于刑事和解程序

《办法》规定，"犯罪嫌疑人、被告人与被害人或者其法定代理人、近亲属没有就赔偿损失、恢复原状、赔礼道歉等事项达成调解或和解协议的"，不适用速裁程序。和解程序的价值在于救济被害人，速裁程序的价值在于效率，二者可以同时适用，但不应该混为一谈。程序的设计固然要"顾全大局"，但是将其他程序的价值糅杂进来，可能会使得该程序变得重复和没有意义。实践中存在不少被告人由于经济能力不足无法赔偿被害人的案件，甚至有即使赔偿损失、赔礼道歉仍然得不到被害人谅解，无法达成和解协议的情况，但这并不妨碍速裁程序的适用。笔者认为，即使没有达成和解协议，只要犯罪情节轻微，可能判处1年以下有期徒刑、拘役、管制或单处罚金的案件，符合其他条件的，都可以适用速裁程序。

（三）违反强制措施的规定仍可适用速裁程序

《办法》规定，"犯罪嫌疑人、被告人违反取保候审、监视居住规定，严重影响刑事诉讼活动正常进行的"，不适用速裁程序。下文又规定"适用速裁程序的案件……违反取保候审、监视居住规定，严重影响诉讼活动正常进行的，可以予以逮捕"。笔者认为前后两个条文存在矛盾。前者说严重违反取保候审、监视居住规定的不适用速裁程序，后者的意思是仍然适用速裁程序，只是可以予以逮捕。也有一种理解是，在审查案件是否适用速裁程序之前，犯罪嫌疑人有严重违反取保候审、监视居住规定行为的，不适用速裁程序；审查决定适用速裁程序以后，被告人才有上述行为的，仍适用速裁程序，但是可以予以逮捕。然而《办法》第14条又规定，法院在审理中发现不符合速裁程序适用条件的应当转为简易程序或普通程序，也即被告人在法院审理过程中有严重违反取保候审、监视居住行为的，应当转为其他程序审理。

笔者认为，应当取消该限制性条件。违反取保候审、监视居住规定，严重影响刑事诉讼活动正常进行的，可以予以逮捕，但仍可适用速裁程序。速裁程序不同于普通程序和简易程序，其规定对于符合取保候审、监视居住条件的犯罪嫌疑人、被告人原则上都应当取保候审、监视居住，这避免了过度剥夺犯罪嫌疑人、被告人在诉讼程序中的人身自由，符合轻微刑事案件采取轻微强制措施的比例原则，客观上也能起到降低羁押率，缓解羁押场所人满为患的压力。但是，如果犯罪嫌疑人、被告人有可能导致社会危险性和妨碍诉讼的行为时，剥夺其更多的自由就显得正当而且必要，因此规定可予以逮捕更为合理。但是，犯罪嫌疑人、被告人的上述行为仍然不妨碍其适用速裁程序，对其适用速裁程序也不会导致更大的不公。当然，如果出现犯罪嫌疑人、被告人违反取保候审、监视居住规定，严重影响刑事诉讼活动正常进行的行为导致案件可能无法在速裁程序规定的期限内审结等情况，法院也可以通过自由裁量决定该案不适用速裁程序。

（四）有法定从重情节仍可适用速裁程序

犯罪嫌疑人、被告人即使有法定从重情节，只要仍属于依法可能被判处1年以下有期徒刑、拘役、管制或单处罚金的情形，说明该案件仍然是轻微刑事案件，只要事实清楚、证据确实充分，被告人认罪认罚，对公正的损害就跟其他轻微刑事案件无差别，应当无差别地适用速裁程序。

有学者认为，具有累犯等法定从重情节的被告人，其主观恶性较一般刑事案件更大，容易失控，且通常该类犯罪再犯率高，刑法对该类案件应该施以更严厉的处罚，放开此类案件与速裁设立初衷背道而驰，故不宜适用速裁程序处理。笔者认为，对被告人主观恶性等的评价已经综合包含在可能判处的刑罚中，这是速裁程序以可能判处的刑罚作为案件范围限制的原因。因此，只要可能判处的刑罚仍在轻微刑事案件的范围内，该案就可以适用速裁程序。再者，该观点混淆了诉讼程序的功能和刑罚的功能。诉讼程序不是一种惩罚措施，其目的在于尽量公正和高效地确定被告人应承担的刑罚。速裁程序的设立初衷是追求效率，只要对公正影响不大，越快速地使案件结果处于确定状态越好。从宽处理同样适用于具有法定从重情节的被告人，法官可以综合案件情况确定该案从宽处理的幅度大小。

二、量刑建议在速裁程序中的作用

《办法》规定人民检察院认为适用速裁程序的案件应当拟定量刑建议，人民法院认为量刑建议不当，不适用速裁程序。该规定引起了很大的争议，有学者认为适用速裁程序法官必须按照量刑建议判刑，剥夺了法官的量刑裁量权。笔者认为，量刑建议在速裁程序中是必需的，其作用无可忽视。

（一）速裁程序中量刑建议的必要性

适用速裁程序要求犯罪嫌疑人、被告人认罪认罚并同意适用速裁程序。如果没有量刑建议，被告人无从"认罚"，也无法得到对结果的预期，可能会不同意适用速裁程序，达不到速裁的效果；或者即使同意适用速裁程序，也会因结果不同于自己的想象而反悔，增加上诉的可能。绝大部分犯罪嫌疑人不懂法律，他们关心的不是自己会被判什么罪名，而是会被判处什么刑罚，多久的刑罚。他们对结果的预期全部集中在量刑建议上，也即他们是基于信赖量刑建议而放弃在审理过程中的提出异议、进行质证、提出新的证据、进行辩论、辩护人做无罪辩护等辩护权。因此，只有存在量刑建议并且被告人同意量刑建议，适用速裁程序，省略法庭调查和法庭辩论环节才有正当性。而且我国法院实行"立审分离"，案件到达法院先由立案法官进行形式审查，确定适用的审判程序，再将案件分给具体审理的法官。因此，立案法官判断是否"可能判处一年以下有期徒刑……"实际上以量刑建议为依据。

《办法》只规定了"检察院建议—法院决定适用"的速裁程序启动模式，这种模式下让检察院提供量刑建议比较容易。但从试点工作的实践可以看到，检察机关建议适用速裁程序的仅占 65.36%，很多试点法院的中期报告也建议增加法院主动启动速裁程序的模式。[1]这时候会出现一个问题，在法院主动启动模式下，量刑建议应如何出现？需要明确的是，量刑建议权属于公诉权的内容，只能由检察机关作出，且《人民检察院开展量刑建议工作的指导意见（试行）》（以下简称《量刑建议意见》）规定人民检察院对向人民法院提起公诉的案件，"可以"不是"应当"提出量刑建议。如果规定法院主动启动速裁程序的模式，有可能涉及让检察院补充量刑建议并取得被告人同意后改变审判程序的过程。这个过程未免繁杂，未必能达到速裁程序提高效率的目的。

笔者认为，没必要增加法院主动启动速裁程序的模式。如果是被告人之前不认罪，案件到达法院才认罪的情形，被告人前后态度如此不同，有必要在审理中进行调查，不应适用速裁程序；被告人之前已认罪，检察院不建议适用速裁程序，证明检察院认为该案依法可能判处 1 年以上有期徒刑，即法院和检察院就量刑有不同意见，有必要在审判中就量刑进行辩论，此时一般适用简易程序，根据相关规定"控辩双方对定罪量刑有关的事实、证据没有异议的，法庭审理可以直接围绕罪名确定和量刑问题进行"；被告人之前认罪但不认罚，案件到达法院又认罚或者被告人之前已认罪认罚，但不同意适用速裁程序，案件到达法院又同意适用的情形，首先情况比较少见，其次到达审判阶段才适用速裁程序对提高诉讼效率作用已经不大，没必要适用速裁程序。

（二）量刑建议与最终判决的关系

适用速裁程序必须要有量刑建议且法官认为量刑建议并无不当，也即法官如果要以速裁程序审结案件，其判决结果应当在量刑建议的范围内。笔者认为，这并没有剥夺法官的量刑裁量权，因为程序的决定权和最终的裁判权仍然在法官手中。如果法官经审查认为量刑建议不当，必须给检察官和被告人辩论的机会，特别是如果法官想要超出量刑建议作出判决，被告人就丧失了之前认罪的基础，没达到速裁程序的适用条件，应当转为简易程序或普通程序。应当相信一个法官不会为了适用速裁程序而盲从量刑建议，作出自己认为不正确的判决。

---

[1] 参见《最高人民法院、最高人民检察院关于刑事案件速裁程序试点情况的中期报告》，载中国人大网，http://www.npc.gov.cn/npc/xinwen/2015-11/03/content_ 1949929. htm，2016.6.29。

虽然量刑建议不是最终判决,但其在速裁程序中的作用尤其重要,进一步规范量刑建议很有必要。《量刑建议意见》规定对主刑的量刑建议可以提出确定刑期、相对明确的量刑幅度或者概括性建议。尽管这三种量刑建议都规定了一般情况的指向性适用条件,但检察院操作起来略显随意。实践中存在如下问题:一是个案的量刑幅度在 1 年以下有期徒刑到 1 年以上有期徒刑之间,如一起贩卖毒品案的量刑建议是"6 个月至 1 年零 6 个月有期徒刑",是否适用速裁程序?二是量刑建议为确定刑期,是否容易造成"量刑建议不当"?关于第一个问题,笔者认为不应该适用速裁程序,否则会变相扩大案件适用范围,只有量刑幅度均在 1 年以下有期徒刑时,才可适用速裁程序。也有学者提出,我国一般以行为人是否可能判处 3 年有期徒刑以下刑罚为轻重罪的分水岭,所以适用速裁程序的案件范围应扩大为"依法可能被判处 3 年以下有期徒刑、拘役、管制或者单处罚金、免予刑事处罚"。3 年以下有期徒刑是刑法规定很多罪名的法定量刑幅度,这样也可避免上述问题。据统计,试点法院 1 年判处 1 年有期徒刑以下刑罚案件占同期全部刑事案件的 41.75%,[①] 2014 年全国法院判处 3 年有期徒刑以下刑罚被告人占生效判决人数的 84.36%。[②] 现今我国速裁程序仍处于初步立法阶段,仍有相当多的问题有待解决,适用范围不宜过度扩张,笔者认为保留原有规定比较稳妥。关于第二个问题,笔者认为应尽量避免提出确定刑期的量刑建议。《量刑建议意见》规定,确有必要才可提出确定刑期的建议。这表明提出确定刑期的量刑建议应当属于特殊情况且有必要的理由,不应该广泛使用。再者,量刑建议确定刑期一方面容易绑架法官量刑裁量权;另一方面会不合理地增加法官认为"量刑建议不当"的概率,导致无法适用速裁程序,减损提高诉讼效率的效果。

三、保障被告人的权利

保障被告人的权利是宪法和刑事诉讼法的共同要求,也是刑事速裁程序的正当性依据之一。刑事诉讼是国家机关追诉犯罪的活动,国家追诉机关参与刑事诉讼具有侦查取证权、程序主导权和追诉权。为了确保刑事速裁的程序正义,犯罪嫌疑人、被告人至少应有知悉权、程序选择权和辩护权与之抗衡。由于速裁程序打破了刑事审判程序的完整性,追求效率的同时无可避免地损害被告人的部分诉讼权利,容易遭受来自公正的质疑,因此更要在速裁程序当中注重保障被告人获得救济的权利。

(一)知悉权

人生而享有人权,这表明犯罪嫌疑人、被告人在能够影响甚至决定自己命运的刑事诉讼程序中必须享有主体资格,而不是作为工具或者客体。相应的,其在刑事诉讼过程中必须享有知悉权。知悉权是指被告人保有获知被控内容和有罪证据的权利。只有当犯罪嫌疑人、被告人知悉自身的诉讼境遇,才能保障其作出程序选择时的真实意愿。否则,在速裁

---

① 参见《最高人民法院、最高人民检察院关于刑事案件速裁程序试点情况的中期报告》,载中国人大网,http://www.npc.gov.cn/npc/xinwen/2015-11/03/content_ 1949929.htm,2016.6.29。

② 参见诸葛平平总编:《中国法律年鉴》(2015 年),中国法律年鉴社 2015 年版,第 1014 页。2014 年生效判决人数 1184562 人,判处 3 年以下有期徒刑 430664 人,拘役 145086 人,缓刑 368129 人,管制 12226 人,单处附加刑 23951 人,免予刑事处罚 19253 人。

程序中，如果犯罪嫌疑人、被告人并没有获得真正的知悉权，其所谓的承认所犯罪行、同意适用的法律和量刑建议、同意适用速裁程序都是无效的，据此简化程序和剥夺被告人诉讼权利就不具有正当性。

刑事诉讼法并没有直接规定犯罪嫌疑人、被告人的知悉权，而是通过辩护人查阅、摘抄、复制案卷材料以及辩护律师向犯罪嫌疑人核实有关证据间接获得。然而我国刑事案件特别是轻微刑事案件的绝大多数被告人没有辩护人，因此他们无法查阅和知悉集中反映案件情况和证据的案卷材料，再加上速裁程序没有庭前会议制度、法庭审理省略调查和辩论环节、简化起诉书和使用格式裁判文书，大部分被告人直到获罪以后恐怕仍处于迷糊的状态。可见，不赋予犯罪嫌疑人、被告人直接查阅案卷材料的权利，知悉权就无从谈起。当然这不仅是速裁程序的问题，还是整个刑事诉讼改革的问题。

（二）获得律师帮助权

我国刑事诉讼法配置了法律援助制度，速裁程序在此之外还建立了法律援助值班律师制度，保障犯罪嫌疑人、被告人的获得律师帮助权。但是法律援助值班律师不等同于辩护人，其主要职责只是提供法律咨询和建议，告知适用速裁程序的法律后果，帮助进行程序选择和量刑协商。笔者认为值班律师的以上功能定位是合理的，但是必须从人员的选任和管理上保障犯罪嫌疑人、被告人获得法律帮助的质量。有学者提出建立速裁程序强制辩护制度。基于我国速裁程序案件范围势必不断扩大的趋势和法律援助机制不够完善的现实，笔者认为现阶段建立强制辩护制度不太现实。况且，尽管《办法》只规定辩护人做无罪辩护不适用速裁程序，在司法实践中，辩护律师只要提出对事实和证据或适用法律的质疑，大多数会被认为是被告人不认罪认罚而不适用简易或速裁程序，导致辩护律师的作用受限，实际上和法律援助值班律师差别不大。因此，在速裁程序当中无论是专门辩护人还是法律援助值班律师，释明法律并帮助被告人选择程序是关键。

（三）程序选择权

被告人在理解后果的基础上自愿选择程序并放弃部分诉讼权利是速裁程序简化庭审的正当性所在。因此，确保被告人的程序选择权显得尤为重要。简化庭审程序不代表庭审"走过场"，庭审的重点应放在审查被告人是否认罪认罚、是否同意适用速裁程序上。有学者认为，庭审时间一般为 3 至 5 分钟，最多 8 至 10 分钟结束，而且基本上是程序事项占用时间，造成速裁程序的庭审形式化，建议参照德国处罚令程序进行书面审理。笔者不同意该观点。程序公正的最低限度要求程序具有诉讼性，即程序的每一个阶段都应该具有完整的控辩审三角诉讼结构，只有这样才能称得上是一种正当的法律程序。[①] 在速裁程序中，法官必须亲身判断被告人的真实意愿。正是这个原因，所谓的"集中审理"、"视频审理"都因为难以保障法官对被告人认罪认罚和同意适用速裁程序的自愿性和真实性予以审查而显得过犹不及。

---

① 樊崇义、刘文化：《我国刑事案件速裁程序的运作》，载《人民司法》2015 年第 11 期。

（四）获得救济权

《办法》并没有规定适用速裁程序的特殊救济制度。有学者认为速裁案件上诉率极低，很多被告人上诉是为了留在看守所服刑，并非对案件结果不满。速裁案件中被告人自愿认罪，又通过辩诉协商与检察机关在量刑建议方面达成了一致，进行二审审查的必要性不大，设置二审程序是一种不必要的司法资源耗费，因此建议速裁程序实行一审终审。也有学者提出被告人在收到判决后对量刑不服，可以对适用速裁程序提出异议，进而转为传统的简易程序或普通程序审理，以获得再次救济的机会。"有权利必有救济"，刑事速裁程序也可能产生司法错误，因此必须保障当事人获得救济的权利，一审终审是不可取的。考虑到转为一审简易程序或普通程序难以实现监督以及任意的上诉权都可能导致浪费司法资源，笔者认为可采取有条件的上诉权，规定被告人只有在有证据证明司法机关没履行相应的告知义务、剥夺或限制其诉讼权利、违反法定诉讼程序等情形下才能获得上诉救济，并且可以缩短被告人上诉期限。

（作者单位：中国青年政治学院）

我国刑事速裁程序尚不宜采书面审理方式

——基于与域外处罚令程序的比较

贾志强

一、问题的提出

截至目前，2014年6月颁布的全国人民代表大会常务委员会《关于授权最高人民法院、最高人民检察院在部分地区开展刑事案件速裁程序试点工作的决定》（以下简称《试点决定》）中规定的两年试点期已届满。在试点过程中，刑事速裁程序在提高诉讼效率等方面取得了一定的成效，侦查起诉期限、审判期限得到了一定程度的缩短。[①] 但同时也存在着适用率偏低，程序简化仍不够到位、缺乏系统性等问题和困境。在诸多完善对策中，有一部分实务界同仁和学者提议刑事速裁程序在审判环节可进一步简化，建议借鉴德、法、意、日等国家的处罚令程序，即可以省略掉整个庭审程序，转而直接采用书面审理的方式。[②] 甚至有些地方法院已经开始尝试探索书面审理方式，规定提讯后直接作出判决，不再开庭审理。同时，也有学者明确反对刑事速裁程序采用书面审理。[③] 其实早在刑事速裁程序设立之前，无论是在1996年旧刑事诉讼法时代，还是在2012年修订后的新刑事诉讼法时期，建议我国设立类似大陆法系国家处罚令程序这种书面审理程序的论述已"不绝于耳"。[④] 在我国开始试点速裁程序之后，又掀起了一股建议采用书面审理方式的热潮。在这种热潮中，我们需要更多的"冷思考"。在试点期已满，有可能将刑事速裁程序正式纳入立法之际，本

---

① 据抽样统计，刑事案件速裁程序实施一年以来，检察机关审查起诉周期由过去的平均20天缩短至5.7天；人民法院速裁案件10日内审结的占94.28%，比简易程序高58.40个百分点；当庭宣判率达95.16%，比简易程序高19.97个百分点。参见《最高人民法院、最高人民检察院关于刑事案件速裁程序试点情况的中期报告》，载《中华人民共和国全国人民代表大会常务委员会公报》2015年第6期。

② 可参见熊秋红：《刑事简易速裁程序之权利保障与体系化建构》，载《人民检察》2014年第17期；李本森：《我国刑事案件速裁程序研究——与美、德刑事案件快速审理程序之比较》，载《环球法律评论》2015年第2期；丁文生：《刑事速裁程序改革探析——基于刑期一年以下轻微刑事案的讨论》，载《广西民族大学学报》（哲学社会科学版）2015年第5期；潘金贵、李冉毅：《规则与实效：刑事速裁程序运行的初步检视》，载《安徽大学学报》（哲学社会科学版）2015年第6期；赵恒、章文丹：《建议从四方面完善刑事案件速裁程序》，载《检察日报》2016年4月13日第3版，等等。

③ 参见汪建成：《以效率为价值导向的刑事速裁程序论纲》，载《政法论坛》2016年第1期。

④ 相关论述可参见柯葛壮：《刑事简易程序的改革和完善》，载《上海社会科学院学术季刊》1999年第2期；甄贞、孙瑜：《论我国刑事诉讼处罚令程序之构建》，载《法学杂志》2007年第3期；杨雄、刘宏武：《论统一的刑事简易程序》，载《法学杂志》2012年第12期；谭世贵、徐黎君：《刑事简易程序的多元化建构》，载《浙江工商大学学报》2012年第1期。但其中也不乏反对的声音，参见白山云：《完善我国刑事简易程序研究》，载《法学杂志》2002年第5期；周海平：《完善刑事诉讼简易程序的若干建议》，载《政治与法律》2001年第6期。

文拟针对我国刑事速裁程序可否采用书面审理方式进行探讨。

一些实务界的同仁反映，在速裁程序司法实践中存在庭审虚化、庭审走过场的现象。有些人将这种现象作为速裁程序的弊端予以抨击。"各地法院的刑事案件速裁程序都省略了法庭调查，对被告人的犯罪事实调查、犯罪证据质证认证均不在法庭，不能做到刑事诉讼规定用证据证明案件事实，用严密的证据链条锁定犯罪事实的要求，出现了证据认证虚无化的现象"；"法官在庭审前普遍对事实、证据和法律适用进行实质审查，并提前作出预断，实际上已经把实体处理问题一揽子预先解决，速裁程序省略了法庭辩论的环节，控辩双方不能围绕确定罪名、量刑及其他争议的问题进行辩论，缺乏法庭辩论和裁判说理的阐述，庭审只是在充分听取被告人的最后陈述之后就进行当庭宣判，庭审时间一般为3至5分钟，最多8至10分钟结束，而且基本是程序事项占用时间，已经纯粹变成过场和形式，造成速裁程序的庭审形式化"。[①] 在支持刑事速裁程序采用书面审理的人们眼中，以一种实用主义的思维，上述这种庭审流于形式、缺乏实质对抗性的现象可能反而恰恰说明，在某些案件当中开庭审理对于速裁程序而言确无必要。换句话说，在我国采用书面审理这种更为简化的程序模式可能是一种更加"务实"的做法。加之从比较法的角度来看，借鉴德、日等与我国刑事诉讼模式相类似的大陆法系国家的处罚令程序，也是一种符合世界潮流、遵循司法规律的必然趋势。[②]

笔者并不否认未来我国可能会针对某些特定类型案件设立类似处罚令的书面审理程序，但从目前我国的实际情况来看，我国刑事速裁程序尚不宜采取书面审理方式。上述司法实践中的情况并不意味着我国就应刻不容缓地在刑事速裁程序中采取书面审理，面对书面审理能够进一步提高诉讼效率的诱惑，我们应当冷静下来。通过将我国刑事速裁程序和域外典型国家和地区处罚令程序的有关方面进行对比，我们能够发现，其实书面审理并不只是表面上直接省略庭审程序这么简单，这不是一项一蹴而就的简单任务，其背后其实是一项关乎实体和程序方面的系统工程，我国距离建立起此种书面审理机制还有较长的一段路要走。笔者认为主要有两个方面的原因：第一，从实体方面来看，适用刑事速裁程序的案件仍不够轻微。我国刑法入罪门槛高于设置处罚令程序的国家，与处罚令程序相比，我国适用刑事速裁程序的案件在犯罪严重程度上更高，可否适用书面审理值得商榷。第二，从程序方面来看，我国刑事速裁程序对被追诉人基本诉讼权利的保障仍不够充分。与设置处罚令程序的国家相比，我国被追诉人律师帮助权、知悉权等最为基本的诉讼权利尚未得到充分、有效的保障，庭审程序目前对于保证、确认被告人认罪认罚的自愿性具有重要作用。

二、实体方面：适用刑事速裁程序的案件仍不够轻微

德国、法国、意大利、日本等大陆法系国家在刑事诉讼上均设置了采用书面审理的处罚令式的程序。这些国家处罚令程序所适用的案件范围值得我们关注。单从犯罪严重程度上来看，上述国家的处罚令程序仅适用于该国刑法上最为轻微的犯罪。这时，问题就来了。

---

① 胡清文：《错位与回归：刑事速裁程序实践探微与处罚令程序创设》，载郴州市中级人民法院网，http://czzy.chinacourt.org/article/detail/2015/08/id/1680360.shtml，最后访问时间：2016年7月9日。

② 参见郑敏：《在正当程序的框架下，构建刑事速裁程序书面审理制度》，载《中国审判》2015年第17期。

我国刑法与上述几个国家刑法对犯罪的定义不同，即犯罪圈的大小不同。与上述几个法治国家相比，我国刑法划定的犯罪圈较小。原因在于我国刑法对犯罪概念的界定采取的是"定性+定量"的方式，而上述几个国家采取的则是单纯的"定性"方式。定性主要是基于"质"的考量而对某一行为进行伦理上的评价，将不具有伦理可责性和较低伦理可责性的行为排除在犯罪之外，而将具有较高伦理可责性的行为纳入犯罪圈进行严厉程度不等的规制，表现为"入罪"的单一向度。定量主要是在定性的基础上对"量"进行考察，对同类具有伦理可责性的行为进行程度上的区分，将程度较轻的伦理可责性行为进行出罪处理，进一步限缩"定性"层面的犯罪圈。在我国刑法分则的个罪罪状表述中多见"定量"因素的表述，如"情节严重"、"情节恶劣"、"造成严重后果"、"数额较大"、"数额巨大"，等等。[①]同时，我国与上述几国刑法上的明显区别还在于，德、法、意三国刑法典均从犯罪性质的轻重角度对犯罪行为进行了类型化的划分，而我国刑法典并未进行此种分类。我国刑法较小的犯罪圈加上我国刑法规定的刑罚相对较重，这就导致与上述几个国家相比，我国刑法典中所规定的犯罪大约只相当于西方国家刑法典中的重罪部分。[②]储槐植教授对上述问题有着较为精辟的概括，他认为，多数经济发达国家和法治化程度较高的国家大体上属于严而不厉的结构类型，而我国当前的刑法结构基本上算是厉而不严。"严而不厉"的刑法结构表现为"刑罚轻缓"和"法网严密"，"厉而不严"的刑法结构则表现为"刑罚苛厉"和"法网不严"。[③]

因此，当我们考察德、法、意、日等国的处罚令程序时，我们不应只停留在观察处罚令程序表面，其背后刑法结构上的差异更值得我们去关注。从案件范围来看，上述几国处罚令程序所适用的案件中有一部分在我国其实属于治安管理处罚法等行政法规规制。也就是说，处罚令程序在某种程度上与我国的治安管理处罚程序等行政处罚程序相类似，处罚令程序针对的案件大致相当于我国所谓的治安违法案件。例如，在法国，其刑事诉讼法典规定了两种处罚令式的刑事简易程序：针对特定轻罪的简易程序和定额罚金程序。针对特定轻罪的简易程序仅适用于公路法典规定的轻罪、违反陆路运输规章的轻罪以及消费法典第四卷第四编规定科处罚金的轻罪；定额罚金程序的适用范围限于一些特定的违警罪，即违反公路交通法典、保险法典的违警罪，以及违反公路运输领域某些欧洲规章，违反保护环境、保护或监督家养或野生动物方面的某些公约以及国家公园规章、有关正班或租用的铁路或公路旅客运输规章的第1、2、3、4级违警罪。[④]上述法国两种刑事简易程序所针对的犯罪接近于我国的行政违法行为。尤其是定额罚金程序，在法国，无票乘车、超程乘车等行为都可能会适用定额罚金程序。该程序无须经过预审、审判程序，对特定违警罪的裁判都无须由法官作出，由履行相应职权的工作人员（如查票人员）即可直接作出判罚。定额罚金程序更像是一种纯粹的行政处罚程序。再如在日本，略式程序借鉴了德国的处罚令程序，是一种直接采用书面审理的刑事简易程序，其只适用于科处罚金或罚款的这类最为

---

① 参见梅传强：《论"后劳教时代"我国轻罪制度的建构》，载《现代法学》2014年第2期。

② 参见刘仁文：《关于调整我国刑法结构的思考》，载《法商研究》2007年第5期。

③ 储槐植等著：《刑法机制》，法律出版社2004年版，第8页。

④ 参见［法］布洛克著：《法国刑事诉讼法》（第21版），罗结珍译，中国政法大学出版社2009年版，第477、480页。

轻微的刑事案件。①

　　根据最高人民法院、最高人民检察院、公安部、司法部《关于在部分地区开展刑事案件速裁程序试点工作的办法》（以下简称为《速裁办法》）第1条的规定，尽管我国刑事速裁程序的适用范围本身并不宽泛，但也仍然包括一部分可能判处1年以下有期徒刑的犯罪案件。尽管德国的处罚令程序也可适用于1年以下有期徒刑的案件，但对于此类案件只能判处缓刑而非实刑。② 通过与上述国家处罚令程序的适用范围进行横向对比可以发现，我国刑事速裁程序适用案件在严重程度上仍不够轻微。一方面，刑事简易程序在简化程序时应遵循比例原则，程序简化的程度与适用案件的严重程度应成比例。域外处罚令程序针对其本国最为轻微的刑事案件，因此才可适用书面审理的方式。与上述国家相比，如果我国刑事速裁程序适用书面审理，《速裁办法》规定的案件适用范围略显宽泛。另一方面，如上文所述，从功能的角度来说，其实上述国家的处罚令程序相当于我国的治安管理处罚程序等行政处罚程序。作为一种刑事诉讼程序，刑事速裁程序是否要采取书面审理这种较为"激进"的方式，需要立法者结合我国实际情况谨慎评估。

　　诚然，随着我国劳动教养制度的废除以及近几年刑法修正案入罪门槛的降低，我国的犯罪圈也有扩大之势，尽管这种形势为已然增设的速裁程序甚至采取处罚令式的书面审理方式提供了一定的现实可能性，但在决定采用书面审理之前，我们应当注意到我国刑法与其他国家刑法的区别，以及我国治安管理处罚程序与国外处罚令式程序之间在功能上的相似性。改变我国刑法"定性+定量"的立法模式，从"厉而不严"转向"严而不厉"，进而探索我国刑法上重罪与轻罪甚至微罪的界分，只有在这些实体法方面的问题得到深入研究和厘清的前提下，我国效仿处罚令程序、采用书面审理才不至于出现"东施效颦"的后果。

三、程序方面：被追诉人基本诉讼权利的保障仍不充分

　　从程序维度来看，我国刑事速裁程序对被追诉人基本诉讼权利的保障仍不够充分，庭审程序对于确保被告人认罪、认罚的自愿性仍具有重要作用，尚不具备采用书面审理的程序保障条件。程序的简化意味着对被追诉人诉讼权利的克减，程序的简化是有条件和底限的。域外处罚令式程序尽管直接省略了庭审程序，但在审前阶段对被追诉人基本诉讼权利有着较为充分的保障，被追诉人对于自己被指控的内容、认罪和适用处罚令程序的法律后果等重要事项在审前阶段就会获得较为明晰的认识，这为直接采取书面审理方式提供了前提条件。

　　处罚令式程序的适用以控辩双方之间的诉讼合意为前提，立法者在审前阶段为确保合意的有效性提供了必要的程序保障机制，如被追诉人享有不得强迫自证其罪的权利、程序选择权、律师帮助权等各项权利以及为实现上述各种权利而设置的相应程序要求。以德国为例，德国的处罚令程序在实践中逐渐发展成为一种协商程序。在审前阶段，控辩双方之间可以就量刑等问题进行协商并达成合意，审前的协商阶段是整个程序的核心阶段。而到

---

① 参见［日］田口守一著：《刑事诉讼法》（第5版），张凌、于秀峰译，中国政法大学出版社2010年版，第166页。

② 参见［德］克劳斯·罗科信著：《刑事诉讼法》（第24版），吴丽琪译，法律出版社2003年版，第603页。

了审判阶段，对于检察官移送的书面申请文件和案件卷宗材料，法官通常并不审核案件的真实性而是习惯性准许检察官的申请并签署处刑命令。且在德国，被追诉人在审前阶段的律师帮助权能够得到良好的保障。在可以适用处罚令程序的大部分案件中，被告人如果愿意认罪，其辩护律师就会主动与检察官联系，表示愿意接受处刑命令。① 德国刑事诉讼法典更是对处罚令程序规定了一定情况下的强制辩护制度，其第 407 条第 2 款第 2 句以及第 408 条 b 之规定，如果法官决定准予检察院的处罚令申请，科处一年以下自由刑的缓期执行时，法院应为尚无辩护人的被告人指定辩护人。② 这种对被追诉人律师帮助权的良好保障能够确保处罚令程序中控辩双方之间合意的有效性，在这种情况下，就不必过多担心因省略庭审程序而可能造成的实体方面不公正的后果。由此可见，在上述国家适用处罚令程序案件的整个诉讼结构中，审前程序具有更加重要的地位，且在审前程序中充分保障了被追诉人的基本诉讼权利。

与上述国家审前程序在处罚令程序中起到的重要作用或者说"以审前为核心"不同，我国刑事速裁程序在审前阶段对犯罪嫌疑人的权利保障不足，庭审程序在我国刑事速裁程序当中仍起着不可省略的核心作用。根据《速裁办法》的相关规定，控辩双方不仅要在认罪、适用程序方面达成合意，而且犯罪嫌疑人还要在审查起诉阶段同意检察机关的量刑建议。尽管从法律规范层面上来看速裁程序的适用条件十分苛刻，且速裁程序的核心环节在审查起诉阶段，但审前程序中的程序保障机制不足，合意的有效性就不能得到充分保障。其中最主要的问题在于被追诉人的律师帮助权无法得以保障。一方面，虽然《速裁办法》规定了法律援助值班律师制度，但值班律师的帮助以犯罪嫌疑人的申请为前提（《速裁办法》第 4 条），而非国家强制指定辩护。在检察机关未尽充分告知义务或者犯罪嫌疑人缺乏对律师帮助重要性有着清楚认识的情况下，犯罪嫌疑人享受到律师帮助的情况并不多。例如，在北京房山区，值班律师制度的运行并不理想，仅有极个别案件有辩护人或值班律师参与案件审理。在福建省福清市，申请援助的被追诉人仅占速裁程序被追诉人总数的 2%。③另一方面，即使有值班律师在审前参与，但效果并不理想。一是有些司法机关对值班律师参与的重要性认识不足，未形成良好的控辩沟通机制。在某些试点地区甚至出现了司法机关否认法律援助值班律师的身份是刑事诉讼法规定的辩护人的现象，认为其提供的只是法律帮助。实践中多地试点法院不认为援助值班律师享有阅卷权。④ 二是值班律师自身的援助质量和尽职程度有所不足。在其他学者进行的实证研究中，一些接受访谈的司法机关办案人员反映，"目前的值班律师制度形同虚设，派驻的援助律师要么是年轻缺乏经验的律师，要么就是一些在援助过程中不尽责的律师，这样难以为犯罪嫌疑人、被告人提供有效的帮助"。"大部分速裁案件的援助律师只是和检察官、犯罪嫌疑人简单地交流后便告知犯罪嫌

---

① See Joachim Herrmann, "Bargaining Justice—A Bargain for German Criminal Justice?", 53 U. Pitt. L. Rev. (1992) 755, at 761 - 762.

② 参见《德国刑事诉讼法典》，宗玉琨译注，知识产权出版社 2013 年版，第 284~285 页。

③ 分别参见徐斌：《效率通向公正：刑事速裁程序实证研究》，载《中国审判》2015 年第 17 期；郑敏：《在正当程序的框架下，构建刑事速裁程序书面审理制度》，载《中国审判》2015 年第 17 期。

④ 参见郑敏：《在正当程序的框架下，构建刑事速裁程序书面审理制度》，载《中国审判》2015 年第 17 期。

疑人可以同意适用速裁程序,基本没有提出什么疑问,更遑论仔细地阅卷。"① 在我国目前上述这种被追诉人缺乏律师有效帮助的情况下,在速裁程序审前阶段控辩双方之间达成合意的实质有效性就难以有很高的保证。在审查起诉阶段如此短的办案期限内,检察官有时也难免会因为时间仓促而难以全面履行其客观义务。综上因素就决定了庭审程序目前在我国速裁程序结构中仍要起到把关、核查甚至是纠错等核心功能,如通过庭审核实该案件符合适用速裁程序的条件,通过讯问被告人发现一些在审查起诉阶段可能被忽略的情节,特别是自首、立功等有利于被告人的情节,等等。加之我国目前在制度层面未设置法官在审前阶段与被追诉人会面、沟通的机制,这就更决定了庭审程序作为最后一道"把关程序"的重要作用。

其实,书面审理的传统早就在我国根深蒂固。有学者指出,司法实践中简易程序案件的审理表现为一种"庭前仔细判决、开庭简单核实"的模式。法官在简易程序案件中的庭前阅卷是"以阅代审",直接以形成定罪量刑的内心确信为目的,而非仅为开庭审判做准备,阅卷时还直接制作判决书,甚至提前履行报批手续,因而实质上是"无声的审判"。但即便如此,庭审程序仍起着核实、把关的重要作用。因此,有些受访法官表示,虽说不经开庭不能100%确认被告人有罪,但实际上开庭只是再增加一颗"定心丸"而已;不开庭难免担心,真开庭又作用不大,不免有"鸡肋"之嫌。② 这种"鸡肋"之嫌也正说明了我国目前可能尚不具备直接省略庭审程序的条件。在我国目前刑事简易程序审前程序保障机制不够健全的情况下,我国还难以形成类似于上述几国"以审前为核心"的状态,这就决定了庭审程序对于即使是简化程度最高的速裁程序而言仍有着重要的把关作用。我国要想在刑事速裁程序中采用书面审理,丰满和完善相关的审前程序以及保障合意有效性的各项机制是关键性的前提。只有在刑事速裁程序中确立起"以审前为核心"的程序结构,保障被追诉人的基本诉讼权利、确保控辩双方之间认罪认罚、同意适用程序这些诉讼合意的有效性,我们才能大胆地省略掉庭审程序,以追求更高的诉讼效率。

综上,笔者认为,我国设立处罚令式书面审理程序可能会是未来的一个趋势,但在面对这种诱惑时,我们要先厘清上述实体和程序方面的关键问题,明确我国目前刑事速裁程序距离处罚令式程序可能不止"一步之遥",尚不宜采取书面审理的方式。中国式的处罚令程序是我国的一项长远计划,而眼下当务之急是在目前制度架构下通过简化内部办案机制、实现内部专门化分工、集中办理案件等措施,真正激活刑事速裁程序,提高其适用率。同时,应在目前诉讼资源有限的情况下尽可能地充分保障被追诉人的律师帮助权、知悉权等基本诉讼权利,在提高诉讼效率的同时恪守"底限正义",确保程序简化的正当性和控辩双方诉讼合意的有效性。

(作者单位:吉林大学法学院)

---

① 潘金贵:《规则与实效:刑事速裁程序运行的初步检视》,载《安徽大学学报》(哲学社会科学版)2015 年第 6 期。

② 参见兰荣杰著:《刑事判决是如何形成的?——基于三个基层法院的实证研究》,北京大学出版社 2013 年版,第 113~114 页。

轻微刑事案件速裁程序问题研究

夏　红　任　楠

引言

2014 年 6 月 27 日，第十二届全国人大常委会第九次会议决定授权最高人民法院、最高人民检察院在全国 18 个基层法院开展轻微刑事案件速裁程序（以下简称速裁程序）试点工作，是我国首次由全国人大常委会授权实施的刑事诉讼程序试点。该程序的创设意味着我国的刑事诉讼即将进入多元化的立体发展阶段。2015 年 10 月 15 日，最高人民法院、最高人民检察院向全国人民代表大会常务委员会递交了最高人民法院、最高人民检察院《关于刑事案件速裁程序试点情况的中期报告》（以下简称《报告》），将速裁程序试点一年来的工作情况进行总结。从全国范围来看，试点实施一年以来，刑事诉讼效率明显提高。认罪认罚从宽原则也得以充分体现，取得了很大的成效。[①] 目前轻微刑事案件速裁程序试点已经接近尾声，对试点情况进行检审有助于对该程序的理性认知和推进。

一、轻微刑事案件速裁程序试点运行状况——以 D 市试点为例

2014 年 6 月 27 日，根据《关于授权最高人民法院、最高人民检察院在部分地区开展刑事案件速裁程序试点工作的决定》，D 市被确定为 18 个试点城市之一。按照 L 省委政法委、省直政法机关统一部署，D 市 X 区、G 区、P 市于 2014 年 11 月开展了速裁程序试点工作，2015 年 5 月，由 D 市公检法司联合会签的《D 市适用刑事案件速裁程序暂行规定》印发，为速裁程序的适用提供了切实可行的规范和依据，并逐步形成工作机制。在前期试点工作的基础上，刑事案件速裁工作在全市推开。试点工作开展后，D 市两级法院高度重视，市中院成立了由主管院长、专职委员、刑二庭庭长组成的领导小组，加强对速裁工作的组织、协调和领导，同时指定专人负责传达、沟通、指导等日常工作。各基层法院亦由院级领导组成专门领导小组，全员动员，积极准备，指定业务素质高的审判人员专门负责审理速裁案件。

从 2014 年 11 月开始推行至 2015 年 12 月 31 日，全市共审理速裁程序案件 393 件，其中 G 区人民法院审理的速裁程序案件最多，共 125 件，K 区人民法院位居第二，共审理 78 件，S 区人民法院审理的速裁程序案件最少，只有 4 件。虽然速裁工作已开展一年多，D 市

---

① 朱宁宁：《刑事速裁程序试点一年多来抗诉率为 0》，http://news.eastday.com/eastday/13news/auto/news/china/u7ai4832494_K4.html，上传时间：2015-11-03，查询时间：2015-12-20。

速裁案件适用量仍然较小，与案件量不匹配，且地区间差异大。适用类型相对单一，危险驾驶、盗窃案件集中，诈骗、寻衅滋事案件较为鲜见，而抢夺、行贿等尚无一例。全市速裁程序非监禁刑适用比率明显高于普通程序、简易程序，但与全国平均水平相比仍较低。

以审理速裁程序案件最多的 G 区为例，从 2014 年 11 月至 2015 年 12 月 31 日，G 区人民法院、人民检察院共适用速裁程序审结刑事案件 125 件 131 人，全部为检察官建议适用，占该人民法院同期判处一年有期徒刑以下刑罚案件的 11%，同期审结的全部刑事案件 5%。同期共适用简易程序审结刑事案件 194 件 220 人。同期共适用轻刑快审程序审结刑事案件 75 件 84 人。笔者对 G 区速裁程序实施一年以来的各项数据进行总结，得出以下结论：

第一，速裁程序的适用率较低。由上述数据可发现，速裁程序在 D 市试点的适用率较低，基层法院、检察院在处理轻微刑事案件时还是倾向于选择刑事简易程序和轻刑快审程序。

第二，适用类型相对单一。在 G 区法院审理的速裁程序案件中，11 类犯罪案件仅有 7 种得到适用，其中危险驾驶案件的比例最高，共 71 件，占全部速裁案件的 56.8%，其次分别是伤害案件 18 件、毒品犯罪案件 16 件、盗窃案件 16 件、交通肇事案件 2 件、诈骗案件 1 件、非法拘禁案件 1 件，而危险驾驶、抢夺、行贿、寻衅滋事以及在公共场所实施的扰乱公共秩序犯罪尚无一例。

第三，诉讼效率得到明显提高。在 G 区适用速裁程序的案件中，一般将两个案件进行集中审理，平均一个案子 10 分钟即审结，当庭宣判率为 100%，检察机关的审查起诉周期平均是 8 天，人民法院的审结周期平均是 6.5 天，而同期适用简易程序的案件检察机关的审查起诉周期平均为 19 天，人民法院的审结周期平均为 12 天，当庭宣判率仅为 75.2%。由上述数据可知，适用速裁程序后，案件庭审时间、审结周期明显缩短，诉讼效率明显提高。

第四，诉讼公正得到有效保障。在 G 区适用刑事速裁程序审结的案件中，检察机关的抗诉率为 0、附带民事诉讼原告人上诉率为 0、被告人上诉率为 0。同期适用简易程序的案件检察机关抗诉率为 0.3%、附带民事诉讼原告人上诉率为 0、被告人上诉率为 7.6%。同期全部刑事案件检察机关抗诉率为 2.2%、附带民事诉讼原告人上诉率为 1.4%、被告人上诉率为 18.7%。诉讼公正包括诉讼过程的公正和诉讼结果的公正，两者缺一不可。由上述对比可知，在 G 区试点中已审结的 125 件速裁程序案件的抗诉率、上诉率均为 0，说明控方、辩方均对案件的诉讼过程和结果表示认同，诉讼公正在速裁程序中得到了实现。

第五，程序运行总体比较平稳。在程序回转阶段，在 G 区适用刑事速裁程序审结的案件中，转为简易程序审理的案件 3 件、转为普通程序审理的案件 12 件。同期适用简易程序的案件转为普通程序审理的案件 37 件。由此可见，速裁程序的运行过程总体比较平稳，但凡采用，大多数能审理完结。

由以上数据可以看出，虽然速裁程序的适用率不高，适用类型比较单一，但审结周期短、适用效果好的优势还是很明显的。而 D 市试点速裁程序适用率低、适用类型相对单一，主要有以下三个原因：

第一，适用速裁程序的案件限制条件较多。为了确保速裁程序试点工作的稳定与顺畅，降低伤害当事人合法权益、违背司法公正的风险，速裁程序试点阶段的案件范围本身比较狭窄，禁止适用条件也特别严格，使得案件经过层层筛选，达到标准的、可以适用的比较少。

第二，D市刑事案件的特点在一定程度上制约了速裁程序的适用。速裁程序原则上要求多个案件同时处理，同批次案件越多、案由越统一，审理的效果越好，速裁程序发挥的作用就越大。但D市各区案件分布不平衡，如西岗区，案件基数相对较小，本身可以适用速裁程序的案件数量有限。而在适用速裁程序的案件类别中，危险驾驶案件、伤害案件本来就易频发，其基数本身就比较大，而行贿等轻微犯罪案件基数本身就比较小，案件本身的基数大小也导致了适用速裁程序的案件数量少、类型单一。此外，由于刑事案件发生的无规律和不可控，即使案件较多的地区也难以保证随时有大量适宜适用速裁程序的案件一并处理，而如果"等"或者"攒"，其实就违背了速裁程序确保高效的初衷。

第三，司法工作人员有选择地适用速裁程序。速裁程序旨在提高司法质量和效率，降低社会治理成本，促进社会和谐。围绕这一宗旨，速裁程序有很多高要求的设计，但在实践操作中往往有很多环节无法达到速裁程序的要求，而任何一个环节都可能导致速裁程序的终止适用。因此，司法工作人员往往对案件进行有选择性的适用，像危险驾驶类案件，因为案情明了，当事人配合度也比较高，所以办起来最为顺畅，所以最受检察官青睐，而交通肇事、诈骗类案件证据的收集比较复杂，一旦社会调查评估材料不能在时限内完成或者证据收集不齐需要补充调查，速裁程序便没办法在期限内审结，故检察官从一开始就对某些案件放弃适用速裁程序。

二、轻微刑事案件速裁程序试点运行状况评价

试点工作在取得显著效果的同时，也反映出了一些具体问题，笔者结合D市试点中存在的具体的和全国范围内普遍反映的试点工作中的问题进行了如下总结：

（一）文本规则：法律法规不够完善

目前，有关速裁程序的法律依据仅有《关于在部分地区开展刑事案件速裁程序试点工作的办法》（以下简称《办法》）一项，各试点的具体实施过程也是以《办法》为基础，基层公检法三机关各自制定相应的实施细则，这就导致速裁程序在实施过程中缺乏相应的完善的、统一的法律依据和具体的操作规范，而在实践过程中也反映出了《办法》中存在的不足。

第一，速裁程序的适用范围过小。速裁程序的适用条件比较苛刻，尤其是消极的适用条件也比较多，这是在试点阶段速裁程序适用率不够高的主要原因。从降低试验性立法的风险这个角度来看，是有一定稳健作用的，但今后应对该范围进行扩大。速裁程序只有被广泛适用，才能发挥它的价值，由我国的简易程序的创设、修改历程可知，只有扩大诉讼程序的适用范围，才能使大量符合条件的案件得到迅速、有效的审理，我国的轻微刑事案件基数庞大，但按照现有的速裁程序适用范围，最终过滤后能适用该程序审理的案件并不是很多，这就导致速裁程序受适用范围的限制而没有发挥其应有的效用。

第二，侦查阶段缺乏相应的法律法规。速裁程序仅有的法律依据《办法》主要针对审查起诉和审判两个程序进行了规范，而对侦查阶段则缺少明确的法律指引，同时为保证速裁程序案件的办案质量，《办法》也未限缩侦查期限，从表面上看这有利于侦查机关避免期

限压力过大而草率办案，但是却将侦查程序排除在速裁程序之外，客观上造成侦查程序案件分流的意识薄弱，同时从整体上影响了案件办理的时限，不利于提高速裁程序的推进的整体效能。

第三，在审判阶段，新增不公开审理事由不够明确，易使法官滥用自由裁量权。我国现行庭审制度坚持"公开审判为原则，不公开审判为例外"的宗旨。刑事速裁程序则首次增设了可以不公开审理的事由。《办法》规定："被告人以信息安全为由申请不公开审理的，人民检察院、辩护人无异议的，可以不公开审理。"这导致我国不公开审理的事由扩大，并且由于《办法》中并未对"信息安全"事由予以明确，执行过程中的随意性增大；同时在此种情形下，未赋予被害人方异议权，从而成为新的矛盾激发点。

第四，在速裁程序的回转阶段，规定也不够具体，当速裁程序转为简易程序和普通程序审理时，对于前期按速裁程序办理的具结书、谅解协议书的法律效力缺乏明确的规定。如果无视速裁程序前期做的这些基础工作而重新开始，无异于一种司法资源的浪费和重复做无用功，但对如何界定和适用并无明确的法律依据。

（二）司法实践：程序运行存在不足

第一，公检法三机关主动适用速裁程序的积极性有待提高。根据《报告》，在已审结的速裁程序案件中，侦查机关建议适用的占 27.64%，检察机关建议适用速裁程序的占 65.36%，法院建议适用的仅占 4.69%。[①] 而在笔者调研的 D 市 G 区采用速裁程序审理的 125 件案件全部都是由检察官建议适用的。速裁程序虽然没有限定侦查期限，但起诉、审结期限都非常短，侦查机关前期对案件的调查必须详细清楚，因为案件一旦需要补充证据，超出审结期限案件就无法再适用速裁程序审理，因此侦查机关的办案压力较大。此外速裁程序增加了庭前庭后的工作量，对基层检察官、法官来说适用速裁程序并没有缓解工作压力，反而更加疲惫，导致基层试点的检察官、法官对速裁程序有一定的消极抵抗心理。而如果检察官成为启动速裁程序的主要甚至全部动力，就难免造成检察官凭借个人主观意向有选择性地适用速裁程序的情况，速裁案件适用类型单一的情形就会出现，部分符合适用条件的案件也可能被刻意排除在外。此外侦查机关和人民法院主动适用速裁程序的积极性也有待提高。

第二，调查评估工作的及时性有待提升、监督力度需要加强。人民检察院在委托司法行政机关进行社会调查评估时，因有的犯罪嫌疑人频繁更换居住地或没有稳定的居住地，或者犯罪行为发生地与居住地相距甚远，出现司法行政机关互相推脱的现象，而对于司法行政机关的这种推脱行为又没有相应的惩戒措施予以督促，这就导致《调查评估意见书》的速度迟缓，影响案件进程。此外，《调查评估意见书》的客观性、真实性也亟待进行有效的评估。

第三，值班律师法律援助质量不尽如人意。尽管速裁程序明确规定司法行政机关要积极派驻值班律师为被追诉人提供法律帮助，从客观上扩大了轻微刑事案件获得法律援助的覆盖面。但现行规范对司法行政机关如何指派值班律师、被追诉人如何申请获得法律援助、

---

① 朱宁宁：《速裁程序试点一年多来抗诉率为 0》http://news.eastday.com/eastday/13news/auto/news/china/u7ai4832494_K4.html，上传时间：2015-11-03，查询时间：2015-12-20。

值班律师由谁担任等具体事项均未能明确规定，导致值班律师制度在实践过程中效果不理想，派驻值班律师的能力和素质都没有保证，帮助的有效性值得商榷，并且很多援助律师并没有参与到整个刑事诉讼程序中去，仅是同检察官简单了解案情后，告知被追诉人可以适用速裁程序，并没有认真了解案件具体状况，切实维护犯罪嫌疑人、被告人的权利。

第四，集中审理模式可行性有待商榷。在试点工作中，人民法院一般都会在办案期限内集中3件以上刑事速裁案件进行庭审，对被告人的诉讼权利义务一并告知，一同宣判。但刑事速裁案件的审结时间仅限7天，对于某些速裁案件较少的试点地区，在短短7天内集中3件以上刑事速裁案件开庭是有难度的。在实践中，法定审结期限内案件数量凑不上的时候，个别可以适用的案件最后往往不再适用速裁程序，而依然适用简易程序或普通程序审理。并且，由于集中审理带来的庭前准备工作压力较大，导致司法工作人员对速裁程序的适用产生消极抵触情绪。

三、我国轻微刑事案件速裁程序的完善

速裁程序试点工作开展一年半来，取得了初步成效，也显现了该程序在司法实践中存在的不足，作为新创设的尚处于试点阶段的刑事诉讼程序，存在不足之处是正常的，唯有总结经验，改正不足，才有完善的可能性。对速裁程序的完善应从立法和司法两个方面进行，唯有如此，才能保证速裁程序的程序设计在符合对诉讼效率和诉讼公正两大价值的追求的同时，程序运行环环相扣、流利顺畅。

（一）文本规则：建立健全相应的法律法规

由于速裁程序简化了庭审过程，为了维护当事人的基本权利，必须有完善的法律法规和操作规程来保证速裁程序的具体实施过程不出现纰漏。笔者结合立法中存在的具体问题，针对速裁程序法律法规的完善提出以下五点具体建议：

第一，扩大速裁程序的适用范围。首先，速裁程序的客观条件应当适当扩展，刑法的大部分罪名都符合适用速裁程序的刑罚要求，可以考虑取消11类案件的规定，将更多可能的案件也设定为可以适用速裁程序。其次，速裁程序中的某些禁止性条件应该取消。例如，速裁程序中规定的未成年人犯罪不适用该程序，从表象上看取消未成年人犯罪适用速裁程序是对其的保护，但实际上这种保护是没有必要的，在刑事简易程序立法的禁止性条件中就没有该项规定，并且由于速裁程序快速处理案件的优势，对未成年人适用是有益的。此外，对违反取保候审、监视居住规定的取消其适用速裁程序的选择权也是不当的，这种惩罚性的处分是缺乏充分的法律依据的。

第二，增加侦查阶段相关法律规定。由于侦查机关有调查案件事实、收集证据，以及抓捕犯罪嫌疑人的任务，所以提升诉讼效率不可以通过取消侦查程序的某些阶段来实现，还应补充适用速裁程序中有关侦查程序的相关法律规定，使侦查机关在合理时间范围内侦查完结，同时应明确规定侦查期限，督促侦查机关在合理期限内完成侦查工作，提高侦查阶段的效率。

第三，明确规范以"信息安全"为由不公开审理案件的范围。首先，明确不公开审理案件的适用范围，明确定义"信息安全"的内涵以及外延。其次，设立不公开审理理由告

知制度。刑事速裁案件在决定不公开审理时，应当庭说明不公开审理的理由，且应当在一定期限内将不公开审理的决定及理由通知被害人及其法定代理人，以保障被害人的合法权益，确保不公开审理案件受到被害人的监督。最后，赋予被害人对不公开审理决定的异议权。作为诉讼当事人的被害人有对案件是否公开审理提出异议的权利，《办法》并未赋予被害人这项权利，但应进行补充，被害人不服人民法院关于不公开审理的决定，可以在规定期限内提出申诉，人民法院经审查异议成立的，应驳回被告人申请，异议不成立的，应驳回被害人申请并告知其不成立理由。

第四，明确回转程序中具结书、谅解协议书的效力。按照速裁程序办理的具结书和谅解协议书是符合刑事诉讼程序办理规定的，在案件转为简易程序或普通程序审理时，法律应明确其是否仍具有法律效力，避免重复做无用功，浪费诉讼资源。

（二）司法实践：进一步强化程序运行的衔接

1. 审前阶段

第一，进一步加强速裁程序的宣传工作。速裁程序适用率不高的其中一个重要原因，就是作为新创设的尚处于试点阶段的诉讼程序，它的社会认知度比较低，对大多数被追诉人而言，适用新的诉讼程序充满了不确定性，加上速裁程序以迅速审判为主要特征，被追诉人往往因为对该程序缺乏认知而担心自己的案件因为迅速审判而得不到公正的审判，所以拒绝适用该程序。因此，在强调政法机关准确适用的同时，应努力在提升速裁程序社会认知度、认可度上下工夫，公诉机关可以通过不定期派员至看守所对在押人员进行法律教育，司法行政机关可以通过值班援助律师向在押人员宣传速裁程序，鼓励符合适用条件的在押人员主动申请适用速裁程序。也可以采用新闻发布等多种形式，采取以案说法、交流研讨等灵活方式，使社会公众充分认识速裁程序的价值，了解掌握具体规范要求，消除误解、形成共识，为适用速裁程序建立社会基础、营造良好的社会氛围。

第二，设立速裁程序"绿色通道"，案件专业分工。司法部门应分别设立专门的轻微刑事案件办理部门，并形成专员专门处理速裁程序案件，同时各机关应共同协调成立办理速裁程序的"绿色通道"，侦查机关在发现案件符合速裁程序条件时即联络相应的检察官，并配合做好侦查工作。对于公安机关建议适用速裁程序的，人民检察院可以派员适时介入侦查活动，对收集证据、适用法律提出意见。人民检察院在提起公诉时应在案卷上做好速裁程序专用标记提醒人民法院注意，人民法院在收到速裁程序案件时应及时审查受理，尽量缩短刑事速裁案件移交的时间。同时各机关速裁程序的负责人应定期沟通、总结，分享信息，探讨速裁程序移转过程中的不足，加强配合与沟通，切实做到侦、诉、审、执无缝对接，为更好地推进速裁程序展开合作。

第三，加强庭前准备工作，广泛适用现代通信技术。司法工作人员适用速裁程序的积极性不高的主要原因就是庭前准备工作压力太大，庭前准备工作需要各部门的沟通协调，基本上都集中在检察官一人身上，在司法实践中，高新技术的应用比较滞后，这是一定程度上导致庭前准备工作繁重的原因。庭审前的准备工作应充分利用现代通信技术，检察官的讯问工作可以通过远程视频进行，通知和送达方式也尽量采取电话、短信、邮件等节省时间的方式，诉讼文书及电子证据可以通过网上进行流转，甚至开庭过程也可以通过视频方式进行，通过现代通信技术提升工作效率，减轻检察官的负担。

第四，完善法律援助值班律师制度。要对法律援助律师的资质和能力提出明确的要求，以保证法律援助律师具有专业的素养，强调法律援助律师对被追诉人的援助贯穿整个刑事诉讼过程。在侦查、起诉阶段，即告知被追诉人有申请法律援助的权利和法律援助律师的职责范围。法律援助律师应做好法律咨询工作，确保被追诉人在了解速裁程序的基础上自愿选择适用该程序，并及时为被追诉人申请变更强制措施，确保被追诉人在认罪量刑协商中的权利得到保障。在审判阶段，法律援助律师应积极与法官沟通，为保证法律援助律师的正常工作，规定其可以不出庭，仅出具辩护意见。

第五，充分发挥检察院和社会的监督权。刑事诉讼程序是有一定风险的，尤其是简化后的刑事诉讼程序，更需要多方面的、严格的监督确保程序的公正。速裁程序中不能回避这个问题，人民检察院是速裁程序适用过程中的法律监督主体，媒体和公众则是社会监督的重要力量，要充分发挥他们的监督权。对公安机关、法院适用速裁程序的诉讼活动和司法行政机关出具意见书的过程进行法律监督，防止违规操作。

2. 审判阶段

第一，灵活掌握集中审理模式。根据《办法》，速裁案件不再进行法庭调查、辩论，因此案件可以集中开庭审理，集中当庭宣判，如果只从庭审程序和时间方面考虑，速裁程序适用集中开庭审判，确实会极大地提高诉讼效率，节约审判阶段的诉讼成本。但是要做到集中开庭审判，一方面需要速裁程序各个环节的相应集中办理；另一方面，在短时间内准备好数个案件同时开庭，机会、工作量的难度都很大。人为地促使案件集中审理，本身就会造成时间和精力的浪费。我国的刑事诉讼立法并不强调集中审理模式。所以笔者认为，对于案件是否需要集中审理，不应当进行强制性规定，应由承办的检察官和法官进行协商，按照实际情况决定。不能因为凑不齐集中审理的速裁案件就放弃个别案件对速裁程序的适用，同时每次集中审理的速裁案件不宜过多，以体现对被告人主体地位的尊重，保障被告人的诉讼权利，缓解司法工作人员的办案压力，维护司法权威。

第二，建立被告人缺席审判风险提示制度和惩治制度。在速裁程序司法实践中，被告人往往出于自身利益的考量缺席审判，蔑视法庭威严，忽视了刑事诉讼缺席审判可能对自身权益造成损害的风险。笔者认为，速裁程序应注重建立风险提示制度，在被追诉人同意适用速裁程序和送达庭审通知之时，明确要求被告人应按时应诉，告知其缺席审判可能带来的诉讼风险，督促其按时出席庭审，从根本上杜绝诉讼因被告人缺席导致速裁程序终止的情况发生。对于无正当理由拒不按时参加庭审的被告人应当按照妨害诉讼行为进行惩治，以约束其行为。

（作者单位：辽宁师范大学法学院）

试论刑事速裁程序中的证明标准

杨文革

2014 年 6 月 27 日，第十二届全国人大常委会第九次会议通过全国人民代表大会常务委员会《关于授权最高人民法院、最高人民检察院在部分地区开展刑事案件速裁程序试点工作的决定》（以下简称《决定》），授权"两高"在北京等 18 个城市开展刑事案件速裁程序试点工作，"对事实清楚，证据充分，被告人自愿认罪，当事人对适用法律没有争议"的危险驾驶等情节较轻的案件，"进一步简化刑事诉讼法规定的相关诉讼程序。"据此《决定》，最高人民法院、最高人民检察院、公安部和司法部制定了最高人民法院、最高人民检察院、公安部、司法部《关于在部分地区开展刑事案件速裁程序试点工作的办法》（以下简称《办法》），对速裁程序的试行作了较为详细的规定。速裁程序的推行对实现刑事诉讼的效率价值无疑具有重大意义，但也由此引起一些极具争议的问题，如可否在速裁程序中实行较之普通程序为低的证明标准？本文试就这一问题略陈管见，就教于学界同仁。

一、速裁程序证明标准之争及其解读

速裁程序可否设置低于普通程序的证明标准？存在着截然对立的两种观点。一种观点认为，所有的刑事诉讼程序都应当实行同一的证明标准。早在我国刑事诉讼法刚刚确立简易程序之时，即有学者指出，"无论是简易程序还是普通程序，其刑事诉讼的开展必须建立在查明案件真相，明确是非，事实清楚和证据确凿的客观基础之上。"[1] 实行速裁程序试点以来，类似的观点认为，"如果降低证明标准，允许疑罪进行协商，无疑会加大对口供的需求，从而引发强迫、引诱等现象，侦查人员也不必再勤勉地搜集实物证据。如此一来，则会导致刑事侦查质量的日益下降。""在未来认罪认罚从宽制度的构建中，案件的证明标准不宜降低，客观真实仍然是我们应当坚守的底线。"[2]

另一种观点则认为，在简易和速裁等程序中可以实行略低于普通公诉程序的证明标准。例如，北京市海淀区人民法院的李静认为，"目前无法突破的刑事诉讼阶段及不作区分的证明标准等制度设计在一定程度上制约了被告人认罪的简单案件的快速流转，限制了司法资源合理配置的实现，"建议"证明标准的适当降低及被告人上诉权和公诉机关的抗诉权因量刑协商而放弃等。"[3] 北京市房山区人民法院的徐斌也主张，"为提升速裁程序的适用率，实现全程序提速，建议适当降低证据收集标准，确立自认印证规则：即侦查机关在收集到

---

① 李文健著：《刑事诉讼效率论》，中国政法大学出版社 1999 年版，第 170 页。
② 蔡元培：《认罪认罚案件不能降低证明标准》，载《检察日报》2016 年 6 月 13 日第 3 版。
③ 李静：《刑事速裁程序改革的全流程简化研究——关于改革工作的一点感想》，2015 年 7 月（山东青岛）全国法院刑事案件速裁程序研修班研讨材料，第 41~42 页。

与被告人对犯罪构成所作供述相印证的证据，就认为证据已经充分，可不再进行收集。"①
目前这两派观点针锋相对，难分高下。

那么，《决定》和《办法》规定的速裁程序证明标准又当如何理解？其与普通程序规定的证明标准是否一致？依照我国刑事诉讼法的规定，公诉案件的证明标准是"事实清楚，证据确实、充分"，自诉案件的证明标准是"事实清楚，有足够证据"，简易程序的证明标准是"事实清楚，证据充分"，而《决定》和《办法》所规定的速裁程序的证明标准也是"事实清楚，证据充分"。单从文字表述看，公诉、自诉、简易以及速裁这四个程序中的证明标准并不完全一致。按照《现代汉语词典》的解释，"充分"是指足够（多用于抽象事物）。因此，自诉程序证明标准表述中的"足够证据"与"证据充分"的意思是一致的。可以说我国刑事诉讼中的自诉案件、简易程序和速裁程序中的证明标准一样，都是"事实清楚，证据充分"，相对于公诉程序中的证明标准，缺少了对证据"确实"的要求。如何理解这一差异？笔者认为，对此可以有以下两种解读：

其一，公诉程序中"事实清楚，证据确实、充分"的证明标准与自诉程序、简易程序和速裁程序中"事实清楚、证据充分"的标准是一致的，虽然表述略有不同，却并不具有实质性的差异。因为"确实"是对证据真实性的要求，是指定案的证据应当"真实可靠"。如果证据本身不真实、不可靠，其证明的事实就不可能是清楚的。因此，"事实清楚，证据充分"就包含有对证据确实性的要求。再则，公诉程序中的证明标准是侦查、起诉、审判三个程序阶段定案的标准，不是该三个阶段启动时的标准，即无论侦查终结，提起公诉，还是判定有罪，都要达到此证明标准。而自诉程序、简易程序和速裁程序三个程序中的证明标准仅仅是该三个程序启动时的标准，远远不是最后定案的证明标准。因为程序启动之时还未对证据进行实质的审查，自然无法判断证据是否"确实"。根据刑事诉讼法第48条第2款的规定，"证据必须经过查证属实，才能作为定案的根据"，无论自诉程序、简易程序，还是速裁程序，其最终定案的证据必须是经过查证属实的，也就是具有"确实性"的。所以说，无论公诉程序、自诉程序、简易程序，还是速裁程序，其证明标准都是一致的。

其二，公诉程序中的证明标准与自诉程序、简易程序和速裁程序中的证明标准是不同的，前者略高于后三者。因为从表述上看，"事实清楚，证据确实、充分"与"事实清楚，证据充分"存在着明显的不一致。若不是立法者有意为之，为什么不作出完全一致的立法表述？这种立法用词的明显不同，正是立法者在不同程序中有意设置不同证明标准的明显证据。虽说"证据必须经过查证属实，才能作为定案的根据"，但只有在公诉程序的每起案件中才对证据的确实性进行调查，而在自诉程序、简易程序和速裁程序中，证据调查并非不可或缺。因为按照刑事诉讼法第206条的规定，人民法院对自诉案件，是可以进行调解的；自诉人在宣告判决前，也可以同被告人自行和解。而调解和自行和解就意味着人民法院对证据真实性审查的简化甚至放弃。在简易程序中，根据刑事诉讼法第213条的规定，更是简化到"不受本章第一节关于送达期限、讯问被告人、询问证人、鉴定人、出示证据、法庭辩论程序规定的限制……"对于速裁程序来讲，对证据的审查更是被完全省略。按照《办法》第11条规定，被告人当庭认罪、同意量刑建议和适用速裁程序的，不再进行法庭

---

① 徐斌：《效率通向公正：刑事速裁程序实证研究》，2015年7月（山东青岛）全国法院刑事案件速裁程序研修班研讨材料，第48~49页。

调查、法庭辩论。对确保证据真实性的"法庭调查和法庭辩论程序"的省略，即意味着证明标准的实质性降低。

笔者认为，如果单从文字表述看，速裁程序的证明标准与普通公诉程序的证明标准虽略有不同，却并没有实质性区别。但如果从保证证明标准得以实现的诉讼程序和证据规则配置看，速裁程序中的证明标准确实被大大降低了。这恰如多年前死刑案件的证明标准一样，虽然立法并没有为死刑案件设置一个高于"事实清楚，证据确实、充分"的证明标准，但通过对死刑案件诉讼程序和证据规则的完善，死刑案件的证明标准确实被提高了。[①] 同理，在速裁程序中，我们没有必要也不应该设计出一个低于普通程序证明标准的特殊证明标准。因为"案件事实清楚，证据确实、充分"的标准如果有所降低，就意味着存在案件事实不清，证据不确实、不充分的情况，给错案的发生打开了方便之门。但削减速裁案件的诉讼程序和证据规则，实则等同于事实上降低了速裁程序的证明标准。这如同建筑物的质量标准一样，无论是城市摩天大楼还是农村的低矮平房，其质量标准的文字表述都应该是"安全、坚固"，而不能降低为"相对安全"或者"基本安全"，乃至于"凑凑合合"，否则就会造成人命事故。但其实我们都清楚，"安全、坚固"的标准对于不同的建筑物无论是设计、施工，还是建筑材料的选用上，都是有差别的。即便如此，对它们的质量标准的表述都应当是"安全、坚固"，而不应当有所区别。因此，速裁程序中证明标准的降低是通过删减相应的诉讼程序和证据规则来实现的，而不是通过制定一个较低的证明标准的文字表述来实现的。

二、降低速裁程序证明标准的法理依据

笔者认为，降低速裁程序的证明标准，其法理依据如下：

其一，公正与效率关系的特殊性。公正与效率的关系是诉讼程序设置中的根本问题，更是速裁程序应当首先明确的问题。不厘清速裁程序中二者的关系，就不能使速裁程序走上正确、科学的完善之路。众所周知，在普通程序中，公正是优先于效率的首选价值追求，死刑案件更是如此。因此，在普通程序中绝对不可以为了效率价值而损减公正的价值。但是在速裁程序中，公正与效率的关系又当如何？部分学者和司法实践部门的同志认为，公正仍然是速裁程序的首选价值目标，易言之，在速裁程序中，公正价值仍然高于效率价值，或者说速裁程序追求的依然是公正第一，效率第二。另有观点认为，速裁程序中的价值追求应该是效率优先，兼顾公正，或者说效率优先于公正。潘金贵教授就是将提高效率作为轻微刑事案件快速办理机制的首要考量，而将保障公正作为轻微刑事案件快速办理机制的正义底线的。[②] 陈光中先生认为，公正是现代刑事诉讼的核心价值，而效率则是重要价值。二者的关系应当定位为"公正第一，效率第二"。在两者发生冲突的情况下，不能为了效率而牺牲公正、真相。但他同时指出，"公正优先不是绝对的，有时为了效率，难免需要在程序公正上作出必要的让步。"[③] 笔者理解，陈先生此处所谓的"有时"就应该包括速裁程序。也就是说，在速裁程序中，公正应该让位于效率。因为如果在速裁程序中仍然坚持公

---

① 参见杨文革著：《死刑程序控制研究》，中国人民公安大学出版社 2009 年版，第 241~260 页。

② 潘金贵等著：《轻微刑事案件快速办理机制研究》，中国检察出版社 2015 年版，第 25 页。

③ 陈光中：《公正与真相：现代刑事诉讼的核心价值观》，载《检察日报》2016 年 6 月 16 日第 3 版。

正优先的价值追求，必然要求对证据进行实质审查，这就要求庭审程序不能有任何减损，否则一方面坚持公正优先，另一方面又主张在速裁程序中可以简化甚至删掉法庭调查和法庭辩论程序，这本身不仅自相矛盾，而且很难兼顾，是不可能成功的。因此，只有在速裁程序中坚持效率优先于公正的价值追求，才能为降低证明标准，缩减乃至完全删掉某些审理程序提供理论支持。

其二，被告人口供的自愿性。我国新刑事诉讼法虽然确立了"不得强迫任何人证实自己有罪"的原则精神，也建立了较为完善的非法口供排除规则，但不可否认的是，我国刑事诉讼法仍然没有赋予犯罪嫌疑人、被告人沉默权。犯罪嫌疑人对侦查人员的提问依然应当"如实回答"。而且在现有的排除规则中，也只有通过刑讯逼供或者相当于刑讯逼供的讯问手段取得的口供才会被排除，而通过威胁、欺骗、引诱的口供是不会被排除的。这说明我国目前犯罪嫌疑人和被告人的供述仍然不具有自愿性。在《办法》所确立的速裁程序中，我国首次突破了现行刑事诉讼法的规定，强调了口供的自愿性。按照《办法》第11条的规定："人民法院适用速裁程序审理案件，应当当庭询问被告人对指控的犯罪事实、量刑建议及适用速裁程序的意见，听取公诉人、辩护人、被害人及其诉讼代理人的意见。被告人当庭认罪、同意量刑建议和适用速裁程序的，不再进行法庭调查、法庭辩论。但在判决宣告前应当听取被告人的最后陈述意见。"第13条规定："人民法院适用速裁程序审理案件，对被告人自愿认罪、退缴赃款赃物、积极赔偿损失、赔礼道歉，取得被害人或者近亲属谅解的，可以依法从宽处罚。"这说明速裁程序审理的重点应该是被告人口供的自愿性这一程序性问题，而不再是案件的客观事实这一实体问题。易言之，只要被告人的口供是自愿的，就应当推定其是真实的。这实际上就相当于降低了速裁程序的证明标准。

其三，侵犯法益的轻微性。一般来讲，作为自然界最具理性的生物，人类对于自身活动的安排遵循着一定的经济原则。当从事涉及自身重大利益的活动时，人们愿意为此付出较大的时间和金钱成本，而当从事一些较小利益甚至鸡毛蒜皮的蝇头小利的活动时，人们是不愿意付出较大时间和金钱成本的。如果在后者的活动中，人们付出了较大的时间和金钱成本，就认为得不偿失。因此，波斯纳指出："公正在法律中的第二个意义是指效率。"[1]按照《办法》的规定，适用速裁程序的案件是"危险驾驶、交通肇事、盗窃、诈骗、抢夺、伤害、寻衅滋事等情节较轻，依法可能判处一年以下有期徒刑、拘役、管制的案件，或者依法单处罚金的案件。"相较于可能判处1年以上甚至更长刑期的重大案件，适用速裁程序的案件侵犯的法益是相对较轻的。因此，降低速裁程序的证明标准，设置与其相匹配的简易、快速的诉讼程序和证据规则是合理而正当的。相反，如果在此类案件中，实行与普通程序相同的烦琐而复杂的诉讼程序和证据规则，不仅办案人员将因此苦不堪言，而且当事人也会感到不胜其烦。正如英国的司法改革白皮书指出的那样，"法院用来处理轻度违法案件的时间应该节省下来以处理更多的严重犯罪案件。同时我们也决定做更多的工作去减轻加之于警察和法院之上的官僚主义负担。"[2] 因此，在速裁程序中设置低于普通程序的

---

① ［美］波斯纳：《法律之经济分析》，台湾商务印书馆1987年版，第18页。转引自李文健著：《刑事诉讼效率论》，中国政法大学出版社1999年版，第35页。

② 《所有人的正义——英国司法改革报告》，最高人民检察院法律政策研究室组织编译，中国检察出版社2003年版，第70页。

证明标准，减损甚至完全取消对于查明案件事实具有重大作用的法庭调查与法庭辩论环节，尊重被告人在自愿情况下作出的口供的真实性，无疑是速裁程序应当采取的必不可少的步骤。

其四，中外类似程序的共通性。以被告人认罪认罚换取从轻处罚，达到案件快速处理为目的的速裁程序与域外某些国家的简易程序具有一定程度的相似性。例如，美国的辩诉交易的核心是被告人认罪，我国速裁程序的关键也是被告人承认自己所犯罪行。二者实行的都是以被告人自愿认罪来换取较轻的刑罚处罚，从而达到案件快速处理的目的，审查的重点也都是被告人口供的自愿性而不是案件事实的真实性。多年来，美国联邦最高法院"通过一系列判例逐步确立了关于辩诉交易对被告人有罪答辩进行审查判断的缜密机制，即通过对答辩自愿性的审查、对答辩能力的判断、对是否理解指控的判断、对被告人是否理解有罪答辩可能产生后果的判断、对被告人是否理解自己放弃之权利的判断、对答辩之事实性基础的判断，来保障被告人有罪答辩的自愿性（voluntary）、明智性（intelligent）和明知性（knowingly）。""如果被告人的有罪答辩是检察官通过威胁、误导或本质上与检察官职业无正当关系的承诺等方式诱导而作出的话，该有罪答辩就不能成立。"[1] 这说明辩诉交易中法官重点关注的是口供的自愿性而不是所谓的案件事实。只要被告人的供述是自愿的，就认为案件事实是清楚的，法官则不再对案件事实进行审查。我国有关部门在《刑事案件速裁程序试点工作座谈会纪要》中指出："被告人自愿认罪，有关键证据证明被告人实施了指控的犯罪行为，可以认定被告人有罪。"其表述虽然与美国的辩诉交易的做法并不完全相同，但二者降低证明标准的意图是相同的、明确的。

三、特殊证明标准下速裁程序的特殊配置

笔者认为，速裁程序设立的主要目的就是为了"速"，即案件的快速处理。正如研究者指出的那样，就是要"强化快速办案理念"，"着眼于提升轻微犯罪案件处理的效率"。[2] 否则，偏离这一目标就会使速裁程序的推行偏离正轨，违背速裁程序设立的初衷。而要达到快速的目的，关键就是被告人供述自愿性的保障问题。抓住了口供的自愿性就是抓住了速裁程序的"牛鼻子"。因此，速裁程序的完善也应当紧紧围绕如何保证口供的自愿性以及审查口供的自愿性来进行，而不应该再围绕所谓的事实问题或者"实体真实"来进行。速裁程序的完善涉及方方面面，诸如速裁案件的范围、强制措施的采取、司法行政机关的评估等，本部分主要对与速裁程序证明标准相关的问题提出以下建议：

第一，关于速裁程序提起的阶段。根据《办法》第5条第1款规定："公安机关侦查终结移送审查起诉时，认为案件符合速裁程序适用条件的，可以建议人民检察院按速裁案件办理。"这说明我国速裁程序的提起阶段最早是在侦查终结之时。这意味着在公安机关侦查过程中是不能提起速裁程序的。考察一些国家类似做法，是可以在侦查过程中提起快速程序的。例如，依照意大利刑事诉讼法的规定，在其"依当事人的要求适用刑罚"程序中，"在初期侦查过程中，如果法官接到适用刑罚的要求和另一方当事人对该要求的同意"，即

---

① 卞建林、谢澍：《美国检察官是辩诉交易中的主导者》，载《检察日报》2016年5月31日第3版。
② 赵恒、章文丹：《建议从四个方面完善刑事案件速裁程序》，载《检察日报》2016年4月13日第3版。

可签注命令适用该程序；在其"快速审判"程序中，"如果某人在犯罪时被当场逮捕并且公诉人认为应当予以追究，可以直接将处于逮捕状态的人提交法官"，而"对于在讯问过程中作出坦白的人，公诉人也可以实行快速审判"；在其"立即审判"程序中，"当证据清楚时，公诉人在预先讯问被告人后可以要求实行立即审判"。① 鉴于此，我国速裁程序也可以考虑在侦查程序中，甚至在立案程序中，只要出现犯罪嫌疑人、被告人主动、自愿供述的情形时，即可启动速裁程序。当然，为了保证口供的自愿性，立案程序中接待自首、扭送的犯罪嫌疑人的工作人员，应当立即给犯罪嫌疑人或被告人指派值班律师，让其与值班律师充分咨询交流后，再告知供述的后果。② 结合已往实践，告知事项中应当重点考虑替人顶罪现象。然后，可直接报经检察院负责速裁的办案人员提起。同时，立案和侦查阶段的办案人员在得到犯罪嫌疑人或者被告人的自愿供述后，为了防止其以后翻供带来的被动，应当要求他们尽可能提供更多的证据。在将犯罪嫌疑人提交检察官并转交法官后，法官进行简短的询问，得到犯罪嫌疑人的自愿认罪的供述后，要求其签字，律师也应当签字。签字后不许反悔，否则对其加重处罚。也可以考虑在刑法的伪证罪中，将这种情况下的嫌疑人作为伪证罪的主体，刑罚至少不低于 1 年的处罚，以约束其诚实守信，而不致出尔反尔，玩弄司法。

第二，对于速裁程序的第一审判决可否上诉、生效判决可否再审？对于这两个问题，《办法》没有作出明确规定，而按照《办法》第 17 条规定："适用速裁程序办理案件，除本办法另有规定的以外，应当按照刑事诉讼法的规定进行。"由此，速裁程序的第一审判决允许当事人上诉，也允许当事人对生效的速裁程序判决申请再审。那么，为了提升速裁程序的效率，应当如何处理当事人的上诉权和申诉权？笔者认为，速裁程序可以采纳民事诉讼禁反言原则，在速裁程序中取消当事人的上诉权和申诉权。因为速裁程序的适用正是以被告人认罪、认罚并同意适用速裁程序为前提的，允许被告人上诉，无异于鼓励其出尔反尔，甚至玩弄司法，也与速裁程序的相关规定是矛盾的。③ 因此，建议速裁程序实行一审终审。至于申诉，考虑到速裁程序中仍然存在错判的可能，可以允许被告人提出申诉，但不建议由司法机关主动提起审判监督程序。被告人提出申诉实际上是对其当初自愿供述的撤回，是一种出尔反尔的不诚实行为。因此，即使允许被告人提出申诉，也应当责成其承担更大的证明责任。即使案件得到平反改判，也不应当对被告人进行冤案赔偿，反而应当追究被告人的伪证责任，以杜绝其出尔反尔，玩弄司法的行为。当然，嫌犯和被告人的口供自愿性必须得到切实保障，否则对其有失公平。

（作者单位：南开大学法学院）

---

① 参见《意大利刑事诉讼法典》，黄风译，中国政法大学出版社 1994 年版，第 160~163 页。

② 英国的改革可资借鉴，其改革白皮书中说道："我们并没有忽视向无辜的被告施加承认有罪这种压力之下的危险。为了使这种风险最小化，我们将引入保障措施。被告在咨询其法律顾问（其法律顾问应建议被告不要承认有罪，除非被告真的有罪）之后，可以主动提出承认有罪的要求。……被告希望承认有罪，那么法官应当直接询问他们以确信理解了有罪陈述的后果及其自愿性。"参见《所有人的正义——英国司法改革报告》，最高人民检察院法律政策研究室组织编译，中国检察出版社 2003 年版，第 78~79 页。

③ 司法实践反映，速裁程序中被告人上诉并非对裁判结果不服，而是出于其他目的。例如，某地被告人是为了留在看守所执行而上诉。参见董照南、张爱晓：《刑事案件速裁试点中存在的问题及解决对策》，2015 年 7 月（山东青岛）全国法院刑事案件速裁程序研修班研讨材料，第 55 页。

刑事速裁程序的实践探索与制度构建[*]

詹建红

随着改革开放以来经济和社会的迅猛发展,我国刑事案件数量也在持续攀升。据统计,2004 年全国法院审结一审刑事案件 64.4 万件,判处罪犯 76.7 万人;到了 2014 年,各级法院审结一审刑事案件达到 102.3 万件,判处罪犯 118.4 万人,分别上涨了 58.9% 和 54.4%。① 而近十年来公安司法机关办案人员数量却并没有明显增加,"案多人少"的矛盾日益凸显。2013 年年末,我国的劳动教养制度正式废除,先前可以通过劳动教养方式处理的一部分案件作为轻微刑事案件涌入了刑事司法领域。此外,《刑法修正案(八)》和《刑法修正案(九)》相继颁布实施后,危险驾驶、替考作弊等先前通过行政手段进行处罚的行为也被纳入了轻微刑事犯罪的范畴,刑事案件总量必然会进一步增长。如仅在危险驾驶入罪当年,全国就审结危险驾驶犯罪案件 9 万多件,约占当年刑事案件总量的 10%。②

我国 1996 年刑事诉讼法虽然在普通程序之外专门设立了简易程序,确立了相应的程序繁简分流机制,但总体而言,简易程序的形式相对单一,程序不够简便快捷,适用率不高,难以缓解司法资源捉襟见肘的窘境。基于此,程序分流理论逐渐引起了学界的关注,不少学者提出了程序多元化、借鉴吸收域外快审程序等建议,最高司法机关也采取了一系列的相应举措。如 2003 年,最高人民法院、最高人民检察院、司法部联合发文推行普通程序简化审;2006 年,最高人民检察院发布《关于依法快速办理轻微刑事案件的意见》等。一些地方司法机关甚至还通过暂缓起诉、刑事和解等制度尝试,探索审判前的程序分流机制。虽然 2012 年修改的刑事诉讼法吸收采纳了这些制度创新的有益经验,但司法实践中"案多人少"的矛盾仍未得以有效解决。2014 年,"为进一步完善刑事诉讼程序,合理配置司法资源,提高审理刑事案件的质量与效率,维护当事人的合法权益",③ 全国人大常委会授权最高人民法院、最高人民检察院在部分地区开展刑事案件速裁程序的试点工作,一种全新的程序制度的实践探索因此有了正式的宏观引导。

一、刑事速裁程序试点工作的总体情况

(一) 刑事速裁程序试点工作的规范来源

依据上述授权决定,此次刑事案件速裁程序试点工作在北京、天津、上海、重庆等 18

---

* 本文系国家社科基金项目(15BFX069)的阶段性成果。

① 数据参见 2005 年最高人民法院工作报告、2015 年最高人民法院工作报告。

② 数据参见 2014 年最高人民法院工作报告。

③ 参见全国人大常委会于 2014 年 6 月 27 日通过的《关于授权最高人民法院、最高人民检察院在部分地区开展刑事案件速裁程序试点工作的决定》。

个地区同时进行，自 2014 年 6 月 27 日起试点期限 2 年。适用该程序需要满足下列三个条件：一是事实清楚，证据充分，被告人自愿认罪，当事人对适用法律没有争议；二是案件范围为危险驾驶、交通肇事、盗窃、诈骗、抢夺、伤害、寻衅滋事等情节较轻的犯罪案件；三是可能判处 1 年以下有期徒刑、拘役、管制或单处罚金。2014 年 8 月 26 日，最高人民法院、最高人民检察院、公安部、司法部联合印发了《关于在部分地区开展刑事案件速裁程序试点工作的办法》（以下简称《试点办法》），明确列举了危险驾驶等 11 类犯罪案件可以适用刑事速裁程序，并对程序启动、简化环节、法律援助、不得适用情形等内容作了进一步规定。随后，各试点地区在《试点办法》的基础上结合各自的区域特点出台了相应的规范性文件或实施细则，进一步丰富了刑事速裁程序的操作规范，增强了试点工作的可操作性。例如，武汉市青山区人民法院、人民检察院、公安分局、司法局联合制定的《青山区刑事案件速裁程序试点工作实施细则（试行）》就在《试点办法》列举的不得适用刑事速裁程序的 8 种情形之外补充规定了"犯罪嫌疑人、被告人检举揭发他人犯罪线索需要核实的"和"犯罪嫌疑人、被告人身份不明的"这两种情形；明确区司法局应当在青山看守所建立"法律援助中心驻所工作站"，为犯罪嫌疑人、被告人提供法律咨询和建议；区公安分局法制部门指定专人在法律规定期限内相对集中报送速裁程序案件，区检察院公诉部门、区法院刑事审判庭应当确立类案专审制度，成立速裁组，指派专人办理速裁程序案件；对于区公安机关建议适用速裁程序审理的案件，区检察院应当在移送审查起诉当天对案件是否适用速裁程序进行审查，实现当天审查、当天受案、当天移交、当天分案；等等。

（二）刑事速裁程序试点工作的运行机制

按照《试点办法》的总体设计，刑事案件速裁程序是以轻微刑事案件犯罪嫌疑人、被告人认罪认罚为前提，通过诉讼程序在简易程序基础上的进一步简化，达到"速裁"的目的。在程序启动上，有检察机关建议启动和法院主动启动两种方式。案件侦查终结后，对符合速裁程序适用条件的案件，公安机关和辩护人均可建议人民检察院按速裁程序办理，检察机关在提起公诉时也可以建议法院适用速裁程序审理，最终是否适用由法院审查决定。法院对于符合条件的案件也可以依职权决定适用速裁程序审理。与普通程序相比，速裁程序简化了各机关内部过多的审批环节和严谨的法律文书制作，提高了案件流转效率；采用独任制审判，在审理过程中可省略法庭调查和法庭辩论环节；通过案件集中审理和当庭宣判，大大缩短了庭审时间和审理期限；有的基层法院还积极探索采用远程视频等网络信息化手段进行审判提速。[①] 与此同时，赋予犯罪嫌疑人、被告人知悉权、程序选择权、辩护权（包括申请法律援助的权利）、最后陈述权等基本诉讼权利，不因程序设置的简化而不合理地减损被追诉人的基本诉讼权利。

（三）刑事速裁程序试点工作的总体成效

经过了 1 年多的试点探索，2015 年 11 月 2 日，最高人民法院、最高人民检察院递交《关于刑事案件速裁程序试点情况的中期报告》（以下简称《试点中期报告》）提请全国人

① 参见孙莹：《北京丰台法院远程视频审理刑事速裁案 25 分钟审结三起》，http://legal.people.com.cn/n/2015/1021/c42510-27723556.html，2016 年 7 月 5 日访问。

大常委会审议。报告显示，截至 2015 年 8 月 20 日，各地确定基层法院、检察院试点 183
个，共适用速裁程序审结刑事案件 15606 件 16055 人，占试点法院同期判处 1 年有期徒刑以
下刑罚案件的 30.70%，占同期全部刑事案件的 12.82%。其中检察机关建议适用速裁程序
的占 65.36%。① 学界和司法实务部门对试点工作所取得的成效也颇为认同。2015 年 8 月 26
日，最高人民法院、最高人民检察院牵头召开了刑事案件速裁程序试点工作中期评估论证
会，与会法学专家对试点工作给予了高度评价，认为成效主要表现为：诉讼效率明显提高，
起诉和审判周期较简易程序明显缩短；② 充分体现认罪认罚从宽，适用非羁押性强制措施和非
监禁刑的比例有明显提高；有效保障当事人权利，上诉率、抗诉率明显降低；促进司法改
革整体推进，推动办案责任制等改革举措的落实。与会专家一致认为，试点工作符合我国
司法实践需要和刑事诉讼制度发展规律，很有必要。③ 此外，司法一线人员对试点情况也持
乐观态度，作为试点法院之一的福建省福清市人民法院的一位法官在接受媒体采访时称，
"速裁程序的庭审平均下来 10 分钟不到就可以开完，10 天内可以审结"，"'刑期倒挂'，关
多少判多少的问题解决了"，"这样的审判效率，像是神话"。④

二、刑事速裁程序试点过程中暴露出的问题

尽管实践表明，试点法院通过刑事速裁程序切实提高了诉讼效率，节省了诉讼资源，
取得了一定的成效。但试验性探索是"摸着石头过河"，不仅需要总结经验，同时也期望通
过试点发现问题，为正式的制度建构提供指引。通过一年多的试点，不少理论和实践上的
困惑得以提出，其中有不少学者指出"法律依据欠完备"、"各地区操作细则不一致"等问
题。试点工作结束后，通过整体性立法，这类问题必然会得以解决，本文不再探讨。以下
笔者主要对试点过程中暴露出的具有共性和代表性的问题展开分析。

（一）适用范围过窄

《试点办法》明确规定刑事速裁程序适用于危险驾驶等 11 类犯罪情节较轻、依法可能
判处 1 年有期徒刑以下刑罚或者依法单处罚金的案件，而不少试点法院在此基础上进行了
拓展。上海、广东、浙江等省市的不少试点地区在实际操作中以宣告刑而非法定刑为界定
标准，甚至规定宣告刑在 3 年有期徒刑以下的案件均可适用速裁程序。有部分地区还对适
用的案件范围进行了扩张解释，如上海市普陀区在实施中就将信用证诈骗犯罪案件也列入
了可以通过速裁程序处理的案件范围。有学者根据《中国法律年鉴》的数据统计，2011~
2014 年，我国每年仅判处缓刑、拘役、管制和单处附加刑的人数占每年总生效判决人数的

---

① 参见《最高人民法院、最高人民检察院关于刑事案件速裁程序试点情况的中期报告》，http://
www.npc.gov.cn/npc/xinwen/2015-11/03/content_ 1949929.htm，2016 年 7 月 5 日访问。

② 依据上述《试点中期报告》，检察机关审查起诉时间从过去的平均 20 天缩短至 5.7 天，法院 10 天内审结的速裁
案件比例超过 94%。

③ 参见余晓洁、罗沙：《刑事案件速裁程序试点：诉讼效率明显提高》，http://news.sina.com.cn/c/2015-11-03/
doc-ifxkfmhk6858473.shtml，2016 年 7 月 5 日访问。

④ 任重远：《刑事速裁两年试点即将收官中国版"辩诉交易"：快了，轻了》，http://www.infzm.com/content/
117323，2016 年 7 月 5 日访问。

比例分别为 40.22%、42.97%、45.66%、46.38%，每年均保持在 40% 以上，且呈现明显的增加趋势。① 虽然不少试点地区在《试点办法》的基础上对案件适用范围进行了拓展，但根据《试点中期报告》，适用速裁程序审结的刑事案件仅占试点法院同期全部刑事案件的 12.82%，也就是说，大部分判处缓刑、拘役、管制和单处附加刑的案件并没有通过速裁程序得以分流，如果算上"三年以下有期徒刑"的案件，速裁程序在轻微刑事案件中的实际适用范围明显过窄。此外，不同类型的轻微刑事案件的适用比例也呈现出不均衡的状态。尽管速裁程序较以往的简易程序更为简便快捷，个案的审判效率确实有明显提升，但立足于刑事诉讼程序的整体流转，适用范围过窄必然会导致速裁程序所发挥的程序分流作用有限，在刑事案件平均每年以接近 6% 的速度递增的当前背景下，其能在多大程度上缓解司法资源不足的矛盾确实值得质疑。

（二）法律援助质量不高

《试点办法》第 4 条明确规定了要建立法律援助值班律师制度，在法院、看守所派驻值班律师提供无偿法律援助。法律援助值班律师虽然能为犯罪嫌疑人、被告人提供法律咨询，为犯罪嫌疑人、被告人行使诉讼权利和进行程序选择进行专业指导，但其角色定位并不是辩护律师，既不具备独立的辩护人地位，也不享有阅卷权、会见权、调查取证权等诉讼权利，其能否向辩护律师转化也缺乏明确的规定，导致法律援助工作难以实质化。此外，值班律师无偿提供法律援助并不属于一项法定义务，其能否尽职尽责为被追诉人提供帮助完全取决于律师个人的职业道德。对此，有试点法院的法官指出，目前采用的轮班制可能导致援助过程出现脱节，如王某危险驾驶一案，公诉人第一次提审时，援助律师提出可能存在自首情节，退回补充侦查后查明不成立自首，但第二次提审时已换其他轮值律师，对是否存在自首这一问题并不清楚。② 法律援助值班律师的地位不明、职责不清，加之工作衔接不畅，法律援助质量的高低也就可想而知。有学者开展实证调研后指出，有法官认为，目前的值班律师制度形同虚设，派驻的援助律师要么是年轻缺乏经验的律师，要么就是一些在援助过程中不尽责的律师。有检察官也表示，大部分速裁案件的援助律师只是和检察官、犯罪嫌疑人简单地交流后便告知犯罪嫌疑人可以同意适用速裁程序，基本没有提出什么疑问，更遑论仔细阅卷。③ 如此一来，试图通过值班律师有效维护犯罪嫌疑人、被告人辩护权的制度初衷也就难以实现。

（三）审级简化效果不明显

《试点中期报告》显示，在适用速裁程序审结的 15606 件轻微刑事案件中，检察机关抗诉率、附带民事诉讼原告人上诉率为 0，被告人上诉率为 2.10%，比简易程序低 2.08 个百分点，比全部刑事案件上诉、抗诉率低 9.44 个百分点。毋庸置疑，与简易程序和普通程序进行整体的横向比较，通过速裁程序处理的案件的息诉服判率确实相对较高。但需要注意

---

① 赵恒：《刑事速裁程序试点实证研究》，载《中国刑事法杂志》2016 年第 2 期。

② 参见郑敏、陈玉官、方俊民：《刑事速裁程序量刑协商制度若干问题研究——基于福建省福清市人民法院试点观察》，载《法律适用》2016 年第 4 期。

③ 参见潘金贵、李冉毅：《规则与实效：刑事速裁程序运行的初步检视》，载《安徽大学学报》（哲学社会科学版）2015 年第 6 期。

的是，速裁程序只适用于事实清楚，证据充分，被告人自愿认罪，当事人对适用法律没有争议的案件，并且犯罪情节也较简易程序所适用的案件更为轻微，而在认罪认罚并且经检察机关和法院反复确认的情况下，为何 15606 件案件中仍有 300 余件案件的被告人提起了上诉呢？这一问题委实值得思考。

有研究者在对上海地区检察院、法院进行调研时有办案人员指出，当前适用刑事速裁程序案件的服判情况并不乐观，并且各法院间的差异较大，某基层法院适用刑事速裁程序的案件上诉率达到了 30% 左右，但另一基层法院的这一比例只在 5% 左右。[①] 被告人认罪后仍选择上诉的原因，有多方面的解释，"有的案件中，被告人上诉是出于侥幸目的，因为我国存在上诉不加刑原则，被告人单方面上诉一般不会对其造成不利影响"，[②] "有些仅仅是因为量刑之外的原因而上诉，譬如避免从看守所转送监狱收押，而通过上诉来拖延在看守所的服刑时间。"[③] 一个原本 10 日内就能审结的轻微刑事案件，一旦被告人提起上诉，审理期限将会成倍数地加长，检察机关还需要重新按照二审程序进行相关调查和准备，这无疑是对司法资源的极大浪费，也偏离了制度预设的"速裁"初衷。

三、刑事速裁程序的制度化构建

司法公正虽然在现代刑事诉讼价值目标体系中占据着首要的地位，但其并非现代各国刑事诉讼制度所追求的唯一价值目标。"判断一个社会优劣的标准，除了正义的标准之外，也还有其他的标准，例如效率和稳定"。[④] 对司法公正的追求需要司法资源的大量投入予以保障，并且这种司法资源的投入同样遵循边际效用递减规律，一味追求司法公正必然导致司法成本的非理性增加，公正收益因之而逐渐递减，最终导致国家司法资源不堪重负而难以为继。为此，刑事诉讼活动必须正确处理司法公正与诉讼效率这一对价值目标间的辩证关系。[⑤] 自我国 1979 年刑事诉讼法的修改正式列入议事日程以来，刑事程序分流问题就日益受到了立法和实践探索的高度重视，简易程序、普通程序简化审、轻案快办机制这三种案件简易化处理措施先后以不同的方式被付诸实践。结合刑事速裁程序试点产生的背景来看，这三种简易化处理措施并没能有力地缓解"案多人少"的司法困境，刑事速裁程序试点工作的推进就是为了能更高效地处理轻微刑事案件，基于此，该程序的构建就需要在诉讼效率与程序正当性之间找准平衡点，并注重被追诉人诉讼权利的实现。

（一）程序的经济性

从制度上构建刑事速裁程序，需要对其追求的价值目标进行科学定位。一般认为，刑事普通程序的首要价值目标在于实现司法公正，特别是程序公正，为此，程序设计较为复

---

① 参见吴思远：《轻微刑事案件速裁程序研究》，华东政法大学 2015 年硕士学位论文。

② 孙志伟：《意大利认罪协商程序及其对刑事案件速裁程序的启示》，载《河北法学》2016 年第 4 期。

③ 李本森：《我国刑事案件速裁程序研究——与美、德刑事案件快速审理程序之比较》，载《环球法律评论》2015 年第 2 期。

④ ［美］约翰·罗尔斯著：《正义论》，谢延光译，上海译文出版社 1991 年版，第 25 页。

⑤ 基于此，有学者提出了"正当程序的简易化，简易程序的正当化"的程序构建思路。参见陈卫东、李洪江：《正当程序的简易化与简易程序的正当化》，载《法学研究》1998 年第 2 期。

杂，办案期限较长。其次才考虑兼顾程序的经济性，对于司法资源的投入不做过多限制。根据"二八定律"，20%的重大复杂案件往往需要占据80%的诉讼资源，这也是刑事程序需要繁简分立的主要原因所在。为了实现司法资源的合理配置，应该将刑事速裁程序制度设计的首要价值目标定位于程序的经济性，并兼顾程序正当性的底限要求。

在西方法治国家，快速处理程序在全部刑事案件中的适用比例都非常高。[①] 从试点情况看，刑事速裁程序的运作效率仍有进一步提升的广阔空间。为此，可从以下几个方面着手：一是扩大适用范围。从司法实践的情况看，绝大部分的轻微犯罪与《试点办法》所列举的11类犯罪之间并没有不可逾越的鸿沟。为此，笔者建议在规定刑事速裁程序的适用范围时，可以考虑不再限定案件类型，而只对明显不宜通过速裁程序处理的案件类型（或涉嫌罪名）进行排除性的规定。二是放宽刑罚标准。目前规定的"依法可能判处一年以下有期徒刑、拘役、管制的案件，或者依法单处罚金的案件"这一标准较为模糊，实践中司法机关大多按照宣告刑在3年有期徒刑以下进行理解和适用。据统计，2011~2014年法院一审判处3年以下有期徒刑、缓刑、拘役、管制和单处附加刑的人数分别占当年总生效判决人数的74.93%、76.66%、80.61%、82.74%，呈现出占比明显增加的趋势和犯罪轻刑化的特征。[②]如果将刑罚标准放宽至3年有期徒刑以下刑罚，考虑到被告人自愿认罪并同意量刑建议、没有法定排除事由等因素，大部分轻微刑事案件就可能通过速裁程序得以快速处理。三是对部分案件可考虑采用书面审。如危险驾驶犯罪案件，其法定最高刑较低，案件事实一般也较为简单且容易查明，在被告人认罪的情况下采用书面审并不会影响司法公正，并且还可以减轻当事人讼累，取得较好的综合效果。

（二）认罪的可信性

中共中央《关于全面推进依法治国若干重大问题的决定》明确指出："公正是法治的生命线"。尽管为了合理分配司法资源，构建刑事速裁程序时应该对相关程序和权利内容予以简化，但是离开了司法公正，再快速简便的诉讼程序也将丧失意义。因此，需要结合轻微刑事案件的特点，坚守程序正当性的底线，在不明显影响司法公正的前提下尽量提高诉讼效率。

与普通程序相比，速裁程序之所以能在有关环节上予以大幅简化，主要原因就在于案件事实清楚，证据充分，在犯罪情节较轻，被追诉人自愿认罪并放弃部分诉讼权利时，控辩双方就会缺乏激烈对抗的意愿，完整的法庭审判程序也就变得毫无必要。此时重视程序的正当化，主要是强调不应着眼于完整的庭审程序和充分的控辩对抗，而应重点强化案件事实的查明和被追诉人认罪的自愿性和真实性。侦查阶段作为案件事实查明的最重要的环节，则不宜刻意简化。又由于审查起诉和审判程序的周期相对较短，不便于充分展开调查，因此拟通过速裁程序处理的案件在侦查终结时对证明标准应该从严把握，严防"请人顶罪"或"替人认罪"情形的出现。此外，应当加强犯罪嫌疑人、被告人认罪可信性的程序保障，通过完善同步录音录像、权利告知和律师在场等制度防止犯罪嫌疑人、被告人受到刑讯逼

---

① 英国97%的刑事案件通过"简易程序"审判，美国刑事诉讼中80%以上的案件通过辩诉交易处理，日本依照略式程序审理的刑事案件占90%以上。参见王兆鹏：《刑事诉讼讲义》，台湾元照出版有限公司2010年版，第578页。

② 参见赵恒：《刑事速裁程序试点实证研究》，载《中国刑事法杂志》2016年第2期。

供或者胁迫、引诱、欺骗，确保其认罪的自愿性；加强对犯罪嫌疑人、被告人供述的审查，确保犯罪嫌疑人、被告人的认罪真实可靠；固定好有关犯罪嫌疑人、被告人认罪过程的相关证据，如书面签署权利义务告知书、制作同步录音录像光盘档案，做到犯罪嫌疑人、被告人认罪全过程可追溯和有据可查，确保其认罪的合法有效。

（三）辩护权的保障

上文已述及刑事速裁案件中被追诉人的辩护权保障并不尽如人意。尽管值班律师能够为被追诉人提供法律咨询，部分地区的法律援助律师也能够进行阅卷并能在程序选择、量刑协商方面为被追诉人提供建议，但其在程序参与的深度和维护被追诉人权利的主动性方面显然无法与正式介入诉讼的辩护律师相比。辩护律师的有效帮助无疑可以增强被追诉人在认罪和程序选择等决策上的信心。[①] 为此，应当充分考虑法律援助律师向辩护律师转化的相关规则构建，通过资金补贴、费用减免、强制辩护、公职律师参与等措施扩大轻微刑事案件律师的介入范围，以切实保障被追诉人的诉讼权利，维护刑事速裁程序的正当性。此外，辩护律师参与刑事速裁程序还可以帮助被追诉人更好地进行量刑协商。而只有将量刑协商、量刑激励落到实处，被追诉人主观上才有动力聘请辩护律师。为此，应当公开法院内部的量刑指导意见，以便控辩双方熟悉量刑规则和量刑标准，提高控辩双方特别是辩护方的量刑协商能力，进而保证量刑的公正性。

（四）上诉权的限制

重视诉讼效率就意味着对司法公正和客观真实的追求必须要有所妥协。为避免被告人利用上诉不加刑原则无端上诉，滥用上诉权，维护正当程序的及时终结性，有必要对速裁案件中被告人的上诉权进行一定的限制。在先前的程序中，被告人通过自愿放弃部分权利换取了相应的程序便利甚至从轻量刑的"对价"，被告人一旦提起上诉，先前的审判结论就得被重新加以审视，国家司法系统付出的这些"对价"就会无法回转或得以补偿，造成司法资源的浪费。对此，可以借鉴美国辩诉交易制度中对于上诉权的限制方式，以限制上诉为原则，以审查性救济为例外。被告人在认罪答辩时应当明确表示放弃上诉权，只有在符合法定特殊事由的情况下，经上级法院审查同意后被告人才可以提起上诉。

（作者单位：中国海洋大学法政学院）

---

① 熊秋红：《刑事简易速裁程序之权利保障与体系化建构》，载《人民检察》2014 年第 17 期。

刑事速裁程序的几个问题

张云鹏

2014 年 6 月 27 日，全国人民代表大会常务委员会授权最高人民法院、最高人民检察院在北京、天津、上海等 18 个地区开展刑事案件速裁程序试点工作以来，试点地区有关部门积极探索，积累了丰富的有益经验，同时也暴露出些许问题亟待形成共识。本文择其要者略述笔者之管见，希冀能够为刑事速裁程序的科学立法发挥不无小补的作用。

一、适用范围

根据刑事诉讼法和全国人民代表大会常务委员会《关于授权最高人民法院、最高人民检察院在部分地区开展刑事案件速裁程序试点工作的决定》，最高人民法院、最高人民检察院、公安部、司法部联合制定了《关于在部分地区开展刑事案件速裁程序试点工作的办法》（以下简称《工作办法》），成为试点工作有序开展的重要规范依据和保障。《工作办法》规定，速裁程序的适用范围包括："对危险驾驶、交通肇事、盗窃、诈骗、抢夺、伤害、寻衅滋事、非法拘禁、毒品犯罪、行贿犯罪、在公共场所实施的扰乱公共秩序犯罪情节较轻、依法可能判处一年以下有期徒刑、拘役、管制的案件，或者依法单处罚金的案件"。

笔者以为，与此同时以案由与刑期来确定速裁程序适用范围的方式值得商榷。首先，限定速裁案件的案由，人为缩窄速裁程序的适用范围，有碍速裁程序的功能发挥。据有关数据统计，截至 2015 年 8 月 20 日，各试点法院共适用速裁程序审结刑事案件 15606 件 16055 人，占同期判处一年有期徒刑以下刑罚案件的 30.70%，占同期全部刑事案件的 12.82%。① 可见，速裁程序的适用率偏低，有大幅提升的必要，而扩大速裁程序的适用范围无疑是最为有效与便捷的路径。其次，试点工作实践中速裁案件的案由也已突破了《工作办法》列举的 11 种，延伸至非法经营、合同诈骗等罪名。有鉴于此，笔者主张仅以宣告刑作为划定速裁程序适用范围的标准，即凡依法可能判处 1 年以下有期徒刑、拘役、管制的案件，或者依法单处罚金的案件，且符合速裁程序其他适用条件的，都可以适用速裁程序。

二、审理方式

关于速裁程序的审理方式，归纳《工作办法》规定的要点包括：1. 由审判员一人独任审批；2. 当庭询问被告人对被指控的犯罪事实、量刑建议及适用速裁程序的意见，听取公

---

① 最高人民法院、最高人民检察院《关于刑事案件速裁程序试点情况的中期报告》，http：//www.npc.gov.cn/npc/xinwen/2015-11/03/content_ 1949929. htm 最后访问时间：2016 年 7 月 8 日。

诉人、辩护人、被害人及其诉讼代理人的意见；3. 省略法庭调查和法庭辩论环节；4. 听取被告人的最后陈述意见；5. 当庭宣判；6. 送达期限不受刑事诉讼法规定的限制。

试点实践中，开庭审理是速裁案件审理的主要方式。囿于速裁案件的时效性等要求，独任审判员多由刑事法官中的佼佼者担任，且形成专人办理的机制。法庭询问被告人的重点集中于其认罪的自愿性、真实性与理智性方面，法庭调查与辩论基本不再进行。除"一案一审"的庭审模式以外，也有地方法院探索"多案并审"的集中审理模式，并取得良好效果。例如，广州市试点法院对于案由相同的速裁案件"多案并审"，集中查明被告人基本情况、告知权利、法庭调查和辩论、听取被告人最后陈述与宣判，效率比平时提高数倍。[①] 相同案由速裁案件的集中审理，不仅可以提高审判效率，也利于被告人"服判息讼"，减少上诉率。例如，同是醉酒驾驶的案件，集中审理能够使被告人直观比较行为与量刑的关系，清楚法定从宽、从重处罚的情节，诸如血液酒精含量、是否有牌证对于刑罚的影响等，增强对于判决结果的认可度。对于非相同案由的速裁案件，笔者认为，也可以集中查明被告人的基本情况并告知诉讼权利，以缩减庭审时间。值得注意的是，集中审理务必要因时、因事而异，不能为"集中"而人为延误案件审理的时间，背离速裁程序的价值诉求。

也有试点法院尝试书面审理方式，"规定提讯后直接作出判决，不再开庭审理。"[②] 对于单处罚金的案件，笔者赞同书面审理方式的探索，但涉及自由刑的案件仍应以开庭审理的方式为宜。

三、刑罚与强制措施的适用

《工作办法》第 13 条规定："人民法院适用速裁程序审理案件，对被告人自愿认罪，退缴赃款赃物、积极赔偿损失、赔礼道歉，取得被害人或者近亲属谅解的，可以依法从宽处罚。"被告人对于速裁程序适用的选择意味着诉讼权利的克减与无罪判决机会的放弃，由是给予速裁案件被告人刑罚裁量上的优惠具有正当性。关于"可以依法从宽处罚"，笔者建议修改为"应当从轻、减轻或者免除处罚"。一则由"应当"取代"可以"，在被告人适用速裁的程序选择与获得刑罚优遇的实体结果之间建立必然的联系，利于激励符合条件的被告人自愿选择适用速裁程序以实现审判程序繁简分流，发挥提高诉讼效率的积极作用；二则将"从宽处罚"具体化为"从轻、减轻或者免除处罚"，用语更为明确和规范，凸显法律性特征。

速裁案件的适用范围本为可能判处 1 年有期徒刑以下刑罚的轻微刑事案件，加之被告人自愿认罪和选择适用速裁程序，量刑应以非监禁刑和缓刑的刑罚执行方式为主。可以考虑以审判委员会授权的方式，由独任法官享有包括缓刑、免予刑事处罚等在内的案件最终裁断权和文书签发权，去除庭长、分管院长等的层层审判流程，实现"让审理者裁判、由裁判者负责"的司法改革目标。另外，为避免针对可能宣告缓刑或者判处管制的被告人进行调查评估工作拖延速裁案件审结的时间，将委托调查评估的事项前移至审查起诉阶段是妥当的。公诉人在审查起诉过程中认为对犯罪嫌疑人可能宣告缓刑或者判处管制的，应当

---

① 刘广三、李艳霞：《我国刑事速裁程序试点的反思与重构》，载《法学》2016 年第 2 期。
② 汪建成：《以效率为价值导向的刑事速裁程序论纲》，载《政法论坛》2016 年第 1 期。

即时向司法行政机关送达社会调查委托函，争取充足的调查评估时间。

　　缘于速裁案件非监禁刑量刑的提倡，非羁押性强制措施的优先选用无疑是顺理成章的结果。从各地试点情况看，速裁案件的审前羁押率虽有明显降低，但仍有继续缩减的较大空间。①

四、裁判文书

　　关于简化速裁程序的裁判文书以提高裁判效力，当下几无争议，至于简化的形式与程度，实践中的做法各异。概括而言无外乎两种类型：一是表格化的裁判文书。裁判文书简化后的要素与内容以表格的形式呈现与固定，法官只需因案而异填充相关内容即可。该做法符合《工作办法》第16条之规定，速裁案件"使用格式裁判文书"。二是省略或者简化要素及其内容的裁判文书，但是省略或者简化的要素和内容亦存在差异。例如，有地方法院"只写主文，不写本院查明的事实部分和判决理由部分"，② 也有地方法院对于判决理由部分仅省略定罪说理，仍保留量刑说理内容。

　　笔者认为，裁判文书表格化似有不妥。裁判文书是"书"而非"表"，表格式的文书与约定俗成的名称表达不符，且就刑事裁判内容涉及被告人的自由和财产而言，表格式的文书亦缺乏庄重感和严肃性。简化甚至省略裁判文书的部分要素和内容是可行的。例如，被告人基本情况部分因部分事项内容重复或者没有说明的必要③的可以简化；法院查明的事实因与检察院指控的事实一致，定罪的理由部分因被告人认罪等缘由可以省略。但是，被告人认罪的自愿性和真实性审查内容关乎速裁程序适用的正当性问题，不能省略；刑罚裁量是速裁程序审理的重点，量刑的理由部分自然也不能简化。

（作者单位；辽宁大学法学院）

---

　　① 刑事速裁案件被告人被拘留、逮捕的占52.08%，比简易程序低13.91%。参见最高人民法院、最高人民检察院《关于刑事案件速裁程序试点情况的中期报告》，http://www.npc.gov.cn/npc/xinwen/2015-11/03/content_1949929.htm 最后访问时间：2016年7月8日。

　　② 汪建成：《以效率为价值导向的刑事速裁程序论纲》，载《政法论坛》2016年第1期。

　　③ 例如，被告人出生日期事项与身份证号码事项内容重复；捕前住址内容没有说明的必要。

刑事速裁程序的实证调研与完善构想

周长军　李军海

伴随着危险驾驶罪的入法以及劳教制度的废除，大量轻微犯罪案件涌入法院系统，给审判工作带来了新的挑战。为提高效率，全国人大常委会于 2014 年 6 月 27 日通过了《关于授权最高人民法院、最高人民检察院在部分地区开展刑事案件速裁程序试点工作的决定》（以下简称《决定》），在刑事诉讼法规定的简易程序之外，增设了刑事速裁程序。随后，最高人民法院、最高人民检察院、公安部、司法部联合颁布的《关于在部分地区开展刑事案件速裁程序试点工作的办法》（以下简称《办法》）对其适用条件和程序作出了更为具体的规定。

根据《决定》第 1 条规定，对危险驾驶、交通肇事、盗窃、诈骗、抢夺、伤害、寻衅滋事、非法拘禁、毒品犯罪、行贿犯罪、在公共场所实施的扰乱公共秩序犯罪情节较轻、依法可能判处 1 年以下有期徒刑、拘役、管制的案件，或者依法单处罚金的案件，符合下列条件的，可以适用速裁程序：（1）案件事实清楚、证据充分的；（2）犯罪嫌疑人、被告人承认自己所犯罪行，对指控的犯罪事实没有异议的；（3）当事人对适用法律没有争议，犯罪嫌疑人、被告人同意人民检察院提出的量刑建议的；（4）犯罪嫌疑人、被告人同意适用速裁程序的。

那么，速裁程序试点工作开展以来，运行状况如何？面临哪些困难和问题？未来走向何方？本文拟在实证调研的基础上对此展开探讨，并求教于学界同仁。

一、刑事速裁程序的试点状况

根据《决定》，在 S 省适用速裁程序的试点城市是 J 市和 Q 市。2014 年 7 月至 2015 年 2 月，共有 4 个基层公安司法机关先行试点速裁程序。2015 年 3 月以后，J 市和 Q 市下辖的 20 个基层公安司法机关全面进行试点。在 S 省适用速裁程序的人民检察院公诉一处的帮助下，2015 年 3 至 5 月，我们对 J 市和 Q 市下辖的 20 个基层检察院的公诉科及其公诉人员进行了问卷调查。调查问卷共分两类：一是客观数据问卷；二是主观选项问卷。客观数据问卷主要调查 S 省基层检察院 2014 年 7 月至 2015 年 5 月适用刑事速裁程序办结的案件情况、犯罪类型、上诉和抗诉、律师介入四方面情况。发放客观数据问卷 20 份，回收 20 份，回收率为 100%，回收问卷的有效率为 100%；主观选项问卷围绕公正和效率两项价值设计相应指标，调查公诉人员对速裁程序的评判情况。共发放主观选项问卷 40 份，回收 38 份，回收率为 95%。对客观数据问卷在 EXCEL 中制作数据图和比例图；对主观数据问卷采用 SPSS17.0 版本统计学软件进行统计分析。

（一）适用速裁程序办结的案件情况

在案件办结方面，主要调查了案件数、刑罚适用情况和缓刑适用情况。

截至 2015 年 5 月，S 省基层检察院适用速裁程序办结的案件总数为 1358 件，适用缓刑的案件数为 304 件，缓刑的适用率为 22.39%。从两个试点城市适用速裁程序办结的案件情况看，J 市办结的案件数为 380 件，适用缓刑的案件数为 197，缓刑适用率为 51.8%；Q 市办结的案件数为 978 件，适用缓刑的案件数为 107 件，缓刑适用率为 10.9%。可见，J 市基层检察院适用速裁程序办结的案件数明显少于 Q 市，但是缓刑适用率明显高于 Q 市（详见图 1、图 2）。

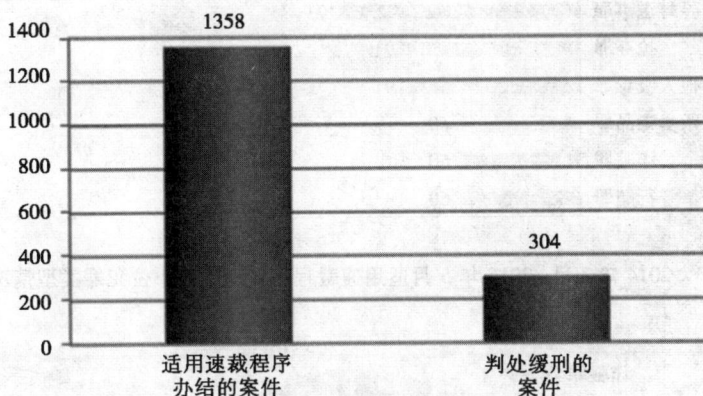

图 1　S 省基层检察院适用速裁程序办结案件情况

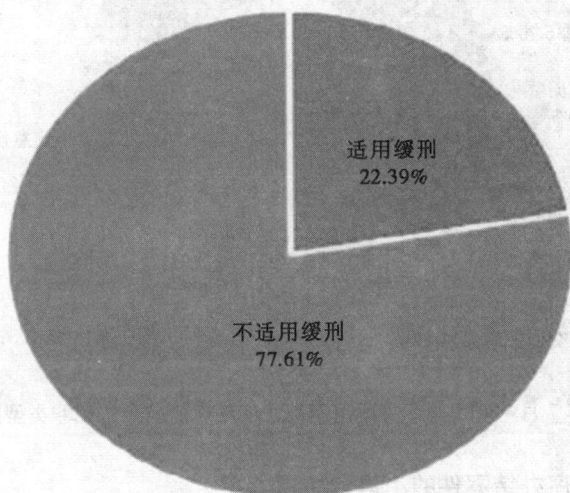

图 2　S 省基层检察院适用速裁程序办结案件中缓刑的适用比例

（二）适用速裁程序处理的犯罪类型

《办法》以《决定》为依据在第 1 条中规定了速裁程序适用的犯罪类型，即"危险驾驶、交通肇事、盗窃、诈骗、抢夺、伤害、寻衅滋事、非法拘禁、毒品犯罪、行贿犯罪、在公共场所实施的扰乱公共秩序犯罪"。

如果以适用速裁程序处理的各类案件数为基数的话，那么排在前十的犯罪类型数量所占比例达到了 97.78%。其中，盗窃罪、故意伤害罪、交通肇事罪的比例超过 10%，危险驾驶罪的比例更是达到了 20%（详见图 3、图 4）。

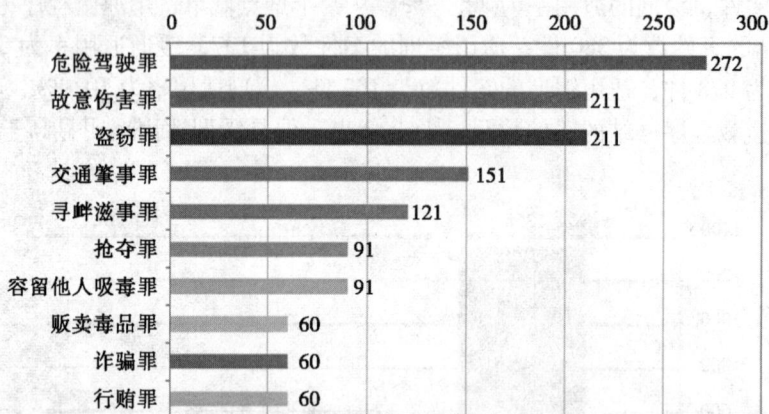

图 3　2014 年 7 月~2015 年 5 月适用速裁程序处理的前十位犯罪类型情况

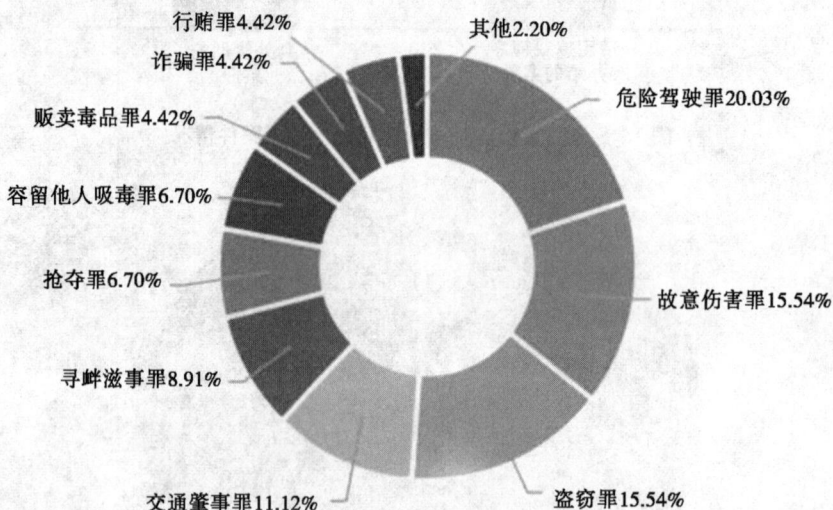

图 4　2014 年 7 月~2015 年 5 月适用速裁程序处理的前十位犯罪类型所占的比例

（三）适用速裁程序办结案件的上诉和抗诉情况

根据《决定》和《办法》的规定，速裁程序的适用要求控辩双方审前对事实、法律、程序甚至刑罚适用等基本没有争议，这似乎意味着控辩双方对判决的接受度应该能够达到或接近百分之百。不过，实证调研结果显示了不同的景象。统计发现，适用速裁程序审结的 1358 起案件中，上诉的案件有 13 件，上诉率为 0.96%；没有抗诉案件（详见图 5、图6）。

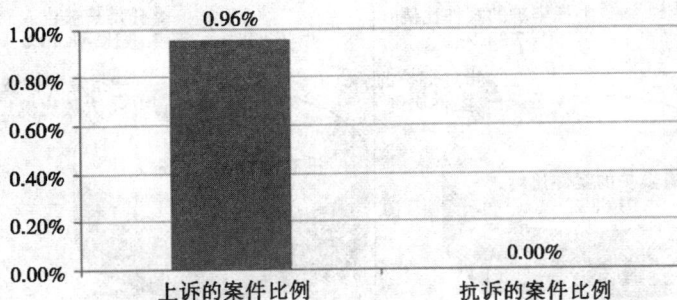

图 5　适用速裁程序办结案件的上诉和抗诉情况

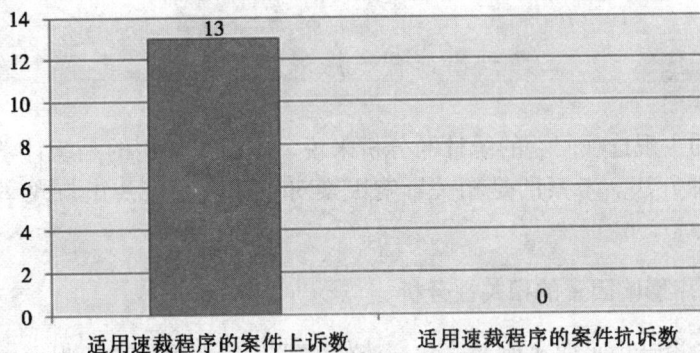

图 6　适用速裁程序办结案件的上诉和抗诉比例

（四）适用速裁程序案件的律师介入情况

在适用速裁程序办结的案件中，委托辩护案件所占的比例为 7.88%，指定辩护案件所占的比例为 0.44%。委托辩护被告人人数比例为 8.1%；指定辩护被告人人数比例为 1.18%（详见图 7、图 8）。可见，无论是从案件数还是从被告人人数看，委托辩护所占的比例都高于指定辩护，但无论是委托辩护案件所占的比例还是委托辩护被告人人数所占的比例均比较低，不超过 10%。

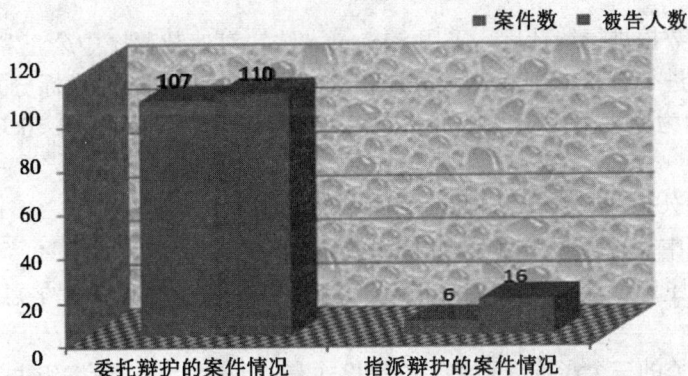

图 7　适用速裁程序案件的律师介入情况

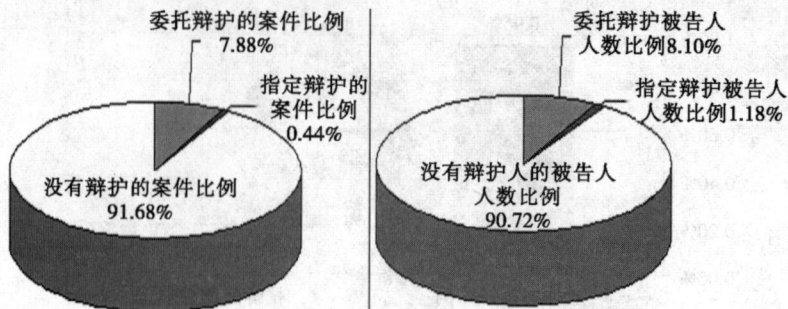

图8　适用速裁程序案件不同辩护种类的比例

二、刑事速裁程序的主观评判

就速裁程序的主观选项问卷的统计与分析来说，本研究选用的是统计学中的相关性分析和回归分析两种方法。考察的是相关影响因素对于速裁程序公正与效率价值实现的影响度。

（一）速裁程序影响因素的相关性分析

本研究在问卷设计中采取实地考察和访谈的方式，努力周延速裁程序中与公正和效率相关的因素。

每个影响因素的选项顺序与赋值规则是，在每个题目选项顺序的安排时，对于设有影响度选项的条目按照先负向后正向的原则，赋值从1开始递增，如办案期限对诉讼效率的影响分为七个等级，即严重制约、一般制约、轻微制约、无影响、轻微促进、一般促进、明显促进；对于非此即彼的两个选项，按照先否定，后肯定的顺序，否定的用0表示、肯定的用1表示，如犯罪嫌疑人、被告人是否享有法律援助权利分为享有和不享有两个选项，不享有用0表示，享有用1表示；对于陈述性问题，选项的排序在问卷设计时直接设定，赋值从1开始递增，如办案模式分为专人专办、专案组办案、轮流办案、随机办案、其他五种情形。

本研究对相关数据进行统计后，采用Spearman法，对速裁程序中公正和效率与影响因素之间的相关关系进行分析，即将速裁程序中公正和效率的概括性指标分别作为因变量，以各个具体性指标为自变量，分析公正和效率与影响因素的关系，$P < 0.05$具有统计学意义。

1. 速裁程序中公正和效率与影响因素的相关性分析

（1）速裁程序中公正与影响因素的相关性分析

通过对速裁程序中公正与影响因素的相关性分析发现，具有统计学意义的条目共有四个。

其中，呈负相关的三个影响因素中，办案模式有"专人专办、专案组办案、轮流办案、随机承办"四种；"被害人对法律适用的异议权"选项分为"不享有"和"享有"；"被害人知情权内容是否包括犯罪嫌疑人、被告人被指控的罪名"选项分为"不包括"和"包括"。呈正相关的一个影响因素是"犯罪嫌疑人、被告人的强制辩护权"，包括"不享有"、

"享有"两个选项（详见表1）。

表1　速裁程序中公正与影响因素的相关性分析

影响因素	相关系数	Sig.（双侧）
办案模式	−0.421＊＊	0.004
被害人对法律适用的异议权	−0.383＊＊	0.009
被害人知情权内容是否包括犯罪嫌疑人、被告人被指控的罪名	−0.341＊	0.020
犯罪嫌疑人、被告人的强制辩护权	0.312＊	0.035

（2）速裁程序中效率与影响因素的相关性分析

通过对速裁程序中效率与影响因素的相关性分析发现，具有统计学意义的条目共有八个。

其中，呈负相关的一个影响因素是集中审理的效果，包括"公正和效率均能够得到提高；公正与效率没有变化；有损公正，但提高效率，降低效率，但实现公正；公正与效率都降低"四个程度。

在呈正相关的七个影响因素中，"汇报程序是否需要简化"、"内部文书是否需要简化"包括"不需要、需要"两个选项。在影响度因素中，"'案多人少'对诉讼效率的影响"、"办案期限对诉讼效率的影响"、"程序启动权主体的适用态度对诉讼效率的影响"、"办案网络系统对诉讼效率的影响"、"犯罪嫌疑人、被告人提交具结书的状况对诉讼效率的影响"条目均包括"严重制约、一般制约、轻微制约、没有影响、轻微促进、一般促进、明显促进"七个等级（详见表2）。

表2　速裁程序中效率与影响因素的相关性分析

影响因素	相关系数	Sig.（双侧）
汇报程序是否需要简化	0.499＊＊	0.001
内部文书是否需要简化	0.388＊	0.016
集中审理的效果	−0.571＊＊	0.000
"案多人少"对诉讼效率的影响	0.381＊	0.018
办案期限对诉讼效率的影响	0.429＊＊	0.007
程序启动权主体的适用态度对诉讼效率的影响	0.368＊	0.023
办案网络系统对诉讼效率的影响	0.362＊	0.026
犯罪嫌疑人、被告人提交具结书的现状对诉讼效率的影响	0.237	0.151

（二）速裁程序影响因素的回归分析

在回归分析中，本研究采用 PLS-DA（偏最小二乘法回归——群组），vip>1 列入研究范围，且值越大证明影响度越大。具体来说，将速裁程序式中公正和效率的概括性指标分别作为因变量，以各个具体性指标为自变量，然后采取 PLS-DA 分析出速裁程序中公正和效率的影响因素，以求为速裁程序的重构或完善提供目标和方向。

1. 速裁程序中公正与效率影响因素的 PLS 分析

（1）速裁程序中公正影响因素的 PLS 分析

通过对速裁程序中公正影响因素予以 PLS 分析，发现了七个影响因素，结合速裁程序中效率与影响因素的相关性分析，最终有五个影响因素需要重点关注，即"办案模式"、"被害人对法律适用的异议权"、"被害人知情权的内容是否包括犯罪嫌疑人、被告人被指控的罪名"、"犯罪嫌疑人、被告人的强制辩护权"、"犯罪嫌疑人、被告人、被害人知情权的内容是否包括犯罪嫌疑人、被告人被指控的理由"。其中，"办案模式"在速裁程序中对公正的影响度最大（详见表3）。

表3　速裁程序中公正影响因素的 PLS 分析

影响因素	vip 值
办案模式	1.884
被害人对法律适用的异议权	1.719
被害人知情权的内容是否包括犯罪嫌疑人、被告人被指控的罪名	1.565
犯罪嫌疑人、被告人的强制辩护权	1.492
被害人的量刑同意权	1.129
犯罪嫌疑人、被告人知情权的内容是否包括被指控的理由	1.107
被害人知情权的内容是否包括犯罪嫌疑人、被告人被指控的理由	1.091

（2）速裁程序中效率影响因素的 PLS 分析

通过对速裁程序中效率影响因素予以 PLS 分析，发现了八个影响因素，结合速裁程序中效率与影响因素的相关性分析，最终有七个影响因素需要重点关注，即"集中审理的效果"、"汇报程序是否需要简化"、"办案期限对诉讼效率的影响情况"、"犯罪嫌疑人提交具结书的现状对诉讼效率的影响"、"案多人少"现象对诉讼效率的影响"、"程序启动权主体的适用态度对诉讼效率的影响"、"办案网络系统对诉讼效率的影响"。其中，"集中审理的效果"在速裁程序中对效率的影响度最大（详见表4）。

表4　速裁程序中效率影响因素的 PLS 分析

影响因素	vip 值
集中审理的效果	1.764
汇报程序是否需要简化	1.45
办案期限对诉讼效率的影响情况	1.386
犯罪嫌疑人提交具结书的现状对诉讼效率的影响	1.346
文书制作规定对诉讼效率的影响	1.291
"案多人少"现象对诉讼效率的影响	1.188
程序启动权主体的适用态度对诉讼效率的影响	1.166
办案网络系统对诉讼效率的影响	1.123

（三）小结

根据速裁程序中重点关注的影响公正实现程度的因素，在公诉人的认知中，办案模式以及犯罪嫌疑人、被告人的强制辩护权是速裁程序公正实现程度的最主要影响因素。

根据速裁程序中重点关注的影响效率实现程度的因素，在公诉人的认知中，办案网络系统、"案多人少"现象、办案期限、汇报程序则是速裁程序效率实现程度的最主要影响因素。

三、刑事速裁程序试点中的问题分析

（一）犯罪嫌疑人、被告人的诉讼权利保障问题

1. 犯罪嫌疑人、被告人的自愿选择权

自愿选择权，又称程序选择权，从程序适用条件看，可以将自愿选择权视为犯罪嫌疑人、被告人诉讼权利保障的第一道屏障。

速裁程序的相关法律性文件虽然明确规定了犯罪嫌疑人、被告人的程序同意权，也规定了侦查机关和辩护人具有启动速裁程序的建议权，但没有同时规定犯罪嫌疑人、被告人的主动启动权。由此可能产生的弊端是"速裁程序的适用主要取决于司法机关给予办案需要的自由裁量，缺乏对犯罪嫌疑人、被告人诉讼权利的保障"。[①]

2. 犯罪嫌疑人、被告人的量刑同意权

速裁程序的适用条件之一是犯罪嫌疑人、被告人的量刑同意权，但该权利在实践中的行使存在一定的困难。因为犯罪嫌疑人、被告人同意公诉机关的量刑建议实质上就可能隐含着量刑协商，但"许多犯罪嫌疑人法律素养低，现行的援助值班律师作用有限，所以在与公诉人达成合意的过程中，嫌疑人基本无独立协商的能力"，[②] 即量刑协商机制尚不健全，从而无法确保犯罪嫌疑人、被告人在同意控方量刑建议方面的真实性和自愿性。

3. 犯罪嫌疑人、被告人充分参与法庭审理和辩论的权利

不少地方为提高诉讼效率，在速裁程序的试点中采取了案件集中审理的方法。有研究者就认为，"对案由相同的适用速裁程序的批次轻微刑事案件，可以同庭审理，集中查明被告人基本情况、集中告知权利、集中进行法庭调查和辩论、集中听取被告人最后陈述、集中宣判并告知上诉权利"。[③] 但笔者认为，无论案由是否相同，都不宜全程集中审理，否则既违背了诉讼规律，又加重了审判的"走过场"色彩。

（二）被害人的诉讼权利保障问题

从相关的规范性文件看，速裁程序的适用条件中没有明确规定被害人的陈述意见权、

---

① 艾静：《刑事案件速裁程序的实证分析和规则建构》，载《云南大学学报》（法学版）2015 年第 6 期。

② 郑敏、陈玉官、方俊民：《刑事速裁程序量刑协商制度若干问题研究》，载《法律适用》2016 年第 4 期。

③ 吴敦、周召：《轻微刑事案件速裁机制初探——以程序分流与程序构建为主线》，载《法律适用》2014 年第 8 期。

量刑同意权和法律适用异议权。

不过，倘若对《办法》第 2 条规定的不适用速裁程序的八种情形（其中第 5 项规定："犯罪嫌疑人、被告人与被害人或者其法定代理人、近亲属没有就赔偿损失、恢复原状、赔礼道歉等事项达成调解或者和解协议的"）分析可以发现，在有被害人的案件中，达成调解或和解是适用速裁程序的必要条件。这在一定程度上体现了被害人意志和意愿对速裁程序适用与否的影响，尽管刑事诉讼法关于刑事和解范围的规定局限了被害人刑事和解权的行使。

此外，在被害人的诉权体系中还有知情权的问题。速裁程序的现行规范中没有专门规定对被害人的告知事宜，也会影响被害人对判决结果的接受。

（三）办案流程问题

在速裁程序中，办案流程分为内部和外部两个层面。具体存在以下问题：

一是告知方面的问题。对于速裁程序，《决定》指出，"进一步简化刑事诉讼法规定的相关诉讼程序"，但对被追诉人的告知方式是否可以简化以及如何简化并没有作出明确规定，公安司法人员在实践操作中认识很不一致，进而出现不该省略的却省略了以致侵犯了当事人的知情权，或者该简化的没有简化以致影响了诉讼效率的提高。二是提审方式的问题。在刑事诉讼中，受案的司法机关与关押被追诉人的看守所往往不在同一地区，即使在同一地区也不一定临近，由此导致即便是适用速裁程序的案件，司法人员也常常需要在提审程序中投入大量的成本。采取"远程提审"的方式尽管可以解决这一问题，但能否采取远程提审的影响因素包括案件性质、看守所所在地、仪器设备等，关键是仪器设备。三是汇报方面的问题。在速裁程序中，汇报程序是公安司法机关内部办案流程的重要一环。最高人民法院、最高人民检察院、公安部、司法部联合发布的《刑事案件速裁程序试点工作座谈会纪要》指出，适用速裁程序的案件包括可能宣告缓刑、判处管制的案件，一般不提交审判委员会、检察委员会讨论决定；刑事判决书一般由独任法官直接签署，当庭宣判并送达，还要求改革速裁案件审批和文书签发制度，下放案件审批和文书签发权限，真正实现"独任审判"、"当庭宣判"。

不过实践中，目前公检法三机关对内部流程的简化尚存在顾虑，既担忧办案人员的办案质量，又重视工作考核，以致在汇报程序的简化上障碍重重。

（四）诉讼文书问题

诉讼文书既包括公安司法机关各自的内部诉讼文书，也包括三机关之间移送的外部诉讼文书。前者如案件审查报告，后者如起诉书、判决书。诉讼文书的简化是速裁程序的基本要求，但在实施中存在如下问题：

一是外部文书欠缺明确的简化标准。《办法》第 16 条规定："人民法院适用速裁程序审理的案件，应当当庭宣判，使用格式裁判文书。"尽管具有简化文书的依据，但没有统一的简化规则，以致公安司法机关对诉讼文书的简化标准难以把握，结果文书质量参差不齐。二是内部文书未得到彻底简化。实践中，为准备好汇报程序，公安司法人员往往需要付出大量的时间来完成案件审查报告、审理报告等内部文书。三是办案网络系统增加文书的复杂性。通过相关性分析和回归分析可知，"办案网络系统对诉讼效率的影响"是速裁程序效率实现程度的影响因素。目前文书在速裁程序的办案网络系统中还没有得到规范，办案网络系统还是按照普通程序的标准来要求速裁程序的办案人员。

（五）案件办结方面的问题

一是速裁程序在各地的适用率不均衡，总体在15%左右。有研究者分析了适用率不高的原因：办案期限与法定期限存在矛盾；"案多人少"矛盾突出；观念保守、陈旧。[①] 二是缓刑的适用率不高。本研究中缓刑的适用率为50.03%。这与传统重刑主义观念、社会调查评估、外地户籍人员作案比例大影响矫正措施落实等因素有关。[②]

（六）法律援助问题

从速裁程序中的律师介入看，委托辩护的比例是7.88%。目前法律援助律师值班制度在速裁程序中存在两方面的问题：

一方面，从观念上看，无论是公诉人还是当事人对法律援助值班律师的认知状况阻碍了该制度的适用。另一方面，从内容上看，法律援助值班律师是辩护人还是仅提供法律帮助，在实务中存在争议。之所以出现这些问题，既有法律援助制度存在缺陷的原因，也有《办法》规定不明确的原因。

四、刑事速裁程序的完善

试点实践证明，刑事速裁程序对于缓解司法实践中"案多人少"的压力，实现刑罚的轻缓化，发挥了明显的积极作用。不过，基于上述对速裁程序试点中的问题考察和对公诉人主观评判的分析，应当尽快完善速裁程序立法。

（一）观念定位：速裁程序的程序正义底限

法律制度的正当化"是指法律制度的价值基础的建构问题"[③]，对于速裁程序的正当化而言，就是如何确保诉讼效率的追求不能突破程序正义的底限。

具体而言，程序的繁简分离只是为了使公正与效率得到总体上的最佳调和与最大实现，而并非同时意味着公正与效率的分离。速裁程序的推行要确保诉讼参与者特别是被告人享有最基本的权利，满足最低限度的程序正义要求。对此，1989年第十四届国际刑法学协会在刑事诉讼简易程序的决议中就曾指出，"对简单的案件可以采取也应当采取简易程序；但是应确保被告人享有获知被控内容和有罪证据的权利"。

鉴于此，当前需要遵循最低限度的程序正义理念，在当事人诉权保障的理论框架下，强化我国刑事速裁程序的正当化建设。至少包括如下几方面：

一是保障被告人的知情权。二是保障被告人的自愿选择权。三是保障被告人的律师辩护权乃至强制辩护权。在速裁程序中，对被告人应当实行强制辩护制度，没有辩护人的协

---

① 参见贾志强、闵春雷：《我国刑事简易程序的实践困境及其出路》，载《理论学刊》2015年第8期。
② 最高人民法院刑一庭课题组：《关于刑事案件速裁程序试点若干问题的思考》，载《法律适用》2016年第4期。
③ 葛洪义：《略论中国法律制度的正当化问题》，载《政法论坛》2006年第5期。

助辩护，速裁程序就不合法，而且辩护律师提供的法律帮助应从简单的案件咨询拓展到法庭辩护等。四是保障庭审程序中被告人的其他诉讼权利。五是保障被害人的诉讼权利，赋予被害人对案件进展情况和处理结论的知情权、程序否决权等。

（二）立法重构：构建二元化的轻微刑事案件快速办理程序

前瞻速裁程序的未来走向，笔者主张将 3 年以下有期徒刑、拘役、管制或单处罚金案件作为轻微刑事案件，以此为逻辑起点构建层级化的轻微刑事案件快速办理程序。层级化的依据是不同的刑期类别，即将轻微刑事案件快速办理程序分为简易程序、速裁程序的二元化思路。

一是简易程序。将 3 年以下有期徒刑、拘役、管制或单处罚金的轻微刑事案件设定为简易程序的适用范围，且在程序设计上改变现行简易程序只简化审判阶段的做法，吸纳"轻微刑事案件快速办理机制"的做法，实行侦查、起诉和审判的全程提速。

二是速裁程序。将现行速裁程序开庭审理的做法改为书面审理，刑罚条件为 1 年以下有期徒刑、拘役、管制或单处罚金。虽然是书面审理，但是仍然需要强化犯罪嫌疑人、被告人诉讼权利的保障，将提讯作为法官书面审理的当然要求，并赋予犯罪嫌疑人、被告人程序转换权。

此外，还应从操作层面探讨速裁程序改革的配套措施，解决办案流程、诉讼文书、法律援助等方面的实践难题。

（作者单位：山东大学法学院）

第五部分

其他热点问题研究

我国古代的证明标准与疑罪处理原则

陈光中　朱　卿

中国古代法律对于证明问题缺少系统的规定。但是，凡有诉讼，总需要凭借某些材料来判定发生在过去的事件的真实性，也必然存在着证明。其中，审判官员在认定案件事实时，一定需要达到某种程度，这就涉及证明标准的问题；而当案件事实无法确定的时候，就会出现疑罪。本文将对这两个问题进行探讨。

一、中国古代的证明标准

当代意义上的证明标准指的是证明主体运用证据对案件事实的证明所应达到的程度，也称证明要求。严格来说，中国古代法律中不存在制度化的证明标准。但是在审判官员审判案件时，对案件事实的认定一定需要达到某种标准，否则就意味着裁判活动的无限恣意，即使在中国古代也是不容许的。中国人常说的"铁证如山"、"人证物证俱在"，实际上就反映出一种朴素的证明标准的意涵。需要说明的是，现代意义上的证明标准在刑事诉讼与民事诉讼中有所不同，但在中国古代制度上并未作出这样的区分。根据文献的记载，本文将分以下三个阶段阐述古代的证明标准。

（一）唐代以前的证明标准

中国古代很早就有了证明案件事实所应达到的要求。《周礼·秋官·司刺》载："司刺掌三刺、三宥、三赦之法，以赞司寇听狱讼。一刺曰讯群臣，二刺曰讯群吏，三刺曰讯万民。""云'赞司寇听狱讼者'，专欲以成，恐不获实，众人共证，乃可得真，故谓赞之也。"[①] 三刺本身并非证明标准，而是要通过听取群臣、群吏、民众的意见——"众人共证"来决定最终的判决。所谓"实"和"真"，才是对事实认定所欲达到的程度。可见，古代诉讼证明所追求的是案件的事实真相。

在《睡虎地秦墓竹简·封诊式》中也能看到关于证明程度的表述，"治狱"篇载："治狱，能以书从迹其言，毋治（笞）谅（掠）而得人请（情）为上，治（笞）谅（掠）为下，有恐为败。"其后注曰："情，真情，《周礼·小宰》注：'情，争讼之辞。'疏：情，谓情实。"[②] 从中同样能看出证明的目标是发现案件的真实情况。

在张家山汉简《奏谳书》所记载的许多案例中都能看到"审"、"皆审"的表述。

---

① 李学勤主编：《十三经注疏》，《周礼注疏》（下），北京大学出版社1999年版，第946页。
② 睡虎地秦墓竹简整理小组：《睡虎地秦墓竹简·封诊式》，文物出版社1978年版，第245~246页。

例如：

"醴阳令恢盗县官米"条记载了一桩盗卖公米的案子①："鞫：恢，吏，盗过六百六十钱，审。"②

"淮阳守行县掾新郪狱"条记载了一桩杀人案："鞫之：苍贼杀人，信与谋，丙、赘捕苍而纵之，审。"③

"四月丙辰黟城旦讲乞鞫"条记载了一桩诬告他人盗牛的案件："鞫之：讲不与毛谋盗牛，吏笞掠毛，毛不能支疾痛而诬指讲，昭、桃、敢、赐论失之，皆审。"④

"审"或"皆审"的表述均出现在"鞫"之后，"鞫"在古汉语中通常理解为审讯，也有"穷"的意思。对于这里的"鞫"，李学勤认为"即审讯的结果"，⑤张建国指出："鞫是审判人员对案件调查的结果，也就是对审理得出的犯罪的过程与事实加以简明的归纳总结。"⑥在"鞫"的最后注明"审"或"皆审"的字样，张建国认为："大概是表示'鞫'的事实都已调查清楚属实或已被审判者所确认。"⑦"审"在古文字中写作"宷"，《说文解字》曰："宷，悉也；知宷谛也。"是详尽、了解得详尽周密之意。"审"字在古汉语中也有"真实"之意。⑧据此，本文认为"审"可以理解为"真实、属实"。从诉讼法的角度讲，"审"与"皆审"的表述不仅表明案件事实已经查清，也意味着对案件事实的证明已经达到了要求，蕴含了证明标准的内涵。

总之，"审"反映出审判者对于案件真实情况的重视，这与西周以三刺之法求真实、秦代治狱求情实所体现的理念是一脉相承的。

（二）唐宋元时期的证明标准

从唐代起，律典当中出现了更加明确、具体的关于证明标准的规定。唐律中规定了对被告人实施刑讯以获取口供的程序，⑨同时唐律规定了某些情况下无须口供也可以定案。《断狱》"讯囚察辞理"条规定："若赃状露验，理不可疑，⑩虽不承引，即据状断之。"疏

---

① 为行文之便，文中所引仅是案例的部分内容。以下同。

② 彭浩、陈伟、[日]工藤元男主编：《二年律令与奏谳书——张家山二四七号汉墓出土法律文献释读》，上海古籍出版社2007年版，第353页。

③ 彭浩、陈伟、[日]工藤元男主编：《二年律令与奏谳书——张家山二四七号汉墓出土法律文献释读》，上海古籍出版社2007年版，第355页。

④ 彭浩、陈伟、[日]工藤元男主编：《二年律令与奏谳书——张家山二四七号汉墓出土法律文献释读》，上海古籍出版社2007年版，第360页。

⑤ 李学勤：《〈奏谳书〉解说（上）》，载《文物》1993年第8期。

⑥ 张建国：《汉简〈奏谳书〉和秦汉刑事诉讼程序初探》，载《中外法学》1997年第2期。

⑦ 张建国：《汉简〈奏谳书〉和秦汉刑事诉讼程序初探》，载《中外法学》1997年第2期。

⑧ 如《战国策·秦策一》曰："为人臣不忠当死，言不审亦当死。"此处"审"意为"真实、详实"。

⑨ 《唐律·断狱》"讯囚察辞理"条载："诸应讯囚者，必先以情，审察辞理，反复参验；犹未能决，事须讯问者，立案同判，然后拷讯，违者，杖六十。"疏议曰："依《狱官令》：'察狱之官，先备五听，又验诸证信，事状疑似，犹不首实者，然后拷掠。'故拷囚之义，先察其情，审其辞理，反复案状，参验是非。'犹未能决'，谓事不明辨，未能断决，事须讯问者，立案，取见在长官同判，然后拷讯。"

⑩ 《魏书·刑罚志》中已有"赃状露验"一语以及类似的表达："且货赇小慝，寇盗微愆，赃状露验者，会赦犹除其名"；"寺谓犯罪逐弹后，使复检鞫证定刑，罪状彰露，案署分晰，狱理是成。"《隋书·刑法志》中也已有"小大之狱，理无疑舛"的记载。

议曰："谓计赃者见获真赃，杀人者检得实状，赃状明白，理不可疑，问虽不承，听据状科断。"① 《宋刑统·断狱》沿袭了唐律"赃状露验、理无可疑"的律文，还规定："诸犯罪事发，有赃状露验者，虽徒伴未尽，见获者，先依状断之，自后从后追究。"② 又准唐长兴二年八月十一日敕节文："今后凡有刑狱，宜据所犯罪名，须具引律、令、格、式，逐色有无正文……事实无疑，方得定罪。"③ 《宋史·刑法一》载，景德四年（公元 1007 年），"知审刑院朱巽上言：'官吏因公事受财，证左明白，望论以枉法，其罪至死者，加役流。'"④ 《宋史·刑法三》载："夫情理巨蠹，罪状明白，奏裁以幸宽贷，固在所戒。"⑤ 以上两则史料表明，当证据达到"明白"的程度之时，就可以认定犯罪事实了。元代法律中也有"理无可疑"的规定，据《元史·刑法三》载："诸杖罪以下，府州追勘明白，即听断决。徒罪，总管府决配，仍申合干上司照验。流罪以上，须牒廉访司官，审覆无冤，方得结案，依例待报。其徒伴有未获，追会有不完者，如复审既定，赃验明白，理无可疑，亦听依上归结。"⑥ 而在赌博犯罪中，则规定："因事发露，追到摊场，赌具赃证明白者，即以本法科论。"⑦

本文认为，"赃状露验，理不可疑"、"事实无疑"、"赃验明白、理无可疑"等都具有证明标准的内涵，其中唐律规定的"赃状露验、理不可疑"最具有代表性。所谓"赃状露验"，唐律的疏文解释为"计赃者见获真赃，杀人者检得实状，赃状明白"。"赃"相当于财产犯罪中的物证，而"状"基本相当于对有关的场所、物品、人身、尸体进行勘验、检查得出的犯罪事实情况结论。可见，"赃状露验"就是要求证据真实，案情明白。有研究者提出中国古代存在"据赃状断案"的证据规则，其中"赃"包括金钱和其他赃物，"状"包括作案工具、受害人伤或死的形状等。而适用"据状断之"的特定前提之一就是"真赃、实状"，⑧ 这是言之有据的论断。对于"理不可疑"的理解学界存在争议。有研究者将这句话简单地解释为"案无异议"，⑨ 还有研究者指出，"理不可疑"要求审判官员首先对事实和证据进行"查验"，然后根据经验和推"理"，排除合理的怀疑，但更强调"无可疑"。⑩ 本文认为，"理不可疑"的确表明了结论的不可怀疑性，但是不应简单地同排除合理怀疑相对应，二者毕竟产生于不同的历史条件下；基于中国传统上对于案件事实真相的重视与追求，本文倾向于将其理解为根据常理或推理，案件事实不存在任何的疑问。⑪

---

① 《唐律·断狱》"讯囚察辞理"。
② 《宋刑统·断狱》"断罪引律令格式"。
③ 《宋刑统·断狱》"断罪引律令格式"。
④ 《宋史·刑法一》。
⑤ 《宋史·刑法三》。
⑥ 《元史·刑法三》。
⑦ 《元史·刑法四》。
⑧ 参见祖伟、蒋景坤：《中国古代"据状断之"证据规则论析》，载《法制与社会发展》2011 年第 4 期。
⑨ 参见郭成伟主编：《中国证据制度的传统与近代化》，中国检察出版社 2013 年版，第 147 页。
⑩ 参见祖伟：《中国古代证据制度及其理据研究》，吉林大学 2009 年博士论文。
⑪ 对于"理不可疑"的理解，关键在于对"理"字的解释上。按照本文的理解，"理不可疑"强调的是对案件事实的证明所应达到的程度，因此具有了证明标准的意涵。文中所引唐代敕文中的"事实无疑"以及后代律典中的类似表述可以佐证这一点。但是，有研究者对此有不同见解，刘晓林细致地考证了《唐律疏议》中"理"的含义，他指出，在很多情况下，"理"在唐律中表达的都是司法审判的根据或理由，在"理不可疑"中"理"是法定的根据或理由的意思，也就是"法律"的意思（参见刘晓林：《〈唐律疏议〉中的"理"考辨》，载《法律科学》2015 年第 4 期）。照此理解，"理不可疑"因此应解释为"在适用法律方面没有疑问"。真正具有证明标准意涵的是"赃状露验"，其含义类似于物证确实充分。当然，无论采取何种解释，将"理不可疑"简单地同排除合理怀疑对应起来都是不恰当的。

对于唐律"赃状露验，理不可疑"的规定，还有以下几点需要注意：

第一，这只是在不需要口供的情况下定罪的一种证明标准，而不是一种概括性的、适用于一切案件的证明标准。

第二，这一证明标准本身并没有排除通过刑讯获取被告人供述的做法。"虽不承引"意味着没有获取被告人的有罪供述，但并没有说不能通过刑讯获取口供。律文原意是允许审判官员在满足了"赃状露验、理不可疑"的标准的情况下，即使缺少口供也可定罪。①

第三，"赃状露验、理不可疑"是一个主客观相结合的证明标准。"赃状露验"是其客观上的表现，"理不可疑"终究是要靠审判官员通过内心感受的程度来判断，是审判官员主观上的认识，主客观相结合，表明审判官员相信已有证据证明的案件事实是客观、无可怀疑的事实。

（三）明清时期的证明标准

明清时期的律典中没有出现"赃状露验，理不可疑"的条文。《大明律·刑律·断狱》规定："罪人赃仗证佐明白，不服招承，明立文案，依法拷讯。"② 可见，当"赃仗证佐明白"、案件事实已经得到证明时，依然需要进行刑讯获取被告人的有罪供述。

此外，明律中也出现了"赃证明白"这类表述，对不同类型的犯罪，法律规定了在认定犯罪事实时要达到的程度。例如，"响马强盗，执有弓矢军器，白日邀劫道路，赃证明白，俱不分人数多寡，曾否伤人，依律处决。于行劫去处，枭首示众。"③ "若放火故烧官民房屋及公廨仓库，系官积聚之物者，皆斩（须于放火处捕获、有显迹证验明白者，乃坐）。"④

清律沿袭了明律"故禁故勘平人"条的规定，此外，《大清律例·刑律·断狱》规定："凡诸衙门鞫问刑名等项，必据犯者招草以定其罪。"⑤ 这更加明确了口供是定案的必要证据。还有不少律、例文中出现了"明白"、"无疑"这类的表述。例如：

《名例律》规定："凡边境（重地）城池，若有军人谋叛，守御官捕获到官，显迹证佐明白，鞫问招承……随即依律处治。"⑥

《名例律》规定："若现获之犯，称逃者为首，如现获多于逸犯，供证确凿……即依律先决从罪，毋庸监候待质。"⑦

《刑律·贼盗》规定："凡问刑衙门鞫审强盗，必须赃证明确者照例即决。如赃亦未明，招扳续缉，涉于疑似者，不妨再审。或有续获强盗，无自认口供，赃亦未明，伙盗已决无证者，俱引监候处决。"⑧

《刑律·贼盗》规定："拿获窃盗，承审官即行严讯……拟遣者其供出邻省、邻邑之案，

---

① 《魏书·刑罚志》中有"拷不承引，依证而科"的记载，意思与"虽不承引，即据状断之"相似，只是明确指出在刑讯后不认罪的可以依据证据定罪。唐律的规定与之有细微的差异，但并非规定不能使用刑讯。

② 《大明律·刑律·断狱》"故禁故勘平人"。

③ 《问刑条例·刑律·贼盗》"强盗"。

④ 《大明律·刑律·杂犯》"放火故烧人房屋"。

⑤ 《大清律例·刑律·断狱》"吏典代写招草"。

⑥ 《大清律例·名例律》"处决叛军"。

⑦ 《大清律例·名例律》"犯罪事发在逃"条例。

⑧ 《大清律例·刑律·贼盗》"强盗"条例。

承审官即行备文，专差关查。若赃证俱属相符，毫无疑义，即令拿获地方迅速办结……"①

《刑律·斗殴》规定："子妇拒奸殴毙伊翁之案，如果实系猝遭强暴，情急势危，仓猝捍拒，确有证据，毫无疑义者，仍照殴夫之父母本律定拟。"②

《刑律·捕亡》规定："盗案获犯到官，无论首盗伙盗缉获几名，如供证确凿、赃迹显明者，一经获犯，限四个月完结……"③

《刑律·断狱》规定："各省军流等犯，臬司审解之日，将人犯暂停发回，听候督抚查核。如有应行复讯者即行提讯，其或情罪本轻，供证明确，毫无疑窦者，亦不必概行解送致滋稽延拖累。"④

《刑律·断狱》规定："五城及步军统领衙门审理案件……至查拿要犯，必须赃证确凿，方可分别奏咨交部审鞫……"⑤

《刑律·断狱》规定："犯妇怀孕，律应凌迟斩决者……若初审证据已明，供认确凿者，于产后一月起限审解，其罪应凌迟处死者产后一月期满，即按律正法。"⑥

综上，明清律、例规定了"证佐明白"、"明白、无疑"或者"毫无疑义"的证据加上被告人的供述方可确认案件事实，这可以视为是对于证明标准的法定表述。

中国古代的诉讼证明标准在唐代以前较为原则、概括，到唐宋时期有了比较具体的规定，再到明清时期则更加明确、通俗，已经相当接近今天"事实清楚"、"证据确凿"证明标准的表述，⑦并体现了查明案件事实真相的追求。

（四）据众证定罪——一种特殊的证明标准

在中国古代，还有一种具有证明标准意涵的制度：据众证定罪。以唐律的规定为例，《断狱》规定："诸应议、请、减，若年七十以上，十五以下及废疾者，并不合拷讯，皆据众证定罪，违者以故失论。若证不足，告者不反坐。"疏议曰："'应议'，谓在《名例》八议人；'请'，谓应议者期以上亲及孙，若官爵五品以上者；'减'，谓七品以上之官及五品以上之祖父母、父母、兄弟、姊妹、妻、子孙者；'若年七十以上，十五以下及废疾'，依令'一支废，腰脊折，痴痖，侏儒'等：并不合拷讯，皆据众证定罪。称'众'者，三人以上，明证其事，始合定罪……"⑧

由此可见，唐律的"据众证定罪"实际上就是指案件的当事人由于具备了某些特殊的身份，不能通过拷讯获取口供，而只能依据三名以上的证人提供的证言来证明案件的事实。后代法律继承了对不合拷讯者"据众证定罪"的规定，但在适用的范围上与唐宋时期有所不同。例如，《大明律·刑律·断狱》规定："凡应八议之人、及年七十以上、十五以下、

---

① 《大清律例·刑律·贼盗》"窃盗"条例。
② 《大清律例·刑律·斗殴》"殴祖父母父母"条例。
③ 《大清律例·刑律·捕亡》"盗贼捕限"条例。
④ 《大清律例·刑律·断狱》"鞫狱停囚待对"条例。
⑤ 《大清律例·刑律·断狱》"有司决囚等第"条例。
⑥ 《大清律例·刑律·断狱》"妇人犯罪"条例。
⑦ 古代司法文献中也有这类表述，如王又槐《办案要略·论命案》载："谋杀之故，不外奸、盗、仇三项。若因奸而谋……须审认有奸，证据确凿，方足征信。"（王又槐著：《办案要略·论命案》，华东政法学院语文教研室注译，群众出版社1987年版，第3页）。
⑧ 《唐律·断狱》"据众证定罪"。

若废疾者、并不合拷讯、皆据众证定罪。违者，以故失入人罪论。"① 《大清律例》中也有同样的规定。

"据众证定罪"具有证明标准的意涵：三名以上证人证明被告人有罪是作出有罪判决应达到的要求。因其对证人人数作出了明确的规定，从而具备了一定的形式主义色彩。从其适用的六类人可以看出，这条规定维护了官僚贵族的司法特权，也体现了儒家"恤刑"的理念，可以说是儒家思想法律化的一种具体表现。需要指出的是，在整部法典当中，"据众证定罪"是一种特殊的或者说例外情况下的证明标准，只适用在被告人具有法定特殊身份的案件中，目的是解决不能通过刑讯获取口供的问题；同时它又是"独立适用的证明标准，不依赖于其他规则而存在"②，只要是符合法定条件的，就一定要予以适用。

二、中国古代的疑罪处理原则

疑难案件的出现在任何社会任何时期的司法活动中都是不可避免的。就刑事案件而言，疑难案件就是定罪有一定根据、不定罪也有一定理由的案件。疑罪包括认定事实和适用法律存疑两种情况，但更多的疑难案件是在事实认定方面存在疑问。对于疑罪，不同历史背景下的司法制度有不同的处理原则和方式。

中国古代最早采取神判的方式来解决疑罪，如东汉王充所说："皋陶治狱，其罪疑者，令羊触之，有罪则触，无罪则不触。"③ 但中国的神判消失得比较早，正式的疑罪处理原则始见于夏商周三代。《尚书·大禹谟》载："罪疑惟轻，功疑惟重。与其杀不辜，宁失不经。"④ 疏曰："罪有疑者，虽重，从轻罪之。功有疑者，虽轻，从重赏之。与其杀不辜非罪之人，宁失不经不常之罪。以等枉杀无罪，宁妄免有罪也。"⑤ 这里的"宁失不经"应理解为对疑罪被告人不予处罚。"与其杀不辜，宁失不经"是中国最早的关于疑罪处理的原则，为整个古代社会的疑罪处理问题奠定了基调，也是古代司法文明的宝贵遗产。

"疑罪从轻"、"疑罪从赎"的原则在《尚书·吕刑》中得到了具体化："五刑不简，正于五罚。五罚不服，正于五过"；"五刑之疑有赦，五罚之疑有赦，其审克之。"孔安国解释为："刑疑赦从罚，罚疑赦从免，其当清察，能得其理。"⑥ "五罚之疑有赦"一般理解为，用五刑去处罚犯罪有疑问的，可以减等按照五罚的规定处理；如果按照五罚去处理仍有疑问的，便减等按照五过的规定来处理。具体的处理方式是"从赎"，每一种拟判处的刑罚都与一定数量的财货相对应，按照《尚书·吕刑》的规定，"墨辟疑赦，其罚百锾，阅实其罪。劓辟疑赦，其罚惟倍，阅实其罪。剕辟疑赦，其罚倍差，阅实其罪。宫辟疑赦，其罚六百锾，阅实其罪。大辟疑赦，其罚千锾，阅实其罪"。⑦

---

① 《大明律·刑律·断狱》"老幼不拷讯"。
② 参见祖伟：《中国古代"据众证定罪"证据规则论》，载《当代法学》2012 年第 1 期。
③ 〔汉〕王充著，陈蒲清点校：《论衡·是应》，岳麓书社 2006 年版，第 228 页。
④ 《大禹谟》经过考证，被认为是晋人伪作，这在学界已达成共识。《左传·襄公二十六年》中有"故〈夏书〉曰：'与其杀不辜，宁失不经'"的记载，但没有"罪疑惟轻"的表述。据研究者考证，"罪疑惟轻"应该是作伪者自行编造，置于"与其杀不辜，宁失不经"之前。参见蒋铁初：《中国古代的罪疑惟轻》，载《法学研究》2010 年第 2 期。
⑤ 李学勤主编：《十三经注疏》，《尚书正义·大禹谟》，北京大学出版社 1999 年版，第 91 页。
⑥ 李学勤主编：《十三经注疏》，《尚书正义·吕刑》，北京大学出版社 1999 年版，第 545 页。
⑦ 李学勤主编：《十三经注疏》，《尚书正义·吕刑》，北京大学出版社 1999 年版，第 545~546 页。

后世也有人主张"疑罪从无",如汉代的贾谊提出:"诛赏之慎焉,故与其杀不辜也,宁失於有罪也。故夫罪也者,疑则附之去已;夫功也者,疑则附之与已……疑罪从去,仁也;疑功从予,信也。"①

古代中国虽然有"疑罪从无"的思想,但是在法律规定的层面上,对疑罪的实体处理方式主要还是"疑罪从轻"、"疑罪从赎"。到了唐代,法律将这一原则明文规定了下来,《断狱》载:"诸疑罪,各依所犯以赎论。"② 这是古代法制史中体现疑罪处理原则的著名规定。

对于唐律的"疑罪"条文,可以从两个层面来解读:首先,何为疑罪? 其次,疑罪是如何处理的。

唐律具体解释了何为疑罪。《断狱》规定:"疑,谓虚实之证等,是非之理均;或事涉疑似,傍无证见;或傍有闻证,事非疑似之类。"疏议曰:"'疑罪',谓事有疑似,处断难明。……注云'疑,谓虚实之证等',谓八品以下及庶人,一人证虚,一人证实,二人以上虚实之证其数各等;或七品以上,各据众证定罪,亦各虚实之数等。'是非之理均',谓有是处,亦有非处,其理各均。'或事涉疑似',谓赃状涉于疑似,傍无证见之人;或傍有闻见之人,其事全非疑似。称'之类'者,或行迹是,状验非;或闻证同,情理异。疑状既广,不可备论,故云'之类'。"③ 概括地讲疑罪即"事有疑似,处断难明",也就是事实无法确定、难以作出判断的案件。具体又可以分为以下几种情形:

第一类是"虚实之证等、是非之理均"的案件。根据疏议的解释,"虚实之证等"又包括两种情况,一是当犯罪主体是八品以下官员或者庶人时,只要证明有罪和证明无罪的证人人数相等(无论证人人数有多少),就构成疑罪;当犯罪主体是七品以上官员时,则应适用"据众证定罪"的规则,若提供有罪证言的人数超过三人且恰好提供无罪证言的人数与之相等,则构成疑罪。④"是非之理均"是指有罪与无罪的理由相当,既有对的地方,也有错的地方。

第二类是"事涉疑似"的案件。包括两种情况:一是赃物和案件情状似乎涉及犯罪,又无见证之人;二是虽然有旁人见证,但是事情本身又没有可以怀疑为犯罪的地方,这种情况也只能认为是疑罪。

第三类是"之类"的情形,相当于今天法典中常用的"其他"条款。包括:形迹可疑但经查验又没有真情实状;见证人的说法一致但从情理上推断又有差异;疑罪的情况很多,不能够全部列举。⑤

质言之,疑罪就是既有证据证明被告人实施了犯罪行为,也有证据证明被告人没有实施犯罪行为,审判官员无法确定案件事实真相究竟是什么样。而且在法典中,此条与"理

---

① 〔汉〕贾谊著,方向东译注:《新书·大政》,中华书局2012年版,第278页。
② 《唐律·断狱》"疑罪"。
③ 《唐律·断狱》"疑罪"。
④ 《断狱》"据众证定罪"条也涉及七品以上官员这类"不合拷讯者"的疑罪问题。这类特殊主体犯罪应"据众证定罪",若三人证实,三人证虚,是名"疑罪",也就是提供有罪证言的证人人数超过三人且恰好提供无罪证言的证人人数与之相等时会构成疑罪。
⑤ 关于《唐律》"疑罪"条的理解,可参见曹漫之:《唐律疏议译注》,吉林人民出版社1989年版,第1024页;钱大群:《唐律疏义新注》,南京师范大学出版社2007年版,第1011页。

不可疑并列，自属允当"，① 更可说明，罪疑是与"理不可疑"相对应而言的，即罪疑指对犯罪事实的证明没有达到"理不可疑"的程度。

被认定为疑罪的案件，应当从赎处理，薛允升认为此"即罪疑惟轻之意也"。② 说得透彻些，就是罪疑作有罪处理，只是从轻处罚而已，因此，其实质上是实行有罪推定和疑罪从有的处理。③

至于具体如何赎罪，唐代也以铜作为赎罪财产。《名例》中详细规定了笞、杖、徒、流、死每种刑种及其刑期所对应的赎铜数量：其中，笞刑五等，从十到五十，对应的赎铜为一斤到五斤；杖刑五等，从六十到一百，对应的赎铜为六斤到十斤；徒刑五等，从一年到三年，对应的赎铜为二十斤到六十斤；流刑三等，从两千里到三千里，对应的赎铜为八十斤到一百斤；死刑有斩、绞两种执行方式，对应的赎铜为一百二十斤。

《宋刑统》继承了唐律关于疑罪的规定。在司法实践中，审判官员面对罪疑的情况，往往首先查实案情，然后再做处理。下面这则宋代案例清晰地反映了这种处理方式：

"宋朝钱若水为同州推官，有富民家养一小女奴，逃亡不知所之。奴父母讼于州，州命录事参军鞫之。录事尝与富民贷钱不获，乃劾富民父子数人共杀奴，弃尸水中，因失其尸。或为元谋，或从而加功，皆应死。富民不胜榜楚，遂诬服。具上，州官审覆无翻异，皆以为得实，若水独疑之。留其狱数日不决……"④

此案中，推官钱若水认为判处富民父子谋杀乃是疑罪，理由是并未发现被害人尸体。派人四处寻找被害人下落，最终女奴出现，证明富民父子确属冤枉。

元、明、清时期法律对疑罪的规定方式与唐宋时期不同：在正式的刑律中均不见"疑罪"条目，只是在个别律、例条文中有所规定。例如，《皇明条法事类纂·刑部类》载："查照各衙门见监重囚，中间果有强盗，追无赃状，久不结正，人命无尸检验，累诉冤枉者，务要从公审究是实。"⑤ 对于强盗、斗殴、人命等案件，赃状、尸体、证佐明白的，才能定罪处刑；反之，"及系三年之上，如前赃状身尸之类不明者，终是疑狱，合无罪拟惟轻……发边远充军。"⑥ 可见，"无尸、无赃"这类证据不够确实明白、事实存疑的案件会被视为疑罪，虽然"合无罪"，但依然只是"从轻"处理；又如，清乾隆初年定例："续获强盗既无自认口供，赃迹亦未明晰，伙盗又已处决，无从待质，若即行拟结，诚恐冤滥，故引监候处决，以明罪疑惟轻之义。"⑦ 可见法律是将这类既缺少自认，物证也不充分，又没有同案犯做证人的案件作为疑罪处理，并且依然遵循"从轻"的原则。此外，后世律法在赎罪财物的种类上有所变化，如明清时期以银钱收赎，但是究其原理历代大抵相同。

---

① 〔清〕薛允升著，怀效锋、李鸣点校：《唐明律合编·卷三十》，法律出版社1999年版，第818页。

② 〔清〕薛允升著，怀效锋、李鸣点校：《唐明律合编·卷三十》，法律出版社1999年版，第818页。

③ 根据考证，尽管"疑罪从无"在中国古代在理念和制度上都有所体现，但在司法实践中一案难求，（参见蒋铁初：《中国古代的罪疑惟轻》，载《法学研究》2010年第2期）；此外，尽管史料中存在"疑罪从赦"的记载，如《元史·刑法四》载："诸疑狱，在禁五年之上不能明者，遇赦释免"，《元史·泰定帝二》载："疑狱系三岁不决者咸释之"，但是这种处理不同于"疑罪从无"，在中国古代侦、控、审职能不分的体制下，即使是疑罪，审判官员也并不是径行将被告人宣判无罪并释放，如上文所述，实践中将案件往往暂缓处理，继续收集证据，直到真相大白，才将原犯释放。

④ 《折狱龟鉴·释冤下·钱若水访奴》。

⑤ 《皇明条法事类纂·三十七卷·刑部类》。

⑥ 《皇明条法事类纂·三十七卷·刑部类》。

⑦ 祝庆祺等编：《刑案汇览三编（一）》，北京古籍出版社2004年版，第523页。

从历史发展的角度讲，唐代法律对于"罪疑以赎论"的规定是比较开明的。疑罪条是唐律的最后一条，薛允升认为，唐律"终之以疑狱，其所以矜恤罪囚而唯恐稍有错失者，可谓无微不至矣"，而明律"删去疑狱一条，均失唐律之意"。① 这种变化不是偶然的，也不仅是立法技术的差异，而是体现了不同历史时期统治者的立法宗旨的转变。唐代中国封建制度处于鼎盛时期，在德本刑用理念指导下制定的唐律较为宽仁，而到了明清封建社会末期，随着社会矛盾的加剧和专制制度的加强，法律变得更加严苛和极端，删除罪疑从赎正是其标志之一。

结语——鉴古观今的启示

中国古代自产生国家开始，特别是秦汉以降迄于明清一直实行君主专制主义的政治体制，我们应该辩证地看到，中国古代的司法制度本质上是专制主义的，又闪耀着某些中华古代法制文明的光辉，这种精华与糟粕交集的情况鲜明地体现在诉讼证明制度中，很值得我们考察、研究与总结。

中国古代的证明标准随着统治者司法经验的积累和社会语言习惯的变化，从早期的"实"、"真"、"审"，发展到后来的"赃状露验，理不可疑"，再到后来的"证佐明白，鞫问招承"，尽管在法律上没有统一的表述但在理念上是一以贯之的：强调查明案件事实真相，注意收集客观证据，体现了一定的证据观念，这些是值得今人传承、发扬的。而且现在我国刑事诉讼法规定的"事实清楚、证据确实充分"这一证明标准的表述正可以从古代法制中找到渊源。在中国古代曾存在着疑罪从无的宝贵思想，但在法律层面只规定采取"从轻"、"从赎"的方法处理疑罪。尽管如此，这在古代的专制统治历史条件下，无疑具有进步性，其发端于先秦三代之时尤显我国司法文明之悠久，弥足珍贵。但是历史在进步，在西方伴随着资产阶级革命和人权保障理念的兴起，产生了无罪推定原则和疑罪从无制度，这与中国古代将疑罪视为有罪的一种情况而从轻处理的做法有质的区别。中国当今刑事诉讼法在1996年修改时就借鉴外国经验确立了疑罪从无的制度，但是在实践中仍然存在疑罪"从轻"处理的做法，特别是对死刑案件往往作出"留有余地"的判决，导致这类案件存在很大的错判隐患，这里面依然有传统的疑罪从轻思维在无形作祟。

总之，鉴古观今，我们可以从古代诉讼证明中获得许多有益的启示。我们要珍惜这一份法律文化遗产，扬弃传承、古为今用，为当今的法治中国建设和深化司法改革发挥积极作用。

(作者单位：中国政法大学诉讼法学研究院；吉林大学法学院)

① [清]薛允升著，怀效锋、李鸣点校：《唐明律合编·卷三十》，法律出版社1999年版，第820页。

未成年人羁押必要性审查之适用

郭志远 李 婕

羁押必要性审查是指检察机关就犯罪嫌疑人是否有必要羁押在看守所进行审查的活动。羁押必要性审查的本质是羁押救济制度,[①] 是保护审前被羁押人合法权益、贯彻无罪推定原则的重要举措。2012 年刑事诉讼法增加了羁押必要性审查的内容,该法第 93 条规定:"犯罪嫌疑人、被告人被逮捕后,人民检察院仍应当对羁押的必要性进行审查。对不需要继续羁押的,应当建议予以释放或者变更强制措施。有关机关应当在十日以内将处理情况通知人民检察院。"未成年人在行为方式、主体意识以及犯罪原因上与成年人存在诸多差异,完全可通过羁押必要性审查免受看守所的不良影响,在社会、家庭的帮助下重获新生。

一、未成年人羁押必要性审查的原则

有学者曾在 2010 年 3 月对全国 20 个基层检察院 2004 年至 2009 年羁押情况进行统计,结果表明 20 个检察院的逮捕率和羁押率全部在 90% 以上。[②] 由于刑事侦查中,查清案情、固定证据需要一定的时间,所以对犯罪嫌疑人拘留逮捕在所难免。2012 年刑事诉讼法修改时增加了"未成年人刑事案件诉讼程序"一章,明确提出"对犯罪的未成年人实行教育、感化、挽救的方针,坚持教育为主、惩罚为辅的原则"。未成年人心理不成熟、可塑性强,刑事羁押容易引发交叉感染,通过羁押必要性审查变更强制措施才有利于未成年犯罪嫌疑人的矫治和回归社会。在对未成年犯罪嫌疑人羁押必要性进行审查时,要注重审查羁押的合法性与合理性。

(一)合法性原则

根据刑事诉讼法第 79 条规定,逮捕的本质要件是犯罪嫌疑人的人身危险性,具体表现为以下五点:可能实施新的犯罪的;有危害国家安全、公共安全或者社会秩序的现实危险的;可能毁灭、伪造证据,干扰证人作证或者串供的;可能对被害人、举报人、控告人实施打击报复的;企图自杀或者逃跑的。该法第 79 条第 2 款同时对羁押必要性审查作出了排除规定:对有证据证明有犯罪事实,可能判处 10 年有期徒刑以上刑罚的,或者有证据证明有犯罪事实,可能判处徒刑以上刑罚,曾经故意犯罪或者身份不明的,应当予以逮捕。不难想象,"可能判处十年有期徒刑以上刑罚、可能判处徒刑以上刑罚"的犯罪嫌疑人具有强烈的逃避侦查的动机,而"曾经故意犯罪或身份不明者"则表明此人有较大的人身危险性,如果这两类犯罪嫌疑人被解除羁押,极有可能对社会造成巨大的威胁。相比较之下,很多

---

① 封红梅:《检察院羁押必要性审查实施模式研究——以刑事羁押救济为视角》,载《法治研究》2013 年第 4 期。
② 但伟:《试析羁押必要性审查与看守所检察》,载《人民检察》2010 年第 24 期。

未成年犯罪嫌疑人误入歧途、初次犯罪，或者犯罪事实已经查清且社会关系稳定时，此时符合羁押必要性审查的要求。

（二）比例原则

比例原则要求公权力的处理决定与犯罪嫌疑人的行为相称。比例原则经历了从行政法到宪法再到刑事诉讼法等部门法的历程，这一原则从其产生之日起就隐含着约束国家权力合理行使的精神。比例原则是无罪推定原则在刑事强制措施中的当然要求。[①] 在对未成年人羁押必要性进行审查时，比例原则有三个基本要求：一是羁押的目的性要求，即对未成年人羁押是为了避免其对社会造成威胁；二是羁押的适当性要求，即羁押的幅度、期限控制与可能判处的刑罚成比例；三是对当事人最大保护原则，即如果有其他的替代措施可以达到同一目的时，要求选择最有利于犯罪嫌疑人的强制措施，如取保候审或监视居住。比例原则的精义在于以对当事人最低程度的限制来达到刑事强制措施的目的。未成年人心理不成熟、可塑性强，只要其认识到自己的错误、真心悔过，就能够在家庭、社会的帮助下洗心革面、重新做人。反之，如果将未成年犯罪嫌疑人与罪大恶极、屡教不改者一同关押，未成年犯罪嫌疑人感受更多的是法律的不公、社会的黑暗，进而对社会丧失信心、在违法犯罪的路途上越陷越深。所以，羁押必要性审查是维护未成年人合法权益，感化、挽救失足未成年人的重要举措。

二、未成年人羁押必要性审查的内容

任何人未经法院判决都不是罪犯。犯罪嫌疑人之所以被羁押，是为了保障刑事诉讼的顺利进行。刑事诉讼法第 268 条规定，公安机关、人民检察院、人民法院办理未成年人刑事案件，根据情况可以对未成年犯罪嫌疑人、被告人的成长经历、犯罪原因、监护教育等情况进行调查。有学者提出，"对逮捕后的犯罪嫌疑人进行羁押必要性审查，需要审查羁押事由、羁押事实以及两者之间的必要性关系"。[②] 因为根据刑事诉讼的一般流程，侦查人员在拘留犯罪嫌疑人时会告知其羁押事由，而"未成年犯罪嫌疑人的成长经历、犯罪原因、监护教育等情况"实际是人身危险性的判断因素，这些因素还必须结合犯罪现实、是否有利于刑事诉讼顺利进行一同考虑。

（一）涉嫌犯罪的事实

英国 1976 年保释法规定保释时必须考虑的因素包括：罪行性质和严重程度，以及因此而处理被告人的可能方式；被告人的性格、前科、人际交往和社会纽带；被告人过去在保释期间的记录；控方的证据强度等内容。[③] 所以涉嫌犯罪的事实应是羁押必要性审查的重点内容。涉嫌犯罪的事实主要指未成年人的行为符合具体犯罪构成要件的事实，如犯罪手段、

① 陈卫东主编：《刑事诉讼法学研究》，中国人民大学出版社 2008 年版，第 94 页。
② 林志毅：《关于捕后羁押必要性审查的几个理论问题》，载《烟台大学学报》（社会科学版）2012 年第 4 期。
③ ［英］约翰·斯普莱克著：《英国刑事诉讼程序》，徐美君、杨立涛译，中国人民大学出版社 2006 年版，第 121 页。

犯罪后果、犯罪目的等。在未成年人犯罪中,犯罪的主观心态是故意还是过失、盗窃的金额大小、在共同犯罪中是从犯还是主犯、犯罪时的精神状态等都是认定犯罪构成的重点,这些内容共同构成犯罪行为社会危害性的体现。

(二) 未成年人的人身危险性

德国刑事诉讼法认为,被告人再次犯罪可能性、人格、私人关系等因素应在羁押审查时一并考察。① 未成年犯罪嫌疑人的人身危险性包括犯罪过程中体现出来的主观恶性和犯罪后是否有悔过态度,以及其在羁押期间的表现。具体而言,衡量未成年犯罪嫌疑人的人身危险性应考虑如下因素:犯罪目的,悔罪态度,是否有自首、立功情节,是否积极退赃或赔偿,被害人过错程度,羁押期间是否遵守纪律等。

(三) 解除羁押后对刑事诉讼的阻碍程度

在对未成年犯罪嫌疑人进行羁押必要性审查时,除了涉嫌犯罪的事实和人身危险性外,解除羁押后对刑事诉讼的阻碍程度也是必须考虑的内容。因为随着诉讼进程的推进,控方掌握的证据日益充实,之前对未成年犯罪嫌疑人羁押的理由也会发生变化。例如,当初逮捕犯罪嫌疑人的理由是可能串供,那么在同案犯都被抓获后,串供的理由就不成立了。在考虑未成年人解除羁押后对刑事诉讼的阻碍程度时,可能判处的刑期,是否会威胁、打击证人,刑事诉讼的进展程度,未成年人的一贯表现,在本地是否有固定住所,是否具备家庭、学校、社会帮教条件,生活态度、人际交往、是否提供担保等内容是审查重点。

在实践中,大多数初犯、偶犯的未成年犯罪嫌疑人,其人身危险性并不大,甚至很多过失犯罪的未成年人在危害结果发生后立即将被害人送往医院救治或者积极赔偿取得被害人谅解。此时再对未成年犯罪嫌疑人羁押,不但徒增看守所的羁押量,而且对未成年人的身心发展有百害无一利。因此,构建未成年人羁押必要性审查机制迫在眉睫。

三、未成年人羁押必要性审查的程序构建

刑事诉讼法第 269 条规定,对未成年犯罪嫌疑人、被告人应当严格限制适用逮捕措施。人民检察院审查批准逮捕和人民法院决定逮捕,应当讯问未成年犯罪嫌疑人、被告人,听取辩护律师的意见。这些规定旨在构建以检察机关为审查主体,以主动审查为方式,确保未成年人、辩护律师充分参与的羁押必要性审查制度。

(一) 监所检察官是未成年人羁押必要性审查的主体

羁押必要性审查是随着刑事诉讼的发展进程而呈动态的、不断持续的过程,在侦查、公诉、审判期间都能胜任这一工作的非监所检察官莫属。有学者认为,羁押必要性审查需要检察院的侦监部门、公诉部门、监所部门分段共同负责,② 但要求公诉人在指控犯罪嫌疑人时又为其争取不被羁押的权利,显然不现实。所以,以监所检察官为主体审查未成年犯

---

① 林志毅:《关于捕后羁押必要性审查的几个理论问题》,载《烟台大学学报》(社会科学版) 2012 年第 4 期。

② 王希发:《羁押必要性审查的理性审视》,载《重庆广播电视大学学报》2012 年第 6 期。

罪嫌疑人的羁押必要性，不但具有现实性，而且具有可行性。

根据《人民检察院看守所检察办法》规定，驻看守所检察官必须和每一个刚进入看守所的被羁押人谈话，此时监所检察官就能够了解未成年犯罪嫌疑人的案由、悔罪态度、思想动态。多数未成年犯罪嫌疑人的律师与家属都会到看守所询问情况，监所检察官可以从中获悉未成年犯罪嫌疑人的家庭情况、一贯表现等内容。最重要的是，看守所的监控视频与监所检察官的计算机联网，监所检察官能够随时掌握未成年犯罪嫌疑人的举动，详细了解其在羁押期间的表现，进而结合诉讼进程准确衡量解除羁押后对社会的威胁程度。

（二）构建多方参与的羁押必要性风险评估机制

监所检察官在对未成年犯罪嫌疑人进行羁押必要性审查时，要综合各种因素进行风险评估；而确保利害关系人都能参与风险评估，则是程序公正的重要保障。未成年人羁押必要性审查涉及犯罪事实、人身危险性和解除羁押后对诉讼的阻碍程度，那么被害人、律师、未成年人家属、侦查人员、公诉人员、看守所干警、心理医生、学校教师等都应该参与到风险评估中，表达自己的意见，提出论证依据，确保风险评估公开公正。

（三）建立未成年人羁押必要性审查的定期复查机制

监所检察官主动对未成年被羁押人进行审查，是对未成年犯罪嫌疑人权利的重要保障。在对未成年犯罪嫌疑人羁押必要性审查中，前期逮捕必要性的复查和后期继续羁押必要性的动态监控都应是工作的重点。德国的羁押自动审查制度能够提供启示。在德国，如果被羁押人已经被羁押3个月，检察院、被羁押人本人或其法定代理人都可申请羁押期间的辩护人。如果被羁押人未要求指定辩护人，并且也未因不服羁押命令而提起法律救济，在羁押期满3个月后，法院应主动依职权进行羁押审查。在羁押期满6个月时，州高级法院或联邦最高法院需依照职权主动进行羁押审查。[①] 具体到我国，可授权监所检察官每3个月对未成年人的羁押必要性自动进行审查，切实保障未成年人的诉讼权利。

（四）建立未成年人羁押必要性审查的申诉制度

有权利必有救济是当代法律的基本原则，2012年刑事诉讼法赋予了未成年人羁押必要性审查的权利，但没有规定未成年人对羁押必要性审查的决定不服时的救济途径。2012年刑事诉讼法实施后，羁押必要性审查成为监所检察官的义务，如果监所检察官未如期对未成年被羁押人进行羁押必要性审查，被羁押人可向上一级检察机关申诉，请求上一级检察机关对相关情况作出处理。其次，被羁押人对监所检察官的羁押必要性审查的决定不服的，有权向检察机关提出异议。对异议裁定不服的，可以向上一级检察机关申诉。

结语

根据无罪推定原则，犯罪嫌疑人应当以不羁押为常态，羁押为例外，对未成年犯罪嫌疑人羁押尤其要慎重考虑。在对未成年人进行羁押必要性审查时，应以涉嫌犯罪事实、人

---

① 朝克图：《解析德国的刑事羁押制度——兼论中国审前羁押制度之程序控制》，载《前沿》2007年第2期。

身危险性、解除羁押后对诉讼的阻碍程度为考虑内容，建立以监所检察官为主体，公诉人、被害人、律师、心理医生等共同参与的风险评估制度，通过每3个月定期复查的方法，最大限度地保障未成年人的人身自由。在将来刑事诉讼法修改时，赋予未成年被羁押人对羁押必要性审查决定的申诉权意义重大。

（作者单位：安徽大学法学院）

中国海警海上刑事诉讼管辖研究

李佑标

学界对于海上刑事诉讼管辖问题的学术研究成果极为鲜见。经在中国知网检索，以"海上刑事诉讼管辖"为篇名检索到 0 篇，以"海上刑事司法管辖"为篇名检索到 2 篇。但是，发表时间均在 2013 年以前。2013 年 3 月，中国海警成立后，对于中国海警管辖海上刑事案件的论述散见于有关论文之中。同时，从中国海警管辖海上刑事案件 3 年多的实际运作来看，仍然存在着管辖依据缺失的问题。因此，研究中国海警海上刑事诉讼管辖问题不仅显得必要，而且更有紧迫之感。

一、海上刑事诉讼管辖问题的由来

中国海警海上刑事诉讼管辖是指中国海警直接受理管辖海域发生的刑事案件的范围。它是刑事诉讼侦查管辖的一种。由于我国长期奉行的陆疆管理体制，我国刑事诉讼法对于侦查管辖的规定基本上是按照陆地行政区域侦查机关的设置加以规定的。该法第 18 条第 1 款规定："刑事案件的侦查由公安机关进行，法律另有规定的除外。"而我国公安机关均是以陆地行政区划设置的，并未专门设立海上公安机关。因此，我们可以推断，对于中国海警管辖海上刑事案件这种特殊的侦查管辖问题，刑事诉讼法没有作出明确规定。但是，结合有关司法解释和其他有关规定，我们以中国海警成立为标志，且从管辖主体角度将海上刑事诉讼管辖的由来划分为以下两个阶段：

（一）双重主体管辖阶段

首先是公安边防部门。2007 年 9 月 17 日，最高人民法院、最高人民检察院、公安部发布了《关于办理海上发生的违法犯罪案件有关问题的通知》，该通知指出："在办理海上治安行政案件和刑事案件时，公安边防总队行使地（市）级人民政府公安机关的职权，海警支队行使县级人民政府公安机关的职权，海警大队行使公安派出所的职权，分别以自己名义作出决定和制作法律文书。"

2007 年 9 月 26 日，公安部发布了《公安机关海上执法工作规定》，自 2007 年 12 月 1 日起生效。该规定第 7 条将"对海上发生且属于公安机关管辖的刑事案件进行侦查"[①] 的职权赋予了公安机关内部机构——公安边防海警。第 4 条还明确规定："对发生在我国内水、领海、毗连区、专属经济区和大陆架违反公安行政管理法律、法规、规章的违法行为或者涉嫌犯罪的行为，由公安边防海警根据我国相关法律、法规、规章，行使管辖权。"

其次是海关缉私部门。海关法第 4 条规定："国家在海关总署设立专门侦查走私犯罪的

---

① 参见《公安机关海上执法工作规定》第 7 条第 1 款第 2 项。

公安机构，配备专职缉私警察，负责对其管辖的走私犯罪案件的侦查、拘留、执行逮捕、预审。海关侦查走私犯罪公安机构履行侦查、拘留、执行逮捕、预审职责，应当按照《中华人民共和国刑事诉讼法》的规定办理……"《公安机关办理刑事案件程序规定》第 27 条也规定："海关走私犯罪侦查机构管辖中华人民共和国海关关境内发生的涉税走私犯罪案件和发生在海关监管区内的非涉税走私犯罪案件。"

（二）单一主体管辖阶段

2013 年 3 月，国务院向第十二届全国人民代表大会第一次会议提交了《国务院机构改革和职能转变方案》，供参会全国人大代表审议。其中一项重要内容就是"重新组建国家海洋局，推进海上统一执法"。将原国家海洋局及中国海监、公安部边防海警、农业部中国渔政、海关总署海上缉私警察的队伍和职责整合，重新组建国家海洋局，由国土资源部管理。国家海洋局以中国海警局名义开展海上维权执法，接受公安部业务指导。2013 年 3 月 14 日，第十二届全国人民代表大会第一次会议通过了《关于国务院机构改革和职能转变方案的决定》。

2013 年 6 月 9 日，国务院办公厅发布了《关于印发国家海洋局主要职责内设机构和人员编制规定的通知》（国办发〔2013〕52 号），即"三定"方案。在国家海洋局的主要职责中有"管护海上边界，防范打击海上走私、偷渡、贩毒等违法犯罪活动"的字眼。从中我们可以推断，设定中国海警职责时是考虑了海上刑事诉讼管辖职权的。2014 年，中国海警局编写的《中国海警海上综合执法指南》在中国海警"执法任务"中则进一步表述为"防范打击海上走私、偷渡、贩毒等违法犯罪活动"，"侦办刑事案件"。[1] 2015 年 5 月 25 日，中国海警局在北京举行了挂牌以后的首场新闻发布会。中国海警局司令部法制处处长刘晓燕介绍了中国海警局的主要职责，在列举综合行使海上一系列执法任务时提到了海上刑事执法任务。[2]

但是，2015 年 7 月 20 日，中共国家海洋局党组第十七次会议通过了《关于全面推进依法行政加快建设法治海洋的决定》，该决定主要是针对海上行政执法而言的，没有明确海上刑事执法权限问题。同时，我们在中国裁判文书网上检索到一例孟某因在某海域盗吸海砂而构成的盗窃案。一审判决时间为 2016 年 4 月 12 日，在该判决书中，孟某于 2016 年 3 月 7 日"因涉嫌盗窃罪被河北省公安边防总队海警支队取保候审"。也就是说，时至 2016 年 3 月，中国海警机构仍然以所在沿海省（直辖市、自治区）的公安边防总队下属机构的名义办理刑事案件。[3]

由上可知，中国海警海上刑事诉讼管辖问题无论是在法律文本还是在海上刑事诉讼管辖实践中都存在着法律依据缺失的困惑与障碍。

---

① 中国海警局：《中国海警海上综合执法指南》，2014 年，第 1 页。

② 董冠洋：《中国海警局举行首场记者会　明确海上维权职责》，http://www.chinanews.com/gn/2015/05-25/73001.

③ 《孟某盗窃一审刑事判决书》，载中国裁判文书网，http://wenshu.court.gov.cn/content/content? DocID=ea603489-7d81-4596-886a-1210b1758e06&KeyWord.

二、中国海警海上刑事诉讼管辖的学术分歧

对于中国海警海上刑事诉讼管辖问题，学界一直在探讨，学者见仁见智，概括而言，主要有以下三种学术观点：

（一）肯定说

肯定说认为，中国海警既然已经经过全国人大批准成立，那么其机构就必然享有包括海上刑事案件管辖权在内的相应职权。例如，有论者认为，"中国海警局本质上仍是行政机关，没有军事性质，但具有刑事执法权"。"专职警察被植入部分部门行政机关之中。使部门行政机关获得了刑事执法权力是我国的立法和执法的实践。例如，我国的海关、林业、铁路、民航、司法行政等部门均配备有专职的警察。在海洋执法领域，海上缉私警察就是这样一个具备专职警察与行政执法权限的二元结构主体。国家海洋局将海上缉私和边防海警整合纳入，同样也就吸收了原来两个机构的刑事执法权，这将大大增加中国海警局的执法力度和执法权威。"① 这种观点认为，中国海警吸收了原公安部边防海警和海关总署海上缉私警察各自享有的对于特定海上刑事案件管辖权。再如，有学者认为机构或者名称的变化并不影响其原先享有的各项职权。"依据《中华人民共和国刑事诉讼法》和《中华人民共和国海关法》的规定，公安机关边防海警、海关总署海上缉私警察均是行使侦查权的主体，机构或者名称的变化并不影响法律上其仍为行使侦查权的合法主体。国家内部机构的调整，将其并入新成立的中国海警局，其侦查权由海警局继续行使。"②

（二）怀疑说

怀疑说认为，中国海警是一个全新的机构，其是否拥有刑事侦查职权应当由法律规范加以明确设定。早在中国海警局成立之初和"三定"方案起草之时，人们对于中国海警是否拥有刑事侦查权就有疑虑。针对《法制日报》记者提出国家海警局是否具有刑事执法权，国家海洋局新闻发言人石青峰表示，今后是否拥有刑事执法权还需要法律的明确。"在过去的海洋法律规定当中，国家海洋局是没有刑事执法权的，中国渔政也仅有行政执法权，而海关缉私警察和公安部边防海警都有刑事执法权。"③ 实务部门对于中国海警是否拥有侦查权的疑虑也影响到了学者们对此问题的探讨。例如，有论者认为，"刑事诉讼法并没有明确规定中国海警局是侦查机关。中国海警局如作为侦查机关而享有刑事执法权，其定位是承袭原公安部边防海警和海关缉私警察的'公安机关'的范畴，还是由法律专门创设一种独立的警种作为侦查机关，这些都有待进一步加强立法予以明确"。④ 也有论者在肯定中国海警享有刑事侦查权后也对其提出质疑。"公安边防海警依据《公安机关海上执法工作规定》

---

① 郭倩、张继平：《中美海洋管理机构的比较分析——以重组国家海洋局方案为视角》，载《上海行政学院学报》2014年第1期。

② 赵骞、李明杰：《试论中国海警的侦查权》，载高之国、贾宇主编：《海洋法前沿问题研究》，中国民主法制出版社2014年版，第272页。

③ 蔡岩红：《海警局是否有刑事执法权尚需明确》，载《法制日报》2013年3月21日第3版。

④ 刘圣榜：《中国海警海上执法存在的问题及其对策研究》，上海交通大学2014年硕士论文，第14页。

第4条规定而享有的刑事侦查权，中国海警也有权享有。但是，公安部的规章授予公安边防海警的刑事侦查权本身就不具有正当性，因为规章并不能作为授权的依据，也就是说原来的边防海警行使治安管理权没有法律依据，那么重组后的海警继续行使海上治安管理权也是于法无据，机构虽然并过来了，但是职权缺乏法律依据。"①

（三）否定说

否定说认为，整合后的中国海警由于没有法律的明确授权而丧失其对于海上刑事案件的管辖权。例如，有论者认为，"公安边防海警并入国家海洋局后，虽然对外以中国海警局名义执法，但因其已不属于公安部管辖的一支现役部队，其警察属性也将随之消失。这也就意味着中国海警局在海上执法时不能再行使警察权，也不能依据相关法律法规对海上违法行为实施治安和刑事处罚。公安边防海警并入国家海洋局后，就失去了海上的治安管理和刑事管辖权。而一旦没有了海上的治安管理和刑事管辖权，中国海警对海上发生的治安案件和刑事案件将无从进行处理，这使得中国海警的执法权限大大降低，不利于海上安全稳定的维护"。②

三、中国海警海上刑事诉讼管辖的学理探讨

中国海警是否应当享有海上刑事诉讼管辖权，这不是一个简单的事实问题，而应当是一个法律问题，更是一个法理问题。我们不同意上述肯定说，但支持怀疑说，并赞同否定说。

（一）海上侦查主体资格应当由法律设定

海上侦查主体资格是指某一组织对于海上发生的刑事案件依法享有侦查职权的法律资格。在我国，根据刑事诉讼法第18条规定，某一组织是否具有海上侦查主体资格应当由刑事诉讼法或者其他单行法律加以设定。这一点也可以在刑事诉讼法的其他条款中找到例证。例如，刑事诉讼法第3条规定："对刑事案件的侦查、拘留、执行逮捕、预审，由公安机关负责。……除法律特别规定的以外，其他任何机关、团体和个人都无权行使这些权力。"目前，由刑事诉讼法设定的侦查主体资格范围包括公安机关、国家安全机关、检察机关、军队保卫部门和监狱；由单行法律设定的侦查主体资格范围为海关侦查走私犯罪公安机构。因此，在设定包括海上侦查主体在内的侦查主体资格问题上刑事诉讼法一直遵循着绝对法律保留原则。即"该事项的设定权只归法律，任何其他国家机关不得行使，且只由法律行使，不得授权其他国家机关"。③ 2000年制定的立法法首次在我国法律文本中正式确立了绝对法律保留原则。根据该法第8条的规定，对于诉讼制度事项只能制定法律。2015年立法法修改时，上述事项属于法律保留事项未发生任何变化。

以法律保留原则作为衡量海上侦查主体资格的标准，问题就相对简单了。《国务院机构

---

① 裴兆斌：《海上执法体制解读与重构》，载《中国人民公安大学学报》（社会科学版）2016年第1期。
② 刘圣榜：《中国海警海上执法存在的问题及其对策研究》，上海交通大学2014年硕士论文，第15~16页。
③ 张浪：《论行政规定中法律保留原则的遵从》，载《河北法学》2009年第1期。

改革和职能转变方案》属于行政指导性质的规范性文件，《关于国务院机构改革和职能转变方案的决定》不具备法律公布的形式要件，《关于印发国家海洋局主要职责内设机构和人员编制规定的通知》则属于规范性文件。因此，上述规范性文本均不能作为中国海警拥有海上刑事诉讼管辖权的法律渊源。这也是上文所引案例中河北省海警支队以河北省公安边防总队海警支队实施刑事执法权的"不得已"原因所在。

《公安机关海上执法工作规定》是公安部颁发的部门规章，以部门规章的方式授权原公安边防海警办理海上刑事案件确有违反立法法第 8 条之嫌。同时，中国海警与公安部的关系是业务指导关系。有论者认为，"新成立的国家海洋局以中国海警局的名义开展海上维权执法，在办理公共安全和刑事侦查等方面的海洋事务时接受公安部的业务指导"。[①] 有论者认为，"中国海警接受公安部的业务指导，具有警察的属性"。[②] 但是，业务指导关系不应当被解读为赋予了中国海警享有公安机关的警察权。因为无论如何，我们从字面上解读不出上述内涵。

根据海关法规定，海关总署海上缉私警察享有办理海上走私犯罪案件侦查的职权。但是，海关法赋予海关走私犯罪侦查机构的侦查职权能否为整合后的中国海警所继续享有，同样应当有法律作为依据。中国海警与原海关总署缉私警察在性质上存在着较大差别，不应当将二者简单地加以等同。"随着国家海洋局的职能调整和海警局的组建，内海、领海等近海水域发生的走私违法犯罪案件的管辖权移交给了新成立的海警局，海关的海上缉私职能只保留了对界河、界湖、内河等水域发生的走私案件的管辖权。今后，海关将不再拥有传统意义上的海上缉私职能，对于保留下来的少数海关的海缉机构，其名称也应作相应调整，职能也只限于内河、河界、湖界等水域的案件管辖。"[③] 因此，中国海警能否适用海关法也应当适用法律保留原则。

（二）域外有关海警机构立法的经验借鉴

我国在推进海上综合执法体制改革时并没有遵循先立法后实施的路径，"中国海警局的成立没有成形的组织法规范，也没有直接依据法律而作出机构的整合"。[④] 相反，域外其他国家和地区却非常重视由法律赋予海警机构海上侦查主体的资格。

海岸警卫队是美国主要的海上执法力量。根据 2000 年美国海关法第 14 章第 89 节 [14USCS § 89（2000）] 的规定，海岸警卫队可以在公海及美国管辖海域中进行询问、审查、检查、搜查、扣押和逮捕，从而预防、侦查、抑制违反美国法律的行为。[⑤]

海上保安厅是日本主要的海上执法机构。日本海上保安厅法第 31 条规定："针对海上犯罪，海上保安厅人员和保安厅辅助人员由日本海上保安厅指挥官指定，按照刑事诉讼法的要求履行司法警察的职责。"2012 年 8 月 29 日，日本国会参议院全体会议表决通过《海

---

① 裴兆斌：《海上执法体制解读与重构》，载《中国人民公安大学学报》（社会科学版）2016 年第 1 期。

② 裴兆斌：《海上执法体制解读与重构》，载《中国人民公安大学学报》（社会科学版）2016 年第 1 期。

③ 佚名：《认真贯彻国家海上执法职能整合新政策　积极推进珠江口水上缉私工作科学发展》，http://www.jisi.gov.cn/News/fzslt/201401/20140102162244_10529.html.

④ 戴瑛：《反思与超越：中国海警主体地位法律缺失与建构》，载中国海警研究中心：《首届中国海警建设与发展论坛论文集》，2015 年，第 56 页。

⑤ 傅崐成编译：《美国海岸警卫队海上执法的技术规范》，中国民主法制出版社 2013 年版，第 3 页。

上保安厅法修正案》，赋予海上保安官对"非法"登上日本离岛人员实施逮捕的权限，并公布海上保安官可以行使警察权的离岛名单。①

"海岸巡防署"是我国台湾地区主要的海上执法组织。根据"海岸巡防法"第4条、第10条之规定，巡防机关掌理的事项中包括"海域、海岸、河口与非通商口岸之查缉走私、防止非法入出国、执行通商口岸人员之安全检查及其它犯罪调查事项"。巡防机关人员执行上述"犯罪调查职务时，视同刑事诉讼法第231条之司法警察"。

四、中国海警海上刑事诉讼管辖的立法路径

"至少目前仍未有任何一部法律对中国海警的执法主体资格及其职责权限等加以明确规定，这既不符合现代法治的基本要义，同时也不利于中国海警开展海上执法、维护国家海洋权益。"② 遵循法律保留原则，解决中国海警海上刑事诉讼管辖问题的立法模式主要有以下三种：

（一）附属立法模式

建议在制定有关单行法律时对中国海警海上刑事诉讼管辖问题加以规定。因为根据刑事诉讼法第18条规定，刑事案件由公安机关立案侦查，法律另有规定除外。因此，将来全国人大或者全国人大常委会在制定海洋基本法或海警法时可以在其中就中国海警海上刑事诉讼管辖问题作出规定。

（二）主体立法模式

建议再修改刑事诉讼法时对中国海警海上刑事诉讼管辖问题加以规定。目前，海警法并没有纳入国家立法机关的立法计划。根据《十二届全国人大常委会的立法规划》，关于中国海警海上刑事诉讼管辖问题的法律有可能为海洋基本法。该法被列入了"第二类项目：需要抓紧工作、条件成熟时提请审议的法律草案"，起草单位为国务院。同时，根据《国务院2016年立法工作计划》，海洋基本法列入了"研究项目"，具体由国家海洋局负责起草。因此，海洋基本法、海警法一时难以出台，在此情况下，也可以考虑再修改刑事诉讼法时对于中国海警海上刑事诉讼管辖问题作出规定。具体的方案可以有以下两种选择：一是在"总则"中单列一条加以规定，即"中国海警依照法律规定，办理管辖海域发生的刑事案件，行使与公安机关相同的职权"。其理由是目前国家安全机关的职权设定即为此模式。二是在"附则"中增加两款加以规定，即"中国海警对于管辖海域发生的刑事案件行使侦查权"，"中国海警办理刑事案件适用本法的有关规定。"其理由是目前"军队保卫部门对军队内部发生的刑事案件行使侦查权"和"对罪犯在监狱内犯罪的案件由监狱进行侦查"均是在"附则"中加以规定的。我们认为后一种方案更为可行。其理由是中国海警局目前是隶属于国土资源部的下属机构，而国家安全部则是国务院的组成部门，二者不具有可比性，因而不宜选择上述第一种方案。

---

① 吴谷丰：《日本参议院通过海上保安厅法修正案》，载《新华每日电讯》2012年8月30日第8版。

② 陈岩、王甲：《进一步明确中国海警执法主体地位》，载《人民法治》2015年第6期。

（三）专门立法模式

建议由全国人大常委会对中国海警海上刑事诉讼管辖问题作出专门规定。可借鉴 1983 年 9 月和 1993 年 12 月第六届和第八届全国人大常委会作出的《关于国家安全机关行使公安机关的侦查、拘留、预审和执行逮捕的职权的决定》和《关于中国人民解放军保卫部门对军队内部发生的刑事案件行使公安机关的侦查、拘留、预审和执行逮捕的职权的决定》，由全国人大常委会作出《关于中国海警对于管辖海域发生的刑事案件行使公安机关的侦查、拘留、预审和执行逮捕的职权的决定》。[1]

（作者单位：中国人民武装警察部队学院）

---

[1] 1983 年国家安全部成立，1983 年 9 月 2 日第六届全国人民代表大会常务委员会第二次会议通过了《关于国家安全机关行使公安机关的侦查、拘留、预审和执行逮捕的职权的决定》，其规定："第六届全国人民代表大会第一次会议决定设立的国家安全机关，承担原由公安机关主管的间谍、特务案件的侦查工作，是国家公安机关的性质，因而国家安全机关可以行使宪法和法律规定的公安机关的侦查、拘留、预审和执行逮捕的职权。"1993 年 12 月 29 日第八届全国人民代表大会常务委员会第五次会议通过了《关于中国人民解放军保卫部门对军队内部发生的刑事案件行使公安机关的侦查、拘留、预审和执行逮捕的职权的决定》，其规定："中国人民解放军保卫部门承担军队内部发生的刑事案件的侦查工作，同公安机关对刑事案件的侦查工作性质是相同的，因此，军队保卫部门对军队内部发生的刑事案件，可以行使宪法和法律规定的公安机关的侦查、拘留、预审和执行逮捕的职权。"

审判阶段补充侦查的理论障碍与应然模式

李 辞

补充侦查是指侦查机关、检察机关在既有的侦查成果基础上，对证据不充分或者证据存疑的案件补充实施侦查措施的诉讼活动。我国早在 1979 年刑事诉讼法中即规定了补充侦查制度。根据现行刑事诉讼法，我国的刑事诉讼程序中存在三种模式的补充侦查：一是在公安机关对犯罪嫌疑人提请批准逮捕时，检察机关对公安机关报请批捕的证据材料存有疑义的，应当通知公安机关对案件进行补充侦查；二是在案件移送审查起诉后，检察机关在对案件进行审查的过程中认为需要补充侦查的，可以退回公安机关进行补充侦查或者自行侦查；三是在法庭审判过程中，公诉人认为需要对案件进行补充侦查的，可建议法庭延期审理，进而实施补充侦查。① 这三种补充侦查模式的共同点在于：补充侦查都是由检察机关决定启动的。在审查逮捕阶段与审查起诉阶段，检察机关作为诉讼程序的主导者，由其决定补充侦查理论上并无不当。然而，检察机关将案件诉至法院之后，是否还应当允许其通过补充侦查的方式影响审判，换言之，控方能否单方面作出导致审判中断的决定，则值得做一番探讨。

一、补充侦查的立法目的

域外法制对补充侦查的规定大同小异。一般而言，在检察官提起公诉之后，法院正式受理案件之前的预审程序中，预审法官或者检察官认为案件证据不足的，检察官可以通过补充侦查的方式获取证据。而在法院正式开启审判程序后，任何国家的立法都禁止检察官自行决定补充侦查。各国对补充侦查的功能定位十分明确，在公诉审查制之下，起诉审查与法庭审理在诉讼证明上被分为前后承继的两个阶段，两个阶段对犯罪嫌疑的证明程度要求也被划分为两个层次：第一层次是开启审判之"足够的犯罪嫌疑"；第二层次为有罪判决之"排除合理怀疑"。在预审程序中，预审法庭的职能便是将未达到开启审判程序之证明标准的案件拦截于正式的审判程序之外，检察官对案件的补充侦查也只能在这个程序中进行。

既然域外法制都禁止控方在审判阶段实施补充侦查，我国立法何以作出与众不同的规定？这要从我国刑事诉讼立法的基本出发点谈起。长期以来，我国的刑事诉讼都是在一种"犯罪控制模式"下运行的，刑事诉讼的主要功能即为打击与控制犯罪。犯罪控制模式最重视的价值在于程序的效率，该模式认为那些对控制犯罪而言效率低下的程序机制，无论对社会还是公民个人，都是弊大于利的。② 尽管 2012 年刑事诉讼法的修订吸收了诸多彰显程

---

① 在我国当前的刑事审判活动中，只要公诉人认为需要对案件补充侦查，并提出延期审理的建议，那么合议庭就必然会宣布延期审理，辩方在这一事项上几乎不享有任何对抗性权利。

② 参见李心鉴著：《刑事诉讼构造论》，中国政法大学出版社 1992 年版，第 25～26 页。

— 592 —

序正义的因素，但立法并未改变"重实体、轻程序"的整体思路。现行刑事诉讼法第 2 条规定："中华人民共和国刑事诉讼法的任务，是保证准确、及时地查明犯罪事实，正确应用法律，惩罚犯罪分子，保障无罪的人不受刑事追究，教育公民自觉遵守法律，积极同犯罪行为作斗争，维护社会主义法制，尊重和保障人权，保护公民的人身权利、财产权利、民主权利和其他权利，保障社会主义建设事业的顺利进行。"刑事诉讼法将"准确、及时地查明犯罪事实"置于刑事诉讼法任务的首要位置，足见立法对打击犯罪的任务格外重视。在立法机关看来，"刑事诉讼的首要任务就是对发现的犯罪行为或者犯罪嫌疑人，人民法院、人民检察院和公安机关依照法律程序收集、调取证据，查出犯罪嫌疑人，查清犯罪事实"。[1]并且"准确"是核心，是"及时"的前提，"如果搞错了，再及时也是没有意义的，及时应当建立在准确的基础上。"[2] 因此，无论在什么时候，只要发现案件可能存在问题，进而危及实体正义价值的实现，追诉机关就应当及时、准确地查明事实。在这种"重打击、轻程序"的诉讼理念下，即便是到了审判阶段，只要检察机关认为案件存在疑点，仍然可以启动补充侦查程序，对案件事实做进一步查证。

在立法机关看来，由于刑事诉讼是处于不断发展、变化的状态之中，案件事实的查明也处于不断深入的状态之中。在刑事诉讼的审前阶段，无论是公安机关的侦查活动还是检察机关的审查起诉活动，都存在一定的封闭性与单方性，辩方在审前阶段辩护权的行使远不如审判阶段那般充分。尽管我国的审查起诉程序已然存在一个"三方构造"——侦查机关为控诉方，犯罪嫌疑人及其辩护人被视作辩方，承担审查起诉职能的检察官居中裁判，在审查起诉阶段，刑事诉讼法虽然规定了检察机关在审查案件时，应当讯问犯罪嫌疑人，听取辩护人意见，然而基于对检察机关的不信任，抑或是出于辩护策略的考虑，在审查起诉阶段，辩护律师即使掌握了有利于犯罪嫌疑人的证据，或者发现了侦查的漏洞，往往也不会向检察机关提出，而是将这些证据与辩护意见留待庭审时的"秘密武器"。而到了审判阶段，一方面案件的查明又经历了一定的时间，案情一般会更加明朗；另一方面审判阶段的控辩对抗也更为直接、充分，因而检察机关在审判阶段对案件事实的查证能力也必然要高于审查起诉阶段。因此，在审判阶段，允许检察机关通过补充侦查的手段补充诉讼证据，也符合认识规律的要求。

二、审判阶段补充侦查的理论障碍

允许检察官在审判阶段进行补充侦查，在某些情况下或许有助于实体正义的实现，但这种对实体正义的追求方式却存在诸多理论上的障碍，与程序正义的价值理念相抵触。正因为如此，域外刑事诉讼立法普遍禁止检察官在审判阶段进行补充侦查。

（一）控方在审判阶段的补充侦查违背了控辩平等原则

基于我国当前刑事诉讼法及相关司法解释的规定，审判阶段补充侦查最大的理论问题就在于背离了控辩平等原则的基本要求。首先，允许控方在审判阶段继续享有调查取证权

---

[1] 全国人大常委会法制工作委员会编：《〈中华人民共和国刑事诉讼法〉释义》，法律出版社 2012 年版，第 3 页。
[2] 全国人大常委会法制工作委员会编：《〈中华人民共和国刑事诉讼法〉释义》，法律出版社 2012 年版，第 4 页。

对辩方明显不利。在当前立法下，辩方在审判阶段想要继续调查取证的权利，可以依照刑事诉讼法第 198 条第 1 项"通知新的证人到庭，调取新的物证，重新鉴定或者勘验"之规定申请法院延期审理。从表面上看，在审判阶段调查取证权之有无的问题上，立法并未给予控辩双方差别待遇。然而，控辩平等原则并不是要对控方与辩方给予同等待遇，同等待遇只是控辩双方地位平等的一种体现。在刑事诉讼中，要实现实质上的控辩平等，就要对控辩双方进行"平等武装"。[①] 控方的调查取证有国家力量作支撑，而辩方的调查取证则基本依靠其个人能力，在取证能力方面，控方相对于辩方而言的优势显然难以消弭。因此，要真正实现控辩双方的平等武装，就必须给予控辩双方一定的"差别待遇"，宜考虑禁止控方在审判阶段实施补充侦查，[②] 而允许辩方继续进行调查取证，正如刑事诉讼法规定辩方有权查阅控方卷宗，而未赋予控方同等待遇一般。只要控方在起诉后能够继续进行侦查，审判阶段的控辩平等终难实现。

除了取证能力上的差异，就审判阶段申请延期审理的难易程度而言，控方相对于辩方而言同样具有绝对的优势。在司法实践中，辩方提出调查取证的申请需要提供证人的姓名、证据的存放地点，说明拟证明的案件事实，要求重新鉴定或者勘验的理由等，而控方的补充侦查申请则无须附任何理由。同时，尽管刑事诉讼法第 198 条赋予了合议庭对检察机关以需要补充侦查为由提出的延期审理建议的裁判权，但最高人民法院《关于适用〈中华人民共和国刑事诉讼法〉的解释》第 223 条明确规定，公诉人建议延期审理的，合议庭"应当同意"。据此，对于控方以补充侦查为由要求延期审理的申请，法庭都应当同意，至于辩方提出延期审理的请求，合议庭根据情势可以允许，也可以拒绝辩方延期审理的要求。

实际上，不论法庭对控辩双方延期审理的申请持什么态度，在审判阶段，控方的补充侦查势必都会造成一定程度的"突袭审判"。根据《人民检察院刑事诉讼规则（试行）》第 456 条第 2 款的规定，在法庭审理过程中，公诉人可以补充侦查两次，每次补充侦查的时间上限为 1 个月。因此，补充侦查实际上是在辩方没有防备的情况下，为控方提供了两次新的进攻机会。更为严重的是，补充侦查的实质效果是对之前的审判推倒重来，在控方完成补充侦查，法庭审理恢复后，辩方在之前庭审活动中的辩护成果可能付诸东流。这就如同在足球比赛中，一方进球后，对方球队有权宣布比赛重新开始一般。

（二）审判阶段的补充侦查造成控诉职能与审判职能间的龃龉

控诉职能与审判职能的分离是现代刑事诉讼区别于纠问式诉讼模式的一个基本特征。在纠问制度之下，纠问法官同时承担控诉犯罪与案件审判双重诉讼职能，而被告人则被视为审判活动的对象，并不像今天的刑事被告人一般享有当事人的诉讼地位。在现代检察官制度产生之后，检察官分担了既往纠问法官行使的控诉职能，而法官得以从追诉者与裁判者的角色矛盾中脱身，以中立裁判官的身份主持刑事审判程序，从而形成现代刑事审判程序中控辩审三方的职能分离。诉讼职能的分离并非仅仅意味着控诉职能、辩护职能与审判职能由不同主体行使，这只是诉讼职能分离的外在形式。要实现真正意义上的职能分离，

---

① 参见顾永忠、苑宁宁：《关于控辩平等若干问题的思考》，载《河南社会科学》2012 年第 2 期。

② 当然，如果控方所申请的补充侦查显然有利于被告人，则不在禁止之列。

控辩审任何一方都不得协助其他诉讼主体实现其诉讼职能。[①] 在我国的刑事审判中，控审分离是形成控辩审三方诉讼职能分离的基本保障。这是因为我国的公诉人与审判人员都是国家司法机关的代表，控诉与审判职能的行使实质上便是国家司法权的行使。控诉职能与审判职能是否被合理区分，关系到国家司法权的行使与公民私人利益之实现间的衡平。[②] 允许控方通过单方意思表示启动补充侦查，造成诉讼程序的中止，则具有明显的裁判性质，而法庭对控方以补充侦查为由提出的延期审理要求都需要满足，实际上便是在协助控方进行追诉，从而造成控诉职能与审判职能间的混沌。

（三）审判阶段的补充侦查破坏了集中审理原则

法庭审判区别于其他诉讼活动的一个重要标志就在于审判的集中性。陈瑞华教授指出，法庭审判的集中性表现在三个方面："一是审判在相对集中的时间内连续不断地进行；二是审判在法庭这一集中的场所内进行；三是审判在控辩双方与法官共同参与下通过某种相对正式的程序进行。"[③] 古今中外的诉讼制度无不以法庭审判为核心，这种核心的第一要义就在于审判的集中性。检察官在审判阶段对案件进行补充侦查，自然导致了法庭审判的间断。在补充侦查完毕，恢复法庭审理之后，所有参与审判阶段的合议庭组成人员、证人、鉴定人、被害人以及控辩双方都需要从近 1 个月的审判中断期间中回到审判阶段，审判的效果势必受到影响。同时，审判程序的诉讼参与人以及与审判结果存在利害关系的利益相关方不得不再次回到审判程序当中，由此产生的交通费、误工费等消耗也因控方在审判阶段的补充侦查而增加。可见，审判阶段的补充侦查对集中审理原则的破坏也不利于诉讼经济。

（四）审判阶段的补充侦查牺牲了"诉讼及时"的价值

诉讼及时原则是指"诉讼活动，包括审前活动和审判活动，都应当不拖延地进行的一项诉讼原则。"[④] 贝卡利亚在其著述《论犯罪与刑罚》中立场鲜明地指出："惩罚犯罪的刑罚越是迅速和及时，就越是公正和有益。"[⑤] 贝卡利亚认为，迅速的审理与判决具有两方面价值：一是保障人权的价值，"因为审判的不适当延长会使被告人、被害人的利益得不到适当的关注"；[⑥] 二是实现刑罚的一般预防功能，因为"犯罪与刑罚之间的时间隔得越短，在人们心中，犯罪与刑罚这两个概念的联系就越突出、越持续，因而，人们就很自然地把犯罪看作起因，把刑罚看作不可缺少的必然结果"。[⑦] 控方在审判阶段进行补充侦查，不仅造成了诉讼的拖延，在某些情况下也不利于案件真相的查明。因为审判的不正当拖延，不可避免地会造成证据灭失、证人记忆力下降等情况的发生，从而使得案件的某些证据难以得到查明，抑或是证据证明力的下降。从这个角度上看，补充侦查的目的——"查明案件真

---

① 当然，在我国的刑事诉讼中，无论是作为控方的检察官还是法官，都有义务为辩方诉讼权利的行使提供帮助。这是基于我国职权主义诉讼构造下辩方处于明显弱势地位的现实衡平，控方与裁判方为辩方提供一定的"诉讼关照"，是为了维持控辩平等的基本构造，使得辩方有能力与控方进行平等的对抗。

② 参见陈瑞华著：《刑事审判原理论》，北京大学出版社 2003 年版，第 205 页。

③ 陈瑞华著：《刑事审判原理论》，北京大学出版社 2003 年版，第 11 页。

④ 宋英辉主编：《刑事诉讼原理》，法律出版社 2007 年版，第 138～139 页。

⑤ ［意］贝卡利亚著：《论犯罪与刑罚》，黄风译，中国法制出版社 2005 年版，第 69 页。

⑥ 陈瑞华著：《刑事审判原理论》，北京大学出版社 2003 年版，第 64 页。

⑦ ［意］贝卡利亚著：《论犯罪与刑罚》，黄风译，中国法制出版社 2005 年版，第 70 页。

相"也会受到审判中断的影响。可见，补充侦查制度的初衷往往正是因为其对诉讼及时原则的破坏而无法实现。

（五）审判阶段的补充侦查令诉讼期间形同虚设

刑事诉讼中的期间是刑事诉讼主体进行相应的诉讼活动所应遵守的时间限制。根据刑事诉讼法的规定，对于一般刑事案件，检察机关的审查起诉期限为 1 个月，对于"重大、复杂"或者具备某些情形的刑事案件，审查起诉期限可以相应延长。在此期限内，承担审查起诉职能的检察官应当查明犯罪嫌疑人的犯罪事实、情节是否清楚；指控犯罪的证据材料是否确实、充分；犯罪性质和罪名的认定是否正确；有无遗漏罪行和其他应当追究刑事责任的人；等等。检察机关对上述公诉事实的查明，应当在审查起诉期间内完成，期间经过无法查清的，就应当作出相应的不起诉决定终止诉讼程序。立法允许检察机关在审判阶段补充侦查，大大降低了诉讼期间对检察机关审查起诉活动的约束力。因为既然检察机关到了案件的审判阶段还能够补充侦查，对于那些审查起诉期已过，检察机关仍然认为证据不足的案件，仍然可以诉至法院，等到审判阶段，再利用"补充侦查"的条款继续其"未尽的审查起诉事业"。从法院的角度出发，法院之所以对检察机关的补充侦查建议持支持甚至纵容态度，一方面固然是基于"司法共同体"间的"同气连枝"；另一方面，检察机关补充侦查造成的延期审理客观上也为法院的审判活动挣得了额外的诉讼期间，法院自然"乐见其成"。

三、审判阶段"补充侦查"的应然模式——法院依职权调查模式

上文论述了控方在审判阶段实施补充侦查的理论问题，一个显见的结论即是应当禁止公诉人在起诉后的补充侦查行为。然而，明知证据可能存在重大违误而不予纠正，刑事诉讼的外在价值——实体正义也将受到冲击。并且，要废除检察机关在审判阶段的补充侦查权，势必会遭遇检察机关国家法律监督机关地位的挑战。在审判程序中，一旦合议庭拒绝公诉人的补充侦查申请，公诉人则可能在法庭作出裁判后以原审裁判"确有错误"为由提起抗诉，进而引发再审程序的启动。根据法院内部的考评制度，检察机关二审抗诉的提起直接影响一审法院以及合议庭组成人员的考评绩效。有鉴于此，废除控方在审判阶段的补充侦查权显然具有较大的实践困难。罗科信教授认为，诉讼主导权转移至法院是起诉的必然效力。[①] 那么，诉讼进行到审判阶段，如果确有调查取证之必要，也应当由法院依职权进行调查，而控辩双方皆享有申请法院进行职权调查的权利。如此设计既避免了重大实体错误的发生，又缓解了来自检察机关的压力。

我国当前立法对法院的职权调查行为也持支持态度。刑事诉讼法第 191 条第 1 款规定："法庭审理过程中，合议庭对证据有疑问的，可以宣布休庭，对证据进行调查核实。"可见，法庭的职权调查并不以控辩双方的申请为前提。近年来的诉讼制度改革以及刑事诉讼法的修订在刑事审判程序中吸收了诸多当事人主义对抗式诉讼的因素，但我国刑事审判的职权主义色彩并未完全去除。法官能否主动参与案情的调查活动，是区分职权主义审判与当事

---

① 参见［德］克劳思·罗科信著：《刑事诉讼法》，吴丽琪译，法律出版社 2003 年版，第 365 页。

人主义审判程序中法官角色最本质的特征。在当事人主义诉讼构造下，法官的主要职能在于维持审判程序的理性运行，法官通过对证据规则的运用，使得控辩双方的举证、质证活动在程序架设的框架内进行，阻止控辩双方违反证据规则进行举证、质证，确保陪审团不受非法证据和违法程序的"污染"。至于关涉被告人定罪的实质性事项，法官不能主动进行调查取证，这一点在英美陪审团审判中尤为明显。在职权主义审判程序中，法官负有程序维护与实体查明的双重权责，是名副其实的"审判主人"。在审判程序中，控方任何程序性权利的行使都必须以申请的方式向法庭提出，正如证人、鉴定人出庭需要向法庭申请一般，控方在审判阶段的证据调查活动也应当通过申请的方式向法庭提出，而不得自行通过"补充侦查"的方式实施证据调查。[①]

　　需要指出的是，在我国当前的刑事审判中，法官的庭外调查并非毫无弊病。在实践中，法官的庭外调查活动通常都是为了调取有利于对被告人定罪的证据。当前我国刑事法官的职权调查活动契合职权主义的特征，而当辩方提出有利于被告人的程序性辩护时，法官又奉行当事人主义的理念，对辩方提出证明程度上的要求。[②] 基于此，笔者建议，法院的调查活动只能是有利于被告人的。检察官证明不力，将承担败诉的后果。此所谓"举证之所在，败诉之所在"。而基于"疑罪从无"的精神，认为控方证据不足，法官就应当判决宣布被告人无罪，而不应主动进行调查取证。否则，法官的职权调查活动岂非异化为协助控方进行的"补充侦查"？

　　那么，既然法院只会为被告人利益进行职权调查，控方在审判阶段的职权调查申请自然也无法对被告人造成不利益。从证明理论上看，对被告人犯罪嫌疑的证明是控方在提起公诉之前就需要完成的。在提起公诉之前的审查起诉期间经过后，控方认为指控犯罪证据不足的，就应当作出证据不足不起诉的决定，进而产生"一事不再理"的效力。检察机关一旦正式提起公诉，经过法庭审理又认为被告人有罪的证据不足的，应当基于其客观义务作出撤回起诉的决定，或者建议法院宣告被告人无罪。

　　当然，法院的审判活动毕竟是行使司法权的行为，与主动干预社会活动的行政权不同，审判权具有"不告不理"的被动性。审判权之所以具有被动性，是因为一旦法官主动进行审判，那么审判的中立就难以保障了。破除纠问制度，并不仅仅是为了形成控诉职能与裁判职能的分离，纠问制度最大的弊端在于法官主动发起审判，造成了被告人地位的客体化。由于法院主动调查取证毕竟有违审判被动的要求，如果是出于对被告人权益的维护，那么尚可谓是以牺牲审判权的被动性为代价维护了被告人的利益，而那些为了对被告人定罪而进行的职权调查，则是以牺牲程序正义为代价而对实体正义的恣意苛求。当然，在被告人故意造成的实体错误的情况下，如被告人谎报年龄、威胁证人作伪证等，法院的职权调查则不受"惟利被告"原则的束缚。

----

　　① 当然，控方基于客观义务进行有利于被告人的调查活动则不需禁止。但控方即便基于此目的，亦不得自行启动"补充侦查"程序。
　　② 参见陈瑞华著：《问题与主义之间——刑事诉讼基本问题研究》，中国人民大学出版社 2008 年版，第 370～371 页。

四、结语

刑事侦查活动是在有限的时空范围内，利用有限的资源对案件进行的调查，出现实体错误在所难免。其实，即便允许追诉机关进行无休止的补充侦查，也无法实现绝对意义上的实体真实，所谓"补充侦查有利于实体正义"的论断无非是在"用结论倒推过程"。允许检察机关在审判阶段进行补充侦查，显然是把追诉方的"纠错"职能延伸到审判阶段，这与我国刑事诉讼追求"客观真实"，坚持"有错必纠"的传统一脉相承。在这种"重实体、轻程序"的理念下，我国的补充侦查程序实际上是一种对公民的重复追诉行为，使得我国的被告人所面临的不仅仅是"双重危险"，而是来自检察机关的"多重危险"。焉知所谓"客观真实"、"有错必纠"，不过是完美主义认识论构建的一个"乌托邦"，而这种对实体公正的恣意苛求，却使被告人异化成为刑事诉讼的客体，实实在在地牺牲了程序的正义。

（作者单位：福州大学法学院）

从薄熙来案看被追诉人享有阅卷权的必要性及程序设计

梁玉霞　岳　静

一、从薄熙来自我辩护引申出被追诉人阅卷权问题

2013 年 9 月 22 日，中央政治局原委员与重庆市原市委书记薄熙来涉嫌受贿、贪污、滥用职权一案开庭审理。从公开的庭审情况看，薄熙来充分行使了自我辩护权。在庭审过程中，薄熙来本人对公诉机关指控的犯罪事实进行了充分辩解，向出庭作证的多名证人进行了数十次的交叉询问、反复对质，对有关证据详细质证，发表了长达 90 分钟的自行辩护意见，充分进行了最后陈述。[①] 过去某些大案的审判，多是走过场，被告人的辩护权并没有切实得到保障，庭审的表现实际上同庭下的交锋并无差异，甚至更为平淡乏味。但薄案的庭审则是一次彰显了中国追求司法公正与程序正义的公开审判。薄出色的辩护表现正是基于其对指控证据事实的知悉，而这些证据除少数可能是由辩护律师收集的，基本上要靠侦查取证所得。[②] 因而，如果薄没有充分阅卷的话，很难通晓所有证据事实，作出如此富有针对性的辩护。但鉴于薄的特殊身份，以及特殊的环境和特殊的背景，这种阅卷权实际上是一种特殊的待遇。在我国，被追诉人阅卷并非常态，薄案引出了笔者对被追诉人阅卷权的关注和思考。

二、我国被追诉人阅卷权的缺失

（一）立法未明确被追诉人的阅卷权

我国刑事诉讼法对被追诉人的诉讼权利进行过几次修改，从最初辩护律师只享有了解诉讼文书、技术性鉴定材料的权利到律师自移送审查起诉之日起便可查阅、摘抄、复制案件的所有卷宗材料，律师阅卷权得到法律的明文肯定，"阅卷难"的问题也在一定程度上得到缓解。但现行刑事诉讼法并未明确规定被追诉人的阅卷权问题。2012 年修改后的刑事诉讼法第 37 条规定，辩护律师会见在押的犯罪嫌疑人、被告人，可以了解案件有关情况，提供法律咨询等；自案件移送审查起诉之日起，可以向犯罪嫌疑人、被告人核实有关证据。此项规定在律师界引起了热议。在律师们看来，刑事诉讼法既然允许辩护律师向嫌疑人、

[①] 赵秉志：《薄熙来案件审判的法理问题研究（上）》，载《法学杂志》2014 年第 3 期。
[②] 陈瑞华：《刑事辩护的中国经验——陈瑞华教授演讲实录》，载《东南法学》2013 年第 5 期。

被告人核实证据，就必然意味着律师可以携带全部案件材料进入看守所。① 但是，这种表述的暧昧不清也使得上述理解只是律师们的一家之言，在司法人员眼中，这一规定充其量只是使得律师有权利向被追诉人核实有争议的部分案件事实，而非给予其核实全部案卷事实的权利。立法者也仅仅阐述了这一规定对实现被追诉人辩护权的意义，但未明确说明律师是否可以向被追诉人核实全部证据，或者核实的方式到底是怎样的。职是之故，有关这一规定的理解和操作将面临极大的争议。

（二）司法中被追诉人几乎不享有阅卷权

立法上的暧昧不清投射到司法层面，即导致了司法实践中除了薄案这种极其特殊的案件外，被告人能够进行阅卷，并针对指控的事实证据作出有针对性的自我辩护的情况几乎不存在。被追诉人阅卷权缺失的原因，一方面是由于立法的缺位，被追诉人并未得到法律的授权，并且也没有具体程序可供遵循，司法操作存在风险；另一方面则是司法机关对被追诉人本人阅卷存在制度性担忧。辩护律师是受过法律训练的专业人士，具备较高的法律素养以及丰富的办案经验，即便如此，其阅卷权长期以来都难以得到保障，更何况是一直以来被"有罪推定"的被追诉人进行阅卷。司法机关对被追诉人"言词证据提供者"的定位，使其认为被追诉人阅卷存在许多风险，如撕毁案卷材料，毁灭、伪造证据，对证人、鉴定人进行打击报复，根据其他案卷事实避重就轻，进行翻供、串供等。事实上，正如陈瑞华教授所言，被追诉人庭前了解的控方证据材料越多，就越有可能推翻原来的有罪供述，这确实是一个不争的事实。②

三、被追诉人享有阅卷权的必要性

（一）是被追诉人辩护权的必要配置

被追诉人在诉讼过程中享有充分的辩护权，是我国宪法与刑事诉讼法的双重保障。有效的辩护能够对控方提出的指控进行有针对性的反驳，这是保障控辩平衡、实现司法公正的必然要求。要实现被追诉人的有效辩护，阅卷权是必要配置。

首先，辩护权的表现是质证权，质证权的基础是阅卷权。如果没有进行充分阅卷的话，就无从知晓控方所指控的事实证据，那么被追诉人所提出的质证就只能是无的放矢，无法起到说服法官的作用。因此，联合国《公民权利和政治权利国际公约》亦将辩护权的保障视为公正审判的核心内容。如该公约第14条第3款乙项规定："有相当时间和便利准备他的辩护并与他自己选择的律师联络。"③ 其中，"有相当时间和便利准备他的辩护"的实质内容即是让被追诉人有充分的时间以及足够的便利进行阅卷。但在我国被追诉人因不能明白享有阅卷权，该权利只能通过辩护人来实现。在多数被追诉人受到羁押的案件中，辩护律师会见的次数和时间长短都是有限的，期望通过律师会见告知全案证据或出具案卷给被

① 陈瑞华：《论被告人的阅卷权》，载《当代法学》2013年第3期。
② 陈瑞华：《论被告人的阅卷权》，载《当代法学》2013年第3期。
③ 赵秉志：《薄熙来案件审判的法理问题研究（上）》，载《法学杂志》2014年第3期。

追诉人阅卷,在现阶段是不可能的。另外,律师携带案卷材料会受到重重的限制,律师通常也不愿意将太多的证据材料展示给被告人,因此,被告人庭前所能知晓的证据情况是十分有限的。[①]

其次,充分实现被追诉人的辩护权,在庭审中辩方需形成协调一致的辩护思路。如果被追诉人无法阅卷,只能通过辩护人的转告获取部分案件事实,难以与辩护人进行有效的沟通与交流,何来一致的辩护思路呢?如果在庭审中,被追诉人与辩护人由于沟通不畅而提出不同的诉讼要求,一方进行"有罪辩护",一方进行"无罪辩护",不仅是不尊重被追诉人辩护权的体现,也容易造成法官认知的混乱,使被追诉人的辩护权流于形式。

最后,阅卷权的实现是保障被追诉人主动行使辩护权的必要前提。当下,辩护人的辩护权得到了法律的基本保障。但是,对于被追诉人而言,尽管法律赋予其参与诉讼抗辩的机会,却没有确立一种保障其自主行使诉讼权利的机制。[②] 若要实现被追诉人辩护的主动性,避免其被边缘化,那么赋予其阅卷权利,让其知晓控方指控的事实和证据,当不失为一个有效方法。

(二) 是对律师阅卷权的重要补充

现行刑事诉讼法的修改明文规定了自案件审查起诉之日起,律师即享有阅卷权。但是,仍然应当保障被追诉人的阅卷权,将其作为律师阅卷权的重要补充。原因在于:首先,被追诉人与律师的主体差异导致其阅卷角度不尽相同。律师只是基于其办案经验以及法律水平查阅案卷,对案卷事实难有切身体会和直接利害,关于案件细节,被追诉人会更为敏感和细致。其次,对质证意见的完善具有重要作用。对某些专业性较强的证据,律师可以借助被追诉人的专业知识和经验。如关于事故原因、项目合同、会议决议、财务流转过程、票据等证据,被追诉人阅卷后,可能会给出较为准确的专业判断和说明,这可以弥补律师专业知识的不足。[③] 对那些前后矛盾的证言、陈述和被追诉人供述笔录,律师通过交由被追诉人查阅,可以对这些证据的真伪以及改变陈述的缘由等情况产生真切的认识,[④] 从而形成有针对性的质证意见。最后,被告人阅卷还可以弥补律师水平以及敬业精神的不足。事实上,并不是所有的辩护律师都有较高的专业水平和敬业精神,如果遇到敷衍了事的辩护律师,不认真阅卷和分析案件事实,辩护也就难有成效。确立被追诉人阅卷权可以对辩护律师造成一定的压力和督促。一个拥有知情权的被追诉人,是不会轻易对律师的草率辩护予以确认的……一个能够查阅全部案卷材料的被追诉人,也会对律师法庭上的举证、质证和辩论活动是否达到较高水准进行判断;一个可以请求法院协助调查收集证据的被追诉人,也可以督促律师保持旺盛的精神,免于消极懈怠,尽可能发现对被追诉人有利的事实情节和法律观点。[⑤] 而且,在律师消极怠工的同时,被追诉人也可以主动行使自己的阅卷权,保障自己辩护权的充分实现。因此,如果有被追诉人阅卷权作为补充,律师的辩护可以发挥最佳的庭审效果,以达到尽可能说服裁判者的目的。还可以起到监督律师及时、尽职行使权利,实现有效辩护的结果。正因为如此,

---

① 陈瑞华:《论被告人的阅卷权》,载《当代法学》2013 年第 3 期。
② 陈瑞华:《论被告人的自主性辩护权——以"被告人会见权"为切入的分析》,载《法学家》2013 年第 6 期。
③ 陈瑞华:《论被告人的自主性辩护权——以"被告人会见权"为切入的分析》,载《法学家》2013 年第 6 期。
④ 陈瑞华:《论被告人的自主性辩护权——以"被告人会见权"为切入的分析》,载《法学家》2013 年第 6 期。
⑤ 陈瑞华:《论被告人的自主性辩护权——以"被告人会见权"为切入的分析》,载《法学家》2013 年第 6 期。

律师界才有"被告人是律师的有用助手"这一说法。①

（三）是无辩护人的案件中被追诉人辩护的基础

根据调查发现，我国刑事案件中有将近 70% 的案件没有辩护人，被追诉人只能依靠自己辩护。这种辩护形式称为自行辩护，即在诉讼过程中，不存在辩护人，由被追诉人独立进行诉讼。此时，若一味坚持仅有辩护人享有阅卷权，而不赋予被追诉人阅卷权，则相当于对被追诉人辩护权的变相剥夺。在阅卷权缺失的情况下，被追诉人无法了解对自己有利的证据，无法了解案件进展情况，无法知悉控方证据材料，在庭审中与强大的侦控机关对抗无疑是以卵击石。被追诉人即便进行自我辩护，其质证意见也只能是无的放矢，无法起到实质性的效果。因此，在无辩护人的案件中，若要实现控辩平衡，保证被追诉人的辩护权的充分行使，必须赋予其阅卷权这一辩护的基础性权利，使其能够在掌握全部证据事实的基础上有针对性地进行举证、质证，从而进行有效辩护。

四、域外关于被追诉人阅卷权的立法

域外各国刑事诉讼法的传统规定也大多数是针对辩护人阅卷权的，但随着诉讼权利理念的发展，对被追诉人阅卷权的规定逐步进入了学者的视野，关于这一权利的研究日渐兴盛。学界的研究也带动了各个国家、地区刑事诉讼法对这一权利的法律规定。

（一）欧洲人权法院关于被追诉人阅卷权的立法

近年来，欧洲人权法院在一系列案件的裁判中对被追诉人阅卷权的肯定为构建完整的被追诉人阅卷制度提供了先例。欧洲人权法院裁判案件的出发点首先是能否实现公正审判。要想实现公正审判，辩护方的辩护权就要得到有效的行使，以达到控辩双方武器平等，为了加强辩护方的防御性权利，阅卷权便是其中之一。实际上，欧洲人权法院的标准同前述论述一样，是将被追诉人阅卷权作为律师阅卷权的一个重要补充，同样认为给予被追诉人阅卷权是对实现有效辩护的充分保障。在欧洲人权法院的判例中，如果只有律师阅卷即能够实现有效辩护这一目的的话，那么被追诉人阅卷就不被考虑；反之，如果被追诉人是自行辩护的，或者其辩护人未尽职尽责的话，那么这个时候法院会赋予被追诉人阅卷权，以保障其辩护权的有效行使。

（二）其他国家和地区关于被追诉人阅卷权的立法

目前，只有少数国家和地区确定了被追诉人的阅卷权，有关的立法规定又可分为两种形式：一种是有限承认，是指被追诉人只有无辩护人时才享有阅卷权。例如，德国刑事诉讼法第 147 条第 7 项规定的"得提供无辩护人之被告卷宗内的讯息与副本"，以及我国台湾地区"刑事诉讼法"第 33 条第 2 项规定的"无辩护人之被告于审判中得预纳费用请求付于卷内笔录之影本"均属于此种情形。二是无限承认，即被追诉人与辩护人同时享有阅卷权。目前只有俄罗斯刑事诉讼法第 217 条详细规定了被追诉人与辩护人享有同等的阅卷权："侦查人员应

---

① 陈瑞华：《论被告人的阅卷权》，载《当代法学》2013 年第 3 期。

将装订成册并编注页码的刑事案件材料提交给刑事被告人及其辩护人，但本法典第166条第9款规定的情形除外。物证也应一并提交，根据刑事被告人及其辩护人的请求还要提交照片、录音和（或）录像资料、电影胶片以及其他侦查行为笔录的附件。根据刑事被告人及其辩护人的请求，侦查员应使他们有可能分别了解刑事案件材料。"

关于被追诉人行使阅卷权的时间，各国规定也不一致，从应然角度说，对被追诉人诉讼权利的保障越早，有效性就越大。但被追诉人较早获得阅卷权也存在一定风险，如被追诉人有可能毁灭证据，翻供、串供，或者威胁证人。目前俄罗斯立法规定被追诉人阅卷应始于审前调查结束的审查阶段；而德国和奥地利的立法均规定被追诉人的阅卷可以从侦查阶段即开始。

五、关于我国被追诉人阅卷权的程序构建

（一）立法应明确被追诉人的阅卷权

根据前述论述可知，在刑事诉讼中，保障并实现被追诉人辩护权的一个重要举措，就是在立法上明确规定被追诉人享有阅卷权。这是律师阅卷权的一个重要补充，能够保障被追诉人的诉讼主体地位，弥补被追诉人无辩护人时阅卷权缺失的法律漏洞，为实践中被追诉人阅卷提供法律许可。

（二）被追诉人阅卷的范围及阶段

被追诉人阅卷的范围，即被追诉人所能查阅、摘抄、复制的控方掌握的与案件有关的案卷材料的范围。由于对律师职业素养以及法律水平的信任，对律师开示的证据是所有同案件有关的证据。但是由于被追诉人同本案的利害关系，使得其阅卷范围应窄于律师的阅卷范围，但原则上无论是有罪、罪重的证据，还是无罪、罪轻的证据都应该向被追诉人开示。而具体到证据的类型来说，原则上所有证据类型被追诉人都可以查看，但是证人证言颇具争议。有的学者认为证人证言一般都是证明被追诉人有罪的证据，一旦被追诉人获取了证人的相关信息，会产生打击报复等一系列不良的后果。但有学者也指出证人证言在开庭期间也会当庭出示，甚至有的证人还要出庭作证，这意味着被追诉人迟早都会知道证人的相关信息，所以没有必要剥夺其查阅证人证言的相关信息资料的阅卷权。其实，我们可以用一种比较折中的方式去试着解决这个问题。基于对指控证据事实完整性的考虑，可以准许被追诉人查阅、复制证言，仅告知证人的姓名、身份，但不能将证人的身份证号码、住址等个人资料向被追诉人开示，以起到保护证人安全等作用。此外，对于一些特殊的案件，如危害国家安全犯罪、恐怖主义性质犯罪等性质极为恶劣的犯罪，或者在侦查过程中采用了秘密侦查方式侦查的，出于公共利益的考量以及对相关人员的保护，应当对被追诉人的阅卷权予以一定的限制。

关于是否应将侦查阶段作为被追诉人阅卷权的起始阶段，存在较大争议。有学者认为，我国是采用单轨制侦查模式的国家，侦查机关独享侦查权，侦查机关与被追诉人的地位并不平等，被追诉人获取证明自己无罪、罪轻的证据只能依赖侦查机关。此外，从刑事诉讼的职能划分中考察，辩护是一种针对攻击的防御，只要有公权力的攻击就应当有相应的私

权利的防御即辩护的存在。但笔者认为，首先，在侦查阶段，证据还没有完全固定，发生被追诉人毁灭、伪造证据等妨碍侦查的可能性比较大，这时候给予被追诉人阅卷权是相当危险的。但若在审查起诉之后，由于证据已经相对固定，证据链已经形成，此时被追诉人要进行伪造、毁灭证据不具有现实性，翻供也需要经过检察院、法院的提审、审判这些完整的过程。其次，在这一阶段，侦查机关仍然处于收集证据的过程之中，证据尚未完全收集，若要求侦查机关每收集到一项证据即向被追诉人阅卷，这并不现实也无必要。而等到侦查机关收集完全证据，提出指控时，实际上已经进入了审查起诉阶段。我国刑事诉讼法规定辩护人阅卷权始于审查起诉阶段，这正是因为在侦查阶段阅卷即不具备法理基础，也不具有现实意义。因此，笔者认为将被追诉人的阅卷时间定为审查起诉阶段之后是比较合适的。

（三）被追诉人阅卷的方式

在阅卷方式上，应以复印卷宗移送的方式为主。由于卷宗上各证据都表现为书面形式，且均为复印件，因此对证据伪造、毁损的可能性较小。这也是为了便于被追诉人进行摘抄、复制。

实现被追诉人阅卷权，最节省司法成本的方式就是让辩护人代为查阅、摘抄、复制相关卷宗，在会见时转交给被追诉人。而在被追诉人无辩护人或者辩护人不尽职尽责时，为保障被告人的知情权，确保其有效地行使辩护权，被追诉人也应享有该权利。此时，出于节约司法成本的考虑，若被追诉人未提请此项权利时，视为被追诉人放弃该权利的行使。若其提请阅卷的话，则由该案诉讼阶段所负责的司法机关帮助其实现该权利。在审查起诉阶段，被追诉人可以在提审过程中向检察官提出此项权利要求；在审判阶段，被追诉人可通过看守所向法院提请该权利。并且法院一旦发现控方提交了新的证据材料，应主动交由被追诉人查阅。检察院、法院应为被追诉人实现该权利提供便利。

对于因文化、语言、身体等原因造成被追诉人阅卷障碍时，若被追诉人有辩护人，应由辩护人解决其阅卷问题；若被追诉人无辩护人或者辩护人无阅卷因而其主动提请阅卷时，则应由承办案件的检察院、法院为其提供专人进行阅读、翻译，解决其阅卷障碍。

（四）被追诉人阅卷权的例外

被追诉人阅卷权作为一种权利，其行使当然存在边界。笔者参考了域外其他国家的做法，对该权利的行使存在一些例外情形，意味着在出现这些情况时，被追诉人的阅卷权应受到限制。例外情形包括：一是被追诉人申请获取的信息是依法不得披露的信息或者是涉及国家秘密的，或者是在披露后有可能危害国际或国家安全的信息；二是该信息可能妨碍警方正在进行的其他侦查，或者暴露警方的秘密侦查技术；三是该信息如被被追诉人知悉可能会危及他人重要权益；四是其他可能存在风险的情况。从其例外可以看出，在一些案件中被追诉人的利益是让位于社会公共利益、国家利益、被害人和证人的利益的，这显然是诉讼程序设计中利益平衡的结果。[①]

（作者单位：暨南大学法学院）

---

① 李姗姗：《被追诉人的阅卷权研究》，南京大学 2013 年硕士论文，第 31~32 页。

印证与对质：重返证明模式的理论框架[*]

陆而启　周灵敏

司法证明的印证模式或者质证模式并无优劣之分，而模式一词天然地含有一种标准化的变形因素，不同模式所内含的不同理论目标设定需要因势利导、因案制宜而不断相互调适。在当前以审判为中心的诉讼制度改革背景下，印证模式与对质模式可能有针对不同的程序阶段如侦查和审判的相互衔接，又可能因为不同的案件性质如认罪或者不认罪而各有侧重。

一、引言

"一起审判的基本目标是发现真相。"① 可以说，发现真相也是"以审判为中心的诉讼制度改革"的一个关键问题，虽然我们常常宣称从认识论到价值论的转向而更强调程序正义，其实真相才是平息纠纷的基石。这虽然不能得出我们为寻求真相而不择手段或者为了真相哪怕天崩地裂的结论，但是，所谓的真相不存的怀疑论或者真相不能发现的不可知论很显然是站不住脚的。发现真相的途径有千千万万，到底哪一种是可期待的呢？尽管程序正义论甚嚣尘上，但是真相显然不是由程序自身生成，也不是由证据所证明出来的，"裁判"和"证据"都不会生成事实，是我们窥探事实的"棱镜"，而这种棱镜本身可能折射出一种幻象或者说是"拼盘"②，由"证据之镜"的原理可知刑事错案发生的不可避免性，也即真凶脱逃和无辜受罚都可能存在。不管怎么说，事实认定总是有穿越到过去或者还原到本真的意图，因为事实一直在那里。然而，事实并不会自动呈现。"雁过留痕"，主流的证据理论认为，在这个世界上存在过的任何东西都会留下痕迹。当前所客观存在的现象，如果适当加以编排、分类和整理，就可以清楚地说明早期的事件。③ 然而，对过去事实的发现并不仅仅由证据单独决定，还有证据的收集、提取、固定、呈现、解释和审判判断之主体因素的影响。

当下的庭审改革必然会对事实证明模式造成冲击。学者龙宗智将司法智慧之结晶的我国刑事证明方法的"印证"模式提炼出来，④ 其实印证曾经只是司法实践之中的模糊的经验，其之所以可能被提炼为一种理论当然要经过学者的极化变形和特征添附，而成问题的

---

　* 本文为 2016 年最高人民检察院检察理论研究一般课题"'以审判为中心'背景下的刑事诉讼证据审查"（GJ2016C09）项目前期成果。

　① Tehan v. U. S., 383 U. S. 406, at 416 (1966). 转引自［美］拉里·劳丹（Larry Laudan）著：《错案的哲学：刑事诉讼认识论》，李昌盛译，北京大学出版社 2015 年版，第 2 页。

　② 张保生：《刑事错案及其纠错制度的证据分析》，载《中国法学》2013 年第 1 期。

　③ H. Richard Uviller. Evidence of Character to Prove Conduct：Illusion, Illogic, and Injustice in the Courtroom. *University Of Pennsylvania Law Review*. Vol.130：845, 1981-1982, p 847.

　④ 龙宗智：《印证与自由心证——我国刑事诉讼证明模式》，载《法学研究》2004 年第 2 期。

是总是有学者以这种理论来取代现实而作为批评和自我批评的对象，[①] 从而找错了靶心。而随着对庭审实质化的呼吁一种以交叉询问为基本形式的"质证"模式逐渐成为一种主流的理论模式。模式本无对错之分。真正值得探讨的是，在当前我国以审判为中心的诉讼制度改革背景下，针对不同的程序阶段如侦查和审判，不同的案件类型如认罪或者不认罪，印证模式与对质模式到底如何契合情境地选择、取舍，或者能否以及如何相互结合。

二、印证与对质的内涵分析

学者龙宗智这样界定，印证就是不同证据"所含信息"的"相互照应"及"共同性"；印证的证明模式，其关键是获得"相互支持"的其他证据；单一的证据不足以证明，必须获得更多具有"内含信息同一性"的证据来对其进行支持，突出表现为对"相同"或"相似"信息的证据数量的重视。[②] 学者周洪波对该种"印证"细致区分了宽窄两种情形：宽的情形即为证据的相互照应或相互支持，是指不同的证据具有相同的证明指向，而不论它们所含信息是否相同；窄的情形即为证据所含信息具有共同性或同一性，继而构成相同的证明指向。[③] 与此相对立的情形是孤证不立。龙宗智将之归入到自由心证体系之下，更指出其突出特点，我国的印证模式注重"外部性"，即要求证据之外还要有证据；西方的自由心证注重"内省性"，即注重个别证据给裁判者的印象和影响。学者周洪波将印证局限于彼此的直接对应性或同一性，也即刑事证明中的印证有两种，既可以发生在证据与证明对象（待证事实）之间，也可以发生在证据与证据之间。而在"印证"之外，与前者相对的是以间接证据来证明待证事实的推证（推论），与后者相对的是各自都对某一待证事实具有一定的证明指向性，彼此之间具有辅助证明或辅佐证明作用之佐证。[④] 笔者以为做这种精细区分从而挑出印证的毛病并不是论证上的明智之举，真正重要的是，一个对实践进行提炼的学术术语是可能由作者给出特别的又能为众人所理解的界定。因此，印证作为一种证明方法是指对待证事实（主要就是案件事实，以及各个犯罪构成要件事实）有多个不同来源的证据，和（或者）不同种类的证据提供一种同一性、佐证性等支持性、肯定性的证明。

学者何家弘等论述认为，质证是指在法庭审理中，在法官的主持下，针对双方当事人证据材料的客观性、关联性和合法性，由一方针对对方的证据材料的客观性、关联性和合法性进行质问（发表意见），举证方进行说明论证。质证是诉讼各方反驳和攻击对方证据的重要手段，也是帮助和影响法官认证的重要途径。形式上，质证是证据的审查评判的一种方式，但是只能是从对立的角度对对方的证据进行质疑和质问。尽管学者何家弘等认为，质证不包括对本方证据的审查和从中立角度对证据的审查，也就是说，从主体而言，控辩双方才是审判中实际有权对证据提出质疑和进行质问的主要人员。[⑤] 但是，法官并不是与质证隔绝开来的，法官的主要任务是"听证"，主要职责是保障质证程序的公正和有序。

---

① 参见周洪波：《中国刑事印证理论批判》，载《法学研究》2015年第6期；左卫民：《"印证"证明模式反思与重塑：基于中国刑事错案的反思》，载《中国法学》2016年第1期。

② 龙宗智：《印证与自由心证——我国刑事诉讼证明模式》，载《法学研究》2004年第2期。

③ 参见周洪波：《中国刑事印证理论批判》，载《法学研究》2015年第6期。

④ 参见周洪波：《中国刑事印证理论批判》，载《法学研究》2015年第6期。

⑤ 何家弘、刘品新著：《证据法学》（第5版），法律出版社2013年版，第232页以下。

　　一言以蔽之，印证是一种同向的支持性的证明方式，而质证则是侧重于对对方举出的证据进行质疑和质问；印证更侧重于客观证据的相互支持，而质证更侧重于对立双方主体的质疑辩驳，因此印证转化为一种客观证据的全面呈现，而质证转化为对立诉讼主体的立场对抗。

　　进一步来看，印证必然要针对案件事实，离开案件事实谈论证据就是无的放矢，值得关注的主要是多个证据之间的关系。严格而言，孤证几乎是不存在的。印证既可能表现为对案件事实的同一印证、局部印证的各证据之间的平行、叠加、组合关系，也可能存在针对个别证据争议的补强印证、可靠保证等证据之间的补强、辅助、协同关系。补强印证集中于证明力问题，而可靠性保证比较复杂，其关涉作证人的自愿性、作证的资格以及证据来源和取证规范。此外有学者指出，评价任何证言性主张的可信性，需要考虑三个属性：诚实（veracity）、客观（objectivity）和观察灵敏度（observational sensitivity）。[①] 当然也存在着单个证据的判断和对案件整体事实的判断问题。虽然印证在一定程度上包含了作证资格、取证程序等证据能力问题，但是印证的本质更侧重于一种证据之间的证明力相互支持。

　　质证也是从证据能力和证明力两个方面进行：在证据能力方面，主要是对证据的关联性、合法性、客观性提出质疑；在证明力方面，包括对证据（来源或者内容）的可靠性和充分性（证据与待证事实之间的关联形式和性质）进行质疑。质证的核心程序就是在法庭上的交叉询问。一般而言，法庭上证人在接受本方的直接询问以后，才由对方进行交叉询问。直接询问的特点是支持性或者说明性的询问。与直接询问相对，交叉询问是由一方当事人或律师在法庭上对另一方证人（包括一般证人、专家证人、侦查人员，以及证据）进行盘诘性（攻击性或反驳性）询问。交叉询问通过攻击对方证据的弱点和缺陷来质疑和质问对方的证据，以便降低甚至消除该证据在事实审判者心目中的可信度，包括使法官对证人失去信用和让证言失去可信度。[②]

　　因此，不管是印证还是质证，证据的判断主要依靠法官根据具体情况作出，但是两者都要从证据能力和证明力着手。就证据构造而言，印证提供的是一种在卷证据之间的支持性证明方法，而质证提供的是一种结合情境制造的弹劲性的证明方法，说得极端些，从直接询问与交叉询问的形影不离可以推知印证和质证相伴而生。

三、印证与对质的诉讼模式解析

　　就证明方式而言，印证更偏爱书面化、间接性的证据审查判断方式，甚至使得正式庭审成为"走过场"；而质证一般采用当庭质证、直接质证和公开质证的原则。当庭质证一方面是诉讼当事人有效行使质证权的要求，通过证据和说理影响法官对证据和案件事实的认定，也是保证法官对证据进行审查的"亲历性"，实现公正审判的要求。质证主要采用直接质证的方式，为保障质证质效，一切证据都必须经过当事人在法庭上的直接质疑和质问才能作为定案的根据。为确定陈述人的意思表示的真实性、准确性和完整性，言词证据更是

---

① ［美］特伦斯·安德森、戴维·舒姆、［英］威廉·特文宁著：《证据分析》（第2版），张保生等译，中国人民大学出版社2012年版，第87~88页。

② 何家弘、刘品新著：《证据法学》（第5版），法律出版社2013年版，第232页以下。

以证人、鉴定人出庭的直接质证为基本原则；只有在确实无法或确无必要进行直接质证的情况下，才能采用间接质证的方式。质证活动应当在开庭审判时公开进行，公开质证是公开审判的组成环节。可以说，发现真相的方法不止一种，印证和质证即可能与不同的诉讼模式相匹配。

印证绝非中国所特有。在欧洲重印证转向重质证是随着纠问式向控辩式转变、一些共识性的原则确立而发生的。瑞士学者萨拉·J. 萨默斯（Sarah J Summers）指出欧洲刑事诉讼传统的起源可以追溯到 19 世纪，尽管刑事诉讼的诸多原则都出现在 19 世纪之前，但是 19 世纪是欧洲刑事诉讼发展史上极为重要的阶段，主要有法学家受大革命的激发对原有的刑事诉讼制度（宗教裁判所程序）的改革颠覆以及不同法域的相互比较借鉴，使得刑事诉讼程序原则以一种在现代语境中可识别的方式而被明确表达和证明正当。由德国学者在 19 世纪创制的"直接原则"要求将所有证据直接提交到法官或者事实认定者面前。口头原则又与直接原则紧密联系以确保这些观念：这些原则意味着听取被告人之供述，对所有与指控相关的有罪与无罪的证据进行质证。质证应当直接在庭审法官面前以下述方式进行：要使得法官能够亲历被告人与证人的当庭作证，而不是通过宣读证言笔录，由他人代为转述他们的主张。格拉泽（J Glaser）认为，虽然两个原则是相互联系的，每个原则都负责程序的一个主要方面。直接原则主要关注对听证的规范，而言词原则则主要针对于证据的辩论与质疑。① 可以说，瓦嘎雅（J Vargha）所称的"控辩式三角结构"表达了当时的共识，即法官应当中立地裁判，控诉与辩护者都应当有机会让法庭确信其立场。②

基于侦审衔接，控方秘密地将某些证据提交给法院，可能形成在被告人不了解指控证据或者没有质疑机会情形下的单方印证而影响程序的正当性。萨默斯引述了米特枚提出的规则："只有在公开的法庭上当着当事人与裁判者的面举证的证据才具有合法性。"③ 当然，直接言词原则要求质证与认证必须在当事人和法官都在场的情况下进行。言词原则有两个问题，一是言词原则可能以法官询问（inquest）或者控辩质询（contest）两种不同的方式；二是交叉询问是一把双刃剑，可能有助于发现真相，也有可能被滥用而遮蔽真相。因此，法官不能对交叉询问放任不管，这又蕴含了要求赋予案件结果的决定者自行提问的权力，从而回归到一种职权纠问的色彩。

就当代刑事诉讼而言，学者何家弘等认为，在英美法系国家中受当事人主义诉讼模式的影响，法庭调查的基本方式是以当事人为主的法庭调查询问，包括"直接询问"和"交叉询问"。在大陆法系国家，受职权主义诉讼模式的影响，法庭调查是以法官为主的询问和审查，但是在司法实践中，交叉询问还是存在的，只是法官在指导和限制当事人进行交叉询问的问题上具有很大的自由裁量权。我国目前采用的质证方式是法官查证与当事人质证相结合的方式，其实也在一定程度上包含了交叉询问。陈瑞华认为，在侦查中心主义和案

---

① 以上参见［瑞士］萨拉·J. 萨默斯著：《公正审判：欧洲刑事诉讼传统与欧洲人权法院》，朱奎彬、谢进杰译，中国政法大学出版社 2012 年版，第 61~62 页。

② J Vargha，Die Verteidigung in Strafsachen（Vienna，Manz'sche k k Hof-Verlag und Univ Buchhandlung，1879）at 288. 转引自［瑞士］萨拉·J. 萨默斯著：《公正审判：欧洲刑事诉讼传统与欧洲人权法院》，朱奎彬、谢进杰译，中国政法大学出版社 2012 年版，第 34~35 页。

③ ［瑞士］萨拉·J. 萨默斯著：《公正审判：欧洲刑事诉讼传统与欧洲人权法院》，朱奎彬、谢进杰译，中国政法大学出版社 2012 年版，第 72 页。

卷笔录中心主义的双重影响下，我国的刑事诉讼制度存在明显的纠问化特征，为了抵消程序纠问化带来的消极后果，逐渐生发了新法定证据主义的证据法理念，即希望依赖于印证证明以及其他一些证据证明力限制规则来避免司法的随意化。①

其实，不论何种证据法，何种事实认定模式，都必然逐步体现出限制公权力滥用以及保障人权的制度设置，恰恰因为真相不是可有可无的，以及真相又有可能被人为塑造。刑事诉讼既担心当事人的自利因素，或者通过对抗求证或者通过利益无涉的第三者查证，然而享有最终裁判权力的法官也可能存在伦理素质问题而并不能赢得公众的信任，因此以真相来平息纠纷，而寻求一种切合实际能为大众接受的具体的证明方法非常重要。

四、印证与质证的分类适用

从逻辑而言，当下诉讼制度改革的"以审判为中心"必然蕴含了诉讼阶段的前提。我国三机关分工负责、互相配合、互相制约原则而三机关各管一段形成侦查、审查起诉和审判平行相继的流水作业型诉讼活动。由于侦、诉、审的阶段衔接总得有个中心，我国的司法实践惯性是以侦查为中心，突出表现为侦、诉、审的证据接力使审判站到了权力一边累积为庭审之中的审辩冲突，侦查结论在某种程度上决定着判决的结果。

（一）审前与审判等不同诉讼阶段的衔接

当然，从技术层面而言，德国学者贝恩德·许乃曼教授通过实证研究②发现，无论是否具备询问证人的机会，知道侦查案卷信息的所有刑事法官都作出了有罪判决，而处在审判长位置上的检察官更多的是判决无罪，也就是说检察官在评价侦查结果时反而会采取批判性更强的态度。当法官不预读侦查案卷，不现场询问证人，仅知道审判程序中出现的信息，大部分法官还是判决被告人有罪；仅仅凭审判程序和询问证人，法官和检察官多数都会作出无罪判决。可见，对法官而言，侦查案卷信息的庭外输入，强化了法官对有罪观念的片面印证，既要切断侦查信息的输入，还需要通过询问证人获得更全面甚至是对立的信息，才可能让法官意识到对被告人罪责的怀疑。

受试 35 名法官和 25 名检察官的条件分布及判决行为

法官	具备询问证人的机会				不具备询问证人的机会			
	法官	检察官		法官		检察官		
侦查案卷+审判程序	8	判决有罪：8 / 判决无罪：0	6	判决有罪：2 / 判决无罪：4	9	判决有罪：9 / 判决无罪：0	5	判决有罪：1 / 判决无罪：4
只有审判程序	11	判决有罪：3 / 判决无罪：8	6	判决有罪：1 / 判决无罪：5	7	判决有罪：5 / 判决无罪：2	6	判决有罪：1 / 判决无罪：5

---

① 陈瑞华：《以限制证据证明力为核心的新法定证据主义》，载《法学研究》2012 年第 6 期。

② 参见［德］贝恩德·许乃曼等：《案卷信息导致的法官偏见：关于与英美模式比较下德国刑事诉讼程序优缺点的实证研究》，刘昶译，载何挺等编译：《外国刑事司法实证研究》，北京大学出版社 2014 年版，第 74~102 页。

比较法官所处的四种情境组合来看，"不知道案卷信息但有询问证人机会"是唯一导致多数刑事法官作出无罪判决的实验条件。并且该研究得出结论认为，法官无前知识又能积极主持审判程序的刑事诉讼格局是实现"客观中立"的信息加工的最佳方案。值得注意的是，以案卷为纽带的侦审衔接的确可能带来了"一致性"的求同思维，当然单单依靠事实裁决者来询问证人其实也很难激发法官的求异思维；反而是在这四种情境中检察官担当事实裁决者时更多地作出了无罪判决，这可能恰恰是其"查疑补漏"的职业经验而形成的"求异"前见或者"对抗"习惯决定了案件的裁判结果。或许可以说书面审为印证证明提供了沃土，由法官询问主导的口头审（并且要限制口头审理以外的材料）有一定的对质证明成分；只有更侧重于控辩双方对证据材料的呈现和展示起到更大作用的时候才有对质证明的土壤。

一般而言，大陆法系的庭审也主要表现为以口供为核心的印证证明方式，英美法系的庭审则主要表现为以控辩双方积极参与为核心的对质证明方式。在我国，侦查中心主义（重书面案卷）和口供中心主义（重口头询问）一直使刑事庭审活动简化为一种间接性的笔录确认（印证）程序而保持着高定罪率。

被告人参与诉讼是直接审理原则的要求，这使被告人有机会了解案件情况，向不利证人行使对质权。一般而言，正式庭审更青睐对抗式的模式，庭审活动的职权探知和当事人推进都有排除审判前供述笔录在法庭上出示的要求。大陆法系的直接审理原则在形式上要求法官亲历，禁止法官接力、审判分离；实质上要求证据材料原始，禁止侦审接力、庭前预断。而证据直接呈现的突出事例就是除了弹劾（质证）和恢复记忆（印证）等情形外，禁止朗读审判前供述；在英美法系正式庭审程序中被告人常常都不认罪，为防止先前的认罪输入偏见，自白法则见诸立法和判例主要是排除规则。当然，如果被告人选择作为辩方证人的话，控方还是可以以其先前的自白证据来弹劾他（对质）。

为了避免侦查阶段所完成的印证证明活动对法庭审理的影响，法官的裁判信息一般而言要来自于正式的审判程序，当然由于侦查获取的信息很难在法庭上杜绝，所以不论哪个国家的证明方式都存在着印证和质证的接力、补充。

当下我国刑事诉讼法以审判为中心的诉讼制度改革突出要求让卷宗笔录确认程序逐步转变为以交叉询问为主体的口头审理程序，这种改革更加突出法律职业精英对程序技术的操控，因此一方面要法律职业群体自身的素质能够适应庭审中心的要求；另一方面为防止专业垄断所引发的技术支配和权力滥用反而要通过重构法庭组织而引入普通民众的自然化认识。当然，普通程序证人不出庭的情形在刑事诉讼法修改之后并没有发生大的改变，使得改革重回老路。

（二）认罪和不认罪等不同案件类型

在英美法系因为有认罪答辩环节和辩诉交易制度，从而使得认罪自白的案件往往走了正规的陪审团审判程序以外的渠道得以解决，所以自白的价值已经体现出当事人自主决策的定罪功能。相比较而言，目前我国所探索的简易程序、认罪认罚从宽制度、刑事速裁程序突出被告人认罪认罚而形成的非对抗式诉讼，以及恢复性司法或者刑事和解突出被害人谅解、和解而塑造的非正式司法模式，被告人意见或者被害人意见都对最终的处理结果有某种程度的决定性影响。这种以被告人认罪为前提的程序多元化探索完全抽离了诉讼的对抗精神，由此证据法也从传统的注重对证据资格的审查转为法院对被告人认诺的明知性和明智性的审查，诉讼主体多方合意下裁判的可接受性在追求效率的过程中大有超越"对抗求证"的意味。当然，速裁案件更大的特点是真相先于裁决而不是通过裁决来决定真相，因此"集中合并审理"一般都会当庭裁判，并且控诉方和审判方也以一种集约化组织方式行使职权，在所谓"简程序而不减权利"的口号下，律师不是以辩护人而是以提供法律咨询意见的值班律师来参与程序，并且律师的参与在庭审程序之外而不是参与到庭审程序之中。

五、结语

印证或者质证本质上的求同或者求异思维在各国的诉讼制度之中是可以并存的。侦查案卷移送、书面审理可能加重了庭审中的印证证明成分，口头辩论、交叉询问则可能加重庭审中的质证证明成分；更注重合作的认罪认罚从宽程序或者刑事速裁程序或者刑事和解也可能在一种效率追求下加重其印证证明方式，但是正式审判还是通过对质证证明方式的强调而为事实认定的证据规则适用以及被告人权利保障设定了标杆，对抗式的庭审还是刑事案件得以公正解决的最终屏障。

（作者单位：厦门大学法学院；厦门市翔安区人民检察院）

我国未成年人刑事案件社会调查制度实施现状及完善

罗海敏

一、我国未成年人刑事案件社会调查制度实施现状

新刑事诉讼法实施以来，若干课题组、学者就未成年人社会调查制度的适用情况发表了调研报告。2014 年 12 月~2015 年 11 月，笔者对北京、河北、山东、甘肃、陕西、湖北等地未成年人刑事案件适用社会调查的情况进行了调查、了解。结合调查结果及其他相关资料，可以将我国社会调查制度的适用现状总结为以下几个方面：

（一）在适用率方面出现明显增长

在刑事诉讼法 2012 年修改以前，全国多个地区的司法实务部门已经开始在未成年人刑事案件中试点、探索社会调查制度。在该项制度正式确立以后，其在实践中适用率有了相当程度的增长。

新刑事诉讼法实施以后，多个省市、区县专门颁布了有关开展未成年人刑事案件社会调查工作的实施办法或细则，这对当地社会调查制度的适用起到了积极的推动作用。例如，北京市 2013 年对 902 名涉罪未成年人进行了社会调查。[①] 根据北京市有关 2013 年未成年人刑事案件数量的报道，适用社会调查案件的未成年人案件占比大约为 60%。在审查起诉环节，北京多个基层人民检察院已经在未成年人刑事案件适用社会调查上实现全部覆盖的目标。[②] 在四川，"新刑事诉讼法实施前后，适用社会调查制度的未成年犯罪案件数占所审判未成年犯罪案件数的比例分别为 38.9%、48.1%"。[③] 此外，根据河北省、河南省等地的实施办法，办案机关对刑事诉讼时未满 18 周岁的故意犯罪的未成年犯罪嫌疑人、被告人均应开展社会调查。类似这样硬性适用的规定也使得当地社会调查制度适用率得到大幅提升。

（二）在适用阶段方面逐步前移至审前阶段

在新刑事诉讼法实施以前，各地有关社会调查制度的试点多数仅适用于审判阶段。新刑事诉讼法明确公安机关、人民检察院酌情进行社会调查的职权以后，实践中启动社会调查的时间逐步前移至侦查、审查起诉等审前阶段。

在制定未成年人刑事案件社会调查工作实施办法的省市、区县，多数规定由公安机关

---

① 《北京市未成年犯罪嫌疑人不诉率 26.2%》，载《法制日报》2014 年 5 月 30 日。
② 徐日丹：《北京朝阳：实现涉罪未成年人社会调查全覆盖》，载《检察日报》2013 年 7 月 12 日第 2 版。
③ 四川省高级人民法院课题组：《未成年人刑事案件审理中社会调查制度的实际运用与分析》，载《法律适用》2014 年第 6 期。

在侦查阶段进行社会调查，检察机关和人民法院只有在需要补充的情况下才自行或委托进行社会调查。在调研的甘肃省、山东省，多数地区也是由公安机关负责进行社会调查，检察机关和人民法院只进行必要的补充调查。不过，也有一些地方的未成年人刑事案件社会调查主要由检察机关负责进行。例如，在陕西省西安市新城区的调研结果显示，该地区的公安机关和人民法院并没有开展社会调查，而一般是由检察机关来启动社会调查工作。但与上述情况不同的是，在一些地区，未成年人刑事案件中社会调查的适用仍主要集中在刑事审判阶段，侦查、起诉阶段进行社会调查的案件相对较少。例如，根据贵州省的数据统计，"在 2013 年检察机关受理审查逮捕的 4404 名未成年犯罪嫌疑人中，开展社会调查的 399 人，调查比例为 9.06%；在受理审查起诉的 4742 名未成年犯罪嫌疑人中，开展社会调查的 99 人，调查比例为 2.09%"。[①] 在重庆市綦江区，2012 年至 2013 年 7 月间，侦查、公诉机关在审判前开展社会调查并向法院提交了社会调查报告的案件仅有 3 件，仅占 3%。[②]

因此，从未成年人刑事案件社会调查的适用阶段来看，各地的差异性比较明显，有些地方要求公安机关申请逮捕或移送审查起诉时必须随案移送社会调查报告，也有些地方则主要由检察机关为主开展社会调查，而另一些地方则主要在审判阶段适用社会调查。而且从调研的情况来看，即使在同一省份不同地区，社会调查工作适用阶段的差异性也同样存在。不过，较之新刑事诉讼法实施前各地的探索、试验情况，社会调查启动时间前移的特点还是比较明显的。

（三）在执行主体方面呈现多元化特点

虽然新刑事诉讼法并未明确规定社会调查的执行主体，但从实施情况来看，社会调查制度在实行方式上呈现公检法机关自行调查与委托调查并驾齐驱的发展趋势，社会调查执行主体日益多元化。

在四川，新刑事诉讼法实施前两年，法院自行进行社会调查的比例为 41.2%；新刑事诉讼法实施后一年，法院采用自行调查方式的案件占比 46.1%。[③] 在北京，2012 年以前，社会调查一般由办案人员自行进行；2012 年以后，自行调查的比例大大降低。目前，通过政府购买服务的方式，来自社工事务所的专职司法社工成为北京开展涉罪未成年人社会调查的主要力量。[④] 除了专职的司法社工以外，依托高校合作研究项目而成立的兼职司法社工队伍也承担了大量未成年人刑事案件社会调查工作。例如，自 2010 年以来，北京市海淀区人民检察院少年检察处与首都师范大学司法社会工作研究与服务中心开展合作，由该中心的司法社工队伍对少年犯罪案件开展社会调查和帮教考察，海淀区人民检察院按期以涉案少年人数为单位向其支付费用。此后，北京市多家法院、检察院相继与首都师范大学展开了此项合作。

---

① 周勇、何缓：《贵州未成年人刑事案件社会调查制度实证研究》，载《预防青少年犯罪研究》2014 年第 5 期。

② 杨锐等：《完善社会调查制度，维护未成年人合法权益——重庆市綦江区法院关于未成年人刑事案件社会调查制度的调研报告》，载《人民法院报》2013 年 9 月 26 日第 8 版。

③ 四川省高级人民法院课题组：《未成年人刑事案件审理中社会调查制度的实际运用与分析》，载《法律适用》2014 年第 6 期。

④ 彭智刚、卫杰：《论检察机关办理未成年人刑事案件社会调查的路径——以新刑事诉讼法实施为切入点》，载《中国刑事法杂志》2013 年第 9 期。

除了专兼职司法社工以外，各地司法行政机关、共青团以及其他社会团体的从业人员也是开展未成年人刑事案件社会调查的重要主体。在河北，根据其《未成年人刑事案件社会调查工作暂行办法》第4条规定，公检法机关办理未成年人刑事案件，根据情况可以自行或者委托未成年人犯罪嫌疑人、被告人户籍所在地或者经常居住地的县级司法行政机关（县级司法行政机关社区矫正机构具体负责开展社会调查工作）、共青团以及其他社会团体进行社会调查。

（四）在调查方式上以访谈为主

从目前各地开展社会调查的方式来看，多以谈话方式进行，再根据谈话笔录制成社会调查报告。

在四川，"新刑事诉讼法实施前两年，适用社会调查制度案件数为2257件，其中采用制作调查笔录方式进行社会调查的案件数是1468件，占进行社会调查案件数的65%；新刑事诉讼法实施后一年，该数据分别是1280件、883件、69%。"河南省《未成年人刑事案件社会调查实施办法》第9条第2、3款规定："社会调查可以在被调查人所在单位、学校、社区、村委或者被调查人提出的地点进行。社会调查时应当当面听取未成年人犯罪嫌疑人、被告人及其法定监护人或其他近亲属、辩护人和所在学校、社区等单位有关人员的意见。"

除进行访谈外，个别地区还存在问卷调查、心理评估、鉴定、查阅档案材料、提交书面证明等社会调查方式。例如，河南省《未成年人刑事案件社会调查实施办法》第9条第4款同时规定："社会调查应当根据案件具体情况，慎重选择调查方式，避免对未成年犯罪嫌疑人、被告人及相关人员造成不良影响，可以采取面谈、调查问卷、书面证明等形式。"在山东省莱阳市，必要时可以通过心理测试，对行为人的性格、情绪、自控力、是否有悔罪心理、重新犯罪的可能性等情况进行剖析。

（五）在开展社会调查的程序性要求方面各地规定不同

对于未成年人刑事案件进行社会调查的程序性要求，各地具体规定和做法有所不同。

在社会调查执行人员的数量上，各地一般限定为两人以上。例如，河南省《未成年人刑事案件社会调查实施办法》第9条第1款规定："开展社会调查应当由两名以上工作人员进行。"除了人员数量的限制性规定外，北京市2013年颁布的《关于对未成年犯罪嫌疑人、被告人进行社会调查工作的实施办法（试行）》①第4条还对执行人员的资质、性别提出了相应要求，该条规定："社会调查应当由二名以上具有未成年人工作经验和相关知识背景的工作人员或者专业人员进行。未成年犯罪嫌疑人、被告人为女性的，应当有女性社会调查员参加调查工作。"对社会调查过程中的保密性要求，各地规定一般均有涉及。例如，北京市《关于对未成年犯罪嫌疑人、被告人进行社会调查工作的实施办法（试行）》第6条第3款规定："社会调查员和有关司法机关的工作人员，对社会调查涉及的国家秘密、个人隐私及依法应当封存的犯罪记录履行保密义务。"

但是，对社会调查过程中需要遵循的其他程序性要求，各地规定差异较大。例如，湖

---

① 《首综委预青组联发〔2012〕5号：关于对未成年犯罪嫌疑人、被告人进行社会调查工作的实施办法（试行）》，http://www.bjjc.gov.cn/bjoweb/wcfgwj/48834.jhtml，最后访问日期：2015年10月8日。

北省《办理未成年人刑事案件工作办法（试行）》第 29 条要求："所有调查材料必须经接受调查的人签名或者盖章。接受调查的个人、单位拒绝签名、盖章的，调查人员应当在调查材料上说明。"但北京、河北、河南等地均没有类似要求。此外，北京市《关于对未成年犯罪嫌疑人、被告人进行社会调查工作的实施办法（试行）》第 6 条第 2 款规定："对于司法机关委托开展社会调查的未成年人刑事案件，接受委托的司法行政机关或者具备相关资质的社会组织在实施调查前应当征得未成年人或者其法定代理人的书面同意。"而其他多个地区的规定也没有这方面的要求。

（六）在调查报告的内容、形式上各地要求不同

由于新刑事诉讼法对社会调查报告的内容规定得比较原则，实践中有关社会调查报告具体需要包括哪些内容、需要采用什么样的形式，各地的具体规定和做法自成一体，呈现出一定的差异。

对于社会调查的内容，各地一般规定包括未成年人的受教育情况、工作情况、成长经历等个人基本情况，家庭背景、涉嫌犯罪后的表现、是否取得被害人或被害人家属谅解、帮教矫正条件等内容。在社会调查报告是否包含对犯罪嫌疑人、被告人逮捕必要性、社会危险性以及量刑等评估意见的问题上，各地做法区别较大，有些地方明确要求给出评估意见，有些地方则未作硬性要求。此外，在形式上，各地做法也有很大差异。有些地方的社会调查报告采取表格的样式，内容主要是选择题，由被调查人员填写。有些地方的调查报告则属于研究报告形式，由调查执行人员根据访谈内容等进行整理、归纳后填写。也有些地方综合采用了上述两种方式。

（七）在社会调查的期限上具体设置长短不一

在社会调查的期限上，各地具体规定的期限长短不一，在该期限能否延长以及如何延长的问题上也有所不同。例如，北京市《关于对未成年犯罪嫌疑人、被告人进行社会调查工作的实施办法（试行）》第 14 条规定："未成年犯罪嫌疑人、被告人未被羁押或者适用简易程序审理的，社会调查报告应当于收到委托函之日起十个工作日内送达至委托机关；未成年犯罪嫌疑人、被告人被羁押且适用普通程序审理的，社会调查报告应当于收到委托函之日起十五个工作日内送达至委托机关；人民检察院、人民法院委托补充调查的，社会调查报告应当于收到委托函之日起七个工作日内送达至委托机关。无法在规定期限内完成社会调查报告的，应当及时向委托机关申请延期调查，由委托机关决定是否同意及延长的调查期限。一次社会调查的最长期限不得超过二十个工作日。"

与上述单独规定社会调查期限的做法不同的是，不少地方并未专门就社会调查的期限作出规定，社会调查的期限往往等同于相应诉讼阶段的办案期限。例如，河南省《未成年人刑事案件社会调查实施办法》第 16 条规定："公安机关、人民检察院、人民法院开展社会调查工作均应在法定的办案期限内完成。"① 在山东省枣庄市以及甘肃省，未成年人刑事案件社会调查的期限也等同于办案期限。

---

① http://www.nzjcy.gov.cn/nzcms_show_news.asp? id=6273，最后访问日期：2015 年 10 月 11 日。

二、我国未成年人刑事案件社会调查实践中存在的突出问题

从实施情况来看，目前我国未成年人刑事案件社会调查制度的适用存在以下突出问题：

第一，各地的未成年人社会调查适用率差距加大。从全国范围来看，未成年人刑事案件中社会调查制度的适用，与新刑事诉讼法实施前的情况相比已呈现较大增长。但具体到全国不同地区，未成年人刑事案件中社会调查制度适用率存在明显的地区差异。原有基础较好或者经济较发达地区，如上海、北京、云南等地，社会调查制度的适用率进一步提高，甚至达到全部适用的程度。而在未成年人司法基础较差或经济欠发达地区，社会调查的适用率则继续维持较低水平，有些地方不足 10%，特别是侦查、起诉等审前阶段对未成年人案件进行社会调查的案件比例往往更低。

第二，社会调查报告在不同诉讼阶段的衔接面临困境。根据调研以及媒体报道的资料，不少地区均要求所有未成年人刑事案件在侦查终结移送审查起诉时都要有社会调查报告。这一要求显然有利于保障社会调查制度在侦查阶段的适用，但也随之产生一定问题：因为侦查终结移送起诉的材料中已经包含社会调查报告，检察机关、法院在审查起诉、审判阶段一般不再另行开展社会调查，而仅以侦查阶段形成的社会调查报告为依据。但是，侦查机关通常具有明显的追诉倾向，尤其是在其通过自行调查开展社会调查的情况下，该社会调查报告在后续诉讼阶段一贯用之有可能偏离该项制度设立的初衷。此外，在实践中，即使公检法三机关或辩护方对社会调查报告的内容存在异议，往往没有明确的异议解决机制可供遵循，而只能通过非正式的沟通协商方式进行解决，这对于保证诉讼程序的公正性和社会调查报告的可靠性显然是不利的。另外，如果一律要求不同诉讼阶段的办案机关分别开展社会调查，则又会导致被调查人员负担增加、司法资源浪费等问题。因此，在社会调查报告如何在不同诉讼阶段有效衔接的问题上，仍然存在较为突出的问题。

第三，社会调查报告的内容欠缺规范，总体质量不高。在不同地区，社会调查报告在内容构成上有所区别，有些偏重基本情况描述，有些偏重评估判断。但不论描述情况还是提出评估意见，各地的社会调查报告都呈现出内容空泛、缺乏针对性、质量不高等问题。例如，在对被调查犯罪嫌疑人、被告人"性格特点"、"家庭情况"的描述中往往仅填写"性格内向"、"父母离异"等寥寥数语，对案件处理仅提出"建议从宽判处"等模糊建议，以致对案件处理的参考作用非常有限。随着社会调查适用率的逐步提高，尤其是在要求对所有未成年人刑事案件一律进行社会调查的地区，社会调查报告内容雷同、流于形式的问题更为凸显。另外，从调研情况来看，不同执行主体、不同诉讼阶段所做的社会调查报告在质量上也存在一定差异。相对于审查起诉和审判阶段形成的社会调查报告，侦查阶段形成的很多社会调查报告往往是犯罪嫌疑人基本情况的简单重复，对于后续诉讼阶段的参考价值较小。

第四，审查、采信社会调查报告缺乏必要的规范与监督。新刑事诉讼法及相关司法解释均没有明确社会调查报告的法律属性，社会调查报告是否属于证据，是否需要在法庭上进行质证、认证等问题悬而未决。从各地有关社会调查制度的实施办法来看，一般也未对社会调查报告的审查、采信作出明确规定。从实践情况来看，社会调查报告审查、采信程序缺乏规范的问题相当突出。例如，在重庆，"47 件案件中社会调查员无一出庭宣读社会

调查报告，31 件案件法庭没有将调查报告作为证据进行质证，控辩双方参与度不高，影响审查结果的可接受性"。① 在四川，"绝大多数社会调查报告在庭审中均经过了审查程序，但控辩双方在发表意见时只是提出调查报告不真实、不全面等意见而提不出证据，意见往往不被采用"。②

第五，异地委托社会调查难度大。目前各地未成年人刑事案件中均存在大量外地户籍犯罪嫌疑人、被告人的情况，其在本地往往没有确定的居住地，需要委托异地机构进行社会调查。但是由于目前并未形成有效的协作网络，异地委托调查很难有效开展。例如，在重庆市綦江区人民法院 2012 年至 2013 年 7 月审结的 47 件未成年人刑事案件中，外地户籍的罪犯有 12 名，其中 9 名外地未成年被告人的社会调查在法院发出委托社会调查通知书后一直没有收到司法行政机关反馈的社会调查报告，另 3 份社会调查报告则是在刑事判决书生效后才收到的。③ 在四川，近 3 年来对外地未成年人刑事被告人适用社会调查人数仅占审理外地未成年刑事被告人人数的 23.2%。④

此外，未成年人刑事案件社会调查制度实施中还存在与办案期限之间存在冲突的问题、与封存未成年人相关信息之间存在冲突的问题等。例如，在对山东、甘肃相关部门进行调研时，不少检察官、法官提出，在有限的审查起诉、适用简易程序审判期间，开展社会调查往往与办案期限产生冲突，很难在有限的时间内完成一份高质量且有实际参考价值的社会调查报告。同时，开展社会调查与禁止披露未成年犯罪嫌疑人、被告人相关信息的规定之间也存在明显冲突。在开展未成年人社会调查工作的过程中，需要对未成年人的亲朋好友、学校、社区等人员和单位进行调查。在此过程中，未成年人的身份信息和涉罪事实必然被相关人员知晓，这很可能会对未成年人权益造成侵害。例如，有些学校在知晓未成年人涉罪问题后即对其予以劝退、不允许其继续就学等。

三、进一步完善我国未成年人刑事案件社会调查制度的建议

分析我国未成年人刑事案件社会调查制度的实际适用中出现的上述问题，既有观念方面的原因，也有立法层面和制度层面的原因。一方面，由于未成年人社会调查制度正式实行时间不长，不少办案人员缺乏对其理论基础、实践价值的了解。在"重打击"、"轻保护"固有思想的影响下，特别是在"案多人少"的现实压力下，办案人员特别是侦查、起诉环节的办案人员对社会调查制度的接受、重视程度仍有待提高。另一方面，由于我国2012 年刑事诉讼法并没有对未成年人刑事案件适用社会调查制度做强制性要求，同时相关条文规定过于原则、概况，没有明确社会调查的实施主体，社会调查报告的法律属性、内

---

① 杨锐等：《完善社会调查制度，维护未成年人合法权益——重庆市綦江区法院关于未成年人刑事案件社会调查制度的调研报告》，载《人民法院报》2013 年 9 月 26 日第 8 版。

② 四川省高级人民法院课题组：《未成年人刑事案件审理中社会调查制度的实际运用与分析》，载《法律适用》2014 年第 6 期。

③ 杨锐等：《完善社会调查制度，维护未成年人合法权益——重庆市綦江区法院关于未成年人刑事案件社会调查制度的调研报告》，载《人民法院报》2013 年 9 月 26 日第 8 版。

④ 四川省高级人民法院课题组：《未成年人刑事案件审理中社会调查制度的实际运用与分析》，载《法律适用》2014 年第 6 期。

容要求以及审查判断程序等必要内容，以致实际适用中出现无章可循、各自为政的混乱局面。此外，在社会调查制度的适用中，配套制度缺乏也是影响该制度发挥实效的一个重要原因。例如，社会调查执行人员的专业知识、经验和素养水平是影响社会调查报告质量的重要因素。但我国目前并没有建立完善的社会调查人员准入制度、培训制度，因此极易导致社会调查报告质量良莠不齐的局面。

针对实践中出现的上述问题，从今后进一步完善我国未成年人社会调查制度的方向来看，可以从以下几个方面着手：

其一，推进有关少年司法理念的普及工作，加强对未成年人社会调查制度的学习、宣传，逐步提高各部门办案人员特别是侦查人员、检察人员对适用社会调查制度的认识、理解和支持程度。

其二，进一步完善有关社会调查制度的立法规定。（1）鉴于全国各地在社会调查制度适用率、已有基础条件等方面严重不均衡，尚不能强制要求所有未成年人刑事案件都适用社会调查制度，但可以区分不同情况设置不同的适用政策，使得有调查必要、具备条件的案件尽可能适用社会调查制度。在条件成熟的情况下，应当通过立法明确规定所有未成年人刑事案件适用社会调查制度。（2）应当明确社会调查的启动时间。目前各地在社会调查启动时间上存在较大差异。但对该项制度长期探索的结果也说明，社会调查制度在确定是否需要对未成年犯罪嫌疑人决定逮捕、提出起诉、作出附条件不起诉决定以及量刑、行刑等过程中都有不可替代的作用，越早启动越能发挥其在诉讼全过程中的参考、依据作用，同时也有利于避免重复调查和互相推诿。因此，从社会调查的启动时间来看，有必要明确侦查机关具有在诉讼伊始启动相应社会调查工作的职责，并应进一步明确不同阶段制作的社会调查报告均应随案移送直至执行部门，并做好各诉讼阶段开展社会调查与办案工作的衔接。（3）应当在立法层面肯定社会调查执行主体的多元性。从实践情况看，公检法机关在办案压力下往往没有过多精力开展社会调查，而司法社工、青少年权益维护机构等社会力量参与社会调查的比重不断提高。在目前仍需扩大社会调查适用率的情况下，对各方力量参与其中应持肯定、鼓励的态度而不宜对其限制过多。从今后完善的方向来看，宜逐步实现完全由经过资格认证的，具有专业性、中立性和社会性的调查人员充当社会调查主体的目标。（4）明确社会调查报告的法律地位，规定对其进行审查判断的具体程序。从统一认识、更好地发挥社会调查报告应有作用的角度，有必要在立法上明确其证据地位。社会调查报告证据属性的确定也意味着对其审查判断应当遵循其他诉讼证据审查判断的基本要求：只有公开在法庭上宣读并经过质证的社会调查报告才能作为量刑的依据或参考；在必要情况下，社会调查员应当在法庭上就报告内容及其所采取的调查措施等情况接受控辩双方的质询。（5）对社会调查方式和社会调查报告的内容进行必要的规范。在调查方式上，原则上应当采取直接接触、当面会谈的方式，特定情况下可以采取视频调查等方式。除非存在无法克服的障碍以及直接调查有损被调查犯罪嫌疑人、被告人的情况，才能采取书面调查的方式。从调查报告内容来看，既要涵盖未成年人性格特点、家庭情况、社会交往、成长经历等个人基本情况以及犯罪前后表现、有关单位和人员对其涉嫌犯罪的处理意见等信息，也要包含依据这些信息所提出的评估意见，如社会危险性程度的评估意见、是否需要逮捕的评估意见以及是否适合非监禁刑的评估意见等。

其三，进一步健全配套机制。要实现社会调查制度的有序、高效运行，还有赖于相关配套机制的支撑与保障。从实践情况看，社会调查异地协助机制、公检法等不同机关在开展社会调查工作上的有效衔接机制、调查人员的资格认证机制以及社会调查各环节的监督制约机制等，都有待进一步加强和完善。另外，从便于法庭对社会调查报告进行审查判断，提高社会调查报告的量刑参考价值的角度来看，在未成年人刑事案件的审判中推进定罪与量刑环节的相对分离也是非常重要的一个方面。

（作者单位：中国政法大学诉讼法学研究院）

论我国刑事案件书面审判方式的体制性成因

牟 军

　　长期以来，我国刑事审判主要是依赖案卷材料的书面审判方式。为改变这一有悖于刑事审判公正价值取向的现象，2012 年修正的刑事诉讼法明确规定了证人、鉴定人等出庭作证制度。党的第十八届四中全会通过的《关于全面推进依法治国若干重大问题的决定》（以下简称《决定》）又明确提出推进以审判为中心的诉讼制度改革，以党的政策形式推动这一刑事审判方式的改革。然而，从全国整体情况看，证人出庭作证的案件比例以及相应审判方式改革与新刑事诉讼法和《决定》实施前相比没有明显变化。迄今为止我国刑事审判仍是一种主要依赖案卷材料（尤其是侦查案卷材料）的书面审判方式。

　　我国刑事审判依赖案卷的情结为何如此根深蒂固？以直接言词原则为导向的刑事审判方式改革为何推动艰难？从学界和实务界的基本认识来看，在于我国司法实践的客观条件和司法现实需要的制约因素。然而，基于刑事司法客观条件和现实需要而在审判实践中存在的案卷情结又恰是学界可能对这一现象提出质疑的根据所在。一般而言，以刑事司法的客观条件和现实需要而形成的书面审判方式是建立在物理性和外部性的原因之上，这种原因本身是不牢固的。以最简单的类比可知，英美法系刑事审判排斥案卷运用的历史由来已久，早期英美刑事审判的人、财、物等基础条件及人员素质驾驭审判的能力可能还不及当代我国刑事审判所具备的条件和能力。况且，随着我国社会经济和科技水平的提升，司法现实需要的这一物理性和外部性原因的变量正在向限缩刑事案卷运用的方向转变。所以，以实用主义哲学阐释的书面审判方式的合理性和现实性基础可能并不成立。

　　如果将主要运用刑事案卷材料的书面审判方式不是放在一个不确定的也不稳固的外部环境来审视，而是将其置于刑事诉讼体制之内并与整个体制互动的关系中来考察，即作为内生于诉讼结构的一项制度来分析，由此得出的结论可能更具本质性，也更加接近于刑事案卷运用的真相。

一、公检法机构体制上的同一性形成的相互认同

　　我国公检法三机关是实施法律的专门机关，在政治术语的表达上，被统称为政法机关，由党的各级政法委员会统一领导。能够对它们进行明确区分的，是它们各自的名称以及与之适应的在司法中担负的不同法律职能和工作权限，由此可以初步将我国公检法机关界定为一种司法联合体，它们虽不同构但具有同质性。

　　第一，在刑事诉讼中公安、检察机关并不被真正作为诉讼一方甚至控诉一方对待。由于公安、检察机关与法院处于同一政法机关序列之下，有共同的上级（政法委员会）及其下达的工作指标和政治任务，如此司法格局之下很难将三者的身份定位和职业取向严格分离。达马斯卡在对大陆法政策实施型程序中的控辩裁三方关系的分析中指出，"与其说私人

当事人是面对着一个与自己大致上平等的对方当事人并在法庭上与之抗衡，不如说他是面对着一头强悍的国家政策的看门狗，后者与法官之间的区别仅在于其特殊的职能。"① 公检法之间实际形成固有的信任关系，三机关内固有的行为方式和具体做法不是相互排斥而是相互联系，并被同类化和体系化了。它们相互之间存在一种内在的默契，因而相互间的行为自然被认同和接受，这当然包括法官对公安、检察机关制作卷宗的认同。②

第二，在刑事诉讼中三机关有着共同追求的目标和利益。追诉和惩治犯罪向来是我国刑事诉讼的主要任务，这既是公安和检察机关的任务，也是法院的任务。2012 年修正的刑事诉讼法对被追诉人的权利保障有所加强，但也未改变有效追诉犯罪的立法导向。在司法实践中有效追诉和惩治犯罪仍是三方的共同目标和利益所在，由此成为将三者紧密联系起来的纽带。巴特对斯瓦特巴坦人原始状态下结盟条件的分析中指出，"他们之间的团结来自于相互往来中所带来的好处，在其中一方或双方看不到这种利益的时候，没有任何外在的限制来阻止他们终止这样的关系，从而结束这样的联盟。"③ 为共同的利益而结盟对于个人和机构来说并无二致，刑事诉讼的共同目标和利益实际成为公检法三机关自身的利益，他们为这一利益紧密相联不可分割，形成在中国司法中独特的一体多面的司法共同体。在当代中国政治制度中仍采用精英统治和等级权威的结构之下，④ 公检法多面一体的结构则更为稳固，机构本身及机构内人员相互的认同感和接受度更高。

第三，公检法三机关活动方式的一体化。尽管公检法三机关有着不同的身份和职责要求，但由于公检法为完成刑事司法惩治和打击犯罪的共同任务而结成的司法共同体（政治共同体），决定了在刑事诉讼中它们行为的同质性大于其异质性。我国刑事诉讼法第 7 条规定，人民法院、人民检察院和公安机关进行刑事诉讼，应当分工负责，互相配合，互相制约，以保证准确有效地执行法律。该法在规定三机关分工负责的基础上，又强调它们的配合和制约，且互相配合先于互相制约。显然，法律所确认的三机关诉讼活动的基本原则凸显了相互配合精神，在实际司法活动中，这种相互配合具体体现为三机关按照流水线作业的程序，运用案件办理的接力方式完成各自的工作职责，共同顺利处理案件。这一相互配合协同的作业方式，除了共同的诉讼目标和任务对它们提出的要求外，也在于诉讼体制内相同的结构性因素。我们可以将巴特所观察的早期斯瓦特巴坦人生活区域实际状况做一对比。在巴特看来，斯瓦特巴坦人生活的区域实际上是一个我们现在称之为的社区，"整个社区都成了一个生产单位，各自承担一定的责任，单位内部的合作得到了加强，因为各个土地所有者不得不分享有限的劳动力、依靠同样的作坊和运输工具"。⑤ 在当代中国公检法一

---

① [美] 米尔伊安·R. 达玛什卡著：《司法和国家权力的多种面孔——比较视野中的法律程序》，郑戈译，中国政法大学出版社 2004 年版，第 233 页。

② 从大陆法国家法官对警察案卷认同的理念也可加以解释。在法国，法官对于轻罪案件的处理可以建立在卷宗的基础之上，尽管卷宗多由法官并不信任的警察在侦查阶段制作完成，但由于是在检察官对侦查活动进行监督的条件下形成的，法官对卷证的采纳与检察官作为侦查监督者的实际身份和地位而非追诉者的因素是密切相关的。参见 [英] 杰奎琳·霍奇森著：《法国刑事司法——侦查与起诉的比较研究》，张小玲、汪海燕译，中国政法大学出版社 2012 年版，第 267 页。

③ [德] 弗雷德里克·巴特著：《斯瓦特巴坦人的政治过程》，黄建生译，上海人民出版社 2005 年版，第 152~153 页。

④ [美] 詹姆斯·R. 汤姆等著：《中国政治》，顾速、董方译，江苏人民出版社 2004 年版，第 28 页。

⑤ [德] 弗雷德里克·巴特著：《斯瓦特巴坦人的政治过程》，黄建生译，上海人民出版社 2005 年版，第 125 页。

体化的长期诉讼实践中，实际已形成较为牢固的、相对较难改变的具有同质性的诉讼资源、诉讼方式以及附属性的有形与无形的条件，这对各自行为的趋同性产生了重要影响。

公检法三机关同质性的机构特点、共同的诉讼目标和利益以及各自诉讼活动方式的单向性和一体化决定了中国公检法三机关实际是一个具有稳固性的司法共同体。这一共同体不仅达到了机构身份之间相互认同和接受的结果，而且其内部人员被看成是一个机体中的不同部分，他们构成一个单一部门领导下的统一官僚系统。① 其共同体内的人员"随着时间的推移，他们与处在类似地位的其他个人之间还发展出一种认同感，从而使自己人和外人之间的界线变得日益牢固。"② 既然各自属于同类的机构，机构内的人们又属于自己人，他们在诉讼中有着相同的法律价值取向、观念和情感，其行为自然能为对方所认同和接受，这里当然包括法院对前期侦查和起诉机关活动的主要载体方式即案卷材料的认同和接受，而且自己也以相同的方式和程序补充这一案卷材料。这里，刑事案卷实际成为将侦查、起诉和审判相连接的纽带，也是各类司法者相互联络的基础。达马斯卡对罗马教会法高度重视官方制作的案卷材料原因指出，在罗马教会所倡导的科层式司法组织下，曾经参与诉讼的不同级别和同一级别官员，通过卷宗的信息渠道联系在一起。③ 在当代中国具有浓郁科层等级化的司法体制之下，案卷材料的运用也属于这一具有实用主义特征的制度安排。

二、我国刑事诉讼的职权主义结构

我国传统的刑事诉讼结构仍类似于大陆法国家的职权主义，有学者将职权主义结构概括为以追求实质真实为目标，国家权力为主导，控辩对抗为方式的特点。④ 如果以审判中心进行观察，职权主义具有两个突出特点，一是法官对真实的追求产生对裁判的真实可靠性负责；二是裁判者依职权对事实的主动调查，而非控辩双方的对抗式调查。由于在职权主义结构之下，法官对裁判的真实可靠性负有最终责任，与英美对抗式诉讼结构所决定的裁判者对案件事实的中立判断不同，法官对案件事实不仅是一种判断，更重要是对事实的审查和认定。审查和认定事实是一种主动的行为，需要调查核实证据材料，甚至可以有一定的取证活动。法官接触和阅览案卷材料，甚至对有关人证进行调查核实当然成为其工作的一部分。同时认定事实也是客观对待证据的过程。"在事实认定是由职权控制的情况下，某项证据究竟对哪一方有利已没有什么关系：重要的仅仅是这项尚未确证的证据是否有助于进一步的事实调查。"⑤ 刑事案卷主要为警方调查获取的证据材料，对追诉方有实质好处，但在职权主义的结构中其利益倾向并非为裁判者的关注点，而更在于其对查明案件真相的实际意义，就案卷材料的价值来看能为裁判者实际利用。控辩对抗制的诉讼结构不仅强调

---

① ［美］米尔伊安·R. 达玛什卡著：《司法和国家权力的多种面孔——比较视野中的法律程序》，郑戈译，中国政法大学出版社 2004 年版，第 295 页。

② ［美］米尔伊安·R. 达玛什卡著：《司法和国家权力的多种面孔——比较视野中的法律程序》，郑戈译，中国政法大学出版社 2004 年版，第 28 页。

③ ［美］米尔吉安·R. 达马斯卡著：《比较法视野中的证据制度》，吴宏耀、魏晓娜等译，中国人民公安大学出版社 2006 年版，第 263 页。

④ 施鹏鹏：《刑事既判力理论及其中国化》，载《法学研究》2014 年第 1 期。

⑤ ［美］米尔建·R. 达马斯卡著：《漂移的证据法》，李学军等译，中国政法大学出版社 2003 年版，第 115 页。

控辩双方在庭审中主导证据调查，而且需以庭审集中的审理方式进行这样的调查，因而调查的范围和供法庭裁决的证据材料都被限制在可控制的范围之内，① 庭前形成的案卷材料不可能在有限的庭审时间内所运用。与之相对应，职权主义结构之下，既然证据调查不是由控辩双方主导的对抗式调查，裁判者有着更大的证据调查空间，不仅在庭审中可采分段式的证据调查方式，而且证据调查不局限于庭审，而可以是庭前，甚至可以在庭后进行这样的调查。按照达马斯卡的观点，这种分段式或零散型案件审理的方法对裁判者接触的证据范围和总量就不会有严格要求，从而为裁判者在庭前和庭后阅览及使用由官方所固定的证据材料提供了便利条件。②

三、刑事司法的政策导向

不同的刑事司法类型决定了不同的司法程序，也决定了不同的证据运用方法。从取证的角度来看，以采用案卷材料（卷证）为主的审判，属于一种单向取证（调查讯问）的方式，证据的引入是通过一个人或一个小组的活动实现的，而采用口证为主的审判，则属于一种双向取证（控辩竞赛）的方式，证据的引入是经由直接质证和交叉质证的双向过程完成的。③ 单向式和双向式取证方式的形成显然与其服务于且服从的目标不同。④ 达马斯卡指出，围绕着竞赛这一主导形象而组织起来的程序同围绕调查这一主导形象组织起来的程序实际上并不是达成同一目标的不同结构性选择。他认为，双向式的风格比单向式风格更能推进纠纷解决目标的实现，而单向式的方法被证明在政策实施背景下更为有效。⑤ 从两种取证方式（单向式和双向式取证）的性质和产生的实际效果来看，前者更适合于纠纷解决，后者更适于实现国家政策。

具体而言，在双向式的取证中，控辩双方能够通过全面展示本方的证据并对相对方提出的证据进行公开和平等的质询和交叉询问，使双方产生的争议事实得到合理解决（解释、说明），实际上达到解决双方分歧和纠纷的效果。而在单向式的取证中，证据材料的取得和制作由侦查机关主导（在主要的大陆法国家，除了警察和检察官主导的侦查活动所形成的案卷材料外，部分国家规定预审法官在开庭前也可对已形成的案卷再行收集和制作，包括重新讯问形成法官的笔录材料或对侦查案卷进一步整理和加工）。由于这些材料主要是追诉犯罪的证据材料，加之在制作上比较规范，具有较强的司法政策的指向性和针对性，对完成国家惩治犯罪和保障人权任务，实现国家稳定社会秩序，保证社会安定团结的政策性目标具有重要意义。所以，由刑事案卷材料制作和运用表现的单向式取证模式显然与我国的刑事司法政策导向的特点有着密切关系，它决定并受制于刑事司法的政策导向，反过来通

---

① ［美］米尔建·R.达马斯卡著：《漂移的证据法》，李学军等译，中国政法大学出版社 2003 年版，第 85 页。
② ［美］米尔建·R.达马斯卡著：《漂移的证据法》，李学军等译，中国政法大学出版社 2003 年版，第 85 页。
③ 参见［美］米尔伊安·R.达玛什卡著：《司法和国家权力的多种面孔——比较视野中的法律程序》，郑戈译，中国政法大学出版社 2004 年版，第 143 页。
④ 参见［美］米尔伊安·R.达玛什卡著：《司法和国家权力的多种面孔——比较视野中的法律程序》，郑戈译，中国政法大学出版社 2004 年版，第 131 页。
⑤ 参见［美］米尔伊安·R.达玛什卡著：《司法和国家权力的多种面孔——比较视野中的法律程序》，郑戈译，中国政法大学出版社 2004 年版，第 144 页。

过刑事案卷材料的有效运用又推动刑事司法政策目标的达成。由此也可以判断，在一国的法律实践中，如果刑事司法以纠纷解决的理念为主导，刑事审判可能以双向式取证也即口证的方式为主，而强调国家政策为导向，刑事审判则以单向式取证也即案卷材料的方式为主。

四、我国刑事司法组织体制和活动方式的行政化

中国司法组织体制向来具有浓厚的行政化色彩。以法院组织体制为例，我国法院体制的行政化体现在三个方面，一是法院本身的行政化。从最高人民法院到基层人民法院都有与之对应的行政级别，这属于一种法院外部的行政化。① 二是法院内部的行政化。我国法院内部组织实际上是按照科层制原理构建起来的，法院内存在着从普通法官经由庭长、院长到审委会这个明显具有从属性的层级化关系和建制，并且各个层级都对应着外部行政谱系中的相应级别。② 三是法院之间的行政化。这在上下级法院的关系中表现得最明显。③ 按照法律规定，我国上下级法院之间属于一种监督与被监督关系，上级法院通过审级发现和纠正下级法院审判的错误，下级法院独立行使审判权，但在现行司法体制之下，上下级法院则是一种命令和服从的关系。一方面上级法院对个案审判直接给予指示和意见，下级法院对案件的具体处理也可向上级法院请示汇报；另一方面最高人民法院通过批复、通知和解释等形式对各级法院的审判工作提出要求和给予指导。法院组织体制的典型行政化特征决定了法院刑事审判活动运作方式的行政化。在我国，法院实际的庭审活动只是一种审判活动的外部形式，是一种所谓剧场化表演性质的活动，对审判及其结果具有决定意义的活动仍是法院内部案件处理的运作方式。这种方式被学者称为院庭长批案和审委会讨论决定案件的具有浓厚行政化色彩的家长式机制。

在我国司法实践中，刑事案卷材料的普遍运用与我国法院组织体制和活动方式存在的固有行政化特征显然有着密切关系。首先，法院之间（包括上下级法院之间、同级法院之间和不同区域法院之间）业务的日常运行是靠卷宗材料维系的。韦伯对于近代西方职务运作的条件曾指出，以原本草案形式保留下来的文书档案以及制作和传输这一文书的幕僚和写手所构成的机构发挥着基础作用。④ 现代社会官僚组织体制和行政化的管理方式同样以文书档案的使用作为运行基础。就上下级法院之间的业务往来而言，除了适用制度内的二审程序进行的审判需依赖于一审移送的案卷材料外，⑤ 陈瑞华如上所述，对一审法院刑事案件事实认定和定罪量刑问题的处理，同样适用下级院向上级院的请示汇报或上级院主动发出的指示和命令这一制度外的行政机制加以解决。而上级院的决定显然不能只听取下级院的

---

① 张卫平：《论我国法院体制的非行政化》，载《法商研究》2000年第3期。
② 顾培东：《人民法院内部审判运行机制的构建》，载《法学研究》2011年第4期。
③ 参见张卫平：《论我国法院体制的非行政化》，载《法商研究》2000年第3期。
④ 参见［德］马克斯·韦伯著：《韦伯作品集Ⅲ：支配社会学》，康乐、简惠美译，广西师范大学出版社2004年版，第23页。
⑤ 就审级监督程序而言，二审法院（上一级法院）审理的上诉和抗诉案件在2012年修正的刑事诉讼法出台前基本上运用一审移送的案卷材料实行书面审理，即便刑事诉讼法规定了二审法院直接开庭审判的原则，但二审法院开庭审理前仍需对案件进行全面审查，以决定是否需要纳入庭审程序。全面审查则属于书面审查，主要通过阅卷审查来解决，同时与一审法院类似，开庭审理前也需通过阅卷了解案情为庭审做相应准备。

口头汇报，而需阅览一审原始案卷材料或经整理剪裁的案卷材料甚或案卷的复印材料（近年来使用电子卷宗则更为便利）。就同级或不同区域法院之间形成的审判业务关系来看，主要涉及审判管辖的移交、审判协作和已处理案件的审判经验或做法横向交流上，这些业务的完成除了文书材料的邮件往来、座谈和实地调查外，更多需要在它们之间形成的案卷材料流转来实现。其次，法院内部因行政层级领导关系所形成的纵向审判管理通过案卷材料来往传递和运用起着基础作用。单个法官永远不可单独作出判决这一法国古老谚语①同样适用于我国当代的法院体制。由于我国法院对内并未形成法官个人或合议庭对案件审判相对独立的体制，根据我国法院院庭长批案、审委会讨论和决定案件的集体负责制下的分层管理体制，在案件实际庭审前或者案件实际宣判前，法院内部不同层级的组织或个人要介入案件的处理，承办人对案件的汇报或说明需要事先通过深入全面阅卷熟悉案情为基础，而不同层级领导或组织在听取汇报或说明中对于重点、疑点问题也需翻阅案卷材料或阅卷整理的笔录加以理解和澄清，案卷材料起到了连接法院内部审判层级管理的基础作用。最后，法院内部行政化的横向审判流程管理更加依赖于案卷材料的运用。一是法院开庭审理前对案件是否适于庭审进行的甄别和过滤（包括通过调解或和解的形式化解其纠纷或为庭审的顺利进行提供条件），以及对于可能适用的繁简审判程序进行分流，都需通过阅卷了解案件的具体情况加以解决。二是对于决定纳入庭审的案件还需通过庭前准备会议的形式，召集控辩双方就证据调查范围、证人出庭的名单、非法证据排除听取意见和作出决定。由于不是以直接庭审方式进行，一般都需通过对案卷的审查或核对加以解决。三是对于立案、排期开庭、审理、审限跟踪、归档和移送上诉等审判流程的诸多环节都需在对案情性质、严重程度和具体特点等比较熟悉情况下才可正常运行，这些都离不开承办人对案卷材料充分全面的掌握基础之上。

（作者单位：云南大学法学院）

---

① 参见［美］米尔伊安·R. 达玛什卡著：《司法和国家权力的多种面孔——比较视野中的法律程序》，郑戈译，中国政法大学出版社 2004 年版，第 273 页。

落实疑罪从无原则的现实问题及其应对

秦　策

一、疑罪标准的把握问题

疑罪从无案件的关键在于疑罪的判断，法官要作出疑罪从无判决，首先要确认这是一个疑罪。如果法官对于何谓疑罪、如何把握疑罪标准方面难以决断，则会产生疑罪认知的压力。这一压力的产生根源既有外部因素，也有内部因素。就外部因素而言，我国的刑事证明标准以及疑罪的判断标准具有一定的模糊性。1979 年与 1996 年刑事诉讼法确定的定罪证明标准是"案件事实清楚，证据确实、充分"，2012 年刑事诉讼法引入了"排除合理怀疑"标准作为补充，这虽然代表了立法上对刑事证明标准加以明晰化的一种努力，但无论如何，我们很难说这一证明标准就达到精确化，尤其是当它与具体的个案事实相结合时，模糊性与不确定性就会显现出来。案件事实出现真伪不明，法官裁判面临定放两难的境地，这首先就来自疑罪判断标准的模糊性。

疑罪认知的压力也可能来自法官自身。其一，法官自身的疑罪判断能力存在不足。疑罪判断标准具有一定的模糊性，但并不是无法判断，法官的办案水平、审判经验可以在一定程度上消除认识上的不确定性。但法官的办案能力因人而异，如果办案能力不足，尤其是疑罪判断能力不足，会给承办法官带来认知压力。其二，"有罪推定"，"重打击、轻保护"等陈旧观念对法官产生了不良影响。一些法官倾向于先入为主地认为被告人有罪，进而偏信有罪证据，忽视无罪证据，把证据不足归咎于被告人的无理狡辩和不配合查证，在这种心态之下，关于疑罪的判断容易偏离客观中立的轨道。

鉴于此，疑罪认知压力的疏解可以从以下路径入手：首先，在理论上对疑罪进行系统而有针对性的厘清，限定疑罪的范围，明晰疑罪从无与从轻的界限。有学者对疑罪能否从轻的问题展开争论，主张刑事司法中可以容忍某些疑罪从轻的情形。① 但依笔者观察，这种争议的背后实质隐藏着疑罪范围的泛化现象，即包括案件事实是否成立以及罪刑轻重、此罪彼罪、一罪数罪的判定上存在疑问的情况。以此广义疑罪论为基础，确实对某些存疑案件是可以适用"疑罪从轻"的。但这种观点无疑将疑罪从无原则与广义上的存疑有利于被告人原则混同起来。笔者认为，对疑罪从无原则所指"疑罪"应限定为定罪证据不足的情形，罪刑轻重、此罪彼罪、一罪数罪存疑的情形不纳入其内。这样的限定有助于明晰疑罪从无原则的适用范围，不致与存疑有利于被告人原则纠缠不清而使法官产生认知上的矛盾。

---

① 秦宗文：《"疑罪"应当"从无"吗？——法治与情理视角下对疑罪从无原则的重新审视》，载《法律科学》2007 年第 1 期。

其次，在定罪证明标准之外探讨相对独立的疑罪判断标准。司法理论与实务中多探讨定罪的证据标准，而极少专门研究"证据不足"的标准，但两者之间并不是非此即彼、非黑即白的关系。因此，在定罪证明标准之外可以设立相对独立的疑罪判断标准，以利于法官的把握。具体而言，疑罪之"疑"包括：（1）要件事实之疑，即犯罪构成要件事实缺乏必要的证据加以证明；（2）关键证据之疑，即据以定罪的证据存在疑问，无法查证属实；（3）证据矛盾之疑，据以定罪的证据之间、证据与案件事实之间的矛盾得不到合理排除；（4）结论多元之疑，即根据证据得出的结论具有其他可能性，不能排除合理怀疑；（5）结论不合理之疑，即根据证据认定案件事实不符合逻辑和经验法则，得出的结论明显不符合常理。有学者指出，定罪判决与疑罪判决对犯罪构成要件事实的证明存在区别，前者应依法同时具备基本要件，但对于后者，否定其中的某一关键项即可。[1] 笔者赞同这一观点，但需要注意的是，并不是每一种要件事实都有达到严格证明的程度，如某些主观要件可以依据一定的基础事实加以推定，疑罪标准的掌握也要体现这一特点。同时，还要将疑罪之"疑"与一般意义上的疑点有所区分，避免滑入另一个极端，只要案件的事实、证据存在疑点，就认为构成"疑罪"，导致"只要有疑点就不敢下判"。[2]

最后，切实提升法官的疑罪判断能力，摒除有罪推定的先入之见。疑罪判断能力的提升一方面需要法官个体审判经验的积累；另一方面，集体审判智慧的总结也会起到很好的助力作用，围绕疑罪进行案例指导是发挥这一作用的重要形式。由于每个案件都有自身不同的情况，因证据不足而存疑的情况难以司法解释的方式一一尽数，并取得划一的标准。案例指导能够将标准的复杂性与个案的具体性有机地结合起来，通过个案指引的方式引导法官的裁判思维，有利于法官体悟与领会疑罪判断的技巧，提升办案能力。同时，法官应摒除有罪推定的先入之见，在理念层面充分认识疑罪从无对于保障犯罪嫌疑人、被告人人权，维护刑罚目的正当性的基本价值；在实务层面充分认识到疑罪从无对于防范冤假错案、提升司法公信力的现实功能，从而敢于将"疑罪从无"理念真正贯彻落实到具体裁判过程中。

二、疑罪从无案件的被害方特别保护问题

在司法实践中，一些案件之所以未能最终落实疑罪从无，被害方的压力是一个重要因素。疑罪在证据上虽然达不到法定的证明要求，或者关键证据存在明显瑕疵，但并不是没有指向被告人作案的有罪证据，在有些案件中，由于种种原因，被告人在侦查或起诉阶段还作出了有罪供述。这样的案件，在追诉心理强烈的被害方看来，已足以认定被告人就是真凶，法官应当作出有罪判决。如果法官径行宣告被告人无罪，他们会怀疑法院放纵了罪犯。个别被害人家属甚至采取威胁、围攻法官等手段对法院施加压力，使得法院在作出疑罪从无判决时犹豫再三、难以下判。[3]

应该明确刑事司法追求的是"所有人的正义"，被害人的权益应当得到切实保护。现实

---

① 姚显森：《疑罪从无处理的程序法规制》，载《现代法学》2014 年第 5 期。

② 刘静坤：《如何理解和坚持"疑罪从无"》，载《人民法院报》2013 年 10 月 31 日第 2 版。

③ 王斌：《落实"疑罪从无"难在何处？》，载《光明日报》2015 年 1 月 5 日第 10 版。

中，被害方的诉求有合理与不合理之分，对于合理部分，应当坚决给予支持；对于不合理部分，则需要给予积极引导和化解。为了疑罪从无判决的顺利作出，也为了彰显维护社会公平正义的国家责任，可以考虑对疑罪从无案件中的被害人权益进行倾斜性、衡平性保护。

首先，应当确立疑罪从无案件中被害人特别保护的国家责任原则。被害人因刑事犯罪受到权益损害，这不仅是犯罪人的过错，它也可视为国家机关的疏失，即国家未能尽到有效保护公民的责任。尤其是在疑罪从无案件中，国家专门机关经过了立案、侦查、起诉、审判等环节仍然不能对真正的犯罪人加以惩罚，往往起因于办案机关的过失或者疏漏，即便是办案机关已尽到最大努力，但由于案件情况的复杂性或者技术水平的不足而未能完成追诉任务，国家承担未能有效保护公民的责任也是理所当然的。因此，对疑罪从无案件被害人给予特别保护，不仅有助于疑罪从无判决的顺利作出，也是国家承担其应然责任的一种体现。

其次，完善程序参与机制，尽可能吸收被害方的不满，取得他们对存疑无罪判决的理解或认同。疑罪从无判决的作出意味着刑事诉讼程序在法律意义上的终结，被害方的诉求与权益不免陷入不确定的状态之中。因此，疑罪从无判决看似只是令可能"无罪"的被告人摆脱了刑事追诉的境地，但其结果却不能说与被害方毫无关联。如果被害人不能参与裁决过程，产生强烈的不满情绪是情理之中的事情。鉴于此，我们要充分发挥正当程序的吸收不满功能，保障被害人参与疑罪从无案件的整个处理过程。而且，这种参与不能仅是形式意义上的，而应当是实质的参与，即法官应当充分保障被害方对案件事实认定和法律适用所提出的意见，对于相关质疑应给予充分的释明和回应。在公正对待与理性商谈的氛围中，被害方更有可能形成对存疑无罪判决的理解或认同。

再次，确立疑罪从无案件被害人的国家补偿制度。国家补偿制度是指当被害人不能从被告人处获得实际赔偿时，由国家依照一定的条件和程序对被害人加以补偿的制度。应当将疑罪从无判决的作出视为被害人无法从罪犯处获得赔偿的一种情形。对一般的刑事案件被害人采取"赔偿为主、补偿为辅"的救助原则，即只有在被害人无法得到赔偿时才可请求国家补偿；但对疑罪从无案件被害人则采用"补偿为主"的救助原则，即一旦作出疑罪从无判决，国家将成为主要的补偿主体。这不仅是对被害人的一种安抚，也是国家对在承担保障公民安全职能方面出现缺陷和不足的及时补偿，更是国家彰显其维护公共安全责任的体现。

最后，建立专门的被害人服务组织，为被害人提供及时的医疗服务、心理咨询和经济援助，帮助被害人尽早摆脱犯罪侵害的阴影。被害人服务组织通过与被害人直接接触，接受被害人的来访，有针对性地对被害人所受人身损害采取恢复性医疗措施，消除因犯罪行为而造成的心理障碍，使他们在生活上尽早重归社会，在情绪上恢复理性状态，这也有助于他们对存疑无罪判决给予理解或认同。

三、疑罪从无判决的社会认同问题

法律的最终实施必须得到人民群众的充分理解和肯定。在这个意义上，疑罪从无原则能否落实，民众的理解与认可至关重要。由于传统观念的影响，民众更多地关注结果正义，而非程序正当。严格来说，疑罪从无只是程序上的认定，而非结果上的判明，因此往往不能得到部分民众的理解与认同。相反，倾向于结果正义的疑罪从轻判决却会获得较高的认可度。另外，同情弱者的观念也使民众更倾向于认同被害方的诉求（即便是这种诉求未必合理、正确）。在当下中国，媒体报道无疑是民众舆论的"放大器"；被害方在非理性情绪驱使下采取各种手段试图引起媒体关注，对案件进行炒作，以推动被告人的存疑定罪。在被害方以及社会强烈要求惩治犯罪的压力之下，法官往往作出疑罪从轻的判决。

可见，在民情舆论的层面存在着与疑罪从无不合拍甚至相矛盾的社会观念，需要采取积极措施，促进整个社会对疑罪从无理念的真正接纳。

首先，应当向社会明确宣示"宁可错放、不可错判"的刑事司法理念，培育民众的宽容意识，引导民众正视和接受疑罪从无的必然代价。疑罪从无不是空洞的口号，它的落实能够有效防范冤错案件的发生，但错放的风险在少量案件中还是存在的。民众如果不理解这一点，就会简单地将疑罪从无看成是法官徇私枉法、包庇坏人的借口。因此，应当通过各种宣传方式增进民众对疑罪从无含义与风险的理解。在疑罪从无所导致的错放风险与疑罪从有所导致的冤错风险之间，应两害相权取其轻，宁可错放，也不可错判。[1] 司法机关以追求"不枉不纵"为理想目标，但是当这一理想目标由于客观原因难以实现时，疑罪从无相对于疑罪从有是一个更为可取的抉择。

其次，敢于曝光因疑罪从无未落实而导致冤错的典型案件，提升民众对于正当程序价值的认知。近年来，一系列冤错案件经媒体的曝光，引发社会的广泛讨论与批评，对司法公信力造成不小的负面影响，但客观上说，社会公众对于疑罪从无原则的认知水平也随之获得较大提升。真实的典型案件能够深入浅出地诠释疑罪从无的实际效应。因为疑罪不从无，导致对公民的错误羁押和定罪处刑，人身自由遭到剥夺，正常的工作学习难以为继，婚姻家庭因此破碎，人生轨迹发生扭曲和改变；与此同时案件真凶依然逍遥法外，司法机关因为错误定罪而丧失追查真凶的必要与机会。被定罪的无辜者在平反后获得的国家赔偿看起来是一笔不小的数额，而已被执行死刑的无辜者再也不能复生，则是更加令人痛心的事情。典型案例是最好的社会法治普及教材，正当程序观念在其中可以有具体而生动的展现，有助于社会公众尽快地加以接受。

再次，通过立法对媒体报道未决案件的行为进行规范。客观、理性的传媒报道可以保障刑事司法的公开、公正、公信，但如果媒体对未决案件进行过度介入，以不当评论误导社会舆论，甚至以炒作的方式引发公众对司法的围攻，对法院、法官施加舆论压力就不妥当了。我国在这方面尚缺乏相应的法律规范和媒体行业准则，因而需要加强规范建设，对媒体采访报道的时间、范围和方式加以明确规定，在案件审理阶段的评论性言论进行一定的限制，如果以恶意炒作方式造成对刑事审判的不良影响，则要对涉事媒体及人员进行行业惩戒或行政处罚，构成犯罪的，依法追究刑事责任。同时，法院应当通过新闻发言人、信息发布等机制，从正面客观报道案件进展，对媒体报道的失实部分或不当言论进行及时纠正。

最后，增强裁判文书的说理性，确保疑罪从无判决的社会接受性。裁判文书是人民群众了解案件情况的重要途径，我国法院已实行裁判文书网上公开制度，这意味着每一份裁判文书都将接受人民群众的检查和评论，其中疑罪从无判决无疑会成为社会各界关注的焦

---

① 参见沈德咏：《论疑罪从无》，载《中国法学》2013 年第 5 期。

点。通过增强裁判文书说理，法官向当事人、社会公众展示其心证形成的过程，能够有效地澄清和回应不同主体对判决的质疑。法官要准确概括案件争点，公布心证的形成过程，明示对控辩双方意见采纳与否的决定和理由，阐释判决形成所依据的事理、法理与情理，从而保证疑罪从无判决获得社会的广泛认同。

四、疑罪从无与侦诉审关系的重构问题

侦诉审关系是刑事诉讼体制的一条主线，它不仅关系到各诉讼阶段程序功能的正常发挥，而且会影响审判环节疑罪从无判决的实际作出。刑事诉讼法规定，公检法三机关的关系是分工负责、互相配合、互相制约，审判是决定被告人是否有罪的关键环节，而在实践中，刑事诉讼的实际重心却是在侦查环节，以致形成了"以侦查为中心"的流水线诉讼模式。[1] 同时，检察机关拥有对审判活动的强大监督权，是事实上的"法官之上的法官"。[2] 检察机关可以对同级法院法官立案侦查，追究刑事责任，也会使法官在作出疑罪从无判决时顾虑甚多。在这种诉讼体制下，侦查机关制作的案卷既是检察官提起公诉的主要依据，也是法官作出判决的主要依据。相应地，侦查结论决定了公诉结论，而公诉结论决定了审判结论。这样，法官作出疑罪从无判决是对公安机关、检察机关工作的直接否定，往往需要面对来自两个部门的质疑和不满，在这种压力之下，不少法院更愿意去采取疑罪从轻、退回补充侦查、建议检察院撤诉等策略选择，而不是直接作出疑罪从无的判决。

解决这一问题的最根本路径是坚决推进"以审判为中心"的诉讼制度改革，彻底改变原有的"以侦查为中心"的流水线诉讼模式。

首先，以"庭审中心主义"改革为抓手，促使庭审的实质化。要想实现审判中心主义的刑事诉讼构造，前提是建立"以庭审为中心"的审判模式。"庭审中心主义"的基本要求是"审判案件以庭审为中心，事实证据调查在法庭，定罪量刑辩论在法庭，裁判结果形成于法庭"，究其实质，是要强调审判的实质化，庭审功能得以充分展现，不致沦为侦查结论、公诉意见的"橡皮图章"。"庭审中心主义"改革要求加强庭审的举证、质证、辩论环节，充分贯彻直接言词原则，提高证人、鉴定人和侦查人员的出庭比率，同时进一步落实被告人的公正审判权，依法维护辩护律师的各项执业权利，尊重辩护人的辩护意见，实现控辩之间的公平对抗。只有在实质化的庭审过程中，法官才有可能摒弃对侦查案卷的单向度依赖，法庭调查、辩论成为法官的心证赖以形成的真正基础，审判对于侦查、起诉的中心地位才能确立。

其次，强化审判对侦查、起诉的制约，建立"以审判为中心"的新型侦诉审关系。近年来曝光的一系列冤假错案大致都与侦查环节收集的证据出现问题但在起诉和审判环节未予以排除有关，这正是侦诉审关系扭曲与失范的表现。重塑侦诉审关系，应当强化审判对侦查、起诉的制约，强化审判程序的"倒逼"功能，即由时间顺序在后的审判活动对在先的侦查、起诉活动产生有效的反向影响，通过对案件事实和证据的终局性裁判来约束和引

---

① 何家弘：《从侦查中心转向审判中心——中国刑事诉讼制度的改良》，载《中国高校社会科学》2015 年第 2 期。
② 陈兴良：《从"法官之上的法官"到"法官之前的法官"——刑事法治视野中的检察权》，载《中外法学》2000 年第 6 期。

导审前的侦查行为和起诉行为。同时，应杜绝法院与侦控机关的任何形式的联合办案，在庭审中应禁止法官与侦控方的单方接触、交换意见与秘密协商。如果本应中立裁判的法庭也成了追诉团队的一分子，必将弱化审判对于程序正义和实体正义的保障功能。

再次，对审判阶段的检察监督权进行合理定位。应明确"以审判为中心"诉讼制度改革并未否定检察机关对审判活动的法律监督权。其一，检察机关依法对审判权的行使履行法律监督职责，这是符合宪法规定的制度安排；其二，作为检察权能的表现形式，法律监督与提起公诉既有统一性，也存在区别，二者之间并不是此消彼长、难以共容的关系；其三，审判权作为一种公权力有存在被滥用甚至出现腐败的可能性，因此也需要监督与制约。但不可否认，检察监督权的存在与审判权独立行使存在着权力方向上的"拮抗"关系，但这正是权力"互相制约"的应有之义。"以审判为中心"的诉讼模式强调的是审判阶段对案件处理的关键作用，但审判阶段的诉讼活动仍然要接受检察机关的诉讼监督，二者并不矛盾。要使两种权力各得其所，发挥各自的应有功能，则需要探讨检察机关对审判活动行使法律监督权的合理方式。尤其是应该禁止同级检察机关对同级法院立案，对法官职务犯罪的立案侦查，可交给上级检察院来进行。

最后，尊重司法基本规律，完善办案绩效考核机制，设置合理的司法责任制度。在阻碍疑罪从无原则的贯彻落实方面，不合理的办案绩效考核机制也是一个重要原因。对于侦查人员和检察人员来说，无罪判决意味着办了错案，其办案绩效与业务能力会受到否定评价，甚至会被要求承担一定的行政责任和法律责任。人都有趋利避害的天性，在面临不利于自己的情况时，都会选择以各种方式规避。在扭曲的侦诉审关系模式下，法院在判决时一般会事先征求侦控机关的意见，尽量保证判决结果与之相符。如此一来，在面对证据不足的案件时，法检两家往往心照不宣，不遵循疑罪从无原则，而是选择"疑罪从有、量刑从轻"的做法，这严重侵犯了被告人的诉讼权利，也为冤假错案埋下了祸根。2015 年 1 月 20 日，中央政法委发文要求政法机关将有罪判决率作为不合理的考核项目加以取消，[①] 为今后的改革指明了基本方向。接下来要做的是构建合理完善的办案绩效考核机制，使其符合司法规律和刑事诉讼对于人权保障的要求。合理的做法是引入过错责任追究机制，即只有当检察人员或者审判人员在主观上存在严重过错（包括故意和重大过失），实施了不当追诉或错误裁判的情况下，才能对其进行行政追责或者要求其承担刑事责任。这样才能释放司法实务人员的自主性和主观能动性，才能使法官敢于作出无罪判决。

（作者单位：南京师范大学法学院）

---

① 陈菲、邹伟：《中央政法委取消有罪判决率等考核指标》，载《新华每日电讯》2015 年 1 月 22 日第 2 版。

羁押必要性审查之实务探讨

向 前 戴剑敏

刑事诉讼法第 93 条规定，犯罪嫌疑人、被告人被逮捕后，人民检察院仍应当对羁押的必要性进行审查。对不需要继续羁押的，应当建议予以释放或者变更强制措施。有关机关应当在 10 日以内将处理情况通知人民检察院。根据这一规定，修改后的刑事诉讼法第 93 条增设了羁押必要性审查制度。这表明新刑事诉讼法建立起了两阶段审查机制，即逮捕必要性审查和捕后羁押必要性审查。《人民检察院办理羁押必要性审查案件规定（试行）》（以下简称《试行规定》）于 2016 年 2 月 2 日开始实行，此举被认为是落实新刑事诉讼法规定和深化检察改革的需要，同时也是新刑事诉讼法对第 93 条规定的实践经验总结。最高人民检察院通过出台规定的方式，对羁押必要性审查的具体要件进行固定，规范此类案件的办理工作。

一、羁押必要性审查的程序内容

（一）羁押必要性审查的提出主体

根据刑事诉讼法第 93 条与《试行规定》，羁押必要性审查的主体为犯罪嫌疑人、被告人及其法定代理人、近亲属、辩护人，此类人员有权向检察机关提出羁押必要性审查。检察院执行检察部门有权依职权启动羁押必要性审查。实践中有些地方看守所鉴于羁押对象身体或精神原因也会建议检察机关进行羁押必要性审查。[①] 此次规定也将看守所纳入提出羁押必要性审查的主体的范畴。除此之外，任何单位与个人无权提出。

（二）羁押必要性审查与撤销、变更强制措施的区别

根据新刑事诉讼法第 93 条与《试行规定》，羁押必要性审查由检察机关刑事执行检察部门负责办理。经初审，对符合条件的，检察官应当制作立案报告书，经检察长或者分管副检察长批准后予以立案。而撤销、变更强制措施是依据新刑事诉讼法第 95 条的规定，由犯罪嫌疑人、被告人及其法定代理人、近亲属或者辩护人向人民法院、人民检察院和公安机关提出撤销或变更强制措施的申请。羁押必要性审查与撤销、变更强制措施是两种不同法律属性的申请，但是在犯罪嫌疑人被逮捕后的侦查阶段或审查起诉阶段会产生两种申请的重叠。对于辩护人而言，是提出羁押必要性审查，还是提出变更、撤销强制措施，在法律上有所不同。所以在实务中，提出的申请书的抬头必须明确。

---

① 郭冰著：《羁押必要性审查制度研究》，中国检察出版社 2016 年版，第 116 页。

（三）只针对逮捕后进行必要性审查

虽然羁押一词包含了多种刑事强制措施，但羁押必要性审查，根据新刑事诉讼法第 93 条对此做了限制，此处的羁押必要性审查特指逮捕后的必要性审查，因此刑事拘留、监视居住、取保候审之变更不在此审查的范围。

二、羁押性审查的实体内容

通过刑事诉讼法中取保候审、监视居住与《试行规定》的比较，对于羁押性审查的实体内容存在一些差异。《试行规定》第 17 条规定，经羁押必要性审查，发现犯罪嫌疑人、被告人具有下列情形之一的，应当向办案机关提出释放或者变更强制措施的建议：（1）案件证据发生重大变化，没有证据证明有犯罪事实或者犯罪行为系犯罪嫌疑人、被告人所为的；（2）案件事实或者情节发生变化，犯罪嫌疑人、被告人可能被判处拘役、管制、独立适用附加刑、免予刑事处罚或者判决无罪的；（3）继续羁押犯罪嫌疑人、被告人，羁押期限将超过依法可能判处的刑期的；（4）案件事实基本查清，证据已经收集固定，符合取保候审或者监视居住条件的。第 18 条规定，经羁押必要性审查，发现犯罪嫌疑人、被告人具有下列情形之一，且具有悔罪表现，不予羁押不致发生社会危险性的，可以向办案机关提出释放或者变更强制措施的建议：（1）预备犯或者中止犯；（2）共同犯罪中的从犯或者胁从犯；（3）过失犯罪的；（4）防卫过当或者避险过当的；（5）主观恶性较小的初犯；（6）系未成年人或者年满 75 周岁的人；（7）与被害方依法自愿达成和解协议，且已经履行或者提供担保的；（8）患有严重疾病、生活不能自理的；（9）系怀孕或者正在哺乳自己婴儿的妇女；（10）系生活不能自理的人的唯一扶养人（11）可能被判处 1 年以下有期徒刑或者宣告缓刑的；（12）其他不需要继续羁押犯罪嫌疑人、被告人的情形。

根据《试行规定》第 17 条规定，检察院是应当向办案机关提出释放或变更强制措施的建议。根据第 18 条规定，则是对符合要件的，可以提出释放或变更强制措施的建议。这里存在"应当"与"可以"的差别。对关于可能判处管制、拘役、独立适用附加刑的，刑事诉讼法中可以取保候审，《试行规定》中是检察机关应当提出释放或变更强制措施的建议。《试行规定》中对刑事诉讼法中可以取保、监视居住的情形增加了要件。从法律上可以取保候审或监视居住变成检察机关应当提出释放或变更强制措施的建议，刑事诉讼法第 65 条、第 72 条是没有规定案件事实基本清楚，证据已经收集固定之情形下，可以符合取保、监视居住的。而《试行规定》有要求事实基本清楚与证据已经收集固定的情形下，应当提出释放或变更强制措施的建议。《试行规定》第 18 条第 1 款规定，经羁押必要性审查，发现犯罪嫌疑人、被告人具有下列情形之一的，且具有悔罪表现，不予羁押不致发生社会危险性的，可以向办案机关提出释放或者变更强制措施的建议。这意味着犯罪嫌疑人面对第 18 条下列的情形，前提是必须认罪。如果犯罪嫌疑人不认罪就谈不上悔罪，就不适用第 18 条，无法变更强制措施。这个条文会引发律师刑事案件的辩护风险，如果辩护人说服犯罪嫌疑人认罪、悔罪后，检察院却对羁押必要性审查不立案或不批准，因为此条是"可以"之情形，而非"应当"情形，这些认罪悔过的材料将来有可能会作为刑事诉讼中认定有罪的证据，辩护人希望做无罪辩护时，面对这种情况辩护人将会进退两难。从条文的结构来看，

《试行规定》第 18 条是在有罪辩护策略下，要求检察机关对犯罪嫌疑人或被告人进行羁押必要性审查之路径。若犯罪嫌疑人或被告人坚持认为无罪或者指控多罪，有一罪不认的，均可能不适用此条款。

<h2 style="text-align:center">三、羁押必要性审查存在的问题与完善建议</h2>

（一）看守所不应作为提出申请的主体

看守所并非刑事诉讼法上诉讼参与人之角色，看守所享有羁押必要性审查突破了刑事诉讼法上诉讼参与人之概念。而且通过检察院的决定分配给看守所提出羁押必要性审查的权力，在立法上也存疑，因为行政机关享有的权力不应当由检察院赋予。而且《试行规定》赋予看守所可以作出提出申请的主体资格，作为一级行政机关向检察院提出羁押必要性审查，其效果自然是辩护人不可能力及。检察机关不可能不尊重看守所的意见，对于法律规定"可以"之情形，也许一律变成"应当"。看守所享有此权，也许会联合相关的律师或律所，看守所不仅提供案源，甚至还配合律师提出羁押必要性审查，这是一般律师不能做到的。因此，给看守所赋予此权甚为不妥，基于权力相互制约之角度考量，此举增加了权力寻租的概率。

（二）从实体内容来看，建议将《试行规定》第 18 条中的"悔罪"改成"悔改"

"悔罪"是认罪并反省的一种表述，"悔改"是对行为表示否定，但行为是否构成犯罪存在疑问。若将"悔罪"改为"悔改"，一方面可以让第 18 条下预备犯、中止犯、共同犯罪中的从犯、胁从犯等这些有法定从轻、减轻情节的犯罪嫌疑人或被告人有撤销、变更的可能。另一方面，应让可能是无罪之人大胆提出羁押必要性审查的申请，避免出现错案。同时也避免辩护人在阅卷前就说服悔罪与做无罪辩护提前作出选择，避免"悔罪"后继续羁押，悔罪内容成为证据的不利后果。

（三）从举证责任的角度出发，《试行规定》增加了实体要件

从实体要件的角度，对于符合羁押必要性审查的要件此《试行规定》有所增加。因此，从这个角度出发，羁押必要性审查的难度高于变更、撤销强制措施的难度。（1）对于刑事诉讼法规定可以取保候审、监视居住的，《试行规定》在羁押必要性审查的要件中增加了案件事实基本清楚，证据已经收集固定之情形；（2）对于身体不适合羁押性之情形，增加了悔罪之条件。（3）对于《人民检察院刑事诉讼规则（试行）》第 144 条规定不予逮捕的情形，《试行规定》增加了要求悔罪，并就不予羁押不致发生社会危险性之情形进行评估。但是如何理解与适用不予羁押不致发生社会危险性这个要件，却没有权威的解释出台。

改变我国目前刑事案件中"一捕到底"之情形，检察院主要考量两个方面：一方面是将来开庭，因不羁押，被告人不来开庭，刑事诉讼无法进行；另一方面是不羁押犯罪嫌疑人、被告人出去后串供、威胁报复被害人、证人或者重新犯罪的情形发生。笔者认为在现有制度未完善前，"一逮到底"不太可能会改变，一是藐视法庭罪的设立，对不参加开庭的刑事被告人追究刑事责任；二是被害人、证人保护制度的建立，防范犯罪嫌疑人、被告的

威胁、报复被害人、证人；三是必须详细解释不予羁押不致发生社会危险性这个要件，以便实务中有明确规定。

尽管如此，羁押必要性审查是检察院对办案机关的一种制约力，相比以往，这种制约力还是具有进步意义的。

（作者单位：广东科技学院；广东登润律师事务所）

侦查阶段限制会见权的程序规制

杨杰辉

会见权简言之就是辩护人与犯罪嫌疑人、被告人见面的权利。[①] 会见权是一种双向性的权利，它既是辩护人的固有权利，也是犯罪嫌疑人、被告人的权利。[②] 会见权是衍生于辩护权的一种权利，属于辩护权的子权利，它是辩护权有效行使的前提和基础。[③] 这一权利在有些国家和地区被视为是犯罪嫌疑人、被告人最重要的权利。[④] 但是，会见权并非属于不可限制的绝对权利，在侦查阶段，有时出于实现侦查目的及维持安全与秩序等的需要，可以对其进行一定的限制，"宪法的当然前提是，发动刑罚权或者为了发动刑罚权而行使侦查权是国家的权能，因此会见权不一定优先"。[⑤] 这是多元价值追求下平衡原则在刑事诉讼中的具体应用，更是刑事诉讼理性化的体现。会见权的重要性以及非绝对性使得如何对限制会见权的行为进行规制、防止其被滥用从而保障会见权及辩护权的实现就成为一个无法回避的问题。

一、实体性规制与程序性规制：规制限制会见权的两种方式

实体性规制是指通过对限制会见权的实体条件如案件范围、具体情形等进行规定来规制限制会见权的行为。实体性规制具有简捷、高效的优势，一经做出，在其规定范围内便会产生立竿见影的效果。[⑥] 但是，对于具备什么实体条件才能限制会见，往往难以形成共识，而且更为重要的是，实体性规制能否有效，取决于实体性规定能否得到执行，但徒法不足以自行，实体性规定无法自动执行，其在执行中有可能被曲解或被公然违反：一方面，"法律术语是一般语言的特例，但绝不是与后者完全脱离的符号语言。法律语言不能达到像符号语言那样的精确度，它总是需要解释"。但是法律语言可以做多种解读，而最终选择何种版本解读的权力就必然掌握在有话语权者手中。[⑦] 受趋利避害本能的驱使，有权者往往会不顾立法的本意，曲意释法作出对己方有利的解释。另一方面，因为违法的原因是多方面的，法律自身只是其中的一个原因，因此即使是完美无缺到无须解释的法律，也存在被公然违反的可能。而对于如何不被曲意释法或被公然违反，实体性规定自身无能为力，因此单单通过实体性规制无法实现对限制会见权的行为进行规制。

---

① 黄朝义：《刑事诉讼法》，新学林出版股份有限公司 2013 年版，第 102 页。
② 陈瑞华：《论被告人的自主性辩护权——以"被告人会见"为切入的分析》，载《法学家》2013 年第 6 期。
③ 封利强：《会见权及其保障机制研究——重返会见权原点的考察》，载《中国刑事法杂志》2009 年第 1 期。
④ ［日］松尾浩也著：《刑事诉讼法》，张凌等译，中国政法大学出版社 2010 年版。
⑤ ［日］田口守一著：《刑事诉讼法》，张凌等译，中国政法大学出版社 2010 年版，第 117 页。
⑥ 孙笑侠著：《程序的法理》，商务印书馆 2005 年版，第 232 页。
⑦ 汪海燕：《合理解释：辩护权条款虚化和异化的防线》，载《政法论坛》2012 年第 6 期。

程序性规制是指通过对限制会见权的主体、程序、救济等程序性问题进行规定来规制限制会见权的行为。与实体性规制相比，程序性规制具有如下优点：一是程序性规制是一种有效的权力制约机制、公平的决策机制。现代意义上的程序并不是一种价值无涉、纯技术性的手续或操作规程，而是一种有价值倾向的程序，即所谓正当程序。① 通过这种程序，可以防止权力的恣意，促使其严格适用法律，作出公正的决定。二是程序性规制更容易获得认同。对于符合什么实体性条件才能限制会见权，由于涉及侦查犯罪与保障人权的冲突与平衡，因此在倾向于打击犯罪与倾向于保障人权两方面难以形成共识，而无论是哪一方，对于应该采用公正的程序来保障会见权的实现，则双方并不会有多少异议，因此采用程序性规制更易获得认同。三是程序性规制可以保障实体性规制的实现。程序性规制通过设置中立的决定主体、公正的审查程序、有效的救济机制等，保障实体性规定能够得到执行，并最终保证实体性规制的实现。正因为程序性规制具有这些优点，因此现代法治国家在权力制约机制上的一个较为重要的变化趋势是由注重实体性规制更多倾向于程序性规制的转变。②

为了防止对会见权滥行限制，保障会见权的实现，许多国家和地区都普遍采用程序规制的方式来规制限制会见权的行为。在我国台湾地区，法律规定，对于会见权，"非有事证足认其有湮灭、伪造、变造证据或勾串共犯或证人者，不得限制之"。但何为"足认其有湮灭、伪造、变造证据或勾串共犯或证人者"，法律规定并不明确。为了防止该规定被滥用，台湾设立了限制会见权的事前司法审查和事后司法救济机制。"只要是宪法保障之基本权利干预，皆宜慎重从事，非有必要者，当不可率然为之，当以独立审判之机关依法定程序予以审查决定。"③ 会见权属于宪法保障的基本权利，因此要限制会见权，应该事先由独立的司法机关审查决定，当侦查机关认为有必要限制嫌疑人与辩护人会见的，原则上需要事先向法院提出书面申请，申请书上应该记载限制会见的具体理由、证据以及限制会见的方法等内容，法院收到申请书后，在书面审查和听取辩护人意见的基础上，作出是否许可限制会见的书面决定，限制书上必须记载限制会见的具体理由、证据、限制会见的方法以及不服决定的救济措施等内容。对于法院限制会见的决定，辩护人和嫌疑人如果不服，可以向法院申请救济，包括立即向上一级法院提起抗告，请求上一级法院撤销限制会见的决定，以及在案件进入审判程序以后，申请法院排除限制会见期间获得的证据。④ 通过这些程序性规制措施，虽然台湾限制会见权的实体性条件较为抽象、模糊，但实践中滥行限制会见的情形并不常见。⑤ 在日本，法律规定，检察官、司法警察员等在提起公诉以前，为了侦查的需要，可以指定会见日期、场所以及时间，指定不得不当地限制犯罪嫌疑人准备防卫的权利。由于日本没有设立限制会见的事先司法审查机制，侦查机关可以自行决定指定会见，而侦查机关对辩护人不信任，因此他们利用"为了侦查的需要"这一抽象基准，普遍性地指定会见，并形成了一般性指定会见书制度，按这种方式，可以很容易地限制会见。指定

---

① 孙笑侠著：《程序的法理》，商务印刷馆 2005 年版，第 23 页。
② 孙笑侠著：《程序的法理》，商务印书馆 2005 年版，第 248 页。
③ 王兆鹏著：《辩护权与诘问权》，华中科技大学出版社 2010 年版，第 158 页。
④ 黄朝义著：《刑事诉讼法》，新学林出版股份有限公司 2013 年版，第 103~104 页。
⑤ 王兆鹏著：《辩护权与诘问权》，华中科技大学出版社 2010 年版，第 1 页。

会见制度自实施以来，经常导致辩护人与侦查机关之间的尖锐对立。① 不过，虽然日本没有设立限制会见的事先司法审查机制，却设立了限制会见的事后司法救济机制，根据该机制，如果辩护人和嫌疑人对侦查机关的指定会见不服的，可以向法院提起抗告，由法院命令侦查机关停止不当的指定会见，以及在案件进入审判程序以后，向法院申请排除不当指定会见期间取得的证据。正是通过这种事后的司法救济机制，使得指定会见权的情形大大减少，侦查机关与辩护方的对立也随之减少。② 在美国，只有经过法院的司法审查才能限制会见权，对于法院的决定不服，虽然不能立即提起抗告，停止对会见权的限制，但是可以在案件进入审判程序以后，申请法院排除限制会见期间取得的证据。③

二、重实体性规制，轻程序性规制——我国规制限制会见权的方式

我国会见权经历了从无到有的过程。1979 年刑事诉讼法并未赋予犯罪嫌疑人侦查阶段聘请辩护人的权利，因此在这一阶段也就不可能享有会见权了。1996 年刑事诉讼法虽然也未赋予犯罪嫌疑人侦查阶段聘请辩护人的权利，却赋予了犯罪嫌疑人聘请律师的权利，并且赋予了律师会见犯罪嫌疑人的权利，但同时对聘请律师和会见的权利做了限制，规定涉及国家秘密的案件，律师会见在押的犯罪嫌疑人，应当经侦查机关批准。赋予犯罪嫌疑人聘请律师和会见权是 1996 年刑事诉讼法的一大进步，它对于改善犯罪嫌疑人的处境乃至提高办案质量等都发挥了重要作用，但是由于有些内容规定不明确，如什么属于"涉及国家秘密的案件"，什么是"根据案件情况和需要"等，再加上办案人员重打击犯罪轻保障人权的观念没有得到根本改变，实践中出现了"曲意释法"的现象，将一些不属于国家秘密的案件也作为涉及国家秘密的案件，普遍要求经过批准，使得立法确立的自由会见是原则、批准会见是例外的精神完全被颠覆了，立法中限制聘请律师和会见的内容被大大扩张，导致聘请律师和会见权大大被限制。④ 为此，六部委专门出台了司法解释对此予以澄清，规定刑事诉讼法第 96 条规定的"涉及国家秘密的案件"，是指案情或者案件性质涉及国家秘密的案件，不能因刑事案件侦查过程中的有关材料和处理意见需保守秘密而作为涉及国家秘密的案件。而且明确规定，涉及国家秘密的案件，律师会见在押的犯罪嫌疑人，应当经侦查机关批准。对于不涉及国家秘密的案件，律师会见犯罪嫌疑人不需要经过批准。不能以侦查过程需要保密作为涉及国家秘密的案件不予批准。但是这些规定并未解决好司法实践中的会见难问题，司法实践中曲意释法、公然违法的情形仍然时有发生，⑤ 对于这些情形，法律并未设立有效的救济途径。随着权利意识的兴起，律师因为会见问题与办案机关或看守所引发的冲突越来越多，严重影响了司法的公信力。⑥ 在 2008 年的律师法修改中，对会见权问题做了较大修改，规定律师只需凭三证就有权会见犯罪嫌疑人，取消了会见需要经过侦查机关批准的规定，这一规定虽有利于会见权的实现，但由于该规定过于激进且法律

---

① ［日］松尾浩也著：《刑事诉讼法》，张凌等译，中国人民大学出版社 2010 年版。
② ［日］松尾浩也著：《刑事诉讼法》，张凌等译，中国人民大学出版社 2010 年版。
③ 王兆鹏著：《美国刑事诉讼法》，北京大学出版社 2014 年版，第 372 页。
④ 万毅：《"曲意释法"现象批判——以刑事辩护制度为中心的分析》，载《政法论坛》2013 年第 2 期。
⑤ 房保国：《当前"律师会见难"的现状剖析》，载《中国刑事法杂志》2004 年第 3 期。
⑥ 参见叶竹盛：《死磕派律师》，载《南风窗》2013 年 9 月 13 日。

效力层次不高，导致其在实践中被侦查机关抵制，适用性并不理想。侦查机关仍然沿用1996 年刑事诉讼法的相关规定来处理会见权问题。① 2012 年刑事诉讼法吸收了律师法的部分内容，但也做了一定的修改，规定辩护律师持律师执业证书、律师事务所证明和委托书或者法律援助公函要求会见在押的犯罪嫌疑人、被告人的，看守所应当及时安排会见，至迟不得超过 48 小时。危害国家安全犯罪、恐怖活动犯罪、特别重大贿赂犯罪案件，在侦查期间辩护律师会见在押的犯罪嫌疑人，应当经侦查机关许可。上述案件，侦查机关应当事先通知看守所。根据该规定，除了三类案件会见需要事先批准外，其余案件律师只要持有三证就可以自由会见。并且规定了阻碍会见的救济措施，辩护人、诉讼代理人认为公安机关、人民检察院、人民法院及其工作人员阻碍其依法行使诉讼权利的，有权向同级或者上一级人民检察院申诉或者控告。人民检察院对申诉或者控告应当及时进行审查，情况属实的，通知有关机关予以纠正。与之前的规定相比，2012 年的规定用具体案件的类型替代了之前"涉及国家秘密"这一抽象的标准，减少了侦查机关借助标准抽象而曲意释法的空间，根据实证调查，普通案件的会见难问题基本得到解决，现在会见难的问题主要集中在三类案件上。② 近年来，在司法改革的背景下，国家对律师执业权利保障的重视提高到了前所未有的程度，从中央到地方都出台了专门保障律师执业权利的规定，③ 在这些规定中，一方面对 2012 年刑事诉讼法确立的律师权利进行了再次重申，如重申除三类案件外，律师在侦查阶段会见犯罪嫌疑人不需要经过批准，重申看守所在安排会见时不得附加其他条件或者变相要求辩护律师提交法律规定以外的其他文件、材料，不得以未收到办案机关通知为由拒绝安排辩护律师会见。另一方面对 2012 年刑事诉讼法的不明确之处进行了进一步明确，如明确了检察机关如何救济针对不当限制会见的申诉、控告，具体包括明确了办理部门、审查期间、处理方式等方面的内容。

从我国会见权的立法变迁来看，我国对限制会见权的规制体现的仍然是重实体轻程序思维，主要采用的是一种实体性的规制方式，即通过规定限制会见的实体条件来防止不当的限制会见权，每一次的法律变迁基本都是围绕实体性问题展开的，在程序性规制上基本没有建树，是否限制、如何限制等均由侦查机关单方面自行决定，事先不需要经过司法机关的司法审查，虽然 2012 年刑事诉讼法以及后来的司法解释、政策性文件等均设立和强调了侵犯会见权的检察救济机制，但由于该机制存在主体不中立、审批方式行政化以及效力非刚性化等缺陷，④ 导致该制度的实践效果较差，基本无法提供有效的救济，⑤ 因此意味着事后也无法获得有效的司法救济。重实体性规制轻程序性规制的思路无法根本解决规制限制会见权的行为：首先它无法解决三类案件的会见权问题。立法的本意是，三类案件的会见需要经过许可，而并非不允许会见，对于三类案件，只有会见会"有碍侦查"时，才不

---

① 陈光中、汪海燕：《侦查阶段律师辩护问题研究——兼论修订后的〈律师法〉实施问题》，载《中国法学》2010 年第 1 期。

② 卞建林等：《依法保障律师执业权利专家笔谈》，载《中国司法》2015 年第 10 期。

③ 如 2015 年最高人民法院、最高人民检察院、公安部、国家安全部、司法部联合出台了《关于依法保障律师执业权利的规定》，最高人民法院、最高人民检察院、公安部以及各地也分别出台了有关保障律师执业权利的规定。

④ 詹建红：《程序性救济的制度模式及改造》，载《中国法学》2015 年第 2 期。

⑤ 韩旭：《新〈刑事诉讼法〉实施以来律师辩护难问题实证研究——以 S 省为例的分析》，载《法学论坛》2015 年第 3 期。

允许会见，如果不会妨碍侦查的，则应该允许会见，而且即使是不允许会见的，也不意味着在整个侦查阶段都不能会见，而是在有碍侦查的情形消失后，应该允许会见。但是，"有碍侦查"的规定过于抽象，出于自身利益的考虑，侦查机关必然会将其适用到极致，将所有的情形都视为会"有碍侦查"，而完全不考虑是否实际会有碍侦查，对三类案件，一刀切地均不允许会见，这导致三类案件的会见权在侦查阶段完全被剥夺。① 为了解决这一不合理现象，司法解释、政策性文件对"有碍侦查"进行了明确，列举了属于"有碍侦查"的具体情形，但由于是否符合这些情形，完全由侦查机关自行判断且无须提供理由和证据，因此仍然无法根本解决不当限制会见的情形。此外，有些政策性文件还对侦查阶段三类案件的会见次数作了硬性规定，但对于在什么时间可以会见，完全由侦查机关决定，因此这一规定只是在形式上解决了侦查阶段无法会见的问题。其次，它无法解决不当限制会见权的情形，由于侦查机关可以自行决定是否许可会见，而对于侦查机关的这一决定，没有设立有效的事后救济措施，导致对于侦查机关的不当限制会见，嫌疑人和辩护人都束手无策，无能为力。

三、程序性规制——我国未来构建规制限制会见权的基本思路

我国与其他国家和地区都允许在一定条件下对会见权进行一定的限制。比较我国与其他国家和地区对限制会见权的规制措施，可以发现，在实体性规制方面，我国并不落后，甚至我国通过列明具体案件类型的方式，比有些国家和地区只规定"有碍侦查"的方式，因为标准更明确、范围更窄，而更有助于对限制会见权的规制。但在程序性规制方面，则与其他国家和地区存在非常大的差距，其他国家和地区通过设立事先司法审查和事后司法救济等程序性机制，即使是在实体性条件较为抽象的情况下，也较好地实现了对限制会见权的规制。而我国在程序性规制方面几近空白，导致虽然在实体性条件更为具体明确的情况下，仍没有解决好不当限制会见权的问题。因此，程序问题是我国限制会见权的致命点所在。要保障会见权的实现，防止滥用限制会见权，我国必须在继续明确实体性条件的基础上完善限制会见权的程序，通过程序来对限制会见的行为进行规制，具体包括设立事先的司法审查与事后的司法救济机制。

（一）事先的司法审查机制

事先的司法审查机制是指侦查机关无权对会见权进行限制，而只能由处于中立地位的司法机关进行限制，侦查机关如认为有必要对会见权进行限制，应该向司法机关提出申请，由司法机关决定是否进行限制。建立限制会见权的司法审查机制具有如下优点：一是保证限制会见的决定是公正的。侦查权与辩护权处于天然对立关系，如果由侦查机关决定是否限制会见，则该决定必定偏向于其自身，而不可能是公正的。而由司法机关决定，由于司法机关与侦查没有利益关系，因此能够公正地作出决定。二是限制会见的频率会降低。在司法审查机制中，限制会见需要经历申请与审查决定两个阶段，这两个阶段费时、费力，这种机制能够促使侦查机关知悉其申请将受中立的司法机关审核，有可能不被准许，使申

---

① 汪海燕：《合理解释：辩护权条款虚化和异化的防线》，载《政法论坛》2012 年第 6 期。

请者在提出申请之时，会深思熟虑，作出比较精确的相当理由判断，非有必要，不愿提出限制会见的申请。[①] 作为一个间接后果，也能够提高侦查机关的办案细心度。例如，美国已有的实证研究就表明，指出令状的申请程序，对警察而言系负担，费时，令人恐惧、沮丧、混淆，但却导致警察办案细心度的提升。[②]

在许多国家和地区，司法审查的主体专指法院，并不包括检察机关。虽然我国检察机关属于法律监督机关，但侦控仍属于其主要职能，它在侦查机关与辩护人、嫌疑人之间无法做到如法院那般的中立，因此从理想的角度而言，我国也应该设立以法院为主体的司法审查机制。但是这涉及诉讼体制的重大改革，短期内将无法实现。而且，在连逮捕这种最严厉的强制措施仍由检察机关而不由法院审批的情况下，要将限制会见的决定权直接由侦查机关转移到法院，更是不现实。因此，较为现实的办法是，利用检察机关的法律监督者的地位，借鉴逮捕的审查机制，设立由检察机关审查决定限制会见权的准司法审查机制，具体是：当侦查机关认为需要对会见权进行限制时，应该向检察机关提交申请限制会见书，如果是检察机关自侦的案件，则应该向上一级检察机关提交申请，在该申请书中，侦查机关应该记载限制会见的具体理由、证据以及限制会见的方式等内容，检察机关收到申请后，应当进行书面审查，必要时应当听取嫌疑人和辩护人的意见，并且在3日内作出是否限制会见的决定，如果决定限制会见的，则应该作出限制会见决定书，该限制书上必须记载限制会见的具体理由、证据、限制会见的方法以及不服决定的救济措施等内容。该限制书应该送达侦查机关、看守所、嫌疑人和辩护人。

（二）事后的司法救济机制

无救济则无权利，对于不当的限制会见，如果嫌疑人和辩护人无法获得有效的救济，则会见权将大打折扣，甚至形同虚设。在许多国家和地区，对于限制会见不仅设立了事先的司法审查机制，而且设立了事后的司法救济机制，对于限制会见的决定不服，可以向司法机关申请救济，但是在具体的救济方式上，则存在两种不同的救济模式：一种可以称为独立模式，一种可以称为依附模式。[③] 两种模式的主要区别是能否立即单独就限制会见的决定申请救济，在独立模式中，如果不服限制会见的决定，嫌疑人和辩护人可以立即就该决定向法院提出抗告，请求法院撤销该决定，恢复会见权，法院收到该申请后，立即对限制会见的决定进行审查，并作出是否撤销的裁定。而在依附模式中，如果不服限制会见的决定，嫌疑人和辩护人不能立即就该决定向法院提出抗告，而只能等到案件进入审判程序以后，通过申请法院排除限制会见期间获得的证据等方式获得救济。两种模式各有利弊，独立模式有助于及时获得救济，及时制止不当的限制会见，但这种随时介入的模式对司法资源的要求较高，而依附模式则是集中在审判程序中解决所有程序问题的救济，有助于节约司法资源，但其弊端是无法及时制止不当的限制会见。多数国家和地区采用的是独立模式，美国等少数英美法国家采用的是依附模式。[④]

---

① 王兆鹏著：《辩护权与诘问权》，华中科技大学出版社 2010 年版，第 68 页。
② 王兆鹏著：《辩护权与诘问权》，华中科技大学出版社 2010 年版，第 158 页。
③ 林钰雄著：《干预处分与刑事证据》，北京大学出版社 2010 年版，第 221 页。
④ 王兆鹏著：《美国刑事诉讼法》，北京大学出版社 2014 年版，第 68 页。

　　我国没有设立限制会见权的司法救济机制：对于侦查机关不当限制会见权的，只能向检察机关提出申诉、控告，不能向法院提出抗告，也不能在案件进入审判程序后，申请法院排除限制会见期间取得的证据，因为我国现行的非法证据排除规则对不当的限制会见并不适用。那么，在设立由检察机关决定限制会见权的准司法审查机制后，针对对检察机关决定不服需要救济的问题，是否需要设立司法救济机制，允许嫌疑人和被告人直接向法院提出抗告呢？这同样涉及诉讼体制问题，短时间内无法实现，较为现实的办法是同样可以借鉴规制逮捕的有关程序性规定，这就是逮捕必要性的继续审查机制，即在检察机关作出限制会见的决定后，嫌疑人和辩护人可以在后续程序中继续申请检察机关对限制会见的必要性进行审查，从而能够根据事态的发展及时调整限制会见的决定。既然不允许直接的司法救济，那么是否允许在案件进入审判程序后，通过申请法院排除限制会见期间取得证据的方式而获得间接的司法救济呢？答案是肯定的。虽然我国现行的非法证据排除规则的适用范围很窄，对于通过不当限制会见权取得的证据，该规则并不适用。① 但是近年来该规则的适用范围呈现出扩大的趋势，已经出现了将其延伸至违反程序取得证据上的趋势，② 为顺应这一趋势以及借鉴域外经验，我国应该将非法证据排除的适用范围扩大到不当限制会见权上，规定凡是通过不当限制会见所取得的证据均属于非法证据，均应该予以排除。

（作者单位：浙江工业大学法学院）

---

① 朱桐辉：《会见权的中国困境与再改革》，载《昆明理工大学学报》（社会科学版）2009 年第 5 期。
② 王彪：《讯问录音录像的若干证据法问题研究》，载《法律适用》2016 年第 2 期。

刑民交叉案件检察公益诉讼制度研究

尹 吉

党的十八届四中全会《关于全面推进依法治国若干重大问题的决定》（以下简称《决定》）提出"探索建立检察机关提起公益诉讼制度"。全国人大常委会于 2015 年 7 月 1 日作出了《关于授权最高人民检察院在部分地区开展公益诉讼试点工作的决定》（以下简称《试点决定》），最高人民检察院和最高人民法院也先后出台了相关的配套性文件①。根据这些文件，该项改革的制度设计仅限于检察机关独立地提起民事公益诉讼和行政公益诉讼，而未涉及检察机关为保护国家财产和集体财产根据刑事诉讼法提起的附带民事诉讼。随着 13 个省、自治区、直辖市试点的全面展开，各地遇到了许多刑民交叉的公益诉讼案件，如何及时有效地维护公共利益，解决好现行刑事诉讼法与《试点决定》及其配套文件之间的制度性冲突，节约司法资源，提高司法效能，已成为该项改革试点中的重大热点问题。加快研究统筹构建两部诉讼法中的公益诉讼制度，是"探索建立检察机关提起公益诉讼制度"的应然之需。

一、刑事诉讼法与《试点决定》等文件的冲突

现行的刑事诉讼法第 99 条规定："被害人由于被告人的犯罪行为而遭受物质损失的，在刑事诉讼过程中，有权提起附带民事诉讼……如果是国家财产、集体财产遭受损失的，人民检察院在提起公诉的时候，可以提起附带民事诉讼。"其基本含义为：第一，检察机关提起附带民事诉讼的性质必然是公益诉讼，因为检察机关与案件没有直接的利害关系；第二，刑事被害人只能是国家财产、集体财产的所有者或者管理者；第三，附带民事诉讼只能依附于刑事诉讼，不能独立存在；第四，检察机关提起附带民事诉讼的请求范围仅限于"由于被告人的犯罪行为而遭受物质损失"，一般不包括间接的物质损失②，也不包括精神损害的赔偿③；第五，检察机关"可以"而非"应当"提起附带民事诉讼，需要根据案件的具体情况作出选择。现行的刑事诉讼法与《试点决定》及其配套文件之间存在许多制度性的冲突。

---

① 包括最高人民检察院于 2015 年 7 月出台的《检察机关提起公益诉讼改革试点方案》、《人民检察院提起公益诉讼试点工作实施办法》；最高人民法院于 2016 年 2 月出台的《人民法院审理人民检察院提起公益诉讼案件试点工作实施办法》。

② 间接的物质损失通常是指由直接经济损失引起和牵连的其他损失，包括失去的在正常情况下可能获得的利益。在刑事司法实践中，检察机关在提起的附带民事诉讼中鲜有赔偿间接的物质损失的诉讼请求。

③ 最高人民法院《关于人民法院是否受理刑事案件被害人提起精神损害赔偿民事诉讼问题的批复》（法释〔2002〕17 号）规定："对于刑事案件被害人由于被告人的犯罪行为而遭受精神损失提起的附带民事诉讼，或者在该刑事案件审结以后，被害人另行提起精神损害赔偿民事诉讼的，人民法院不予受理。"

（一）诉讼的角色不同

在办理附带民事诉讼案件中，检察机关代表的是国家和集体的财产利益，行使的是国家公权力配置的诉权，其诉讼角色在性质上不同于附带民事诉讼的原告人。在单独提起民事公益诉讼中，根据最高人民检察院于 2015 年 7 月出台的《检察机关提起公益诉讼改革试点方案》（以下简称《最高检试点方案》）、《人民检察院提起公益诉讼试点工作实施办法》（以下简称《最高检试点实施办法》），最高人民法院于 2016 年 2 月出台的《人民法院审理人民检察院提起公益诉讼案件试点工作实施办法》（以下简称《最高法试点实施办法》），检察机关的诉讼角色为"公益诉讼人"，并非代表国家行使诉权。

在欧美国家，相关领域的研究主要有"公益代表人"、"原告人"、"民事公诉人"三种学说。不同的诉讼角色将导致诉讼地位及诉讼权利义务的差异，我国宪法规定人民检察院是国家的法律监督机关，因此各项检察权的配置都是以法律监督性质为基础的，不同于欧美检察制度。笔者认为，以"民事公诉人"替代"公益诉讼人"更为符合宪法对检察机关法律性质的定位。

（二）诉讼的请求不同

在办理附带民事诉讼案件中，检察机关仅能对"被害人由于被告人的犯罪行为而遭受物质损失"而提起附带民事诉讼；对于犯罪情节轻微，检察机关决定不起诉的，可以对被不起诉人采用责令赔偿损失的方式解决，不需要向同级法院提起附带民事诉讼。在独立提起民事公益诉讼中，检察机关既可以提出物质损害赔偿，包括直接的和间接的物质损害赔偿，也可以提出精神损害赔偿；根据被告人损害公共利益的具体情况，依据《民法通则》等法律以及《最高法试点实施办法》、《最高检试点实施办法》，提出要求被告人停止侵害、排除妨碍、消除危险、恢复原状、赔偿损失、赔礼道歉等诉讼请求。

（三）起诉的条件不同

在办理附带民事诉讼案件中，检察机关不因附带民事诉讼原告人已经起诉而不能起诉，它属于检察机关的选择性诉权，因为检察机关是从有效地保护国家财产、集体财产出发作出选择，而不以是否已有起诉为限制。在单独提起民事公益诉讼中，只有在没有适格主体提起诉讼或者适格主体不提起诉讼的情况下，检察机关才能向人民法院起诉①，不属于检察机关的选择性诉权。

（四）案件的级别管辖不同

在办理附带民事诉讼案件中，各级检察机关均有权向同级人民法院提起附带民事诉讼，在实践中，主要是基层人民检察院向同级人民法院提起附带民事诉讼。在独立提起民事公益诉讼中，根据《最高法试点实施办法》和《最高检试点实施办法》，检察机关提起的第一审民事公益诉讼案件由中级人民法院管辖，但法律、司法解释另有规定的除外。

---

① 参见最高人民法院《人民法院审理人民检察院提起公益诉讼案件试点工作实施办法》。

（五）审判的组织不同

基层人民法院、中级人民法院审判第一审附带民事诉讼案件，应当由审理刑事案件的同一审判组织来审理附带民事诉讼；依据刑事案件的不同，人民法院分别选择普通程序、简易程序和速裁程序①；审判组织分别为审判员三人或者由审判员和人民陪审员共三人组成合议庭进行，基层人民法院适用简易程序或者速裁程序的案件，可以由审判员一人独任审判。对于检察机关独立提起的民事公益诉讼案件，根据《最高法试点实施办法》，人民法院审理人民检察院提起的第一审民事公益诉讼案件，原则上适用人民陪审制；当事人申请不适用人民陪审制审理的，人民法院经审查可以决定不适用人民陪审制审理。显然，它是以适用人民陪审制为常态，审判员三人组成合议庭为例外，同时排除了由审判员一人独任审理。

（六）证明的标准不同

附带民事诉讼案件的证明标准一般等同于刑事案件的证明标准。人民法院对于证据不足，而未认定检察机关起诉书所指控犯罪事实的，提起附带民事诉讼的对应赔偿请求不能得到支持。人民法院有罪判决的证据标准是犯罪事实清楚，证据确实、充分②，也即排除一切合理怀疑。法院审理在检察机关独立提起的民事公益诉讼案件时，采取谁主张谁举证和证据优势原则。证据优势原则是指法院对双方所举证据的证明力进行判断时所确立的规则，即当证明某一事实存在或不存在的证据的分量与证明力比反对的证据更具有说服力，或者比反对的证据可靠性更高，由法官采用具有优势的一方当事人所列举的证据认定案件事实。如果将刑事裁判文书与民事裁判文书中认定的法律事实相比较，显然刑事裁判文书中的法律事实更加接近客观真实。因为侦查机关以刑事强制措施和侦查措施进行取证，其取证能力显著超过民事案件的当事人和法院。

二、刑民交叉公益案件需以刑事相对优先

随着经济社会的发展，许多经济犯罪与民商事纠纷相互交织，不仅在性质上界限难分，而且在诉讼程序的选择上也存在分歧，有时其背后还暗含着不同类型权力的冲突，影响了司法公正，引起各界的极大关注。在污染环境、食品药品安全领域侵害众多消费者合法权益等损害社会公共利益的领域，由于刑事案件与民商事案件也存在许多的竞合或牵连，如

---

① 2014 年 6 月 27 日第十二届全国人民代表大会常务委员会第九次会议通过了《关于授权最高人民法院、最高人民检察院在部分地区开展刑事案件速裁程序试点工作的决定》。

② 证据确实、充分是指：定罪量刑的事实都有证据证明；每一个定案的证据均已经法定程序查证属实；证据与证据之间、证据与案件事实之间不存在矛盾或者矛盾得以合理排除；共同犯罪案件中，被告人的地位、作用均已查清；根据证据认定案件事实的过程符合逻辑和经验规则，由证据得出的结论为唯一结论。

被指控的犯罪事实的发生；被告人实施了犯罪行为与被告人实施犯罪行为的时间、地点、手段、后果以及其他情节；影响被告人定罪的身份情况；被告人有刑事责任能力；被告人的罪过；是否共同犯罪及被告人在共同犯罪中的地位、作用；对被告人从重处罚的事实。

某化工企业严重污染环境，该企业相关人员构成了污染环境罪①，就公益诉讼而言，检察机关存在着提起附带民事诉讼与独立提起民事公益诉讼之间的选择；若决定独立提起民事公益诉讼，又存在着与刑事诉讼之间是否并行或者先与后的选择。

（一）刑事相对优先原则的发展与分歧

1985 年 8 月 19 日，最高人民法院、最高人民检察院、公安部下发的《关于及时查处在经济纠纷案件中发现的经济犯罪的通知》规定，各级人民法院在审理经济纠纷案件中，如发现有经济犯罪，应当按照 1979 年 12 月 15 日最高人民法院、最高人民检察院、公安部《关于执行刑事诉讼法规定的案件管辖范围的通知》将经济犯罪案件的有关材料分别移送给有管辖权的公安机关或者检察机关侦查、起诉，公安机关或者检察机关均应及时受理。

1987 年 3 月 11 日，最高人民法院、最高人民检察院、公安部下发的《关于在审理经济纠纷案件中发现经济犯罪必须及时移送的通知》规定，人民法院在审理经济纠纷案件中，发现经济犯罪时，一般应将经济犯罪与经济纠纷全案移送，依照刑事诉讼法第 53 条和第 54 条的规定办理。如果经济纠纷与经济犯罪必须分案审理的，或者是经济纠纷案经审结后又发现有经济犯罪的，可只移送经济犯罪部分。对于经公安、检察机关侦查，犯罪事实搞清楚后，仍需分案审理的，经济纠纷部分应退回人民法院继续审理。

1998 年 4 月 9 日，最高人民法院下发的《关于在审理经济纠纷案件中涉及经济犯罪嫌疑若干问题的规定》规定，同一公民、法人或其他经济组织因不同的法律事实，分别涉及经济纠纷和经济犯罪嫌疑的，经济纠纷案件和经济犯罪嫌疑案件应当分开审理。人民法院在审理经济纠纷案件中，发现与本案有牵连，但与本案不是同一法律关系的经济犯罪嫌疑线索、材料，应将犯罪嫌疑线索、材料移送有关公安机关或检察机关查处，经济纠纷案件继续审理。

上述三份司法文件由刑事绝对优先发展演变为不同情况区别对待，并且有刑事相对优先的发展倾向。多年来，学界和实务部门的不少人对刑事优先原则提出了质疑或者否定，如认为强调刑事优先的原则，这是在公权力本位主义的理念指导下形成的②；又如认为先刑后民会在一定程度上影响案件当事人的实体权益，造成当事人权益保护的不利，先刑后民机制的操作方式增加了当事人诉讼的实体风险，我国刑事诉讼法是不允许被告人缺席判决的，依照我国刑事诉讼法的规定如果发生被告人逃逸人民法院应当中止审理待中止原因消失后再恢复审理。而与之相反我国民事诉讼法是允许缺席判决的，但是在先刑后民操作方式下，民事部分的审理必须等待刑事部分的审理结束后方能进行。如此不仅大大增加了民事诉讼原告的时间成本，增加了其诉讼的实体风险，因为在这段时间内被告人的财产可能发生转移、灭失、毁损等其他意外事件。2014 年 7 月 23 日至 25 日，最高人民法院在北京召开了"民刑交叉案件司法解释专家论证会"，因为分歧太大至今未能出台该司法解释。

---

① 刑法第 338 条规定："违反国家规定，排放、倾倒或者处置有放射性的废物、含传染病病原体的废物、有毒物质或者其他有害物质，严重污染环境的，处三年以下有期徒刑或者拘役，并处或者单处罚金；后果特别严重的，处三年以上七年以下有期徒刑，并处罚金。"
② 章晓丹：《刑民交叉案件的程序处理规则研究——以当事人权益保护为视角》，载《法制与社会》2015 年第 35 期。

（二）刑事相对优先原则的理论依据

首先，从刑法与民商法等的基本关系上看，如前文所述是保障法的关系，即当行为人的行为具有较大的社会危害性，而民商法等不能调整其社会关系时，应当由刑法来调整。例如，行为人严重违反环境保护法，损害了公共利益且具有较大的社会危害性，而按照该法第六章行政法律责任不足以处罚时，应当按照该法第 69 条"违反本法规定，构成犯罪的，依法追究刑事责任"，也即适用刑法分则第六章"妨害社会管理秩序罪"中的第六节"破坏环境资源保护罪"依法追究刑事责任。在食品药品安全领域侵害众多消费者合法权益等损害社会公共利益，以及国有资产保护、国有土地使用权出让等领域亦如此。

其次，从公权力与私权利的关系以及国家治理的角度看，人类社会文明进步的一大标志就是国家（刑事）追诉替代了私人复仇。例如，张三重伤了李四，不再认为这是二人之间的私事，而认为张三的行为破坏了国家建立的社会秩序，李四是否告发张三并不影响国家追究张三的刑事责任。当然，如果是轻微犯罪并且被列入刑事自诉案件的，只有被害人起诉才能启动刑事诉讼程序。在民商法领域，法律调整的是平等主体之间的财产关系和人身关系，公民、法人或者其他组织的民事权利适用意思自治原则并且可以依法处分其权利。一方面，公权力不可轻易地介入民事权利；另一方面，公共利益又是公民、法人或者其他组织的集合性利益，公权力需要适度介入，否则公民、法人或者其他组织的利益也将受到损害。与此同时，也要遏制刑事优先的弊端：重追究被告人的刑事责任，而易忽视被害人合法权益的倾向。

最后，从反对刑事优先的依据看，主要是现行附带民事诉讼制度中的缺陷。从一定意义上说，附带民事诉讼不及民事诉讼保护刑事被害人（受害人）的合法权益，则完全可以通过完善相关的立法来解决。法制不完善并不能够成为否定刑事相对优先原则的依据。根据《决定》提出的"探索建立检察机关提起公益诉讼制度"，统筹构建诉讼制度。

三、统一构建刑民公益诉讼法律制度

（一）构建刑民公益诉讼法律制度的基本理念

首先，及时、有效地保护公共利益。迟到的正义至少是大打折扣的正义，甚至是非正义。从我国宪法规定的国家机构看，检察机关是最适宜提起公益诉讼的公权力机构。其次，提高诉讼效率，降低司法成本。它是司法活动的基本价值追求之一，有利于减少当事人的讼累，有利于节约纳税人的司法供养。办理刑民交叉公益诉讼案件，亦以附带民事诉讼为优先选项。再次，有效维护当事人的合法权益，进一步革除司法机关存在的重打击犯罪，轻保障人权，以及打（刑事打击）了不罚（民事及行政责任），罚了不打等错误观念；司法机关确定行为人的法律责任应当严格依法。最后，统筹构建附带民事诉讼与民事公益诉讼制度，科学制订立法计划，提高立法技术，注重部门法之间的协调性，防止"头痛医头脚痛医脚"的现象。

（二）刑民公益诉讼法律制度的基本框架

首先，完善人民检察院组织法。国家机关的组织法是具有宪法性的国家基本法，它是依据宪法来规定该国家机关的性质、任务、职权、组织机构及人员等基本制度。1954 年 9 月 21 日，第一届全国人民代表大会第一次会议通过的人民检察院组织法第 4 条（检察权）规定，对于有关国家和人民利益的重要民事案件有权提起诉讼或者参加诉讼。显然，公益诉讼是检察机关的基本职权之一，需要将其列入人民检察院组织法中的检察权。

其次，完善刑事诉讼法与民事诉讼法。根据《试点决定》、《最高法试点实施办法》、《最高检试点方案》和《最高检试点实施办法》，充分吸纳各地的改革试点的成果，遵循刑事诉讼法与民事诉讼法的基本原则和制度，统筹修改这两部法律。主要设置并且重点协调解决好：诉前程序制度，检察机关的诉讼角色，案件管辖，起诉条件，检察机关与其他公益诉讼主体的相互关系，证明责任，被害人（受害人）的权利保障，检察机关的取证方式，审判组织、检察权与审判权之间的制约关系等。在立技术上，在民事诉讼法中设立专章"公益诉讼"；在刑事诉讼法第一编"总则"第七章"附带民事诉讼"中设立专节"附带民事公益诉讼"。

（作者单位：东南大学法学院、江苏检察官学院）

刑事定罪证明标准类型的哲学辨析

周洪波

一、刑事定罪证明标准的中西差异

诉讼证明一般都是对过去事实的证明，而不是对当前事实的直观，即通过当前的证据事实对已成过往的待证事实进行回溯性的推理判断。诉讼证明的结论有时候可以形成事实确信，有时候则不能形成事实确信而只能形成可能性的推测。"疑罪从无"是现代刑事法治的基本原则，换言之，就是要求定罪证明的条件是裁判者要对有罪形成事实确信，因此这里需要关注的是事实确信；欲说明中国定罪证明标准（传统立场）与西方的差异，需要讨论事实确信的类型。就此而言，事实确信在常识上可以分为两类：一类可称为客观的确信。这种确信的真实性有客观的保证，是不可错的事实确信，因此在一定意义上也可以称为"客观真实"或"绝对真实"。例如，根据被告人在案发现场留有指纹的证据事实，我们可以推知被告人曾经一定到过案发现场；有时根据银行的监控录像，就可以推知银行里曾经确实发生了劫案……另一类可称为合情的确信。这种确信在情理上具有可接受性，但其没有完全客观的保证，是可能错误的事实确信；因为这种确信有判断者的猜测成分，可能发生错误，所以在一定意义上也可以称为"主观真实"或"相对真实"。例如，很多时候，虽然明知某证人在理论上有说谎的可能，但在常理上还是愿意相信其陈述是真实的。前一种事实确信就对应于中国刑事诉讼证明标准话语上的"客观真实"或"绝对真实"；后一种事实确信就对应于西方国家刑事证明标准的"内心确信"或"排除合理怀疑"，也就是中国学界通常所标识的"主观真实"或"相对真实"。

这种比较法上的差异可以从学者们在讨论证明标准时所关注的一个"女尸案"中得到明显的说明。这一案例的基本情况是：中国某城市巡警在午夜拦查了一个骑自行车的男子，并且在其车后架上的麻袋里发现了一具裸体女尸。该男子解释说，他在一个垃圾堆上见到这个麻袋，以为里面有什么值钱的东西，想驮回家看看，关于女尸，他一无所知。警察不相信他的"鬼话"，便带回公安局讯问，经过一番"较量"，该男子"供认"了自己强奸杀人的"事实"，但是后来在法庭上被告人翻供，声称以前的供述是受到了刑讯逼供所说的假话。法官经过对看守所有关人员的调查，认定被告人确实曾经受到过刑讯逼供。法院对此案被告人判了无期徒刑。此案曾在多年前举办的一次中美证据法座谈会上被提出来讨论。会上的一位美国法官认为该判决并无不当，因为他认为，除非是一名运尸工，谁会半夜在大街上驮运尸体呢？虽然被告人的辩解并非完全不可能，但在有证据证明之前，这种可能性算不上合理怀疑。然而，中国有学者就认为没有达到排他性的证明从而不宜定罪。① 显然，美国法官之所以认为可以作出犯罪事实认定就是因为其认为可以形成合情的确信，而中国学者认为不宜定罪就是因为其认为无法形成客观的确信；中国法官之所以判无期徒刑，并不是因为其认为达到了客观的确信，而是运用了中国司法实践中不鲜见的"疑罪从轻"的判决策略。

二、认识主体自明性怀疑论哲学话语的误用

对于认识主体是否具有自明性，在哲学上有一些著名的设问，如："恶魔论证"——我们所看到的一切外界事物是否为一个恶魔用来骗取我们轻信的假象和骗局？"钵中之脑"——你怎么知道你的大脑现在不是处在被一位邪恶的科学家用科学仪器控制的营养钵中呢？"庄周梦蝶"——"不知周之梦为蝴蝶与，蝴蝶之梦为周与？"……如果以此观之，无疑人所认为的真实——无论是对当前事实的认知还是对过去事实的认知——都只是一种"主观真实"或"相对真实"。然而，对于这样一些本体论意义上的设问，一般常识并不会受其困扰，自然接受人具有认知的自明性，即相信在生活中一般都能够知道自己是否处在认知的清醒状态、大脑没有被魔鬼或机器控制；尽管在哲学上也无法对其提供可靠的解答，只能用休谟的"信念论"（靠信念或信仰而非先验的逻辑证明来相信和接受现实）来抵御这种挑战——这让康德觉得"是一件令哲学和一般人类理性羞愧的事情"，但哲学上一般也只是把它当成一种思想训练，而不会将其拿来纠结日常认知的可靠性问题。显然，在诉讼证明上，人们秉持一种自明的乐观，因为不管对过去的事实证明如何，法庭上的人都不怀疑诉讼的进行。质疑诉讼证明可获得"客观真实"或"绝对真实"的论者，偶有从这些极端怀疑论的哲学话语来进行论证的，但实际上在很多地方都是以常识的自明为前提。因此，并不能用这些极端怀疑论的哲学话语来讨论诉讼证明的真实性问题。

三、主体与客体二元论哲学话语的误用

西方哲学中有一种悠久的本体论哲学所型构的特定二元论思想范式，即认为：主体与客体分属不同的两种存在，所以二者之间有不可跨越的鸿沟，所以人看到的世界都不是世界本身（本体），而只是人眼中的象（现象）。例如，现实在人眼中是一个样子，在蝙蝠"眼中"可能是另一个样子，所以我们可以说人看到的现实都不是现实本身的存在。按此二元论，"本体"是属于超验领域的自在的"存在"，经验现象是从其所衍生而来，是"本体"的"影子"或"摹本"。因此，这种二元论哲学常常将超验的"存在"称为"纯粹客体"或"客观事实"，而将经验现象称为"经验客体"或"经验事实"，"客观事实"是一种自在的事实（无论怎么也不可能被"摆在面前"进行直接观察），而"经验事实"是一种关系中的事实即人的视角下的事实。因为人观察到的事实都是一种人眼中的"象"，所以从本体论的意义上都可以说，我们日常生活中直接观察到的所谓客观事实，都具有主观性或相对性，是一种本体论意义上的"主观真实"或"相对真实"。然而，即便如此，我们

---

① 参见陈光中：《严打与司法公正的几个问题》，载《中国刑事法杂志》2002 年第 2 期。

仍然可以将本体与现象切分开来，单独讨论现象的认知问题。正如有学者所说，现实在蝙蝠"眼中"成一种象，在我们眼中成一种象，我们总是在一定的成象水平上谈论真假，尽管我们只能认识世界的象，但是在一定的成象水平上，事实仍有"绝对"的真假。[①] 因此，抛开本体论的追问不论，我们完全可以在现象是否存在或有无的意义上来讨论诉讼证明的真假问题；可以说，在一定条件下，诉讼证明可以获得现象之有无判断上的（主体间的）"客观真实"或"绝对真实"，而诉讼证明上所谓的"主观真实"或"相对真实"也不是就事实之现象"接近"于本体或是本体的"影子"或"摹本"而言，而是指合情的确信现象应该存在或曾经存在但这种确信可能有错误。因此，一些论者以认识在二元论的本体论意义上主观性或相对性来否定诉讼证明可以获得"客观真实"或"绝对真实"，以及在此意义上定性西方国家证明标准之"主观真实"或"相对真实"都是不恰当的。

四、事实对象之人为截取性、片段性与边界模糊性哲学话语的误用

按许多哲学家的说法，事实是人们用语言对现象的判断，因此人们所说的事实不是单纯的经验现象，而是经验与语言的"复合物"。[②] 就此而言，事实对象（现象）有几个重要的特征：一是事实对象的人为截取性、片段性。这就是人们是带着特定的目的、视角对世界的观察，在判断某一特定事实时是用一定的语言对作为判断对象之现象的"截取"，当然这种"截取"是局部或部分的"截取"，而不是全面、完整的"反映"或"照单全收"，质言之，人们对事实的认识总是对现象世界的有限认识。可以说，事实判断，就是"茫茫大海，只取一瓢"。例如，对一个盗窃案而言，我们说"被告人偷偷拿走了被害人2万元钱"所指的现象是其中非常有限的，还无法呈现钱币的类型、盗窃时所穿衣服的颜色、进入房间的方式等。二是事实对象的模糊性。事实的"边界"是人为语言的逻辑分析和建构，[③]因而事实与其他事实之间的现象边界往往是模糊的，并不像砖头那样"有棱有角"，或是在它们之间划出清晰的"楚河汉界"。当然，在事实对象的人为截取性的意义上我们可以将任何事实判断都称为"主观真实"，在事实对象的片段性、边界模糊性的意义上称其为"相对真实"。一些论者正是在此意义上质疑事实判断和诉讼证明可获得"客观真实"或"绝对真实"，而认为只有"主观真实"或"相对真实"，这无疑是一种混乱的论证。因为事实判断和诉讼证明的真实性问题讨论的是某事实所指称的现象是否存在或有无的问题，而不是现象是否全面、其边界是否清晰的问题。就此而言，中国刑事证明标准所谓的"客观真实"或"绝对真实"是指能够完全确定特定事实之现象存在或曾经存在，而不是知道了案件的所有事实细节，也不是知道了事实之现象的边界；西方国家的所谓"主观真实"或"相对真实"指的是在情理上相信特定事实之现象存在或曾经存在但也有可能不存在，而不是指事实对象的人为截取性、片段性或边界模糊性。

---

① 参见陈嘉映：《哲学与求真》，载陈嘉映：《泠风集》，东方出版社2001年版，第153页。

② 参见金岳霖著：《知识论》（下册），商务印书馆1983年版，第608、738~748页；彭漪涟：《事实论》，上海社会科学出版社1996年版，第124~125页；陈嘉映：《事物，事实，论证》，载陈嘉映：《泠风集》，东方出版社2001年版，第173~182页。

③ 参见陈嘉映著：《语言哲学》，北京大学出版社2003年版，第393~396页。

五、事实之语言主观性哲学话语的误用

在当代哲学中，常提及的事实在语言层面上的主观性主要有两个方面，一方面，虽然语词是用来指称经验实在对象的，但语词的意义并不"来自于"经验对象。一些代表性的说法如：索绪尔认为，概念是通过互相之间的区别而得以建立，相对于语词外的现实具有任意性和创造性；① 维特根斯坦认为"一个词就是它在语言中的用法"；② 福柯认为，语词的意义主要受话语的"结构共型（知识型）"和具体的话语"事件"/话语实践所形塑。③ 另一方面，语言总是对现象有所"截取"，而不可能也没有必要"照单全收"，"语用"总是目的性的。正因为这两种主观性，所以，陈嘉映先生通俗地说，语言的功能不在于"反映"世界，而在于对世界作出"反应"。④ 事实之语言的这两种主观性，实际上都是一种本体论意义上的主观性，即对作为认知对象的定义是人定的，而不是认知对象本身所有的。尽管如此，但是哲学上通常也强调语言使得事实判断具有认识论上的客观性。有许多"主观感受"是个体性的，既可能"不可言传"，也可能"不可意会"，但是，语言使得事实判断有别于"如人饮水，冷暖自知"的个体性体验。因为，语言是一种"结晶"了的经验，是一种"共同经验"或"中立经验"。⑤ 质言之，特定语言共同体对事实的语言界定形成了"主体间的客观性"，构成了其中的个人在进行事实判断时所用语言的规定性。因为事实之语言在本体论意义上的主观性，而将事实判断称为一种"主观真实"并非不可，但是许多论者因此而说诉讼证明之事实判断都是"主观真实"却是混淆视听的。因为诉讼证明中讨论事实判断是否具有主观性，不是讨论现象如何定义的问题，而是现象有无的问题，而对现象有无的判断的主观性，是指在确信现象存在或不存在时具有主观的裁量判断和选择的余地。

六、事实与价值难分以及价值主观性哲学话语的误用

关于事实与价值的关系问题，哲学上的看法也较为复杂和多有争执。在现代哲学思想史上，实证主义哲学的观点长期占据着主流地位，其坚持认为事实与价值各有畛域，将前者归入物理或自然的描述性范畴，而将后者列入情感或文化的评价性范畴。然而，事实与价值二分的实证主义观点在当代也受到了较多的批评，认为事实与价值之间是相互"缠结"的已成为一种哲学上所熟知的观点。例如，一位历史学家"描述"某位罗马皇帝是"冷酷的"，这里关于"冷酷的"描述就掺杂了伦理评价。⑥ 因此，哲学上常常从事实与价值的"缠结"而说事实具有主观性。不过，即使是强调事实与价值的"缠结"和价值具有主观

---

① 参见［瑞士］索绪尔著：《普通语言学教程》，高名凯译，商务印书馆 1999 年版，第 103 页。
② ［英］维特根斯坦著：《哲学研究》，李步楼译，商务印书馆 2000 年版，第 31 页。
③ 参见［法］福柯著：《知识考古学》，谢强、马月译，北京三联书店 1998 年版，第 23~95 页；［法］米歇尔·福柯著：《词与物——人文科学考古学》，莫伟民译，上海三联书店 2001 年版，第 103~164 页。
④ 参见陈嘉映著：《语言哲学》，北京大学出版社 2003 年版，第 188 页。
⑤ 参见陈嘉映著：《语言哲学》，北京大学出版社 2003 年版，第 358~360 页。
⑥ 参见［美］普特南著：《事实与价值二分法的崩溃》，应奇译，东方出版社 2006 年版，第 37-53 页。

性，有哲学家也指出，事实的描述性范畴和价值评价性范畴是可以作为不同的"论题"进行分别处理的。① 例如，在"描述"某位罗马皇帝是"冷酷的"的时候，我们可以在分析的意义上提问：究竟是什么样的"行为事实"——"皇帝杀人无数"？——导致了"冷酷的"这种价值评价？在分析的意义上将事实与价值分开，或者说将"事实"中的价值"透析"出去或"悬置"起来，无疑是非常必要的，因为如果没有事实，价值评价就无从谈起，当然也不可能用价值评价去代替事实判断。因此，即使承认事实与价值"缠结"常常是一种现实状态，但是在分析的意义上仍然可以将事实与价值分开，即事实具有在分析的意义上独立于价值评价的客观性。因此，一些论者以价值具有主观性以及事实判断离不开价值判断来论证事实判断都是一种"主观真实"也是具有极大误导性的。

七、推理所用普遍命题的或然性哲学话语的误用

哲学上有一个几乎众所周知的认识，这就是普遍命题都是或然性的。有名的例子是，无论多少人看见天鹅全是白色的，也不能确立天下所有天鹅都是白色的。许多论者正是以此来论证诉讼证明要依据普遍命题在证据和待证事实之间建立推理证明关系，所以诉讼证明结论都是或然性的，也就是说，得出的真实是"相对真实"。这种论证实际上是有问题的。因为诉讼证明中用于推理证明的是金岳霖所说的"普通命题"，而不是通常所说的普遍命题。金岳霖先生所说的"有时代或地域限制的普遍命题"或"限于时地的普及命题"，"它可以分为两种，一是肯定当前的普通情形，二是肯定历史上的普通情形"。② 有哲学家将金岳霖先生所说命题称为"普通命题"，等同于哲学家亨普尔所说的"偶适概括"命题。③ 使用"普通命题"这种说法无疑能够较好地将其与别的类型的命题区别开来，它既不是通常表示事实的特殊命题，也不是表示和肯定不限时地的普遍命题，而是介于二者之间。例如，"清朝人有发辫"、"所有在这个盒子中的石块都含有铁"。且不说经验认识既有归纳过程也有一个演绎过程，④ 即便是按经验主义哲学的归纳原理，不限于特定历史时空的普遍命题都是或然性的，然而，就限于特定时空的"普通命题"而言，则有的是或然性命题，有的是必然性命题；之所以说许多"普通命题"可以是必然性命题，这是因为在特定时空中的归纳可以是一种完全归纳。⑤ 毫无疑问，在诉讼证明中，往往能够根据必然性的"普通命题"在证据事实和特定的待证事实之间建立推论认知关系，形成必然性的"事实确信"，也就是本文所说的客观的确信。例如，控方依据银行的监控录像来指控被告人实施了抢劫行为，如果被告人辩解说"录像是警方伪造的"或"别人用易容术栽赃了自己"，在许多情形下，人们仅依据录像也能够完全肯定被告人的辩解是违背"客观事实"的狡辩。在这个例子中，人们的判断无疑会用到一些必然性的"普通命题"。例如，"录像无法被伪造"、"人不可能易容"，这些"普通命题"之所以是必然性的是因为其在特定的时地中可以是一种完全归纳，也就是说，在特定时地，人们根本没有伪造录像和易容的技术条件和

---

① 参见［美］普特南著：《事实与价值二分法的崩溃》，应奇译，东方出版社 2006 年版，第 20~21 页。
② 参见金岳霖著：《知识论》（下册），商务印书馆 1983 年版，第 836~837、872 页。
③ 参见彭漪涟：《事实论》，上海社会科学出版社 1996 年版，第 145~150 页。
④ 参见［美］兰德著：《客观主义认识论导论》，江怡、李广良等译，华夏出版社 2007 年版，第 23 页。
⑤ 参见张志成著：《逻辑思维与司法实践》，北京大学出版社 2005 年版，第 160~161 页。

能力。当然，根据或然性普通命题所形成的事实确信，只能是一种合情的确信。值得指出的是，无论中西方的学者，在这方面所犯错误最多，即以普遍命题具有或然性来论证诉讼证明只能获得"相对真实"或"主观真实"（在或然性的判断中有主观猜测的成分）。这种错误无疑是要予以纠正的。

八、哲学主义话语的滥用

在中国定罪证明标准问题的争论中，无论是传统立场的辩护者还是反对者，往往都试图以某种哲学主义作为理论的根据，似乎认为，哲学主义的派别不同，就决定了证明标准立场的不同。为传统立场进行辩护的论者大多认为，在哲学上坚持辩证唯物主义认识论，就应当坚持以客观真实或绝对真实作为定罪的证明标准，因为辩证唯物主义认识论是一种可知论，即认为世界是可以被认知的。相反，对传统立场进行批判的论者则多以经验主义、实用主义、解释学、后现代主义等作为论辩的依据，认为根据这些哲学，诉讼证明只能获得"主观真实"或"相对真实"。可以说，这种将证明标准问题"主义化"是一种误入歧途的论辩，因为哲学上所存在的主义之争，在一定意义上可以说与定罪证明标准的选择是没有关系的：哲学主义的派别之分，是缘于对我们所见的现象存在是否为世界之本来的存在，现象存在背后是否还有一个本来的存在，现象存在与本体存在是什么关系，是否可以认知世界的本来存在等问题的不同回答。与此不同的是，诉讼证明所要关心的是现象的有无问题。哲学家艾耶尔指出："我们是否并且在何种程度上有可能不依赖事物与我们的关系而按照事物的本来面目描述事物"一直是西方哲学的基本问题，而且对这一问题的不同回答决定了哲学的派别差异。[①] 艾耶尔所说的决定哲学的派别差异也就是主义差异的基本问题，在根本上是一个本体论问题，以及在本体论视角下所审视的认识论问题，而不是通常所说的认识论问题或诉讼证明中的认识论问题。哲学家康德所做的努力是，一方面，限定理性的能力范围（无力认识本体世界）；另一方面维护理性的尊严和对其能力的信心（有能力认识现象世界）。在此意义上可以说，我们完全可以悬置本体论的疑问，仅在现象的层面来讨论认识的确定性和真实性问题。若此，各种哲学主义认识论在现象认知和诉讼证明的性质上并没有分歧，即都认同在科学和常识的范围内来讨论其真实性问题；在此意义上，也都可以认同现象认知和诉讼证明所获得的事实确信有客观的确信和合情的确信两种类型。对于以辩证唯物主义来为证明标准传统立场进行辩护的论者，需要指出的是，辩证唯物主义的确是坚持（现象）世界是可以认知的，但并没有说认知是无条件的、任何认知都可以获得客观的确信，也没有说所有的行动（包括认定犯罪）都要以客观的确信为依据。对于反对传统立场的论者，需要指出的是，其所依仗的经验主义、实用主义、解释学、后现代主义等往往的确有不可知论、认识主观性等的说法，但这些说法都是在本体论意义上而言，即本体不可知、现象认知在本体上有主观性或相对性等，并不能以此来论证西方国家是因此而以"相对真实"或"客观真实"作为定罪证明标准。对于许多论者所钟情的实用主义哲学，这里需要特别说明的是，其有两种"实用"取向：一是认知对象之实用。即主张认识有用之对象（现象），而无须用力于无用之对象（本体）。就此而言，其与其他现代哲学

并没有什么区别。二是行动理由之实用。即主张并不需要以完全确定的认知作为行动的理由。在这方面，其已经不是完全的认识论主张，而是一种价值论的选择，其关于认识本身的真实程度并没有不同的主张。

结语：需要研究的新问题

通过上述的哲学辨析，我们所澄清的事实是：长期以来中国所主张的刑事定罪证明标准的规范立场，不仅仅是一个意识形态的口号，而是的确与西方国家的一般定罪证明标准之间存在着实质的差异。这样一来，就把我们带到了真正值得我们研究的新问题面前，这就是：

第一，两种事实确信的具体认识论逻辑或证明方法有什么不同？目的地不同，相应的达致路径必然有别，这是一种众所周知的基本常识。依此来看，两种事实确信所对应的具体认识论逻辑或证明方法必然有一些重大的差异。例如，客观的确信与合情的确信之证据范围就有所不同，前者的范围无疑比后者的窄，因为有些证据没有使证明达到客观的确信的潜力或实际能力。例如，证人的作证表现和品格等就是如此，其常常能够帮助人们判断陈述的真伪，但无法保障判断的绝对可靠性。在这方面展开研究无疑是意义重大的，这能够获得对两种事实确信更为具象化的认识，也能够为其他问题的进一步探讨提供必要的基础。

第二，两种事实确信所对应的证明方法会产生什么样的法律效应？不同证明方法往往匹配不同的法律程序。例如，不能依据证人作证表现判断陈述真伪，证人出庭的必要性就大为减弱；依据客观的确信认定事实，就无法通过少数服从多数的裁判方法认定事实……这方面无疑有许多具体的问题需要探讨。

第三，中国与西方国家的刑事程序差异，以及中国刑事程序变革所需要的前提，是否可以从证明方法的法律效应这一角度获得一些新的解读？有了前面两个方面的研究基础，这方面的新解读无疑就是顺理成章的。例如，中国证人出庭率相对较低，主要不是通常所认为的证人出庭的保障措施不足，而是证人出庭的必要性不足。

对于上述三个方面的问题，笔者已经在其他地方进行了一些初步的研究。因为论旨所限，本文在这里就不详细介绍。毫无疑问，这些研究都还是非常有限的，诚盼有更多的学者参与这些问题的讨论。

（作者单位：西南民族大学法学院）

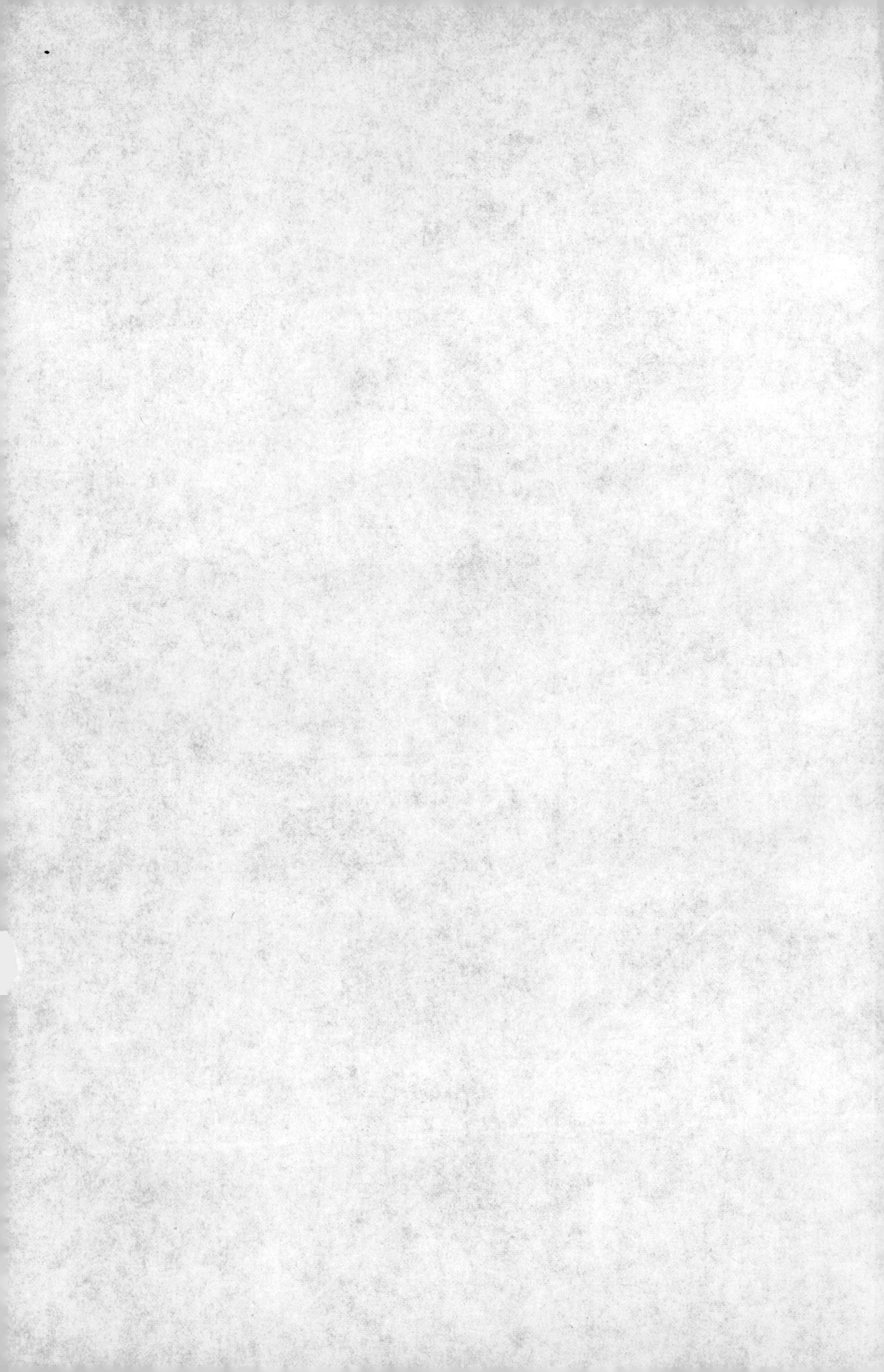